Studien zur spätägyptischen Religion

Herausgegeben von Christian Leitz

Band 15

2016
Harrassowitz Verlag · Wiesbaden

Sandrine Vuilleumier

Un rituel osirien en faveur de particuliers à l'époque ptolémaïque

Papyrus Princeton Pharaonic Roll 10

2016
Harrassowitz Verlag · Wiesbaden

Publication of this book was supported by a grant of the Schweizerischer Nationalfonds zur Förderung der wissenschaftlichen Forschung.

Bibliografische Information der Deutschen Nationalbibliothek
Die Deutsche Nationalbibliothek verzeichnet diese Publikation in der Deutschen Nationalbibliografie; detaillierte bibliografische Daten sind im Internet über http://dnb.dnb.de abrufbar.

Bibliographic information published by the Deutsche Nationalbibliothek
The Deutsche Nationalbibliothek lists this publication in the Deutsche Nationalbibliografie; detailed bibliographic data are available on the Internet at http://dnb.dnb.de.

For further information about our publishing program consult our website http://www.harrassowitz-verlag.de

Printed on permanent/durable paper.
Printing and binding: Hubert & Co., Göttingen
Printed in Germany

ISSN 2190-3646
ISBN 978-3-447-10454-8

À mon père

Table des matières

Avant-propos et remerciements ... XI

1. Introduction ... 1
    1.1 Remarques éditoriales ... 2
    1.2 La collection de la *Princeton University Library* ... 3
    1.3 Bref historique de la collection ... 7

2. Le manuscrit ... 9
    2.1 Description du papyrus Princeton Pharaonic Roll 10 ... 9
    2.2 Établissement du texte ... 12
    2.3 Descriptif des pages du manuscrit ... 14
    2.4 Élaboration graphique du document ... 30
    2.5 Divisions consignées par écrit ... 37
    2.6 Corrections ... 44
    2.7 Langue du document ... 46

3. Paléographie du manuscrit ... 51
    3.1 Datation du manuscrit ... 52
    3.2 Catalogue des formes ... 54

4. Les bénéficiaires du manuscrit ... 105
    4.1 Le premier anthroponyme ... 105
    4.2 Le deuxième anthroponyme ... 108
    4.3 La filiation maternelle ... 114
    4.4 Le papyrus Barcelone Palau-Ribes inv. 80 ... 121
    4.5 Un manuscrit pour deux bénéficiaires ... 123

5. Procession ... 129
    5.1 Indications relatives au rituel (x+1, 1-4) ... 129
    5.2 Une première formule (x+1, 4-9) ... 135
    5.3 Une deuxième formule (x+1,9 – x+2,2) ... 138
    5.4 Une troisième formule (x+2, 2-5) ... 141
    5.5 Le chant final du *Cérémonial pour faire sortir Sokar* (x+2, 5–x+3, 8) ... 145
    5.6 Suite des indications relatives au rituel (x+3, 9-12) ... 167
    5.7 Les éléments d'une procession ... 170

6. Destruction des ennemis et triomphe ... 173
    6.1 Une première rubrique (x+3, 12 – x+4, 1) ... 173
    6.2 Le *Livre de la néoménie* (x+4, 1 – x+5, 5) ... 176

6.3. Une deuxième rubrique (x+5, 4-5) ... 205
6.4 Une autre formule (x+5, 5 – x+6, 6) ... 206
6.5 Une récitation sans titre (x+6, 6 – x+7, 8) ... 222

7. Navigation ... 231
7.1 Libation et entrée dans la barque (x+7, 8-17) ... 231
7.2 Le prêtre d'Osiris à la proue de la barque (x+7, 18-20) ... 238
7.3 Une récitation liée à la navigation (x+7, 20 – x+8, 8) ... 242
7.4 Maîtriser le courant (x+8, 8-12) ... 245
7.5 Maîtriser les vents (x+8, 12-14) ... 252
7.6 Formule relative au courant (x+8, 14 – x+9, 1) ... 253
7.7 *Formule pour voguer dans la barque* (x+9, 2 – x+10, 12) ... 257
7.8 Accomplir la course (x+11, 1-11) ... 286
7.9 Une formule complémentaire (x+11, 12-13) ... 304
7.10 La protection du saule (x+11, 14 – x+12, 2) ... 306

8. Rituel d'offrandes ... 313
8.1 Apporter les bouquets montés (x+12, 2-6) ... 314
8.2 Élever les offrandes (x+12, 6 – x+14, 8) ... 317
8.3 Présenter le récipient de dattes (x+14, 8-10) ... 343
8.4 Donner le collier large (x+14, 10) ... 347
8.5 Présenter Maât (x+14, 10-11) ... 351
8.6 Tirer quatre flèches (x+14, 11-15) ... 353
8.7 Offrir le vin (x+15, 1-4) ... 356
8.8 Placer la graisse sur la flamme (x+15, 4-5) ... 360
8.9 Placer la viande sur la flamme (x+15, 5-6) ... 361
8.10 Instructions relatives au rituel (x+15, 6-9) ... 363
8.11 Dresser les offrandes sur l'autel (x+15, 8-9) ... 373
8.12 Purifier les offrandes divines (x+15, 9-12) ... 374
8.13 Préparer une offrande accordée par le roi (x+15, 12-14) ... 379
8.14 Dresser les offrandes sur la table d'offrandes (x+15, 14 – x+16, 12) ... 381
8.15 Comparaison des séquences ... 390
8.16 Le chant introduit parmi les épisodes du rituel d'offrandes ... 392

9. Acclamation ... 397
9.1 L'exergue de l'acclamation ... 397
9.2 L'acclamation (x+16, 13 – x+19, 6) ... 404

10. Litanie ... 433
10.1 La première partie de la litanie (x+19, 7 – x+20, 11) ... 435
10.2 La seconde partie de la litanie (x+20, 12 – x+22, 1) ... 447
10.3 La bipartition de la litanie ... 456

11. Fin de la cérémonie ... 459
11.1 Saisir la corde de proue (x+22, 2-6) ... 459

11.2 Formule pour amarrer (x+22, 6-8) ... 462
11.3 Description des rites (x+22, 8-10) ... 463
11.4 Instructions relatives au rituel (x+22, 11-13) ... 467
11.5 Lâcher les oiseaux (x+22, 13-14) ... 473

12. Le rituel du papyrus Princeton Pharaonic Roll 10 ... 479
12.1 Le déroulement du rituel ... 479
12.2 Les officiants ... 485
12.3 Les bénéficiaires du rituel ... 491
12.4 Les séquences du rituel ... 498
12.5 Pour conclure ... 502

13. Traduction intégrale ... 507
Traduction du papyrus Princeton Pharaonic Roll 10 ... 507

Glossaire ... 521
Acteurs ... 521
Barques ... 522
Divinités et épithètes ... 522
Fêtes et dates ... 525
Lieux et toponymes ... 526
Rites ... 527
Titres et formules ... 528
Vocabulaire ... 529

Bibliographie ... 531
Abréviations ... 531
Ouvrages et articles cités ... 532

Planches (liste des planches) ... 597

Avant-propos et remerciements

Le présent ouvrage constitue une version actualisée de la thèse de doctorat intitulée *Le papyrus Princeton Pharaonic Roll 10. Contribution à l'étude des rituels de l'Égypte ancienne* que j'ai soutenue avec succès en septembre 2010 à l'Université de Genève, devant un jury composé des professeurs Michel Valloggia, Philippe Borgeaud, Philippe Collombert, Joachim Friedrich Quack et Alessandro Roccati.

Sa publication avait été reportée dans l'espoir de pouvoir présenter de manière plus satisfaisante les derniers fragments épars. Bien que ce souhait n'ait pas été exaucé, il est temps de faire paraître ce volume.

C'est avec une brève notice glanée sur Internet que le projet de publier le papyrus Princeton Pharaonic Roll 10 avait germé. Elle indiquait seulement « Osirian Texts » et ne laissait rien présager du contenu original de ce manuscrit qui offre à la fois des parallèles à des textes connus par ailleurs et de nouvelles compositions jusque-là inédites. Depuis lors, l'égyptologie a été révolutionnée par la technologie. À l'aube du deuxième millénaire, elle a en effet su négocier un tournant capital afin de bénéficier des avantages qu'offrent désormais la mise en réseau des connaissances et leur diffusion[1]. Le travail d'édition a ainsi évolué mais constitue toujours l'une des assises de nos connaissances, qui vient ensuite nourrir nos analyses et réflexions dans tous les domaines.

Je me dois d'adresser mes remerciements au conservateur du *Department of Rare Books and Special Collections* de l'Université de Princeton, Donald C. Skemer, qui m'a permis de préparer l'édition du papyrus Princeton Pharaonic Roll 10 et m'a accordé l'autorisation de publier les photographies du manuscrit, ainsi qu'à toute son équipe et tout particulièrement à AnnaLee Pauls pour son aide précieuse. Une première consultation du manuscrit original avait été rendue possible grâce à l'obtention d'une *Princeton University Library Fellowship*, dont je suis reconnaissante.

Je voudrais exprimer ma gratitude à Michel Valloggia auprès de qui j'ai étudié puis travaillé en tant qu'assistante durant plusieurs années et qui m'a tant appris sur l'Égypte comme sur moi-même, à Jean-Claude Goyon qui m'a prodigué ses conseils au moment d'entamer cette étude, à Joachim Friedrich Quack pour ses brillantes remarques, sa disponibilité et sa grande générosité, à Jean-Luc Chappaz qui a partagé son expérience des musées et de l'édition avec moi, à Philippe Collombert qui n'a jamais été avare de son soutien et à Philippe Borgeaud qui m'a fait découvrir non seulement l'histoire des religions, mais aussi le campus de l'Université de Princeton. Je tiens à remercier également Alexandra von Lieven, Dimitri Meeks et Mark Smith pour les discussions que nous avons eues, de même que Burkhard Backes, Jacco Dieleman, Ann-Katrin Gill, Andrea Kucharek et Susanne Töpfer pour

1 Il est ainsi nécessaire de saluer l'existence de plusieurs outils devenus indispensables : le *Thesaurus Linguae Aegyptiae* (TLA) <aaew.bbaw.de/tla/>, le portail *Trismegistos* <www.trismegistos.org/index.html>, le *Totenbuch-Projekt* <totenbuch.awk.nrw.de/>, la *Online Egyptological Bibliography* (OEB) <oeb.griffith.ox.ac.uk/>, les revues désormais accessibles sur Internet et le logiciel JSesh <jsesh.qenherkhopeshef.org/fr>, avec lequel les hiéroglyphes de ce volume ont été réalisés.

les échanges enrichissants à propos de nos travaux respectifs. Je ne pourrais en aucun cas oublier Giuseppina Lenzo et son indéfectible amitié, ni mes collègues de l'*Ägyptologisches Institut* de Heidelberg qui m'ont sans cesse encouragée.

J'aimerais remercier encore Paul Frandsen et Kim Ryholt pour l'accueil qu'ils m'ont réservé à Copenhague, Richard Parkinson qui m'a reçue si agréablement au British Museum, Verena Lepper qui m'a communiqué des informations sur les manuscrits de l'*Ägyptisches Museum und Papyrussammlung* de Berlin, Guillemette Andreu qui m'a permis d'obtenir des photographies de papyrus conservés au musée du Louvre, Luc Limme qui m'a donné accès aux collections égyptiennes des Musées Royaux d'Art et d'Histoire à Bruxelles, Maarten Raven qui m'a accueillie au *Rijksmuseum van Oudheden* à Leyde, James Allen qui m'a ouvert les portes et les archives du *Metropolitan Museum of Art* de New York ainsi que Alberto Nodar et le regretté Jordi Roca S.I., conservateurs de la *Papiroteca Palau-Ribes*, dont j'ai pu consulter les papyrus à Barcelone. Mes recherches et déplacements ont été facilités par une bourse pour jeunes chercheurs du Fonds national suisse et les subsides de la Société académique et de la Fondation Ernst et Lucie Schmidheiny. Que ces institutions en soient remerciées.

Rien de tout cela n'aurait été envisageable sans la bienveillance et l'affection de mon époux, les éclats de rire de mon fils Galahad, grandi si vite au milieu des livres, et la patience de ma famille et de mes amis. Je voudrais aussi avoir une pensée pour les êtres aimés qui ne sont plus là aujourd'hui.

Enfin, cette publication n'aurait pas vu le jour sans le soutien de Christian Leitz, le concours de Jens Fetkenheuer et de l'équipe des éditions Harrassowitz et le financement du Fonds national suisse.

Que toutes et tous trouvent ici l'expression de ma profonde reconnaissance.

Heidelberg, le 15 janvier 2016

1. Introduction

Les recherches portant sur la littérature funéraire tardive ne datent pas d'hier, même s'il est vrai qu'elles n'ont pas été toujours encouragées par certains préjugés, au motif d'une sorte de « dégénérescence » de la religion égyptienne aux époques plus récentes. En 1974, Jean-Claude Goyon en dressait un panorama et mettait en lumière les travaux engagés jusque-là[1]. Il distinguait déjà les textes funéraires des compositions empruntées aux liturgies osiriennes, parmi lesquelles les *Glorifications* occupent une place importante[2]. Ce domaine a suscité depuis lors un grand intérêt, tout particulièrement depuis une vingtaine d'années, comme en témoigne une importante bibliographie. Pour s'en convaincre, il suffit de citer quelques éditions de manuscrits jusque-là inédits qui sont venus gonfler la somme de nos connaissances. On relèvera entre autres les publications du *Livre de parcourir l'éternité* par François René Herbin en 1994[3], d'un ensemble de liturgies osiriennes tardives par Günter Burkard en 1995[4], du papyrus New York MMA 35.9.21 par Jean-Claude Goyon en 1999[5], du papyrus Harkness par Mark Smith en 2005[6], du papyrus Caire CGC 58027 par Andreas Pries en 2009[7], du papyrus Tamerit 1 par Horst Beinlich en 2009[8], du papyrus Baltimore Walters Art Museum 551 par Yekaterina Barbash en 2011[9] ainsi que du rituel de l'embaumement et du rituel de Sothis par Susanne Töpfer en 2015[10]. En outre, la compilation de textes funéraires ptolémaïques et romains établie par Mark Smith constitue désormais une référence[11].

La vitalité de ces recherches s'est matérialisée par la tenue de plusieurs colloques internationaux[12] et s'illustre par la richesse des travaux en cours. On pensera notamment aux travaux dirigés par Joachim Friedrich Quack sur le *Manuel du temple* et sur le rituel de l'*Ouverture de la bouche* ou à l'édition de la documentation de Tebtynis par différents chercheurs. D'autres manuscrits encore inédits apporteront à l'avenir de nouveaux éclairages : les papyrus funéraires du British Museum, encore entièrement ou partiellement inédits, dont François Herbin prépare le catalogue, le papyrus Berlin P. 3057 et le papyrus Vienne KM ÄS

---

1 J.-Cl. GOYON, *in* : *Textes et langages* III, p. 73-81. Deux ans plus tôt, il avait déjà publié un premier recueil de traductions en français (J.-Cl. GOYON, *Rituels funéraires*).

2 J. ASSMANN, M. BOMMAS, A. KUCHAREK, *Altägyptische Totenliturgien*, 3 vol. A. KUCHAREK, *Klagelieder*.

3 Fr. R. HERBIN, *Parcourir l'éternité*.

4 G. BURKARD, *Spätzeitliche Osiris-Liturgien*.

5 J.-Cl. GOYON, *Imouthès*. M. MÜLLER, *LingAeg* 10 (2002), p. 437-440. M. SMITH, *RdÉ* 57 (2006), p. 217-232.

6 M. SMITH, *Papyrus Harkness*.

7 A. H. PRIES, *Schutz des Königs*.

8 H. BEINLICH, *Papyrus Tamerit 1*.

9 Y. BARBASH, *Padikakem*. Voir aussi M. COENEN, B. VERREPT, *GöttMisz* 202 (2004), p. 97-102.

10 S. TÖPFER, *Das Balsamierungsritual*. Voir aussi S. TÖPFER, *ZÄS* 138 (2011), p. 182-192 ; S. TÖPFER, *in* : *Ägyptische Rituale*, p. 201-221 ; S. TÖPFER, *in* : *Liturgical Texts for Osiris*, p. 245-258. S. TÖPFER, *Fragmente des sog. „Sothisrituals"*.

11 M. SMITH, *Traversing Eternity*.

12 Notamment J. Fr. QUACK (éd.), *Ägyptische Rituale* ; B. BACKES, J. DIELEMAN (éd.), *Liturgical Texts for Osiris and the Deceased* ; A. H. PRIES (éd.), *Die Variation der Tradition*, à paraître ; D. LUFT, J. Fr. QUACK (éd.), *Praktische Verwendung*, à paraître.

3871 + Paris Louvre N. 3135 B dont Burkhard Backes et Jacco Dieleman préparent respectivement les éditions, le papyrus Chicago OI 25389 sur lequel travaille Robert Ritner ou les fragments contenant des liturgies osiriennes qu'Andrea Kucharek est en train de réunir. La publication du papyrus Princeton Pharaonic Roll 10 s'inscrit donc autant dans une tradition établie de longue date que dans un vaste réseau d'études en cours.

1.1 Remarques éditoriales

Ce volume débute par la description et l'établissement du texte du papyrus Princeton Pharaonic Roll 10 (chapitre 2). Tel qu'il est actuellement conservé, le manuscrit a nécessité un grand nombre de remaniements, qu'il était important de détailler afin d'en proposer une reconstitution correcte (§ 2.2, § 2.3) L'élaboration graphique et formelle de ce document, dans lequel des instructions rituelles et des formules à réciter alternent, est ensuite discutée (§ 2.4, § 2.5), de même que les corrections apportées par le scribe (§ 2.6). Quelques remarques sur la langue du manuscrit sont exposées (§ 2.7). Le chapitre suivant traite de la datation de celui-ci (§ 3.1) et présente un catalogue des signes hiératiques (§ 3.2). La délicate question des bénéficiaires de ce manuscrit est abordée ensuite (chapitre 4).

La suite de l'ouvrage est consacrée à la traduction et au commentaire du texte que préserve le papyrus Princeton Pharaonic Roll 10. Les différentes unités de texte sont traduites et commentées individuellement afin d'en aborder les spécificités sous un angle à la fois rédactionnel et thématique. Les transcriptions figurent vis-à-vis des traductions. Les passages rédigés à l'encre rouge sont rendus en gras. Les commentaires proposés ne visent pas l'exhaustivité, mais ont pour but d'expliquer la traduction proposée. Selon les cas, des analyses internes ou comparatives ont été ajoutées. Elles privilégient autant que possible la pertinence et n'ont pas la prétention de couvrir tous les thèmes abordés par le manuscrit. Afin de faciliter la présentation de l'ensemble sans multiplier trop les chapitres, la traduction et le commentaire des différentes parties du manuscrit sont présentés sous la forme de sections thématiques définies d'après le contenu du papyrus (chapitres 5 à 11). Si cette partition arbitraire, qui n'a pas été préconisée par le rédacteur du papyrus Princeton Pharaonic Roll 10, ne reflète pas la continuité de la composition reproduite par le manuscrit américain, elle permet d'en organiser le contenu. La première section s'articule autour de la notion de procession (chapitre 5). La suivante traite de la destruction des ennemis (chapitre 6). Plusieurs éléments sont ensuite regroupés sous le thème de la navigation (chapitre 7). Le rituel d'offrandes est présenté en tant que tel (chapitre 8). Deux compositions sont ensuite traitées séparément, un texte original (chapitre 9) et une longue litanie (chapitre 10). L'ultime section est consacrée à la dernière page du manuscrit, qui regroupe encore quelques formules et des indications relatives au déroulement du rituel (chapitre 11). Pour finir, une synthèse du rituel décrit par le papyrus Princeton Pharaonic Roll 10 est proposée (chapitre 12). Elle détaille les officiants et les bénéficiaires et reprend le déroulement des rites en tenant compte de ces éléments afin de mettre en lumière les difficultés qu'il soulève et de proposer, le cas échéant, des hypothèses de lecture. Elle s'accompagne d'une brève conclusion. Une traduction suivie de l'ensemble de la composition est ajoutée ensuite (chapitre 13). On trouvera encore un glossaire regroupant thématiquement les termes figurant dans le manuscrit et une bibliographie organisée par ordre alphabétique des auteurs.

Les références bibliographiques sont abrégées tout au long de l'ouvrage. L'abréviation d'un titre reprend le plus souvent le début de celui-ci, ce qui permet de le retrouver facilement dans la liste. Lorsque ce n'est pas le cas, l'abréviation utilisée y est spécifiée pour qu'il soit aisé de la retrouver sous le nom de l'auteur en question. Les références à des contributions à un ouvrage collectif sont abrégées d'après le titre de celui-ci. Pour les collections et les revues, les abréviations employées sont celles que recommande l'Institut français d'archéologie orientale au Caire[13]. Quelques abréviations supplémentaires figurent au début de la bibliographie.

Le papyrus Princeton Pharaonic Roll 10 est reproduit à la fin du volume sous la forme de vingt-cinq planches. Les vingt-deux premières reproduisent chacune des pages du manuscrit (Pl. I-XXII) et s'accompagnent d'une transcription hiéroglyphique (Pl. I bis-XXII bis). Les illustrations qui présentent l'ensemble du manuscrit ont été ajoutées ensuite afin que les numéros des planches précédentes correspondent à ceux des pages du manuscrit. Afin de faciliter la consultation, la photographie de l'état de conservation du manuscrit (Pl. XXIII) est disposée vis-à-vis de celle de sa reconstitution (Pl. XXIV). Les photographies des fragments supplémentaires et du textile qui entourait le papyrus occupent la dernière planche (Pl. XXV).

1.2 La collection de la *Princeton University Library*

Le papyrus Princeton Pharaonic Roll 10[14] est conservé au *Department of Rare Books and Special Collections* de la *Princeton University Library* qui abrite une importante collection de manuscrits[15], comprenant notamment plusieurs papyrus démotiques[16] et treize documents hiéroglyphiques ou hiératiques[17]. Sous la direction de son conservateur, Donald C. Skemer, un inventaire descriptif des papyri de la collection a été dressé[18]. Une partie de ces documents a par ailleurs été intégrée à la base de données APIS (*Advanced Papyrological Information*

---

13 B. MATHIEU, *Abréviations des périodiques et collections en usage à l'Institut français d'archéologie orientale*, Le Caire, 2010.

14 Il s'agit d'un numéro d'ordre destiné au rangement et non d'un numéro d'inventaire ; cette nomenclature est employée pour plusieurs documents de la collection qui n'en ont jamais reçu. Le conservateur du *Department of Rare Books and Special Collections* a expressément demandé que cet intitulé ne soit pas abrégé.

15 A. E. HANSON, *in* : *Papyrus Collections World Wide*, p. 67-69.

16 Ils ont été brièvement décrits par J. G. MANNING, *in* : *Akten des 21. Internationalen Papyrologenkongresses*, p. 666-668. Voir aussi J. G. MANNING, *Enchoria* 28 (2003), p. 46-61. Deux d'entre eux (AM 87-51 B et AM 87-51 C) proviennent d'un cartonnage de momie acquis à Vienne, en 1982, auprès de l'antiquaire Michael Fackelmann et défait par Adam Bülow-Jacobsen la même année (A. E. HANSON, *PULC* 44, n° 2 (1983), p. 164-169 ; J. G. MANNING, *in* : *Akten des 21. Internationalen Papyrologenkongresses*, p. 667).

17 L'absence ou le cumul des numéros d'inventaire, comme certaines imprécisions ou contradictions contenues dans les différents registres, ne facilitent pas l'accès à cette documentation. Les préfixes « AM » et « GD » (Garrett Deposit) ne sont pas forcément déterminants. En outre, les parties d'un même manuscrit ont parfois été inventoriées sous des numéros différents, ce qui a conduit à comptabiliser dix-neuf papyrus hiéroglyphiques et sept manuscrits hiératiques, soit vingt-six documents au lieu de treize (A. E. HANSON, *in* : *Papyrus Collections World Wide*, p. 67).

18 D. C. SKEMER (dir.), *A Descriptive Inventory of the Princeton University Collections of Papyri*, 2012 : <library.princeton.edu/libraries/firestone/rbsc/aids/papyri/papyri.html> (04.01.2014).

System)[19]. Certains d'entre eux apparaissent dans le portail *Trismegistos*[20] et, selon leur contenu, figurent dans la base de données du *Totenbuch-Projekt*[21] de Bonn. En voici une présentation sommaire.

Papyrus Princeton Pharaonic Roll 1

Provenance inconnue. Papyrus hiéroglyphique. Haut. 26 cm ; long. 38,4 cm. Origine inconnue. Époque ptolémaïque (?). *Amdouat*, douzième heure. Aucune mention d'un propriétaire. Inédit.

Papyrus Princeton Pharaonic Roll 2 (= P. Princeton GD 7967)[22]

Collection Robert Garrett, don de 1942. Papyrus hiéroglyphique avec illustrations polychromes. Haut. 21,7 cm ; long. 58,5 cm. Deir el-Médineh. Nouvel Empire, 19e dynastie, règne de Ramsès II (?)[23]. *Livre des morts*, chapitres 101, 99B, 64, 30B (vignette uniquement) et 65. Aucun anthroponyme n'a été inséré dans les espaces laissés libres à cet effet.

Papyrus Princeton Pharaonic Roll 3

Collection Robert Garrett, don de 1942. Papyrus hiéroglyphique (rétrograde), déroulé à Princeton en 1998. Haut. 23,5 cm ; long. 174,5 cm. Région thébaine. Nouvel Empire[24]. *Livre des morts*, chapitres 110 et 149. Destiné à la chanteuse d'Amon *Ns-ȝs.t*[25]. Inédit.

Papyrus Princeton Pharaonic Roll 4 (= P. Princeton GD 7964, 7965, 7966, 7968)[26]

Collection Robert Garrett, don de 1942. Papyrus hiéroglyphique avec illustrations polychromes. Haut. 16, 3 ; long. indéterminée. Thèbes. Époque ptolémaïque. *Livre des morts*, chapitres 1 (vignette), 15G, 16 (vignette), 20, 52, 53, 54, 101 et 102. Une portion du chapitre 20 est conservée par le papyrus Chicago Haskell Oriental Museum 17242, tandis que le papyrus Paris Louvre N. 3099 constitue une partie du même manuscrit[27]. Destiné à *Pȝ-dỉ-*

---

19 Elle peut désormais être consultée à l'adresse suivante : <papyri.info/> (04.01.2014). Elle mentionne toujours l'existence de quatre papyrus hiéroglyphiques non déroulés et sans numéro d'inventaire, datés du Nouvel Empire (princeton.apis.p747, princeton.apis.p748, princeton.apis.p749, princeton.apis.p750). Les papyrus Princeton Pharaonic Roll 3 et 5, déroulés respectivement en 1998 et 1999, sont probablement du nombre. Les deux autres doivent être les papyrus Princeton Pharaonic Roll 7 et 10, déroulés à la même période, mais qui ne sont ni hiéroglyphiques ni datés du Nouvel Empire.

20 <www.trismegistos.org/> (04.01.2014).

21 <totenbuch.awk.nrw.de/> (04.01.2014).

22 Princeton.apis.p751. B. Lüscher, *Totenbuch-Papyrus Neuchâtel Eg. 429 und P. Princeton Pharaonic Roll 2*. B. Lüscher, *PULC* 69, n° 1 (2007), p. 129-134.

23 Et non « Ptolemaic Period (?) » comme l'indique le registre.

24 Plutôt que « Ptolemaic Period (?) » comme l'indique le registre.

25 H. Ranke, *PN* I, 173, 17.

26 Princeton.apis.p752.

27 Th. Devéria, *Catalogue*, p. 101 (III, 67). M. Bellion, *Catalogue*, p. 199. T. G. Allen, *The Egyptian Book of the Dead Documents*, p. 60, pl. 51a. TM 56608 <www.trismegistos.org/hhp/detail.php?tm=56608> (04.01.2014). À propos de la nomenclature des papyrus du musée du Louvre, voir P. Posener-Kriéger, *RdÉ* 12 (1960), p. 93-97.

Mḥ(y).t[28], fils du premier prophète d'Amon *Ns-pꜣw.ty-tꜣ.wy*[29] et de la dame *Nb.t-ḥw.t-ỉy.tỉ*[30]. Inédit.

Papyrus Princeton Pharaonic Roll 5[31]

Collection Robert Garrett, don de 1942. Papyrus hiéroglyphique avec illustrations polychromes, déroulé à Princeton en 1999. Haut. 33,7 cm ; long. 586 cm. Origine inconnue, peut-être Memphis/Saqqarah[32]. Nouvel Empire, vraisemblablement 18e dynastie[33]. *Livre des morts*, chapitres 84, 77, 86, 85, 88, 114, 38, 105, 31 et 125. Destiné à *ꞽItwnỉrꜥyh*[34].

Papyrus Princeton Pharaonic Roll 6

Provenance inconnue. Papyrus hiéroglyphique, 14 fragments[35] ; dimensions indéterminées en raison de l'état de conservation du document. Origine inconnue. Non daté. Contenu non identifié. Aucune mention d'un propriétaire. Inédit.

Papyrus Princeton Pharaonic Roll 7[36]

Collection Robert Garrett, don de 1942. Papyrus rédigé en hiératique, déroulé à Princeton en 1998. Haut. 22 cm ; long. 69 cm. Origine inconnue. Époque gréco-romaine. *Livre I des respirations*[37]. Le nom du bénéficiaire est partiellement en lacune.

Papyrus Princeton Pharaonic Roll 8 (= P. Princeton AM 22087)[38]

Collection Robert Garrett, don de 1942 ; acquis auprès du marchand londonien Spink & Son en 1928. Tissu inscrit en hiératique formé de dix pièces de lin. Haut. 26,7 cm ; long. 1'160 cm. Saqqarah[39]. Basse Époque, 26e dynastie, règne d'Amasis[40]. Recension saïte du *Livre des morts*,

---

28 H. RANKE, *PN* I, 123, 20.

29 Et non « first prophet of Re » comme le signale le descriptif. H. RANKE, *PN* I, 176, 1 ; II, 365. M. THIRION, *RdÉ* 36 (1985), p. 130-131 et *RdÉ* 46 (1995), p. 178. H. DE MEULENAERE, *in* : *Egyptian Religion: The Last Thousand Years*, p. 1117 et n. 2.

30 H. RANKE, *PN* I, 189, 2 ; II, 367. M. THIRION, *RdÉ* 34 (1982-1983), p. 108 et *RdÉ* 42 (1991), p. 238.

31 B. LÜSCHER, *Der Totenbuch-Papyrus Princeton Pharaonic Roll 5*.

32 B. LÜSCHER, *Der Totenbuch-Papyrus Princeton Pharaonic Roll 5*, p. 40-43.

33 B. LÜSCHER, *Der Totenbuch-Papyrus Princeton Pharaonic Roll 5*, p. 34-39.

34 La lecture fournie par le registre n'est pas correcte, voir Th. SCHNEIDER, *JANER* 7, no 2 (2007), p. 113-120 ; Th. SCHNEIDER, *in* : *Der Totenbuch-Papyrus Princeton Pharaonic Roll 5*, p. 45-50.

35 Ces quatorze fragments, ajoutés au cinq papyrus déjà mentionnés, portent le nombre de documents hiéroglyphiques à dix-neuf, à savoir celui qui avait été retenu par l'inventaire.

36 S. VUILLEUMIER, « Un nouvel exemplaire du *Livre I des respirations* (Papyrus Princeton Pharaonic Roll 7) », à paraître.

37 À propos de cette composition, voir notamment Fr. R. HERBIN, *Books of Breathing*, p. 1-2, 50-89 ; M. SMITH, *Traversing Eternity*, p. 499-510, no 30.

38 Princeton.apis.p755. TM 114129 <totenbuch.awk.nrw.de/objekt/tm114129> (04.01.2014). Une édition de ce manuscrit a été annoncée par Marcus Müller.

39 Sur cette provenance, voir ci-dessous n. 41. La mise en page du document correspond au style 2, mis en œuvre dans la région memphite durant les IVe et IIIe siècles av. J.-C. au moins (M. MOSHER, *JARCE* 29 (1992), p. 149-151.

40 Cette datation repose sur l'identification du bénéficiaire de ce *Livre des morts* avec un homonyme portant un titre identique (voir *infra* n. 41) et dont la tombe, située à Saqqarah, remonte à la 26e dynastie (A. SPALINGER, *SAK* 5 (1977), p. 235, qui déplore que l'on ne puisse pas dater plus précisément ce personnage ; E. BRESCIANI, S. PERNIGOTTI, M. P. GIANGERI SILVIS, *La tomba di Ciennehebu*, p. 19, qui considère que *Ḥkꜣ-m-sꜣ=f* était

chapitres 67 à 165. En faveur de l'intendant des bateaux royaux *Ḥkꜣ-m-sꜣ=f*, fils de *Tỉ-n.t mḥ-n.t*[41]. Inédit.

Papyrus Princeton Pharaonic Roll 9[42]

Dépôt de Robert Garrett en 1924, non inventorié par Harold Idris Bell. Papyrus rédigé en hiératique ; les titres des chapitres sont inscrits en hiéroglyphes. Haut. 39 cm ; long. 180 cm. Héliopolis (?)[43]. Troisième Période intermédiaire (?). *Livre des morts*, chapitres 16, 18, 38B (?), 21, 23, 24, 25, 26, 28, 110, 27, 32, 125. Destiné à *Ḫꜥy-Ḥꜥpy*[44], fils de *ꜣs.t-wr.t* (?)[45]. Inédit.

Papyrus Princeton Pharaonic Roll 11 (= P. Princeton GD 974)[46]

Collection Robert Garrett, don de 1942. Papyrus rédigé en hiératique, deux colonnes de 15 et 8 lignes. Haut. 19,7 cm ; long. 34,8 cm. Origine inconnue. Époque ptolémaïque. Récitatif « Sois triomphant, *bis*, prince ! », tiré du *Cérémonial pour faire sortir Sokar*[47], suivi d'un bref colophon. Aucune mention d'un propriétaire.

---

contemporain ou postérieur à *Ṯꜣy-nꜣ-hb.w* ; M. STAMMERS, *The Elite Late Period Egyptian Tombs*, p. 29-30). Dans l'ensemble, la paléographie du papyrus Princeton Pharaonic Roll 8 ne contredit pas une datation durant l'époque saïte. Une empreinte de sceau de la collection Michaïlidès indique même que *Ḥkꜣ-m-sꜣ=f* remplissait la fonction d'intendant de la flotte royale durant le règne d'Amasis (J. YOYOTTE, *RdÉ* 24 (1972), p. 219-220 ; J.-Cl. GRENIER, *Les statuettes funéraires*, p. 85 ; L. GESTERMANN, *RdÉ* 52 (2001), p. 140-141).

41 H. KOCKELMANN, *Mumienbinden* II, p. 269, n° 169 et n. 236. De nombreuses figurines funéraires au nom d'un intendant des bateaux royaux nommé *Ḥkꜣ-m-sꜣ=f* sont connues et proviennent de sa tombe sise à Saqqarah, au sud de la pyramide d'Ounas (A. BARSANTI, G. MASPÉRO, *ASAE* 5 (1905), p. 69-83 ; M. STAMMERS, *The Elite Late Period Egyptian Tombs*, p. 109, 133, 163-164), voir J.-Cl. GOYON, *BIFAO* 67 (1969), p. 159-171 ; J. Fr. AUBERT, L. AUBERT, *Statuettes égyptiennes*, p. 227-228 ; G. BJÖRKMAN, *in* : *From the Gustavianum Collections*, p. 71-80 ; J. Fr. AUBERT, *ChronÉg* 51, n° 101 (1976), p. 61, n° 276 ; S.-A. NAGUIB, *BSÉG* 6 (1982), p. 71 ; J.-Cl. GRENIER, *Les statuettes funéraires*, 1996, p. 85, n° 125 ; Gl. JANES, *Shabtis. A Private View*, p. 206-208, n° 104. On y ajoutera les références réunies par J.-L. CHAPPAZ, *BSÉG* 11 (1987), p. 149 ; *BSÉG* 12 (1988), p. 94 ; *BSÉG* 14 (1990), p. 101 ; *BSÉG* 15 (1991), p. 125 ; *BSÉG* 16 (1992), p. 93 ; *BSÉG* 17 (1993), p. 120 ; *BSÉG* 20 (1996), p. 92 ; *BSÉG* 21 (1997), p. 96 ; *BSÉG* 22 (1998), p. 102 ; *BSÉG* 23 (1999), p. 114 ; *BSÉG* 24 (2000-2001), p. 118 ; *BSÉG* 25 (2002-2003), p. 191 ; *BSÉG* 26 (2004), p. 101 ; *BSÉG* 27 (2005-2007), p. 110. À propos du titre de ce personnage, voir encore P.-M. CHEVEREAU, *Prosopographie*, p. 100, n° 126 ; M. STAMMERS, *The Elite Late Period Egyptian Tombs*, p. 72 et n. 896. La filiation maternelle n'est cependant attestée que dans le manuscrit, ce qui ne permet pas d'affirmer avec certitude qu'il s'agit du même personnage (H. KOCKELMANN, *GöttMisz* 224 (2010), p. 5-6).

42 Princeton.apis.p746.

43 Cette indication figure dans l'inventaire. La statue Vienne KM ÄS 64, au nom d'un certain *Ḫꜥy-Ḥꜥpy*, proviendrait elle aussi d'Héliopolis ; elle est attribuée à la 19e dynastie (J. VANDIER, *RdÉ* 16 (1964), p. 124 et n. 2 ; E. ROGGE, *CAA Wien* 6, p. 126-134). La filiation maternelle n'y est cependant pas indiquée.

44 H. RANKE, *PN* I, 264, 15 ; II, 381. M. THIRION, *RdÉ* 34 (1982-1983), p. 111, n. 106. M. THIRION, *RdÉ* 52 (2001), p. 273. B. BACKES, *BMSAES* 3 (2002), p. 21.

45 H. RANKE, *PN* I, 4, 1. M. THIRION, *RdÉ* 46 (1995), p. 173. M. THIRION, *RdÉ* 56 (2005), p. 181. B. BACKES, *BMSAES* 3 (2002), p. 3.

46 Princeton.apis.p756. M. MÜLLER, *Enchoria* 28 (2002-2003), p. 82-84, pl. 12-13.

47 À propos de cette composition, voir § 5.5.

Papyrus Princeton inv. Bell III, 48E[48]

Dépôt de Robert Garrett en 1924. Papyrus rédigé en hiératique, deux lignes conservées, monté avec le papyrus Princeton inv. Bell III, 45A. Haut. 2,9 cm ; long. 6,7 cm. Origine inconnue. Époque ptolémaïque (?). Aucune mention d'un propriétaire. Inédit.

Papyrus Princeton Scheide M 95[49]

Collection John Hinsdale Scheide, don de 1935-1936. Papyrus rédigé en hiératique, quinze lignes préservées, comprenant une rubrique inscrite à l'encre rouge. Haut. 23,3 cm ; long. 25,1 cm. Thèbes (?). Troisième Période intermédiaire. *Livre des morts*, chapitres 2, 3, 72. Destiné à *P(ꜣ)-n-ꞽImn-ꞽIp.t* (?). Inédit.

1.3 Bref historique de la collection

Aucune indication relative à la provenance des papyrus Princeton Pharaonic Roll 1 et 6 n'est fournie. Pour les autres manuscrits, il est possible de retracer, en partie du moins, leur histoire récente.

Comme la plupart des collections, celle de la *Princeton University Library* s'est constituée par étapes[50]. En 1901, l'université de Princeton reçut ses premiers papyrus par le biais de l'*Egypt Exploration Society*. Puis, entre 1921 et 1928, elle acquit, par l'intermédiaire du *British Museum*, une part importante de sa collection. L'institution américaine participa en effet au consortium qui comptait le *British Museum*, l'université de Genève et les universités de Cornell et Michigan. Dès 1927, les universités de Columbia et de Yale s'y associèrent, tandis que l'université de Princeton se retirait après la répartition de 1928[51]. Un important lot de documents fut donc acheté pour le compte de ce « cartel »[52] par le musée londonien, notamment auprès de l'antiquaire cairote Maurice Nahman[53] (1868-1948). Après un premier traitement et un inventaire sommaire dressé par Harold Idris Bell (1879-1967), alors conservateur des manuscrits au *British Museum*, les papyrus furent distribués aux parties prenantes en fonction de l'effort financier qu'elles avaient consenti et des intérêts locaux. Robert Garrett[54] (1875-1961) finança pour une part les acquisitions de l'université de Princeton. Le dépôt qu'il fit en 1924 concernait ces mêmes années, ce qui permet d'avoir une idée de l'origine du papyrus Princeton Pharaonic Roll 9 et du papyrus Princeton inv. Bell III, 48E.

---

48 Princeton.apis.p757. La dénomination du papyrus Princeton inv. Bell III, 48E fait référence à l'inventaire dressé par Harold Idris Bell.

49 Princeton.apis.p754.

50 A. E. Hanson, *PULC* 44, n° 2 (1983), p. 160-162.

51 Une importante correspondance, des rapports annuels, des listes de distribution et des dossiers sont conservés au *Department of Rare Books and Special Collections*.

52 À propos de l'histoire de ces acquisitions, voir notamment P. Schubert, *Les archives de Marcus Lucretius Diogenes*, p. 4-5 ; P. Schubert, *Philadelphie*, p. 32-36 ; J. G. Keenan, *in* : *The Oxford Handbook of Papyrology*, p. 66-67.

53 M. L. Bierbrier, *Who Was Who in Egyptology*, p. 397. J. Capart, *ChronÉg* 22, n° 44 (1947), p. 300-301.

54 A. Leitch, *A Princeton Companion*, p. 204-205. Outre sa passion pour l'archéologie et les manuscrits anciens, Robert Garrett est connu pour avoir remporté deux épreuves lors des jeux olympiques de 1896.

La collection fut aussi enrichie par des dons[55]. Le papyrus Princeton Scheide M 95 faisait ainsi partie de la donation de John H. Scheide (1875-1942). Les huit autres manuscrits sont issus de la collection personnelle de Robert Garrett[56]. Celle-ci se constitua principalement en Égypte où il acheta pour son propre compte près de sept cent cinquante papyrus dont il fit don, en 1942, à l'université de Princeton, où ils furent déposés à la bibliothèque à l'attention des chercheurs[57]. Selon l'avis du conservateur du *Department of Rare Books and Special Collections*, Donald C. Skemer, la plupart des papyrus d'origine égyptienne auraient aussi été acquis, entre 1924 et 1930, auprès du marchand cairote Maurice Nahman. Le papyrus Princeton Pharaonic Roll 8 fait exception puisqu'il fut acheté à Londres en 1928, auprès de Spink & Son.

Six des treize papyrus égyptiens furent remis au *Metropolitan Museum of Art* de New York en 1944, afin d'y être déroulés, traités et étudiés : deux *Livres des morts* hiéroglyphiques[58] et quatre papyrus funéraires ou religieux rédigés en hiératique[59]. Le papyrus Princeton Pharaonic Roll 10 faisait partie de ce lot. Quatre ans plus tard, en août 1948, les six documents furent retournés à Princeton dans le même état par William C. Hayes[60] (1903-1963), alors assistant conservateur, sans que personne ne les ait déroulés[61]. Bien qu'inquiet de leur état, Robert Garrett fut heureux de les savoir de retour, tout en s'interrogeant sur les raisons du peu d'intérêt qu'ils avaient suscité[62]. C'est ainsi que le papyrus Princeton Pharaonic Roll 10, toujours enroulé, retourna avec les autres à Princeton, où il demeura en l'état, dans une boîte métallique, jusqu'à sa redécouverte en 1998.

---

55 Un don de cinquante papyrus fut effectué par John H. Scheide en 1935-1936 ; quatre-vingt-sept papyrus furent remis par la veuve de Charles A. Askren en 1947 ; quarante papyrus furent reçus de la part d'Edmund H. Kase en 1957.

56 Il s'agit des papyrus Princeton Pharaonic Roll 2, 3, 4, 5, 7, 8, 10 et 11.

57 Au sujet de cette collection, consulter notamment M. E. MOGHADAM, Y. ARMAJANI, *Descriptive Catalogue* ; R. GARRETT, *PULC* 10, n° 3 (1949), p. 103-116 ; D. C. SKEMER, *PULC* 56, n° 3 (1995), p. 420-428. Les archives de Robert Garrett (*Robert Garrett Papers*), qui ont été inventoriées par Teresa Basler, sont conservées au *Department of Rare Books and Special Collections* sous la cote C0627 <findingaids.princeton.edu/collections/C0627> (12.02.2014)).

58 Il s'agit des papyrus Princeton Pharaonic Roll 3 et 5, qui furent finalement déroulés respectivement en 1998 et 1999 à Princeton.

59 Les papyrus Princeton Pharaonic Roll 7 et 10, déroulés entre 1998 et 1999 à Princeton, en faisaient assurément partie. Le papyrus Princeton Pharaonic Roll 11 était également du voyage, puisqu'une copie de la main de William C. Hayes est conservée au *Metropolitan Museum of Art* à New York. Je remercie James Allen de m'avoir accordé l'accès aux archives du musée lors de ma visite.

60 M. L. BIERBRIER, *Who Was Who in Egyptology*, p. 247-248.

61 Les papyrus furent simplement acheminés par la poste. L'envoi fut assuré pour une valeur de $ 5'000 (lettre de William C. Hayes, datée du 25 août 1948). Ce même courrier précise encore : « Owing to Mr. Lansing's [Ambrose Lansing (1891-1959)] prolonged illness and the resulting press of work on other members of the Egyptian Department, we have been unable to tackle these papyri [...]. The papyri have apparently been locked in a cabinet in Mr. Lansing's office since their arrival in the Museum; and it was, I may say, with considerable dismay that I ran across them yesterday, together with a letter from yourself to Mr. Jayne, dated December 19, 1944, and an understandably impatient letter from Mr. Garrett to Mr. Taylor, dated September 26, 1946 ».

62 Courrier de Robert Garrett, daté du 7 septembre 1948.

2. Le manuscrit

2.1 Description du papyrus Princeton Pharaonic Roll 10

2.1.1 Conservation

Jusqu'en 1998 donc, le papyrus Princeton Pharaonic Roll 10 se présentait sous la forme d'un rouleau dont la partie inférieure, déchirée, se séparait du reste du document. Sous l'impulsion de Donald C. Skemer, conservateur des manuscrits, les deux morceaux ont été déroulés par les spécialistes de la *Princeton University Library* entre 1998 et 1999. L'aide de l'égyptologue Leonard Lesko fut sollicitée dans ce processus qui nécessita plusieurs mois de travail et l'usage de différentes méthodes, dont l'emploi de vapeur et d'acétone.

Lors du montage, le document a été découpé en trois parties d'inégales longueurs pour être conservé dans trois boîtes cartonnées munies d'un couvercle[1]. Le papyrus a été fixé sur son support et recouvert d'un film de polyester de Mylar® pour le protéger[2]. Très fragile, l'ensemble doit être manipulé avec précautions. En effet, tout contact avec le plastique protecteur perturbe les fibres du papyrus à cause de l'électricité statique générée. En observant le papyrus, on remarque immédiatement que de minuscules fragments se sont déplacés et que certains d'entre eux reposent sur le texte. L'état du manuscrit se modifie donc sans cesse[3]. Les fragments mis en place, petits ou grands, sont maintenus par des collages, exécutés à l'aide de papier japonais. Ces bandes blanches sont bien visibles sur le document et entravent parfois la lecture. Bien qu'il soit possible de les décoller avec de l'alcool, elles ont été laissées en place à cause de la grande fragilité du papyrus.

Aux trois coffrets principaux s'ajoutent trois boîtes de plus petite taille, étiquetées *Fragments* 1, *Fragments* 2 et *Fragments* 3, contenant des morceaux de papyrus aux dimensions variées, inscrits ou non, et le tissu anépigraphe dans lequel le rouleau était emballé (Pl. XXV). Ce textile ressemble plus à une sorte de résille[4] qu'à une véritable toile[5], et s'apparente ainsi plutôt à une sorte de petit linge. Rien ne permet de mettre en doute l'origine de ce textile, qui est taché à l'instar du manuscrit, mais il n'est pas totalement exclu, en

---

1 La boîte I mesure 89 cm, les boîtes II et III 137 cm.

2 Sur les techniques de conservation des papyrus propres à la *Princeton University Library*, consulter T. Stanley, *BPGA* 13 (1994), sans pagination <aic.stanford.edu/sg/bpg/annual/v13/bp13-10.html> (02.12.2013).

3 Il s'est ainsi modifié entre le moment où il a été photographié et celui où il a été consulté. Certains signes, dissimulés par des morceaux de papyrus sur les photographies, étaient alors visibles sur l'original tandis que d'autres avaient disparus. Et il en sera de même à l'avenir.

4 Voir par exemple A. De Moor, C. Fluck, P. Linscheid (éd.), *Drawing the Threads together*, p. 59, fig. 4.

5 Sur la fabrication des tissus et leur usage, voir G. Vogelsang-Eastwood, « Textiles », *in* : P. T. Nicholson, I. Shaw (éd.), *Ancient Egyptian Materials*, p. 268-298, § 11 ; Ph. P. M. van't Hooft *et al.*, *Pharaonic and Early Medieval Egyptian Textiles*, p. 13-27. Les bandelettes destinées à être inscrites présentent une densité de nœuds importante. Sur la qualité des textiles employés pour réaliser les *Livres des morts* sur bandelettes, voir H. Kockelmann, *Mumienbinden* II, p. 39-90.

l'absence d'analyses, qu'il puisse s'agir d'un conditionnement plus moderne ayant servi à emballer le papyrus[6].

2.1.2 Données techniques

Le papyrus Princeton Pharaonic Roll 10 mesure entre 18,5 et 19 cm de haut[7], ce qui correspondrait à la moitié d'un volume standard d'approximativement 38 cm[8]. Il est préservé sur environ 3,50 m de long[9]. Le début du document est perdu sur une longueur indéterminée[10], mais la fin du rouleau est préservée.

Plusieurs joints, disposés régulièrement, sont visibles. Leur recouvrement mesure environ 1 cm. Les dix-neuf feuilles conservées de ce papyrus mesurent quant à elles entre 17,5 et 18,5 cm de large[11]. Si l'on considère qu'un rouleau idéal était composé de vingt feuilles[12], leur nombre tendrait à indiquer que la partie initiale manquante était peut-être peu étendue : une seule feuille de papyrus. Néanmoins, rares sont les manuscrits qui corroborent cette équation parfaite[13] et cette estimation ne demeure qu'une conjecture. Les exemplaires du *Livre des morts* pouvaient ainsi atteindre une longueur très importante. Certains manuscrits

---

6 Voir par exemple, S.-É. GEISELER, *in* : *Totenbuch-Forschungen*, p. 87-99. Le papyrus Princeton Pharaonic Roll 10 n'a rien en commun avec les faux rouleaux de papyrus créés à partir de fragments originaux et emballés au moyen de bandelettes à l'époque moderne, voir R. PARKINSON, St. QUIRKE, *Papyrus*, p. 170 ; B. LEACH, J. TAIT, « Papyrus », *in* : P. T. NICHOLSON, I. SHAW (éd.), *Ancient Egyptian Materials*, p. 243.

7 Cette mesure est comparable à la taille du papyrus Hohenzollern-Sigmaringen II dont la hauteur est de 19,1 cm (J. Fr. QUACK, *ZÄS* 127 (2000), p. 75), du papyrus Princeton GD 974 avec ses 19,7 cm (M. MÜLLER, *Enchoria* 28 (2002-2003), p. 82) et du papyrus Londres BM EA 10090 + 10051 qui mesure entre 18,5 et 19 cm (Ph. DERCHAIN, *Le Papyrus Salt 825*, p. 115-116 ; Fr. R. HERBIN, *BIFAO* 88 (1988), p. 95-97). Le papyrus Vandier mesure pour sa part 21 cm (G. POSENER, *Le Papyrus Vandier*, p. 4), le papyrus Sekowski (= P. Cracovie 03.03.1992) 15 cm (Fr. R. HERBIN, *SAK* 32 (2004), p. 172) et le papyrus Berlin P. 13242 16 cm (G. MÖLLER, *Hieratische Paläographie* III, p. 11).

8 À la 26ᵉ dynastie, la hauteur des *Livres des morts* varie entre 32 et 36 cm pour un volume standard (U. VERHOEVEN, *Buchschrift*, p. 287). On retrouve à peu près les formats de la 18ᵉ dynastie (36 cm et 18 cm pour un demi-volume), légèrement plus petits que ceux de l'époque ramesside (respectivement 42 et 21 cm) (J. ČERNÝ, *Paper and Books*, p. 16). À l'époque ptolémaïque, les *Livres des morts* thébains dépassent les 30 cm de haut, tandis que ceux de Memphis ont une hauteur inférieure à cette mesure (U. VERHOEVEN, *Buchschrift*, p. 229).

9 Une fois la totalité des fragments du papyrus Princeton Pharaonic Roll 10 réorganisés, la longueur de la première partie du manuscrit est d'environ 87 cm, celle de la deuxième d'à peu près 128 cm et celle de la dernière d'approximativement 132 cm. Il faut ainsi corriger le descriptif de ce papyrus qui indique que le manuscrit mesure 550 cm de long et considérer que les fragments épars ont été pris en considération dans cette estimation.

10 Il sera dès lors nécessaire de numéroter les pages avec l'indication « x+n ». Elle sera cependant sous-entendue aussi souvent que possible.

11 Leurs dimensions sont comprises dans la fourchette de 16 cm à 20 cm indiquée pour le Nouvel Empire (J. ČERNÝ, *Paper and Books*, p. 8, qui ne donne aucune précision pour les documents plus tardifs). La dimension des pages des papyrus démotiques s'échelonnerait quant à elle entre 14 cm et 16 cm, voir R. PARKINSON, St. QUIRKE, *Papyrus*, p. 17.

12 J. ČERNÝ, *Paper and Books*, p. 9.

13 Le papyrus Londres BM EA 10090 + 10051 compte plus de vingt-quatre feuilles (Ph. DERCHAIN, *Le Papyrus Salt 825*, p. 115-116 ; Fr. R. HERBIN, *BIFAO* 88 (1988), p. 95-97) et le papyrus New York MMA 35.9.21 quarante-cinq ou quarante-six (J.-Cl. GOYON, *Imouthès*, p. 7-8).

comprenaient même une copie de cet ouvrage funéraire, à la suite de laquelle étaient ajoutés d'autres textes à caractère rituel[14].

Sur le recto du papyrus, le texte a été rédigé en hiératique à l'aide d'un pinceau[15], comme le montre les variations de l'épaisseur des traits obliques selon leur orientation. Le manuscrit est organisé en pages de largeurs différentes, séparées par deux traits verticaux, parfois un seul[16]. Vingt-deux pages sont conservées, dont certaines comportent plus d'une colonne de texte[17]. Le verso devait vraisemblablement être anépigraphe puisque le document a été fixé sur un fond lors du montage.

Loin d'être intact, le papyrus a souffert des outrages du temps. Certaines parties du manuscrit sont fort bien conservées, alors qu'ailleurs des déchirures, plus ou moins importantes, contrarient la lecture et l'établissement du texte. D'une couleur très variable, le papyrus est plus ou moins fortement noirci par endroits. Ces taches touchent plus sévèrement la première partie du document, soit celle qui constituait l'extérieur du rouleau, et rendent quelquefois la lecture difficile, voire impossible. C'est après sa rédaction que le document a été détérioré par un produit non identifié[18], probablement alors qu'il était enroulé comme semble l'indiquer la répartition régulière des traînées[19]. Par endroits, on distingue des traces qui ressemblent à des signes et qui pourraient laisser penser à un remploi du papyrus. Ce phénomène est cependant limité le plus souvent aux alentours des noircissures. Il semble que la substance qui a taché le manuscrit ait parfois imprimé par transfert la trace de signes écrits à d'autres endroits du rouleau[20]. Ce ne sont donc généralement que des taches. Le papyrus Princeton Pharaonic Roll 10 ne semble donc pas avoir constitué un palimpseste[21], bien que son état de conservation ne permette pas d'en avoir la certitude.

---

14 C'est le cas notamment du papyrus Paris Louvre N. 3079 qui mesure plus d'un mètre de long (J.-Cl. GOYON, *BIFAO* 65 (1967), p. 89-156 ; J.-Cl. GOYON, *RdÉ* 20 (1968), p. 63-96 ; M. BELLION, *Catalogue*, p. 194-195). D'autres manuscrits au contraire renfermaient uniquement des rituels ou des liturgies, comme par exemple le papyrus Berlin P. 3057, le papyrus Londres BM EA 10081, le papyrus Londres BM EA 10188 ou le papyrus Londres BM EA 10252.

15 Sur la distinction entre le pinceau égyptien (jonc) et le calame d'origine grecque (roseau) et l'abandon du premier en faveur du second vers la fin de l'époque ptolémaïque, voir W. J. TAIT, *in* : *Proceedings of the XVIII International Congress of Papyrology*, p. 477-481.

16 À propos de la mise en page du papyrus Princeton Pharaonic Roll 10, voir § 2.4.

17 Ce fait a incité à distinguer les pages, délimitées par des traits verticaux, des colonnes.

18 Aucune analyse n'a été réalisée pour tenter d'identifier cette substance.

19 Cela a pu se produire dans la tombe, comme attesté par certains manuscrits funéraires. C'est le cas par exemple du papyrus Quaritch (M. COENEN, *JEOL* 35/36 (2001), p. 43). Ces taches pourraient indiquer que le document avait été placé auprès d'un défunt, comme le demande par exemple le texte démotique inscrit sur le papyrus Londres BM EA 10209 (C. J. MARTIN, K. RYHOLT, *JEA* 92 (2006), p. 270-274), mais il n'est pas exclu non plus que le document ait fait l'objet d'un autre usage qu'un dépôt funéraire et que cet incident ait eu lieu à cette occasion. À propos de la conservation et des dommages causés aux papyrus, consulter notamment B. LEACH, J. TAIT, « Papyrus », *in* : P. T. NICHOLSON, I. SHAW (éd.), *Ancient Egyptian Materials*, p. 227-253, § 9 ; A. DONNITHORNE, *in* : *Papyrus*, p. 1-23, en particulier p. 3 et pl. 1c. À propos de ces produits, voir notamment M. SERPICO, R. WHITE, « Resins, Amber and Bitumen » et R. NEWMAN, M. SERPICO « Adhesives and Binders », *in* : P. T. NICHOLSON, I. SHAW (éd.), *Ancient Egyptian Materials*, p. 430-474, § 18 et p. 475-494, § 19.

20 On peut observer ce phénomène sur le fragment n° 54 (x+9), où le trait vertical que l'on distingue constitue l'empreinte d'un autre. Voir encore § 2.6.3.

21 À ce sujet, consulter R. A. CAMINOS, *in* : *Papyrus*, p. 43-61.

2.2 Établissement du texte

2.2.1 Révision du montage

Dans son état actuel de conservation (Pl. XXIII), la partie initiale du document se compose de six pages. C'est en effet le cas, mais leur organisation réelle diffère de la reconstitution réalisée lors du montage du papyrus. L'observation et la lecture ont en effet permis d'établir qu'aucun fragment de cette section n'était disposé correctement. Il a donc fallu les réorganiser afin de recomposer les pages x+1 à x+6 (Pl. XXIV). La deuxième partie débute par quatre grands morceaux disjoints, réunis par des collages (Pl. XXIII). Compte tenu de ce qui précède, on était en droit de s'interroger quant à la pertinence de leur agencement et de la continuité du texte. L'étude de cette section a permis de mettre en évidence que ces fragments constituent effectivement la suite de la première partie mais qu'ils appartiennent, selon les cas, aux pages x+6 ou x+7. Leur agencement nécessitait des remaniements (Pl. XXIV). Le corps du texte présente ensuite une parfaite continuité tout au long des pages x+8 à x+14. Pour former la troisième portion, le manuscrit a été coupé entre les deux traits séparant les pages x+14 et x+15, ce qui garantit que ces deux pages prenaient effectivement place l'une à la suite de l'autre (Pl. XXIII). La continuité de la suite du papyrus, qui couvre les pages x+15 à x+22, est claire et la dernière d'entre elles s'achève par un colophon marquant la fin du document (Pl. XXIV). L'importance des modifications apportées à l'assemblage initial incitait à douter de la façon dont les fragments du bas du rouleau, séparés du reste du document, avaient été remis en place lors du montage. Moins spectaculaires peut-être, les changements requis sont néanmoins significatifs. En effet, la position de plus des deux tiers des septante-huit fragments appartenant au bas du rouleau[22] nécessite d'être modifiée (Pl. XXIV).

Dans la boîte étiquetée *Fragments 1* (Pl. XXV), des notes indiquent qu'une partie des fragments appartiennent au début du rouleau (à droite) et l'autre à la fin du rouleau (à gauche). Presque tous les fragments sont anépigraphes. Le carton *Fragments 2* (Pl. XXV) contient le tissu dans lequel le rouleau était emballé et plusieurs fragments inscrits. Ces derniers sont séparés en fragments clairs et fragments noircis. Contrairement à la première boîte, cet amalgame par teinte ne laisse plus trace de l'origine de ces fragments au sein du manuscrit. Le dernier emballage, *Fragments 3*, ne contient que de la poussière de papyrus. Dans ces cartons, les morceaux de papyrus reposent pêle-mêle et se chevauchent. Malgré des demandes réitérées, ils n'ont pas été réorganisés afin de pouvoir être étudiés. Ce choix, dicté par la politique de préservation du document, est d'autant plus regrettable pour l'édition du papyrus Princeton Pharaonic Roll 10 que l'examen limité de ce matériel a déjà permis de réintégrer sept fragments (n° 97 à 105) à leur place au sein du manuscrit[23].

2.2.2 Établissement virtuel du texte

Compte tenu de l'étendue des modifications à apporter à l'organisation du manuscrit et de l'impossibilité de les reporter sur l'original[24], un nouveau montage a dû être réalisé de manière

---

22 Il s'agit des fragments n° 15 à 30 et n° 35 à 96.

23 Pour les détails, se reporter au § 2.3. Les fragments restants n'ont pas reçu de numéro.

24 Bien que le conservateur du *Department of Rare Books and Special Collections* ait été informé des modifications qu'il faudrait apporter au montage du papyrus Princeton Pharaonic Roll 10, il n'a pas souhaité les reporter sur l'original, en raison de la grande fragilité du papyrus.

virtuelle sur la base des photographies originales[25]. Le traitement de ces images a posé plusieurs problèmes techniques. Après avoir été scannées en haute définition[26], celles-ci ont nécessité d'importantes retouches et corrections en raison du manque de contraste, des ombres portées sur les bords du papyrus et des reflets de flash. Pour reformer l'ensemble du document, il a ensuite fallu assembler les clichés qui se chevauchaient, alors qu'ils n'avaient pas nécessairement ni la même échelle ni le même angle de prise de vue[27]. Une fois ces images réalisées, plus d'une centaine de fragments ont dû être rendus indépendants les uns des autres[28] pour qu'ils puissent être déplacés afin d'obtenir un montage virtuel correct de toutes les parties (Pl. XXIV). Aux obstacles d'ordre photographique se sont ajoutés les problèmes liés à la conservation du manuscrit. Certains fragments ont en effet subi des déformations dues au travail du temps et leur mise en place s'en est trouvée affectée. En outre, les bandes de papier employées pour les collages, en plus de gêner la lecture, empêchent parfois de définir avec précision où se situe le contour du papyrus. L'étude minutieuse de l'original a cependant contribué à limiter ces inconvénients. Finalement, le mode de conservation du papyrus, qui fait que de petits morceaux de papyrus se déplacent sans cesse sous l'effet de l'électricité statique, implique que l'état du document s'est modifié depuis les prises de vue. Ceci peut constituer un atout lorsque, par exemple, un signe caché devient visible sur l'original, mais c'est une complication supplémentaire lorsqu'il s'agit de décrire le document, puis de l'étudier[29].

2.2.3 Détails des modifications apportées

Afin de compléter ces illustrations, il était nécessaire d'ajouter une partie descriptive. À chaque élément du manuscrit détaché du corps du texte, un numéro a donc été attribué d'après sa position initiale. Une fois tous les fragments numérotés et décrits[30], les permutations nécessaires à l'établissement correct du texte pouvaient être décrites pour rendre compte de l'état modifié du manuscrit. Sur cette base, chacune des pages a fait l'objet d'un descriptif après modifications, en précisant la disposition de tous les fragments, déplacés ou non, et en justifiant les choix proposés. Les pages sont donc considérées et numérotées dans leur état définitif, soit après la réorganisation du texte, ce qui n'affecte réellement que les trois premières d'entre elles, puisque les autres pages portent le même numéro avant et après les changements.

---

25 Lors de la publication du papyrus Londres BM EA 10288, Ricardo Caminos avait été confronté à la même difficulté, mais sans pouvoir recourir à l'informatique (R. A. Caminos, *JEA* 58 (1972), p. 206).

26 C'est grâce à l'aide précieuse de Frédéric Rossi et d'Éric Soutter d'Archeodunum à Gollion que ce travail a pu être réalisé sur les photographies fournies par la *Princeton University Library*. Je les en remercie tous deux chaleureusement.

27 Le concours de Dimitri Delcourt a été décisif dans cette réalisation. Qu'il en soit ici remercié.

28 Lors de ces manipulations, les innombrables petits débris qui étaient déposés un peu partout autour des portions de papyrus ont disparu par la force des choses. Le manuscrit original ne se présente donc pas sous un aspect aussi net que le laissent penser les planches reproduites ici.

29 Les petits fragments ne cesseront pas de se déplacer. Une description détaillée de ces éléments mobiles a donc été jugée inutile et abandonnée. Seuls seront indiqués dans le commentaire les cas où un débris gêne la lecture ou ceux où une différence permettant d'améliorer la lecture a été relevée entre la photographie et l'original au moment où il a été consulté.

30 La description complète de tous les fragments avec leurs dimensions n'est pas reproduite ici. Seuls les éléments caractéristiques figurent ci-dessous dans le descriptif des pages (§ 2.3).

La description des vingt-deux pages du papyrus Princeton Pharaonic Roll 10 reflète ainsi la nouvelle organisation du manuscrit. Pour chaque page, le même modèle de présentation a été adopté. La première indication est la manière dont la page est séparée de celles qui l'encadrent. Puis, c'est la largeur de la page qui est indiquée[31]. Afin de présenter des mesures standardisées, la dimension a toujours été prise entre les traits qui définissent l'espace de rédaction, sans tenir compte de la distance séparant les doubles traits lorsqu'elle existe[32]. Les éléments qui composent la page sont ensuite détaillés et leur disposition expliquée. Ils sont énumérés selon l'agencement reconstitué, tandis que leur numérotation reflète leur ordre d'apparition dans le montage original. Les mentions *infra* ou *supra* renvoient ici au descriptif de la page elle-même. La composition de la page est alors résumée en fonction des éléments réunis, tout en précisant ses éventuelles particularités. La concordance des lignes des fragments et de la page a été ajoutée ensuite. Des renvois rappellent où pourront être retrouvés les fragments du montage initial de la page traitée qui n'y trouvent plus leur place après modification.

2.3 Descriptif des pages du manuscrit

2.3.1 Page x+1 (Pl. I)

Séparation : Un seul trait sépare cette page, dont la partie initiale est perdue, de la suivante.

Largeur : Environ 14 cm d'après la reconstitution proposée.

Éléments : - **n° 13, n° 10** et **n° 17** : L'espacement entre les lignes est le premier indice qui incite à placer le fragment n° 13 par rapport au fragment n° 10. Ce déplacement est étayé par les restitutions qu'il est possible de proposer dans les lacunes (x+1, 4 ; x+1, 5 ; x+1, 7 ; x+1, 9 ; x+1, 10 ; x+1, 12).

Le trait vertical du fragment n° 17 complète celui qui sépare la page x+1 de la suivante, visible sur le fragment n° 10, et permet de le positionner par rapport à celui-ci. Par ailleurs, le joint que l'on distingue sur le fragment n° 10 se poursuit sur le fragment n° 17 et garantit cette reconstitution. À la ligne 13 du fragment n° 13, les signes  sont suivis, après la lacune, par  sur le fragment n° 17, ce qui rend possible la restitution de l'anthroponyme *Pꜣ-dỉ-Ḥr-pꜣ-ẖrd*[33]. En outre, la première ligne de la page x+2 débute par le nom de la mère, ce qui assure que ce montage est correct et que la ligne 2 du fragment n° 17, qui constitue la ligne 13 de la page x+1, est bien la dernière de cette page.

À ces trois éléments de la page x+1 viennent probablement s'ajouter les fragments suivants :

---

31 La hauteur du manuscrit, qui varie entre 18,5 et 19,0 cm, est relativement régulière, raison pour laquelle cette mesure n'est pas indiquée pour chaque page.

32 Les doubles traits de séparation, qui ne sont pas toujours absolument parallèles, sont distants d'environ 1 cm.

33 À propos de cet anthroponyme, voir § 4.1.

- **n° 1** et **n° 2** : Les signes  de la première ligne du fragment n° 1 semblent pouvoir s'insérer à la suite du groupe  de la ligne 3 du fragment n° 2 pour former l'anthroponyme *Pꜣ-dỉ-Ḥr-pꜣ-ẖrd*[34]. L'ensemble formé peut être disposé par rapport à la ligne 8 du fragment n° 13 où l'on retrouve une partie du nom de la mère. L'interligne correspond à celui du fragment n° 13 à cet endroit. En outre, les signes  à la ligne 3 du fragment 1 pourraient former la fin du nom de Qebehsenouf, voir § 5.3.1.
- **n° 103** : Le groupe  pourrait s'insérer entre le fragment n° 1 et le fragment n° 13, ce que la texture du papyrus ne contredit pas.
- **n° 3** et **n° 4** : Ces deux éléments semblent correctement disposés l'un par rapport à l'autre. L'espace libre dans la partie supérieure incite à disposer ces deux fragments au sommet de la page. L'espacement des autres lignes correspond à celui des quatre premières lignes du fragment n° 13. Une marque verticale de coloration plus claire incite à placer ce groupe au-dessus du fragment n° 2 où l'on remarque la même caractéristique.
- **n° 6** et **n° 7** : L'unique ligne du fragment n° 6 a été disposée de manière à compléter la dernière ligne du fragment n° 1 car l'ensemble des signes préservés permettent de former les noms de trois des quatre fils d'Horus, voir § 5.3.1. Le fragment n° 7 a été laissé sous le fragment n° 6 comme dans le montage original. L'interligne semble correct et les signes , qui entrent dans la composition de l'anthroponyme *Pꜣ-dỉ-Ḥr-pꜣ-ẖrd*, s'intégreraient bien à cet endroit, voir § 5.3.1.
- **n° 5** : Il semble que cet élément puisse être placé à côté du fragment n° 4 comme l'indique les fibres du papyrus et sa coloration, mais les signes partiels ne permettent pas de le confirmer.
- **n° 16** : Ce fragment a été disposé d'après la bordure de découpage caractéristique du bas du rouleau, qui montre une forme régulière et répétitive due au déchirement du papyrus alors qu'il était encore enroulé. Sa position exacte n'est pas assurée.

Composition : L'association des fragments n° 13, n° 10 et n° 17 montre que cette page très dégradée compte treize lignes. Si la texture des fragments n° 1, n° 2, n° 3, n° 4, n° 5, n° 6 et n° 7 indique une origine commune au sein du manuscrit, les maigres indices utilisés afin de les mettre en place n'offrent cependant aucune garantie définitive quant à leur disposition.

Concordances : n° 13, 1-13 = x+1, 1-13 ; n° 10, 1-11 = x+1, 1-11 ; n° 17, 1-2 = x+1, 12-13 ; n° 1, 1-3 = x+1, 8-10 ; n° 4, 1-4 = x+1, 1-4 ; n° 2, 1-4 = x+1, 6-9 ; n° 103, 1-2 = x+1, 7-8 ; n° 5, 1-3 = x+1, 3-5 ; n° 6, 1 = x+1, 10 ; n° 7, 1-2 = x+1, 11-12 ; n° 16, 1-2 = x+1, 12-13 ; n° 3, anépigraphe.

Renvois : n° 8 déplacé à la page x+3 ; n° 9 et n° 15 déplacés à la page x+2.

34 Ces signes pourraient aussi prendre place à la suite de ceux qui forment le début du même anthroponyme à la ligne 1 du fragment n° 7, mais l'examen des fibres milite plutôt en faveur de la première solution.

2.3.2 Page x+2 (Pl. II)

Séparation : Un trait sépare cette page de la précédente et deux de la suivante.

Largeur : Environ 17,5 cm d'après la reconstitution.

Éléments : - **n° 10** : Sur la disposition de ce fragment, voir le descriptif de la page x+1 (§ 2.3.1). Au début de la première ligne suivant le trait de séparation, on distingue sur l'original la trace des signes  qui entrent dans la graphie du nom *Tȝy-Hb.t*[35] qui apparaît à la première ligne du fragment n° 14.

- **n° 17** : À propos de la position de ce fragment, voir le descriptif de la page x+1 (§ 2.3.1).

- **n° 14** : On reconnaît dès la ligne 7 le début du chant final du *Cérémonial pour faire sortir Sokar* qui occupe la seconde partie de cette page, voir § 5.5.1. Pour la position de ce fragment par rapport au n° 10, voir *supra*.

- **n° 9** : Les six lignes de ce fragment n'incitent pas, à première vue, à le disposer au milieu de la page x+2 composée de treize lignes au moins. Néanmoins, la lecture montre que ce fragment correspond parfaitement à l'organisation graphique de cette page dont la seconde partie, contenant une version du chant final du *Cérémonial pour faire sortir Sokar*, est rédigée sur deux colonnes après la ligne 6.

- **n° 12** : Les lignes 6 à 12 de ce fragment, qui livrent la suite du chant final du *Cérémonial pour faire sortir Sokar*, permettent de le disposer par rapport aux autres parties.

- **n° 11** : Sur la position de ce fragment, voir aussi le descriptif de la page x+3 (§ 2.3.3). La fin des cinq lignes visibles, avant les deux traits verticaux, correspond à l'organisation graphique de la page qui présente une sixième ligne plus courte que les autres, puis le chant final du *Cérémonial pour faire sortir Sokar* réparti sur deux colonnes.

- **n° 15** : Ce fragment a été disposé d'après le découpage du bas du rouleau, qui montre une forme régulière et répétitive due au fait que cette partie a été déchirée lorsque le papyrus était encore enroulé. Les traces encore visibles sur ce fragment correspondent à l'une des lignes manquantes du chant final du *Cérémonial pour faire sortir Sokar* (x+2, 14).

- **n° 30** : L'espacement des deux traits de séparation et la position du joint entre les feuillets correspondent à ce que l'on peut voir sur le fragment n° 11.

Composition : Cette page a subi d'importantes destructions. Grâce à son contenu – le chant final du *Cérémonial pour faire sortir Sokar*[36] – il est cependant possible d'en reconstituer la disposition. Les six premières lignes forment un paragraphe, la dernière s'achevant au milieu de la page. Le texte est rédigé ensuite sur deux colonnes plus étroites, formées respectivement de huit et neuf lignes, ce qui porte à vingt-trois le nombre total de lignes de cette page. Les lignes 13-14 et 22-23 sont presque entièrement perdues et seules quelques traces en subsistent.

---

35 À propos de cet anthroponyme, voir § 4.3.

36 Se reporter au § 5.5.

Concordances : n° 10, 1 = x+2, 1 ; n° 14, 1-13 = x+2, 1-13 ; n° 9, 1-6 = x+2, 1-6 ; n° 12, 1-5 = x+2, 1-5 ; n° 12, 6-13 = x+2, 15-22 ; n° 11, 1-5 = x+2, 1-5 ; n° 15, 1 = x+2, 14 ; n° 30, sans texte.

Renvoi : n° 17 déplacé à la page x+1.

2.3.3 Page x+3 (Pl. III)

Séparation : Deux traits verticaux séparent cette page de la précédente. Un seul trait est tracé ensuite.

Largeur : Environ 8 cm d'après la reconstitution.

Éléments : - **n° 11** : Le contenu de cette portion, à savoir la fin du chant final du *Cérémonial pour faire sortir Sokar*, montre qu'elle prend place après la page x+2.

- **n° 8** : Les trois lignes visibles sur ce fragment complètent les trois premières lignes du fragment n° 11.

- **corps du texte** : Les signes qui figurent avant le trait de séparation de la page x+4 correspondent aux lignes 3 et 6 du fragment n° 11.

- **n° 30** : Sur la position de ce fragment, voir le descriptif de la page x+2 (§ 2.3.2). Les traces de signes encore visibles ne sont pas reconnaissables.

Composition : Cette page est constituée d'au moins douze lignes ; l'existence d'une ligne supplémentaire (x+3, 13) n'est pas exclue. La page est détériorée par deux déchirures verticales, l'une ayant détruit le début des lignes de cette page et l'autre la fin de celles-ci.

Concordances : n° 11, 1-12 = x+3, 1-12 ; n° 8, 1-3 = x+3, 1-3 ; n° 30, 1 = x+3, 12.

Renvois : n° 12 et n° 14 déplacés à la page x+2 ; n° 13 déplacé à la page x+1 ; n° 18 déplacé à la page x+11 ; n° 19, n° 21 et n° 22 déplacés à la page x+4 ; n° 20 déplacé à la page x+10.

2.3.4 Page x+4 (Pl. IV)

Séparation : Un seul trait vertical sépare cette page de la précédente, mais deux traits sont tracés avant la page suivante.

Largeur : Environ 18 cm.

Éléments : - **corps du texte** : Il est constitué de douze lignes.

- **n° 19** : Le trait vertical correspond à celui qui figure avant le corps du texte. À la première ligne, le signe  entre dans la composition du nom *Ms-rd.wy=f*[37] qui débute à la ligne précédente et se poursuit avec la filiation dans le corps du texte.

- **n° 21** : Les signes partiels de la première ligne correspondent à ceux qui figurent à cet endroit dans le corps du texte. La présence du joint entre les feuillets sur le fragment comme dans le corps du texte confirme sa disposition.

- **n° 22** : Ce fragment anépigraphe, collé au fragment n° 23 avec lequel il a été déplacé, ne gêne pas le positionnement d'autres fragments et respecte

37 À propos de cet anthroponyme, voir § 4.2.

l'organisation des lignes de cette page. L'observation des fibres du papyrus indique qu'il est bien disposé par rapport aux fragments n° 21 et n° 23.

Composition : Le bas de cette page qui comporte douze lignes est largement endommagé et quatre déchirures verticales la traversent. Une grande partie de la première ligne est rédigée à l'encre rouge.

Concordances : n° 19, 1-2 = x+4, 11-12 ; n° 21, 1-2 = x+4, 11-12 ; n° 22, anépigraphe.

Renvois : n° 23, n° 24, n° 25 et n° 26 déplacés à la page x+5.

2.3.5 Page x+5 (Pl. V)

Séparation : Deux traits séparent cette page de la précédente et de la suivante.

Largeur : Environ 17,5 cm.

Éléments : - **corps du texte** : Il est constitué de treize lignes.

- **n° 23** : Le double trait de séparation correspond à celui du corps du texte et les signes des deux lignes visibles s'intègrent au contenu des deux dernières lignes de cette page.

- **n° 24** : Ce fragment anépigraphe, collé au fragment n° 25 avec lequel il a été déplacé, ne gêne pas le positionnement d'autres fragments et respecte l'organisation des lignes de cette page. D'après les fibres de papyrus, il est bien disposé par rapport aux fragments n° 23 et n° 25.

- **n° 25** : La position du joint correspond à celle de celui du corps du texte et les deux lignes de texte s'intègrent au contenu des deux dernières lignes de la page.

- **n° 26** : Sans gêner le positionnement d'autres fragments, celui-ci respecte l'organisation des lignes de cette page. Le sens des fibres de papyrus tend à montrer qu'il est bien disposé par rapport aux fragments n° 25 et n° 27, avec lesquels il a été déplacé.

Composition : Des déchirures et des noircissures plus ou moins importantes compliquent la lecture de cette page de treize lignes, dont le bas est assez endommagé. Il y est fait usage d'encre rouge à plusieurs reprises.

Concordances : n° 23, 1-2 = x+5, 12-13 ; n° 25, 1-2 = x+5, 12-13 ; n° 24, anépigraphe ; n° 26, anépigraphe.

Renvois : n° 27, n° 28 et n° 29 déplacés à la page x+6 ; n° 30 déplacé entre les pages x+2 et x+3.

2.3.6 Page x+6 (Pl. VI)

Séparation : Cette page est séparée de la précédente par deux traits. On distingue encore le trait qui séparait cette page de la suivante sur les fragments n° 32, n° 100 et n° 36.

Largeur : Environ 19.5 cm.

Éléments : - **corps de texte** : Il est constitué de douze lignes.

- **n° 31** : Ce fragment, placé dans la boîte suivante, n'avait pas été rattaché à la page x+6. Plusieurs correspondances avec le corps du texte permettent cependant de le déduire : le verbe *ḫr* (x+6, 5), l'anthroponyme *Pꜣ-di͗-Ḥr-pꜣ-ẖrd* (x+6, 7), l'expression *sḫr ḫfty.w=f* (x+6, 9) et la série de dieux associés à des points cardinaux (x+6, 11). De plus, aux lignes 4 et 8, les mentions du bénéficiaire qui se poursuivent à la ligne suivante (x+6, 5 ;

x+6, 9) confirment l'exactitude de cette nouvelle disposition. On constate que les fibres du papyrus se sont désolidarisées et que pour disposer correctement le fragment n° 31, elles doivent se chevaucher.

- **n° 101** : La trace du joint visible sur ce fragment correspond à celui qui apparaît dans le corps du texte. Les signes s'intègrent à la dernière ligne du fragment n° 31, en particulier  qui chevauche les deux fragments.
- **n° 102** : La variation de teinte de ce fragment correspond à celle de cet emplacement. En outre, le signe partiel complète le  de la dernière ligne du fragment n° 31.
- **n° 32** : À la fin de la quatrième ligne, les signes  font partie du nom *Tꜣy-Hb.t* qui se poursuit à la ligne suivante du corps du texte (x+6, 5). Le trait que l'on distingue à peine sur ce fragment est celui qui sépare les pages x+6 et x+7.
- **n° 100** : Ce fragment a été inséré ici en raison de sa texture et de sa couleur. Sa position exacte ne peut être confirmée, mais le trait encore visible servait de séparation avec la colonne suivante.
- **n° 27** : Les deux traits de séparation prolongent ceux du corps du texte et les deux lignes de texte s'intègrent au contenu des deux dernières lignes de la page.
- **n° 28** : Ce fragment anépigraphe, collé au fragment n° 29 avec lequel il a été déplacé, ne gêne pas le positionnement d'autres fragments et respecte l'organisation des lignes de cette page. Le sens des fibres de papyrus tend à montrer qu'il est bien disposé par rapport aux fragments n° 27 et n° 29.
- **n° 29** : Un joint est visible à l'extrémité de ce fragment et permet de le positionner par rapport à celui que l'on remarque sur les fragments n° 31 et n° 101. Le noircissement de ce fragment n'est pas en contradiction avec l'état de la page x+6 et respecte l'espacement régulier des traces sombres. En outre, les signes des deux lignes de texte de ce fragment s'intègrent au contenu des deux dernières lignes du corps du texte, confirmant la disposition réciproque des fragments n° 31 et n° 29 avec le reste de la colonne.
- **n° 55** : La texture du papyrus et la disposition des fibres permettent de disposer ce fragment à la suite du fragment n° 29. Les traces d'un joint confirment la disposition par rapport au fragment n° 31.
- **n° 38** : Il y a suffisamment de place pour insérer ce fragment à cet endroit. Cette disposition respecte la régularité de la bordure de découpe du bas du rouleau. La ligne du fragment n° 38 pourrait s'intégrer à la dernière ligne de la page x+6. Les autres traces ne sont semble-t-il que des taches.
- **n° 39** : Ce fragment a été déplacé avec le n° 38 auquel il est joint. Les traces que l'on y distingue demeurent indéfinissables.
- **n° 36** : Sur le positionnement de ce fragment, voir le descriptif de la page x+7 (§ 2.3.7). Le trait visible est celui qui sépare les pages x+6 et x+7.

Composition : La disposition des fragments montre que cette page ne comportait pas douze, mais treize lignes. Une large déchirure laisse deux parties non jointives que la lecture permet heureusement de faire coïncider. Lors du montage initial, elles ont été séparées dans deux boîtes différentes, privant cette page de sa fin. Le bas de la page a subi d'importants dégâts.

Concordances : n° 31, 1-12 = x+6, 1-12 ; n° 32, 1-5 = x+6, 1-5 ; n° 27, 1-2 = x+6, 12-13 ; n° 29, 1-2 = x+6, 12-13 ; n° 38, 1-2 = x+6, 12-13 ; n° 28, anépigraphe ; n° 55, anépigraphe ; n° 39, anépigraphe.

Renvoi : n° 30 déplacé entre les pages x+2 et x+3.

2.3.7 Page x+7 (Pl. VII)

Séparation : Un trait, que l'on ne distingue que partiellement sur les fragments n° 32, n° 100 et n° 36, sépare cette page de la précédente. Deux traits la séparent de la suivante.

Largeur : Environ 20 cm.

Éléments : - **corps du texte** : Il est constitué de douze lignes.

- **n° 33** : Les anthroponymes des lignes 2-3 et 5-6 et l'épithète *Wsỉr ḫnty ỉmn.t* des lignes 6-7 de ce fragment assurent la continuité des lignes avec le corps du texte et montrent qu'après avoir été repositionné, ce fragment prend bien place au début de la page x+7.

- **n° 34** : À la troisième ligne, les signes 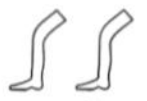 servent à écrire le nom *Ms-rd.wy=f* dont la fin est notée dans le corps du texte (x+7, 7), à l'instar des deux lignes suivantes dont le contenu correspond au texte, ce qui permet de disposer ce fragment. Les signes qui figurent au bas de ce fragment s'intègrent à la disposition graphique de la page, voir *infra* Composition.

- **n° 97** : La texture et la couleur du papyrus incitent à disposer ce fragment à cet endroit. Le groupe  trouve sa place à la suite du mot *Wsỉr* visible à la deuxième ligne du corps du texte.

- **n° 98** : La texture et la couleur de ce fragment correspondent à celles de cet emplacement. Le déterminatif  complète le nom Hâpy inscrit dans le corps du texte. Le groupe  précède l'anthroponyme que l'on peut lire ensuite. Il semble en outre que l'on puisse lire le signe  à la ligne commune avec le fragment n° 97.

- **n° 99** : On peut faire correspondre les signes de ce fragment avec le corps du texte, comme le confirme le déterminatif de *ms* à la première ligne, le coutcau et les traits du pluriel à la troisième ligne et le nom d'Horus à la dernière ligne.

- **n° 36** : Les deux signes disposés verticalement correspondent à la mise en forme du bas de cette page, voir *infra* Composition. Le trait vertical constitue la séparation entre les pages x+6 et x+7.

- **n° 41** : La texture et la teinte du papyrus indiquent que ce fragment anépigraphe prend place à la suite du fragment n° 36.

- **n° 35** : Les signes isolés de ce fragment permettent de le disposer par rapport au n° 34, au-dessous duquel il prend place, voir *infra* Composition.

- **n° 40** : L'examen des fibres indique que ce fragment anépigraphe peut être placé entre les fragments n° 37 et n° 35, où il y a suffisamment de place pour l'insérer. Il a été disposé de manière à ce qu'il y ait suffisamment d'espace pour une ligne supplémentaire (x+7, 17) dont il ne reste plus trace.

- **n° 37** : Le joint visible sur ce fragment anépigraphe permet de le positionner par rapport à celui qui traverse la page x+7. La texture et les fibres du papyrus permettent d'envisager cette disposition par rapport au fragment n° 42.

- **n° 42** : La disposition des lignes de ce fragment respecte l'organisation graphique de cette page (voir *infra* Composition) et le noircissement correspond à celui du corps du texte.

Composition : Cette page est composée d'une première partie qui s'étend sur neuf lignes. Elle est suivie de trois colonnes plus brèves de quatre ou cinq lignes chacune, ce qui porte le nombre total de lignes à vingt-deux. Deux colonnes de quelques signes encadrent ces deux premières colonnes. Les détériorations sont sérieuses et des noircissures importantes entravent la lecture.

Concordances : n° 33, 1-9 = x+7, 1-9 ; n° 33, 10-13 = x+7, 10-13 ; n° 33, signe = x+7, A ; n° 34, 1-5 = x+7, 5-9 ; n° 34, signe = x+7, C ; n° 36, signes = 7, A ; n° 35, signes = 7, B et C ; n° 42, 1-3 = x+7, 20-22 ; n° 42, anépigraphe ; n° 40, anépigraphe ; n° 37, anépigraphe.

Renvois : n° 31, n° 32, n° 38 et n° 39 déplacés à la page x+6.

2.3.8 Page x+8 (Pl. VIII)

Séparation : Deux traits séparent cette page de la précédente et de la suivante.

Largeur : Environ 17 cm.

Éléments : - **corps du texte** : Il est constitué de quatorze lignes.

- **n° 43** : Le trait de ce fragment complète la seconde ligne de séparation entre les pages x+7 et x+8. Les autres remaniements ne font pas obstacle à son positionnement.

- **n° 44** : Les lignes de ce fragment complètent les deux dernières lignes du corps du texte et le noircissement correspond à celui de la page. L'examen des fibres confirme qu'il est bien disposé contre le fragment n° 45. Tous deux ont été légèrement déplacés.

- **n° 45** : Ce fragment demeure accolé au fragment n° 44 avec lequel il a été légèrement déplacé. Le petit trait de la dernière ligne du corps du texte complète le trait du groupe  visible sur ce fragment, ce qui incite à le déplacer vers la gauche. Les fibres du papyrus confirment ce déplacement. Au bas du fragment, le petit trait est en réalité un fragment mobile.

- **n° 46** : L'examen du papyrus confirme la position de ce fragment anépigraphe entre les fragments n° 45 et n° 47, où il s'intègre bien.

- **n° 47** : Le joint que l'on distingue sur ce fragment coïncide avec celui qui traverse la page x+8. Bien qu'il n'y ait pas de contact direct, les deux lignes de texte s'intègrent aux deux dernières lignes de cette page.

Composition : La page se compose de quatorze lignes. En plus des deux trous qui éraillent le texte, deux bandes très foncées traversent la page, rendant par endroits la lecture impossible. Le bas de la page est plus détérioré.

Concordances : n° 44, 1-2 = x+8, 13-14 ; n° 45, 1 = x+8, 14 ; n° 47, 1-2 = x+8, 13-14 ; n° 43, anépigraphe ; n° 46, anépigraphe.

Renvoi : Aucun.

2.3.9 Page x+9 (Pl. IX)

Séparation : Deux traits séparent cette page de la précédente et de la suivante. Un trait simple marque la division entre les colonnes de cette page. À la troisième colonne, un trait supplémentaire sépare le texte disposé en colonne des lignes qu'il précède.

Largeurs : Largeur de la page x+9 : environ 22,5 cm.
Largeur de la première colonne : 7,1-7,5 cm.
Largeur de la deuxième colonne : 7,7-7,9 cm.
Largeur de la troisième colonne : 7,5 cm.

Éléments : - **corps du texte** : Il est constitué de onze à treize lignes selon les colonnes, voir *infra* Composition. Chacune est précédée d'une ou deux colonnes de texte plus étroites.

- **n° 48** : Les deux traits de ce fragment complètent ceux qui séparent cette page de la précédente. La disposition du signe partiel encore visible sur ce fragment correspond à l'organisation graphique de la page.

- **n° 49** : Les lignes de texte s'intègrent à la première colonne de cette page et le changement de coloration du papyrus correspond à son emplacement.

- **n° 50** : Les deux lignes de ce fragment complètent celles du fragment n° 49.

- **n° 63** : Le trait de ce fragment complète celui qui sépare la première colonne de cette page de la suivante. La texture du papyrus confirme cette disposition.

- **n° 52** : Ce fragment doit être déplacé vers la gauche pour faire coïncider le joint que l'on y distingue avec celui de la page. On peut ainsi reconstituer les deux signes de la première ligne du fragment, dont la partie supérieure est encore visible dans le corps du texte. Quant au groupe  , il vient s'aligner sous la seconde colonne de signes précédant les lignes.

- **n° 51** : La texture du papyrus confirme la disposition de ce fragment par rapport au fragment n° 54. Le petit trait vertical qui y est encore visible continue celui qui est visible sur la page.

- **n° 54** : Les deux lignes de ce fragment s'insèrent parmi celles de la troisième colonne de cette page. La coloration de ce fragment correspond à cet emplacement.

Composition : Une première longue ligne surmonte les trois colonnes de cette page, mais il ne s'agit pas d'un titre marquant l'unité des trois éléments, comme on pourrait le croire au premier abord. Cette ligne constitue en réalité la suite et la fin du texte de la page précédente (x+8). Au-dessous, la première colonne compte quinze lignes, celle du milieu est constituée de quatorze lignes et la dernière de douze lignes. Cette page compte donc quarante-deux lignes au total. Les lignes de la première et de la dernière section sont précédées d'une étroite colonne de texte. Cet usage est répété pour la section centrale, mais un texte différent est disposé sur deux colonnes au lieu d'une seule. Malgré plusieurs détériorations et des noircissures, le texte est assez bien conservé. Les déchirures se répartissent principalement sur le bas de la page.

Concordances : n° 48, signe = x+9, A ; n° 49, 1-4 = x+9, 13-16 ; n° 50, 1-2 = x+9, 15-16 ; n° 52, 1-3 = x+9, 28-30 ; n° 52, signes = x+9, B ; n° 54, 1-2 = x+9, 41-42 ; n° 63, sans texte ; n° 51, sans texte.

Renvoi : n° 53 déplacé à la page x+12.

2.3.10 Page x+10 (Pl. X)

Séparation : Deux traits séparent cette page de la précédente et de la suivante.

Largeur : Environ 7 cm.

Éléments : - **corps du texte** : Il est constitué de onze lignes et porte les traces d'une douzième. Une colonne de texte plus étroite les précède.

- **n° 20** : Les traces de signes de ce fragment correspondent à la fin de la colonne de texte précédant les lignes de la page.

- **n° 56** : En déplaçant ce fragment vers la gauche, les signes partiels encore visibles sur ce fragment complètent ceux de la dernière ligne du corps du texte.

Composition : Il s'agit d'une page de douze lignes, précédée d'une étroite colonne de texte dont le bas est en partie effacé, mais encore lisible. À l'exception des destructions qui affectent les deux dernières lignes, cette page est en bon état.

Concordance : n° 56, 1 = x+10, 12 ; n° 20, 1 = x+10, A.

Renvoi : n° 55 déplacé à la page x+6.

2.3.11 Page x+11 (Pl. XI)

Séparation : Deux traits séparent cette page de la précédente et de la suivante.

Largeur : Environ 10 cm.

Éléments : - **corps du texte** : Il est constitué de quatorze lignes, qu'une étroite colonne de texte précède.

- **n° 18** : Le petit trait vertical correspond au second trait de séparation entre les pages x+10 et x+11. Le joint que l'on y distingue encore complète celui qui traverse le corps du texte. Les traces de signes de ce fragment correspondent à la fin de la colonne de texte précédant les lignes de la page.

- **n° 58** : Les trois lignes de ce fragment s'intègrent à celles de cette page.

- **n° 59** : Rien n'empêche ce fragment anépigraphe, qui est collé au fragment n° 60 qui est en place, d'être disposé ici, voir le descriptif de la page x+12 (§ 2.3.12).

Composition : Il s'agit d'une page de quinze lignes, précédée d'une étroite colonne de texte. Elle est assez bien conservée, à l'exception d'une déchirure qui affecte le texte vertical et de destructions qui touchent les dernières lignes.

Concordances : n° 18, 1 = x+11, B ; n° 58, 1-3 = x+11, 13-15 ; n° 59, anépigraphe.

Renvoi : n° 57 déplacé à la page x+ 16.

2.3.12 Page x+12 (Pl. XII)

Séparation : Deux traits séparent cette page de la précédente et de la suivante.

Largeur : Environ 13 cm.

Éléments : - **corps du texte** : Il est constitué de treize lignes.

- **n° 60** : Les deux traits de ce fragment complètent ceux qui séparent cette page de la précédente. Les deux lignes de texte forment le début des deux dernières lignes de cette page.
- **n° 62** : Le joint entre les feuillets, qui traverse la page et le fragment, confirme que celui-ci est en place.
- **n° 53** : Le trait vertical qui figure sur ce fragment correspond au premier trait de séparation entre les pages x+12 et x+13.

Composition : Cette page est composée de quatorze lignes, la dernière, plus courte, n'atteignant pas la moitié de la page. Quelques trous et éraflures ne gênent pas trop la lecture, mais les dernières lignes de la page sont plus endommagées.

Concordances : n° 60, 1-2 = x+12, 13-14 ; n° 62, 1 = x+12, 13 ; n° 53 anépigraphe.

Renvoi : n° 61 déplacé à la page x+16 ; n° 63 déplacé à la page x+9.

2.3.13 Page x+13 (Pl. XIII)

Séparation : Deux traits séparent cette page de la précédente et de la suivante.

Largeur : Environ 5.5 cm.

Éléments : - **corps du texte** : Il est constitué de douze lignes et porte les traces d'une ligne supplémentaire.

- **n° 64** : Les trois lignes de texte de ce fragment s'intègrent à celles du bas de cette page. Les changements de tons du papyrus que l'on y distingue correspondent à ceux du corps du texte et des fragments n° 65 et n° 66, voir le descriptif de la page x+14 (§ 2.3.14).

Composition : Il s'agit d'une page de quinze lignes. Le texte est bien conservé, à l'exception des dernières lignes.

Concordance : n° 64, 1-3 = x+11, 13-15.

Renvoi : Aucun.

2.3.14 Page x+14 (Pl. XIV)

Séparation : Deux traits séparent cette page de la précédente et de la suivante. La coupure moderne, effectuée pour la conservation, a été pratiquée entre les deux traits séparant la page x+14 de la page x+15.

Largeur : Environ 25.5 cm.

Éléments : - **corps du texte** : Il est constitué de douze lignes et des traces de deux autres. Au bas de la page, la mise en forme d'une partie du texte imite une rédaction en colonnes verticales, voir *infra* Composition.

- **n° 65** : Les deux traits verticaux de ce fragment complètent ceux qui séparent cette page de la précédente. Les changements de tons du papyrus que l'on y distingue correspondent à ceux des fragments n° 64 et n° 66, voir le descriptif de la page x+13 (§ 2.3.13).
- **n° 66** : La répétition du signe 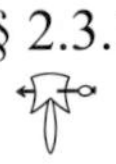 au début de chaque ligne confirme que ce fragment est bien disposé.

- **n° 68** : Les signes de ce fragment s'intègrent parfaitement dans l'organisation graphique du corps du texte. L'espacement entre les colonnes est similaire.
- **n° 70** : La disposition des signes de ce fragment s'intègre parfaitement à l'organisation graphique du corps du texte. L'espacement entre les deux colonnes est identique.
- **n° 71** : Le trait vertical correspond à l'un de ceux qui séparent cette page de la suivante. Les signes visibles semblent s'intégrer parmi ceux du corps du texte comme du fragment n° 70.

Composition : Il s'agit d'une page de onze lignes auxquelles s'ajoutent quatre lignes plus courtes, elles-mêmes accompagnées d'un ensemble de signes, plus espacés et disposés de manière à former un passage disposé en colonnes. La page est assez bien conservée dans l'ensemble à l'exception de quelques détériorations. Le bas de la page est quant à lui assez endommagé.

Concordances : n° 66, 1-3 = x+14, 13-15 ; n° 68, signes = x+14, A ; n° 70, signes = x+14, A-B ; n° 71, signes = x+14, B ; n° 65, anépigraphe.

Renvois : n° 67 et n° 69 déplacés à la page x+15.

2.3.15 Page x+15 (Pl. XV)

Séparation : Deux traits séparent cette page de la précédente et de la suivante. La coupure moderne, effectuée pour la conservation, a été pratiquée entre les deux traits séparant la page x+14 de la page x+15.

Largeur : Environ 24 cm.

Éléments : - **corps du texte** : Il est constitué de quatorze lignes et des traces d'une quinzième.
- **n° 69** : La couleur et la texture du papyrus indiquent que ce fragment trouve sa place à cet endroit. Les traces de signes s'accordent avec la position de la dernière ligne de cette page.
- **n° 73** : Ce fragment doit être déplacé légèrement vers la gauche. Ainsi, les signes partiels de la première ligne de ce fragment complètent ceux du corps du texte pour former le groupe  (x+15, 13). À la ligne suivante, on peut lire l'anthroponyme *Pꜣ-dỉ-Ḥr-pꜣ-ẖrd* à la fois sur le fragment et dans le corps du texte.
- **n° 67** : La nouvelle disposition de ce fragment est confirmée tant par la lecture que par les fibres du papyrus.
- **n° 75** : Sur ce fragment, on peut lire l'anthroponyme *Tꜣy-Hb.t*, qui s'intègre parfaitement à l'avant-dernière ligne du corps du texte. En outre, les genoux du déterminatif  sont visibles sur ce fragment, tandis que l'arrière de la tête est reconnaissable dans le corps du texte.
- **n° 72** : C'est la disposition des fibres du papyrus qui permet de disposer ce fragment à cet endroit. Le signe partiel s'intègre à la dernière ligne de la page.
- **n° 76** : Le joint qui traverse ce fragment ainsi que le corps du texte permet de positionner ce fragment. Les deux lignes de texte de ce fragment s'intègrent aux dernières de cette page.

- **n° 74** : La disposition des fibres du papyrus et sa texture permettent de disposer ce fragment anépigraphe contre le fragment n° 77, où il y a la place nécessaire pour l'accueillir.
- **n° 77** : Les deux lignes de texte de ce fragment complètent les deux dernières lignes du corps du texte. Quant aux deux traits, ils poursuivent ceux qui séparent cette page de la suivante, le second étant également plus estompé que le premier, voir aussi le descriptif de la page x+16 (§ 2.3.16).

Composition : Cette page est constituée de quinze lignes. À l'exception de quelques détériorations ponctuelles et d'une déchirure verticale partielle, seules les dernières lignes sont endommagées.

Concordances : n° 69, 1 = x+15, 15 ; n° 73, 1-3 = x+15, 13-15 ; n° 67, 1 = x+15, 15 ; n° 75, 1-2 = x+15, 14-15 ; n° 72, 1 = x+15, 15 ; n° 76, 1-2 = x+15, 14-15 ; n° 77, 1-2 = x+15, 14-15 ; n° 74, anépigraphe.

Renvoi : Aucun.

2.3.16 Page x+16 (Pl. XVI)

Séparation : Deux traits séparent cette page de la précédente et de la suivante.

Largeur : Environ 22 cm.

Éléments :

- **corps du texte** : Il est constitué de quatorze lignes. Les dernières se répartissent sur deux colonnes, voir *infra* Composition.
- **n° 77** : Les deux traits de ce fragment complètent ceux qui séparent cette page de la précédente, voir aussi la description de la page x+15 (§ 2.3.15). Les deux lignes d'écriture correspondent au texte qui précède les dernières lignes de cette page, voir *infra* Composition.
- **n° 61** : Les signes de ce fragment s'intègrent à la dernière ligne du texte qui précède les dernières lignes de cette page, voir *infra* Composition.
- **n° 78** : Les lignes d'écriture de ce fragment complètent le texte précédant les dernières lignes de cette page, voir *infra* Composition.
- **n° 79** : Le joint bien visible sur ce fragment poursuit celui du corps du texte et confirme sa disposition. Les deux lignes de ce fragment complètent celles du corps du texte.
- **n° 57** : Ce fragment s'insère entre les fragments n° 79 et n° 80, comme le montre le signe  inscrit sur les trois fragments.
- **n° 80** : Les deux lignes de ce fragment s'intègrent à celles du corps du texte. La disposition de ce fragment est encore confirmée par l'insertion du fragment n° 57, voir *supra*.

Composition : Cette page se divise en deux parties. Les douze premières lignes forment un texte suivi, la dernière étant très brève. La suite est répartie en deux colonnes plus étroites comprenant respectivement trois (x+16, A) et quatre lignes (x+16, 13-16). Le texte de la première colonne est reproduit, avec une organisation graphique différente devant les lignes des pages x+17, x+18 et x+19[38]. Hormis une déchirure verticale partielle maintenue par une

38 Se reporter au chapitre 9.

série de collages et quelques détériorations, l'ensemble est assez bien conservé. Le bas de la page est une fois encore plus abîmé.

Concordances : n° 77, 1-2 = x+16, A ; n° 61, 1 = x+16, A ; n° 78, 1-3 = x+16, A ; n° 79, 1-3 = x+16, 14-16 ; n° 57, 1 = x+16, 16 ; n° 80, 1-2 = x+16, 15-16.

Renvoi : Aucun.

2.3.17 Page x+17 (Pl. XVII)

Séparation : Deux traits séparent cette page de la précédente et de la suivante.

Largeur : Environ 14,5 cm.

Éléments : - **corps du texte** : Il est constitué de quatorze lignes et des traces d'une quinzième. Une colonne de texte plus étroite les précède, voir *infra* Composition.

- **n° 81** : Les lignes de ce fragment complètent la fin du texte qui précède les lignes de cette page, voir *infra* Composition. En le déplaçant un peu vers la gauche, on peut reformer le signe  .

- **n° 82** : Les deux lignes de texte de ce fragment complètent les deux dernières lignes de cette page. La présence d'un joint visible sur ce fragment confirme sa disposition par rapport à celui qui traverse le corps du texte.

- **n° 86** : L'unique ligne de texte de ce fragment, dont la texture correspond à celle des fragments n° 82 et n° 83, complète la dernière ligne de cette page.

- **n° 83** : Les deux fins de ligne visibles sur ce fragment complètent les deux dernières lignes du corps du texte. De même, les deux traits verticaux poursuivent ceux qui séparent cette page de la suivante.

Composition : Cette page, constituée de quinze lignes, est précédée d'une colonne de texte plus étroite. Celui-ci est reproduit, avec une organisation graphique différente, devant les lignes des pages x+16, x+18 et x+19[39]. Deux déchirures verticales gênent quelque peu la lecture et on remarque des noircissures dans la partie supérieure.

Concordances : n° 81, 1-2 = x+17, A ; n° 82, 1-2 = x+17, 14-15 ; n° 86, 1 = x+17, 15 ; n° 83, 1-2 = x+17, 14-15.

Renvoi : Aucun.

2.3.18 Page x+18 (Pl. XVIII)

Séparation : Deux traits séparent cette page de la précédente et de la suivante.

Largeur : Environ 15 cm.

Éléments : - **corps du texte** : Il est constitué de douze lignes et des traces d'une treizième. Une colonne de texte plus étroite précède les lignes, voir *infra* Composition.

- **n° 83** : Les deux traits poursuivent ceux qui séparent cette page de la précédente, voir aussi le descriptif de la page x+17 (§ 2.3.17).

39 Se reporter au chapitre 9.

- **n° 84** : Ce fragment a été déplacé vers le bas pour que les deux lignes de texte soient disposées correctement par rapport à celles du corps du texte.
- **n° 104** : La structure du papyrus montre que ce petit fragment est parfaitement jointif avec le fragment n° 85, dont il permet de compléter le signe  .
- **n° 85** : Ce fragment trouve sa place un peu plus à gauche par rapport au corps du texte. Les signes visibles s'insèrent correctement dans la dernière ligne de la page.
- **n° 87** : Les signes de ce fragment complètent la fin de la dernière ligne du corps du texte. Les deux traits verticaux coïncident avec ceux qui séparent cette page de la suivante. Le changement de ton du papyrus correspond à celui qui est visible sur les fragments n° 88 et n° 89, voir le descriptif de la page x+19 (§ 2.3.19).

Composition : Cette page compte treize lignes qui sont précédées d'une colonne de texte plus étroite dont le contenu est reproduit, avec une organisation graphique différente devant les lignes des pages x+16, x+17 et x+19[40]. Trois déchirures verticales compliquent la lecture de cette page, dont le bas est endommagé.

Concordances : n° 84, 1 = x+18, 13 ; n° 85, 1 = x+18, 13 ; n° 104, 1-2 = x+19, 14-15 ; n° 87, 1 = x+18, 13 ; n° 83, sans texte.

Renvoi : n° 86 déplacé à la page x+17.

2.3.19 Page x+19 (Pl. XIX)

Séparation : Deux traits séparent cette page de la précédente et de la suivante.

Largeur : Environ 13,5 cm.

Éléments :
- **corps du texte** : Il est constitué de treize lignes. Une colonne de texte plus étroite précède les six premières lignes, voir *infra* Composition.
- **n° 87** : Les deux traits verticaux de ce fragment coïncident avec ceux qui séparent cette page de la précédente, voir aussi le descriptif de la page x+18 (§ 2.3.18).
- **n° 88** : Ce fragment a été déplacé vers le bas pour faire coïncider les signes de la première ligne avec le corps du texte. Son contenu correspond à celui des autres lignes de cette page, où la même formule est répétée avant chacune d'elles, voir *infra* Composition. Le changement de tons du papyrus correspond à celui qui est visible sur les fragments n° 87 et n° 89.
- **n° 105** : Ce petit fragment s'insère parfaitement contre le fragment n° 88 dont il complète les deux dernières lignes de texte.
- **n° 89** : Les signes visibles coïncident avec la dernière ligne du fragment n° 88. La ligne de changement de teinte du papyrus confirme la disposition de ce fragment par rapport aux fragments n° 87 et n° 88.

Composition : Cette page comporte quinze lignes. Les six premières lignes sont précédées d'un texte rédigé en une colonne plus étroite que l'on retrouve, organisée

40 Se reporter au chapitre 9.

autrement, avant les lignes des pages x+16, x+17 et x+18[41]. Les suivantes débutent toutes par la formule *ṯs ṯw*[42]. Cette page est en assez bon état, à l'exception de quelques trous gênant assez peu la lecture et, une fois encore, du bas de la page plus largement atteint.

Concordances : n° 88, 1-3 = x+19, 13-15 ; n° 105, 1-2 = x+19, 14-15 ; n° 89, 1 = x+19, 15.

Renvoi : Aucun.

2.3.20 Page x+20 (Pl. XX)

Séparation : Deux traits séparent cette page de la précédente. Un seul trait est noté entre elle et la suivante.

Largeur : Environ 11 cm.

Éléments : - **corps du texte** : Il est constitué de quatorze lignes.

- **n° 90** : Le trait vertical de ce fragment complète le second trait de séparation entre cette page et la précédente. La position du joint que l'on distingue sur ce fragment confirme sa position par rapport au corps du texte. Les deux premières lignes sont conformes au contenu répété au début de chaque ligne de cette page. Les signes  de la dernière ligne entrent dans la composition de l'anthroponyme *Tꜣy-Hb.t*, dont le début est inscrit sur le fragment n° 94 et la fin sur le fragment n° 95.

- **n° 95** : Plusieurs éléments justifient le déplacement de ce fragment. À la première ligne, les traces  forment le début de *Wsỉr Pꜣ-dỉ-Ḥr-pꜣ-ẖrd* dont la suite est inscrite sur le fragment n° 91. À la ligne suivante, le déterminatif  est bien disposé par rapport à l'anthroponyme *Tꜣy-Hb.t* que l'on peut lire sur les fragments n° 94 et n° 90. En outre, les signes  débutent le mot *sꜥḥ* dont la suite est inscrite sur le fragment n° 91.

- **n° 91** : Les signes de la première ligne complètent ceux du corps du texte, assurant sa position, voir encore *supra* n° 95.

- **n° 94** : Les signes  forment le début du nom *Tꜣy-Hb.t* qui se poursuit au début de la ligne suivante sur le fragment n° 90. Ce passage complète la filiation de *Pꜣ-dỉ-Ḥr-pꜣ-ẖrd* dont le nom est inscrit sur les fragments n° 95 et n° 91.

Composition : Cette page est formée de seize lignes qui reproduisent une litanie *ṯs ṯw*[43]. Son état général est bon, à l'exception de quelques destructions et des bandes de collage. Les deux dernières lignes sont en revanche largement endommagées.

Concordances : n° 90, 1-3 = x+20, 14-16 ; n° 95, 1-2 = x+20, 15-16 ; n° 91, 1-3 = x+20, 14-16 ; n° 94, 1 = x+20, 15.

Renvoi : n° 92 déplacé à la page x+21.

---

41 Se reporter au chapitre 9.

42 Se reporter au chapitre 10.

43 Se reporter au chapitre 10.

2.3.21 Page x+21 (Pl. XXI)

Séparation : Un seul trait sépare cette page de la précédente et de la suivante.

Largeur : Environ 10 cm.

Éléments : - **corps du texte** : Il est constitué de quatorze lignes.

- **n° 93** : Les signes partiels visibles sur ce fragment correspondent à l'anaphore *ṯs ṯw* répétée au début de chaque ligne de cette page et confirment sa disposition, voir *infra* Composition.
- **n° 92** : Le contenu des deux lignes de ce fragment respecte la répétition de la formule *ṯs ṯw* reproduite à chaque ligne, voir *infra* Composition. La disposition des fibres confirme la concordance des fragments n° 93 et n° 92 et justifie le déplacement de ce fragment.

Composition : Cette page est formée de quinze lignes qui reproduisent une litanie *ṯs ṯw*[44]. Le texte est assez bien conservé, à l'exception de plusieurs trous et des bandes de collage qui limitent par endroits la lecture. La dernière ligne manque presque entièrement.

Concordances : n° 93, 1 = x+21, 15 ; n° 92, 1-2 = x+21, 14-15.

Renvois : n° 94 et n° 95 déplacés à la page x+20.

2.3.22 Page x+22 (Pl. XXII)

Séparation : Un seul trait sépare cette page de la précédente. Aucune ligne de séparation n'est conservée à la fin du document.

Largeur : Environ 16,5 cm.

Éléments : Le corps du texte est constitué de quatorze lignes.

- **n° 96** : Le petit trait que l'on distingue sur ce fragment semble compléter le signe  .

Composition : Les abrasions subies par le papyrus et plusieurs collages modernes compliquent la lecture de cette page par ailleurs relativement complète. À la dernière ligne de cette page, un colophon indique la fin de la composition.

Concordance : n° 96, trace = x+22, 14.

Renvoi : Aucun.

2.4 Élaboration graphique du document

Au premier abord, le papyrus Princeton Pharaonic Roll 10 donne l'impression d'une composition un peu confuse. C'est vraisemblablement son piteux état de conservation qui fausse cette perception initiale. Dans les faits, les marges sont confortables, la présentation est aérée, les pages sont clairement séparées les unes des autres, le texte a été aligné, les lignes ne sont pas trop serrées et l'écriture est plutôt soignée. Sans pour autant laisser de grands espaces vides, le scribe n'a pas cherché non plus à économiser à tout prix la place dont il disposait. Ses efforts méritent que l'on s'arrête pour contempler son œuvre, dont la mise en forme présente quelques particularités dignes d'être soulignées.

---

44 Se reporter au chapitre 10.

2.4.1 L'organisation des pages

La largeur des pages du papyrus Princeton Pharaonic Roll 10 est irrégulière et peut varier de 5,5 à 25 cm. Les pages x+3, x+10 et x+13 sont ainsi particulièrement étroites (5,5 à 8 cm), tandis que les pages x+9, x+14, x+15 et x+16 sont spécialement étendues (22 à 25 cm). La dimension des autres pages se situe entre 10 et 20 cm. Les pages sont constituées de douze à seize lignes de texte[45]. Les sept premières d'entre elles comptent douze ou treize lignes, à l'exception de la page x+2 où elles sont au nombre de quatorze. Par la suite, seules les pages x+10 et x+18 comptent respectivement douze et treize lignes. Pour les autres, le nombre théorique prévu devait être de quinze lignes (à huit reprises), avec une variation de plus ou moins une ligne (cinq fois). La mise en page du papyrus Princeton Pharaonic Roll 10 répondait donc semble-t-il à des règles tangibles, mais pas immuables, que le scribe s'est appliqué à respecter au mieux.

Deux longs traits verticaux – parfois un seul[46] – séparent les pages du manuscrit les unes des autres[47]. Leur tracé semble indiquer qu'ils ont été pensés comme de véritables divisions entre les pages et qu'ils étaient destinés à demeurer visibles. Ces traits, qui définissent des marges latérales, permettaient aussi d'aligner le texte, même si le début des lignes ne vient pas s'appuyer directement sur eux. Le papyrus New York MMA 35.9.21[48] et le papyrus Tamerit 1[49] présentent une mise en page similaire. D'autres documents d'époque gréco-romaine arborent de tels traits de séparation[50].

À la fin des lignes, il arrive qu'un signe chevauche le trait séparatif[51], ce qui laisse penser que ces divisions ont été tracées avant la rédaction du texte. À la première page pourtant, le trait s'interrompt là où le texte est plus long comme s'il avait été ajouté après la rédaction (x+1, 2). Ailleurs, l'interruption du trait vertical est vraisemblablement dû à l'effacement localisé du texte (x+8, 4 ; x+15, 5). Le scribe n'a en revanche pas ajouté de traits horizontaux en haut ou en bas des pages pour former un encadrement[52]. Il ne s'est pas non plus servi de

45 Il s'agit du nombre de lignes figurant formellement sur les pages. En effet, celles qui présentent plus d'une colonne de texte peuvent voir le nombre effectif de leurs lignes dépasser ces chiffres. Ainsi la page x+2 compte en réalité vingt-trois lignes, la page x+7 vingt-deux lignes et la page x+9 quarante-deux lignes.

46 C'est le cas à quatre reprises, entre les pages x+1 et x+2, x+3 et x+4, x+20 et x+21, x+21 et x+22. La composition du manuscrit n'explique pas ces choix. En effet, la page x+3, qui contient la suite du texte de la page x+2, est séparée d'elle par deux traits, alors qu'il n'y en a qu'un seul entre elle et la page x+4 qui contient pourtant une autre composition. La page x+9 est séparée de la précédente par deux traits alors que la même composition s'y termine. Il en va de même entre les pages x+9 et x+10. Les pages x+20 et x+21, qui livrent la même litanie, ne sont séparées que par un trait. Pourtant, la page x+20 est séparée de la page x+19 par deux traits, alors que celle-ci présente le début de la même composition. Il n'est pas non plus possible de trouver une logique à l'emploi d'un ou de deux traits pour organiser les colonnes des pages x+9 et x+10.

47 J. Černý, *Paper and Books*, p. 20 et n. 108.

48 J.-Cl. Goyon, *Imouthès*, p. 13-14 et pl. I-XLIII.

49 H. Beinlich, *Papyrus Tamerit 1*, p. 187-203.

50 On mentionnera par exemple les papyrus Caire JdE 97.249/12 et 97.249/14 (G. Burkard, *Die Papyrusfunde*, pl. 43-44), le papyrus Londres BM EA 10081 (inédit), le papyrus Londres BM EA 10252 (A. Szczudlowska, *ZÄS* 98 (1970), pl. X), le papyrus Berlin P. 3057 (A. Szczudlowska, *ZÄS* 98 (1970), pl. IX), le papyrus Leyde T 32 (Fr. R. Herbin, *Parcourir l'éternité*, pl. I-VIII) et, avec un seul trait de séparation, le papyrus Caire JdE 97.249/15 (G. Burkard, *Die Papyrusfunde*, pl. 46-47).

51 Ainsi aux pages x+1 à x+8, x+12, x+15. Souvent, il ne s'agit que de la queue d'un .

52 C'est le cas par exemple dans le papyrus Londres BM EA 10090 + 10051 (Ph. Derchain, *Le Papyrus Salt 825*, pl. I-XIV ; Fr. R. Herbin, *BIFAO* 88 (1988), pl. VII-VIII), le papyrus Caire JdE 97.249/7 + Colon. Aeg.

lignes horizontales (*guidelines*)[53], dont l'usage se répand vers la fin de l'époque ptolémaïque, pour aligner son écriture.

2.4.2 L'emploi des points

Tout au long du papyrus Princeton Pharaonic Roll 10, le scribe fait usage de points diacritiques ou de remplissage, liés à la graphie de certains signes ou de certains mots. Un point accompagne le plus souvent la graphie de  (A17), et plus irrégulièrement celle des signes  (A24), 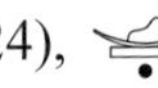 (P1),  (N29) ou  (R8) notamment[54]. C'est le cas aussi du point qui est parfois inscrit au-dessus de l'homme assis  (A1)[55]. Le signe  (G37) n'est pour sa part accompagné d'un point de remplissage que lorsqu'il n'est pas accompagné d'un autre signe[56]. Un petit trait est ajouté au signe  (I10), mais uniquement lorsqu'il s'agit du mot 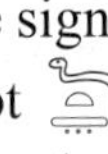 *ḏ.t*[57]. Un point peut aussi constituer la forme la plus abrégée d'un signe, comme c'est le cas par exemple du rouleau de papyrus devant le déterminatif  [58]. L'emploi des points est loin d'être régulier, et en observant leur disposition, on se demande parfois où se situait les limites de leur usage.

En marge de ces pratiques, des points sont parfois ajoutés à la fin des lignes[59], plus rarement au milieu[60]. Ils peuvent figurer au bas, au milieu ou en haut de la ligne et apparaissent de manière relativement aléatoire. On remarque aussi parfois deux points notés ensemble dans un interligne dont la présence est difficile à expliquer[61]. On remarque aussi tout au long du manuscrit des points isolés qu'il n'est pas toujours aisé de distinguer parmi les taches qui

---

74 (G. Burkard, *Die Papyrusfunde*, pl. 27-37) et le papyrus Paris Louvre N. 3284 (Fr. R. Herbin, *Parcourir l'éternité*, pl. XXIX-XXXI) et, avec un double trait, dans le papyrus Sekowski (= P. Cracovie 03.03.1992) (A. Szczudlowska, *ZÄS* 98 (1970), pl. III-VIII ; Fr. R. Herbin, *SAK* 32 (2004), pl. 10-12), le papyrus Berlin P. 13242 (S. Schott, *Die Reinigung Pharaos*, pl. IX-XII). Généralement accompagnés de vignettes, d'autres manuscrits datés des Ier – IIe siècles apr. J.-C. présentent un double encadrement de tous les côtés : le papyrus Paris Louvre N. 3279 (J.-Cl. Goyon, *Le papyrus du Louvre N. 3279*, pl. I), le papyrus Berlin P. 3155, le papyrus Londres BM EA 10091, le papyrus Paris Louvre N. 3147 (Fr. R. Herbin, *Parcourir l'éternité*, pl. XIX-XX, XXVI-XXVIII), le papyrus Saint-Pétersbourg ДВ 18128 et le papyrus Paris Louvre E 5158 (S. Töpfer, *ZÄS* 138 (2011), p. 183, pl. XI, XVI).

53 W. J. Tait, *in* : *Papyrus*, p. 75-76. C'est l'usage notamment dans le papyrus Leyde T 32 et le papyrus Vatican 55 datés du Ier siècle apr. J.-C. (Fr. R. Herbin, *Parcourir l'éternité*, pl. I-VIII et X-XIV). On notera cependant que le scribe du papyrus New York MMA 35.9.21 traçait déjà des repères et de fines lignes pour guider sa copie (J.-Cl. Goyon, *Imouthès*, p. 13 et pl. XVII-XXX, XXXIV-XLI).

54 Voir § 3.2.

55 Cette idiosyncrasie, qui n'apparaît pas dans tous les cas, peut conduire à confondre ce signe avec  (B1), voir § 3.2, A1.

56 Cet usage pourrait prêter à confusion, puisque c'est la forme abrégée de  (D3a) qui se distingue généralement par l'ajout d'un point diacritique. Celui-ci n'est pas noté dans le papyrus Princeton Pharaonic Roll 10, voir § 3.2, D3a et G37.

57 Aux lignes x+1, 6 ; x+2, 6 ; x+12, 5 ; x+16, 12. Voir § 3.2, I10.

58 Aux lignes x+3, 6 ; x+4, 5 ; x+8, 12 ; x+16, 9 ; x+22, 12. Voir § 3.2, A24.

59 Aux lignes x+1, 1 ; x+1, 6 ; x+1, 10 ; x+3, 1 ; x+4, 8 ; x+4, 9 ; x+5, 2 ; x+5, 9 ; x+7, 7 ; x+7, 18 ; x+7, 20 ; x+8, 1 ; x+8, 11 ; x+8, 13 ; x+10, 7 ; x+12, 3 ; x+12, 5 ; x+12, 7 ; x+13, 10 ; x+13, 11 ; x+14, 6 ; x+15, 6 ; x+15, 11 ; x+16, 12 ; x+19, 5.

60 Aux lignes x+2, 6 ; x+7, 7 ; x+8, 2 ; x+13, 9 ; x+16, 4 ; x+17, 2.

61 Entre les lignes x+5, 7-8 ; x+9, 25-26.

maculent le document. La présence de ces éléments ne s'explique pas forcément d'elle-même, mais on peut tenter de leur trouver une raison d'être.

Le point qui apparaît en fin de ligne après le déterminatif  [62] s'attache probablement à la graphie de ce signe qu'il accompagne parfois aussi au milieu du texte[63]. On aurait pu penser que le point que l'on retrouve parfois après *Wsỉr*[64] constituait la forme abrégée d'un 𓈖 marquant l'expression *Wsỉr n* « Osiris de »[65], mais cela ne fonctionnerait que dans les deux exemples où le nom du bénéficiaire est indiqué[66]. Dans les autres cas, il est question du dieu[67]. Les points n'indiquent semble-t-il pas l'emplacement d'une correction[68].

Des points pourraient indiquer une volonté de marquer des divisions dans le cours du texte, à l'instar des points de « versification », bien connus au Nouvel Empire[69]. Attestés aussi à l'époque tardive, ils étaient souvent inscrits à l'encre rouge, quelquefois à l'encre noire[70]. Dans le papyrus Princeton Pharaonic Roll 10, un point pourrait marquer une division syntaxique dans six exemples seulement[71], dont deux situés dans des listes, contre huit pour lesquels ce n'est pas le cas[72]. La marque qui figure à la suite du mot *ḏ.t*, et que l'on trouve à plusieurs reprises en fin de ligne, pourrait également être un indicateur de séparation, mais elle s'attache semble-t-il à la graphie de ce terme[73]. La majorité des exemples ne présentent donc clairement pas de valeur syntaxique. En outre, le nombre de cas recensés n'est pas assez important pour envisager que le scribe ait fait usage d'un tel système.

À une exception près, dans tous les cas où il pourrait s'agir d'une division syntaxique, les points figurent à la fin d'une ligne de texte. On pourrait donc penser que c'est cette caractéristique qui est pertinente pour expliquer leur présence. Rattacher leur emploi à l'élaboration formelle du manuscrit, en intégrant aussi les points isolés, constitue une hypothèse séduisante et une alternative plausible à leur usage syntaxique. On remarque en effet que certains points sont alignés, soit verticalement l'un sous l'autre, soit horizontalement d'une page à l'autre. À la page x+3, on voit un point sur la droite dans la marge supérieure et un autre au-dessus du trait la séparant de la suivante. À la page x+9, un point est noté à proximité du haut du trait qui la sépare de la précédente, et un autre auprès de celle qui la sépare de la suivante. On en distingue d'autres, plus estompés, alignés au-dessous de lui sur toute la hauteur

62 Aux lignes x+13, 10 ; x+13, 11 ; x+19, 5.

63 Aux lignes x+13, 9 ; x+17, 2. Voir § 3.2, B1.

64 Aux lignes x+5, 2 ; x+7, 18 ; x+8, 1 ; x+12, 3 ; x+12, 7.

65 M. Smith, *in* : *Totenbuch-Forschungen*, p. 325-337. M. Smith, *RdÉ* 63 (2012), p. 187-192.

66 Aux lignes x+5, 2 ; x+12, 3. Un point a par ailleurs été inséré entre l'anthroponyme *Ms-rd.wy=f* et *mꜣꜥ-ḫrw* (x+7, 7) et avant *Wsỉr* (x+8, 2).

67 Aux lignes x+7, 18 ; x+8, 1 ; x+12, 7.

68 Voir le § 2.6.

69 H. Grapow, *Sprachliche und schriftliche Formung*, p. 52-53. J. Černý, *Paper and Books*, p. 24-25 et n. 127. N. Tacke, *Verspunkte*.

70 A. von Lieven, *in* : *Carlsberg Papyri 7*, p. 9-38. Ph. Collombert, L. Coulon, *BIFAO* 100 (2000), p. 193-242. Fr. R. Herbin, *Parcourir l'éternité*, pl. I-VIII. J. Fr. Quack, *in* : *Auf den Spuren des Sobek*, p. 227-228, 240-241 et n. 17 où il précise que dans le cas du papyrus Carlsberg 418, les points servaient à séparer des paragraphes plutôt que des vers, ce qui n'est pas non plus le cas dans le papyrus Princeton Pharaonic Roll 10.

71 Aux lignes x+3, 1 ; x+7, 7 ; x+7, 20 ; x+10, 7 ; x+15, 6 ; x+16, 4.

72 Aux lignes x+4, 8 ; x+4, 9 ; x+5, 9 ; x+7, 7 ; x+8, 2 ; x+8, 11 ; x+14, 6 ; x+15, 11. Deux cas figurent dans un passage lacunaire (x+1, 1 ; x+8, 13).

73 L'exemple de la ligne x+2, 6 semble contredire un usage syntaxique.

de cette page. On en remarque aussi à la fin de la deuxième colonne de cette page. À la page x+10, on voit au moins quatre points isolés proches du trait la séparant de la suivante. À la page x+13, on note encore quelques points alignés près de la ligne la séparant de la suivante. Il y a également un point entre les deux traits séparatifs qui suivent les pages x+17, x+18 et x+19, et un point isolé près du trait séparant la page x+20 de la suivante. D'autres éléments isolés pourraient s'intégrer à ce « système », mais ils sont souvent difficiles à distinguer parmi les taches. Tous ces points pourraient avoir été utilisés pour estimer la largeur des pages avant de tracer les traits de séparation verticaux, ce qui expliquerait qu'ils soient le plus souvent notés à la fin des lignes. Les alignements tendraient à montrer qu'ils ont aussi pu servir à prévoir l'agencement des lignes du texte. Il semble donc que le scribe en ait fait usage pour préparer la mise en page de sa composition[74].

2.4.3 Les subdivisions en colonnes

On a relevé que les pages du papyrus Princeton Pharaonic Roll 10 présentent des largeurs assez disparates. On note aussi que certaines d'entre elles comptent plus d'une colonne, ce qui est révélateur d'une volonté d'organiser le texte.

À la page x+2, où les six premières lignes occupent toute la largeur de celle-ci, le scribe a réparti la suite du texte en deux colonnes plus étroites, puisque le chant final du *Cérémonial pour faire sortir Sokar*[75] qu'il y copiait est constitué de lignes relativement brèves[76]. À la page suivante, il a poursuivi sa copie sur une seule colonne plus étroite. Arrivé au terme de celle-ci, il a adapté le format du texte suivant à la largeur donnée de la colonne, évitant ainsi de perdre trop d'espace.

À la suite des neuf premières lignes de la page x+7, le scribe a distribué une liste[77] sur deux colonnes plus étroites de quatre lignes chacune (x+7, 10-17), s'adaptant ainsi à l'espace qui restait au bas de la page. Puis il a poursuivi sa copie sur une troisième colonne de format identique[78].

À la page x+9, le scribe a rédigé la fin du texte de la page précédente en une longue ligne (x+9, 1). Il semble avoir choisi délibérément de ne pas l'ajouter au bas de la page x+8 où il aurait pourtant eu suffisamment de place pour le faire. Il a peut-être estimé que l'ajout d'une ligne supplémentaire aurait trop débordé dans la marge inférieure et déséquilibré sa composition. Quoi qu'il en soit, il devait ensuite copier une longue série de courtes lignes formant deux listes, l'une de divinités et l'autre de barques, qui étaient conçues pour se correspondre et attribuer à chaque dieu une embarcation[79]. Profitant du format de cette composition, le scribe a subdivisée cette page en plusieurs colonnes afin de ne pas dilapider trop d'espace. Mais comme l'espace disponible alors ne suffisait pas, il n'a réparti que trois colonnes sous la longue ligne initiale de la page x+9, puis il a créé une page supplémentaire

---

74 Dans le papyrus Paris Louvre N. 3129, on remarque la présence de nombreux points rouges qui ont peut-être eu le même usage.

75 Les vers les plus longs de cette litanie sont scindés en deux dans toutes les versions. Ce n'est donc pas une adaptation propre au papyrus Princeton Pharaonic Roll 10. Voir § 5.5.

76 La mise en page de la première page du papyrus New York MMA 35.9.21 par exemple est similaire (J.-Cl. GOYON, *Imouthès*, pl. I).

77 Voir § 7.1.

78 Voir § 7.2 et § 7.3.

79 Voir § 7.7.

pour y ajouter une dernière colonne (x+10). Il a alors traité chaque colonne comme il l'aurait fait pour des pages indépendantes, en les séparant les unes des autres par des traits verticaux. La mise en page originale prévoyait probablement quatre colonnes indépendantes, mais le scribe a adapté sa copie pour répondre à des contingences qu'il n'avait pas su anticiper.

Une litanie, introduite à la fin de la page x+12, débute au haut de la page x+13[80]. La taille des noms et épithètes des dieux définit la largeur de cette page plus étroite. Arrivé au bas de la page, le scribe a manqué de place pour ajouter encore six entrées à cette liste. Il les a donc inscrites à la page x+14, mais à la suite les unes des autres sur une seule ligne plutôt qu'en colonne. Il a ainsi évité de former une nouvelle colonne étroite, s'octroyant la possibilité de poursuivre dès la première ligne la copie des formules suivantes sur une page plus large.

Le copiste s'est efforcé d'utiliser au mieux l'espace. Comme il n'a pas toujours anticipé sa mise en page, il a parfois dû trouver des solutions pour poursuivre sa copie, mais il a aussi su se montrer prévoyant. Il ne semble pas que sa priorité ait été d'aménager une copie forcément bien fractionnée, puisqu'il n'a guère hésité à poursuivre la copie d'un texte sur la page suivante. Il a en revanche accordé beaucoup d'intérêt à s'assurer de l'élaboration d'un ensemble harmonieux. Il semble qu'il ait adapté au fur et à mesure la mise en forme de son texte en cours de rédaction, ce qui laisse entendre qu'il a pu composer sa création à l'avenant ou, s'il avait un modèle, qu'il ne l'a pas forcément suivi à la lettre.

2.4.4 Des textes placés en exergue

Le scribe a encore réparti sur deux colonnes les quatre dernières lignes de la page x+16 et les premières de la page x+19. Ces deux exemples sont caractéristiques, puisque le texte de la première colonne est le même dans les deux cas et qu'il se répète encore devant les lignes des pages x+17 et x+18[81]. Il est spécifique de la composition qu'il précède et sa mise en forme varie en fonction du nombre de lignes qu'elle occupe sur la page[82]. Au début (page x+16) et à la fin (page x+19), la composition en question n'occupe pas toute l'étendue de la page. Le texte anticipé est par conséquent condensé sur quelques lignes. Aux pages x+17 et x+18, que les lignes de la composition occupent en totalité, il prend en revanche la forme d'une longue colonne plus étroite. Cette organisation du texte définit l'unité de celui-ci alors même qu'aucun titre n'est attribué à cette composition.

Ce type de mise en forme est employé à d'autres reprises. Les lignes des trois colonnes de la page x+9 et celles de la page x+10 sont précédées d'une colonne de texte plus étroite[83]. La formule accompagnant les noms des divinités est différente de celle qui accompagne les noms des barques. Spécifiquement liées au contenu de chacune des deux listes qu'elles introduisent, elles se répètent toutes les deux avec régularité[84]. Sur le même modèle, une colonne de texte plus étroite précède également les lignes de la page x+11[85].

---

80 Voir § 8.2.1.

81 Voir § 9.1.

82 Le même procédé est mis en œuvre aux pages 3, 4 et 5 du papyrus New York MMA 35.9.21 (J.-Cl. GOYON, *Imouthès*, pl. III, IV). Aux pages 6, 7 et 8, c'est après le corps du texte qu'une colonne supplémentaire est ajoutée (J.-Cl. GOYON, *Imouthès*, pl. V, VI, VII).

83 Le texte précédant la colonne centrale de la page x+9 s'étend sur deux colonnes.

84 Voir § 7.7.

85 Voir § 7.8.

Au bas de la page x+7, les deux premières colonnes (x+7, 10-13 et x+7, 14-17) sont encadrées par deux séries de signes disposés en colonnes, alors que la dernière (x+7, 18-22) en est dépourvue. Elles forment le début et la fin d'une formule à laquelle doivent s'associer les huit lignes concernées[86]. On retrouve une mise en forme similaire dans d'autres manuscrits[87]. Attestée par certains chapitres du *Livre des morts*[88], elle est particulièrement répandue dans les compositions hymniques, où chacune des lignes constitue un vers distinct de l'hymne pour lequel le texte les précédant – comme celui qui les suit parfois – doit être répété[89]. Cette présentation souligne par ailleurs l'indépendance de la dernière des trois brèves colonnes, qui est confirmée par son contenu[90].

2.4.5 Un passage rédigé en colonnes

À la suite des onze premières lignes de la page x+14, le scribe a écrit quatre brèves anaphores relatives à chacun des points cardinaux (x+14, 12-15)[91]. Dans l'espace restant, il a ensuite réparti un texte sur neuf courtes colonnes (x+14, A). D'autres exemples de cette pratique ne semblent pas attestés parmi les manuscrits tardifs, à l'exception peut-être du papyrus Salt 825 où le texte n'est cependant pas écrit en hiératique[92]. On citera cependant les vignettes du papyrus Berlin P. 3008 où certaines légendes sont rédigées en colonnes[93]. Ce n'est certainement pas une contrainte matérielle qui a poussé le scribe à agir ainsi, puisqu'il aurait eu avantage à écrire ce texte normalement pour gagner de la place. Il est possible qu'il ait fait ce choix justement pour remplir au mieux le bas de la page, à moins que son modèle n'ait été disposé ainsi, ou qu'il ait souhaité le faire croire. Cependant, que cette mise en forme soit de son fait ou non, la disposition du cartouche royal ne respecte pas l'usage d'une rédaction verticale. Plutôt que de le retourner verticalement, le scribe l'a scindé en deux parties. Une telle graphie ne provient certainement pas d'un texte original rédigé en colonnes et tend à montrer qu'il s'agit là d'une libre adaptation.

---

86 Voir § 7.1.

87 Par exemple, les pages 60 et 61 du papyrus New York MMA 35.9.21 (J.-Cl. GOYON, *Imouthès*, pl. XLII et XLIII) et les colonnes 17 à 19 du papyrus Brooklyn 47.218.50 (J.-Cl. GOYON, *Confirmation* II, pl. XIII) ont été élaborées de cette façon. Voir aussi H. GRAPOW, *Sprachliche und schriftliche Formung*, p. 40-51. On notera l'exemple du papyrus Giessen 115 (J. Fr. QUACK, *GöttMisz* 159 (1997), p. 85-86), où le fait que le scribe n'ait pas séparé la colonne initiale des lignes montre qu'il a effectué une copie mécanique, voire qu'il ne comprenait plus ce qu'il écrivait.

88 Par exemple U. VERHOEVEN, *Nespasefy*, pl. 18, pl. photo 18 (LdM 42) ; pl. 40, pl. photo 34 (LdM 99).

89 E. A. W. BUDGE, *The Greenfield Papyrus*, pl. LXXXVI. S. A. GÜLDEN, *Die hieratischen Texte des P. Berlin 3049*, p. 22-29, pl. IV ; p. 46-51, pl. VIII ; p. 61-66, pl. XI. L'hymne du *Cérémonial pour faire sortir Sokar* est aussi présenté ainsi (P. Paris Louvre N. 3129 (P), P. Berlin P. 3057 (30)). I. GUERMEUR, *in* : *Graeco-Roman Fayum*, p. 121 (P. Tebtynis SCA 7158).

90 Voir § 7.2 et § 7.3.

91 Voir § 8.6.1.

92 É. DRIOTON, *ASAE* 41 (1942), p. 132. Ph. DERCHAIN, *Le Papyrus Salt 825*, pl. 17* et 18* (P. Salt 825 (XVI-XVII).

93 Ph.-J. DE HORRACK, *Les lamentations d'Isis et de Nephthys*, pl. II. A. KUCHAREK, *in* : *Liturgical Texts for Osiris and the Deceased*, p. 243, pl. 1.

2.5 Divisions consignées par écrit

2.5.1 Titres et sous-titres

Peu de véritables titres sont indiqués dans le papyrus Princeton Pharaonic Roll 10. Celui du *Livre de la néoménie*, par exemple, n'est pas inscrit au début de la composition[94]. On relèvera cependant des exemples usant du tour *r(ꜣ) n* « formule pour ». Le premier intitulé est en partie perdu (x+8, 14) ; il s'agit d'une *Formule pour [...] le cou[rant]* (*r*(*ꜣ*) *n* [...] *hꜣn*[*w*]) (§ 7.6). Un deuxième titre, *Formule pour voguer dans la barque* (*r*(*ꜣ*) *n sḳd m wiꜣ*) (x+9, 2), introduit la composition qui occupe les pages x+9 et x+10 (§ 7.7). Le dernier, *Formule pour amarrer* (*r*(*ꜣ*) *n mni*) (x+22, 6) introduit un texte assez bref (§ 11.2).

Dans le rituel d'offrandes[95], les différentes formules sont régulièrement introduites par une phrase courte formée d'un verbe accompagné d'un complément, comme par exemple *di.t wsḫ* « donner le collier large » (x+14, 10) (§ 8.4) ou *wdn irp* « offrir le vin » (x+15, 1) (§ 8.7). Leur contenu est le plus souvent introduit par la mention *ḏd mdw* « réciter » écrite en noir. Ces phrases, comparables aux titres figurant dans les scènes d'offrandes que l'on voit dans les temples, servaient en quelque sorte de sous-titres. Il n'est cependant pas exclu qu'elles aient eu un usage plus pragmatique, indiquant quelle action devait être réalisée au cours du rituel. Le même principe s'applique à deux autres formules, qui sont intitulées *ḫsf hꜣnw* « maîtriser le courant » (x+8, 8) (§ 7.4) et *ḫsf ṯꜣ.w* « maîtriser les vents » (x+8, 12-13) (§ 7.5), à la différence près qu'elles ne sont pas l'expression explicite d'un geste à exécuter.

L'élément *ky r*(*ꜣ*) « autre formule » est employé à cinq reprises dans le papyrus Princeton Pharaonic Roll 10[96]. Il indique que la formule concernée reprenait le même thème que la précédente ou qu'elle introduisait une variante, raison pour laquelle il était volontiers utilisé lorsqu'une collection de textes était réunie[97]. Cette locution introduit la deuxième et la troisième des formules initiales (§ 5.3, § 5.4), le *Livre de la néoménie* (§ 6.2) et la formule sans titre copiée ensuite (§ 6.4), ainsi que la formule « maîtriser le courant » (§ 7.4).

2.5.2 L'emploi de *iw=w wꜥb (sp 2)*

Dans le cadre du rituel d'offrandes, une expression est répétée régulièrement : *iw=w wꜥb* (*sp 2*) « Ils/elles sont pur(e)s, (*bis*) » ou « Ils/elles sont (très) pur(e)s »[98]. Elle consacre la pureté des offrandes. La formule *iw wꜥb* « c'est pur ! », qui accompagnait l'inspection des animaux dans les scènes de boucherie de l'Ancien Empire, était encore employée dans les certificats délivrés pour autoriser le sacrifice d'un animal à l'époque romaine[99]. Quant à la formule *wꜥb sp* 2 *Skr Wsir* des manuscrits démotiques, elle s'accompagnait probablement d'un geste de lustration[100]. Elle était semble-t-il centrée sur le bénéficiaire, plutôt que sur un objet matériel

94 Contrairement à ce qui se trouve dans le papyrus Caire JdE 97.249/3 (x+6, 1), voir G. BURKARD, *Die Papyrusfunde*, pl. 22.

95 Voir chapitre 8.

96 Aux lignes x+1, 9 ; x+2, 2 ; [x+4, 1] ; x+5,5 ; x+8, 8.

97 N. FLESSA, *„(Gott) Schütze das Fleisch des Pharao"*, p. 42.

98 Aux lignes x+12, 6 ; x+14, 4 ; x+14, 10 ; [x+15, 2] ; x+15, 4 ; x+15, 10 ; [x+15, 15].

99 F. VON KÄNEL, *Les prêtres-ouâb de Sekhmet*, p. 5 (doc. 2), 8 (doc. 5), 156 (doc. 72), 157 (doc. 73), 159 (doc. 75), 160 (doc. 77), 255-264 (en particulier p. 258, 260), 265-275.

100 M. SMITH, *Mortuary Texts*, p. 74 (line 7).

et diffère en cela de la formule attestée ici. Dans le papyrus Princeton Pharaonic Roll 10, elle figure à la fin de la formule d'apporter les bouquets (§ 8.1), de l'une des formules du rite d'élever les offrandes[101] et de la formule de présenter le récipient de dattes (§ 8.3). Dans la formule d'offrir le vin (§ 8.7), elle apparaît à deux reprises, après la formule initiale et à la fin de la libation. Dans la formule de purifier les offrandes divines (§ 8.12), elle figure entre deux passages distincts. La position finale de cette expression lui confère un statut de « formule de clôture », qu'il soit effectif ou seulement historique. C'est en tout cas un indice permettant de structurer le texte.

2.5.3 L'expression *mỉ nty r ḥ(ꜣ)b(.t)*

À quatre reprises dans le papyrus Princeton Pharaonic Roll 10, il est fait usage de la formule *mỉ nty r ḥ(ꜣ)b(.t)* « conformément au rituel de fête »[102]. Le déterminatif  montre qu'il s'agit du mot *ḥ(ꜣ)b.t* « rouleau de fête », « rituel de fête »[103], plutôt que du terme *ḥ(ꜣ)b* « fête »[104]. L'expression *mỉ nty r*, où le groupe *ỉw* doit être considéré comme une graphie de la préposition *r*[105], est rendue par κατά « selon » en grec[106]. On faisait probablement référence à un document contenant les directives décrivant les étapes d'une célébration. L'ouvrage en question n'en résumait pas uniquement la liturgie, mais devait aussi réunir les formules nécessaires à sa mise en œuvre.

Cette expression sert à indiquer qu'un passage a été abrégé par rapport à un modèle plus étendu[107], comme c'est le cas par exemple du chapitre 129 du *Livre des morts* dans le papyrus Bonn L. 1647[108]. Dans la tombe de *Pétamenophis*, cette formule permet d'écourter la scène 75 du rituel de l'*Ouverture de la bouche* qui est reproduite de manière plus développée dans le papyrus Paris Louvre N. 3155[109]. Par extension, cette expression peut renvoyer à une norme à laquelle on souhaite faire référence[110], comme c'est le cas par exemple dans la tombe de *Pétosiris* : « Tout ce que j'ai fait fut en conformité avec le rituel de fête »[111]. Plus loin, c'est pour référencer une appellation que cette expression est employée : « c'est le pavillon des déesses, ainsi qu'on l'appelle conformément au rituel de fête »[112]. Il arrive aussi que l'on fasse référence à un ouvrage donné en le nommant. Le raccourci est alors tellement marqué que l'expression en vient à servir de renvoi à une composition désignée par son titre ou par un *incipit* permettant de la reconnaître[113] : *mỉ nty r pḥ.wy kꜣ.t* « conformément au (livre) *Fin de*

---

101 Voir § 8.2.2.
102 Aux lignes x+14, 8 ; x+14, 10 ; x+15, 5 ; x+22, 14.
103 *Wb* III, 61, 1-4. P. WILSON, *Lexikon*, p. 637.
104 *Wb* III, 57, 5 – 58, 21.
105 J. Fr. QUACK, *Orientalia* 81 (2012), p. 387.
106 Fr. DAUMAS, *Les moyens d'expression*, p. 152, 202.
107 D. KURTH, *Einführung ins Ptolemäische* 1, p. 100.
108 I. MUNRO, *Ein Ritualbuch für Goldamulette*, p. 32-33.
109 E. OTTO, *Mundöffnungsritual* I, p. 209 ; II, p. 170-171. J. Fr. QUACK, *in* : *Carlsberg Papyri* 7, p. 129.
110 J. VANDIER, *Le Papyrus Jumilhac*, p. 127, 190, n. 469. *Edfou* VI, 23, 3. S. AUFRÈRE, *BIFAO* 100 (2000), p. 105.
111 G. LEFEBVRE, *Le tombeau de Pétosiris* I, p. 80 ; II, p. 32 ; III, pl. XVII (nº 59, 5). N. CHERPION, J.-P. CORTEGGIANI, J.-Fr. GOUT, *Le tombeau de Pétosiris*, p. 95 (scène 69).
112 G. LEFEBVRE, *Le tombeau de Pétosiris* I, p. 102, 139 ; II, p. 36 ; III, pl. XVIII (nº 61, 22-23). N. CHERPION, J.-P. CORTEGGIANI, J.-Fr. GOUT, *Le tombeau de Pétosiris*, p. 99 (scène 71).
113 J.-Cl. GOYON, *Confirmation* I, p. 17 et p. 119, n. 304.

l'ouvrage »[114], *mỉ nty r smn nḥp* « conformément au (rituel) *Installer le tour de potier* »[115]. Cette expression est employée dans ce sens à maintes reprises dans le rituel de la *Confirmation du pouvoir royal*, en particulier tout au long de l'épisode relatif aux oiseaux vivants[116]. Il arrive qu'il soit fait indirectement référence à une fête : *mỉ nty r ḥ(ꜣ)b(.t) Mnw nb Sꜣw* « conformément au rituel de fête de Min, maître de Sais »[117]. Ailleurs, c'est la formule *mỉ nty r n.t-ꜥ* « conformément au rituel » qui permet de faire référence à un rituel précis : *mỉ nty r n.t-ꜥ n smꜣ-tꜣ* « conformément au rituel d'enterrement »[118]. On trouve également des références faites à l'aide de l'expression *mỉ ntt ḥr šfd n mdw nṯr* « conformément à ce qui figure sur le rouleau de papyrus des paroles divines »[119] ou *mỉ ntt r sỉp.tỉ wr* « conformément au grand inventaire »[120].

Dans le papyrus Princeton Pharaonic Roll 10, l'expression *mỉ nty r ḥ(ꜣ)b(.t)* est employée à deux reprises à la suite de l'*incipit* d'une formule à réciter :

> Réciter « Salut à toi, Atoum ! Salut à toi, Khépri ! » conformément au rituel de fête (x+14, 10)[121].
> Réciter « Le<s> aliment<s> viennent s'ajouter aux aliments » conformément au rituel de fête (x+15, 4-5)[122].

Le passage « Salut à toi, Atoum ! Salut à toi, Khépri ! » constitue un *incipit* connu par ailleurs[123]. On peut donc considérer que c'est une invitation à poursuivre la récitation de cette formule selon les prescriptions en usage. Dans le deuxième exemple, la formule à laquelle on fait référence était déjà à l'origine très courte[124] et ne nécessitait donc guère d'être encore abrégée. On peut donc se demander si le libellé employé ne s'appliquait vraiment qu'à la récitation et s'il ne s'étendait pas aussi à la réalisation des rites afférents. La portée de cet *incipit* dépassait ainsi peut-être la simple abréviation textuelle pour indiquer qu'il fallait aussi effectuer les rites nécessaires. Dans les deux autres exemples du papyrus Princeton Pharaonic Roll 10, cette formule ne figure d'ailleurs pas après l'*incipit* d'une formule à réciter, mais à la suite d'une indication propre aux rites :

> Élever les offrandes de l'Assemblée qui est à la tête du flot conformément au rituel de fête (x+14, 8-9)[125].

---

114 Ph. Derchain, *Le Papyrus Salt 825*, p. 143, pl. XV (P. Salt 825 (15, 1)) qui traduit « comme celle qui est dans le talisman Fin de l'Ouvrage ».

115 S. Sauneron, *Les fêtes religieuses*, p. 73 (*Esna* 77, 10).

116 P. Brooklyn 47.218.50 (XVI, 20 ; XVI, 21 ; XVI, 25 ; XX, 7 ; XX, 7-8 ; XX, 12 ; XX, 13 ; XX, 16 ; X, 20). J.-Cl. Goyon, *Confirmation* I, p. 74-75, 78-81 ; II, pl. XII et XIV-XV.

117 S. Sauneron, *Les fêtes religieuses*, p. 18 et 19, n. e (*Esna* 55, 9). A. Grimm, *Festkalender*, p. 80-81, 252.

118 *Dendara* X, 46, 12.

119 A.-S. von Bomhard, *The Naos of the Decades*, p. 24-26. A. von Lieven, *in* : *9. Ägyptologische Tempeltagung*, p. 223.

120 A. von Lieven, *in* : *9. Ägyptologische Tempeltagung*, p. 218-223.

121 Voir § 8.4.1.

122 Voir § 8.8.1.

123 Voir § 8.4.3.

124 Voir § 8.8.1.

125 Voir § 8.2.3.

> Conduire les oiseaux-*âperou* vers le sud, [le nord, l'ouest et] l'est [conformément] au rituel de fête (x+22, 13-14)[126].

Dans le temple de Médinet Habou, c'est de rites dont il est question lorsque l'on fait référence au rituel de fête propre au temple : *smnḫ.n=ỉ ꜥꜣb.wt=f n.t-ꜥ.w=f ỉrw.w=f mỉ nty r ḥ(ꜣ)b.t n.t hw.t Ptḥ* « j'accomplis ses offrandes, ses rituels et ses rites conformément au rituel de fête de la demeure de Ptah »[127]. Il en va de même dans le rituel de l'embaument de l'Apis : *ỉw=w ỉrw n=f ỉrw.w nb(.w) mỉ nty r ḥ(ꜣ)by* « Ils réalisent pour lui tous les rites conformément au rituel de fête »[128]. On trouve une mention très proche dans une stèle hiératique rapportant la mort de la mère d'un Apis, datée du règne de Nectanébo (355 av. J.-C.) : *hrw pfy pr nṯr.t tn r p.t ỉr.n n=s ỉr.w nb(.w) mỉ nty r ḥ(ꜣ)by m hrw n smꜣ-tꜣ n kꜣ nṯr* « En ce jour où cette déesse sort dans le ciel, on réalise pour elle tous les rites conformément au rituel de fête en ce jour de l'enterrement du taureau divin »[129]. On citera aussi un muret d'entrecolonnement du temple de Karnak[130]. Le calendrier des fêtes du temple d'Esna use de la même expression pour renvoyer au rituel de fête lorsqu'il décrit les rites propres aux cérémonies énumérées : *nỉs pꜣ ꜥn šsp rnp.t nfr.t ỉr ỉrw nb mỉ nty r ḥ(ꜣ)b(.t)* « Lire la tablette *Inaugurer la bonne année*. Accomplir chaque rite conformément au rituel de fête »[131], *ỉr ỉrw nb mỉ nty r smn nḥp* « Accomplir chaque rite conformément au (rituel) *Installer le tour de potier* »[132], *ỉr ỉrw nb mỉ nty r ḥ(ꜣ)b(.t)* « Accomplir chaque rite conformément au rituel de fête »[133]. On retrouve un formulaire similaire dans le temple d'Edfou[134].

Tout en formalisant l'articulation du texte, le libellé *mỉ nty r ḥ(ꜣ)b(.t)* permettait donc de faire référence à un modèle, à une source ou à une liturgie précise tout en insistant sur la conformité avec les rites prescrits.

2.5.4 L'usage de l'encre rouge

Il est quelquefois fait usage de rubriques écrites à l'encre rouge dans le papyrus Princeton Pharaonic Roll 10. L'expression *ḏd mdw* « réciter » est parfois notée en rouge[135], mais elle figure le plus souvent en noir[136]. L'expression *m ḏd* « en disant » (x+2, 6), qui introduit le chant final du *Cérémonial pour faire sortir Sokar,* est également inscrite en noir. La formule

---

126 Voir § 11.5.1.

127 *Medinet Habu* III, pl. 137 (l. 30).

128 R. L. Vos, *The Apis Embalming Ritual*, p. 53, 167, 250-251 (P. Vienne, 3873 (rº 4, 19-20).

129 H. S. Smith, *RdÉ* 24 (1972), p. 182 et n. 7. H. S. Smith, C. A. R. Andrews, S. Davies, *Mother of Apis Inscriptions* p. 52, 53 n. 21 (Stèle EES H5-2594 [4871] = MoA 70/3). J. Fr. Quack, *Orientalia* 81 (2012), p. 387.

130 J.-Cl. Goyon, *in* : *D3T* 2, p. 41, fig. 5, et 42.

131 S. Sauneron, *Les fêtes religieuses*, p. 11 et 12, n. c (*Esna* 55, 1). A. Grimm, *Festkalender*, p. 22-23, 240.

132 S. Sauneron, *Les fêtes religieuses*, p. 73 (*Esna* 77, 10).

133 S. Sauneron, *Les fêtes religieuses*, p. 277 (*Esna* 77, 16), aussi, p. 42 (*Esna* 344, 13).

134 *Edfou* V, 359, 2 ; 360, 1-2 ; 395, 7. M. Alliot, *Le culte d'Horus*, p. 215-240, notamment p. 237, 239.

135 Aux lignes x+1, 4 (*ḏd mdw*) ; x+7, 20 (*ḏd mdw*).

136 Aux lignes x+2, 5 (*ḏd mdw ḥr nỉs*) ; x+7, 8 (*ḏd mdw ỉn*) ; x+8, 8 (*ḏd mdw*) ; x+8, 11 (*ḏd mdw ḥr*) ; x+8, 13 (*ḏd mdw ỉn*) ; x+12, 3 (*ḏd mdw ỉn*) ; x+12, 6 (*ḏd mdw ỉn*) ; x+14, 1 (*ḏd mdw ỉn*) ; x+14, 2 (*ḏd mdw ỉn*) ; x+14, 6 (*ḏd mdw*) ; x+14, 7 (*ḏd mdw ỉn*) ; x+14, 8 (*ḏd mdw*) ; x+14, 10 (*ḏd mdw* ; *ḏd mdw.w*) ; x+14, 11 (*ḏd mdw*) ; x+15, 1 (*ḏd mdw*) ; x+15, 4 (*ḏd mdw*) ; x+15, 5 (*ḏd mdw*) ; x+15, 9 (*ḏd mdw*) ; x+15, 13 (*ḏd mdw*) ; x+22, 6 (*ḏd mdw*).

ky r(ꜣ) « autre formule » est en revanche toujours notée en rouge[137]. Utiles pour la récitation, ces libellés définissent aussi des découpages au sein du texte. L'usage de l'encre rouge semble de mise pour marquer une division, tandis que l'encre noire suffit lorsqu'il s'agit seulement d'introduire une récitation.

Des passages plus longs figurent aussi en rouge. C'est le cas des instructions qui précèdent le début du *Livre de la néoménie* (x+4, 1)[138]. Une autre notice apparaît en rouge à la page suivante (x+5, 4-5) ; là, le scribe a changé de couleur pour en écrire la fin en noir[139]. À la ligne x+1, 1, quelques signes écrits à l'encre rouge appartenaient semble-t-il à une rubrique plus longue, aujourd'hui perdue[140]. On reconnaît plus loin quelques traces d'une rubrique malheureusement illisible (x+7, 21)[141]. L'emploi de l'encre rouge pour mettre en évidence un titre ou un élément important est bien connu[142], mais il était aussi d'usage pour indiquer la présence d'un passage métatextuel[143]. On remarque encore une trace d'encre rouge (x+5, 7)[144], visible sous le texte, et un signe ajouté en fin de ligne (x+21, 4)[145].

À une exception près, le nom du dieu Seth est écrit en rouge dans le papyrus Princeton Pharaonic Roll 10[146]. Cet usage s'étend dans un cas à la mention de ses complices (x+4, 2-3). Cette pratique ferait son apparition à la 30e dynastie pour se répandre ensuite durant l'époque ptolémaïque[147].

2.5.5 Didascalies

On trouve dans le papyrus Princeton Pharaonic Roll 10 quelques exemples de l'emploi isolé du nom d'une fonction ou d'un groupe donné qui semblent avoir pour but d'introduire une récitation ou une action. Ces termes fonctionneraient comme une sorte de didascalie. L'exemple le plus explicite se trouve à la fin de la formule intitulée « purifier les offrandes divines » (§ 8.12) avec un emprunt à un chant connu par ailleurs[148] :

> Le chœur des rythmeurs :
> « Il a vu Rê dans ses formes de l'horizon » (x+15, 12).

Il en va de même à la fin de la course où, en plus du chœur des rythmeurs, un chancelier du dieu semble impliqué de la même manière, mais dans une action cette fois[149] :

---

137 Aux lignes x+1, 9 (*ky r(ꜣ) ḏd mdw*) ; x+2, 2 (*ky r(ꜣ) ḏ[d mdw]*) ; x+4, 1 (*[ky r(ꜣ)] ḏd mdw*) ; x+5, 5 (*ky r(ꜣ) ḏd mdw*) ; x+8, 8 (*ky r(ꜣ)*).

138 Voir § 6.2.

139 Voir § 6.3. Sur cet usage, voir G. POSENER, *JEA* 35 (1949), p. 77-81.

140 Voir § 5.1.

141 Voir § 7.3.

142 Cette pratique est bien connue, voir H. GRAPOW, *Sprachliche und schriftliche Formung*, p. 51-52 ; G. POSENER, *JEA* 37 (1951), p. 75-80.

143 J. ASSMANN, *Images et rites*, p. 77.

144 Voir § 6.4.1, n. h).

145 Voir § 10.2.1, n. h).

146 Aux lignes x+4, 1 ; x+4, 2 ; x+4, 6 ; x+5, 4, x+5, 13. Une exception est faite à la ligne x+4, 9.

147 G. POSENER, *JEA* 35 (1949), p. 77 et n. 10. J. G. GRIFFITHS, *in* : *Ex orbe religionum*, p. 88-89. Cet usage est attesté par exemple dans le papyrus Berlin P. 3057, le papyrus Paris Louvre N. 3129 et le papyrus New York MMA 35.9.21.

148 Voir § 8.12.1, en particulier n. r), et § 8.16.

149 Voir § 7.9 et § 7.10.

Le chœurs des [ryth]meurs :
« Hourrah ! Maître de la bar[que … vi]ens, viens ! Sors du canal ! » (x+11, 12-13).
Le chancelier [du dieu] :
Protéger [Sok]ar-Osiris avec des feuilles de s[aule]. Protéger le roi de même (x+11, 12-14).

Cet emploi est comparable à ce que l'on trouve tout au long du rituel de l'*Ouverture de la bouche*, où le ritualiste est en charge de la récitation et le prêtre-*sem* se voit confier l'exécution de rites. Deux autres exemples figurent probablement au moment d'entrer dans la barque. Ils sont moins évidents, car ils pourraient être interprétés d'une autre façon si l'on admettait que des omissions permettent de rattacher le chœur des rythmeurs à ce qui précède[150] :

Le chœur des rythmeurs :
« [Ah !] Osiris entre dans sa barque ! Toute terre est inondée sur son [passage] ! » (x+7, 9).
Le chœur [des rythmeurs] :
« Horus, dirige la barque du roi de Haute et Basse Égypte (Pharaon)| v.f.s. qu'Osiris navigue ! » (x+8, 1).

Les deux fois, la récitation d'un texte spécifique et distinct du contexte est attribuée au chœur des rythmeurs. Dans le premier cas, la récitation s'insère entre une libation et l'embarquement du personnel[151]. Dans le second cas, le passage est placé en préambule d'un texte qui semble constituer la formule principale[152]. On pourrait y reconnaître la formalisation d'une mise en scène qui voyait le chœur des rythmeurs répondre au ritualiste. Il n'est dès lors pas exclu que leurs propos aient constitué une sorte de refrain.

2.5.6 Le colophon

Un unique colophon figure dans le papyrus Princeton Pharaonic Roll 10. Il se trouve tout en bas de la dernière page du papyrus (x+22, 14), mis en évidence par un intervalle avec le reste du texte[153], et marque la fin du manuscrit. Il ne nous renseigne ni sur le modèle ni sur le copiste, ce qui tendrait à montrer que sa présence atteste plutôt de l'intégrité de la composition reproduite[154]. La formule retenue, *ỉw=f pw*, est des plus courantes et se rattache à une tradition ancienne. On y a ajouté l'adverbe *nfr* « parfaitement » écrit à l'aide du signe du lotus 𓆸 . Cet usage, attesté déjà à l'époque ramesside, se généralisa sous cette forme graphique à l'époque ptolémaïque[155].

---

150 Voir § 7.1.1, n. d) et e).
151 Voir § 7.1.
152 Voir § 7.3.
153 Comme c'est souvent le cas dans les rituels tardifs (G. LENZO MARCHESE, *BIFAO* 104 (2004), p. 374).
154 M. LUISELLI, *in* : *Basel Egyptology Prize*, p. 345-350. St. QUIRKE, *in* : *Ancient Egyptian Literature*, p. 380.
155 G. LENZO MARCHESE, *BIFAO* 104 (2004), p. 374 qui mentionne le papyrus Paris Louvre N. 3176 (S) (IV, 27), le papyrus Paris Louvre N. 3291 (VII, 19), le papyrus Paris Louvre N. 3284 (V, 11) et un papyrus de Tebtynis (= P. Florence Bibl. Medicea Laurenziana, sans n°) (IX, 7). On peut citer aussi le papyrus Caire 58028 (1, 5) (W. GOLÉNISCHEFF, *Papyrus hiératiques*, p. 132 ; J. Fr. QUACK, *in* : *Auf den Spuren des Sobek*, p. 242-243), le papyrus Walters Art Museum 551 (Y. BARBASH, *Padikakem*, p. 269 et pl. 10) et le papyrus Denon où le signe 𓆸 précède le groupe 𓊪𓏲 (M. COENEN, J. QUAEGEBEUR, *De Papyrus Denon*, p. 82-83).

Les copies tardives de rituels intègrent régulièrement un colophon – le plus souvent *ỉw=f pw* simplement – à la fin de chaque partie entrant dans la composition du recueil, ce qui laisse apparaître plusieurs colophons dans un même document[156]. Le fait que ce procédé n'ait pas été mis en œuvre dans le papyrus Princeton Pharaonic Roll 10 montre que ce manuscrit était considéré par son rédacteur comme une composition homogène et non comme un assemblage de plusieurs parties.

2.5.7 Une composition homogène

On peut tirer un premier constat de ces quelques observations. De véritables titres sont rares dans le papyrus Princeton Pharaonic Roll 10, et ceux qui y sont attestés s'apparentent plutôt à des sous-titres. Il n'y a par ailleurs qu'un seul colophon au bas de la dernière page du papyrus. Ce manuscrit ne se composait donc vraisemblablement pas de différents rituels réunis ou d'un ensemble de formules rassemblées thématiquement ou selon des critères plus aléatoires afin de former une sorte de bibliothèque savante. Structuré en plusieurs parties définies par des rubriques, quelques titres, des sous-titres ou des formules introductives, son contenu révèle un caractère unifié, articulé autour d'élément variés, mais pensé comme un tout. La mise en forme du manuscrit soutient cette impression de cohésion. Rares sont les sections qui débutent sur une nouvelle page. Celles-ci sont au contraire copiées à la suite les unes des autres, séparées parfois par un espace. Les changements de thème ne font pas l'objet d'une attention particulière et les retours à la ligne sont généralement dictés par la nécessité de modifier la mise en page. Il arrive même que la mise en forme se modifie au sein d'un même passage sous l'influence de la suite du texte[157]. Le scribe a fait preuve de créativité dans sa réalisation et il a trouvé des solutions originales pour doter ce manuscrit d'une mise en page personnalisée permettant de distinguer les différentes sections tout en insistant sur la cohérence de l'ensemble.

On doit donc considérer que le papyrus Princeton Pharaonic Roll 10 ne constituait pas un simple compendium de textes copiés à la suite les uns des autres, mais plutôt une composition élaborée dans un but précis. Un titre général figurait d'ailleurs peut-être au début du manuscrit, dans la partie aujourd'hui perdue du papyrus. S'il n'est pas possible de définir l'étendue de celle-ci avec certitude, on relèvera néanmoins que la présence d'une rubrique rédigée en rouge à la première ligne de la première page conservée marquait sans doute un développement significatif du rituel, voire même éventuellement le début de celui-ci. Sur la base de ces observations préliminaires, il n'est pas possible de définir si le papyrus Princeton Pharaonic Roll 10 contient un texte original composé à l'aide de formules tirées de sources diverses ou s'il reproduit la copie plus ou moins fidèle d'un modèle déjà constitué.

---

156 G. Lenzo Marchese, *BIFAO* 104 (2004), p. 372 et n. 102-103, qui mentionne le papyrus New York MMA 35.9.21 et le papyrus Bremner-Rhind. On ajoutera le papyrus Paris Louvre N. 3079 (J.-Cl. Goyon, *BIFAO* 65 (1967), p. 156, pl. XXII ; J.-Cl. Goyon, *RdÉ* 20 (1968), p. 84, pl. 4) et deux documents partiellement publiés : le papyrus Paris Louvre N. 3129 (S. Schott, *Urkunden* VI, p. 59 ; J.-Cl. Goyon, *Kêmi* 19 (1969), p. 62-63 ; J.-Cl. Goyon, *BIFAO* 75 (1975), p. 347) et le papyrus Berlin 3057 (G. Möller, *Über die in einem…*, p. 2-3). Le papyrus Londres BM EA 10081 présente la même caractéristique.

157 C'est le cas de la fin de la litanie de la page x+13 qui est copiée avec une autre mise en forme au début de la page suivante.

2.6 Corrections

Une fois rédigé, le papyrus Princeton Pharaonic Roll 10 a encore fait l'objet de corrections. Ce constat rappelle que le scribe qui a réalisé ce manuscrit s'est appliqué à parfaire son ouvrage. Malheureusement, les déchirures, trous, lacunes, taches, noircissures et autres abrasions rendent souvent difficile la simple identification de ces corrections. L'état de conservation du document empêche donc d'en dresser une liste complète et compromet l'étude du système de correction mis en œuvre.

2.6.1 Modifications dans le corps du texte

Certaines corrections ont été apportées directement dans le corps du texte. C'est le cas lors de la modification du nom du bénéficiaire[158]. On remarque ainsi sur la deuxième page une rature grossière sous laquelle on peut encore reconnaître sur l'original les signes formant le nom *Padiherpakhered* (x+2, 3). À plusieurs reprises, le nom *Mesredouyef*, comme parfois celui de sa mère, est écrit d'une façon différente du reste du texte[159]. Quelquefois, on peut voir un halo plus foncé autour de l'adjonction, signe d'un effacement[160]. Ce nom remplaçait alors un élément préalablement supprimé.

On ne trouve pas trace de signes barrés, mais, s'il a été fait usage d'encre rouge comme c'est parfois le cas[161], des corrections de ce type pourraient ne plus être visibles.

2.6.2 Corrections ajoutées dans les interlignes

L'insertion d'une correction dans l'interligne supérieur est une technique assez répandue[162]. Le scribe du papyrus Vatican MGE 48832 ajoute généralement un point d'appel sous la ligne et un point de rappel à l'endroit de la correction[163], dont on ne trouve pas trace dans le papyrus Princeton Pharaonic Roll 10.

On peut dresser une liste des quelques cas attestés dans le papyrus Princeton Pharaonic Roll 10. Les signes 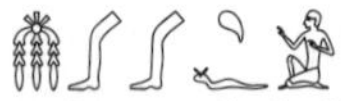 , qui permettent d'écrire l'anthroponyme *Mesredouyef*, ont été inscrits en noir au-dessus de la ligne (x+1, 6). Le passage est trop fragmentaire pour pouvoir

158 Sur cette question, voir chapitre 4.

159 On le remarque particulièrement bien aux lignes x+8, 4 ; x+8, 6 ; x+8, 11 ; x+12, 4 ; x+14, 4 ; x+14, 5, x+14, 8-9, x+15, 1 ; x+15, 3 ; x+15, 5 ; x+15, 11 ; x+16, 1 ; x+16, 1 ; x+16, 3 ; x+16, 4-5 ; x+16, 6, x+16, 10 ; x+22, 7.

160 Ces marques, dont l'étendue est limitée à l'emplacement du nom en question, se distinguent des endroits où le papyrus est noirci ou taché. Au sujet des effacements, voir R. A. Caminos, *in* : *Papyrus*, p. 45-46.

161 A. Gasse, *Un papyrus et son scribe*, p. 29. D. Meeks, *Mythes et légendes du Delta*, pl. 7, 9, etc. (P. Brooklyn 48.217.84 (x+7, 6 ; x+9, 5-9-11 ; *passim*).

162 Plusieurs documents en témoignent, comme par exemple le papyrus de *Iahtesnakht* (U. Verhoeven, *Iahtesnacht* I, p. 365-368 ; A. Gasse, *Un papyrus et son scribe*, p. 29), le papyrus Ryerson (Th. G. Allen, *The Egyptian Book of the Dead Documents*, pl. XXXVII), le papyrus Brooklyn 47.218.135 (R. Jasnow, *Wisdom Text*, p. 22), le papyrus Brooklyn 47.218.50 (J.-Cl. Goyon, *Confirmation* I, p. 4), le papyrus New York MMA 35.9.21 (J.-Cl. Goyon, *Imouthès*, p. 12-13). Les corrections sont volontiers notées en rouge dans le papyrus Brooklyn 47.218.84 (D. Meeks, *Mythes et légendes du Delta*, pl. 4, 6, 7, 8, 9, 10, etc.), comme c'est le cas aussi dans le papyrus Caire CG 58034 + 58028 (J. Fr. Quack, *in* : *Auf den Spuren des Sobek*, p. 240-241).

163 A. Gasse, *Un papyrus et son scribe*, p. 28-29. C'est aussi le cas dans le papyrus Brooklyn 47.218.50 (J.-Cl. Goyon, *Confirmation* II, pl. IX, 16, 1).

définir à quel élément cette correction se rapportait. À la page suivante, l'anthroponyme *Mesredouyef* a été inscrit en noir dans l'interligne supérieur au-dessus du nom *Padiherpakhered* qui a été raturé (x+2, 3). Plus loin, le scribe, qui avait omis le groupe avant le nom du défunt, l'a ajouté au-dessus de la ligne (x+6, 7). Il a écrit de la même manière le déterminatif qui manquait à la fin du nom *Tahebet* (x+20, 13). Il a également noté en tout petit au-dessus du texte une ligature correspondant à là où ce groupe avait été omis (x+12, 8 ; x+21, 3). Ailleurs, il a dû écrire les signes dans l'interligne supérieur pour finir d'insérer le nom *Taheb(et)* (x+16, 3). Il a encore copié le dernier terme d'une phrase, *ḫfty.w=f*, au-dessus de la ligne où celle-ci est inscrite (x+20, 14). Dans ces deux derniers cas, les adjonctions ont probablement été apportées directement en cours de rédaction puisqu'il s'agissait de résoudre un problème ponctuel de manque de place. Dans les autres cas, lorsqu'il s'agit d'oublis, elles ont plutôt été réalisées lors d'une relecture.

2.6.3 Annotations dans la marge

On observe dans les marges du papyrus Princeton Pharaonic Roll 10 des marques dans lesquelles on serait tenté de reconnaître des signes d'écriture[164]. Compte tenu de l'état de conservation du document, il n'est pas toujours facile de distinguer d'éventuels signes de simples taches. C'est en particulier vrai aux pages x+5, x+6, x+7 et x+8 en raison des colorations plus sombres. Or celles-ci se répètent régulièrement et semblent être apparues une fois le papyrus roulé. Il est peu probable que des annotations marginales aient systématiquement figuré uniquement là où ces taches apparaissent. La plupart d'entre elles sont par conséquent douteuses et, s'il s'agit bien parfois de traces d'écritures, c'est peut-être à un transfert d'encre qu'elles sont dues[165]. On distingue cependant d'autres traces dans la marge supérieure. On relèvera par exemple celles qui figurent à la lisière du papyrus, au-dessus du trait séparatif, entre les pages x+1 et x+2, x+2 et x+3, x+3 et x+4. Cette répétition invite peut-être à y reconnaître des éléments de pagination. Il n'est pas exclu non plus que des annotations aient été apportées à l'encre rouge sur certaines pages et qu'elles ne soient plus guère visibles.

Dans la marge supérieure de la page x+3, un premier signe est noté, tandis que le second est vraisemblablement à lire (G54). À la deuxième ligne de cette page, une seconde marque figure au-dessus du mot auquel la correction se rapporte probablement. À la page x+9, un fragment de papyrus est déposé à l'endroit en question, ce qui ne permet pas d'en proposer une lecture[166]. Le mode de correction, qui consiste à noter un appel de correction dans le texte et un signe de rappel suivi de la correction dans la marge, est attesté notamment par le papyrus Vatican MGE 48832 où il est mis en œuvre pour corriger des omissions plus ou moins importantes[167]. Les adjonctions y sont généralement faites dans la marge inférieure, probablement en raison de la présence de vignettes illustrées dans la partie supérieure. Les caractères employés par le scribe du papyrus Princeton Pharaonic Roll 10

164 C'est le cas à presque toutes les pages, mais cela semble se vérifier dans la marge supérieure des pages x+10, x+12, x+13, x+16, x+17.

165 Voir § 2.1.2.

166 Voir § 7.6.1, n. d.

167 A. GASSE, *Un papyrus et son scribe*, p. 30-33 qui cite d'autres exemples.

comme signes d'appel et de rappel de correction sont difficiles à identifier. Ils s'apparentent plutôt à ceux du papyrus Vatican MGE 48832 (ou), du papyrus Jumilhac ou du papyrus Berlin P. 23040 ( ), rendus par le hiéroglyphe (D51)[168], qu'à des croix (/) comme au Nouvel Empire. Le scribe du papyrus New York MMA 35.9.21 fait usage d'annotations différentes. Ce manuscrit offre un exemple d'appel d'omission sous la forme d'un signe [169]. Dans le papyrus UB Trier S109A-14, un signe est ajouté au-dessus des lignes 5 et 6[170]. Le papyrus Brooklyn 47.218.84 comporte également des corrections dans la marge supérieure ou inférieure[171]. Un système de corrections plus élaboré, précisant par un chiffre la ligne concernée, est mis en place dans le papyrus Bremner-Rhind, le papyrus New York MMA 35.9.21, le papyrus Berlin P. 23040 et le papyrus Berlin P. 13242[172].

2.6.4 Erreurs et oublis du scribe

On observe quelques erreurs du scribe restées sans correction :

> x+1, 13 : Le scribe a commencé à écrire le nom de la mère à la fin de la ligne, mais il s'est ravisé et l'a inscrit au début de la ligne suivante.
>
> x+5, 1 : Oubli des signes pour écrire le verbe *dr*.
>
> x+7, 7 : Il manque dans *msỉ.n* qui est écrit uniquement . Comme cela se répète à six reprises, il s'agit peut-être plutôt d'une abréviation[173].
>
> x+9, B : Oubli du signe dans *<ḥm>-nṯr*.
>
> x+11,8 : Oubli du pluriel de *nṯr.*[*w*]*t*[174].
>
> x+15, 2 et x+16, 6 : Le scribe a écrit plutôt que .
>
> x+15, 5 : Oubli du pluriel dans *ḏfꜣ<.w>*.
>
> x+16, 2 : Le nom de la mère a été omis après l'indication de la filiation.

2.7 Langue du document

Le papyrus Princeton Pharaonic Roll 10 est rédigé dans une langue plutôt « classique », émaillée de quelques éléments plus récents, à l'instar d'autres rituels de l'époque gréco-romaine[175]. On parle volontiers d'un égyptien de tradition[176].

---

168 G. Burkard, *Das Klagelied*, p. 134. J. Fr. Quack, *SAK* 33 (2005), p. 343-344, 346.

169 J.-Cl. Goyon, *Imouthès*, p. 13.

170 H. Kockelmann, *in* : *Egyptian Museum Collections around the World*, p. 669-670.

171 D. Meeks, *Mythes et légendes du Delta*, pl. 6 et 11.

172 J. Fr. Quack, *SAK* 33 (2005), p. 343-346.

173 De même aux lignes x+8, 4 ; x+8, 11 ; x+12, 4 ; x+16, 1 ; x+16, 3. Voir aussi § 4.3.

174 Voir néanmoins, § 7.8.1, n. o).

175 Le papyrus Londres BM EA 10252 présente pour sa part deux versions du *Rituel de repousser le Mauvais*, l'une en langue classique et l'autre en néo-égyptien (S. Schott, *Die Deutung* ; P. Vernus, *RdÉ* 41 (1990), p. 153-208).

176 P. Vernus, *in* : *L'Égyptologie en 1979*, p. 81-89. P. Vernus, *RdÉ* 41 (1990), p. 153-208. A. Paulet, *GöttMisz* 243 (2014), p. 43-48. Il est aussi question de moyen égyptien tardif (K. Jansen-Winkeln, *Spätmittelägyptische Grammatik*, p. 489-493. K. Jansen-Winkeln, *SAK* 40 (2011), p. 155-179). Outre

2.7.1 Orthographe

Le groupe figure pour la préposition *r*[177]. Le signe *t* remplace *d*[178], par exemple dans le verbe *wdn* (x+15, 1 ; x+15, 15). Il remplace aussi *ṯ*, comme dans le mot *sṯy* (x+2, 2 ; x+15, 10).

Le signe est employé pour écrire le verbe *šd*[179] (x+7, 4 ; x+15, 6 ; x+22, 12). La graphie *wr*[180] est répandue (x+2, 19 ; x+5, 6 ; x+11, 11 ; x+8, 4 ; x+9, 38 ; x+18, 5). Le groupe *tw* est volontiers écrit plutôt que [181].

Des éléments superflus sont parfois présents. Un *t* superfétatoire est par exemple ajouté à *nb*[182]. On notera cependant à une reprise la graphie *nb* (x+4, 8). La graphie est employée pour la racine *mnỉ* (x+3, 6 ; x+14, A ; x+22, 6).

On relève plusieurs graphies tardives[183] : *ꜥnḫ* (x+13, 3), *Dwꜣ.t* (x+16, A ; x+17, A ; x+18, A ; x+19, A ; X+19, 1 ; x+19, 4), *sḫ* (x+15, 6), *ỉrw.w* (x+17, 4), *mꜣꜣ* (x+4, 2 ; x+4, 9 ; x+7, 1 ; x+15, 8 ; x+15, 12 ; x+19, 6), *psḏ.t* (x+1, 12 ; x+9, 36 ; x+14, 3 ; x+15, 9 ; x+16, 1 ; x+20, 4), *rḏw.w* (x+14, 9), *ḫw* (x+21, 1 ; x+21, 5), *ḥfꜣw*[184] (x+15, 6) ; *ỉ.nḏ ḥr=k* (x+16, A ; x+17, A ; x+19, A), *p.t* (x+8, 5 ; x+18, 3 ; x+18, 4) ou *p.t*[185] (x+14, A ; x+15, 2). À côté de , on trouve aussi la graphie (x+15, 5).

Certains mots présentent une orthographe attestée en démotique : *pꜥ.t* (x+4, 4 ; x+8, 7)[186] et *n(ꜣ) ḥ(ꜣ)ty.w* (x+11, 4)[187]. Quant à *pꜣ ꜥꜣ sp 2* (x+5, 7), il apparaît probablement pour *pꜣ ꜥꜣ pꜣ ꜥꜣ* attesté en démotique[188].

---

l'influence du néo-égyptien, les textes tardifs peuvent faire l'objet d'« interférences démotiques » (M. Müller, *LingAeg* 10 (2002), p. 437-440. Si Joachim Friedrich Quack conforte ce phénomène, il en réfute en revanche l'appellation (J. Fr. Quack, *SAK* 32 (2004), p. 331-332 et n. 24). Mark Smith précise, avec raison, qu'il est plus vraisemblable que le copiste ait été influencé par la langue de son époque plutôt que par celle déjà vieilli d'un état de la langue obsolète (M. Smith, *RdÉ* 57 (2006), p. 224).

177 A. H. Pries, *Schutz des Königs*, p. 12.

178 J.-Cl. Goyon, *Le papyrus du Louvre N. 3279*, p. 12.

179 M. Valloggia, *in* : *Hommages Sauneron* I, p. 288.

180 S. Sauneron, *Rituel de l'embaumement*, p. 58. M. Valloggia, *in* : *Hommages Sauneron* I, p. 288.

181 D. Kurth, H.-J. Thissen, M. Weber, *Kölner ägyptische Papyri*, p. 16, n° 1.

182 M. Valloggia, *in* : *Hommages Sauneron* I, p. 287. R. Jasnow, *Wisdom Text*, p. 8.

183 M. Valloggia, *in* : *Hommages Sauneron* I, p. 287-288. J. Osing, *Hieratiche Papyri aus Tebtunis* I, p. 38. A. H. Pries, *Schutz des Königs*, p. 12-13.

184 *Wb* III, 72, 14-20. P. Wilson, *Lexikon*, p. 641-642.

185 D. Kurth, H.-J. Thissen, M. Weber, *Kölner ägyptische Papyri*, p. 16, n° 2.

186 On retrouve en démotique des graphies « phonétiques » *pꜥy* pour *pꜥ.t* (M. A. Stadler, *in* : *Auf den Spuren des Sobek*, p. 269 (P. British Library 264)).

187 Voir § 7.8.1, n. i).

188 Voir § 6.4.1, n. h).

Les noms des déesses s'accompagnent généralement du groupe ou [189] et ceux des dieux du signe . Le nom du dieu Horus s'écrit presque toujours *Ḥr* (x+2, 3 ; x+8, 1 ; *passim*)[190], une seule fois *Ḥr* (x+4, 4). Celui du dieu Thot est presque toujours abrégé *Ḏḥwty* (x+4, 4 ; x+4, 12 ; *passim*), à l'exception d'un seul cas où il est écrit *Ḏḥwty* (x+11, 9). La graphie *Wsỉr* (x+2, 3 ; x+4, 2 ; x+4, 3 ; x+5, 1 ; *passim*) alterne avec (x+4, 8 ; x+4, 10 ; x+8, 1 ; x+9, 1 ; x+12, 7 ; x+13, 1-7). Si la première est employée autant pour le dieu que pour le défunt, la seconde semble en revanche réservée à la divinité. On relèvera encore les graphies particulières *bỉk* (x+9, 19)[191] et *Ḥꜥpy* (x+7, 5 ; x+9, 1 ; x+21, 11)[192].

Les toponymes s'écrivent volontiers avec le déterminatif en plus de celui de la ville[193]. Héliopolis est noté quatre fois *ỉwnw* (x+4, 6 ; x+4, 12 ; x+8, 14 ; x+11, 8) et une fois *ỉwnw*[194] (x+20, 8). On écrit le nom du nome thinite *Tꜣ-wr* (x+4, 8). On relève encore la graphie néo-égyptienne *ꜣšrw* (x+9, 33 ; x+11, 9). Le pluriel s'adjoint au déterminatif des directions cardinales[195] : *rs*(*y*), *mḥ.t*, *ỉmn.t*, *ỉꜣb.t*[196].

2.7.2 Grammaire

On note l'absence de formes verbales récentes, mais on observe une cristallisation de l'élément *tw* avant le déterminatif des formes verbales. La préposition *ḥr* peut disparaître des constructions pseudo-verbales[197]. La construction sujet + *sḏm=f* est courante. L'impératif peut être formé à l'aide du préfixe : *ỉ.sty* « tire une flèche » (x+14, 12), sans que cela ne constitue une règle[198]. L'impératif *mỉ* « viens » est attesté à plusieurs reprises[199]. L'emploi de l'infinitif est répandu, ce qui n'est pas étonnant dans un texte à caractère rituel. Le syntagme *nty* permet de former des propositions relatives[200].

---

189 Voir chapitre 3, B1a et B7.

190 M. Valloggia, *in* : *Hommages Sauneron* I, p. 288. A. H. Pries, *Schutz des Königs*, p. 12.

191 Voir § 7.4.1, n. j).

192 Voir aussi chapitre 3, D26a.

193 J.-Cl. Goyon, *Le papyrus du Louvre N. 3279*, p. 12.

194 Sur cette graphie, voir S. Sauneron, *RdÉ* 8 (1951), p. 191-194 et J. Osing, *Hieratiche Papyri aus Tebtunis* I, p. 47 et n. 183.

195 A. H. Pries, *Schutz des Königs*, p. 12.

196 Dans un cas, le déterminatif est remplacé par un second (x+15, 8).

197 Par exemple x+6, 5 ; x+6, 6 ; x+7, 7 ; x+7, 9.

198 Voir notamment x+6, 6 ; x+6, 7.

199 Aux lignes x+2, 19 ; x+3, 1 ; x+11, 13 ; x+14, A ; x+16, 19.

200 Aux lignes x+4, 1-2 ; x+4, 9 ; x+5, 11 ; x+8, 5 ; x+8, 6 ; x+8, 9 ; x+9, B ; x+10, A ; x+15, 7 ; x+15, 10.

On ne trouve pas d'exemples des négations *bw* ou *bn*, attestées en néo-égyptien. C'est le morphème négatif *nn* qui est usité. Il est volontiers employé avec un *sḏm=f*, souvent avec un sens futur et une nuance d'impossibilité[201], parfois avec une forme *sḏm.n=f*[202].

À côté de l'usage des démonstratifs *pn* et *tn*[203], l'emploi des articles *pꜣ* et *tꜣ*[204] est attesté une dizaine de fois. À l'exception de l'épithète de Thot *pꜣ ꜥꜣ sp 2 nty m ꜣḫ.t* « le deux fois grand qui est dans l'horizon » qui apparaît à deux reprises dans l'une des formules[205], ces articles ne figurent que dans les passages dédiés à la description des rites[206]. Le démonstratif *pfy* apparaît à quelques reprises[207]. On relèvera l'emploi prédicatif du démonstratif *twy-nn*[208]. Le démonstratif *pfy-nn* est employé de la même façon[209] ou de manière attributive[210]. Le nombre cardinal figure après le nom qu'il accompagne, qui se met ou non au pluriel[211].

Le pronom indépendant  (x+5, 11) est attesté comme sujet[212]. Il arrive que le pronom  remplace celui de la troisième personne du pluriel [213]. Si le pronom dépendant indique le complément d'objet direct d'un verbe conjugué[214], il arrive que le nouveau pronom soit employé comme objet[215].

On relève la présence des prépositions *ỉrm-n* « avec » (x+14, 6) et *m-sꜣ* « à la recherche de » (x+9, A ; x+9, C).

Les éléments orthographiques récents, qui témoignent plus spécifiquement du moment de rédaction du texte, sont plus nombreux que les éléments grammaticaux, qui sont pour leur part plus attachés à la composition même de celui-ci. Si le papyrus Princeton Pharaonic Roll 10 s'inscrit dans son temps par l'emploi de quelques graphies contemporaines et formes plus récentes, il retranscrit en revanche des compositions qui demeurent formulées dans une langue relativement traditionnelle. Les éléments caractéristiques ne sont d'ailleurs pas assez nombreux pour tenter de comparer entre elles les différentes compositions afin de leur attribuer une datation différenciée. On observe cependant que ce sont logiquement les parties descriptives et les rubriques qui laissent apparaître le plus de faits de langue récents.

---

201 Aux lignes x+3, 4 ; x+5, 13 ; x+6, 2 ; x+7, 3 ; x+7, 5 ; x+8, 10 ; x+8, 12 ; x+12, 2. M. Malaise, J. Winand, *Grammaire raisonnée*, p. 401-402, § 642.

202 Aux lignes x+6, 11 ; x+8, 12. M. Malaise, J. Winand, *Grammaire raisonnée*, p. 403, § 644.

203 Aux lignes x+3, 11 ; x+4, 2 ; x+5, 1 ; x+5, 5 ; x+7, 4 ; x+7, 8 ; x+16, 2-3 ; x+16, 5-6 ; x+16, 11.

204 A. H. Pries, *Schutz des Königs*, p. 17.

205 Aux lignes x+5, 7 et x+5, 10, voir § 6.4 et en particulier n. h).

206 Aux lignes x+3, 9 et x+3, 10, voir § 5.6 ; x+7, 18, voir § 7.2 ; x+15, 6 et x+15, 7 (quatre exemples), voir § 8.10 ; x+22, 8, voir § 11.3.

207 Aux lignes x+6, 8 ; x+9, B ; x+15, 4.

208 À la ligne x+8, 9, voir § 7.4.1, n. b.

209 Aux lignes x+8, 9 ; x+8, 8-10.

210 Aux lignes x+8, 8-9 ; x+15, 10.

211 On trouve ainsi *tw.t n ḫfty.w 4* « l'effigie de quatre ennemis » (x+15, 7) ou *sr.t 4* « quatre oies » (x+15, 7). A. H. Pries, *Schutz des Königs*, p. 13.

212 Par exemple x+5, 11 ; x+16, 4.

213 Aux lignes x+6, 1 ; x+12, 6 ; x+14, 4 ; x+15, 4 ; x+15, 10 ; x+18, 10.

214 Par exemple x+12, 1 ; x+14, B ; x+17, 2 ; x+21, 5.

215 Aux lignes x+5, 7 ; x+5, 8 ; x+5, 9 ; x+5, 10.

3. Paléographie du manuscrit

Présenté ci-dessous (§ 3.2), le catalogue des signes attestés dans le papyrus Princeton Pharaonic Roll 10 s'accompagne d'un commentaire contenant des références à d'autres exemples[1], mais ne constitue pas une paléographie comparative des graphies de l'époque concernée. Le choix des signes retenus ne s'est pas limité à quelques formes atypiques, mais s'est porté sur un éventail aussi large que possible[2], afin d'envisager une analyse globale de la paléographie du manuscrit et de faciliter de futures comparaisons. Les signes sont organisés selon les catégories de la *Sign-List* d'Alan Gardiner, complétées selon le modèle d'Ursula Verhoeven[3], même si la classification proposée par Dimitri Meeks reflète sans doute mieux l'état des connaissances actuelles[4]. Ce choix se justifie parce que cette classification constitue une convention permettant d'unifier les références aux signes hiéroglyphiques et offre une consultation plus aisée[5].

Toute étude paléographique est tributaire de la datation attribuée aux exemplaires faisant l'objet d'une comparaison. Certains manuscrits peuvent être datés grâce à d'autres critères, mais ce n'est pas toujours le cas. Il arrive ainsi que la datation d'un document ne fasse pas l'unanimité ou que de nouvelles études permettent de l'affiner. Afin de fixer un cadre chronologique aux commentaires proposés, il ne semblait donc pas inutile de rappeler quelques éléments de datation. Le papyrus New York MMA 35.9.21 est daté du début de l'époque ptolémaïque[6], de même que le papyrus Baltimore Walter Art Museum 551[7] et le papyrus Vatican 38603[8]. Le papyrus Berlin P. 3057 serait daté du IVe siècle av. J.-C.[9]. Le papyrus Paris Louvre N. 3129 (+ P. Bruxelles MRE 4976 + Cracovie AM XI 1503-1506 et 1508-1511 + New York Pierpont Morgan Library Eg. 30 + Paris Louvre E 4890 B) est daté entre 350 et 250 av. J.-C.[10]. Le papyrus Londres BM EA 10252 est daté de l'an 11 d'Alexandre IV, soit vers 307-306 av. J.-C.[11]. Le colophon du papyrus Bremner-Rhind (P. Londres BM EA 10188), daté de l'an 12 d'Alexandre IV, soit vers 305 av. J.-C., permet de situer la rédaction

---

1 Par souci de clarté, certaines mentions de manuscrits cités dans les paléographies de Georg Möller et d'Ursula Verhoeven reprennent la nomenclature employée dans ces ouvrages, auxquels on se référera sinon directement.

2 Les signes très courants n'ont cependant pas été pris en considération, de même que les signes partiellement endommagés, à moins qu'un élément caractéristique ne soit encore visible.

3 U. Verhoeven, *Buchschrift*.

4 D. Meeks, *Les architraves*, p. XIX-XXII. D. Meeks, *Mythes et légendes du Delta*, p. 316.

5 On constate en effet combien la double nomenclature rend la consultation de la paléographie de Georg Möller moins aisée. Les numéros de référence qu'il a attribués restent inscrits à côté du sigle de chaque signe.

6 J.-Cl. Goyon, *Imouthès*, p. 3-4. A. Kucharek, *Klagelieder*, p. 40-41. M. Smith, *Traversing Eternity*, p. 67.

7 Y. Barbash, *Padikakem*, p. 3-4. A. Kucharek, *Klagelieder*, p. 46-47.

8 Fl. Albert, *Le Livre des Morts d'Aset-Ouret*, p. 31-32.

9 A. Kucharek, *Klagelieder*, p. 44-45.

10 U. Verhoeven, *RdÉ* 49 (1998), p. 225-227, Taf. XXVI-XXVIII. M. Barwik, *RdÉ* 46 (1995), p. 3-7.

11 U. Verhoeven, *Buchschrift*, p. 75-80.

de ce document[12]. Les papyrus Londres BM EA 10208 et 10209, qui appartenaient au même propriétaire, sont datés vers 315 av. J.-C.[13]. Le papyrus Londres BM EA 10319 est daté du IIIe siècle av. J.-C.[14]. Le papyrus Paris Louvre N. 3079 est daté du IIIe siècle av. J.-C., voire du début du IIe siècle av. J.-C.[15]. Le papyrus Berlin P. 23040 est daté du IIIe siècle av. J.-C. (300-240 av. J.-C.)[16]. Le papyrus Londres BM EA 10037 (+ New York Pierpont Morgan Library 35) est daté du IIIe siècle av. J.-C. (246-221 av. J.-C.)[17]. Le papyrus Vienne KM 3862 est daté de l'an 249 av. J.-C.[18]. Le papyrus Tamerit 1 est daté vers 210 av. J.-C.[19]. Les bandelettes Berlin P. 3073 (+ Londres BM EA 10265 et 10266 + New York Pierpont Morgan Library Amherst 41), bien connues sous le nom de *Leinwand*, ont été situées à l'époque ptolémaïque, entre la fin du IIIe siècle et le début du IIe siècle av. J.-C.[20], plutôt qu'à la 30e dynastie[21]. Le papyrus Berlin P. 3008, intitulé *Isis-Nephthys* par Georg Möller, est daté entre le IIe et le Ier siècle av. J.-C.[22]. Le papyrus Tübingen 2012 et le papyrus Paris Louvre N. 3085 sont datés entre le Ier siècle av. J.-C. et le Ier siècle apr. J.-C.[23]. Le rituel du papyrus Berlin P. 13242, connu sous le nom de *Ritual*, est daté du règne d'Auguste[24]. Les papyrus Rhind I et II (P. Édimbourg National Museum of Scotland 1956.303 et 1956.314) sont datés respectivement des années 21 et 19 du règne d'Auguste[25]. Le papyrus Berlin P. 3135 est situé plutôt entre le milieu du Ier siècle av. J.-C. et la moitié du Ier siècle apr. J.-C.[26], qu'entre le IIe et le IIIe siècle apr. J.-C.[27]. Le papyrus Leyde T. 32 est daté du Ier siècle, en 65 apr. J.-C.[28]. Le papyrus Berlin P. 3030 est situé entre la fin du Ier et le début du IIe siècle apr. J.-C.[29].

3.1 Datation du manuscrit

Aucune date n'est préservée par le papyrus Princeton Pharaonic Roll 10. Plusieurs éléments déjà évoqués permettent cependant de le situer dans le temps. L'emploi d'un pinceau, le type de mise en page, le choix du colophon, l'emploi de l'encre rouge pour écrire le nom de Seth et certaines graphies tardives incitent à placer la rédaction de ce manuscrit durant l'époque

12 U. VERHOEVEN, *Buchschrift*, p. 80. A. KUCHAREK, *Klagelieder*, p. 42-43. M. SMITH, *Traversing Eternity*, p. 97, 120-121.
13 F. HAIKAL, *Papyri of Nesmin* I, p. 17. U. VERHOEVEN, *Buchschrift*, p. 81. A. KUCHAREK, *Klagelieder*, p. 37-38.
14 A. KUCHAREK, *Klagelieder*, p. 38.
15 A. KUCHAREK, *Klagelieder*, p. 38-39.
16 G. BURKARD, *Das Klagelied*, p. 11-12.
17 U. VERHOEVEN, *Buchschrift*, p. 82.
18 U. VERHOEVEN, *Buchschrift*, p. 81-82.
19 H. BEINLICH, *Papyrus Tamerit 1*, p. 9. A. KUCHAREK, *Klagelieder*, p. 40.
20 H. KOCKELMANN, *Mumienbinden* I, en particulier p. 2-4, 25-47.
21 G. MÖLLER, *Hieratische Paläographie* III, p. 9.
22 G. MÖLLER, *Hieratische Paläographie* III, p. 10-11. A. KUCHAREK, *Klagelieder*, p. 31-33.
23 S. TÖPFER, M. MÜLLER-ROTH, *Das Ende der Totenbuchtradition*, p. 115-117.
24 G. MÖLLER, *Hieratische Paläographie* III, p. 11.
25 St. QUIRKE, *in* : *Tribute James*, p. 86. M. SMITH, *Traversing Eternity*, p. 303, 336.
26 St. QUIRKE, *in* : *Tribute James*, p. 86.
27 G. MÖLLER, *Hieratische Paläographie* III, p. 15.
28 G. MÖLLER, *Hieratische Paläographie* III, p. 11-12. Fr. R. HERBIN, *Parcourir l'éternité*, p. 5.
29 G. MÖLLER, *Hieratische Paläographie* III, p. 14-15. St. QUIRKE, *in* : *Tribute James*, p. 86-87.

ptolémaïque et avant le début de l'époque romaine[30]. Deux des anthroponymes qui apparaissent dans ce manuscrit ne sont pas caractéristiques de cette période uniquement, mais ne contredisent pas cette datation ; le dernier semble en revanche attesté uniquement durant l'époque ptolémaïque[31].

Au premier regard, on attribuerait l'écriture de ce manuscrit à la période générique que l'on nomme volontiers « dernières dynasties indigènes ou début de l'époque ptolémaïque ». Sans contredire cette première impression, les éléments récoltés parmi les données paléographiques permettent cependant de préciser quelque peu cette datation (Tableau 1). Plusieurs signes ne présentent bien sûr pas de spécificité permettant de leur attribuer une période précise. D'autres montrent en revanche une particularité qu'il n'est pas possible de dater, mais qui pourrait constituer un élément intéressant pour l'établissement de futures comparaisons[32]. Quelques formes qui disparaissent après la 26e dynastie sont présentes dans le papyrus Princeton Pharaonic Roll 10. Une quinzaine de signes présentent des caractéristiques attestées avant et pendant l'époque ptolémaïque, dont une vingtaine d'autres graphies sont caractéristiques. Une trentaine de signes sont attribués à la période gréco-romaine, et quelques-uns plus particulièrement à l'époque romaine. Quelques signes peuvent être rapprochés de formes remontant au Nouvel Empire ou à la Troisième Période intermédiaire[33]. Plutôt que de prendre en compte une date aussi reculée, on préférera considérer qu'ils ont été remis au goût du jour au cours de l'époque ptolémaïque[34].

<table>
<tr><th>Époque saïte</th><th>Basse Époque</th><th>Époque ptolémaïque</th><th>Époque romaine</th></tr>
<tr><td colspan="2">A7, M15, M36</td><td></td><td></td></tr>
<tr><td colspan="3">A15, A17, A30, B7, D1, D6, D57, I6, N27, N28, O35, P11, R4, R8, V2</td><td></td></tr>
<tr><td></td><td colspan="2">A2, A52, D4, G26, W14</td><td></td></tr>
<tr><td></td><td colspan="3">S19, W12</td></tr>
<tr><td></td><td></td><td>A9, A23, A24, A25a, A47, A51, A53, B1, D20, D28, D35, D39, D43, D53, F31, G14a, G36, I1, N29, O4, S20, T1, V29a</td><td></td></tr>
<tr><td></td><td></td><td colspan="2">A1, A28, D26A, D51a, D45, D54a, D60, E34, G25, G26a, G29, G42, M27, M29, N26, N30, N36, N36a, O3, O28, O32, O49, P1, R8a, S11a, S29c, T28, U28, V30, W22, W26, X1a, Aa5, Ag3a, Ag3b, Ag8</td></tr>
<tr><td></td><td></td><td></td><td>D3a, F13, G32a, G47</td></tr>
</table>

Tableau 1 : Répartition diachronique des signes du papyrus Princeton Pharaonic Roll 10

Au vu de cette synthèse, il est justifié de situer la rédaction du papyrus Princeton Pharaonic Roll 10 durant l'époque ptolémaïque. Bien que celui-ci présente des signes déjà attestés avant cette période, il comporte aussi quelques formes qui sont plus tardives. On aurait donc

30 Consulter le chapitre 2.

31 Consulter le chapitre 4.

32 Notamment A1a, A7, A8a, D26a, D33, D51a, D53, D55, F13, F24, F29, F30, F35, F40, G14a, G26, G36, G37, I6, M15, N1a, N19, N24, O22, O32, P11, R2, R7, S10a, S11a, S22, S29a, S29c, T18.

33 D54a, D33, F13, F24, F29, G37, M29.

34 Voir à ce propos U. VERHOEVEN, *Buchschrift*, p. 254-256, 341.

tendance à ne pas le situer au tout début de l'époque ptolémaïque, mais plutôt dans le courant, voire peut-être même dans la seconde partie, du IIIe siècle av. J.-C.

3.2 Catalogue des formes

A. Les hommes et leurs activités

A1/33

 4, 3  6, 7  9, B  11, 3  11, 12  15, 11  21,14

Dès l'époque ptolémaïque, les signes et ne se distinguent plus nettement l'un de l'autre par la présence ou l'absence d'un trait diacritique[35]. On trouve ainsi le signe de l'homme assis avec un point dans le *Livre des morts* inscrit sur lin de *Djedhor*, fils de *Tadiousir*[36], daté au plus tôt du début de l'époque ptolémaïque, et dans le papyrus Barcelone Palau-Ribes inv. 80[37]. La bandelette Bruxelles E. 1679[38] et la bandelette Rendells 2[39] présentent la même particularité. C'est également le cas des bandelettes au nom de *Menkarê*, fils de *Tacherettaihet*, datées entre la fin du IVe et le IIe siècle av. J.-C., aujourd'hui réparties à travers le monde[40]. Le papyrus Paris Louvre N. 3081, daté du Ier siècle av. J.-C., présente également cette particularité (par exemple chap. 40, l. 4), comme le papyrus Tübingen 2012 et le papyrus Paris Louvre N. 3085[41]. Un point peut accompagner ce signe dans les papyrus Berlin P. 3030 et Berlin P. 3135 à l'époque romaine, en particulier lorsqu'il est isolé[42]. L'étiquette de momie MMA 10.130.1136 (l. 1) présente aussi cette caractéristique[43].

A1a

 12, 11  19, 7

Le second signe s'accompagne habituellement d'un petit trait diacritique distinctif[44] qui est absent dans le papyrus Princeton Pharaonic Roll 10.

---

35 G. MÖLLER, *Hieratische Paläographie* III, p. 3 et n. 4, p. 5-6, n. 2. U. VERHOEVEN, *Buchschrift*, p. 111.

36 A. GASSE, *in* : *Totenbuch-Forschungen*, p. 57, 59.

37 B. E. KLAKOWICZ, *StudPap* 19 (1980), pl. I-III. S. VUILLEUMIER, *in* : *Ägyptologische „Binsen"-Weisheiten I-II*, p. 347-348.

38 A. DE CALUWE, *Un Livre des morts*, p. XXV, pl. 1-7.

39 R. A. CAMINOS, *JEA* 68 (1982), p. 147, 149 et n. 17, pl. XVI, qui la considère comme un *lapsus calami*.

40 E. A. AKMAR, *Les bandelettes de momie* I, p. 46-50, 81-82. A. DE CALUWE, *JEA* 79 (1993), p. 210-213, pl. 21. H. KOCKELMANN, *GöttMisz* 198 (2004), p. 23, no 1 ; 25, no 7 ; 33, no 26. H. KOCKELMANN, *Mumienbinden* II, p. 62, 261, 350 (index). M. VANDENBEUSCH, *Catalogue des bandelettes*, p. 45-66, pl. 6, 7 (MAH 692 et 693), avec bibliographie.

41 S. TÖPFER, M. MÜLLER-ROTH, *Das Ende der Totenbuchtradition*, p. 18.

42 G. MÖLLER, *Hieratische Paläographie* III, p. 3 et n. 4.

43 S. P. VLEEMING, *Mummy Labels* I, p. 491-493, no 860 ; II, p. 885, qui la date du IIIe siècle apr. J.-C.

44 U. VERHOEVEN, *Buchschrift*, p. 102-103.

A2/35

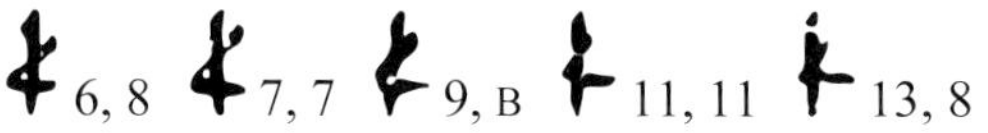
6, 8 7, 7 9, B 11, 11 13, 8

Le trait marquant les bras est le plus souvent anguleux et la boucle a disparu, comme c'est le cas dès le IVe s. av. J.-C.[45]. On comparera aussi ces formes avec celle du papyrus Berlin P. 23040[46].

A7/32

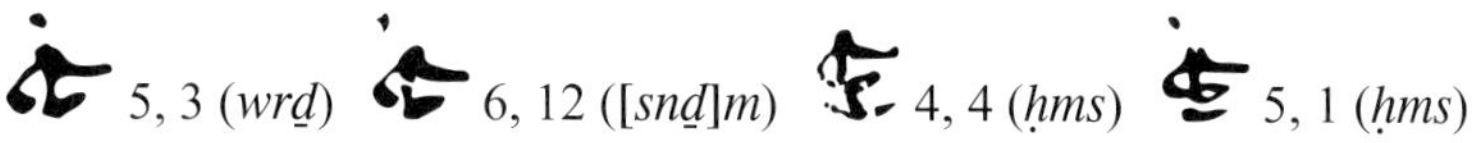
5, 3 (*wrḏ*) 6, 12 ([*snḏ*]*m*) 4, 4 (*ḥms*) 5, 1 (*ḥms*)

Un point peut figurer au-dessus de ce signe durant la 26e dynastie[47]. Un trait supplémentaire[48] est ajouté sous ce signe lorsqu'il s'agit du déterminatif de *ḥms*. Cette particularité ne paraît pas documentée par ailleurs[49].

A8a/36

16, A 17, A 18, A 22, 4

Ce signe est particulier. Les deux bras sont levés, alors que l'homme est agenouillé contrairement au signe (A28). Il ne porte pas ni barbe ni attribut sur la tête (cf. C11[50]) ; ce dernier pourrait cependant être rendu par le point. La tête n'est pas figurée. Cette particularité n'est pas documentée en ce qui concerne la graphie du signe (A8), au-dessus duquel un point est par ailleurs attesté à la 26e dynastie, tandis que plusieurs petits points sont visibles dans le papyrus Bremner-Rhind[51]. Une forme similaire avec deux points est documentée dans le papyrus Berlin P. 3030, également comme déterminatif du verbe *hnı͗*[52].

A8b

2, 5

Contrairement à (A8), c'est l'autre bras qui est levé. Un trait supplémentaire est ajouté sous ce signe, cf. *supra* A7a. Ce signe, qui apparaît comme déterminatif de *hnı͗*, pourrait-il être transcrit sinon [53] ?

---

45 U. VERHOEVEN, *Buchschrift*, p. 103. Une forme similaire apparaît cependant déjà au Nouvel Empire (G. MÖLLER, *Hieratische Paläographie* II, p. 3).
46 G. BURKARD, *Das Klagelied*, p. 120.
47 U. VERHOEVEN, *Buchschrift*, p. 103 (Tb Iah. A et B).
48 Dans deux cas, il ne peut pas s'agir d'un *n* (x+2, 19 ; x+4, 4).
49 G. MÖLLER, *Hieratische Paläographie* III, p. 3. U. VERHOEVEN, *Buchschrift*, p. 102-103.
50 G. MÖLLER, *Hieratische Paläographie* III, p. 4. U. VERHOEVEN, *Buchschrift*, p. 112-113.
51 G. MÖLLER, *Hieratische Paläographie* III, p. 4. U. VERHOEVEN, *Buchschrift*, p. 102-103.
52 G. MÖLLER, *Hieratische Paläographie* III, p. 4 et n. 1.
53 Cf. A32 (G. MÖLLER, *Hieratische Paläographie* III, p. 1 ; U. VERHOEVEN, *Buchschrift*, p. 108-109).

A9/42

 12, 6  12, 7  14, 6  14, 7

Il n'y a pas de trace du couffin à l'instar des bandelettes Berlin P. 3073[54] et du papyrus Bremner-Rhind[55]. Ce signe a peut-être subi l'influence de l'écriture ptolémaïque qui usait aussi du déterminatif  (A119).

A15/52

 5, 4  5, 7  5, 9  7, 2  16, 5

Un point surmonte ce signe. Cet élément est attesté déjà à la 26e dynastie dans le *Livre des morts* d'*Iahtesnakht*, puis à l'époque ptolémaïque dans le papyrus Vienne KM ÄS 3862 et le papyrus Londres BM EA 10037, où deux traits sont encore ajoutés au signe inférieur[56]. Les exemples ultérieurs ne présentent pas de point[57].

A17/30

 5, 3  5, 9  8, 4  10, 7  11, 8  13, 6

Dès le VIe siècle av. J.-C., un point peut apparaître sous ce signe[58]. On relève sa présence dans le papyrus Vatican 38603[59], le papyrus Walters Art Museum 551 (2, 9), le papyrus Sekowski[60], le papyrus UB Trier S109A-14b[61], le papyrus Berlin P. 23040[62], le papyrus Barcelone Palau-Ribes inv. 80[63] et le papyrus Tamerit 1[64]. Il est en revanche absent dans le papyrus Berlin P. 3057, le papyrus Paris Louvre N. 3129, le papyrus Londres BM EA 10208 (I, 2 ; II, 1) et le papyrus Londres BM EA 10209 (II, 11). Les deux formes coexistent dans le papyrus Bremner-Rhind et le papyrus New York MMA 35.9.21[65]. Ce point tend à disparaître par la suite.

A19/13/14

 19, 13  20, 2

Le bras avant, très court, n'est pas replié et le bras arrière, particulièrement long, descend jusqu'aux pieds, contrairement aux formes plus répandues, sans que cela ne

---

54 G. MÖLLER, *Hieratische Paläographie* III, p. 4. H. KOCKELMANN, *Mumienbinden* I, p. 28.
55 U. VERHOEVEN, *Buchschrift*, p. 103.
56 U. VERHOEVEN, *Buchschrift*, p. 104-105.
57 G. MÖLLER, *Hieratische Paläographie* III, p. 5.
58 G. MÖLLER, *Hieratische Paläographie* III, p. 3. U. VERHOEVEN, *Buchschrift*, p. 104-105, 230.
59 Fl. ALBERT, *Le Livre des Morts d'Aset-Ouret*, p. 159 (4, 8).
60 A. SZCZUDLOWSKA, *ZÄS* 98 (1970), pl. VI, col. 3, 3-4.
61 H. KOCKELMANN, *in* : *Egyptian Museum Collections around the World*, p. 676-677, pl. I (x+4).
62 G. BURKARD, *Das Klagelied*, p. 120.
63 S. VUILLEUMIER, *in* : *Ägyptologische „Binsen"-Weisheiten I-II*, p. 349.
64 H. BEINLICH, *Papyrus Tamerit 1*, p. 191 (x+5, 1 par exemple).
65 J.-Cl. GOYON, *Imouthès*, p. 5.

permette de dater ce signe[66]. On trouve une forme similaire dans les papyrus Berlin P. 3057 (22, 20) et Paris Louvre N. 3129 (chapitre 164 du *Livre des morts*, l. 6).

A23/12

2, 7 19, 8

Un trait oblique marque le détail de la couronne et remplace le point qui peut surmonter ce signe[67]. On trouve une forme similaire dans le papyrus Paris Louvre N. 3129 (O, 42) et le papyrus Berlin P. 3008, tandis que le trait est situé devant le visage dans le papyrus Bremner-Rhind[68].

A24/15

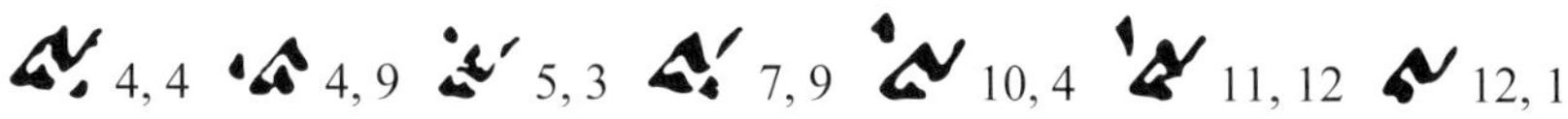
4, 4 4, 9 5, 3 7, 9 10, 4 11, 12 12, 1

Ce signe est régulièrement précédé d'un rouleau de papyrus qui peut prendre la forme d'un simple point dès l'époque ptolémaïque[69]. Dans le papyrus Princeton Pharaonic Roll 10, il arrive que ce point soit indiqué alors que le rouleau de papyrus est lui-même dessiné (x+4, 4 ; x+7, 9).
Ce signe s'accompagne parfois d'un petit trait ou d'un point à l'arrière, sans que l'on puisse véritablement rattacher sa présence à des termes choisis. Il n'est pas impossible que ces exemples soient liés à une graphie (A25) dont l'usage tomba en désuétude après la 26e dynastie[70]. Cependant, aucune forme similaire ne semble documentée, bien qu'un point surmonte ce signe dans le papyrus Londres BM EA 10037[71].

A25a/447bis

4, 5 16, 10

Ce signe, qui figure régulièrement après , remplace le signe (A25) dès l'époque ptolémaïque[72].

A26/1

3, 1

Forme usuelle.

---

66 G. MÖLLER, *Hieratische Paläographie* III, p. 2. U. VERHOEVEN, *Buchschrift*, p. 104-105. S. VUILLEUMIER, *in* : *Ägyptologische „Binsen"-Weisheiten I-II*, p. 349-350.
67 U. VERHOEVEN, *Buchschrift*, p. 107.
68 G. MÖLLER, *Hieratische Paläographie* III, p. 2.
69 G. MÖLLER, *Hieratische Paläographie*, p. 2. U. VERHOEVEN, *Buchschrift*, p. 107 et n. 2. Voir également W. FISCHER-ELFERT, *ZÄS* 135 (2008), pl. XXVI (P. Hal. Kurth inv. 33 A-C, nº 10, x+6, x+ 7).
70 U. VERHOEVEN, *Buchschrift*, p. 106-107.
71 G. MÖLLER, *Hieratische Paläographie*, p. 2. U. VERHOEVEN, *Buchschrift*, p. 106-107.
72 U. VERHOEVEN, *Buchschrift*, p. 106-107, 230. Fl. ALBERT, *Le Livre des Morts d'Aset-Ouret*, p. 160.

A28/4

 4, 7 9, 1 9, 1 19, 3

Les deux jambes ne sont pas distinguées et la tête n'est pas marquée, à l'instar des formes de l'époque ptolémaïque[73]. Ce signe est surmonté d'un point qu'on rencontre déjà à la 21e dynastie, à la 26e dynastie, puis dans le papyrus Vienne 3862, le papyrus Londres BM EA 10037, le papyrus Vatican 38603[74] et dans le papyrus Berlin 3030[75]. Il figure aussi sur l'étiquette de momie Carlsberg ÆIN 701 (l. 2)[76].

A30/2

 7, 1 8, 7 14, 3 18, 1

La tête ne se détache guère au-dessus du buste, ce qui constitue une particularité de l'époque saïte que l'on retrouve cependant dans les papyrus Paris Louvre N. 3129 et Londres BM EA 10037[77], où le trait marquant le second bras ne touche pas l'autre comme ici. À l'époque romaine, les deux bras ne sont le plus souvent pas parallèles[78].

A47/47

 19, 2 19, 4

La tête ne se détache pas du corps, comme c'est le cas dès le IIIe siècle av. J.-C.[79]. Le trait oblique est droit contrairement aux exemples du papyrus Berlin 3030 et du papyrus Leyde T. 32 d'époque romaine[80]. On trouve une forme similaire dans le papyrus Berlin P. 23040[81] et avec une tête plus marquée dans les bandelettes Berlin P. 3073[82].

A51/26

 16, 14 19, 13 20, 11

L'extrémité du flagellum se limite à un point. Cette évolution amorcée dès la 27e dynastie (voir *infra* A52) est attestée pour ce signe dès le début de l'époque ptolémaïque[83].

---

73 U. Verhoeven, *Buchschrift*, p. 106-107, 230
74 Fl. Albert, *Le Livre des Morts d'Aset-Ouret*, p. 160, où la tête est cependant marquée.
75 G. Möller, *Hieratische Paläographie* II, p. 1 ; III, p. 1.
76 M. Chauveau, *BIFAO* 91 (1991), p. 143, n° 11, pl. 42. S. P. Vleeming, *Mummy Labels*, p. 488-489, n° 858 qui l'attribue au IIe ou IIIe siècle apr. J.-C.
77 U. Verhoeven, *Buchschrift*, p. 106-107, 230.
78 G. Möller, *Hieratische Paläographie* III, p. 1.
79 U. Verhoeven, *Buchschrift*, p. 108-109, 231.
80 G. Möller, *Hieratische Paläographie* III, p. 4.
81 G. Burkard, *Das Klagelied*, p. 120 (A48).
82 H. Kockelmann, *Mumienbinden* I, p. 29.
83 G. Möller, *Hieratische Paläographie* III, p. 3. U. Verhoeven, *Buchschrift*, p. 110-111, 231.

A52/46

 9, 10

La forme du flagellum se simplifie de cette manière dès la 27e dynastie (vers 550 av. J.-C.)[84]. Il est un peu plus développé dans le papyrus Barcelone Palau-Ribes inv. 80 (A, x+3)[85] ou le papyrus Vatican 38603 par exemple[86].

A53/10

 15, 12  17, 4

Les pieds, tracés avec le tronc, sont plutôt développés. Le trait marquant la barbe est parfaitement horizontal et ne dépasse pas à l'arrière comme ce peut être le cas à l'époque romaine[87]. Ce signe est comparable aux formes de l'époque ptolémaïque[88]. On trouve une forme similaire dans le papyrus Walter Art Museum 551[89] et le papyrus Berlin P. 3057.

B. Les femmes et leurs activités

 [90]
B1/61

 11, 4  11, 10  11, 10  13, 10  13, 11  17, 2

Ce signe sert de déterminatif pour les déesses, à l'instar du signe  (B7) qui se distingue par la présence d'un point supplémentaire au-dessus de la tête[91]. La tête est à peine marquée comme à l'époque ptolémaïque[92]. Un point supplémentaire est parfois ajouté à la suite de ce signe, comme c'est le cas dans le papyrus Bremner-Rhind[93].

B1a/61B

 6, 5  8, 3  8, 6  14, 4

Ce signe présente une forme traditionnelle. Dès l'époque ptolémaïque pourtant, les signes  et  ne se distinguent plus toujours nettement l'un de l'autre par la présence ou l'absence d'un trait diacritique[94]. Ainsi, le scribe du papyrus Brooklyn

---

84 G. Möller, *Hieratische Paläographie* III, p. 4. U. Verhoeven, *Buchschrift*, p. 110-111, 231.
85 S. Vuilleumier, *in* : *Ägyptologische „Binsen"-Weisheiten I-II*, p. 350.
86 Fl. Albert, *Le Livre des Morts d'Aset-Ouret*, p. 160.
87 G. Möller, *Hieratische Paläographie* III, p. 1. A. H. Pries, *Schutz des Königs*, p. 11.
88 G. Möller, *Hieratische Paläographie* III, p. 1. U. Verhoeven, *Buchschrift*, p. 110-111, 231.
89 Y. Barbash, *Padikakem*, p. 5.
90 Ce signe est rendu avec une plante à l'instar du signe (B7) afin de le distinguer du hiéroglyphe qui en retranscrit la forme abrégée (B1a).
91 G. Möller, *Hieratische Paläographie*, p. 5, n. 1. U. Verhoeven, *Buchschrift*, p. 111, n. 3.
92 G. Möller, *Hieratische Paläographie*, p. 5. U. Verhoeven, *Buchschrift*, p. 110-111.
93 G. Möller, *Hieratische Paläographie*, p. 5. U. Verhoeven, *Buchschrift*, p. 111.
94 G. Möller, *Hieratische Paläographie* III, p. 5-6, n. 2.

47.218.2 ne marque généralement pas le point diacritique qui les distinguait[95]. Il en va de même du papyrus Vienne KM 3862 et du papyrus Londres BM EA 10037[96], comme du papyrus Barcelone Palau-Ribes inv. 80[97].

B7/62

5, 6 9, 39 11, 6

La simplification de la coiffe par un point est attestée dès la 26e dynastie ; elle peut être marquée par deux points, bien développés à l'époque romaine[98]. Dans le papyrus Paris Louvre N. 3129, un point supplémentaire est ajouté après ce signe.

D. Les parties du corps humain

D1/79

5, 5 8, 12 11, 4

La boucle est peu marquée et ne se détache guère. Ce signe tend à s'allonger à l'époque romaine[99].

D2a/80B

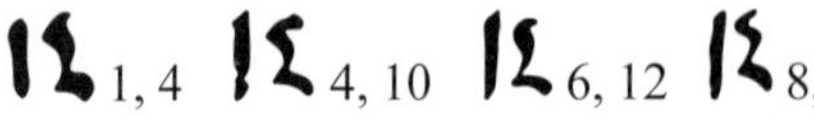
1, 4 4, 10 6, 12 8, 12

Ce signe ne se termine pas par un petit trait vertical supplémentaire comme attesté parfois[100].

D2b/80C

11, 4 20, 10 20, 11 5, 4

Dans la seconde forme, le signe inférieur se résume à un point. Une forme comparable est attestée à différentes époques[101].

D2d

5, 12 8, 8 8, 9 aussi 14, 4

Un trait oblique est ajouté dans ces groupes.

95 I. Guermeur, *in* : *Hommages Yoyotte* I, p. 544, n. c.
96 U. Verhoeven, *Buchschrift*, p. 111.
97 S. Vuilleumier, *in* : *Ägyptologische „Binsen"-Weisheiten I-II*, p. 348.
98 G. Möller, *Hieratische Paläographie* II, p. 5. U. Verhoeven, *Buchschrift*, p. 110-111.
99 G. Möller, *Hieratische Paläographie* III, p. 6.
100 U. Verhoeven, *Buchschrift*, p. 114-115.
101 G. Möller, *Hieratische Paläographie* III, p. 6. U. Verhoeven, *Buchschrift*, p. 114-115.

abr.
D3a/81B

20, 7

Cette abréviation est généralement écrite avec un trait diacritique et se différencie ainsi du signe (G37). Ce trait diacritique tend à disparaître à l'époque romaine[102], mais il est encore attesté à l'époque ptolémaïque dans le papyrus Bremner-Rhind, les bandelettes Berlin P. 3073 et le papyrus Londres BM EA 10037[103].

D4/82

1, 10 6, 3 16, 8

La boucle est bien marquée, comme c'est le cas à partir du Ve siècle av. J.-C. contrairement aux formes antérieures où le trait est horiontal[104]. On retrouve cet élément dans le papyrus Berlin P. 23040[105].

D6/83

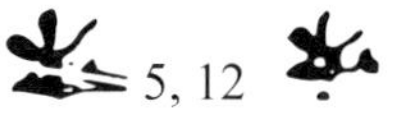
5, 12 18, 6

Il n'y a ni point ni trait au sommet de ce signe, mais un trait vertical, attesté dans le *Livre des morts* d'*Iahtesnakht*[106]. Ce trait figure cependant aussi dans le papyrus Barcelone Palau-Ribes inv. 80 (B, x+8) et dans le papyrus Berlin P. 23040[107].

D12/88

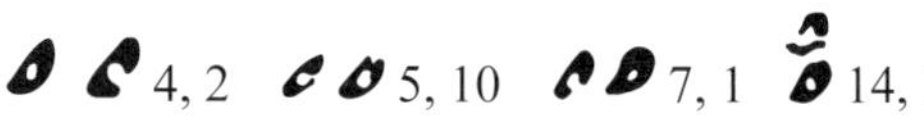
4, 2 5, 10 7, 1 14, 11

D20/90

7, 6 10, 1 11, 1 11, 2 18, 1

Les deux traits marquant l'œil sont longs et horizontaux, comme c'est le cas dès le début de l'époque ptolémaïque[108]. On trouve ainsi une forme comparable dans le papyrus Berlin P. 23040[109], le papyrus Berlin P. 3057 (13, 29), le papyrus Walters Art Museum 551 (7, 14), le papyrus Londres BM EA 10208 (I, 26), le papyrus Barcelone Palau-Ribes inv. 80[110] et le papyrus Londres BM EA 9995 (II, 2). Le trait inférieur est plus court dans le papyrus Londres BM EA 10209 (I, 29).

102 G. MÖLLER, *Hieratische Paläographie* III, p. 7.
103 G. MÖLLER, *Hieratische Paläographie* III, p. 7. U. VERHOEVEN, *Buchschrift*, p. 114-115.
104 U. VERHOEVEN, *Buchschrift*, p. 114-115, 231. Fl. ALBERT, *Le Livre des Morts d'Aset-Ouret*, p. 162.
105 G. BURKARD, *Das Klagelied*, p. 121.
106 U. VERHOEVEN, *Buchschrift*, p. 115.
107 G. BURKARD, *Das Klagelied*, p. 121.
108 G. MÖLLER, *Hieratische Paläographie* III, p. 8. U. VERHOEVEN, *Buchschrift*, p. 116-117, 231.
109 G. BURKARD, *Das Klagelied*, p. 121.
110 S. VUILLEUMIER, *in* : *Ägyptologische „Binsen"-Weisheiten I-II*, p. 350.

D21/91

5, 3 — 8, 8 — 8,13 — 11, A — 9, 35 — 11, 3 — 20, 3

À trois reprises, dans le mot *rmṯ*, un trait vertical est centré au-dessus de ce signe, comme c'est attesté pour  (V14) dans le papyrus Rhind II[111].

D26a

7, 5 — 9, 1 — 9, 1 — 15, 3 — 21, 11

Ces deux signes forment presque une ligature. D'autres manuscrits les associent dans leurs graphies de *Ḥʿpy* : les papyrus Londres BM EA 10208 (II, 16) et 10209 (I, 34)[112], le papyrus Brooklyn 47.218.50[113], le papyrus Brooklyn 47.218.135[114], le papyrus Vatican 38603[115], le papyrus Lausanne 3391[116], le papyrus Bodmer 107[117], le papyrus Londres BM EA 10569[118] et le papyrus Boulaq 3[119]. Dans ce contexte, l'emploi du signe  (D26) proviendrait d'une erreur d'interprétation d'un autre groupe :  (O36)[120].

D28/108

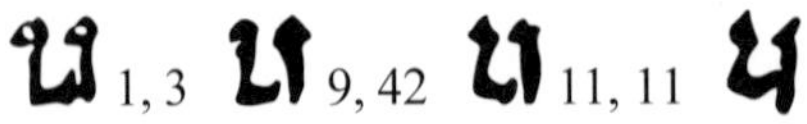
1, 3 — 9, 42 — 11, 11 — 22, 11

Les deux mains sont souvent bien rondes à l'époque ptolémaïque[121]. Dans les autres exemples, le signe paraît divisé en deux parties. On retrouve une forme similaire à l'époque ptolémaïque dans le papyrus Hal. Kurth inv. 33 A-C[122] et le papyrus Tamerit 1 (9, 18).

---

111 G. MÖLLER, *Hieratische Paläographie* III, p. 51.

112 F. HAIKAL, *Papyri of Nesmin* I, pl. V et X.

113 J.-Cl. GOYON, *Confirmation* II, pl. I (I, 3).

114 R. JASNOW, *Wisdom Text*, pl. 12 (VI, 14 ; VI, 15).

115 Fl. ALBERT, *Le Livre des Morts d'Aset-Ouret*, p. 21.

116 M. VALLOGGIA, *in* : *Hommages Sauneron* I, pl. XLVI (II, 18), qui date ce manuscrit de l'époque ptolémaïque. Dans sa thèse, Marc Coenen a proposé de le situer entre le Ier siècle avant et le Ier siècle après J.-C. (M. COENEN, *Boek van het Ademen gemaakt door Isis. Een model van Egyptische teksttraditie*, thèse de doctorat, Louvain, 1997, doc. 63 ; TM 57740 < www.trismegistos.org/hhp/detail.php?quick=57740> (15.06.2015).

117 M. VALLOGGIA, *RdÉ* 40 (1989), p. 136, 141 (P. Bodmer 107 (l. 6)).

118 R. O. FAULKNER, *Book of Hours*, p. 19* (12, 16).

119 S. SAUNERON, *Rituel de l'embaumement*, p. 25 (l. 5, 6, 8), 26 (l. 3, 5, 9, 10), 27 (l. 2, 3) (7, 13 ; 7, 14 ; 7, 19 ; 7, 21 ; 8, 1). S. TÖPFER, *Das Balsamierungsritual*, p. 16 (x+7, 14 ; x+7, 21), pl. 14-17.

120 S. SAUNERON, *BIFAO* 56 (1957), p. 77-79.

121 G. MÖLLER, *Hieratische Paläographie* III, p. 9. U. VERHOEVEN, *Buchschrift*, p. 118-119. Fl. ALBERT, *Le Livre des Morts d'Aset-Ouret*, p. 162.

122 W. FISCHER-ELFERT, *ZÄS* 135 (2008), pl. XXVI (P. Hal. Kurth inv. 33 A-C, nº 10, x+13).

D32/110

 16, 3

Cette graphie se retrouve dans les sources saïtes, puis à l'époque romaine[123]. Les exemples ptolémaïques présentent une forme anguleuse plus simplifiée. On retrouve cependant cette forme dans les bandelettes Berlin P. 3073[124].

D33/112

 8, 1  8, 2  9, 1

Ce signe présente une longue courbe qui ne semble pas documentée à l'époque tardive[125]. Cette graphie découle peut-être des formes qui sont attestées au Nouvel Empire puis à la 22e dynastie, mais avec un trait souvent plutôt horizontal[126].

D34/113

 5, 3

La forme de ce signe n'est pas caractéritique, mais il tend à être plus détaillé à partir de l'époque ptolémaïque[127].

D35/111

 5, 3

Le trait vertical traverse le trait horizontal comme c'est le cas à l'époque ptolémaïque[128].

D35a/111B

 8, 10  8, 12

Surmontés d'un point, les deux traits horizontaux sont bien distincts. Cette forme est attestée dès la 22e dynastie, puis jusqu'à l'époque romaine[129].

D36/99

 1, 1  5, 11  10,4  22, 11

---

123 G. MÖLLER, *Hieratische Paläographie* III, p. 9. U. VERHOEVEN, *Buchschrift*, p. 118-119.

124 H. KOCKELMANN, *Mumienbinden* I, p. 29.

125 G. MÖLLER, *Hieratische Paläographie* III, p. 10. U. VERHOEVEN, *Buchschrift*, p. 118-119. On le comparera cependant avec la forme attestée par le papyrus Bremner-Rhind ; il n'est pas impossible que la forme triangulaire de la rame dérive d'une réinterprétation d'une forme apparentée à celui-ci.

126 G. MÖLLER, *Hieratische Paläographie* II, p. 10. U. VERHOEVEN, *Buchschrift*, p. 118.

127 G. MÖLLER, *Hieratische Paläographie* III, p. 10. U. VERHOEVEN, *Buchschrift*, p. 119.

128 G. MÖLLER, *Hieratische Paläographie* III, p. 9. U. VERHOEVEN, *Buchschrift*, p. 119.

129 G. MÖLLER, *Hieratische Paläographie* III, p. 10. U. VERHOEVEN, *Buchschrift*, p. 118-119. Voir également W. FISCHER-ELFERT, *ZÄS* 135 (2008), pl. XXVI (P. Hal. Kurth inv. 33 A-C, no 10, x+5) ; N. FLESSA, *„(Gott) Schütze das Fleisch des Pharao"*, p. 110 (P. Vienne AEG 8426, x+1, 15).

D37/103

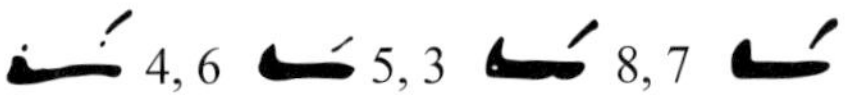 4, 6 · 5, 3 · 8, 7 · 14, 10

Le trait oblique est séparé du bras contrairement au signe (D40).

D39/104

 14, 8 · 14, 10

L'angle du coude n'est presque pas marqué et les deux parties du bras sont formées d'un seul trait. Le tracé du bras est similaire à celui du signe (D43), raison pour laquelle on tendrait à lui attribuer une datation similaire.

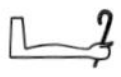
D40/105

 4, 2 · 14, 14 · 14, 15

Le trait oblique a tendance à toucher le bras contrairement au signe (D37).

D41/101

 8, 10 · 11, 12 · 15, 12

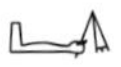
D43/106

 9, B · 10, A · 12, 1 · 12, 2

Les deux parties du bras sont formées d'un seul trait et l'angle du coude est peu marqué, comme c'est le cas à l'époque ptolémaïque[130]. Le flagellum se détache et il est tracé séparément, comme dans le papyrus Vienne KM ÄS 3862 et le papyrus Londres BM EA 10037, alors qu'il poursuit le tracé du bras dans le papyrus Bremner-Rhind et le papyrus Berlin P. 23040[131], de même qu'à l'époque romaine[132].

D45/107

 9, 37

Dans la main, le signe est pointu et non arrondi[133], comme c'est le cas dans le papyrus Berlin P. 3030, puis à l'époque romaine[134].

D46/115

 3, 7 · 4, 2 · 4, 5 · 5, 3 · 6, 12 · 9, 1 · 11, 3

---

130 U. Verhoeven, *Buchschrift*, p. 120-121, 232.
131 G. Burkard, *Das Klagelied*, p. 122.
132 G. Möller, *Hieratische Paläographie* III, p. 9.
133 U. Verhoeven, *Buchschrift*, p. 120-121.
134 G. Möller, *Hieratische Paläographie* III, p. 9.

D51a/118B

 8, 12

L'ajout d'un trait oblique au bout de l'ongle est attesté dès la 26e dynastie pour le signe (D51)[135], mais seulement dès l'époque ptolémaïque dans cette forme composée[136]. Contrairement aux formes habituelles, le doigt n'est pas recourbé.

D53/96

 4, 3  5, 5  14, 7  14, 8

Le développement des testicules sous la forme d'un long trait touchant le flux de sperme est connu dès le début de l'époque ptolémaïque[137]. Un point, qui ne semble pas documenté par ailleurs, est parfois noté.

D54/119

 8, 13  11, A  11, 13  20, 7

D54a/120

 6, 1

Les deux traits sont attestés à la 22e dynastie puis à nouveau dès l'époque ptolémaïque[138].

D55/121

 5, 5

La seconde jambe est longue et traversée d'un trait diacritique, comme c'est le cas dès le VIe siècle av. J.-C.[139]. Le trait oblique ajouté à l'extrémité du trait horizontal ne semble pas documenté par les paléographies.

D56/122

 8, 2  8, 6  9, B  9, B

Aucun point ne surmonte ce signe, voir cependant *infra* D57. Celui-ci est attesté à partir du VIe siècle av. J.-C., puis régulièrement à l'époque ptolémaïque[140]. Il n'est

---

135 U. VERHOEVEN, *Buchschrift*, p. 122-123, 232. A. GASSE, *Un papyrus et son scribe*, p. 31.
136 G. MÖLLER, *Hieratische Paläographie* III, p. 10. U. VERHOEVEN, *Buchschrift*, p. 122-123, 232.
137 G. MÖLLER, *Hieratische Paläographie* III, p. 8. U. VERHOEVEN, *Buchschrift*, p. 122-123.
138 G. MÖLLER, *Hieratische Paläographie* III, p. 11. U. VERHOEVEN, *Buchschrift*, p. 122-123, 233.
139 G. MÖLLER, *Hieratische Paläographie* III, p. 11. U. VERHOEVEN, *Buchschrift*, p. 122-123, 233. Voir aussi H. KOCKELMANN, *Mumienbinden* I, p. 30 ; Y. BARBASH, *Padikakem*, p. 5.
140 U. VERHOEVEN, *Buchschrift*, p. 122-123, 233. Voir aussi H. KOCKELMANN, *Mumienbinden* I, p. 30.

pourtant pas toujours présent dans les bandelettes Berlin P. 3073[141] ni dans le papyrus Paris Louvre N. 3129. Les formes romaines en semblent dépourvues[142].

D57/123

5, 2 5, 11

Contrairement au signe  (D56), un point est présent au-dessus de ce signe. Celui-ci est attesté ponctuellement dès la 26e dynastie[143].

D58/124

1, 8 5, 1 5,

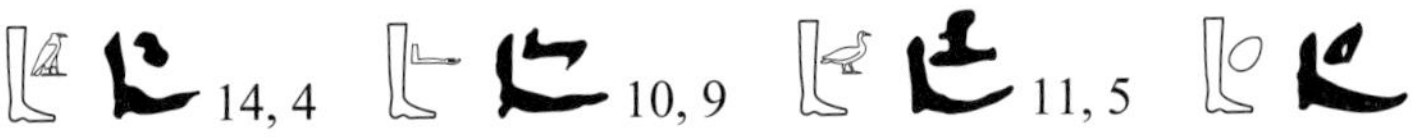
14, 4 10, 9 11, 5 13, 12

Différents signes peuvent se cumuler avec celui-ci.

D60/500

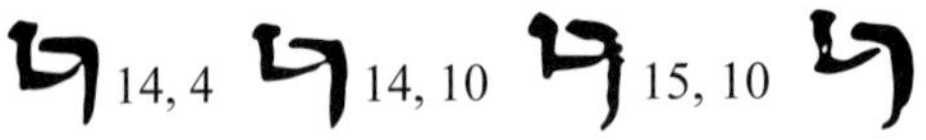
14, 4 14, 10 15, 10 15, 13

Le vase est simplifié. Le filet d'eau est représenté uniquement par un trait, sans pointillés ni vague et il présente un angle presque droit. On trouve des formes similaires, mais avec un vase bien distinct, dans le papyrus Berlin P. 13242, le papyrus Leyde T 32[144] et le papyrus Vindob 3873[145].

E. Les mammifères

E1/142

11, 6 15,8 15, 8 8, 8 11, 4

Deux formes se distinguent. La première marque les pattes de l'animal et s'accompagne d'un petit trait diacritique séparé du signe. La seconde, plus simplifiée, n'en porte pas la trace. Elles sont toutes deux attestées sans que l'on puisse en retirer un critère de datation[146].

141 G. MÖLLER, *Hieratische Paläographie* III, p. 11.
142 G. MÖLLER, *Hieratische Paläographie* III, p. 11.
143 U. VERHOEVEN, *Buchschrift*, p. 122-123.
144 G. MÖLLER, *Hieratische Paläographie* III, p. 48.
145 R. L. VOS, *The Apis Embalming Ritual*, p. 23.
146 G. MÖLLER, *Hieratische Paläographie* III, p. 12. U. VERHOEVEN, *Buchschrift*, p. 124-125.

E23/125

 9, 33  11, 9  16, 16

Un point est noté. Il peut être remplacé par deux petits traits à partir de l'époque ptolémaïque, puis régulièrement à l'époque romaine[147].
La forme développée se retrouve dans le papyrus Brooklyn 47.218.50[148] et le papyrus Leyde T. 32[149].

E34/132

 4, 6  13, 1  15, 2  19, 6

Le corps de l'animal est particulièrement simplifé, jusqu'à n'être parfois plus marqué que par un point, comme à l'époque romaine[150]. Il n'est cependant pas distinct du tracé principal. Ce signe s'apparente un peu à ce que l'on trouve dans le papyrus Paris Louvre N. 3091 ou le papyrus Londres BM EA 10252[151].

F. Les parties des mammifères

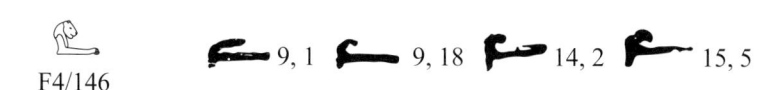

F4/146

 9, 1  9, 18  14, 2  15, 5

La crinière est marquée par un trait qui descend verticalement.

F12/148

 7, 14  9, 18

Les deux oreilles sont bien verticales. On trouve une forme similaire dans les bandelettes Berlin P. 3073, le papyrus Vienne KM ÄS 3862 et le payprus Berlin P. 3030[152].

F13/155

 7, 2  13, 7  13, 15

Un petit trait diacritique est ajouté entre les deux cornes, comme c'est le cas dans le papyrus Leyde T. 32[153]. Cette caractéristique est déjà attestée au Nouvel Empire[154].

---

147 G. MÖLLER, *Hieratische Paläographie* III, p. 8. U. VERHOEVEN, *Buchschrift*, p. 126-127. Voir aussi G. BURKARD, *Das Klagelied*, p. 122.
148 J.-Cl. GOYON, *Confirmation* I, p. 9 (XV, 23 et 25).
149 G. MÖLLER, *Hieratische Paläographie* III, p. 11, n. 5.
150 G. MÖLLER, *Hieratische Paläographie* III, p. 12.
151 U. VERHOEVEN, *Buchschrift*, p. 127.
152 G. MÖLLER, *Hieratische Paläographie* III, p. 13. U. VERHOEVEN, *Buchschrift*, p. 128-129.
153 G. MÖLLER, *Hieratische Paläographie* III, p. 13.
154 G. MÖLLER, *Hieratische Paläographie* II, p. 13.

F18/160-160B

 1, 11  5, 10  12, 9  13, 8  14, 11
 5, 1 (dét. *bỉ3*)  5, 6 (dét. *ḥk3.w*)  12, 10 (*Ḥr*)

Ce signe peut s'accompagner d'un point diacritique, dont l'emploi n'est cependant pas régulier. Cet usage est documenté par ailleurs sans constituer un critère de datation[155].

F20/161

 11, 10

Ce signe s'accompagne d'un trait diacritique qui peut être omis[156].

F21/158

 16, 8  20, 8

Ce signe est attesté avec deux traits dès le Nouvel Empire[157], parfois trois à l'époque romaine[158]. L'usage d'un seul trait tend à disparaître à l'époque ptolémaïque[159].

F24/164

 7, 3

Le trait qui marque la patte est horizontal comme à la 22e dynastie, alors qu'il est habituellement oblique ou vertical[160].

F27/166

 1, 4  11, 6

F29/167

 14, 12  14, 14  14, 15

Le second trait, ajouté en travers de ce signe, est remarquable. Un exemple de ce signe avec deux traits obliques figure dans le papyrus Harris daté du règne de Ramsès IV[161].

155 G. MÖLLER, *Hieratische Paläographie* III, p. 14 et n. 5. U. VERHOEVEN, *Buchschrift*, p. 128-129.
156 G. MÖLLER, *Hieratische Paläographie* III, p. 14. U. VERHOEVEN, *Buchschrift*, p. 130-131.
157 G. MÖLLER, *Hieratische Paläographie* II, p. 13.
158 G. MÖLLER, *Hieratische Paläographie* III, p. 14. U. VERHOEVEN, *Buchschrift*, p. 130-131.
159 U. VERHOEVEN, *Buchschrift*, p. 234. Une forme avec un seul trait est cependant attestée parmi d'autres avec deux traits dans le papyrus Berlin P. 23040 (G. BURKARD, *Das Klagelied*, p. 123).
160 G. MÖLLER, *Hieratische Paläographie* III, p. 14. U. VERHOEVEN, *Buchschrift*, p. 130-131.
161 G. MÖLLER, *Hieratische Paläographie* II, p. 14.

F30/517

 11, 5

Ce signe ne présente pas de trait diacritique vers l'arrière, contrairement aux formes usuelles[162].

F31/408

 3, 5  4, 11  9, B  11, 3  13, 10

Le dernier trait est arrondi et plus long que les autres, comme c'est le cas dès le début de l'époque ptolémaïque[163]. Le point diacritique situé au-dessus de ce signe tend à disparaître à la même période, bien que les deux formes, avec et sans point, demeurent attestées[164].

F32/169

 5, 5

F34/179

 1, 1  4, 6  4, 7  13, 9

F35/180

 4, 2  8, 5  13, 1

La base de ce signe est peu marquée et elle n'est pas centrée. À l'époque romaine, deux traits horizontaux sont présents[165].

F36/181

 15, 5

Le trait horizontal est disposé à l'extrémité supérieure du signe et ne forme ainsi pas une croix. On retrouve cette particularité dans le papyrus d'*Iahtesnakht*[166] et dans le papyrus Berlin P. 13242[167].

---

162 G. Möller, *Hieratische Paläographie* III, p. 49. U. Verhoeven, *Buchschrift*, p. 130-131.

163 G. Möller, *Hieratische Paläographie* III, p. 39. U. Verhoeven, *Buchschrift*, p. 132-133, 235.

164 On notera l'absence de point diacritique dans le papyrus Londres BM EA 10252 (44,18), le papyrus Tamerit 1 (x+5, 10), le papyrus Berlin P. 23040 (G. Burkard, *Das Klagelied*, p. 123), le papyrus Barcelone Palau-Ribes inv. 80 (S. Vuilleumier, *in* : *Ägyptologische „Binsen"-Weisheiten I-II*, p. 351) et la bandelette Berlin P. 3073 (n° 25, 1) et sa présence dans le papyrus Berlin P. 3057 (15, 26), le papyrus Londres BM EA 10317 (9, 6), le papyrus Londres BM EA 10319 (9, 8), le papyrus Paris Louvre N. 3219 (40, 13), le papyrus Londres BM EA 10208 (I, 24), le papyrus Londres BM EA 10209 (II, 22) et le papyrus New York MMA 35.9.21 (50, 2). Les deux formes sont attestées dans le papyrus Vatican 38603 (Fl. Albert, *Le Livre des Morts d'Aset-Ouret*, p. 166).

165 G. Möller, *Hieratische Paläographie* II, p. 16. J. Osing, *Hieratische Papyri aus Tebtunis* I, p. 37. A. H. Pries, *Schutz des Königs*, p. 11.

166 U. Verhoeven, *Buchschrift*, p. 133.

167 G. Möller, *Hieratische Paläographie* III, p. 16.

F37/173-4

 5, 11  6, 2

Les petits traits ne sont pas répartis sur toute la longueur de la base comme c'est le cas par exemple dans le papyrus Bremner-Rhind[168].

F40/173bis

 4, 6  12, 8  14, 3

Le dernier trait n'est pas rectiligne et il est plus long que les autres, contrairement à la plupart des exemples documentés[169]. Ce signe s'accompagne de deux traits diacritiques, l'un oblique et d'un autre horizontal, qui semblent reprendre, en les développant, ceux qui étaient présents dans les graphies de la Troisième Période intermédiaire[170].

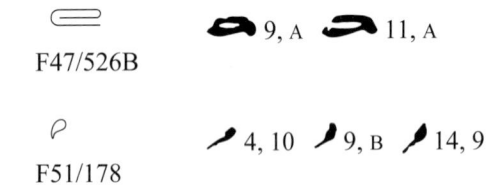

F47/526B

 9, A  11, A

F51/178

 4, 10  9, B  14, 9

G. Les oiseaux

G1/192B

 4, 6  5, 2  11, 11  12, 1

 abr.
G1a/192C

 8, 11  15, 14

G4/191

 4,1  5,1  5,2

Le point diacritique placé au-dessus du dos de l'animal apparaît ponctuellement, sans constituer un critère de datation[171].

---

168 G. MÖLLER, *Hieratische Paläographie* III, p. 15. U. VERHOEVEN, *Buchschrift*, p. 132-133.

169 G. MÖLLER, *Hieratische Paläographie* III, p. 15. U. VERHOEVEN, *Buchschrift*, p. 132-133. Voir cependant S. VUILLEUMIER, *in* : *Ägyptologische „Binsen"-Weisheiten I-II*, p. 352-353.

170 G. MÖLLER, *Hieratische Paläographie* II, p. 15 ; III, 15. U. VERHOEVEN, *Buchschrift*, p. 132. Ces traits diacritiques sont aussi attestés à la 26e dynastie dans le papyrus Londres BM EA 10474 (U. VERHOEVEN, *Buchschrift*, p. 294).

171 G. MÖLLER, *Hieratische Paläographie* III, p. 17. U. VERHOEVEN, *Buchschrift*, p. 136-137.

G5/184

 4, 4

La tête du faucon est pointue. Dans certains exemples de l'époque ptolémaïque, elle se termine au contraire par un trait droit[172].

 abr.
G7a/188B

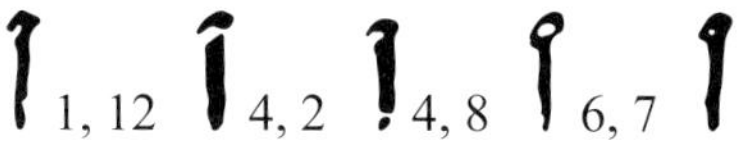 1, 12 4, 2 4, 8 6, 7 13, 14

G144/185

 9, 32

Ce signe s'apparente à celui du papyrus Berlin P. 13242[173].

G13

 8, 11

G14a/194

 5, 6 11, 11 14, 1

Le trait qui figure volontiers au bas du dos du vautour n'est pas noté. Contrairement aux formes habituelles, le corps de l'oiseau est refermé par un unique trait oblique qui traverse son cou de part en part. On trouve cette caractéristique dans le papyrus New York MMA 35.9.21[174] et le papyrus Barcelone Palau-Ribes inv. 80[175]. L'un des exemples des bandelettes Berlin P. 3073 montre un corps presque refermé[176]. Il en va de même dans le papyrus Berlin P. 3057 (11, 19 ; 11, 34).

 abr.
G17a/196B

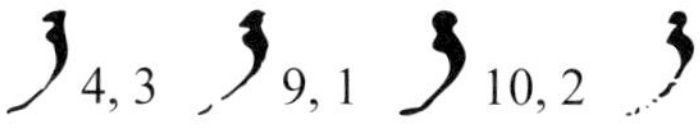 4, 3 9, 1 10, 2 11, 13

G17b/VI

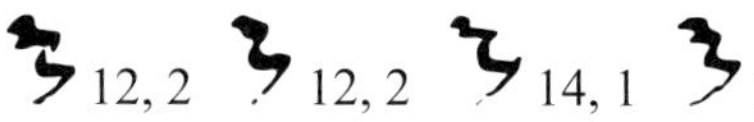 12, 2 12, 2 14, 1 14, 8

G17d/IX

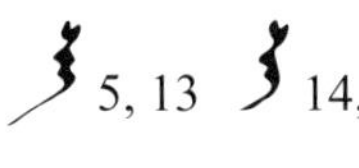 5, 13 14,1

172 H. Kockelmann, *Mumienbinden* I, p. 32.
173 G. Möller, *Hieratische Paläographie* III, p. 16.
174 J.-Cl. Goyon, *Imouthès*, p. 6 (13, 10 ; 22, 4).
175 S. Vuilleumier, *in* : *Ägyptologische „Binsen"-Weisheiten I-II*, p. 353.
176 H. Kockelmann, *Mumienbinden* I, p. 33.

G25/204

 9, 14

Ce type de forme est attesté dès le début de l'époque ptolémaïque[177].

G26/207

 11, 9

Remplacé par l'abréviation , ce signe devient rare à l'époque ptolémaïque, puis tend à disparaître[178]. Les deux traits ne sont marqués que par un point, mais le  est très développé[179], au point de souligner tout le signe. On trouve une forme similaire dans le papyrus New York MMA 35.9.21 (21, 5 ; 28, 9), le papyrus Berlin P. 3057 (6, 20 ; 11, 36) et le P. Brooklyn 47.218.50 (12, 12).

G26a/207B

 13, 12  15, 10

À l'époque ptolémaïque, cette abréviation remplace le signe de l'ibis (G26), qui devient alors rare[180]. On trouve les deux graphies dans le papyrus Londres BM EA 10569 par exemple[181].

G29/208

 11, 7  12, 5  14, 9  20, 11

Les deux traits ne sont pas disposés au-dessus de la tête, mais au-dessus du dos de l'oiseau. Cette forme figure parmi celles du papyrus Berlin P. 23040[182]. Elle s'apparente à celle que l'on trouve dans le papyrus Bremner-Rhind, puis dans le papyrus Leyde T. 32 et le papyrus de Tanis[183]. Ce signe peut s'accompagner d'un trait vertical supplémentaire.

---

177 G. MÖLLER, *Hieratische Paläographie* III, p. 19. U. VERHOEVEN, *Buchschrift*, p. 140-141. Voir aussi H. KOCKELMANN, *Mumienbinden* I, p. 33 ; W. FISCHER-ELFERT, *ZÄS* 135 (2008), pl. XXVIII (P. Hal. Kurth inv. 33 A-C, II, y+17).

178 G. MÖLLER, *Hieratische Paläographie* III, p. 19. U. VERHOEVEN, *Buchschrift*, p. 140-141 et n. 1, 237.

179 G. MÖLLER, *Hieratische Paläographie* III, p. 19.

180 G. MÖLLER, *Hieratische Paläographie* III, p. 19. P. BOYLAN, *Thot*, p. 3. U. VERHOEVEN, *Buchschrift*, p. 140-141 et n. 1, 237.

181 R. O. FAULKNER, *Book of Hours*, 3, 12 ; 5, x+20 ; 20, 24 – 21, 1 ; 21, 3-20 ; 21, 22 – 22, 7, et avec une graphie classique 20, 23 ; 21, 2 ; 21, 21.

182 G. BURKARD, *Das Klagelied*, p. 124.

183 G. MÖLLER, *Hieratische Paläographie* III, p. 19. U. VERHOEVEN, *Buchschrift*, p. 140-141.

G32a/203

 15, 2  15, 11

Cette forme abrégée est attestée dès la 26e dynastie mais avec un trait central plus développé[184], qui n'apparaît plus dans le papyrus Berlin P. 3030[185].

G36/198

 4, 8  10, 1  11, 11

Le corps de l'oiseau est bien formé et se termine par une tête pointue. Ses pattes sont dessinées d'un seul trait et sa queue est ouverte. Des formes comparables sont documentées dès le milieu du VIe siècle av. J.-C. puis durant l'époque ptolémaïque[186]. Un point diacritique est ajouté à ce signe indépendamment de toute forme féminine. On en trouve la trace sur la bandelette Rendells 3[187], les bandelettes Berlin P. 3073[188], et dans le papyrus Barcelone Palau-Ribes inv. 80[189].

G37/197

 3, 5  8, 10  9, 1  11, 3

Ce signe s'accompagne parfois d'un point diacritique qui ne semble pas documenté[190]. C'est généralement le cas lorsqu'il n'en accompagne pas un autre. C'est d'ordinaire l'abréviation du signe  (D3a), dont la forme s'apparente à celle de  (G37), qui s'accompagne d'un point diacritique[191]. S'il ne s'agit pas d'un point de remplissage, cet élément pourrait être issu des deux traits ajoutés sur le dos de l'oiseau entre le règne de Ramsès IV et la 21e dynastie[192] et que l'on retrouve à l'époque romaine dans les papyrus Berlin P. 3030 et P. 3135[193]. À l'époque romaine, un trait diacritique apparaît aussi en démotique[194].

G39/216

 5, 6  8, 9  18, 8

184 U. VERHOEVEN, *Buchschrift*, p. 140-141, 237.
185 G. MÖLLER, *Hieratische Paläographie* III, p. 18.
186 G. MÖLLER, *Hieratische Paläographie* III, p. 18. U. VERHOEVEN, *Buchschrift*, p. 142-143.
187 R. CAMINOS, *JEA* 68 (1982), pl. XV.
188 H. KOCKELMANN, *Mumienbinden* I, p. 34.
189 S. VUILLEUMIER, *in* : *Ägyptologische „Binsen"-Weisheiten I-II*, p. 353.
190 U. VERHOEVEN, *Buchschrift*, p. 142-143, 237.
191 G. MÖLLER, *Hieratische Paläographie* III, p. 7. U. VERHOEVEN, *Buchschrift*, p. 114-115.
192 G. MÖLLER, *Hieratische Paläographie* II, p. 17. U. VERHOEVEN, *Buchschrift*, p. 142, 237.
193 G. MÖLLER, *Hieratische Paläographie* III, p. 18.
194 S. P. VLEEMING, *Mummy Labels* II, p. 845-846, § 32.

G41/221

 6, 6  7, 5  15, 14

Les deux petits traits prennent ici la forme d'un point diacritique[195] ou tendent à disparaître.

G42/219

 15, 5

Attestée dès la 26e dynastie, cette forme se simplifie plus encore dès l'époque ptolémaïque[196].

G47/224

 5, 8

Un trait vertical est ajouté à l'époque romaine[197]. Il est traversé par le trait horizontal dans les papyrus Rhind, le papyrus Berlin 3030[198] et le papyrus Vindob 3873[199].

H. Les parties d'oiseaux

H6/236

 7, 2  7, 6  13, 11

H8/238

 3, 3  11, 3  11, 6

I. Les amphibiens et les reptiles

I1/240

 7, 15

Cette graphie, dans laquelle le corps du lézard ressemble au groupe  , est caractéristique de l'époque ptolémaïque[200]. Ce signe reprend la forme d'un lézard à l'époque romaine.

195 U. VERHOEVEN, *Buchschrift*, p. 142-143.

196 G. MÖLLER, *Hieratische Paläographie* III, p. 20. U. VERHOEVEN, *Buchschrift*, p. 144-145.

197 G. MÖLLER, *Hieratische Paläographie* III, p. 20, n. 4.

198 G. MÖLLER, *Hieratische Paläographie* III, p. 20.

199 R. L. VOS, *The Apis Embalming Ritual*, p. 21.

200 G. MÖLLER, *Hieratische Paläographie* III, p. 22. U. VERHOEVEN, *Buchschrift*, p. 146-147, 238. H. KOCKELMANN, *Mumienbinden* I, p. 35. H. KOCKELMANN, *in* : *Proceedings of the Fourth CECYE*, p. 240 (P. Berlin P. 3071).

I3/241

]  8, 12

Ce signe partiel présente un museau relevé plutôt qu'horizontal, comme c'est le cas à l'époque ptolémaïque[201].

I6/392

 20, 7  20, 7

Un seul trait oblique est représenté, comme c'est le cas entre la 22e et la 26e dynastie, tandis qu'il y en a volontiers deux ou trois à partir de l'époque ptolémaïque[202]. Un seul trait figure cependant comme ici sur les bandelettes Berlin P. 3073[203] et le papyrus Berlin P. 13242[204].

I9/263

 3, 8  8, 3  10, 1  10, 3  12, 2

I10/250

 13, 2  13, 6  12, 5  16, 12

Un petit trait accompagne ce signe lorsqu'il s'agit du mot *ḏ.t* (x+1, 6 ; x+2, 6 ; x+12, 5 ; x+16, 12). Un point accompagne ce signe dans le papyrus Londres BM EA 10037[205].

K. Les poissons

K4/257

 3, 2

Une forme similaire figure dans le papyrus Bremner-Rhind[206].

K17

 20, 11

Une forme similaire avec un pavois est attestée par le papyrus Berlin P. 3008[207].

201 G. Möller, *Hieratische Paläographie* III, p. 22. U. Verhoeven, *Buchschrift*, p. 146-147, 238.
202 G. Möller, *Hieratische Paläographie* III, p. 37. U. Verhoeven, *Buchschrift*, p. 146-147, 238, 306.
203 H. Kockelmann, *Mumienbinden* I, p. 35.
204 G. Möller, *Hieratische Paläographie* III, p. 37.
205 U. Verhoeven, *Buchschrift*, p. 149.
206 U. Verhoeven, *Buchschrift*, p. 151.
207 G. Möller, *Hieratische Paläographie* III, p. 24, n. 1.

L. Les insectes

L1/258

5, 8 8, 10 14, 10

La tête de ce signe est habituellement ronde et bien marquée[208].

L2/260

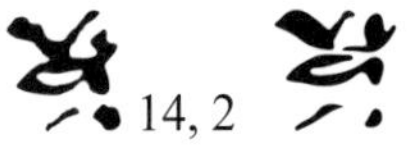
14, 2 14, 6

Cette forme simplifiée est attestée dès l'époque saïte[209].

M. Les végétaux

M1/266

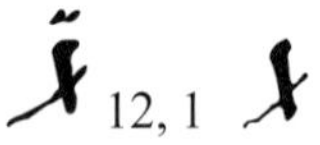
12, 1 15, 1

Les deux points au-dessus de ce signe ne sont pas toujours attestés[210].

M2/268

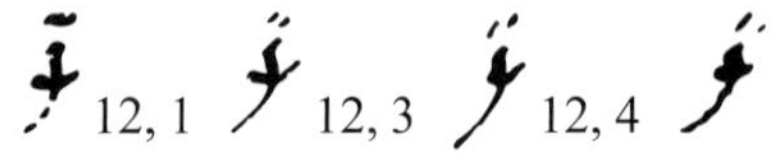
12, 1 12, 3 12, 4 15, 8

La tige est longue et le signe s'accompagne de deux ou trois petits traits. Il y en a jusqu'à quatre dans les graphies ptolémaïques[211].

M3/269

6, 1 9, 1 11, 4

M8/274

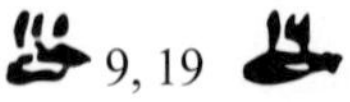
9, 19 15, 1

Les trois traits ne sont pas forcément parallèles, sans que cela ne constitue un critère de datation[212]. On trouve une forme comparable dans le papyrus Berlin P. 23040[213].

208 G. MÖLLER, *Hieratische Paläographie* III, p. 24. U. VERHOEVEN, *Buchschrift*, p. 150-151. De même dans le papyrus Barcelone Palau-Ribes inv. 80 (B, x+8) et le papyrus Berlin P. 23040 (G. BURKARD, *Das Klagelied*, p. 125).

209 U. VERHOEVEN, *Buchschrift*, p. 150-151.

210 G. MÖLLER, *Hieratische Paläographie* III, p. 25. U. VERHOEVEN, *Buchschrift*, p. 152-153.

211 G. MÖLLER, *Hieratische Paläographie* III, p. 25. U. VERHOEVEN, *Buchschrift*, p. 152-153, 239. On en trouve trois dans les bandelettes Berlin P. 3073 (H. KOCKELMANN, *Mumienbinden* I, p. 36).

212 G. MÖLLER, *Hieratische Paläographie* III, p. 25. U. VERHOEVEN, *Buchschrift*, p. 152-153.

213 G. BURKARD, *Das Klagelied*, p. 126.

M9/275

 22, 14

Ce signe assez élaboré est semblable à celui du *Livre des morts* d'*Iahtesnakht*[214], contrairement à d'autres exemplaires plus épurés[215]. On verra pourtant l'exemple du papyrus Boulaq 3[216].

 *wdn*
M11/F48/527

 15, 1  15, 11

Cette forme est antérieure à l'époque romaine[217].

M12/277

 11, 14  15, 8

M13/280

 11, 10  13, 7

M15/278

 15, 12  18, 2

Contrairement aux formes habituelles, les parties latérales du signe sont arrondies et se referment sur le trait central. On trouve une forme similaire dans le papyrus Salt 825 mais avec un point supplémentaire[218].

M16/279

 5, 5  9, 1

Il n'y a ni point ni trait au sommet de ce signe contrairement aux formes habituelles[219].

M17/282

 4, 3  4, 4  11, 12  15, 11

M17a/283

 7, 10  10, 3

---

214 U. VERHOEVEN, *Buchschrift*, p. 152-153.

215 G. MÖLLER, *Hieratische Paläographie* III, p. 24. Voir aussi Y. BARBASH, *Padikakem*, p. 340 (P. Walters Art Museum 551 (10, 21)), M. COENEN, J. QUAEGEBEUR, *De Papyrus Denon*, p. 82, pl. 26.

216 S. TÖPFER, *Das Balsamierungsritual*, pl. 28 (x+3, 9).

217 G. MÖLLER, *Hieratische Paläographie* III, p. 51 et n. 2. U. VERHOEVEN, *Buchschrift*, p. 134-135 (F48/M11).

218 U. VERHOEVEN, *Buchschrift*, p. 284.

219 G. MÖLLER, *Hieratische Paläographie* III, p. 26. U. VERHOEVEN, *Buchschrift*, p. 154-155. De même dans le papyrus Berlin P. 23040 (G. BURKARD, *Das Klagelied*, p. 126). Voir aussi W. FISCHER-ELFERT, *ZÄS* 135 (2008), pl. XXVI (P. Hal. Kurth inv. 33 A-C, n° 10, x+11).

M18/284

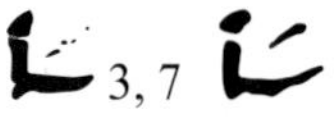 3, 7 — 12, 3

M20/285

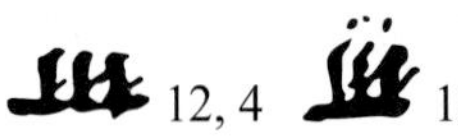 12, 4 — 12, 4

Trois points sont parfois disposés au-dessus de ce signe dès la 21e dynastie, puis à l'époque saïte[220]. À l'époque gréco-romaine, un à trois points sont attestés sous ce signe[221], ou parfois au-dessus comme dans le papyrus Berlin P. 3135[222]. Deux points sont ajoutés au-dessus de ce signe dans les bandelettes Berlin P. 3073 et au-dessous dans la bandelette Londres BM EA 10265[223]. Le groupe /• est ajouté sous ce signe dans le papyrus Princeton Pharaonic Roll 10.

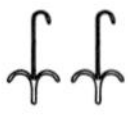
M22a/288

 4, 8 — 6, 4 — 8, 10 — 15, 10 — 22, 11

Deux points figurent régulièrement au-dessus de ce groupe. Ils ne semblent pas documentés[224], mais sont attestés à l'époque ptolémaïque.

 *sw*
M23/289

 8, 10 — 8, 10 — 11, 3

 *ḏꜣḏꜣ.t*
M23a/290

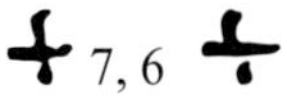 7, 6 — 14, 8

Cette graphie, avec un point distinct du signe, est attestée dans le papyrus Vienne KM ÄS 3862[225].

 *rs*
M24/290B

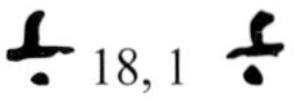 18, 1 — 18, 10

Cette graphie, avec un point distinct du signe, est attestée dès la 26e dynastie[226].

---

220 U. Verhoeven, *Buchschrift*, 154-155, 240, 306.
221 G. Möller, *Hieratische Paläographie* III, p. 26. U. Verhoeven, *Buchschrift*, p. 154-155, 240.
222 G. Möller, *Hieratische Paläographie* III, p. 26. G. Möller, *Hieratische Lesestücke* III, p. 32.
223 H. Kockelmann, *Mumienbinden* I, p. 36.
224 G. Möller, *Hieratische Paläographie* III, p. 27. U. Verhoeven, *Buchschrift*, p. 154-155.
225 U. Verhoeven, *Buchschrift*, p. 156-157. Voir aussi Fl. Albert, *Le Livre des Morts d'Aset-Ouret*, p. 172.
226 U. Verhoeven, *Buchschrift*, p. 156-157.

M27/292

 13, 15  15, 10  18, 1

Un point surmonte volontiers ce signe à la 26e dynastie ; il n'est pas atttesté dans les exemples ptolémaïques[227].

M29/296

 6, 8  6, 10

Ce groupe comporte habituellement un point sur le premier signe qui permet de le différencier du groupe  (T34). Il y en a aussi un sur le second signe à la 21e dynastie, puis régulièrement à l'époque ptolémaïque et à l'époque romaine[228].

M36/294

 5, 7  7, 5

Ce signe est très simplifié et ne présente aucun détail, à l'instar de certaines formes de la 26e dynastie[229].

M44/567

 5, 10  16, 10

Ce signe est incliné, comme c'est le cas par exemple dans le papyrus Boulaq 3[230], alors que la forme documentée est droite[231].

N. Les parties du monde

N1/300

 5,6  8, 5  8, 6

Les traits latéraux sont assez longs comme dans les formes antérieures à la 26e dynastie ou bien dans le papyrus Bremner-Rhind[232]. On trouve une forme similaire dans le papyrus Berlin P. 23040[233].

227 U. Verhoeven, *Buchschrift*, p. 156-157.

228 G. Möller, *Hieratische Paläographie* III, p. 27. U. Verhoeven, *Buchschrift*, p. 156-157. Voir également H. Kockelmann, *Mumienbinden* I, p. 37 ; W. Fischer-Elfert, *ZÄS* 135 (2008), pl. XXVI (P. Hal. Kurth inv. 33 A-C, no 10, x+4) ; Fl. Albert, *Le Livre des Morts d'Aset-Ouret*, p. 172.

229 U. Verhoeven, *Buchschrift*, p. 156-157. Voir aussi P. W. Pestman, *Les papyrus démotiques de Tsenhor* II, p. 25*.

230 S. Sauneron, *Rituel de l'embaumement*, p. 31. S. Töpfer, *Das Balsamierungsritual*, pl. 16 (x+8, 22).

231 G. Möller, *Hieratische Paläographie* III, p. 55. U. Verhoeven, *Buchschrift*, p. 158-159.

232 G. Möller, *Hieratische Paläographie* III, p. 28. U. Verhoeven, *Buchschrift*, p. 158-159.

233 G. Burkard, *Das Klagelied*, p. 127.

N1a

⟨hieratic⟩ 21, 5

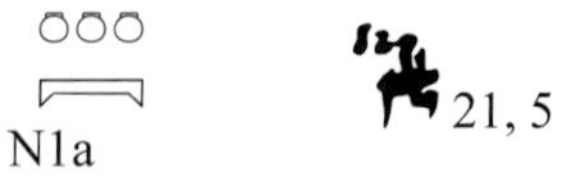

Les vases sont habituellement alignés, comme dans le papyrus New York MMA 39.5.21 (27, 14)[234] ou le papyrus Paris Louvre N. 3279 (IV, 12)[235].

N5/303

⟨hieratic⟩ 4, 1   ⟨hieratic⟩ 5, 1   ⟨hieratic⟩ 11, 1   ⟨hieratic⟩ 12, 7   ⟨hieratic⟩ 13, 3

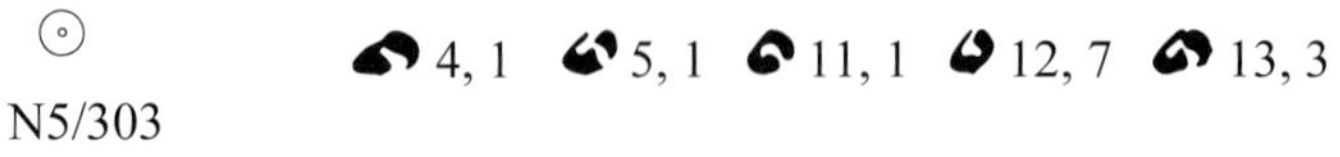

Le point central est présent, mais il n'est pas toujours bien marqué. Il tendrait à disparaître à partir de l'époque ptolémaïque[236].

N9/573

⟨hieratic⟩ 9, 36   ⟨hieratic⟩ 15, 9   ⟨hieratic⟩ 15, 9   ⟨hieratic⟩ 4, 1   ⟨hieratic⟩ 4, 11   ⟨hieratic⟩ 15, 6 psḏn.tyw

Le trait central, qui se résume à un point, a totalement disparu dans le groupe psḏn.tyw. On trouve un cercle vide dans le papyrus Londres BM EA 10037[237].

N14/314

⟨hieratic⟩ 5, 2   ⟨hieratic⟩ 14, 1   ⟨hieratic⟩ 14, 3

N16/317

⟨hieratic⟩ 11, 4   ⟨hieratic⟩ 14, 1   ⟨hieratic⟩ 14, 6

N16a/318

⟨hieratic⟩ 7, 9   ⟨hieratic⟩ 8, 6   ⟨hieratic⟩ 14, A

N16b/318bis

⟨hieratic⟩ 9, 6   ⟨hieratic⟩ 11, 1   ⟨hieratic⟩ 9, 31

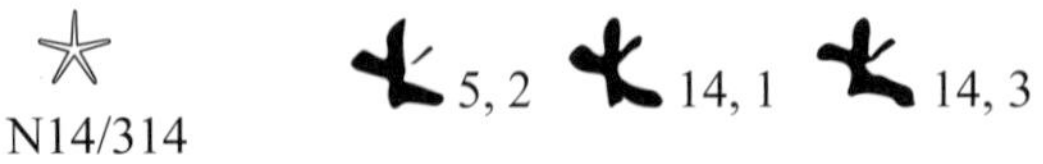

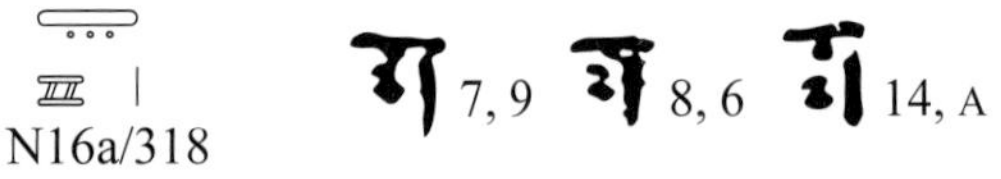

La version, dans laquelle le signe N23 se résume à un point, ne semble pas documentée. Ce groupe est attesté avec un trait oblique au centre dans le papyrus Bremner-Rhind, le papyrus Berlin P. 3030[238], le papyrus Vatican 38603[239] et le papyrus Paris Louvre N. 3129 (C, 22).

N19/338

⟨hieratic⟩ dans ⟨hieratic⟩ 15, 9

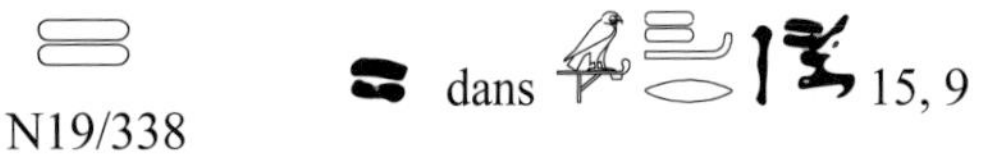

La graphie de ce groupe est courante, mais il apparaît ici dans une configuration particulière.

---

234 J.-Cl. GOYON, *Imouthès*, pl. XXVI.
235 J.-Cl. GOYON, *Le papyrus du Louvre N. 3279*, p. 56, pl. I.
236 G. MÖLLER, *Hieratische Paläographie* III, p. 28. U. VERHOEVEN, *Buchschrift*, p. 158-159, 241.
237 G. MÖLLER, *Hieratische Paläographie* III, p. 55. U. VERHOEVEN, *Buchschrift*, p. 158-159.
238 G. MÖLLER, *Hieratische Paläographie* III, p. 29. U. VERHOEVEN, *Buchschrift*, p. 161.
239 Fl. ALBERT, *Le Livre des Morts d'Aset-Ouret*, p. 174.

N21a/323

17, A 19, A

Les signes (N23) se résument à des points dans ce groupe.

N23/324

9, 12 11, 2 18, 12

N24/325

4, 3

Cette forme avec trois traits obliques est singulière. Ce signe est volontiers rempli de petits traits qui ne débordent pourtant pas du signe[240].

N25/322

1, 1 11, 2 14, 3

N26/320

8, 10 12, 1 14, 9

Les deux collines sont bien distinctes jusqu'à la 22e dynastie, puis à nouveau à partir de l'époque ptolémaïque[241]. Elles ont une forme triangulaire dans le papyrus Bremner-Rhind, le papyrus Berlin 13242 et le papyrus Leyde T. 32[242].

N27/321

5, 7 5, 11 7, 2 15, 12 18, 7

Un point figure à l'intérieur du soleil dans la plupart des exemples, comme c'est encore le cas au début de l'époque ptolémaïque ; il tend ensuite à disparaître[243]. Le point est présent dans le papyrus Barcelone Palau-Ribes inv. 80[244] et dans le papyrus Berlin P. 3057, mais il est absent dans le papyrus Londres BM EA 10252 (44, 11) et dans le papyrus Tamerit 1.

N28/307

14, 2 18, 10 19, 10

Un point est attesté dans la butte à la 26e dynastie, puis tend à disparaître. Il apparaît cependant encore dans les bandelettes Berlin P. 3073[245].

240 G. Möller, *Hieratische Paläographie* III, p. 28. U. Verhoeven, *Buchschrift*, p. 162-163. Voir aussi J.-Cl. Goyon, *Imouthès*, pl. XLIII (P. New York MMA 35.9.21, 61, 14).

241 U. Verhoeven, *Buchschrift*, p. 162-163, 241.

242 G. Möller, *Hieratische Paläographie* III, p. 30.

243 U. Verhoeven, *Buchschrift*, p. 162-163.

244 S. Vuilleumier, *in* : *Ägyptologische „Binsen"-Weisheiten I-II*, p. 355.

245 G. Möller, *Hieratische Paläographie* III, p. 28. H. Kockelmann, *Mumienbinden* I, p. 37.

N29/319

 1, 2  1, 5  9, 3  17, A

Un point peut être ajouté au-dessous de ce signe, sans qu'il ne s'agisse d'un comme dans le mot *ḥḳꜣ* (x+9, 3 ; x+17, A). Une telle forme est attestée à l'époque ptolémaïque dans le papyrus Bremner-Rhind notamment[246]. On retrouve ce point dans le papyrus Barcelone Palau-Ribes inv. 80[247].

N30/326bis

 18, 6  22, 11

La butte peut déjà être marquée par une croix durant la 26ᵉ dynastie, mais celle-ci se détache des traits latéraux à partir de l'époque ptolémaïque[248]. Ce n'est pas le cas dans les bandelettes Berlin P. 3073, mais dans le papyrus Bremner-Rhind, le papyrus Berlin P. 23040[249], le papyrus Hal. Kurth inv. 33 A-C[250], puis à l'époque romaine[251].

N31/326

 6, 3  7, 2  13, 15  19, 6

Un point peut accompagner ce signe à l'époque saïte[252]. Plusieurs petits traits sont volontiers ajoutés au-dessus de ce signe à l'époque ptolémaïque, sans que ce soit pour autant une règle[253]. Ils sont ainsi absents dans le papyrus Berlin P. 23040[254].

N35a/333

 4, 4  6, 2  8, 8  11, 13

N36/334

 13, 2

Ce signe n'est pas souvent attesté seul. Le papyrus Greenfield en donne un exemple rempli de traits verticaux[255]. Dans le papyrus Brooklyn 47.218.84, trois points sont marqués à l'intérieur[256]. À l'époque romaine, il figure dans le papyrus Leyde T. 32 et le papyrus Berlin 3135[257].

---

246 G. Möller, *Hieratische Paläographie* III, p. 30. U. Verhoeven, *Buchschrift*, p. 162-163, 241.
247 S. Vuilleumier, *in* : *Ägyptologische „Binsen"-Weisheiten I-II*, p. 355.
248 U. Verhoeven, *Buchschrift*, p. 164-165.
249 G. Burkard, *Das Klagelied*, p. 127.
250 W. Fischer-Elfert, *ZÄS* 135 (2008), pl. XXVI (P. Hal. Kurth inv. 33 A-C, nº 7, 1 ; nº 8, 1).
251 G. Möller, *Hieratische Paläographie* III, p. 30.
252 U. Verhoeven, *Buchschrift*, p. 164-165.
253 G. Möller, *Hieratische Paläographie* III, p. 30. U. Verhoeven, *Buchschrift*, p. 164-165, 242. Fl. Albert, *Le Livre des Morts d'Aset-Ouret*, p. 175.
254 G. Burkard, *Das Klagelied*, p. 127.
255 U. Verhoeven, *Buchschrift*, p. 164, n. 1.
256 D. Meeks, *Mythes et légendes du Delta*, p. 344.
257 G. Möller, *Hieratische Paläographie* III, p. 31.

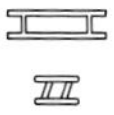
N36a/334bis

 8, 8  11, 13  14, 8

À l'époque ptolémaïque, le signe inférieur tend à se résumer à un point, mais les deux formes coexistent[258].

N37a/335

 5, 11  6, 2  9, 24  9, 26  12, 5

N42/98

 4, 4  5, 1

O. Les monuments et les éléments de construction

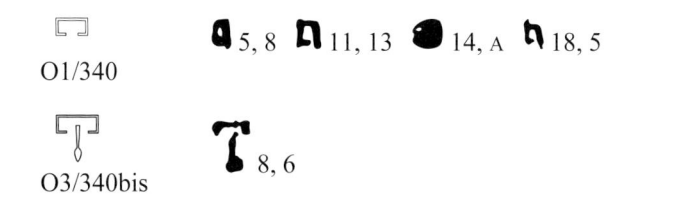

O1/340

 5, 8  11, 13  14, A  18, 5

O3/340bis

 8, 6

Ce groupe est attesté à partir du début de l'époque ptolémaïque[259].

O4/342

 6, 8  7, 2  8, 3  11, 6  11, 12

Le trait vertical à l'intérieur du signe n'est pas indiqué ou marqué uniquement par un point, comme c'est le cas à l'époque ptolémaïque[260]. Cette caractéristique est à nouveau marquée à l'époque romaine[261].

O6/345

 1, 2  11, 4

O9/347

 13, 11

C'est un point qui figure habituellement au milieu de la corbeille plutôt qu'un trait vertical, qui apparaît dans le *Livre des morts* d'*Iahtesnakht*, puis à l'époque gréco-romaine[262].

---

258 G. MÖLLER, *Hieratische Paläographie* III, p. 31. U. VERHOEVEN, *Buchschrift*, p. 164-165, 242.
259 G. MÖLLER, *Hieratische Paläographie* III, p. 32. U. VERHOEVEN, *Buchschrift*, p. 166-167, 242.
260 U. VERHOEVEN, *Buchschrift*, p. 166-167, 242.
261 G. MÖLLER, *Hieratische Paläographie* III, p. 32.
262 G. MÖLLER, *Hieratische Paläographie* III, p. 33. U. VERHOEVEN, *Buchschrift*, p. 166-167.

O22/352

15, 6

Aucun point ne surmonte ce signe, dont la voûte n'est pas marquée d'un cercle. On attribuerait plus volontiers cette forme au signe  (M15), qui est cependant écrit autrement dans le papyrus Princeton Pharaonic Roll 10.

O28/362

4, 6 4, 12 9, 5

Aucun point ne surmonte ce signe, comme c'est le cas dans les bandelettes Berlin P. 3073, dans le papyrus Bremner-Rhind et dans le papyrus Barcelone Palau-Ribes inv. 80 (B, x+2), puis à l'époque romaine[263].

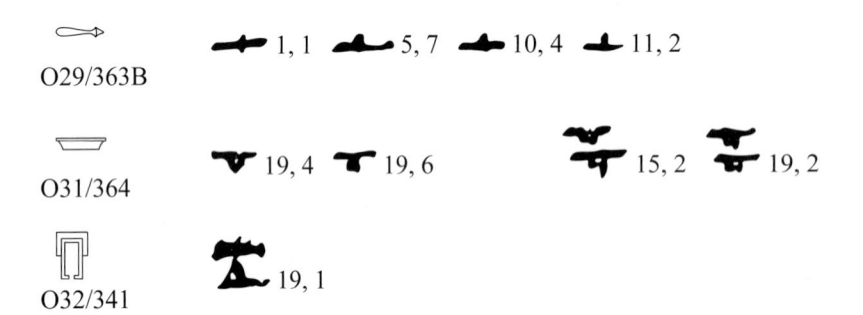

O29/363B

1, 1 5, 7 10, 4 11, 2

O31/364

19, 4 19, 6 15, 2 19, 2

O32/341

19, 1

Les points ou petits traits du décor sont généralement plus développés[264]. La base du signe est triangulaire, comme dans le papyrus Bremner-Rhind.

O34/366

4, 4 5, 1 10, 11 13, 6

O35/367

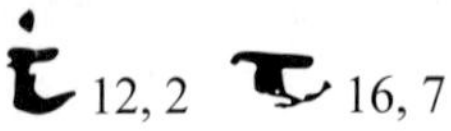
12, 2 16, 7

Un point accompagne ce signe dès l'époque saïte jusqu'au début de l'époque ptolémaïque, alors que les deux traits diacritiques de la Troisième Période intermédiaire refont surface ensuite[265].

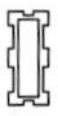
O36/358

9, 1 9, 1 9, 6 20, 5

O39/357

5, 5

---

263 G. MÖLLER, *Hieratische Paläographie* III, p. 34. U. VERHOEVEN, *Buchschrift*, p. 168-169.
264 G. MÖLLER, *Hieratische Paläographie* III, p. 32. U. VERHOEVEN, *Buchschrift*, p. 168-169.
265 G. MÖLLER, *Hieratische Paläographie* III, p. 35. U. VERHOEVEN, *Buchschrift*, p. 168-169, 242.

O42/368

 8, 1 11, 12 14, 2

O49/339

 4, 7 4, 8 5, 9 7, 6 21, 5

Les points qui distinguent habituellement ce signe ne sont pas toujours présents, comme ce peut être le cas dès l'époque ptolémaïque[266].

O50/403

 4, 1 5, 4 6, 6 6, 6 9, 2

Un ou deux traits obliques sont visibles au centre du cercle.

P. Les bateaux

P1/374

 4, 9 8, 13 9, A 10, 2 10, 3 10, 7 14, 3

La barque est souvent séparée de sa base et un point est ajouté la plupart du temps au-dessous de ce signe. Celui-ci est attesté dès l'époque ptolémaïque[267], sans pour autant que ce soit une règle[268].

P5/379

 8, 13

Le trait représentant la voile est assez court, de même que ceux qui marquent les vergues, alors qu'ils s'allongent à l'époque romaine[269]. Un point peut être noté au-dessus de ce signe comme ce peut être le cas dès le Nouvel Empire[270].

P6/380

 5, 6 12, 9 15, 12

---

266 G. MÖLLER, *Hieratische Paläographie* III, p. 32. U. VERHOEVEN, *Buchschrift*, p. 170-171. Voir aussi G. BURKARD, *Das Klagelied*, p. 129 ; Fl. ALBERT, *Le Livre des Morts d'Aset-Ouret*, p. 177.

267 U. VERHOEVEN, *Buchschrift*, p. 172-173, 243. De même dans le papyrus Bonn L. 1647 (5, 2) (I. MUNRO, *Ein Ritualbuch für Goldamulette*, p. 30-31, pl. 5) et le papyrus Paris Louvre N. 3085 (S. TÖPFER, M. MÜLLER-ROTH, *Das Ende der Totenbuchtradition*, p. 19).

268 Il n'y a pas de point dans le papyrus Berlin P. 3057 (14, 12), le papyrus Londres BM EA 10252 (44, 7), le papyrus Paris Louvre N. 3129 (39, 7), le papyrus New York MMA 35.9.21 (57, 16), le papyrus Londres BM EA 10209 (I, 43) et le papyrus Tamerit 1 (x+6, 15).

269 G. MÖLLER, *Hieratische Paläographie* III, p. 36.

270 G. MÖLLER, *Hieratische Paläographie* III, p. 34. U. VERHOEVEN, *Buchschrift*, p. 172-173. Voir également H. KOCKELMANN, *Mumienbinden* I, p. 38.

P8/381

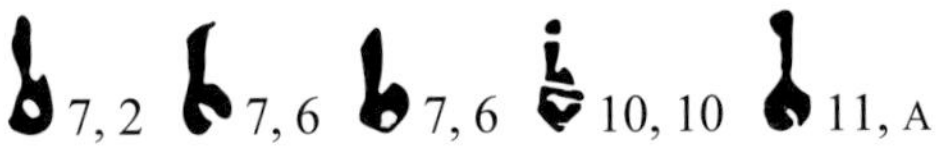
7, 2 7, 6 7, 6 10, 10 11, A

P11/472

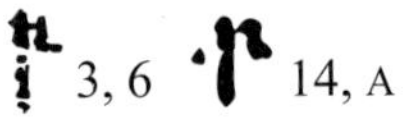
3, 6 14, A

Ce signe est formé de deux parties distinctes ; un point peut y être ajouté. De tels exemples sont attestés à l'époque saïte[271]. On trouve cependant une forme comparable dans le papyrus New York MMA 35.9.21 (62, 12) et le papyrus Paris Louvre N. 3129 (N, 7).

Q. Le mobilier

Q1/383

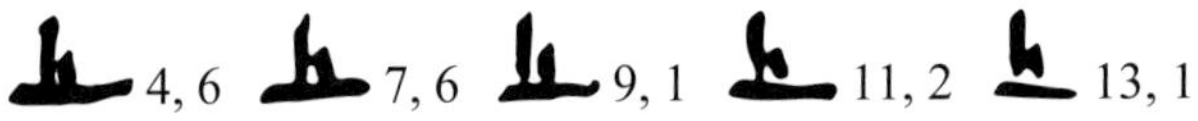
4, 6 7, 6 9, 1 11, 2 13, 1

Q3/388

4, 3 4, 4 9, 1 12, 4

Les deux formes de ce signe sont documentées. Celle avec trois traits verticaux, répandue à l'époque romaine, est attestée déjà à la Troisième Période intermédiaire[272]. Les deux formes sont présentes dans le papyrus Berlin P. 23040[273].

Q7/394

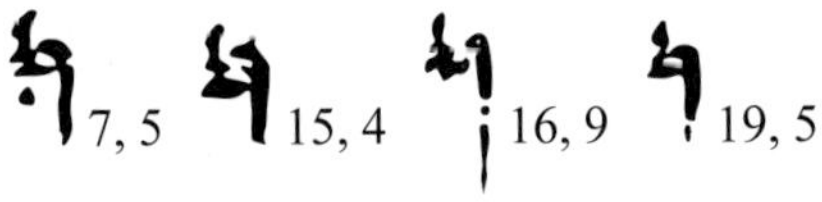
7, 5 15, 4 16, 9 19, 5

R. Le mobilier du temple et les emblèmes sacrés

R2/551

15, 9

Il n'y a aucun petit trait au-dessus de ce signe. Le socle est triangulaire, comme dans le papyrus Bremner-Rhind, où il ne présente pas de rebord.

R4/552

4, 8 12, 5 15, 9 16, 11

Un seul trait vertical est noté au-dessus de ce signe. Attesté parfois dès le VIe siècle av. J.-C.[274], cette forme figure aussi dans le papyrus Paris Louvre N. 3129 (N, 3).

271 U. VERHOEVEN, *Buchschrift*, p. 172-173.
272 G. MÖLLER, *Hieratische Paläographie* III, p. 37. U. VERHOEVEN, *Buchschrift*, p. 174-175.
273 G. BURKARD, *Das Klagelied*, p. 129.
274 U. VERHOEVEN, *Buchschrift*, p. 174-175.

R7/550

 15, 10

Le vase est triangulaire comme c'est le cas dès la 26e dynastie[275], mais le filet de fumée n'a généralement pas cette forme arrondie. On comparera cependant cette forme avec celle des papyrus Rhind[276].

R8/547

 4, 8  4. 10  9, 7  11, 8  14, 6  14, 7

Ce signe est attesté dès la 26e dynastie avec un point diacritique qui tend à disparaître à nouveau vers le milieu du IIIe siècle av. J.-C.[277]. Ce point est attesté sur plusieurs étiquettes de momie, mais moins souvent que le trait vertical qui peut aussi figurer après celui-ci[278]. Il est présent dans le papyrus Barcelone Palau-Ribes inv. 80, le papyrus Berlin P. 23040[279], le papyrus Berlin P. 3057 (13, 26), le papyrus Londres BM EA 10252 (44, 2), le papyrus Londres BM EA 10317 (9, 7), le papyrus Londres BM EA 10319 (6, 37), la stèle H5-2594 (l. 1)[280], le papyrus Tübingen 2012 et le papyrus Paris Louvre N. 3085[281]. Il est en revanche absent dans le papyrus Paris Louvre N. 3129 (M, 44) et le papyrus Hal. Kurth inv. 33 A-C[282]. Les deux formes apparaissent dans le papyrus Londres BM EA 10209 (I, 4 ; V, 14) et le papyrus Vatican 38603[283].

R8a/548

 9, 36  11, 6  18, 1

Le dernier trait est un peu plus long que les autres et il ne s'accompagne d'aucun point. Généralement présent à la 26e dynastie, celui-ci tend à disparaître ensuite[284], comme c'est le cas dans le papyrus Bremner-Rhind, le papyrus Londres BM EA

275 U. VERHOEVEN, *Buchschrift*, p. 176-177.
276 G. MÖLLER, *Hieratische Paläographie* III, p. 53.
277 G. MÖLLER, *Hieratische Paläographie* III, p. 53. U. VERHOEVEN, *Buchschrift*, p. 176-177, 244.
278 S. P. VLEEMING, *Mummy Labels* II, p. 868-870, § 49 ; p. 894-895.
279 G. BURKARD, *Das Klagelied*, p. 129.
280 H. S. SMITH, C. A. R. ANDREWS, S. DAVIES, *Mother of Apis Inscriptions*, pl. XI.
281 S. TÖPFER, M. MÜLLER-ROTH, *Das Ende der Totenbuchtradition*, p. 19.
282 W. FISCHER-ELFERT, *ZÄS* 135 (2008), p. 118, pl. XXVI (P. Hal. Kurth inv. 33 A-C, no 11, x+8).
283 Fl. ALBERT, *Le Livre des Morts d'Aset-Ouret*, p. 179.
284 G. MÖLLER, *Hieratische Paläographie* III, p. 53. U. VERHOEVEN, *Buchschrift*, p. 176-177, 244. Un point est cependant noté dans le papyrus Berlin P. 3057 (13, 28), le papyrus Londres BM EA 10252 (44, 11), le papyrus Londres BM EA 10317 (9, 7), le papyrus Londres BM EA 10319 (6, 37), le papyrus Paris Louvre N. 3129 (38, 44), le papyrus Londres BM EA 10209 (I, 6) et le papyrus Berlin P. 23040 (G. BURKARD, *Das Klagelied*, p. 129).

10208 (4, 6), le papyrus New York MMA 35.9.21 (22, 1), le papyrus Vatican 38603[285], le papyrus Hal. Kurth inv. 33 A-C[286] et la stèle H5-2594 (l. 24)[287].

R11/541

 4, 7  11, 7  14, 4  14, 7

Les quatre traits horizontaux se répartissent sur presque toute la longueur du trait vertical.

R12/546

 16, 10

Le point diacritique qui figure au-dessus du pavois est attesté dès la 26e dynastie[288]. Au début de l'époque ptolémaïque, une forme plus développée, qui s'accompagne d'un point dans les bandelettes Berlin P. 3073, coexiste avec une autre simplifiée qui survivra à l'époque romaine[289].

R14/579

 9, 12  11, 2  14, A  18, 12

Au sommet de ce signe, il y a un trait diacritique, plutôt qu'un point[290]. On retrouve cette caractéristique dans le papyrus Salt 825[291], durant l'époque ptolémaïque et sur des étiquettes de momies d'époque romaine[292].

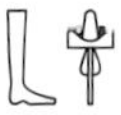
R15a/578

 10, 1  14, 15

Les deux signes sont entrelacés comme c'est le cas dès le milieu du VIIe siècle av. J.-C., mais plus semble-t-il après la 26e dynastie[293]. On retrouve pourtant cette forme dans le papyrus Berlin P. 3057 (9, 9) par exemple.

R22a

 13, 14

285 Fl. ALBERT, *Le Livre des Morts d'Aset-Ouret*, p. 179.
286 W. FISCHER-ELFERT, *ZÄS* 135 (2008), pl. XXVI (P. Hal. Kurth inv. 33 A-C, no 10, x+14).
287 H. S. SMITH, C. A. R. ANDREWS, S. DAVIES, *Mother of Apis Inscriptions*, pl. XI.
288 U. VERHOEVEN, *Buchschrift*, p. 176-177.
289 G. MÖLLER, *Hieratische Paläographie* III, p. 53.
290 G. MÖLLER, *Hieratische Paläographie* III, p. 56. U. VERHOEVEN, *Buchschrift*, p. 176-177.
291 U. VERHOEVEN, *Buchschrift*, p. 285.
292 S. P. VLEEMING, *Mummy Labels*, p. 895.
293 U. VERHOEVEN, *Buchschrift*, p. 176-177, 306.

S. Les couronnes, les vêtements, les bâtons

S1/411

 14, 2  19, 10

Un trait plus long à l'arrière de la couronne est attesté ponctuellement à différentes périodes[294].

S3/413

 14, 2  18, 11

Le trait à l'arrière de la couronne est attesté à la 21e dynastie, puis par le papyrus Leyde T. 32[295].

S10a/409

 18, 11

La forme de ce signe est détaillée comme dans le papyrus Londres BM EA 10209 ou le papyrus Leyde T 32[296], mais sans leur ressembler vraiment.

S11a/418bis

 14, 10

Ce signe s'apparente à celui qui figure dans le papyrus de Tanis[297]. On retrouve une forme similaire dans le papyrus Vatican MGE 48832[298], la bandelette Rendells 1[299], le papyrus Bonn L. 1647[300], le papyrus Genève MAH 23464 (x+13, 26), le papyrus Londres BM EA 10098 et le papyrus Vienne AEG 10110[301].

S19/423

 11, 14

Cette forme est attestée par le papyrus Paris Louvre N. 3091, le colophon du papyrus Bremner-Rhind et le papyrus de Tanis[302].

294 G. Möller, *Hieratische Paläographie* III, p. 39. U. Verhoeven, *Buchschrift*, p. 178-179.
295 G. Möller, *Hieratische Paläographie* III, p. 39. U. Verhoeven, *Buchschrift*, p. 178-179.
296 G. Möller, *Hieratische Paläographie* III, p. 39. U. Verhoeven, *Buchschrift*, p. 178-179.
297 G. Möller, *Hieratische Paläographie* III, p. 40.
298 A. Gasse, *Un papyrus et son scribe*, p. 103.
299 R. A. Caminos, *JEA* 68 (1982), pl. XV.
300 I. Munro, *Ein Ritualbuch für Goldamulette*, p. 26-27 (3, 3), pl. 3.
301 Chr. Riggs, *ChronÉg* 76, n° 151-152 (2001), p. 63 et n. 15-16.
302 G. Möller, *Hieratische Paläographie* III, p. 40. U. Verhoeven, *Buchschrift*, p. 181.

S20/422

 4, 5  20, 16

Il n'y a aucun point sous le sceau. Apparu à la 22e dynastie, celui-ci peut à nouveau disparaître à partir du début de l'époque ptolémaïque[303]. Il en va ainsi dans le papyrus Londres BM EA 10252 (42, 15), le papyrus Barcelone Palau-Ribes inv. 80[304] et le papyrus Tamerit 1 (x+5, 15). Un point accompagne en revanche ce signe dans le papyrus Londres BM EA 10209 (II, 22), le papyrus Berlin P. 3057 (13, 26), le papyrus Londres BM EA 10317 (10, 20) et le papyrus New York MMA 35.9.21 (7, 1).

S22/428

 9, 35  11, 3

Une forme apparentée figure dans le papyrus Bremner-Rhind[305].

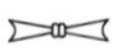

S24/535

 15,8  15,14

S29/432

 3, 3  4, 9 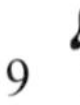 5, 4  15, 4

S29a/445

 10, 2  15, 7

On ne reconnaît plus vraiment la forme originale de ce groupe, dans lequel le second signe ressemble à un . On trouve une graphie comparable dans le papyrus Vienne KM 3862[306].

S29c

 4, 9  5, 5

Ce groupe est attesté dans la graphie du nom du dieu Seth dans le papyrus New York MMA 35.9.21[307], le papyrus Londres BM EA 10208[308] et le papyrus P. Berlin 13242[309]. Dans le papyrus Paris Louvre N. 3155 (32, 12), ce signe est employé seul, vraisemblablement comme une abréviation du nom du dieu Seth[310].

---

303 G. Möller, *Hieratische Paläographie* III, p. 40. U. Verhoeven, *Buchschrift*, p. 180-181, 244.
304 S. Vuilleumier, *in* : *Ägyptologische „Binsen"-Weisheiten I-II*, p. 358.
305 G. Möller, *Hieratische Paläographie* III, p. 41. U. Verhoeven, *Buchschrift*, p. 180, n. 1.
306 U. Verhoeven, *Buchschrift*, p. 181.
307 J.-Cl. Goyon, *Imouthès*, pl. IX, XV (10, 2 ; 16, 9). Lorsque le nom du dieu Seth est écrit en rouge, le couteau demeure en noir (J.-Cl. Goyon, *Imouthès*, pl. XIII (14, 1 ; 14, 2 ; 14, 9)).
308 F. Haikal, *Papyri of Nesmin* I, pl. X-XI (1, 8 ; 1, 11 ; 1, 14 ; 3, 5 ; 3, 6 ; 4, 8).
309 G. Möller, *Hieratische Paläographie* III, p. 42, n. 2.
310 J. Fr. Quack, *in* : *Carlsberg Papyri 7*, p. 129, c).

S34/534

13, 3 13, 5 14, 3 14, 4

Il n'y a pas de trait horizontal marqué, à l'instar des graphies attestées à l'époque ptolémaïque, mais aussi plus tôt[311].

S38/453

6, 1

S40/455

14, 4

La boucle est orientée vers l'avant.

sḫm
S42/449

6, 3 11, 9 12, 5 16, 9

La base du sceptre est marquée contrairement au signe S42b.

ḫrp
S42a/450

14, 3 16, 10

La forme plus arrondie de ce signe est attestée dès la 26e dynastie[312]. On retrouve des formes similaires dans les bandelettes Berlin P. 3073, sans trait diacritique, et dans le papyrus Berlin P. 3057 (15, 16) avec un trait oblique[313].

ꜥbꜣ
S42b/451

16, 10

La base du sceptre n'est pas marquée contrairement au signe S42.

S43/456

4, 3 6, 8 11, 9 13, 12 14, 10

La base du bâton est arrondie et ouverte, comme dans les exemples du papyrus Vienne KM ÄS 3862 ou du papyrus Berlin P. 13242[314].

---

311 G. MÖLLER, *Hieratische Paläographie* III, p. 51. U. VERHOEVEN, *Buchschrift*, p. 182-183. Voir aussi G. BURKARD, *Das Klagelied*, p. 130.
312 U. VERHOEVEN, *Buchschrift*, p. 182-183.
313 G. MÖLLER, *Hieratische Paläographie* III, p. 43.
314 G. MÖLLER, *Hieratische Paläographie* III, p. 43. U. VERHOEVEN, *Buchschrift*, p. 184-185.

S45/458

 16, 7

Ce signe ne présente pas de critère de datation[315].

T. Les armes, la chasse et la boucherie

T1/448

 14, 9  14, 11

La graphie de ce signe est similaire à celle du papyrus Berlin P. 3057 (8, 1)[316].

T3/447

 11, 5  11, 7  14, 2

T11/439

 14, 12  14, 14  14, 15

Il n'y a pas de renflement à l'extrémité du trait horizontal et un seul trait oblique est marqué. Ce signe est souvent attesté avec deux traits obliques[317].

T12/438

 5, 9  15, 1  20, 9

La boucle est notée par un petit trait dès la 26e dynastie[318].

T14/457

 17, 7  17, 9

T18/443

 3, 3  4, 2  14, 3

Habituellement, il n'y a qu'un seul trait oblique qui traverse les deux traits horizontaux. Un second trait oblique figure aussi dans les bandelettes Berlin P. 3073, où le signe ne présente en revanche qu'un seul trait horizontal[319], comme dans le papyrus Berlin P. 8355 (x+2, 7) où les deux traits supérieurs sont plus développés.

T19/460

 7, 4

---

315 G. MÖLLER, *Hieratische Paläographie* III, p. 44. U. VERHOEVEN, *Buchschrift*, p. 184-185.
316 G. MÖLLER, *Hieratische Paläographie* III, p. 43.
317 G. MÖLLER, *Hieratische Paläographie* III, p. 42. U. VERHOEVEN, *Buchschrift*, p. 184-185.
318 G. MÖLLER, *Hieratische Paläographie* III, p. 43. U. VERHOEVEN, *Buchschrift*, p. 184-185.
319 H. KOCKELMANN, *Mumienbinden* I, p. 39.

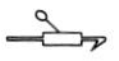
T21/461

 6, 8

T22/596

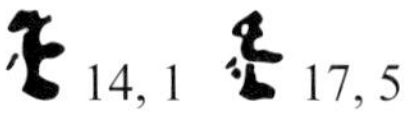 14, 1 17, 5

T28/397

 4, 7 5, 10 7, 3 12, 6

Le point noté au-dessus de ce signe dès l'époque saïte redevient un trait horizontal au début de l'époque ptolémaïque[320].

T30/441

 4, 2 5, 11

U. L'agriculture et l'artisanat

U2/469

 4, 5 4, 9 7, 1 15, 8

U5/469B

 14, 11

U7/465

 5, 10 8, 8 9, 23 10, 8 14, 1

U9/470

 14, 8

Il n'y a pas de traits ou de points supplémentaires comme dans le papyrus Berlin P. 3057, mais cette forme simple apparaît cependant déjà à l'époque saïte[321].

U12a/598

 2, 2

Ce signe, qui ressemble à un  , ne correspond pas aux formes usuelles[322]. Un autre exemple, partiellement en lacune, figure à la ligne x+1, 11.

U19/480

 14, 8 16, 11

320 G. MÖLLER, *Hieratische Paläographie* III, p. 38, n° 397. U. VERHOEVEN, *Buchschrift*, p. 186-187, 245.
321 G. MÖLLER, *Hieratische Paläographie* III, p. 45. U. VERHOEVEN, *Buchschrift*, p. 188-189.
322 G. MÖLLER, *Hieratische Paläographie* III, p. 57. U. VERHOEVEN, *Buchschrift*, p. 188-189.

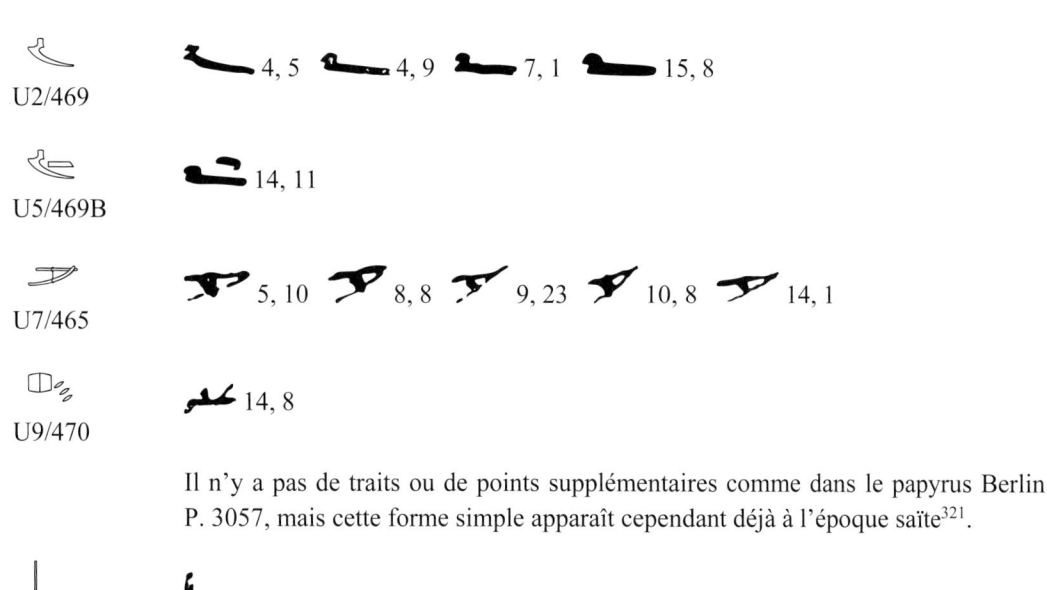

U21/481

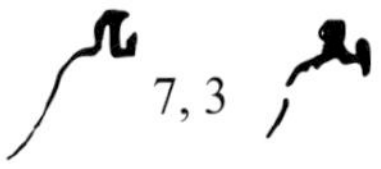
7, 3 · 15, 6

U28/391

7, 3 · 8, 11 · 9, 22 · 9, 25

Un point diacritique – parfois un trait – est volontiers ajouté à droite de ce signe à partir de l'époque ptolémaïque[323].

U33/401

12, 1 · 13, 3 · 13, 9

U35/473

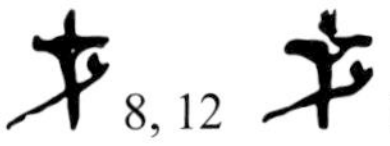
8, 12 · 17, 10

U36/483

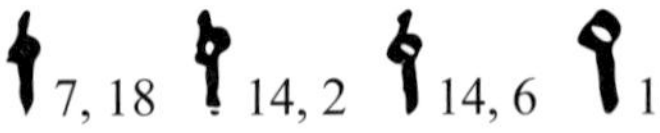
7, 18 · 14, 2 · 14, 6 · 18, 1

U40/405

5, 3 · 14, 2 · 19, 10 · 8, 10 · 10, 5

Deux graphies coexistent, avec et sans trait à l'arrière du signe. Seule la première est bien documentée[324]. La seconde rappelle celle du signe  (V36). Elle apparaît dans le papyrus Leyde T. 32[325].

V. Les cordes, les fibres, les paniers

V2/519

4, 7

On trouve une forme similaire dans le *Livre des morts* d'*Iahtesnakht*[326] et dans le papyrus Tamerit 1[327].

V4/524

4, 4 · 12, 5 · 16, 9

V7a/521

8, 8 · 8, 11 · 13, 9

---

323 U. VERHOEVEN, *Buchschrift*, p. 190-191. Voir aussi H. KOCKELMANN, *Mumienbinden* I, p. 40. Il est cependant absent du papyrus Berlin P. 23040 (G. BURKARD, *Das Klagelied*, p. 131).

324 G. MÖLLER, *Hieratische Paläographie* III, p. 39. U. VERHOEVEN, *Buchschrift*, p. 192-193.

325 G. MÖLLER, *Hieratische Paläographie* III, p. 39.

326 U. VERHOEVEN, *Buchschrift*, p. 195.

327 H. BEINLICH, *Papyrus Tamerit 1*, p. 193 (7, 18 ; 7, 19).

V10/531-3

13, 1 · 14, 2 · 14, A

On notera l'emploi de ce signe dans un texte rédigé verticalement.

V11/584

4, 12

V12a/CXCII

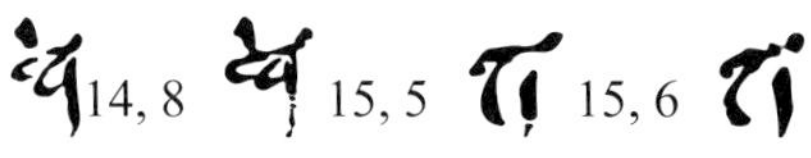
14, 8 · 15, 5 · 15, 6 · 15, 10

Deux formes coexistent. La première correspond aux ligatures attestées pour ce groupe, qui s'accompagnent ou non d'un point diacritique[328]. La seconde semble être la juxtaposition du signe  (V12) et du trait vertical. On la retrouve dans le papyrus Paris Louvre N. 3079 (110, 18) et le papyrus Berlin P. 23040[329].

V12b/

5, 2

V14/528

4, 7 · 5, 3 · 20, 10

Le trait diacritique est placé à gauche comme usuellement[330].

V15/529

8, 3

V17/389

6, 5

V22/459

15, 2 · 18, 11

V25/474

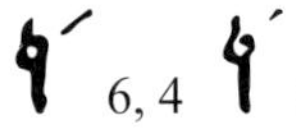
6, 4 · 8, 1

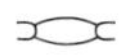
V26/476

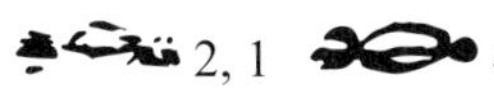
2, 1 · 4, 2

---

328 G. MÖLLER, *Hieratische Paläographie* III, p. 38, n° 397. U. VERHOEVEN, *Buchschrift*, p. 196-197.
329 G. BURKARD, *Das Klagelied*, p. 131.
330 G. MÖLLER, *Hieratische Paläographie* III, p. 51. U. VERHOEVEN, *Buchschrift*, p. 196-197.

V28/525

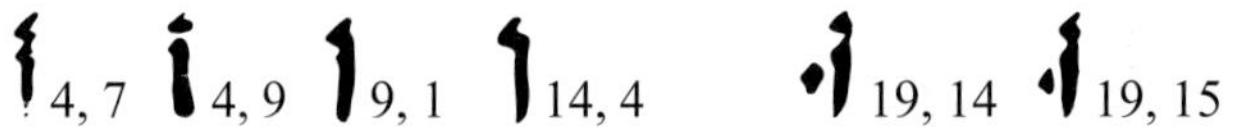

4, 7 — 4, 9 — 9, 1 — 14, 4 — 19, 14 — 19, 15

On notera qu'un point diacritique est ajouté dans les graphies du nom Ptah. Dans le papyrus Louvre N. 3279, ce point est remplacé par un petit trait qui donne naissance à une ligature[331].

w3ḥ
V29a/398

14, 5

Cette forme ressemble à celles qui sont attestées dans le papyrus Bremner-Rhind et le papyrus Berlin P. 3008[332].

V30/510

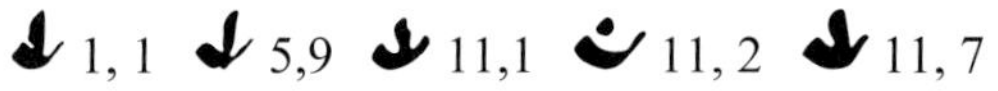

1, 1 — 5,9 — 11,1 — 11, 2 — 11, 7

Ce signe comprend volontiers un point ou un petit trait séparé de la corbeille[333]. Des exemples avec un trait long et marqué se trouvent dans le papyrus Berlin P. 23040[334], le papyrus Berlin P. 3008, puis à l'époque romaine[335].

V36/590

14, 9

Ce signe est attesté avec un long trait à l'arrière dès le milieu du VIIe siècle av. J.-C. sans que ce soit une règle[336]. On trouve les deux formes dans les bandelettes Berlin P. 3073[337].

W. Les récipients

W1/493

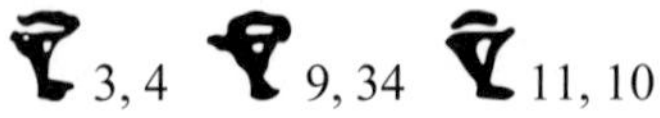

3, 4 — 9, 34 — 11, 10

W3/512

4, 1 — 4, 12 — 5, 10 — 14, 1

---

331 J.-Cl. GOYON, *Le papyrus Louvre N. 3279*, p. 24.
332 G. MÖLLER, *Hieratische Paläographie* III, p. 38. U. VERHOEVEN, *Buchschrift*, p. 198-199.
333 U. VERHOEVEN, *Buchschrift*, p. 198-199.
334 G. BURKARD, *Das Klagelied*, p. 132.
335 G. MÖLLER, *Hieratische Paläographie* III, p. 49.
336 G. MÖLLER, *Hieratische Paläographie* III, p. 57. U. VERHOEVEN, *Buchschrift*, p. 198-199. Voir aussi D. MEEKS, *Mythes et légendes du Delta*, p. 358 ; Y. BARBASH, *Padikakem*, p. 6. Aussi sans trait dans le papyrus Berlin P. 23040 (G. BURKARD, *Das Klagelied*, p. 132).
337 H. KOCKELMANN, *Mumienbinden* I, p. 41.

W12/396

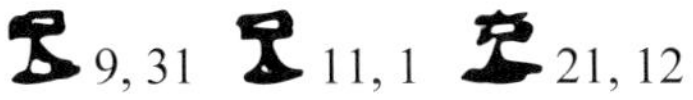
9, 31 ; 11, 1 ; 21, 12

Cette forme serait attestée avant l'époque ptolémaïque, puis à nouveau ensuite[338], mais elle apparaît cependant dans les bandelettes Berlin P. 3073[339].

W14/502

14, 4 ; 14, 5 ; 14, B

Un trait horizontal souligne le renflement du vase qui est bien dessiné. On rencontre cette forme dès le Ve siècle av. J.-C.[340]. Elle figure dans le papyrus Bremner-Rhind, le papyrus Londres BM EA 10317, le papyrus Berlin P. 23040[341] et le papyrus Barcelone Palau-Ribes inv. 80[342]. Il n'y a aucun trait en revanche dans le papyrus Berlin P. 3057 (13, 29), le papyrus Londres BM EA 10319 (6, 35), le papyrus Londres BM EA 10252 (43, 8), le papyrus Londres BM EA 10209 (I, 10) et le papyrus Paris Louvre N. 3129 (M, 43).

W15/503

14, 1 ; 15, 3 ; 16, 8

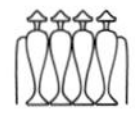
W18/504

4, 4 ; 18, 1 ; 19, 12

W19/509

11, 15 ; 14, 4 ; 15, 7

W22/498

15, 1 ; 15, 2 ; 15, 3 ; 16, 2 ; 16, 3

Ce vase apparaît avec et sans point diacritique et sa disposition par rapport aux autres signes semble jouer un rôle en la matière. Ce point tend à disparaître à l'époque ptolémaïque[343].

W24/495

5, 6 ; 8, 1 ; 14, 3

---

338 G. MÖLLER, *Hieratische Paläographie* III, p. 38. U. VERHOEVEN, *Buchschrift*, p. 200-201.
339 G. MÖLLER, *Hieratische Paläographie* III, p. 38.
340 G. MÖLLER, *Hieratische Paläographie* III, p. 48. U. VERHOEVEN, *Buchschrift*, p. 202-203, 247.
341 G. BURKARD, *Das Klagelied*, p. 132.
342 S. VUILLEUMIER, *in* : *Ägyptologische „Binsen"-Weisheiten I-II*, p. 358-359.
343 G. MÖLLER, *Hieratische Paläographie* III, p. 47. U. VERHOEVEN, *Buchschrift*, p. 202-203, 247.

W25/496

 4, 3  16, 4

La seconde forme est similaire à celle du papyrus Berlin P. 23040[344].

W26/601

 15, 6

Ce signe est attesté dès l'époque ptolémaïque (vers 230 av. J.-C.)[345].

X. Les pains

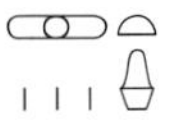
X1a/554-5

 16, 11

Le signe est simplifié dès l'époque ptolémaïque[346].

X4/555

 14, 7

Des exemples avec un trait vertical placé au centre apparaissent ponctuellement dès la 26e dynastie et jusqu'à l'époque romaine[347].

X8/569

 15, 15  16, 6

Ce signe est légèrement incliné à l'instar du signe  (M44). C'est aussi le cas dans le papyrus Berlin P. 13242[348].

344 G. BURKARD, *Das Klagelied*, p. 132.

345 G. MÖLLER, *Hieratische Paläographie* III, p. 58. U. VERHOEVEN, *Buchschrift*, p. 202-203. Voir aussi H. KOCKELMANN, *Mumienbinden* I, p. 41 ; W. FISCHER-ELFERT, *ZÄS* 135 (2008), p. 118, pl. XXVI (P. Hal. Kurth inv. 33 A-C, nº 10, x+7).

346 G. MÖLLER, *Hieratische Paläographie* III, p. 54. U. VERHOEVEN, *Buchschrift*, p. 204-205, 247.

347 G. MÖLLER, *Hieratische Paläographie* III, p. 54. U. VERHOEVEN, *Buchschrift*, p. 204-205. Voir aussi G. BURKARD, *Das Klagelied*, p. 133.

348 G. MÖLLER, *Hieratische Paläographie* III, p. 55.

Y. L'écriture, les jeux, la musique

Y1/537

15, 6 15, 10

Des exemples avec un trait vertical placé au centre apparaissent ponctuellement dès la Troisième Période intermédiaire, puis jusqu'à l'époque romaine[349].

abr.
Y1a/538B

1, 3 1, 11 15, 6 16, 6

Y3/537

8, 12

Un ou deux traits diacritiques sont volontiers ajoutés à ce signe dès l'époque ptolémaïque, sans que cela ne constitue une règle[350].

Y5/540

9, 31 11, 1 13, 10 14, 7

Ce signe est habituellement plus anguleux[351]. Cette forme est ainsi plus proche de celles du papyrus Berlin P. 3008, du papyrus Berlin 13242 et du papyrus Leyde T. 32[352].

Z. Les traits et les figures géométriques

I I I
Z2/561

11, 11 11, 8 12, 2 13, 15

Z3a/562

11, 8 11, 9 12, 1 14, A

//
Z4/560

4, 1 4, 2 4, 7

---

349 G. MÖLLER, *Hieratische Paläographie* III, p. 52. U. VERHOEVEN, *Buchschrift*, p. 204-205. Voir aussi G. BURKARD, *Das Klagelied*, p. 133.

350 G. MÖLLER, *Hieratische Paläographie* III, p. 52. U. VERHOEVEN, *Buchschrift*, p. 204-205. Voir aussi H. KOCKELMANN, *Mumienbinden* I, p. 41 ; Fl. ALBERT, *Le Livre des Morts d'Aset-Ouret*, p. 186.

351 G. MÖLLER, *Hieratische Paläographie* III, p. 52. U. VERHOEVEN, *Buchschrift*, p. 204-205. Voir aussi G. BURKARD, *Das Klagelied*, p. 133.

352 G. MÖLLER, *Hieratische Paläographie* III, p. 52.

Z5/559 — 12, 4 15, 6

Z5a — 4, 11 8, 5 14, 4

Cette abréviation apparaît dès le VIe siècle avant J.-C.[353].

Z6/49 — 5, 5 5, 7 6, 1 6, 8 6, 9

Z7/200B — 4, 7 8, 3 9, 1 10, 4 13, 15

Z9/565 — 4, 4 5, 3 8, 4 11, 11

Z11/564 — 6, 1 11, 8 11, 8 14, 7

Aa. Les signes inclassables

Aa1/574 — 3, 1 6, 1 9, B 11, 3 11, 14

Aa2/566 — 16, 5

Aa3/597 — 14, 9 15, 10 16, 5

Aa5/390 — 7, 1 14, 1 17, 8 20, 6

Ce signe est plus oblique que les formes documentées jusqu'à l'époque ptolémaïque[354]. On pourra le comparer à la graphie attestée par le papyrus Rhind I[355]. Il adopte en fait une forme similaire à celle du signe (S45). Cette confusion

353 U. VERHOEVEN, *Buchschrift*, p. 206-207 et n. 1, qui renvoie à H.-W. FISCHER-ELFERT, *GöttMisz* 119 (1990), p. 16 pour d'autres attestations.

354 G. MÖLLER, *Hieratische Paläographie* III, p. 37. U. VERHOEVEN, *Buchschrift*, p. 208-209. Voir aussi D. MEEKS, *Mythes et légendes du Delta*, p. 363.

355 G. MÖLLER, *Hieratische Paläographie* III, p. 37.

n'est pas surprenante étant donné que la réinterprétation du signe  en un flagellum, attestée dès le Nouvel Empire, est entérinée par l'écriture ptolémaïque[356].

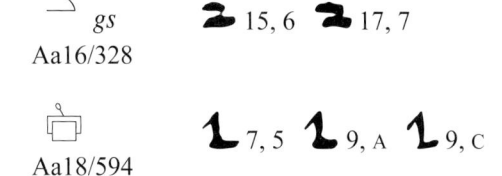

 *gs*
Aa16/328

 15, 6  17, 7

Aa18/594

 7, 5  9, A  9, C

Le trait qui forme la base de ce signe n'est pas centré. Il n'y a pas de point diacritique à droite, contrairement à la plupart des exemples documentés[357]. On trouve une forme identique dans le papyrus Hal. Kurth inv. 33 A-C[358].

Aa20/425

 8, 9

Aa27/587

 1, 7  13, 8  14, 3  17, 6

Ab. Les chiffres

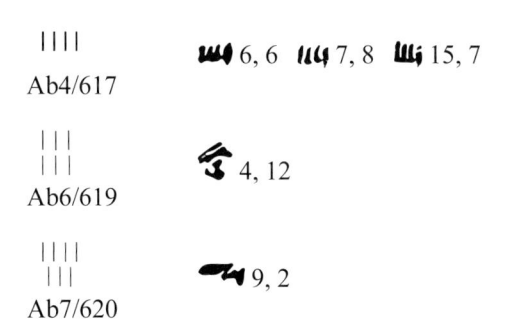

||||
Ab4/617

 6, 6  7, 8  15, 7

|||
|||
Ab6/619

 4, 12

||||
|||
Ab7/620

 9, 2

Cette abréviation, avec des traits ligaturés, est attestée dès la 26e dynastie[359].

356 *Wb* III, 67, 10. P. Wilson, *Lexikon*, p. 637-638. L. Postel, *BIFAO* 103 (2003), p. 388 et n. 53.
357 G. Möller, *Hieratische Paläographie* III, p. 57. U. Verhoeven, *Buchschrift*, p. 208-209.
358 W. Fischer-Elfert, *ZÄS* 135 (2008), pl. XXVI (P. Hal. Kurth inv. 33 A-C, n° 10b, x+11).
359 U. Verhoeven, *Buchschrift*, p. 212-213. D. Meeks, *Mythes et légendes du Delta*, p. 364.

Ag. Choix de lexèmes

Ag3a

 12, 10  12, 12  14, 2

Le point, qui accompagne le signe  (U28) dès l'époque ptolémaïque, est absent. Le trait oblique est documenté au Ier siècle avant J.-C.[360], mais il est attesté au début de l'époque ptolémaïque déjà dans le papyrus Berlin P. 3057 (30, 38 ; 30, 39), le papyrus New York MMA 35.9.21[361], ainsi que dans le papyrus Tamerit 1[362].

Ag3b

 12, 3  12, 9

Cette abréviation est attestée dans les papyrus Rhind I et II[363], mais elle apparaît déjà à l'époque ptolémaïque dans le papyrus Paris Louvre N. 3129 (Q, 1)[364].

Ag5a

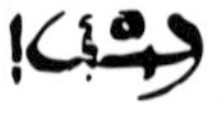 12, 3  12, 6  12, 9  12, 10

Attesté à la 26e dynastie, ce groupe est employé couramment à l'époque ptolémaïque[365].
Quelquefois un petit trait oblique est ajouté ensuite (x+12, 6 ; x+14, A). Il s'agit probablement d'une abréviation drastique de la formule  (Ag3), déjà abrégée  (Ag3a). On retrouve ce trait dans le papyrus Princeton GD 974 (1, 10).

Ag7/XXXVII

 9, 4  11, 15  12, 9  13, 14

Cette forme avec un point plutôt qu'un trait est attestée dans le papyrus Londres BM EA 10252, puis à l'époque romaine[366].

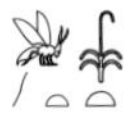
Ag7b

 12,6 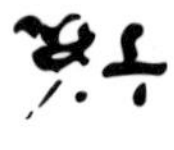 12, 10

---

360 G. Möller, *Hieratische Paläographie* III, p. 67 (XXXII).
361 J.-Cl. Goyon, *Imouthès*, pl. 13 (14, 16), pl. 43 (62, 1-2).
362 H. Beinlich, *Papyrus Tamerit 1*, p. 194 (13, 12).
363 G. Möller, *Hieratische Paläographie* III, p. 67, n. 2.
364 J.-Cl. Goyon, *RdÉ* 20 (1968), p. 83, n. 16.
365 G. Möller, *Hieratische Paläographie* III, p. 67. U. Verhoeven, *Buchschrift*, p. 222-223. Voir aussi J.-Cl. Goyon, *Imouthès*, pl. 13 (14, 16), 43 (62, 2-3) ; la forme  y est aussi attestée, voir pl. 40 (56, 3).
366 G. Möller, *Hieratische Paläographie* III, p. 68. U. Verhoeven, *Buchschrift*, p. 222-223.

Ag8/XXXIV

Le trait vertical est placé à la suite des deux signes comme c'est le cas dès l'époque ptolémaïque[367]. Le soleil et la corbeille tendent à être reliés comme c'est le cas à l'époque romaine[368].

Ag10a

Un trait est ajouté à ce groupe. On le retrouve par exemple dans le papyrus Vatican 38603[369], le papyrus Londres BM EA 10048[370] et les papyrus Paris Louvre N. 5450, N. 3082 et N. 3129. Il est attesté aussi parmi les manuscrits romains[371].

Ag11

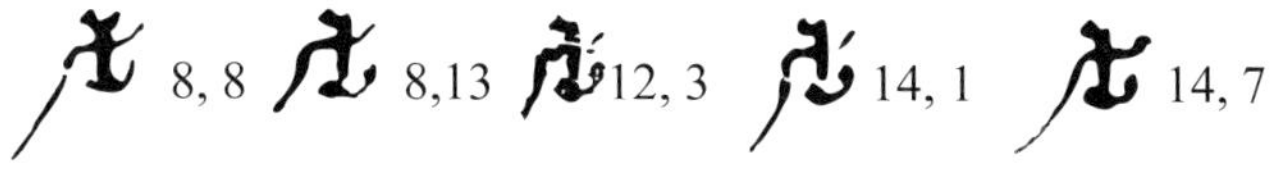

Ce groupe reprend la forme du signe (S43).

367 U. VERHOEVEN, *Buchschrift*, p. 224-225, 249.
368 G. MÖLLER, *Hieratische Paläographie* III, p. 68.
369 Fl. ALBERT, *Le Livre des Morts d'Aset-Ouret*, p. 15.
370 Fr. R. HERBIN, *Books of Breathing*, pl. 12.
371 S. TÖPFER, *Das Balsamierungsritual*, p. 20, 41, 50.

4. Les bénéficiaires du manuscrit

Trois anthroponymes différents apparaissent tout au long du papyrus Princeton Pharaonic Roll 10. Il s'agit de deux noms masculins et de celui d'une femme qui semble être la mère de ces deux hommes. À plusieurs reprises, le nom de l'un remplace celui de l'autre dans un jeu parfois complexe d'effacements et de corrections. Une investigation minutieuse des occurrences de ces anthroponymes s'est donc avérée nécessaire, afin de définir au mieux l'implication de chacun dans le manuscrit. En effet, faut-il admettre que ces deux hommes étaient frères ou demi-frères ? Ou bien faut-il considérer que le hasard ait voulu que ces deux personnes, dont les noms se trouvent réunis sur un même manuscrit, aient eu pour mères deux femmes homonymes ? Doit-on bel et bien envisager qu'il ait été question de deux personnages distincts ? Ou bien faut-il plutôt croire qu'il s'agissait d'un seul et même bénéficiaire affublé de deux noms différents ?

4.1 Le premier anthroponyme

Le premier nom, *P3-dỉ-Ḥr-p3-ẖrd*, figure à treize reprises dans le papyrus Princeton Pharaonic Roll 10[1] :

1. x+1, 8 : 
2. x+1, 11 : 
3. x+1, 13 : 
4. x+2, 3 : [2]
5. x+5, 2-3 : 
6. x+6, 6 : 
7. x+6, 7 : [3]

---

1 Les attestations du nom *Padiherpakhered* sont numérotées de 1 à 13. Celles du deuxième anthroponyme seront enregistrées à la suite de celles-ci. Ces numéros d'ordre permettront de se référer aux différentes attestations de façon simplifiée.

2 Biffée par le scribe, cette attestation est encore lisible sur l'original. On trouve un titre corrigé ainsi dans le papyrus Boulaq 3 (x+4, 3), voir S. TÖPFER, *Das Balsamierungsritual*, pl. 8.

3 Le scribe avait omis et l'a rajouté au-dessus de la ligne.

8. x+6, 13 :  [4]

9. x+7, 5-6 : 

10. x+15, 14 : 

11. x+20, 12 : 

12. x+20, 14 : 

13. x+20, 15 : 

La graphie de ce nom est régulière tout au long du manuscrit. S'il est toujours accompagné de la mention *Wsỉr* « Osiris (de)[5] », l'indication *mꜣꜥ-ḫrw* « justifié » n'apparaît pas dans tous les cas (5, 6, 7, 8, 10, 11). Parmi les treize attestations de ce nom, la filiation maternelle est précisée à huit, peut-être neuf, reprises (1, 2 (?), 3, 4, 6, 7, 8, 10, 11, 13). Ce personnage ne porte aucun titre, et aucune autre indication ne permet de l'identifier[6]. Sur la deuxième page, son nom a été grossièrement tracé et remplacé, dans l'interligne supérieur, par celui d'un second personnage, sans que le nom de la mère ne soit modifié.

Le nom *Pꜣ-dỉ-Ḥr-pꜣ-ẖrd* « Celui qu'a donné Harpocrate »[7] place son porteur sous le patronage d'Horus l'enfant[8]. Celui-ci reçut un culte dès la Troisième Période intermédiaire à Thèbes notamment, puis la zone d'influence de celui-ci s'étendit dès la 25e dynastie[9]. Compte tenu du grand nombre de lieux concernés par le culte d'Harpocrate, il n'est guère possible d'attribuer sur cette base une origine géographique au nom *Pꜣ-dỉ-Ḥr-pꜣ-ẖrd*, ce que confirme par ailleurs l'aire de diffusion de la documentation onomastique[10]. L'origine thébaine de nombreux exemples semble bien sûr aller dans le sens d'une attribution à cette capitale, mais elle doit peut-être être considérée plutôt comme une conséquence de la préservation des documents antiques. On relèvera que le dieu Harpocrate ne fait aucune apparition dans le papyrus Princeton Pharaonic Roll 10, ce qui réduit la pertinence d'une quelconque volonté d'attribution géographique basée sur ce critère. La formation onomastique *Pꜣ-dỉ-Ḥr-pꜣ-ẖrd*

---

4 Il ne reste aucune trace de cet anthroponyme, mais la taille de la lacune incite à restituer *Pꜣ-dỉ-Ḥr-pꜣ-ẖrd*.

5 L'interprétation de *Wsỉr N.N.* comme un génitif direct a été retenue suite à la démonstration de M. Smith, *in* : *Totenbuch-Forschungen*, p. 325-337. Voir encore R. Caminos, *JEA* 68 (1982), p. 155, pl. XV ; M. Smith, *RdÉ* 63 (2012), p. 187-196.

6 Il est possible que ses titres et une filiation plus développée aient été énumérés au début de la composition, dans la partie aujourd'hui perdue, comme c'est parfois le cas, notamment dans les copies du *Livre des morts*. La titulature du bénéficiaire pouvait figurer aussi dans un colophon étendu, dont il n'y a pas trace dans le papyrus Princeton Pharaonic Roll 10, comme c'est par exemple le cas dans le papyrus New York MMA 35.9.21 (17, 6-8) (J.-Cl. Goyon, *Imouthès*, p. 2 et 47).

7 H. Ranke, *PN* I, 124, 24 ; II, 356. *DN* I, 5, p. 328-329; I, 8, p. 534; I, 18, p. 163, 178. Sur la construction onomastique *Pꜣ-dỉ-* dont l'usage tendrait à décliner avec l'occupation grecque, consulter G. Jennes, M. Depauw, *ChronÉg* 87, n° 173 (2012), p. 109-132.

8 *LGG* V, p. 281-282. Une monographie a été consacrée à ce dieu, voir S. Sandri, *Har-pa-chered.*

9 S. Sandri, *Har-pa-chered*, p. 27-68.

10 A. Forgeau, *GöttMisz* 60 (1982), p. 17-18.

n'est pas attestée avant la 26ᵉ dynastie[11]. Elle connut alors un certain succès qui perdura jusqu'à l'Époque romaine. Ce nom est par exemple récurent parmi les membres d'une famille d'Abydos au IIIᵉ siècle av. J.-C.[12].

L'anthroponyme *Pꜣ-di-Ḥr-pꜣ-ẖrd* est répandu dans la documentation. Il a déjà fait l'objet de plusieurs recensements[13] et la liste des attestations de ce nom ne cesse de s'allonger[14]. Il n'a

---

11 A. Forgeau, *GöttMisz* 60 (1982), p. 15.

12 H. De Meulenaere, *in* : *Miscellanea Vergote*, p. 140. G. Gorre, *Les relations du clergé égyptien*, p. 156-162.

13 A. Forgeau, *GöttMisz* 60 (1982), p. 15-23 et 28-29. S. Sandri, *Har-pa-chered*, p. 281-284, 287.

14 On peut citer les documents suivants : le papyrus Aberdeen Marischal Museum ABDUA 84022 (N. G. W. Curtis, H. Kockelmann, I. Munro, *BIFAO* 105 (2005), p. 52 et fig. 1, p. 52-53, fig. 2), les papyrus Aberdeen Marischal Museum ABDUA 84023 1-7, Berlin P. 3158 A-G et P. 3159 A-D (U. Kaplony-Heckel, *Ägyptische Handschriften* III, p. 44, nᵒ 84 ; N. G. W. Curtis, H. Kockelmann, I. Munro, *BIFAO* 105 (2005), p. 53 ; B. Backes, *Drei Totenpapyri*, p. 22, 25 ; A. Wüthrich, S. Stöhr, *Ba-Bringer*, p. 6), le papyrus Chicago Field Museum 31325 (inédit) (J. Quaegebeur, *in* : *Actes du XVᵉ congrès international de papyrologie*, p. 45, n. 3 ; J. Quaegebeur, *EVO* 17 (1994), p. 240), le papyrus Berlin P 3062 (U. Kaplony-Heckel, *Handschriften* III, p. 32, nᵒ 46), le papyrus Berlin P 14418 + P 14419 (U. Kaplony-Heckel, *Ägyptische Handschriften* III, p. 68, nᵒ 169), le papyrus Berlin 23643 (K.-Th. Zauzich, *Ägyptische Handschriften* II, p. 154, nᵒ 270), les papyrus Bruxelles E. 8253 et E. 8254 (J. Quaegebeur, *Enchoria* 8, Sonderband (1978), p. 27-28 ; J. Quaegebeur, *in* : *Actes du XVᵉ congrès international de papyrologie*, p. 41-44 ; M. Depauw, *The Archive of Teos and Thabis*, p. 110-123, doc. 2, 126-161, doc. 3), le papyrus Munich Loeb 43 (l. 7) (W. Spiegelberg, *Die demotischen Papyri Loeb*, p. 73-75, pl. 24 ; G. R. Hughes, Ch. F. Nims, *AJSL* 57 (1940), p. 251 ; Ch. F. Nims, *JNES* 7 (1948), p. 247 ; S. P. Vleeming, *Gooseherds of Hou*, p. 127-141), le papyrus Munich Loeb 48 (v° l. 3) (W. Spiegelberg, *Die demotischen Papyri Loeb*, p. 80-81, pl. 27 ; M. Malinine, *Choix de textes* I, p. 25-29 ; S. P. Vleeming, *Gooseherds of Hou*, p. 156-177), le papyrus Londres BM EA 9963 (Th. G. Allen, *JNES* 11 (1952), p. 178-179 ; M. Bellion, *Catalogue*, p. 53 ; St. Quirke, *Owners*, p. 53 et 80, nᵒ 161 ; A. Wüthrich, S. Stöhr, *Ba-Bringer*, p. 10-11), le papyrus Londres BM EA 10311 (St. Quirke, *Owners*, 1993, p. 59, 82, nᵒ 209), le papyrus Londres BM EA 10381 (D. J. Thompson, *Memphis*, p. 170-174, 180 ; C. A. R. Andrews, *in* : *Seventh International Conference of Demotic Studies*, p. 32-34 ; C. A. R. Andrews, *in* : *Res severa verum gaudium*, p. 27-32, pl. III), le papyrus Londres BM EA 10523 (St. R. A. Glanville, *A Theban Archive*, p. 10-14 ; M. Depauw, *The Archive of Teos and Thabis*, p. 136, n. q), le papyrus Londres BM EA 10596 (H. Thompson, *A Family Archive*, p. 73, pl. XXVIII), le papyrus Londres BM EA 73674 (St. Quirke, *Owners*, 1993, p. 53, nᵒ 162), le papyrus Barcelone Palau-Ribes inv. 80 (B. E. Klakowicz, *StudPap.* 19 (1980), p. 9-38 ; S. Vuilleumier, *in* : *Ägyptologische „Binsen"-Weisheiten I-II*, p. 341-367), l'ostracon Brooklyn 12768 1778 (G. R. Hughes, *Catalog of Demotic Texts*, p. 60, nᵒ 153, pl. 35b), l'ostracon Paris Louvre nᵒ 30 (l. 1) (D. Devauchelle, *Ostraca démotiques*, p. 90-91, pl. VIII), l'ostracon Paris Louvre nᵒ 79 (l. 3) (D. Devauchelle, *Ostraca démotiques*, p. 60, pl. XIX), l'ostracon Qasr Ibrim nᵒ 80-2-27 (J. D. Ray, *Qasr Ibrim*, p. 58, nᵒ 38), la stèle Paris Louvre E. 2701 (P. Munro, *Die spätägyptischen Totenstelen*, p. 243-244 ; N. G. W. Curtis, H. Kockelmann, I. Munro, *BIFAO* 105 (2005), p. 52, n. 15), la stèle University College U.C. 14776 (A. Abdalla, *Graeco-Roman Funerary Stelae*, p. 86, pl. 65A, nᵒ 210), la stèle Londres BM EA 1325 (l. 6 et 8) (A. Farid, *Fünf demotische Stelen*, p. 32-76) ; S. P. Vleeming, *Some Coins*, p. 134, nᵒ 158), la table d'offrandes Paris Louvre D 69 (A. Farid, *Fünf demotischen Stelen*, p. 208, nᵒ 28, pl. V ; S. P. Vleeming, *Some Coins*, p. 230, nᵒ 242), la table d'offrandes Stockholm Medelhavsmuseet MM 10008 (A. Farid, *Fünf demotischen Stelen*, p. 208, nᵒ 31 ; A. Farid, *in* : *Seventh International Congress*, p. 388-389), la table d'offrandes provenant de la tombe d'Amenemope (TT 41) (J. Assmann, *Das Grab des Amenemope*, p. 242, pl. 191 ; A. Farid, *Fünf demotischen Stelen*, p. 209, nᵒ 34, pl. 73 ; S. P. Vleeming, *Some Coins*, p. 227, nᵒ 234), le bronze Paris Louvre E 3801 (M. Étienne, *Heka*, p. 104, nᵒ 67), un graffiti du toit du temple de Khonsou à Karnak (H. Jacquet-Gordon, *The Graffiti on the Khonsu Temple Roof at Karnak*, p. 66, nᵒ 182, pl. 68), l'ostracon Brooklyn 12768 1789 (G. R. Hughes, *Catalog of Demotic Texts*, p. 60 (nᵒ 153), pl. 35b), une inscription de la mère d'un Apis (H. S. Smith, C. A. R. Andrews, S. Davies, *Mother of Apis Inscriptions*, p. 217-219, pl. LXXIII). Plus de deux cents

pourtant pas été possible d'identifier le bénéficiaire du papyrus Princeton Pharaonic Roll 10 en l'absence de filiation paternelle et de titre. Cela s'explique aussi par le fait que la filiation maternelle n'est pas toujours indiquée dans les documents. Un recoupement a néanmoins pu être opéré avec le papyrus Barcelone Palau-Ribes inv. 80, rédigé en faveur d'un prêtre (*ḥm-nṯr*) homonyme (§ 4.4).

4.2 Le deuxième anthroponyme

Un deuxième anthroponyme apparaît tout au long du papyrus Princeton Pharaonic Roll 10 où il est attesté à trente-deux reprises[15] :

14. x+1, 6 : 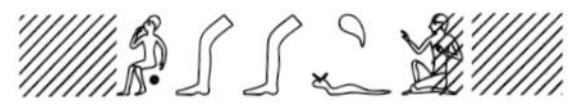 [16]
15. x+2, 3 :  [17]
16. x+4, 10-11 : 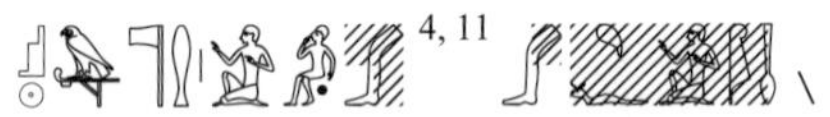
17. x+6, 4 : 
18. x+6, 8 : 
19. x+6, 9-10 : 
20. x+7, 2 : 
21. x+7, 7 : 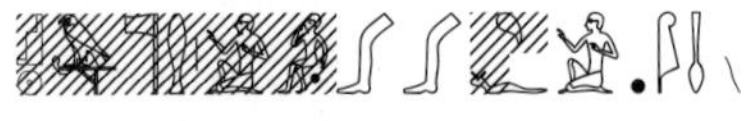
22. x+8, 2 : 
23. x+8, 2-3 : 
24. x+8, 3-4 :  [18]

---

attestations du nom *Pꜣ-dỉ-Ḥr-pꜣ-ẖrd* / Πεταρποχρατης sont répertoriées en égyptien (129) ou en grec (73), voir <www.trismegistos.org/name/857> (01.11.2014).

15 Ces mentions sont numérotées à la suite des précédentes afin d'éviter toute confusion entre les deux anthroponymes.

16 Cette occurrence est inscrite dans l'interligne supérieur. La teinte de l'encre et l'épaisseur du tracé sont différentes de celles du corps du texte.

17 Cette mention a été ajoutée dans l'interligne supérieur, au-dessus du nom *Pꜣ-dỉ-Ḥr-pꜣ-ẖrd* qui a été biffé. La mention *Wsỉr* « Osiris » qui figure avant la rature est restée intacte et s'appliquait ainsi aussi à *Ms-rd.wy=f*. La prêtrise de ce dernier n'est pas indiquée ici.

18 L'espace de la lacune est plus grand que celui qui est habituellement nécessaire pour écrire cet anthroponyme. Le groupe est écrit avec une encre plus pâle.

25. x+8, 4 : 

26. x+8, 5 : 

27. x+8, 6 : 

28. x+8, 11 : 

29. x+9, B :  [19] (↓)

30 x+10, A :  (↓)

31. x+12, 3-4 : 

32. x+14, 4 : 

33. x+14, 5-6 : 

34. x+14, 8-9 : 

35. x+15, 1 : 

36. x+15, 3 : 

37. x+15, 5 : 

38. x+15, 11 : 

39. x+16, 1 : 

40. x+16, 1 : 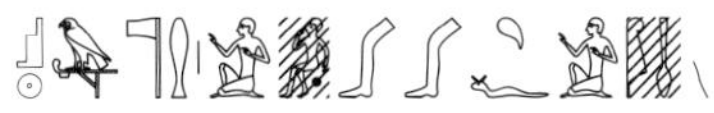

41. x+16, 3 : 

42. x+16, 4-5 : 

43. x+16, 6 :  [20]

44. x+16, 10 : 

45. x+22, 7 : 

---

19 Le signe a été oublié.

20 Le déterminatif  semble avoir été omis.

Parmi les différentes lectures du signe  [21], on peut retenir les suivantes dans l'onomastique tardive : *ẖrd, ms, sfy* et *ẖm*[22]. Quant à la lecture *rd* du signe  [23], elle semble confirmée par les compléments phonétiques encore visibles dans l'une des attestations (15). Le groupe 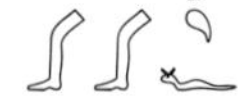 *rd.wy=f* peut être compris comme « ses deux jambes », mais il pourrait aussi découler d'une graphie démotique. Le groupe  peut ainsi constituer une graphie du verbe *rd* « croître »[24] dans une attestation du nom *Nꜣ-dgꜣ(.w)-Bꜣst.t-rd(w)* « Les racines de Bastet ont prospéré »[25] par exemple. Quant au terme *rṱ* « représentant »[26], il apparaît notamment dans l'hypocoristique *Pꜣ-rṱ*[27] de *Pꜣ-tỉ-Ḥr-pꜣ-ẖrṱ*. Il est cependant difficile de constituer une formation onomastique avec ces composants en présence du pronom suffixe *=f*.

Un anthroponyme *Ms(-r)-rd.wy=f* est attesté par les sources démotiques[28], mais aucun exemple hiéroglyphique ou hiératique n'avait été répertorié jusque-là[29]. La formation prépositionnelle *r-rd.wy=* est une expression toute faite, parfois abrégée *rd.wy=*, qui signifie « aux pieds de », « auprès de »[30], ce qui permet de comprendre le nom *Ms(-r)-rd.wy=f*[31] comme « Celui qui est né à ses pieds », « Celui qui est né auprès de lui ». Faisait-on allusion à un dieu sans le nommer comme c'est parfois le cas dans les formations onomastiques ? Serait-ce là un nom qui pourrait désigner, par référence à une tierce personne, un jumeau ? Plus trivialement, pourrait-on envisager de comprendre ce nom comme « Celui qui est né par (?) ses pieds », ce qui mettrait alors en évidence les circonstances de sa venue au monde ? Les archives de *Hor* livrent un passage qui présente une expression similaire : *ms-rd.wy nty ḫn ḥw.t-nṯr=f* « le façonneur de pieds qui est dans son temple »[32]. John Ray estime qu'il s'agit d'un dieu ou d'un démon, mais il faut peut-être prendre en compte le mot *rṱ* « rang », « position (sociale) »[33] et rendre ce passage par « celui qui façonne sa position dans son temple ».

---

21 A. H. Gardiner, *Egyptian Grammar*, p. 443 (A17). Fr. Daumas, *Valeurs phonétiques*, p. 15, n° 237. D. Kurth, *Einführung ins Ptolemäische* 1, p. 128.

22 H. De Meulenaere, *TrabEg* 2 (2003), p. 113-114.

23 A. H. Gardiner, *Egyptian Grammar*, p. 457 (D56). Fr. Daumas, *Valeurs phonétiques*, p. 204, n° 1131. D. Kurth, *Einführung ins Ptolemäische* 1, p. 177.

24 W. Erichsen, *Demotisches Glossar*, p. 257. *CDD* R, p. 77-78.

25 H. De Meulenaere, J. Yoyotte, *BIFAO* 83 (1983), p. 112-113, 116, 118.

26 W. Erichsen, *Demotisches Glossar*, p. 256-257. *CDD* R, p. 76-77.

27 J. Quaegebeur, *in* : *Aspects of Demotic Lexicography*, p. 75-84.

28 *DN* I, 8, p. 605.

29 Hermann De Meulenaere avait eu la gentillesse de me confirmer ce fait dans un courrier.

30 *Wb* I, 104, 7. W. Erichsen, *Demotisches Glossar*, p. 258. P. Wilson, *Lexikon*, p. 595. *CDD* R, p. 79, avec un renvoi à l'entrée *ms* pour *ms rṱ* « façonneur de pieds » (*CDD* M, p. 229). A. Werning, *in* : *Synthetische Körperauffassung*, p. 152. L'expression *n rd.wy=f* a été traduite « de son propre gré » (J. C. Darnell, *in* : *Honi soit qui mal y pense*, p. 40-41 et n. f).

31 Comme *r-rd.wy=f* peut être abrégé *rd.wy=f*, la préposition *r-* ne sera désormais pas retranscrite puisqu'elle n'apparaît pas dans les graphies du papyrus Princeton Pharaonic Roll 10.

32 J. D. Ray, *The Archive of Hor*, p. 67, 71, 73, n. hh, pl. XIX (O. Hor 18, 2*). *CDD* R, p. 79 fait un renvoi à *ms rṱ* « façonneur de pieds (?) » (*CDD* M, p. 229) qui renvoie à cet extrait. Je remercie Janet Johnson qui avait bien voulu me communiquer cette référence, alors que cette section du dictionnaire n'était pas encore publiée.

33 W. Erichsen, *Demotisches Glossar*, p. 258. *CDD* R, p. 80-81. J. Osing *et al.*, *Denkmäler*, p. 66 (l. 14). M. Smith, *The Liturgy of Opening the Mouth*, p. 51-52 (l. 6, n. c). M. Smith, *Papyrus Harkness*, p. 104-105 (l. 9, n. i). J. Fr. Quack, *in* : *Menschenbilder*, p. 590 et n. 2. J. Fr. Quack, *in* : *Ägyptische Rituale*, p. 86, 89 et 98, n. eeee).

Cet anthroponyme est ajouté une première fois entre deux lignes sans que l'on ne puisse déterminer à quoi le rattacher (14), et une seconde fois au-dessus du nom tracé de *Padiherpakhered* qu'il remplace donc (15). Dans les autres cas, il est inscrit dans le corps du texte. On remarque cependant qu'une écriture légèrement plus grande et plus épaisse a été employée et que l'encre est souvent plus foncée[34], ce qui constitue en tout cas l'indice de l'usage d'un pinceau différent, et probablement de modifications postérieures à la rédaction du texte. Le *ductus* semble indiquer qu'une autre main a effectué ces ajouts[35]. Ces mentions ne s'intègrent pas toujours parfaitement dans le texte et peuvent empiéter sur le mot suivant (28, 31, 39, 41), ce qui confirme qu'il s'agit bien d'ajouts postérieurs à la rédaction du manuscrit. Un autre scribe, ou le même, aurait donc pu compléter les indications relatives au bénéficiaire dans un manuscrit où les espaces nécessaires auraient été laissés libres[36]. Cependant, on note régulièrement la présence d'une auréole ou d'un noircissement bien délimité autour du nom[37], indice d'un effacement préalable. On peut dès lors se demander pourquoi le nom de *Mesredouyef* ne remplace pas toujours celui de *Padiherpakhered.* Invoquer la négligence du scribe, qui aurait oublié à douze reprises d'apporter les modifications nécessaires au nom du bénéficiaire, ne constitue peut-être pas la seule explication possible (§ 4.5).

Le nom de ce personnage est invariablement accompagné de la mention *Wsỉr* « Osiris (de) », exception faite du premier ajout (14). L'indication *mꜣꜥ-ḫrw* « justifié » n'est pour sa part absente qu'à trois reprises (14, 23, 41). Cet homme porte presque toujours le titre *ḥm-nṯr* « prêtre », omis uniquement dans les deux premiers cas (14, 15). À vingt reprises, le nom de la mère de *Mesredouyef* est identique à celui de la mère de *Padiherpakhered* (15-18, 20, 21, 23, 26, 27, 29, 30, 32, 34-38, 42-44). À chaque fois, il est écrit de la même façon que le corps du texte, ce qui montre qu'il était inscrit à cet endroit préalablement et qu'il n'a pas été ajouté avec celui de *Mesredouyef.* Ce fait confirme ce que le nom tracé de *Padiherpakhered* (4) et l'ajout de celui de *Mesredouyef* (15) laissait entendre : on a remplacé le nom du premier par celui du second. À cinq reprises, le nom de la mère de *Mesredouyef* a été inscrit en même temps que son nom (25, 28, 31, 39, 41), vraisemblablement parce que celui-ci n'avait pas encore été noté. Dans ces cas-là, il est écrit  au lieu de  (§ 4.3). Malgré leurs similitudes, cette distinction laisse pourtant planer un doute quant à l'identité de la mère de *Mesredouyef.*

34 Cette distinction n'est pas facile à remarquer dans tous les autres cas en raison de l'état du manuscrit, mais on le voit bien dans les exemples 23 à 28 et 31 à 44.

35 On comparera notamment la graphie du signe dans ces exemples avec ceux des lignes x+3, 1 ; x+11, 8 ; x+13, 6 ; x+11, 8 ; x+20, 9. On notera aussi que *msỉ.n* « enfanté par » est écrit  dans ces exemples, alors qu'ailleurs c'est 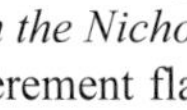 qui est noté, voir § 4.3.

36 L'emploi d'un pinceau différent pour écrire le nom du propriétaire est bien attesté parmi les manuscrits du *Livre des morts* où un espace était laissé libre pour l'y insérer *a posteriori*, voir par exemple M. COENEN, *in* : *Egyptian Art in the Nicholson Museum*, p. 83.

37 C'est particulièrement flagrant lorsque l'on regarde les pages x+12, x+14, x+15 et x+16. Ailleurs, l'état de conservation du manuscrit ne permet pas toujours de s'en assurer. Il n'est donc pas exclu que des espaces aient été laissés vides par endroits et n'aient par conséquent pas nécessité d'effacement.

Treize autres témoignages, tous issus de documents démotiques, attestent l'existence de l'anthroponyme *Ms-(r-)rd.wy=f* [38] :

1. Ostracon Man. inv. IFAO 5446 (l. 2)[39].
   Un contrat de vente daté du règne d'Artaxerxès Ier / Inaros, prince des rebelles (462/458 av. J.-C.) et provenant de Ayn Manâwir, dans l'oasis de Douch. On connaît le nom de l'épouse (*Tꜣ-ỉ.ỉr-nꜥ*) et du fils (*Pꜣ-dỉ Wsỉr*) de cet homme, mais rien au sujet de ses parents. Il ne porte aucun titre.
2. Ostracon Strasbourg D 1916, x+4[40].
   Un ostracon démotique inédit. L'intéressé est le fils de *Pa-Mnṯ* et ne porte aucun titre.
3. Papyrus Manchester, John Rylands Library Dém. 14 (l. 4)[41].
   Un contrat démotique dont *Ms-r-rt.wy=f* est le scribe, daté de 281 av. J.-C. et provenant de Thèbes. Le nom de son père n'a pas été lu. Aucune autre filiation n'est indiquée. Il s'agit peut-être du père du scribe des documents n° 6 et n° 7[42]. Ce document appartient aux archives de *Teianteus*.
4. Ostracon Brooklyn 37.1860 E (l. 3)[43].
   Une taxe d'enterrement, datée de l'an 15 de Ptolémée II Philadelphe (270/269 av. J.-C.) et provenant de Thèbes, où l'une des momies est attribuée à *Ms-r-rt.wy=f*. Le nom de la mère de cet homme, *Tꜣ-s.t-smn*, est indiqué. Son père se nomme *Nḫt-ḥr-bḥ.t*. Il ne porte aucun titre.
5. Papyrus Caire JdE 89368 (= P. Phil. Dém. 15) (l. 1)[44].
   Un contrat démotique daté de l'an 26 de Ptolémée II Philadelphe (259 av. J.-C.) et provenant de Thèbes, dont *Bl*, fils de *Ms-r-rt.wy=f*, est l'une des parties. En plus du nom du fils de cet homme, on apprend que le nom de son épouse était *Tꜣ-wn*. Il ne porte aucun titre. Le scribe de ce manuscrit, *Pꜣ-šr-Mn*, a un père homonyme (voir n° 6).

---

38 Ce nom est recensé douze fois, voir <www.trismegistos.org/name/466> (01.11.2014). Le papyrus Princeton Pharaonic Roll 10 figure dans cette liste et les deux attestations du papyrus Berlin P. 13537 sont répertoriées séparément. Trois autres documents s'ajoutent à cette documentation, ce qui porte à ce jour à quatorze le nombre des attestations de cet anthroponyme.

39 M. CHAUVEAU, *in* : *Res severa verum gaudium*, p. 39-46, pl. IV.

40 *DN* I, 17, p. 1380. Je remercie Frédéric Colin et Paul Heilporn qui ont eu la gentillesse de me faire parvenir une photographie de ce document.

41 Fr. Ll. GRIFFITH, *P. Rylands* I, pl. LXI ; III, p. 128-129, 263-264. S. R. K. GLANVILLE, *A Theban Archive*, p. 65, n° 111. H. RANKE, *PN* I, 164, 18 (*Ms*). K.-Th. ZAUZICH, *Die ägyptische Schreibertradition*, p. 79, n° 107 ; p. 207, n. 13-14. *DN* I, 8, p. 605, 1. M. DEPAUW, *The Archive of Teos and Thabis*, p. 18.

42 K.-Th. ZAUZICH, *Die ägyptische Schreibertradition*, p. 172 et 207, n. 14.

43 M. MALININE, *in* : *Mélanges Mariette*, p. 147-148, pl. 1, n° 2. *DN* I, 8, p. 605, 2. G. R. HUGHES, *Catalog of Demotic Texts*, p. 20, n° 58. B. P. MUHS, *Tax Receipts*, p. 90.

44 N. J. REICH, *Mizraim* 8 (1938), p. 12, pl. 13-14. M. EL-AMIR, *A Family Archive*, p. 65-69, pl. 20-21. K.-Th. ZAUZICH, *Die ägyptische Schreibertradition*, p. 21, n° 12 ; p. 207, n. 14. St. GRUNERT, *Der Kodex Hermopolis*, p. 110-111. *DN* I, 8, p. 605, 3.

6. Papyrus Caire JdE 89368 (= P. Phil. Dém. 15) (l. 5)[45].
   Un contrat daté de l'an 26 de Ptolémée II Philadelphe (259 av. J.-C.) et provenant de Thèbes, que le scribe *Pꜣ-šr-Mn*, fils de *Ms-r-rt.wy=f*, a rédigé. Aucune autre filiation n'est indiquée, ni aucun titre. L'un des contractants a un père homonyme (voir n° 5) ; il est possible qu'ils aient été frères[46]. Compte tenu des dates, le père de cet homme pourrait être le scribe du document n° 3[47].
7. Ostracon Médinet Habou 2190 (l. 3)[48].
   Une taxe de sel datée de l'an 28 de Ptolémée II Philadelphe (256/258 av. J.-C.) et provenant de Médinet Habou, que le scribe *Pꜣ-šr-Mn*, fils de *Ms-r-rt.wy=f*, a rédigée. Aucune autre filiation n'est indiquée, ni aucun titre. Il est possible qu'il s'agisse du même scribe que dans le document n° 6[49], dont le père pourrait être le scribe du document n° 3[50].
8. Papyrus Caire JdE 89369 (= P. Philadelphie 16) (v°, l. 3)[51].
   Un contrat de vente d'une maison daté de l'an 34 de Ptolémée II Philadelphe (251 av. J.-C.) et provenant de Thèbes, dans lequel le fils de *Ms-r-rt.wy=f*, *Pꜣ-ti-ỉmn-ỉpy*, figure comme témoin. Il ne porte aucun titre. Aucune autre indication n'est fournie à son sujet.
9. Papyrus Londres BM EA 10404 (v° 10)[52].
   Une liste de témoins, datée du IIIe siècle av. J.-C. et provenant de Thèbes, dans laquelle le fils de *Ms-r-rd.wy.ṯ=f*, *Ḥr-Ḏḥwty*, est mentionné. Aucun autre détail n'est indiqué, ni aucun titre. Il s'agit peut-être du même homme que dans les documents n° 10 et n° 11.
10. Papyrus Paris Louvre N. 2433 (v° 6)[53].
    Un contrat de mariage, daté de l'an 33 de Ptolémée II Philadelphe (252 av. J.-C.) et provenant de Thèbes, dans lequel le fils de *Ms-r-rt.wy=f*, *Ḥr-Ḏḥwty*, figure comme témoin. Aucune autre précision n'est fournie, ni aucun titre. C'est peut-être le même homme que dans le n° 9 et le n° 11.

---

45 N. J. REICH, *Mizraim* 8 (1938), p. 12, pl. 13-14. M. EL-AMIR, *A Family Archive*, p. 65-69, pl. 20-21. K.-Th. ZAUZICH, *Die ägyptische Schreibertradition*, p. 21, n° 12 ; p. 207, n. 13-14. St. GRUNERT, *Der Kodex Hermopolis*, p. 110-111. *DN* I, 8, p. 605, 4. B. P. MUHS, *Tax Receipts*, p. 43, n. 287.

46 B. P. MUHS, *Tax Receipts*, p. 43, n. 287.

47 K.-Th. ZAUZICH, *Die ägyptische Schreibertradition*, p. 172 et 207, n. 14.

48 M. LICHTHEIM, *Demotic Ostraca*, p. 13, pl. 3, n° 12. *DN* I, 8, p. 605, 5. R. S. BAGNALL, *Enchoria* 8, 1 (1978), p. 143-146. B. P. MUHS, *Tax Receipts*, p. 43 (n. 287), 45, 133.

49 B. P. MUHS, *Tax Receipts*, p. 43, n. 287.

50 K.-Th. ZAUZICH, *Die ägyptische Schreibertradition*, p. 172 et 207, n. 14.

51 N. J. REICH, *Mizraim* 8 (1938), p. 12-13, pl. 17-18. M. EL-AMIR, *A Family Archive*, p. 71, pl. 22-23. *DN* I, 8, 1988, p. 605, 6.

52 C. A. R. ANDREWS, *Ptolemaic Legal Texts*, p. 81, n° 34, pl. 67, qui l'associe avec le papyrus Londres BM EA 10442.

53 E. REVILLOUT, *Chrestomathie*, p. 241-245. Th. DEVÉRIA, *Catalogue*, p. 213 (XII, 7). G. LEGRAIN, *RevEg* 5 (1888), p. 90, pl. 24. E. LÜDDECKENS, *Ägyptische Eheverträge*, n° 14. C. A. R. ANDREWS, *Ptolemaic Legal Texts*, p. 81, n. 5. B. P. MUHS, *Tax Receipts*, p. 19 (n. 107), 20-21, 75 (n. 533), 129 (n. 858).

11. Papyrus Paris Louvre N. 2429 (v° 3)[54].
    Un contrat de mariage, daté de l'an [13] de Ptolémée III Évergète (234 av. J.-C.) et provenant de Thèbes, dans lequel le fils de *Ms-r-rt.wy=f*, *Ḥr-Ḏḥwty*, figure comme témoin. Aucun autre détail n'est indiqué, ni aucun titre. C'est peut-être le même homme que dans les documents n° 9 et n° 10.
12. Papyrus Caire JdE 89374 (= P. Phil. Dém. 23) (v°, l. 1)[55].
    Un contrat, daté de l'an 17 de Ptolémée III Évergète I (230 av. J.-C.) et provenant de Thèbes, où le fils de *Ms-r-rt.wy=f*, *Ḥr-bs*, figure comme témoin. Aucune autre indication n'est fournie, ni aucun titre.
13. Papyrus Berlin P. 13537 (l. 2 et 9)[56].
    Une lettre, datée de 217 av. J.-C. et provenant d'Éléphantine. Cet homme porte le titre « prêtre de Sokar » (*ḥm-nṯr Skr*). Aucune parenté n'est indiquée.

L'anthroponyme *Mesredouyef* est régulièrement attesté dans la région thébaine[57]. La majorité des documents sont datées du IIIe siècle av. J.-C., ce qui correspondrait à la période attribuée au papyrus Princeton Pharaonic Roll 10 (§ 3.1). Les mentions n° 9, n° 10 et n° 11 évoquent semble-t-il un même personnage. Il semble aussi raisonnable de regrouper les témoignages n° 6 et n° 7, dont les dates correspondent, et de considérer qu'elles font référence à une seule et même personne, dont le père pourrait être le scribe du document n° 3. Il pourrait aussi être le père du scribe ***Bl*** du document n° 5, ce qui réduirait à huit le nombre de porteurs connus de ce nom rare. On relèvera que l'on a affaire à un prêtre de Sokar dans le papyrus Berlin P. 13537 (14). À une exception près (4), l'identité de la mère de ces hommes n'est pas indiquée, ce qui empêche de procéder à des recoupements. Le contenu de ces documents ne permet donc malheureusement pas d'envisager une indentification.

4.3 La filiation maternelle

Le dernier anthroponyme attesté désigne la mère dans la filiation de *Padiherpakhered* comme dans celle de *Mesredouyef*. La relation filiale est indiquée à l'aide de l'expression *msỉ.n* « enfanté par »[58] qui est écrite la plupart du temps , une fois  (x+15, 6). Le scribe n'a parfois écrit que  [59] (x+7, 7 ; x+8, 4 ; x+8, 11 ; x+12, 4 ; x+16, 1 ; x+16, 3). Cette abréviation n'apparaît à une exception près (x+7, 7) que lorsque le nom de la mère est ajouté avec celui de *Mesredouyef* (25, 28, 31, 39, 41). Cette femme ne porte généralement

54 E. REVILLOUT, *Chrestomathie*, p. 273-277. Th. DEVÉRIA, *Catalogue*, p. 215 (XII, 11). E. LÜDDECKENS, *Ägyptische Eheverträge*, n° 15. C. A. R. ANDREWS, *Ptolemaic Legal Texts*, p. 81, n. 5. B. P. MUHS, *Tax Receipts*, p. 19 (n. 107), 20-21, 129 (n. 858).

55 N. J. REICH, *Mizraim* 9 (1938), p. 9-10, pl. 21-22. M. EL-AMIR, *Family Archive from Thebes*, p. 105-109, pl. 28. *DN* I, 8, p. 605, 7.

56 K.-Th. ZAUZICH, *Die ägyptische Schreibertradition*, p. 207, n. 13-14. K.-Th. ZAUZICH, *Ägyptische Handschriften* II, p. 7-8, n° 11. *DN* I, 8, p. 605, 8. K.-Th. ZAUZICH, *DPB* III, p. 1-6, pl. III. J. Fr. QUACK, *Enchoria* 29 (2004-2005), p. 60-66.

57 C. A. R. ANDREWS, *Ptolemaic Legal Texts*, p. 81, n. 5.

58 H. KOCKELMANN, *Mumienbinden* II, p. 240.

59 Voir par exemple Fl. ALBERT, *Le Livre des Morts d'Aset-Ouret*, p. 15.

aucun titre, mais elle est une fois qualifiée de *nb.t pr* « maîtresse de maison », « dame » (10). Aucune autre indication n'est associée à son nom qui apparaît trente-deux fois, peut-être trente-quatre (2, 45)[60], dans le manuscrit :

14. x+1, 6 :

1. x+1, 8 : 

2. x+1, 11 : 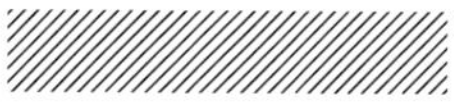 [61]

3. x+2, 1 : 

4. / 15. x+2, 4 : 

16. x+4, 11 : 

5. x+5, 3 :

17. x+6, 4-5 :  6, 5 

6. x+6, 6 : 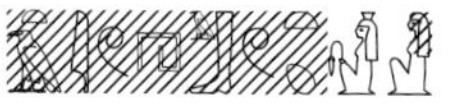

7. x+6, 7 :

18. x+6, 9 : 

19. x+6, 10 :

8. x+6, 13 : 

20. x+7, 3 : 

9. x+7, 6 :

21. x+7, 7 : 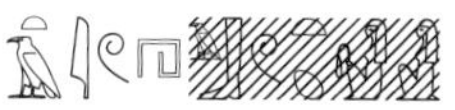

22. x+8, 2 :

23. x+ 8, 3 : 

60 Les mentions du nom de la mère reprennent la numérotation déjà attribuée aux deux anthroponymes masculins. Les attestations 1 à 12 se rapportent donc à *P3-dì-ḥr-p3-ẖrd*, les suivantes à *Ms-rd.wy=f*. Elles figurent dans l'ordre où elles apparaissent dans le manuscrit. On peut ainsi recenser facilement les cas où le nom de la mère n'a pas été indiqué.

61 Il n'est pas possible de dire si le nom de la mère figurait ou non dans la lacune.

24. x+8, 4 :

25. x+8, 4-5 : 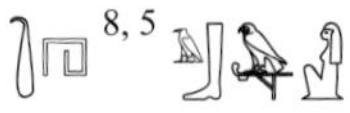[62]

26. x+8, 5-6 : 

27. x+8, 7 : 

28. x+8, 11 : [63]

29. x+9, B :  (↓)

30. x+10, A :  (↓)

31. x+12, 4 : [64]

32. x+14, 4 : 

33. x+14, 6 :

34. x+14, 9 : 

35. x+15, 1 : 

36. x+15, 3 : 

37. x+15, 6 : 

38. x+15, 11 : 

10. x+15, 14 : 

39. x+16, 1 : [65]

40. x+16, 2[66] :

---

62 L'écriture est légèrement plus épaisse et plus grande, similaire à celle utilisée pour le nom *Ms-rd.wy=f.*

63 L'écriture est un peu plus épaisse et plus grande, et l'encre plus claire, comme dans la graphie de *Ms-rd.wy=f.* Le déterminatif  chevauche le premier signe du mot suivant.

64 L'écriture est un peu plus épaisse, plus grande et plus foncée, comme pour *Ms-rd.wy=f.* Le déterminatif  est serré contre le début du mot suivant.

65 L'écriture est légèrement plus épaisse, plus grande et plus foncée, comme pour *Ms-rd.wy=f.* Le déterminatif  empiète sur le début du mot suivant.

66 Le nom de la mère a été omis alors que l'indication de la filiation figure bel et bien à la fin de la ligne précédente.

41. x+16, 3 : [67]

42. x+16, 5 : 

43. x+16, 6-7 : 

44. x+16, 11 : 

11. x+20, 13 : [68]

12. x+20, 14 :

13. x+20, 15-16 : 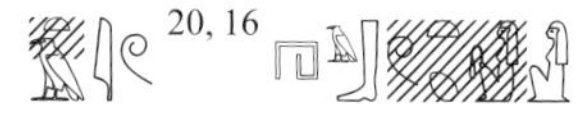

45. x+22, 7 : 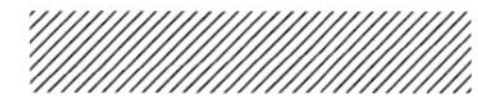[69]

On distingue en fait deux anthroponymes apparentés. Le premier,  , est toujours écrit normalement dans le corps du texte. Il est nettement plus représenté que le second, 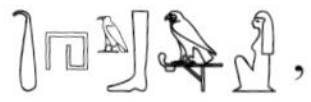 , qui n'est attesté qu'à cinq reprises (25, 28, 31, 39, 41). Ce dernier a été ajouté avec le nom de *Mesredouyef* lorsque le premier n'avait pas déjà été noté.

Le mot  ou  *hb*(*y*) « ibis » existe en égyptien, en démotique et en copte[70]. Pour ce terme, une graphie pleine  est attestée[71], dont on retrouve la trace dans la prononciation copte (ϩⲁⲃ). Ce mot peut s'écrire aussi avec le déterminatif moins spécifique [72] et les attestations démotiques ne présentent le plus souvent pas trace d'un

---

67 Manquant de place, le scribe a inscrit dans l'interligne supérieur la fin du nom de la mère, qui chevauche néanmoins les premiers signes du mot suivant.

68 Le déterminatif  a été ajouté au-dessus de la ligne.

69 En raison des abrasions, il n'est pas possible de dire si le nom de la mère figurait ou non dans cette lacune.

70 *Wb* II, 487, 1-4. *Anlex* 77.2492. P. Wilson, *Lexikon*, p. 602. W. E. Crum, *Coptic Dictionary*, p. 655-656. W. Erichsen, *Demotisches Glossar*, p. 272. J. Černý, *Coptic Etymological Dictionary*, p. 274-275. W. Westendorf, *Koptisches Handwörterbuch*, p. 354. W. Vycichl, *Dictionnaire*, p. 289. Sur l'étiologie du nom de l'ibis, voir D. Meeks, *Mythes et légendes du Delta*, p. 259-260, n. 683.

71 *Wb* II, 487, 1-4. W. Pleyte, F. Rossi, *Papyrus de Turin*, pl. 23 (P. Turin CGT 54053 (r° VIII, 5)), pl. 137 (P. Turin CGT 54051 (v° V, 9)). A. H. Gardiner, *Late-Egyptian Miscellanies*, p. 60 (P. Anastasi V (9, 2)). A. Erman, *ZÄS* 38 (1900), p. 36 (O. Caire 25231). P. Londres BM EA 10059 (15, 5). P. Londres BM EA 10474 (17, 7). P. Rhind I (2, 7). H.-W. Fischer-Elfert, *ZÄS* 135 (2008), p. 126, pl. XXVIII (P. Hal. Kurth inv. 33 A-C (v° II, y+14).

72 J.-Cl. Goyon, *Le papyrus du Louvre N. 3279*, p. 56 et n. 4 (P. Paris Louvre N. 3279 (IV, 13 et 14)), où l'auteur ne transcrit pas le  qui semble pourtant présent dans le groupe 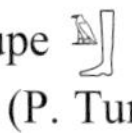 . A. Erman, *ZÄS* 38 (1900), p. 36 (O. Caire 25231). W. Pleyte, F. Rossi, *Papyrus de Turin*, pl. 23 (P. Turin CGT 54053 (r° VIII, 5)), pl. 137 (P. Turin CGT 54051 (v° V, 9)). G. Möller, *Die beiden Totenpapyrus Rhind*, p. 16-17, pl. II (P. Rhind I (2, 7)).

oiseau[73]. L'ibis, dont il existait une forme divinisée[74], peut entrer dans la composition de noms propres masculins, comme *P3-hb* par exemple, ou féminins comme c'est notamment le cas de  *T3-šrỉ(.t)-(n.t)-hby.w*[75], de  ou de  *T3-(n.t-)n3-hb.w*[76]. On citera encore  *T3-kr-hb/T3-gl-hb*[77] ou bien  *T3-(n.t-)hb*[78]. Il semble qu'une forme féminine *hb.t* « ibis femelle » ait existé, comme l'atteste par exemple la formation  *T3-(n.t-)hb.t*[79], connue dès la 26e dynastie, qui allie en effet une terminaison féminine avec le déterminatif de l'ibis. D'après l'onomastique, il n'est pas possible d'exclure l'existence d'une déesse Ibis (*Hb.t*)[80], mais il se pourrait aussi que la forme *hb.t* ne recouvre aucune réalité religieuse et qu'elle soit due à une contamination graphique induite par le genre de l'anthroponyme, comme l'indique peut-être l'alternance de formes masculines et féminines dans les sources[81]. Le fait que le papyrus Princeton Pharaonic Roll 10 fasse figurer deux formes, l'une développée avec *hb.t* et l'autre plus courte avec *hb*, constituerait un argument dans ce sens. C'est pourtant bien le déterminatif de la déesse qui est attesté dans le papyrus Princeton Pharaonic Roll 10, et non celui de l'ibis.

Le théonyme  *Hb.t*, qui a été rendu par « Ibis femelle »[82], renvoie à un passage tiré du *Livre de protéger la barque du dieu* provenant du temple de Dendara[83], que l'on retrouve dans les versions manuscrites sous la forme  [84]. Pour Jean-Claude Goyon, il n'est pas question d'une « Ibis femelle » et il faut rattacher selon lui ce terme au verbe *h(3)b* « envoyer ». Elle serait donc l'« Envoyée des dieux » (*Hb.t n.t nṯr.w*)[85], à savoir

73 *DN* I, 14, p. 1076 ; 16, p. 1201.

74 *LGG* IV, p. 798-800. Son temple est peut-être mentionné par un ostracon thébain de l'époque ptolémaïque (M. A. A. Nur El-Din, *Demotic Ostraca*, 1974, p. 315-316, 668, nº 411).

75 H. Ranke, *PN* I, 369, 5, 12. M. Thirion, *RdÉ* 31 (1979), p. 85.

76 H. Ranke, *PN* I, 360, 20. M. Thirion, *RdÉ* 36 (1985), p. 137.

77 H. Ranke, *PN* I, 16, 5 ; 371, 12-13 ; 394, 26 ; II, 397. M. Thirion, *RdÉ* 36 (1985), p. 138, qui renvoie à H. De Meulenaere, *ChronÉg* 34, nº 68 (1959), p. 248. Voir aussi (*T3*)-*kr-Hb*, H. Ranke, *PN* I, 352, 12; 346, 23; 407, 16; II, 393. M. Thirion, *RdÉ* 36 (1985), p. 138.

78 H. Ranke, *PN* I, 361, 17, II, 395. M. Thirion, *RdÉ* 36 (1985), p. 137.

79 H. Ranke, *PN* I, 361, 18, II, 395. M. Thirion, *RdÉ* 36 (1985), p. 137-138. E. Lüddeckens, *DN* I, 16, p. 1201. Bien que la construction *T3-n.t-* soit largement attestée dans les formations onomastiques, le génitif est peut-être superflu selon Michelle Thirion, puisque *T3-hb.t* pourrait constituer le pendant du nom *P3-hb.* Le nom *T3-hb.t* est d'ailleurs attesté en démotique (E. Lüddeckens, *DN* I, 14, p. 1076) à côté de la forme *Ta-hb* (*T3-n.t-hb*) (E. Lüddeckens, *DN* I, 16, p. 1201).

80 *LGG* IV, p. 800.

81 On notera par exemple que le papyrus Londres BM EA 10525 (l. 3) et le papyrus Manchester Rylands 11 (l. 3) donnent pour la même personne une fois *Ta-hb* et l'autre *Ta-hb.t* (S. R. K. Glanville, *A Theban Archive*, p. 33-38, pl. 3, 7-8, p. 71, nº 213 et F. Ll. Griffith, *P. Rylands* I, pl. L ; III, p. 122-124, 257-260).

82 *Wb* II, 487, 5.

83 A. Mariette, *Dendérah* IV, pl. 74. *Dendara* X, 297, 12. S. Cauville, *Les chapelles osiriennes* I, p. 160.

84 J.-Cl. Goyon, *Kêmi* 19 (1969), p. 40-41. J.-Cl. Goyon, *Imouthès*, p. 79, pl. XXXII (P. New York MMA 35.9.21 (34, 16)). Dans le temple d'Edfou, un autre exemple de *Hb.t* ne fournit pas d'élément déterminant (*Edfou* II, 154, 16-17. *LGG*, p. 800).

85 J.-Cl. Goyon, *Kêmi* 19 (1969), p. 40 et n. 8. *LGG* IV, p. 794.

Hathor[86]. Il convient néanmoins de nuancer cet avis, en considérant l'homophonie du verbe *h(ꜣ)b* « envoyer » et du nom *h(ꜣ)b* « ibis », sur laquelle repose un jeu de mot relatif au rôle d'émissaire du dieu Thot dans le *Livre de la vache du ciel*[87].

Sans compter les témoignages grecs qui s'étendent jusqu'à l'époque romaine[88], on connaît une trentaine de femmes portant l'un de ces noms durant l'époque ptolémaïque[89].

---

86 Suivant les auteurs du *Wörterbuch*, H. Ranke rapprochait déjà l'Ibis femelle d'une représentation d'Hathor (H. Ranke, *PN* II, 395 (361, 18)).

87 Ph. Derchain, *Lune*, p. 23 et 58, n. 23. E. Hornung, *Himmelskuh*, p. 23, 45 et 66, n. 161. M. Smith, *in*: *Proceedings of the Seventh International Congress of Egyptologists*, p. 1076. M. Smith, *On the Primaeval Ocean*, p. 66 (I, 20 ; II, 13), 67 (line 20), 68 (line 13) et 71-72. Voir encore par exemple *Edfou* II, 232, 10-11; *Edfou* VI, 180, 15-181, 1 ; *Esna* III, 206, 11 (S. Sauneron, *Les fêtes religieuses*, p. 266) ; *Dendara* XV, 43 (S. Cauville, *Dendara XV. Traduction*, p. 555) ; A. Roccati, *Magia Taurinensia*, p. 27, 164 (P. Turin CGT 54050 (6, 14)).

88 Quarante-six attestations ont été recensées, voir <www.trismegistos.org/name/1246> (01.11.2014).

89 Une certaine *Ta-hb* est connue à Thèbes vers 313-310 av. J.-C. par les papyrus Bruxelles Musées Royaux E 8253 (l. 1) et 8254 (l. 5) (J. Quaegebeur, *Enchoria* 8, Sonderband (1978), p. 25-28 ; J. Quaegebeur, *in* : *Actes du XVe congrès international de papyrologie*, p. 41-44 ; M. Depauw, *The Archive of Teos and Thabis*, p. 110-125, doc. 2, p. 126-167, doc. 3 et p. 47, n° 146). *Ta-hb* est l'épouse de *Pa-nꜣ* et la mère de *Ḥr-sꜣ-ꜣs.t* à Thèbes vers 300-280 av. J.-C. d'après le papyrus Bruxelles Musées Royaux E 6032 (W. Spiegelberg, *Die demotischen Papyrus der Musées Royaux du Cinquantenaire*, p. 1-2 ; St. R. K. Glanville, *A Theban Archive*, p. XXXVI-XLI ; A. F. Shore, *JEA* 54 (1968), p. 194-196 ; M. Depauw, *The Archive of Teos and Thabis*, p. 43, n° 108) et le papyrus Rylands 14 (l. 2) (F. Ll. Griffith, *P. Rylands* I, pl. LXI ; III, p. 128-129, 263-264; S. R. K. Glanville, *A Theban Archive*, p. 71, n° 213; K.-Th. Zauzich, *Die ägyptische Schreibertradition*, p. 79, n° 107 ; M. Depauw, *The Archive of Teos and Thabis*, p. 44, n° 108) ; on observera que le scribe du papyrus Rylands 14 se nomme *Ms-r-rt.wy=f*. Une *Ta-hb* fille de *Pꜣ-dỉ-Nfr-ḥtp* / *Ỉmn-ḥtp* (dans le papyrus Rylands 14, le père de *Ta-hb* est nommé *Ỉmn-ḥtp* plutôt que *Pꜣ-dỉ-Nfr-Ḥtp* ; le contexte et les titres semblent indiquer l'emploi d'un hypocoristique (M. Depauw, *The Archive of Teos and Thabis*, p. 37, n° 50 et n. 108)) et de *Tꜣy-Mḥy* est attestée comme partie ou comme témoin par plusieurs documents thébains du début du IIIe siècle av. J.-C. (S. R. K. Glanville, *A Theban Archive*, p. 19-27 et pl. 1, 5, 6, p. 33-38 et pl. 3, 7-8, et p. 71, n° 213, iii (P. Londres BM EA 10524 (l. 1), P. Londres BM EA 10525 (l. 3)) ; F. Ll. Griffith, *P. Rylands* I, pl. L ; III, p. 122-124, 257-260 (P. Rylands 11 (l. 3)) ; F. Ll. Griffith, *P. Rylands* I, pl. LIII, p. 124-128, 260-262 (P. Rylands 12 (l. 3)) ; F. Ll. Griffith, *P. Rylands* I, pl. LVII, III, p. 128, 262-263 (P. Rylands 13 (l. 3)) ; F. Ll. Griffith, *P. Rylands* I, pl. LXI ; III, p. 128-129, 263-264 (P. Rylands 14) ; *DN* I, 16, p. 1201 ; M. Depauw, *The Archive of Teos and Thabis*, p. 47, n° 144). Une *Ta-hb*, fille de *Pa-wn* et *Ta-wn*, est connue à Thèbes vers 260 av. J.-C. d'après le papyrus Caire 89361 (3, 2) (S. R. K. Glanville, *A Theban Archive*, p. 71, n° 213 ; *DN* I, 16, p. 1201) et le papyrus Caire 89368 (l. 1) (M. El-Amir, *A Family Archive*, p. 65, pl. 20-21 ; K.-Th. Zauzich, *Die ägyptische Schreibertradition*, p. 21, n° 12) ; le scribe de ce document, *Pꜣ-šr-mn*, est fils d'un certain *Ms-r-rt.wy=f*. Une femme nommée *Ta-hb* décède à Thèbes en 265 av. J.-C. (B. P. Muhs, *Tax Receipts*, p. 90 et 157, n° 29 (O. OIM 19319 (l. 2)). Une *Ta-hb*, fille de *Pa-nꜣ*, est connue à Thèbes vers 241 av. J.-C. (. M. El-Amir, *A Family Archive*, p. 71, n° 213 (P. Caire 89370) ; M. Depauw, *The Archive of Teos and Thabis*, 2000, p. 47, n° 145). Une *Ta-hb*, épouse de *Ỉmn-ḥtp*, est attestée à Thèbes à la même période (St. V. Wångstedt, *OrSuec* 27/28 (1978-1979), p. 19-20 (O. BM 12605) ; B. P. Muhs, *Tax Receipts*, p. 48). Une *Tꜣ-hb.t*, fille de *Ḥr-ms* et de *Šr.t-Mnw*, est attestée à Akhmim vers 230 av. J.-C. (E. A. W. Budge, *Some Account*, p. 123-134, pl. XII, n° 52 ; U. Bouriant, *RecTrav* 9 (1887), p. 87-89 ; P. Munro, *Die spätägyptischen Totenstelen*, 1973, p. 324 (stèle de la collection Meux n° 52) ; J. Capart, *Recueil de monuments égyptiens*, pl. 48 (table d'offrandes Paris Musée Guimet n° 5 (D3)) ; H. Ranke, *PN* I, 361, 18 ; II, 395 ; M. Thirion, *RdÉ* 36 (1985), p. 137-138). Une *Tꜣ-hb.t* est attestée à Thèbes à la fin du IIe siècle av. J.-C. par le papyrus Paris Louvre 2425 (E. Revillout, *Chrestomathie*, p. 278-287 ; Th. Devéria, *Catalogue*, p. 223 (XII, 39) ; M. Depauw, *The Archive of Teos and Thabis*, p. 47, n° 143). Une *Tꜣ-hb.t*, fille de *Pa-hb*, est présente à Gebelein à la fin du IIe siècle av. J.-C. (E. N. Adler *et al.*, *The Adler Papyri*, p. 12-13, 21-23, 23-24, 28-30 (P. Adler G 2 (l. 7), P. Adler G 7 (l. 5-13-15), P. Adler G 8 (l. 4-12), P. Adler G 11 (l. 7)) ; E. N. Adler *et al.*, *The Adler Papyri*, p. 80-81 et pl. IX (P. Adler 6 (l. 5)) ; *DN* I, 14, p. 1076 ; E. N.

On note dans l'anthroponyme  la présence du groupe  qui pourrait être transcrit *iw* ou *r*. Si, à la fin d'un anthroponyme, ce groupe servait à la formation d'hypocoristiques[90], il est à ma connaissance peu répandu dans cette position. On citera par exemple le nom  [91]. Le groupe 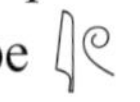 pourrait éventuellement retranscrire en hiératique l'orthographe de certaines attestations démotiques : 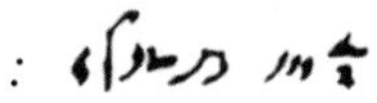 ou bien 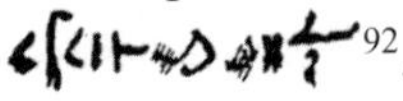[92]. Les identifications qui ressortent du papyrus Berlin P. 3118 et du papyrus Paris BN grec 715 montrent que le nom grec Τιῦβις correspond à *Tꜣy-hb.t* en démotique[93]. Dans le cas de , le signe  peut avoir la valeur *Tì-* ou *Ta-* (*Tꜣ-n.t*)[94]. La transposition en hiératique de l'élément démotique *Ta-* (*Tꜣ-n.t-*) soit en  *Tꜣy-* soit en  *Tì-* serait cohérente. On transcrira donc  *Tꜣy-Hb.t* et 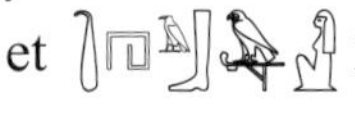 *Tì-Hb(.t)*, rendus respectivement *Tahebet* et *Taheb(et)* dans les traductions.

En observant les attestations du papyrus Princeton Pharaonic Roll 10, on constate que les cinq mentions du nom *Taheb(et)* (25, 28, 31, 39, 41) se rapportent à *Mesredouyef* et qu'elles sont, comme son nom, inscrites d'une main différente. En revanche, le nom *Tahebet* est toujours écrit de la même main que le reste du texte, qu'elle soit la mère de *Padiherpakhered*

ADLER *et al.*, *The Adler Papyri*, p. 81-83 et pl. VIII (P. Adler 7 (l. 12)) ; *DN* I, 14, p. 1076 ; E. N. ADLER *et al.*, *The Adler Papyri*, p. 88-89 et pl. XI (P. Adler 13 (l. 2)) ; K.-Th. ZAUZICH, *Die ägyptische Schreibertradition*, p. 59, nº 64 ; E. N. ADLER *et al.*, *The Adler Papyri*, p. 97-99 et pl. XIV (P. Adler 20 (l. 6)) ; K.-Th. ZAUZICH, *Die ägyptische Schreibertradition*, p. 103, nº 138 ; E. N. ADLER *et al.*, *The Adler Papyri*, p. 103-104 et pl. XV (P. Adler 23 (l. 7)) ; K.-Th. ZAUZICH, *Die ägyptische Schreibertradition*, p. 62, nº 74 ; *DN* I, 14, p. 1076 ; W. SPIEGELBERG, *Die demotischen Papyrus der Strassburger Bibliothek*, p. 30-32, pl. IX (P. Strasbourg 44 (l. 8)) ; *DN* I, 14, p. 1076). À la même période, une *Ta-hb* est connue à Thèbes (E. REVILLOUT, *Chrestomathie*, p. 369-374 (P. Paris Louvre N. 3263 (l. 5)) ; Th. DEVÉRIA, *Catalogue*, p. 216 (XII, 14) ; *DN* I, 16, p. 1201 ; N. BOSSON, S. H. AUFRÈRE (éd.), *Égyptes... L'égyptien et le copte*, p. 170-171, nº 4). Sans exhaustivité, on peut encore citer plusieurs autres documents : les *ouchebtis* Avignon Musée Calvet inv. A169 et inv. A177 d'une *Tꜣ-hb*[.*t*], fille de *ʾIry* (M.-P. FOISSY-AUFRÈRE (dir.), *Égypte & Provence*, p. 118, § 268 et fig. 58 ; A. CHARRON (éd.), *La mort n'est pas une fin*, p. 126, nº 56 ; J.-L. CHAPPAZ, *BSÉG* 25 (2002-2003), p. 191) ; un autre *ouchebti* de la même dame est conservé au Musée de Boulogne sur Mer (C. SILLIER, J. YOYOTTE, *Société et croyances*, nº 179 (inv. 19/2)) ; le pot Tuna el-Gebel 937 (l. 1) d'une *Ta-hb.t* (H.-J. THISSEN, *Enchoria* 18 (1991), p. 111-112, nº 15, pl. 19 ; *DN* I, 14, p. 1076), la table d'offrandes CGC 23179 de *Tꜣ-hb* (A. KAMAL, *Tables d'offrandes*, p. 132, pl. XLVI), le papyrus Barcelone Palau-Ribes inv. 80 (voir § 4.4), la stèle BM 8465 de *Tꜣ-hb* (E. A. W. BUDGE, *A Guide*, p. 109, nº 14 ; P. MUNRO, *Die spätägyptischen Totenstelen*, p. 241), l'ostracon Zurich inv. 1880 de *Tꜣ-hb*[.*t*] (S. V. WÅNGSTEDT, *Die demotischen Ostraka der Universität Zürich*, p. 46-47, pl. VII, nº 41), le papyrus Berlin P. 3118 (l. 9) (W. SPIEGELBERG, *Demotische Papyrus aus den Königlichen Museen zu Berlin*, pl. 29 ; *DN* I, 16, p. 1236), le papyrus Berlin P. 3116 (II, 10) (W. SPIEGELBERG, *Demotische Papyrus aus den Königlichen Museen zu Berlin*, p. 19, pl. 42 ; W. ERICHSEN, *Aegyptus* 32 (1952), p. 14-19 ; *DN* I, 16, p. 1236), le papyrus Philadelphie University of Pennsylvania Museum 29-86-512 (l. 1) (*DN* I, 16, p. 1201), le papyrus Marseille 299 (l. 5) (G. VITTMANN, *Enchoria* 10 (1980), p. 127-139, pl. 12-15 ; *DN* I, 16, p. 1201).

90 H. DE MEULENAERE, *Kêmi* 16 (1962), p. 28-31.

91 A. GASSE, *Les papyrus hiératiques*, p. 53, nº 39 (P. Vatican MGE 38563/1).

92 E. LÜDDECKENS, *DN* I, 16, p. 1236.

93 W. ERICHSEN, *Aegyptus* 32 (1952), p. 14, 19 (P. Berlin 3116, 2, 10). P. W. PESTMAN, *The Archive of the Theban Choachythes*, p. 169, n. h.

94 Fr. DAUMAS, *Valeurs phonétiques*, p. 722, nº 447. On notera aussi la graphie *Ta* (=*Tꜣ-n.t*) (R. CAMINOS, *JEA* 68 (1982), p. 149 et n. 16).

ou de *Mesredouyef*. On en déduira que *Tahebet* était assurément la mère de *Padiherpakhered* et *Taheb(et)* celle de *Mesredouyef*. Si le nom de la mère n'a pas été corrigé au moment de l'insertion du nom de *Mesredouyef*, c'est probablement parce que cela n'était pas nécessaire et que le nom indiqué était bien celui de la mère de ce dernier. En effet, le scribe s'est donné la peine d'effacer le nom de *Padiherpakhered*, et aurait très bien pu en faire de même avec celui de sa mère. Il faudrait sans cela admettre une inattention généralisée du scribe en ce qui concerne la filiation correcte de *Mesredouyef*. Pourtant, le fait que le scribe ait ajouté à cinq reprises le nom *Taheb(et)* pour définir la mère de *Mesredouyef* lorsqu'elle n'était pas déjà identifiée montre qu'il n'a pas négligé la filiation maternelle de celui-ci en effectuant ses modifications et que, par conséquent, les autres cas ne constituent sans doute pas des oublis de sa part. Il faut donc considérer que les noms *Tahebet* et *Taheb(et)*, dont la parenté est indéniable, étaient équivalents. Est-ce suffisant pour en faire une seule et même femme ? C'est fort possible, mais un doute subsiste, que la documentation onomastique réunie ne permet pas de lever.

4.4 Le papyrus Barcelone Palau-Ribes inv. 80

Publié par Beatrix Klakowicz en 1980 sous le titre « The Funerary Papyrus of *ỉḥḏ* (P. Palau Rib. inv. 68) »[95], le papyrus Barcelone Palau-Ribes inv. 80[96] laisse apparaître à l'instar du papyrus Princeton Pharaonic Roll 10 le nom d'un certain *Padiherpakhered*, fils de *Tahebet*. Il présente donc un certain intérêt pour l'étude du manuscrit américain et mérite que l'on s'y attarde un peu.

Considéré comme une compilation d'extraits tirés des grandes compositions funéraires que sont les *Textes des pyramides*, les *Textes des sarcophages* et le *Livre des morts*[97], ce

---

95 B. E. Klakowicz, *StudPap* 19 (1980), p. 9-38. Dans cet article, le manuscrit porte le numéro d'inventaire 68 alors que celui-ci était déjà attribué à ce moment-là (Fr. de Solá, *StudPap* 9 (1970), p. 21-33 ; R. M. Grant, *StudPap* 11 (1972), p. 47-50 ; J. O'Callaghan, *AulOr* 2, n° 2 (1984), p. 287, n. 13). Sur les photographies originales figure d'ailleurs le numéro d'inventaire 80, et c'est sous cette dénomination qu'il faut faire référence à ce papyrus. Les noms du bénéficiaire et de sa mère n'ont pas été reconnus. La lecture *ỉḥḏ*, considérée comme un anthroponyme, du titre *ḥm-nṯr* conduit l'auteur à considérer de manière fallacieuse *Padiherpakhered* comme le nom de la mère de celui-ci et *Tahebet*, lu *Dꜣỉw-pr-ꜣbt*, comme celui de son père (B. E. Klakowicz, *StudPap* 19 (1980), p. 12-13). L'habitude du scribe, qui consistait à ajouter un point diacritique au-dessus du signe de l'homme assis, a certainement favorisé cette confusion. Nous ne possédons aucune indication sur l'origine du papyrus Barcelone Palau-Ribes inv. 80 dont la rédaction a été située entre la 22e et la 26e dynastie (B. E. Klakowicz, *StudPap* 19 (1980), p. 13-14). Cette datation doit cependant être révisée car on daterait plus volontiers ce manuscrit de l'époque ptolémaïque (S. Vuilleumier, *in* : *Ägyptologische „Binsen"-Weisheiten I-II*, p. 341-367).

96 Ce document appartient au fonds réuni grâce à la générosité du mécène Don José Palau Ribes Casamitjana, beau-frère du papyrologue J. O'Callaghan. Bien que ce dernier ait tenu un journal, très peu de choses sont connues quant à l'origine des documents de cette collection. Celle-ci comprend des documents rédigés en grec, en copte, en latin et en arabe, mais aussi en hiéroglyphes, en hiératique et en démotique (J. O'Callaghan, *StudPap* 15 (1976), p. 88-93 ; E. Bresciani, *StudPap* 19 (1980), p. 85-100 ; J. O'Callaghan, *AulOr* 2, n° 2(1984), p. 285-288 ; Chr. Sturtewagen, *The Funerary Papyrus*). Longtemps abritée par le *Seminario de Papirología de la Facultad Teológica de Barcelona*, à San Cugat del Vallés, cette collection est aujourd'hui conservée aux *Arxiu Històric S.I. Catalunya* à Barcelone.

97 B. E. Klakowicz, *StudPap* 19 (1980), p. 19-21.

manuscrit contient en réalité une version des *Glorifications* I, et plus précisément des formules 9 et 10 relatives au repas du soir[98]. Qu'une portion intégrale de ce recueil puisse être reconstituée à partir de ces trois pages montre qu'il ne s'agissait pas d'emprunts ponctuels aux livres funéraires[99], mais bien d'une copie des *Glorifications* I, dans laquelle le nom du défunt remplace celui d'Osiris.

À première vue, le papyrus Princeton Pharaonic Roll 10 et le papyrus Barcelone Palau-Ribes inv. 80 présentent assez de similitudes pour qu'il soit raisonnable de se demander si le manuscrit catalan ne constituait pas une partie du début perdu du papyrus Princeton Pharaonic Roll 10. Le contenu des deux documents ne s'y opposerait pas, puisque d'autres manuscrits associent des rituels, issus des liturgies osiriennes, et des *Glorifications*[100]. Le papyrus Barcelone Palau-Ribes inv. 80 contient d'ailleurs quelques références lunaires. C'est le cas par exemple de l'allusion à Thot qui crache sur son épaule pour la guérir (C, x+2)[101]. Les dimensions des pages des deux manuscrits sont comparables et les deux traits qui les séparent les unes des autres sont similaires dans les deux cas[102].

Cependant, plusieurs distinctions vont à l'encontre de cette hypothèse. En premier lieu, le papyrus Barcelone Palau-Ribes inv. 80 est certes abîmé, mais il ne porte aucune trace noirâtre, contrairement au manuscrit américain, ce qui indique qu'ils n'ont probablement pas connu la même destinée. On pourrait objecter à cela que la partie préservée n'est peut-être pas représentative. Pourtant, la texture du papyrus est différente dans les deux documents. Le matériau du papyrus Barcelone Palau-Ribes inv. 80 est plus clair, plus homogène et moins épais que celui du papyrus Princeton Pharaonic Roll 10. Ensuite, *Padiherpakhered* porte invariablement le titre sacerdotal *ḥm-nṯr* « prêtre » dans le papyrus Barcelone Palau-Ribes inv. 80, alors qu'il n'en porte aucun dans le papyrus Princeton Pharaonic Roll 10. Si le nom de la mère est identique dans les deux papyrus, les graphies de celui-ci varient légèrement de l'un à l'autre. De plus, bien que cela ne soit pas forcément caractéristique compte tenu de la portion préservée, l'anthroponyme *Mesredouyef* n'apparaît pas dans le papyrus Barcelone Palau-Ribes inv. 80. Enfin, la comparaison des deux écritures montre que ces deux manuscrits ne sont pas de la même main, bien qu'ils présentent quelques caractéristiques communes[103]. Ainsi l'attribution du papyrus Barcelone Palau-Ribes inv. 80 au début du papyrus Princeton Pharaonic Roll 10 ne se justifie pas. On pourrait cependant envisager que ces deux manuscrits aient constitué deux pièces de la « bibliothèque » funéraire d'un même homme.

---

98 S. VUILLEUMIER, « Réexamen du papyrus Barcelone Palau-Ribes inv. 80 ou comment rendre ses *Glorifications* à son propriétaire », à paraître.

99 Le papyrus Barcelone Palau-Ribes inv. 80 est ainsi répertorié à tort dans la liste du *Totenbuch-Projekt*.

100 Elles alternent par exemple dans le papyrus Berlin 3057, papyrus Londres BM EA 10081, papyrus New York MMA 35.9.21, tandis que les *Glorifications* I sont ajoutées à la fin du papyrus Londres BM EA 10252. Dans le papyrus Paris Louvre N. 3129, les *Glorifications* I sont inscrites à la suite de plusieurs rituels, mais précèdent le *Cérémonial pour faire sortir Sokar*, comme les *Glorifications* IV précèdent ce cérémonial dans le papyrus Paris Louvre N. 3079.

101 *Glorifications* I, 10 (88-89). Sur ce mythe, voir D. MEEKS, *Mythes et légendes du Delta*, p. 297-299, § 43.

102 Conservé sur à peu près 9 cm de haut, le papyrus Barcelone Palau-Ribes inv. 80 est aujourd'hui long d'environ 62 cm. Constitué de treize fragments, ce qu'il reste de ce manuscrit hiératique comprend les sept ou huit dernières lignes de trois pages. La largeur approximative de la première page est de 23 cm. La deuxième page mesure quant à elle à peu près 25 cm. Il subsiste 12 cm de la dernière page, soit semble-t-il près la moitié de celle-ci. Deux traits distants d'environ 1 cm séparent les pages les unes des autres.

103 S. VUILLEUMIER, *in* : *Ägyptologische „Binsen"-Weisheiten I-II*, p. 341-367.

4.5 Un manuscrit pour deux bénéficiaires

Le papyrus Princeton Pharaonic Roll 10 a donc été rédigé au nom d'un certain *Padiherpakhered*, fils de *Tahebet*, qui est connu par un autre document, le papyrus Barcelone Palau-Ribes inv. 80. Le nom *Mesredouyef* a été ajouté ultérieurement à la place de celui de *Padiherpakhered*, sans que toutes les mentions du nom de celui-ci n'aient pour autant été supprimées. Si *Taheb(et)* est assurément le nom de la mère de *Mesredouyef*, on ne peut pas être absolument certain, malgré l'évidente parenté de leurs noms, que *Tahebet* était la même personne, et donc que les deux hommes cités dans le papyrus Princeton Pharaonic Roll 10 étaient frères ou demi-frères.

4.5.1 L'usage d'un surnom

Pour expliquer la « cohabitation » de *Padiherpakhered* et *Mesredouyef* sur le même document, on pourrait formuler comme première hypothèse l'emploi d'un surnom. À côté du nom ordinaire, *Padiherpakhered*, un « beau nom » aurait été utilisé, sans qu'il ne soit question d'une abréviation[104]. Le « sens » attribué au nom *Mesredouyef* ne serait pas contradictoire et ce serait à Horus l'enfant que l'on aurait implicitement fait référence par le pronom *=f*.

L'emploi de doubles noms ou de surnoms est une pratique bien attestée en Égypte dès l'Ancien Empire[105]. À l'époque tardive, le surnom était volontiers introduit par les formules *ḏd.tw n=f* ou *rn nfr*[106]. Les expressions *nty ỉw=w ḏd n=f* ou *mtw=w ḏd n=f* sont les plus répandues en démotique[107]. Ici, sans énoncé particulier, on aurait employé l'un ou l'autre des anthroponymes. Une telle alternance, symétrique ou dissymétrique, sans autre indication, est connue par ailleurs[108] et un deuxième nom pouvait n'être introduit par aucune formule particulière[109]. Cet usage s'est poursuivi à l'époque gréco-romaine, mais avec de nouveaux enjeux[110]. À l'époque romaine, on assiste même à des changements de noms[111]. À l'époque ptolémaïque, plus la moitié des exemples présentent deux noms grecs et 10% seulement des attestations concernent l'emploi de deux noms égyptiens, tandis que dans moins de 20% des cas il y a combinaison d'un nom égyptien et d'un nom grec, ce qui illustre plutôt une stratégie d'acculturation[112].

---

104 *Ms-rd.wy=f* ne constituerait pas une abréviation de *Pꜣ-dỉ-ḥr-pꜣ-ẖrd* comme c'est le cas de l'abréviation phonétique *Pꜣ-rṯ*, voir J. QUAEGEBEUR, *in* : *Aspects of Demotic Lexicography*, p. 75-84.

105 H. DE MEULENAERE, *Le surnom égyptien*. G. VITTMANN, *GöttMisz* 23 (1977), p. 71-73. H. DE MEULENAERE, *OLP* 12 (1981), p. 127-134. P. VERNUS, *Le surnom au Moyen Empire*. H. DE MEULENAERE, *in* : *Mélanges Varga*, p. 381-394.

106 Avec une préférence pour la seconde durant l'Époque saïte, tandis que la première la supplantait dès l'Époque perse (H. DE MEULENAERE, *Le surnom égyptien*, p. 25-26). On citera notamment l'usage de *ḏd.tw n=f* sur une bandelette appartenant à *Horpakhem alias Gayres* (R. A. CAMINOS, *JEA* 68 (1982), p. 147, 149 et n. 13). Y. BROUX, *Double Names*, p. 148-149.

107 Y. BROUX, *Double Names*, p. 146-147.

108 P. VERNUS, *Le surnom au Moyen Empire*, p. 99-103.

109 Y. BROUX, *Double Names*, p. 149.

110 J. QUAEGEBEUR, *in* : *Life in a Multi-Cultural Society*, p. 265-272. S. SCHEUBLE, *in* : *Interkulturalität in der Alten Welt*, p. 551-560. Y. BROUX, *Double Names*.

111 Y. BROUX, *ChronÉg* 88, n° 176 (2013), p. 313-336.

112 Y. BROUX, *Double Names*, p. 153-170.

Plusieurs obstacles se dressent cependant contre cette explication. Si *Padiherpakhered* et *Mesredouyef* ne formaient qu'une seule personne, il est peu vraisemblable que le scribe se soit donné la peine de tracer le nom ordinaire pour le remplacer par un surnom. D'ailleurs, on comprendrait mal pourquoi un surnom aurait été ajouté dans un second temps, alors que l'on sait qu'il n'était guère attribué après la mort[113]. Il serait aussi surprenant que le surnom soit accompagné du seul titre attesté[114]. Il semble donc plus acceptable de considérer que *Padiherpakhered* et *Mesredouyef* étaient deux personnes distinctes. Il faut dès lors admettre que le hasard ait voulu que la mère de ces deux hommes porte un nom identique ou qu'ils aient été frères ou demi-frères.

4.5.2 Un modèle et une copie

L'apparition de deux anthroponymes pourrait aussi trouver son origine dans la rédaction même du papyrus Princeton Pharaonic Roll 10 qui aurait été rédigé en faveur de *Mesredouyef*, en insérant son nom dans les espaces destinés à cet effet. Le nom *Padiherpakhered* et celui de sa mère *Tahebet* apparaîtraient alors dans le manuscrit parce qu'ils étaient inscrits sur le modèle que le scribe avait entre les mains. Ce phénomène est attesté par exemple par le papyrus Turin CGT 53006 qui laisse apparaître deux noms sans aucune trace d'usurpation. Le premier *ˁn-msw* apparaît aux pages 1 et 2, le second *Ḏd-ꜣs.t* aux pages 3 et 4[115]. En faisant un rapprochement avec le papyrus Londres BM EA 10093 où le nom *Ḏd-ꜣs.t* apparaît à côté du nom du propriétaire, Ursula Rössler-Köhler considère le premier comme le bénéficiaire légitime et le second comme le propriétaire du manuscrit qui lui servit de modèle[116]. Il existait par ailleurs des documents de référence dans lequel la mention *mn* « Untel » figurait[117].

Le scribe du papyrus Princeton Pharaonic Roll 10 aurait ainsi recopié machinalement les noms de *Padiherpakhered* et de sa mère, tandis qu'il laissait ailleurs des espaces vides pour intégrer ultérieurement le nom du futur bénéficiaire. Se rendant compte de son erreur, il aurait effectué par endroits des modifications en conséquence. Ceci expliquerait le fait que des effacements ne soient pas visibles partout dans le papyrus Princeton Pharaonic Roll 10, mais ne réglerait pas la question du nom de *Tahebet*, qui apparaît à vingt reprises comme la mère de *Mesredouyef*. À moins d'accepter que *Padiherpakhered* et *Mesredouyef* aient bien été frères ou demi-frères et que le manuscrit de l'un ait servi de modèle à celui de l'autre. Si l'on développait cette théorie, pourtant indémontrable compte tenu des données en notre possession, un deuxième exemplaire aurait été réalisé sur le modèle de celui de *Padiherpakhered* sous l'impulsion de *Mesredouyef*, dont le nom n'aurait pourtant pas été

113 H. De Meulenaere, *Le surnom égyptien*, p. 26.

114 On rappellera cependant que, dans le papyrus Barcelone Palau-Ribes inv. 80, *Padiherpakhered* porte le même titre que *Mesredouyef*.

115 G. Lenzo-Marchese, *Manuscrits hiératiques*, p. 64.

116 U. Rössler-Köhler, *Zur Tradierungsgeschichte*, p. 120, 141.

117 Ph. Derchain, *RdÉ* 18 (1966), p. 31-36. On citera par exemple le papyrus Berlin 3051 A+C qui était un modèle de *Livre des morts* dans lequel figure la mention *mn* en lieu et place du nom d'un bénéficiaire (A. Dembska, *ZÄS* 116 (1989), p. 9-17 ; G. Lenzo-Marchese, *Manuscrits hiératiques*, p. 16, n. f.) ou le papyrus Paris Louvre N. 3236 au nom de l'Osiris *Tꜣ-šrỉ.t-(n.t-)pꜣ-wr* dans lequel figure la mention *Wsỉr mꜣˁ-ḫrw* « Osiris justifié » ou *Wsỉr mn mꜣˁ-ḫrw* « l'Osiris (de) Untel, justifié » (Fr. R. Herbin, *BIFAO* 84 (1984), p. 253). Une partie de la liturgie conservée par le papyrus Oxford Bodl. MS Egypt. A. 3 (P) (I, 9 – II, 21) est adressée à *Wsỉr mn* « l'Osiris (de) Untel » (M. Smith, *in* : *Sesto Congresso*, p. 492).

directement inscrit dans cette nouvelle version. Le nom de sa mère pouvait en revanche y être copié, puisqu'il n'aurait pas à être changé ultérieurement. À la mort de *Mesredouyef*, son nom aurait été ajouté par un autre scribe dans le second manuscrit, ainsi que, par endroits, sa filiation maternelle avec une orthographe différente. De cette manière, tous les éléments établis seraient expliqués, à l'exception pourtant du maintien de douze attestations du nom de *Padiherpakhered* qui devraient dès lors être considérées comme des oublis.

4.5.3 Usurpation ou « copropriété » ?

Le terme « usurpation » désigne deux phénomènes distincts. Le premier, dont il n'est pas question ici, recouvre le remplacement du nom d'Osiris – ou de Pharaon – dans la copie d'un rituel par celui d'un personnage privé, l'ajout du nom de ce dernier à la suite de celui d'Osiris ou bien dans un colophon ajouté postérieurement[118]. Le second désigne le fait que deux anthroponymes différents figurent sur le même manuscrit. Il a souvent été interprété comme l'appropriation du document par un second bénéficiaire. On pourrait aussi parler de « remploi ». Le papyrus Londres BM EA 10252 en constitue un exemple connu[119], même si les circonstances de son élaboration sont différentes de celles qui ont présidé à la création du papyrus Princeton Pharaonic Roll 10.

Le papyrus Londres BM EA 10288 a été rédigé aux noms du père du dieu[120] (*ỉt-nṯr*) *Pꜣ-wrm*, fils de *Ḳỉḳỉ* et de *Pꜣ-šr-Ḫnsw,* fils de *Ḳỉḳỉ*[121]. Contrairement au papyrus américain, un seul scribe a rédigé ce manuscrit et écrit les deux noms durant sa copie, ce qui fait qu'aucun des deux anthroponyme ne semble constituer un ajout postérieur[122]. À plusieurs reprises, des constructions sont répétées, avec une variation, pour chacun des deux noms[123]. Ricardo Caminos en a déduit que le document a été rédigé en faveur de deux personnages distincts qui devaient être au moins des demi-frères du côté maternel[124].

À la première ligne du papyrus Édimbourg A 1956.357 E, le nom *Pꜣ-dỉ-ỉmn-ỉp.t* a été rajouté au-dessus de celui du bénéficiaire *Ḥr-pꜣ-bỉk*[125]. Or, ce papyrus a été retrouvé lors de l'examen de la momie Édimbourg A 1956.357 B. Celle-ci et la momie Édimbourg

---

118 Ce phénomène, qui sera plus volontiers qualifié d'adaptation, fait actuellement l'objet d'un projet de recherche de l'auteur, soutenu par le Fonds national suisse.

119 U. Verhoeven, *Buchschrift*, p. 75-80.

120 Ce titre ne figure pas dans les autres documents où figure le nom de ce personnage (A. Kucharek, *Klagelieder*, p. 33, n. 11).

121 R. A. Caminos, *JEA* 58 (1972), p. 205-224, pl. XXXVI-XLI. M. Bellion, *Catalogue*, p. 65. St. Quirke, *Owners*, p. 56, 81, n° 189. Il en va de même du papyrus Hohenzollern-Sigmaringen 2 (J. Fr. Quack, *ZÄS* 127 (2000), p. 74-87 ; M. Smith, *Traversing Eternity*, p. 200). Le papyrus Londres BM EA 10081 est quant à lui au nom de *Pꜣ-wrm*, fils de *Ḳỉḳỉ* (R. A. Caminos, *JEA* 58 (1972), p. 205, n. 1 ; M. Bommas, *ZÄS* 131 (2004), p. 95 ; A. Kucharek, *Klagelieder*, p. 47) de même que le papyrus Londres BM EA 10332 + Oxford Bodl. Ms Egypt.d.8 (P) + Liverpool World Art Museum M11190 (A. Kucharek, *Klagelieder*, p. 33). On citera encore un hypocéphale (Stockholm MME 1977.6) au nom d'un père divin *Pꜣ-wꜣrm*, fils de *Ḳỉḳỉ* (A. Leahy, *GöttMisz* 76 (1984), p. 18).

122 R. A. Caminos, *JEA* 58 (1972), p. 206 et n. 1.

123 On citera par exemple *wꜣw r Wsỉr Pꜣ-wrm...* « Éloigne-toi de l'Osiris *Pꜣ-wrm* ... » à la ligne A, 15 puis *wꜣw r Wsỉr Pꜣ-šr-Ḫnsw...* « Éloigne-toi de l'Osiris *Pꜣ-šr-Ḫnsw* ... » à la ligne A, 17 (R. A. Caminos, *JEA* 58 (1972), p. 213).

124 R. A. Caminos, *JEA* 58 (1972), p. 205. On a aussi considéré qu'il s'agissait du nom et du surnom d'une seule et même personne (St. Quirke, *Owners*, p. 81, n° 189).

125 M. Coenen, *SAK* 32 (2004), p. 115-116, pl. 9. U. Horak, H. Harrauer, *Mumie-Schau'n*, p.11, fig. 3.

A 1956.357 C étaient placées dans le même sarcophage (Édimbourg A 1956.357 A)[126]. *Petamenophis* est en outre le bénéficiaire du papyrus Édimbourg A 1956.357 D retrouvé sur la seconde momie du même sarcophage[127]. L'adjonction du nom de *Petamenophis* sur le document destiné à *Horpabik* montre la volonté d'associer ces deux défunts, partageant déjà l'intimité du même sarcophage, par le biais d'un même papyrus funéraire[128]. La lacune du nom de la mère de *Horpabik* ne nous permet pas de savoir s'il s'agissait ou non de deux frères, ce qui pourrait cependant s'avérer crédible. Quoiqu'il en soit, ils étaient tous deux de jeunes enfants[129], ce qui justifiait peut-être déjà le choix de cet enterrement commun. Dans cet exemple, on ne peut pas véritablement parler d'« usurpation », puisque chacune des deux momies était accompagnée d'un manuscrit dans le même sarcophage.

Un autre cas montre que l'artisan en charge des inscriptions a inversé les noms de deux bénéficiaires sur le front de leurs cartonnages de momie respectifs[130]. Le nom du prêtre d'Amon *Pꜣ-ỉw-Ḥr* est ainsi inscrit sur l'un des bandeaux de la parure de la chanteuse d'Amon *Ns-tꜣ-nṯr.t-tn*, et vice-et-versa. Ces deux personnes n'ont semble-t-il pas de lien de parenté et c'est un concours de circonstances, une simple erreur d'atelier, qui nous permet de savoir que les cartonnages de ces deux personnes ont vraisemblablement fréquenté le même lieu à la même période. Il n'est cependant pas exclu qu'elles aient été toutes deux enterrées dans la même tombe[131].

Dans le cas du papyrus Princeton Pharaonic Roll 10, les indices d'un remploi (rature et effacements) et la nette surabondance des attestations du second nom n'incitent guère à envisager que le document ait pu être préparé pour deux bénéficiaires. Il serait plus probable que ce manuscrit ait été « remployé » en faveur de *Mesredouyef*. Il faudrait alors comprendre les mentions du premier anthroponyme, *Padiherpakhered*, comme les résidus d'une première version et tenir leur maintien pour de simples oublis.

Il semble pourtant que les qualités du scribe du papyrus Princeton Pharaonic Roll 10 soient hors de cause. L'étude du papyrus Princeton Pharaonic Roll 10 montre en effet que la répartition des deux anthroponymes au sein du manuscrit n'était sans doute pas due au hasard et qu'elle reflétait au contraire une certaine logique[132]. À plusieurs reprises, les deux noms apparaissent en alternance selon un schéma construit, ce qui va à l'encontre de l'hypothèse d'oublis de la part d'un scribe peu concentré qui aurait laissé derrière lui douze attestations d'un nom recopié par erreur à partir de son modèle. Il devient tout aussi difficile de considérer les attestations de *Padiherpakhered* comme le reliquat d'un processus d'usurpation. Celles-ci semblent au contraire avoir été maintenues à desseins et peuvent être vues comme le témoignage d'une forme de « copropriété », que le manuscrit ait été conçu comme tel – la

126 G. GRIMM, *Die römischen Mumienmasken*, pl. 139, 4. A. SHERIDAN (éd.), *Heaven and Hell*, p. 15. M. COENEN, *SAK* 32 (2004), p. 112-113. Chr. RIGGS, *The Beautiful Burial*, p. 285, nº 89. S. P. VLEEMING, *Mummy Labels*, p. 636, nº 1094.

127 M. COENEN, *SAK* 32 (2004), p. 112-115.

128 M. COENEN, *SAK* 32 (2004), p. 116.

129 Contrairement au texte qui annonce que *Horpabik* était âgé à sa mort de « 3 ans, trois mois et [x] jours », l'étude de la longueur des os indique qu'il aurait été âgé de 20 mois. *Petamenophis* serait quant à lui décédé à l'âge de 9 mois (M. COENEN, *SAK* 32 (2004), p. 117).

130 T. MEKIS, *BIFAO* 112 (2012), p. 243-273, en particulier p. 263-270.

131 T. MEKIS, *BIFAO* 112 (2012), p. 269, n. 65.

132 À ce propos, voir § 12.3.5 et § 12.3.6.

rature ne constituant alors qu'une correction et non l'indice de l'éviction d'un premier propriétaire – ou qu'il ait pris cette forme lors d'un remploi ultérieur.

D'autres papyrus présentent des cas peut-être similaires de « copropriété » ou de « remploi » par un tiers, et l'on souhaiterait en savoir un peu plus sur ce genre de pratiques et sur les conditions de leur mise en œuvre. Une « copropriété » soulève le problème de la simultanéité du décès des deux bénéficiaires qui serait anormalement courante parmi des hommes souvent liés par le sang. Un « remploi » conduit à s'interroger sur les moyens employés pour récupérer des manuscrits funéraires. En effet, il n'y a rien de surprenant à ce qu'un document civil passe de mains en mains, mais dans le cas de papyrus funéraires, on peut s'interroger sur les conditions de l'appropriation d'un manuscrit qui était censé accompagner le défunt dans la tombe. Il faudrait envisager l'idée que certains textes – des liturgies osiriennes en l'occurrence – demeuraient en circulation et pouvaient se transmettre par copie, avant de terminer un jour dans la tombe de l'un de leurs bénéficiaires.

La diffusion de telles copies n'aura pourtant jamais atteint celle d'autres compositions, telles que le *Livre des morts* ou les *Livres des respirations*. Il n'existe d'ailleurs pas deux manuscrits identiques parmi cette catégorie de textes. Leur élaboration témoigne de choix personnalisés et ponctuels plutôt que d'un modèle commun, bien que certaines compositions soient attestées par plus d'un document. Tout ceci incite à considérer ce phénomène comme restreint, voire marginal. On pourrait attribuer l'essor de cette pratique plus particulièrement aux prêtres qui avaient, au moins pour certains, accès aux bibliothèques des temples, mais ce groupe semble encore trop large et il serait peut-être justifié de considérer que de tels documents demeuraient au sein d'une même famille[133], comme l'indiquerait la parenté récurrente des bénéficiaires successifs. Il serait cohérent qu'un prêtre ayant accès à des rituels ait souhaité en faire bénéficier d'autres membres de sa famille. Ceci expliquerait d'une part que les mêmes compositions soient attestées à plusieurs reprises et d'autre part que chaque document, qui pouvait dès lors être personnalisé, ait eu une forme si individuelle. Adapté à de nouvelles exigences, leur contenu évoluait alors de façon ponctuelle et pouvait néanmoins continuer à assurer la mémoire d'un parent ou d'un ancêtre, dont le nom aurait été maintenu à certains endroits à dessein. Il n'est pas exclu d'ailleurs que l'élaboration de ces manuscrits adaptés aient été liée à une fonction liturgique et qu'il faille les considérer autrement que comme de simples témoignages funéraires.

---

133 Des traditions familiales ont pu être établies, notamment pour des groupes de *Livres des morts* et de *Livres des respirations* et les versions connues du rituel de l'embaumement semblent avoir appartenu aux membres d'une même famille, voir S. TÖPFER, *Das Balsamierungsritual*, p. 51-57.

5. Procession

On a constaté que la partie initiale du papyrus Princeton Pharaonic Roll 10 manque et qu'il n'est pas possible de définir l'étendue de cette perte avec certitude. Vu les dommages subis par la première page préservée du manuscrit, il n'est guère possible d'en retirer des phrases entières, ce qui empêche le plus souvent de rendre cette section pleinement intelligible. On peut tout de même en saisir partiellement la teneur et en reconstituer la composition grâce aux rubriques conservées qui permettent de suivre la progression de la liturgie.

5.1 Indications relatives au rituel (x+1, 1-4)

5.1.1 Traduction et commentaire (x+1, 1-4)

1, 1 … … …] ***rdỉ n***	**1, 1** … … …] **accorder** a) **à**
ḫn[ty (?) … … …	Celui qui pré[side b) (?) … … …
Wsỉr ḫnty ỉmn.t]	Osiris qui préside à l'Occident c)],
nṯr ꜥꜣ nb ꜣbḏw	le grand dieu, maître d'Abydos d)
[… … … …] **1, 2** [… … … …]	[… … … …] **1, 2** [… … … …]
ꜥḳ [… … … … … … …] *ḥwt-nṯr*	entrer e) [… … … … … … …] f) temple.
ỉry [… … …] *ꜥḳ r* **1, 3** [… … … …]	Faire [… … …] entrer vers **1, 3** [… … … …
ꜥḳ.n [… … … … … …	… …] entre(nt) [… … … …
ḥ]nꜥ kꜣ.t nn [rḫ=s	a]vec le travail in[connaissable g)
… …] *šw n* **1, 4** [… … …]	… …] papyrus vierge h) [… **1, 4** … …]
ỉry [… … … … … …	Faire [… … … … … …
… … … … *ỉnm ꜣ]bỉw ḥr=f*	… … … … peau de pan]thère i) sur lui.

Commentaire

a) La fin d'une rubrique écrite en rouge est à peine lisible. Il faut peut-être reconnaître une forme 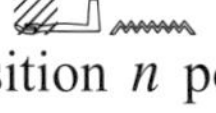 *rdỉ n* « accordé à »[1], plutôt que  *ỉr.t n* « accompli(e) pour ». La préposition *n* pouvait par ailleurs avoir une valeur temporelle. Il arrive aussi qu'elle prenne la valeur d'un *m*. Les lacunes ne permettent pas de déterminer quelle forme verbale a été employée et le verbe est par conséquent rendu par un infinitif.

b) Le signe qui précède la lacune pourrait être lu  (D20). La racine *ḫnt* est courante et offre de multiples possibilités de lecture. L'emploi de la préposition *m-ḫnt* « devant » serait envisageable : *rdỉ m-ḫn[.t...]* « placer dev[ant…] », s'il ne se heurtait pas au changement de couleur du texte qui serait quelque peu inadéquat. Une épithète débutant par *ḫnty* « Celui qui préside… » pourrait en revanche le justifier. On ne peut pas exclure

1 À propos du verbe *rdỉ* suivi de la préposition *n*, voir J. Stauder-Porchet, *La préposition*, p. 176-181.

une version ***rdỉ n*** *ḫn*[*ty-ỉmn.t*] « **accorder au** *khen*[*tyiment(y)*] » qui renverrait à la figurine osirienne (x+1, 2), voir § 5.1.3.

c) Cette série d'épithètes figure ainsi à deux autres reprises dans le manuscrit (x+9, 12 ; x+11, 2), ce qui permet de restituer avec une certaine assurance une partie du contenu de cette lacune.

d) Le signe  , qui peut être lu *ỉb* ou *ꜣb*[2], permet d'écrire le toponyme  ou  , graphie tardive d'Abydos[3], célèbre lieu de culte d'Osiris, aussi connu en démotique[4]. Dans le papyrus Princeton Pharaonic Roll 10, le signe  remplace  . L'emploi de l'un pour l'autre est connu par ailleurs[5] et une telle substitution est attestée dès la 17e dynastie[6]. En démotique, c'est comme déterminatif que ce signe peut entrer dans la graphie du nom d'Abydos[7]. Le toponyme  *Ỉb.t*, attesté dans le Mythe d'Horus à Edfou et qui désignerait la ville d'Hermopolis Magna[8], doit être plutôt compris comme une graphie du nom d'Abydos, car la première identification repose sur un parallélisme dans l'attribution de l'épaule (*ḳꜣḥ*) qui ne résiste pas à l'analyse. Maurice Alliot préférait déjà reconnaître dans ce lieu  /  *Ỉb.ty* de la région d'Assiout[9], mais sans écarter une localisation à Abydos[10]. Le rôle d'Oupouaout dans les rites abydéniens, où il remplissait la fonction d'Horus, constitue encore un indice pour situer *Ỉb.t* à Abydos. On notera en passant que Thot, comme Osiris, est concerné ailleurs par sa propre épaule (*ḳꜥḥ*) qui lui est restituée à la néoménie, le « jour de cracher sur l'épaule »[11]. Quant aux deux exemples du toponyme  [12] figurant sur la stèle romaine Berlin inv. 22489 provenant

---

2 H. W. Fairman, *BIFAO* 43 (1943), p. 111. Fr. Daumas, *Valeurs phonétiques*, p. 276, nº 435. D. Kurth, *Einführung ins Ptolemäische* 1, p. 226, nº 65.

3 H. Brugsch, *Dictionnaire géographique*, p. 14, 1076-1077. H. Gauthier, *Dictionnaire des noms géographiques* I, p. 66 (3) qui cite P. Pierret, *Recueil d'inscriptions* II, p. 129 et É. Naville, *Textes relatifs au mythe d'Horus*, pl. XXV (*Edfou* VI, 141, 1). On peut aussi mentionner le papyrus Londres BM EA 10209 (IV, 10) (F. Haikal, *Papyri of Nesmin* I, pl. VIII), le linceul Moscou I, 1a, 5763 d'époque romaine (D. Kurth, *Materialien*, p. 7-10), la stèle romaine Caire CGC 22120 (cintre et l. 1) (A. Kamal, *Stèles ptolémaïques et romaines*, p. 103-105, pl. XXXV).

4 H. Gauthier, *Dictionnaire des noms géographiques* I, p. 65 (6). W. Erichsen, *Demotisches Glossar*, p. 27. *CDD*, p. 87-89. M. Smith, *The Liturgy of Opening the Mouth*, p. 126. M. Smith, *Papyrus Harkness*, p. 364.

5 J. C. Darnell, *The Enigmatic Books*, p. 242-243. D. Kurth, *Einführung ins Ptolemäische* 1, p. 322, nº 42 et 323, nº 59. D. Lorand, *ChronÉg* 88, nº 176 (2013), p. 234-235 et 243. Fr. R. Herbin, *ENiM* 5 (2012), p. 286. Dans ce sens, on notera parmi d'autres les graphies  ,  ,  ou encore  (*LGG* III, p. 562-563). La momie d'Artemidora présente la graphie  (D. Kurth, *Der Sarg der Teüris*, p. 28, n. 379).

6 D. Lorand, *ChronÉg* 88, nº 176 (2013), p. 241 et n. 54, qui renvoie à la stèle Vienne ÄS 195 (I. Hein, H. Satzinger, *CAA Wien* 7, p. 128-132).

7 S. P. Vleeming, *Mummy Labels*, p. 854-855, § 37, p. 859-860, § 40.

8 H. Brugsch, *Dictionnaire géographique*, p. 13. H. Gauthier, *Dictionnaire des noms géographiques* I, p. 65 (7). A. M. Blackman, H. W. Fairman, *JEA* 30 (1944), p. 11 et n. h.

9 H. Gauthier, *Dictionnaire des noms géographiques* I, p. 65 (9). *Dendara* X, 78, 2 ; 117, 11.

10 M. Alliot, *Le culte d'Horus*, p. 781, n. 3.

11 D. Meeks, *Mythes et légendes du Delta*, p. 297-299, § 43.

12 A. Scharff, *ZÄS* 62 (1927), p. 89 et 91 qui proposait Athribis de Haute Égypte ou Éléphantine. H. Gauthier, *Dictionnaire des noms géographiques* IV, p. 210 envisageait un sanctuaire local de la région d'Akhmim.

d'Akhmim, ils ont aussi été interprétés comme des graphies d'Abydos[13]. Cependant, Sekhmet est attestée à Akhmim (*Sḫm.t m Ỉpw*)[14].

e) Compte tenu des lacunes, ce verbe – de même que quelques autres ensuite – est rendu simplement au moyen d'un infinitif en l'absence de contexte grammatical.

f) D'après le déterminatif préservé, c'est un terme en rapport avec l'eau qui figurait à la fin de cette lacune.

g) Je remercie Joachim Friedrich Quack pour la restitution de ce terme qui figure encore une fois à la fin du manuscrit (x+22, 11). La construction verbale *nn rḫ=s* aurait la valeur d'un adjectif[15] que l'on pourrait rendre par « inconnaissable ». Sur cette expression qui désigne la figurine osirienne, voir § 5.1.3.

h) Il faut probablement lire ici  *šw* « papyrus vierge »[16], plutôt que *sšw* « écrit » car ce mot présente la graphie 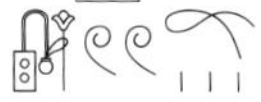 *sšw.w* « écrits » dans le papyrus Princeton Pharaonic Roll 10 (x+8, 12 ; x+15, 10).

i) Dès le Nouvel Empire, la peau de panthère ou léopard[17], considérée parfois comme un symbole de régénération et de protection, est associée à des actes rituels[18]. Plusieurs prêtres considérés dans leur rôle de fils œuvrant pour leur père, l'arbore, de même que certains dieux enfants occupant la même fonction, comme c'est le cas notamment d'Horus *Iounmoutef*. Au sein de la présente description de rites, la « peau de panthère » fait peut-être référence à l'habillement de l'officiant, à moins qu'elle ait eu une fonction dans le rituel lui-même. Insigne du prêtre-*sem*, la peau de panthère pouvait également être portée par d'autres officiants et ne constitue pas un critère iconographique suffisant pour les distinguer[19]. On trouve par ailleurs des représentations de peau de panthère sur certains linceuls du début de l'époque ptolémaïque (IIIe siècle av. J.-C.), qui peuvent être rattachées à différents mythes[20]. Le rituel de l'embaumement parle ainsi d'une enveloppe fonctionnant comme substitut de la peau de Seth et qui évoque le sacrifice de l'oryx[21]. Le papyrus Jumilhac raconte pour sa part qu'après avoir tué Osiris, Seth se transforma en panthère et que c'est sous cette forme qu'il fut massacré et écorché par Anubis qui prit possession de sa peau[22].

---

13 *LGG* V, p. 373 (*Ḥry ḫny.t=f m ȝbḏw* (?)) et VI, p. 559 (*Sḫm.t m ȝbḏw* (?)).

14 *LGG* VI, p. 560. R. El-Sayed, Y. El-Masry (éd.), *Athribis* I, p. 156-157 (l. x+11). Je remercie Christian Leitz pour cette référence.

15 Ph. Derchain, *Le Papyrus Salt 825*, p. 167, n. 76.

16 *Wb* IV, 428, 5-12. P. Wilson, *Lexikon*, p. 995. R. O. Faulkner, *The Papyrus Bremner-Rhind*, p. 68 (28, 16). S. Sauneron, *Un traité égyptien d'ophiologie*, p. 107, § 79c (P. Brooklyn 47.218.48+85 (5, 8)). Ce mot apparaît encore plus loin dans le papyrus Princeton Pharaonic Roll 10 (x+8, 12), voir § 7.4.

17 On utilise volontiers le terme vernaculaire « panthère », dérivé du genre taxinomique *Panthera*, pour désigner le « léopard ». À ce propos et sur la distinction entre « léopard » et « guépard », voir notamment E. Castel, *TrabEg* 1 (2002), p. 17-28.

18 U. Rummel, *Imago Aegypti* 2 (2007), p. 109-152. H. Altenmüller, *Ankh* 17 (2008), p. 73-85. U. Rummel, *Iunmutef*, p. 24-37.

19 M. A. Stadler, *Weiser und Wesir*, p. 131. St. R. W. Gregory, *BMSAES* 20 (2013), p. 32-33.

20 G. Schreiber, *in* : *Proceedings of the Fourth CECYE*, p. 341-342, fig. 45-48.

21 S. Sauneron, *Rituel d'embaumement*, p. 32. S. Töpfer, *Das Balsamierungsritual*, p. 177, 182-183, n. w (P. Boulaq 3 (9, 4)).

22 J. Vandier, *Le Papyrus Jumilhac*, p. 113-114 (P. Jumilhac (II, 6-14)).

5.1.2 Premiers rites préservés

Cette première rubrique (x+1, 1) n'introduisait vraisemblablement pas de récitation, contrairement aux trois suivantes (x+1, 4 ; x+1, 9 ; x+2, 2) qui permettent de distinguer plusieurs formules les unes des autres. Les premières lignes préservées du manuscrit étaient de nature plus descriptive et constituaient semble-t-il des instructions relatives à la réalisation des rites.

Le champ sémantique de ce passage est marqué par la répétition du verbe « entrer » (*ʿḳ*) (x+1, 2 ; x+1, 4) qui décrit un déplacement vers l'intérieur d'un lieu dont le nom est perdu. Un « temple » (*ḥw.t-nṯr*) (x+1, 2) est mentionné par ailleurs. L'association de ces éléments laisse envisager que les faits aient pu se situer au moment d'entrer dans un édifice religieux[23], mais il pourrait aussi s'agir d'une embarcation[24] ou de tout autre lieu en lien avec le temple. Dans le papyrus Anastasi III, il est question du jour de l'entrée (*hrw n ʿḳy*) du roi au matin de la fête de Khoiak[25]. La formule 74C du rituel de l'*Ouverture de la bouche* a pour titre *sʿḳ.t nṯr r ḥw.t-nṯr=f* « faire entrer le dieu dans son temple »[26]. Une cérémonie « faire entrer le dieu » (*sʿḳ nṯr*) faisait partie des rites d'achèvement (*ḥts*) qui constituaient notamment l'épisode final des rites de fondation des temples[27]. Le jour de la rentrée du dieu pouvait marquer son retour dans son temple lors d'une sortie processionnelle[28]. Dans la chapelle de Taharqa près du lac, c'est le retour d'Amon lors de la fête de la décade qui est détaillé[29]. À deux reprises, le papyrus Paris Louvre N. 3176 (S) mentionne plus spécifiquement la « rentrée d'Osiris » (*sʿḳ Wsir*) : une première fois le 24 Khoiak dans l'*Akhmenou*[30], une autre à la porte de la Grande place, à la fin de la sixième heure de la nuit du 25 au 26 Khoiak[31]. On rappellera qu'une catégorie de prêtres était appelée *ʿḳ.w* « ceux qui entrent » pour indiquer qu'ils avaient libre accès au temple[32]. Ils sont associés au culte d'Osiris par le Manuel du temple[33].

Il est question dans cet extrait du dieu Osiris, dont on retiendra les épithètes « grand dieu, seigneur d'Abydos » (x+1, 1). Sans que cette référence ne renvoie forcément au lieu de la mise en œuvre du rituel ou de l'élaboration du manuscrit, elle laisse néanmoins entendre que ce sont

---

23 Le verbe *ʿḳ* est employé dans ce sens (A. GRIMM, *Festkalender*, p. 285-286 ; P. WILSON, *Lexikon*, p. 182). Une « formule d'entrer dans le temple » (*r(ꜣ) n ʿḳ r ḥw.t-nṯr*) fait partie du culte journalier (A. MORET, *Culte divin journalier*, p. 79).

24 Plus loin dans le manuscrit, il est question d'« entrer dans la barque » (*ʿḳ r wiꜣ*) (x+7, 8). On pensera aussi à la déesse Hathor qui entre dans sa barque à la néoménie d'Épiphi (A. GRIMM, *Festkalender*, p. 286).

25 A. H. GARDINER, *Late-Egyptian Miscellanies*, p. 23 (P. Londres BM EA 10246 (3, 4)). R. CAMINOS, *Late Egyptian Miscellanies*, p. 74, 81.

26 E. OTTO, *Mundöffnungsritual* I, p. 206 ; II, p. 169-170. S. SCHOTT, *Bücher und Bibliotheken*, p. 345, nº 1549. J. Fr. QUACK, *in* : *Carlsberg Papyri 7*, p. 127.

27 R. A. PARKER, J. LECLANT, J.-Cl. GOYON, *The Edifice of Taharqa*, p. 55-56. P. WILSON, *Lexikon*, p. 691. Il n'y a probablement pas lieu de rattacher cette cérémonie uniquement aux deux premiers jours du mois d'Athyr (S. SCHOTT, *Altägyptische Festdaten*, p. 86, nº 43 ; P. BARGUET, *Le temple d'Amon-Rê*, p. 146).

28 A. CABROL, *Les voies processionnelles*, p. 493, n. 12.

29 R. A. PARKER, J. LECLANT, J.-Cl. GOYON, *The Edifice of Taharqa*, p. 57-60 et n. 41. K. M. COONEY, *JARCE* 37 (2000), p. 28 et 30, fig. 11.

30 P. BARGUET, *Le papyrus N. 3176 (S)*, p. 15-18, 52, pl. III (V, 4).

31 P. BARGUET, *Le papyrus N. 3176 (S)*, p. 21-24, 47, 52, pl. III (VI, 16).

32 Fr. R. HERBIN, *Parcourir l'éternité*, p. 167 (III, 26)).

33 J. Fr. QUACK, *in* : *Le culte d'Osiris*, p. 25, 29.

des rites abydéniens qui sont décrits ici, à l'instar de plusieurs rituels dont le titre mentionne ce haut-lieu du culte osirien.

5.1.3 La figurine osirienne

L'expression *kꜣ.t nn rḫ=s* « travail inconnaissable » désigne le processus de création des simulacres osiriens durant les cérémonies du mois de Khoiak, mais aussi le résultat matériel obtenu[34]. Parmi les nombreux exemples du mot *kꜣ.t* « travail » qui figurent dans les chapelles osiriennes[35], quelques-uns renvoient directement à la fabrication des figurines osiriennes, les autres pouvant désigner le travail d'embaumement ou la confection de tissus ou d'onguents[36]. Le *kꜣ.t štꜣ.t* « travail secret »[37], qui apparaît comme le pendant du *kꜣ.t ḥsp* « travail de la cuve-jardin »[38], a la même signification que le *kꜣ.t nn rḫ=s* « travail inconnaissable ». C'est précisément l'expression choisie dans le titre du second ouvrage décrivant les mystères osiriens dans la chapelle est n° 1 de Dendara :

> Connaître le mystère du grand œuvre fait avec le moule de Sokar en un travail inconnaissable (*kꜣ.t n rḫ sy*) dans la salle cachée (*ꜥ.t imn.t*) et les nomes où <le travail> a lieu[39].

On notera qu'une *ꜥ.t imn.t* « salle cachée » est mentionnée à la fin du papyrus Princeton Pharaonic Roll 10 (x+22, 12), là où la figurine osirienne est à nouveau évoquée (§ 11.4).

Le Manuel du temple distingue deux sortes de figurines osiriennes : le « travail inconnaissable » (*kꜣ.t nn rḫ*), qui est rendu en démotique par « travail du temple » (*ipy(.t) n ḥw.t-nṯr*), et le « travail de la fête-*denit* » (*kꜣ.t dni.t*), qui renvoie à la fête du quart du mois[40]. Il précise que les travaux de l'année précédente (*kꜣ.wt n.t sf*), entreposés durant un an dans la *Douat* supérieure, étaient ensuite enterrés dans la butte ou bien jetés dans le lac sacré ou dans le fleuve[41]. Le travail de la fête-*denit* constitue le sujet de l'un des manuels relatifs aux cérémonies osiriennes du mois de Khoiak à Dendara, dont voici le titre :

> *rḫ sštꜣ m ꜥ.t imn.t r ir(.t) kꜣ.t dni.t m n-rḫ ir m pr Šntꜣy.t m Ḏdw m ꜣbḏw m ꜣInb-ḥḏ ... m spꜣ.t 16 n.t ḥꜥ-nṯr 16 m spꜣ.wt nb.wt n.t Wsir irw kꜣ.t dni.t im n ḫnty imnt.t*
> Connaître le mystère de la salle cachée pour faire le travail de la fête du quartier de lune en secret, qui s'accomplit dans le sanctuaire de Chentayt à Bousiris, à Abydos, dans le

---

34 É. Chassinat, *Le mystère d'Osiris*, p. 147, 272-273. L. Coulon, *BIFAO* 101 (2001), p. 139, n. b. Cette expression est aussi attestée dans les titres de prêtres osiriens, voir L. Coulon, *in* : *Egyptology at the Dawn*, p. 143-144. Sur les figurines osiriennes, voir encore S. Cauville, *Les chapelles osiriennes* II, p. 17-19 ; M. Minas-Nerpel, *MDAIK* 62 (2006), p. 197-213; M. C. Centrone, *Egyptian Corn-Mummies* ; L. Coulon, *in* : *Figures de dieux*, p. 295-318. On notera par ailleurs l'existence d'images divines nommée *rḫ-n=f* et de lieux pour les abriter (Cl. Traunecker, *CRIPEL* 11 (1989), p. 108-110).

35 S. Cauville, *Les chapelles osiriennes* III, p. 585.

36 H. De Meulenaere, *BIFAO* 61 (1962), p. 35. Fr. R. Herbin, *Parcourir l'éternité*, p. 124-125 (II, 8-9), 213 (V, 28), 219 (VI, 7). D. Meeks, *Mythes et légendes du Delta*, p. 59 (n. 75), 408.

37 *Dendara* X, 26, 10 ; 26, 13 ; 27, 4 ; 27, 9 ; 44, 2.

38 *Dendara* X, 26, 6 ; 26, 8 ; 27, 7 ; 27, 11 ; 27, 15 ; 28, 2 ; 28, 4 ; 28, 7 ; 28, 10.

39 *Dendara* X, 31, 2-3. S. Cauville, *Les chapelles osiriennes* I, p. 17.

40 J. Fr. Quack, *in* : *Le culte d'Osiris*, p. 25, 30. J. Fr. Quack, *WdO* 31 (200-2001), p. 14.

41 J. Fr. Quack, *in* : *Le culte d'Osiris*, p. 25, 30. J. Fr. Quack, *WdO* 31 (200-2001), p. 6-8, 14.

> Mur-blanc ... dans les seize nomes des seize reliques divines, dans tous les nomes d'Osiris où est réalisé le travail de la fête du quartier de lune du *khenty-imenty*[42].

On retrouve une mention de ce travail de la fête du quartier de lune dans le *Livre de parcourir l'éternité* :

> *sšm n=k n.t-ʿ.w m ỉr k3(.t) dnỉ(.t) grḥ n ỉḫ.t n ḫ3w.t*
> On conduit pour toi le cérémonial de l'accomplissement du travail de la fête-*denit* la nuit des offrandes sur l'autel[43].

La « nuit des offrandes sur l'autel » situerait les faits le cinquième jour lunaire. Cet événement pourrait être rattaché dans ce cas au mois de Tybi, au cours duquel des cérémonies osiriennes auraient été transposées[44].

Le *Livre de parcourir l'éternité* cite également un *k3.t ỉwt(.t) rḫ=s* « travail inconnaissable » :

> *ʿḳ=k ḥnʿ ʿḳ.w pr=k ḥnʿ pr.w m ḏsr wr sp 2 m ḥw.t-nṯr=f dg3.n=k k3.t ỉwt(.t) rḫ=s m sšt3=s ỉn ḥry-sšt3 nn m33 nn sḏm*
> Tu entres avec ceux qui entrent et tu sors avec ceux qui sortent en très grande sainteté dans son temple, tu regardes le travail inconnaissable en son mystère (fait) par le supérieur du mystère, que l'on ne peut voir ni entendre[45].

La référence à des mystères est évidente et on peut penser que le « travail inconnaissable » renvoie à la figurine d'Osiris. Cet extrait apparaît cependant à la suite d'une mention du troisième jour lunaire (*mspr*)[46] du premier mois de Chemou. D'après François Herbin qui retient la date du 3 Pakhons, il conviendrait d'intégrer ces rites dans le contexte de la fête d'Haroéris du 4 Pakhons[47]. On a cependant déjà relevé que le Manuel du temple associe des prêtres nommés « ceux qui sortent » (*ʿḳ.w*) au culte du dieu Osiris[48]. Il serait intéressant de considérer aussi ce jour en rapport avec d'autres fêtes du mois de Pakhons, dont celle de la néoménie[49].

Le *Livre de parcourir l'éternité* évoque à trois autres reprises un « travail » (*k3.t*) dans le contexte des cérémonies osiriennes. Les deux premières feraient référence au début et à la fin du travail d'embaumement : *m33=k ḥḏ n st3.t ḥr mnḥ hrw pfy n š3ʿ k3.t* « tu vois la clarté de la lumière sur la cire en ce jour de commencer le travail (*k3.t*) »[50] et *gm=k k3.t mnḫ.t ỉỉ=s m ḥtp hrw ḫtr ḏmʿ* « tu trouveras le travail irréprochable, achevé parfaitement, le jour de lier le

42 *Dendara* X, 41, 12-15. S. Cauville, *Les chapelles osiriennes* I, p. 24.

43 Fr. R. Herbin, *Parcourir l'éternité*, p. 65, 230, 349 (VI, 24).

44 Fr. R. Herbin, *Parcourir l'éternité*, p. 230, 349.

45 Fr. R. Herbin, *Parcourir l'éternité*, p. 56, 167 (III, 26-27).

46 *Wb* II, 144, 3. R. A. Parker, *The Calendars*, p. 11, 13. H. S. Smith, *in* : *Glimpses of Ancient Egypt*, p. 161-162. I. Guermeur, *BIFAO* 104 (2004), p. 250 (Texte B) et 252-253, n. q et u. On notera encore que *mspr sn-nw* peut désigner le seizième jour lunaire aussi connu comme *ḥbs-tp* (D. Meeks, *Mythes et légendes du Delta*, p. 14, 216-218, § 13).

47 Fr. R. Herbin, *Parcourir l'éternité*, p. 304-305, 362.

48 Voir *supra* n. 33.

49 A. Grimm, *Festkalender*, p. 100-105, 420-422. G. Burkard, *Spätzeitliche Osiris-Liturgien*, p. 97-103. D. Meeks, *Mythes et légendes du Delta*, p. 10-14, 198-218, § 10-13.

50 Fr. R. Herbin, *Parcourir l'éternité*, p. 63, 217, 347 (VI, 4).

rouleau de papyrus »[51]. À Dendara, le manuel relatif aux cérémonies de Khoiak attribue une date à cet événement : « Quant au 19 Khoiak, c'est le jour de retirer ce dieu du moule de Sokar pour l'emmaillotement et l'onction de ce dieu jusqu'au [vingt-quatrième] jour dans les bras de sa mère. Horus vint pour voir son père en ce jour et il trouva le travail achevé parfaitement dans l'atelier funéraire en ce jour »[52].

Le *Livre de la fin de l'ouvrage* (*ḏmʿ n pḥwy kꜣ.t*), qui déjà dans son titre offre une mention du travail (*kꜣ.t*), fait deux références à un *kꜣ.t nn rḫ=s* « travail inconnaissable »[53], dont les ingrédients sont énumérés et la préparation décrite. Le fait que ces deux recettes suivent celle qui est relative à la statuette du *khenty-imenty* confirme le contexte osirien de ces réalisations. Le papyrus Paris Louvre N. 3176 (S) indique que le *Livre* (*tꜣ ḏmʿ*), qui pourrait être identifié au *Livre de la fin de l'ouvrage*, était récité dans la nuit du 24 Khoiak à la suite des *Grandes cérémonies de Geb*[54]. Le papyrus Salt 825 situe pourtant le rituel concerné au mois de Thot[55]. Le sarcophage Caire JE 86722, provenant de la nécropole des taureaux de Pharbaethos à Abou Yassin, mentionne les « fêtes de la fin du travail » (*ḥb.w nw pḥ.wy kꜣ.t*)[56].

À la suite du *Grand décret mis en œuvre à l'égard du nome d'Igeret*, le second rituel du papyrus Tamerit 1 mentionne un *kꜣ.t nn rḫ=s* « travail inconnaissable » (x+16, 4) en date du 30 Khoiak[57], soit le jour où avait lieu l'ensevelissement des figurines osiriennes de l'année précédente. Or ce rituel ne semble pas avoir de rapport avec une quelconque bandelette (*sšd*), mais plutôt avec une navigation d'après la lecture *smḫ* « faire naviguer »[58]. Il est possible que ce rituel ait décrit le transfert de la figurine osirienne vers le lieu de son dernier repos[59].

La présence de ce « travail inconnaissable » (*kꜣ.t nn rḫ=s*), qui désigne une figurine osirienne qui faisait l'objet de rites durant les cérémonies du mois de Khoiak[60], définit d'ores et déjà la nature du rituel dont il est question dans le papyrus Princeton Pharaonic Roll 10.

5.2 Une première formule (x+1, 4-9)

La rubrique suivante, inscrite en rouge, marque le début d'une première récitation, sans qu'aucun titre ne soit précisé.

---

51 Fr. R. Herbin, *Parcourir l'éternité*, p. 64, 220-221, 347 (VI, 10).
52 *Dendara* X, 40, 13-15, 1. S. Cauville, *Les chapelles osiriennes* I, p. 23.
53 Ph. Derchain, *Le Papyrus Salt 825*, p. 143-144 qui traduit « formule mystérieuse », pl. 17*, 18* (P. Londres BM EA 10051 (16, 9 ; 17, 4)).
54 P. Barguet, *Le papyrus N. 3176 (S)*, p. 18-19, 55, pl. III (V, 19). Fr. R. Herbin, *BIFAO* 88 (1988), p. 99.
55 Ph. Derchain, *Le Papyrus Salt 825*, p. 62-65. Fr. R. Herbin, *BIFAO* 88 (1988), p. 99-100.
56 J.-Cl. Goyon, *Les dieux-gardiens*, p. 165-166, n. 6. Ce document est en cours d'étude par Daniela Mendel-Leitz qui a eu la gentillesse de me communiquer sa transcription. Qu'elle en soit remerciée.
57 H. Beinlich, *Papyrus Tamerit 1*, p. 180, 202, pl. 16. J. Fr. Quack, *WdO* 41 (2011), p. 139.
58 J. Fr. Quack, *WdO* 41 (2011), p. 139.
59 J. Fr. Quack, *WdO* 41 (2011), p. 143.
60 D'autres dates pourraient cependant entrer en ligne de compte, voir notamment A. Spalinger, *in* : *Hommages Leclant* 4, p. 363-377.

5.2.1 Traduction et commentaire (x+1, 4-9)

ḏd mdw	**Réciter** :
[ỉ ms.w] Ḥr	[Ô enfants] d'Horus [a)],
1, 5 [... ...]*=tn* [...	**1, 5** puissiez-vous [... ... ...
stp=tn sꜣ]=tn	puissiez-vous exercer] votre [protection] [b)]
ḥr ỉt[=tn Wsỉr ḫnty]	sur [votre] [c)] père [Osiris qui préside à]
ỉmn.t **1, 6** [... ... ...]	l'Occident [d)] **1, 6** [... ... ...]
ḥnʿ (?) [... ... ... *Ḥ*]*r*	avec [e)] (?) [... ... ... Ho]rus [f)]
{*n Ms-rd.wy=f* [*mꜣʿ-ḫrw* (?)]}	{pour *Mesredouyef* [[justifié (?)]} [g)] (?)
Nw (?) *ỉry* [... ... ...] *ḏ.t*	ce qui est fait [h)] (?) [... ... ...] éternellement [i)].
1, 7 [... ... ...] *p*[...	**1, 7** [... ... ... [j)] ... ...
...]*m Ḥr nḏ* [*ỉt=f*]	... ...] [k)] Horus qui protège [son père]
Wsỉr **1, 8** [*ḫnty ỉmn.t*	Osiris **1, 8** [qui préside à l'Occident [l)]
Wsỉr] *Pꜣ-dỉ-Ḥr-pꜣ-ẖrd* [*mꜣʿ-ḫrw*	(et) l'Osiris (de)] *Padiherpakhered*, [justifié,
msỉ].*n* [*Tꜣ*]*y-Hb.t* [... ... ...] *sw*	enfanté] par [*Ta*]*hebet*, [... ... ...] lui
1, 9 [... ... ...]	**1, 9** [... ... ...] [m)]
sꜣ [... ... ...]	protection [... ... ...].

Commentaire

a) On distingue encore la main du signe . On peut envisager qu'il ait été question ensuite des [*ms.w*] *Ḥr* « [enfants] d'Horus » qui sont mentionnés plus loin (x+1, 9 ; x+2, 3) et nommés plus bas (x+1, 9-10). C'est vraisemblablement à eux que s'adressait aussi la deuxième formule (§ 5.3). L'emploi à deux reprises au moins du pronom *=tn* (x+1, 5) confirme que l'on s'adressait bien à plusieurs interlocuteurs.

b) Ce passage est restitué d'après une suggestion de Joachim Friedrich Quack. Le mot 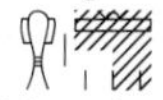 *sꜣ* « protection » figure à nouveau plus loin (x+1, 9). On trouve une phrase identique *stp=ṯn sꜣ=ṯn ḥr ỉt=ṯn Wsỉr ḫnty ʾImnty.w*, relative aux quatre fils d'Horus, dans le chapitre 137A du *Livre des morts*[61], et, sans épithète, dans deux passages des *Glorifications* I (*Spruch* 2)[62] et sur le sarcophage de *Panehemisis*[63].

c) Le choix du pronom *=tn* découle du contexte et s'inspire d'un extrait identique (*ḥr ỉt=tn*) à la ligne x+1, 10 (§ 5.3).

d) Cette restitution convient tant à la taille de la lacune qu'au contexte et semble d'autant plus crédible que l'épithète d'Osiris *ḫnty ỉmn.t* « qui préside à l'Occident » apparaît à plusieurs reprises dans le manuscrit ([x+1, 1] ; [x+1, 5] ; [x+1, 10] ; x+2, 3 ; x+6, 5 ; x+7, 6-7 ; [x+9, 12] ; x+11, 2 ; x+14, A).

S'il est correctement restitué, ce passage constitue une référence implicite au groupe interpellé décrit comme les enfants d'Osiris. Or ces derniers peuvent être rapprochés des quatre fils d'Horus qui portaient Osiris. Le papyrus Paris Louvre N. 3292 précise que chacun des enfants d'Horus est un fils d'Osiris[64]. Il est expliqué parfois qu'Horus donna

---

61 St. Quirke, *Going out in Daylight*, p. 308.

62 J. Assmann, M. Bommas, A. Kucharek, *Totenliturgien* 3, p. 50 (l. 19), 53 (l. 70).

63 Chr. Leitz, *Der Sarg des Panehemisis*, p. 28.

64 G. Nagel, *BIFAO* 29 (1929), p. 50-52 (J).

à son père ses enfants : « Tu es le quatrième de ces quatre dieux, les enfants d'Horus, <qu'Horus a donnés> à son père Osiris »[65] ou « ces dieux, les enfants d'Horus, sont ceux qu'Horus a donnés à son père Osiris »[66]. Le papyrus Leyde T 32 indique qu'Osiris est porté par ses enfants alors que c'est traditionnellement le rôle des enfants d'Horus : « tu as accès à Rê en compagnie de la Majesté d'Osiris, le jour où ses enfants le portent »[67]. La notice du 12e nome de Haute Égypte du soubassement du temple de Philae indique que « ses (Osiris) enfants l'accompagnent dans ce lieu »[68].

e) On peut peut-être reconnaître le déterminatif à la fin de la lacune qui précède le mot *ḥnꜥ* « avec ». Il n'est pas impossible que la suite de l'épithète d'Osiris « grand dieu, seigneur d'Abydos » y ait figuré (cf. x+1, 1 ; x+9, 12 ; x+11, 2).

f) D'après les traces encore visibles, on peut restituer le nom du dieu *Ḥr* « Horus » à la fin de la lacune.

g) En raison des lacunes, il n'est pas évident de définir comment s'insérait l'ajout {pour *Mesredouyef* [...]}. Si l'on suit la même logique que dans le cas de la page suivante (x+2, 3), la correction devait s'appliquer à la ligne inférieure, voir. § 5.4. Elle a donc été ajoutée là où elle semble débuter, mais il est possible que ce passage ait été plus long et qu'il ait été rattaché à un autre élément aujourd'hui en lacune.

h) En l'absence de contexte, il est difficile de traduire ce passage. On ne retiendra pas le verbe *nw* « voir », car il s'agit bien ensuite du verbe *ỉry*, ni le mot *nw* « herminette » qui ne semble pas trouver sa place ici. L'ajout du groupe n'empêche pas de considérer le démonstratif *nw* « ce », « ceci »[69]. On notera ainsi l'existence de l'expression *mỉ nw ỉr.n=k* « comme ce que tu as fait »[70]. La voix pourrait être active ou passive : *nw ỉry* [... « ce que fait [... » ou « ce qui est fait [... ».

i) C'est habituellement le signe (F20) qui est doté d'un trait diacritique[71], mais il faut tout de même lire ici (I10). À plusieurs reprises dans le papyrus Princeton Pharaonic Roll 10, un point est en effet ajouté à ce signe lorsqu'il s'agit du mot *ḏ.t* (cf. x+2, 6 ; x+12, 5 ; x+16, 12), voir § 3.2, I10.

j) On distingue encore des traces avant le déterminatif du faucon sur pavois.

k) Le déterminatif indique qu'un verbe d'action figurait à la fin de la lacune.

l) Si la restitution proposée est correcte, elle permet de déterminer la largeur approximative de la première colonne préservée du papyrus Princeton Pharaonic Roll 10, voir § 2.3.1.

m) On note la présence de traces de signes qui ne peuvent pas être identifiés avec certitude.

---

65 J. ASSMANN, *Mutirdis*, p. 30-31.
66 G. MASPÉRO, *Sarcophages* I, p. 32 (CG 29301). J.-Cl. GOYON, *Les dieux-gardiens*, p. 214-215, n. 3. Voir aussi le sarcophage Londres BM EA 32 (C. E. SANDER-HANSEN, *Anchnesneferibre*, p. 144).
67 Fr. R. HERBIN, *Parcourir l'éternité*, p. 59, 191-192 (IV, 29).
68 Chr. LEITZ, *Geographisch-osirianische Prozessionen*, p. 149, 151, 152.
69 *Wb* II, 216, 2-17.
70 *Wb* II, 216, 10.
71 U. VERHOEVEN, *Buchschrift*, p. 130-131 (F20).

5.2.2 Une formule de protection

L'un des thèmes qui ressort du champ sémantique de ce premier récitatif est celui de la protection dont fait l'objet Osiris qui préside à l'Occident. On connaît d'ailleurs la fonction des quatre fils d'Horus dans la protection d'Osiris. Ils jouent par exemple un rôle prépondérant dans les veillées horaires où ils sont plus particulièrement associés aux quatre premières heures de la nuit et du jour[72]. En outre, Horus est présenté comme le « protecteur [de son père] Osiris » (x+1, 7) conformément à son rôle de fils.

Le nom du défunt *Padiherpakhered* apparaît dans cette section (x+1, 8), à l'instar de celui de *Mesredouyef* qui a pour sa part été ajouté entre deux lignes (x+1, 5-6). Le contexte lacunaire ne permet pas d'examiner cette attestation plus précisément, mais on relèvera d'ores et déjà que les deux bénéficiaires sont mentionnés conjointement dans cette formule.

5.3 Une deuxième formule (x+1,9 – x+2,2)

La rubrique « autre formule » (*ky r(ꜣ)*), suivie de l'indication « réciter » (*ḏd mdw*), marque le début d'une nouvelle récitation, à rattacher sans doute à la précédente.

5.3.1 Traduction et commentaire (x+1,9 – x+2,2)

ky r(ꜣ) ḏd mdw	**Autre formule. Réciter :**
ms[.w Ḥr Ỉms]ty **[1, 10]** *[Ḥp]y*	Enfant[s d'Horus[a)], Am]set[b)], **[1, 10]** [Hap]y[c)],
Dwꜣ[-mw.t=f Ḳbḥ-sn].w=f	Doua[moutef, Qebehsen]ouf[d)],
[stp=tn sꜣ=tn (?)]	[puissiez-vous exercer votre protection (?)]
ḥr ỉt=tn [Wsỉr	sur votre père [Osiris[e)]
ḫnty Ỉmn]t.t	qui préside à l'Occi]dent[f)]
[1, 11] *[Wsỉr] Pꜣ-dỉ-Ḥr-[pꜣ-ẖrd*	**[1, 11]** [(et) l'Osiris (de)] *Padiher[pakhered*[g)]
… … … … …]	… … … … … …]
sḏb.w r ḫft[y.w=f	des dommages[h)] contre [s]es enne[mis
… …] *Ḥr* **[1, 12]** [… … … … … … … …	… …] Horus **[1, 12]** [… … … … … … … …
ỉw/r … … … … … …]	… … … … … … …]
ḫr psḏ.t [ʿꜣ.t (?) … … …]	auprès de la [grande (?)] ennéade [… … …][i)]
[1, 13] [… … … … … … … …] *ỉm*	**[1, 13]** [… … … … … … …] là.
ỉ[y Wsỉr Pꜣ-dỉ-Ḥr-pꜣ]-ẖrd [mꜣʿ-ḫrw	[L'Osiris (de) *Padiherpa]khered*, [justifié,
msỉ].n **[2, 1]** *[Tꜣ]y-Hb.t*	enfanté] par **[2, 1]** *[Ta]hebet*, vient[j)].
ꜣr [… …]=f	Refoulez[k)] ses [… …][l)],
ꜣr […] ỉm=f	refoulez […][m)] hors de lui.
ʿḏ.w[t]=tn	Vos couteaux[n)] sont (dirigés)
r ḫfty[.w=f	contre [ses] ennemis.
[ḥw] n=f **[2, 2]** *[Stš (?)*	[Frappez][o)] pour lui **[2, 2]** [Seth (?)[p)].
ḥw] n=f sḏb.w	Infligez][q)] pour lui des dommages[r)]
r=f [… … … …] sw [… …	contre[s)] lui [… … … …] lui [… …]
ḏw sṯy=f	son odeur est infecte[t)].

72 A. H. Pries, *Die Stundenwachen*, p. 100-102.

Commentaire

a) Il s'agit certainement des enfants d'Horus[73] qui sont nommés ensuite (x+1, 9-10). Mentionnés encore plus loin (x+2, 3), c'est à eux que s'adressait vraisemblablement déjà la première formule (§ 5.2).

b) On retrouve ailleurs dans le manuscrit une graphie similaire (x+7, 1) qui justifie de restituer 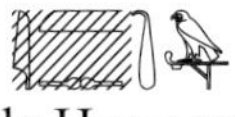 *ỉmsty*. Ce nom est également écrit  (x+14, 1 ; x+17, 7).

c) Le nom de Hapy est écrit ainsi ailleurs dans le papyrus Princeton Pharaonic Roll 10 (x+7, 1 ; x+14, 1 ; x+17, 8).

d) La restitution des noms des quatre fils d'Horus permet de confirmer la largeur de la première page préservée du manuscrit, voir § 2.3.1.

e) Un passage similaire figurait vraisemblablement plus haut (x+1, 5), voir § 5.2.1, n. b).

f) La restitution de cette épithète convient aux traces de  qui sont encore visibles.

g) Si la restitution est correcte, le nom du bénéficiaire était placé en apposition après celui d'Osiris qui préside à l'Occident, comme c'est à plusieurs reprises le cas dans le papyrus Princeton Pharaonic Roll 10. La largeur de la première colonne préservée du manuscrit peut ainsi être vérifiée, voir § 2.3.1.

h) Le terme *sḏb* peut se traduire par « impureté », « souillure », « dommage », mais aussi « obstacle », « embûche » ou encore « faute », « crime »[74]. On notera les expressions *ḥwỉ sḏb* « infliger une punition »[75] et *rdỉ sḏb* « placer un obstacle ». Dans le *Rituel d'abattre Apophis*, on trouve les tournures *wd(w) sḏb.w=k / dỉ.t(w) sḏb.w=k* « tes entraves sont disposées »[76]. Le *Livre de repousser le Mauvais* indique *dỉ.tw sḏb.w ḥꜣty.w rnp.t* « des dommages seront infligés aux démons de l'année »[77]. Le même mot réapparaît plus loin dans le papyrus Princeton Pharaonic Roll 10 (x+2, 2).

i) Les signes partiels de la fin de la ligne ne permettent pas de restituer *psḏ.t nḏs.t* « la petite ennéade », alors que celles qui figurent au début de la lacune laissent penser que l'on pourrait restituer *ꜥꜣ.t* « grande ».

j) La traduction de ce verbe par un impératif irait à l'encontre des deux phrases suivantes où le défunt est évoqué à la troisième personne.

k) Les deux verbes *ꜣr* sont rendus par des impératifs qui conviennent bien au contexte énonciatif compte tenu de la présence des enfants d'Horus, mais il pourrait aussi s'agir de verbes conjugués.

l) C'est peut-être le terme *ḫfty.w* « ennemis » qu'il convient de restituer dans la lacune, mais il pourrait aussi bien s'agir d'autres maux.

m) La lacune est assez brève. Il y aurait peut-être la place pour restituer *Stš* « Seth », mais comme il est question du bénéficiaire et non du dieu dans ce passage, c'est peut-être plutôt un pronom *=sn* « les » que l'on attendrait.

---

73 Sur ces quatre dieux, voir notamment B. MATHIEU, *ENiM* 1 (2008), p. 7-14.

74 *Wb* IV, 381,7-382,15. *AnLex* 77.4039 ; 78.3996 ; 79.2888.

75 *Wb* III, 47, 13. J. Fr. QUACK, *Studien zur Lehre für Merikarê*, p. 33. J. Fr. QUACK, *in* : *Ramesside Studies*, p. 413. On trouve aussi l'expression *ḥwỉ sḏb* dans le papyrus Brooklyn 47.218.138 (x+3, 17) (J.-Cl. GOYON, *Le recueil de prophylaxie*, p. 26) et le papyrus Londres BM EA 10252 (1, 4).

76 R. O. FAULKNER, *The Papyrus Bremner-Rhind*, p. 49 ; *JEA* 23 (1937), p. 169 qui traduit « thou art made impotent » (P. Bremner-Rhind (24, 2 ; 24, 4)).

77 S. SCHOTT, *Urkunden* VI, 141, 3-16. V. ALTMANN, *Die Kultfrevel des Seth*, p. 167.

n) La présence de *ỉm=f* avant ce mot confirme qu'il n'appartenait pas à la proposition précédente. À côté de *ꜥḏ.t* « massacre », « abattage », ce terme peut aussi se traduire par « couteau », signification qui conviendrait bien ici. On notera dans ce sens la phrase *srwḏ=ỉ ꜥḏ.t=k m ḳs.w=f* « J'ai affermi ton couteau dans ses os »[78].

o) La trace encore visible avant le groupe *n=f* du déterminatif  montre qu'un verbe figurait dans la lacune. Compte tenu de la répétition du verbe *ꜣr* (x+2, 1), il est possible que le verbe *ḥw* ait figuré là, voir *infra* n. q). Il paraît probable que l'on se soit encore adressé aux protecteurs du dieu au moyen d'un impératif.

p) D'après le déterminatif, il s'agit d'un mot désignant un ennemi. Compte tenu de la taille de la lacune, on pourrait restituer *ḫfty* « ennemi », mais le nom de Seth conviendrait également.

q) La lecture de ce verbe est incertaine, mais on la comparera à la graphie de la page suivante (x+4, 5). La locution *ḥwỉ sḏb* « infliger des dommages » est connue, voir *supra* n. 75.

r) Le terme *sḏb* figure déjà plus haut (x+1, 12), voir *supra* n. h).

s) Le sens de la préposition *r*, qui peut varier en fonction du verbe employé, ne peut pas être défini avec certitude, d'autant plus qu'il dépend aussi de l'antécédent du pronom *=f* qui pourrait être soit le défunt soit Seth qui figurait peut-être dans la lacune (x+2, 2). Dans le contexte donné, elle pourrait donc traduire une idée d'éloignement « loin de lui » ou d'opposition « contre lui ».

t) Le terme *ḏw* peut décrire le résultat de la corruption ou de la putréfaction du corps comme des émanations de celui-ci[79]. Il s'applique ainsi notamment à l'odeur (*sṯỉ*)[80] : *ỉwf n (N.)| pn m ḥwꜣ(w) m ỉmk(w) m ḏw(w) sṯ(ỉ)=k* « Chair de ce (N.)|, ne pourris pas, ne te décompose pas, que ton odeur ne devienne pas infecte »[81]. On attendrait une négation dans la lacune si le pronom *=f* se rapportait au défunt qui ferait alors l'objet de ce constat, mais les traces encore visibles ne semblent pas aller dans ce sens. Compte tenu du contexte, il faut envisager qu'il s'agisse d'une description de l'odeur de Seth, auquel se rapporterait alors le pronom *=f*.

5.3.2 Une formule de destruction

D'après l'emploi des pronoms, cette formule reprend le même modèle énonciatif que la précédente, s'adressant vraisemblablement aussi aux « enf[ants d'Horus] » (x+1, 9). Les mêmes dieux, Osiris et Horus, apparaissent, de même qu'un collège divin (x+1, 12). À nouveau, le défunt *Padiherpakhered* est nommé (x+1, 11 ; x+1, 13).

Le contenu de cette section, qui n'est guère mieux définissable que la précédente, semble plus explicitement dirigé contre des ennemis (x+1, 11 ; x+2, 1). La phrase « vos couteaux sont contre [ses] ennemis » (x+2, 1) décrit la fonction de gardiens et de protecteurs, dévolue ici aux quatre dieux interpellés. La multiplication des verbes d'action ayant pour déterminatif l'homme armé  (A24) (x+2, 1 ; x+2, 2) conforte le caractère plus agressif de cette formule, même s'ils ne peuvent le plus souvent pas être identifiés. Il va sans dire qu'une protection

78 *Edfou* II, 54, 7.

79 J. Rizzo, *BIFAO* 105 (2005), p. 315-316.

80 *Wb* IV, 349, 5-350, 1.

81 *Pyr.* § 722a-b. Cl. Carrier, *Textes des Pyramides* I, p. 360-361.

effective du dieu ne pouvait s'accomplir sans envisager la destruction des opposants de celui-ci.

5.4 Une troisième formule (x+2, 2-5)

Une nouvelle rubrique, dont les premiers mots sont écrits en rouge, introduit une troisième formule à réciter.

5.4.1 Traduction et commentaire (x+2, 2-5)

ky r(ꜣ) ḏ[d mdw ỉn]	**Autre formule ré[citée** par [a]]
ḫry-[2, 3] *[ḥ(ꜣ)b] ḥry-tp*	le ri-[2, 3] tualiste et supérieur [b]
ms.w Ḥr	et les enfants d'Horus [c]
ḏd[=sn n]	[(qu')ils] prononcent [pour] [d]
Wsỉr ḫnty [ỉmn.t]	Osiris qui préside à [l'Occident]
Wsỉr ~~Pꜣ-dỉ-Ḥr-pꜣ-ẖrd~~	et l'Osiris (de) ~~*Padiherpakhered*~~ [e]
Ms-rd.wy=f mꜣꜥ-ḫrw	*Mesredouyef*, justifié,
msỉ.n [2, 4] *[Tꜣy-H]b.t*	enfanté par [2, 4] *[Tahe]bet* :
ỉw=k [... ... ...] hn [tw ... ...]	Tu es [... [f] ... ...] réjouis- [g][toi ... ...]
sb]y.w=k ḫr	tes [adver]saires [h] tombent
ḫr ṯb[.ty=k]	sous [tes] sandales [i].
nfr [2, 5] *[.wy (?)*	[Comme il est (?)] bon [j]
... ...] ḥr wp n=k [wꜣ.t/mtn	[2, 5] [que ... ...] ouvre(nt) pour toi [le chemin [k]
r] ḥw.t=k	vers] ta demeure
[m bw nb mr]=k ỉm	[dans chaque lieu] où tu [aimes te trouver] [l].

Commentaire

a) La rubrique *ky r(ꜣ)* « Autre formule » marque le début d'une nouvelle formule. Le nom de l'officiant qui apparaît après la lacune justifie la restitution d'une préposition *ỉn* « par » indiquant l'agent.
b) Sur cet officiant, voir § 12.2.1.
c) On peut reconnaître dans ces *ms.w Ḥr* « enfants d'Horus » les quatre fils de ce dieu ou bien, ce qui conviendrait mieux ici, les quatre personnages jouant leur rôle. À Edfou, des officiants chargés de porter en procession la représentation du dieu portaient le titre *ms.w Ḥr* « enfants d'Horus »[82]. On connaît par ailleurs la charge de porteurs de la barque attribuée aux enfants d'Horus[83] et à ceux de *Mekhentyenirty*[84], qui assuraient la protection d'Osiris et prenaient part aux veillées horaires de ce dieu, comme c'est le cas dans les chapelles osiriennes de Dendara[85] et à Edfou, dans la chapelle de Sokar, où ils « le

82 *Wb* II, 140, 2. P. WILSON, *Lexikon*, p. 460. *LÄ* III, col. 52-53. M. ALLIOT, *Le culte d'Horus*, p. 337.
83 *LGG* III, p. 425-426.
84 *LGG* III, p. 423. A. EGBERTS, *In Quest of Meaning*, p. 125-127. Pour une attribution à l'Horus de Létopolis plutôt qu'à *Khenty-khety* d'Athribis, voir É. CHASSINAT, *Le mystère d'Osiris* I, p. 313-333.
85 *Dendara* X, 376, 4.

soulèvent et portent sa barque »[86]. Cette attribution, qui remonte aux *Textes des pyramides*, se retrouve régulièrement dans les textes de glorification[87]. Le papyrus dramatique du Ramesseum indique qu'Horus ordonne à ses enfants de porter son père[88]. Les enfants d'Horus portaient ainsi la barque de Sokar-Osiris le 25 Khoiak comme l'indique le *Cérémonial de glorification d'Osiris*[89]. Leur rôle est aussi rapporté par la scène 73 du rituel de l'*Ouverture de la bouche*[90] et par le texte de la première heure des veillées horaires : *ṯs tw ms.w ms.w=k ꞽImsty Ḥpy Dwꜣ-mw.t=f Ḳbḥ-snw=f* « Les enfants de tes enfants te soulèvent, (à savoir) Amset, Hapy, Douamoutef et Qebehsenouf »[91]. Par ailleurs, les représentations des quatre fils d'Horus sous la couche d'Osiris les montrent parfois en train de soutenir le lit funéraire[92]. Les enfants d'Horus sont ainsi connus comme les protecteurs du lit funéraire (*nmꞽ.t*)[93].
Ces « enfants d'Horus » ne sont plus les dieux auxquels on s'est adressé préalablement. Ils sont associés ici à la récitation en tant qu'officiants. Comme l'indique la rubrique, la formule s'adresse en effet directement à Osiris.

d) Cette restitution permet d'articuler le texte en distinguant une longue rubrique de la formule elle-même, ce qui coïncide avec la mise en forme du texte où figure un espace entre les deux (x+2, 4). Cette interprétation se justifie par le changement du système énonciatif qui marque une distinction entre une première partie explicative et la formule elle-même, au sein de laquelle se multiplient les pronoms *=k*.

e) Ce nom est resté lisible sur l'original, bien qu'il ait été tracé volontairement pour être remplacé par celui de *Mesredouyef* ajouté dans l'interligne supérieur, marquant la volonté du scribe ou d'un relecteur de voir figurer le nom de l'un plutôt que de l'autre. À propos des deux bénéficiaires du manuscrit, consulter le chapitre 4.

f) On distingue encore des traces de signes au début de la lacune.

g) Un trait est ajouté sous le déterminatif  lorsqu'il s'agit du terme *ḥms*, voir § 3.2, A7a. Ici, l'un des bras se prolonge vers l'avant et on le rendra donc plutôt  (A8b), mais on serait aussi tenté de tenir l'ensemble pour un signe ressemblant à .

h) Il faut peut-être restituer ici [*sb*]*y.w* « [adver]saires »[94] si l'on se réfère à la phraséologie de ce passage, voir *infra* n. i). Mais il pourrait aussi s'agir du mot *smꜣy.w* « confédérés », « acolytes »[95] qui figure ailleurs dans le papyrus Princeton Pharaonic Roll 10 (par exemple x+4, 1 ; x+5, 6). Le mot *ḫfty.w* « ennemis », qui est le plus répandu dans ce

---

86 *Edfou* I, 177, 4.

87 *Pyr.* § 619b ; § 1828a-1829d (PT 648) ; § 1983 (PT 670). J. ASSMANN, M. BOMMAS, A. KUCHAREK, *Totenliturgien* 1, p. 430, 438-439 ; *Totenliturgien* 3, p. 116-119.

88 K. SETHE, *Dramatische Texte*, p. 221-222. Chr. GEISEN, *The Ramesseum Dramatic Papyrus*, p. 150-151 (col. 114-116).

89 J.-Cl. GOYON, *BIFAO* 65 (1967), p. 96 et 114, n. 44 (P. Paris Louvre N. 3079, 110, 17). J.-Cl. GOYON, *Imouthès*, p. 52 (P. New York MMA 35.9.21, 19, 4-5).

90 E. OTTO, *Mundöffnungsritual* I, p. 199-203 ; II, p. 164-167.

91 H. JUNKER, *Die Stundenwachen*, p. 74 (123-124). A. H. PRIES, *Die Stundenwachen*, p. 91.

92 H. KOCKELMANN, *RdÉ* 57 (2006), p. 77-93.

93 *Edfou* I, 186, 8-12. Chr. LEITZ, *Der Sarg des Panehemisis*, p. 42 (Texte 2).

94 *Wb* IV, 87, 14 – 88, 15. P. WILSON, *Lexikon*, p. 819.

95 *Wb* III, 449, 17 – 450, 3. P. WILSON, *Lexikon*, p. 842-843.

manuscrit, n'y est en revanche pas écrit avec un double  (cf. x+4, 1 ; x+4, 3 ; x+6, 8 ; x+6, 9 ; x+7, 2 ; x+17, 10 ; x+19, 5 ; x+19, 9 ; x+20, 14).

i) Malgré la destruction du déterminatif, la lecture *ṯb.ty* « sandales » est confortée par la formule de phraséologie royale *sby.w ẖr ẖr ṯb.ty=k* (*ḏ.t*) « les adversaires tombent sous tes sandales (à jamais) » qui ne fut que tardivement transférée à la sphère privée[96]. Les représentations d'ennemis sous les pieds des momies de particuliers, qui s'accompagnent parfois de la même formule, ne semblent attestées qu'à partir de l'époque gréco-romaine[97].
Rendu aussi par « plante de pied »[98], le terme *ṯb.t* désigne anatomiquement le « pied »[99], tandis que la « plante de pied » est rendue par *ẖt n ṯb.t*. Le terme *tb.ty* « pieds » est ainsi attesté en démotique[100]. Dans le contexte donné, une traduction « pieds » serait peut-être plus appropriée, puisqu'Osiris ne semble pas porter habituellement de sandales.
Placer ainsi les ennemis en position d'infériorité marquait leur défaite dès les *Textes des pyramides*[101] et les formules furent reprises dans les *Textes des sarcophages*[102]. Dans l'une des formules du papyrus Londres BM EA 10288 (A, 1)[103] figure aussi l'expression *ẖr ṯb.ty*, mais ce passage ne nous éclaire pas plus puisqu'il est également isolé et lacunaire. Le papyrus Londres BM EA 10081 (33, 4) en donne un autre exemple : *wnn ḫfty.w=ỉ ẖr ṯb.ty=ỉ* « mes ennemis sont sous mes sandales ». On retrouve ce motif dans les textes des veillées horaires à la première heure de la nuit : *ỉn=ỉ n=k sw ẖr ṯb.ty=k* « Je l'ai amené pour toi sous tes sandales »[104]. On évoque par ailleurs dans le 10e nome de Haute Égypte des sandales en lien avec Seth qui y prenait la forme d'un hippopotame[105].

j) Le signe  ne se rattache probablement pas à *ṯb.ty* « sandales ». Le mot *nfr* marquait plus vraisemblablement le début d'une nouvelle phrase dont la suite est perdue. Une exclamation du type *nf.wy* « comme il est bon » pourrait convenir.

k) Le verbe *wp* peut revêtir plusieurs significations. D'après le contexte, il ne semble pas être question de l'expression *wp rꜣ* « ouvrir la bouche » (cf. x+3, 11). On pourrait songer en revanche à *wp wꜣ.t / mṯn* « ouvrir le chemin » qui siérait au contexte : [... ...] *ḥr wp n=k* [*wꜣ.t/mṯn r*] *ḥw.t=k* « [... ...] ouvre(nt) pour toi [le chemin vers] ta demeure ». À l'extérieur de la chapelle osirienne est n° 1, le premier officiant de la procession des

---

96 G. Rühlmann, *WZH* 20, n° 2 (1971), p. 61-84. W. K. Simpson, *ZÄS* 100 (1974), p. 50-54. W. van Haarlem, *JEA* 78 (1992), p. 294-295, pl. XXXI. J. Quaegebeur, *in : Hundred-Gated Thebes*, p. 145-146. L. H. Corcoran, *Portrait Mummies*, p. 50-55. Plus généralement sur les sandales, voir aussi J. Goffoet, *in : Amosiadès*, p. 111-123 ; C. Alfano, *I sandali*. Pour les aspects techniques, on pourra consulter les nombreuses publications d'André Veldmeijer, en dernier lieu A. J. Veldmeijer, *JARCE* 47 (2011), p. 309-334.

97 J. Quaegebeur, *in : Hundred-Gated Thebes*, p. 146. L. H. Corcoran, *Portrait Mummies*, p. 53.

98 *Wb* V, 361, 2-363, 3. G. Lefebvre, *Tableau des parties du corps*, p. 50, § 58. H. Grapow, *Anatomie*, p. 93-94. P. Wilson, *Lexikon*, p. 1161-1162.

99 J. H. Walker, *Anatomical Terminology*, p. 79-87. On relèvera notamment l'expression *m tp=f r ṯb.ty=f* « de la tête aux pieds » (J. H. Walker, *Anatomical Terminology*, p. 81).

100 M. Smith, *Papyrus Harkness*, p. 148 (l. 10, n. b).

101 M. Bommas, *Mythisierung der Zeit*, p. 61, n. 76.

102 *CT* I, 156, e-f (Spell 37) ; *CT* II, 224, f-g (Spell 148) ; VII, 162, i (Spell 946).

103 R. A. Caminos, *JEA* 58 (1972), p. 207-208, pl. XL.

104 A. H. Pries, *Die Stundenwachen*, p. 77.

105 Chr. Leitz, *Geographisch-osirianische Prozessionen*, p 135-136.

prêtres de Haute Égypte déclare : *wp.n=ỉ n=k wꜣ.t=k ꜥb.tw r ꜥb n ḏꜣy.t ỉm=s* [...] *sḥr.n.ỉ ẖꜣk.w-ỉb r=k* « J'ouvre pour toi ton chemin purifié de l'impureté ; il ne s'y trouve pas d'obstacle [...] j'éloigne les rebelles loin de toi »[106].

l) Cette restitution s'appuie sur la phraséologie bien connue qui veut qu'Osiris bénéficie de certains avantages en tout lieu.

5.4.2 Une formule liée à une procession

Comme le suggère l'usage du pronom de la deuxième personne du singulier, on s'adressait cette fois-ci non plus aux enfants d'Horus mais à « Osiris qui préside à [l'Occident] », auquel le défunt est associé par juxtaposition de son nom (x+2, 3-4). Bien que son nom ait été une fois tracé et remplacé par celui de *Mesredouyef*, *Padiherpakhered* est nommé dans les trois formules à réciter, dans lesquelles il est associé au dieu des morts. On ne peut pas définir s'il accompagnait effectivement, d'une manière ou d'une autre, Osiris dans sa tournée, mais il est clair qu'il bénéficiait, par la liturgie au moins, de la protection prévue pour lui, qui semble avoir été étendue aussi à *Mesredouyef*.

L'image des ennemis tombant sous les sandales du dieu illustre leur chute et son triomphe. Le papyrus dramatique du Ramesseum mentionne à plusieurs reprises les enfants d'Horus et évoque la domination d'Osiris sous lequel était placé Seth[107]. On pensera ainsi à la scène dans le papyrus Jumilhac, où l'on voit Osiris sur un trône dominant Seth ligoté[108].

La suite mutilée du texte faisait peut-être référence à l'ouverture d'un chemin, ce qui serait conforme à la thématique développée dans la partie initiale du manuscrit (§ 5.1) puis par le chant final du *Cérémonial pour faire sortir Sokar* (§ 5.5). La mention des enfants d'Horus en tant que membres du clergé cette fois évoque plus directement encore une procession, puisqu'ils avaient pour charge le transport du dieu : « Les enfants de *Mekhentyenirty* assurent la protection et se joignent aux enfants d'Horus pour porter leur père »[109]. Ensemble, les enfants d'Horus et ceux de *Mekhentyenirty* formaient un groupe, placé sous la direction d'un neuvième homme, qui avait pour nom les « neuf compagnons » (*smr.w*)[110]. Cette compagnie est mentionnée dans le passage relatif à la procession qui précédait le chant final dans plusieurs versions manuscrites du *Cérémonial pour faire sortir Sokar* (70-72)[111] :

> Neufs compagnons, allons ! Vos deux bras portent votre père Sokar-Osiris (et l'Osiris N.N. de même) !
> Le dieu vient, « La terre est sauve ! » (*sꜣ-tꜣ*), quatre fois[112].

---

106 *Dendara* X, 8, 10-11, pl. 9. S. Cauville, *Les chapelles osiriennes* I, p. 5. Des extraits remaniés du chant final du *Cérémonial pour faire sortir Sokar* ont été intégrés aux textes de cette procession (S. Cauville, *Les chapelles osiriennes* II, p. 14-16).

107 Chr. Geisen, *The Ramesseum Dramatic Papyrus*, p. 44 (col. 3), 45-46, n. C, 61 (col. 21), 91-92 (col. 49) et n. D.

108 J. Vandier, *Le Papyrus Jumilhac*, p. 140, 255, pl. IX.

109 *Edfou* I, 177.

110 E. Otto, *Mundöffnungsritual* I, p. 199-203 ; II, p. 11, 164-166. P. Barguet, *Le papyrus N. 3176 (S)*, p. 56 et n. 1. É. Chassinat, *Le mystère d'Osiris* I, p. 311-312.

111 J.-Cl. Goyon, *RdÉ* 20 (1968), p. 69, 80-83.

112 À propos de la phrase *ỉỉ nṯr sꜣ-tꜣ sp 4*, voir J. Fr. Quack, *in* : *Carlsberg Papyri* 7, p. 84-86. Dans la chapelle d'Hatshepsout à Karnak, cette formule accompagne aussi les porteurs de la barque (P. Lacau, H. Chevrier, *Une chapelle d'Hatshepsout*, p. 192, § 278).

Or c'est justement ce chant qui figure ensuite dans le papyrus Princeton Pharaonic Roll 10 (§ 5.5). Ce rapprochement tendrait à confirmer qu'il était question ici d'une procession, ainsi que le laissait déjà entendre le champ sémantique de la première section (§ 5.1). Le contenu de l'épisode 73 du rituel de l'*Ouverture de la bouche*[113] tend à confirmer cette interprétation. On y retrouve dans la plupart des versions du titre les « neuf compagnons » et la phrase « le dieu vient, « La terre est sauve ! » » qui devait être répétée quatre fois. La formule elle-même est adressée aux « fils d'Horus » qui sont chargés de porter leur père et au défunt à qui l'on précise qu'il sera porté « comme Horus dans la barque-*henou* ». Dans le papyrus Paris Louvre N. 3135 B (2, 16), l'apparition du dieu dans la barque-*henou*, qui précède l'*incipit* du chant final du *Cérémonial pour faire sortir Sokar*, fait probablement référence au même moment[114].

Les deux premières formules sont dévolues plus spécifiquement à la protection d'Osiris (§ 5.2) et à la destruction de ses ennemis (§ 5.3). Or ces actions s'avéraient nécessaires pour assurer la sécurité du dieu lors de ses déplacements. Les enfants d'Horus y jouaient manifestement un rôle prépondérant puisqu'elles leur étaient adressées. Qu'ils soient selon les cas des divinités ou des officiants n'interdit pas que leurs rôles respectifs aient été complémentaires.

5.5 Le chant final du *Cérémonial pour faire sortir Sokar* (x+2, 5–x+3, 8)

Introduit par une courte rubrique (x+2, 5-6), le chant final du *Cérémonial pour faire sortir Sokar hors de la Chetyt*[115], dont l'*incipit* [*ỉ ḥ*]*b sp 2 ỉty* marque le début (x+2, 7), s'étend sur les deux colonnes consécutives de la deuxième page du manuscrit et se poursuit sur la suivante (x+2, 7–x+3, 8). Bien que le papyrus présente d'importantes lacunes, on peut tout de même, grâce aux autres versions connues[116], reconstituer suffisamment bien le texte pour en suivre le déroulement et constater que seuls quatre vers manquent presque entièrement (x+2, 13-14 et x+2, 22-23).

Parallèles : leçons manuscrites

On connaît plusieurs copies manuscrites du *Cérémonial pour faire sortir Sokar*. L'une des plus connues est conservée par le papyrus Londres BM EA 10188[117], plus connu sous le nom de papyrus Bremner-Rhind (BR). Rédigé en hiératique, cette version s'étend sur quatre

---

113 E. OTTO, *Mundöffnungsritual* II, p. 165-166.

114 J.-Cl. GOYON, *RdÉ* 20 (1968), p. 82-83.

115 L'appellation « chant » convient assez bien pour une récitation versifiée, tandis que le terme « hymne », qui a aussi été employé, reflète peut-être moins bien le contenu de ce texte. Par commodité, le titre de cette composition sera dorénavant abrégé *Cérémonial pour faire sortir Sokar*.

116 Elles sont énumérées ci-dessous. Une nouvelle étude de synthèse du *Cérémonial pour faire sortir Sokar*, tenant compte de l'ensemble des documents répertoriés et d'éventuelles sources supplémentaires, ne serait sans doute pas inutile. Il n'était pas justifié de la réaliser pour préparer l'édition du papyrus Princeton Pharaonic Roll 10 qui n'en conserve qu'une portion. Il n'a pas semblé utile non plus d'allonger excessivement le commentaire qui va suivre en y intégrant systématiquement tous les parallèles que l'on se contentera de citer au besoin.

117 R. O. FAULKNER, *The Papyrus Bremner-Rhind*, p. 35-41 ; *JEA* 23 (1937), p. 12-16. J.-Cl. GOYON, *RdÉ* 20 (1968), p. 63-96 (variante). M. BELLION, *Catalogue*, p. 90-91. U. VERHOEVEN, *Buchschrift*, p. 80. A. KUCHAREK, *Klagelieder*, p. 42-43.

colonnes (18, 1-21, 6) et se termine par un bref colophon. Ce document, qui aurait été acquis à Thèbes, appartenait à un certain *Ns-Mnw* (*Nesmin*), fils de *Tꜣ-šr.t-n(.t)-tꜣ-iḥ.t / ꜥIr.ty-r=w* et de *Pꜣ-di-ꜥImn-nb-ns.wt-tꜣ.wy*, pour lequel une longue liste de prêtrises exercées à Karnak et à Hout-Sekhem est attestée[118]. D'après son colophon, ce papyrus peut être daté de l'an 12 d'Alexandre IV (305 av. J.-C.)[119].

La version du papyrus Londres BM EA 10252 (BM), qui occupe quant à elle deux colonnes du manuscrit (20-21), est en partie lacunaire[120]. Ce manuscrit hiératique, qui n'a pas encore fait l'objet d'une édition complète[121], proviendrait de Thèbes. Le père divin *Pꜣ-wrm*, connu par d'autres manuscrits religieux[122], s'est approprié ce papyrus rédigé en faveur d'un certain *Wsr-Ḫnsw*. Le colophon daté de l'an 17 du roi Nectanebo Ier doit être considéré comme une référence, et c'est l'an 11 d'Alexandre IV (306 av. J.-C.) qu'il faut retenir pour la rédaction de ce papyrus[123].

Le papyrus Berlin P. 3057 (B1), connu aussi sous le nom de papyrus Schmitt, conserve une version supplémentaire du *Cérémonial pour faire sortir Sokar*, rédigée en hiératique, qui couvre les deux dernières colonnes (30-31)[124]. D'origine inconnue, il est daté de la fin du IVe siècle av. J.-C. ou du début de l'époque ptolémaïque[125]. Aucun nom de particulier n'y figure et il n'a pas non plus été prévu d'espace réservé à cet effet. Un autre document inédit de la

---

118 R. O. FAULKNER, *The Papyrus Bremner-Rhind*, p. 32-34 ; *JEA* 23 (1937), p. 10-12. St. QUIRKE, *Owners*, p. 49 et 78-79, nº 139. M. SMITH, *Traversing Eternity*, p. 96-97. Ce personnage possédait également d'autres manuscrits : les papyrus Londres BM EA 10208 et 10209 (F. HAIKAL, *Papyri of Nesmin* ; U. VERHOEVEN, *Buchschrift*, p. 80-81; M. SMITH, *Traversing Eternity*, p. 178-192) et le papyrus Détroit Institut of Arts 1988.10.1-24 (W. H. PECK, *BDIA* 74 (2000), p. 20-31).

119 W. SPIEGELBERG, *RecTrav* 35 (1913), p. 35-40. R. O. FAULKNER, *The Papyrus Bremner-Rhind*, p. 32-34 ; *JEA* 23 (1937), p. 10-12. St. QUIRKE, *Owners*, p. 78-79, n. 139. U. VERHOEVEN, *Buchschrift*, p. 80. M. SMITH, *Traversing Eternity*, p. 96-97, 120-123.

120 J.-Cl. GOYON, *RdÉ* 20 (1968), p. 63-96 (variante). M. BELLION, *Catalogue*, p. 63-64.

121 S. SCHOTT, *Urkunden* VI. S. SCHOTT, *Die Deutung*. A. SZCZUDLOWSKA, *ZÄS* 98 (1970), pl. X. J.-Cl. GOYON, *BIFAO* 75 (1975), p. 343-347. U. VERHOEVEN, *Buchschrift*, p. 75-80. Une édition avait été annoncée par Jan Assmann et Martin Bommas (M. COENEN, B. VERREPT, *GöttMisz* 202 (2004), p. 97, n. 4). Ann-Katrin Gill prépare actuellement une thèse de doctorat sur les rituels de ce manuscrit et ce document sera inclus dans le volume de la collection *Catalogue of the Books of the Dead and Other Religious Texts in the British Museum* que prépare François Herbin.

122 St. QUIRKE, *Owners*, p. 56 et 81, nº 189. Son nom figure dans le papyrus Londres BM EA 10081 (H. KEES, ZÄS 65 (1930), p. 65-84 ; S. SCHOTT, *MDAIK* 14 (1956), p. 181-189, pl. 1*-10* ; S. SCHOTT, *ZÄS* 65 (1930), p. 35-42 ; G. BURKARD, *Spätzeitliche Osiris-Liturgien*, p. 63-83, 303-306 ; M. BOMMAS, *ZÄS* 131 (2004), p. 95-113, pl. IX-XII ; A. WÜTHRICH, *in* : *Herausgehen am Tage*, p. 153-228) et le papyrus Londres BM EA 10332 + Oxford Bodl. Ms. Egypt.d.8 (P) (M. COENEN, *OLP* 31 (2000-2005), p. 5-23 ; A. KUCHAREK, *Klagelieder*, p. 33-34). Il apparaît aussi, avec celui de son frère *Pacherkhonsou*, dans le papyrus Londres BM EA 10288 (R. CAMINOS, *JEA* 58 (1972), p. 205-224) et dans le papyrus Hohenzollern-Sigmaringen 2 (J. Fr. QUACK, *ZÄS* 127 (2000), p. 74-87 ; M. SMITH, *Traversing Eternity*, p. 200-206).

123 U. VERHOEVEN, *Buchschrift*, p. 75-80. M. SMITH, *Traversing Eternity*, p. 200.

124 G. MÖLLER, *Über die in einem...*, p. 1-3. J.-Cl. GOYON, *RdÉ* 20 (1968), p. 63-96 (variante). M. BELLION, *Catalogue*, p. 29-31. A. SZCZUDLOWSKA, *ZÄS* 98 (1970), pl. IX. La publication de ce document avait été annoncée par Albertyna Szczudlowska (G. BURKARD, *Spätzeitliche Osiris-Liturgien*, p. 179, n. 1). C'est finalement Burkhard Backes qui en assurera l'*editio princeps*.

125 G. MÖLLER, *Hieratische Paläographie* III, p. 10. G. MÖLLER, *Hieratische Lesestücke* III, p. 29. G. MÖLLER, *Über die in einem...*, p. 1.

même collection, le papyrus Berlin P. 8355 (B2), conserve une copie de ce texte comprenant le chant final[126].

Le Musée du Louvre abrite au moins trois autres copies de ce cérémonial. La version du papyrus Paris Louvre N. 3079[127] (L1) s'étend sur les trois ultimes colonnes (112-114) du papyrus et se termine par un colophon. Ce manuscrit hiératique était destiné à un certain *Ḏd-ḥr* (Téos), fils de *Tꜣ-wgš*, dont les fonctions sacerdotales laissent supposer une provenance hermonthite[128]. Ce document a été daté entre la fin du IIIe et le début du IIe siècle avant J.-C.[129]. De la même période, le papyrus Paris Louvre N. 3129[130] (L2), inédit, qui fut rédigé en faveur du père divin *Pꜣ-šr-n-Mnw*, dit *Wsỉr-wr*, fils de *ꜣs.t wr.t*, en conserve une autre version (cartons O-P = 40-41). Daté de l'époque romaine (fin du Ier siècle av. J.-C.), le papyrus Paris Louvre N. 3135 B[131] (L3), inédit, débute par une version abrégée de ce cérémonial (col. 1, 1-2, 54) rédigée en hiératique et entrecoupée de passages en démotique.

Dans le papyrus Caire JdE 97.249/15[132] (C), provenant de l'Assassif, le *Cérémonial pour faire sortir Sokar* occupe trois colonnes (x+1, 1–x+3, 24) et s'achève par un colophon. Ce manuscrit hiératique, rédigé au nom d'un certain *Ns-bꜣ-nb-ḏd*, fils de *Ns-Ḫnsw*, a été daté de la 30e dynastie[133].

Il faut encore citer le papyrus New York MMA 35.9.21[134] (NY) rédigé en faveur de *Ỉy-m-ḥtp* (*Imouthès*), fils de *Pꜣ-šr-n(.t)-tꜣ-ỉḥ.t* (*Psintaês*) et de *Ṯḥn.t* et qui proviendrait de Meir en Moyenne Égypte. Ce document est daté de la première partie de l'époque ptolémaïque

---

126 J.-Cl. GOYON, *RdÉ* 20 (1968), p. 64, n. 2 et p. 63-96 (variante). U. KAPLONY-HECKEL, *Ägyptische Handschriften* III, p. 97, no 281. Je remercie Jean-Claude Goyon qui avait eu la gentillesse de me confirmer d'après ses notes que le chant final y est bien préservé.

127 Th. DEVÉRIA, *Catalogue*, p. 123-124 (III, 99). W. SPIEGELBERG, *ZÄS* 53 (1917), p. 94-97. J.-Cl. GOYON, *BIFAO* 65 (1967), p. 89-156, pl. XVIII-XXII. J.-Cl. GOYON, *RdÉ* 20 (1968), p. 63-96. M. BELLION, *Catalogue*, p. 194-195. Pour une bibliographie relative au *Livre des morts* contenu par ce manuscrit, voir *Totenbuch-Projekt Bonn*, TM 56591.

128 J.-Cl. GOYON, *BIFAO* 65 (1967), p. 92-94. J.-Cl. GOYON, *RdÉ* 20 (1968), p. 63, n. 1.

129 J.-Cl. GOYON, *BIFAO* 65 (1967), p. 91. J.-Cl. GOYON, *RdÉ* 20 (1968), p. 64, n. 1.

130 Th. DEVÉRIA, *Catalogue*, p. 93 (III, 55). S. SCHOTT, *Urkunden* VI. J.-Cl. GOYON, *RdÉ* 20 (1968), p. 63-96 (variante). J. ASSMANN, M. BOMMAS, A. KUCHAREK, *Totenliturgien* 3, p. 19. Sur le *Livre des morts* qu'il forme avec les papyrus Bruxelles MRE 4976, papyrus Cracovie AM XI 1503-1506 et XI 1508-1511, papyrus New York, Pierpont Morgan Library Amherst Eg. 30 et papyrus Paris Louvre E. 4890 B, voir Fl. ALBERT, *Le Livre des Morts d'Aset-Ouret*, p. 148 et n. 850 et consulter *Totenbuch-Projekt Bonn*, TM 56940.

131 Th. DEVÉRIA, *Catalogue*, p. 151 (V, 17). J.-Cl. GOYON, *RdÉ* 20 (1968), p. 63-96 (variante). Le papyrus Paris Louvre N. 3135 B et le papyrus Vienne KM ÄZ 3871 forment un seul document dont Jacco Dieleman prépare actuellement l'édition (J. DIELEMAN, *in* : *Ägyptische Rituale*, p. 171-183 ; J. DIELEMAN, *in* : *Liturgical Texts for Osiris and the Deceased*, p. 217-232). Sur ce manuscrit qui présente d'autres points communs avec le papyrus Princeton Pharaonic Roll 10, voir § 7.7.

132 D. BIDOLI, *MDAIK* 26 (1970), p. 4-7. G. BURKARD, *Die Papyrusfunde*, p. 60-68, pl. 46-47. G. BURKARD, *Spätzeitliche Osiris-Liturgien*, p. 19-20 et 228-249.

133 G. BURKARD, *Die Papyrusfunde*, p. 60.

134 J.-Cl. GOYON, *RdÉ* 20 (1968), p. 63-96 (variante). M. BELLION, *Catalogue*, p. 230-231. J.-Cl. GOYON, *Imouthès*. M. MÜLLER, *LingAeg* 10 (2002), p. 437-440. M. SMITH, *RdÉ* 57 (2006), p. 217-232. M. SMITH, *Traversing Eternity*, p. 67-95, 135-151, 152-166.

(entre 320 et 250 av. J.-C.)[135]. Cette copie occupe les six dernières colonnes du manuscrit (col. 57-62) et se termine par un colophon[136].

On mentionnera encore un papyrus hiératique appartenant à la même collection que le papyrus Princeton Pharaonic Roll 10 (P1), le papyrus Princeton GD 974[137] (P2). Ce document, qui ne comprend qu'une seule page, conserve uniquement une version du chant final du *Cérémonial pour faire sortir Sokar* qui se termine par un colophon. Aucune mention d'un éventuel propriétaire n'est préservée dans les deux colonnes conservées. D'origine inconnue, il est daté de l'époque ptolémaïque.

Le papyrus Oxford Bodl. Ms. Egypt.a.3 (P)[138] (O) fournit pour sa part une copie singulière du *Cérémonial pour faire sortir Sokar*. Ce manuscrit encore inédit est daté de la deuxième moitié du Iᵉʳ siècle av. J.-C. et proviendrait d'Akhmim. Parmi plusieurs autres liturgies rédigées en démotique, une version du *Cérémonial pour faire sortir Sokar* inscrite en hiératique en occupe sept colonnes (2-8). Elle ne comprend pas moins de 166 lignes, ce qui dépasse largement la longueur des autres versions.

Enfin, le papyrus Carlsberg 656[139] (T), provenant de Tebtynis et daté du IIᵉ siècle apr. J.-C., préserve une douzaine de lignes fragmentaires de ce cérémonial, qui couvrent justement le chant final.

En outre, l'*incipit* du chant final du *Cérémonial pour faire sortir Sokar* apparaît à deux reprises dans le papyrus Paris Louvre N. 3176 (S)[140] (L4), daté du début de l'époque romaine[141]. Ce manuscrit hiératique, dont six colonnes sont conservées, se divise en deux parties : la *Sortie en procession de Ptah-Sokar-Osiris*[142] et une description de la procession réalisée lors des fêtes d'Osiris dans le temple de Karnak, où figurent les deux incipits (VI, 2 et 10)[143].

On recense donc au moins treize copies sur papyrus du *Cérémonial pour faire sortir Sokar*, si l'on compte le papyrus Princeton Pharaonic Roll 10. Ces versions manuscrites sont toutes écrites en hiératique et leurs dates de rédaction s'échelonnent entre la fin du IVᵉ siècle av. J.-C. et le IIᵉ siècle apr. J.-C. Plusieurs d'entre elles proviennent de Thèbes et de sa région, mais il vaut probablement mieux se garder d'en tirer une règle.

---

135 J. Fr. QUACK, *SAK* 32 (2004), p. 331, n. 20. M. SMITH, *RdÉ* 57 (2006), p. 217. Jean-Claude Goyon considère pour sa part une datation plus ancienne à la fin du 4ᵉ siècle av. J.-C. (J.-Cl. GOYON, *Imouthès*, p. 1-7).

136 J.-Cl. GOYON, *Imouthès*, p. 95-100, pl. XLI-XLIII.

137 M. MÜLLER, *Enchoria* 28 (2002-2003), p. 82-84, pl. 12-13.

138 M. SMITH, *BLR* 14 (1992), p. 242-246. M. SMITH, *in* : *Sesto Congresso*, p. 491-495. M. DEPAUW, *A Companion to Demotic Studies*, p. 119. M. SMITH, *in* : *Perspectives on Panopolis*, p. 237. M. SMITH, *Traversing Eternity*, p. 650-662. M. SMITH, *in* : *Ägyptische Rituale*, p. 145-155.

139 J. Fr. QUACK, *in* : *Carlsberg Papyri* 7, p. 65-68, pl. 6 et 6A.

140 Th. DEVÉRIA, *Catalogue*, p. 167-168 (VII, 1). P. BARGUET, *Le papyrus N. 3176 (S)*. M. BELLION, *Catalogue*, p. 210.

141 J. Fr. QUACK, *RdÉ* 49 (1998), p. 255 et n. 2. Par ailleurs, le nom du copiste, *Pacherkhonsou* (*Pꜣ-šr-Ḫnsw*), fils de *Chéchonq* (*Ššnḳ*) et de *Irtyrou* (*ꞽIr.ty-r=w*), y a été inséré (P. BARGUET, *Le papyrus N. 3176 (S)*, p. 13, 57-58, pl. I-III (x+IV, 28-29).

142 Voir encore P. Caire JdE 97.249/14. G. BURKARD, *Die Papyrusfunde*, p. 55-59, pl. 44 ; *Spätzeitliche Osiris-Liturgien*, p. 17-19, 206-227. A. KUCHAREK, *Klagelieder*, p. 43-44.

143 P. BARGUET, *Le papyrus N. 3176 (S)*, p. 19-20, 22-23, 45-46, pl. III (VI, 2 ; VI, 10).

Parallèles : sources monumentales

Les sources monumentales préservent aussi quelques versions du *Cérémonial pour faire sortir Sokar*. À Médinet Habou (MH), le registre supérieur du mur sud de la seconde cour du temple de Ramsès III contient des scènes illustrant la fête de Sokar du 26 Khoiak, où les vers du chant final sont gravés[144]. Leur séquence diffère de celle des papyrus, mais des paires similaires étaient déjà formées : 73-74-82-83-77-NN-80-81-NN-86*-87*-NN-79-91-88-89-90-84-85-86-87-75-76-93-94.

Dans le temple d'Hibis (H), un hymne gravé sur la paroi sud de l'escalier (K1), menant vers une salle osirienne (K2), reprend certains vers du chant final du *Cérémonial pour faire sortir Sokar*[145]. Dans cette version remontant à la Première Domination perse, l'ordre des vers suit celui du temple de Médinet Habou : 79*-91-88*-89-90*-84-85. À la suite de ce passage est évoqué un sacrifice de bovidés (l. 15-16), puis la fête du piochage de la terre (l. 16).

Les chapelles osiriennes construites sur le toit du temple de Dendara conservent plusieurs versions du chant final du *Cérémonial pour faire sortir Sokar*. La plus complète est gravée sur le montant de la chapelle osirienne ouest n° 1 (D1). Son *incipit* est en lacune, mais on reconnaît le reste du chant dont les vers apparaissent selon l'ordre attesté dans les manuscrits[146]. Le soubassement de la chapelle est n° 1, sur lequel on peut voir une procession de prêtres de Haute Égypte sortant dans la cour, recèle une version évoluée de ce même chant (D2). À partir du modèle connu par les versions sur papyrus, les rédacteurs ont ajouté de nouveaux vers construits à partir de l'un des mots essentiels du texte original[147]. Cette version est en cela comparable à celle du papyrus Oxford Bodl. Ms. Egypt. a. 3. On notera que la barque de Sokar est représentée au fond de la chapelle. Le côté opposé est occupé par la barque d'Osiris et une procession de prêtres de Basse Égypte[148]. Sur les montants de l'encadrement extérieur de la chapelle ouest n° 2 (D3), un hymne à l'éveil adressé à Osiris présente une lointaine parenté avec ce chant dont il a intégré certains éléments[149]. Cet hymne était semble-t-il récité pendant la cérémonie de l'*Ouverture de la bouche*, dont les représentations occupent le premier registre de la chapelle[150].

Des monuments funéraires privés ont aussi gardé mémoire de cette composition. Il semble que des extraits au moins de ce rituel aient été copiés dans des tombes privées du Nouvel Empire déjà, comme c'est le cas dans la chapelle du vizir *Paser* à Médinet Habou ou dans la

---

144 *Medinet Habu* IV, pl. 196, 218-226, en particulier pl. 224. G. WOHLGEMUTH, *Das Sokarfest*. G. A. GABALLA, K. A. KITCHEN, *Orientalia* 38 (1969), p. 1-76, en particulier p. 6-8. J.-C. GOYON, *RdÉ* 20 (1968), p. 86-87.

145 N. de Garis DAVIES, *Hibis* III, pl. 23, l. 12-15. G. WOHLGEMUTH, *Das Sokarfest*, p. 67 et 135, n. 195. A. BARUCQ, Fr. DAUMAS, *Hymnes et prières*, p. 301, 304. E. CRUZ-URIBE, *Hibis* I, p. 98. J. Fr. QUACK, *in* : *Carlsberg Papyri* 7, p. 65, n. 1.

146 *Dendara* X, 268, 11 – 269, 3, pl. 150, 161. S. CAUVILLE, *Chapelles* I, p. 143-144. S. CAUVILLE, *Chapelles osiriennes* II, p. 134.

147 *Dendara* X, 9, 7-18, 3, pl. 9-11 et 19-21. S. CAUVILLE, *Chapelles osiriennes* I, p. 5-10. J.-Cl. GOYON, *RdÉ* 20 (1968), p. 87-88 qui ne cite que les vers directement parallèles. Les vers apparaissant sous les n°s 7, 12, 18, 20, 23, 26, 32, 35, 39, 42, 45, 48, 53, [56], 57, 58, 59, 60 correspondent à ceux du chant final tandis que les autres sont des adjonctions au cérémonial ancien (S. CAUVILLE, *Chapelles osiriennes* II, p. 14-16). On pourra comparer cette adaptation à la version longue du papyrus Oxford Bodl. Ms. Egypt.a.3 (P), voir *supra*.

148 *Dendara* X, p. 19-26, pl. 12-14 et 22-24. S. CAUVILLE, *Chapelles osiriennes* I, p. 11-13.

149 *Dendara* X, 312, 5-6 et 313, 11-12, pl. 180 et 209. S. CAUVILLE, *Chapelles osiriennes* I, p. 168-169 et II, p. 153-154. H. BEINLICH, *RdÉ* 32 (1980), p. 26-28. J.-Cl. GOYON, *Imouthès*, p. 95-96.

150 S. CAUVILLE, *Chapelles* II, p. 154.

tombe de *Tjanefer*, mais les identifications sont rendues difficiles par l'état fragmentaire des scènes[151]. La tombe de *Padiastarté*[152] (Pad), située dans l'oasis de Bahariya et datée de la 26e dynastie, associe le début du chant final du *Cérémonial pour faire sortir Sokar* avec des formules du rituel de l'*Ouverture de la bouche*. Deux colonnes rétrogrades, situées sur le mur sud de la deuxième chambre, conservent les trois premiers vers du chant final (73-74-75).

Des extraits du début de ce chant figurent aussi dans la tombe de *Pétosiris* (Pet) à Hermopolis Magna. Ce monument remonte à la période de transition entre la Seconde Domination perse et le début de l'époque ptolémaïque. La scène qui occupe le registre médian du mur est de la chapelle montre un convoi funéraire[153]. Le sarcophage déposé sur un chariot est tiré par trois prêtres (*ḥm.w-nṯr*), accompagnés d'un prêtre-*sem* qui procède à un encensement. Les légendes gravées auprès d'eux correspondent aux trois premiers vers du chant final du *Cérémonial pour faire sortir Sokar* (73-74-75). En tête du convoi, un groupe de trois hommes s'avance ; il s'agit du « chœur des rythmeurs » (*šsp.t dḫn*)[154].

La faveur de ce chant s'est étendue au-delà des frontières de l'Égypte et on en retrouve la trace jusqu'à Méroé. Dans le cimetière de Nuri (N), des représentations de la procession de la barque de Sokar, datées du début de l'époque ptolémaïque, sont accompagnées du début du chant final du *Cérémonial pour faire sortir Sokar* (73-75-76)[155].

Les sources monumentales, issues de temples ou de tombes, ne présentent pas la composition telle qu'elle est préservée par les manuscrits. Seul le chant final, ou une partie de celui-ci, y est reproduit et le reste du rituel n'y apparaît pas. Leur double origine, sacerdotale et funéraire, recoupe les données des manuscrits en ce qui concerne l'emploi du cérémonial tant dans le culte divin que dans le culte funéraire. Un autre intérêt de cette documentation, qui s'étend du Nouvel Empire à l'époque romaine, réside dans le fait qu'elle est imagée et intégrée dans un contexte liturgique, dont on peut retirer des indications concernant le déroulement de la célébration.

5.5.1 Traduction et commentaire (x+2, 5 – x+3, 8)

ḏd mdw ḥr nỉs	Réciter en psalmodiant [a)]
[*ỉn*] *ḫry*-2, 6[*ḥ*(*ꜣ*)*b*(*.t*) *ḥm*].*w*-[*nṯr*]	[par] le ri-2, 6 tua[liste, les prêtr]es,
[*ỉ*]*t.w-nṯr wꜥb*[.*w*]	les [pères] divins [b)] et les prêtres-purs
ḏ.t m ḏd	éternellement [c)], en disant :
2, 7 [*ỉ ḥb*] *sp 2 ỉty*	2, 7 [Ah ! Sois triomphant [d)]] sans cesse [e)], prince [f)] !
2, 8 [*ỉ nḏm*].*wy ḫnm*	2, 8 [Ah !] Comme [il est agréable] le parfum [g)]
mr=k	que tu aimes !
2, 9 [*ỉ ꜥn*]*ḫ.tỉ sp* [*2*]	2, 9 [Ah ! Puisses]-tu vivre en étant vivant [h)]

151 S. Schott, *Wall Scenes*, p. 8-12, en particulier 11-12, pl. 2. K. C. Seele, *The Tomb of Tjanefer*, pl. 4 et 36. J.-Cl. Goyon, *RdÉ* 20 (1968), p. 64, n. 3.

152 A. Fakhry, *Bahria Oasis* I, p. 115, fig. 82. J. Fr. Quack, *in* : *Carlsberg Papyri* 7, p. 65, n. 1 et p. 83-84. J. Fr. Quack, *in* : *Liturgical Texts for Osiris and the Deceased*, p. 154.

153 G. Lefebvre, *Le tombeau de Pétosiris* I, p. 128-130, II, p. 60 (no 81a) et III, pl. 28-30 et 32-34. N. Cherpion, J.-P. Corteggiani, J.-Fr. Gout, *Pétosiris*, p. 132-135. J.-Cl. Goyon, *RdÉ* 20 (1968), p. 88. E. Lüddeckens, *Totenklagen*, p. 166-167.

154 Voir § 12.2.2.

155 S. E. Chapman, D. Dunham, *Decorated Chapels*, T. 5A et 18E. G. Wohlgemuth, *Das Sokarfest*, p. 100-102, 150-151, n. 333 et 334. J. Fr. Quack, *in* : *Carlsberg Papyri* 7, p. 65, n. 1 et p. 84, n. 46.

r nḥḥ	à jamais !
2, 10 *[ỉ ḥb]=k n ḏ.t*	2, 10 [Ah !] Puisses-tu [triompher] pour toujours [i)] !
2, 11 *[ỉ sn]-tꜣ*	2, 11 [Ah ! On se pros]terne [j)] (lorsque)
wbꜣ(w) [n]=k [wꜣ.wt]	[les chemins] sont ouverts [k)] [pour] toi [l)].
2, 12 *[ỉ ḏd].tỉ*	2, 12 [Ah ! Puisses]-tu être stable [m)]
m Ḏdw ḥ[r.t]	dans la Bousiris supé[rieure] [n)] !
2, 13 *[ỉ nṯr sḏm=k*	2, 13 [Ô dieu, puisses-tu entendre [o)]
sꜣ-tꜣ]	« La terre est sauve ! » [p)]] !]
2, 14 *[hy sḏm=k sꜣ-tꜣ*	2, 14 [Ah ! [q)] Puisses-tu entendre [r)] « La terre est
m r(ꜣ) n] spꜣ.wt [nṯr]	sauve ! » à l'entrée des] nomes [divins [s)]] !
2, 15 *ỉ bs m ỉr.t=f*	2, 15 Ah ! L'initié à sa fonction [t)],
sꜣ ḥm-nṯr	le fils d'un prêtre [u)],
2, 16 *ỉ stp-sꜣ*	2, 16 Ah ! Celui qui assure la protection
ḫft ḏd.wt=k	selon tes préceptes [v)],
2, 17 *ỉ mk(.w)*	2, 17 Ah ! Il (l'officiant) [w)] est protégé [x)]
ḥr ỉry mr.t=k	en accomplissant ce que tu aimes,
2, 18 *ỉ mk.w*	2, 18 Ah ! Il (l'officiant) est protégé
ḥr ỉry hs[.wt=k]	en accomplissant [ce que tu] récompenses.
2, 19 *ỉ ḥms mỉ ỉr=k*	2, 19 Ah ! (Toi qui es) assis [y)], viens donc :
wr[ḏ.w-ỉb pw]	[c'est Celui dont le cœur est] las [z)] !
2, 20 *[ỉ sꜣ ḥm-ntr]*	2, 20 [Ah ! Le fils du prêtre],
šd.n=f ḥ(ꜣ)b(.t)	il a récité le rituel de fête !
2, 21 *[ỉ ḏd] r[n]*	2, 21 [Ah ! Durable de nom [aa)]]
m Ḏdw [ḥr.t (?)]	dans la Bousiris [supérieure [bb)] (?)] !
2, 22 *[ỉ nḏm sṯy*	2, 22 [Ah ! Celui dont l'odeur est suave
m] Ḏ[dw ḥr.t]	dans la] Bou[siris supérieure] !
2, 23 *[ỉ mỉ dr sbỉ.w]*	2, 23 [Ah ! Viens et chasse les adversaires] [cc)] !
3, 1 *ỉ mỉ sbꜣ nḫn*	3, 1 Ah ! Viens et instruis l'enfant [dd)] !
3, 2 *ỉ dỉ.t snḏ=f*	3, 2 Ah ! Celle qui inspire la crainte de lui [ee)]
m ḫꜣk.w-ỉb	parmi les rebelles !
3, 3 *ỉ ỉr bꜣk*	3, 3 Ah ! Quant au [ff)] serviteur
šms [nb]=f	qui suit son [maître],
3, 4 *nn sḫm ḥm n Bꜣst.t*	3, 4 la majesté [gg)] de Bastet n'aura pas pouvoir
ỉ[m=f]	[sur lui] [hh)] !
3, 5 *ỉ ḫꜣk{.w}-ỉb*	3, 5 Ah ! (Mais) le rebelle [ii)]
msḏ [ḥw.t-nṯr]	qui hait [jj)] [le temple],
3, 6 *[ḫw]=tw mnỉw r [ḫḫ]=f*	3, 6 on [plante [kk)]] un pieu [ll)] dans sa [gorge] !
3, 7 *ỉ ỉỉ nb Ḏdw*	3, 7 Ah ! Le maître de la Bousiris
[ḥr.t]	[supérieure] vient [mm)],
3, 8 *[ḫw(w)] n=f ḫꜣk.w-ỉb*	3, 8 les rebelles sont [frappés] pour lui [nn)] !
[… … … …]	[… … … …] [oo)].

Commentaire

a) Cette traduction avec un participe présent rend l'emploi de la préposition *ḥr* qui peut, avec un infinitif, commander une action concomitante[156]. Le verbe *nỉs* « psalmodier »[157] figure dans la notice finale qui accompagne ce chant dans le temple de Médinet Habou, où il est indiqué que le ritualiste et chef récitait les formules tandis qu'un chœur lui répondait[158].

b) Les restitutions proposées tiennent compte des dimensions des lacunes et d'une énumération similaire qui apparaît plus loin sous la même forme (x+14, 1), voir § 8.2.2.

c) Une lecture *ḏ.t m ḏd* « éternellement, en disant » est préférable à *ḏd m ḏd* « Dire en disant ». Dans le papyrus Princeton Pharaonic Roll 10, un point diacritique accompagne volontiers le groupe *ḏ.t*, voir § 5.2.1, n. i).

d) Le sens « triompher » peut être attribué au verbe *ḥb*[159].

e) En plus de marquer la répétition, l'expression *sp 2*, parfois rendue par « *bis* », peut revêtir un sens exclamatif ou superlatif, et exprime aussi le distributif ou le fréquentatif[160].

f) L'appellation *ỉty* « prince »[161] s'applique notamment à Osiris, Sokar-Osiris et Osiris-Sokar. Cette forme d'Osiris était largement vénérée dans le Fayoum[162], mais elle est aussi attestée à Bousiris et à Saïs[163], à Athribis[164], à Abydos ou encore à Aphroditopolis[165]. Son origine reste discutée. Osiris-*ity* partage son caractère souverain et sa coiffe avec *Andjty*, le dieu primitif du nome bousirite[166].

g) Le déterminatif  n'est attesté autrement que par le papyrus Princeton GD 974 (x+1, 2)[167]. Ce vers ferait référence à l'encensement qui accueillait le dieu[168].

h) Certains auteurs ont considéré cette forme comme un impératif[169], tandis que Günter Burkard et Joachim Friedrich Quack usent d'un subjonctif : « mögest du leben »[170]. La leçon du papyrus Carlsberg 656 diverge des autres versions : *ỉ ʿnḫ ʿnḫ.tỉ r* [*nḥḥ*] « Ô Vivant, puisses-tu vivre à jamais »[171].

---

156 M. Malaise, J. Winand, *Grammaire raisonnée*, p. 162, § 236.
157 *Wb* II, 204, 1-205, 4.
158 *Medinet Habu* IV, 224. G. Wohlgemuth, *Das Sokarfest*, p. 67. G. A. Gaballa, K. A. Kitchen, *Orientalia* 38 (1969), p. 8.
159 E. Lüddeckens, *Totenklagen*, p. 166-167.
160 S. Schott, *ZÄS* 79 (1954), p. 54-65. Fr. Hintze, *ZÄS* 80 (1955), p. 76-77. Fr. Daumas, *in*: *Miscellanea Vergote*, p. 109-123.
161 *LGG* I, p. 588-591.
162 H. Kees, *ZÄS* 88 (1962), p. 28-32. H. Wild, *BIFAO* 69 (1971), p. 107-113. P. Vernus, *Athribis*, p. 290-293, 418-419. M. Smith, *Mortuary Texts*, p. 61, n. d. M. Zecchi, *in* : *Fayyum Studies* 2, p. 119-122. I. Guermeur, *in* : *Verba manent*, p. 190. G. Widmer, *in* : *Le culte d'Osiris*, p. 90-93.
163 H. De Meulenaere, *BIFAO* 60 (1960), p. 124.
164 P. Vernus, *Athribis*, p. 451-452.
165 Kh. El-Enany, *BIFAO* 112 (2012), p. 130 et n. b).
166 À propos de ce dieu, voir Chr. Favard-Meeks, *Le temple de Behbeit el-Hagara*, p. 452-458 ; O. Perdu, *BSFÉ* 159 (2004), p. 9-28 ; O. Perdu, *RdÉ* 56 (2005), p. 129-166 ; *LGG* II, p. 175-176, 540.
167 M. Müller, *Enchoria* 28 (2002-2003), pl. 12-13.
168 R. O. Faulkner, *JEA* 23 (1937), p. 16. J.-Cl. Goyon, *RdÉ* 20 (1968), p. 95, n. 59.
169 J.-Cl. Goyon, *RdÉ* 20 (1968), p. 69. J.-Cl. Goyon, *Imouthès*, p. 99. S. Cauville, *Chapelles* I, p. 143. M. Müller, *Enchoria* 28 (2002/2003), p. 83 et 84, n. c.
170 G. Burkard, *Spätzeitliche Osiris-Liturgien*, p. 234. J. Fr. Quack, *in* : *Carlsberg Papyri* 7, p. 65-66 et n. b.
171 J. Fr. Quack, *in* : *Carlsberg Papyri* 7, p. 65-66, pl. 6 et 6A.

i) Sylvie Cauville comprend « ta fête est éternelle ! »[172]. Le papyrus Carlsberg 656 livre une version différente *ỉ ḥb ḳmꜣ ḏ.t* « Ô le Festif qui crée l'éternité »[173].

j) La tournure est impersonnelle dans tous les exemples, bien qu'un pronom suffixe *=ỉ* ait parfois été suppléé[174]. Le rite *sn-tꜣ* « embrasser la terre » était une prosternation.

k) Ce verbe apparaît sous une forme passive dans la plupart des exemples[175], mais dans le papyrus Paris Louvre N. 3079 (114, 14) un pronom *=ỉ* est indiqué[176].

l) On remarque la trace d'un pronom *=k* qu'il est difficile de rattacher avec certitude à l'un ou l'autre élément puisqu'il n'est pas attesté par les autres versions. Le considérer comme un datif est l'alternative retenue, mais il pourrait aussi s'agir d'un possessif (*wbꜣ* [*wꜣ.wt*]*=k* « ouvrir tes [chemins] »). On pourrait également considérer ce pronom comme le sujet du verbe : *wbꜣ=k* [*wꜣ.wt*] « (quand) tu ouvres [les chemins] ! ».

m) La forme  est commune à presque toutes les versions, mais elle est remplacée par  *Ḏd* « Pilier-*djed* » dans le papyrus New York MMA 35.9.21 (61, 13)[177] et le papyrus Princeton GD 974 (x+1, 6)[178].

n) La « Bousiris supérieure », considérée comme un lieu mythique[179] ou comme une réalité géographique[180], serait une désignation de l'une des chapelles osiriennes[181]. Rapprochée de la *Dwꜣ.t ḥr.t* « *Douat* supérieure » et de la *šty.t ḥr.t* « *Chetyt* supérieure », elle serait le « tombeau » provisoire du simulacre osirien qui y demeurait toute une année par opposition à la *Douat* inférieure qui constituait son lieu d'ensevelissement définitif[182]. Sous ces appellations se cachent donc probablement moins une localisation précise qu'une fonction.

o) Contrairement aux autres versions, le papyrus New York MMA 35.9.21 (61,14) et le papyrus Carlsberg 656 (x+8) donnent *sḏm n=k* « Entends donc »[183], ce qui pourrait aussi constituer une leçon possible pour le papyrus Princeton Pharaonic Roll 10.

p) Le papyrus Carlsberg 656 (x+8) donne 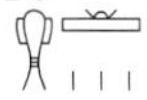 au lieu de  [184]. L'expression *sꜣ-tꜣ* « La terre est sauve ! »[185] est une exclamation festive souvent rendue par « jubilation »,

172 S. CAUVILLE, *Chapelles* I, p. 143.

173 J. Fr. QUACK, *in* : *Carlsberg Papyri* 7, p. 65-66 et n. c.

174 J.-Cl. GOYON, *RdÉ* 20 (1968), p. 69. J. Fr. QUACK, *in* : *Carlsberg Papyri* 7, p. 66, n. d.

175 G. BURKARD, *Spätzeitliche Osiris-Liturgien*, p. 234-235, n. 54 (P. Caire JdE 97.249/15 (x+3, 5)). J.-Cl. GOYON, *Imouthès*, p. 99, pl. XLIII (P. New York MMA 35.9.21 (61, 12)). M. MÜLLER, *Enchoria* 28 (2002/2003), p. 83 et 84, n. d), pl. 12-13 (P. Princeton GD 974 (x+1, 5)). J. Fr. QUACK, *in* : *Carlsberg Papyri* 7, p. 65 et 66, n. d (P. Carlsberg 656 (x+7)).

176 J.-Cl. GOYON, *RdÉ* 20 (1968), p. 69, pl. I.

177 J.-Cl. GOYON, *Imouthès*, p. 99, pl. XLIII.

178 M. MÜLLER, *Enchoria* 28 (2002/2003), p. 83, pl. 12-13.

179 J.-Cl. GOYON, *RdÉ* 20, p. 95, n. 62.

180 G. WOHLGEMUTH, *Das Sokarfest*, p. 72-76. M. MÜLLER, *Enchoria* 28 (2002/2003), p. 84, n. e.

181 É. CHASSINAT, *Le mystère d'Osiris* II, p. 618-621.

182 Chr. LEITZ, *ZÄS* 116 (1989), p. 41-57. P. P. KOEMOTH, *Osiris et les arbres*, p. 112-113. J. Fr. QUACK, *WdO* 31 (2000/2001), p. 5.

183 J.-Cl. GOYON, *Imouthès*, p. 100, pl. XLIII. J. Fr. QUACK, *in* : *Carlsberg Papyri* 7, p. 65-67 et n. f), pl. 6 et 6A.

184 J. Fr. QUACK, *in* : *Carlsberg Papyri* 7, p. 65-67 et n. f, pl. 6 et 6A.

185 *Wb* III, 416, 4-10. P. WILSON, *Lexikon*, p. 785.

« adoration », « hommage »[186], mais aussi « chant de fête », « chant de joie »[187], probablement parce qu'elle est souvent associée à des termes désignant des réjouissances (*hn*, *hy*). On retrouve cette expression dans la phrase *ỉy/ỉw nṯr s3-t3 sp 4* « Le dieu vient ; « La terre est sauve ! », quatre fois » qui accompagne régulièrement le chant final du *Cérémonial pour faire sortir Sokar* et se retrouve dans d'autres contextes[188].

q) Cette proposition constitue la première partie d'une plus longue phrase dont ne subsistent ici que quelques traces et dont les versions parallèles sont trop disparates pour en proposer une restitution. Contrairement à la plupart des versions, ce vers est copié sur deux lignes comme dans le papyrus Caire JdE 97.249/15 (x+3, 7-8) et le papyrus Carlsberg 656 (x+8-9)[189]. Dans le manuscrit cairote, le mot figure à la fin de la première ligne, ce qui incite à s'interroger sur le découpage généralement retenu dans lequel *h(3)y* est associé à la phrase suivante. Bien sûr, le scribe aurait pu commencer à écrire la suite du vers avant de se raviser et de poursuivre sa copie à la ligne suivante. Néanmoins, ce terme peut, outre une interjection, être un nom traduit par « acclamation » et pourrait constituer un second objet du verbe : « Ô dieu, puisses-tu entendre « La terre est sauve ! » et l'acclamation ! Puisses-tu entendre « La terre est sauve ! » dans la bouche des nomes divins ! »[190].

r) Seul le papyrus Carlsberg 656 (x+9) donne *sḏm n=k* « Entends donc »[191].

s) Jean-Claude Goyon, qui traduisait « dans la bouche des autres dieux »[192], n'est pas suivi par les autres traducteurs[193].

t) Cette interprétation avait été proposée par Jean-Claude Goyon[194]. L'adjonction du déterminatif dans le papyrus New York MMA 25.9.21 (61, 15) est singulière.

u) Ces qualificatifs soulignent la légitimité de l'officiant[195] dont la charge se transmettait de père en fils[196]. On sait par ailleurs que les fils des prêtres d'un certain rang recevaient une instruction[197].

v) Les versions sur papyrus donnent deux déterminatifs différents pour *stp-s3*[198], à savoir qui évoque peut-être un ouvrage et / qui renverrait plutôt à un lieu protégé. Dans le papyrus Princeton Pharaonic Roll 10, ils sont associés.

---

186 E. LÜDDECKENS, *Totenklage*, p. 52. M.-L. RYHINER, *La procession des étoffes*, p. 6-7.

187 J.-Cl. GOYON, *RdÉ* 20 (1968), p. 69. G. BURKARD, *Spätzeitliche Osiris-Liturgien*, p. 235. M. MÜLLER, *Enchoria* 28 (2002/2003), p. 83.

188 J. Fr. QUACK, *in* : *Carlsberg Papyri* 7, p. 84-86.

189 G. BURKARD, *Die Papyrusfunde*, p. 63, pl. 47. J. Fr. QUACK, *in* : *Carlsberg Papyri* 7, p. 65-67 et n. f, pl. 6 et 6A.

190 G. BURKARD, *Spätzeitliche Osiris-Liturgien*, p. 235, n. 56.

191 J. Fr. QUACK, *in* : *Carlsberg Papyri* 7, p. 65-67 et n. f, pl. 6 et 6A.

192 J.-Cl. GOYON, *RdÉ* 20 (1968), p. 69 et 95, n. 63.

193 G. BURKARD, *Spätzeitliche Osiris-Liturgien*, p. 235. M. MÜLLER, *Enchoria* 28 (2002/2003), p. 83. J. Fr. QUACK, *in* : *Carlsberg Papyri* 7, p. 66.

194 J.-Cl. GOYON, *RdÉ* 20 (1968), p. 95, n. 64. Elle est suivie par G. BURKARD, *Spätzeitliche Osiris-Liturgien*, p. 235, n. 57 et J. Fr. QUACK, *in* : *Carlsberg Papyri* 7, p. 67, n. g.

195 J.-Cl. GOYON, *RdÉ* 20 (1968), p. 95, n. 64, qui cite notamment un exemple où le prêtre du roi est qualifié de *s3 ḥm-nṯr bs m ỉrw=f* « fils d'un prêtre, initié à sa fonction » (*Edfou* IV, 271, 5).

196 J. Fr. QUACK, *in* : *Genealogie*, p. 97-102, en particulier p. 100 avec plusieurs exemples de « prêtre, fils d'un prêtre ».

197 J. Fr. QUACK, *in* : *5. Ägyptologische Tempeltagung*, p. 162.

198 Sur le *stp-s3* à Edfou, voir M. ALLIOT, *Le culte d'Horus*, p. 632-648.

Aucun sujet n'est indiqué et cette phrase a été rendue par un infinitif[199], un passif[200] ou une forme impersonnelle[201]. On a aussi suppléé un pronom sujet à la première personne[202]. Sylvie Cauville a opté pour une traduction à l'aide d'une forme nominale « Protection conformément à tes instructions »[203]. Le choix d'un participe substantivé prendrait tout son sens puisqu'il renverrait à l'officiant, sans qu'aucun ajout ne soit nécessaire. La traduction « selon tes préceptes » rend bien *ḫft ḏd.wt=k* « selon ce que tu as dit »[204].

w) Le terme « (Pharaon)| » figure dans la plupart des versions manuscrites, ainsi que dans le temple de Dendara[205], à l'exception du papyrus Paris Louvre N. 3079 (114, 19-20) dans lequel apparaît le nom d'un particulier. Rien de tel ne figure dans le papyrus Princeton Pharaonic Roll 10 où un terme manque ostensiblement avant la préposition *ḥr*. Il n'est pas possible de dire si le modèle du scribe du manuscrit américain était corrompu ou bien si celui-ci a délibérément choisi d'omettre la mention « (Pharaon)| » dans le but de la remplacer par le nom d'un autre officiant ou du bénéficiaire du manuscrit comme dans le papyrus Paris Louvre N. 3079. On relèvera cependant que cette omission apparaît également dans l'inscription du temple de Médinet Habou, où l'officiant est pourtant le roi[206].

x) Parmi les manuscrits, la leçon *mk wỉ*[207] est la plus répandue dans ce vers comme dans le suivant, dont c'était probablement la lecture originale[208]. Cependant, le papyrus Princeton GD 974 (x+1, 10), le papyrus New York MMA 35.9.21 (62, 2) et le papyrus Carlsberg 656 (x+12)[209] remplacent le pronom dépendant *wi* par les éléments 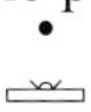 ou bien 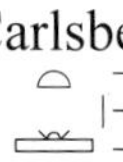. C'est cette leçon qui apparaît dans le papyrus Princeton Pharaonic Roll 10, avec et sans marque du pluriel. Matthias Müller rend ainsi la variante du papyrus Princeton GD 974 : *ỉ mk Pr-ꜥꜣ ḥr mr=k* « Oh ! Siehe, Pharaoh liebt dich ! »[210]. Jean-Claude Goyon propose d'interpréter *mk* comme une forme du verbe « protéger » : « Ô ! Protège Pharaon, v.f.s., qui accomplit ce que tu désires »[211]. Joachim Friedrich Quack traduit quant à lui : « [Sie]h[e], Pharao, L.H.G. [tut, was du liebest !] »[212].

L'omission du terme (Pharaon)| nécessite de sous-entendre un sujet dans la proposition : « *ỉ mk <... > ḥr ỉry mr.t=k* « Ah ! Vois, <...> accomplit ce que tu aimes ! ». Quelle que

199 J. Fr. QUACK, *in* : *Carlsberg Papyri* 7, p. 66.
200 G. BURKARD, *Spätzeitliche Osiris-Liturgien*, p. 235.
201 M. MÜLLER, *Enchoria* 28 (2002/2003), p. 83.
202 J.-Cl. GOYON, *RdÉ* 20 (1968), p. 69. J.-Cl. GOYON, *Imouthès*, p. 100.
203 S. CAUVILLE, *Chapelles* I, p. 143
204 J.-Cl. GOYON, *RdÉ* 20 (1968), p. 69. J.-Cl. GOYON, *Imouthès*, p. 100.
205 *Dendara* X, 14, 4-5 ; 14, 8-9 ; 14, 7-8 ; 14, 10-11 ; 15, 2-3 ; 15, 3-4.
206 *Medinet Habu* IV, 224, 4-5, dont la traduction suivante a été proposée : « Behold, I perform the things which thou lovest. I shall do what thou dost praise » (G. A. GABALLA, K. A. KITCHEN, *Orientalia* 38 (1969), p. 7).
207 P. Caire JdE 97.249/15 (x+3, 11-12), P. Bremner-Rhind (20, 26-27), P. Paris Louvre N. 3079 (114, 19-20), P. Berlin P. 3057 (30, 38-39) et P. Paris Louvre N. 3129 (P, 50-O, 1). C'est aussi le cas dans le temple de Médinet Habou (*Medinet Habu* IV, 224, 4-5). Sur la particule *mk*, voir E. ORÉAL, *Les particules*, p. 297-331.
208 J. Fr. QUACK, *in* : *Carlsberg Papyri* 7, p. 67, n. h, qui traite de la reformulation de ce passage.
209 La version de papyrus Carlsberg 656 s'interrompt ici.
210 M. MÜLLER, *Enchoria* 28 (2002/2003), p. 83, pl. 13.
211 J.-Cl. GOYON, *Imouthès*, p. 100, puis aussi : « Ô protège Pharaon, v.f.s., en train d'accomplir ce qui a ta faveur ».
212 J. Fr. QUACK, *in* : *Carlsberg Papyri* 7, p. 66.

soit son identité, il s'agissait probablement d'un officiant, à l'instar de « (Pharaon)| » mentionné généralement, et ce rôle ne conviendrait en principe guère au défunt, voir cependant § 5.5.2. On doit aussi envisager qu'il puisse s'agir du verbe *mk* « protéger » : *ỉ mk ḥr ỉry mr.t=k* « Ah ! Protège en accomplissant ce que tu aimes ! » ou encore : *ỉ mk(=ỉ) ḥr ỉry mr.t=k* « Ah ! (Je) protège en accomplissant ce que tu aimes ! ». On attendrait pourtant un objet avec ce verbe et une forme d'état (pseudo-participe) conviendrait peut-être d'avantage, d'autant que la protection de l'officiant était également en jeu, voir § 5.5.2 : *ỉ mk(.w) ḥr ỉry mr.t=k* « Ah ! Il est protégé en accomplissant ce que tu aimes ! ».

y) Pour Jean-Claude Goyon et Sylvie Cauville, il est question d'un « gisant »[213] ou de « Celui qui s'arrête »[214]. Matthias Müller et Günter Burkard traduisent « Sitzender »[215]. Certaines formes d'Osiris sont représentées assises sur leur couche. Dans la chapelle ouest n° 3 de Dendara par exemple, « Osiris-Sokar, maître de la *Chetyt*, [...] Abydos » arbore cette position[216]. Le déterminatif divin, qui devrait indiquer que l'on s'adressait à un dieu, n'est pourtant attesté par aucune des versions du *Cérémonial pour faire sortir Sokar*. Il est donc possible que l'on ne se soit pas adressé au dieu dans cette phrase, voir *infra* n. z).

z) Sur le modèle de Jean-Claude Goyon, les auteurs s'accordent sur la valeur vocative de *pw*[217]. On pourrait cependant proposer une alternative, modifiant le sens de ce vers, dans lequel *wrḏ-ỉb pw* serait une phrase indépendante. On s'adresserait alors non pas au dieu, mais à l'officiant à qui la venue de la divinité serait annoncée : « C'est Celui-dont-le-cœur-est-las ! ». Günter Burkard, qui regroupe thématiquement les vers 80-85, note qu'ils se rapportaient tous au ritualiste, à l'exception du vers 84, donc celui-ci[218]. La traduction proposée conforterait son analyse et confirmerait l'unité de cette section. En outre, selon l'ordre des vers dans le temple de Médinet Habou, les vers 80-81 d'une part, et 84-85 d'autre part, étaient déjà associés. Le substrat du vers 84, placé à la suite du vers 90, ne correspond pas au contenu belliqueux de celui-ci, ce qui tendrait à démontrer qu'il était bel et bien déjà intégré à une séquence relative au ritualiste.

aa) Les versions manuscrites s'accordent pour rendre  *ḏd* « Pilier-*djed* », à l'exception du papyrus Bremner-Rhind (20, 30) qui préfère . Cette version est assez satisfaisante :  *ỉ ḏd rn m Ḏdw ḥr.t* « Ah ! Durable de nom dans la Bousiris supérieure ». Hormis cet exemple, les épithètes *ḏd rn m ỉp.t-s.wt* « durable de nom dans Karnak » et *ḏd rn m r(ꜣ) n rmṯ.t* « stable de nom dans la bouche des humains » sont attestées[219]. Les autres versions, qui ne sont pas uniformes, seraient

213 J.-Cl. GOYON, *RdÉ* 20 (1968), p. 69. S. CAUVILLE, *Chapelles* I, p. 9, 144.

214 J.-Cl. GOYON, *Imouthès*, p. 100.

215 G. BURKARD, *Spätzeitliche Osiris-Liturgien*, p. 235. M. MÜLLER, *Enchoria* 28 (2002/2003), p. 83. À propos de cette épithète, voir *LGG* V, p. 151.

216 *Dendara* X, 422, 12-13 et pl. 256. S. CAUVILLE, *Chapelles* I, p. 229 et II, p. 201.

217 M. MALAISE, J. WINAND, *Grammaire raisonnée*, p. 123, § 177. J.-Cl. GOYON, *RdÉ* 20 (1968), p. 69 et 95, n. 67 qui traduit : « Ô Gisant, viens, je t'en prie, ô Toi dont-le-cœur-est las ». R. O. FAULKNER, *JEA* 23 (1937), p. 14 traduisait déjà : « Hail, thou Seated One ! Come, O thou weary-hearted one ! ». G. BURKARD, *Spätzeitliche Osiris-Liturgien*, p. 235 qui donne : « oh du Sitzender, komm doch, du Herzenmüder ». M. MÜLLER, *Enchoria* 28 (2002/2003), p. 83 qui rend : « Oh! Sitzender! Komm doch, du Müdherziger! ».

218 G. BURKARD, *Spätzeitliche Osiris-Liturgien*, p. 246.

219 *LGG* VII, p. 682.

toutes plus ou moins corrompues[220]. Dans ces conditions, il est difficile de restituer ce qu'aurait pu être la leçon du papyrus Princeton Pharaonic Roll 10. Cependant, la préposition *m* n'est attestée que dans le papyrus Bremner Rhind (20, 30) *après* le groupe , dans le papyrus New York MMA 35.9.21 (62, 6) *avant* le groupe et dans le papyrus Princeton Pharaonic Roll 10 *après* le groupe , ce qui inciterait à rattacher la copie du papyrus Princeton Pharaonic Roll 10 à celle du papyrus Bremner-Rhind.

bb) Contrairement aux autres versions, le papyrus Bremner-Rhind (20, 30) et le papyrus Paris Louvre N. 3079 (114, 23) donnent *Ḏdw ḥr.t* « Bousiris supérieure » au lieu de Bousiris. La lacune finale ne permet pas de connaître le choix du scribe du papyrus Princeton Pharaonic Roll 10. Dans le papyrus Berlin 8355 (2A, 8), *Dwꜣ.t* remplace *Ḏdw*[221], ce qui tendrait à confirmer l'identité de ces deux lieux, voir *supra* n. n).

cc) Les différentes copies présentent le même contenu, avec quelques variantes mineures. Toutes les versions s'accordent sur le vers qui manque ici : « Ah ! Viens, Celui qui chasse les adversaires »[222]. Un double impératif n'est pas exclu non plus : « Ah ! Viens et chasse les adversaires ! ».

dd) Les versions manuscrites s'accordent sur le mot *sbꜣ* mais présentent différents déterminatifs : (P. Bremner-Rhind (20, 33) ; P. Berlin 3057), (P. Caire JdE 97.249/15 (x+3, 18) ; P. Londres BM EA 10252 (21, 2) ; P. New York MMA 35.9.21 (62, 9)), (*Dendara* X, 18, 2) ou (P. Paris Louvre N. 3079 (114, 26)). Seul le papyrus Princeton GD 974 (x+2, 3) en est dépourvu. Pour la traduction, on peut hésiter entre un participe « Ah ! Viens, Celui qui instruit l'enfant »[223] et un double impératif « Ah ! Viens et instruis l'enfant ». Un déterminatif a été ajouté après le mot *nḫn* dans le papyrus New York MMA 35.9.21 (62, 9) lui conférant un caractère divin ou bien formant une épithète *sbꜣ nḫn* « Celui qui instruit l'enfant »[224].

ee) À l'exception du papyrus Princeton GD 974 (x+2, 4) qui donne [225], toutes les versions présentent la forme *di͗.t*, aussi attestée dans le papyrus Princeton Pharaonic Roll 10. Les éditeurs ont amendé le pronom *=f* qui suit *snḏ* « crainte » en *=k*[226], suivant la leçon du temple de Médinet Habou (224, 18-19) et ils rendent ce passage à l'aide d'un impératif. On pourrait aussi reconnaître ici un participe féminin qui ferait référence à une déesse ou à un attribut, comme un uraeus ou une couronne par exemple. Si l'on admet

220 J.-Cl. Goyon, *RdÉ* 20 (1968), p. 95, n. 68. G. Burkard, *Spätzeitliche Osiris-Liturgien*, p. 236, n. 61.

221 J.-Cl. Goyon, *RdÉ* 20 (1968), p.85, n. 8.

222 J.-Cl. Goyon, *RdÉ* 20 (1968), p. 69. B. Burkard, *Spätzeitliche Osiris-Liturgien*, p. 236. M. Müller, *Enchoria* 28 (2002-2003), p. 83. J.-Cl. Goyon, *Imouthès*, p. 100 rend en revanche « Ô ! Viens, les rebelles sont repoussés ».

223 J.-Cl. Goyon, *RdÉ* 20 (1968), p. 69. G. Burkard, *Spätzeitliche Osiris-Liturgien*, p. 236. J.-Cl. Goyon, *Imouthès*, p. 100. M. Müller, *Enchoria* 28 (2002-2003), p. 83.

224 *LGG* VI, p. 244 qui cite cet exemple. J.-Cl. Goyon, *RdÉ* 20 (1968), p. 95, n. 69 renvoie à A. Scharff, *ZÄS* 62 (1927), p. 97-98.

225 M. Müller, *Enchoria* 28 (2002-2003), p. 83 qui traduit : « Oh ! Der die Furcht vor sich unter den Aufführern verbreitet! ».

226 R. O. Faulkner, *JEA* 23 (1937), p. 14. J.-Cl. Goyon, *RdÉ* 20 (1968), p. 95, n. 70 qui traduit : « Ah ! Inspire [ta] crainte à Ceux-dont-le-cœur-est-vil ! ». G. Burkard, *Spätzeitliche Osiris-Liturgien*, p. 236, n. 62 qui rend : « oh gib <deine> Furcht unter die Rebellen ».

qu'il pourrait être question ici d'un élément en rapport avec la déesse Bastet, cela expliquerait la raison d'être de la glose à venir (x+3, 3-4).

ff) La préposition *ỉr* introduit une glose intégrée tôt à ce texte, puisqu'elle figure déjà à Médinet Habou[227]. Le fait qu'elle soit précédée comme les autres phrases du signe le confirme.

gg) La leçon *ḥm* « Majesté » est similaire dans tous les manuscrits à l'exception du papyrus Bremner-Rhind (21, 2) qui donne *ḥm-nṯr* « prêtre »[228]. Dans le temple de Médinet Habou (224, 17-18), il est question de Bastet.

hh) On retrouve une formulation similaire dans un hymne à la déesse Mout du papyrus Berlin 3014 + 3053 et dans un passage de la crypte d'El Kab : *nn sḫm=ṯ ỉm=ỉ ỉnk ỉs wʿb n=ṯ ỉmy* var. *ỉnk ỉs Psmṯk*) « Tu n'auras pas de pouvoir sur moi, car je suis bien le prêtre-*ouâb* qui t'appartient (var. car je suis bien Psammétique) »[229]. Le papyrus Leyde I 346 livre aussi *nn sḫm Sḫm.t ỉm=ỉ* « Sekhmet n'a pas pouvoir sur moi »[230]. Plutôt que d'y voir un emploi particulier du texte à titre personnel, on peut reconnaître là une protection magique de l'officiant dans son périlleux office auprès de la déesse dangereuse. Un passage plus proche encore se trouve dans le papyrus Jumilhac : *ỉr bꜣk šms n nb=f nn sḫm.n Bꜣst.t ỉm=f* « Quant au serviteur qui suit son maître, Bastet ne s'emparera pas de lui »[231].

ii) Ce mot est au pluriel dans toutes les versions, mais la présence du pronom *=f* dans *ḫḫ=f* « sa gorge » incite à le considérer plutôt comme un singulier[232].

jj) Les traducteurs ne s'accordent pas sur le sens actif ou passif de ce participe certainement parce que les deux possibilités font sens. Certains considèrent que le rebelle hait le temple[233], d'autres qu'il est haï du temple[234]. La première solution paraît convenir mieux cependant, compte tenu du fait que cette phrase semble faire écho à la précédente. On opposait ainsi le « serviteur qui suit son maître » au « rebelle qui hait le temple ». Cette image ne semble pas être une coquille vide, mais constitue un thème essentiel de cette partie du chant, voir § 5.5.2.

---

227 J.-Cl. GOYON, *RdÉ* 20 (1968), p. 95-96, n. 71.

228 J.-Cl. GOYON, *RdÉ* 20 (1968), p. 95-96, n. 71. G. BURKARD, *Spätzeitliche Osiris-Liturgien*, p. 236, n. 63. Sur le titre *ḥm Bꜣst.t* « serviteur de Bastet », voir J. YOYOTTE, *BIFAO* 52 (1953), p. 183-185.

229 A. ERMAN, *Hieratische Papyrus* I, pl. 50 (P. Berlin 3014 + 3053 (XVII, 5-6)). J. CAPART, J. STIÉNON, M. WERBROUCK, *Fouilles de El Kab*, p. 71-72, pl. 18, 23-24 (col. 38). F. VON KÄNEL, *Les prêtres-ouâb de Sekhmet*, p. 238. U. VERHOEVEN, Ph. DERCHAIN, *Le voyage de la déesse*, p. 24-25, 49, n. cb), fig. N, pl. 5.

230 B. H. STRICKER, *OMRO* 29 (1948), p. 63 (P. Leyde I 346 (II, 7)). M. J. RAVEN, *in* : *Essays te Velde*, p. 275-291.

231 J. VANDIER, *Le Papyrus Jumilhac*, p. 130, pl. XVIII (P. Jumilhac (XVIII, 19-20)). Cet extrait provient d'un passage rédigé en moyen égyptien qui pourrait provenir d'un manuel sacerdotal (J. Fr. QUACK, *in* : *Diener des Horus*, p. 219).

232 J.-Cl. GOYON, *RdÉ* 20 (1968), p. 89. G. BURKARD, *Spätzeitliche Osiris-Liturgien*, p. 236. *Contra* S. CAUVILLE, *Chapelles* I, p. 144.

233 R. O. FAULKNER, *JEA* 23 (1937), p. 14 : « (but as for) the froward one who hates the temple ». M. MÜLLER, *Enchoria* 28 (2002-2003), p. 84 et n. k : « Oh ! Der Verschlagene, der den Tempel hasst ».

234 G. BURKARD, *Spätzeitliche Osiris-Liturgien*, p. 236 et n. 64, qui livre : « Oh, der Rebell, den der Tempel hasst ». J.-Cl. GOYON, *RdÉ* 20 (1968), p. 89, qui rend « Mais pour Celui-dont-le-cœur-est-vil, (être) haï du temple ». S. CAUVILLE, *Chapelles* I, p. 144, qui traduit : « Les rebelles que refoule le temple ». Il est difficile de se prononcer sur le choix de l'éditeur du papyrus d'Imouthès en raison d'une erreur typographique (J.-Cl. Goyon, *Imouthès*, p. 100).

kk) Le papyrus New York MMA 35.9.21 (62, 12) et le papyrus Princeton GD 974 (x+2, 6), présentent aussi la forme *ḥw=tw mnỉ.t*, également attestée à Dendara[235]. Le papyrus Paris Louvre N. 3079 (114, 29) et le papyrus Bremner-Rhind (21, 3) donnent un passif *ẖw(w) mnỉ.t* « un pieu est planté ». Seul le papyrus Caire JdE 97.249/15 (x+3, 21) use d'un sujet pronominal *ẖw=f mnỉ.t* « il plante un pieu ».

ll) Deux autres versions, le papyrus New York MMA 35.9.21 (62, 12) et le papyrus Bremner-Rhind (21, 3), font état de la graphie plus récente de ce mot[236]. Le déterminatif choisi est le plus souvent , mais est attesté par le papyrus Bremner-Rhind (21, 3) et peut-être par le papyrus Caire JdE 97.249/15 (x+3, 21).

mm)C'est la seule version qui ne présente pas une forme *sḏm.n=f.*

nn) Cette proposition est généralement rendue par « (après qu')il a frappé les rebelles »[237]. Rien n'empêche pourtant de considérer *n=f* comme un datif et de traduire ce verbe par un passif.

oo) Deux traces montrent qu'un texte débutait après l'espace laissé libre à la suite du dernier vers du chant final du *Cérémonial pour faire sortir Sokar*. Il est possible que la notice, précisant que le chant devait être répété seize fois (*ḏd mdw sp 16*) et qui est attestée par plusieurs versions[238], ait figuré là. Il faut cependant envisager également que ce passage puisse être rattaché à la suite du texte (x+3, 9-12), voir § 5.6.

5.5.2 Le contenu du chant final du *Cérémonial pour faire sortir Sokar*

Le papyrus Princeton Pharaonic Roll 10 ne présente pas une copie intégrale du *Cérémonial pour faire sortir Sokar*[239], mais uniquement une version du chant final de celui-ci. Cet essai d'interprétation se limitera donc à aborder certains éléments propres à cette partie, dans le but de préciser son rôle et les conditions de sa mise en œuvre.

L'incipit

Il existe deux versions de l'*incipit* de ce chant. Malgré la lacune, la présence du groupe rattache celui du papyrus Princeton Pharaonic Roll 10 aux leçons *ỉ ḥb sp 2 ỉty* « Ah ! Sois triomphant, sois triomphant, prince ! » (B2, C[240], NY, L3, L4) et le distingue des copies manuscrites présentant le tour *ỉ nsw ḥb ḥr ḥb ỉty* « Ah ! Roi[241], triomphe en triomphant,

---

235 *Dendara* X, 18, 6 et 269, 2-3.

236 *Wb* II, 72, 12.

237 R. O. FAULKNER, *JEA* 23 (1937), p. 14, qui traduit : « and has smitten the froward ». G. BURKARD, *Spätzeitliche Osiris-Liturgien*, p. 236, qui donne : « nachdem er die Rebellen geschlagen hat». J.-Cl. GOYON, *RdÉ* 20 (1968), p. 89 ; J.-Cl. GOYON, *Imouthès*, p. 100, qui traduit : « il a frappé celui dont le cœur est vil ». S. CAUVILLE, *Les chapelles osiriennes* I, p. 144, qui traduit : « il frappe les rebelles ». M. MÜLLER, *Enchoria* 28 (2002-2003), p. 84, qui rend : « nachdem er die Aufrührer geschlagen hat ».

238 Voir § 5.5.4.

239 Pour une analyse du contenu du *Cérémonial pour faire sortir Sokar*, voir G. BURKARD, *Spätzeitliche Osiris-Liturgien*, p. 238-249. Il traite aussi du déroulement du rituel en reprenant les interprétations contradictoires de G. WOHLGEMUTH, *Das Sokarfest* et de G. A. GABALLA, K. A. KITCHEN, *Orientalia* 38 (1969), p. 1-76.

240 Le signe n'est pas noté dans cette version (G. BURKARD, *Die Papyrusfunde*, pl. 47), *contra* Fr. FEDER, *in* : *Hommages Goyon*, p. 157.

241 Les signes et renvoient cependant au terme *wrr.t* « couronne blanche », tandis que peut rendre *nsw* « roi » ou *ḥḏ.t* « couronne blanche » (D. KURTH, *Einführung ins Ptolemäische* 1, p. 375).

prince »[242] (BM, B1, L1, L2). Le papyrus Princeton GD 974 et le papyrus Bremner-Rhind marquent une transition entre les deux versions. Tandis que le premier omet  mais indique *ỉ ḥb ḥr ḥb ỉty* « Ah ! Triomphe en triomphant, prince »[243], le second ajoute le signe  à sa version *ỉ nsw ḥb sp 2 ỉty* « Ah ! Roi, sois triomphant, sois triomphant, prince ! ». L'*incipit* de ce chant est aussi attesté sous sa première forme dans le papyrus Paris Louvre N. 3176 (S)[244] et dans les versions monumentales (Pd, Pt, MH, N, D2[245]). D'après les dates des documents, le premier *incipit* se rattacherait à une tradition plus ancienne reprise aussi à l'époque romaine, le second à une tradition assez bien délimitée à l'époque ptolémaïque.

Analyse formelle

Günter Burkard divise le chant final en trois sections[246]. La première (73-79) associe des biens immatériels (triomphe, vie, durée, éternité) et des rites (encensement, prosternation, ouverture des chemins, chant de fête et acclamation). Ils viseraient à rendre le dieu propice. Dans la deuxième (80-85), le ritualiste est présenté[247]. La dernière partie (86-93) inciterait le dieu à intervenir pour terrifier ses ennemis et assurer par sa protection le bon déroulement du rite. Ce découpage semble pertinent, mais il est possible de proposer une interprétation un peu différente de la dernière partie du chant. Les vers 91-92 opposent l'homme pieux, protégé de la colère de Bastet, et l'impie qui sera supplicié. Dans le vers précédent (90), on a voulu reconnaître l'action du dieu en corrigeant systématiquement le pronom *=f* en *=k* : « Ah ! Inspire [ta] crainte au rebelle ! ». Cependant, en traduisant « Ah ! Celle qui place la crainte de lui parmi les rebelles », on justifierait mieux la présence de la glose des vers suivants (91-92) :

> Ah ! Quant au serviteur qui suit son [maître], [3, 4] la Majesté de Bastet n'aura pas de pouvoir [sur lui] ! [3, 5] Ah ! Le rebelle qui hait [le temple], [3, 6] un pieu est [planté] dans sa [gorge] !

Sous cette épithète féminine, on pourrait reconnaître une forme quelconque de l'uraeus à laquelle renverrait la déesse Bastet nommée dans la glose. Les actions des vers 88 et 89 pourraient également lui être attribuées[248]. La section ainsi formée des vers 88-89-90-91-92 aurait pour thème commun la protection du dieu et de sa procession par une déesse dangereuse. De cette façon, le regroupement des vers 91[249]-88-89-90 de la version de Médinet Habou formerait un ensemble cohérent à l'instar de celui des versions manuscrites. Enfin, le vers final (93) conforterait cette interprétation si on considérait que le dieu n'abattait pas lui-même ses ennemis :

242 J.-Cl. GOYON, *RdÉ* 20 (1968), p. 69, 94-95, n. 58.

243 M. MÜLLER, *Enchoria* 28 (2002/2003), pl. 13 (P. Princeton GD 974 (x+1, 1)). Fr. FEDER, *in* : *Hommages Goyon*, p. 157 qui ajoute la préposition *ḥr* dans la lacune.

244 P. BARGUET, *Le papyrus N. 3176 (S)*, p. 19-120, pl. III (VI, 2).

245 L'*incipit* est perdu en D1.

246 G. BURKARD, *Spätzeitliche Osiris-Liturgien*, p. 245-246.

247 Il est possible que le vers 84 ne constitue pas une exception, voir § 5.5.1, n. z).

248 Les vers 86-87 seraient en revanche à rattacher au dieu.

249 Le vers 92 n'est pas attesté à Médinet Habou.

« Ah ! Le seigneur de la Bousiris [supérieure] vient, **3, 8** les rebelles sont [frappés] pour lui »[250].

Lors de la sortie en procession de Sokar, la protection du dieu aurait donc été assurée par une déesse dangereuse qui détruisait les rebelles et le rôle du dieu aurait été passif, comme dans les cas où son fils se chargeait de perpétrer un massacre parmi ses ennemis. On pourrait même suggérer que se trouve là une bonne raison à la présence d'un hymne et d'une litanie à Hathor, qui insistent sur ses aspects apotropaïques, au sein du *Cérémonial pour faire sortir Sokar*[251]. Pour Jean-Claude Goyon, « la raison d'être des prières, adressées à cette déesse à ce moment-là de la cérémonie, doit résider dans le fait que la barque-*henou* de Sokar peut être assimilée à Hathor et considérée comme la déesse elle-même »[252]. En tant que telle, elle serait bien placée pour assurer sa protection. À Médinet Habou, la représentation de la sortie en procession de la barque-*henou* de Sokar lui associe les embarcations d'Hathor, Ouadjet, Chesemtet, Bastet et Sekhmet[253]. Ces cinq déesses dangereuses, qui pouvaient remplir des fonctions similaires, étaient toutes capables d'assurer la protection de Sokar et de détruire ses ennemis. Dans ce cadre-là, c'est le roi, en tant qu'Horus, qui détruisait les ennemis de son père Sokar[254]. Et on sait que l'uraeus se lovait sur la couronne qu'il portait sur la tête, symbole de la royauté qui matérialisait la transmission du pouvoir de père en fils.

Mais ce n'est pas uniquement sur la destruction des ennemis que l'on insistait. Le contenu de la glose met aussi en avant la piété qui permettait d'échapper à la rage de Bastet, contrairement au rebelle qui, lui, était détruit. Cet élément nous éclaire donc peut-être aussi sur la raison d'être de la deuxième section du chant dans laquelle le ritualiste est mis à l'honneur. Le contexte, dans lequel la première partie de la glose apparaît dans le papyrus Jumilhac, est très explicite à ce propos[255] :

> Si on néglige toutes les cérémonies d'Osiris en leur temps dans ce district et toutes les fêtes du calendrier civil, ce pays sera privé de lois, la plèbe abandonnera son maître, il n'y aura plus de règlement pour la foule, et Horus-*Hekenou*, le fils de Bastet, les génies-coutiliers et les génies-dévoreurs, armés de couteaux, circuleront partout sur l'ordre d'Anubis...
> Quant au serviteur qui suit son maître, Bastet ne s'emparera pas de lui, car, de même que tout dieu vit de leurs (= les fidèles) dons, de même, Osiris vit des écrits de Rê. Et ceux-ci de même qu'ils sont utiles à Osiris, sont utiles à ceux qui les lisent, ils sont utiles à ceux qui les observent sur terre, ils leur sont aussi utiles dans la nécropole.

Toute la partie précédente traite des menaces qui pèseraient sur le pays et ses habitants si les rites n'étaient pas accomplis correctement et en leur temps[256]. La destruction de Seth, et de tous les ennemis qu'il symbolisait, y est présentée comme une priorité. Cette propagande

---

250 Voir § 5.5.1, n. nn) (x+3, 7-8).
251 R. O. Faulkner, *JEA* 23 (1937), p. 12. J.-Cl. Goyon, *RdÉ* 20 (1968), p. 67-68. G. Burkard, *Spätzeitliche Osiris-Liturgien*, p. 242-245.
252 J.-Cl. Goyon, *RdÉ* 20 (1968), p. 67.
253 *Medinet Habu* IV, pl. 224. C. Graindorge, *JEA* 82 (1996), p. 94.
254 G. A. Gaballa, K. A. Kitchen, *Orientalia* 38 (1969), p. 13.
255 J. Vandier, *Le Papyrus Jumilhac*, p. 130-131 (P. Jumilhac (XVIII, 19-21)).
256 J. Vandier, *Le Papyrus Jumilhac*, p. 130 (P. Jumilhac (XVIII, 5-20)).

exprime le rôle de la piété qui, en plus d'être nécessaire au dieu, était favorable à l'officiant. Et on insiste sur les bénéfices personnels que celui-ci retirait de la réalisation de rites en faveur du dieu. C'est probablement de ce principe que découle l'intégration de la section relative au ritualiste dans le chant final du *Cérémonial pour faire sortir Sokar*. Le défunt, en s'identifiant non seulement au dieu mais également à l'officiant qu'il fut peut-être même réellement, comptait ainsi bénéficier lui aussi de la protection divine et s'assurer du bon déroulement de ses funérailles. Ceci expliquerait ainsi pourquoi le nom du défunt a été inséré à la place de celui de Pharaon dans le papyrus Louvre N. 3079[257]. Ce serait particulièrement vrai pour un membre du clergé. Bien qu'on ne connaisse pas la fonction occupée par *Padiherpakhered*, il serait vraisemblable qu'il ait occupé une fonction sacerdotale à l'instar de *Mesredouyef* qui était prêtre, ainsi que le suggère le titre qu'il porte dans le papyrus Barcelone Palau-Ribes inv. 80[258].

5.5.3 Tradition et transmission

Frank Feder a publié une étude sur la tradition textuelle du *Cérémonial pour faire sortir Sokar*[259] et propose pour sa part de regrouper B1, L1, L2 et C (*Groupe A*) d'une part et NY, BR, BM auquel il rattache L3 (*Groupe B*) d'autre part. Selon lui, le *Groupe A* est une rédaction thébaine datée de l'époque ptolémaïque (IIIe siècle av. J.-C.). Le *Groupe B*, daté du début de l'époque ptolémaïque et originaire de Thèbes également, est moins homogène. Il aurait eu une diffusion plus large et serait rattaché, selon l'indication du colophon de papyrus Londres BM EA 10252, à une tradition remontant à la 30e dynastie au moins.

Une des particularités de la version du papyrus Princeton Pharaonic Roll 10 réside dans le fait que le chant final du *Cérémonial pour faire sortir Sokar* n'est pas intégré à une copie de ce rituel qui était constitué, d'après les versions manuscrites, d'une première série d'invocations au dieu (1-43), d'un hymne et d'une litanie destinés à la déesse Hathor (44-69), d'un passage rituel (70-72), de ce chant (73-93), d'une notice (94) et d'un colophon. Comme on l'a vu, le début du papyrus Princeton Pharaonic Roll 10 ne contient aucun élément du reste de ce rituel[260]. On peut rapprocher en cela ce manuscrit des versions monumentales qui conservent, elles aussi, uniquement le chant final. À Médinet Habou, l'organisation interne des vers diffère de celle des versions manuscrites : 73-74-82-83-77-NN-80-81-NN-86*-87*-NN-79-91-88-89-90-84-85-86-87-75-76-93-94. Sous le règne de Darius, la version du temple d'Hibis reproduit une partie de la même série : 79*-91-88*-89-90*-84-85. À la 26e dynastie, les quatre vers cités dans la tombe de *Padiastarté* (73-74-75-76) ne présentent déjà plus l'organisation retenue dans les temples, mais celle des manuscrits plus tardifs. À l'aube de l'époque ptolémaïque, la tombe de *Pétosiris* reproduit selon le même ordre les vers suivants : 73-74-75. Il en va de même à Nuri (73-75-76).

Ces témoignages montrent que le chant final possédait une identité propre et qu'il était mis en œuvre préalablement à la « création » du *Cérémonial pour faire sortir Sokar* tel qu'il est connu par les manuscrits gréco-romains. Dès le Nouvel Empire au moins, il joua un rôle

257 Voir § 5.5.1, n. w).
258 Voir § 4.4.
259 Fr. FEDER, *in* : *Hommages Goyon*, p. 151-164.
260 Il faut néanmoins nuancer cette affirmation, étant donné que l'on ignore quelle portion de texte manque dans la partie initiale et ce qu'elle pouvait contenir.

dans la liturgie de la sortie de Sokar (*pꜣ sḫꜥ Skr*)[261]. Adapté au culte funéraire, il fut ensuite cité – partiellement au moins – dans les tombes, avant d'être associé à d'autres textes afin de constituer le *Cérémonial pour faire sortir Sokar*, dont les témoignages font leur apparition à la fin du IVe siècle avant J.-C. On serait donc en présence d'une tradition où le chant uniquement, selon une organisation spécifique, aurait d'abord participé à la liturgie du culte divin. L'ordre des vers connu par les manuscrits tardifs aurait été instauré déjà au cours du processus de transfert du culte divin à la sphère funéraire. Ensuite seulement, le chant aurait été intégré, avec d'autres éléments, au *Cérémonial pour faire sortir Sokar* qui connut une certaine vogue en tant que liturgie[262].

La version du papyrus Princeton Pharaonic Roll 10 reflète ce processus. L'ordre de ses vers correspond à celui des manuscrits tardifs, mais l'attestation du seul chant le distingue des copies du *Cérémonial pour faire sortir Sokar* sur papyrus. Ce n'est pourtant pas un cas isolé. Dans le papyrus Paris Louvre N. 3135 B, la litanie et l'hymne à Hathor manquent[263] et seul l'*incipit* du chant final est inscrit[264]. En l'état, le papyrus Carlsberg 656, qui provient de la bibliothèque du temple de Tebtynis[265], ne préserve que quelques vers du chant final. Il est donc possible que cette copie n'ait reproduit que le chant final, associé à d'autres liturgies, et qu'il n'ait pas constitué une copie intégrale du *Cérémonial pour faire sortir Sokar.* Le papyrus Princeton GD 974 conserve lui aussi uniquement le chant final. Il est possible que ce document, qui ne contient pas de données personnelles, ait été conçu comme une seule page et qu'il n'ait véritablement préservé que le contenu du chant final. Il pourrait donc aussi être issu d'une source sacerdotale. On remarquera que ces deux documents sont les seuls manuscrits dans lesquels l'ordre des vers ne respecte pas entièrement celui qui est attesté par les versions du *Cérémonial pour faire sortir Sokar*, ce qui pourrait constituer un argument en faveur de l'existence d'une tradition différente[266]. Le papyrus Princeton Pharaonic Roll 10 se différencie néanmoins du papyrus Carlsberg 656 et du papyrus Princeton GD 974 puisqu'il était destiné à un particulier, même si le nom de ce dernier ne figure pas dans cette section. On peut donc considérer que le papyrus Princeton Pharaonic Roll 10 ne reproduit peut-être pas une copie du *Cérémonial pour faire sortir Sokar*, mais plutôt un extrait d'une liturgie destinée originellement au dieu et issue comme lui d'une source sacerdotale.

On peut malgré tout de même se demander dans quel contexte apparaissait le *Cérémonial pour faire sortir Sokar*, autrement dit comment il s'intégrait parmi les autres compositions au sein de ces manuscrits. Il est possible de former deux ensembles, le premier intégrant le *Cérémonial pour faire sortir Sokar*, ou un extrait de celui-ci, parmi d'autres (BM-BR-C-L3) et le second situant ce rituel à la fin du document (B1-L1-L2-NY). Si l'on acquiesce à l'idée

261 J.-Cl. GOYON, *Imouthès*, p. 99 et n. 13.

262 J.-Cl. GOYON, *in* : *Textes et langages* III, p. 77-78. J. ASSMANN, *in* : *Studies Lichtheim*, p. 3-4, 31. G. BURKARD, *Spätzeitliche Osiris-Liturgien*, p. 3-6. J. Fr. QUACK, *in* : *Carlsberg Papyri* 7, p. 68.

263 J.-Cl. GOYON, *RdÉ* 20 (1968), p. 67, n. 1, p. 77, n. 19.

264 J.-Cl. GOYON, *RdÉ* 20 (1968), p. 83, n. 1.

265 J. Fr. QUACK, *in* : *Carlsberg Papyri* 7, p. 68.

266 Dans la série 74-75-76*-77-79-80-81 (T), la suite 74-75-76 figure dans les papyrus, mais la rupture 77-79 correspondrait à la suite de Médinet Habou si l'on considérait l'omission de NN-80-81-NN-86*-87*-NN Dans la série 73-74-75-76-77-78-79-80-81-82-**85**-83-84-**87**-86-87-88-89-90-91-92-93 (P2), la répétition du vers 87, qui suit et précède le vers 86, est propre à cette version, mais la leçon de Médinet Habou répète également les vers 86-87. La série 82-**85**-83-84 ne se trouve nulle part ailleurs.

que l'ordre de rédaction des compositions n'était pas laissé au hasard, cette distinction pourrait constituer l'indice d'au moins deux « usages » différents de ce rituel. Il n'y a cependant pas de véritable corrélation entre la position de la composition et la présence ou l'absence d'autres éléments, hormis pour B1, L1, L2 (Tableau 2). Les thèmes abordés par les compositions adjacentes sont relativement homogènes : protection de la barque et destruction des ennemis d'une part, *Glorifications* d'autre part, le plus souvent associées. On constate que ces éléments apparaissent aussi dans le papyrus Princeton Pharaonic Roll 10, qui contient des textes relatifs à la destruction des ennemis et à la navigation[267].

<table>
<tr><th>Objets de comparaison</th><th colspan="3">Éléments de comparaison</th></tr>
<tr><td>Incipit</td><td>ỉ ḥb sp 2 ỉty</td><td>variantes</td><td>ỉ nsw ḥb hr ḥb ỉty</td></tr>
<tr><td>[D1], [T]</td><td>C, NY, L3, P1, Pd, Pt, L4, D2* (ỉ ḥb=k sp 2 ỉty)</td><td>MH* (ỉ ḥr ḥb sp 2 ỉty)
BR* (ỉ nsw ḥb sp 2 ỉty)
P2* (ỉ ḥ[b ḥr] ḥb ỉty)</td><td>BM, B1, L1, L2</td></tr>
<tr><td>Composition</td><td>non terminale (G1)</td><td colspan="2">terminale (G2)</td></tr>
<tr><td>D1, D2, MH, T</td><td>BM, BR, C, L3, P1</td><td colspan="2">B1, L1, L2, NY, P2</td></tr>
<tr><td>pꜣ smr.w mỉ n ꜥ.wy=tn...</td><td>absent</td><td colspan="2">présent</td></tr>
<tr><td>[C], P2, [T]</td><td>MH, NY, L3, P1, D1, D2</td><td colspan="2">BM, B1, L1, L2, BR</td></tr>
<tr><td>ỉỉ nṯr sꜣ-tꜣ sp 4</td><td>absent</td><td colspan="2">présent</td></tr>
<tr><td>[C], P2, [T]</td><td>MH, NY, P1, D1, D2</td><td colspan="2">BM, B1, L1, L2, BR, L3*</td></tr>
<tr><td>ḏd mdw sp 16</td><td>absent</td><td colspan="2">présent</td></tr>
<tr><td>[P1], [T]</td><td>L3, P2, D1, D2</td><td colspan="2">MH, BM, B1, L1, L2, BR, C, NY</td></tr>
<tr><td>šsp.t-dẖn.w</td><td>absent</td><td colspan="2">présent</td></tr>
<tr><td>[P1], [T]</td><td>NY, L3, P2, D1, D2</td><td colspan="2">MH, BM, B1, L1, L2, BR, C</td></tr>
<tr><td>wn ꜥꜣ.wy p.t pr nṯr</td><td>absent</td><td colspan="2">présent</td></tr>
<tr><td>[P1], [T]</td><td>BR, NY, L3, P2, D1, D2</td><td colspan="2">MH, BM, B1, L1, L2, C</td></tr>
</table>

Tableau 2 : Comparaison des éléments du chant final du Cérémonial pour faire sortir Sokar

Le choix de l'*incipit* peut être associé dans certains cas à la présence ou l'absence d'autres éléments (Tableau 2). Les versions NY, L3, (D1), D2*, qui montrent le premier *incipit*, ne font figurer, à une exception près, aucun des autres éléments, se limitant au chant lui-même. On rappellera cependant que le papyrus Paris Louvre N. 3135 B (L3) ne reproduit pas une copie complète du chant final. Le principe est le même dans le papyrus Princeton GD 974 (P2) qui présente une version intermédiaire de l'*incipit*. La leçon du papyrus Caire JdE 47.218/15 (C), qui présente aussi le premier *incipit*, fait figurer la notice et ajoute le passage qui mentionne le chœur des rythmeurs. Elle présente une lacune qui ne permet pas de savoir si la partie relative aux neuf compagnons y était reproduite ou non. Le groupe BM, B1, L1, L2 en fait de même, incluant le passage relatif aux neuf compagnons, mais emploie le second *incipit*, à l'instar du papyrus Bremner-Rhind (BR) qui en présente cependant une version intermédiaire. On relèvera que l'ajout relatif aux neuf compagnons n'est pas attesté à Médinet Habou, contrairement à la notice et au passage associé au chœur des rythmeurs, mais qu'aucune version ne tient compte de cette distinction hormis le papyrus New York MMA 35.9.21 (NY) qui fait figurer uniquement la notice. Les versions « longues » relèvent d'une version plus élaborée et de création semble-t-il plus récente, tandis que les versions « courtes » sont plus

267 Voir chapitres 6 et 7.

particulièrement centrées sur le chant lui-même et se rattachent à une tradition plus ancienne, mais encore attestée dans le temple de Dendara. L'existence partiellement simultanée de ces deux traditions ne permet pas de reconnaître uniquement le résultat d'une évolution chronologique et ce phénomène était vraisemblablement lié à la fonction du chant final du *Cérémonial pour faire sortir Sokar*.

Le *Cérémonial pour faire sortir Sokar* renvoie évidemment aux cérémonies osiriennes du mois de Khoiak durant lesquelles Sokar était mis à l'honneur. D'après le papyrus Paris Louvre N. 3176 (S), le chant final était récité au moins deux fois le 25 Khoiak : une première fois au début du rituel de la sortie en procession de Sokar et une seconde fois lors de la procession d'Osiris[268]. L'introduction du papyrus Paris Louvre N. 3135 B (1, 1) confirme la date du 25 Khoiak. Les témoignages des chapelles osiriennes de Dendara nous apprennent par ailleurs qu'il existait plusieurs traditions relatives à ces festivités. Il est donc possible que les divergences relevées soient dues aux différents emplois du chant ou à la variété des liturgies propres aux cérémonies osiriennes.

5.5.4 La mise en œuvre du chant

D'après le texte introductif du papyrus Princeton Pharaonic Roll 10, le chant final du *Cérémonial pour faire sortir Sokar* était psalmodié (*nìs*) par « le ritualiste, les prêtres, les pères divins et les prêtres-purs » (x+2, 5-6). Dans le temple de Médinet Habou, c'était le ritualiste et chef qui récitait le rituel[269]. Selon la notice finale des manuscrits, le ritualiste et chef récitait (*nìs*) le texte, tandis qu'un chœur (*šnw*) lui répondait[270]. Il est possible que certains membres du clergé mentionnés par le papyrus Princeton Pharaonic Roll 10 aient fait partie de ce groupe.

Les versions manuscrites indiquent pour leur part que neuf compagnons (*smr.w*) portaient le dieu, sans rien préciser des détails de la récitation du chant final du *Cérémonial pour faire sortir Sokar*[271] :

> Neufs compagnons (*smr.w*), allons ! Vos deux bras portent votre père Sokar-Osiris (et l'Osiris N.N. de même) !
> Le dieu vient, « La terre est sauve ! » (*sꜣ-tꜣ*), quatre fois[272].

C'est semble-t-il à un acte similaire que renvoie le contenu de la première partie du manuscrit qui évoque les « enfants d'Horus » et une procession du dieu Osiris qui préside à l'Occident[273] à laquelle les bénéficiaires sont associés. Néanmoins, rien ne permet de définir que l'on assiste ici à une seule et même procession.

---

268 P. Barguet, *Le papyrus N. 3176 (S)*, p. 19-20, 22-23, 45-46, pl. III (VI, 2 ; VI, 10).

269 *Medinet Habou* IV, 224, 1.

270 *Medinet Habou* IV, 224, 26.

271 La notice finale en revanche précise qu'il était répété seize fois sans préciser l'identité des récitants.

272 D'après BR (20, 15-16), B1 (30, 1-2), L1 (114, 7-9), L2 (40, 39-40). BR nomme Osiris au lieu de Sokar-Osiris. L1 ajoute la mention du défunt. BM et C sont en lacune. Ce passage est absent de NY, P2 et L3. J.-Cl. Goyon, *RdÉ* 20 (1968), p. 67 et n. 3, 69, 80-81 et 94, n. 56.

273 Des chants de fêtes étaient volontiers récités lors de la sortie en procession de divinités, voir notamment S. Meyer, *in* : *4. Ägyptologische Tempeltagung*, p. 135-142.

La répétition du chant

La plupart des versions comportent une brève notice finale[274], dont il reste peut-être quelques traces dans le papyrus Princeton Pharaonic Roll 10 (x+3, 8). Elles ont retenu que ce chant devait être répété seize fois. On pourrait objecter que cette indication se rapportait plutôt à la phrase suivante, mais le fait qu'elle ait été copiée dans le papyrus New York MMA 35.9.21 sans rien ajouter d'autre ensuite que le colophon[275], montre que c'est bien au chant que cette répétition s'appliquait.

Le chiffre seize avait certainement une signification particulière. Selon Pline l'Ancien, la hauteur idéale de la crue du Nil était de seize coudées, ce qui expliquerait que ce chiffre évoquait la joie selon Horapollon. Ainsi, des statues romaines montraient le dieu Nil entouré de seize enfants, qui feraient allusion à la crue idéale et exprimeraient la prospérité et la fécondité[276]. Ces éléments ont été rapprochés d'une épithète de la déesse Hathor « maîtresse des seize »[277], qui figure parmi les épithètes mentionnées dans l'hymne à Hathor intégré au *Cérémonial pour faire sortir Sokar*[278]. René Preys considère que les seize vases offerts dans le *Per-nou* du temple de Dendara étaient les précurseurs de ces enfants-coudées et que la déesse Hathor était présentée comme la garante de l'inondation[279]. Jean-Claude Goyon préfère y voir une évocation des reliques osiriennes[280]. Les manuels mythologiques associent cette Hathor du 13e nome de Basse Égypte à Isis en tant que protection d'Osiris dans ce nome où sont attestés par ailleurs seize secrets[281].

Le chœur des rythmeurs

À l'exception du papyrus New York 35.9.21 qui n'ajoute aucune précision[282], les versions manuscrites s'accordent pour ajouter la mention d'un chœur de rythmeurs (*šsp.t-dḫn.w*). Dans le temple de Médinet Habou, deux officiants, les mains levées, sont associés à la même mention[283]. Dans la tombe de *Pétosiris*, un groupe de trois hommes s'avance en tête du cortège funéraire. La légende qui les accompagne indique *šsp.t-dḫn.w* « chœur de rythmeurs ». Bien qu'il ne soit pas mentionné à cet endroit, ce groupe joue un rôle dans le déroulement des rites décrits par le papyrus Princeton Pharaonic Roll 10[284].

---

274 Le papyrus Princeton GD 974 ne présente *a contrario* aucune notice, voir M. MÜLLER, *Enchoria* 28 (2002/2003), pl. 12-13.

275 J.-Cl. GOYON, *Imouthès*, p. 100, pl. XLIII. C'est le cas aussi dans la tombe de Pétosiris, voir G. LEFEBVRE, *Le tombeau de Pétosiris* II, p. 60.

276 D. BONNEAU, *Crue du Nil*, p. 337-342. D. VAN DER PLAS, *Hymne à la crue*, p. 130, n. 626. Ph. DERCHAIN, *RdÉ* 60 (2009), p. 199-200.

277 *LGG* V, p. 218. R. PREYS, *RdÉ* 50, p. 260.

278 J.-Cl. GOYON, *RdÉ* 20 (1968), p. 68, 94, n. 54 et 80-81 et *Imouthès*, p. 99. G BURKARD, *Spätzeitliche Osiris-Liturgien*, p. 234.

279 R. PREYS, *RdÉ* 50, p. 261-265.

280 J.-Cl. GOYON, *in* : *Festschrift Altenmüller*, p. 150, 156-157. Chr. LEITZ, *Geographisch-osirianische Prozessionen*, p. 170, n. 54.

281 Chr. LEITZ, *Geographisch-osirianische Prozessionen*, p. 170, § 131.

282 J.-Cl. GOYON, *Imouthès*, p. 100, pl. XLIII.

283 *Medinet Habu* IV, pl. 226.

284 Ils apparaissent une première fois à la ligne x+7, 9, puis aux lignes x+8, 1 ; x+11, 12, x+15, 12, voir § 7.1, § 7.3, § 7.9 et § 8.12. Voir aussi § 12.2.2.

Exception faite du papyrus Bremner-Rhind, les manuscrits concernés mettent dans leur bouche la phrase : *wn ꜥ.wy p.t pr nṯr* « Les portes du ciel sont ouvertes, le dieu sort ». Selon Günter Burkard, le chant final du *Cérémonial pour faire sortir Sokar* était donc récité avant le début de la procession, au moment de l'ouverture des portes du naos évoquée par cette phrase[285]. Jean-Claude Goyon situe en revanche la récitation du chant « pendant le trajet à travers les salles du temple, jusqu'à son apparition aux fidèles »[286]. Mais il s'agit plutôt d'un chant distinct, qui était d'ailleurs mis en œuvre dans d'autres contextes[287]. Il ne semble pas non plus qu'il faille forcément rattacher le chœur (*šnw*), mentionné dans la notice de Médinet Habou, au chœur de rythmeurs (*šsp.t-dḫn.w*) qui est, lui, associé à ce chant. Dès lors, les versions manuscrites ne préciseraient pas explicitement l'identité des récitants du chant final du *Cérémonial pour faire sortir Sokar*, contrairement au papyrus Princeton Pharaonic Roll 10 qui se rattacherait en ce sens à la tradition du Nouvel Empire.

5.6 Suite des indications relatives au rituel (x+3, 9-12)

À la suite du chant final du *Cérémonial pour faire sortir Sokar* s'ajoutent quatre lignes (x+3, 9-12) assez endommagées que les lacunes empêchent de reconstituer entièrement. L'articulation même de ce passage n'est pas claire et il n'est pas impossible qu'une ligne supplémentaire ait existé[288]. Cet extrait livre des indications relatives à l'exécution du rituel qui décrivent une procession[289].

5.6.1 Traduction et commentaire (x+3, 9-12)

3, 9 *[s]pr r pꜣ ḏꜣḏꜣ.t [… …*	**3, 9** [Att]eindre la tribune [a)] [… …
3, 10 *…] sp.t pꜣ š n ẖn[w*	**3, 10** …] la rive [b)] du lac pour [c)] la naviga[tion
… … **3, 11** *… … nṯr] pn*	… … **3, 11** … …] ce [dieu] [d)].
ỉry n=f wp(.t)-rꜣ	Pratiquer pour lui l'ouverture de la bouche [e)]
[… … … … **3, 12** … … …	[… … … … **3, 12** … … … … [f)]

Commentaire

a) D'après les indications de la ligne suivante, il est raisonnable de penser que le mot *ḏꜣḏꜣ.t* désignait une « terrasse » ou une « tribune de quai » située au bord de l'eau[290]. Il s'agirait là d'une construction à ciel ouvert qui s'étendait en surplomb au-dessus d'un bassin communiquant avec un canal ou un lac que l'on a aussi appelé dans ce cas « terre-

285 G. Burkard, *Spätzeitliche Osiris-Liturgien*, p. 246.

286 J.-Cl. Goyon, *RdÉ* 20 (1968), p. 69.

287 J. Fr. Quack, *in* : *Carlsberg Papyri* 7, p. 81-84. Voir § 8.16.

288 D'après son contenu, la rubrique rédigée en rouge qui figure à la première ligne de la page suivante (x+4, 1) devait débuter au bas de celle-ci (x+3), mais il n'en reste plus aucune trace, voir § 6.1.

289 Cette section s'apparente ainsi plutôt au thème développé jusque-là qu'à celui de la destruction des ennemis qui alimente la suite du manuscrit, raison pour laquelle elle a été jointe à ce chapitre plutôt qu'au suivant. Cela ne signifie pas pour autant qu'il n'y ait pas eu continuité entre les deux dans l'esprit du rédacteur.

290 *Wb* V, 532, 6-7. S. Sauneron, *Les fêtes religieuses*, p. 343-344, n. i. Chr. Wallet-Lebrun, *VA* 3 (1987), p. 67-84. P. Wilson, *Lexikon*, p. 1223-1224. A. Cabrol, *Les voies processionnelles*, p. 565-567. Fr. Monnier, *Vocabulaire d'architecture égyptienne*, p. 153 et 136, fig. 55.

plein »[291]. On y accédait par une rampe. Plusieurs tribunes sont attestées notamment à Karnak et dans la région thébaine[292]. À Esna, un texte précise que les habitants de la ville n'avaient pas accès à la tribune (*n ꜥḳ=sn ḥr ḏꜣḏꜣ.t*)[293].

b) Le mot *sp.t* désigne la « lèvre » et par extension le « bord » ou la « rive »[294].

c) Compte tenu des lacunes et en l'absence d'une proposition plus complète, il est difficile de proposer une traduction assurée de la préposition *n* qui marque souvent le datif ou l'attribution, mais peut aussi indiquer le temps ou la cause[295].

d) La présence du déterminatif  suggère la restitution du mot *nṯr* « dieu » dans l'expression [*nṯr*] *pn* « ce [dieu] »[296] qui désignait l'objet du rite en question. Selon le contexte, cette locution peut faire effectivement référence à une divinité, mais aussi à un défunt. Dans le rituel de l'embaumement, elle est employée dans les sections descriptives pour désigner le cadavre[297]. Il est possible qu'elle renvoie ici implicitement à la figurine osirienne (x+1, 3) nommée dans les premières indications relatives au rituel (§ 5.1). On retrouve cette expression à plusieurs reprises dans le papyrus Princeton Pharaonic Roll 10 (cf. x+5, 4-5 ; x+7, 7-8 ; x+14, 8 ; x+22, 10), voir § 12.3.3.

e) Le déroulement des rites de l'ouverture de la bouche est connu sous la forme d'un rituel parfois illustré et largement répandu[298]. Aucun détail supplémentaire n'est préservé, à l'exception de la mention du patient (*n=f*) qui renvoie certainement à l'expression « ce [dieu] » ([*nṯr*] *pn*). On notera toutefois que la figure de proue de la barque pouvait être animée en faisant l'objet d'une ouverture de la bouche299.

f) Seules quelques traces de signes subsistent qu'il est difficile d'identifier avec certitude. L'existence d'une ligne supplémentaire (x+3, 13) n'est pas exclue.

5.6.2 Procession jusqu'au lac sacré

La tribune de quai et la rive du lac constituent probablement la destination d'une procession, telle qu'elle est évoquée par plusieurs éléments de cette première section du papyrus Princeton Pharaonic Roll 10 (§ 5.7). Il s'agit peut-être du cadre des rites de navigation qui seront détaillés par la suite (chapitre 7).

L'indication « atteindre la tribune de quai » (x+3, 9) n'est pas spécifique d'une cérémonie particulière, mais figure à plusieurs reprises dans les calendriers des fêtes : lors de la sortie en

---

291 Chr. WALLET-LEBRUN, *VA* 3 (1987), p. 75.

292 U. HÖLSCHER, *The Mortuary Temple of Ramses III*, p. 11-13, pl. 1-2. J. LAUFFRAY, *Kêmi* 21 (1971), p. 77-99. J. LAUFFRAY, *CahKarn* 5 (1975), p. 43-65. P. BARGUET, *Le temple d'Amon-Rê*, p. 40-42. A. CABROL, *Les voies processionnelles*, p. 571-628.

293 *Esna* III, 197, 18. S. SAUNERON, *Les fêtes religieuses*, p. 341. B. GESSLER-LÖHR, *Die heiligen Seen*, p. 275. D. KURTH, *in* : *9. Ägyptologische Tempeltagung*, p. 198.

294 *Wb* IV, 99,13-100,16. A. WERNING, *in* : *Synthetische Körperauffassung*, p. 148.

295 J. ČERNÝ, S. ISRAELIT GROLL, *A Late Egyptian Grammar*, p. 97-99. M. MALAISE, J. WINAND, *Grammaire raisonnée*, p. 161, § 232. J. P. ALLEN, *Middle Egyptian*, p. 84-85, nº 6.

296 *Wb* II, 359, 11-13.

297 S. SAUNERON, *Rituel de l'embaumement*, p. 4, 5, 11, 24. S. TÖPFER, *Das Balsamierungsritual*, p. 71, 75, 87, 114, 156 (P. Boulaq 3 (x+2, 6, x+2, 16 ; x+2, 17 ; x+4, 7 ; x+7, 7)).

298 E. OTTO, *Mundöffnungsritual*. J. Fr. QUACK, *in* : *Carlsberg Papyri* 7, p. 69-150, avec une bibliographie détaillée p. 69, n. 2.

299 Voir par exemple Cl. TRAUNECKER, *CRIPEL* 11 (1989), p. 98-99.

procession du Grand Lotus le 2 Thot[300], lors de la sortie d'Harsomtous vers *Khadi* le 10 Thot[301], le dernier jour de Paophi[302], le 13 Épiphi à Esna lors de la fête de Neith[303].

À côté d'une *ḏꜣḏꜣ.t n ꞽImn* « tribune d'Amon »[304], le papyrus Paris Louvre N. 3176 (S) mentionne également une 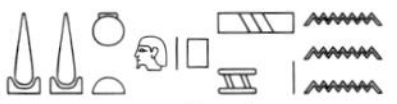 *ḏꜣḏꜣ.t p(ꜣ) š* « tribune du lac sacré » où il situe, si l'on en croit la correction apportée à ce passage, le lieu où le roi recherchait la tombe (*ḥḥ ỉs*) de son père Osiris[305]. Ce lieu est aussi cité dans la description spécifique des rites de la nuit du 24 au 25 Khoiak :

> *grḥ n hrw 24 r dwꜣ n hrw 25 r ỉr Wsỉr ḥtp ḥr ḏꜣḏꜣ.t p(ꜣ) š n Nbw ꜥš.tw n.t-ꜥ n ẖnw n Wsỉr n.t-ꜥ n wn nšm.t*
>
> La nuit du 24e jour jusqu'à l'aube du 25e jour, quand Osiris fait halte sur la tribune du lac sacré de l'Or[306], psalmodier le *Rituel de la navigation d'Osiris* et le *Rituel de l'ouverture (des portes) de la barque-nechemet* »[307].

Le calendrier des fêtes du temple de Dendara fournit une indication similaire : « le 24e jour du mois de Khoiak, apparition d'Osiris la nuit. Faire une halte en face du lac sacré. Célébrer tous les rites... »[308]. Le contenu du *Rituel de la navigation d'Osiris* n'est pas connu, mais son titre est explicite. Le *Rituel de l'ouverture (des portes) de la barque-nechemet*, qui s'apparente au *Livre de protéger la barque-nechemet*, constituait pour sa part un rituel de protection qui avait pour objet la destruction des ennemis. Ces deux thèmes, la destruction des ennemis et la navigation, sont développés par la suite au sein du papyrus Princeton Pharaonic Roll 10 (chapitres 6 et 7).

L'ouverture de la bouche

Les manuscrits reproduisant le *Cérémonial pour faire sortir Sokar* placent volontiers dans la bouche d'un chœur de rythmeurs la phrase « les portes du ciel sont ouvertes, le dieu sort » (*wn ꜥ.wy p.t pr nṯr*)[309]. Il en va de même dans le temple de Médinet Habou[310]. Elle figure par ailleurs au début d'un autre chant attesté dans le temple Edfou[311] et dont quelques strophes sont ajoutées aux scènes 32, 42 et 44 de certaines versions du rituel de l'*Ouverture de la*

300 *Dendara* IX, 163, 9-13. A. GRIMM, *Festkalender*, p. 23 et 369. S. CAUVILLE, *Fêtes d'Hathor*, p. 6.

301 A. GRIMM, *Festkalender*, p. 23 et 371. S. CAUVILLE, *Fêtes d'Hathor*, p. 7.

302 M. ALLIOT, *Le culte d'Horus*, p. 277-278. A. GRIMM, *Festkalender*, p. 45 et 378. S. CAUVILLE, *Fêtes d'Hathor*, p. 8.

303 *Esna* III, 207, 19. S. SAUNERON, *Les fêtes religieuses*, p. 295.

304 P. BARGUET, *Le papyrus N. 3176 (S)*, p. 19-20, 22, pl. III (VI, 1-2) et p. 21-22, 24-25, pl. III (VI, 19-20). A. CABROL, *Les voies processionnelles*, p. 580-581.

305 P. BARGUET, *Le papyrus N. 3176 (S)*, p. 16, 18, pl. III (V, 17-18, 21). À propos du rite *ḥḥ ỉs*, voir A. EGBERTS, *In Quest of Meaning*, p. 345-368.

306 Pour Paul Barguet, l'indication  *Nbw* fait référence à Amon-Rê (P. BARGUET, *Le papyrus N. 3176 (S)*, p. 18, n. 6). Il serait donc question du lac sacré du temple d'Amon.

307 P. BARGUET, *Le papyrus N. 3176 (S)*, p. 16, 18, 42, 54, pl. III (V, 9-12) qui traduit *ḏꜣḏꜣ.t p(ꜣ) š* « haut du lac sacré » (voir encore p. 41-42).

308 A. GRIMM, *Festkalender*, p. 63.

309 Exception faite des papyrus Londres BM EA 10188 (21, 5) et New York MMA 35.9.21 (62, 14).

310 *Medinet Habu* IV, pl. 226, 1. G. A. GABALLA, K. A. KITCHEN, *Orientalia* 38 (1969), p. 9.

311 *Edfou* VI, 140, 6-141, 4. M. ALLIOT, *Le culte d'Horus*, p. 801-802.

bouche, où il était récité par le même chœur[312]. Il est vraisemblable que cette phrase ait constitué l'*incipit* de ce chant et qu'il ait été cité à la fin du *Cérémonial pour faire sortir Sokar* afin d'y faire référence. Joachim Friedrich Quack a en effet montré les liens unissant les phrases *wn ꜥꜣ.wy p.t pr nṯr* et *ỉy nṯr sꜣ-tꜣ sp 4* dans le cadre du *Cérémonial pour faire sortir Sokar* et du rituel de l'*Ouverture de la bouche*[313]. Ce chant associé au rituel de l'*Ouverture de la bouche* est par ailleurs partiellement reproduit dans le papyrus Princeton Pharaonic Roll 10 (§ 8.16), de même que trois scènes (67, 65C, 70B) de cette composition (§ 8.12, § 8.13 et § 8.14). La mention du rite de l'ouverture de la bouche n'est donc probablement pas fortuite.

Un tel rapprochement entre le *Cérémonial pour faire sortir Sokar* et le rituel de l'*Ouverture de la bouche* n'est pas isolé. Des extraits du *Cérémonial pour faire sortir Sokar* figurent ainsi dans la scène du convoi funéraire du registre médian du mur est de la tombe de Pétosiris[314]. Au registre supérieur de cette paroi, où l'on voit aussi les quatre fils d'Horus, sont gravées plusieurs étapes de la cérémonie de l'*Ouverture de la bouche*[315]. À Dendara, les scènes de massacre propitiatoire de la chapelle osirienne est n° 1, au soubassement de laquelle on trouve une version du chant final du *Cérémonial pour faire sortir Sokar*, sont à rattacher au rituel de l'*Ouverture de la bouche*[316]. Celui-ci s'accompagne, dans la chapelle osirienne ouest n° 2, d'allusions à la procession de Sokar et du massacre d'un bœuf roux[317]. Dans le temple d'Edfou, le rituel en faveur de Sokar comprenait deux accomplissements de l'ouverture de la bouche[318]. Ce rite marquait un moment crucial du processus de renouvellement qui s'achevait avant la sortie en procession de Sokar le 26 Khoiak[319]. D'après le papyrus Paris Louvre N. 3176 (S), le rituel de l'*Ouverture de la bouche* était récité lors de la station d'Osiris dans l'*Akhmenou* le 24 Khoiak[320]. Le rituel de l'*Ouverture de la bouche* et l'*incipit* du chant final du *Cérémonial pour faire sortir Sokar* sont tous deux cités dans la dernière section du papyrus Paris Louvre N. 3176 (S) qui traite de la nuit du 25 au 26 Khoiak[321]. Le premier était récité avant la quatrième heure de la nuit sous le porche de la demeure d'Isis, le second était psalmodié ensuite lors du halage du dieu.

5.7 Les éléments d'une procession

Parmi ces six premiers textes, plusieurs éléments témoignent de la réalisation d'une procession. Il y a tout d'abord la répétition du verbe *ꜥḳ* « entrer » en lien avec le temple dans le premier descriptif des rites (§ 5.1). Les quatre fils d'Horus en charge de la protection d'Osiris (§ 5.2) et de la destruction des ennemis (§ 5.3) sont par ailleurs connus pour être les

312 E. Otto, *Mundöffnungsritual* II, p. 104-105.
313 J. Fr. Quack, *in* : *Carlsberg Papyri* 7, p. 81-86.
314 Voir § 5.5, Sources monumentales.
315 G. Lefebvre, *Le tombeau de Pétosiris* I, p. 130-135 ; II, p. 60-64, n° 82. N. Cherpion, J.-P. Corteggiani, J.-Fr. Gout, *Le tombeau de Pétosiris*, p. 130-131.
316 S. Cauville, *Les chapelles osiriennes* II, p. 14-16, 20-23.
317 S. Cauville, *Les chapelles osiriennes* II, p. 154, 156-163, 164-165. Un épisode similaire est relaté brièvement par le papyrus Princeton Pharaonic Roll 10, voir § 8.10.
318 J.-Cl. Goyon, *BIFAO* 78 (1978), p. 429-431.
319 C. Graindorge, *RdÉ* 43 (1992), p. 98-99.
320 P. Barguet, *Le papyrus N. 3176 (S)*, p. 16, 18, 53, pl. III (V, 7-8)
321 P. Barguet, *Le papyrus N. 3176 (S)*, p. 20, 23, 53, pl. III (VI, 8-10).

porteurs de la barque d'Osiris lors des processions (§ 5.4). Le chant final du *Cérémonial pour faire sortir Sokar* est pour sa part associé à la sortie en procession de ce dieu (§ 5.5). La mention d'une tribune à atteindre, située au bord du lac sacré, dans la dernière partie décrivant les rites (§ 5.6) constituait la destination du cortège. Rien ne permet en revanche d'identifier de quel temple ou de quel lac il s'agissait.

Plusieurs éléments sont par ailleurs attestés dans le déroulement des cérémonies osiriennes du mois de Khoiak : le « travail inconnaissable » (§ 5.1), les quatre fils d'Horus qui sont intégrés aux neuf compagnons qui œuvraient lors des cérémonies osiriennes et leur rôle de porteur d'Osiris, la récitation du chant final du *Cérémonial pour faire sortir Sokar* (§ 5.5), la tribune du lac attestée par le papyrus Paris Louvre N. 3176 (S), qui décrit les cérémonies osiriennes du mois de Khoiak à Karnak à l'époque romaine (§ 5.6). Cependant, en l'absence de références explicites à une célébration ou à une date concrète, il convient de demeurer prudent en ce qui concerne une quelconque attribution.

Associés, ces indices laisseraient envisager qu'une procession ait conduit le simulacre osirien porté par des prêtres d'un lieu non défini dans le temple vers la tribune du lac sacré. Pourtant, le fait d'« entrer » dans le temple semble être en contradiction avec une sortie pour se rendre en direction du lac sacré. Par ailleurs, la mention de « ce dieu » ne permet pas de clarifier quelle entité faisait l'objet de cette procession. S'agissait-il du simulacre osirien, d'Osiris qui préside à l'Occident cité par les trois premières formules ou encore de Sokar-Osiris qui, mentionné ultérieurement, pourrait être le destinataire du chant final du rituel qui lui était destiné ? Il n'est donc pas impossible que l'on assiste ici non pas à un seul déplacement mais à plusieurs processions qui pourraient avoir eu pour objet plus d'une divinité. On retiendra ainsi que le simulacre entrait probablement dans le temple, mais qu'il n'est pas certain qu'il ait été conduit vers la rive du lac.

Il semble clair que les trois premières formules forment un ensemble, étant donné que la deuxième et la troisième sont introduites par « Autre formule ». La récitation du chant final du *Cérémonial pour faire sortir Sokar* constituait en revanche peut-être une nouvelle étape distincte de la précédente. Et il en allait peut-être de même des indications relatives à la tribune copiées ensuite. À ce point, il n'est pas possible de trancher cette question, mais l'analyse de la totalité du rituel permettra peut-être de cerner mieux cette problématique[322].

322 Voir chapitre 12.

6. Destruction des ennemis et triomphe

Ce chapitre regroupe trois compositions ayant comme thème commun la destruction des ennemis. Deux rubriques précisent que des figurines devaient être confectionnées afin d'être brûlées.

6.1 Une première rubrique (x+3, 12 – x+4, 1)

La fin de cette première rubrique, inscrite à l'encre rouge, figure au début de la quatrième page (x+4, 1). Elle débutait vraisemblablement au bas de la page précédente, mais cette partie n'a pas été préservée.

6.1.1 Traduction et commentaire (x+3, 12 – x+4, 1)

... ...] [4, 1] *Stš ḥnꜥ sm(ꜣ)y.w=f*	... ...] [a)] [4, 1] **Seth et ses acolytes** [b)].
ỉry twt n ḫfty.w=f	**Confectionner une effigie de ses** [c)] **ennemis**
[*m mnḥ*]	**[en cire]** [d)].
dỉ r ꜥḫ ḏ.t	**Jeter** [e)] **dans un brasier** [f)] **pour toujours**.

Commentaire

a) Le début de la rubrique manque ostensiblement. Il devait figurer au bas de la page précédente, où l'existence d'une ligne supplémentaire entièrement perdue (x+3, 13) en plus de la ligne x+3, 12 dont il reste quelques traces, n'est pas exclue. La destruction de la fin de la page x+3 ne permet en effet pas de définir avec certitude de combien de lignes celle-ci était constituée, voir § 2.3.3.

b) Le mot *smꜣy.w* « associés », « complices »[1], qui apparaît à nouveau plus loin (x+6, 1), désigne les « acolytes » de Seth[2]. Ce terme figure à de nombreuses reprises dans le *Rituel pour renverser Seth et ses acolytes*[3]. Il n'est d'ailleurs pas impossible qu'un titre de ce genre ait figuré dans la lacune, même si une telle composition n'est pas reproduite dans le papyrus Princeton Pharaonic Roll 10.

c) Le pronom *=f* ne peut logiquement pas se rapporter à Seth. L'identité de l'être auquel on faisait référence et qui était probablement nommé dans la partie lacunaire de la rubrique n'est donc plus explicite. Il devrait logiquement s'agir d'Osiris.

---

1 *Wb* III, 450, 7-9. P. WILSON, *Lexikon*, p. 842-843. La graphie  est attestée, voir notamment S. SCHOTT, *Urkunden* VI, p. 13, 27, 41, 43 (P. Paris Louvre N. 3129 (C, 14 ; C, 42 ; D, 22 ; D, 23 et 27)) ; Ph. DERCHAIN, *Le Papyrus Salt 825*, p. 22*.

2 *LGG* VI, p. 319.

3 S. SCHOTT, *Urkunden* VI, p. 5, 13, 27, *passim*. Mais aussi dans d'autres formules, voir par exemple R. A. CAMINOS, *JEA* 58 (1972), p. 211, 212 et n. 2, 213, 222, pl. XL, XLI (P. Londres BM EA 10288 (A, 8, 9, 10, 12 ; B, 16)).

d) Cette lacune n'est pas assez longue pour restituer (*ỉry*) *m mnḥ dšr* « (faite) de cire rouge » à l'instar de la rubrique du *Rituel pour renverser Seth et ses acolytes*[4] ou du *Livre de protéger la barque-nechemet*[5]. La version courte de la rubrique du *Rituel pour renverser Seth et ses acolytes* du papyrus Londres BM EA 10252, qui donne uniquement *m mnḥ* « de cire »[6], conviendrait davantage. Cette formulation reparaît plus loin dans le papyrus Princeton Pharaonic Roll 10 (x+15, 6), voir § 8.10. L'emploi de la cire était répandu dans les pratiques magiques, notamment pour la fabrication de figurines d'exécration[7].

e) Le *Livre de protéger la barque-nechemet* présente une graphie identique  [8]. On la retrouve aussi dans la rubrique suivante (x+5, 5), voir § 6.3.

f) Le terme *ꜥḫ* désigne un « brasier », un « autel à feu »[9]. C'était un instrument de taille variable qui pouvait se présenter sous la forme d'un bassin rectangulaire ou circulaire, en terre cuite ou en métal, dont la typologie et l'usage évoluèrent passablement[10]. À l'époque gréco-romaine, les modèles plus imposants des temples prirent la forme d'« autels à cornes »[11]. Le brasier constituait par ailleurs un attribut divin prisé des déesses dangereuses[12]. Il était aussi un signe distinctif d'Horus *ỉmy Šnw.t*[13]. Les formules contre les ennemis du papyrus Londres BM EA 10252, qui offre un parallèle à la formule qui suit le *Livre de la néoménie* (§ 6.4), font d'ailleurs de ce dieu une figure centrale[14].

6.1.2 Fonction de la première rubrique et déroulement du rituel

La fabrication d'effigies d'adversaires, probablement faites de cire et destinées à être brûlées, relève de pratiques magiques ayant pour but la destruction des ennemis. Déjà évoqué par les formules de protection (§ 5.3 et § 5.4) et le chant final du *Cérémonial pour faire sortir Sokar* (§ 5.5), ce thème sous-tend aussi au contenu du *Livre de la néoménie* (§ 6.2) et des deux formules suivantes (§ 6.4 et § 6.5). On serait donc tenté de rattacher cette notice au *Livre de la néoménie*, puisqu'il n'y a pas la place nécessaire pour qu'une autre composition de ce genre ait figuré avant elle.

---

4 S. SCHOTT, *Urkunden* VI, p. 4-5 (P. Paris Louvre N. 3129 (B, 41)).

5 J.-Cl. GOYON, *Kêmi* 19 (1969), p. 62-63. J.-Cl. GOYON, *Imouthès*, p. 81, pl. XXXIV (P. New York MMA 35.9.21 (39, 1-2)).

6 S. SCHOTT, *Urkunden* VI, p. 4-5 (P. Londres BM EA 10252 (13, 3)).

7 M. J. RAVEN, *OMRO* 64 (1983), p. 7-47. G. POSENER, *Cinq figurines*, p. 11. M. J. RAVEN, *VA* 4 (1988), p. 239-241. R. K. RITNER, *GöttMisz* 111 (1989), p. 85-95. H. WILLEMS, *JEA* 76 (1990), p. 27-54, en particulier 46-47. Chr. THEIS, *Magie und Raum*, p. 708-731. À propos de la cire, voir M. SERPICO, R. WHITE, « Oil, fat, wax », *in* : P. T. NICHOLSON, I. SHAW (éd.), *Ancient Egyptian Materials*, p. 390-429, § 17.

8 J.-Cl. GOYON, *Kêmi* 19 (1969), p. 62-63. J.-Cl. GOYON, *Imouthès*, pl. XXXIV (P. New York MMA 35.9.21 (39, 2)).

9 *Wb* I, 223, 13-16. *Anlex* 77.4756, 78.4538, 79.3374. P. WILSON, *Lexikon*, p. 175-176.

10 G. JÉQUIER, *BIFAO* 19 (1922), p. 88-90. M. ALLIOT, *Le culte d'Horus*, p. 87-88. S. SAUNERON, *MDAIK* 16 (1958), p. 276, n. g. J. YOYOTTE, *AEPHE* 89 (1980-1981), p. 91-92. Chr. THEIS, *Magie und Raum*, p. 680-687.

11 J. QUAEGEBEUR, *BIFAO* 69 (1971), p. 195-197. G. SOUKIASSIAN, *BIFAO* 83 (1983), p. 317-333. J. QUAEGEBEUR, *in* : *Ritual and Sacrifice*, p. 329-353.

12 J. YOYOTTE, *AEPHE* 89 (1980-1981), p. 92-94. G. POSENER, *Le Papyrus Vandier*, p. 32-33, 75 (l. 5, 7).

13 M. ALLIOT, *Le culte d'Horus*, p. 210. É. CHASSINAT, *Le mystère d'Osiris* I, p. 335. S. SAUNERON, *BIFAO* 69 (1971), p. 53-58. G. VITTMANN, *ZÄS* 111 (1984), p. 167-168. J.-Cl. GOYON, *Les dieux-gardiens* I, p. 273, 296. *LGG* V, p. 244-245.

14 A.-K. GILL, *in* : *Liturgical Texts for Osiris and the Deceased*, p. 135-144.

La leçon du *Livre de la néoménie* du papyrus Caire JdE 97.249/3 + Colon. Aeg 1[15] est précédée d'une copie du *Livre sacré du céré[monial] des fêtes de l'anéantissement des ennemis*[16], qui devait être récité lors de la sortie d'Osiris qui préside à l'Occident, à la fête de Sokar, à la fête-*ouag*, à la fête du mois et à la néoménie[17]. On n'y trouve pas d'indication concernant la fabrication de figurines, mais la page x+5 a subi d'importants dégâts. Le papyrus Londres BM EA 10081, qui livre une autre version du même texte, en conserve une portion plus longue qui nous renseigne sur les gestes qui accompagnaient la lecture de cet ouvrage[18]. Il est question de figurines de Seth et de différents oiseaux et poissons (l'énumération présente des alternatives), dans la nuque desquels un couteau était planté. Elles devaient être déposées dans le feu en présence du dieu *Khenty-imenty*. On précise encore que l'officiant devait être vêtu de lin blanc et chaussé de sandales de la même couleur. Bien que le mode d'emploi du papyrus Princeton Pharaonic Roll 10 ne soit pas aussi détaillé, la séquence des événements concorde dans les deux cas. Un autre passage du papyrus Princeton Pharaonic Roll 10 (x+15, 6-7) mentionne encore l'usage d'effigies de cire (§ 8.10). Là-bas, la destruction de figurines, représentant un serpent et quatre ennemis cette fois, est associée à la récitation du *Livre de la néoménie* et de la *Chambre du lit*. Il semble donc bien que la récitation du *Livre de la néoménie* puisse être associée à la destruction de représentations d'ennemis par le feu. Le fait qu'une version parallèle de la formule qui suit le *Livre de la néoménie* (§ 6.4) ait été copiée à la suite du *Rituel pour renverser Seth et ses acolytes* dans le papyrus Londres BM EA 10252 laisserait d'ailleurs penser que le *Livre de la néoménie* ait pu fonctionner comme une alternative au *Rituel pour renverser Seth et ses acolytes*.

Une seconde rubrique similaire figure pourtant aussi à la suite du *Livre de la néoménie* et pourrait s'y rapporter (§ 6.3). Les notices de ce genre sont régulièrement placées à la fin des compositions auxquelles elles se rapportent, mais il arrive qu'elles les précèdent, comme c'est le cas du long mode d'emploi du *Rituel pour renverser Seth et ses acolytes* justement[19]. La lacune du bas de la page x+3 et les premiers mots de la page x+4 permettent d'envisager qu'un titre ait pu y figurer, peut-être similaire à celui du *Rituel pour renverser Seth et ses acolytes* étant donné qu'on peut lire encore « ...] Seth et ses acolytes » en rouge. Pourtant, le contenu de cette composition n'a manifestement pas été copié. Un tel titre aurait pu figurer à la suite d'une indication précisant qu'il fallait en faire la récitation, sans pour autant en offrir une copie, à moins qu'il ait fonctionné comme une sorte d'en-tête pour décrire l'ensemble de cette section. Le *Livre de la néoménie* n'est d'ailleurs pas introduit par le titre au moyen duquel il est identifié dans le papyrus Caire JdE 97.249/3 + Colon. Aeg 1, mais semble-t-il par la

15 Voir § 6.2, parallèles.

16 G. Burkard, *Die Papyrusfunde*, p. 32-34, pl. 23 ; *Spätzeitliche Osiris-Liturgien*, p. 63-83.

17 G. Burkard, *Die Papyrusfunde*, p. 32, pl. 23 ; *Spätzeitliche Osiris-Liturgien*, p. 63. Le papyrus Londres BM EA 10081 indique pour sa part « la sortie de *Khenty-imenty*, la fête de Sokar, la fête-*ouag*, la fête du mois, la fête du sixième jour et la fête du quinzième jour » (G. Burkard, *Spätzeitliche Osiris-Liturgien*, p. 303). Le *Rituel pour repousser le Mauvais* était récité à peu près aux mêmes dates, à savoir à la fête du mois, à la fête du sixième jour et à la fête du quinzième jour (S. Schott, *Urkunden* VI, p. 60-61 (l. 14)). Les rites de destruction étaient donc volontiers associés à des fêtes lunaires. Le papyrus Londres BM EA 10081 ajoute ainsi au chapitre 175 du *Livre des morts* un passage inédit qui se termine par *(ỉ)d(mỉ.t) dỉ.t m ẖẖ=f hrw sn.t pr(.t) Mnw hrw psḏn.tyw* « Une bandelette de lin est placée à son cou le jour de la fête du sixième jour, à la sortie de Min et le jour de la néoménie (A. Wüthrich, *in* : *Herausgehen am Tage*, p. 207, qui comprend *rʿ 6 ḥb pr Mn.w rʿ psḏn.tyw* « le sixième jour de la fête de la sortie de Min, le jour de la nouvelle lune »).

18 G. Burkard, *Spätzeitliche Osiris-Liturgien*, p. 72-73, 305-306 (P. Londres BM EA 10081 (col. 34)).

19 S. Schott, *Urkunden* VI, p. 4-5.

formule [*ky r(ꜣ)*] « [Autre formule] » qui fait implicitement référence à une formule préalable. Il n'est donc pas impossible non plus que ce soit à elle, plutôt qu'au *Livre de la néoménie*, que cette première rubrique se soit rapportée.

6.2 Le *Livre de la néoménie* (x+4, 1 – x+5, 5)

Cette composition commence au début de la quatrième page, où elle est précédée d'une brève rubrique écrite en rouge (§ 6.1). Aucun titre n'est indiqué, mais on peut reconnaître une nouvelle leçon du *Livre de la néoménie* qui se poursuit jusqu'à la page suivante.

Parallèles

Le papyrus Caire JdE 97.249/3 + Colon. Aeg 1[20], découvert dans la tombe de *Moutirdis* dans l'Assassif[21], offre la seule copie du *Livre de la néoménie* connue jusque-là. Il s'agit d'un manuscrit hiératique rédigé au nom du père divin *ꞽIry-ꞽry*, fils de *Tꜣ-šr.t-Mnw*, qui aurait vécu entre la 30e dynastie et le début de l'époque ptolémaïque[22]. Le *Livre de la néoménie* occupe la sixième page conservée de ce manuscrit qui préserve également une copie des chapitres supplémentaires 168^{Pleyte} (x+1, 1–x+3, 13) et 169^{Pleyte} (x+3, 14–x+4, 32) du *Livre des morts*[23] et une version du [*Livre sacré du rituel de la fête de la destruction des ennemis*][24] (x+5). La page concernée de ce papyrus est assez endommagée. Une portion manque au milieu de celle-ci, laissant deux parties non jointives, et la fin des lignes est perdue. Le papyrus Caire JdE 97.249/3 et le papyrus Princeton Pharaonic Roll 10 présentent des variantes et une composition sensiblement différente, le document américain offrant une version plus courte.

La stèle Paris Louvre IM 2846[25], ayant appartenu à un notable de la région memphite nommé *Pꜣ-sn-Ḥr* et datée de l'an 37 de Chéchonq V, reproduit un extrait de la fin du *Livre de la néoménie* d'après la version du papyrus Caire JdE 97.249/3 (x+6, x+8-11)[26]. Il s'agit du discours d'Horus qui n'a pas été retranscrit dans le papyrus Princeton Pharaonic Roll 10. Copié dans le cintre, le texte est réparti autour d'une représentation du taureau Apis momifié et couché. La date de ce document (vers 730 av. J.-C.) atteste que cette section au moins de la composition existait déjà à la Troisième Période intermédiaire.

---

20 D. Bidoli, *MDAIK* 26 (1970), p. 4-7. M. Bellion, *Catalogue*, p. 154 (P. Gourna). G. Burkard, *Die Papyrusfunde*, p. 25-26, 34-35, pl. 22 ; *Spätzeitliche Osiris-Liturgien*, p. 84-95. Afin d'alléger le texte, on fera par la suite référence à ce document sous l'appellation « papyrus Caire JdE 97.249/3 ».

21 D. Bidoli, *MDAIK* 26 (1970), p. 4-7. G. Burkard, *Die Papyrusfunde*, p. 25. Cette tombe offre justement un parallèle à une autre section du papyrus Princeton Pharaonic Roll 10, voir § 10.2.

22 G. Burkard, *Spätzeitliche Osiris-Liturgien*, p. 25.

23 G. Burkard, *Spätzeitliche Osiris-Liturgien*, p. 23-46 et 47-62.

24 G. Burkard, *Spätzeitliche Osiris-Liturgien*, p. 63-83 et 303-306. Le titre de ce rituel est conservé par le papyrus Londres BM EA 10081 (33, 1), voir G. Burkard, *Spätzeitliche Osiris-Liturgien*, p. 303.

25 M. Malinine, G. Posener, J. Vercoutter, *Catalogue des stèles*, p. 30-31, n° 31. O. Perdu, *in* : *Tanis. L'or des pharaons*, p. 152-154 avec bibliographie. O. Perdu, *in* : *Des dieux, des tombes, un savant*, p. 110. R. K. Ritner, *The Libyan Anarchy*, p. 17-20.

26 G. Burkard, *Die Papyrusfunde*, p. 35, pl. 22 ; *Spätzeitliche Osiris-Liturgien*, p. 87 et 93-94.

La décoration du plafond du pronaos du temple de Dendara offre un autre parallèle partiel au *Livre de la néoménie*, tel qu'il apparaît dans le papyrus Caire JdE 97.249/3 (x+6, 17-x+7)[27]. Ce passage n'est pas reproduit par le papyrus Princeton Pharaonic Roll 10, à l'exception de la dernière strophe. Il s'agit d'un hymne adressé à la lune qui occupe la bande latérale de la travée ouest et jouxte ainsi quatre scènes lunaires décrivant l'invisibilité de la lune, son remplissage sur l'escalier lunaire et sa plénitude[28]. L'emplacement de cette copie partielle correspond parfaitement au contenu de cet ouvrage et confirme que ce texte était mis œuvre durant la phase de croissance de la lune sans pour autant spécifier son usage le premier jour du mois lunaire.

Un fragment encore inédit de cette composition est attesté parmi les manuscrits de Tebtynis[29].

6.2.1 Traduction et commentaire (x+4, 1 – x+5, 4)

[***ky r(ꜣ)***]	[**Autre formule.**] [a)]
ḏd mdw *psḏn.tyw sp 2*	**Réciter** à chaque néoménie [b)] :
nty m šm[4, 2]*s.w*	(Vous) qui êtes parmi les sui-[4, 2]vants [c)]
n [ỉt]=ỉ Wsỉr	de mon [père] Osiris
m hrw pn nfr n psḏn[.tyw]	en ce jour parfait [d)] de la néom[énie],
mꜣꜣ=tn ꜥḏ.t ꜥꜣ.t	puissiez-vous voir le grand carnage
ỉr.t m šms.w Stš	perpétré parmi [e)] les suivants de Seth
[4, 3] *ḫfty.w [n (?)] ỉt=ỉ Wsỉr*	[4, 3] (et) les ennemis [de] mon père Osiris [f)].
ỉn.n=f st	(Après qu')il [g)] les [h)] a amenés
r ḫsf mdw.w=sn	pour rejeter leurs sollicitations [i)]
m-bꜣḥ Ỉnp(w)	en présence d'Anubis [j)],
ḥry-tp spꜣ.wt ỉmn[.t]	le supérieur des provinces de l'Occident [k)],
[4, 4] *Ḏḥwty ḥr [rt]ḥ pꜥ.t*	[4, 4] Thot soumet les *pât* [l)].
Ḥr [ḥr p(s)] š n=f wrm	Horus répartit pour lui la haute crue [m)],
ḥms(w) m ḫnty ḥr [4, 5] *tmꜣ*	assis dans le pronaos [n)] sur [4, 5] la natte [o)],
m sꜥḥ=f	selon son rang,
r nḏ ỉt=f Wsỉr	afin de protéger son père Osiris.
ḥw.n=f ꜥ ḥr ỉḫ.t	(Après qu')il a consacré [p)] les offrandes
s[ḥ]r [4, 6] *.n=f Stš r Wsỉr*	(et qu')il a éloigné [4, 6] Seth d'Osiris,
wn ḥ(ꜣ)b m Ḏdw	il y a une fête dans Bousiris [q)].
ꜣw(.t)-ỉb m Ỉwnw	Des réjouissances (ont lieu) dans Héliopolis ;
dỉ.t(w) ỉꜣw m [4, 7] *Ḫr-ꜥḥꜣ*	une louange est rendue dans [4, 7] *Kher-âha* [r)] ;
ṯḥḥw.t ḫpr	l'allégresse advient ;
[nḏm]-ỉb m Ḏdw	[le bon]heur est dans Bousiris [s)] ;
ꜣw(.t)-ỉb m R(ꜣ)-sṯꜣ[w	des réjouissances (ont lieu) dans *Ro-seta[ou* [t)],

27 *Dendara* XV, 36, 8-13. S. CAUVILLE, *Dendara XV. Traduction*, p. 50-51. S. CAUVILLE, *Dendara. Le pronaos du temple d'Hathor*, p. 525-526. S. VUILLEUMIER, *in* : *Praktische Verwendung*, à paraître.

28 *Dendara* XV, 27-36. S. CAUVILLE, *Dendara XV. Traduction*, p. 37-49. Voir également Fr. R. HERBIN, *BIFAO* 82 (1982), p. 237-282.

29 Il s'agit du papyrus Carlsberg 824. Je remercie Andrea Kucharek, qui en assure la publication, d'avoir eu la gentillesse de porter ce document à ma connaissance.

tꜣ (?)] ḏsr [4,8] *nṯr [pn (?)]*	la nécro]pole (?) [u)] [4,8] de [ce] dieu.
[Ṯ]nnw(.t) ḥtp.tw ḥr n[b]=s	*[Tche]nen(et)* [v)] est satisfaite de son maî[tre]
Wsỉr Skr m Tꜣ-wr	Osiris-Sokar [w)] dans le nome thinite [x)]
m ḥry-ỉb wỉ[ꜣ] [4,9] *ḥnw*	au milieu de la [4,9] barque-*henou* [y)]. [z)]
mꜣꜣ=sn Stš	Puissent-ils [aa)] voir Seth [bb)]
ḫr ḫr Wsỉ[r	tomber sous Osiri[s
ḥ]nꜥ nty m šms.w=f	av]ec ceux qui sont parmi ses [cc)] suivants
ḥ[w] [4,10] *st [Ḥr] sꜣ ꜣs.t*	(quand) [4,10] [Horus], fils d'Isis [dd)] les frap[pe] [ee)]
ḥr ỉry=sn	à cause de ce qu'ils ont fait
r [ỉt]=f Wsỉr	contre son [père] Osiris.
[nḏ]m ỉb n Wsỉr ḥm-nṯr	Puisse le cœur de l'Osiris (du) prêtre
Ms-rd [4,11] *[.wy=f mꜥꜣ]-ḫrw*	*Mesred*-[4,11]*[ouyef*, just]ifié,
msỉ.n Tꜣy-H[b.t]	enfanté par *Tah[ebet]*, être heureux [ff)]
m h[rw pn n]fr n psḏn.tyw	en [ce jour] parfait de la néoménie.
ỉỉ.n [4,12] *Ḏḥwty ỉ[m (?) r] mꜣ[ꜣ=k]*	[4,12] Thot est venu [là (?) pour te] voir.
ḏ[d]=f n=k	Il te dit [gg)] :
wꜣ[ḥ=ỉ n=k ỉḫ.t]	[Je] dépo[se pour toi les offrandes] [hh)]
m sn.t	lors de la fête du sixième jour [ii)],
[šb.wt] dnỉ(.t)	[les offrandes] [jj)] de la fête-*denit* [kk)]
m ꞽIwnw	dans Héliopolis
m [5,1] *hrw pn nfr n psḏn.tyw*	en [5,1] ce jour parfait de la néoménie.
ỉ ỉt=ỉ Wsỉr	Ô mon pèrc Osiris,
ḥms=k ỉm=f	puisses-tu y [ll)] prendre place
ḥr bỉꜣ tꜣ	sur le chemin de procession [mm)] (?) !
[dr].t(w) [5,2] *n=k nkn.w=k*	On écarte [5,2] pour toi tes souffrances [nn)]
sfḫ(w) n=k ḏw.w=k	(et) tes maux sont débarrassés pour toi
r tꜣ	à terre [oo)].
dwꜣ ṯw nṯr.w ꜣḫty.w	Puissent les dieux horizontains t'adorer [pp)] !
Wsỉr [5,3] *Pꜣ-dỉ-Ḥr-pꜣ-ẖrd*	Osiris (de) [5,3] *Padiherpakhered* [qq)],
ṯs ṯw	lève-toi [rr)],
ỉm=k wrḏ	tu ne peux être fatigué [ss)]
ỉr.t Ḥr <ḥr> ꜥḥꜣ	(quand) l'œil d'Horus combat
ḥr nb=s	en faveur de son maître [tt)]
psḏn.tyw [5,4] *sp 2*	à chaque [5,4] néoménie [uu)].
ḫr ḥr ḥr=k Stš ḫsw	Tombe sur ta face [vv)], Seth le vil [ww)] !
ḫr ṯw sḫr ṯw	Chute donc ! Sois renversé ! [xx)]

Commentaire

a) Le cadrat de la rubrique n'est plus guère visible, mais il semble devoir être lu  *ky r(ꜣ)* « Autre formule ».

b) Si la lecture *psḏn.tyw* est assez unanimement acceptée, d'autres transcriptions ont aussi été avancées[30]. La morphologie de ce terme a été largement débattue et son étymologie n'est pas confirmée, bien qu'il ait fait l'objet de nombreux rapprochements avec ses homophones[31]. Joris Borghouts a ainsi proposé un intéressant commentaire de ce mot en se demandant s'il ne signifiait pas à l'origine « le retrait du piétiné », à savoir de l'œil blessé qui échappe à Seth[32].

Günter Burkard rattache logiquement ce passage à la phrase suivante en l'interprétant comme un vocatif : « Neumond, Neumond, der im Gefolge [...] ist »[33]. Le fait que le pronom *=tn* soit employé pour y faire référence est un peu gênant. Il faudrait que celui-ci reprenne le seul mot pluriel, soit *šms.w* « suivants »[34], mais ce terme demeure secondaire dans la phrase, dont l'élément central serait la néoménie s'il s'agissait d'un vocatif. S'appuyer sur *sp 2* pour faire de *psḏn.tyw* un duel, auquel on pourrait renvoyer à l'aide d'un pronom pluriel, n'aurait guère de sens, car on expliquerait mal l'existence de deux néoménies. Un plus grand nombre serait en revanche envisageable, qui recouvrirait toutes les néoménies de l'année, mais le scribe aurait peut-être écrit alors *nb(.w)* plutôt que *sp 2*.

Serait-il sinon possible d'aller plus loin dans l'idée de personnification avancée par Günter Burkard[35] en traduisant dans ce cas le mot  *psḏn.tyw* « ceux de la néoménie » malgré l'absence du pluriel[36] ? Car comment matérialiser mieux un élément certes perceptible, mais défini par une absence, sinon par le biais d'entités s'y rapportant. On pourrait éventuellement reconnaître en elles les *baou* de la néoménie[37], voire une allusion aux quatre jours que durait la fête de la néoménie[38]. Dans le papyrus Caire JdE 97.249/3, le terme 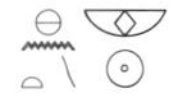 présente une orthographe uniforme que Günter Burkard traduit dans certains cas « Neumond » et dans d'autres « Neumondfest », mais qu'il transcrit de la même manière[39]. Dans le papyrus Princeton Pharaonic Roll 10, les graphies  (x+4, 1 ; x+4, 11 ; x+5, 1) et 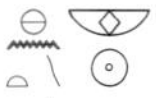 (x+4, 2 ; x+15, 6) alternent, mais ne semblent pas devoir être distinguées au niveau du sens, ce qui n'apporte aucune confirmation de cette hypothèse.

Considérer le sens distributif que peut revêtir *sp* 2[40] ne modifierait pas la configuration d'un vocatif singulier repris par un pronom pluriel : « Chaque néoménie qui est parmi les suivants... ». En rattachant ce passage à la rubrique, il est en revanche possible d'obtenir

---

30 L. DEPUYDT, *in* : *Studies Ward*, p. 72-73. D. MEEKS, *Mythes et légendes du Delta*, p. 78, n. 176.

31 L. DEPUYDT, *in* : *Studies Ward*, p. 72-74. Ce mot a été rapproché la racine *psḏ* « neuf », de *psḏ.t* « ennéade », de « neuf » et « nouveau ». Une étymologie rattachée à *psḏ* « dos » traduirait l'idée que la lune « tourne le dos » en montrant sa face sombre.

32 J. Fr. BORGHOUTS, *Papyrus Leiden I 348*, p. 84-87, n. 141.

33 G. BURKARD, *Spätzeitliche Osiris-Liturgien*, p. 84.

34 G. BURKARD, *Spätzeitliche Osiris-Liturgien*, p. 89.

35 G. BURKARD, *Spätzeitliche Osiris-Liturgien*, p. 89, 93. *Contra* P. P. KOEMOTH, *BiOr* 54 (1997), p. 346-347.

36 Il existe une forme « nisbé » du substantif, plus rare que celle formée sur un adjectif, voir M. MALAISE, J. WINAND, *Grammaire raisonnée*, p. 85, § 120.

37 Fr. LABRIQUE, *in* : *4. Ägyptologische Tempeltagung*, p. 91-121.

38 D. MEEKS, *Mythes et légendes du Delta*, p. 78-79, n. 176.

39 G. BURKARD, *Spätzeitliche Osiris-Liturgien*, p. 84 et 89.

40 Fr. DAUMAS, *in*: *Miscellanea Vergote*, p. 109-123.

une notion temporelle : « Réciter à chaque néoménie ». Une telle traduction conviendrait aussi pour la seconde attestation de *psḏn.tyw sp 2* que l'on retrouve à la fin de cette composition (x+5, 3-4), voir *infra* n. uu). Cette proposition n'est pas exempte non plus de difficultés, puisque le syntagme *nty* se retrouverait alors sans antécédent au début de la première phrase de la formule. En faire une forme substantivée est audacieux (voir cependant *infra* les deux exemples de la n. c)), mais cela conviendrait parfaitement au sens de la phrase, tout en permettant d'y rattacher le pronom *=tn*. Ce ne serait d'ailleurs pas le seul élément qui indiquerait que cette composition a fait l'objet de réécritures, voir § 6.2.3.

La néoménie désignait le premier jour du mois lunaire[41]. Ce moment du mois se caractérisait par l'invisibilité de la lune à l'aube[42] et marquait le commencement d'un nouveau cycle complet de la lune. Comme le soulignait déjà Philippe Derchain[43], l'invisibilité du satellite soulève une contradiction, car si la lune brille à la néoménie, c'est bien par son absence. Cette absence n'est pourtant pas intangible, puisque le phénomène est observable dans le ciel au matin. Attribuer ce phénomène au premier jour du mois lunaire, et par là fixer le début de celui-ci, paraît donc être une méthode empirique plutôt qu'aléatoire[44]. Cette disparition, conçue comme une mort provisoire, précédait la réapparition de la lune, célébrée le deuxième jour du mois[45]. Néanmoins, les sources relayent les représentations et cherchent à expliquer la disparition temporaire de l'astre. Un passage du chapitre 64 du *Livre des morts* rend ainsi parfaitement compte de l'invisibilité de l'astre lors de la néoménie : « Où es-tu donc à la néoménie ? »[46]. À cette interrogation, on pourrait rétorquer : « Ô Lune qui est dans la néoménie, dont la splendeur a illuminé l'au-delà »[47]. Tout en confirmant l'absence de la lune à la néoménie, cet extrait nous fournit un indice pertinent en nous ouvrant les portes de l'au-delà, car c'est notamment par le fait que la lune accompagnait le soleil dans sa barque que la néoménie a été expliquée. Il en est ainsi dans les *Lamentations d'Isis et Nephthys* : *Ḏḥwty m sꜣ=k sꜥḥꜥ=f bꜣ=k m ḥnw mꜥnḏ.t m rn=k pf(y) n iꜥḥ* « Thot est ta protection, il érige ton *ba* dans la barque du soir en ce tien nom de lune »[48]. On notera que les traductions « néoménie » ou « nouvelle lune », généralement choisies, ne reflètent pas la réalité astronomique de la disparition du dernier croissant lunaire[49]. L'appellation « néoménie » sera néanmoins conservée par convention et pour sa brièveté.

---

41 R. A. PARKER, *Calendars*, p. 9-23. Heinrich Brugsch a, le premier, montré cette correspondance, tout en l'assimilant au premier jour du mois civil (*ZDMG* 10 (1856), p. 668-677). Mais après avoir, grâce aux doubles dates, reconnu l'existence du calendrier lunaire à l'époque historique, il considère *psḏntyw* comme une date lunaire (*ZÄS* 10 (1872), p. 14-16). Pour un commentaire sur l'évolution de son opinion, consulter L. DEPUYDT, *Civil Calendar*, p. 153-158.

42 C'est encore Heinrich Brugsch qui fut le premier à noter ce phénomène (*Matériaux*, p. 675-676).

43 Ph. DERCHAIN, *Lune*, p. 47 et 50.

44 A. J. SPALINGER, *in* : *Revolutions in Time*, p. 62.

45 Ph. DERCHAIN, *Lune*, p. 30.

46 P. Londres BM EA 10477, l. 35.

47 S. SCHOTT, *Urkunden* IV, 1847, 16 (TT 57). W. C. HAYES, *Sobk-Mosĕ*, pl. 5, l. 2.

48 M. COENEN, *OLP* 31 (2000-2005), p. 13, pl. 3 (P. Oxford Bodl. Ms. Egypt.d.8 (P), 20). M. SMITH, *Mortuary Texts*, p. 60-61 (l. 12). A. KUCHAREK, *Klagelieder*, p. 58-59.

49 L. DEPUYDT, *in* : *Studies Ward*, p. 72-73.

c) On peut traduire *šms.w* par « suivants » ou « suite », « escorte ». Cela rappelle les *šms.w (n) Wsỉr* « suivants d'Osiris » qui portaient le dieu en procession lors des cérémonies du mois de Khoiak[50]. Or, dans les premières formules (§ 5.2, § 5.3, § 5.4), il était déjà question des enfants d'Osiris ou d'Horus qui pouvaient remplir la même fonction. *Nty šms n Skr Wsỉr* « Celui qui sert Sokar-Osiris » et *nty.w šms n Skr Wsỉr* « Ceux qui servent Sokar-Osiris » renvoient aux esprits excellents[51].

d) L'expression *m hrw pn nfr* « en ce jour parfait » indique une fête. Or, la néoménie, qui marquait le début du mois lunaire, est connue comme telle. Elle apparaît à ce titre dans des listes privées dès le Moyen Empire[52] et elle est attestée dans les calendriers des temples gréco-romains[53].

e) Au lieu de *ỉr.t m šms.w*, le papyrus Caire JdE 97.249/3 donne *ỉr.t n šms.w*[54].

f) Le pronom suffixe *=ỉ* identifie le locuteur comme étant ici le fils d'Osiris, à savoir en principe Horus. Günter Burkard considère *ỉt=ỉ Wsỉr* « mon père Osiris » comme une apposition anticipée du sujet de la phrase suivante, mais note cependant que le terme pourrait se rattacher à la séquence précédente[55]. Dès la proposition suivante, le mode énonciatif évolue avec l'apparition du pronom *=f*. Par la suite, Osiris, toujours mentionné comme tiers, n'est plus *ỉt=ỉ* « mon père » mais *ỉt=f* « son père » (x+ 4,5 ; x+4, 10). Compte tenu de cette scission, il semble judicieux de rattacher *ỉt=ỉ Wsỉr* « mon père Osiris » à la phrase précédente. Il paraît d'ailleurs bienvenu que le mot *ḫfty.w* soit défini, par un génitif par exemple, et *ỉt=ỉ Wsỉr* « mon père Osiris » remplit bien ce rôle. Un *n* marquant un génitif indirect pourrait avoir occupé l'espace de la lacune, mais aucune trace ne l'indique plus. L'ensemble *ḫfty.w [n ?] ỉt=ỉ Wsỉr* pourrait aussi avoir fonctionné comme une antéposition de l'objet de la phrase suivante : *ḫfty.w [n (?)] ỉt=ỉ Wsỉr ỉn.=f st ...* « Les ennemis de mon père Osiris, il les a amenés… ». Dans ce cas, le pronom *=f* ne pourrait renvoyer à ni à Horus ni à Osiris, voir *infra* n. g).

g) Selon le découpage préconisé par Günter Burkard[56], le pronom *=f* reprendrait « mon père Osiris », ce qui paraît logique. Et cela reste possible même sans rattacher « mon père Osiris » à cette phrase. Il n'est cependant pas exclu qu'il soit question d'Horus, présenté implicitement comme le locuteur de la phrase précédente, voir *supra* n. f). Il pourrait aussi s'agir de Thot qui apparaît ensuite, ou éventuellement d'Anubis malgré la contradiction apparente, voir *infra* n. k). Si l'on admet que l'antécédent du pronom *=f* n'est pas explicitement exprimé, cette rupture pourrait marquer l'omission d'un passage – ou un ajout ultérieur – et constituerait l'indice d'une réécriture de ce passage.

h) Le pronom *st* reprend probablement les « suivants de Seth » et/ou « les ennemis de mon père Osiris » (x+4, 2-3), voir *supra* n. f).

i) De certains sens attribués au verbe *ḫsf* – « punir » ou « s'opposer à (*r*) quelqu'un (devant un tribunal) », « témoigner contre (*r*) » – ressort une notion juridique qui s'appliquerait bien ici. La traduction retenue tient compte de l'absence de toute préposition.

---

50 J.-Cl. Goyon, *Le papyrus Louvre N. 3279*, p. 38 et n. 7, p. 48 et n. 4.
51 *LGG* IV, p. 377, 383.
52 A. J. Spalinger, *Private Feast List*, p. 35-36, 40.
53 A. Grimm, *Festkalender*, p. 420-422. G. Burkard, *Spätzeitliche Osiris-Liturgien*, p. 96-110.
54 G. Burkard, *Die Papyrusfunde*, p. 34 ; *Spätzeitliche Osiris-Liturgien*, p. 84 et n. 4, et p. 89.
55 G. Burkard, *Spätzeitliche Osiris-Liturgien*, p. 84 et n. 5, 89.
56 G. Burkard, *Spätzeitliche Osiris-Liturgien*, p. 89.

j) Anubis est associé à la néoménie dans les *Textes des pyramides* et les *Textes des sarcophages*[57]. On lui connaît aussi un lien avec le disque lunaire[58]. Ce dieu, qui interroge le défunt dans le chapitre 125 du *Livre des morts,* remplit, en plus de sa fonction d'embaumeur, celle de juge, notamment lorsqu'il est « celui qui compte les cœurs »[59]. Selon Harco Willems, « the punishment of enemies by a "judge" is simply a part of the protective ritual enacted in connection with the embalmment of the deceased »[60].

k) Quelques traces de signes subsistent dans le papyrus Caire JdE 97.249/3, mais leur lecture est incertaine[61]. Il ne s'agit peut-être pas de la même épithète que dans le papyrus Princeton Pharaonic Roll 10. L'épithète *ḥry-tp spꜣ.t ỉmnt.t* « supérieur de la province de l'Occident »[62] est une appellation d'Anubis attestée dans le grand temple de Kharga[63]. C'est ce même dieu que désigne l'épithète *nb spꜣ.t ỉmnt.t* « seigneur de la province de l'Occident », connue au Nouvel Empire[64]. Les *Textes des sarcophages* attestent déjà l'existence d'un *nb spꜣ.t / spꜣ.wt* « maître de la province / des provinces »[65], pour lequel certaines versions donnent la variante *nb Spꜣ* « maître de Sepa », reprise par le chapitre 17 du *Livre des morts*[66]. Les différentes graphies de *Spꜣ* confirment le lien entre ces deux épithètes. L'appellation *nb Spꜣ* « maître de Sepa »[67] apparaît ailleurs dans les *Textes des sarcophages* en rapport avec Héliopolis[68] et peut s'appliquer à Anubis[69]. C'est le cas aussi dans le papyrus Jumilhac où il est dit qu'« Anubis, maître de Sepa, c'est Anubis dans Héliopolis »[70]. On notera par ailleurs l'existence d'un dieu Sepa à Héliopolis, assimilé dès le Moyen Empire à Osiris[71]. Un lit funéraire romain montre ainsi Osiris assimilé à Sepa, accompagné d'Isis et de Nephthys, dans une barque décrite par la légende suivante :

---

57 *Pyr.* § 793c-794a (PT 437) ; cf. *Pyr.* § 1711a-b. R. O. FAULKNER, *Pyramid Texts*, p. 144, 253. *CT* I, 195g-196c (Spell 45) ; *CT* II, 290a-308b (Spell 155) ; *CT* VI, 352a (Spell 723).

58 R. K. RITNER, *JEA* 71 (1971), p. 149-155.

59 H. WILLEMS, *in* : *Egyptian Religion: Last Thousand Years*, p. 719-743.

60 H. WILLEMS, *in* : *Egyptian Religion: Last Thousand Years*, p. 740.

61 G. BURKARD, *Spätzeitliche Osiris-Liturgien*, p. 84 et n. 7.

62 *LGG* V, p. 398.

63 N. de Garis DAVIES, *Hibis* III, pl. 27, paroi nord, l. 30.

64 *LGG* III, p. 729.

65 *CT* IV, 256b-260a et 264/5a-b (Spell 335). P. BARGUET, *Les Textes des sarcophages*, p. 567 et n. 13.

66 P. BARGUET, *Le Livre des morts*, p. 60 et n. 29. U. RÖSSLER-KÖHLER, *Kapitel 17*, p. 221, 247.

67 *LGG* III, p. 729.

68 *CT* III, 315c-e (Spell 237) : « Ouvre-moi un chemin (car) je suis le maître de Sepa et je porte le nécessaire (*dbḥ.t*) [à Hélio]polis » (Cl. CARRIER, *Textes des sarcophages* I, p. 578-579).

69 *CT* VI, 213l (Spell 595) : « J'ai repoussé les confédérés de Seth. J'ai fait leur massacre. Je les ai mis dans cette place d'exécution méridionale de Sepa (et) septentrionale de Henen. Ton père est leur maître, Anubis, maître de Sepa et de Henen » (d'après Cl. CARRIER, *Textes des sarcophages* II, p. 1388-1389). *CT* VII, 112h-j (Spell 908) : « Anubis qui est à la tête du pavillon divin, le maître de la *Douat*, auquel les Occidentaux rendent hommage, le maître de Sepa… » (Cl. CARRIER, *Textes des sarcophages* III, p. 1940-1941). Sur Anubis, maître de Sepa, voir H. KEES, *ZÄS* 58 (1923), p. 79-101 avec de nombreuses références ; S. SCHOTT, *Urkunden* VI, p. 85 (P. Paris Louvre N. 3129 (H, 9)). V. ALTMANN, *Die Kultfrevel des Seth*, p. 64-65.

70 J. VANDIER, *Le Papyrus Jumilhac*, p. 116 (V, 13).

71 *LGG* VI, p. 269-270. H. KEES, *ZÄS* 58 (1923), p. 82-90. J. VANDIER, *Le Papyrus Jumilhac*, p. 138, 240-241. J.-P. CORTEGGIANI, *in* : *Hommages Sauneron* I, p. 115-153. R. EL-SAYED, *BIFAO* 82 (1982), p. 187-204. Chr. LEITZ, *Tagewählerei*, p. 438. M. A. STADLER, *Enchoria* 25 (1999), p. 90-91. D. MEEKS, *Mythes et légendes du Delta*, p. 175-176, 209. V. ALTMANN, *Die Kultfrevel des Seth*, p. 161-162. A. KUCHAREK, *Klagelieder*, p. 655.

ꜣs.t wr(.t) Spꜣ bꜣ ꞽIwnw ḥr pꜣ(y)=f wiꜣ n ḥr n rꜣ nti wḏꜣ.ti (r) ḥꜣty.w=f « Isis la grande et Sepa, le Ba d'Héliopolis, sur sa barque à la face de serpent qui a deux yeux-*oudjat* à ses extrémités »[72]. Ces éléments laissent entendre que c'était à Anubis que l'on faisait référence dans les *Textes des sarcophages* sous l'appellation « maître de la / des province(s) ». On voit apparaître dans les *Textes des sarcophages* « sept esprits-*akhou* qui sont dans la suite du Maître des provinces » dont Anubis assure le placement[73]. Ces entités, considérées comme des magistrats, sont les gardiens d'Osiris lors des veillées horaires[74]. Une référence aux viscères d'Osiris remis aux « sept esprits-*akhou* du Maître des provinces »[75] évoque la recomposition du corps du dieu défunt à laquelle participait bien sûr Anubis. Le papyrus Jumilhac raconte que, dans la butte de *Dounâouy*, les membres d'Osiris sont réunis et embaumés[76]. Or, Anubis, maître de *Dounâouy* remplissait une fonction juridique en tant que « Celui qui compte les cœurs »[77]. La raison d'être de l'épithète *ḥry-tp spꜣ.wt imn.t* dans ce passage du papyrus Princeton Pharaonic Roll 10 est donc plus claire : Anubis, en tant qu'embaumeur, gardien et juge, veillait à la préservation d'Osiris et à l'anéantissement des ennemis.

Un extrait de la monographie du 18e nome de Haute Égypte du papyrus Jumilhac (XVIII, 14) fournit un parallèle un peu inattendu à ce passage : *in.n=f sn r ḫsf n=sn m-bꜣḥ ꞽInpw ḥry-tp spꜣ.t iꜣb.t* « Il les a amenés pour s'opposer à eux en présence d'Anubis, le supérieur de la province de l'Orient »[78]. On notera que la « province de l'Orient » remplace les « provinces de l'Occident ». C'est peut-être dû au fait qu'Anubis est identifié au faucon oriental du 18e nome de Haute Égypte, *Dounâouy*, lui-même assimilé à Horus[79]. En plus de tuer les ennemis de son père Osiris, Anubis massacre aussi ceux de son père Rê et coupe la tête d'Apophis[80]. Le lieu de l'affrontement entre le soleil et son opposant est connu pour être l'est, là où l'astre se levait. Le transfert d'est en ouest trahirait ici l'osirianisation du propos. C'est plus généralement Horus qui massacre les ennemis de son père, mais Anubis, qui est identifié à lui dans le 18e nome de Haute Égypte, s'en charge également[81]. Dans le papyrus Jumilhac, cette assimilation a pour conséquence une sorte de paradoxe : Anubis punit les ennemis de Rê et d'Osiris en présence d'Anubis, maître de la province de l'Orient[82]. S'il en allait de même dans le modèle du papyrus

---

72 D. KURTH, *Materialien*, p. 167 (fig. 34) et 170-171.

73 *CT* IV, 256b-260a et 264/5a-b (Spell 335).

74 H. WILLEMS, *in* : *Egyptian Religion: Last Thousand Years*, p. 723. Voir aussi J. VANDIER, *Le Papyrus Jumilhac*, p. 126 (XIV, 22-25).

75 J.-Cl. GOYON, *in* : *Funerary Symbols*, p. 34.

76 J. VANDIER, *Le Papyrus Jumilhac*, p. 129 (XVII, 14-18).

77 J. VANDIER, *Le Papyrus Jumilhac*, p. 116(V, 10-11). H. WILLEMS, *in* : *Egyptian Religion: Last Thousand Years*, p. 728-739.

78 J. VANDIER, *Le Papyrus Jumilhac*, p. 130.

79 H. KEES, *ZÄS* 58 (1923), p. 92-101. J. VANDIER. *MDAIK* 14 (1956), p. 210-211.

80 J. VANDIER, *Le Papyrus Jumilhac*, p. 130 (XVIII, 12-14). Cette fonction de protecteur du soleil était attribuée à l'origine à Seth qui, devenu l'ennemi d'Osiris, fut remplacé par Horus à la proue de la barque de Rê. Le papyrus Jumilhac traite longuement des transformations d'Anubis en Seth et de Seth en Anubis, qui était par ailleurs identifié à Horus.

81 J. VANDIER, *Le Papyrus Jumilhac*, p. 205, n. 641 qui cite d'autres exemples d'Anubis massacrant des ennemis.

82 J. VANDIER, *Le Papyrus Jumilhac*, p. 205, n. 642.

Princeton Pharaonic Roll 10, le rédacteur aura peut-être été gêné par ce dédoublement d'Anubis, ce qui pourrait expliquer le flou entourant le sujet *=f* de cette phrase.

Le papyrus Jumilhac (XVIII, 14-15) déclare en outre à propos d'Anubis : *ntf pw nb ʿḫ.w grḥ n ḫ.wt <ḥr> ḫꜣ.w m rpy.w nbw r smꜣ ḫfty.w n ỉt=f* « C'est lui le maître des brasiers, la nuit des offrandes <sur> l'autel, dans tous les sanctuaires, afin de massacrer les ennemis de son père »[83]. La nuit d'assembler les offrandes sur l'autel est une cérémonie d'origine létopolitaine, célébrée à plusieurs reprises durant l'année : le 14 Thot[84], le 1er Khoiak[85], le 5 Tybi[86], le premier et le troisième jour épagomène[87]. On y célébrait la destruction des ennemis d'Osiris[88]. Un rituel, connu seulement par le titre *Livre des offrandes sur l'autel* (*tꜣ mḏꜣ.t ỉḫ.t ḥr ḫꜣw.t*) devait être récité le 19 Épiphi et le 1er Payni[89]. Cette multiplication de dates témoigne peut-être en faveur d'une fête mensuelle répétée au cours de l'année. L'expression (*hrw*) *ỉḫ.t ḥr ḫꜣw.t* est aussi une désignation du cinquième jour lunaire[90], qui voyait la réception de pains d'offrandes[91]. Ce jour était volontiers associé au sixième jour lunaire. C'est le cas par exemple dans le *Livre I des respirations* : *mỉ ʿḳ=ỉ r ʾIwnw n grḥ n ỉḫ.t ḥr ḫꜣw.t snw.t* « Puissé-je pénétrer dans Héliopolis à la nuit de la fête des offrandes sur l'autel, à la fête du sixième jour »[92]. Il en va de même dans le papyrus Londres BM EA 10108 : *šm.t* [*r ʾIwnw m ỉḫ.t*] *ḥr ḫꜣw.t grḥ pfy n snw.t n p*(*ꜣ*) *ḥb* [... (*?*)] « Tu te rends [à Héliopolis lors de] la fête [des offrandes] sur l'autel, de cette nuit de la fête du sixième jour, de la fête [... (?)] »[93]. Un passage du rituel de Mout évoque les fêtes de *Nehebkaou* célébrées pour la déesse et nomme la sortie du prêtre-*sem* (quatrième jour lunaire)[94], les offrandes sur l'autel (cinquième jour lunaire) et le sixième jour lunaire[95].

l) L'action de *rtḥ pʿ.t* « soumettre les *pât* », « contenir les *pât* » est bien connue[96]. Le verbe *rtḥ* prend aussi le sens « intimider » ou « paralyser »[97]. Si Philippe Derchain considère que la traduction « prendre au filet » ne devrait pas être retenue[98], le rituel *rtḥ pʿ.t* constituait pourtant à Edfou le titre d'un rite de chasse au filet qu'il évoque donc

---

83 J. Vandier, *Le Papyrus Jumilhac*, p. 130 et 205, n. 643.

84 *Esna* II, p. 124 (nº 55, 2). *Esna* V, p. 11.

85 *Esna* II, p. 126 (nº 55, 5). *Esna* V, p 15.

86 Fr. R. Herbin, *Parcourir l'éternité*, p. 230, 320, 359 (VI, 24).

87 *Esna* II, p. 172 (nº 77, 18). *Esna* V, p. 28.

88 R. K. Ritner, *JARCE* 27 (1990), p. 30-31 R. K. Ritner, *Magical Practice*, p. 158, n. 727.

89 *Esna* III, p. 10 (nº 197, 15), p. 16 (nº 199, 28). S. Sauneron, *Les fêtes religieuses*, p 25, n. b, et 338. Dans le second exemple, cet ouvrage est cependant associé au *Livre d'abattre Apophis*.

90 *Wb* III, 226, 19-20. R. A. Parker, *The Calendars*, p. 11, § 36, nº 5. Fr. Labrique, *in* : *4. Ägyptologische Tempeltagung*, p. 91-92.

91 I. Guermeur, *in* : *Verba manent*, p. 178.

92 Fr. R. Herbin, *Books of Breathing*, p. 50, 57 (l. 13-14).

93 Fr. R. Herbin, *Books of Breathing*, p. 117, 121-122 (l. 9-10).

94 Sur ce jour, voir D. Meeks, *Mythes et légendes du Delta*, p. 14, 217-218 (P. Brooklyn 47.218.84 (6, 6)).

95 U. Verhoeven, Ph. Derchain, *Le voyage de la déesse*, p. 16-17 (E), pl. 2.

96 E. Dévaud, *RecTrav* 39 (1921), p. 20-22. M. Alliot, *RdÉ* 5 (1946), p. 57-118. G Posener, *ACF* 75 (1974-1975), p. 405-412. P. Wilson, *Lexikon*, p. 347-348, 593-594. J. Fr. Quack, *SAK* 23 (1996), p.319-323. Sur le terme *pʿ.t*, voir D. Meeks, *in* : *Et in Aegypto et ad Aegyptum*, p. 520-521. Sur la distinction entre les *pʿ.t* et les *rḫy.t* et l'opposition *wꜣḏ rḫy.t* « faire prospérer les *rekhyt* » et *rtḥ pʿ.t* « capturer les *pât* », voir A. Grimm, *VA* 2 (1986), p. 45 (n. 13).

97 G. Posener, *ChronÉg* 14, nº 27 (1939), p. 45. Fr. Labrique, *in* : *Ritual and Sacrifice*, p. 176.

98 Ph. Derchain, *Le Papyrus Salt 825*, p. 164, n. 58.

immanquablement[99]. D'origine létopolitaine et en lien avec l'arrivée des oiseaux migrateurs, ce rite était mis en œuvre pour détruire les ennemis et restituer ses yeux au dieu aveugle[100]. Thot n'est pas absent de ces scènes de chasse au filet[101]. Il est en outre *ḫnty ḥw.t ibṯ.t* « Celui qui préside à la Maison du piège à oiseau », située à proximité de la nécropole *Ḥsr.t* d'Hermopolis[102]. Une scène de la porte d'Amon-Rê-Montou à Karnak, en lien avec le rajeunissement de Min en tant que lune à la néoménie, montre Ptolémée III Évergète devant un brasier rempli d'ennemis en face du dieu Min qui abat les ennemis : « … J'ai accompli un carnage parmi les ennemis de ton père (= Osiris). J'ai découpé leurs chairs avec ton tranchoir (*sȝḫ.t*) et je (les) ai brûlées dans ton brasier (*ʿḫ*) au début de l'année, à la néoménie… »[103]. Le rituel *rtḥ pʿ.t* est aussi associé à Horus *imy Šnw.t* dans le 9ᵉ nome de Haute Égypte en rapport avec la chasse aux oiseaux durant la période d'obscurité de la néoménie qui précède la renaissance de la lune[104]. Le rituel du papyrus Salt 825 montre que la récitation de ce texte permettait d'assurer la protection des figurines osiriennes[105].

m) Dans la version du papyrus Caire JdE 97.249/3, la graphie de ce mot induit une lecture  *wrm.t* « toit », « tonnelle », « voûte »[106]. C'est le même mot qui figure dans le papyrus Carlsberg 824. Quant au mot 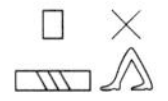, il renvoie peut-être au verbe *pšš* « étendre », « déployer », « étaler »[107] retenu par Günter Burkard[108]. Les *Textes des pyramides* offrent à ce propos un passage intéressant : *sḫt.n Ḥr sḥ=f ḥr tp=k pšš.n Stš wrm.t=k (?)* « Horus a brandi sa tente sur ta tête, Seth a étendu ta tonnelle (?) »[109]. Dans le papyrus Princeton Pharaonic Roll 10 pourtant, le déterminatif de  incite à lire *wrm* « point culminant de l'inondation », « haute crue »[110] et à comprendre, si l'on retient le verbe *psš* « diviser »[111] dont la forme 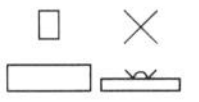 peut être une graphie, « Horus répartit pour lui la haute crue ».

n) Günter Burkard traduit 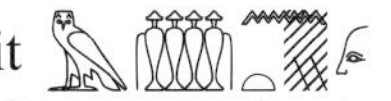 *m ḫnt* « an der Spitze (?) »[112]. On pourrait aussi s'attacher au rôle du dieu et rendre éventuellement *m ḫnty* « en tant que prééminent ».

---

99 D. MEEKS, *Mythes et légendes du Delta*, p. 233-235 (§ 19b). Sur la chasse au filet, voir aussi P. MONTET, *BIFAO* 11 (1914), p. 145-153 ; M. ALLIOT, *RdÉ* 5 (1946), p. 57-118 ; M. A. STADLER, *Weiser und Wesir*, p. 331-333.

100 D. MEEKS, *Mythes et légendes du Delta*, p. 233-235 (§ 19b). Chr. LEITZ, *Geographisch-osirianische Prozessionen*, p. 288-289 (§ 24b) et aussi p. 291-296 (§ 24e, § 24f).

101 J. Fr. QUACK, *SAK* 23 (1996), p. 323. D. MEEKS, *Mythes et légendes du Delta*, p. 18-19, 233-235 (§ 19b). M. A. STADLER, *Weiser und Wesir*, p. 331-333. Chr. LEITZ, *Die Gaumonographien*, p. 193.

102 D. BUDDE, *GöttMisz* 191 (2002), p. 19-25.

103 S. AUFRÈRE, *Le propylône*, p. 271-283, en particulier p. 274 et 279-280, n. j.

104 Chr. LEITZ, *Geographisch-osirianische Prozessionen*, p. 124-130 (§ 9i).

105 Ph. DERCHAIN, *Le Papyrus Salt 825*, p. 142, pl. 14* (XIII, 6-7).

106 *Wb* I, 333, 2-3. *Anlex* 77.0978. P. WILSON, *Lexikon*, p. 244.

107 *Wb* I, 560, 13 – 561, 3.

108 G. BURKARD, *Spätzeitliche Osiris-Liturgien*, p. 84 et n. 9.

109 *Pyr.* § 2100a-b. R. O. FAULKNER, *Pyramid Texts*, p. 299. J. ASSMANN, M. BOMMAS, A. KUCHAREK, *Totenliturgien* 3, p. 360-361 et 369.

110 *Wb* I, 332, 19. P. WILSON, *Lexikon*, p. 244. D. MEEKS, *BIFAO* 77 (1977), p. 85, n. 2.

111 *Wb* I, 553, 6-554, 1.

112 G. BURKARD, *Spätzeitliche Osiris-Liturgien*, p. 84.

Dans le papyrus Princeton Pharaonic Roll 10, la graphie 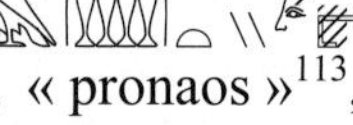 incite cependant à comprendre *ḫnty* « partie avant (d'un bâtiment) », « pronaos »[113], ce qui s'accorderait assez bien avec le terme *wrm.t* « tonnelle » de la version du papyrus Caire JdE 97.249/3. Dans le 9e nome de Haute Égypte, la capture des ennemis, sous forme d'oiseaux, était réalisée dans le pronaos justement, lors de la néoménie[114].

o) La natte (*tmꜣ*) est connue comme siège du roi, des dieux ou des juges, parfois appelés *ḥry.w tmꜣ*[115]. Lors du procès qui oppose Horus et Seth, « Thot s'assied sur une natte (*Ḏḥwty ḥr ḥms ḥr tmꜣ*), les dieux étant à côté de lui en tant que juges, pour départager Horus et Seth »[116]. Dans les *Révélations des mystères des quatre boules d'argile*, c'est « Isis qui est sur la natte »[117]. Le défunt pouvait s'asseoir sur la « natte d'Osiris »[118]. On pensera aussi à l'iconographie caractéristique de la barque solaire dont la proue était recouverte d'une natte de roseaux sur laquelle était assis un enfant symbolisant le soleil naissant[119].

p) Bien que l'on puisse être tenté, en cas de lacune, de restituer après le verbe *ḥw* « frapper » un terme quelconque désignant les ennemis[120], le papyrus Princeton Pharaonic Roll 10 montre qu'il est question ici de l'expression figée *ḥw-ꜥ*, « consacrer (une offrande) » (lit. « frapper le bras »). À Edfou, où ce geste était pratiqué quatre fois, *ḥw-ꜥ* est le plus souvent suivi de *r stp.w* et désignait la consécration des offrandes carnées[121]. L'expression peut aussi être réduite à *ḥw sp 4 r stp.w* « frapper quatre fois les morceaux de choix »[122]. Il est possible que le pronom *=f* ne se rapporte pas à Horus, mais à Thot, voire au sujet de la première phrase s'il était différent, voir *supra* n. f).

q) Cette phrase manque dans le papyrus Caire JdE 97.249/3, où figure à la place *ṯḥḥw.t nḏm-ỉb m Ḏdw* « L'allégresse et le bonheur sont dans Bousiris »[123]. Cette dernière apparaît plus loin dans le papyrus Princeton Pharaonic Roll 10 (x+4, 7). La leçon du papyrus Carlsberg 824 suit celle du manuscrit cairote.

r) *Kher-âha*, la Babylone des Grecs, était située au sud d'Héliopolis[124]. À l'époque tardive, son prestige évinça peu à peu celui de l'ancienne capitale du 13e nome de Basse Égypte[125]. Surnommée dès le Nouvel Empire *Pr-Psḏ.t* « Demeure de l'Ennéade », cette cité

---

113 *Wb* III, 307, 10-14. P. WILSON, *Lexikon*, p. 738. Fr. MONNIER, *Vocabulaire d'architecture égyptienne*, p.149.

114 Chr. LEITZ, *Geographisch-osirianische Prozessionen*, p. 124-130 (§ 9i).

115 Voir notamment Fr. LABRIQUE, *in* : *Kindgötter*, p. 215 et n. 81. Dans le chapitre 169[Pleyte] du *Livre des morts*, « Puissent les Grands se lever pour toi sur leur natte » (*ꜥḥꜥ n=k wr.w ḥr tmꜣ=sn*), voir Fl. ALBERT, *Le Livre des Morts d'Aset-Ouret*, p. 74 ; St. QUIRKE, *Going out in Daylight*, p. 543. P. CLÈRE, *La porte d'Évergète*, pl. 21 ; A. FIRCHOW, *Urkunden* VIII, p. 59 (71h) : *wnn nn nṯr.w wr.w ḥr tmꜣ=sn ḫnt Bnn.t* « Tant que les dieux majeurs sont sur leur natte à *Benenet*… ».

116 J. VANDIER, *Le Papyrus Jumilhac*, p. 129 (XVI, 24-25).

117 J.-Cl. GOYON, *Imouthès*, p. 68 (P. New York MMA 35.9.21 (29, 1-2)).

118 *CT* I, 255, e. J. ASSMANN, M. BOMMAS, A. KUCHAREK, *Totenliturgien* 1, p. 318 (l. 15).

119 C. KARLSHAUSEN, *L'iconographie de la barque*, p. 114 et n. 240.

120 G. BURKARD, *Spätzeitliche Osiris-Liturgien*, p. 85 et n. 10, 89.

121 P. WILSON, *Lexikon*, p. 624. H. JUNKER, *ZÄS* 48 (1911), p. 71.

122 R. A. PARKER, J. LECLANT, J.-Cl. GOYON, *The Edifice of Taharqa*, p. 15 et n. 29, 23 et n. 12. J. LECLANT, *BIFAO* 49 (1950), p. 182-187.

123 G. BURKARD, *Die Papyrusfunde*, p. 34 ; *Spätzeitliche Osiris-Liturgien*, p. 85, 90.

124 R. EL-SAYED, *BIFAO* 82 (1982), p. 189, n. e. E. EL-BANNA, *BIFAO* 89 (1989), p. 102, n. 9.

125 J. YOYOTTE, *BIFAO* 54 (1954), p. 111-115.

accueillait une forme particulière d'Atoum, « Atoum qui réside dans sa ville », tandis que « Atoum, maître de *Kher-âha* » y était aussi attesté[126]. Osiris y recevait un culte[127] et Osiris-*Hemag* était vénéré dans le sanctuaire d'Opé (*Ỉp.t*) situé à proximité[128]. Une procession du dieu Sepa se déroulait, durant trois jours, entre Héliopolis et *Kher-âha* en relation avec la crue du Nil[129]. Ailleurs, des rites décadaires sont attestés à *Kher-âha*[130]. Cette cité abritait aussi une source mythique du fleuve[131]. Celle-ci était issue de la caverne (*ỉmḥ.t*) qui s'y trouvait, en lien avec *Per-Hâpy* (*Pr-Ḥꜥpy*)[132].

s) Un passage similaire apparaît plus tôt dans la version du Caire, à la place de la phrase *wn ḥ(ꜣ)b m Ḏdw* du papyrus Princeton Pharaonic Roll 10 (x+4, 6), voir *supra* n. q). Ici, figure encore le mot *ḫpr*, dont je dois la lecture à Joachim Friedrich Quack.

t) *Rꜣ-sṯꜣw* « *Ro-setaou* » peut désigner une nécropole en générale ou plus particulièrement dans la région memphite, ou bien encore une région de l'au-delà[133].

u) Ce passage est également en lacune dans le papyrus Caire JdE 97.218/3 (x+6, 7). Si la lecture du signe  (D45) est correcte, on pourrait penser au terme *tꜣ ḏsr* « nécropole »[134].

v) Le déterminatif n'incite pas à reconnaître la déesse Tchenenet[135] mais plutôt le sanctuaire memphite[136], considéré comme la tombe d'Osiris ou comme la butte originelle locale[137]. C'est de là que sortaient trois ou quatre déesses protectrices au troisième mois de l'inondation, le jour 29 (29 Athyr)[138]. Le chapitre 129 du *Livre des morts* livre un passage similaire : *Ṯnn.t ḥtp.tw ḥr nb=s Rꜥ* « Tchenenet se réjouit à cause son maître Rê »[139].

w) Plusieurs découpages sont envisageables ici, contrairement à la version du papyrus Caire JdE 97.249/3 qui nomme Sokar-Osiris et offre une version différente, voir *infra* n. x). Osiris-Sokar peut constituer une apposition à *nb=s*, comme dans la version du Caire : « [Tche]nenet est satisfaite de son maî[tre] Osiris-Sokar dans le nome thinite... ». Il

---

126 J. Yoyotte, *BIFAO* 54 (1954), p. 84-85. Sur la représentation locale d'Atoum comme un singe armé d'un arc, voir E. Brunner-Traut, *MDAIK* 14 (1956), p. 20-28.

127 E. el-Banna, *BIFAO* 89 (1989), p. 102, 109, 110, 111, 116, 125-126.

128 J. Yoyotte, *BIFAO* 54 (1954), p. 91. M. Zecchi, *Osiris Hemag*, p. 30-31, 88.

129 J. Yoyotte, *BIFAO* 54 (1954), p. 94. J.-P. Corteggiani, *in* : *Hommages Sauneron* I, p. 134-151. R. el-Sayed, *BIFAO* 82 (1982), p. 194 et 195, n. g. P. Grandet, *Le Papyrus Harris I*, vol. 2, p. 147-150, n. 593. D. Meeks, *Mythes et légendes du Delta*, p. 12-13, 207-214. Il faut peut-être y reconnaître une allusion dans le texte d'une stèle du Musée de Bologne (P. Piacentini, *SEAP* 4 (1989), p. 5 et 14, n. 23).

130 R. el-Sayed, *BIFAO* 82 (1982), p. 199-200 et 201-202, n. k.

131 J.-Fr. Pécoil, *BSÉG* 17 (1993), p. 103-105.

132 J. Yoyotte, *BSFÉ* 67 (1973), p. 27-35. J.-P. Corteggiani, *in* : *Hommages Sauneron* I, p. 136, n. 7. R. el-Sayed, *BIFAO* 82 (1982), p. 196 et n. k.

133 Chr. Zivie-Coche, *JEA* 70 (1984), p. 145. M. Smith, *Papyrus Harkness*, p. 126 (l. 31e).

134 *Wb* V, 228, 6-14.

135 *LGG* VII, p. 475. M. Th. Derchain-Urtel, *Tjenenet*.

136 H. Gauthier, *Dictionnaire des noms géographiques* VI, p. 21-22. P. Montet, *Géographie* I, p. 33. J. Bergman, *Ich bin Isis*, p. 247-250. *LGG* VII, p. 476.

137 U. Rössler-Köhler, *Kapitel 17*, p. 232. M. Sandman-Holmberg, *Ptah*, p. 91-93, 100, 218. Chr. Leitz, *Tagewählerei*, p. 145-146. V. Altmann, *Die Kultfrevel des Seth*, p. 13-14. Chr. Leitz, *Geographisch-osirianische Prozessionen*, p. 282-283.

138 Chr. Leitz, *Tagewählerei*, p. 145.

139 R. Lepsius, *Das Todtenbuch*, pl. LII (P. Turin 1791, chap. 129, col. 8-9).

pourrait aussi être le sujet d'une nouvelle proposition non verbale : « Osiris-Sokar est dans le nome thinite… ».

Le dieu Osiris-Sokar[140] est attesté déjà au Nouvel Empire. Sur quatre peintures romaines (vers 100-150 apr. J.-C.) provenant peut-être d'Hermopolis ou de Tounah el-Gebel, il est représenté en tant que juge de l'au-delà sous la forme d'un dieu momifié hiéracocéphale coiffé de la couronne-*atef*[141]. Il est mis en relation avec la *Chetyt* de Memphis[142] et avec *Ro-setaou*[143]. Attesté sur des étiquettes de momies, il est « le grand dieu, seigneur d'Abydos » sur plusieurs d'entre elles[144] ; il en va de même d'un lot originaire de Panopolis[145]. Dans les chapelles osiriennes de Dendara, la figuration d'une statue d'Osiris-Sokar le présente à genoux dans une barque[146]. Le dieu « Osiris-Sokar dans la barque-*henou* » figure encore dans un hymne copié au même endroit[147]. À Philae, dans la chapelle osirienne, il est une momie allongée sur un lit dans la barque-*henou*[148]. Le lit funéraire Berlin 12442 d'époque romaine représente une barque-*henou* dans laquelle un oiseau-*ba* s'unit à une momie allongée encadrée par les deux sœurs ; les quatre fils d'Horus sont assis en-dessous. La légende indique *Wsỉr Skr m ḥnw* « Osiris-Sokar dans la barque-*henou* »[149]. Ces éléments justifient de rattacher le dieu Osiris-Sokar à la barque-*henou*, voir *infra* n. y).

x)  *Tꜣ-wr* désigne le 8e nome de Basse Égypte. La version du papyrus Caire JdE 97.249/3 (x+6, 8-9), qui omet ce toponyme et insère le mot *nṯr.w*, a été rendue : *Ṯnn.t ḥtp.tỉ ḥr nb=s Skr Wsỉr nṯr.w m ḥry-ib* […] *ḥnw* « Tjenenet ist zufrieden über [seinen] Herrn Sokar-Osiris ; die Götter sind inmitten […] der Sokarbarke(?) »[150]. Le nome thinite apparaît cependant dans le passage du papyrus Caire JdE 97.249/3 omis par le papyrus Princeton Pharaonic Roll 10, voir *infra* n. z).

y) La barque-*henou*[151] était l'embarcation spécifique du dieu Sokar lors de sa sortie. Une peau d'oryx, disposée à la proue, en constituait le signe distinctif rappelant le sacrifice de cet animal, ennemi de la lune[152]. Une scène du temple d'Edfou précise ainsi qu'un oryx était tué par le roi le sixième jour lunaire[153].

On peut difficilement admettre que le dieu Osiris-Sokar ait pu prendre place simultanément dans deux barques différentes. Néanmoins, les deux noms de barque sont

---

140 *LGG* II, p. 563-564.

141 J. G. GRIFFITHS, *JEA* 68 (1982), p. 239-247, no 5-8, pl. XXV-XXVI.

142 *Edfou* I, 181, 8 ; II, 22, 64. *Dendara* IX, 37, 64.

143 M. STADLER, *Enchoria* 25 (1999), p. 83.

144 Par exemple M. CHAUVEAU, *BIFAO* 91 (1991), p. 135-146, no 2, 5, 7, 9, 11, 12, 14.

145 A. MIGAHID, *BIFAO* 105 (2005), p. 139-165, no 6, 8, 11, 16, 20, 24, 27, 28, 29 (sans épithète), 32, 33.

146 *Dendara* X, 422, 12, pl. 256.

147 *Dendara* X, 396, 15. S. CAUVILLE, *Les chapelles osiriennes* I, p. 214 et II, p. 184.

148 G. BÉNÉDITE, *Philae*, pl. XLII.

149 D. KURTH, *Materialien*, p. 167 (fig. 34) et 170.

150 G. BURKARD, *Die Papyrusfunde*, p. 34, pl. 22 ; *Spätzeitliche Osiris-Liturgien*, p. 85, 90.

151 *LGG* V, p. 159-160. La personnification de la barque-*henou* serait comparable à celle de la barque-*nechemet*. Horus pouvait ainsi s'identifier à elle lorsqu'il portait son père : *fꜣ.n ṯw Ḥr m rn=f n ḥnw* « Horus t'a porté en son nom de barque-*henou* » (J. ASSMANN, M. BOMMAS, A. KUCHAREK, *Totenliturgien* 1, p. 419 ; *Pyr.* § 620b).

152 Ph. DERCHAIN, *Le sacrifice de l'oryx*, 28-30. Chr. LEITZ, *Tagewählerei*, p. 269. Chr. LEITZ, *Geographisch-osirianische Prozessionen*, p. 198-199.

153 *Edfou* III, 139, 4.

déterminés par un faucon sur pavois, ce qui incite à reconnaître deux barques distinctes. Dans la troisième vignette accompagnant les *Lamentations d'Isis et Nephthys* du papyrus Berlin P. 3008, un Osiris est figuré assis dans une barque, mais la légende indique seulement : *Wsỉr ḫnty ỉmn.t nṯr ꜥꜣ nb ỉꜣb.t* (?) « Osiris qui préside à l'Occident, grand dieu, maître d'Abydos (?) »[154]. Les *Glorifications* IV évoquent le piochage de la terre et la navigation du 25 Khoiak et précisent que lors de l'ouverture de la bouche : *Skr m ḥnw mꜣꜥ-ḫrw ḫfty.w=k ḫr(w) sḫr.w* « Sokar dans la barque-*henou*, sois triomphant, tes ennemis sont tombés et détruits »[155]. Le papyrus Caire JdE 97.249/3 (x+6, 8) présente une lacune à la fin de la ligne qui semble indiquer qu'un autre terme figurait avant le mot *ḥnw*. Si l'on considérait qu'il était question de deux dieux, Osiris et Sokar, rien ne s'opposerait alors à ce qu'il y ait deux barques : « Osiris et Sokar sont dans le nome thinite au milieu de la barque-*wỉꜣ* et de la barque-*henou* ». Mais dans ce cas, on ne pourrait pas faire de « Osiris et Sokar » une apposition à *nb=s*.

L'épithète *ḥry-ib wỉꜣ=f*, dérivée de *ỉmy wỉꜣ=f* « qui est dans sa barque », indiquait que la statue d'une divinité sortait en procession fériale[156]. Ainsi, dans la chapelle de Ptah-Sokar du temple de Séthi Ier à Abydos, un Osiris-Ounennefer immobile s'oppose à un Sokar-Osiris éveillé « qui est dans sa barque ». Il n'était donc probablement pas question de deux barques dans ce passage, mais plutôt d'une expression descriptive évoquant la procession de la barque-*henou*. On notera que le papyrus Paris Louvre N. 3135 B ajoute à sa copie du *Cérémonial pour faire sortir Sokar* la phrase *nfr.wy ḫꜥ nṯr pn Ws[ỉr Skr] m ḥnw* « Qu'elle est belle l'apparition de ce dieu Osi[ris-Sokar] dans la barque-*henou* »[157].

z) Un passage du papyrus Caire JdE 97.249/3 (x+6, 9-11) est omis par le papyrus Princeton Pharaonic Roll 10 : *Stš ḫr ẖr Wsỉr wꜥb.t ib=s nḏm mk. t-nb=s m ḥꜥꜥ Tꜣw-wr mỉ-ḳd=f* [...] *m grḥ m hrw m ỉꜣb*[...] « Seth tombe sous Osiris. La salle d'embaumement, son cœur est heureux. *Meket-nebes* est en liesse. Le nome thinite en totalité [se réjouit] de nuit comme de jour à l'es[t ... (?)] »[158]. La version du papyrus Princeton Pharaonic Roll 10 montre que le pronom *=sn*, intégré à ce passage par Günter Burkard, appartient en réalité à la phrase suivante, voir *infra* n. aa). Il est préférable de lire  *Mk.t-nb=s* « Protection de son maître » plutôt que  *mk.wt nb=s Rꜥ* (?) « die *mk.t*-Stätte, ihr Herr Ra [...](?) »[159]. Ce toponyme figure à la dernière page du papyrus Princeton Pharaonic Roll 10 (x+22, 10), voir § 11.3.

aa) Dans la leçon du papyrus Caire JdE 97.249/3 (x+6, 8), le pronom *=sn* avait peut-être pour antécédent le mot *nṯr.w* qui est omis dans le papyrus Princeton Pharaonic Roll 10, voir *supra* n. y). Le pronom *=sn* pourrait sinon se rapporter aux lieux précités qui assistaient à la débâcle de Seth et de ses acolytes dans la liesse.

---

154 Ph.-J. de Horrack, *Les lamentations d'Isis et de Nephthys*, p. 44, pl. II. A. Kucharek, *Klagelieder*, p. 500-501. C'est l'épithète attendue et *nb ỉꜣb.t* semble devoir être parfois comprise « maître d'Abydos » (*LGG* III, p. 571).

155 J. Cl. Goyon, *BIFAO* 65 (1967), p. 114 (P. Paris Louvre N. 3079 (110, 19)). F. Haikal, *Papyri of Nesmin* I, p. 53 ; II, p. 51 (P. Londres BM EA 10208 (I, 20 en lacune)). J.-Cl. Goyon, *Imouthès*, p. 52 (P. New York MMA 35.9.21 (19, 6-7)). A. Kucharek, *Klagelieder*, p. 100, 127.

156 S. Cauville, *GöttMisz* 226 (2010), p. 9-16.

157 J.-Cl. Goyon, *RdÉ* 20 (1968), p. 83, n. 1.

158 Cf. G. Burkard, *Die Papyrusfunde*, p. 34, pl. 22 ; *Spätzeitliche Osiris-Liturgien*, p. 85, 90. Peut-être s'agit-il du nom de la ville d'Abydos (cf. n. 154) ?

159 G. Burkard, *Die Papyrusfunde*, p. 34, pl. 22 ; *Spätzeitliche Osiris-Liturgien*, p. 85 et n. 14 et p. 90.

bb) Le nom de Seth n'est pas écrit en rouge ici, comme c'est généralement le cas dans le papyrus Princeton Pharaonic Roll 10. Le scribe a probablement omis de changer la couleur de son encre. Dans le papyrus Caire JdE 97.249/3, le nom de Seth n'est pas non plus écrit en rouge.

cc) On pourrait comprendre cette phrase de deux façons. Il pourrait s'agir des suivants de Seth, qui tombaient avec lui, ou bien des suivants d'Osiris, auxquels les sujets de la phrase s'associaient pour assister à la chute de l'ennemi. L'emploi de pronoms pluriels dans la phrase suivante pour se référer à plus d'un ennemi montre cependant qu'il faut s'en tenir à la première interprétation.

dd) Dans le papyrus Caire JdE 97.249/3 (x+6, 12), on reconnaît encore le mot *sꜣ* « fils » au début de la ligne[160]. L'épithète d'Horus y est différente puisqu'il est écrit *sꜣ Wsỉr* « fils d'Osiris » au lieu de *sꜣ ꜣs.t.* « fils d'Isis ». Ceci tend à confirmer que c'est bien Horus qui est considéré ici comme le fils d'Osiris.

ee) Au lieu de *ḥw* « frapper », c'est le verbe *smꜣ* « tuer » qui figure dans la version du papyrus Caire JdE 97.249/3 (x+6, 11).

ff) Le scribe du papyrus Princeton Pharaonic Roll 10 distingue la construction *nḏm ỉb* (*n*) *N.N.* « le cœur de N.N. est heureux » du mot *nḏm-ỉb* « bonheur » par un changement du déterminatif en usant ici de 𓀀 au lieu de 𓏛 (cf. x+4, 7). La lacune du papyrus Caire JdE 97.249/3 (x+6, 12) ne permet pas de savoir si le nom d'un défunt avait été inséré à cet endroit comme dans le manuscrit américain. Cela ne devait pourtant pas être le cas si l'on compare les deux versions de la phrase suivante, voir *infra* n. gg).

gg) Dans le papyrus Caire JdE 97.249/3 (x+6, 13), il vaut mieux lire *ḏ*[*d*]*=f* que *ḏ*[*s*]*=f*[161]. Le papyrus Princeton Pharaonic Roll 10 remplace *n Wsỉr* par *n-k*. L'antécédent du pronom *=k* semble en toute logique être le défunt cité précédemment (x+4, 10-11), indice de l'adaptation de la composition en faveur d'un particulier.

hh) On peut restituer ce passage grâce au papyrus Caire JdE 97.249/3 (x+6, 13-14), où le sujet de la phrase est le pronom *=ỉ*, ce qui convient aussi dans le papyrus Princeton Pharaonic Roll 10 pour entamer un discours direct introduit par *ḏ*[*d*]*=f n=k* « Il te dit : ». Ce pronom se rapporte au locuteur annoncé dans la phrase précédente, à savoir Thot.
Le rite de « déposer les offrandes » (*wꜣḥ ỉḫ.t*)[162] impliquait volontiers un déplacement du temple vers une nécropole ou un lieu à connotation funéraire. Réalisé au moment des fêtes d'importance et des cérémonies décadaires, il était aussi mis en œuvre lors des néoménies d'Épiphi et de Pakhons. Le papyrus Londres BM EA 10209 en fournit un témoignage dans le cadre des liturgies de la belle fête de la Vallée[163].

ii) On peut également lire le mot *sn.t* dans le papyrus Caire JdE 97.249/3 (x+6, 14), où figure la préposition *ḥr* plutôt que *m*[164].

---

160 G. Burkard, *Die Papyrusfunde*, p. 34, pl. 22.

161 G. Burkard, *Die Papyrusfunde*, p. 35, pl. 22 ; *Spätzeitliche Osiris-Liturgien*, p. 91.

162 Chr. Favard-Meeks, *Le temple de Behbeit el-Hagara*, p. 401-433. J. Assmann, M. Bommas, A. Kucharek, *Totenliturgien* 3, p. 502-504.

163 F. Haikal, *Papyri of Nesmin* I, p. 25-45, pl. V-IX ; II, p. 7-48. J. Assmann, M. Bommas, A. Kucharek, *Totenliturgien* 3, p. 499-504.

164 G. Burkard, *Die Papyrusfunde*, p. 35, pl. 22.

Cette fête[165] avait lieu, comme son nom l'indique, le sixième jour lunaire. Des offrandes étaient présentées à cette date, en particulier à Héliopolis[166]. Comme en témoigne le temple de Khonsou à Karnak, une offrande litanique (*wdn*) était consacrée à la lune lors de la fête du sixième jour et à la néoménie[167]. Des glorifications étaient aussi récitées lors de la fête du sixième jour[168]. Des manuscrits démotiques évoquent aussi la fête du sixième jour lors de laquelle les défunts recevaient des offrandes[169]. On fait référence à la fête du sixième jour dans le cadre des cérémonies du remplissage de l'œil qui voyaient le retour de Tefnout et la célébration du mythe de la déesse lointaine[170]. Les *Baou* du sixième jour lunaire sont listés dans un manuel religieux provenant de Tebtynis qui précise qu'ils sont « beaux dans l'œil lunaire lors de la pleine lune »[171]. C'est peut-être là une représentation du cycle de croissance de la lune reprenant le thème des dieux entrant dans l'astre pour expliquer l'évolution de sa forme. Le titre du chapitre 136A du *Livre des morts* indique que le sixième jour lunaire était marqué par une navigation dans la barque de Rê[172]. Les deux versions du *Rituel de repousser le Mauvais* associent à cette période du mois l'un des délits de Seth, mais sans s'accorder parfaitement. L'une donne le nom du cinquième jour lunaire : « Tu as fait disparaître les offrandes des dieux le jour des offrandes sur l'autel (*hrw ỉḫ.t* (*ḥr*) *ḫ3w.t*) » ; l'autre indique le sixième jour lunaire : « Tu as volé l'offrande divine sur la table d'offrandes des dieux au sixième jour »[173]. Une scène d'un muret d'entrecolonnement de Karnak illustrant une étape des cérémonies du mois de Thot indique que l'on effectuait une réversion d'offrandes (*wḏb ỉḫ.t*) à la lune le sixième jour lunaire[174].

L'origine de la fête du sixième jour lunaire est expliquée par un mythème. Lors du combat mythique qui vit Rê s'opposer à Apophis, le dieu solaire dit : « Je dresserai mes mâts-*senout* contre lui et je l'expulserai. C'est ainsi qu'existe la fête du sixième jour lunaire »[175]. Ces mâts, qui protégeaient l'accès au temple, furent aussi dressés contre Seth,

165 H. Junker, *ZÄS* 48 (1910), p. 101-106. R. A. Parker, *The Calendars*, p. 10-13, § 36-48. G. R. Hughes, *MDAIK* 16 (1958), p. 147-160. W. Barta, *ZÄS* 95 (1969), p. 73-80. E. Winter, *ZÄS* 96 (1970), p. 151-152. A. Spalinger, *RdÉ* 44 (1993), p. 164, 171-172, 176-177.

166 F. Haikal, *ASAE* 69 (1983), p. 206, n. 20. J.-Cl. Goyon, *Rituels funéraires*, p. 248, 289. C. Graindorge-Héreil, *Le dieu Sokar*, p. 172-177.

167 J.-Cl. Goyon, *JSSEA* 13 (1983), p. 2-3. La bibliothèque du temple de Tôd en gardait aussi la mémoire puisqu'un ouvrage intitulé *Livre de la fête de Thot du temple de Khonsou* y est mentionné (Chr. Thiers, *BIFAO* 104 (2004), p. 564).

168 J. Assmann, M. Bommas, A. Kucharek, *Totenliturgien* 3, p. 234.

169 M. Smith, *The Liturgy of Opening the Mouth*, p. 32 et 54 (l. 16, n. b). M. Smith, *Papyrus Harkness*, p. 77 (IV, 30).

170 A. Grimm, *Festkalender*, p. 372-373.

171 J. Osing, *Hieratische Papyri aus Tebtunis* I, p. 288 (5, 5) et 290, n. h. J. Fr. Quack, *in* : *6. Ägyptologische Tempeltagung*, p. 235.

172 S. Schott, *Bücher und Bibliotheken*, p. 128, n° 289, p. 233, n° 952b. Fl. Albert, *Le Livre des Morts d'Aset-Ouret*, p. 46. St. Quirke, *Going out in Daylight*, p. 301.

173 S. Schott, *Urkunden* VI, 137, 17-22. V. Altmann, *Die Kultfrevel des Seth*, p. 155-156. Une nouvelle version de cette composition est préservée par le papyrus Tebtynis SCA 3460 (I. Guermeur, *in* : *Graeco-Roman Fayum*, p. 117).

174 J.-Cl. Goyon, *in* : *D3T* 2, p. 41, fig. 5, et 42. La période du 17 au 30 Thot représente l'intervalle entre la néoménie et la pleine lune (Chr. Leitz, *Tagewählerei*, p. 31-32).

175 *CT* II, 278e-280c. W. Barta, *ZÄS* 95 (1969), p. 73-80.

comme nous l'apprend le passage relatif à Pé et Dep du chapitre 18 du *Livre des morts* : « cette nuit où l'on dresse les mâts-*senout* d'Horus et où lui est confirmé l'héritage des biens de son père »[176] ; une glose précise : « C'est (à cause de) ce que Seth a dit à ses suivants et contre quoi on érige les mâts-*senout* »[177]. Les allusions aux mâts-*senout* ne sont pas sans rappeler une épithète de Mout dans la région héliopolitaine « Mout qui est au pied de ses mâts-*senout* » qui fut réinterprétée en « Mout qui porte son frère », dont le brasier est bien connu[178]. Ces éléments permettent d'envisager la fête du sixième jour comme une commémoration de la victoire d'Osiris sur son ennemi et de la destruction de celui-ci. La fête du sixième jour était également nommée « jour de la réunion avec l'œil d'Horus »[179]. Les *Lamentations d'Isis et Nephthys* indique pour leur part : *[ỉỉ]=n r mꜣꜣ nfr.w=k m-ẖnw wḏꜣ.t m rn=k pwy n nb snw.t* « Nous sommes venus pour voir ta perfection dans l'œil-*oudjat* en ce tien nom de maître du sixième jour »[180].

jj) Le terme *šbw* « offrande », « repas »[181] est restitué dans la lacune d'après la version du papyrus Caire JdE 97.218/3 (x+6, 14)[182].

kk) Le mot *dnỉ.t* renvoie au premier ou au dernier quartier de lune, soit le septième ou le vingt-troisième jour[183]. Dès les *Textes des pyramides*, la fête-*denit* était associée à la ville d'Héliopolis où elle était célébrée par des offrandes le septième jour[184]. Des pains étaient offerts à cette occasion et l'offrande carnée symbolisait la destruction des ennemis. Elle marquait une étape importante dans le processus de restauration de l'œil lunaire et du corps d'Osiris. Plusieurs documents associent les rites de cette cérémonie avec ceux de la fête du cinquième jour lunaire et du sixième jour lunaire[185] et plus généralement avec la néoménie, ce qui laisse entendre que la fête de la néoménie s'étendait peut-être, symboliquement au moins, à tout le premier quart de la lunaison. Outre son caractère héliopolitain, la fête-*denit* était associée à la théologie osirienne par sa connotation lunaire prononcée. Que ce soit dans un défilé des dieux adorant la lune à Karnak ou dans le rituel de remplissage de l'œil lunaire des temples tardifs, Osiris apparaît comme le dieu du septième jour, date à laquelle il s'unissait à la lune[186]. Le septième jour d'Épiphi, Mehenet introduisait Osiris dans l'œil gauche[187]. Plutarque situe pour sa part l'entrée dans la lune d'Osiris le premier jour du mois de Phamenoth[188]. Des statuettes d'Osiris-Lune en bronze, provenant principalement de Memphis, illustrent cette association par leur iconographie

176 St. Quirke, *Going out in Daylight*, p. 71.
177 *Urkunden* V, p. 120-122. J. Yoyotte, *AEPHE* 89 (1980-1981), p. 86-87.
178 J. Yoyotte, *AEPHE* 89 (1980-1981), p. 61-71, 87.
179 V. Altmann, *Die Kultfrevel des Seth*, p. 155-156, 158.
180 M. Coenen, *OLP* 31 (2000-2005), p. 13, pl. 3 (P. Oxford Bodl. Ms. Egypt.d.8 (P), 20-21). A. Kucharek, *Klagelieder*, p. 59, 77.
181 *Wb* IV, 437, 6-9. P. Wilson, *Lexikon*, p. 997-998. Voir aussi *Wb* IV, 437, 10-11.
182 G. Burkard, *Die Papyrusfunde*, p. 35, pl. 22.
183 *Wb* V, 465, 6-8. P. Wilson, *Lexikon*, p. 1199. J. Osing, Gl. Rosati, *Tebtynis*, p. 23.
184 D. Meeks, *Mythes et légendes du Delta*, p. 214-215 (§ 12a).
185 A. Erman, *Zaubersprüche für Mutter und Kind*, p. 30 (7, 6 – 8, 1). L. Speleers, *RecTrav* 39 (1921), p. 122. S. Hassan, *Hymnes*, p. 61-68. B. Lüscher, *Totenbuch Spruch I*, p. 36-41. J. Assmann, M. Bommas, A. Kucharek, *Totenliturgien* 1, p. 492-494. D. Meeks, *Mythes et légendes du Delta*, p. 214-215 (§ 12a).
186 P. P. Koemoth, *ChronÉg* 71, n° 142 (1996), p. 207, n. 16-17 et p. 219. A. Gutbub, *Kom Ombo*, p. 389-394.
187 *Edfou* II, 26, 11.
188 Chr. Leitz, *Tagewählerei*, p. 268 et n. 5.

et par le syncrétisme unissant Osiris, la lune et Thot dans leurs inscriptions[189]. Selon les inscriptions du temple de Dendara, les cérémonies osiriennes débutaient le 12 Khoiak. Cette date est assimilée à la fête-*denit* par les livres V et VI[190], mais également à la fête de « piocher la terre » (*ḫbs-tꜣ*)[191].

ll) Le pronom de rappel *ỉm=f* peut renvoyer à plusieurs éléments. Il pourrait être question de *ꜣIwnw* « Héliopolis », mais le sens serait plus satisfaisant si l'on considérait une notion temporelle, *ỉm=f* se rapportant alors à la néoménie[192], cf. x+6, 7 ; x+6, 9 (§ 6.5.1, n. b) et h)).

mm)Günter Burkard ne propose aucune traduction de ce mot[193]. Un serpent divin est nommé *Bỉꜣ-tꜣ* dans le *Livre des portes*[194]. Ici, le déterminatif  et le groupe  laisseraient envisager une lecture *bỉꜣ tꜣ* « merveille de la terre (?) ». On ne peut donc guère considérer le terme *bỉꜣ* « ciel », « firmament »[195] qui aurait convenu à l'environnement lunaire. En revanche, le contexte rituel laisserait envisager le mot *bỉꜣ* « chemin », attesté à l'époque gréco-romaine pour désigner la « voie de procession »[196]. Un jeu de mots entre les deux n'est bien entendu pas exclu.

nn) Dérivé de *nkn* « blesser », un mot *nkn.t* « blessure » fait pendant à *nkn* « mal », « dommage », « souffrance »[197]. Quant au terme  *nkn.t*, il désigne l'œil blessé[198]. Une inscription d'un vase canope, que l'on retrouve sur les sarcophages des 22e-26e dynasties, attribue à Douamoutef le discours suivant : « Je suis venu pour te sauver de ceux qui veulent te blesser »[199]. Intégré aux veillées horaires, ce passage renvoie au corps d'Osiris, mutilé par Seth, qu'il est question de protéger de toute nouvelle atteinte. Un passage des *Textes des sarcophages* y fait aussi référence : *dr.n=ỉ nkn m Wsỉr* (*m*)-*ẖnw grḥ* « J'ai repoussé le dommage d'Osiris au cœur de la nuit »[200]. Le *Livre d'abattre Apophis* mentionne d'ailleurs parmi les crimes de Seth : *wd.n=f nkn.w m ḥw.t-ỉp.t* « Il a apporté la souffrance dans le temple d'Opet »[201].

oo) Le terme *ḏw* désigne l'aspect impur du mal[202] qui doit être repoussé (*ḫsr*, *sḥr*, *ḫsf*) hors de l'espace sacré du temple par tous les moyens (dieux-gardiens, gargouilles, etc.)[203]. On trouve une expression similaire parmi les textes des veillées horaires : *sfḫ*(*.t*) *ḏw nb ỉry=f r tꜣ* « celle (Nephthys) qui libère tout mal de lui à terre »[204]. Dans un texte magique de

---

189 P. P. Koemoth, *ChronÉg* 71, nº 142 (1996), p. 209-216. L'auteur donne une liste de bronzes, p. 209, n. 26.
190 É. Chassinat, *Le mystère d'Osiris* II, p. 716-718, 765, 818-819.
191 É. Chassinat, *Le mystère d'Osiris* II, p. 34-36, 231-232, 498, 503, 765, 810, 819.
192 Voir dans ce sens, D. Meeks, *Mythes et légendes du Delta*, p. 214, n. 351.
193 G. Burkard, *Spätzeitliche Osiris-Liturgien*, p. 85 et n. 18.
194 *LGG* II, p. 755.
195 *Wb* I, 439, 6-9. E. Graefe, *Untersuchungen zur Wortfamilie bjꜣ-*, p. 40-66, 88-89, pl. 8-9. Cl. Lalouette, *BIFAO* 79 (1979), p. 333-353.
196 *Wb* I, 442, 4. E. Graefe, *Untersuchungen zur Wortfamilie bjꜣ-*, p. 12.
197 *Wb* II, 346, 8-347, 2. *AnLex* 78.2258 ; 78.2262. P. Wilson, *Lexikon*, p. 551-552.
198 *LGG* IV, p. 364. Voir aussi les mots *nknk.t* ou *nkk.t* (*Wb* II, 347, 6, 9.).
199 J. Assmann, *in* : *Essays te Velde*, p. 1-2.
200 *CT* II, 116r (Spell 116).
201 S. Schott, *Urkunden* VI, 19, 13. V. Altmann, *Die Kultfrevel des Seth*, p. 14-15.
202 J. Rizzo, *BIFAO* 105 (2005), p. 314-320. J. Rizzo, *RdÉ* 58 (2007), p. 123-135.
203 J. Rizzo, *ENiM* 5 (2012), p. 119-131.
204 A. H. Pries, *Die Stundenwachen*, p. 93. Voir aussi *sḥr ꜥb r tꜣ* « jeter l'impureté à terre » (p. 71, 78).

protection, on intime à Sekhmet l'ordre de retirer la flèche de Bastet « afin que sa colère tombe à terre »[205]. Dans les *Glorifications* et les *Stundenwachen*, « chasser le mal » (*dr ḏw*) fait référence au nettoyage du corps dans la salle d'embaumement[206]. Les *Textes des sarcophages* associent par ailleurs à la néoménie une forme de purification en lien avec le sceau qui représente le doigt de Seth ayant blessé l'œil[207].

pp) Les *nṯr.w ꜣḫty.w* « dieux horizontains »[208] apparaissent dans la liste du chapitre 141 du *Livre des morts*[209]. Dans le *Livre de parcourir l'éternité*, ils sont opposés aux « Occidentaux » dans un passage qui évoque le périple céleste et souterrain du défunt[210]. Ces entités sont à nouveau nommées plus loin dans le papyrus Princeton Pharaonic Roll 10 (x+18, 7), voir § 9.2.
Un long passage du papyrus Caire JdE 97.249/3 (x+6, 17–x+6, x+5) est ensuite omis dans le papyrus Princeton Pharaonic Roll 10[211], voir § 6.2.2. Il s'agit d'un hymne adressé à la lune qui est reproduit également dans le pronaos du temple de Dendara[212].

qq) Le nom du défunt a été inséré ici, contrairement à la version du papyrus Caire JdE 97.249/3 (x+6, x+5) où apparaît uniquement *Wsir* « Osiris »[213].

rr) Une litanie *ṯs ṯw* « Lève-toi ! » est préservée par le papyrus Princeton Pharaonic Roll 10 (x+19, 7–x+22, 1), dont la seconde partie s'adresse justement à *Padiherpakhered*, voir § 10.2.

ss) Günter Burkard propose plusieurs hypothèses, dont « müde sein », pour combler cette lacune et rattache *ỉr.t-Ḥr* à cette phrase[214]. On retrouve un parallèle exact à ce passage dans l'hymne du plafond du pronaos du temple de Dendara : *Wsỉr ṯs ṯw ỉm=k wrḏ ỉr.t-Ḥr* <*ḥr*> *ꜥḥꜣ ḥr nb=s psḏn.tyw sp 2* « Osiris, lève-toi, tu ne peux être fatigué quand l'œil d'Horus combat pour son maître à chaque néoménie »[215]. Un passage similaire figure dans les *Glorifications* IV, où il introduit un chapitre relatif à la lune[216] : *hꜣy Wsỉr ḫnty ỉmnt.t (N.N.) ṯs ṯw sp 2 ỉm=k wrḏ sꜣ=k Ḥr ḥr sḫr {n} ḫfty.w=k* « Ah ! Osiris qui préside à l'Occident (N.N.), lève-toi, lève-toi, tu ne peux être fatigué quand ton fils Horus renverse tes ennemis ». Le rituel *Introduire la multitude au dernier jour de Tekh* reprend le thème de l'épuisement tout en décrivant le rôle d'Horus en d'autres termes : *sn=ỉ m wrḏ r ỉw mk sꜣ=k Ḥr m nḏ=k Ḥr wnn=f m ḥkꜣ ns.t=k wd.n=f ḳn r ỉr=s (ỉw=f) ḥtm.t(ỉ) m ḫb.t=f ḏt* « Mon

205 N. FLESSA, „*(Gott) Schütze das Fleisch des Pharao*", p. 54 (P. Vienne AEG 8426).
206 J. ASSMANN, M. BOMMAS, A. KUCHAREK, *Totenliturgien* 3, p. 43-44 et n. 18.
207 *CT* I, 16c-17a (Spell 6). D'après Cl. CARRIER, *Textes des sarcophages* I, p. 8-9.
208 *LGG* IV, p. 455.
209 P. BARGUET, *Le Livre des morts*, p. 186. St. QUIRKE, *Going out in Daylight*, p. 319.
210 Fr. R. HERBIN, *Parcourir l'éternité*, p. 48, 94-95 (I, 11-14).
211 G. BURKARD, *Die Papyrusfunde*, p. 35, pl. 22 ; *Spätzeitliche Osiris-Liturgien*, p. 86, 92-93.
212 *Dendara* XV, 36, 8-13. S. CAUVILLE, *Dendara XV. Traduction*, p. 50-51. S. CAUVILLE, *Dendara. Le pronaos du temple d'Hathor*, p. 525-526. S. VUILLEUMIER, *in* : *Praktische Verwendung*, à paraître.
213 G. BURKARD, *Die Papyrusfunde*, p. 35, pl. 22 ; *Spätzeitliche Osiris-Liturgien*, p. 86, 93.
214 G. BURKARD, *Spätzeitliche Osiris-Liturgien*, p. 86, n. 26.
215 *Dendara* XV, 36. S. CAUVILLE, *Dendara XV. Traduction*, p. 50-51, qui traduit « Osiris, lève-toi, ne sois pas fatigué, même (lors de) l'œil d'Horus qui combat pour son maître à la néoménie ». Elle précise qu'il s'agirait de la septième heure de la nuit.
216 J.-Cl. GOYON, *BIFAO* 65 (1967), p. 100, 146 (P. Paris Louvre N. 3079 (110, 47)). F. HAIKAL, *Papyri of Nesmin* I, p. 53 ; II, p. 61, pl. X (P. Londres BM EA 10208 (II, 9-10)). J.-Cl. GOYON, *Imouthès*, p. 55, pl. XIX-XX (P. MMA 35.9.21 (20, 16-21, 1)). A. KUCHAREK, *Klagelieder*, p. 104 et p. 36-42 à propos des différentes versions.

frère, ne sois pas (trop) épuisé pour venir ! Vois, ton fils Horus constitue ta protection. Horus, il sera le souverain de ton trône (car) il a causé du tort à celui qui en a occasionné, de sorte qu'il soit anéanti dans sa place d'exécution pour toujours »[217]. Les veillées horaires indiquent à la quatrième heure du jour : *ṯs ṯw n wrḏ ib=k mꜣꜥ ḫrw=k ḫr nṯr.w* « Lève-toi, ton cœur n'est pas fatigué, tu es justifié auprès des dieux »[218].

tt) La restitution de la préposition *ḥr*, régulièrement omise, correspond à l'alternative proposée par Günter Burkard à sa traduction de ce passage à l'aide d'un impératif, « Kämpfe für seinen Herrn(?), Neumond », dans laquelle *ỉr.t Ḥr* « œil d'Horus » a été rattaché à la phrase précédente[219]. Cette traduction soulève le problème du pronom suffixe *=s* qui suit *nb*. Celui-ci se rapporte certainement à *ỉr.t Ḥr* qui est féminin et singulier. Dans le cas d'un impératif, on attendrait plutôt un pronom de la deuxième personne, à moins qu'Osiris, auquel le défunt s'associe, ne soit enjoint à combattre en faveur de « son (= de l'œil d'Horus) maître », ce qui n'aurait guère de sens. Avec le découpage proposé ici, c'est l'œil d'Horus qui combat en faveur de son maître. Les *Glorifications* IV évoquent pour leur part la destruction des ennemis par Horus, voir *supra* n. rr).

uu) Günter Burkard fait du terme *psḏn.tyw* un vocatif, voir *supra* n. tt). Mais il évoque aussi une apposition ou une indication temporelle « am Neumond »[220]. On retrouve ici *psḏn.tyw* suivi de *sp 2* comme au début de cette composition (x+4, 1), voir *supra* n. b). On relèvera que la septième heure de la nuit est nommée *ḥr.t-tp ꜥḥꜣ ḥr nb=s* « l'uraeus qui combat pour son maître »[221].

vv) Dans le cours des cérémonies osiriennes décrites par le papyrus Paris Louvre N. 3176 (S), on psalmodiait à deux reprises  *ḥr ḥr ḥr=f* « Tomber sur sa face » durant la nuit du 25 au 26 Khoiak[222]. Il s'agit en fait probablement de l'*incipit* du *Livre de protéger la barque-nechemet*, voir § 6.2.2, n. 240. D'après le papyrus Caire JdE 97.249/13 et la version de Dendara, celui-ci était lu le « jour de la navigation de la barque-*nechemet* vers Abydos »[223]. Outre les rituels tardifs dirigés contre Seth, cette formule

217 J.-Cl. GOYON, *Imouthès*, p. 93 (P. New York MMA 35.9.21 (55, 7-11)) traduit « (Ô) mon frère, ne reste pas inerte pour venir (enfin) ! Vois, ton fils est ton protecteur. Horus, il est le souverain de ton trône, il a retourné le crime contre celui qui l'avait accompli, détruit sur son billot pour toujours ». M. SMITH, *Traversing Eternity*, p. 165 qui rend « My brother, do not be weary to come. Behold, your son Horus serves as your protection. Horus, he will be the ruler of your throne. He has inflicted injury upon the one who caused it, so that he is destroyed in his place of execution for ever ». Y. BARBASH, *Padikakem*, p. 119 (P. Walters Art Museum 551 (5, 25-27)) qui rend « My brother, do not [be weak] ! Look, your son is Horus, your protector. Horus, he is the ruler of your throne. He reversed the crime of the one who committed i(t), (and) he is destroyed at the place of punishment, forever ». Le mot *ḳn* fait sans doute référence au « grand crime » (*ḳn wr*) mentionné plus haut (55, 3) soit le meurtre d'Osiris perpétré par Seth sur la rive de *Nedit*, l'un des délits commis par Seth d'après le papyrus Bremner-Rhind (V. ALTMANN, *Die Kultfrevel des Seth*, p. 22).

218 A. KUCHAREK, *Klagelieder*, p. 448. A. H. PRIES, *Die Stundenwachen*, p. 392.

219 G. BURKARD, *Spätzeitliche Osiris-Liturgien*, p. 86, 93, voir x+5, 3, n. d.

220 G. BURKARD, *Spätzeitliche Osiris-Liturgien*, p. 86 et n. 28.

221 G. SOUKIASSIAN, *BIFAO* 82 (1982), p. 339. *LGG* V, p. 447. Chr. LEITZ, *Die Gaumonographien*, p. 446.

222 P. BARGUET, *Le papyrus N. 3176*, p. 21, 23-24, 56 (VI, 11 ; VI, 14)).

223 J.-Cl. GOYON, *Kêmi* 19 (19), p. 64-65. G. BURKARD, *Die Papyrusfunde*, p. 54, pl. 42a. *Dendara* X, 296, 12. S. CAUVILLE, *Les chapelles osiriennes* I, p. 160. J.-Cl. GOYON, *Imouthès*, p. 81 et n. 25.

apparaît aussi dans des textes magiques[224]. La version du pronaos du temple de Dendara indique *ẖr ḥr ḥr=k* puis présente une variante[225].

ww) Le même mot figure sans dommage à la ligne suivante (x+5, 5-6), voir § 6.3.1.  *ẖs*(*w*) désigne Seth, dans le sens de « misérable », « vil »[226], dans des rituels dirigés contre lui comme par exemple le *Rituel d'abattre Seth et ses acolytes*[227], les *Révélations des mystères des quatre boules d'argile*[228] ou le *Livre de protéger la barque-nechemet*[229].

xx) C'est le dernier passage commun aux papyrus Princeton Pharaonic Roll 10 et Caire JdE 97.249/3, où le texte se poursuit par un discours d'Horus[230].

6.2.2 Comparaison des leçons

Günter Burkard a déjà proposé une analyse de la forme et du contenu du *Livre de la néoménie*, tel qu'il est conservé par le papyrus Caire JdE 97.249/3[231], ainsi qu'un excursus concernant cette fête lunaire dans les temples d'époque gréco-romaine[232]. Il ne sera donc pas question de reprendre ici la totalité de ces questions, mais de comparer plus spécifiquement cet exemplaire avec le papyrus Princeton Pharaonic Roll 10 afin de faire ressortir les éléments qui pourraient jouer un rôle dans l'interprétation du manuscrit américain.

Titre de la composition

Le papyrus Caire JdE 97.249/3 (x+6, 1) précise le titre de cette composition : « Réciter le *Livre de la néoménie* »[233]. Cette information n'apparaît pas dans le papyrus Princeton Pharaonic Roll 10, où le texte est introduit uniquement par « [Autre formule]. Réciter » (x+4, 1), précédée d'une rubrique. Il est en revanche fait mention du titre de cet ouvrage dans une autre section du manuscrit américain (x+15, 6)[234].

Comparaison formelle des versions

Plusieurs passages du papyrus Caire JdE 97.249/3 ne figurent pas dans le manuscrit américain et la comparaison des deux exemplaires laisse apparaître quelques autres variantes et divergences. Afin de confronter les différentes versions, le découpage formel et thématique proposé par Günter Burkard[235] est repris sous la forme d'un tableau (Tableau 3).

---

224 E. Jelínková-Reymond, *Statue guérisseuse*, p. 11. J.-Cl. Goyon, *JEA* 57 (1971), p. 156-157.
225 *Dendara* XV, 36. S. Cauville, *Dendara XV. Traduction*, p. 50-51.
226 *LGG* VI, p. 54.
227 S. Schott, *Urkunden* VI, 5, 8 ; 13, 23 ; 17, 22.
228 J.-Cl. Goyon, *BIFAO* 75 (1975), p. 354, 358, 362, J.-Cl. Goyon, *Imouthès*, p. 67 (P. New York MMA 35.9.21 (28, 1)). J.-Cl. Goyon, *Le recueil de prophylaxie*, p. 101, 102, 103.
229 J.-Cl. Goyon, *Kêmi* 19 (1969), p. 60. J.-Cl. Goyon, *Imouthès*, p. 81 (P. New York MMA 35.9.21 (38, 10)).
230 G. Burkard, *Die Papyrusfunde*, p. 35, pl. 22 ; *Spätzeitliche Osiris-Liturgien*, p. 87, 93-94.
231 G. Burkard, *Spätzeitliche Osiris-Liturgien*, p. 88-95.
232 G. Burkard, *Spätzeitliche Osiris-Liturgien*, p. 96-110.
233 G. Burkard, *Die Papyrusfunde*, p. 34, pl. 22 ; *Spätzeitliche Osiris-Liturgien*, p. 84.
234 Voir § 8.10.
235 G. Burkard, *Spätzeitliche Osiris-Liturgien*, p. 88-95.

Livre de la néoménie	**Stèle Louvre IM 2846**	**P. Caire JdE 97249/3**	**P. Princeton Pharaonic Roll 10**	**P. Carlsberg 824**	***Glorifications* IV**	**Dendara Pronaos**
1. Introduction[236]		x+6, 1-2	x+4, 1-3			
2. Récit mythologique		x+6, 3-6	x+4, 3-6	x+3-x+6		
3. La joie de la fête						
3a) Joie dans les villes[237]		x+6, 6-9	x+4, 6-9	x+6-x+7		
3b) Seth tombe sous Osiris		x+6, 9-11				
3c) Seth tombe sous Osiris		x+6, 11-13	x+4, 9-11			
3d) Offrandes à Héliopolis		x+6, 13-14	x+4, 11-5, 1			
4. Appel à Osiris						
4a) Appel à Osiris		x+6, 14-18	x+5, 1-2			
4b) Hymne à la lune		x+6, 14-18				XV, 36
5. Joie cosmique		x+6, x+1-3				XV, 36
6. Action pour Osiris		x+6, x+3-5				XV, 36
7. Invitation à l'action		x+6, x+5-7	x+5, 2-4		20, 16-21, 1[238]	XV, 36
8. Discours d'Horus						
8a) Protecteur d'Osiris	l. 1-4	x+6, x+7-9				
8b) Situation d'Osiris	l. 4-7	x+6, x+10-11				
8c) Conclusion (?)	l. 8-9	x+6, x+11-12				

Tableau 3 : Comparaison des versions du Livre de la néoménie

Les deux versions de l'introduction (1) sont identiques. Le récit mythologique (2) ne présente qu'une variante significative (x+4, 4) ; les autres passages discutés concernent principalement des lacunes. L'exposé de la joie (3) présente en revanche des divergences. Certains passages relatifs aux sanctuaires (3a) ont été modifiés ou inversés, et une phrase – *wn ḥb m Ḏdw* « il y a une fête dans Bousiris » – a été ajoutée dans le papyrus Princeton Pharaonic Roll 10 (x+4, 6). La première strophe mentionnant *Stš ḫr ḫr Wsỉr* (3b) n'est pas contenue dans le papyrus Princeton Pharaonic Roll 10 ; seule la seconde y est copiée (3c). Les deux documents s'accordent à nouveau en ce qui concerne le dépôt des offrandes à Héliopolis (3d). L'appel à Osiris (4) n'est copié qu'en partie dans le papyrus Princeton Pharaonic Roll 10. Il se termine à peu près à la moitié. Les deux sections suivantes (5-6) manquent entièrement. Le plafond du

236 Dans le papyrus Carlsberg 824, l'introduction est absente ou bien différente (x+1-x+2).

237 Bien que l'on ne retrouve pas de parallèle direct à ce passage, le thème de la joie et de la réjouissance à travers les villes est présent aussi à Dendara.

238 D'après le papyrus New York MMA 35.9.21. Pour les autres versions, voir A. KUCHAREK, *Klagelieder*, p. 36-42.

pronaos du temple de Dendara montre que les sections 4b, 5 et 6 sont solidaires. L'invitation à l'action (7) débute par une phrase qui sert aussi d'introduction à un hymne à un Osiris lunaire des *Glorifications* IV[239]. Toute la dernière partie consacrée au discours d'Horus (8) n'est pas attestée dans le papyrus Princeton Pharaonic Roll 10. Elle figure en revanche sur la stèle Paris Louvre IM 2846.

La dernière phrase que les versions du *Livre de la néoménie* du papyrus Caire JdE 97.249/3 et du papyrus Princeton Pharaonic Roll 10 ont en commun est *ḫr ḥr ḥr=k Stš ḫsw ḫr ṯw sḫr ṯw* « Tombe sur ta face, Seth le vil ! Chute donc ! Sois renversé ! ». On rappellera que la formule *ḫr ḥr ḥr=k* « Tombe sur ta face ! » constitue l'*incipit* du *Livre de protéger la barque-nechemet*[240]. Ce dernier passage commun est directement suivi, dans le papyrus Princeton Pharaonic Roll 10, d'un mode d'emploi (§ 6.3) identique à celui que l'on trouve à la fin du *Livre de protéger la barque-nechemet* dans le papyrus New York MMA 35.9.21[241] :

> Formule à prononcer sur une effigie de Seth de cire (rouge) à déposer dans un brasier devant ce dieu.

Cette notice n'est pas sans rappeler non plus la rubrique qui précède le *Livre de la néoménie* dans le papyrus Princeton Pharaonic Roll 10 (§ 6.1). Dans le temple de Dendara, le mode d'emploi a été modifié et sensiblement rallongé :

> Paroles à dire sur une figurine de Seth en cire rouge le jour de la navigation de la barque-*nechemet* vers Abydos, (la) lier avec un fil noir, mettre un filet (?) sur elle, la pêcher avec un filet à poissons, (la) découper membre par membre avec un couteau en obsidienne, (la) placer dans le brasier avec des grains de bryone (placés) sous elle.
> Si ce livre est récité lors des fêtes d'Osiris, offrir une patte de taureau à son père dans la nécropole, en récompense de cela, l'homme qui (la) lui a donnée sera sauf.
> Si un homme (le) récite le jour de la navigation de la barque vers Abydos, il montera dans la barque-nechemet de Rê.

---

239 Voir § 6.2.1, n. ss).

240 Attesté dans la tombe de Ramosé à Deir el-Médineh (nº 7) (J.-Cl. GOYON, *Kêmi* 19 (1969), p. 25, n. 6 et 7), le *Livre de protéger la barque-nechemet* est connu par le papyrus Londres BM EA 10252, le papyrus Paris Louvre N. 3129 et le papyrus New York MMA 35.9.21 (J.-Cl. GOYON, *Kêmi* 19 (1969), p. 25-65 ; J.-Cl. GOYON, *Imouthès*, p. 75-81). Dans ces deux derniers exemplaires, il est introduit par son seul *incipit* « Tombe sur ta face ! ». C'est sous cette appellation qu'il est évoqué par le papyrus Paris Louvre N. 3176 (S) (P. BARGUET, *Le papyrus N. 3176 (S)*, p. 21, 23-24 et 56 (VI, 11)). La rubrique finale est en partie préservée par le papyrus Caire JdE 97249/13 (G. BURKARD, *Die Papyrusfunde*, p. 54, pl. 42a ; J.-Cl. GOYON, *Imouthès*, p. 75). À Dendara, où il est intitulé *Livre de protéger la barque du dieu*, il est copié sur la paroi ouest de la chapelle osirienne ouest nº 1 (É. CHASSINAT, *RecTrav* 16 (1894), p. 105-122 ; *Dendara* X, 296, 11-299, 13 ; S. CAUVILLE, *Les chapelles osiriennes* I, p. 160-161 ; II, p. 147). Voir aussi C. GRAINDORGE-HÉREIL, *Le dieu Sokar*, p. 95-97 ; A.-K. GILL, *in* : *Nekropolen*, p. 65-66. Des emprunts à ce livre ont servi à composer les propos de certains génies (J.-Cl. GOYON, *Imouthès*, p. 75, n. 6 et 76-77). Le rituel de l'embaumement d'Apis cite les deux ouvrages (R. L. VOS, *The Apis Embalming Ritual*, p. 52, 250) et un texte intitulé *Protection de la barque* (*sꜣ wἰꜣ*) figure parmi les ouvrages de la bibliothèque d'Edfou (*Edfou* III, 347 et V, 125 ; M. ALLIOT, *Le culte d'Horus*, p. 460 ; J.-Cl. GOYON, *Kêmi* 19 (1969), p. 25, n. 2 ; A. GRIMM, *in* : *Akten München*, p. 161).

241 J.-Cl. GOYON, *Kêmi* 19 (1969), p. 62-63. J.-Cl. GOYON, *Imouthès*, p. 81 (P. New York MMA 35.9.21 (39, 1-2)).

Écarter cet ennemi de la barque, exterminer cet ennemi, (cela) est bénéfique pour Osiris, (cela) est bénéfice pour celui qui le (le livre) récite, c'est la protection de la barque du dieu[242].

En sus des détails qu'il fournit, cet extrait renvoie spécifiquement à la navigation de la barque-*nechemet* vers Abydos et aux cérémonies osiriennes[243], auxquelles des particuliers pouvaient s'associer. Dans le papyrus Princeton Pharaonic Roll 10, le début d'une nouvelle section est ensuite marqué par la formule *ky r(ꜣ) ḏd mdw* « Autre formule. Réciter » (x+5, 5), écrite en rouge, qui introduit une composition dont le thème demeure en rapport avec la destruction des ennemis (§ 6.4). Le *Livre de protéger la barque-nechemet* n'y a donc pas été copié, mais il n'est pas exclu qu'il soit évoqué par la seule présence de son *incipit* et de cette notice. On comparera cela à la description d'une cérémonie, énumérant les actions à entreprendre et les textes à réciter, sans pour autant en livrer le contenu[244].

Dans le papyrus Princeton Pharaonic Roll 10, la phrase « Tombe sur ta face, Seth le vil ! Chute donc ! Sois renversé ! » marquait ainsi la fin du *Livre de la néoménie*, tandis que dans le papyrus Caire JdE 97.249/3, elle est suivie par un discours attribué à Horus (8). L'emplacement même de cette scission entre les deux leçons est peut-être révélateur puisque l'on retrouve cette dernière partie de manière isolée sur une stèle[245]. Cela pourrait être l'indice qu'elle constituait un ajout à une version originale du *Livre de la néoménie*.

Les variantes entre les deux manuscrits confortent sur plusieurs points les divisions proposées par Günter Burkard. Le fait que des sections entières soient absentes du papyrus Princeton Pharaonic Roll 10 prouve qu'une partie au moins du découpage proposé est conforme au schéma original de la composition. Compte tenu des passages omis, il convient de demeurer prudent en ce qui concerne la cohérence de la copie du papyrus Princeton Pharaonic Roll 10. De même, la seule version connue jusque-là, celle du papyrus Caire JdE 97.249/3, ne constitue peut-être pas un modèle patent. Bien qu'elle soit plus longue, des adjonctions auraient pu être faites à une version originale plus concise. Rien n'indique en effet qu'elle soit canonique ou respecte une quelconque tradition établie.

Les deux bénéficiaires du papyrus Princeton Pharaonic Roll 10 sont nommés dans cette composition. On évoque d'abord la satisfaction de *Mesredouyef* lors de la fête de la néoménie (x+4, 10-11). La lacune du papyrus Caire JdE 97.249/3 (x+6, 12-13) ne permet pas de savoir si le nom du bénéficiaire de ce document, qui aurait été suffisamment bref, a été inséré ou non à cet endroit. On s'adresse ensuite à *Padiherpakhered* en lui intimant l'ordre de se lever (x+5, 2-3), ce qui renvoie au contenu de la seconde partie de la litanie du papyrus Princeton Pharaonic Roll 10 (x+20, 12–x+21, 1) qui lui est justement adressée (§ 10.2). Le papyrus Caire JdE 97.249/3 nomme uniquement Osiris (x+6, x+5-6). Dans l'extrait du papyrus Paris Louvre

242 *Dendara* X, 299, 5-11. J.-Cl. GOYON, *Kêmi* 19 (1969), p. 64-65. S. CAUVILLE, *Les chapelles osiriennes* I, p. 161.

243 Il évoque la Grande sortie d'Osiris selon la tradition abydénienne (S. CAUVILLE, *Les chapelles osiriennes* II, p. 147) et il est adapté spécifiquement aux cérémonies osiriennes auxquelles se rapporte ici le *Livre de protéger la barque du dieu* (J.-Cl. GOYON, *Kêmi* 19 (1969), p. 25).

244 Le papyrus Paris Louvre N. 3176 (S), qui relate les étapes d'une partie des cérémonies osiriennes du mois de Khoiak à Thèbes, en constitue un exemple.

245 La date de ce document – l'an 27 de Chéchonq V (vers 730 av. J.-C.) – atteste l'existence de cette formule bien avant la 30e dynastie et l'époque ptolémaïque.

N. 3079[246], le nom d'un particulier figure en revanche à la suite de celui d'Osiris qui préside à l'Occident.

6.2.3 Le contenu du *Livre de la néoménie*

L'œil d'Horus est une référence courante à la lune, qui était son œil gauche, tandis que le soleil était son œil droit[247]. Les mythes qui s'y rapportent sont d'une grande complexité en raison des nombreuses confusions entre les deux yeux et de leurs multiples rôles respectifs. Les blessures qui lui furent infligées par Seth et leur guérison pouvaient ainsi exprimer l'évolution des phases de la lune qui croît et décroît au cours du mois. Restaurer la pleine lune était donc synonyme de rendre l'œil sain[248]. Néanmoins, la pleine lune pouvait déjà contenir l'annonce de la phase décroissante et, malgré l'importance de ce moment, c'est régulièrement le retour de la lune au début du mois qui symbolisait au mieux cet apaisement.

La lune apparaît aussi comme un disque sur la tête du dieu Thot, qui était associé à la néoménie en raison de la mutilation qu'il avait subie. En effet, Seth lui arracha un bras, qui fut symbolisé par la palette et la coudée[249]. Celui-ci prenait la forme d'un croissant lunaire et lui était restitué à la nouvelle lune, après avoir disparu à la néoménie. C'est peut-être pour cette raison que la lune portait le nom ʿ « bras-lune » au début du mois[250]. Cela renvoie aussi à l'épaule blessée du dieu – Thot ou Osiris – sur laquelle il fallait cracher afin qu'elle puisse lui être restituée à la néoménie[251].

La destruction des ennemis

Le thème de l'anéantissement de Seth et de ses complices est assez développé dans le *Livre de la néoménie*. Les *Textes des sarcophages* soulignaient déjà ce lien temporel : « J'ai frappé Seth, je l'ai entravé sur cette rive à la néoménie[252] ». C'est probablement dû aux événements mythiques qui dictèrent cette nécessité. D'une part, la renaissance d'Osiris dépendait de la destruction préalable de ses ennemis, et en particulier de Seth qui fut son assassin. D'autre part, Horus lutta contre Seth pour l'héritage de son père et, lors du combat qui les opposa, celui-ci mutila ou arracha l'œil d'Horus. L'auteur de ce forfait devait dès lors être vaincu afin que l'organe puisse être soigné. Le *Livre de la néoménie* fait peut-être référence à ces deux aspects en citant à la fois « les ennemis de mon père Osiris » et « les suivants de Seth ». Il s'appuie sur l'association du dieu des morts et de la lune, aussi symbolisée par l'œil d'Horus, la destruction des ennemis constituant un préalable indispensable au renouveau de l'un comme de l'autre.

Le geste de Thot qui « soumet les *pât* » (x+4, 4) tire son origine de l'arrivée en Égypte des oiseaux migrateurs et il est rattaché à une tradition létopolitaine en rapport avec une chasse

---

246 J.-Cl. Goyon, *BIFAO* 65 (1967), p. 100, 146 (P. Paris Louvre N. 3079 (110, 47)). Voir § 6.2.1, n. ss).

247 Ph. Derchain, *in* : *La Lune. Mythes et rites*, p. 20-21.

248 Ph. Derchain, *in* : *La Lune. Mythes et rites*, p. 24-25, 26.

249 A.-P. Zivie, *BSFÉ* 79 (1977) p. 22-41 ; P. Posener, *in* : *Studies Parker*, p. 111-112 ; J. Fr. Quack, *SAK* 23 (1996), p. 329. Fr. Labrique, *in* : *Kindgötter*, p. 217.

250 Fr. Labrique, *in* : *Kindgötter*, p. 218.

251 J. Fr. Quack, *SAK* 23 (1996), p. 323-333. D. Meeks, *Mythes et légendes du Delta*, p. 297-299, § 43. « Celui à qui est donnée son épaule à la néoménie » était par exemple une épithète de Thot (*Edfou* VI, 147, 1).

252 *CT* V, 300, a-c (Spell 441). P. Barguet, *Les Textes des sarcophages*, p. 334. Cl. Carrier, *Textes des sarcophages* II, p. 1060-1061.

au filet, mise en œuvre afin de permettre la restitution de ses yeux au dieu local *Khentyenirty*, qualifié de « chasseur qui sort à la nuit tombée »[253]. Or, c'est la quête de l'œil, probablement lunaire, qui occupe Horus dans une prochaine section du papyrus Princeton Pharaonic Roll 10 (§ 7.7). Mentionné par la liste des ouvrages de la bibliothèque d'Edfou[254], le rituel *rtḥ pꜥ.t* était un manuel d'envoûtement conservé dans la Maison de vie[255]. Il décrivait une cérémonie d'exécration, destinée à la protection d'Osiris et de ses simulacres[256], qui avait lieu pour « repousser l'attaque de quatre ennemis dont le nom est inscrit sur leur poitrine à l'encre fraîche et qui étaient placés dans un brasier »[257]. Un passage des chapelles osiriennes de Dendara indique que Seth a été pêché au filet à côté de la Maison du piège à oiseau à Hermopolis[258]. Le papyrus Jumilhac nous apprend que, dans la Butte de *Dounâouy*, après que les membres d'Osiris ont été réunis et embaumés, ses humeurs, assimilées à la crue[259], donnaient naissance aux récoltes. Il explique ainsi que la prospérité du 18e nome de Haute Égypte était garante de celle du pays tout entier, et que les offrandes et les libations assuraient ce processus. Un long texte de propagande énumère les bienfaits engendrés par la réalisation des rites en faveur d'Osiris et les dangers que pouvait représenter leur carence[260]. Parmi ces menaces figure la suivante :

> Si l'on n'accomplit pas toutes les cérémonies d'Osiris en leur temps, il y aura une année d'épidémie dans le Sud et dans le Nord ; les génies-coutiliers emporteront tout ce qui existe en Égypte, alors que les membres de l'Ennéade d'Osiris prendront au filet en Égypte sur l'ordre d'Anubis[261].

Le rite d'exécration lui-même est décrit ensuite, renvoyant aux prescriptions relatives aux effigies de Seth que livre le papyrus Princeton Pharaonic Roll 10 :

> Si l'on ne décapite pas l'ennemi qu'on a devant soi, (modelé) en cire, (dessiné) sur un papyrus vierge ou (sculpté) en bois [...], selon toutes les prescriptions du rituel, les habitants du désert se révolteront contre l'Égypte, et la guerre éclatera dans le pays tout entier[262].

Que ce rôle soit dévolu à Thot, divinité lunaire, n'est pas surprenant. La justice, dérivée de l'exactitude, est l'une des prérogatives de la lune. Connu comme juge notamment dans le conflit opposant Osiris et Horus à Seth[263], Thot, dont quelques textes font un dieu vengeur et

---

253 M. Alliot, *RdÉ* 5 (1946), p. 57-118. D. Meeks, *BCLE* 4 (1990), p. 40-43. D. Meeks, *Mythes et légendes du Delta*, p. 233-235, § 19b. Chr. Leitz, *Geographisch-osirianische Prozessionen*, p. 289, 300-301, § 25a.

254 A. Grimm, *in* : *Akten München*, p. 160.

255 Ph. Derchain, *Le Papyrus Salt 825*, p. 101.

256 Ph. Derchain, *Le Papyrus Salt 825*, p. 142 et 14*.

257 R. K. Ritner, *Magical Practice*, p. 209 et n. 968 pour d'autres références.

258 *Dendara* X, 283, 12-13.

259 Dans le papyrus Princeton Pharaonic Roll 10, Horus « répartit la haute crue » (x+4, 4-5).

260 J. Vandier, *Le Papyrus Jumilhac*, p. 129-131.

261 J. Vandier, *Le Papyrus Jumilhac*, p. 129 (XVIII, 8-9). Il semble illogique que la destruction des ennemis constitue un moyen d'intimidation, il faudrait donc comprendre que l'Ennéade d'Osiris prendrait au filet en Égypte, de même que les génies coutiliers parcourraient le pays, et que chacun serait alors en danger.

262 D'après J. Vandier, *Le Papyrus Jumilhac*, p. 129.

263 M.-Th. Derchain-Urtel, *Thot*, p. 27-50.

belliqueux, pouvait châtier les coupables à l'aide de celui-ci[264]. Plus loin, l'action de Thot semble être liée au dépôt des offrandes (x+4, 11-12). On connaît son rôle de dispensateur d'offrandes et de garant du temps, donc du calendrier. Une légende étiologique fait d'ailleurs de ce dieu lunaire l'escamoteur des offrandes divines pour expliquer le décalage des calendriers civil et lunaire[265].

Anubis, mentionné en lien avec les provinces de l'Occident, remplissait aussi la fonction de juge et de gardien[266]. Le fait que l'œil d'Horus combatte (5, 3-4) n'est donc pas surprenant, puisque la forme de la lune a été interprétée comme un couteau et mise en lien avec la justice[267].

À l'instar de la pleine lune, la néoménie fait référence à un jugement dont la lune sort victorieuse au début du mois, sous la forme d'Osiris-lune-Thot par exemple dans une scène de pêche de l'œil[268]. Ce procès s'organise sur le modèle de celui qui permet la transmission du pouvoir royal d'Osiris à son fils Horus, la justification devant un tribunal constituant une étape incontournable de la renaissance, comme en témoigne la littérature funéraire. La lune nouvelle remplace ainsi le vieillard, de même qu'Horus succède à son père en tant qu'héritier. Le passage par un jugement rappelle un épisode célèbre des *Aventures d'Horus et de Seth* mettant en scène la naissance de la lune[269]. Un mythe sous-jacent semble indiquer que ce sont les quatre fils d'Horus qui allèrent rechercher la main souillée d'Horus au fond du marais et que celle-ci revêtait un caractère lunaire[270]. D'après cette tradition, la lune serait née de la semence d'Horus, dont Seth conçut le disque lunaire qui fut placé au front de Thot. Dans le 9e nome, les ennemis, sous forme d'oiseaux, étaient détruits durant la nuit dans le pronaos. La néoménie se prêtait bien à un tel rite étant donné qu'il s'agit de la nuit la plus sombre, une nuit sans lune, à laquelle succède l'apparition du premier quartier.

Processions et déplacements

Quelques allusions sont faites dans le *Livre de la néoménie* à une procession : les suivants d'Osiris (x+4, 2), la barque (x+4, 8-9) et le chemin de procession (x+5, 1). Cette composition relate par ailleurs la joie qui anime plusieurs localités citées dans l'ordre suivant : Bousiris, Héliopolis, *Kher-âha*, Bousiris, *Ro-setaou* et *Tchenenet*, et enfin le nome thinite. On évoque ainsi plusieurs lieux du culte osirien. La répétition de Bousiris est d'autant plus remarquable qu'elle ne figure pas dans le papyrus Caire JdE 97.249/3, qui n'évoque pas non plus, à cet endroit, le nome thinite. Elle faisait peut-être référence à deux parcours distincts, l'un conduisant de Bousiris à Héliopolis, puis à *Kher-âha*, et le second de Bousiris à Abydos, en passant par la région memphite. On rappellera que la mort d'Osiris a eu lieu sur la rive de *Nedyt* dans la région de Bousiris et que Héliopolis est parfois considérée comme le lieu de sépulture d'Osiris à l'instar d'Abydos.

---

264 Ph. Derchain, *in* : *La Lune. Mythes et rites*, p. 39.
265 S. Schott, *CRAIBL* 1970 (1971), p. 547-556.
266 Voir § 6.2.1, n. k).
267 Ph. Derchain, *in* : *La Lune. Mythes et rites*, p. 32-33.
268 *Dendara* X, 302, 5-6. Fr. Labrique, *in* : *Kindgötter*, p. 209-217.
269 M. Broze, *Mythe et roman*, p. 95-100 et 253-254. Fr. Servajean, *RdÉ* 55 (2004), p. 125-148.
270 Fr. Servajean, *in* : *Univers végétal* II, p. 272-275. Fr. Servajean, *RdÉ* 55 (2004), p. 131-133.

En plus de la néoménie, deux dates sont évoquées directement par ce livre : le sixième jour lunaire et la fête-*denit*, qui était célébrée le septième jour lunaire à Héliopolis[271] (x+4, 12 – x+5, 1). Dans la tradition locale, on considérait que l'œil était complet dès le moment où le premier quartier était visible. Une liturgie évoque la montée au ciel à la fête du sixième jour du mois[272]. La mention d'Osiris-Sokar dans la barque-*henou* (x+4, 8-9), embarcation spécifique du dieu Sokar, évoque par ailleurs la fête qui lui était dédiée au cours des cérémonies osiriennes, et par conséquent le *Cérémonial pour faire sortir Sokar* dont le chant final figure dans le papyrus Princeton Pharaonic Roll 10 (§ 5.5).

Kher-âha, la néoménie et la fête « Elle est ramenée »

Le fait que le mot *wrm* « haute crue » (x+4, 4) remplace le terme *wrm.t* « tonnelle » est peut-être révélateur, dans la version du papyrus Princeton Pharaonic Roll 10, d'une volonté de faire référence à l'inondation. La mention de *Kher-âha* (x+4, 7) n'est donc peut-être pas innocente, puisqu'elle renvoie à une procession du dieu Sepa qui se rendait d'Héliopolis à *Kher-âha*, en rapport avec la crue[273]. C'est d'ailleurs en ce lieu, aussi nommé *Per-Hâpy*[274], que se situait la source septentrionale du Nil[275]. On rappellera que l'épithète « maître des nomes de la région de l'Occident » attribuée à Anubis (x+4,3) renvoyait à une forme héliopolitaine de ce dieu qui était affecté à la garde des humeurs d'Osiris dans le 18ᵉ nome de Haute Égypte[276]. Les humeurs et sécrétions du corps osirien sont d'ailleurs connues pour être une source de la crue du Nil dans la pensée religieuse de l'Égypte ancienne[277]. Selon le papyrus Jumilhac, elles étaient associées aux offrandes : « Quant à *Hout-djefaou*[278], c'est le château d'où proviennent les offrandes, grâce aux humeurs qui sortent d'Osiris »[279]. Ces éléments demeureraient anecdotiques si l'on ne retrouvait pas ailleurs dans le papyrus Princeton Pharaonic Roll 10 d'autres allusions au même thème. Si citer Hâpy est un *topos* dans les formules de libation, la formule qui accompagne l'embarquement dans la barque d'Horus – « [Ah ! (?)] Osiris entre dans sa barque ! Chaque terre est inondée sur son passage ! » (x+7, 9) – renvoie peut-être à une forme de réalité. On attirera aussi l'attention sur l'offrande du récipient de dattes (x+14, 8-9), qui était associé aux humeurs osiriennes[280]. On relèvera encore la présence de l'Assemblée qui est à la tête du flot (x+14, 8).

---

271 Les allusions spécifiquement locales à ces deux dates sont courantes. On verra par exemple A. Erman, *Zaubersprüche für Mutter und Kind*, p. 30 (P. Berlin P. 3027 (VII, 8) ; C. Leemans, *Description*, pl. 143 (P. Leyde I 347 (VI, 12)) ; K*RI* I, p. 344, 1 (Stèle Bruxelles E 5300) ; S. Hassan, *Hymnes*, p. 68 (Stèle Paris Louvre C30).

272 J. Assmann, *Totenliturgien* 1, p. 85.

273 Voir les références, § 6.2.1, n. r).

274 D. Meeks, *Mythes et légendes du Delta*, p. 74-75, n. 157-158.

275 J.-Fr. Pécoil, *BSÉG* 17 (1993), p. 103-105.

276 Voir § 6.2.1, n. k).

277 M. Malaise, *in* : *Le Symbolisme*, p. 126-132. J. Kettel, *in* : *Hommages Leclant* 3, p. 315-330.

278 On notera que *Hout-djefaou* peut être assimilé à Nedyt, lieu du meurtre d'Osiris (Fr. R. Herbin, *BIFAO* 88 (1988), p. 101, 108).

279 J. Vandier, *Le Papyrus Jumilhac*, p. 120 (IX, 20-21).

280 Voir § 8.3.

Or, la procession de Sepa de Héliopolis vers *Kher-âha* peut être mise plus directement en relation avec la néoménie. Une stèle héliopolitaine la situe au deuxième mois de l'hiver (*pr.t*), le jour étant perdu[281]. Or le papyrus Brooklyn 47.218.84 confirme et précise cette date[282] :

> Concernant le travail que l'on exécute pour Osiris-Sepa lors du premier mois de Chemou jour 16 (16 Pakhons) et à la néoménie du deuxième mois de Peret (Méchir), (à savoir) *ꜣInỉ-s* « La ramener ».

On indique ensuite :

> On l'amena dans la caverne (située) dans la falaise de *Per-Hâpy*. Les femmes enveloppèrent l'omoplate et le tibia[283] et en firent là une momie que l'on appelle Osiris, placée sur l'échine d'un âne[284].

Le contenu du papyrus Brooklyn 47.218.84 invite à comparer le nom de la fête de la néoménie de Méchir, *ỉnỉ-s*, avec celui des yeux-boisseaux lunaires[285]. Ramenés d'*Imhedj*[286], la nécropole de Lépotolis, à Héliopolis par Neith[287] pour y être soignés, ceux-ci représentent le noir et le blanc de l'œil réunis pour reformer l'œil lunaire. Ces deux éléments, synthétisés par l'opposition des deux couleurs, marqueraient les deux moments forts du cycle lunaire : la néoménie avec le noir marquant l'absence de l'astre et la pleine lune avec le blanc marquant son éclat[288]. Le nom des yeux-boisseaux identifie l'œil lunaire à une déesse lointaine qui doit être ramenée[289]. Ce thème est connu également pour l'œil de Rê, assimilé à la déesse Hathor, dont le retour marquait aussi celui de la crue du Nil. La fête *ỉnỉ-s* doit peut-être être rapprochée d'une autre célébration au nom similaire, la fête *ỉn-tw=s*, dévolue aussi à la reconstitution de l'œil lunaire[290]. Célébrée à la néoménie d'Épiphi[291], elle marquait la venue d'Hathor et débutait la fête de Behedet. Attestée également à la néoménie de Pakhons, elle était alors associée à une veillée d'Osiris dans la nécropole destinée aux dieux morts. D'après le titre du chapitre 140 du *Livre des morts*, les mois de Pakhons et de Méchir étaient justement ceux du

---

281 J.-P. CORTEGGIANI, *in* : *Hommages Sauneron* I, p. 134-137, n. b, 141, n. e.

282 D. MEEKS, *Mythes et légendes du Delta*, p. 12, § 11. Ce rapprochement avait déjà été fait par J.-P. CORTEGGIANI, *in* : *Hommages Sauneron* I, p. 141, n. e.

283 Sur cette relique du nome héliopolitain identifiée au sceptre-*heka* d'Osiris servant à nommer cette province et son lien avec l'omoplate, identifiée au flagellum, provenant de Létopolis, voir D. MEEKS, *Mythes et légendes du Delta*, p. 75, n. 159, p. 77, n. 166-167, et p. 212-214, §11, d.

284 Sur son aspect solaire et héliopolitain ou au contraire séthien et comme pendant du taureau porteur du corps d'Osiris, voir D. MEEKS, *Mythes et légendes du Delta*, p. 209-212, §11, c. Seth peut prendre la forme d'un âne ou être représenté avec la tête de cet animal (G. MICHAÏLIDÈS, *Aegyptus* 32 (1952), p. 45-53 ; Fr. LABRIQUE, *in* : *Ritual and Sacrifice*, p. 175-189). Voir aussi B. H. STRICKER, *OMRO* 46 (1965), p. 52-75 ; *OMRO* 48 (1967), p. 23-43 ; « Asinarii III », *OMRO* 52 (1971), p. 22-53 ; « Asinarii IV », *OMRO* 56 (1975), p. 65-74. Marie Vandenbeusch prépare actuellement une thèse de doctorat sur l'âne en Égypte ancienne.

285 D. MEEKS, *Mythes et légendes du Delta*, p. 8, § 7.

286 Sur ce lieu, voir D. MEEKS, *Mythes et légendes du Delta*, p. 59, n. 72.

287 Sur ce rôle rarement attribué à Nephthys, voir D. MEEKS, *Mythes et légendes du Delta*, p. 189, §7, e.

288 D. MEEKS, *Mythes et légendes du Delta*, p. 190-191, § 7, f.

289 D. MEEKS, *Mythes et légendes du Delta*, p. 191-192, § 7, g.

290 D. MEEKS, *Mythes et légendes du Delta*, p. 207-209, § 11, a.

291 A. GRIMM, *Festkalender*, p. 124-127, 424-426. J.-Cl. GOYON, *in* : *Essays te Velde*, p. 85-100. G. BURKARD, *Osiris-Liturgien*, p. 103-108. Sv. NAGEL, *in* : *Altägyptische Enzyklopädien*, p. 607-684.

remplissage de l'œil[292], qui donnait lieu à des réjouissances lors de la destruction de Seth[293]. Le contenu du papyrus Brooklyn 47.218.84 permet encore de mettre en rapport ces deux dates avec les cérémonies liées au saule, qui pouvaient être répétées au cours de l'année[294].

6.3. Une deuxième rubrique (x+5, 4-5)

Une deuxième rubrique est inscrite à la suite du *Livre de la néoménie*.

6.3.1 Traduction et commentaire (x+5, 4-5)

ḏd mdw ḥr twt n Stš	**Réciter sur** [a] **une effigie de Seth**
[m mnḥ]	**[en cire]** [b].
5, 5 *di r [ẖ.t]*	5, 5 **Jeter au [feu]** [c]
m-bꜣḥ nṯr pn	en présence de ce dieu [d].

Commentaire

a) La formule *ḏd mdw ḥr* « réciter sur » marque le lien entre le rite oral et le rite manuel[295].
b) Voir *supra* § 6.1.1, n. d).
c) Les traces encore visibles sur l'original sont en faveur d'une lecture *ẖ.t* « feu », « flamme »[296] plutôt que *ꜥẖ* « brasier » comme précédemment (x+4, 1), voir § 6.1.1. La rubrique du *Livre de protéger la barque-nechemet* est presque identique à celle-ci : ***ḏd mdw.w ḥr twt n Stš iry m mnḥ dšr di r ẖ.t*** *m-bꜣḥ nṯr pn* « **Réciter sur une effigie de Seth faite en cire rouge. Jeter au feu** en présence de ce dieu »[297]. Celle du *Rituel pour renverser Seth et ses acolytes* indique notamment : *rdi sw r ẖ.t ḏd mdw ḥr=f* « La jeter au feu. Réciter sur elle »[298].
d) Sur l'expression « ce dieu » (*nṯr pn*), voir *supra* § 5.6.1, n. d) et § 12.3.3.

6.3.2 Fonction de la deuxième rubrique et déroulement du rituel

À l'instar de la rubrique précédente (§ 6.1), il est question de détruire par le feu une effigie probablement faite de cire. Sa confection n'est pas évoquée cette fois-ci, mais il est précisé qu'on récitait sur elle une formule. Seul Seth est concerné cette fois-ci, ce qui n'est pas étonnant puisqu'il est l'ennemi désigné tant par le *Livre de la néoménie* (§ 6.2) que par l'ouvrage recopié ensuite (§ 6.4). On peut cependant se demander laquelle de ces deux

---

292 D. MEEKS, *Mythes et légendes du Delta*, p. 192 et n. 190, p. 207 et n. 300.
293 Fl. ALBERT, *Le Livre des Morts d'Aset-Ouret*, p. 57-58. St. QUIRKE, *Going out in Daylight*, p. 315-316.
294 D. MEEKS, *Mythes et légendes du Delta*, p. 207, § 11, a. Dans un passage en partie lacunaire du papyrus Princeton Pharaonic Roll 10, il est question d'un rameau de saule, voir § 7.10.
295 Y. KOENIG, *RdÉ* 33 (1981), p. 36, n. i.
296 *Wb* III, 217, 10-218, 13.
297 J.-Cl. GOYON, *Kêmi* 19 (1969), p. 62-63. J.-Cl. GOYON, *Imouthès*, p. 81, pl. XXXIV (P. New York MMA 35.9.21 (39, 1-2)). Le papyrus Paris Louvre N. 3129 (B, 38) présente la même clausule (J.-Cl. GOYON, *Kêmi* 19 (1969), p. 63, n. c). Dans le papyrus Londres BM EA 10252, la fin de la composition est perdue (J.-Cl. GOYON, *Kêmi* 19 (1969), p. 57, n. 7). Dans le temple de Dendara, la rubrique, qui est bien plus détaillée, diverge de celle des leçons manuscrites (*Dendara* X, 299, 5-11. S. CAUVILLE, *Les chapelles osiriennes* I, p. 161).
298 S. SCHOTT, *Urkunden* VI, p. 5 (P. Paris Louvre N. 3129 (B, 47)).

formules devait être récitée sur cette figurine de Seth. Les rubriques de ce genre sont volontiers ajoutées à fin des compositions, mais il n'est pas rare non plus qu'elles figurent au début de celles-ci. La mention *ky r(ꜣ)* « autre formule », « variante » au début de la composition suivante ne milite pas en faveur de cette dernière.

6.4 Une autre formule (x+5, 5 – x+6, 6)

Cette nouvelle section, introduite par une rubrique écrite en rouge, ne comporte pas de titre spécifique. Il est simplement question d'une « autre formule » (x+5, 5), ce qui suggère qu'il s'agissait d'un supplément ou d'une variante de la composition précédente. Le contenu de ce texte reprend en effet le thème de la destruction des ennemis déjà abordé par le *Livre de la néoménie* (§ 6.2).

Parallèles

Une version de cette composition est préservée par le papyrus Londres BM EA 10252 (18, 28 – 19, 26)[299], où elle est inscrite à la suite du *Rituel de renverser Seth et ses acolytes* (13, 1-18, 27). Elle ne comporte pas non plus de titre spécifique et débute par la rubrique « Autre livre. Réciter » (*k.t mḏꜣ.t ḏd mdw.w*).

Quelques passages de cette section présentent par ailleurs une indéniable parenté, ponctuelle au moins, avec d'autres rituels, qu'ils soient dirigés à l'encontre d'Apophis ou de Seth. Ces éléments seront mentionnés dans le commentaire.

6.4.1 Traduction et commentaire (x+5, 5 – x+6, 6)

ky r(ꜣ)	**Autre formule** [a)].
ḏd mdw	**Réciter** :
ḥꜣ=k	Arrière [b)] !
ḥm ỉr=k	Recule donc [c)],
Stš ẖsw sꜣ [5, 6] *Nw.t*	Seth le vil, fils [5, 6] de Nout,
ḥnꜥ sm(ꜣ)y.w=f	avec tes acolytes [d)] !
ꜥḥꜥ r=k ꜣs.t sꜣ.t Nw.t	Isis, fille de Nout,
mw.t nṯr wr(.t) ḥkꜣ.w	mère du dieu, grande de magie [e)],
	se dresse contre toi.
[5, 7] *šp [Ḏḥwty] ḥr=k*	[5, 7] [Thot] [f)] aveugle ton visage [g)],
pꜣ ꜥꜣ sp 2 nt[y] m ꜣḫ.t	le deux fois grand qui est dans l'horizon [h)].
sḫr tw=k nb r ḏr	Le maître universel te [i)] renverse
ḥnꜥ pꜣwty.w [tpy(.w)]	avec les [premiers] dieux primordiaux [j)]
[5, 8] *Ḫpr[i ḥry]-ỉb ṯꜣ.w=f*	[5, 8] et Khépr[i au mi]lieu de ses oisillons [k)].
sḫr tw=k Ỉtm ḥry-ỉb	Atoum qui réside dans
ḥwt-bnbn	le temple du pyramidion [l)],

299 Cette identification est le résultat d'une séance de travail commun qui a permis à Ann-Katrin Gill et moi-même de reconnaître ce parallèle. Je la remercie d'avoir aimablement mis à ma disposition ses premières transcriptions. Voir depuis lors A.-K. GILL, *in* : *Liturgical Texts for Osiris and the Deceased*, p. 135.

Ḥr-šfy [5, 9] *nb Ḥw.t-nn-nsw*
Nꜣrf ḫnty Nꜥr.t
Bnn ḫnty Ḫm

Hérichef[m)], [5, 9] maître d'Héracléopolis,
Naref[n)] qui préside au nome héracléopolitain
et *Benen*[o)] qui préside à Létopolis[p)]
te renversent.

sḫr tw=k Spd [5, 10] *Ḥr [ꜥꜣ (?)*
S]pd Ḥr-mrty sꜣ Rꜥ

Sopdou [5, 10] Horus [le grand (?)
et Sop]dou Hormerty[q)], fils de Rê,
te renversent.

sḫr tw=k nꜣ ḥry.w p.t
nꜣ ẖry.w tꜣ
p[ꜣ [5, 11] *ꜥꜣ sp 2*
nty (?)] m ꜣḫ.t

Ceux qui sont au-dessus du ciel[r)],
ceux qui sont sous la terre[s)]
et le [[5, 11] deux fois grand
qui est (?)][t)] dans l'horizon te renversent.

ntsn sḫpr nkn.wt=k
wd šꜥd
tkn ỉm=k
[5, 12] *ḥr [šd (?) ḥꜣty]=k*
ḥꜥ.w=k ꜥnḫ.wy=k
ꜥ.wy=k [...]=k
ḥr šp ḥr=k
ḥr [ḫ][5, 13] *tm ẖꜣ[.t=k*
… … … …
ḥr ḫtm] bꜣ=k
nn mnmn ẖꜣ[.t]=k

Ce sont eux qui font advenir tes blessures,
qui réalisent un massacre
et qui t'attaquent
[5, 12] en [arrachant (?)] ton [cœur][u)],
tes membres, tes deux oreilles,
tes deux bras et ton […],
en aveuglant ta face,
en [anéan-] [5, 13] tissant [ton] cada[vre
… … … …
en anéantissant] ton *ba*[v)].
Ton cada[vre] ne pourra plus bouger[w)] !

Stš *[ḫsw]*
[6, 1] *ḥnꜥ sm(ꜣ)y.w=f*
ḥnꜥ ỉmy.w-ḫt=f
ḥkꜣ[=w tw]=k

Seth [le vil]
[6, 1] avec tes acolytes
et avec ceux qui sont dans ton escorte[x)],
[ils te] domi[nent].

*[**Stš**] ḫs[w]*
dỉ=w bꜣ=k r ꜥḫ
[ꜥꜣ n sbỉ.w]
[6, 2] *nn ꜥḫm ḫ.t ỉm=f*
r nḥḥ

[**Seth**] le vi[l],
ils placent ton *ba* dans le [grand] brasier
[des adversaires][y)].
[6, 2] Le feu ne s'y calmera pas
jusqu'à la fin des temps[z)] !

ỉn [Ḥꜣ r šꜥd] ḏ.t=k
Dḥwty ḥr šꜥd [r=k (?)
nn kỉ=k (?)]
[6, 3] *m pt tꜣ*

C'est [Ha qui découpe][aa)] ton corps
(tandis que) Thot [te (?)] démembre.
[Ta forme n'existera plus (?)][bb)]
[6, 3] au ciel et sur terre !

ỉr.t Ḥr ḥr sḫm ỉm.k
ỉr.t=k [pfy bỉn ḏw]
sḫm=f m ḥꜥ.w=k
ḥr nt[y ỉnk Ḏḥwty
pr=ỉ m [6, 4] *p.t (?)]*
m wḏ.t Rꜥ
ḥr ỉry nn ḏd
[… … … sꜣ n

L'œil d'Horus exerce le pouvoir sur toi[cc)]
et [ce] tien [mauvais] œil [maléfique][dd)].
Il exerce le pouvoir sur tes membres
parce [que je suis Thot
et que je sors du [6, 4] ciel (?)][ee)]
sur l'ordre de Rê[ff)]
en accomplissant ce que dit
[… … … la protection de[gg)]

Wsỉr] ḥm-nṯr Ms-rd.wy=f mꜣʿ[-ḫrw	l'Osiris] (du) prêtre *Mesredouyef*, justi[fié,
msỉ.n] Tꜣy- [6, 5] *Ḥb.t*	enfanté par] *Ta* [6, 5] *hebet* [hh)].
sꜣ=f sꜣ ỉr.t Ḥr	Sa protection est la protection de l'œil
ṯ[s pẖr	d'Horus, et ré[ciproquement [ii)] !
Stš ḫsw (?)] ḫr m ḫ.t	Seth le vil (?)] chute dans le feu [jj)] !
Wsỉr ḫnty ỉm[nt.t	Osiris qui préside à l'Oc[cident
pr] mꜣʿ-[ḫrw] [6, 6] *sp 4*	sort] triom[phant] [6, 6] quatre fois [kk)] !
Wsỉr Pꜣ-dỉ-Ḥr-pꜣ-ẖrd	L'Osiris (de) *Padiherpakhered*
ms[ỉ.n Tꜣy-Ḥb.t	enfanté [par *Tahebet*
p]r mꜣʿ-ḫrw sp 4	so]rt triomphant quatre fois !

Commentaire

a) Le papyrus Londres BM EA 10252 (18, 28) donne *k.t mḏꜣ.t* « Autre livre ».

b) L'injonction *ḥꜣ=k* « Arrière ! », qui apparaît déjà dans les *Textes des sarcophages*[300], figure régulièrement dans les rituels tardifs, comme c'est le cas par exemple dans le *Rituel de renverser Seth et ses acolytes*[301]. Dans les *Révélations des mystères des quatre boules d'argile*, c'est même un *leitmotiv*[302]. La formulation est similaire dans le papyrus Londres BM EA 10252 (18, 28).

c) Le verbe *ḥm* « reculer », « s'écarter », « se détourner » s'utilise volontiers à l'impératif. De telles injonctions contre Seth, lui intimant l'ordre de reculer, sont récurrentes dans les *Révélations des mystères des quatre boules d'argile* notamment[303]. Ce tour peut s'employer aussi pour s'adresser au venin dans les textes magiques[304]. Le même verbe est employé dans le papyrus Londres BM EA 10252 (18, 28).

d) La séquence *Stš ḫsw sꜣ Nw.t ḫnʿ smꜣy.w=f* apparaît dans le *Rituel de protéger la barque du dieu*[305] et dans le *Rituel de renverser Seth et ses acolytes*[306]. Elle est partiellement préservée par le papyrus Londres BM EA 10252 (18, 28-29). L'emploi du pronom *=f* est conforme à l'usage égyptien, mais il est mieux rendu en français par la deuxième personne.

e) C'est probablement un déterminatif divin qui se trouvait dans la lacune à la fin de la ligne x+5, 6. Ces trois épithètes sont couramment attribuées à la déesse Isis[307]. Elles sont partiellement préservées par le papyrus Londres BM EA 10252 (18, 29). Farouche opposante de Seth, elle repousse les ennemis[308] et défend l'héritage de son fils. Elle

300 *CT* IV, 346b (Spell 342) ; VII, 97i (Spell 885).

301 S. Schott, *Urkunden* VI, 13, 12 ; 27, 19-20.

302 J.-Cl. Goyon, *BIFAO* 75 (1975), p. 380-383, 386-393. J.-Cl. Goyon, *Imouthès*, p. 69-71 (P. New York MMA 35.9.21 (29, 3 ; 29, 4 ; 29, 6 ; 29, 7 ; 29, 9 ; 29, 12 ; 30, 7-8 ; 30, 13 ; 31, 11)). J.-Cl. Goyon, *Le recueil de prophylaxie*, p. 101, 102.

303 J.-Cl. Goyon, *BIFAO* 75 (1975), p. 356-359, 382-387, 392-395. J.-Cl. Goyon, *Imouthès*, p. 65, 69-72 (P. New York MMA 35.9.21 (26, 4 ; 26, 8 ; 29, 16 ; 30, 8 ; 31, 12 ; 32, 4)). J.-Cl. Goyon, *Le recueil de prophylaxie*, p. 101.

304 Par exemple, E. Jelínková-Reymond, *Statue guérisseuse*, p. 45 et n. 1.

305 J.-Cl. Goyon, *Kêmi* 19 (1969), p. 60-61. J.-Cl. Goyon, *Imouthès*, p. 81.

306 S. Schott, *Urkunden* VI, 13, 23 ; 35, 11-12 ; 39, 1 par exemple.

307 *LGG* VI, p. 104 ; III, p. 261-262 ; II, p. 493-496.

308 A. Moret, *BIFAO* 30 (1931), p. 739-740.

égorge Apophis à la septième heure de l'*Amdouat*[309]. Isis est aussi la grande magicienne[310] qui apprit le nom de Rê par la ruse. Elle est parfois la fille de Thot[311], auquel elle est associée pour assurer la défense d'Horus et la protection contre le mauvais œil[312].

f) Le déterminatif divin du mot manquant indique que le sujet était un dieu. Si l'on restitue le déterminatif du verbe *šp*, le nom de cette divinité était bref. On pensera à Horus ou à Rê bien sûr. Pourtant, le papyrus Londres BM EA 10252 (18, 29-30) indique : *ꜥḥꜥ n=k Ḏḥwty šp=f ḥr=k* « Thot se dresse à cause toi, il aveugle ton visage », ce qui laisse entendre que c'est en fait le nom du dieu Thot qui doit être restitué dans la lacune. Cette restitution correspond parfaitement à l'épithète qui figure ensuite, voir *infra* n. h). Thot, substitut de Rê durant la nuit, remplissait déjà une fonction destructrice dans le *Livre de la néoménie* (§ 6.2). Il est aussi le dieu qui vient du ciel lorsqu'Isis fait appel à lui parce qu'Horus a été piqué par un scorpion et il use de ses formules magiques pour le protéger[313].

g) Cette formule est connue par ailleurs dans le *Rituel d'abattre Apophis* : *šp=f ḥr=k* « Il (Rê) aveugle ta face ! »[314]. La huitième formule d'une statue prophylactique de Ramsès III fournit une version parallèle à une autre partie de ce rituel dirigé contre Apophis[315] : *ẖr ḥr ḥr=k šp ḥr=k* « Tombe sur ta (Apophis) face ! Que ton visage soit aveuglé ! »[316]. La même idée est développée à l'encontre de Seth dans les *Révélations des mystères des quatre boules d'argile* : *šp ḥr=k* « Ta (Seth) face est aveuglée »[317], mais aussi *ỉr.ty=k šp(.tỉ) nn mꜣꜣ=k* « Tes deux yeux sont aveuglés, tu ne pourras plus voir ! »[318]. Le *Rituel de repousser le Mauvais* mentionne l'aveuglement comme punition de l'un des crimes de Seth : *šp wḏꜣ.ty=k* « Tes deux yeux sont aveugles »[319]. Le papyrus Londres BM EA 10288 (A, 12-13) présente une tournure similaire dans une formule magique intitulée « Formule pour repousser les complices (*smꜣy.w*) du Malfaisant et les morts [...] » : *šp=tn m ḥr=tn m(w)t mwt.t* « Puissiez-vous être aveuglés dans vos faces, morts, mortes [...] »[320]. Dans une autre formule magique, la menace est formulée ainsi : « Je couperai la main d'Horus,

309 A. Gasse *et al.*, *ENiM* 8 (2015), p. 50-52. I. Régen, *in* : *D3T* 3, à paraître.

310 J. Quaegebeur, *in* : *Hermes Aegyptiacus*, p. 157-181. M. Eaton-Krauss, *in* : *Isis and the Feathered Serpent*, p. 78-87.

311 Cl. Traunecker, *Coptos*, p. 274. S. Cauville, *Dendara II. Traduction*, p. 630. M. A. Stadler, *Weiser und Wesir*, p. 152-155. Dans la tradition classique, elle est fille d'Hermès (S. Aufrère, *in* : *Verba manent*, p. 40, 43, 45-46).

312 S. Cauville, *BIFAO* 89 (1889), p. 52, 54-55.

313 Cl. Traunecker, *JARCE* 20 (1983), p. 71. S. Cauville, *BIFAO* 89 (1989), p. 54-55 et n. 53.

314 R. O. Faulkner, *The Papyrus Bremner-Rhind*, p. 88 (32, 11).

315 R. O. Faulkner, *The Papyrus Bremner-Rhind*, p. 58-59 (26, 12-20) ; *JEA* 23 (1937), p. 172.

316 É. Drioton, *ASAE* 39 (1939), p. 79-80 (l. 18). On notera que dans le papyrus Bremner-Rhind le verbe *šp* n'est pas écrit avec le déterminatif de l'œil, mais avec la bouche qui crache comme dans *šp* « s'évanouir ». Sur le mauvais œil d'Apophis, voir J. Fr. Borghouts, *JEA* 59 (1973), p. 114-121.

317 J.-Cl. Goyon, *BIFAO* 75 (1975), p. 382-383 ; J.-Cl. Goyon, *Imouthès*, p. 69 (P. New York MMA 35.9.21 (29, 10)). À propos de l'œil maléfique de Seth, voir encore J. Fr. Borghouts, *JEA* 59 (1973), p. 143-144.

318 J.-Cl. Goyon, *BIFAO* 75 (1975), p. 380-381 ; J.-Cl. Goyon, *Imouthès*, p. 69 (P. New York MMA 35.9.21 (29, 4-5)). Voir aussi J.-Cl. Goyon, *BIFAO* 75 (1975), p. 394-395 ; J.-Cl. Goyon, *Imouthès*, p. 72 (P. New York MMA 35.9.21 (32, 4)).

319 S. Schott, *Urkunden* VI, p. 137 (P. Paris Louvre N. 3129 (K, 28)). V Altmann, *Die Kultfrevel des Seth*, p. 150.

320 R. A. Caminos, *JEA* 58 (1972), p. 213, pl. XL (P. Londres BM EA 10288 (A, 12)).

j'aveuglerai l'œil de Seth »[321]. Dans ce cas, la menace est liée au rôle de protecteur de la barque solaire dévolu à Seth en tant qu'adversaire d'Apophis. C'est parce qu'on lui a prêté le pouvoir hypnotique et dangereux de l'œil d'Apophis, assimilé au mauvais œil, que Seth dut lui-même être aveuglé[322]. L'éblouissement des serpents constitue une méthode bien attestée par formules des traités d'ophiologie[323]. On songera que l'aveuglement est un châtiment dans le conte des frères Vérité et Mensonge[324]. Par ailleurs, la littérature d'époque tardive semble avoir apprécié le thème de l'aveuglement de Pharaon[325].

h) La lecture du groupe qui suit *pꜣ ꜥꜣ* et qui n'apparaît pas dans le papyrus Londres BM EA 10252 (18, 30) n'est pas évidente. Le fait de croire au premier abord qu'il s'agissait de deux signes ronds a conduit à plusieurs lectures erronées[326]. En réalité, c'est une tache, légèrement plus claire que l'encre utilisée, qui donne cette impression et on distingue au travers deux petits traits qui permettre de lire *sp 2*.
L'épithète *ꜥꜣ ꜥꜣ* « deux fois grand », bien connue pour le dieu Thot est attestée au moins dès la Troisième Période intermédiaire, puis jusqu'au IVe siècle apr. J.-C.[327]. Dans notre exemple, il faut vraisemblablement lire non pas *pꜣ ꜥꜣ ꜥꜣ* mais plutôt *pꜣ ꜥꜣ pꜣ ꜥꜣ* comme dans les versions attestées en démotique dès le IIe siècle av. J.-C. au moins[328]. La leçon du papyrus Londres BM EA 10252 (18, 30) indique uniquement *pꜣ ꜥꜣ nty m ꜣḫ.t*. Le *Rituel de repousser le Mauvais* rappelle par ailleurs que l'œil de *pꜣ nty m pt* « Celui qui est dans le ciel » est renouvelé et glorieux parmi les *Baou* du sixième jour lunaire[329]. On relèvera que Thot deux fois grand apparaît souvent dans les documents relatifs à la liturgie de la fête du 19 Thot[330]. Le papyrus Princeton Pharaonic Roll 10 porte par ailleurs la trace d'écriture à l'encre rouge sous le groupe  .

---

321 O. Deir el-Médineh 1213 (r° 6-7). G. POSENER, *Ostraca hiératiques* II, 2, pl. 48. P. Chester Beatty V (v° 6, 2-3).

322 W. SPIEGELBERG, *ZÄS* 59 (1924), p. 149-154. S. SCHOTT, *ZÄS* 67 (1931), p. 106-110. J. Fr. BORGHOUTS, *JEA* 59 (1973), p. 114-150. Y. KOENIG, *Magie et magiciens*, p. 187-199. S. CAUVILLE, *BIFAO* 89 (1989), p. 51-56. M. ÉTIENNE, *Heka*, p. 62-63.

323 S. SAUNERON, *Un traité égyptien d'ophiologie*, p. 20-21, n. 7. J.-Cl. GOYON, *Le recueil de prophylaxie*, p. 99, n. 10.

324 A. THÉODORIDÈS, *RdÉ* 21 (1969), p. 85-105.

325 K. RYHOLT, *in* : *Actes du IXe congrès international des études démotiques*, p. 311 avec références.

326 Je remercie Pierre Meyrat pour son regard neuf. En m'incitant à reconsidérer la question, il m'a permis de trouver la solution à la lecture de ce groupe.

327 H. WILD, *Antiquités égyptiennes*, p. 25-26, pl. IV (inv. Eg. 24) (stèle de l'an 20 d'Apriès). G. R. HUGHES, *JNES* 17 (1958), p. 8. J. QUAEGEBEUR, *in* : *Hommages Daumas*, p. 525-544, en particulier 530, 532, 533, 535, 537. A. J. SPENCER, *Excavations at el-Ashmunein II*, pl. 103, n° 131 (stèle d'Osorkon III). *LGG* II, p. 15. Y. VOLOKHINE, *BIFAO* 102 (2002), p. 409, 422. A. G. MIGAHID, G. VITTMANN, *RdÉ* 54 (2003), p. 47-48, 57-58, pl. VI-VII. D. KESSLER, *in* : *Festschrift Altenmüller*, p. 217-219. Y. VOLOKHINE, *RHR* 221 (2004), p. 141-142. R. BAILLEUL-LE-SUER (éd.), *Between Heaven and Earth*, p. 192-193, n° 29.

328 K. SETHE, *Urkunden* II, 178, 8. W. SPIEGELBERG, *Der demotische Text der Priesterdekrete*, p. 46. W. SPIEGELBERG, *Der ägyptische Mythus vom Sonnenauge*, p. 52-53, comme épithète d'Amon. J. D. RAY, *The Archive of Hor*, p. 51, 54, 159, pl. XIII, XIV (n° 12, 9 ; n° 12A, 2), p. 81 (n° 20, 11), comme épithète d'Osiris-Apis. J. QUAEGEBEUR, *in* : *Hommages Daumas*, p. 525-544, en particulier 529-530, 532, 533, 535.

329 S. SCHOTT, *Urkunden* VI, p. 95 (P. Paris Louvre N. 3129 (H, 43)).

330 J.-Cl. GOYON, *in* : *D3T* 2, p. 78, 88, 92, n. f). Voir aussi J.-Cl. GOYON, *in* : *D3T* 3, à paraître.

i) Le pronom *tw=k* doit être considéré comme la forme moderne du pronom dépendant[331], car une forme passive *sḫr.tw=k* nécessiterait la présence d'une préposition introduisant l'agent pour obtenir un sens satisfaisant. Cette tournure est employée par exemple dans les *Révélations des mystères des quatre boules d'argile*[332].

j) Le papyrus Londres BM EA 10252 (18, 31) indique que c'est  *tpy* qui devait figurer dans la lacune. Ces « dieux primordiaux initiaux »[333] recouvrent parfois l'Ogdoade sans que l'on doive forcément les rattacher uniquement à Hermopolis[334].

k) Dans le papyrus Londres BM EA 10252 (18, 31), seule une partie de cette épithète est préservée : *Ḫprỉ ḥry-*[... ...]. Une scène de massacre de tortue du propylône du temple de Montou à Karnak mentionne *Ḫprỉ ḥry-ỉb ṯꜣ.w=f* « Khépri qui est au milieu de ses oisillons »[335] comme épithète de Montou. Attestée principalement à l'époque gréco-romaine, l'épithète *ḥry-ỉb ṯꜣ.w=f* « (celui) qui est au milieu de ses oisillons »[336] est attribuée au *ba* de Rê, à *Banebdjed*, à Montou et à Montou-Rê-Horakhty. Dans le nome mendésien (BE 16), c'est Horus qui est « au milieu de ses oisillons »[337]. Les « deux oisillons » renvoient peut-être à Chou et Tefnout[338], qui pouvaient être représentés sous la forme de deux oiseaux-*ba* perchés sur un pilier-*djed* dans l'iconographie memphite. Les *Textes des sarcophages* définissent « Celui aux deux *ba* qui est au milieu de ses deux oisillons » comme « Osiris alors qu'il est entré dans Memphis et qu'il y a retrouvé Rê », renvoyant à une ancienne cosmogonie mendésienne qui identifiait les deux oisillons à Horus et *Mekhentyenirty*[339]. À Edfou, Sokar-Osiris était d'ailleurs qualifié de « Celui qui fait vivre les oisillons »[340] et, lors du remplissage de l'œil à Dendara, Geb considérait Osiris-Lune-Thot comme le « père des oisillons »[341].

l) L'épithète *ḥry-ỉb Ḥw.t-bnbn* « (celui) qui réside dans le temple du pyramidion »[342] est attestée pour Atoum. Seule la fin en est préservée par le papyrus Londres BM EA 10252 (18, 32). On connaît le *Ḥw.t-bnbn* « temple du pyramidion » d'Héliopolis[343], mais ce lieu est également attesté dans le 18e nome de Haute Égypte[344] et à Saïs[345]. En lien avec Osiris, *Ḥw.t-Bnw* « la demeure du Phénix » pouvait être assimilé à *Ḥw.t-bnbn*[346] ; on y situait la

331 J. Černý, S. Israelit Groll, *A Late Egyptian Grammar*, § 2.5. J. Lustman, *Étude grammaticale*, p. 6 et n. 7.

332 J.-Cl. Goyon, *BIFAO* 75 (1975), p. 380-381, 386-391 ; J.-CL. Goyon, *Imouthès*, p. 69, 70, 71 (P. New York MMA 31.9.21 (29, 6 ; 30, 7 ; 30, 11-12 ; 31, 2 ; 31, 9).

333 *LGG* III, p. 26.

334 S. Sauneron, J. Yoyotte, *in* : *La naissance du monde*, p. 51-62. Chr. Zivie-Coche, *in* : *D3T* 1, p. 167-225.

335 O. Firchow, *Urkunden* VIII, p. 8 (9b). H. Sternberg-el-Hotabi, *Das Propylon des Month-Tempels*, p. 50 et 51-52, n. 2. S. Aufrère, *Le propylône*, p. 181-182 (§ 168c) et 185, n. g). M. Minas-Nerpel, *Der Gott Chepri*, p. 445 et n. 1215.

336 *LGG* V, p. 354.

337 *Edfou* IV, 35, 5.

338 I. Guermeur, *BIFAO* 103 (2003), p. D. Meeks, *Mythes et légendes du Delta*, p. 119, n. 379.

339 D. Meeks, *Mythes et légendes du Delta*, p. 264-265.

340 *Edfou* V, 290, 7. J.-Cl. Goyon, *BIFAO* 78 (1978), p. 435.

341 *Dendara* X, 300, 16-17 ; S. Cauville, *Les chapelles osiriennes* I, p. 161-162.

342 *LGG* V, p. 338.

343 P. Montet, *Géographie* I, p. 159-160.

344 J. Vandier, *Le Papyrus Jumilhac*, p. 132 et 215, n. 747.

345 Chr. Leitz, *Tagewählerei*, p. 166 et n. 44.

346 P. Montet, *Géographie* I, p. 159-160. J. Vandier, *Le Papyrus Jumilhac*, p. 40 et n. 9. Chr. Thiers, Y. Volokhine, *Ermant* I, p. 77 et n. 260, 261. Dans un extrait des *Glorifications* I, le soi-disant chapitre 191

sépulture héliopolitaine d'Osiris[347]. Le temple du pyramidion apparaît à quatre reprises dans les *Révélations des mystères des quatre boules d'argile*[348], qui décrivent les crimes que Seth y a perpétrés, et « Celui qui est dans le temple du pyramidion » (*nty m ḥw.t-bnbn*) y est cité[349].

m) L'appellation *Ḥr-šfy* « Visage du bélier », qui apparaît au moins dès le Nouvel Empire, est une réinterprétation du nom du dieu *Ḥry-š=f* « Hérichef » (« Celui qui est sur son lac »)[350], peut-être sous l'influence de la théologie thébaine qui y reconnaissait une forme d'Amon[351]. L'épithète *nb Ḥw.t-nn-nsw* « seigneur d'Héracléopolis » est courante pour ce dieu[352]. On la retrouve également dans le papyrus Londres BM EA 10252 (18, 32). La suite de la colonne de ce manuscrit est perdue.

n) *Nꜣrf* désigne ici un dieu, plutôt qu'un toponyme en apposition[353], de même que plus loin (x+20, 9). *Naref* est connu ainsi par ailleurs[354]. Ce peut être une désignation d'Hérichef, mais on pensera aussi à *Wsỉr Nꜣrf* « Osiris-*Naref* », qui est bien attesté à Héracléopolis et à Karnak[355]. Dans le 20e nome de Haute Égypte, où la relique de sa jambe droite était conservée, un lieu éponyme était considéré comme la tombe d'Osiris, protégée par un acacia, l'arbre sacré de cette région[356].

o) *Bnn* est le nom du serpent divin qui exerce sa protection à Létopolis[357]. Il est le protecteur d'Osiris dans le 2e nome de Basse Égypte[358]. C'est aussi la forme que prit Anubis lorsqu'il attaqua Seth et ses confédérés devant Létopolis[359]. L'Anubis du 18e nome de Haute Égypte est d'ailleurs associé à l'Horus létopolitain : « Quant à Anubis, maître de

---

du *Livre des morts* (J.-Cl. GOYON, *in* : *StudAeg* I, p. 117-127), certaines versions donnent *Ḥw.t-Bnw* et d'autres *Ḥw.t-Bnbn* (H. D. SCHNEIDER, *in* : *Hommages Leclant* 4, p. 360 et 361, n. l)

347 D. MEEKS, *Mythes et légendes du Delta*, p. 184, §6c.

348 J.-Cl. GOYON, *Imouthès*, p. 65, 66, 72 (P. New York MMA 35.9.21 (26, 3 ; 26, 13-14 ; 32, 2)). J.-Cl. GOYON, *Le recueil de prophylaxie*, p. 102, 103.

349 J.-Cl. GOYON, *Imouthès*, p. 67 (P. New York MMA 35.9.21 (27, 8)).

350 M. MOKHTAR, *Ihnâsya el-Medina*, p. 139-176. *LGG* V, p. 381-383. À propos de la lecture « Celui qui est à l'est de son lac », voir D. DEVAUCHELLE, *GöttMisz* 127 (1992), p. 121-122. On pourra à l'avenir consulter la monographie que prépare Maren Schentuleit sur le dieu Hérichef.

351 Y. VOLOKHINE, *BIFAO* 101 (2001), p. 375.

352 *LGG* V, p. 693.

353 Une traduction alternative aurait pu être : « Hérichef, seigneur d'Héracléopolis et de *Naref*, qui préside au nome héracléopolitain ». La présence du déterminatif divin n'est pas déterminante, car les toponymes sont régulièrement accompagnés par le signe 𓅆 dans le papyrus Princeton Pharaonic Roll 10. Si *ḫnty Nꜥr.t* peut désigner Hérichef (*LGG* V, p. 820), l'épithète *nb Nꜣrf* ne serait en revanche pas attestée pour ce dieu (M. MOKHTAR, *Ihnâsya el-Medina*, p. 150-155 ; *LGG* III, p. 656), pas plus que *nb Ḥw.t-nn-nsw Nꜣrf*.

354 *LGG* III, p. 519. Christian Leitz opte pour une lecture *Nꜣrfy* « Celui qui appartient à *Naref* » et propose de remonter à une version originale *Nn-ꜣr=f* « Celui dont l'éviction n'est pas » (Chr. LEITZ, *Geographisch-osirianische Prozessionen*, p. 246), tandis que Sylvie Cauville comprend « Celui qui n'est pas dépossédé » (S. CAUVILLE, *Les chapelles osiriennes* I, p. 152). Voir aussi M. MOKHTAR, *Ihnâsya el-Medina*, p. 188-190.

355 *LGG* II, p. 548. M. MOKHTAR, *Ihnâsya el-Medina*, p. 177-180. L. COULON, A. MASSON, *in* : *Le culte d'Osiris*, p. 123-154.

356 M. MOKHTAR, *Ihnâsya el-Medina*, p. 189. P. P. KOEMOTH, *Osiris et les arbres*, p. 25-30, 84, 165-178. P. P. KOEMOTH, *WdO* 25 (1994), p. 7-16. Chr. LEITZ, Die *Gaumonographien*, p. 161-162. Chr. LEITZ, *Geographisch-osirianische Prozessionen*, p. 246, § 20i.

357 *Wb* I, 460, 16-17. *LGG* II, p. 802. J. BAINES, *Orientalia* 39 (1970), p. 397-398 et n. 1. *Dendara* IV, 75, 4.

358 *Dendara* X, 287, 7.

359 J. VANDIER, *Le Papyrus Jumilhac*, p. 125 et 74-76 (P. Jumilhac (XIV, 3)).

Dounâouy, c'est Horus maître de Létopolis »[360]. Un texte magique présente encore *Bnn*, que Jürgen Osing mettrait en lien avec l'ichneumon adoré à Létopolis, comme protecteur : « Le grand *Bnn* est en tant que protection autour de toi et de ton lit »[361].

p) Le mot  est une graphie de *H̱m* « Létopolis »[362]. Le serpent *Bnn* apparaît en tant que *ḫnty H̱m* « Celui qui préside à Létopolis »[363] contre Seth et ses alliés[364]. Hiéracocéphale, il est nommé aussi parmi les dieux de *Dounâouy*[365].

q) Sopdou[366], le dieu du 20e nome de Basse Égypte, est associé à différentes formes d'Horus, dont Horus de l'est[367], Horus le grand[368] ou Horus triomphant[369]. Le naos de Saft el-Henneh (CG 70021) mentionne le dieu Sopdou en tant qu'« Horus de l'est », sous un aspect guerrier et solaire[370]. Dans le *Rituel de l'embaumement*, un tissu est attribué à Hormerty, Min-Iâh et Sopdou-Horus, maître de l'est[371]. « Sopdou-Horus le grand »[372] et « Sopdou-Horus triomphant » figurent parmi les dieux de l'est qui abattent Seth dans les *Révélations des mystères des quatre boules d'argile* : « Si tu (= Seth) viens de l'est, les dieux de l'est t'abattront. Les dieux de *Per-Ba* (Mendès), Thot le dieu grand, seigneur de *Bâh*, Anubis, Bastet, Sopdou-Horus le grand, Sopdou-Horus triomphant, seigneur de Pharbaethos, ils accompliront leur office sur toi »[373]. Sopdou est par ailleurs associé au seigneur de Pharbaethos[374]. Le dieu Hormerty[375], dont les deux yeux pouvaient être assimilés au soleil et à la lune, était identifié à Horus triomphant (*Ḥr mꜣʿ-ḫrw*) à Pharbaethos. Ce dieu guerrier s'opposait aux ennemis de l'ordre qu'étaient Apophis[376] ou Seth[377] et garantissait l'ordre du monde. Hormerty protégeait ainsi Osiris de ses ennemis[378]. De lui dépendaient les soixante-dix-sept gardiens de Pharbaethos. Dans les *Révélations des mystères des quatre boules d'argile*, la référence à Hormerty, aussi nommé « Horus triomphant », est évidente[379]. Dans le papyrus Princeton Pharaonic Roll

360 J. Vandier, *Le Papyrus Jumilhac*, p. 117 (P. Jumilhac (V, 23)).
361 J. Osing, *in* : *Intellectual Heritage*, p. 477 et 480, n. e. On notera que la phrase précédente situe la sortie d'Héliopolis durant « la nuit de la fête du quatrième jour lunaire ».
362 D. Meeks, *Mythes et légendes du Delta*, p. 51, n. 34.
363 *LGG* V, p. 846.
364 J. Vandier, *Le Papyrus Jumilhac*, p. 125 (XIV, 3-4).
365 J. Vandier, *Le Papyrus Jumilhac*, p. 116 (IV, 24).
366 *LGG* VI, p. 289-291.
367 *LGG* V, p. 241-242.
368 *LGG* V, p. 246-247.
369 *LGG* V, p. 258.
370 P. Koemoth, *DiscEg* 52 (2002), p. 20-25.
371 S. Sauneron, *Rituel de l'embaumement*, p. 31 (l. 4). J.-Cl. Goyon, *Rituels funéraires*, p. 75. Voir encore J.-Cl. Goyon, *BIFAO* 65 (1967), p. 107, 153-154 ; F. Haikal, *Papyri of Nesmin* II, p. 83.
372 *LGG* VI, p. 291. I. Schumacher, *Der Gott Sopdu*, p. 147, 176.
373 J.-Cl. Goyon, *BIFAO* 75 (1975), p. 390-391 ; J.-Cl. Goyon, *Imouthès*, p. 71 (P. New York MMA 35.9.21 (31, 8-10)). Chr. Theis, *Magie und Raum*, p. 271, 285-286.
374 J.-Cl. Goyon, *Confirmation* I, p. 98, n. 139. J.-Cl. Goyon, *Les dieux-gardiens*, p. 169, 170 et n. 5.
375 *LGG* V, p. 260-261. J.-CL. Goyon, *Les dieux-gardiens*, p. 155-188.
376 *Edfou* II, 54, 17-55, 1 ; VII, 157, 6.
377 *Edfou* VII, 275, 1 ; V, 90, 9.
378 J.-Cl. Goyon, *BIFAO* 65 (1967), p. 153-154. F. Haikal, *Papyri of Nesmin* II, p. 83.
379 Hormerty pouvait aussi porter l'épithète « maître du triomphe » (E. Jelinkova-Reymond, *Statue guérisseuse*, p. 15-16).

10, il semble que « Sopdou-Hormerty » prenne la place de « Sopdou-Horus triomphant, qui préside à Pharbaethos ».

r) Ces entités célestes[380] renversent Seth dans les *Révélations des mystères des quatre boules d'argile*[381].

s) Ces êtres ne semblent guère connus[382]. L'association de créatures célestes et chtoniennes – à l'instar des *ḥry.w* « oiseaux » et des *ẖry.w* « poissons » – permettait probablement d'englober la totalité de la création[383], en faisant peut-être référence au parcours du soleil qui se déplace aussi bien dans le ciel que dans l'au-delà.

t) Ce passage reprend peut-être l'appellation déjà rencontrée plus tôt (x+5, 7), voir *supra* n. h).

u) L'expression *šd ḥ3ty* « arracher le cœur »[384] est connue et elle est attestée ailleurs dans le papyrus Princeton Pharaonic Roll 10 (x+7, 4), voir § 6.5.1. La trace encore visible ne contredit pas une telle restitution qui correspondrait à la taille de la lacune.

v) Dans les *Révélations des mystères des quatre boules d'argile*, il est plusieurs fois question d'anéantir (*ḫtm*) le *ba* de Seth[385]. C'était peut-être le verbe employé ici.

w) On trouve une phrase identique dans les *Révélations des mystères des quatre boules d'argile*[386].

x) Les suivants de Seth sont attestés au moins dès le Nouvel Empire[387]. Dans les *Textes des pyramides*, leur intégration dans le mythe archaïque du conflit opposant Horus et Seth, où ils sont en fait superflus, serait une conséquence idéologique de l'instauration du dogme osirien[388].

y) La phrase suivante se rapporte encore à ce brasero, ce qui laisse penser que le nom de celui-ci figurait peut-être dans la lacune. Il arrive que les dieux mettent les chairs de l'ennemi sur le *ḫ.t pr.t m Wps.t* « feu qui jaillit d'Oupeset »[389], le *ḫ.t m ḥry-ib W3ḏ-wr* « feu au milieu de *Ouadj-our* »[390] ou le *ḫ.t n m3w.t m ḥry-ib W3ḏ-wr* « feu du banc de sable (?) qui est au milieu de *Ouadj-our* »[391]. Dans les *Révélations des mystères des quatre boules d'argile*, Seth est placé dans le *ʿḫ* (*ʿ3*) *n sbi.w* « (grand) brasier des adversaires »[392] et c'est, d'après la version du papyrus Londres BM EA 10252 (19, 1), ce qu'il faut restituer ici dans la lacune.

---

380 *LGG* V, p. 406.

381 J.-Cl. GOYON, *BIFAO* 75 (1975), p. 380-381 ; J.-Cl. GOYON, *Imouthès*, p. 69 (P. New York MMA 35.9.21 (29, 6 ; 30, 7 ; 30, 12)) qui traduit « Ceux qui sont sur le haut du ciel ».

382 *LGG* VI, p. 43.

383 D. MEEKS, *in* : *Et in Aegypto et ad Aegyptum*, p. 531-532.

384 *AnLex* 79.3082.

385 J.-Cl. GOYON, *BIFAO* 75 (1975), p. 356-357, 360-361, 362-363, 366-367. J.-Cl. GOYON, *Imouthès*, p. 65, 66 (26, 5 ; 26, 10 ; 26, 16 ; 27, 4). J.-Cl. GOYON, *Le recueil de prophylaxie*, p. 102, 103.

386 J.-Cl. GOYON, *BIFAO* 75 (1975), p. 382-383, 394-395 ; J.-Cl. GOYON, *Imouthès*, p. 69, 72 (P. New York MMA 35.9.21 (29, 10; 32, 5)).

387 *LGG* I, p. 278.

388 B. MATHIEU, *ENiM* 4 (2011), p. 145-151, 154.

389 J.-Cl. GOYON, *BIFAO* 75 (1975), p. 380-381. Voir aussi R. O. FAULKNER, *The Papyrus Bremner-Rhind*, p. 84 (31, 19).

390 J.-Cl. GOYON, *BIFAO* 75 (1975), p. 388-389.

391 J.-Cl. GOYON, *BIFAO* 75 (1975), p. 393-393.

392 J.-Cl. GOYON, *BIFAO* 75 (1975), p. 390-391, 394-395 ; J.-Cl. GOYON, *Imouthès*, p. 71, 72 (P. New York MMA 35.9.21 (31, 4 ; 32, 5-6)).

z) À côté de l’expression *ꜥḫm ḫ.t* « éteindre le feu », le verbe *ꜥḫm* peut aussi prendre le sens « calmer », ce qui laisserait alors entendre que l’on ne souhaitait pas que le brasier ne s’éteigne jamais, mais qu’il ne perde pas de sa vigueur contre les ennemis. Le papyrus Londres BM 10252 (19, 2-3) présente une variante.

aa) Restitution d’après le papyrus Londres BM EA 10252 (19, 3-4). Le dieu Ha était lié à l’ouest[393], notamment en tant que dieu protecteur[394].

bb) Restitution d’après le papyrus Londres BM EA 10252 (19, 5).

cc) Le papyrus Londres BM EA 10252 (19, 5-6) livre le même passage, mais avec une construction au futur (*r sḫm*). Un passage similaire figure dans le *Rituel d’abattre Apophis* : *ỉr.t Ḥr sḫm=s ỉm=sn* « L’œil d’Horus, il exerce le pouvoir sur eux »[395].

dd) Ce passage est restitué d’après le papyrus Londres BM EA 10252 (19, 6-7).

ee) Le papyrus Londres BM EA 10252 (19, 8-9) indique ici : *ỉnk Ḏḥwty ỉỉ.n=ỉ m p.t m wḏ.t n Rꜥ* « Je suis Thot. Je suis venu dans le ciel sur l’ordre de Rê », ce qui pourrait bien être la version retenue par le papyrus Princeton Pharaonic Roll 10.

ff) L’idée d’un ordre donné par Rê est connue. Ainsi, dans le *Livre de protéger la barque du dieu*, il est dit à Seth : « C’est Rê qui ordonne que tu sois détruit »[396]. Les *Révélations des mystères des quatre boules d’argile* indiquent pour leur part : « Assurez la sécurité du lieu de veille que Rê vous a confiée »[397].

gg) Le papyrus Londres BM EA 10252 (19, 10-12) propose la leçon suivante : *ḥr nn ḏd.n=ỉ ḥr ỉry sꜣ n Wsỉr ḫnty ỉmnt.t nṯr ꜥꜣ nb ꜣbḏw* « à cause de ce que j’ai dit en accomplissant la protection d’Osiris qui préside à l’Occident, grand dieu, maître d’Abydos ». Compte tenu de la variante, on ne peut pas restituer avec certitude ce qui aurait figuré dans le papyrus Princeton Pharaonic Roll 10.

hh) Dans le papyrus Princeton Pharaonic Roll 10, c’est le nom de *Mesredouyef* qui apparaît à la place de celui d’Osiris qui préside à l’Occident, grand dieu, maître d’Abydos.

ii) Une phrase supplémentaire précède celle-ci dans le papyrus Londres BM EA 10252 (19, 12-13), qui en livre la même version (19, 13-14).
Bénéficier de la protection de l’œil d’Horus constitue un lieu commun. Cependant, la douzième formule de protection de la tête du papyrus Leyde I 348 indique : « La protection de son œil du côté droit est la protection de l’œil d’Atoum qui dissipe l’obscurité après la nuit. La protection de son œil du côté gauche est <la protection de> l’œil d’Horus qui repousse la néoménie (*dr psḏn.tyw*) »[398]. Le cycle solaire quotidien est ainsi mis en parallèle avec le cycle mensuel de la lune.

---

393 *LGG* V, p. 10-11.

394 J.-Cl. Goyon, *BIFAO* 75 (1975), p. 388-389. J.-Cl. Goyon, *Imouthès*, p. 71 (P. New York MMA 35.9.21 (30, 12)). Chr. Theis, *Magie und Raum*, p. 271, 285-286.

395 R. O. Faulkner, *The Papyrus Bremner-Rhind*, p. 68 (28, 13).

396 J.-Cl. Goyon, *Kêmi* 19 (1969), p. 58-59 et 60-61.

397 J.-Cl. Goyon, *BIFAO* 75 (1975), p. 376-377.

398 J. Fr. Borghouts, *Magical Texts*, p. 19-20, pl. 5 (P. Leyde I 348 (r° 5, 2-3)). Cette formule était récitée sur des « boules d’argile (*bnn.wt n.t sin*) » (J. Fr. Borghouts, *Magical Texts*, p. 20, pl. 6 (P. Leyde I 348 (r° 6, 3)). On sait par ailleurs que les boules des *Révélations des mystères des quatre boules d’argile* sont les *sꜣ.w nw Rꜥ* « protections de Rê » (J.-Cl. Goyon, *BIFAO* 75 (1975), p. 370-373 ; J.-Cl. Goyon, *Imouthès*, p. 67 (P. New York MMA 35.9.21 (27, 11-14)).

jj) D'après le papyrus Londres BM 10252 (19, 14-16), c'est « ce vil Seth » qui chute dans le feu avec ses acolytes. Tout ce passage y est inscrit en rouge. Dans les *Révélations des mystères des quatre boules d'argile*, un passage similaire accompagne l'annonce du triomphe d'Osiris, voir *infra* n. kk).

kk) Le papyrus Londres BM EA 10252 (19, 16-21) offrent un contenu similaire mais nomme « les dieux et les déesses de Bousiris et d'Abydos » plutôt que le défunt, dont le nom est cependant ajouté ensuite (19, 21-22). Que celui-ci ne soit pas suivi de *mꜣꜥ-ḫrw*, mais de *m mꜣꜥ-ḫrw* (19, 23)[399] à l'instar des deux propositions précédentes, laisse penser que le mot *pr* ait pu être omis dans cet ajout et que cette mention du bénéficiaire soit à rattacher à la fin de cette formule comme dans le papyrus Princeton Pharaonic Roll 10. Le fameux colophon du papyrus Londres BM EA 10252 est inscrit ensuite (19, 23-34)[400].
La sortie triomphale constitue un élément récurrent des rituels de destruction, où des formules de ce type sont souvent répétées. C'est le cas dans le *Rituel pour abattre Apophis*[401] et dans le *Rituel de repousser le Mauvais* : *mꜣꜥ-ḫrw Rꜥ r ꜣꜥpp sp 4 mꜣꜥ-ḫrw Wsỉr ḫnty ʾImnty.w r Sty pfy ḫsw sp 4 mꜣꜥ-ḫrw Wsỉr N.N. r ḫfty.w=f sp 4* « Rê triomphe d'Apophis, quatre fois. Osiris qui préside aux Occidentaux triomphe de ce vil Seth, quatre fois. L'Osiris (de) N.N. triomphe de ses ennemis quatre fois »[402]. Les formulations peuvent varier, mais la notion principale demeure le triomphe. La même idée ressort des refrains des *Révélations des mystères des quatre boules d'argile* dans lesquels le défunt peut être associé à Osiris. Pour chacune des boules, il est dit : *mk ḫr / sḫr sbỉ.w=k mꜣꜥ-ḫrw=k r ḫfty.w=k sp 4* « Vois, tes adversaires sont renversés et tu triomphes sur tes ennemis, quatre fois »[403]. Plus loin, des formules de triomphe se répètent pour chaque direction cardinale, au nord par exemple : *ḫfty.w=k ḫr m ḫ.t mꜣꜥ-ḫrw Wsỉr ... r ḫfty.w=k sp 4 mꜣꜥ ḫrw Wsỉr N.N. pn r ḫfty.w=f sp 4* « Tes ennemis tombent dans le feu, Osiris ... triomphe de ses ennemis, quatre fois. Cet Osiris (de) N.N. triomphe de ses ennemis, quatre fois »[404]. Le chiffre quatre[405] est associé aux points cardinaux qui forment un thème important des rituels de protection. Dans l'invocation finale, la formule est : *Wsỉr pr m mꜣꜥ-ḫrw r Stš m ḥry-ỉb ḫ.t sp 4 Wsỉr N.N. pn mꜣꜥ-ḫrw r ḫfty.w=f m ḥr-ỉb ḫ.t sp 4* « Osiris sort triomphant contre Seth qui est au milieu du feu, quatre fois ! Cet Osiris (de) N.N. triomphe de ses ennemis qui sont au milieu du feu, quatre fois »[406]. Le papyrus Paris Louvre E 5353 associe la chute des ennemis (*ḫfty.w<=k> ḫr sp 4* « <tes> ennemis chutent, quatre fois ») avec un rituel à réaliser sur des effigies d'Apophis et des ennemis que l'on malmenait avant de les jeter au feu[407]. Le sarcophage de *Panehemisis* livre un

399 Il s'agit d'un ajout placé sous la ligne. On remarque bien qu'il ne s'intègre pas à la ligne 19, 23.

400 S. Schott, *Urkunden* VI, p. 2-3. S. Schott, *Die Deutung*, p. 9. U. Verhoeven, *Buchschrift*, p. 75-78.

401 R. O. Faulkner, *Papyrus Bremner-Rhind*, p. 46, 50, 54, 87 (23, 5-6 ; 24, 17 ; 25, 18-19 ; 32, 6).

402 S. Schott, *Urkunden* VI, p. 64-65 (P. Paris Louvre N. 3120 (F, 23-25)). Voir aussi S. Schott, *Urkunden* VI, p. 78-79 (P. Paris Louvre N. 3120 (G, 37-38)).

403 J.-Cl. Goyon, *BIFAO* 75 (1975), p. 356-357, 360-361, 364-365, 366-367. J.-Cl. Goyon, *Imouthès*, p. 65-66. Voir aussi à la fin de la notice (J.-Cl. Goyon, *BIFAO* 75 (1975), p. 384-385 ; J.-Cl. Goyon, *Imouthès*, p. 70).

404 P. New York MMA 35.9.21 (31, 1-2) = J.-Cl. Goyon, *BIFAO* 75 (1975), p. 388-389; J.-Cl. Goyon, *Imouthès*, p. 71. Les refrains du sud et de l'ouest sont plus brefs ; celui de l'est est absent.

405 H. Goedicke, *in* : *LÄ* IV, col. 128-129. J.-Cl. Goyon, *in* : *La magia in Egitto*, p. 58.

406 J.-Cl. Goyon, *BIFAO* 75 (1975), p. 398-399 ; J.-Cl. Goyon, *Imouthès*, p. 73 (P. New York MMA 35.9.21 (31, 14)).

407 Fr. R. Herbin, *ENiM* 6 (2013), p. 263-264.

passage comparable : *wd=ỉ šʿ.t r ʿȝpp ḥr dr sḏb r ỉmnt.t mȝʿ-ḫrw=ỉ r ḫfty.w=ỉ m-bʿḥ nṯr ʿȝ m ỉtn=f m pt m tȝ m rsy m mḥ.ty m ỉmnt.t m ỉȝbt.t* « Je perpètre un massacre contre Apophis afin de repousser la calamité de l'Occident. Je triomphe de mes ennemis devant le grand dieu dans son disque solaire, au ciel, sur terre, au sud, au nord, à l'ouest et à l'est »[408].

6.4.2 Analyse formelle et contenu de la composition

En s'aidant par endroits de la version du papyrus Londres BM EA 10252, il est possible de reconstituer la structure de cette formule qui peut être divisée en six sections (Tableau 4). Elle débute par une invective contre « Seth le vil, fils de Nout, avec ses acolytes » (1). S'il n'obtempère pas, il sera annihilé selon les menaces que font peser sur lui Isis et Thot (2), ainsi qu'une longue série de divinités (3). Sous leur domination, son corps est jeté dans le grand brasier des adversaires dont la flamme ne se calme jamais et il est découpé afin que la forme de Seth n'existe plus ni au ciel ni sur terre (4). L'œil d'Horus exerce ses pouvoirs sur Seth et Thot intervient sur l'ordre de Rê, assurant ainsi la protection de *Mesredouyef* (5). Enfin, la chute de Seth dans le feu assure le triomphe d'Osiris, auquel s'adjoint *Padiherpakhered* (6).

	Destinataire	Acteurs	Actions
1	**Invective**		
	Seth le vil, fils de Nout avec ses acolytes		Arrière ! Recule donc !
2	**Opposition et aveuglement**		
	(Seth)	Isis, fille de Nout, mère divine, grande de magie	se dresse contre toi
	(Seth)	Thot, le deux fois grand qui est dans l'horizon	aveugle ton visage
3	**Chute et massacre**		
	(Seth)	Le maître universel Les premiers dieux primordiaux Khépri [au mi]lieu de ses oisillons	te renversent
	(Seth)	Atoum qui réside dans le temple du pyramidion Hérichef, maître d'Héracléopolis *Naref* qui préside au nome héracléopolitain *Benen* qui préside à Létopolis	te renversent
	(Seth)	Soped-Horus [le grand (?)] [So]ped-Hormerty	te renversent
	(Seth)	Ceux qui sont au-dessus du ciel Ceux qui sont sous la terre Le deux fois grand qui est dans l'horizon	te renversent
	(Seth)	Ce sont eux qui…	font advenir tes souffrances réalisent un massacre t'attaquent en arrachant ton cœur… en aveuglant ta face en anéantissant ton cadavre [en anéantissant] ton *ba*
	(Seth)	Ton cadavre ne pourra plus bouger !	

408 Chr. LEITZ, *Der Sarg des Panehemisis*, p. 234-235, 315-316.

4	**Domination, crémation et annihilation**		
	Seth le vil avec tes acolytes et avec ceux qui sont dans ton escorte	Ils	te dominent
	Seth le vil	Ils	placent ton *ba* dans le grand brasier des adversaires
		Le feu ne s'y calmera pas jusqu'à la fin des temps !	
	(Seth)	[Ha]	[découpe] ton corps
	(Seth)	Thot	te démembre
		[Ta forme n'existera plus] au ciel et sur terre !	
5	**Maîtrise et protection de l'œil d'Horus**		
	(Seth)	L'œil d'Horus	exerce le pouvoir sur toi
	(Seth)	[Thot]	[sort du ciel] sur l'ordre de Rê protection de l'Osiris (de) *Mesredouyef*
		Sa protection est la protection de l'œil d'Horus, et réciproquement !	
6	**Triomphe**		
	[Seth le vil]		chute dans le feu
		Osiris qui préside à l'Occident	sort triomphant quatre fois
		L'Osiris (de) *Padiherpakhered*	sort triomphant quatre fois

Tableau 4 : Synthèse formelle et thématique de la formule

L'ennemi est nommé dans cette formule, il s'agit du dieu Seth. Dans les manuels prophylactiques, l'aveuglement est une manière de s'opposer à Apophis, mais aussi à Seth[409]. Le mauvais œil du serpent Apophis mettait en péril la barque solaire, et c'est Seth qui était chargé de la défendre en s'opposant à son regard maléfique. Lorsqu'il en vint à représenter l'ennemi par excellence d'Osiris, Seth fut déchu de son rôle protecteur. Ses yeux, alors plus puissants encore que ceux d'Apophis, devinrent eux-mêmes source de grave péril[410]. D'autres dieux durent alors prendre sa place pour protéger l'embarcation et le rôle de l'œil d'Horus, décrit dans la dernière partie de la formule, est pertinent.

Thot est évoqué à plusieurs reprises et occupe un rôle central dans cette composition. Il est qualifié de « deux fois grand qui est dans le ciel » et, d'après le papyrus Londres BM EA 10252, il vient dans le ciel sur l'ordre de Rê. C'est son statut de substitut du soleil durant la nuit qu'il remplit donc en tant que lune[411]. Son caractère parfois violent est bien attesté[412] et il peut reprendre la place de protecteur préalablement dévolue à Seth dans la barque solaire[413].

409 Voir § 6.4.1, n. g).
410 J. Fr. BORGHOUTS, *JEA* 59 (1973), p. 114-121, 143-144.
411 M. A. STADLER, *Weiser und Wesir*, p. 161-162, 211-214.
412 M. A. STADLER, *Weiser und Wesir*, p. 328-333.
413 M. A. STADLER, *Weiser und Wesir*, p. 262, 328.

Quant à Isis, il arrive qu'elle soit considérée comme sa fille[414]. Une glose du papyrus Londres BM EA 10252 indique que la malédiction du *Livre de protéger la barque-nechemet* pouvait être dirigée contre l'« ennemi de la lune »[415]. Une « formule pour repousser le mauvais œil », copiée dans la chapelle de *Hor* à Dendara, confirme cette pratique : « L'Ibis vivant est triomphant de tous les ennemis quatre fois »[416]. Des scènes représentent d'ailleurs le roi transperçant Apophis, en présence de Khonsou ou de Thot[417]. On rappellera que l'oryx, ennemi de l'œil, était aussi sacrifié dans un contexte lunaire[418] et que des divinités comme Thot ou Khonsou jouaient un rôle dans la protection contre le mauvais œil[419].

Le *Livre de protéger la barque-nechemet* ne présente pas le même contenu que la composition du papyrus Princeton Pharaonic Roll 10. Cependant, sa structure est similaire. Il débute de la même façon par une invective contre Seth, suivie de menaces. L'intercession d'Isis[420] auprès de Rê-Atoum, afin qu'il intervienne rappelle le rôle de la déesse dans le manuscrit américain. C'est alors Thot qui contribue à l'anéantissement de Seth, relayé par Rê qui ordonne sa destruction, en usant d'attaques verbales[421]. La fin du *Livre de protéger la barque-nechemet* évoque le triomphe de Rê et d'Osiris, répété quatre fois. Le défunt y est associé dans le papyrus New York MMA 35.9.21, comme dans le papyrus Paris Louvre N. 3129 à la suite d'Horus et d'Isis[422]. Les malédictions multiples, qui se trouvent déjà dans les litanies au soleil[423], figurent dans de nombreux rituels de destruction. Sous leur forme développée, elles incluent les « couples » Rê / Apophis, Osiris / Seth et Osiris (de) N.N. / ses ennemis.

Les rites de la néoménie d'Épiphi à Edfou évoquent la protection de la barque grâce au *Cérémonial de protection de la barque* (*ỉr n.t-ʿ n mk(.t) wỉꜣ*)[424]. Le rituel de l'embaumement d'Apis nous apprend pour sa part que neuf livres étaient récités lors de la navigation sur le lac sacré[425] : le *Rituel de la navigation du premier jour* (*n.t-ʿ ẖnw hrw tpy*)[426], la *Protection de la barque*-nechemet (*pꜣ sꜣ nšm.t*)[427], le *« Tombe* <sur> *ta face »* (*pꜣ sẖr* <*ḥr*> *ḥr=k*)[428] qui fait référence au *Livre de protéger la barque-nechemet* par l'emploi de son *incipit*, la *Protection*

414 Voir *supra* n. 311.
415 S. Schott, *Urkunden* VI, p. 78-79 (l. 10).
416 S. Cauville, *BIFAO* 89 (1989), p. 52.
417 P. Clère, *La porte d'Évergète*, pl. 11. *Edfou* III, 343, 4-5. J. Yoyotte, *AEPHE* 89 (1980-1981), p. 83.
418 P. Clère, *La porte d'Évergète*, pl. 12. Ph. Derchain, *Le sacrifice de l'oryx*, p. 45-48.
419 J. Fr. Borghouts, *JEA* 59 (1973), p. 146-147.
420 J.-Cl. Goyon, *Kêmi* 19 (1969), p. 40-41.
421 J.-Cl. Goyon, *Kêmi* 19 (1969), p. 42-61.
422 J.-Cl. Goyon, *Kêmi* 19 (1969), p. 60-63.
423 J. Assmann, *Liturgische Lieder*, p. 181.
424 M. Alliot, *Culte d'Horus*, p. 460, 466. Sv. Nagel, *in* : *Altägyptische Enzyklopädien*, p. 644, 646.
425 R. L. Vos, *Apis Ritual*, p. 52, 165-167, 250 (P. Vindob 3873 (IV, 17-19)). W. Spiegelberg, *ZÄS* 56, p. 20-21.
426 S. Schott, *Bücher und Bibliotheken*, p. 124, n° 262b.
427 S. Schott, *Bücher und Bibliotheken*, p. 325, n° 1476. Le papyrus Paris Louvre N. 3176 (S) fait référence pour sa part au *Rituel de l'ouverture des portes de la barque*-nechemet (P. Barguet, *Papyrus Louvre N. 3176*, p. 16, 18 (V, 12)).
428 S. Schott, *Bücher und Bibliotheken*, p. 359, n° 1592.

de ... (?) (pꜣ sꜣ tp-ns (?))[429], *Glorifier Osiris lors de l'immersion (sꜣḫ Wsỉr m mḥw)*[430], la *Protection de la barque (tꜣ mk.t wỉꜣ)*, *Éloigner (sḥr)*, *Bonne fortune (mꜥrỉ)*[431] et l'*Ouverture de la bouche (tꜣ wp(.t) r(ꜣ))*[432]. Cinq d'entre eux font directement référence à la navigation, ce qui permet d'envisager l'existence de plusieurs ouvrages relatifs à la protection de la barque[433] qui, sans renvoyer à une cérémonie en particulier, pouvaient être employés lorsque le rituel l'exigeait. Le texte du papyrus Princeton Pharaonic Roll 10 pourrait très bien pu constituer un exemplaire ou un extrait de l'un d'eux.

Comme on a pu le constater, les *Révélations des mystères des quatre boules d'argile*[434] présentent plusieurs similitudes avec cette partie du papyrus Princeton Pharaonic Roll 10. Les termes par lesquels débute la composition du papyrus Princeton Pharaonic Roll 10, « Arrière ! » et « Recule donc ! » sont répétés tout au long des *Révélations des mystères des quatre boules d'argile*[435]. Isis y intervient en s'adressant à Seth et en faisant « retentir sa voix » pour intercéder auprès de Rê[436]. On retrouve également l'idée de l'anéantissement du *ba* de

---

429 S. Schott, *Bücher und Bibliotheken*, p. 329, nº 1492. À lire éventuellement *pꜣ sꜣ tp(y) ỉmy-r(ꜣ) (?)* « *Meilleure protection de ce qui est dans la bouche (?)* ».

430 S. Schott, *Bücher und Bibliotheken*, p. 340, nº 1530 ; *cf.* nº 1528b. La description des rites osiriens du mois de Khoiak à Thèbes nous fait connaître les *sšw n swꜥb p(ꜣ) ḫ(ꜣ)w (?) Wsỉr ḥr mḥ=f* « Les écrits de purifier le bassin (?) d'Osiris pour l'immerger » (P. Barguet, *Papyrus N. 3126 (S)*, p. 17, 19, pl. III (V, 25)). À propos des rites au cours desquels on jetait un objet dans l'eau, voir J. Fr. Quack, *WdO* 31 (2000-2001), p. 5-18.

431 S. Schott, *Bücher und Bibliotheken*, p. 79, nº 141.

432 S. Schott, *Bücher und Bibliotheken*, p. 44, nº 74a.

433 Émile Chassinat envisageait déjà que cette littérature ait été riche de plusieurs versions selon la barque en question (*RecTrav* 16 (1894), p. 117).

434 Pour notre propos, on se référera généralement à la version conservée en totalité par les colonnes 26 à 32 du papyrus New York MMA 35.9.21 (J.-Cl. Goyon, *BIFAO* 75 (1975), p. 349-399 ; J.-Cl. Goyon, *Imouthès*, p. 63-73, pl. XXV-XXXI). D'autres versions, plus ou moins complètes, sont connues par des papyrus tardifs (J.-Cl. Goyon, *BIFAO* 75 (1975), p. 349-351) : P. Berlin 3037 (col. 1-3) ; P. Brooklyn 47.218.138 (x+14, 10–x+15, 10) (S. Sauneron, *BMA* 8 (1966-67), p. 98-102 et *BMA* 10 (1968-69), p. 109-113 ; J.-Cl. Goyon, *JEA* 57 (1971), p. 154-159 ; J.-Cl. Goyon, *Le recueil de prophylaxie*, p. 100-107, 128) ; P. Paris Louvre E. 3237 (1-2) et E. 3239 (2, 8-9, 20-21) (É. Chassinat, *RecTrav* 14 (1893), p. 10-17 ; Th. Devéria, *Catalogue*, p. 171-173 (VIII, 1) ; K. Sethe, *Dramatische Texte*, p. 38 ; É. Chassinat, *Le mystère d'Osiris* II, p. 478-479, 731, n. 8 ; J. Fr. Borghouts, *Papyrus Leiden I 348*, p. 95, n. 165 ; M. Étienne, *Heka*, p. 39) et peut-être aussi P. Chester Beatty IX (F, x+5) (A. H. *Gardiner*, *HPBM* III, pl. 66) et P. Londres BM EA 10288 (1, 5-6) (R. A. Caminos, *JEA* 58 (1972), p. 208, pl. XL, 5-6). On observe que certaines d'entre elles accompagnent des formules magiques de protection contre les reptiles, comme par exemple les *Formules pour sceller la gueule des reptiles*. Une version a aussi été gravée en colonnes sur les parois des chapelles osiriennes du temple d'Hibis dans l'oasis de Kharga (N. de Garis Davies, *Hibis* III, pl. 20 et 75). Les fragments de la chapelle de Kha-ânkh-Rê-Sobek provenant d'Abydos identifient les quatre déesses aux boules de ce rituel (M. Étienne, *Heka*, p. 36). Deux monuments en contiennent encore des bribes (J.-Cl. Goyon, *Imouthès*, p. 63-64) : le fragment de porte B8 du Musée Guimet (A. Moret, *Catalogue du Musée Guimet*, p. 126-127, pl. LVIII) et le bloc du Musée Pouchkine de Moscou (S. Hodjash, O. Berlev, *Pushkin Museum*, p. 181, nº 123/1022, p. 179). Ce rite est représenté dans l'édifice de Taharqa (R. A. Parker, J. Leclant, J.-Cl. Goyon, *The Edifice of Taharqa*, p. 61-65, pl. 25 ; K. M. Cooney, *JARCE* 37 (2000), p. 28-29 et 31, fig. 12), conjointement avec un lancer de flèches (voir § 8.6). On a également retrouvé des exemplaires de boules, inscrites au nom des déesses concernées (Chr. Ziegler, *BIFAO* 79 (1979), p. 437-439 ; M. Étienne, *Heka*, p. 36-39 ; J. Padrò *et al.*, *in* : *Proceedings of the Ninth International Congress of Egyptologists*, p. 1447). Voir encore J. Fr. Quack, *in* : *La magie en Égypte*, p. 52. Sur ce rituel, voir encore Chr. Theis, *Magie und Raum*, p. 258-289.

435 Voir § 6.4.1, n. b) (x+5, 5-6).

436 J.-Cl. Goyon, *BIFAO* 75 (1975), p. 354-357, 388-389, 392-393.

Seth[437] et du triomphe d'Osiris sur ses ennemis jetés dans le feu, répété quatre fois[438], de même qu'à deux reprises la phrase « Ton cadavre ne bougera plus ! »[439]. Dans les deux textes, il est question de l'aveuglement des yeux ou de la face de Seth[440].

Le motif de l'aveuglement ressort aussi, sous une autre forme, du rite de frapper la balle (*sḳr ḥm(ꜣ)*)[441] devant l'une des hypostases de l'œil divin, Hathor, Sekhmet ou Tefnout. La balle était assimilée à l'œil énucléé d'Apophis[442]. Celle-ci n'était probablement pas faite d'argile, contrairement aux quatre boules des *Révélations des mystères des quatre boules d'argile*, mais d'une substance végétale[443]. Dans le papyrus Jumilhac, des effigies d'ennemis étaient fabriquées dans cette matière[444]. Les rites de lancer les quatre boules et de frapper la balle n'étaient cependant pas mis en œuvre dans une perspective identique. Les premières, rattachées aux quatre directions cardinales, devaient assurer la protection d'Osiris contre Seth, conformément à la volonté de Rê[445]. Le rite de frapper la balle avait pour but la destruction de l'œil d'Apophis. Il n'en demeure pas moins que dans les deux cas des objets de forme similaire étaient employés et que l'aveuglement de l'ennemi était requis.

La formule à l'encontre de Seth du papyrus Princeton Pharaonic Roll 10 regroupe des éléments propres à des traditions différentes. Si sa rédaction est inspirée d'un fonds solaire, les allusions directes à l'astre du jour et à Apophis ont été gommées au profit d'aspects osiriens et lunaires. C'est ainsi sur le triomphe d'Osiris, auquel les défunts s'associent, que l'on insiste, en passant sous silence celui du soleil. Le dieu Thot, qu'il soit grand dans l'horizon ou qu'il apparaisse dans le ciel, y occupe un rôle central dans la destruction de Seth. Si l'on considère le moment de la néoménie fixé par la section précédente, cette partie du manuscrit américain pourrait se rapporter plus particulièrement à la protection de la lune, qui naviguait dans l'au-delà, au sein de la barque solaire, au moment de sa disparition mensuelle[446]. Elle mêlerait ainsi des caractéristiques astrales, que le soleil et la lune partageaient, avec une théologie osirienne faisant de Seth, qui pouvait être aveuglé à l'instar du serpent maléfique, l'ennemi de l'embarcation.

---

437 Voir § 6.4.1, n. v) (x+5, 12-13).

438 Voir § 6.4.1, n. kk) (x+6, 5-6).

439 Voir § 6.4.1, n. w) (x+5, 13).

440 Voir § 6.4.1, n. g) (x+5, 7).

441 S. Mendner, *Das Ballspiel*, p. 43-45. Ph. Derchain, *Le sacrifice de l'oryx*, p. 28. C. De Vries, *in* : *Studies Wilson*, p. 25-35. J. Fr. Borghouts, *JEA* 59 (1973), p. 122-140. P. I. M. Kousoulis, *in* : *6. Tempeltagung*, p. 153-166. N. Beaux, *La chapelle d'Hathor*, p. 100, 102, fig. 33, pl. 6.

442 Hermann Junker mentionne l'œil de Seth dans ce rôle dans le mythe d'Horus à Edfou (*ZÄS* 48 (1910), p. 76), mais Joris Borghouts n'en a pas retrouvé la trace (*JEA* 59 (1973), p. 122, n. 1).

443 J. Fr. Borghouts, *JEA* 59 (1973), p. 138-140. À propos de la plante *ḥmꜣw* « chénopodiacées », voir R.-A. Jean, A.-M. Loyrette, *in* : *Univers végétal* III, p. 385-389. Joris Borghouts se demande s'il ne pourrait pas être question du bosquet de plante-*ḥmm* ayant vu le combat d'Horus et de Seth dans le papyrus Leyde I 348 (J. Fr. Borghouts, *JEA* 59 (1973), p. 140). Sur le rôle des bosquets, voir P. P. Koemoth, *in* : *Egyptian Religion: the Last Thousand Years*, p. 647-659.

444 J. Vandier, *Le Papyrus Jumilhac*, p. 130 (18, 10).

445 Dans le papyrus Princeton Pharaonic Roll 10, la formule adressée à Osiris indique que Chou, Tefnout, Geb et Nout l'entouraient (x+6, 12-13).

446 Voir § 9.1.6.

6.5 Une récitation sans titre (x+6, 6 – x+7, 8)

Une dernière section se rattache thématiquement à cet ensemble. Il s'agit d'une nouvelle récitation qui débute par une rubrique en partie lacunaire qui précisait vraisemblablement l'identité de l'officiant qui devait la prononcer.

6.5.1 Traduction et commentaire (x+6, 6 – x+7, 8)

[ḏd md ỉn	[Réciter par
ẖry-ḥ(ꜣ)b.t] [6, 7] *ḥry-tp*	le ritualiste] [a)] [6, 7] et supérieur :
ỉ.nḏ ḥr=k Wsỉr	Salut à toi Osiris
m hrw [pn nfr]	en [ce] jour [parfait]
ỉw.n	où [b)] est venu
Wsỉr Pꜣ-dỉ-[Ḥr]-pꜣ-ẖrd ỉm[=f]	l'Osiris [c)] (de) *Padi[her]pakhered*
[… … …] [6, 8] *ḫfty{.w} pfy*	[… … …] [6, 8] cet ennemi [d)].
hꜣ wꜣty (?) ḫr [… … …]	Ah ! Le conspirateur [e)] (?) chute [… … …]
wꜥ mdw.w [ḥr]=f	un harpon [f)] (?) et des bâtons [g)] (?) [sur] lui.
nḏm ỉb Wsỉr ḥm-nṯr	Le cœur de l'Osiris (du) prêtre
[Ms-rd.wy.f mꜣꜥ-ḫrw]	[*Mesredouyef*, justifié,]
[6, 9] *msỉ.n Tꜣy-Hb.t*	[6, 9] enfanté par *Tahebet*, est heureux
m hrw pn [nfr]	en ce jour [parfait]
sḫr(w) ḫfty.w=f ỉm=f	où sont renversés ses ennemis [h)].
ḥ(y) Wsỉr ⌊ḥm⌋-nṯr	Ah ! Osiris (du) prê[tre
[Ms-rd.wy=f] [6, 10] *mꜥꜣ-ḫrw*	*Mesredouyef*,] [6, 10] justifié,
nḏm ỉb=k ḥr ꜣs.t	ton cœur est heureux auprès d'Isis,
ꜥꜣ pḥ.ty=k [ḥr] Ḥr	ta force est grande [auprès] d'Horus,
swsr(w) ḥꜥ.w=k	tes membres sont rendus puissants
ḥr ʾInp	auprès d'Anubis.
[… … … … … *šd* [6, 11] (?)]=*s n=k*	[… … … …] [6, 11] elle [récite (?)] pour toi.
nn ỉr.n=s wꜥw=k	Elle ne permettra pas que tu sois seul [i)] :
Šw ḥr rs=k	Chou est à ton sud,
[Tf]nw[.t] ḥr mḥ.t=k	[Tef]nou[t] est à ton nord,
Gb ḥr [ỉmn.t=k	Geb est à [ton ouest,
Nw.t] [6, 12] *ḥr ỉꜣb.t=k*	Nout] [6, 12] à ton est [j)].
[snḏ]m=k ḥr ḫndy pn	Tu [repos]es [k)] sur cette estrade [l)]
bỉꜣ [… … …	(de) métal [m)] [… … …]
s]ḫr.n=s sb[ỉ.w=k	(après qu')elle a renversé [tes] adver[saires
… … … …]	… … … …].
[6, 13] *hy Wsỉr [Pꜣ-dỉ-ḥr-pꜣ-ẖrd]*	[6, 13] Ah ! Osiris (de) [*Padiherpakhered*] [n)],
msỉ.n Tꜣy-[Hb.t]	enfanté par *Ta[hebet]*,
[… … … … … … …] *n=f*	[… … … … … … …] pour lui.
[7, 1] *[ỉ]ỉ r mꜣꜣ tꜣ pn* [… … …	[7, 1] [Vi]ens pour voir cette terre [o)] [… … …
… … … *ʾIms]ty Ḥpy Dwꜣ-mw.t=f*	… … … Ams]et, Hapy, Douamoutef
[Ḳbḥ-snw=f ḥr] dwꜣw=k	[(et) Qebehsenouf] t'adorent
[7, 2] *pr=k m ꜣḫ.t*	[7, 2] (lorsque) tu sors de l'horizon.

Wp-wꜣ.wt [*Šmꜥ*	Oupouaout [de Haute Égypte
Wp-wꜣ.wt Mḥw (?)]	et Oupouaout de Basse Égypte (?)] [p)]
ḥr sḫr ḫfty.w=k	renversent tes ennemis.
h(*y*) *Wsỉr ḥm-nṯr* [*Ms-rd*].*wy=f*	Ah ! Osiris (du) prêtre [*Mesred]ouyef*,
mꜣꜥ-ḫrw msỉ [7, 3]*.n Tꜣy-Hb.t*	justifié, enfanté [7, 3] par *Tahebet*,
[... ... ...]*y.t=k*	[... ... ...] ta [... ...],
nn wḏꜣ=f ẖr=k	il ne sera pas intact sous toi [q)].
s[... *ḥn* ... ...] *stp.w=f*	[... ... ...] ses morceaux de choix,
[7, 4] *šd*(*w*) *ḥꜣty=f r mꜥ*[...	[7, 4] son cœur est arraché pour [... ... ...].
nḏm] *ỉb=k m hrw pn*	Ton cœur [est heureux] en ce jour
ỉry šꜥd Stš	de perpétrer le massacre [r)] de Seth.
ỉ[*w ꜥḏ*].*w=k r ḳs.w=f*	Tes [couteaux] [s)] sont (plantés) dans ses os.
[7, 5] [*ḫ.t*] *m-sꜣ ỉwf=f*	[7, 5] [Le feu [t)]] est autour de ses chairs.
nb r ḏr [... ... ...]*=f*	Le maître universel [... ...] son [... ...],
nn ꜥḫm s(*.t*) *Ḥꜥpy*	sans que Hâpy [u)] ne puisse l'éteindre.
[*h*(*y*) *Wsỉr Pꜣ-dỉ-*]*ḥr-pꜣ-ẖrd*	[Ah ! Osiris (de) *Padi*]*herpakhered*,
[7, 6] *mꜣꜥ-ḫrw*	[7, 6] justifié,
mꜣꜥ-ḫrw=k m [... ...	tu triomphes dans [... ...
mỉ mꜣꜥ-ḫrw] *Ḥr*	comme triomphe] Horus
m-bꜣḥ ḏꜣḏꜣ.t ꜥꜣ.t	en présence de la grande Assemblée
[... ... ...]	[... ... ...] [v)].
ỉw Wsỉr ḫnty [7, 7] *ỉmn.t*	Osiris qui préside à [7, 7] l'Occident
pr mꜣꜥ-ḫrw [*sp 4*	sort triomphant [quatre fois !
ỉw Wsỉr ḥm-nṯr Ms]*-rd.wy=f*	L'Osiris (du) prêtre *Mes*]*redouyef*,
mꜣꜥ-ḫrw msỉ.n Tꜣy-H[*b.t*]	justifié, enfanté par *Tahe*[*bet*],
pr mꜣꜥ-ḫrw [7, 8] *sp 4*	sort triomphant [7, 8] quatre fois [w)] !

Commentaire

a) Il faut probablement restituer dans la lacune une rubrique de ce type (cf. x+2, 2-3 ; x+7, 8 ; x+12, 6) introduisait le discours direct à venir.

b) Le groupe *ỉm=*[*f*] ne se rapporte pas à un lieu, comme pourrait le laisser penser la présence d'un verbe de mouvement, mais à *hrw* « jour » pour lequel il fonctionne comme forme de rappel, cf. x+6, 9 : *m hrw pn* [*nfr*] *sḫr ḫftwy.w=f ỉm=f* « en ce jour [parfait] où sont renversés ses ennemis ».

c) Le mot *Wsỉr* a été rajouté dans l'interligne supérieur.

d) Il faut rattacher *pfy*, qui se place après le mot qu'il complète, à *ḫfty.w* bien que ce nom soit au pluriel.

e) Il semble s'agir d'un seul mot à transcrire *hꜣwꜣty* ou *hwꜣty*, qui n'offre cependant guère de sens. Une lecture du terme *wꜣ.ty* « conspirateur »[447], précédé de l'interjection *hꜣ* « Ah ! », voire du verbe *hꜣ* « tomber »[448], conviendrait mieux au déterminatif . Tout

447 *Wb* I, 245, 2. *AnLex* 79.0581. Voir aussi le verbe *wꜣ* « conspirer » : *Wb* I, 244, 10-13 ; P. WILSON, *Lexikon*, p. 191.

448 *Wb* II, 472,3 – 474, 25.

ce passage est difficile à rendre en raison des lacunes. La version finalement retenue repose sur le contexte, mais n'est pas définitive.

f) L'usage de *wꜥ* « un » précédant un pluriel nécessiterait l'emploi d'une préposition, à moins qu'il ne se rapporte à un élément de la lacune. Il pourrait aussi s'agir du verbe *wꜥ* « être seul », « être unique », ou encore d'un *wꜥ* « harpon »[449].

g) Compte tenu du contexte, on pourrait envisager malgré l'absence d'un déterminatif adéquat de considérer *mdw.w* comme des « bâtons »[450], qui auraient servi au supplice de l'ennemi[451], voire comme des « enseignes » volontiers associées au triomphe sur les ennemis[452]. On pourrait aussi comprendre *mdw.w* « paroles » ou bien « celui qui parle ».

h) Dans cette proposition, *ỉm=f* sert de forme de rappel et renvoie à *hrw* « jour » (cf. x+6, 7). La restitution de *nfr* « parfait » dans la lacune se justifie (cf. x+4, 2 ; x+5, 1 ; x+6, 7). Le pronom *=f* rattaché à *ḫfty.w* peut renvoyer au dieu Osiris ou au défunt. C'est des ennemis d'Osiris dont il est question ici, auxquels le défunt assimilait peut-être aussi les siens. C'est un lieu commun des croyances osiriennes qui constituait l'un des éléments des cérémonies osiriennes à Abydos, comme en témoigne la stèle d'Ikherneferet : *ḫsf.n=ỉ sbỉ.w ḥr Nšm.t, sḫr.n=ỉ ḫfty.w Wsỉr ỉw ỉr.n=ỉ pr.t ꜥꜣ.t šms=ỉ nṯr r nmt.wt=f* « J'ai chassé les impies de la barque-*nechemet* et renversé les ennemis d'Osiris. J'ai conduit la Grande Procession, suivant le dieu dans ses déplacements » (l. 18).

i) Ce passage évoque la solitude, thème récurrent des liturgies osiriennes, notamment dans les complaintes d'Isis et Nephthys et le rituel *Introduire la multitude*. Elle pouvait décrire l'état d'esprit de la veuve et des survivants, mais aussi comme ici du défunt[453]. La présence des divinités énumérées ensuite devait vraisemblablement y remédier.

j) La conclusion des *Révélations des mystères des quatre boules d'argile* présente une autre distribution de la protection divine en fonction des points cardinaux : « Formules à prononcer sur quatre boules d'argile : graver le nom d'Amon et de Montou sur l'une, lancer vers le sud ; de Chou et Tefnout sur l'autre, lancer vers le nord ; de Neith et Ouadjet sur une autre, lancer vers l'ouest ; de Sekhmet et de Bastet sur une autre, lancer vers l'est »[454]. Une liturgie indique pour sa part que Chou prenait place à la droite et Tefnout à la gauche d'Osiris N.N.[455], ce qui renvoie à la position d'Osiris en tant que pilier-*djed* placé entre Chou et Tefnout[456]. Représentés comme des oiseaux-*ba* dans l'iconographie memphite, ils sont associés au pilier-*djed* par la notice relative à Mendès du papyrus Brooklyn 47.218.84[457]. À Kom Ombo, l'union de Chou et Geb, comme de Tefnout et Nout, permettait la création d'Osiris à *Chedbeg*[458].

---

449 *Wb* I, 273, 2. P. WILSON, *Lexikon*, p. 211-212.

450 *Wb* II, 178, 1-14.

451 Voir par exemple L. PANTALACCI, Cl. TRAUNECKER, *Le temple d'el-Qal'a II*, p. 57, 163 (nº 166).

452 B. VAN DE WALLE, *ArOr* 20 (1952), p. 111-135. M. GABOLDE, *Memnonia* 3 (1992), p. 30-33. B. MENU, *BIFAO* 96 (1996), p. 339-342. A. CABROL, *Les voies processionnelles*, p. 499-504. K. J. EATON, *ZÄS* 134 (2007), p. 20-21. S. CAUVILLE, *in* : *Diener des Horus*, p. 41-65.

453 A. KUCHAREK, *Klagelieder*, p. 560-565.

454 J.-Cl. GOYON, *Imouthès*, p. 73 (P. New York MMA 35.9.21 (32, 16-19)).

455 J. ASSMANN, M. BOMMAS, A. KUCHAREK, *Totenliturgien* 1, p. 471 (Spruch 1, 3-4) et 475 (Spruch 5, 2-3).

456 E. WINTER, *Tempelreliefs*, p. 76-88. J. ASSMANN, M. BOMMAS, A. KUCHAREK, *Totenliturgien* 1, p. 477-479.

457 D. MEEKS, *Mythes et légendes du Delta*, p. 25 (P. Brooklyn 47.218.84 (XI, 11)).

458 R. PREYS, *BIFAO* 108 (2008), p. 313-314.

k) Le verbe causatif *snḏm* exprime, en particulier avec le déterminatif  , le fait de « reposer », d'« être assis » ou de « s'arrêter »[459], avec une nuance de confort peut-être.

l) Le mot *ḫndw* désigne un « escalier » ou une « estrade » sur laquelle pouvait être placé un siège divin ou royal, et par extension un « trône »[460], mais aussi une « rampe » donnant accès à un plan d'eau[461].
Il existe un « rite de l'estrade » dans le rituel d'*Apaiser Sekhmet*, en lien avec l'Œil de Rê et le nord, et l'image de Sekhmet qui est sur son estrade, incarnant l'œil-*oudjat*, a été employée à titre prophylactique dans des documents magiques[462]. Il ne semble pas y avoir lieu de rapprocher cet escalier de celui qui accueillait les divinités entrant dans l'œil lunaire lors de sa phase de croissante[463].

m) Le déterminatif de ce mot aux multiples sens[464] – « ciel », « métal »[465], « prodige » – est malheureusement perdu. Une litanie de la tombe de *Moutirdis*, qui fournit d'ailleurs un parallèle à celle du papyrus Princeton Pharaonic Roll 10 (§ 10.2), contient un vers dont la formulation est similaire à cette phrase : *ṯs ṯw Wsỉr snḏm=k ḥr ḫnd n bỉꜣ* « Erhebe dich, Osiris : Du sitzt auf dem Thron von Erz ! », selon la traduction donnée par Jan Assmann[466]. Dans les *Textes des pyramides*, cette « estrade de métal » est associée à l'ascension céleste du roi défunt et à sa destinée stellaire : *ḥms=k ḥr ḫnd(=k) (pw) bỉꜣ* « Tu t'assieds sur la (/ta) (fameuse) estrade de métal »[467]. En raison de leur appartenance céleste, les portes du ciel et les murs des champs des roseaux étaient constitués de ce matériau[468]. L'« estrade de métal » est associée au trône de Celui qui préside aux Occidentaux[469]. On apprend aussi que le roi prenait place sur « l'estrade de métal » lors du procès d'Horus et Seth[470]. Dans les liturgies osiriennes (*sꜣḫ.w* II), on trouve encore un *rdw nw bỉꜣ* « escalier de métal » qui doit peut-être être rapproché du terme qui nous intéresse[471]. Dans les *Textes des pyramides*, les os ou les membres du roi défunt sont constitués de métal-*bỉꜣ*[472] qui, selon plusieurs sources, provenait de Seth, voire plus

459 *Wb* IV, 186, 19 – 187, 26. P. Wilson, *Lexikon*, p. 879-880. M. Alliot, *Le culte d'Horus*, p. 756.
460 *Wb* III, 314, 4-15. P. Wilson, *Lexikon*, p. 743.
461 Cl. Traunecker, *BIFAO* 72 (1972), p. 202-203.
462 J.-Cl. Goyon, *Le Rituel du sḥtp Sḫmt*, p. 55-62.
463 Ph. Derchain, *in* : *La Lune. Mythes et rites*, p. 25-26.
464 *Wb* I, 436, 1-442, 7. P. Wilson, *Lexikon*, p. 306-307. E. Graefe, *Untersuchungen zur Wortfamilie bjꜣ-*.
465 À propos du métal-*bỉꜣ*, voir *Wb* I, 436-438 ; J. R. Harris, *Lexicographical Studies*, p. 50-62 ; Cl. Lalouette, *BIFAO* 79 (1979), p. 333-355 et n. 1 ; S. Aufrère, *L'univers minéral*, p. 431-441 ; Fr. Janot, *Instruments*, p. 180-181 et n. 2. Ce terme, traduit « airain », « cuivre », « fer », « bronze » ou « fer météorique », sera rendu ici de façon générique par « métal ».
466 J. Assmann, *Mutirdis*, p. 98 (col. 10) et 99.
467 *Pyr.* § 770c ; § 1301b ; § 1124a ; § 1562b ; § 1721a ; § 1934b ; § 1996b. Cl. Lalouette, *BIFAO* 79 (1979), p. 346-350.
468 Cl. Lalouette, *BIFAO* 79 (1979), p. 346.
469 *Pyr.* § 1996b.
470 *Pyr.* § 770a-d.
471 J. Assmann, M. Bommas, A. Kucharek, *Totenliturgien* 3, p. 259 (l. 19) et 264. Plusieurs thèmes des formules 2 et 3 se retrouvent dans les *Textes des pyramides* cités pour exemple, voir p. 252-267, en particulier p. 253-258.
472 *Pyr.* § 530a ; § 749b ; § 1454b ; § 2051c. Cl. Lalouette, *BIFAO* 79 (1979), p. 343-344.

particulièrement de ses os[473]. Est-il possible qu'à l'époque tardive au moins, le métal, dont était faite l'estrade dont il est question ici, ait rappelé que Seth, alors considéré comme l'ennemi d'Osiris par excellence, avait été placé sous ce dernier ? On pensera notamment à la représentation du papyrus Jumilhac où Seth, renversé dans un panier de pêche, est « placé comme siège d'Osiris »[474].

n) Il n'y a pas de trait en travers du signe ; il s'agit d'une fibre de papyrus déposée sur le texte. D'après la taille de la lacune, c'est vraisemblablement cet anthroponyme qu'il convient de restituer.

o) La restitution du verbe *ỉỉ* « (re)venir » pourrait correspondre aux traces encore visibles au début de la ligne et au déterminatif préservé qui indique qu'il s'agit d'un verbe de mouvement. Il ne semble pas que le passage *r mꜣꜣ tꜣ* dissimule une forme prépositionnelle *r mꜣꜣ* (*n*) « à la vue de »[475].

p) Cette proposition de restitution est due au fait que cette paire de dieux apparaît plus loin dans le papyrus Princeton Pharaonic Roll 10 (x+13, 5), mais d'autres noms de divinités pourraient avoir figuré dans la lacune. Au Moyen Empire déjà, la stèle d'*Ikherneferet* mentionne un tel rôle pour Oupouaout lors de sa sortie : *ỉw ỉr.n=ỉ pr.t Wp-wꜣ.wt wḏꜥ=f r nḏ ỉt=f* « J'ai accompli la sortie d'Oupouaout quand il sort pour venger son père » (l. 17).

q) Il est peut-être fait allusion à l'assujettissement de Seth, ce qui renvoie aux représentations de celui-ci ligoté sous le trône d'Osiris (P. Jumilhac)[476]. Dans le papyrus dramatique du Ramesseum, Thot s'adresse ainsi à Seth : « Tu ne peux pas être stable au-dessous de lui »[477].

r) Un jour de perpétrer le grand massacre (*hrw pn n ỉr.t šꜥ.t ꜥꜣ.t*) est attesté par le chapitre 69 du *Livre des morts*[478]. Un jour de l'établissement du carnage (*hrw n sꜥḥꜥ šꜥ.t*) apparaît dans le papyrus Berlin 3031[479].

s) Cette proposition de restitution s'inspire d'un autre passage du papyrus Princeton Pharaonic Roll 10 (x+2, 1), voir § 5.3.1.

t) Cette restitution est proposée parce que le mot *ḫ.t* « feu » est volontiers employé dans cette partie de la composition (cf. x+6, 2 ; x+6, 5), mais il pourrait s'agir d'un autre terme comme par exemple *sḏ.t* (cf. x+15, 4 ; x+15, 5 ; x+15, 7).

u) La ligature est assez singulière, mais d'autres manuscrits tardifs associent ainsi les signes (F51) et (D26) pour écrire le nom du dieu Hâpy (*Ḥꜥpy*)[480]. L'eau du Noun

473 *Pyr.* § 14a. E. Otto, *Mundöffnungsritual* I, p. 61-62 (26i) et 107 (46g) ; II, p. 80-83. G. A. Wainwright, *JEA* 18 (1932), p. 14-15. J. Hani, *La religion égyptienne*, p. 238 et n. 3. B. Lang, *VetTest* 30, nº 3 (1980), p. 360-361. S. Aufrère, *L'univers minéral*, p. 431-437. Un fragment du papyrus géographique de Tanis associe *bỉꜣ p.t* et *bỉꜣ* au dieu Seth (Chr. Leitz, *Die Gaumonographien*, p. 452).

474 J. Vandier, *Le Papyrus Jumilhac*, p. 140, 255, pl. X.

475 *Wb* II, 10, 12.

476 J. Vandier, *Le Papyrus Jumilhac*, pl. X.

477 D. Lorand, *Le Papyrus dramatique du Ramesseum*, p. 110, 127, 131-132.

478 St. Quirke, *Going out in Daylight*, p. 168.

479 M. Z. Allam, *Papyrus Berlin 3031*, p. 177, 183 (P. Berlin P. 3031 (10, 6)).

480 Voir chapitre 3, D26a.

pouvait « éteindre » la flamme – le poison également – parce qu'un dieu créateur était en mesure de détruire ce qu'il avait lui-même créé[481].

v) Bien qu'aucune trace ne vienne corroborer cette hypothèse, on est tenté de restituer dans une partie de la lacune [... ... *mi mȝ*ʿ*-ḫrw*] *Ḥr* « [... ... comme triomphe] Horus ». Il est regrettable que le toponyme qui figurait probablement dans la seconde lacune ne soit pas lisible, interdisant d'identifier cette assemblée divine. La quatrième formule de la liturgie de piocher la terre des *Textes des sarcophages* traite de la sortie triomphale du défunt en la comparant au triomphe d'Horus en présence de l'assemblée des dieux de Bouto et d'Héliopolis[482]. Thot fait aussi triompher Horus sur ses ennemis le jour du jugement dans la grande maison du magistrat qui est à Héliopolis »[483].

w) On retrouve une construction similaire dans le *Rituel de repousser le Mauvais* : *mȝ*ʿ*-ḫrw R*ʿ *r ȝpp sp 4 mȝ*ʿ*-ḫrw Wsỉr ḫnty ỉmnty.w r Stš pfy ḫsw sp 4 mȝ*ʿ*-ḫrw Wsỉr N.N. r ḫfty.w=f sp 4* « Rê triomphe d'Apophis, quatre fois. Osiris qui préside à l'Occident triomphe de ce vil Seth, quatre fois. L'Osiris (de) N.N. triomphe de ses ennemis, quatre fois »[484] ; ... *ḥr smȝ*ʿ*-ḫrw Wsỉr ḫnty ỉmnty.w r Stš pfy ḫsw ḥn*ʿ *sm(ȝ)y.w=f sp 4 ḥr smȝ*ʿ*-ḫrw Wsỉr N.N. r ḫfty.w=f sp 4* « ... pour faire triompher Osiris qui préside à l'Occident de ce vil Seth et de ses complices, quatre fois et pour faire triompher l'Osiris (de) N.N. de ses ennemis, quatre fois »[485].

6.5.2 Analyse formelle et contenu de la formule

Cette formule est rédigée à la deuxième personne et s'adresse tour à tour à Osiris, *Padiherpakhered* et *Mesredouyef*. Elle était probablement récitée par le ritualiste et supérieur.

L'usage de *hy* comme interjection est répandu dans les liturgies comme dans les *Glorifications* et sa répétition pouvait marquer des subdivisions dans une composition[486]. Cette formule peut ainsi être fractionnée en six sections (Tableau 5). Elle débute par une salutation adressée à Osiris lors de la venue de *Padiherpakhered* et évoque la joie de *Mesredouyef* lorsque ses ennemis sont renversés (1). La suite s'adresse à *Mesredouyef* et détaille plusieurs interventions divines en guise de protection, avant d'indiquer une station sur « l'estrade de métal » et le renversement des adversaires (2). Dans le paragraphe suivant, destiné à *Padiherpakhered*, les quatre fils d'Horus interviennent et les deux Opouaout renversent ses ennemis (3). La section suivante est adressée à *Mesredouyef* et détaille le massacre et la crémation de Seth (4). Le dernier paragraphe est destiné à *Padiherpakhered* qui triomphe comme Horus (5). La formule se clôt par le triomphe d'Osiris qui préside à l'Occident et de *Mesredouyef* (6).

---

481 Y. Koenig, *in* : *L'acqua nell'antico Egitto*, p. 92. Y. Koenig, *Magie et magiciens*, p. 110-114.

482 J. Assmann, M. Bommas, A. Kucharek, *Totenliturgien* 1, p. 105. Sur cette liturgie, voir § 6.6.

483 M. Müller-Roth, *ZÄS* 135 (2008), p. 145.

484 S. Schott, *Urkunden* VI, p. 65 (P. Paris Louvre N. 3129 (F, 23-25)). La dernière phrase manque dans le papyrus Londres BM EA 10252.

485 S. Schott, *Urkunden* VI, p. 79 (P. Paris Louvre N. 3129 (G, 37-38)). Ce passage est absent du papyrus Londres BM EA 10252.

486 M. Smith, *The Liturgy of Opening the Mouth*, p. 8, 11. M. Smith, *Enchoria* 18 (1991), p. 97-100.

	Destinataires et acteurs	Actions et contexte
1	**Salut à toi Osiris**	
		Jour de la venue de *Padiherpakhered*
		Joie de [*Mesredouyef*] en ce jour [parfait] où sont renversés ses ennemis
2	**Ah ! Osiris (de) *Mesredouyef***	
	Isis, Horus, Anubis	Joie, force, puissance
	Elle (Isis)	Lutte contre la solitude
	Chou, Tefnout, Geb, Nout	Quatre côtés (directions cardinales)
	Tu (*Mesredouyef*)	Station sur l'estrade de métal
	Elle (Isis)	Chute des adversaires
3	**Ah ! Osiris (de) *Padiherpakhered***	
		Venue pour voir cette terre
	Quatre fils d'Horus	Adoration
	Tu (*Padiherpakhered*)	Sortie de l'horizon
	Oupouaout du nord et du sud	Chute des ennemis
4	**Ah ! Osiris (de) [*Mes*]*redouyef***	
		Massacre et boucherie
	Ton cœur (*Mesredouyef*)	Joie en ce jour de perpétrer le massacre de Seth
	Maître universel, Hâpy	Crémation sans interruption
5	**[Ah ! Osiris (de) *Padi*]*herpakhered***	
	Tu (*Padiherpakhered*)	Triomphe
	Horus	Triomphe en présence de la grande Assemblée
6	**Triomphe**	
	Osiris qui préside à l'Occident	Triomphe, quatre fois
	[Osiris (de) *Mes*]*redouyef*	Triomphe, quatre fois

Tableau 5 : Synthèse formelle et thématique de la récitation sans titre

Bien qu'elle s'adresse initialement au dieu Osiris, cette section est ensuite destinée aux bénéficiaires du papyrus Princeton Pharaonic Roll 10 qui sont cités ensemble dans l'introduction puis interpellés alternativement (Tableau 5). Il est difficile de penser qu'une répartition aussi régulière ait été due au hasard. En outre, la phraséologie n'est pas simplement répétée. Les séquences attribuées à *Mesredouyef* diffèrent des éléments relatifs à *Padiherpakhered*, ce qui conduit à penser qu'ils ne faisaient pas l'objet des mêmes pratiques et que leurs statuts respectifs aient pu être différents. Cette alternance pourrait constituer l'expression d'un véritable double usage du manuscrit.

Le contenu de cette formule reprend le thème de la destruction de Seth et des ennemis (§ 5.5, § 6.2, § 6.4) qui conduit au triomphe d'Osiris qui préside à l'Occident, de *Padiherpakhered* et de *Mesredouyef*. Il évoque en outre des éléments qui tendent à matérialiser d'une part la sortie de *Padiherpakhered* pour « voir cette terre » et d'autre part la joie de *Mesredouyef* d'assister au massacre des ennemis. Cette formule constitue ainsi un témoignage qui se distancie quelque peu de la réalisation d'actes rituels en faveur d'un dieu et rend d'autant plus tangible la participation des deux défunts aux rites décrits. Si la destruction des ennemis d'Osiris conduisant à son triomphe constitue un élément essentiel des fêtes célébrées en son honneur, l'association étroite des défunts à cet événement évoque peut-être une cérémonie en l'honneur des défunts comme il en existait plusieurs. On pensera par exemple à la fête-*ouag*, célébrée durant la nuit du 17 au 18 Thot, à laquelle les défunts étaient associés par des offrandes et des glorifications[487]. La fête *haker* commémorait quant à elle la victoire d'Osiris sur ses ennemis tandis que les défunts bénéficiaient d'offrandes et de glorifications[488]. Certains éléments du papyrus Princeton Pharaonic Roll 10 pourraient aussi se rapporter à la liturgie du piochage de la terre (*ḫbs-tꜣ*)[489] : la venue d'un défunt[490] comme la joie face au massacre des ennemis[491], la comparaison du triomphe avec celui d'Horus[492], le rôle de Thot[493] ou celui d'Isis[494].

487 *LÄ* VI, col. 1135-1138. S. SCHOTT, *Altägyptische Festdaten*, p. 961-962. P. BARGUET, *AEPHE* 1958-1959 (1958), p. 70-73. P. BARGUET, *Le Livre des morts*, p. 250, n. 18. C. GRAINDORGE-HÉREIL, *Le dieu Sokar*, p. 304-305. Fr. R. HERBIN, *Parcourir l'éternité*, p. 353. Fl. ALBERT, *Le Livre des Morts d'Aset-Ouret*, p. 129-131. À cette occasion, une couronne de justification était présentée au dieu pour confirmer son triomphe sur ses ennemis (Ph. DERCHAIN, *ChronÉg* 30, nº 60 (1955), p. 235-236).

488 LÄ II, col. 929-931. P. BARGUET, *AEPHE* 1958-1959 (1958), p. 70-73. C. GRAINDORGE-HÉREIL, *Le dieu Sokar*, p. 303, 305-306. Fr. R. HERBIN, *Parcourir l'éternité*, p. 66, 98-99, 321, 353. J. M. ISKANDER, *SAK* 40 (2011), p. 137-142. Z. VÉGH, *in* : *CRE 2009*, p. 145-156. J. Fr. QUACK, *in* : *Forschung in der Papyrussammlung*, p. 200-202.

489 J. ASSMANN, *Images et rites de la mort*, p. 57-80. J. ASSMANN, M. BOMMAS, A. KUCHAREK, *Totenliturgien* 1, p. 69-197. Le 22 Khoiak était connu comme le jour de la fête de piocher la terre (G. THAUSING, *AÄA* 1 (1938), p. 7-17 ; S. SCHOTT, *Altägyptische Festdaten*, p. 970 ; C. J. BLEEKER, *Egyptian Festivals*, p. 75-76 ; G. A. GABALLA, K. A. KITCHEN, *Orientalia* 38 (1969), p. 39; G. WOHLGEMUTH, *Das Sokarfest*, p. 83; Cl. TRAUNECKER, Fr. LE SAOUT, O. MASSON, *La chapelle d'Achôris* II, p. 120-124 ; C. *Graindorge-Héreil, Le dieu Sokar*, p. 196-207, 290 ; É. CHASSINAT, *Le mystère d'Osiris*, p. 71 ; S. CAUVILLE, *BSFÉ* 112 (1988), p. 29 ; Fl. ALBERT, *Le Livre des Morts d'Aset-Ouret*, p. 129).

490 J. ASSMANN, M. BOMMAS, A. KUCHAREK, *Totenliturgien* 1, p. 104-105, 113.

491 J. ASSMANN, M. BOMMAS, A. KUCHAREK, *Totenliturgien* 1, p. 88.

492 J. ASSMANN, M. BOMMAS, A. KUCHAREK, *Totenliturgien* 1, p. 88.

493 J. ASSMANN, M. BOMMAS, A. KUCHAREK, *Totenliturgien* 1, p. 93-94.

494 J. ASSMANN, M. BOMMAS, A. KUCHAREK, *Totenliturgien* 1, p. 84, 88.

7. Navigation

Plusieurs sections du papyrus Princeton Pharaonic Roll 10, dans lesquelles des indications relatives au rituel alternent avec des formules à réciter, sont regroupées dans ce chapitre autour du thème de la navigation. L'introduction de cette nouvelle thématique marquait probablement une étape dans la progression de la cérémonie.

7.1 Libation et entrée dans la barque (x+7, 8-17)

Cette section débute par une brève instruction qui n'est pas écrite en rouge. Elle est séparée de ce qui précède par un court espace laissé libre (x+7, 8). Une notice indique ensuite une récitation, en précisant l'identité de l'officiant. La structure de l'ensemble peut être comprise de différentes manières et mener à des interprétations divergentes (§ 7.1.2).

7.1.1 Traduction et commentaire (x+7, 8-17)

ỉry ḳbḥ [... ... *hrw* (?)] *pn* *ꜥḳ nṯr pn r wỉꜣ=f*	Faire une libation [... ...] ce [jour (?) (où) [a]] ce dieu [b] entre dans sa barque [c].
ḏd [*mdw*] *ỉn ḫry-ḥ(ꜣ)b(.t) ḥry-tp* <*n*> *s pn*	Réciter par le ritualiste et supérieur <pour> cet homme [d].
7, 9 *šsp.t dḫn.w*	7, 9 Le chœur des rythmeurs [e] :
[*h(y)* (?)] *Wsỉr* (*ḥr*) *ꜥḳ r wỉꜣ=f* *tꜣ nb bꜥḥ(w)* *m* [*šms.w*]*=f*	[Ah ! [f] (?)] Osiris entre dans sa barque [c] ! Toute terre est inondée [g] sur son [passage] [h] !
7, A [*ỉ*]*w*[... *h*]*ꜣ* 7, B *r wỉ*[*ꜣ*] *Ḥr* 7, 10 *ỉs.t* 7, 11 *ỉmy-wr.t* 7, 12 *šms.w wỉꜣ* 7, 13 [... ... ...]	7, A [... ... mon]ter [i] 7, B à bord de la barque d'Horus 7, 10 l'équipage [j], 7, 11 (la *phyle*) de tribord [k], 7, 12 les suivants de la barque [l], 7, 13 [... ... ...]
7, C *ỉw*[... *h*]*ꜣ* 7, D *r wỉꜣ* [*Ḥr*] 7, 14 [*ỉry* (?)].*w wsr.w* 7, 15 *ḫry.w-ḥ(ꜣ)b(.t) ꜥšꜣ.w* 7, 16 [*wꜥb*].*w ꜥꜣ.w* 7, 17 [... ... ...]	7, C [... ... mon]ter 7, D à bord de la barque [d'Horus] 7, 14 Les [préposés (?)] aux rames [m], 7, 15 les ritualistes ordinaires [n], 7, 16 les grands prêtres-[purs] [o], 7, 17 [... ... ...]

Commentaire

a) Il serait envisageable de restituer [*nṯr*] *pn* « ce [dieu] » qui se répète juste après, mais il semble préférable de proposer [*hrw*] *pn* « ce [jour] » qui conviendrait d'autant mieux que la phrase suivante décrirait alors ce qui se passait en cette journée.

b) L'expression *nṯr pn* « ce dieu » peut désigner une divinité, mais aussi un défunt, voir § 5.6.1, n. d). Il n'est pas évident de définir avec certitude auquel des deux il est fait référence ici. Déjà associé à plusieurs reprises à Osiris, en particulier lors de son triomphe (§ 6.4 et § 6.5), le défunt navigue par la suite dans sa barque (§ 7.3). L'opposition avec la mention *s pn* « cet homme » dans l'introduction de la récitation (voir *infra* n. d) n'incite cependant pas à y reconnaître celui-ci. La répétition de la même phrase avec pour sujet Osiris (x+7, 9) au sein de la récitation fait pencher la balance en faveur du dieu.

c) Le possessif *=f* est équivoque et on peut se demander si Osiris pénétrait dans sa propre barque ou dans celle d'Horus qui est nommée par la suite (x+7, B ; x+7, D en lacune). Il n'est donc pas exclu qu'Osiris ait été l'hôte de la barque de son fils.

d) Malgré le noircissement du papyrus, le début de cette phrase est encore en bonne partie lisible sur l'original. La fin de la ligne est en revanche sujette à discussion. Une lecture *s pn* paraît préférable à *h<rw> pn* « ce jour ». La graphie *s pn* « cet homme » est connue à l'époque tardive[1]. Ce terme pouvait désigner de manière générique le bénéficiaire d'une formule funéraire[2], de même que le patient dans les textes médico-magiques et magiques[3]. Dans un contexte rituel, il pouvait aussi désigner un officiant dont on précisait par exemple les caractéristiques : *ḏd mdw ỉn s wꜥb twr* « Réciter par un homme pur et impeccable »[4]. On peut s'interroger sur le rôle tenu ici par « cet homme » dans lequel on serait tenté de reconnaître le bénéficiaire. On peut difficilement admettre l'existence d'un *ẖry-ḥ(ꜣ)b(.t) ḥry-tp s pn* « ritualiste et supérieur de cet homme », d'autant que d'autres exemples font défaut, et il semble peu probable qu'un officiant ait été désigné comme « cet homme » sans autre précision : *ḏd* [*mdw*] *ỉn ẖry-ḥ(ꜣ)b(.t) ḥry-tp s pn* « Réciter par le ritualiste et supérieur et cet homme ». On doit dès lors se demander s'il ne conviendrait pas de suppléer un datif : *ḏd* [*mdw*] *ỉn ẖry-ḥ(ꜣ)b(.t) ḥry-tp <n> s pn* « Réciter par le ritualiste et supérieur <pour> cet homme », considérant alors que c'était en faveur du bénéficiaire du manuscrit qu'était récitée la formule.

e) Sur cet ensemble que l'on retrouve dans le papyrus Princeton Pharaonic Roll 10 à trois autres reprises (x+8, 1 ; x+11, 12 ; x+15, 12), voir § 12.2.2. Pour rattacher ce terme à ce qui précède, on devrait admettre que *s pn* « cet homme » ait été associé d'une manière ou d'une autre au ritualiste et supérieur et ait fait partie de la liste des officiants, voir *supra* n. d). On pourrait sinon considérer que cette mention était employée de façon autonome,

---

1 *Wb* III, 405, 15-18.

2 C'est notamment le cas dans un grand nombre de chapitres du *Livre des morts*, voir par exemple B. Backes, *Wortindex*, p. 137.

3 Dans le papyrus Leyde I 348, on emploie *s*, voir J. Fr. Borghouts, *Magical Texts*, pl. 4, 9, 12, *passim* (P. Leyde I 348, 4, 3 ; 9, 8 ; 12, 10 ; *passim*). On retrouve *s* dans le traité d'ophiologie, voir S. Sauneron, *Un traité égyptien d'ophiologie*, p. 93, § 66b ; p. 124, § 92 ; p. 126, n. 3 ; p. 128-129, § 97a ; p. 129, §97b ; p. 131, § 98c ; p. 131-132, § 99a ; p. 132, § 99b; p. 133, § 99c ; p. 134, § 100 (P. Brooklyn 47.218.48 et 85 (4, 15 ; 6, 1 en lacune ; 6, 11 ; 6, 18 ; 6, 21 ; 6, 24 ; 6, 28)).

4 R. O. Faulkner, *The Papyrus Bremner-Rhind*, p. 51, 56 (P. Londres BM EA 10188 (24, 19 ; 26, 2)).

à la manière d'une didascalie, pour introduire une formule spécifique scandée par ce groupe, comme c'est attesté clairement plus loin dans le manuscrit (x+15, 12), voir § 8.12. Une telle interprétation impliquerait que la formule de libation récitée par le ritualiste et supérieur n'ait pas été reproduite.

f) Dans la lacune, il faut peut-être restituer l'interjection *h(y)* « Ah ! »[5] qui apparaît à plusieurs reprises dans le papyrus Princeton Pharaonic Roll 10 (x+6, 13 ; x+7, 2 ; etc.), ou bien *ỉw* comme marqueur circonstanciel : [*ỉw*] *Wsỉr* (*ḥr*) *ʿḳ r wỉꜣ=f tꜣ nb bʿḥ*(*w*) *m* [*šms.w*]*=f* « [Lorsqu']Osiris entre dans sa barque, toute terre est inondée sur son passage ! ».

g) L'expression *tꜣ nb* « chaque terre » évoque ici toutes les parcelles susceptibles d'être inondées, ce qui renvoie à l'ensemble des régions de l'Égypte, et donc au territoire dans son entier. Le verbe *bʿḥ* « inonder » peut aussi avoir le sens « féconder »[6]. Des terrains inondés (*bꜣḥ.w*) étaient établis par exemple à Karnak-est[7]. Le texte d'une statue ramesside, qui traite de la traversée de la barque-*nechemet* vers *Peker*, emploie le même verbe : *sḥb*(*=ỉ*) *m ḥtp dwꜣty.w bꜣḥ*(*=ỉ*) *tꜣ ḏsr m ḳbḥ* « J'ai fêté en paix ceux qui reposent dans l'au-delà, j'ai inondé la nécropole avec une libation »[8]. Cet acte évoque le rite de verser l'eau (*wꜣḥ mw*) en faveur des dieux ancêtres et des défunts[9].

h) Il n'est pas question ici de *šms.w* « escorte »[10], mais plutôt de l'expression *m šms.w=f* « à la suite de lui »[11], rendue ici par « sur son passage ».

i) Les deux versions de ce texte rédigé verticalement (x+7, A-D) sont lacunaires et seule la seconde partie (x+7, B et D) peut être restituée avec certitude. L'organisation graphique du texte laisse penser que chacune des lignes s'insérait dans la phrase ainsi formée, vraisemblablement en tant que sujet. Il demeure difficile de combler la lacune qui précède le verbe dans lequel il faut semble-t-il reconnaître *hꜣỉ* « descendre »[12] qui, construit avec la préposition *r*, peut décrire l'action d'« embarquer »[13]. Cette expression consacrée accompagne des scènes de navigation fluviale, comme par exemple dans la chapelle d'Hatshepsout à Karnak[14]. La lacune est trop longue pour qu'il y ait figuré seulement *ỉw hꜣ*. Doit-on envisager qu'un pronom ou bien un déterminatif ait figuré dans la lacune ? La disparition du début de ce passage laisse également planer le doute sur sa fonction exacte. On peut en effet se demander s'il s'agissait d'une formule ou plutôt d'une indication rituelle.

On pourrait être tenté de rapprocher l'expression employée ici du nom d'une célèbre fête osirienne, la fête *haker*. Célébrée à Abydos, elle se déroulait de nuit et marquait le

---

5 *Wb* II, 482, 12-16.
6 S. Sauneron, *BIFAO* 60 (1960), p. 21.
7 J. Yoyotte, *Kêmi* 14 (1957), p. 87-88. N. Baum, *Arbres et arbustes*, p. 257. A. Cabrol, *Les voies processionnelles*, p. 428-429.
8 R. Anthes, *in* : *Festschrift zum 150jährigen Bestehen*, p. 44-45.
9 M. Bommas, *in* : *L'Acqua nell'antico Egitto*, p. 260-271.
10 *Wb* IV, 485, 6-486, 15.
11 *Wb* IV, 487, 5-10.
12 *Wb* II, 472, 3-473, 6.
13 *Wb* II, 472, 10. *AnLex* 77.2460 ; 78.2464. P Wilson, *Lexikon*, p. 597.
14 P. Lacau, H. Chevrier, *Une chapelle d'Hatshepsout*, p. 182, § 253.

triomphe d'Osiris sur ses ennemis[15]. D'après le chapitre 18 du *Livre des morts*, elle est aussi connue comme la « nuit de compter les morts et de dénombrer les bienheureux ». À cette occasion, les défunts recevaient des offrandes et faisaient l'objet de glorifications. La cérémonie *haker* constituerait la première phase des mystères osiriens et elle aurait eu pour but de réunir les bienheureux autour d'Osiris afin de le protéger durant sa procession[16]. Le nom de la fête *haker* viendrait de l'*incipit* d'un chant liturgique *hꜣ=k r(=ỉ)* « Puisses-tu descendre vers (moi) »[17], interprétée comme un appel lancé par Horus au dieu solaire pour qu'il vienne à son aide. Sur sa stèle, *Sehetepibrê* déclare ainsi qu'il a rempli la fonction de fils bien-aimé (*sꜣ mr=f*) lors du mystère du maître d'Abydos, qu'il a supervisé le travail de la barque-*nechemet* et qu'il a célébré *hꜣ=k r(=ỉ)* « Puisses-tu descendre vers (moi) » pour son maître lors de chaque sortie d'Oupouaout[18]. En s'appuyant sur un chant de l'Ancien Empire, Hartwig Altenmüller a proposé d'y reconnaître plutôt l'appel des porteurs de la barque processionnelle au dieu Osiris afin qu'il prenne place dans celle-ci pour que débute la procession[19]. On ne peut pas exclure qu'un tel appel ait été fait dans le papyrus Princeton Pharaonic Roll 10 alors qu'Osiris « entrait dans sa barque ». Cependant, le personnel énuméré ne peut guère être identifié aux porteurs d'une barque processionnelle et plusieurs éléments contextuels sont plutôt en faveur d'une navigation que d'une procession, voir § 7.1.4.

j) Bien que ce terme s'écrive volontiers à l'aide du hiéroglyphe (P11) à l'époque tardive, il ne semble pas que ce soit le signe inscrit ici[20] et une lecture (M40) semble préférable. Le terme *ỉs.t* est bien attesté dans le contexte nautique pour désigner l'« équipage (de matelots) », mais peut aussi revêtir le sens plus général d'« équipe », comme c'est le cas par exemple à Deir el-Médineh, ou prendre une connotation plus militaire[21].

k) Le terme *ỉmy-wr.t* « tribord »[22] fait référence au côté droit d'une embarcation ; il désigne plus largement le côté droit ou occidental et peut servir à situer des bâtiments ou des personnes les uns par rapports aux autres. À Edfou par exemple, des prêtres appelés *ms.w Ḥr ḥr ỉmy-wr.t* « enfants d'Horus de droite », par opposition aux *ms.w Ḥr ḥr tꜣ-wr(.t)* « enfants d'Horus de gauche », sont attestés dans la chambre de Sokar et dans la salle hypostyle[23]. Ces deux appellations permettaient probablement de répartir en deux groupes – celui de droite et celui de gauche – les porteurs de la barque divine[24]. On pourrait

15 M. KAMAL, *ASAE* 38 (1939), p. 278-280. P. BARGUET, *AEPHE* 1958-1959 (1958), p. 72-73.

16 J. M. ISKANDER, *SAK* 40 (2011), p. 137-142.

17 C. W. GOODWIN, *ZÄS* 11 (1873), p. 15. M. KAMAL, *ASAE* 38 (1939), p. 279. P. BARGUET, *AEPHE* 1958-1959 (1958), p. 72. S. SCHOTT, *Bücher und Bibliotheken*, p. 286, n° 1342. H. ALTENMÜLLER, *in* : *Studies in the Middle Kingdom*, p. 18.

18 M. KAMAL, *ASAE* 38 (1939), p. 277.

19 H. ALTENMÜLLER, *in* : *Studies in the Middle Kingdom*, p. 18-19.

20 Voir § 3.2, P11.

21 *Wb* I, 127, 11-17. G. LEFEBVRE, *Le tombeau de Pétosiris* I, p. 95. D. JONES, *Nautical Titles and Terms*, p. 66-67, n° 74. P. WILSON, *Lexikon*, p. 112-113.

22 *Wb* I, 73, 6-7 et 9-13. P. WILSON, *Lexikon*, p. 70. D. JONES, *Nautical Titles and Terms*, p. 259, n° 2. N. DÜRRING, *Materialien zum Schiffbau*, p. 59.

23 *Edfou* I, 182, 42 ; II, 23, 103.

24 Chr. KARLSHAUSEN, *L'iconographie de la barque*, p. 276 et n. 76. Des *ms.w Ḥr* « enfants d'Horus » porteurs de la barque du dieu sont mentionnés par le papyrus Princeton Pharaonic Roll 10 (x+2, 3), voir § 5.4.1, n. c).

envisager qu'il s'agisse d'une indication relative au positionnement de l'équipage cité précédemment : « L'équipage, à tribord ! ». Bien que le choix du déterminatif ne laisse pas entendre qu'il ait été question d'un groupe d'hommes, les autres personnes citées orientent l'interprétation dans cette direction. Or le terme  *ỉmy-wr.t* désignait à l'Ancien Empire déjà – au moins dès la 4e dynastie – l'une des *phyles* du clergé funéraire[25], dont les noms s'inspiraient volontiers de ceux de parties de bateaux ou de termes relatifs à l'orientation[26]. Une telle traduction pourrait convenir au contexte du papyrus Princeton Pharaonic Roll 10. Quant au déterminatif 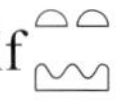 , on serait tenté de l'attribuer à l'orientation des anciens Égyptiens qui situaient les nécropoles à l'ouest, mais ce n'est pas là l'explication correcte, car le terme *tꜣ-wr.t* « bâbord » pouvait être lui aussi déterminé par ou 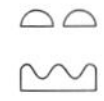 [27]. Il faut donc peut-être y voir une référence plus directe à la nécropole[28] et reconnaître là une éventuelle allusion au rôle funéraire de la *phyle*.

l) Des *šms.w wỉꜣ* « suivants de la barque » ne semblent pas répertoriés, mais il existe un *šmsw n ꜥḥꜥ n mw* « suivant de l'embarcation maritime (?) »[29].

m) On peut encore lire le mot *wsr.w* « rames »[30], mais le terme qui le précède est en partie perdu. Le titre  *ḥmw wsr.w* « artisan des rames »[31] ne convient guère ici, mais d'autres activités sont connues, comme *šsp wsr* « recevoir la rame » ou *ṯꜣỉ wsr.w* « saisir les rames »[32], qui auraient pu donner naissance à des fonctions spécifiques. D'après les traces encore visibles, on pourrait peut-être restituer, sur le modèle du terme *ỉry ḥm.w* « préposé au gouvernail »[33], une forme  [*ỉry*].*w wsr.w* « préposés aux rames ».

n) L'adjectif *ꜥšꜣ* « nombreux » s'emploie parfois avec un titre sacerdotal. Faire appel à de nombreux prêtres devait sans doute être nécessaire dans certaines situations. Une trentaine d'embaumeurs sont par exemple mentionnés comme membres d'une expédition au Ouadi Hammâmât[34]. Cependant, aucune précision n'est fournie quant au nombre des autres intervenants dans le papyrus Princeton Pharaonic Roll 10. Il serait donc peut-être plus approprié de rendre *ꜥšꜣ* avec le sens « commun », « ordinaire »[35], voire « divers »[36].

---

25 P. Posener-Kriéger, *Les archives du temple funéraire*, p. 567-568. A. M. Roth, *Egyptian Phyles*, p. 9-20.

26 P. Posener-Kriéger, *Les archives du temple funéraire*, p. 566 et n. 2. A. M. Roth, *Egyptian Phyles*, p. 46-59.

27 *Wb* V, 230, 16 – 231, 3. P. Wilson, *Lexikon*, p. 1118-1119 donne comme explication pour l'usage de ce déterminatif la présence à l'est, donc à gauche selon l'orientation égyptienne, des montagnes du désert oriental.

28 *Ỉmy-wr.t* désignait aussi une nécropole (*Anlex* 78.0292 ; 79.0190 ; *Dendara* X, 113, 15). Quant à *tꜣ-wr.t*, son homophonie avec le nom du nome abydénien *Tꜣ-wr* n'a pas manqué d'être relevée par les anciens Égyptiens, voir E. Edel, *in* : *Form und Mass*, p. 134.

29 D. Jones, *Nautical Titles and Terms*, p. 106, nº 245.

30 D. Jones, *Nautical Titles and Terms*, p. 197, nº 2. P. Wilson, *Lexikon*, p. 257.

31 *Wb* I, 364, 3. D. Jones, *Nautical Titles and Terms*, p. 121, nº 15.

32 D. Jones, *Nautical Titles and Terms*, p. 227, nº 106 et p. 229, nº 120.

33 *Wb* I, 104, 10.

34 J. Couyat, P. Montet, *Ouâdi Hammâmât*, p. 66, pl. XX, l. 17. Fr. Janot, *Instruments*, p. 24-25.

35 É. Naville, *The Festival Hall*, pl. 20, 5 et 6. H. G. Fischer, *ZÄS* 105 (1978), p. 49. J. Quaegebeur, *in* : *Form und Mass*, p. 376 et n. 51. P. Vernus, *Le surnom au Moyen Empire*, p. 99.

36 *Wb* I, 229, 5. P. Posener-Kriéger, *Les archives du temple funéraire*, p. 669.

Serge Sauneron envisageait d'ailleurs l'existence d'une opposition entre *ḥm-nṯr ꜥšꜣ* « prêtre ordinaire » et *ḥm-nṯr ꜥꜣ* « prêtre spécifique »[37].

o) Des grands prêtres-purs (*wꜥb.w ꜥꜣ.w*) figurent dans les formules autobiographiques de Basse Époque et sont attestés dès le Moyen Empire[38].

7.1.2 Structure et interprétation

Si l'on admet que le chœur des rythmeurs ne peut guère être rattaché directement à la notice relative à la récitation[39], deux interprétations au moins sont envisageables. La notice pourrait se rapporter à la totalité du texte copié ensuite, dont le chœur des rythmeurs n'aurait récité qu'une portion (x+7, 9). Les deux parties de ce texte auraient été récitées sous la forme d'un dialogue entre le chœur des rythmeurs et le ritualiste et supérieur, où le premier énoncé aurait fonctionné comme une sorte de refrain. Il n'est cependant pas certain que la seconde partie, qui se rapporte à l'embarquement, doive être considérée comme une formule. Elle pourrait constituer une description de faits énumérant les différentes personnes qui entraient dans la barque et n'aurait fait l'objet d'aucune récitation. Il est aussi possible que la notice se soit rapportée spécifiquement à la libation et que la formule elle-même n'ait pas été reproduite. Dans ce cas, le ritualiste et supérieur devait réciter une formule propre à la libation en faveur de « cet homme ». De telles formules étaient courantes et il ne serait pas étonnant que l'on ne se soit pas donné la peine d'en recopier une version. On aurait simplement rappelé la réalisation d'une telle récitation en tant que rite, ce qui expliquerait peut-être aussi que l'on ait évoqué le bénéficiaire à cet endroit.

7.1.3 La libation

Le manuscrit indique d'abord qu'une libation devait être versée au moment où « ce dieu » entrait dans la barque, sans fournir d'autre précision à propos de ce rite. Le chœur des rythmeurs récitait alors :

> « [Ah ! (?)] Osiris entre dans sa barque ! Chaque terre est inondée sur son passage ! » (x+7, 9).

L'inondation des terres peut évoquer la crue du Nil, à laquelle la figure d'Osiris était volontiers associée[40]. Elle renvoie peut-être à la libation mentionnée préalablement (x+7, 8). Le déplacement évoqué laisse entendre qu'une procession avait lieu pour entrer dans la barque, comme tend à le confirmer le personnel énuméré ensuite. La libation mentionnée était donc peut-être spécifique. On sait en effet que de l'eau – du lait parfois – était versée sur le passage des processions, afin de purifier la voie processionnelle dans un but apotropaïque, et aussi plus pratiquement afin d'éviter que la poussière engendrée par une multitude de pas ne s'élève dans

---

37 S. Sauneron, *BIFAO* 51 (1952), p. 146, 161.

38 H. De Meulenare, *in* : *Ägyptologische Studien*, p. 223-225. H. Selim, *MDAIK* 56 (2000), p. 365, qui rend *wꜥb ꜥꜣ* par « chief *wꜥb*-priest ». D. Klotz, *in* : *D3T* 1, p. 116. D. M. Doxey, *Egyptian Non-Royal Epithets*, p. 283.

39 Voir § 7.1.1, n. d) et e).

40 B. Claus, *in* : *L'Acqua nell'antico Egitto*, p. 201-210, qui rappelle qu'une stèle de Ramsès IV mettait en rapport la crue du Nil et la néoménie (p. 203-204).

les airs[41]. On pourrait donc envisager que l'on ait versé de l'eau sur le sol sur le passage du dieu, qui s'avançait pour entrer dans la barque. Il faut néanmoins se garder de mêler sans réserve les éléments du rituel et le contenu de la récitation, bien que le lien sémantique entre les deux soit ici assez clair.

À côté des processions des génies du Nil apportant l'eau de la crue, la présentation de quatre vases d'eau figurait dans les sanctuaires de la barque[42]. Une procession de vases, qui avait pour but de récupérer l'eau de la crue, est aussi attestée à Thèbes pour le Nouvel An[43]. Ce rite de l'eau était associé dans les temples à la présentation des vases devant Amon, mais il est vraisemblable qu'il ait été mis en œuvre dans d'autres sanctuaires du pays. Un chapitre de Plutarque consacré aux *Pamylia* nous apprend par ailleurs que les processions sacrées de l'Égypte étaient précédées d'un vase d'eau[44]. Cette fête populaire, qui marquait la naissance d'Osiris le premier jour épagomène, célébrait sa renaissance[45]. À cette occasion, on puisait de l'eau et une statue ithyphallique était portée en procession. À côté de la tradition qui voulait que la crue provienne des jambes d'Osiris, il en existait une autre qui attribuait à son phallus le retour du flot. D'après la description d'Apulée, une hydrie contenant l'eau du Nil faisait partie des objets cultuels participant au *navigium Isidis*[46], tandis que Clément d'Alexandrie mentionne la présence d'un vase identique lors d'une procession[47]. À l'époque romaine, l'hydrie connue par les cultes isiaques pouvait être présentée à Osiris ou à Sokar dans un contexte funéraire[48]. L'hydrie gréco-romaine contenant l'eau de la crue évoquait ainsi le vase égyptien contenant les humeurs d'Osiris[49]. Des stèles abydéniennes d'époque romaine montrent le défunt en face d'Osiris, assis sur une estrade, en présence d'une hydrie. L'une des particularités de ces stèles réside dans le fait que, dans le cintre, une momie, surmontée d'un oiseau-*ba*, est représentée dans une barque sous le disque solaire, ce qui n'est pas sans évoquer la navigation qui avait lieu durant la célébration des mystères d'Abydos[50].

7.1.4 L'embarquement

Le début du texte placé en exergue devant les deux colonnes du bas de la page x+7 est en lacune, ce qui laisse planer un doute quant à l'action décrite, de même que le double sens attribué au verbe *hꜣi* (*r*), « descendre (vers) » ou « monter à bord (de) ». La dimension de l'embarcation en question et le lieu où se déroulait la suite des rites en sont affectés. Était-il question d'une barque processionnelle dans laquelle prenait place la statue du dieu et que des prêtres accompagnaient lors de ses déplacements ou bien d'une embarcation fluviale qui accueillait non seulement la représentation de la divinité, mais aussi le personnel nécessaire ?

---

41 A. CABROL, *Les voies processionnelles*, p. 164-169. C. KARLSHAUSEN, *L'iconographie de la barque*, p. 260 et n. 72. K. J. EATON, *Ancient Egyptian Temple Ritual*, p. 119-120.

42 M.-È. COLIN, *in* : *L'Acqua nell'antico Egitto*, p. 283-286.

43 Cl. TRAUNECKER, *BIFAO* 72 (1972), p. 196-236.

44 Cl. TRAUNECKER, *BIFAO* 72 (1972), p. 231 (Plutarque, *De Iside et Osiride*, 36.).

45 J. HANI, *La religion égyptienne*, p. 372-377.

46 J. G. GRIFFITHS, *Apuleius*, p. 83, 227-233. D. DELIA, *JARCE* 29 (1992), p. 186. M. BOMMAS, *in* : *L'Acqua nell'antico Egitto*, p. 272.

47 Ph. DERCHAIN, *ChronÉg* 26, n° 52 (1951), p. 269. Cl. TRAUNECKER, *BIFAO* 72 (1972), p. 231-232. D. DELIA, *JARCE* 29 (1992), p. 186 et n. 33, qui la situe le 22 Khoiak.

48 P. P. KOEMOTH, *CRIPEL* 20 (1999), p. 109-123.

49 P. P. KOEMOTH, *CRIPEL* 20 (1999), p. 122.

50 P. P. KOEMOTH, J. RADELET, *ChronÉg* 82, n° 163 (2007), p. 128.

On ne peut pas exclure par principe que le personnel listé soit simplement descendu en direction d'une barque processionnelle. Le terme *is.t* n'est par exemple pas déterminant puisqu'il peut s'appliquer à une équipe sans qu'il ne s'agisse de marins. Le fait que l'un des titres mentionnés se rapporte à des rames (x+7, 14) constitue en revanche un indice en faveur d'une véritable navigation, comme la présence d'une formule pour « maîtriser le courant » (§ 7.4).

L'énumération du personnel souligne l'importance de la navigation entreprise, qui voyait plusieurs matelots d'une part, et d'officiants d'autre part, monter à bord de l'embarcation du dieu. Une telle description n'est pas isolée. Un épisode du rituel de l'embaument d'Apis fournit par ailleurs quelques détails à propos du personnel en activité lors d'une navigation[51] :

> Les prêtres-purs, qui accèdent à la chapelle, vont au lac. Ils montent dans la barque de papyrus avec les chapelles. Ils se pourvoient de rameurs. Ils lisent à haute voix neuf livres[52] dans la barque.

On rapprochera plus particulièrement le texte du papyrus Princeton Pharaonic Roll 10 d'une longue liste des personnes autorisées à pénétrer dans la barque divine, lors de la fête de Behedet célébrée à Edfou après la néoménie d'Épiphi. L'énumération est introduite par la phrase suivante :

> *rḫ s nb nmt.t=f ḥr hꜣ r wỉꜣ m šms nṯr pn šps*
> Chaque homme connaît sa position pour monter à bord de la barque à la suite de ce dieu vénérable[53].

Le parallèle semble d'autant plus pertinent qu'une liste est fournie dans les deux cas. Néanmoins, le rapprochement opéré n'affecte probablement que l'action envisagée et non l'ensemble de la cérémonie, l'embarquement n'étant en soi pas spécifique d'une fête donnée.

7.2 Le prêtre d'Osiris à la proue de la barque (x+7, 18-20)

À la fin de la page, une colonne supplémentaire a été ajoutée à la suite des deux précédentes (§ 7.1). Une brève rubrique y précède une formule dont le contenu est presque entièrement perdu.

7.2.1 Traduction et commentaire (x+7, 18-20)

7, 18 *rdỉ.t grg (?) pꜣ ḥm-nṯr n Wsỉr*	**7, 18** Faire en sorte que le prêtre d'Osiris se tienne prêt a)(?)
7, 19 *m ḥꜣ.t wỉꜣ*	**7, 19** à la proue b) de la barque
[*m*(?)] *Ḥr*	[en tant qu'(?)] c) Horus.

51 R. L. Vos, *The Apis Embalming Ritual*, p. 52, 250 (P. Vindob 3873 (IV, 17-19)).

52 À propos des titres de ces ouvrages, voir § 6.4.2.

53 *Edfou* V, 125, 8. M. Alliot, *Le culte d'Horus*, p. 471-472 qui traduisait : *rḫ s nb ỉwt(y).f(y) ḥr h(ꜣ) r wỉꜣ m šmsy nṯr pn šps* « Connaître tout homme qui viendra pour monter dans la barque au service de ce dieu vénérable ». Sv. Nagel, *in* : *Altägyptische Enzyklopädien*, p. 647 et n. 253.

ḏd mdw	Réciter :
7, 20 *ꞽInp(w)* [... ...]*=k* [... ... ...]	**7, 20** Anubis, tu [... ... ...] [d)].

Commentaire

a) Il n'est pas évident de savoir s'il faut lire le signe (U17) ou bien (Q8a/A55), qui présentent des graphies similaires en hiératique[54], comme en démotique[55]. Les verbes *grg* et *sḏr* peuvent tous deux s'écrire avec le seul idéogramme accompagné du bras armé. Dans le second cas, il s'agirait d'un emprunt aux graphies démotiques[56].

Le verbe *grg* (*m*) peut être un verbe transitif, « équiper (avec) », « procurer », « installer » ou intransitif, « être prêt »[57], ce qui offre plusieurs possibilités de traduction selon que l'on considère le prêtre comme l'objet ou le sujet du verbe. Le sens même de la phrase varie assez peu : « faire en sorte d'installer le prêtre d'Osiris à la proue de la barque [...] Horus » ou « faire en sorte que le prêtre d'Osiris se tienne prêt à la proue de la barque [...] Horus ». Le verbe *sḏr* a quant à lui pour signification « se coucher », « s'allonger », « passer la nuit », et par extension « dormir »[58]. Il offrirait comme traduction « faire en sorte que le prêtre d'Osiris se couche à la proue de la barque [...] Horus ». Dans le contexte du papyrus Princeton Pharaonic Roll 10, l'emploi du verbe *grg* semble plus pertinent. On vient en effet de détailler les officiants et spécialistes présents (§ 7.1) ; il semble donc justifié de préciser que le prêtre d'Osiris prenait place à la proue de la barque. On connaît d'ailleurs l'existence d'un *wꜥb n ḥꜣ.t ꞽImn*, qui pourrait être compris « prêtre-*ouâb* de la proue d'Amon »[59].

Une traduction alternative avec le verbe *sḏr* « se coucher », « passer la nuit » pourrait cependant faire l'objet d'une interprétation intéressante. La position allongée renvoie au sommeil bien qu'il n'en soit pas forcément une composante nécessaire. Elle évoque aussi les pratiques de l'incubation répandue dans les temples à l'époque tardive, notamment à Abydos[60]. Elle n'est pas sans rappeler non plus le « sommeil » du prêtre-*sem* évoqué par les épisodes 9 et 10 du rituel de l'*Ouverture de la bouche*[61]. Celui-ci a été associé à l'animation de la statue, tandis que Hans-Werner Fischer-Elfert le considère plutôt

54 G. Möller, *Hieratische Paläographie* III, n° 384b et 467. U. Verhoeven, *Buchschrift*, p. 174-175 (Q8a/A55), 190-191 (U17) et 267. Il a par ailleurs été suggéré que le signe devrait être retranscrit (M. Müller, *GöttMisz* 200 (2004), p. 11-12).

55 W. Erichsen, *Demotisches Glossar*, p. 480-481, 586-586.

56 S. Sauneron, *Rituel de l'embaumement*, p. 61, qui renvoie à F. Ll. Griffith, *Rylands* III, p. 391.

57 *Wb* V, 186, 4-188, 8. P. Wilson, *Lexikon*, p. 1104-1105.

58 *Wb* IV, 390, 9-392, 6. P. Wilson, *Lexikon*, p. 979. L. Depuydt, *in* : *Mélanges Funk*, p. 167-177, en particulier p. 172 et n. 8.

59 Y. Volokhine, *BIFAO* 101 (2001), p. 372-373.

60 S. Sauneron, *in* : *Les songes et leur interprétation*, p. 50-51. J. D. Ray, *in* : *Studies H. S. Smith*, p. 241-247. A. Cabrol, *Les voies processionnelles*, p. 725-727. Un épisode de la Confirmation du pouvoir royal relate encore que le roi était couché ou endormi (*sḏr*) lorsque des sceaux étaient placés sous sa tête (J.-Cl. Goyon, *Confirmation* I, p. 27, 73 et 115, n. 281).

61 E. Otto, *Mundöffnungsritual* I, p. 21-24 ; II, p. 53-55. S. Hoedel-Hoenes, *in* : *Mélanges Varga*, p. 185-196. J.-Fr. Quack, *in* : *Carlsberg Papyri* 7, p. 78-79.

comme une méditation relative à l'aspect de la statue[62]. Aucune statue n'est mentionnée dans le papyrus Princeton Pharaonic Roll 10, mais il pourrait implicitement être fait référence au simulacre osirien mentionné précédemment (§ 5.1). Le cadre fixé par le manuscrit américain est celui d'une barque et ne correspond donc pas non plus à celui des scènes du rituel de l'*Ouverture de la bouche*. Pourtant, ce rituel pouvait être réalisé en présence de barques sacrées, ce qui n'exclut donc pas un tel contexte. Un ostraca hiératique associe le terme *sḏr* avec la procession de la fête d'Opet, mais dans un passage malheureusement très lacunaire[63].

Au cours des cérémonies osiriennes à Abydos, c'est l'Horus-*šn* qui endossait la posture du « dormeur » comme l'indique l'un des souhaits de la « formule abydénienne » : « Puisse-t-il entendre l'allégresse dans la bouche du nome thinite lors de la fête-*hꜣkr* pendant la nuit du « sommeil » lors du sommeil de l'Horus-*šn* »[64]. Si comme le pense Hartwig Altenmüller, il y a lieu de rapprocher cet élément des épisodes correspondant du rituel de l'*Ouverture de la bouche*, le sommeil de l'Horus-*šn* avait pour but de donner vie à la figure d'Osiris qui pouvait alors prendre part à la procession d'Oupouaout, connue comme la Première Sortie[65]. La sortie du prêtre-*sm*, qui donnait lieu à un massacre d'ennemis, serait identique à cette procession[66]. Dans le rituel de l'*Ouverture de la bouche*, le prêtre-*sem* remplit parfois le rôle d'Horus[67]. Il n'est pas exclu que le prêtre d'Osiris puisse être rapproché d'Horus, puisque celui-ci fut à l'origine celui qui accomplit les rites pour son père. Les démonstrations de joie expriment le retour à la vie d'Osiris et des défunts lors de la fête *haker*, que Hartwig Altenmüller situerait à l'issue du sommeil de l'Horus-*šn*[68]. Elles seraient à mettre en lien avec le lever du dieu et la procession célébrant le triomphe d'Osiris.

À Athribis, un « jour de se coucher/dormir dans les champs » (*hrw sḏr m sḫ.wt*) semble être associé à la momification d'Osiris *Kem-our* lors des cérémonies osiriennes[69]. Le *Livre d'abattre le Mauvais* y fait référence[70]. Un « jour du sommeil » est par ailleurs attesté par une stèle abydénienne du Moyen Empire[71]. Le *Livre de parcourir l'éternité* mentionne pour sa part : *šm=k r šꜣ tp-ꜥ rmn.t grḥ pfy n sḏr m sḫ.t* « tu marches vers la campagne devant la vache-*remenet* en cette nuit de dormir dans la prairie »[72]. En se référant à Plutarque, François Herbin considère que c'est la mort d'Osiris le 17 Hathyr qui est évoquée plutôt que les cérémonies du mois de Khoiak[73], lors desquelles un cercueil

62 H.-W. Fischer-Elfert, *Die Vision*, p. 9-15.
63 J. Černý, A. H. Gardiner, *Hieratic Ostraca* I, p. 11, pl. XXXVII (O. Leipzig 1912 (23)). K. A. Kitchen, *in* : *Egyptian Stories*, p. 150-151.
64 H. Altenmüller, *in* : *Studies in the Middle Kingdom*, p. 10-11.
65 H. Altenmüller, *in* : *Studies in the Middle Kingdom*, p. 15.
66 H. Altenmüller, *in* : *Studies in the Middle Kingdom*, p. 16.
67 H. Altenmüller, *in* : *Studies in the Middle Kingdom*, p. 15.
68 H. Altenmüller, *in* : *Studies in the Middle Kingdom*, p. 16-17.
69 P. Vernus, *Athribis*, p. 209, doc. 175, p. 210, n. d, et p. 440. V. Altmann, *Die Kultfrevel des Seth*, p. 131-133.
70 S. Schott, *Urkunden* VI, 131, 19-22. V. Altmann, *Die Kultfrevel des Seth*, p. 131-133.
71 H. O. Lange, H. Schäfer, *Grab- und Denksteine*, p. 42, pl. XXXI (CG 20446).
72 Fr. R. Herbin, *Parcourir l'éternité*, p. 61, 456-457 (P. Leyde T 32 (V, 11-12) et P. Vatican 55 (III, 21-22)).
73 Fr. R. Herbin, *Parcourir l'éternité*, p. 200-201.

de bois en forme de vache-*remenet* abritait pourtant la momie acéphale d'Osiris[74]. L'un des manuels du temple de Dendara livre une autre mention : *hrw m Pr.t ꜥꜣ(.t) m ꜣḫ.t 3 sw [x+]8 rdj.tw nn m ꜥrf ẖr rd.wy nṯry n Ḥw.t-Ḥr tꜣ iḥ.t m-ḫt sḏr m sḫ.t* « le jour de la Grande Sortie, le troisième mois de Akhet, jour [x+]8, on place ce lin dans un sachet sous les jambes divines d'Hathor la vache, après avoir dormi dans la prairie »[75]. Cette nuit de dormir dans la prairie renverrait à celle du 25 au 26 Khoiak durant laquelle Osiris dort loin de sa tête[76].

b) Le mot *ḥꜣ.t* « avant », « face » est employé comme terme spécialisé dans le vocabulaire nautique pour désigner la « proue » d'une embarcation[77].

c) Il y a suffisamment de place dans la lacune pour qu'un mot supplémentaire y ait été noté. Il s'agissait peut-être d'un 𓈖 *n* marquant le génitif, mais le groupe *wiꜣ Ḥr* « barque d'Horus » n'est généralement pas écrit au moyen d'un génitif indirect dans le papyrus Princeton Pharaonic Roll 10 (x+7, B ; x+7, d ; x+9, 1). On pensera donc plutôt à une autre préposition, éventuellement *m* « avec », « en tant que » ou *mi* « comme ».

d) Le mot *ꞽInp(w)* « Anubis » est encore bien lisible sur l'original. Il est plus difficile de lire le terme qui vient ensuite. Le trait horizontal constitue probablement l'extrémité du signe . La suite est perdue.

7.2.2 Le rôle du prêtre d'Osiris

L'instruction ne précise pas si le prêtre d'Osiris se trouvait à côté d'une barque portative ou s'il avait embarqué à bord d'une barque fluviale. Il est uniquement indiqué qu'il devait prendre place à la proue de l'embarcation. D'autres éléments contextuels militent cependant en faveur de la seconde interprétation, à commencer par la présence de formules intitulées « maîtriser le courant » (§ 7.4) et « maîtriser le vent » (§ 7.5). Le personnel énuméré (§ 7.1), la récitation liée à la navigation (§ 7.3) et la *Formule pour voguer dans la barque* (§ 7.7) corroborent cette présomption.

7.2.3 La formule

La mention *ḏd mdw* « réciter » ne précise pas qui prononçait la brève formule dont le contenu est presque entièrement perdu. On sait pourtant qu'elle était adressée à Anubis. Il est possible que l'on soit confronté à un *incipit* qui renvoyait à un énoncé plus élaboré.

---

74 *Dendara* X, 37, 2-5. É. CHASSINAT, *Le mystère d'Osiris* I, p. 65-66 ; II, p. 596, col. 68. Fr. R. HERBIN, *Parcourir l'éternité*, p. 200-202. L. COULON, *in* : *Hérodote et l'Égypte*, p. 170. Ce même rôle est attribué à Apis dans le papyrus Brooklyn 47.218.84 (D. MEEKS, *Mythes et légendes du Delta*, p. 183 et n. 65) et à Hésat à Athribis (P. VERNUS, *Athribis*, p. 433).

75 *Dendara* X, 36, 10-11. É. CHASSINAT, *Le mystère d'Osiris* II, p. 578-579. Fr. R. HERBIN, *Parcourir l'éternité*, p. 201. J. Fr. QUACK, *LingAeg* 5 (1997), p. 239. Chr. LEITZ, *Geographisch-osirianische Prozessionen*, p. 268.

76 L. COULON, *in* : *Mélanges Neveu*, p. 78 et n. 35.

77 D. JONES, *Nautical Titles and Terms*, p. 173-174. Y. VOLOKHINE, *BIFAO* 101 (2001), p. 370, 371-373. Chr. KARLSHAUSEN, *L'iconographie de la barque*, p. 277.

7.3 Une récitation liée à la navigation (x+7, 20 – x+8, 8)

Il ne reste presque rien d'une rubrique inscrite en rouge. La formule copiée à la page suivante est en revanche bien préservée.

7.3.1 Traduction et commentaire (x+7, 20 – x+8, 8)

***ḏd mdw* 7, 21 [... ... ...]** *[m wỉ]ꜣ*	**Réciter** [a)] **7, 21 [... ... ...]** [b)] [dans la bar]que.
7, 22 *ḏd mdw.w*	**7, 22** Réciter [c)].
8, 1 *šsp[.t d]ẖ[n].w*	**8, 1** Le chœu[r des rythmeurs] [d)] :
Ḥr wḏ wỉꜣ *nsw-bỉty* *(Pr-ꜥꜣ)* | *ꜥ.w.s.* *ẖn Wsỉr*	Horus, dirige la barque du roi de Haute et Basse Égypte (Pharaon)| v.f.s. [e)] qu'Osiris navigue [f)] !
8, 2 *ỉw ẖn Wsỉr ḥm-nṯr* *Ms-rd.wy=f mꜣꜥ-ḫrw* *m wỉ[ꜣ=f pfy n]fr*	**8, 2** L'Osiris (du) prêtre *Mesredouyef*, justifié, navigue dans [cette sienne] bar[que par]faite.
ỉw ḥkꜣ Wsỉr ḥm-nṯr **8, 3** *Ms-rd.wy[=f mꜣꜥ-ḫrw* *msỉ.n Tꜣ]y-Hb.t* *m wỉꜣ[=f pfy] nfr*	L'Osiris (du) prêtre **8, 3** *Mesredouy[ef*, justifié, enfanté par *Ta]hebet*, gouverne dans [cette sienne] barque parfaite.
ỉw ỉṯ Wsỉr **8, 4** *ḥm-nṯr* *Ms-[rd.wy=f] mꜣꜥ-ḫrw* *wrr.t* *ḫr Ḥr mꜣꜥ-ḫrw*	L'Osiris **8, 4** (du) prêtre *Mes[redouyef]* [g)], justifié, prend possession de la couronne-*oureret* [h)] auprès d'Horus le triomphant [i)].
ỉw ỉry [Wsỉr ḥm-nṯr] *Ms-rd.wy=f mꜣꜥ-ḫrw* *msỉ.n Tỉ-* **8, 5** *Hb(.t) nfr* *[m] nṯr.w nty m p.t*	[L'Osiris (du) prêtre] *Mesredouyef*, justifié, enfanté par *Ta-* **8, 5** *heb(et)*, est rendu parfait [parmi] les dieux qui sont dans le ciel.
ỉw ỉry Wsỉr ḥm-nṯr *Ms-[rd.wy=f mꜣꜥ-ḫrw]* *msỉ.n Tꜣy-Hb.t* **8, 6** *pr.t-ḫrw* *[nfr n nṯr.w (?)]* *nty m p.t nty m tꜣ*	L'Osiris (du) prêtre *Mes[redouyef*, justifié], enfanté par *Tahebet*, fait **8, 6** une offrande invocatoire [parfaite aux dieux (?)] qui sont au ciel et qui sont sur terre.
ỉw smꜣꜥ-ḫrw Wsỉr ḥm-[nṯr] *Ms-rd.wy=f mꜣꜥ-ḫrw* *msỉ.n* **8, 7** *Tꜣy-Hb[.t* *mỉ] Rꜥ* *mꜣꜥ-ḫrw=f* *pꜥ.t rḫy.t dỉ=sn n=f* *ỉꜣw* **8, 8** *m ḫꜥ=f*	L'Osiris (du) prê[tre] [j)] *Mesredouyef*, justifié, enfanté par **8, 7** *Taheb[et]*, est triom[phant comme] Rê (quand) il triomphe [k)]. Que les *pât* et les *rekhyt* [l)] lui adressent une louange **8, 8** lors de son apparition [m)] !

Commentaire

a) Sur l'original, on distingue encore bien un signe vertical qui incite à lire  inscrit en rouge. Un point semble noté ensuite. La partie en lacune pourrait avoir été le titre d'une formule ou bien une prescription, relative à une récitation effectuée dans la barque et dont on aurait par exemple précisé l'identité des officiants.

b) Malgré la noircissure, on remarque des traces d'encre rouge qui ne sont malheureusement plus lisibles. Tout le passage qui précède *m wỉꜣ* « dans la barque » était écrit dans cette couleur.

c) Le point qui suit le groupe  faisait peut-être partie du dernier signe de celui-ci.

d) Sur cet ensemble que l'on retrouve à trois autres reprises (x+8, 1 ; x+11, 12 ; x+15, 12) dans le papyrus Princeton Pharaonic Roll 10, voir § 12.2.2. L'absence de la préposition *ỉn*, qui pourrait cependant être supplée, et le fait que ce mot ait été inscrit au début d'une nouvelle page, plutôt qu'à la suite de la mention *ḏd mdw.w* « réciter » alors qu'il y avait là suffisamment de place pour le faire, semblent indiquer que ce terme était employé de façon autonome, à la manière d'une didascalie. Un exemple sans équivoque d'un tel usage figure plus loin dans le manuscrit (x+15, 12), voir § 8.12.

e) Le texte est lisible malgré le noircissement du papyrus. Pharaon est mentionné à plusieurs reprises dans le papyrus Princeton Pharaonic Roll 10 (x+12, 6 ; x+12, 9 ; x+12, 10 ; x+14, 2 ; x+14, A ; x+15, 2), voir § 12.2.3.

f) On notera la présence d'un point à la fin de la ligne, qui pourrait éventuellement avoir joué un rôle syntaxique, voir § 2.4.2. Rendre ces deux verbes par des impératifs en ferait deux injonctions : *Ḥr wḏ wỉꜣ nsw bỉty (Pr-ꜥꜣ)*| *ꜥ.w.s. ḫn Wsỉr* « Horus, dirige la barque du roi de Haute et Basse Égypte (Pharaon)| v.f.s. et fais naviguer[78] Osiris ! », ce qui conviendrait assez bien comme énoncé du chœur des rythmeurs. Mais on pourrait aussi les intégrer à des constructions pseudo-verbales, dans lesquelles la préposition *ḥr* peut être omise : *Ḥr (ḥr) wḏ wỉꜣ nsw bỉty (Pr-ꜥꜣ)*| *ꜥ.w.s. (ḥr) ḫn Wsỉr* « Horus dirige la barque du roi de Haute et Basse Égypte (Pharaon)| v.f.s. et fait naviguer Osiris ». On pourrait également considérer que le roi jouait ici un rôle plus actif : *Ḥr wḏ wỉꜣ nsw bỉty (Pr-ꜥꜣ)*| *ꜥ.w.s. ḫn Wsỉr* « Horus, dirige la barque ! Roi de Haute et Basse Égypte (Pharaon)| v.f.s., fais naviguer Osiris ». Les représentations de la navigation de la barque d'Amon dans la chapelle d'Hatshepsout de Karnak par exemple montrent la barque divine remorquée par la barque royale[79]. C'est pourtant Horus qui est présenté comme l'acteur principal dans la *Formule pour voguer dans la barque* (§ 7.7). Enfin, on peut considérer que seul le premier verbe était un impératif et que le second était une forme *sḏm=f* ayant pour sujet Osiris, qui exprimerait alors le but poursuivi : *Ḥr wḏ wỉꜣ nsw bỉty (Pr-ꜥꜣ)*| *ꜥ.w.s. ḫn Wsỉr* « Horus, dirige la barque du roi de Haute et Basse Égypte (Pharaon)| v.f.s. qu'Osiris navigue ! ».

g) La lacune semble un peu trop longue pour que seule la graphie usuelle de cet anthroponyme y ait figuré.

---

78 Le verbe *ḫn* « naviguer » peut aussi avoir le sens « faire naviguer », « convoyer » (*Wb* III, 374, 1-375, 4 ; P. WILSON, *Lexikon*, p. 768).

79 P. LACAU, H. CHEVRIER, *Une chapelle d'Hatshepsout*, p. 175-191.

h) La couronne-*oureret* fonctionne comme symbole du triomphe royal sur les ennemis[80]. Elle était présentée à Horus triomphant de ses ennemis comme la couronne de justification lorsqu'il apparaît sur le trône de Geb[81]. Ce motif associé à la royauté est déjà attesté dans les *Textes des sarcophages*[82]. On retrouve une phrase similaire dans les *Textes des pyramides* : *iṯ (N.)| wrr.t im mi (?) Ḥr sꜣ ꞽItm* « Puisse (N.)| prendre possession de la couronne-*oureret* ici comme Horus fils d'Atoum »[83]. On comparera ce passage avec un extrait d'un *Livre des respirations* : *ink mꜣꜥ-ḫrw mi nb wrr.t* « Je suis triomphant comme le maître de la couronne-*oureret* »[84]. Dans les *Glorifications*, le don de l'œil d'Horus à Osiris ou au défunt permettait qu'il se pare de la couronne-*oureret*[85].

i) L'Horus triomphant incarne la victoire sur les ennemis[86].

j) Le verbe *smꜣꜥ-ḫrw* et le début de la titulature du défunt sont encore lisibles malgré le noircissement du papyrus.

k) L'identité du sujet n'est pas claire, mais c'était peut-être voulu. Il s'agit probablement de Rê, mais le défunt pouvait s'y associer comme le laisse entendre la comparaison qui vient d'être faite.

l) Attestés dès les *Textes des pyramides*, les *pât* et les *rekhyt* constituaient deux catégories d'humains qui étaient régulièrement associées, notamment dans l'adoration divine. Certains pensent que les *pât* étaient les habitants de Haute Égypte et les *rekhyt* ceux de Basse Égypte, tandis que d'autres considèrent qu'il s'agit plutôt d'une distinction sociale, les premiers étant des nobles et les seconds des gens de plus basse extraction[87]. Une étude de Kenneth Griffin, intitulée *The Social and Mythological Role of the Rekhyt in Ancient Egypt*, est en cours sous la supervision du professeur Thomas Schneider[88].

m) S'il s'agissait de l'apparition de Rê, cette phrase situerait les faits au matin, au moment du lever du soleil. Il n'est pas impossible que les peuples nommés aient symbolisé la foule qui aurait salué l'apparition du défunt.

7.3.2 Structure et interprétation

La rubrique initiale est presque entièrement perdue et on sait seulement qu'elle avait trait à une barque. On ignore par conséquent s'il s'agissait d'une notice précisant les détails de la récitation ou si le titre de la formule y était indiqué. Il faut semble-t-il à nouveau considérer « le chœur des rythmeurs » comme une indication indépendante qui introduisait un discours précis. Une formule relativement brève conviendrait mieux à leur statut qu'un long discours, et on peut penser que cet ensemble répondait à l'officiant en charge du reste de la récitation. On peut penser que c'était comme préalablement le ritualiste et supérieur qui effectuait cette

80 *Wb* I, 333, 11-12. Ph. DERCHAIN, *ChronÉg* 30, nº 60 (1955), p. 232, n. 1. H. ROEDER, *Mit dem Augen sehen*, p. 10-23. K. GOEBS, *Crowns*, p. 35-83.

81 Ph. DERCHAIN, *ChronÉg* 30, nº 60 (1955), p. 232 et n. 1, 253-254 (1), 255-256 (3), 256-257 (4), 269-270 (14).

82 K. GOEBS, *Crowns*, 2008, p. 78-80.

83 *Pyr.* § 881b. K. GOEBS, *Crowns*, 2008, p. 48-50.

84 J.-Cl. GOYON, *Le papyrus du Louvre N. 3279*, p. 47 (XLI), 49 et n. 6 (P. Paris Louvre N. 3279 (III, 12)).

85 J. ASSMANN, M. BOMMAS, A. KUCHAREK, *Totenliturgien* 3, p. 310.

86 *LGG* V, p. 258.

87 J. PIRENNE, *in* : *Mélanges Bidez*, p. 689-717. A. NIBBI, *Lapwings*. A. NIBBI, *DiscEg* 9 (1987), p. 79-96. Cl. VANDERSLEYEN, *in* : *Egyptian Delta*, p. 301-304.

88 Voir encore K. GRIFFIN, *Ancient Egypt* 7 (2006), p. 45-50 ; K. GRIFFIN, *in* : *CRE* 2006, p. 66-84.

récitation, mais il pourrait aussi s'agir du prêtre d'Osiris qui vient d'être nommé (x+7, 18). La première strophe de la formule se distingue d'ailleurs formellement des suivantes, ce qui tendrait à soutenir cette interprétation. Elle constituerait le discours du chœur des rythmeurs, expliquant la présence de cette incise au début de la formule. Cette partie se rapporte à Horus et à Osiris ; Pharaon y est mentionné mais de manière anecdotique. En faisant d'Horus celui qui dirige la barque, elle renvoie à la *Formule pour voguer dans la barque* qui évoque la navigation d'Horus en quête de son propre œil (§ 7.7). La suite du texte a pour objet *Mesredouyef* uniquement. À l'instar des dieux, le défunt naviguait dans sa barque. Il prenait également possession de la couronne-*oureret*, symbolisant la couronne de justification[89], auprès d'Horus le triomphant, accédait à la perfection auprès des dieux célestes et accomplissait une offrande invocatoire. Il triomphait alors comme Rê que les peuples acclament lors de son apparition.

L'association de la navigation d'un défunt à celle d'Osiris évoque plusieurs fêtes funéraires, notamment la Grande Sortie (*pr.t ꜥꜣ.t*) du 22 Thot[90] et le pèlerinage abydénien de la barque-*nechemet* qui avait lieu le 25 Khoiak. Un hymne à Osiris associe les jours du triomphe (*hrw.w ỉpn nw mꜣꜥ-ḫrw*), avec la présentation de l'œil-*oudjat* à ce dieu et sa navigation sur le fleuve[91].

7.4 Maîtriser le courant (x+8, 8-12)

Le titre de cette formule est explicite. Son contenu relève de la protection de la barque et son caractère magique ne s'oppose pas à une fonction rituelle.

7.4.1 Traduction et commentaire (x+8, 8-12)

ky r(ꜣ)	**Autre formule**.
ḫsf hꜣnw	Maîtriser le courant [a)].
ḏd mdw	Réciter :
sn.t twy-nn	Celle-ci est la sœur [b)]
n.t Mrḥw	du taureau-*Merehou* [c)],
ḥr pf **8, 9** *y-nn [ꜥꜣ]*	cette **8, 9** [grande] figure-là
nty m ḥꜣ.t	qui est à la proue [d)].
Ḥr pfy-nn sꜣ Wsỉr	Celui-là est Horus, fils d'Osiris [e)],
ỉry w[d] m ꜥpr(w)=f	qui dispose [f)] (?) de son équipement [g)] (?).
ḥr pfy **8, 10***-nn Wr*	Celui-ci est le visage **8, 10** du Grand [h)].
wṯs sw rmn sw	Porte-le, arbore-le
r ỉḫ.wt nb(.wt) ḏw.t	contre toutes choses néfastes.
nn ḫpr=sn r=f	Elles ne pourront pas advenir contre lui
wḏꜣ=f	(car) il est intact.
8, 11 *wḏꜣ Wsỉr ḥm-nṯr Ms-rd.wy=f*	**8, 11** L'Osiris (du) prêtre *Mesredouyef*,
mꜣꜥ-ḫrw msỉ.n Tỉ-Hb(.t)	justifié, enfanté par *Taheb(et)*, est sain

89 Ph. Derchain, *ChronÉg* 30, nº 60 (1955), p. 225-287. M. Müller-Roth, *in* : *Mythos und Ritual*, p. 143-162.

90 S. Schott, *Altägyptische Festdaten*, p. 83. Il n'est pas exclu que cette cérémonie renvoie à la navigation du 22 Khoiak (S. Cauville, *Les chapelles osiriennes* II, p. 122 et n. 277).

91 G. Lapp, *SAK* 42 (2013), p. 207.

wḏꜣ=f	(car) il [i] est intact.
ḏd mdw ḥr bỉk Šnbty	Réciter sur un faucon [j] *Chenbety* [k]
ỉw šw.ty **[8, 12]** *ḥr tp=f*	ayant une paire de plumes **[8, 12]** sur sa tête [l],
sšw.w ḥr šw	dessiné sur un papyrus vierge,
[*m ḥꜣ.t*] *dp*(*.t*)*-nṯr*	[à la proue de] la barque du dieu [m].
nn ṯꜣ.n=s mw	Il n'est pas question qu'elle prenne l'eau
nn ỉṯ [*msḥ.w* (?) *ỉ*]*m=s*	(et) les [crocodiles [n]] ne s'en saisiront pas.

Commentaire

a) Le terme *hꜣnw* « vague », « flot », « courant »[92] n'est pas attaché uniquement à la mer, mais pouvait s'appliquer aussi à un contexte fluvial[93]. Il est régulièrement rattaché à un danger. Un texte satirique compare ainsi le scribe dissipé à l'apprenti marin : *bn sw nwꜣ ṯꜣ.w nḫꜣ.w bw ḏꜥr=f pꜣ hꜣnw* « il n'est pas attentif aux vents violents, il ne s'inquiète pas du courant »[94]. Le mot *hꜣnw* apparaît dans un autre passage de ce manuscrit : *pꜣ gs mw ỉry=f hꜣnw* « le bord de l'eau[95] qui fait des vagues »[96]. Une autre expression, tirée d'un hymne à l'inondation, illustre peut-être ce même phénomène : *hꜣnw.w ꜥḥꜥ mrw* « les vagues combattent la rive »[97]. Une courte inscription du Nouvel Empire découverte sur la route du désert occidental évoque l'aide accordée par Amon à un prêtre-pur en lui permettant de rejoindre la terre ferme, alors qu'il était en difficulté et que « les vagues étaient hautes » (*h*(*ꜣ*)*nw ḳꜣ*(*.w*))[98]. Une incantation servant vraisemblablement de protection contre les crocodiles déclare à propos d'Isis : « Elle scelle la source du fleuve et fait que le poisson repose sur la boue sans que les vagues ne puissent le submerger »[99]. Le nom du canal du 13e nome de Haute Égypte  pourrait être compris *h*(*ꜣ*)*nw* « le canal battu par les vagues »[100].

b) La lecture de la fin de ce mot est entravée par une tache et le premier signe peut être interprété comme  (T22) ou  (V7a) qui se confondent en hiératique. La racine *šnꜥ* se rattache à l'idée de « repousser », « tenir écarté »[101]. On pensera par exemple aux

92 *Wb* II, 481, 10-12. *Anlex* 77.2478, 79.1817.

93 J. C. Darnell, *Theban Desert Road Survey II*, p. 32-33.

94 A. H. Gardiner, *Egyptian Hieratic Texts* I, p. 39 et n. 8, qui traduit « courant » plutôt que « vague », ce qui convient bien dans ce contexte. A. H. Gardiner, *Late-Egyptian Miscellanies*, p. 36, 118 (P. Anastasi IV 2, 8 = P. Koller 2, 6-7). R. A. Caminos, *Late-Egyptian Miscellanies*, p. 132, 437. Chl. Ragazzoli, *in* : *Forschung in der Papyrussammlung*, 236 (pl. 2).

95 *CDD*, G, p. 67. Ce terme a par ailleurs été compris *gms* « tempête », voir R. A. Caminos, *Late-Egyptian Miscellanies*, p. 128; J. C. Darnell, *Theban Desert Road Survey II*, p. 33 et n. 194.

96 A. H. Gardiner, *Late-Egyptian Miscellanies*, p. 35 (P. Anastasi IV 1b, 2). R. A. Caminos, *Late-Egyptian Miscellanies*, p. 126.

97 G. Posener, *Ostraca hiératiques* III, 3, pl. 81, nº 1675, l. 4. J. C. Darnell, *Theban Desert Road Survey II*, p. 33, n. 197.

98 J. C. Darnell, *in* : *Honi soit qui mal y pense*, p. 39-45, en particulier p. 40-41. J. C. Darnell, *Theban Desert Road Survey II*, p. 31-36.

99 R. O. Lange, *Der magische Papyrus Harris*, p. 62 (rº VII, 9). M. Bommas, *Die Heidelberger Fragmente*, p. 22. Chr. Leitz, *Magical and Medical Papyri*, p. 42, pl. 18 (rº VII, 9)).

100 Chr. Leitz, *Geographisch-osirianische Prozessionen*, p. 163-164 (§ 13d). Chr. Leitz, *Die Gaumonographien*, p. 105.

101 *Wb* IV, 504, 5-505, 12.

gargouilles des temples[102]. Il pourrait donc s'agir d'un obstacle ou d'une entrave. Le terme *šn.t* « conjuration »[103] pourrait aussi convenir dans ce contexte sémantique. Le mot *šnʿ*, qui désigne la « poitrine »[104], pourrait constituer un pendant au mot *ḥȝ.t* « proue » de la phrase suivante et désigner un élément du bateau[105]. Cependant, la présence du  renvoie à la graphie du mot *sn.t* « sœur » telle qu'elle apparaît ailleurs dans le manuscrit (x+17, 5 ; x+21, 2). Une inscription décrit Aménardis comme *sȝ.t Mrḫw* « fille du taureau-*Merehou* », un titre attesté dès l'Ancien Empire[106]. Dans un hymne provenant d'Assouan, Isis est la fille de *Merehou* et de Thot[107]. Ailleurs, elle peut être la compagne de *Merehou*[108].

En Moyen Égyptien, un démonstratif comme *nn* peut se substituer à *pw* pour former une phrase à prédicat nominal et il peut précéder le génitif indirect[109]. On trouve une construction comparable avec un pluriel dans le papyrus Salt 825 : *pȝ 4 ḳʿḥ nn* « Ceux-ci sont les quatre angles »[110]. On pourrait donc rendre ce passage en considérant *nn* comme un pronom démonstratif neutre, distinct de *twy* : *sn.t twy nn nt Mrḫw* « Ceci est cette sœur du taureau-*Merehou* ». Un démonstratif *twy-nn* est cependant attesté dans les temples tardifs[111]. Il est employé de manière attributive : *rdỉ n=k ỉt=k Rʿ s.t=f twy-nn wr.t ʿȝ.t* « Ton père Rê te donne justement ce sien siège qui est grand et important »[112], ou bien prédicative : *ỉr.t twy-nn n.t Ḥr rdỉ.n=k sy n Ws<ỉr>* « Ceci est l'œil d'Horus, tu le donnes à Osiris »[113]. On comprendra donc de la même manière : *sn.t twy-nn n.t Mrḫw* « Celle-ci est la sœur du taureau-*Merehou* ».

c) Divinité secondaire d'Athribis, le taureau-*Merehou*, dont le nom est rendu par « Celui qui est oint », est à la fois une divinité solaire, une figure osirienne et un avatar de Chou[114]. Dans la salle des fêtes d'Osorkon II à Bubastis, il fait partie des dieux de Basse-Égypte

---

102 *Wb* IV, 506, 2. P. WILSON, *Lexikon*, p. 1018. C. DE WIT, *ChronÉg* 29, nº 58 (1954), p. 29-45. Chr. THIERS, *in* : *Diener des Horus*, p. 251-263. B. VENTKER, *Der Starke auf dem Dach*.

103 *Wb* IV, 496, 8-12.

104 *Wb* IV, 506, 14. P. LACAU, *Les noms des parties du corps*, p. 69-70. *AnLex* 78.4150. J. H. WALKER, *Anatomical Terminology*, p. 276, 294. R.-A. JEAN, A.-M. LOYRETTE, *La mère, l'enfant et le lait*, p. 30-31.

105 *Wb* IV, 504, 3. D. JONES, *Nautical Titles and Terms*, p. 189, nº 160. P. LACAU, *Les noms des parties du corps*, p. 70.

106 K. SETHE, *Urkunden* II, 1, p. 72, l. 2. E. OTTO, *Beiträge zur Geschichte der Stierkulte*, p. 7-8, 9. S. ROTH, *Die Königsmütter*, p. 141 et n. 804.

107 E. BRESCIANI, S. PERNIGOTTI, *Assuan*, p. 80-81 (C11, l. 1). R. PREYS, *Le temple d'Assouan*, 2005 <mill.arts.kuleuven.be/ptt/temples/Assouan.htm> (12.05.2014).

108 A. MARIETTE, *Abydos* I, p. 80 (5ᵉ tableau). A. H. GARDINER (éd.), *Abydos* III, pl. 15.

109 J. P. ALLEN, *Middle Egyptian*, p. 71 (7.7). Cet usage est toujours en cours dans les temples ptolémaïques (D. KURTH, *Einführung ins Ptolemäische* 2, p. 630-631).

110 P. VERNUS, *RdÉ* 41 (1990), p. 158.

111 D. KURTH, *Einführung ins Ptolemäische* 2, p. 624 et n. 5, qui renvoie à H. JUNKER, *Die Stundenwachen*, p. 27. Voir aussi P. CLÈRE, *La porte d'Évergète*, pl. 40 (col. 1) : *rnp=k pwy-nn Ḫnsw-Ḏḥwty* « Celui-ci est ton taurillon, Chonsou-Thot ».

112 A. H. PRIES, *Die Stundenwachen*, p. 90.

113 A. H. PRIES, *Die Stundenwachen*, p. 78 et n. 146, qui précise que l'emploi de *pw-nn* est déjà attesté dès l'Ancien Empire. Un emploi attributif ne serait en principe pas exclu dans cet exemple (D. KURTH, *Einführung ins Ptolemäische* 2, p. 624), d'autant que l'accord est respecté : *ỉr.t twy-nn n.t Ḥr rdỉ.n=k sy n Ws<ỉr>* « Cet œil-là d'Horus, tu le donnes à Osiris », mais le sens serait moins bon.

114 E. OTTO, *Beiträge zur Geschichte der Stierkulte*, p. 7-8. P. VERNUS, *Athribis*, p. 455-458. *LGG* III, p. 357. J.-P. CORTEGGIANI, *Dictionnaire*, p. 321-322.

sous une forme anthropomorphique[115]. Dans le temple de Séthi Ier à Abydos, où le dieu *Merehou* est affublé d'une tête de taureau, il est le seigneur d'Athribis et a pour compagne Isis[116]. Le Grand Noir (*Km-wr*), taureau adoré dans le 10e nome de Basse Égypte, est parfois décrit comme *Merehou*[117]. Mais *Merehou* peut également être rapproché du taureau Mnévis qui rapporte d'Athribis à Héliopolis les reliques osiriennes[118].

d) Le terme *ḥr* « visage », « face » renvoie à la frontalité[119] et désigne ici, comme parfois le mot *tp* « tête », la « figure de proue » de la barque[120]. À propos du mot *ḥꜣ.t* « proue », voir § 7.2.1, n. b).
La locution *pf(y)-nn* peut être considérée comme un démonstratif tardif[121], à l'instar de *pwy-nn* et *twy-nn*[122], voir *supra* n. b). Si la lecture de l'adjectif *ꜥꜣ* « grand » est correcte, il est difficile d'admettre que *pfy-nn*, ou même *nn*, l'ait précédé dans un rôle prédicatif et il faut lui attribuer plutôt une valeur attributive.

e) La traduction retenue est préférable à celle qui verrait le nom du dieu affublé d'un démonstratif supplémentaire : *Ḥr pfy nn sꜣ Wsỉr* « Ceci est cet Horus, fils d'Osiris ». Un exemple prédicatif comparable à celui-ci figure dans le papyrus Bremner-Rhind (22, 21), dont Jacqueline Lustman ne considère qu'une partie qu'elle rend en dissociant *pfy* et *nn* : *ḏꜣḏꜣ=k pf nn ꜥpp* « Celle-là même est cette tienne tête, Apophis »[123]. Une traduction avec un seul démonstratif composé dans la seconde phrase permet de faire mieux ressortir la tête d'Apophis parmi toutes les autres : *tp.w=tn nn sbỉ.w ḏꜣḏꜣ=k pfy-nn ꜥpp* « Ce sont vos têtes, ennemis ! Celle-là est ta tête, Apophis ! ».

f) Le signe qui suit le verbe *wd* peut être lu comme le déterminatif  (A24), bien qu'il ressemble quelque peu au signe  (V6). Rare en égyptien classique, l'emploi de *ỉr* comme auxiliaire se répand en néo-égyptien[124] et n'est plus en démotique limité au nombre de consonnes du verbe[125]. Le verbe *ỉrỉ* sert également à former des participes actifs[126]. La graphie  *ỉry* est la plus répandue pour le participe actif dans le papyrus Bremner-Rhind[127], mais elle est souvent celle de l'infinitif dans le papyrus Princeton Pharaonic Roll 10[128]. Faut-il dès lors rattacher ce passage à ce qui précède : « … qui dispose de… », ou à ce qui suit : « Mettre en place… » ?

---

115 É. NAVILLE, *The Festival Hall*, pl. VII (20).
116 A. MARIETTE, *Abydos* I, p. 80 (5e tableau). A. H. GARDINER (éd.), *Abydos* III, pl. 15.
117 P. VERNUS, *Athribis*, p. 235-236 et 238, n. f. Chr. LEITZ, *Die Gaumonographien*, p. 58. Chr. LEITZ, *Geographisch-osirianische Prozessionen*, p. 369-370 (§ 32c), 391-395 (§ 35e).
118 Chr. LEITZ, *Geographisch-osirianische Prozessionen*, p. 391-395 (§ 35e).
119 Y. VOLOKHINE, *La frontalité*.
120 Y. VOLOKHINE, *BIFAO* 101 (2001), p. 371-373. Chr. KARLSHAUSEN, *L'iconographie de la barque*, p. 277-278.
121 *Wb* I, 507, 8. Elle apparaît ailleurs dans le papyrus Princeton Pharaonic Roll 10 (x+15, 10) avec une fonction attributive.
122 D. KURTH, *Einführung ins Ptolemäische* 2, p. 623 et n. 15, p. 624 et n. 5, qui renvoie à H. JUNKER, *Die Stundenwachen*, p. 27. La forme *pfy-nn* n'est pas répertoriée.
123 J. LUSTMAN, *Étude grammaticale*, p. 10, § 2.1.3.2 et n. 10, p. 101, §17.1.2.
124 M. MALAISE, J. WINAND, *Grammaire raisonnée*, p. 509, § 832. Fr. JUNGE, *Late Egyptian Grammar*, p. 95-96.
125 D. KURTH, *Einführung ins Ptolemäische* 2, p. 743 et n. 3.
126 D. KURTH, *Einführung ins Ptolemäische* 2, p. 716 et n. 7-9.
127 J. LUSTMAN, *Étude grammaticale*, p. 60, § 11.4.7.3.
128 Voir par exemple x+2, 7 ; x+2, 8 ; x+4, 1 ; x+7, 8.

g) On peut hésiter entre les termes *ʿprw* « équipage »[129] et *ʿprw* « équipement »[130], qui font tous deux sens dans le contexte donné.

h) On pourrait être gêné par une valeur prédicative de *pfy-nn* placé avant un génitif direct, et un sens attributif conviendrait également : *ḥr pfy-nn Wr* « Ce visage-là du Grand… ».

i) Ici, le possessif *=f* ne renvoie pas au défunt mais bien au même référant que dans les deux phrases précédentes, à savoir l'élément qui assurait la protection de la barque.

j) Le mot *bỉk* « faucon »[131] s'écrit volontiers . Le scribe a remplacé ici l'idéogramme  par la forme 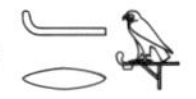 qu'il utilise habituellement pour écrire le nom du dieu Horus. On retrouve par exemple des graphies similaires dans le papyrus Caire JdE 97.249/3[132], le papyrus Bremner-Rhind[133], le papyrus Barcelone Palau-Ribes inv. 80 (B, x+7)[134], le papyrus Caire 58027[135], le papyrus Hal. Kurth inv. 33 A-C (v° II, x+3)[136]. Elles sont aussi fréquentes à Tebtynis[137].

k) *Šnbty* est une désignation de l'image du faucon[138], que l'on rencontre à côté de *ʿḫm* ou *gmḥsw*. Elle renvoie aussi au dieu *Chenbety*[139], forme d'Horus, en particulier à Edfou.

l) Ce portrait correspond au faucon, rendu avec deux plumes sur la tête, qu'a tracé le scribe comme déterminatif de *Šnbty*. Un manuscrit hiératique du IVe siècle av. J.-C., qui fournit un inventaire du temple, présente la description de statues avec une double plume sur la tête[140]. L'effigie d'un faucon divin avec une double plume sur la tête apparaît dans la rubrique d'une formule magique intervenant dans la prophylaxie du venin[141].

m) La lacune rend la transition incertaine. Pour la lecture du signe , cf. § 3.2 (F4). La barque du dieu (*dp.t-nṯr*) peut désigner la barque-*nechemet* à laquelle elle est volontiers associée[142]. En outre, le *Livre de protéger la barque-nechemet* est aussi connu comme le *Livre de protéger la barque du dieu*[143]. Le mode d'emploi du chapitre 134 du *Livre des morts* indique par exemple que cette formule devait être récitée sur les images d'un faucon muni de la couronne blanche et d'autres divinités, inscrites sur une coupe neuve et placée dans la barque[144].

---

129 *Wb* I, 181, 6-11.
130 *Wb* I, 181, 1.
131 *Wb* I, 444, 13-445, 8. P. WILSON, *Lexikon*, p. 308-309. *LGG* II, p. 759-761.
132 G. BURKARD, *Die Papyrusfunde*, p. 31, l. 7.
133 S. SCHOTT, *Urkunden* VI, 117, 21.
134 S. VUILLEUMIER, « Réexamen du P. Barcelone Palau-Ribes inv. 80, ou comment rendre ses *Glorifications* à son propriétaire », à paraître.
135 A. H. PRIES, *Schutz des Königs*, p. 12.
136 H.-W. FISCHER-ELFERT, *ZÄS* 135 (2008), p. 123-124, pl. XXVIII.
137 A. VON LIEVEN, *Grundriss des Laufes der Sterne*, p. 47, n. 167. J. Fr. QUACK, *WdO* 35 (2005), p. 191.
138 *Wb* IV, 514, 1-4.
139 *LGG* VII, p. 103-104. Chr. LEITZ, *Die Gaumonographien*, p. 22.
140 S. CAUVILLE, *ZÄS* 122 (1995), p. 38-61 (P. Berlin P. 10.472 A + P. 14.400). Fr. HOFFMANN, *in* : *Menschenbilder*, p. 481-500.
141 W. PLEYTE, F. ROSSI, *Papyrus de Turin*, pl. 131 (l. 7). A. ROCCATI, *Magica Taurinensia*, p. 68 (P. Turin CGT 54051 (r° 2, 7). J.-Cl. GOYON, *Le recueil de prophylaxie*, p. 37.
142 Fr. R. HERBIN, *Parcourir l'éternité*, p. 100 avec plusieurs exemples.
143 J.-Cl. GOYON, *Kêmi* 19 (1969), p. 25.
144 Fl. ALBERT, *Le Livre des Morts d'Aset-Ouret*, p. 40.

n) De nombreux mots existent pour désigner le crocodile[145] et, compte tenu de la lacune, il n'est pas possible de définir avec certitude lequel avait été choisi. Le terme générique *msḥ*[146] constituerait pourtant une proposition acceptable, car il est question ici des crocodiles de manière générale plutôt que d'une appellation spécifique. Le danger que représentaient ces animaux pour les Égyptiens est bien connu et bien que le crocodile ait fait l'objet de plusieurs cultes, il était par ailleurs massacré[147]. On pensera aussi aux fameuses stèles d'Horus sur les crocodiles[148]. Mais le contexte de ce passage du papyrus Princeton Pharaonic Roll 10 n'a guère à voir avec ces pratiques, puisque c'est à la protection de la barque que l'on s'attache en mentionnant ces sauriens. Plusieurs formules du papyrus magique Harris (P. Londres BM EA 10042) traitent des crocodiles dont il fallait se protéger[149]. Le *Rituel pour repousser le Mauvais* indique qu'il fallait éviter que le crocodile s'en prenne à Celui qui est immergé, soit Osiris[150]. Les chapitres 31 et 32 du *Livre des morts* sont intitulés *r(ꜣ) n ḫsf msḥ(.w)* … « Formule pour repousser le(s) crocodile(s)… »[151]. Un ouvrage intitulé *Repousser les crocodiles* (*ḫsf msḥ.w*) était conservé dans la bibliothèque du temple d'Edfou[152].

7.4.2 La protection de la barque

Plusieurs ouvrages ayant pour but de protéger la barque divine sont connus[153], mais aucun ne traite spécifiquement de la maîtrise du courant ou mentionne les éléments caractéristiques de cette formule dont le champ lexical insiste sur les notions de face et d'avant, en jouant sur les homophonies de *ḥr* « visage », *Ḥr* « Horus » et *ḥr* « figure (de proue) ». Le mot *šnbty* « faucon » renvoie par ailleurs au terme *šnb.t* « poitrine »[154] qui s'intègre lui aussi ce champ sémantique. La notion de visage, comme protection, s'articule d'ailleurs bien avec le contenu d'une section précédente, dans laquelle il était question d'aveugler la face de l'ennemi (§ 6.4). L'association apotropaïque d'un élément d'une embarcation avec une partie du corps d'un dieu permettait d'assurer une protection. De longues listes de correspondances sont ainsi

145 P. WILSON, *in* : *The Temple in Ancient Egypt*, p. 193-200.

146 P. WILSON, *in* : *The Temple in Ancient Egypt*, p. 194. P. WILSON, *Lexikon*, p. 464.

147 P. WILSON, *in* : *The Temple in Ancient Egypt*, p. 179-193.

148 J. BERLANDINI, *CahKarn* 6 (1980), p. 235-245. R. K. RITNER, *in* : *Religion and Philosophy*, p. 103-116, où on notera l'attaque de crocodiles fomentée par le Noun afin de séduire une déesse venue se baigner (p. 112-113). A. GASSE, *RdÉ* 43 (1992), p. 207-210. L. KÁKOSY, *Egyptian Healing Statues*. A. GASSE, *RdÉ* 55 (2004), p. 23-37. A. GASSE, *Les stèles d'Horus*, 2004.

149 R. O. LANGE, *Der magische Papyrus Harris*, p. 12-83. M. BOMMAS, *Die Heidelberger Fragmente*, p. 14-38. Chr. LEITZ, *Magical and Medical Papyri*, p. 31-46. Le crocodile Maga, fils de Seth, s'oppose volontiers à Horus, fils d'Osiris (P. WILSON, *in* : *The Temple in Ancient Egypt*, p. 181). Ailleurs, c'est Neha-her qui attaque Osiris (C. E. SANDER-HANSEN, *Die Texte der Metternichstele*, p. 31-34 (42)).

150 S. SCHOTT, *Urkunden* VI, p. 129, 13-16 (57). V. ALTMANN, *Die Kultfrevel des Seth*, p. 123-124.

151 P. BARGUET, *Le Livre des morts*, p. 76-77. S. SCHOTT, *Bücher und Bibliotheken*, p. 211, nº 819. St. QUIRKE, *Going out in Daylight*, p. 102, 104.

152 *Edfou* III, 348, 1. A. GRIMM, *in* : *Akten München*, p. 161. P. WILSON, *in* : *The Temple in Ancient Egypt*, 1997, p. 192 [18].

153 Voir n. 240.

154 *Wb* IV, 512, 10-513, 17. J. H. WALKER, *Anatomical Terminology*, p. 276. Le terme *šnb.t-nṯr* désigne d'ailleurs une amulette (J. OSING, Gl. ROSATI, *Tebtynis*, pl. 20 (x+5,13)).

attestées dès les *Textes des pyramides*. Le visage peut y être attribué à Horus ou prendre l'apparence de celui d'un faucon, sans que cela ne constitue pourtant une règle[155].

Les deux figures divines mentionnées – la sœur du taureau-*Merehou* et Horus, fils d'Osiris – participaient vraisemblablement à la protection de la barque. Le papyrus Brooklyn 47.218.138 (x+5, 8-9) indique que les paroles d'Horus sont bénéfiques *r ḫsf nwn m ṯ3.w* [...] « pour maîtriser le flot avec les vents [...] »[156]. Les termes employés (« porter », « arborer ») laissent penser qu'une sorte d'amulette représentant le « visage du Grand » servait de protection, mais compte tenu du contexte et du but poursuivi par la formule, il serait plus pertinent d'y reconnaître un élément de la barque. Vu l'insistance portée au visage dans cette formule, on pourrait songer aux figures de proue qui reproduisaient volontiers la face d'une divinité qu'elles personnifiaient[157]. Et il n'y aurait rien d'étonnant à ce que la figure de proue d'un bateau appartenant à Horus[158] présente la face d'un rapace[159].

7.4.3 Mise en œuvre de la formule

Comme c'est initialement indiqué, il s'agissait d'une récitation, mais l'identité de l'officiant n'est pas précisée. La rubrique confirme cette instruction et détaille un rite complémentaire. La formule était récitée sur un dessin réalisé sur un papyrus vierge qui représentait un faucon ayant une paire de plumes sur la tête. Rien n'est précisé en revanche en ce qui concerne la posture de l'oiseau, à moins que le déterminatif employé  ne constitue justement un indice. On ajoute en revanche que la formule devait être récitée à la proue de la barque du dieu. Le contenu de la formule semble d'ailleurs indiquer un lien avec la figure de proue. Il s'agissait peut-être d'un phylactère[160] qui assurait la protection de la barque et par conséquent celle du défunt, sans qu'il ne soit pour autant rattachée directement à lui. Il n'est pas exclu que la récitation de cette formule ait été laissée aux soins du prêtre d'Osiris qui devait prendre place à la proue de la barque (§ 7.2).

On précisait finalement la nature de la menace en affirmant que la barque ne prendrait pas l'eau et qu'elle ne serait pas la proie des crocodiles, ce qui lève tout doute quant au contexte dans lequel la barque était employée et par conséquent sur le type de déplacement décrit dans le papyrus Princeton Pharaonic Roll 10.

---

155 On relèvera « ta tête est celle d'Horus de la Douat » (*Pyr.* § 148a), « la tête (N.)| est (celle) d'Horus » (*Pyr.* § 1303a), mais « le visage de (N.)| est (celui) d'Oupouaout » (*Pyr.* §1304c), « sa tête est la tête de Rê-Horakhty (...) son visage est le visage de Nefertoum » (A. Klasens, *Magical Statue Base*, p. 48-49), « ta tête est celle d'Atoum » (Fr. Daumas, *BIFAO* 56 (1957), p. 44-46), « mon visage est le disque du soleil » (G. Lapp, *The Papyrus of Nu*, pl. 16-17). Dans les *Litanies au soleil*, on peut lire « mon visage est celui d'un faucon » (J. Fr. Quack, *JAC* 38 (1995), p. 105). Les inscriptions de certains masques associent plutôt au faucon-*bik* l'occiput (A. Zdiarsky, *in* : *Florilegium Aegyptiacum*, p. 376-377).

156 J.-Cl. Goyon, *Le recueil de prophylaxie*, p. 32-33.

157 Chr. Karlshausen, *L'iconographie de la barque*, p. 159-177.S. Ivanov, *in* : *Seventh International Congress*, p. 332-339.

158 Voir § 7.1.

159 Chr. Karlshausen, *L'iconographie de la barque*, p. 112, 135, 137, 167.

160 Des représentations sur papyrus accompagnées ou non de texte pouvait servir de talismans (G. Michaïlidès, *Aegyptus* 32 (1952), p. 45-53 ; J.-Cl. Goyon, *BIFAO* 77 (9177), p. 45-54). Outre de petits textes magiques, certaines formules du *Livre des morts* pouvaient être employées de la sorte (O. Illés, *in* : *Totenbuch-Forschungen*, p. 121-133 ; Fl. Albert, M. Gabolde, *ENIM* 6 (2013), p. 159-168).

7.5 Maîtriser les vents (x+8, 12-14)

Cette formule destinée à maîtriser les vents est succincte et, compte tenu des destructions, il est difficile de se faire une idée précise de son contenu.

7.5.1 Traduction et commentaire (x+8, 12-14)

ḫsf **[8, 13]** *ṯꜣw.w*	Maîtriser **[8, 13]** les vents.
ḏd mdw ỉn [... ...]	Réciter par [... ...] [a)] :
ṯꜣw.w [*ḥꜣ* (?)]	Vents, [tombez (?)],
m ỉw r dp(.*t*)-*nṯr*	ne venez pas [b)] vers la barque du dieu
nn [... ...] *ỉm=s* [... ...]	[... ...] pas en (?) elle [c)] [... ...].
ỉw=f ḏꜣ **[8, 14]** [... ... ... *r* (?)]	Il [d)] traversera **[8, 14]** [... ... ... à (?)]
ꜥIwnw	Héliopolis.

Commentaire

a) On pourrait hésiter avec une lecture (M18) avant la lacune. Quant au signe qui précède le mot *ṯꜣw.w*, on pourrait être tenté d'y reconnaître (F4), mais il est similaire à certaines formes de (A1). Il semble donc que l'identité de l'officiant était précisée.

b) On pourrait traduire : *m ỉw r dp*(.*t*)-*nṯr* « en venant vers la barque du dieu », mais si l'on se fie au sens du verbe *ḫsf* « repousser », « maîtriser », il s'agirait de se parer contre des vents mauvais et non de favoriser une brise adaptée. L'emploi d'un impératif négatif, qui serait écrit sans déterminatif, conviendrait donc sans doute mieux : « ne venez pas vers la barque du dieu ». Je remercie Joachim Quack pour cette suggestion.

c) Le pronom *=s* renvoie sans doute à *dp*(.*t*)-*nṯr* malgré l'omission de la marque du féminin, voir x+8, 12 (§ 7.4.1). Il arrive pourtant que l'article masculin soit employé avec ce mot.

d) Si l'on convient que le terme *dp*(.*t*)-*nṯr* est féminin, aucun des termes conservés ne semble constituer l'antécédent de ce pronom qu'il n'est dès lors pas possible d'identifier. Il pourrait s'agir de *Mesredouyef* évoqué déjà dans les deux formules précédentes (§ 7.3, § 7.4).

7.5.2 La maîtrise des vents

Associés aux quatre directions cardinales, les vents, personnifiés à l'époque gréco-romaine seulement, étaient le plus souvent perçus comme des manifestations positives[161]. Ces quatre entités étaient volontiers représentées sur les sarcophages tardifs[162]. Les vents participaient cependant aux orages et aux tempêtes que les matelots craignaient ; on se souviendra du *Conte du Naufragé*. Seth était pour sa part le dieu colérique des tempêtes[163]. Parmi les protections du prêtre-*ouâb* de Sekhmet se trouvent des incantations pour « maîtriser le(s) souffle(s) (*ḫsf*

161 C. de Wit, *ChronÉg* 32, nº 63 (1957), p. 25-39. C. de Wit, *Opet* I, p. 101. *LÄ* VI (1986), col. 1266-1272. L. Kákosy, *in* : *Essays te Velde*, p. 219-229. S. Woodhouse, *in* : *Temple in Ancient Egypt*, p. 132-151. G. Schreiber, *RRE* 2-3 (1998-1999), p. 85-102. *LGG* VII, p. 454-455.

162 Chr. Riggs, *BIFAO* 106 (2006), p. 317-320, 328-329. Chr. Leitz, *Der Sarg des Panehemisis*, p. 293-301.

163 J. Zandee, *ZÄS* 90 (1963), p. 144-156.

ṯꜣw(.w)) » des plaies annuelles[164], mais elles sont sans rapport avec la navigation. On notera par ailleurs que selon Hérodote, l'interprétation des prodiges était l'une des méthodes divinatoires des Égyptiens, et que celle-ci pouvait s'appliquer aux vents[165].

Les *Textes des sarcophages* renferment une formule connue comme la « chanson des quatre vents »[166]. Lorsqu'il apparaît, le titre indique qu'il s'agissait d'« avoir pouvoir sur les vents » (*sḫm m ṯꜣ.w*), tandis qu'il faut « maîtriser les vents » (*ẖsf ṯꜣ.w*) dans le papyrus Princeton Pharaonic Roll 10. Les deux formules n'ont rien en commun sinon, hormis la mention d'Héliopolis. Ce texte a été rapproché par Étienne Drioton d'une représentation de la tombe de *Khnoumhotep* à Béni Hassan où, lors du transport d'une statue, on peut voir plusieurs danseuses avec pour légende *ṯꜣ.w* « vents »[167]. Dieter Kurth a cependant montré qu'un tel rapprochement, aussi séduisant soit-il, ne convient ni au contexte ni à la légende complète *ṯꜣ.w ẖr rd.wy* « de l'air sous les pieds » qui doit être comprise comme une incitation à entamer ou poursuivre la danse[168].

S'assurer la maîtrise des vents semble constituer une mesure adéquate au moment d'entamer une navigation, mais on ne retire guère d'informations spécifiques de cette formule très fragmentaire, hormis une mention de la barque du dieu (*dp(.t)-nṯr*) et l'évocation d'une traversée, dont la destination était semble-t-il Héliopolis.

7.6 Formule relative au courant (x+8, 14 – x+9, 1)

Le titre de cette nouvelle formule n'est pas entièrement conservé. Son contenu peut en revanche être reconstitué, mais demeure en partie inintelligible.

7.6.1 Traduction et commentaire (x+8, 14 – x+9, 1)

r(ꜣ) n [...] hꜣn[w] (?)	*Formule pour [...] le cou[rant]* [a] (?).
ḏd mdw	Réciter :
ỉw [b] *Rꜥ m wỉꜣ=f*	Rê est dans sa barque,
[ỉw] Wp-wꜣ.wt m [9, 1] *ḥꜣ.t*	Oupouaout est à [9, 1] la proue [c]
wỉꜣ Ḥr m ḫn	de la barque d'Horus qui navigue [d]
ỉw Wsỉr m wnḏw	et Osiris est dans la cale [e] (?).
ḳꜣ ỉnb n Ptḥ	Le mur de Ptah [f] s'élève plus haut [g] (?)
r ỉnb Ḥꜥpy	que le mur de Hâpy [h].
dḥ{ꜣ} (?) ỉnb Ḥꜥpy	Le mur de Hâpy est bas [i] (?).
ḳꜣ ỉnb	Le mur est élevé [j] !

164 J. H. Breasted, *The Edwin Smith Surgical Papyrus*, p. 473, 476 (18, 1-11 ; 18, 11-16). S. Schott, *Bücher und Bibliotheken*, p. 215, nº 835. Th. Bardinet, *Papyrus médicaux*, p. 518-519. W. Kosack, *Der medizinische Papyrus Edwin Smith*, p. 43-44, 95-96 (vº 1, 1-11 ; 1, 11-16). Le verso de ce document n'est pas pris en considération par G. M. Sanchez, E. S. Meltzer, *The Edwin Smith Papyrus*.

165 E. Jambon, *in* : *Hérodote et l'Égypte*, p. 158-161.

166 A. M. Blackman, *ZÄS* 47 (1910), p. 116-121. *CT* II, 389a-405b (*Spell* 162). É. Drioton, *RevCaire* nº 44 (1942), p. 209-218. É. Drioton, *Le théâtre*, p. 42-43. Cl. Carrier, *Textes des sarcophages* I, p. 401-405.

167 P. E. Newberry, F. Ll. Griffith, *Beni Hasan* I, pl. XXIX. É. Drioton, *RevCaire* nº 44 (1942), p. 214-217.

168 D. Kurth, *in* : *Essays Goedicke*, p. 135-146.

Commentaire

a) Le titre de cette formule est malheureusement en large partie détruit. On distingue encore quelques signes parmi lesquels on peut reconnaître . On pourrait penser au verbe *h3* « descendre », « embarquer » déjà rencontré préalablement, voir § 7.1. Néanmoins, les autres traces permettent peut-être de reconnaître à nouveau le mot *h3nw* « vague », « flot », « courant » qui figure dans le titre d'une formule précédente (x+7, 8), voir § 7.4.

b) Le groupe  est encore lisible sur l'original.

c) Sur *ḥ3.t* « proue », voir § 7.2.1, n. b). En l'absence d'un déterminatif spécifique, il n'est probablement pas question ici de la barque *Wp-w3.wt m ḥ3.t* « Oupouaout est la proue » attestée au Nouvel Empire[169]. Un oubli n'est cependant pas exclu. Selon le découpage choisi, différentes lectures sont envisageables. On pourrait comprendre également *Wp-w3.wt m ḥ3.t* « Oupouaout est à la proue » ou bien *Wp-w3.wt m ḥ3.t wỉ3* « Oupouaout est à la proue de la barque ».

d) On distingue des traces dans la marge supérieure qui semblent être de l'écriture. Un fragment de papyrus est déposé à cet endroit, qui rend toute tentative de lecture hasardeuse. Il n'est pas exclu que cette annotation se rapporte au groupe , mais il pourrait aussi s'agir d'une correction apportée à un autre élément de cette page. Ailleurs, le verbe *ḫn* « naviguer » est écrit  (x+8, 1 ; x+8, 2). Plusieurs traductions sont envisageables selon que l'on rattache ou non *wỉ3* ou *wỉ3 Ḥr* à la proposition précédente, voir *supra* n. c) ; on pourrait aussi rendre respectivement *Ḥr m ḫn* « Horus navigue » ou *wỉ3 Ḥr m ḫn* « la barque d'Horus navigue ».

c) Considérer le groupe  comme une graphie de la préposition *r* impliquerait un déplacement en direction d'Osiris. Il est cependant indiqué plus tôt que celui-ci « entre (*ʿḳ*) dans sa barque » (x+7, 9), voir § 7.1. Il vaut donc mieux considérer qu'il s'agit là d'une nouvelle proposition qui décrit la position d'Osiris dans la barque. Des lectures , [170] ou  semblent à exclure, d'autant qu'il faudrait encore comprendre le groupe [171]. Si la lecture retenue est correcte, le terme , ,  *wnḏ.w(t)*, qui désigne la « cale » d'un bateau[172], constitue une traduction plus pertinente que *wnḏ.w* « offrandes »[173] ou *wnḏ.wt* « troupeau »[174] dans ce contexte nautique.

---

169 D. Jones, *Nautical Titles and Terms*, p. 243, nº 27.

170 Fr. Labrique, *RdÉ* 53 (2002), p. 244.

171 Il semble difficile d'en faire une graphie particulièrement simplifiée du toponyme abydénien *W-pḳr* (*Wb* I, 561, 6-9), dont on notera par ailleurs la graphie tardive *W-Pg3* (*Wb* I, 561, 6-9). Ce lieu est connu pour abriter la tombe abydénienne d'Osiris à Umm el-Qaab (*ʿrḳ-ḥḥ*) (É. Chassinat, *Le mystère d'Osiris* I, p. 253-260 ; M. Smith, *The Liturgy of Opening the Mouth*, p. 54 (l. 15d) ; A. Leahy, *JEA* 75 (1989), p. 55-59 ; P. P. Koemoth, *Osiris et les arbres*, p. 245-249 ; V. Altman, *Die Kultfrevel des Seth*, p. 142 ; U. Effland, J. Budka, A. Effland, *MDAIK* 66 (2010), p. 86 et n. f ; U. Effland, *in* : *Sanktuar und Ritual*, p. 321-330).

172 *Wb* I, 326, 1. *Anlex* 78.1005. D. Jones, *Nautical Titles and Terms*, p. 159-160, nº 35. P. Wilson, *Lexikon*, p. 240. Chr. Karlshausen, *L'iconographie de la barque*, p. 276 et n. 75.

173 *Wb* I, 326, 10.

174 *Wb* I, 326, 4.

f) On peut hésiter entre les termes *ỉnb* « mur (d'un édifice) »[175] et *sbty* « mur d'enceinte »[176], qui tendent à devenir synonymes[177]. Le premier ne désigne cependant pas forcément une enceinte[178]. Mais on pensera aussi à *ỉnb(.t)* « barrage », « forteresse », « clôture »[179]. On connaît ainsi une *ỉnb.t Nḥꜣ-ḥr* « forteresse de Neha-her »[180]. D'autres murs devaient assurer un contrôle de l'accès ou servaient de postes de garde de la nécropole, notamment pour la Vallée des rois[181]. Mais traduire *ỉnb* par « mur » ne semble pas toujours adéquat et ce mot désignerait aussi un « bâtiment » ou un « ouvrage »[182]. Si l'on considère le déterminatif 𓈘, *ỉnb* pourrait éventuellement désigner ici un « canal » ou une sorte de « digue ».

Certains toponymes sont constitués à l'aide du terme *ỉnb*, le plus connu étant sans doute *Ỉnb.w-(ḥḏ)* « Memphis ». Certains murs étaient baptisés au nom d'un souverain, comme par exemple *ỉnb ỉt(y)* « mur du souverain »[183], sans doute pour rappeler les constructions de ce dernier[184]. Il était aussi possible de former des toponymes à partir de la construction *pꜣ sbty<psebth-*[185]. L'absence du déterminatif 𓊖 semble néanmoins indiquer qu'il ne s'agissait pas ici d'un toponyme. On pourrait penser en revanche à un emplacement situé au sein du périmètre d'un temple. Si l'on prend en considération le contexte de la formule, ce terme devrait avoir un rapport avec la navigation, mais, sans localisation spécifique, il est difficile de rechercher un tel emplacement.

Le « mur de Ptah » fait immédiatement penser à l'épithète memphite bien connue de ce dieu *rsy ỉnb=f* « (celui) qui est au sud de son mur »[186]. On notera par ailleurs que le mur nord de l'enceinte du temple d'Amon à Karnak a été orienté par Nectanébo Ier d'après le temple préexistant dédié au dieu Ptah[187], ce qui pourrait avoir conduit à identifier celui-ci comme le « mur de Ptah ». Si cela confère une forme de réalité au « mur de Ptah », ce n'est pas pour autant qu'on retrouve celui-ci attesté ailleurs sous cette forme.

---

175 *Wb* I, 94, 15-95, 9. P. Wilson, *Lexikon*, p. 82. Fr. Monnier, *Vocabulaire d'architecture égyptienne*, p. 62.

176 *Wb* IV, 95, 10-96, 4. P. Wilson, *Lexikon*, p. 823 (wall). Fr. Monnier, *Vocabulaire d'architecture égyptienne*, p. 198.

177 Cl. Traunecker, *CahKarn* 5 (1975), p. 148-151. J.-P. Corteggiani, *in* : *Hommages Sauneron* I, p. 148, n. 4. A. Cabrol, *Les voies processionnelles*, p. 480.

178 P. Grandet, *Le Papyrus Harris I*, vol. 2, p. 15, n. 66. A. Cabrol, *Les voies processionnelles*, p. 480.

179 *Wb* I, 95, 10.

180 J. Černý, A. H. Gardiner, *Hieratic Ostraca* I, pl. 72, 1 (Ostracon Chicago OIC 12074 + IFAO inv. 2188, r° 10).

181 A. Cabrol, *Les voies processionnelles*, p. 78-79. A. Dorn, *JEA* 95 (2009), p. 263-268. G. Burkard, *in* : *Kleine Götter – Große Götter*, p. 91-104.

182 Fr. Monnier, *ENiM* 5 (2012), p. 257-283.

183 *Wb* I, 95, 9. P. Grandet, *Le Papyrus Harris I*, vol. 2, p. 170, n. 689. P. Wilson, *Lexikon*, p. 83.

184 J.-P. Corteggiani, *in* : *Hommages Sauneron* I, p. 134 et 148-151, n. k et o.

185 J. Yoyotte, *RdÉ* 15 (1963), p. 106-114.

186 *LGG* IV, p. 722-723.

187 J.-Cl. Golvin, E. Hegazy, *CahKarn* 9 (1993), p. 146, 153. J.-Cl. Golvin, *in* : *Hundred-Gated Thebes*, p. 34-35.

g) Les différentes valeurs du signe  (A28)[188] renvoient aux termes *ḥꜤỉ* « jubiler »[189], *ẖy* « être haut », « élever »[190] ou *ḳꜣỉ* « (être) haut », « (être) élevé »[191]. Une lecture *ḥꜣỉ* « se lamenter », « pleurer »[192] n'est pas à exclure non plus, d'autant plus qu'un sens « transporter rituellement »[193] pourrait convenir dans ce contexte. Quoi qu'il en soit, il est difficile de définir la signification de ce terme répété plusieurs fois dans ce passage dont le sens demeure obscur. La présence du signe 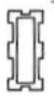 tend à nous orienter vers une notion de hauteur de même que la présence du terme *dḥ* « (être) bas », voir *infra* n. i). Cela indiquerait une localisation, mais il pourrait aussi s'agir d'une expression propre au langage nautique qui exprimerait une manœuvre spécifique. Il n'est pas exclu non plus, bien qu'ils s'accompagnent tous deux d'un déterminatif, que les signes  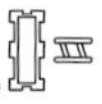 puissent être compris comme un tout.

h) Cette nouvelle mention d'un mur, attribué à Hâpy cette fois-ci, n'est pas non plus accompagnée d'un déterminatif qui indiquerait une localité. D'ailleurs aucun lieu nommé « Mur de Hâpy » ne semble attesté. Il s'agirait donc à nouveau d'une localisation. Les relevés de la crue du Nil, à Karnak par exemple, font état de la hauteur du fleuve[194]. Ces données pouvaient être inscrites sur les murs des rampes ou les tribunes de quai, placés sous la protection des dieux Hâpy et Noun [195]. Une construction de ce type, dont la fonction était liée au Nil, pourrait très bien constituer un « mur de Hâpy », sans pour autant livrer d'information géographique spécifique. Deux stèles de Tibère qui mentionnent « la *ṯsm.t* de ce grand dieu » et l'« édification d'un mur [d']Opet » ne relatent cependant pas la restauration d'un édifice de Hâpy, évoqué dans le cintre[196]. Il faut aussi mentionner les murs à assises courbes qui représenteraient selon certains l'océan primordial[197].

i) Le mot *dḥ* « (être) bas »[198] s'applique notamment à la crue du Nil par opposition au verbe *ḳꜣ* « (être) haut »[199]. De ce terme dérive aussi *dḥ* « partie basse », « bas » ou « profondeur »[200], qui est utilisé par exemple dans l'expression *ḳꜣ dḥ* « de haut en

---

188 A. H. GARDINER, *Egyptian Grammar*, p. 445. D. KURTH, *Einführung ins Ptolemäische* 1, p. 127, nº 4.
189 *Wb* III, 40, 2-41, 2. P. WILSON, *Lexikon*, p. 620-621.
190 *Wb* III, 237, 7-19. P. WILSON, *Lexikon*, p. 706-707.
191 *Wb* V, 1, 2-3,17. P. WILSON, *Lexikon*, p. 1043.Voir encore K.-A. DIAMOND, *Transporting the Deceased to Eternity*, p. 62-67.
192 *Wb* III, 6, 10-7, 4. P. WILSON, *Lexikon*, p. 611.
193 K.-A. DIAMOND, *Transporting the Deceased to Eternity*, en particulier p. 68-94.
194 G. LEGRAIN, *ZÄS* 34 (1896), p. 115, nº 33. J. LECLANT, *Recherches sur les monuments thébains*, p. 243-244. J. VON BECKERATH, *JARCE* 5 (1966), p. 47, 53, nº 33.
195 J. LAUFFRAY, *Kêmi* 21 (1971), p. 77-106. Cl. TRAUNECKER, *BIFAO* 72 (1972), p. 209-210. J. LAUFFRAY, *CahKarn* 5 (1975), p. 60 et n. 1, p. 65. A. CABROL, *Les voies processionnelles*, p. 620, 626.
196 A. KAMAL, *Stèles ptolémaïques et romaines*, p. 190 et 194, pl. LXVI et LXX (CG 22193 et 22198). G. DARESSY, *ASAE* 19 (1920), p. 163-166. Cl. TRAUNECKER, *CahKarn* 5 (1975), p. 147 et n. 8-9, p. 151. A. CABROL, *Les voies processionnelles*, p. 598-600.
197 P. BARGUET, *Le temple d'Amon-Rê*, p. 20-40. R. PIRELLI, *in* : *Studies Barocas*, p. 55-94. J.-Cl. GOLVIN, E. HEGAZY, *CahKarn* 9 (1993), p. 145-156. Fr. MONNIER, *Vocabulaire d'architecture égyptienne*, p. 61-62.
198 *Wb* V, 480, 2-7.
199 P. WILSON, *Lexikon*, p. 1205.
200 *Wb* V, 480, 8. P. WILSON, *Lexikon*, p. 1206.

bas »[201] ; il arrive que ce terme figure avec *wsḫ* « largeur » et *ꜣw* « longueur » et puisse être rendu par « profondeur ». Cependant, aucune mesure n'est fournie ici et il ne semble pas être question de spécifier des dimensions. En revanche, ces informations pourraient permettre de préciser un parcours. Il s'agirait alors non pas de données architecturales, mais plutôt topographiques décrivant le déplacement de la barque.

j) Il n'est pas exclu que la fin de ce passage ait été omise.

7.6.2 Interprétation de la formule

Le titre de la formule se rapporte semble-t-il à nouveau au courant, mais son contenu n'est pas comparable à celui de la formule « maîtriser le courant » (§ 7.4). Le texte se divise en deux parties qui ne semblent pas rattachées à priori l'une à l'autre. La première section situe Rê dans sa barque. Oupouaout prend place à la proue. Osiris se trouve pour sa part dans la cale (*wnḏw*). Si la lecture de ce terme est correcte, cette précision, dont je ne connais pas d'autres exemples, serait remarquable. La seconde partie demeure obscure. Il est possible qu'elle ne fasse pas partie de la formule, mais constitue une notice explicative. L'interprétation de ce passage demeure délicate. Il doit probablement se rattacher à un contexte nautique, mais on ne comprend pas bien la raison d'être du mur de Ptah et du mur de Hâpy. Ils représentent peut-être des points de repère, propres à la topographie locale d'un lieu qu'il n'a pas été jugé nécessaire de préciser[202], le long du parcours de la barque. À moins qu'il ne s'agisse de termes techniques propres à la navigation, ce qui expliquerait alors leur raison d'être au sein d'une formule en rapport avec le courant.

7.7 *Formule pour voguer dans la barque* (x+9, 2 – x+10, 12)

Une nouvelle section, intitulée *r(ꜣ) n sḳd m wiꜣ* « *Formule pour voguer dans la barque* » débute à la deuxième ligne de la page x+9 et s'étend jusqu'à la fin de la page x+10. Cette partie est conçue sous la forme de deux listes, l'une de divinités et l'autre de barques, réparties en alternance sur quatre colonnes. Chacune d'entre elles est précédée d'un texte rédigé sous la forme d'une ou deux étroites colonnes. Un premier exergue précède la première et la dernière colonne de la page x+9, dédiées aux divinités, un autre accompagne la deuxième colonne de la page x+9 et celle de la page x+10, consacrées aux barques. On compte pour chacun des deux inventaires vingt-six éléments, distribués en deux séries de quatorze et douze entrées. Bien que plusieurs lacunes empêchent de restituer un catalogue complet, une correspondance entre les dieux et les barques peut être établie (§ 7.7.8).

Parallèles

Cette formule est connue par ailleurs. Une première version est gravée dans la chapelle de la barque, située au nord du lac sacré, dans l'enceinte du temple de Dendara[203]. Il n'en reste que le départ des murs en briques et la porte en grès. La décoration du monument est datée du règne de Ptolémée VIII Évergète II, entre 122 et 116 av. J.-C. Quatre grands textes (I-IV), sur

201 É. Dévaud, *ZÄS* 49 (1911), p. 131-132.

202 La ville d'Héliopolis est mentionnée dans la formule précédente (§ 7.5), sans que cela ne constitue forcément un indice.

203 S. Cauville, *BIFAO* 93 (1993), p. 79-172, pl. I-XVIII.

le revers et à l'intérieur de la porte, traitent de l'édifice et décrivent les festivités qui s'y déroulaient au mois de Tybi. Le reste de la décoration est constitué de tableaux présentant des scènes d'offrandes, répartis sur cinq registres en façade et à l'intérieur de la porte. Au soubassement, on voit à quatre reprises la représentation d'une barque sacrée. Les textes accompagnant deux de ces images, situées à l'intérieur de la porte, nous livrent un titre et une liste de noms de divinités similaires à ceux conservés par le papyrus Princeton Pharaonic Roll 10 (scènes n° 13 et n° 14)[204]. En revanche, à l'exception des trois noms des barques figurées par ces deux scènes et les deux tableaux adjacents[205], aucune liste d'embarcation n'est attestée.

Une deuxième version est préservée par le papyrus Vienne KM ÄS 3871[206]. Rédigé en hiératique et en démotique, ce manuscrit, formé de deux pages disjointes, était destiné à une femme nommée Artémis[207]. Une première transcription, accompagnée d'une planche, fut établie en 1886 par Ernst von Bergmann qui omit plusieurs passages[208]. En 1918, Wilhelm Spiegelberg proposa une transcription et une traduction de ceux-ci et de la partie rédigée en démotique, sans reprendre les deux longues listes[209]. Jacco Dieleman, qui a pu déterminer que le papyrus Paris Louvre N. 3135 B constituait la première partie de ce document, en a annoncé une nouvelle édition[210]. En attendant cette publication, il faut continuer de se référer à l'édition d'Ernst von Bergmann, complétée par l'article de Wilhelm Spiegelberg, si bien qu'un bref récapitulatif s'impose (Tableau 6).

La première partie du papyrus Vienne KM ÄS 3871 comporte quatre colonnes (x+1–x+4), les deux dernières se poursuivant, à partir du milieu de la feuille à peu près, par un texte unique. La première et la troisième colonne livrent une liste de divinités, tandis que la deuxième et la quatrième énumèrent des noms de barques sacrées. La première colonne est précédée d'une colonne rédigée verticalement (A). La seconde partie regroupe plusieurs sections distinctes. Les trois premières lignes ont été considérées par Wilhelm Spiegelberg comme un ensemble (C), tandis qu'Ernst von Bergmann les traitait comme les premières lignes des trois colonnes réparties en-dessous (x+5–x+7). La première d'entre elles se divise en deux parties, chacune étant précédée d'un texte rédigé verticalement. La seconde partie (D) entame une liste d'Osiris qui se poursuit à la colonne suivante. Les dernières lignes de la deuxième colonne ont été traitées par Wilhelm Spiegelberg comme un texte indépendant (E). La dernière colonne est formée de trois sections : un texte de six lignes (F), deux lignes indépendantes (G), six lignes de texte rédigé en démotique (H) et un dernier passage en hiératique.

---

204 S. Cauville, *BIFAO* 93 (1993), p. 105-108, pl. IX. Il sera dorénavant fait référence à ces scènes par leur numéro respectif suivi de celui de la ligne ou de la colonne mentionnée.

205 Les barques des scènes n° 13 et n° 14 portent toutes deux le nom *ʿꜣ mr.wt* « Grande d'amour » ; les deux autres se nomment *Mersekhen* et *Nebmerout* (S. Cauville, *BIFAO* 93 (1993), p. 87-88, 160-161).

206 A. P. Zivie, *Hermopolis*, p. 167-168. H. Satzinger, *GöttMisz* 75 (1984), p. 33. M. Bellion, *Catalogue*, p. 324. Ce document porte également le n° 25 (collection impériale) et le n° 486.

207 J. Dieleman, *in* : *Ägyptische Rituale*, p. 173-175.

208 E. von Bergmann, *Texte der Sammlung*, p. XIII-XVI, pl. IX.

209 W. Spiegelberg, *ZÄS* 54 (1918), p. 86-92.

210 J. Dieleman, *in* : *Ägyptische Rituale*, p. 171-183. J. Dieleman, *in* : *Liturgical Texts for Osiris and the Deceased*, p. 217-232.

Contenu	Bergmann (p. 14-16)	Spiegelberg	Numérotation
Titre[211]		A	x+1, A
Liste de dieux	I, 1-29		x+1, 1-29
Liste de barques	II, 1-29		x+2, 1-29
Liste de dieux	III, 6-16		x+3, 1-17
Liste de barques	IV, 1-16		x+4, 1-17
Offrandes[212]		B, 1-17	x+3, 19-35
Autre formule	V, 1-3 VI, 1-3 VII, 1-3	C, 1-3	x+5, 1-3
Exergue			x+5, A
Litanie	V, 4-25		x+5, 4-25
Titre	V, texte vertical	D	x+5, B
Hymne d'éveil[213]	V, 26-34 VI, 4-19		x+5, 26-34 x+6, 1-16
Glorifications[214]	VI, 20-30	E, 1-11	x+6, 17-27
Formule du nom	VII, 4-9	F, 1-6	x+7, 1-6
Acclamation[215]	VII, 10-11	G, 1-2	x+7, 7-8
Prescriptions		H, 1-6	x+7, 9-14
Triomphe	VII, 18-20	H, 7-9	x+7, 15-17

Tableau 6 : Numérotation des colonnes du papyrus Vienne KM ÄS 3871

La version du papyrus Vienne KM ÄS 3871 présente comme le manuscrit américain deux listes, l'une de divinités et l'autre de barques (x+1, 1–x+4, 17). Elles sont introduites par un exergue (x+1, A). Le titre de la formule n'y est en revanche pas attesté.

Le 22 Khoiak, trente-quatre barques aux formes variées, équipées de trois cent soixante-cinq lampes[216], prenaient part à une navigation sur le lac sacré[217]. Des effigies divines prenaient place sur ces barges disposées en deux groupes de dix-sept embarcations répartis à l'ouest et à l'est de la pièce d'eau[218]. Les barques sont énumérées par catégories qui n'offrent pas de comparaison avec la présente liste.

---

211 Ce titre et les deux listes qui suivent constituent un parallèle à la *Formule pour voguer dans la barque* étudiée dans ce chapitre (§ 7.7).

212 Voir § 8.1, § 8.2, § 8.7 et § 8.12.

213 Voir § 10.1.

214 Elles sont copiées directement à la suite de l'hymne d'éveil, voir § 10.2.

215 Voir § 9.1.

216 La présence de lampes et leur usage en plein jour a posé problème. S'il est possible qu'elles aient joué leur rôle à la nuit tombée seulement, il ne semble pas indispensable que leur seule fonction ait été d'illuminer. Voir B. GESSLER-LOHR, *Die heiligen Seen*, p. 451, n. 1503.

217 *Dendara* X, 29, 7-9 ; 43, 13-14. É. CHASSINAT, *Le mystère d'Osiris* I, p. 64, 71, 204-205, 226 ; II, p. 613-618, 769, 811, 817, 820. C. *Graindorge-Héreil, Le dieu Sokar*, p. 206-207. S. CAUVILLE, *BSFÉ* 112 (1988), p. 29. Fr. R. HERBIN, *Parcourir l'éternité*, p. 220. S. CAUVILLE, *Les chapelles osiriennes* I, p. 16, 22, 25. A. KUCHAREK, *Klagelieder*, p. 643.

218 É. CHASSINAT, *Le mystère d'Osiris* II, p. 615-616. S. CAUVILLE, *Les chapelles osiriennes* I, p. 22.

7.7.1 Traduction et commentaire de la liste de dieux (x+9, 2-16 ; x+9, A)

9, 2 *r(ꜣ) n sḳd m wỉꜣ* *sp 7*	9, 2 *Formule pour voguer dans la barque*[a], sept fois[b].
9, A *pẖr sp 2 Ḥr m wỉꜣ=f* *m-sꜣ ỉr.t=f nty* [*ḏ.t=f* *ḫ*]*r*	9, A Horus circule sans cesse dans sa barque à la recherche de son [propre] œil [auprès] de[c]
9, 3 *Skr Wsỉr nṯr ꜥꜣ* *ḥḳꜣ ḏ.t*	9, 3 Sokar-Osiris, le grand dieu, souverain de l'éternité[d]
9, 4 *ꞽImn Rꜥ nsw nṯr.w*	9, 4 Amon-Rê, roi des dieux[e]
9, 5 *ꞽItm nb ꞽIwnw*	9, 5 Atoum, maître d'Héliopolis[f]
9, 6 *Ptḥ rs(y) ỉnb=f* *nb ꜥnḫ-tꜣ.wy*	9, 6 Ptah qui est au sud de son mur, maître d'*Ânkhtaouy*[g]
9, 7 *Tꜣ-ṯnn nṯr ꜥꜣ*	9, 7 *Tatenen*, le grand dieu[h]
9, 8 *Šw sꜣ Rꜥ*	9, 8 Chou, fils de Rê[i]
9, 9 *Tfnw.t sꜣ.t Rꜥ*	9, 9 Tefnout, fille de Rê[j]
9, 10 *Gb rpꜥ.t nṯr.w*	9, 10 Geb, prince héréditaire des dieux[k]
9, 11 *Nw.t wr.t* *ms*[*(.t) nṯr*]*.w*	9, 11 Nout la grande qui met au monde [les dieux][l]
9, 12 *Wsỉr ḫnty ỉmn.t* [*nṯr ꜥꜣ nb ꜣb*]*ḏw*	9, 12 Osiris qui préside à l'Occident, [le grand dieu, maître d'Aby]dos[m]
9, 13 *ꜣs.t wr.t* [… …]	9, 13 Isis la grande [… …][n]
9, 14 *Nb.t-ḥw.t ꜣḫ*[*.t* … …]	9, 14 Nephthys la splendide [… …][o]
9, 15 *Ḥr ḥḳꜣ ḏ.t*	9, 15 Horus, souverain de l'éternité[p]
9, 16 *Ḏḥwty* [*wp r*]*ḥḥ.wy*	9, 16 Thot [qui départage] les deux rivaux[q].

Commentaire

a) En l'absence d'un déterminatif spécifique, le sens du verbe *sḳd*[219] n'est pas univoque et ne permet pas en soi d'affirmer qu'il était question d'une navigation. En traitant de la protection de la barque, les formules précédentes évoquent cependant des thèmes – comme la maîtrise du courant et des vents ou encore le fait de repousser les crocodiles (§ 7.4 et § 7.5) – qui n'auraient pas lieu d'être s'il était question d'un cortège terrestre.
Ce titre est absent du papyrus Vienne KM ÄS 3871. À Dendara, la barque *ꜥꜣ mr.wt* remplace la barque *wỉꜣ* (13, 1 ; 14, 1) :  *r(ꜣ) n sḳd m ꜥꜣ mr.wt ḏd mdw.w* « *Formule pour voguer dans la (barque) Grande d'amour.* Réciter : ».
Un titre similaire *r(ꜣ) n sḳd.t m wỉꜣ (ꜥꜣ) n Rꜥ* « *Formule pour voguer dans la (grande) barque de Rê* » apparaît dans le *Livre des deux chemins*, à la fin des *Spells* 1029 et 1030 des *Textes des sarcophages*[220]. Une partie de ces formules ont été adaptées pour former

219 *Wb* IV, 308, 7 – 309, 8. *AnLex* 77.3917, 78.3875, 79.2798. D. JONES, *Nautical Titles and Terms*, p. 225, nº 94. P. WILSON, *Lexikon*, p. 940.

220 S. SCHOTT, *Bücher und Bibliotheken*, p. 233, nº 952a, 952b. *CT* VII, 257c (B1L, B2L, B3L, B1C, B2P) et 261b (B1L, B2L, B3L, B1C). J.-Cl. CARRIER, *Textes des sarcophages* III, p. 2190-2193, 2656. B. BACKES, *Zweiwegebuch*, p. 176, 178, 252.

les chapitres 130, 133 et 136A du *Livre des morts*[221]. Ce dernier peut apparaître plusieurs fois dans un manuscrit avec deux titres différents. Avec le titre *ky r(ꜣ) n / k.t mḏꜣ.t n.t sỉḳr ꜣḫ m hrw snw.t* « Autre formule / Autre livre pour parfaire un bienheureux le jour de la fête du sixième jour », il figure dans une séquence relative au voyage du défunt dans la barque solaire[222]. On retrouve des titres du type *(ky) r(ꜣ) n / (k.t) mḏꜣ.t n.t sỉḳr ꜣḫ...* « (Autre) formule / (autre) livre pour parfaire le bienheureux… » par ailleurs. Ils peuvent introduire les chapitres 130, 133, 134, 141/142 du *Livres des morts*[223] ou encore deux formules d'un papyrus mythologique[224]. Ce n'est pas sans rappeler les stèles présentant la formule *ꜣḫ ỉḳr n Rꜥ*[225]. Avec le titre *ky r(ꜣ) n / k.t mḏꜣ.t n.t sḳd m wỉꜣ (ꜥꜣ) n Rꜥ* « *Autre formule / Autre livre pour voguer dans la (grande) barque de Rê* », le chapitre 136A du *Livre des morts* est intégré à une autre séquence relative à la barque solaire[226]. Le chapitre 136B du *Livre des morts* présente un titre similaire *r(ꜣ) n sḳd.t m wỉꜣ ꜥꜣ n Rꜥ swꜣ ḥr šny.t n.t ḫ.t* « *Formule pour voguer dans la grande barque de Rê en passant par le cercle de feu* »[227]. Ce chapitre disparaît des manuscrits après la 21ᵉ dynastie[228], mais figure encore sur le sarcophage d'*Ankhnesneferibrê* à la 26ᵉ dynastie[229]. À la Basse Époque, le titre du chapitre 136 du *Livre des morts* conserve la référence à la fête lunaire : *ky ỉry m hrw snw.t hrw sḳd.t m wỉꜣ n Rꜥ* « Autre. À faire le jour de la fête du sixième jour, le jour de voguer dans la barque de Rê »[230].

---

221 R. LUCARELLI, *Gatseshen*, p. 72-75. B. BACKES, *Zweiwegebuch*, p. 252. St. QUIRKE, *Going out in Daylight*, p. 286.

222 G. LAPP, *The Papyrus of Nu*, p. 40, 84 (136A¹), pl. 46 (P. Londres BM 10477 : 141/2+(190)+133-136A¹-134-130). I. MUNRO, *Untersuchungen zu den Totenbuch-Papyri der 18. Dynastie*, p. 142-143 (Variantes : 133-134-136A-130 ou 130-133-134-136A). R. LUCARELLI, *Gatseshen*, p. 46, 47, 62, 72-75 (P. Caire JdE 95838 : 130-136A I-134 I-130 rubrique-64 abrégé-133-136A II-134 II). *Totenbuch-Projekt Bonn*, TM 134485 (P. Caire JdE 95854 : 130-136/136A-134+rubrique-64+rubrique-133).

223 S. SCHOTT, *Bücher und Bibliotheken*, p. 14, nº 197a ; p. 219, nº 867a-f.

224 S. SCHOTT, *Bücher und Bibliotheken*, p. 219, nº 867g-h. G. NAGEL, *BIFAO* 29 (1929), p. 46-47 (P. Louvre N. 3292, I), p. 87 (P. Louvre N. 3292, S).

225 J. ASSMANN, *Liturgische Lieder*, p. 31-32. R. J. DEMARÉE, *The ꜣḫ ỉḳr n Rꜥ-Stelae*. R. J. DEMARÉE, *BiOr* 43 (1986), p. 348-351. A. R. SCHULMAN, *BiOr* 43 (1986), p. 302-348. K. GRIFFIN, *in* : *Egyptian Stories*, p. 137-147.

226 S. SCHOTT, *Bücher und Bibliotheken*, p. 233, nº 952b. G. LAPP, *The Papyrus of Nu*, p. 42, 84 (136A²), pl. 80 (P. Londres BM 10477 : 100-102-136A²-136B-149-150). R. LUCARELLI, *Gatseshen*, p. 49, 62, 80-83 (P. Caire JdE 95838 : 101-100-136B-136A III-98-99B). St. QUIRKE, *Going out in Daylight*, p. 301-303. Le chapitre 136A du *Livre des morts* n'est parfois pas illustré par une scène de navigation (H. MILDE, *Vignettes*, p. 166-168), mais cela ne semble pas être influencé par le titre choisi.

227 S. SCHOTT, *Bücher und Bibliotheken*, p. 233, nº 952b, cf. p. 220, nº 873. G. LAPP, *The Papyrus of Nu*, p. 84, pl. 81. R. LUCARELLI, *Gatseshen*, p. 49, 81. St. QUIRKE, *Going out in Daylight*, p. 304-305. La vignette de ce chapitre montre une barque solaire portant une tête de faucon avec un disque solaire (H. MILDE, *Vignettes*, p. 106-112).

228 H. MILDE, *Vignettes*, p. 106. Le *Totenbuch-Projekt Bonn* recense 62 exemplaires de ce chapitre jusqu'à la Troisième Période intermédiaire.

229 C. E. SANDER-HANSEN, *Anchnesneferibre*, p. 36-53 (Sarcophage Londres BM EA 32).

230 G. Th. ALLEN, *The Egyptian Book of the Dead Documents*, pl. XXXVIII (P. Chicago OIM 9787). K. LEPSIUS, *Das Todtenbuch*, pl. LVI (P. Turin 1791). Comparer P. Berlin P. 10478 A-N (*Totenbuch-Projekt Bonn*, TM 57117, <totenbuch.awk.nrw.de/objekt/tm57117>), P. Louvre N. 3081 (*Totenbuch-Projekt Bonn*, TM 56805, <totenbuch.awk.nrw.de/objekt/tm56805>), A. GASSE, *Les papyrus hiératiques*, P. Vatican 38603, 48813, 48832, 38588, 38599, 38602.

b) Les parallèles ne précisent pas combien de fois l'action était répétée. Le chiffre sept avait une valeur magique[231]. Il suffira de songer par exemple aux sept propos de Methyer, aux sept Hathor, aux sept uraeus du dieu solaire, aux sept *baou* divins, aux sept ouvertures de la tête ou aux septante-sept génies de Pharbaethos… Le chiffre sept exprimait la vie selon l'équivalence posée entre lui et les signes  et , mais aussi l'universalité cosmique[232], comme l'illustrent les formules 173, 186 et 772 des *Textes des sarcophages*[233], comme les chapitres 52 et 189 du *Livre des morts*[234], où quatre des sept portions de nourriture sont au ciel et trois sur terre.

c) On retrouve le même *incipit* dans les deux tableaux de la chapelle de la barque de Dendara (13, 1 ; 14, 1) : 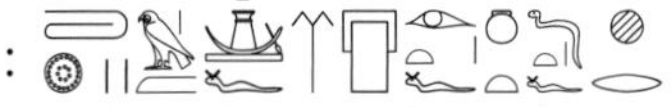 *pẖr sp 2 Ḥr m wỉꜣ.f m-sꜣ ỉr.t=f n.t ḏ.t=f ḫr*. Il est en revanche abrégé dans le papyrus Vienne KM ÄS 3871 (x+1, A) :  *pẖr sp 2 Ḥr m wỉꜣ=f*. « Horus circule sans cesse dans sa barque ».

Le verbe *pẖr*, qui indique un mouvement autour d'un point donné (« tourner (autour) », « faire le tour ») ou un trajet (« traverser », « parcourir », « faire une tournée », « circuler »), définit également une délimitation (« entourer », « encercler »). Il est employé dans les textes magiques et les rituels pour marquer les limites d'un espace auquel on peut dispenser une protection ou une influence néfaste[235]. La formule *sp 2* « deux fois », indique une répétition et peut prendre le sens adverbial « sans cesse »[236]. La préposition *m-sꜣ* « derrière », « à la suite de », « après »[237] offre aussi une nuance « à la recherche de », « à la poursuite de »[238]. Dans les versions tentyrites, la préposition  pourrait aussi être lue *m-sꜣ*, plutôt que *m-rw.ty* « à l'extérieur », « autour de » qui tend à se substituer à *ḥꜣ* « autour de » à l'époque tardive[239].

d) Ces deux épithètes sont courantes[240]. La seconde est portée par Sokar-Osiris dans les chapelles osiriennes de Dendara[241]. Attribuée à Osiris, elle est connue à Thèbes[242], où une

231 K. Sethe, *Von Zahlen und Zahlworten*, p. 33-36. W. R. Dawson, *Aegyptus* 8 (1927), p. 97-107. R. el-Sayed, *MDAIK* 36 (1980), p. 386-387. Y. Koenig, *Papyrus Boulaq 6*, p. 48, n. a. G. Posener, *Le Papyrus Vandier*, p. 23. J.-Cl. Goyon, *Les dieux-gardiens*, p. 183-231, en particulier p. 185-188. R. K. Ritner, *Magical Practice*, p. 161 et n. 749. J.-Cl. Goyon, *in* : *La magia in Egitto*, p. 60-68. J.-Cl. Goyon, *BCLE* 10 (1996), p. 9-11. M. Rochholz, *Schöpfung*.

232 J.-Cl. Goyon, *in* : *La magia in Egitto*, p. 61-64. J.-Cl. Goyon, *BCLE* 10 (1996), p. 9-11.

233 *CT* III, 51, a-e ; III, 85, j-l ; VI, i-j.

234 St. Quirke, *Going out in Daylight*, p. 132, 488.

235 R. K. Ritner, *Magical Practice*, p. 57-68.

236 Fr. Daumas, *in : Miscellanea Vergote*, p. 116-123. Pour d'autres exemples, voir *AnLex* 77.3519, 78.3450, 79.2512.

237 *Wb* IV, 10, 4 – 11, 5. *AnLex* 77.3323; 78.3276. P. Wilson, *Lexikon*, p. 781.

238 *Wb* IV, 10, 10 avec un verbe de mouvement. *AnLex* 79.2396. *Dendara* X, 107, 12.

239 S. Cauville, *BIFAO* 93 (1993), p. 106-108. H. De Meulenaere, *BIFAO* 53 (1953), p. 91-102. Voir aussi S. Sauneron, *Rituel de l'embaumement*, p. 24 (l. 11), p. 25, 30 (P. Boulaq 3 (7, 10 ; 7, 13 ; 8, 18) ; S. Töpfer, *Das Balsamierungsritual*, p. 156, 157, 175.

240 *LGG* IV, p. 395-398 et V, p. 531-532.

241 *Dendara* X, 18, 11 ; 183, 10 ; 235, 10.

242 J.-Cl. Goyon, *Confirmation* I, p. 64 et 97, n. 128.

chapelle était destinée à Osiris souverain de l'éternité[243]. Le papyrus Vienne KM ÄS 3871 entame sa liste avec *Skr nb Ḏw.w* « Sokar, maître des collines[244] » (x+1, 1). À Dendara figure *Skr ḥry-ib šty.t=f* « Sokar qui réside dans sa *Chetyt*[245] » (13, 8). Sokar-Osiris n'apparaît dans aucune de ces deux listes.

e) *ỉmn Rꜥ nsw nṯr.w* « Amon-Rê, roi des dieux » figure aussi dans la liste du papyrus Vienne KM ÄS 3871 (x+1, 8). Cette épithète[246] est parmi les plus courantes d'Amon-Rê et insiste sur le caractère universel du dieu. À Dendara, c'est *ỉmn Rꜥ nb Smꜣ Bḥd.t* « Amon-Rê, maître de Diospolis parva »[247] qui est nommé (13, 17).

f) La version de Dendara préfère *ỉtm nb tꜣ.wy ỉwnw* « Atoum, maître des Deux Terres et d'Héliopolis »[248] ; *[Rꜥ-]Ḥr-ꜣḫ.ty* « [Rê-]Horakhty » est ajouté ensuite (14, 3). Le nom d'Atoum n'est pas préservé par le manuscrit viennois.

g) L'association de ces deux épithètes memphites connues de Ptah est bien attestée[249]. *Ânkhtaouy* désigne le plateau de la nécropole de Saqqarah[250]. Il existerait un temple de Ptah « hors les murs », à proximité de la nécropole, dans les inondables (*bꜥḥ*) à l'ouest de la ville[251]. Ce dieu figure avec les mêmes épithètes dans la liste de Dendara (14, 4), mais n'apparaît pas dans le papyrus Vienne KM ÄS 3871.

h) Le dieu *Tatenen*[252] n'apparaît pas dans la liste de Dendara, mais figure dans le papyrus Vienne KM ÄS 3871 sous la forme *Tꜣ-ṯnn ỉt nṯr.w nṯr ꜥꜣ* « *Tatenen*, père des dieux, le grand dieu » (x+1, 2).

i) Le dieu Chou est cité avec la même épithète à Dendara (14, 10). Dans le papyrus Vienne KM ÄS 3871, il apparaît dans deux configurations différentes : soit *Šw Tfnw.t m ḥw.t Bỉk* « Chou et Tefnout dans la Demeure du Faucon » (x+1, 23), soit *ỉn-ḥr.t Šw, sꜣ Rꜥ* « Onouris-Chou, fils de Rê » (x+3, 7).

j) La déesse Tefnout apparaît deux fois dans la liste du papyrus Vienne KM ÄS 3871 (x+1, 23 ; x+3, 8). Le nom de cette déesse est en lacune à Dendara (14, 10).

---

243 G. LEGRAIN, *RecTrav* 22 (1900), p. 125-136, 146-149. D. B. REDFORD, *JEA* 59 (1973), p. 16-30. N. IMBERT, *CahKarn* 11 (2003), p. 469-486.

244 *LGG* III, p. 793. Elle est attribuée par ailleurs à Amon-Rê à Karnak.

245 *LGG* V, p. 349. Elle est notamment attribuée à Sokar-Osiris dans une scène intitulée *ms ḥnw* « conduire la barque de Sokar (*Dendara* X, 315, 13).

246 *LGG* IV, p. 333-336.

247 *LGG* III, p. 731.

248 *LGG* III, p. 778-779. S. Cauville comprend « maître des Deux Terres d'Héliopolis » (S. CAUVILLE, *BIFAO* 93 (1993), p. 108).

249 *LGG* III, p. 601-602 et IV, 722-723. Sur leur association dans la région memphite, voir par exemple W. GOLÉNISCHEFF, *Papyrus hiératiques*, p. 163, pl. XXVIII (P. Caire CGC 58031 (4, 2)) ; J.-Cl. GOYON, *Confirmation* I, p. 65 et 97, n. 152 (P. Brooklyn 47.218.50 (9, 18)) ; R. O. FAULKNER, *The Papyrus Bremner-Rhind*, p. 55 (P. Londres BM EA 10188 (25, 21)) ; D. DEVAUCHELLE, *in* : *Egyptian Religion: The Last Thousand Years*, p. 591-592 (stèles du Sérapéum) ; J. Fr. QUACK, *in* : *Mélanges Zauzich*, p. 470-471 (P. Berlin 14402a (x+2, 1)) ; St. PASQUALI, *Topographie cultuelle*, p. 9, 31, 37, 48, 53.

250 J. D. RAY, *The Archive of Hor*, p. 146, 152-153. St. PASQUALI, *Topographie cultuelle*, p. 81, n. 258. St. PASQUALI, B. GESSLER-LÖHR, *BIFAO* 111 (2011), p. 285, n. 11.

251 St. PASQUALI, *Topographie cultuelle*, p. 112. St. PASQUALI, B. GESSLER-LÖHR, *BIFAO* 111 (2011), p. 285-287.

252 *LGG* VII, p. 346-348.

k) Le dieu Geb figure avec la même épithète usuelle[253] dans les listes du papyrus Vienne KM ÄS 3871 (x+3, 10) et de Dendara (14, 10), où la colonne est partiellement lacunaire.

l) Il s'agit de deux épithètes répandues de la déesse Nout[254], que l'on retrouve encore une fois plus loin (x+11, 6), voir § 7.8. Cette déesse est citée avec les mêmes épithètes dans la liste du papyrus Vienne KM ÄS 3871 (x+3, 11) et à Dendara (14, 12).

m) À propos de ce toponyme, voir §°5.1.1, n. d). On retrouve « Osiris qui préside à l'Occident, maître d'Abydos » plus loin dans une autre liste (x+11, 2), voir § 7.8. Le papyrus Vienne KM ÄS 3871 cite *Wsỉr nṯr ꜥꜣ smsw* « Osiris, le grand dieu, l'aîné » (x+3, 12). À Dendara, l'épithète d'Osiris est en lacune (14, 13). Ce dieu est nommé une autre fois dans la scène opposée avec l'épithète *nb ḥnw* « maître de la barque-*henou* » (13, 14).

n) Rien n'assure qu'une épithète supplémentaire ait figuré dans la lacune après *ꜣs.t wr.t* « Isis, la Grande »[255]. À Dendara, on nomme *ꜣs.t wr.t* [...] « Isis, la Grande [...] » (14, 14). Isis est absente de la liste du papyrus Vienne KM ÄS 3871.

o) Nephthys est attestée comme *ꜣḫ.t* « la splendide »[256]. Cette déesse figure dans la liste de Dendara avec des épithètes différentes, partiellement en lacune : *Nb.t-ḥw.t sn.t-nṯr* [...] *ꜥnḫ* « Nephthys, la sœur du dieu, [...] vie » (14, 15). Le papyrus Vienne KM ÄS 3871 mentionne aussi *Nb.t-ḥw.t sn.t nṯr* « Nephthys, la sœur du dieu » (x+3, 16).

p) Horus, souverain de l'éternité[257] figure aussi dans la version de Dendara (14, 16). Ce dieu n'est pas attesté par le papyrus Vienne KM ÄS 3871, mais d'autres formes d'Horus y sont nommées (x+1, 7 ; x+1, 25-29).

q) L'épithète *wp rḥḥ.wy* « celui qui départage les deux rivaux »[258] est spécifique de Thot dans le 15e nome de Basse Égypte[259]. C'est sous la forme *Ḏḥwty ꜥꜣ ꜥꜣ wp rḥḥ.wy* « Thot, deux fois grand, qui sépare les deux rivaux » que ce dieu apparaît à Dendara (13, 1) et dans le papyrus Vienne KM ÄS 3871 (x+3, 14). À Karnak, Thot était associé à Khonsou en tant que juge pour départager les deux frères à la néoménie[260].

7.7.2 Traduction et commentaire de la liste de barques (x+9, B ; x+9, 17-30)

9, B *Rꜥ ḫw=f Wsỉr <ḥm>-nṯr Ms-rd.wy=f mꜣꜥ-ḫrw msỉ.n Tꜣy-Hb[.t] [m wỉꜣ pf]y nfr nty ỉw rn=f r*	9, B Rê protège l'Osiris (du) prêtre a) *Mesredouyef*, justifié, enfanté par *Tahebet*, [dans cet]te belle [barque b)] dont le nom est c)
9, 17 *nšm.t wr.t*	9, 17 Grande barque-*nechemet* d)
9, 18 *wsr ḥꜣ.t*	9, 18 Celle à la proue puissante e)
9, 19 *šꜣꜥ bỉk*	9, 19 Inauguration du Faucon f)
9, 20 *nb (n)ḥḥ*	9, 20 Maîtresse de l'éternité g)
9, 21 *mꜥd*[...] (?)]	9, 21 [... ...] (?) h)

253 *LGG* IV, p. 665-666. Sh. Bédier, *Die Rolle des Gottes Geb*, p. 196-203.

254 É. Chassinat, *Le mystère d'Osiris* I, p. 338. J.-Cl. Goyon, *Confirmation* I, p. 64. *LGG* III, p. 538-539 et 417-418.

255 *LGG* I, p. 69-71.

256 *LGG* I, p. 27-28. Plusieurs des épithètes dérivées de celle-ci peuvent être attribuées à Nephthys (*LGG* I, p. 30-34).

257 *LGG* V, p. 531-532.

258 *LGG* II, p. 351-352.

259 A.-P. Zivie, *Hermopolis*, p. 167. M.-Th. Derchain-Urtel, *Thot*, p. 105.

260 Fr. Labrique, *in* : *Kindgötter*, p. 211-217.

9, 22 *ḏꜣ n.t*	**9, 22** Celle qui traverse le flot [i)]
9, 23 *mr n.t*	**9, 23** Celle qui aime le flot [j)]
9, 24 *sšn* (?)	**9, 24** Celle qui passe [k)] (?)
9, 25 *ḏꜣ n.t*	**9, 25** Celle qui traverse le flot [l)]
9, 26 *nšm.t*	**9, 26** Barque-*nechemet* [m)]
9, 27 *ws[ḫ] nmt.t*	**9, 27** Celle à l'ample foulée [n)]
9, 28 *sḥ[(ꜣ)b (?)]-n.t*	**9, 28** Celle qui met [en fête (?)] le flot [o)]
9, 29 *ḥꜣ[p ...]* (?)	**9, 29** Celle qui dissi[mule ...] (?) [p)]
9, 30 *sẖn Mꜣꜥ.t*	**9, 30** Celle qui introduit Maât [q)].

Commentaire

a) Le signe  a été omis. Il figure dans le texte introductif de la seconde liste de barques (x+10, A).

b) Le terme générique *wỉꜣ* « barque » a été restitué d'après ce que l'on peut lire dans le texte introductif de la seconde liste de barques (x+10, A). Le groupe  *pfy* est écrit de la même manière ailleurs dans le manuscrit (x+8, 8-9 ; x+8, 9).

c) Ce passage n'apparaît pas dans le papyrus Vienne KM ÄS 3871 en introduction de la liste de barques, mais il y est fait référence par ailleurs à la défunte dans sa barque (x+5, A). À Dendara, chacun des deux tableaux se clôture par la phrase suivante (13, 18 ; 14, 18) : *Rꜥ Ḥr-ꜣḫ.ty sḳd=f Ḥw.t-ḥr nb.t Ỉwn.t m wỉꜣ=s nfr nty ḥr tp ỉtrw nty ỉw rn=f r ꜥꜣ mrw.t* « Rê-Horakhty, il fait voguer Hathor, maîtresse de Dendara, dans sa belle barque dont le nom est Grande d'amour ». Le parallèle est flagrant malgré les adaptations apportées à ce passage. La construction grammaticale de la phrase est similaire dans le manuscrit américain, mais le défunt y prend la place d'Hathor. La situation « dans la barque » est la même, bien que l'on ait remplacé le possessif (*m wỉꜣ=s*) par un démonstratif (*m wỉꜣ [p]fy*) probablement pour adapter le texte en faveur du défunt. La tournure introduisant le nom de la barque d'Hathor (*nty ỉw rn=f r*) est intégralement reprise pour introduire ceux des barques de la liste du manuscrit américain. La modification principale provient du remplacement du verbe *sḳd* « (faire) voguer » par le verbe *ḫw* « protéger ». L'existence d'un verbe *sḳd* (*sꜣ*) « protéger »[261] pourrait expliquer ce transfert sémantique.

d) La barque-*nechemet*[262] était la barque sacrée d'Osiris dans le 8e nome de Haute Égypte[263]. Elle prenait part dès le Moyen Empire aux fêtes osiriennes célébrées à Abydos notamment. La barque-*nechemet* était une embarcation fluviale, mais des barques portatives, conçues comme des réductions de celle-ci, ont aussi porté ce nom après le Moyen Empire[264]. Cette première barque est associée à Sokar-Osiris (x+9, 3), premier

---

261 *Wb* IV, 310, 5.

262 *LGG* IV, p. 360. Sur les graphies du nom de la barque-*nechemet*, voir M.-Chr. LAVIER, *BSÉG* 13 (1989), p. 46-63.

263 P. MONTET, *Géographie* II, p. 103. D. JONES, *Nautical Titles and Terms*, p. 249-250, nº 71. J. OSING, Gl. ROSATI, *Tebtynis*, p. 34. J. OSING, *Hieratische Papyri aus Tebtunis* I, p. 250. Chr. LEITZ, *Die Gaumonographien*, p. 78.

264 M.-Chr. LAVIER, *in* : *Akten München*, p. 291. Chr. KARLSHAUSEN, *L'iconographie de la barque*, p. 14-22, 109-111.

dieu de la liste correspondante. Elle ne figure pas dans la liste du papyrus Vienne KM ÄS 3871.

e) La barque *wsr ḥꜣ.t* « Celle à la proue puissante » est connue pour être la barque sacrée du 4e nome de Haute Égypte[265], et plus particulièrement la barque processionnelle d'Amon[266]. On notera le développement du culte d'Amon *Ouserhat*[267]. Cette barque est associée à Amon-Rê (x+9, 4). Elle apparaît dans le papyrus Vienne KM ÄS 3871 (x+2, 8) selon la même correspondance.

f) On notera la graphie  *bỉk*[268]. La notice d'un manuel sacerdotal relative au 13e nome de Basse Égypte indique que la barque sacrée de cette province se nommait *bỉk* « Faucon »[269]. *Bỉk* « (barque du) Faucon » est un nom donné à la barque de cérémonie du roi[270]. Associée à la guerre, elle était volontiers attribuée à des dieux martiaux comme Montou[271]. À Edfou, le nom de l'embarcation sacrée de cette région est *šꜣ bg* « Vocation[272] du faucon », où *bg* constitue une graphie de *bỉk*[273]. Il existe par ailleurs une barque *šꜣ.t*[274]. On notera que la graphie spécifique est ici *šꜣꜥ bỉk*, plutôt que *šꜣ bỉk*, qui pourrait être rendue « Inauguration[275] du faucon ». D'après la liste du papyrus Princeton Pharaonic Roll 10, cette barque correspond à Atoum, maître d'Héliopolis (x+9, 5). Dans celle du papyrus Vienne KM ÄS 3871, une barque *šꜣ bỉk* (x+2, 1) est associée au dieu Sokar (x+1, 1).

g) Cette embarcation est connue comme barque sacrée du 1er nome de Basse Égypte[276]. Dans le papyrus Princeton Pharaonic Roll 10, elle est associée au dieu Ptah (x+9, 6). Cette barque ne figure pas dans la liste du papyrus Vienne KM ÄS 3871.

h) Dans le papyrus Princeton Pharaonic Roll 10, cette barque correspond au dieu Tatenen (x+9, 7). Une telle barque ne semble pas figurer dans la version du papyrus Vienne KM ÄS 3871, ni être connue par ailleurs. On notera cependant que le terme  *mꜥ.t* désigne un type de bateau[277].

265 *Wb* I, 362, 1-2. J. Osing, Gl. Rosati, *Tebtynis*, p. 33. Chr. Leitz, *Die Gaumonographien*, p. 43-44.

266 *LGG* II, p. 575-576. D. Jones, *Nautical Titles and Terms*, p. 232-233, no 9. Chr. Karlshausen, *L'iconographie de la barque*, p. 32-47, 67-90.

267 H. De Meulenaere, *BIFAO* 86 (1986), p. 138, n. e.

268 Cf. R. O. Faulkner, *Book of Hours*, pl. 36* (23, 4) ; I. E. S.Edwards, *Oracular Amuletic Decrees*, T. 3, r° 49. A. H. Pries, *Schutz des Königs*, p. 12. Sur cette graphie, voir § 7.4.1, n. j)

269 J. Osing, *Hieratische Papyri aus Tebtunis* I, p. 244, pl. 25, qui lit *bỉk Ḥr*. Il pourrait s'agir d'une graphie développée de *bỉk* uniquement, voir *supra* n. 268.

270 *Wb* I, 445. P. Wilson, *Lexikon*, p. 309. D. Jones, *Nautical Titles and Terms*, p. 136.

271 E. K. Werner, *JARCE* 23 (1986), p. 107-123.

272 *Wb* IV, 402, 8-403, 5.

273 *Edfou* I, 333, 12 ; XV, pl. 5. *Wb* I, 444, 13. J. Osing, *Hieratische Papyri aus Tebtunis* I, p. 245, n. c. Chr. Leitz, *Die Gaumonographien*, p. 300-301.

274 G. Andreu, S. Cauville, *RdÉ* 30 (1978), p. 19. D. Jones, *Nautical Titles and Terms*, p. 146.

275 *Wb* IV, 406, 4-407, 3.

276 *Edfou* I, 329, 14. P. Montet, *Géographie* I, p. 36. D. Jones, *Nautical Titles and Terms*, p. 248, no 60. J. Osing, *Hieratische Papyri aus Tebtunis* I, p. 239. J. Osing, Gl. Rosati, *Tebtynis*, p. 37. Chr. Leitz, *Die Gaumonographien*, p. 182.

277 *Wb* II, 46, 6. P. Wilson, *Lexikon*, p. 417.

i) À Edfou, *ḏꜣ n.t* « Celle qui traverse le flot » est la barque sacrée du 6e nome de Basse Égypte[278]. Le groupe figure probablement ici pour *n.t* « flot », qui joue un rôle rituel dans ce nome[279]. Dans le papyrus Princeton Pharaonic Roll 10, cette barque, dont le nom est répété plus loin (x+9, 25), est associée cette fois-ci au dieu Chou (x+9, 8). Dans le papyrus Vienne KM ÄS 3871, une barque *ḏꜣ n.t* (x+2, 29) correspond à Horus, maître de *Sakhebou* (x+1, 29). Une éventuelle seconde mention (x+4, 10), en lacune, serait associée au dieu Geb (x+3, 10).

j) Le groupe doit peut-être être lu *n.t* « flot » comme précédemment (x+9, 22). Cette barque correspond à Tefnout (x+9, 9) dans le papyrus Princeton Pharaonic Roll 10. Le papyrus Vienne KM ÄS 3871 mentionne une barque *mryty* « Bien-aimée » (x+2, 23) en face des dieux Chou et Tefnout (x+1, 23).

k) Une barque *sšn* / *sšn.t* « barque de lotus »[280] ou « barque au papyrus »[281] est connue des *Textes des sarcophages*[282]. On pourrait aussi considérer le verbe *sšn* « passer », « se déplacer »[283] et rendre « Celle qui passe ». La racine *sšn* « tresser »[284] et ses dérivés « vannerie », « cordages », etc. pourraient aussi constituer une alternative intéressante. Compte tenu de la lacune partielle, il ne serait pas impossible non plus qu'il faille lire *sštꜣ* au lieu de *sšn*, à rendre par « la Mystérieuse », mais un tel nom ne semble pas attesté. D'après les listes du papyrus Princeton Pharaonic Roll 10, cette barque est associée au dieu Geb (x+9, 10).

l) Le même nom apparaît plus haut (x+9, 23), voir *supra* n. j). Cette barque correspond ici à la déesse Nout (x+9, 11).

m) La barque-*nechemet* constitue la barque d'Osiris par excellence. Dans la présente liste, elle correspond d'ailleurs à Osiris qui préside à l'Occident (x+9, 12). Une barque [*n*]*šm*(*.t*) est peut-être listée par le papyrus Vienne KM ÄS 3871 (x+4, 1). Dans le 5e nome de Haute-Égypte, une barque *nšm wḏꜣ ḥw=f* est attestée[285].

n) Le nom de cette embarcation évoque l'épithète solaire *wsḫ nmt.t*[286]. Dans le papyrus Vienne KM ÄS 3871, cette barque (x+4, 12) est rattachée à Osiris (x+3, 12) ; une autre attestation éventuelle (x+2, 10) est attribuée à Khonsou (x+1, 10). À Edfou, la barque du 4e nome de Haute Égypte est appelée *ḥꜣw.ty wsḫ nmt.t*[287]. Son nom figure en lacune dans un manuel sacerdotal[288]. La barque sacrée du 19e nome de Haute Égypte se nomme quant

278 *Edfou* I, 331, 12. *Wb* V, 524, 9. P. Wilson, *Lexikon*, p. 1219-1220. D. Jones, *Nautical Titles and Terms*, p. 257, n° 113. P. Montet, *Géographie* I, p. 93. Chr. Leitz, *Die Gaumonographien*, p. 236.

279 Chr. Leitz, *Geographisch-osirianische Prozessionen*, p. 334-337 (§ 28g, j, l).

280 D. Jones, *Nautical Titles and Terms*, p. 256, n° 107.

281 *Anlex* 78.3847 (« dont chaque extrémité a la forme d'une touffe de papyrus »).

282 *CT* V, 39c (Spell 377) ; 168b (Spell 400) ; *CT* VII, 259a (Spell 1030).

283 *Anlex* 79.2781. *TLA*, n° 136590.

284 *Wb* IV, 293, 9-13.

285 Chr. Leitz, *Die Gaumonographien*, p. 51-52.

286 *LGG* II, p. 586-587.

287 *Edfou* I, 338, 7. P. Montet, *Géographie* II, p. 62. D. Jones, *Nautical Titles and Terms*, p. 251, n° 58. Chr. Leitz, *Die Gaumonographien*, p. 43-44.

288 J. Osing, *Hieratische Papyri aus Tebtunis* I, p. 268.

à elle *wsḫ.t*[289]. Dans le papyrus Princeton Pharaonic Roll 10, cette embarcation correspond à Isis (x+9, 13). Le culte de cette déesse était répandu et s'est développé dans la région thébaine dès le premier millénaire av. J.-C.[290].

o) Il faut peut-être rapprocher cette embarcation d'une barque nommée *sḥ(ꜣ)b n.t* « Celle qui met en fête le flot », mentionnée par un manuel sacerdotal[291]. Dans la présente liste, elle correspond à la déesse Nephthys (x+9, 14). Le papyrus Vienne KM ÄS 3871 répertorie pour sa part une barque *ḥsb Ḥʿpy* « Celle qui compte l'Inondation » (x+2, 19) associée à Hathor, maîtresse des deux Terres (x+1, 19).

p) En plus de la lacune, un morceau de papyrus repose à cet endroit. En respectant l'ordre proposé, cette barque correspond à Horus, souverain de l'éternité (x+9, 15).

q) Il s'agit de la barque sacrée du 15e nome de Basse Égypte[292]. Dans la liste du papyrus Princeton Pharaonic Roll 10, elle est associée au dieu Thot de cette région (x+9, 16). On notera qu'à Héliopolis, la barque *sḫn* est associée à Osiris et à Sepa[293]. Il existe par ailleurs un dieu *Sḫn-Mꜣʿ.t*[294]. Dans le papyrus Vienne KM ÄS 3871, la barque *sḫn Mꜣʿ.t* (x+2, 4) est associée à « Thot le grand, maître d'Hermopolis » (x+1, 4), puis plus loin *sḫn M*[*ꜣʿ.t*] (x+4, 14) à « Thot le grand, qui départage les deux rivaux » (x+4, 14). Il s'agit peut-être d'une confusion, la barque d'Hermopolis étant nommée par ailleurs *hr ḥr Mꜣʿ.t* « Celle qui se réjouit de Maât »[295].

7.7.3 Traduction et commentaire de la suite de la liste de divinités (x+9, C ; x+9, 31-42)

9, C *pḫr sp 2 Ḥr m wỉꜣ=f m-sꜣ ỉr.t=f nty d.t*[*=f ḫr*]	9, C Horus circule sans cesse dans sa barque à la recherche de [son] propre œil [auprès de] [a)] :
9, 31 *Ỉmn-Rʿ nb ns.t tꜣ.wy*	9, 31 Amon-Rê, maître du trône des Deux Terres [b)]
9, 32 *Ḥr Dwn-ʿ.wy*	9, 32 Horus *Dounâouy* [c)]
9, 33 *Sḫm.t nb.t ꜣšrw*	9, 33 Sekhmet, maîtresse d'*Icherou* [d)]
9, 34 *Bꜣst.t nb.t Bꜣs.t*	9, 34 Bastet, maîtresse de Bubastis [e)]
9, 35 *Šsmt.t msḏ(.t) rmṯ.t* (?)	9, 35 Chesemtet qui abomine les humains [f)] (?)
9, 36 *psḏ.t ʿꜣ.t*	9, 36 la grande Ennéade [g)]
9, 37 *Ỉnp(w) nb tꜣ-ḏsr*	9, 37 Anubis, maître de la nécropole [h)]
9, 38 *Ḥr Ỉwn-mw.t=f ʿ*[*bw pr*]*-wr*	9, 38 Horus *Iounmoutef* qui [purifie le *Per]-our* [i)]
9, 39 *N.t wr.t mw.t nṯr*	9, 39 Neith la grande, la mère du dieu [j)]
9, 40 *Srḳ.t ḫr(.t) ḳ*[*n*]*w*	9, 40 Selqet, supérieure de [vaillance] [k)]
9, 41 [*Ḥw.t*]*-Ḥr* [*ḥnw*]*.t* (?) [*nṯr.w* (?)]	9, 41 [Hat]hor, [souve]raine (?) [des dieux (?)] [l)]
9, 42 [... ...]*.t nb.t kꜣ.w*	9, 42 [... ...], maîtresse des aliments [m)].

---

289 *Edfou* I, 342, 17 – 343, 1. P. Montet, *Géographie* II, p. 181. D. Jones, *Nautical Titles and Terms*, p. 244, n° 30. J. Osing, *Hieratische Papyri aus Tebtunis* I, p. 237. J. Osing, Gl. Rosati, *Tebtynis*, p. 35.

290 L. Coulon, *in* : *Isis on the Nile*, p. 121-147.

291 J. Osing, Gl. Rosati, *Tebtynis*, p. 45 et 46, n. f.

292 *Wb* IV, 255, 3. *Edfou* I, 333, 17-18. P. Montet, *Géographie* I, p. 140. D. Jones, *Nautical Titles and Terms*, p. 255, n° 101. J. Osing, *Hieratische Papyri aus Tebtunis* I, p. 244. Chr. Leitz, *Die Gaumonographien*, p. 317-318.

293 Chr. Leitz, *Geographisch-osirianische Prozessionen*, p. 391-395, § 35e) ; *Die Gaumonographien*, p. 301.

294 *LGG* VI, p. 570. Chr. Leitz, *Der Sarg des Panehemisis*, p. 146.

295 Chr. Leitz, *Geographisch-osirianische Prozessionen*, p. 184-185, § 15a ; *Die Gaumonographien*, p. 118.

Commentaire

a) Le texte qui introduit la liste de divinités est identique au précédent (x+9, A), voir § 7.7.1.

b) La liste de Dendara mentionne *ʾImn-Rʿ nb ns.t tꜣ.wy* « Amon-Rê, maître du trône des Deux Terres » et ajoute l'épithète *ḫnty ʾIp.t-s.wt* « qui préside à Karnak » (14, 2). Ce dieu n'apparaît pas dans le papyrus Vienne KM ÄS 3871.

c) *Dounâouy* n'apparaît pas dans la liste du papyrus Vienne KM ÄS 3871. À Dendara figure *Ḥr nb Dwn-ʿ.wy* [...] « Horus, maître de Hardai [...] » (13, 3). Le dieu *Dwn-ʿn.wy Dounânouy* « Celui qui étend les ailes », réinterprété dès la 20e dynastie comme *Dwn-ʿ.wy Dounâouy* « Celui qui étend les bras »[296], est une figure du panthéon local du 18e nome de Haute Égypte[297]. Il apparaît ainsi dans une liste géographique de divinités du *Livre des Respirations*[298].

d) La déesse Sekhmet étendait son influence dans plusieurs régions du Delta, notamment à Létopolis (BE 2), dans le nome libyque (BE 3) et bien sûr à Memphis (BE 1)[299]. L'épithète *nb.t ʾIšrw* « maîtresse d'*Icherou* » est attestée pour plusieurs déesses dont Mout dans la région thébaine, Bastet à Bubastis, Isis à Dendara, Menhyt, Ouadjet et Sekhmet dans un contexte memphite[300]. Ce lac en forme de croissant était lié aux rites d'apaisement de la déesse dangereuse et à la navigation marquant le retour de la déesse lointaine[301]. Dans le papyrus Leyde I 346, « Sekhmet, maîtresse d'*Icherou* » est invoquée dans le *Livre de la fête du dernier jour de l'année*[302]. Dans l'un des deux tableaux de la chapelle de Dendara figure *Sḫm.t ʿꜣ.t nb(.t) ʾIšr*[*w*] « Sekhmet la Grande, maîtresse d'*Icherou* » (13, 4). Cette déesse n'est en revanche pas mentionnée dans la liste du papyrus Vienne KM ÄS 3871, où est nommée en revanche *Mw.t wr.t nb.t ʾIšrw* « Mout la Grande, maîtresse d'*Icherou* » (x+1, 9).

e) Cette déesse est nommée dans l'un des tableaux de la chapelle de Dendara (13, 5) et dans la liste du papyrus Vienne KM ÄS 3871 (x+3, 6).

f) Originaire de Memphis[303], Chesemtet (Smithis) est une déesse pouvant prendre l'aspect d'une lionne, parfois d'un serpent[304]. Associée à Sekhmet, Bastet et Ouadjet / *Ouret-hekaou*, elle remplissait une fonction protectrice lors de la veillée mortuaire d'Osiris en tant qu'uraeus[305]. La *Protection du roi durant les douze heures de la nuit* la considère avec Sekhmet, Bastet et Ouadjet comme l'une des quatre boules d'argile dont le rituel

---

296 *LGG* VII, p. 525-526.

297 H. KEES, *ZÄS* 58 (1923), p. 92-96. J. VANDIER, *MDAIK* 14 (1956), p. 208-213 et *Jumilhac*, p. 26-33.

298 Fr. R. HERBIN, *RdÉ* 50 (1999), p. 165, 177-178, 207 (P. Louvre N. 3121 (V, 11).

299 Ph. GERMOND, *Sekhmet*, p. 104-108.

300 *LGG* IV, p. 22-23. J. YOYOTTE, *RdÉ* 14 (1962), p. 101-110. S. SAUNERON, *BIFAO* 62 (1964), p. 50-54. M. BOMMAS, *Mythisierung der Zeit*, p. 22-23 (4).

301 S. SAUNERON, *BIFAO* 62 (1964), p. 54-57. B. GESSLER-LÖHR, *Heiligen Seen*, p. 391-424. J.-Cl. GOYON, *Le Rituel du sḥtp Sḫm.t*, p. 103.

302 M. BOMMAS, *Mythisierung der Zeit*, p. 21 (I, 1). La déesse est aussi représentée dans la vignette.

303 J. YOYOTTE, *RdÉ* 14 (1962), p. 106.

304 *LGG* VII, p. 123-125. P. LACAU, *RecTrav* 24 (1902), p. 198-200. P. E. NEWBERRY, *in* : *Studies Griffith*, p. 316-323. B. ALTENMÜLLER, *Synkretismus*, p. 219-220. Ph. DERCHAIN, *El Kab* I, p. 14-32. I. W. SCHUMACHER, *Der Gott Sopdu*, p. 17-19.

305 Ph. DERCHAIN, *El Kab* I, p. 16, doc. 6, p. 17, doc. 7 où elle est « la destructrice des ennemis en face d'Osiris », p. 30, n. 7, p. 18, doc. 12, p. 31, doc. 38. N. G. DAVIS, *Hibis* III, pl. XX, col. 17.

éponyme est par ailleurs connu et qui assuraient la protection d'Osiris à Abydos[306]. Néanmoins, le manuel des *Révélations des mystères des quatre boules d'argile* ne mentionne pas Chesemtet, qui y est remplacée par Neith[307]. Elle apparaît aux côtés d'Hathor, Ouadjet, Bastet et Sekhmet dans la procession de l'emblème de Nefertoum lors de la fête de Sokar[308]. Cette déesse ne figure pas dans la liste du papyrus Vienne KM ÄS 3871, mais *Šsmt.t ms.t Ḥr* « Chesemtet qui met au monde Horus » apparaît dans l'une des deux scènes de la chapelle de la barque de Dendara (13, 6). Le nom de la déesse Nekhbet y est ajouté à la fin de la colonne. Une « Chesemtet qui est dans sa barque » est représentée sur un fragment de naos trouvé à Tell-Basta[309].

On aurait pu être tenté de lire 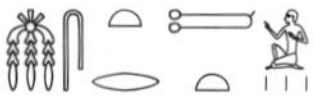 *ms.t rmṯ.t* « celle qui met au monde les humains », mais la lecture correcte semble plutôt être  *msḏ(.t) rmṯ.t* « celle qui abomine les humains »[310]. On comparera dans ce sens la graphie de ce verbe telle qu'elle figure ailleurs dans le papyrus Princeton Pharaonic Roll 10 (x+3, 5). On pourrait objecter par ailleurs qu'une lecture  *ṯ.t* « troupe »[311] conviendrait mieux. Dans un autre cas encore, cette même graphie est rendue dans un parallèle par  *rmṯ(.t)* en démotique[312]. Aucune épithète semblable ne paraît attestée, mais Chesemtet est *msḏ.t sbỉ.w* « celle qui abomine les ennemis »[313]. On peut reconnaître dans cette épithète une évocation de son statut de déesse dangereuse et y voir éventuellement une allusion au mythe de la destruction de l'humanité.

g) Les listes de Dendara (13, 7) et du papyrus Vienne KM ÄS 3871 (x+3, 17) donnent *psḏ.t ꜥꜣ.t psḏ.t nḏs.t* « la grande Ennéade, la petite Ennéade ».

h) Il s'agit d'une épithète courante d'Anubis[314]. Ce dieu est cité avec la même épithète à Dendara (13, 9), mais ne figure pas dans la liste du papyrus Vienne KM ÄS 3871.

i) On ne connaît pas de lien spécifique entre Horus *Iounmoutef* et la navigation, et ce sont probablement à ses rôles rituels que l'on faisait appel ici. Attesté dans tous les grands sanctuaires, Horus *Iounmoutef* était à l'origine rattaché à la localité d'Edfa (*Ỉtb*) dans le 9e nome de Haute Égypte, et non comme on a pu le penser par confusion avec Abydos[315]. Le dieu *Iounmoutef* n'est pas attesté à Abydos avant la 19e dynastie et n'était pas à l'origine rattaché à ce lieu. Horus *Iounmoutef* est attesté pour la première fois à Abydos sous le règne de Séthi Ier[316]. Cette épithète est largement répandue pour *Iounmoutef* dès la

306 Chr. Ziegler, *BIFAO* 79 (1979), p. 437-439. É. Chassinat, *Le Mammisi d'Edfou*, 112, 9-10. A. H. Pries, *Schutz des Königs*, p. 22-23 et n. 138.

307 J.-Cl. Goyon, *BIFAO* 75 (1975), p. 398, n. 2.

308 G. A. Gaballa, K. A. Kitchen, *Orientalia* 38 (1969), p. 56. C. Graindorge, *JEA* 82, p. 91-95.

309 D. Rosenow, *JEA* 94 (2008), p. 264.

310 Pour la lecture  plutôt que 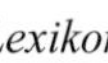, cf. x+11, 3.

311 *Wb* V, 338, 1-6 ; P. Wilson, *Lexikon*, p. 1179.

312 P. Princeton Pharaonic Roll 10, x+20, 3. Voir § 10.1.1, n. o).

313 *LGG* III, p. 447. *Edfou* I, 154, 11.

314 *LGG* III, p. 774-776.

315 *LGG* V, p. 243-244.S. Sauneron, *BIFAO* 62 (1962), p. 45-46, 48-49. M. Chauveau, *RdÉ* 37 (1986), p. 34-36. U. Rummel, *Iunmutef*, p. 15-18.

316 U. Rummel, *Iunmutef*, p. 19-22, 183-187.

18e dynastie et jusqu'à l'époque gréco-romaine[317]. Ce titre, spécifique des temples, n'apparaît que rarement dans les tombes, à l'exception par exemple du sarcophage de 9d-1r (Caire CG 29304)[318]. Il est néanmoins connu des tombes royales en lien avec le rituel de l'*Ouverture de la bouche*. C'est également un titre que peut porter le prêtre *Iounmoutef*[319]. Ce dieu ne figure ni dans la liste de la chapelle de Dendara ni dans celle du papyrus Vienne KM ÄS 3871.

j) La liste du papyrus Vienne KM ÄS 3871 nomme *N.t wr.t* « Neith la Grande »[320] (x+3, 15), de même que celle de Dendara (13, 10), mais là, le nom de la déesse Mout a été ajouté à la fin de la colonne.

k) Selqet[321] joua un rôle dans la lutte contre le serpent Apophis, ce qui fit d'elle une adversaire des serpents en général et, par association, des scorpions. Ceci lui valut de figurer dans les conjurations d'animaux venimeux. Son nom – « Celle qui fait respirer (les gorges) » – est en rapport avec la guérison des morsures et piqûres qui pouvaient engendrer des troubles respiratoires[322]. Selqet était aussi associée à la naissance, peut-être à la protection de l'embryon, et à la renaissance des défunts[323]. Elle pouvait figurer avec Neith[324]. Le nom de Selqet est ajouté à la suite de celui de Ouadjet, maîtresse d'Imet dans l'une des deux scènes de Dendara (13, 12). Elle n'apparaît pas en revanche dans la série du papyrus Vienne KM ÄS 3871. C'est semble-t-il l'épithète *ḥr(y).t ḳn.t* « supérieure de vaillance » qui est attribuée à la déesse Selqet[325].

l) La lecture du début de l'épithète de cette déesse est incertaine, et la suite est perdue. Le terme *ḥnw.t* « souveraine » conviendrait, mais on pourrait aussi envisager le mot *ḥm.t* « femme ». Tous deux sont à l'origine d'un grand nombre d'épithètes divines[326]. Il s'agissait peut-être de l'épithète *ḥnw.t nṯr.w* « souveraine des dieux », à l'instar de la version de la chapelle de la barque de Dendara (13, 11).

m) Plusieurs déesses portent cette épithète qui est répandue pour Renenoutet[327]. La liste de la chapelle de la barque de Dendara indique « Tjenenet, maîtresse des aliments » (13, 13), tandis que celle du papyrus Vienne KM ÄS 3871 répertorie *Rnn.t nb.t kꜣ.w* « Renenoutet[328], maîtresse des aliments » (x+1, 14).

7.7.4 Traduction et commentaire de la seconde liste de barques (x+10, A ; x+10, 1-12)

10, A *Rꜥ ḥw.f Wsỉr ḥm-nṯr Ms-rd.wy=f mꜣꜥ-ḫrw msỉ.n Tꜣy-Hb.t m wỉꜣ [pfy nty ỉw rn]=f r*	10, A Rê protège l'Osiris (du) prêtre *Mesredouyef*, justifié, enfanté par *Tahebet*, dans [cette belle] barque [dont le nom] est a)

317 *LGG* I, p. 197-198; II, p. 84. U. RUMMEL, *Iunmutef*, p. 173-182.
318 U. RUMMEL, *Iunmutef*, p. 178.
319 P. LACAU, H. CHEVRIER, *Une chapelle d'Hatshepsout*, p. 62 et 248.
320 *LGG* III, p. 513-514.
321 Fr. VON KÄNEL, *in* : *LÄ* V (1984), col. 830-833. *LGG* VI, p. 437-440.
322 Fr. VON KÄNEL, *Les prêtres-ouâb de Sekhmet*, p. 284-285.
323 C. SPIESER, *RdÉ* 52 (2001), p. 251-264.
324 R. EL-SAYED, *La déesse Neith*, p. 132-134.
325 *LGG* V, p. 442.
326 *LGG* V, p. 133-138, 161-218.
327 *LGG* IV, p. 148-149.
328 Sur la distinction entre Renenet et Renenoutet et leur fusion à l'époque gréco-romaine, voir Ph. COLLOMBERT, *BSÉG* 27 (2005-2007), p. 21-32.

10, 1 *wr šfy(.t)*	10, 1 Grande de prestige
ḫnty ỉꜣb.t	qui préside à l'Orient b)
10, 2 *sšm Ḥr*	10, 2 Celle qui conduit Horus c)
10, 3 *ꜥꜣ šfy(.t)*	10, 3 Grande de prestige d)
10, 4 *ꜥꜣ nrw*	10, 4 Grande de terreur e)
10, 5 *sṯs*	10, 5 Celle qui s'élève f)
10, 6 *snby*	10, 6 Bien-portante g)
10, 7 *nb Nwn*	10, 7 Maîtresse du Noun h)
10, 8 *mr Ḥr*	10, 8 Celle qui aime Horus i)
10, 9 *nb ꜥ[ꜣ]b.t*	10, 9 Maîtresse de l'offrande-*âabet* j)
10, 10 *nb ḥp(.t)*	10, 10 Maîtresse de la course k)
10, 11 *psḏ tꜣ.wy*	10, 11 Celle qui illumine les Deux Terres l)
10, 12 *[smd].t (?) Ḥꜥpy*	10, 12 Celle [qui parcourt (?)] le Nil m).

Commentaire

a) La lecture de la fin de ce passage est améliorée grâce au texte précédant la deuxième colonne de la page x+9 (x+9, B), voir § 7.7.2.

b) Malgré l'absence d'un déterminatif  , il faut considérer cette mention comme une embarcation plutôt que comme une divinité supplémentaire dont le scribe aurait reporté le nom au début de la liste des barques. Il ne manquait en effet pas d'espace au bas de la colonne précédente et le nombre respectif de lignes de chacune des listes correspond parfaitement. Dans le papyrus Vienne KM ÄS 3871, où une barque n'est pas forcément attribuée à chaque divinité, le scribe a laissé des espaces vides afin de respecter la concordance des deux listes. Des extraits de manuels sacerdotaux associent une barque *wr šfy.t* « Grande de prestige » avec Esna (*Pr-Ḫnm*)[329] ou le 3e nome de Haute Égypte[330]. Dans le papyrus Princeton Pharaonic Roll 10, cette barque est attribuée à Amon, maître du trône des deux Terres (x+9, 31). On notera que ce dieu pouvait porter l'épithète *wr šfy.t* « grand de prestige »[331]. La seconde partie du nom de cette barque, *ḫnty ỉꜣb.t* « qui préside à l'Orient », permettait peut-être de la différencier de son homonyme connu à Héracléopolis, voir *infra* n. d). Le nom de cette barque ne figure pas dans le papyrus Vienne KM ÄS 3871.

c) D'après le texte géographique d'Edfou, *sšm Ḥr* est le nom de la barque sacrée du 16e nome de Haute Égypte[332]. Cette barque figure parmi les barques sacrées citées par le papyrus Jumilhac du 18e nome de Haute Égypte à côté de *nb ḥp(.t)* « Maîtresse de la course »[333], voir *infra* n. k). En suivant l'arrangement proposé, cette barque se rapporte à Horus *Dounâouy* (x+9, 32). Elle figure dans le papyrus Vienne KM ÄS 3871 (x+2, 7) où elle correspond à Horus d'Edfou (x+1, 7).

329 J. Osing, *Hieratische Papyri aus Tebtunis* I, p. 250.

330 J. Osing, Gl. Rosati, *Tebtynis*, p. 45. D'après les listes d'Edfou, l'embarcation sacrée de ce nome s'appelle plutôt *mr nbw.t* « Celle qui aime la Dorée » (Chr. Leitz, *Die Gaumonographien*, p. 34).

331 *LGG* II, 462-463.

332 *Edfou* I, 342, 1. D. Jones, *Nautical Titles and Terms*, p. 256, no 106. P. Montet, *Géographie* II, p. 159. Chr. Leitz, *Die Gaumonographien*, p. 126-127.

333 J. Vandier, *Le Papyrus Jumilhac*, p. 123, 177, n. 334 (P. Jumilhac XII, 12).

d) C'est le nom de la barque sacrée du 20e nome de Haute Égypte, probablement attribuée à Hérichef[334]. Dans le papyrus Princeton Pharaonic Roll 10, elle est associée à Sekhmet (x+9, 33). Or cette déesse, comme d'autres dieux memphites, était à l'honneur à Héracléopolis[335], où le *Livre de la vache du ciel* situait d'ailleurs le massacre de l'humanité par Sekhmet[336].

e) La barque sacrée du 18e nome de Basse Égypte est appelée *nb nr.t ꜥꜣ nr.t* « Maîtresse de terreur, grande de terreur »[337] et celle du 19e nome de Basse Égypte *nb nr.t* « Maîtresse de terreur »[338]. Il faut peut-être reconnaître dans *ꜥꜣ nrw* une abréviation du premier nom, d'autant plus que cette barque est associée à la déesse Bastet (x+9, 34) dans le papyrus Princeton Pharaonic Roll 10, comme semble-t-il dans le papyrus Vienne KM ÄS 3871 (x+4, 6). On notera par ailleurs que la barque *ꜥꜣ nr.t* « Grande de terreur » est connue à côté de *ꜥꜣ mr.t* « Grande d'amour » comme barque sacrée de Mout à Karnak lors des fêtes de Tybi[339].

f) Ce nom ne paraît pas connu pour une barque sacrée et n'est pas attesté par le papyrus Vienne KM ÄS 3871. On connaît cependant des barques *wṯs nfr.w* [340] et *wṯs ḥꜣ.t* [341]. Dans le papyrus Princeton Pharaonic Roll 10, elle correspond à la déesse Chesemtet (x+9, 35).

g) La barque sacrée du 11e nome de Haute Égypte est appelée *snb*[342]. Son nom, qui peut faire l'objet de plusieurs interprétations, a été notamment rapproché de *snb.t* « barque de papyrus » connue à l'Ancien Empire, mais il pourrait s'agir d'une allusion à la victoire sur Seth[343]. Cette appellation a été rapprochée aussi du terme *snb* « renverser »[344]. Un manuel sacerdotal connaît deux barques nommées *snb ḥtp* et *snb mḥw* dans le nome mendésien[345]. Dans le papyrus Princeton Pharaonic Roll 10, cette barque est associée à la grande Ennéade (x+9, 36). Dans le papyrus Vienne KM ÄS 3871, une barque *snb nb Mꜣꜥ.t* (x+4, 17) est attribuée à la grande Ennéade et à la petite Ennéade (x+3, 17).

---

334 D. Jones, *Nautical Titles and Terms*, p. 241, nº 9. P. Montet, *Géographie* II, p. 189. J. Osing, Gl. Rosati, *Tebtynis*, p. 36. J. Osing, *Hieratische Papyri aus Tebtunis* I, p. 237, 269. Chr. Leitz, *Die Gaumonographien*, p. 161.

335 M. G. Mokhtar, *Ihnâsya el-Medina*, p. 81-82, 88, 108, 136. M. G. Mokhtar, *in* : *Fragments of a Shattered Visage*, p. 105-107. M. el-Alfi, *in* : *Sesto Congresso*, p. 167-171. M. el-Alfi, *DiscEg* 25 (1993), p. 13-20.

336 M. G. Mokhtar, *Ihnâsya el-Medina*, p. 186.

337 *Edfou* I, 335, 5. D. Jones, *Nautical Titles and Terms*, p. 248, nº 59. P. Wilson, *Lexikon*, p. 526. P. Montet, *Géographie* I, p. 178 (qui n'indique que *nb nrw*). Chr. Leitz, *Die Gaumonographien*, p. 340-341.

338 Edfou I, 335, 16. D. Jones, *Nautical Titles and Terms*, p. 248, nº 58. P. Montet, *Géographie* I, p. 182. Chr. Leitz, *Die Gaumonographien*, p. 350-351.

339 S. Cauville, *BIFAO* 93 (1993), p. 161 et n. 16. S. Sauneron, *La porte ptolémaïque*, pl. 11, nº 11, l. 31 et 33. J. Osing, Gl. Rosati, *Tebtynis*, p. 46, b) et n. 47.

340 D. Jones, *Nautical Titles and Terms*, p. 244, nº 31. À Coptos, Isis, accompagnée de Geb et Nephthys, occupe la barque *wṯs nfrw*, nommée en démotique *wtn.t* (Cl. Traunecker, *Coptos*, p. 384-385). La barque *wṯs-nfrw* apparaît déjà sur une stèle du Moyen Empire en lien avec la déesse dangereuse et la fête (de) protéger sa ville (P. Vernus, *RdÉ* 38 (1987), p. 164).

341 D. Jones, *Nautical Titles and Terms*, p. 244, nº 32.

342 *Edfou* I, 340, 5. D. Jones, *Nautical Titles and Terms*, p. 255, nº 100. P. Montet, *Géographie* II, p. 126. Tous deux considèrent *snb pw* contrairement à P. Wilson, *Lexikon*, p. 862.

343 P. Wilson, *Lexikon*, p. 862.

344 Chr. Leitz, *Die Gaumonographien*, p. 92.

345 J. Osing, *Hieratische Papyri aus Tebtunis* I, p. 246.

h) D'après l'agencement des listes, cette barque est liée à Anubis (x+9, 37) dans le papyrus Princeton Pharaonic Roll 10. On n'en trouve pas la trace dans le papyrus Vienne KM ÄS 3871.

i) Il s'agit de la barque sacrée du 2ᵉ nome de Haute Égypte[346] qui fait partie des quatre barques sacrées d'Horus à Edfou[347]. Dans le papyrus Princeton Pharaonic Roll 10, cette barque est associée à Horus *Iounmoutef* (x+9, 38). Elle ne figure pas dans le papyrus Vienne KM ÄS 3871.

j) Aucune barque *nb ꜥbw.t* ne semble attestée. Selon le papyrus Princeton Pharaonic Roll 10, cette embarcation correspond à la déesse Neith (x+9, 39). On pourrait envisager de la rapprocher du nom de la barque du 5ᵉ nome de Basse Égypte, *nb.t ꜥꜣb.t* « Maîtresse de l'offrande-*âabet* »[348], en considérant  comme une graphie de *ꜥꜣb.t* « offrande-*âabet* »[349]. Le papyrus Vienne KM ÄS 3871 attribue cette barque (x+2, 13 ; x+4, 3) à Oupouaout (x+1, 13) et à un autre dieu en lacune (x+3, 3).

k) C'est ainsi qu'est appelée la barque sacrée du 18ᵉ nome de Haute Égypte[350]. Lilian Postel a montré que ce terme doit être rendu le plus souvent par « course » plutôt que par « rame » quel que soit le déterminatif[351], si bien que le nom *nb ḥp(.t)*, compris parfois « Maîtresse de la rame », devrait être rendu par « Maîtresse de la course ». On retrouve la même graphie avec // dans l'expression *pẖr ḥp(.t)* « accomplir la course » (x+11, A), voir § 7.8. Cette barque est associée à la déesse Selqet (x+9, 40) dans le papyrus Princeton Pharaonic Roll 10. Dans le papyrus Vienne KM ÄS 3871, une barque *nb ḥp.t* (x+2, 18) est attribuée à Hathor (x+1, 18).

l) La barque *psḏ tꜣ.wy* [352] est connue comme barque sacrée du 3ᵉ nome de Basse Égypte[353], du 9ᵉ nome de Basse Égypte[354] et du 6ᵉ nome de Haute Égypte[355] où elle serait propre à Harsomtous[356], et peut-être encore d'un autre lieu[357]. D'après le calendrier de Dendara, cette embarcation était utilisée lors de la procession d'Harsomtous vers Khadi, la butte du 6ᵉ nome de Haute Égypte, à la néoménie de Pakhons[358]. À Dendara, Hathor navigue

---

346 D. Jones, *Nautical Titles and Terms*, p. 247, nº 49. J. Osing, Gl. Rosati, *Tebtynis*, p. 45. J. Osing, *Hieratische Papyri aus Tebtunis* I, p. 250 et 251, n. c).

347 M. Alliot, *Le culte d'Horus*, p. 480, n. 2. Chr. Leitz, *Die Gaumonographien*, p. 25-26.

348 Chr. Leitz, *Die Gaumonographien*, p. 224-225.

349 *Wb* I, 167, 10-12.

350 *Wb* III, 68, 17. *Edfou* I, 342, 11. J. Vandier, *Le Papyrus Jumilhac*, p. 123, 177, n. 334 (P. Jumilhac XII, 12). P. Montet, *Géographie* II, p. 176. D. Jones, *Nautical Titles and Terms*, p. 248, nº 61. J. Osing, *Hieratische Papyri aus Tebtunis* I, p. 235. Chr. Leitz, *Die Gaumonographien*, p. 143-144.

351 L. Postel, *BIFAO* 103 (2003), p. 377-420 ; *Protocole*, p. 205-206.

352 P. Wilson, *Lexikon*, p. 374.

353 *Edfou* I, 330, 11. D. Jones, *Nautical Titles and Terms*, p. 245, nº 37. P. Montet, *Géographie* I, p. 60. J. Osing, *Hieratische Papyri aus Tebtunis* I, p. 240. J. Osing, Gl. Rosati, *Tebtynis*, p. 38. Chr. Leitz, *Die Gaumonographien*, p. 210.

354 *Edfou* I, 332, 10. D. Jones, *Nautical Titles and Terms*, p. 245, nº 37. P. Montet, *Géographie* I, p. 99. J. Osing, *Hieratische Papyri aus Tebtunis* I, p. 242, 269. Chr. Leitz, *Die Gaumonographien*, p. 263.

355 *Edfou* I, 339, 2. D. Jones, *Nautical Titles and Terms*, p. 245, nº 38. P. Montet, *Géographie* II, p. 89. J. Osing, Gl. Rosati, *Tebtynis*, p. 33. Chr. Leitz, *Die Gaumonographien*, p. 63.

356 S. Cauville, *BIFAO* 93 (1993), p. 161.

357 J. Osing, Gl. Rosati, *Tebtynis*, p. 46.

358 *Dendara* IX, 203, 5-8. S. Cauville, *Fêtes d'Hathor*, p. 10, 17. Chr. Leitz, *Die Gaumonographien*, p. 63, 65-66.

vers *Mesen* dans la barque *psḏ-tꜣ<.wy>* [359]. D'après les monographies géographiques, Hathor était la déesse du 6e nome de Haute Égypte et du 3e nome de Basse Égypte[360]. Or, c'est à Hathor qu'était rattachée cette barque dans le papyrus Princeton Pharaonic Roll 10 (x+9, 41). Dans le papyrus Vienne KM ÄS 3871, une barque *psḏ tꜣ* (x+4, 11) est attribuée à la déesse Nout (x+3, 11).

m) Un petit fragment de papyrus est déposé au début de cette ligne. Dans le papyrus Princeton Pharaonic Roll 10, cette barque est associée avec une déesse dont le nom est perdu, mais qui a pour épithète *nb.t kꜣ.w* « maîtresse des aliments »[361] (x+9, 42). Le papyrus Vienne KM ÄS 3871 associe pour sa part une barque *smd.t Ḥꜥpy* (x+2, 21) à « Hâpy, père des dieux » (x+1, 21). Un manuel sacerdotal fait figurer une barque *smd Ḥꜥpy* à la suite de la barque-*nechemet* du 8e nome de Haute Égypte[362], tandis qu'un autre précis conserve la mention lacunaire d'une barque sacrée [...]-*Ḥꜥpy* pour le 9e nome de Haute Égypte[363]. La notice géographique du temple d'Edfou relative à cette province est perdue[364]. En réunissant les données de ces trois témoignages, on peut envisager que cette barque ait été celle du 9e nome de Haute Égypte. Dans cette région, on nomme d'ailleurs « Hâpy » l'eau qui sort du canal local[365]. Pour ce qui est du sens à donner à *smd.t*, on retiendra le verbe *smd* « parcourir »[366]. On relèvera cependant le terme *smd.t* « perle », « bijou »[367] pour lequel le *Wörterbuch* renvoie à *msdm.t* « fard noir », « galène » qui peut s'écrire ainsi[368] et que celui-ci constitue justement une offrande spécifique du 9e nome de Haute Égypte[369]. Connu pour ses propriétés médicales et magiques, la galène permettait notamment de chasser le mauvais œil et de soigner l'œil gauche[370].

7.7.5 L'intitulé

L'intitulé *Formule pour voguer dans la barque* (*r*(*ꜣ*) *n sḳd m wiꜣ*) se retrouve dans la chapelle de la barque de Dendara, où le nom de la barque est « Grande d'amour » (*ꜥꜣ mr.wt*)[371]. D'après le petit calendrier de Dendara, c'était le nom de la barque d'Hathor lors des cérémonies d'Épiphi[372]. Ce titre est en revanche absent dans le papyrus Vienne KM ÄS 3871.

La portée même de toute cette section n'est pas parfaitement définie. Bien qu'il soit probable que cette « formule » ait donné lieu à une récitation, il n'est précisé nulle part qu'elle devait être prononcée. Accompagnait-elle une véritable navigation ? Rien ne permet de

---

359 *Dendara* XI, 28, 7-8. Chr. Leitz, *Die Gaumonographien*, p. 263.
360 Chr. Leitz, *Die Gaumonographien*, p. 384, 386.
361 *LGG* IV, p. 148-149.
362 J. Osing, *Hieratische Papyri aus Tebtunis* I, p. 250 et 253, n. o, pl. 25, 25A (P. Berlin 7809/10 + Louvre AF 11112 (L 21, 9)).
363 J. Osing, Gl. Rosati, *Tebtynis*, p. 34, pl. 2.
364 Chr. Leitz, *Die Gaumonographien*, p. 63.
365 Chr. Leitz, *Geographisch-osirianische Prozessionen*, p. 120, 122, § 9c.
366 *Wb* IV, 146, 5-6. *AnLex* 77.3608 ; 78.3565.
367 *Wb* IV, 147, 8-9. P. Grandet, *Le Papyrus Harris I*, vol. 2, p. 208, n. 859.
368 *Wb* II, 153, 8-15. P. Wilson, *Lexikon*, p. 468.
369 Ph. Derchain, *ChronÉg* 37, no 73 (1962), p. 54. Chr. Leitz, *Geographisch-osirianische Prozessionen*, p. 120, 130, § 9j.
370 Fr. Janot, Ph. Vezie, *BIFAO* 99 (1999), p. 217-232, en particulier p. 220-223.
371 S. Cauville, *BIFAO* 93 (1993), p. 105-108.
372 S. Cauville, *BIFAO* 93 (1993), p. 160-161. S. Cauville, *Fêtes d'Hathor*, p. 5, 9.

l'affirmer avec certitude. Aucun lieu n'est mentionné en tous cas. Et ni le point de départ ni celui d'arrivée – s'il était différent – d'un quelconque parcours ne sont dévoilés[373]. Le champ sémantique des formules précédentes (§ 7.4 et § 7.5) incite cependant à envisager que cette formule ait été mise en œuvre dans le cadre d'une navigation.

Seul le papyrus Princeton Pharaonic Roll 10 précise que la formule devait être répétée à sept reprises. Le choix du chiffre sept était certainement magique[374], mais cette indication avait peut-être aussi une influence tangible. La répétition s'appliquait-elle à la récitation, ou bien à l'action de naviguer qui l'accompagnait peut-être ? Fallait-il seulement répéter la formule à sept reprises ? Était-il question de voguer dans la barque sept fois de suite selon un parcours donné, ou bien plutôt de reproduire le même rite en plusieurs occasions ? Il est difficile d'apporter une réponse à ces questions, mais si l'on s'en tient à la formulation, il faut considérer ce texte comme une liturgie plutôt que comme un rite. Cette impression serait confortée par le contenu de la section suivante qui traite de l'accomplissement d'une course, si elle devait recouvrir la navigation associée à cette formule (§ 7.8). En outre, compte tenu du contexte lunaire et étant donné que ce manuscrit mentionne la fête-*denit* d'Héliopolis (x+4, 12), qui avait lieu le septième jour lunaire, on est en droit de se demander si la *Formule pour voguer dans la barque* ne devait pas être répétée durant les sept premiers jours du mois.

7.7.6 « Horus circule sans cesse dans sa barque… »

Le premier texte – « Horus circule sans cesse dans sa barque à la recherche de son propre œil auprès de » (x+9, A et C) – permet d'introduire les deux parties d'une liste de divinités. À Dendara, la formule est à peu près identique[375], tandis que le papyrus Vienne KM ÄS 3871 préfère une version abrégée : « Horus circule sans cesse dans sa barque »[376].

On notera tout d'abord que c'est un cadre mythologique et divin qui est évoqué. Un rôle central, en tant qu'acteur et en tant que possesseur de la barque, est attribué à Horus. Cette introduction exprime aussi le but poursuivi par ce déplacement : la quête de son propre œil. Or l'œil d'Horus peut revêtir une connotation solaire, ou lunaire par suite de confusions et de transferts[377]. La recherche de l'œil par Horus pouvait donc évoquer la quête de la déesse lointaine. On rappellera que la chapelle de la barque de Dendara commémorait le retour de la déesse lointaine célébré au mois de Tybi[378] « afin qu'elle tourne le dos à la Nubie »[379]. La fuite de l'Œil de Rê, qui prenait la forme d'une lionne, est un développement du récit de la destruction de l'humanité qui s'inscrit dans un contexte solaire. Dans le courant du mois de Tybi, des fêtes étaient ainsi célébrées en l'honneur de Ouadjet, Bastet, Chesemtet, Mout, Neith

---

373 Voir cependant l'interprétation qui pourrait être faite de la seconde partie de la formule précédente (§ 7.6).

374 Voir § 7.7.1, n. b) (x+9, 2).

375 Voir § 7.7.1, n. c) (x+9, A).

376 W. SPIEGELBERG, *ZÄS* 54 (1918), p. 86 (P. Vienne KM ÄS 3871, x+1, A).

377 Ph. DERCHAIN, *in* : *La Lune. Mythes et rites*, p. 24.

378 S. CAUVILLE, *BIFAO* 93 (1993), p. 161-167. S. CAUVILLE, *Fêtes d'Hathor*, p. 28-29. Les cérémonies du mois de Tybi avaient suffisamment de prestige pour que leur soit associée l'une des cérémonies instaurées en l'honneur de Bérénice, fille de Ptolémée III Évergète et de Bérénice II (Fr. DUNAND, *in* : *Livre du Centenaire*, p. 287-301, en particulier p. 289-293 ; S. CAUVILLE, *BIFAO* 93 (1993), p. 162 ; S. KÖTHEN-WELPOT, *in* : *Festschrift Gundlach*, p. 129-132 ; S. CAUVILLE, *Fêtes d'Hathor*, p. 28).

379 S. CAUVILLE, *BIFAO* 93 (1993), p. 129-139, 161-162. M. ALLIOT, *Le culte d'Horus*, p. 239, 245-246. S. CAUVILLE, *Fêtes d'Hathor*, p. 5, 9.

et bien sûr Hathor[380], toutes mentionnées dans la présente liste, à dessein peut-être. Onouris, Thot et Chou pouvaient être envoyés pour apaiser la déesse et la ramener en Égypte.

Le contexte parfois lunaire du papyrus Princeton Pharaonic Roll 10 – qui ressort notamment du *Livre de la néoménie* (§ 6.2) – invite à considérer l'hypothèse d'une quête de la lune, dont on connaît les accointances avec le dieu Osiris. La guérison de l'œil d'Horus, blessé par Seth, représentait la phase croissante de la lune[381]. La quête de celui-ci renverrait donc à la disparition de la lune, soit tout particulièrement à la néoménie. Bien qu'aucun filet ne soit mentionné, le contexte aquatique force à évoquer un autre mythe relatif à la lune. Arraché par Seth, l'œil gauche d'Horus se perdit dans l'eau. Thot et Chou pêchèrent l'œil-lune dans un grand filet avant de le lui restituer[382]. Thot pouvait aussi se mettre en quête de l'œil :

> Je suis Thot qui circule (*pẖr*) jour et nuit en cherchant l'œil sain pour son propriétaire. Je suis venu, je l'ai trouvé en bon état et je l'ai rendu à Horus[383].

Les *Textes des pyramides* témoignent déjà de ce mythe dont l'origine repose sur un jeu de mots entre le verbe « pêcher » (*iḥ*) et le nom de la lune (*iʿḥ*). Le triomphe d'Horus, relaté par l'un des papyrus du Ramesseum, semble tirer son origine d'un mythe lunaire dans lequel Seth essaya de manger l'œil d'Horus blessé, qui fut finalement attrapé dans un filet[384]. Le filet et la pêche évoquent dans ce cas l'idée d'une protection[385]. Deux représentations du temple de Dendara illustrent cet acte, l'une dans les salles du complexe de Sokar et l'autre dans les chapelles qui se trouvent sur le toit du temple, donc dans les deux cas en rapport avec des cérémonies osiriennes. Dans la chapelle de Sokar, la scène de pêche au filet met en scène Thot et Chou[386]. La légende évoque les bras des deux dieux formant un filet en guise de protection de la lune, identifiée à Osiris :

> (Thot) : Je viens auprès de toi, l'Héliopolitain dans le ciel, Osiris-Lune, roi des dieux, je place mes bras autour de toi formant un filet, je glorifie ton corps de mes doigts, car tu es celui qui apparaît dans le ciel au début du mois lunaire…[387]

Chou évoque la réapparition quotidienne de l'astre (« tu es l'Héliopolitain qui rajeunit chaque jour ») et Thot le cycle lunaire mensuel (« tu es Celui qui apparaît dans le ciel au début du mois »). Dans la chapelle osirienne ouest n° 1, une représentation met en scène ces deux dieux dans une barque, mais sans filet cette fois-ci[388]. La disparition de l'œil dans l'eau représenterait parfaitement l'absence de la lune à la néoménie. Et cette pêche miraculeuse serait alors l'image de sa réapparition au deuxième jour du mois lunaire. La quête de l'œil s'étendait aussi à

---

380 S. Sauneron, *Les fêtes religieuses*, p. 17-18. S. Cauville, *BIFAO* 93 (1993), p. 162 et n. 18. A. Grimm, *Festkalender*, p. 388-393. Chr. Leitz, *Tagewählerei*, p. 214-216.

381 Le début du mois lunaire marquait le commencement de la guérison de l'œil dont on avait retiré le doigt de Seth (J. Assmann, *Totenliturgien* 1, p. 84).

382 Ph. Derchain, *in* : *La Lune. Mythes et rites*, p. 23, 26. Ph. Derchain, *RdÉ* 15 (1963), p. 11-25.

383 Ph. Derchain, *in* : *La Lune. Mythes et rites*, p. 37 et n. 98. Voir encore H. Junker, *Die Onurislegende*, p. 138.

384 Ph. Derchain, *in* : *La Lune. Mythes et rites*, p. 53-54.

385 Fr. R. Herbin, *BIFAO* 82 (1982), p. 258 et 262, n. 7.

386 *Dendara* II, 150, 10 – 151, 2. S. Cauville, *Dendara II. Traduction*, p. 230-231, pl. XIII. M. M. Eldamaty, *Sokar-Osiris-Kapelle*, p. 112-114.

387 S. Cauville, *Dendara II. Traduction*, p. 230-231.

388 *Dendara* X, pl. 146, 156.

Anubis. Un passage du papyrus Jumilhac nous apprend qu'après être entré dans la *ouâbet* pour voir son père Osiris, il se transforma en faucon, ce qui lui valut son nom de *Dounâouy*, puis :

> Il étendit ses ailes en tant que faucon pour voler à la recherche de son propre œil (*m-s(ꜣ)*[389] *ỉr.t=f ḏs=f*) et le rapporta intact à son possesseur dans ce nome[390].

Les dieux s'en réjouirent et, après qu'Osiris a été oint, paré et emmailloté par Anubis, « Thot prononça de nombreuses glorifications dans ce temple et accomplit toutes les cérémonies de ce dieu »[391]. Le lien entre cet œil, qui semble être celui d'Horus *Dounâouy*, et Osiris n'est pas rendu explicitement, mais les rites étaient bien pratiqués en faveur du dieu défunt, ce qui confirme le rapport entre la quête de l'œil lunaire et les cérémonies osiriennes, tel qu'il apparaît à Dendara. Le papyrus Jumilhac décrit d'ailleurs comment Anubis partit à la recherche de la tête et des chairs de son père Osiris[392]. Un texte magique permet encore de relier Osiris et l'œil d'Horus dans un contexte spécifiquement aquatique[393]. Celui-ci est fragmentaire, mais débute par une mention lunaire :

> ... qui rajeunit] lui-même en son temps, l'âgé qui redevient jeune, puisses-tu faire en sorte que Thot vienne à moi à [ma] voix [...

Le texte reprend à la ligne suivante :

> ...] Osiris est sur l'eau, l'œil d'Horus étant avec lui, le grand Scarabée[394] dans (son) poing. On ne doit pas s'approcher de celui qui est sur (l'eau). On ne doit pas s'approcher d'Osiris[395].

On ajoute à la ligne suivante qu'Osiris est « en route pour Bousiris » afin de « voir l'ennéade de *Kher-âha* », deux villes déjà mentionnées par ailleurs, dans cet ordre, par le *Livre de la néoménie* (§ 6.2).

L'œil d'Horus pourrait aussi constituer une métaphore des membres d'Osiris. Le 16 Khoiak, Horus, qui apparaît en tant de « Sobek, maître d'*Imaou* », prend la forme d'un crocodile pour rechercher les membres de son père dérobés par Seth et les ramener dans le temple[396]. Un relief du temple de Philae illustre un mythe similaire en représentant une momie portée par un crocodile[397]. On a supposé qu'une momie de crocodile découverte à Karnak pouvait avoir joué un rôle lors des cérémonies osiriennes[398]. Georg Möller rapprochait de ces

---

389 On lira peut-être *m-s(ꜣ)* « à la recherche de » plutôt que *(ỉ)m=s* « grâce à elle » (J. VANDIER, *Le Papyrus Jumilhac*, p. 150, n. 78) à l'instar de ce qui figure dans le papyrus Princeton Pharaonic Roll 10 (x+9, A), voir § 7.7.1, n. c).

390 J. VANDIER, *Le Papyrus Jumilhac*, p. 115 (P. Jumilhac (IV, 4-5)).

391 J. VANDIER, *Le Papyrus Jumilhac*, p. 115 (P. Jumilhac (IV, 8-9)).

392 J. VANDIER, *Le Papyrus Jumilhac*, p. 121, 122, 125 (P. Jumilhac (X, 21 – XI, 15 ; XI, 20-22 ; XIII, 14)).

393 C. A. R. ANDREWS, *in* : *Egyptian Religion: the Last Thousand Years*, p. 297-310.

394 Il faut peut-être rapprocher ce grand Scarabée (*ꜥpy wr*) du Scarabée vénérable (*ḫpr šps*), qui est une désignation héliopolitaine d'Osiris (Fr. R. HERBIN, *BIFAO* 82 (1982), p. 265-266, n. 15).

395 C. A. R. ANDREWS, *in* : *Egyptian Religion: the Last Thousand Years*, p. 302.

396 É. CHASSINAT, *Le mystère d'Osiris*, p. 726-728. B. GESSLER-LOHR, *Die heiligen Seen*, p. 447-450.

397 H. JUNKER, *Das Götterdekret*, 41-44, pl. 10a, 10b.

398 P. BARGUET, *Le temple d'Amon-Rê*, p. 185, n. 5 et 295, n.4. G. A. GABALLA, K. A. KITCHEN, *Orientalia* 38 (1969), p. 50, n. 5.

événements la « navigation d'Osiris sur le grand lac de Khonsou »[399], mais les textes des cérémonies osiriennes n'en font pas mention. D'autres crocodiles pouvaient assurer la protection d'Osiris[400], mais aucun crocodile divin n'est cependant mentionné dans ce passage du manuscrit américain, ni ailleurs dans le manuscrit.

7.7.7 « Rê protège l'Osiris ... »

Avec le second exergue, qui introduit les noms des barques, on s'éloigne un peu de la mythologie pour s'attacher au devenir du défunt, qui était placé sous la protection de Rê. Les deux versions de ce texte peuvent être synthétisées ainsi : « Rê protège l'Osiris (du) prêtre *Mesredouyef*, justifié, enfanté par *Tahebet*, dans cette belle barque dont le nom est » (x+9, B et x+10, A). Alors qu'aucune liste de barques, comparable à celles du papyrus Princeton Pharaonic Roll 10 et du papyrus Vienne KM ÄS 3871, n'est inscrite dans la chapelle de la barque de Dendara, une phrase supplémentaire y clôture chacune des deux scènes[401] :

> Rê-Horakhty fait voguer Hathor, maîtresse de Dendara, dans sa belle barque dont le nom est Grande d'amour.

Dans le papyrus Princeton Pharaonic Roll 10, la navigation de Rê n'est pas clairement exprimée, bien que l'on puisse la déduire du contexte (voir § 7.6), et c'est sur la protection que ce dieu accorde au défunt que l'accent est mis. Le thème du voyage du défunt dans la barque de Rê est récurrent dans la littérature funéraire, où il illustre le credo de la renaissance solaire. On rappellera encore qu'à la néoménie, la lune accompagnait le soleil dans sa barque[402].

Les scènes de la chapelle de la barque de Dendara se réfèrent à la navigation de trois barques nommées « Grande d'amour » (*ꜥꜣ mr.wt*), « Maîtresse d'amour » (*nb mr.wt*) et « Celle qui aime la réunion » (*mr sẖn*), que Sylvie Cauville attribue respectivement à trois dieux : Hathor, Horus et Rê-Horakhty[403]. Cependant, les représentations des tableaux 13 et 14 ne montrent qu'un seul dieu hiéracocéphale à bord de la barque nommée dans les deux cas « Grande d'amour »[404]. Il doit être identifié, d'après la légende qui accompagne ces scènes, à Rê-Horakhty[405] qui serait associé à Horus dans le titre de la formule. Ces deux formules seraient donc relatives à une seule barque, celle d'Hathor, dont Rê-Horakhty assurait la navigation. Dans le papyrus Princeton Pharaonic Roll 10, Rê était peut-être aussi assez étroitement lié à Horus – à l'instar de Rê-Horakhty nommé dans les deux scènes de Dendara – pour considérer leur association au travers des deux exergues, ce qui permettrait de mettre en lumière des aspects solaires de l'Horus de cette composition.

---

399 G. Möller, *Die beiden Totenpapyrus Rhind*, p. 79.

400 É. Chassinat, *Le mystère d'Osiris*, p. 732-734.

401 S. Cauville, *BIFAO* 93 (1993), p. 106 et 108.

402 Il est dit par exemple : « Ton corps se réjouit tous les trente jours en ta représentation secrète de lune, tu apparais dans la barque vespérale (*mꜥnd.t*), ton apparence se rajeunit au jour de la néoménie, ton apparence est durable… » (*Dendara* X, 68, 9 ; S. Cauville, *Chapelles* I, p. 38).

403 S. Cauville, *BIFAO* 93 (1993), p. 160-161.

404 Il en va de même des tableaux 1 et 2, dans lesquels la barque est nommée respectivement *mr sẖn* et *nb mr.wt* (S. Cauville, *BIFAO* 93 (1993), p. 86-88).

405 On notera que la chapelle n'est pas vide, sans que l'on puisse pour autant identifier son contenu. Cette figuration rappelle quelque peu les représentations de l'Amon voilé des rites décadaires de Djême (M. Doresse, *RdÉ* 23 (1971), p. 113-136 ; *RdÉ* 25 (1973), p. 92-135 ; *RdÉ* 31 (1979), p. 36-65).

7.7.8 Correspondance entre les dieux et les barques

Dans le papyrus Princeton Pharaonic Roll 10, l'énumération des dieux et des barques est répartie sur quatre colonnes. Les deux listes sont composées de vingt-six entrées. Chacune d'entre elles est distribuée en deux colonnes comptant respectivement quatorze et douze noms. Le nombre de divinités citées correspond à celui des barques, ce qui incite à y reconnaître une correspondance (Tableau 7). Cette idée est renforcée par l'alternance des deux séries – colonnes impaires pour les dieux et paires pour les barques – et par celle de leurs textes introductifs respectifs.

n°		Dieux	Lieux		Barques	Lieux
1	9, 3	Sokar-Osiris, le grand dieu, souverain de l'éternité		9, 17	Grande barque-*nechemet*	HE 8
2	9, 4	Amon-Rê, roi des dieux	HE 4	9, 18	Celle à la proue puissante	HE 4
3	9, 5	Atoum, maître d'Héliopolis	BE 13	9, 19	Inauguration du Faucon	BE 13
4	9, 6	Ptah qui est au sud de son mur, maître d'*Ânkhtaouy*	BE 1	9, 20	Maîtresse d'éternité	BE 1
5	9, 7	Tatenen, le grand dieu		9, 21	[… …] (?)	
6	9, 8	Chou, fils de Rê		9, 22	Celle qui traverse le flot	BE 6
7	9, 9	Tefnout, fille de Rê		9, 23	Celle qui aime le flot	
8	9, 10	Geb, prince héréditaire des dieux		9, 24	Celle qui passe (?)	
9	9, 11	Nout la grande qui met au monde [les dieux]		9, 25	Celle qui traverse le flot	BE 6
10	9, 12	Osiris qui préside à l'Occident, [le grand dieu, maître d'Aby]dos	HE 8	9. 26	La barque-*neche*[*met*]	HE 8
11	9, 13	Isis la grande [… …]		9, 27	Celle à l'ample foulée	HE 4 HE 19
12	9, 14	Nephthys la splendide […]		9, 28	Celle qui met [en fête (?)] le flot	
13	9 ,15	Horus, souverain de l'éternité		9, 29	Celle qui dissi[mule …] (?)	
14	9, 16	Thot [qui départage] les deux rivaux	BE 15	9, 30	Celle qui introduit Maât	BE 15
15	9, 31	Amon-Rê, maître du trône des Deux Terres		10, 1	Grande de prestige, qui préside à l'Orient	HE 3
16	9, 32	Horus *Dounâouy*	HE 18	10, 2	Celle qui conduit Horus	HE 16
17	9, 33	Sekhmet, maîtresse d'*Icherou*	BE 1	10, 3	Grande de prestige	HE 20
18	9, 34	Bastet, maîtresse de Bubastis	BE 18	10, 4	Grande de terreur	BE 18
19	9, 35	Chesemtet qui abomine les humains		10, 5	Celle qui s'élève	
20	9, 36	La grande Ennéade		10, 6	Bien-portante	HE 11 BE 16
21	9, 37	Anubis, maître de la nécropole		10, 7	Maîtresse du Noun	
22	9, 38	Horus *Iounmoutef* qui [purifie le *Per*]-*our*	HE 2	10, 8	Aimée d'Horus	HE 2

nº		Dieux	Lieux		Barques	Lieux
23	9, 39	Neith la grande, la mère divine	BE 5	10, 9	Maîtresse de l'offrande-*âabet*	BE 5
24	9, 40	Selqet, supérieure de [vaillance]		10, 10	Maîtresse de la course	HE 18
25	9, 41	[Hat]hor, [souve]raine (?) [des dieux (?)]	BE 3 HE 6	10, 11	Celle qui illumine les Deux Terres	BE 3, BE 9 ou HE 6
26	9, 42	[... ...], maîtresse des aliments		10, 12	Celle qui [parcourt (?)] le Nil	HE 9

Tableau 7 : Correspondance des divinités et des barques dans le papyrus Princeton Pharaonic Roll 10

L'attribution d'une barque à une divinité est parfois assez évidente. Certaines barques sont connues pour être associées à des régions, ce qui permet de retenir une région géographique qui peut à son tour être rapprochée de la divinité dont la notoriété pouvait s'étendre à ce lieu (1, 3, 4, 10, 14, 18, 22, 23, 25) et trois autres éventuelles (15, 16, 17). Pour les autres, il est difficile d'en dire beaucoup plus sans entrer dans des spéculations hasardeuses. La correspondance entre les dieux et les barques s'applique en tous cas à la mise en forme et à une partie du contenu. Quant au nombre vingt-six, il ne correspond ni à une partition géographique, ni à un nombre magique.

Alors que les listes géographiques présentent régulièrement un ordre canonique, il n'en ressort aucun de cette liste caractérisée encore par l'absence d'une bipartition claire entre la Haute et la Basse Égypte. Il faut donc écarter l'hypothèse d'une distribution géographique de cette section, qui n'a probablement retenu que le lien géographique ou théologique unissant les dieux mentionnés et leurs barques respectives. La majorité des entrées ne sont d'ailleurs associées à aucune localité, et seuls quatre sanctuaires sont nommés : Héliopolis, *Ânkhtaouy*, Abydos et Bubastis (3, 4, 10, 18). Des membres de l'ennéade héliopolitaine sont nommés (3, 6, 7, 8, 9, 10, 11, 12, 13), mais, compte tenu des nombreux emprunts fait à la théologie de la ville solaire, on ne peut guère en faire plus que le constat. On rappellera cependant qu'Héliopolis était célèbre aussi pour ses cultes lunaires et que l'ennéade locale figure parmi les quatorze divinités qui gravissaient l'escalier lunaire afin d'entrer dans le satellite, illustrant ainsi sa phase croissante[406].

Dans le papyrus Vienne KM ÄS 3871, la liste des dieux et celle des barques sont aussi réparties en alternance sur quatre colonnes. Elles ne comptent en revanche pas le même nombre d'entrées. Il y a quarante-six divinités, réparties sur deux colonnes de vingt-neuf et dix-sept lignes[407], mais seulement trente-neuf embarcations. La disposition des deux inventaires et le fait que certaines lignes aient été laissées vides[408] incitent néanmoins à reconnaître une correspondance entre les deux. Plusieurs grands sanctuaires, principalement de Haute Égypte, sont nommés : Hermopolis (x+1, 4), *Chedyt* (x+1, 5), Éléphantine (x+1, 6),

406 Fr. Labrique, *BSFÉ* 140 (1997), p. 15-17. Fr. Labrique, *RdÉ* 49 (1998), p. 107-109. Fr. Labrique, *in* : *4. Ägyptologische Tempeltagung*, p. 91-92. Ces dieux sont mentionnés dans un hymne à la lune connu par plusieurs versions (Fr. R. Herbin, *BIFAO* 82 (1982), p. 237-282, en particulier p. 239-243, 258, 263-269). Cette ennéade est parfois considérée comme thébaine (O. E. Kaper, *JEA* 81 (1995), p. 183-184 et n. 35).

407 P. Vienne KM ÄS 3871, x+1, 1-29 et x+3, 1-17.

408 En marge des lacunes, aucune barque n'a été attribuée à Nekhbet, la blanche de Hiérakonpolis (x+1, 15), Ouadjet (x+1, 16), Hathor, maîtresse d'Atfih (x+1, 17), Iousâas (x+1, 24), Horus, maître de Létopolis (x+1, 27), Tefnout [...] (x+3, 8) et Nephthys, la sœur du dieu (x+3, 16).

Behedet (x+1, 7), Thèbes (x+1, 11), Assiout (x+1, 13), Hiérakonpolis (x+1, 15), Atfih (x+1, 17), *Imaou* (?) (x+1, 18), Athribis (x+1, 20), *Hebenou* (x+1, 25), *Mesen* (x+1, 26), Létopolis (x, 27), *Sakhebou* (x+1, 29), Bubastis (x+3, 6), auxquels on peut ajouter par déduction Héracléopolis (x+1, 3), Mendès (x+3, 3), Hermopolis Parva (x+3, 14). Les dieux de la région thébaine sont bien représentés[409]. Hathor apparaît avec quatre épithètes différentes (x+1, 17-20) et Horus au moins cinq (x+1, 25-29). Les dieux de Haute Égypte figurent à quelques exceptions près avant ceux de Basse Égypte, mais l'ordre géographique qui préside à leur organisation – si tant est qu'il y en ait eu un – n'est pas canonique. Quant aux barques, elles ne semblent pas suivre un ordre précis non plus, bien que quelques correspondances soient évidentes.

Dans la chapelle de la barque de Dendara, bien qu'aucune véritable liste de barques ne soit inscrite, les noms de trois embarcations figurent dans les scènes de navigation[410] : *ꜥꜣ mrw.t* « Grande d'amour »[411], *mr sẖn* « Celle qui aime la réunion » et *nb mrw.t* « Maîtresse d'amour », connue pour être la barque sacrée du 6e nome de Haute Égypte[412].

7.7.9 Comparaison des listes de divinités des trois versions

Une comparaison des divinités des trois versions paraissait nécessaire pour en contrôler la cohérence d'une part, et pour tenter d'en retirer d'éventuelles informations spécifiques d'autre part. Les données ont été regroupées dans un tableau, celles du papyrus Princeton Pharaonic Roll 10 ayant servi de base à son établissement[413] (Tableau 8). Comme on l'a vu, vingt-six divinités sont listées par le papyrus Princeton Pharaonic Roll 10 ; il y en a quarante dans la liste de la chapelle de Dendara et quarante-six dans le papyrus Vienne KM ÄS 3871.

nº		P. Vienne		P. Princeton		Dendara
1	1, 1	**Sokar**, maître des collines (?)	9, 3	**Sokar**-Osiris, le grand dieu, souverain de l'éternité	*13, 8*	***Sokar** qui réside dans sa Chetyt*
2	1, 3	Hérichef, roi des Deux Terres, souverain des rives				
3	1, 5	Sobek de *Chedyt*				
4	1, 6	Khnoum, maître d'Éléphantine				
5	1, 7	Horus de Behedet				
6	1, 8	**Amon-Rê, roi des dieux**	9, 4	**Amon-Rê, roi des dieux**	14, 2	**Amon-Rê**, maître du trône des Deux Terres, qui préside à Karnak

409 Amon-Rê (x+1, 8), Mout (x+1, 9), Khonsou (x+1, 10), Montou-Rê (x+1, 11).

410 S. CAUVILLE, *BIFAO* 93 (1993), p. 86-88 (Tableaux 1 et 2), 105-108 (Tableaux 13 et 14).

411 Une barque *ꜥꜣ mr.wt* (x+2, 9) est attribuée à Mout la grande, maîtresse d'*Icherou* (x+1, 9) dans le papyrus Vienne KM ÄS 3871.

412 Chr. LEITZ, *Die Gaumonographien*, p. 63. Elle est mentionnée aussi lors de la fête de Behedet (Sv. NAGEL, *in* : *Altägyptische Enzyklopädien*, p. 667).

413 Certaines entrées du papyrus Vienne KM ÄS 3871, parfois de la leçon de Dendara, ont ainsi été « déplacées » lorsqu'une correspondance avec les autres versions était possible. Ces modifications sont marquées par l'emploi de l'italique.

n°	P. Vienne		P. Princeton		Dendara	
7			9, 5	**Atoum, maître d'Héliopolis**	14, 3	**Atoum**, **maître** des Deux Terres **d'Héliopolis**
8					14, 3	Rê-Horakhty
9			9, 6	**Ptah qui est au sud de son mur, maître d'*Ânkhtaouy***	14, 4	**Ptah [qui est au sud de] son mur, maître d'*Ânkhtaouy***
10	*1, 2*	***Tatenen**, père des dieux, **le grand dieu***	9, 7	**Tatenen, le grand dieu**		
11	1, 9	**Mout** la grande, maîtresse d'*Icherou*			*13, 10*	***Mout***
12	1, 10	Khonsou dans Thèbes Neferhotep				
13	1, 11	Montou-Rê, maître de Thèbes				
14	1, 12	Min, le roi, Horus, le fort				
15	1, 13	Oupouaout, maître d'Assiout				
16					14, 5	Hathor, maîtresse de Dendara, [l'œil de Rê], maîtresse du ciel
17	1, 17	Hathor, maîtresse d'Atfih				
18	1, 18	Hathor, maîtresse d'*Imaou* (?)				
19	1, 19	Hathor, maîtresse des Deux Terres				
20	1, 20	Hathor, maîtresse d'Athribis (?)				
21					14, 6	Harsomtous, le grand dieu qui réside à Dendara
22					14, 7	Ihy le grand [...]
23					14, 8	Maât parfaite (?) [... ...]
24	*3, 13*	***Banebdjed**, le grand dieu qui vit pour Rê*			14, 9	***Banebdjed***
25	1, 21	Hâpy le grand, père des dieux				
26	1, 22	Noun le grand, père des dieux				
27	1, 23	Chou et Tefnout dans la Demeure du Faucon				
28	1, 24	Iousâas				
29	1, 25	Horus, maître de *Hebenou*				
30	1, 26	Horus, maître de *Mesen*				
31	1, 27	Horus, maître de Létopolis				

nº		P. Vienne		P. Princeton		Dendara
32	1, 28	Horus *Khenty-khety*				
33	1, 29	Horus, maître de *Sakhebou*				
34	3, 1	[… …]				
35	3, 2	[… ….]				
36	3, 3	[… …]				
37	3, 4	[… …]				
38	3, 5	[… …]				
39	3, 7	Onouris-**Chou, fils de Rê**	9, 8	**Chou, fils de Rê**	14, 9	**Chou, le fils de Rê**
40	3, 8	**Tefnout** […]	9, 9	**Tefnout**, fille de Rê	14, 10	[**Tefnout**]
41	3, 9	Hormerty				
42	3, 10	**Geb, prince héréditaire des dieux**	9, 10	**Geb, prince héréditaire des dieux**	14, 11	**Geb, prince héréditaire des dieux**
43	3, 11	**Nout la grande qui met au monde les dieux**	9, 11	**Nout la grande qui met au monde [les dieux]**	14. 12	**Nout la grande qui met au monde [les dieux]**
44	3, 12	**Osiris, le grand dieu,** l'aîné	9, 12	**Osiris** qui préside à l'Occident, [**le grand dieu,** maître d'Aby]dos (?)	14, 13	**Osiris** […]
45			9, 13	**Isis la grande** [… …]	14, 14	**Isis la grande** […]
46	*3, 17*	***Nephthys la sœur du dieu***	9, 14	**Nephthys** la splendide [… …]	14, 15	**Nephthys, la sœur du dieu** […] vie
47			9 ,15	**Horus, souverain de l'éternité**	14, 16	**Horus, souverain de l'éternité**
48	*1, 4*	***Thot deux fois grand, maître d'Hermopolis***			14, 17	**[Thot deux fois grand (?), maître d'] Hermopolis**
49	*3, 14*	***Thot*** *deux fois grand* ***qui départage les deux rivaux***	9, 16	**Thot [qui départage] les deux rivaux**	13, 2	**Thot** deux fois grand **qui départage les deux rivaux**
50			9, 31	Amon-Rê, maître du trône des Deux Terres		
51			9, 32	**Horus** ***Dounâouy***	13, 3	**Horus, maître de Hardai […]**
52			9, 33	**Sekhmet, maîtresse d'*Icherou***	13, 4	**Sekhmet**, la grande, **maîtresse d'*Icherou***
53	*3, 6*	***Bastet, maîtresse de [Bubastis]***	9, 34	**Bastet, maîtresse de Bubastis**	13, 5	**Bastet, maîtresse de Bubastis**
54			9, 35	**Chesemtet** qui abomine les humains	13, 6	**Chesemtet** qui met au monde Horus (?)
55	*1, 15*	***Nekhbet****, la blanche de Nekhen*			13, 6	**Nekhbet**
56	3, 18	**La grande Ennéade**, la petite Ennéade	9, 36	**La grande Ennéade**	13, 7	**La grande Ennéade**, la petite Ennéade

nº	P. Vienne		P. Princeton		Dendara	
57			9, 37	**Anubis, maître de la nécropole**	13, 9	**Anubis, maître de la nécropole**
58			9, 38	Horus *Iounmoutef* qui [purifie le *Per]-our*		
59	*3, 15*	***Neith la grande*** qui ouvre/sépare les Deux Terres (?)	9, 39	**Neith la grande**, la [mère] divine	13, 10	**Neith la grande**[414]
60	*1, 16*	***Ouadjet***			13, 12	**Ouadjet**, maîtresse d'*Imet*
61			9, 40	**Selqet**, supérieure de [vaillance]	13, 12	**Selqet**
62			9, 41	**[Hat]hor, [souve]raine (?) [des dieux (?)]**	*13, 11*	***Hathor, souveraine des dieux***
63	*1, 14*	*Renenoutet,* ***maîtresse des aliments***	9, 42	[... ...], **maîtresse des aliments**	13, 13	Tjenenet, **maîtresse des aliments**
64					13, 14	Osiris, maître de la barque-*henou*
65					13, 14	Meret, <aimée> des dieux
66					13, 15	Maât, la fille de Rê, qui s'unit à Amon
67					13, 16	Harendotès
68					13, 16	Horus, maître de *Khent-[iabet]*
69					13, 17	Amon-Rê, maître de Diospolis

Tableau 8 : Comparatif des divinités des trois versions de la Formule pour voguer dans la barque

Même si quelques déplacements sont requis, les séquences des trois listes présentent indéniablement des similitudes. On relèvera le nombre assez important de divinités ou d'épithètes qui apparaissent dans les trois listes (1, 6, 39, 40, 42, 43, 44, 46, 49, 53, 56, 59, 63), ou à défaut dans au moins deux d'entre elles (7, 9, 10, 11, 24, 45, 47, 48, 51, 52, 54, 55, 57, 69, 61, 62).

C'est avec la version de Dendara que la liste du papyrus Princeton Pharaonic Roll 10 montre le plus d'épithètes communes lorsque la même divinité apparaît. À neuf reprises (7, 45, 47, 51, 52, 54, 57, 61, 62), elles présentent des éléments communs qui ne figurent pas dans le papyrus Vienne KM ÄS 3871, ce qui n'est qu'une seule fois le cas avec celui-ci (10). À cinq reprises, les deux autres versions présentent un contenu commun qui n'apparaît pas dans le manuscrit américain (11, 24, 48, 55, 60). L'organisation des deux listes est similaire. On observe cependant que pour respecter l'ordre proposé par le manuscrit américain, il faut considérer que la scène 14 « précédait » la scène 13 dans la version de la chapelle de la barque. On notera cependant que, contrairement à la leçon de la chapelle de la barque de Dendara, les deux manuscrits entament leur inventaire par le dieu Sokar, respectivement Sokar-Osiris (1).

414 Le nom de Mout figure ensuite dans la même colonne, voir nº 11.

Cet élément met peut-être en lumière une connotation funéraire liée à la destination de cette formule qui ne transparaît pas dans la version monumentale.

La liste du papyrus Vienne KM ÄS 3871 présente le plus grand nombre d'entrées n'apparaissant pas dans les deux autres avec vingt-deux cas (2, 3, 4, 5, 12, 13, 14, 15, 17, 18, 19, 20, 25, 26, 27, 28, 29, 30, 31, 32, 33, 41) contre seulement onze dans la chapelle de la barque (8, 16, 21, 22, 23, 64, 65, 66, 67, 68, 69) et deux dans le papyrus Princeton Pharaonic Roll 10 (50, 58). Un certain nombre de divinités ne sont donc évoquées que par un seul des trois exemplaires dont elles constituent des éléments spécifiques. Le papyrus Vienne énumère ainsi plusieurs dieux de la région thébaine (6, 11, 12, 13) et différentes formes d'Hathor (17, 18, 19, 20) ou d'Horus (29, 30, 31, 32, 33, 41). Cinq éléments consécutifs, qui figuraient peut-être aussi dans les autres versions, sont perdus (34, 35, 36, 37, 38). L'inscription de la chapelle de la barque s'attarde quant à elle dans la région de Dendara (16, 21, 22). Il est plus difficile de regrouper les dernières entrées (64, 65, 66, 67, 68, 69). Le papyrus Princeton Pharaonic Roll 10 mentionne Amon-Rê à deux reprises (6, 50) et cite Hathor (62), mais ne mentionne pas d'élément spécifique aux centres religieux mis en avant par les deux autres exemplaires. Il nomme en revanche Horus *Iounmoutef* qui [purifie le *Per]-our* (58) qui n'apparaît pas ailleurs. Les trois listes présentent un caractère propre qui n'apparaît pas de manière évidente lorsqu'elles sont considées individuellement. Le papyrus Vienne KM ÄS 3871 insiste sur Thèbes, la chapelle de la barque renvoie assez logiquement à Dendara. Le manuscrit américain est moins caractéristique, mais reste centré sur Héliopolis et le Delta. Le papyrus Vienne KM ÄS 3871 fait référence plus ou moins directement à une vingtaine de lieux et la chapelle de la barque fait figurer une douzaine de toponymes, tandis que dans le papyrus Princeton Pharaonic Roll 10, on n'en relève que quatre. On n'y décèle pas véritablement d'ordre géographique, contrairement au manuscrit viennois qui respecte plus ou moins la bipartition des deux régions d'Égypte.

En marge d'une tradition commune, les trois témoignages de cette formule montrent qu'ils ont fait l'objet de différentes adaptations, que le décalage temporel ne suffit peut-être pas à expliquer. Il faut donc envisager que ces modifications étaient intégrées volontairement. Elles auraient été dictées par des exigences théologiques locales différentes, mais elles pourraient aussi témoigner de rites qui ne devaient pas forcément être rattachés à une même cérémonie. Il serait ainsi réducteur de vouloir attribuer cette formule aux fêtes de Tybi, uniquement parce que c'est dans ce contexte qu'elle apparaît dans la chapelle de la barque de Dendara. Et il est tout à fait envisageable que la *Formule pour voguer dans la barque* du papyrus Princeton Pharaonic Roll 10 ait été retranscrite dans un contexte osirien pour répondre aux exigences d'une autre cérémonie du calendrier, peut-être en lien avec la néoménie.

7.8 Accomplir la course (x+11, 1-11)

Cette nouvelle section est constituée d'une liste de divinités dont les noms se répartissent sur onze lignes (x+11, 1-11), précédées d'une colonne de texte en partie lacunaire (x+11, A) qui mentionne une course à accomplir (*pẖr ḥp.t*). Ce catalogue adopte au premier abord une mise en forme relativement similaire à celle de la *Formule pour voguer dans la barque* (§ 7.7), si bien que l'on pourrait être tenté de l'y rattacher. Pourtant, bien que la transition entre les deux ne soit pas ostensiblement marquée, plusieurs éléments permettent de distinguer cette partie de la précédente. Le fait qu'il ne soit plus fait mention de barques est un premier indice, confirmé par la correspondance complète des listes de dieux et de barques de la *Formule pour voguer dans la barque*, puisque celles-ci présentent le même nombre d'entrées (§ 7.7.8). L'agencement des noms divins diffère également. Alors que précédemment une ligne était réservée à chaque entité, les divinités sont maintenant présentées par paire sur le même segment, exception faite des deux premiers noms qui occupent seuls une ligne entière, probablement en raison de la longueur des épithètes choisies. Enfin, le contenu de l'exergue diffère de ceux qui accompagnent la *Formule pour voguer dans la barque* (x+9, A et C, x+9, B et x+10, A) et introduit un thème distinct.

Parallèles

Aucun parallèle direct n'a été identifié pour cette section. Le papyrus Vienne KM ÄS 3871, qui offre une version parallèle de la *Formule pour voguer dans la barque* (§ 7.7), présente une autre liste de vingt-deux dieux (x+5, 4-25), énumérant notamment plusieurs formes de Ptah[415]. Cet inventaire ne présente pourtant presqu'aucune affinité avec celui du papyrus Princeton Pharaonic Roll 10. Dans la chapelle de la barque de Dendara, qui préserve aussi une version de la *Formule pour voguer dans la barque*, rien de tel ne semble préservé.

7.8.1 Traduction et commentaire (x+11, A ; x+11, 1-11)

11, A *pẖr ḥp(.t) sp [2]*	11, A Accomplir la course [a)] sans [cesse] [b)]
r pẖr [... ... ...]	afin de [c)] circuler [... ... ...] [d)]
11, 1 *ꞽImn-Rꜥ nb ns.t tꜣ.wy*	11, 1 Amon-Rê, maître du trône des Deux
ḫnty ꞽIp(.t)-s.wt	Terres, qui préside à Karnak
11, 2 *Wsỉr ḫnty ỉmn.t*	11, 2 Osiris qui préside à l'Occident,
nṯr ꜥꜣ nb ꜣbḏw	le grand dieu, maître d'Abydos [e)]
11, 3 *Šsmt.t msḏ(.t) rmṯ.t (?)*	11, 3 Chesemtet qui abomine les humains [f)] (?),
Ḫnsw	Khonsou [g)]
11, 4 *Ḥw.t-Ḥr nb.t Tp-{tꜣ-}ỉḥ(.w)*	11, 4 Hathor, maîtresse d'Atfih [h)],
Ḥw.t-Ḥr nb.t n(ꜣ) ḫ(ꜣ)ty.w	Hathor, maîtresse des génies-coutiliers [i)]
11, 5 *Nḫb.t ḥḏ(.t) Nḫn*	11, 5 Nekhbet, la blanche de Hiérakonpolis [j)],
Šd.t	la Nourrice [k)]
11, 6 *ꜣhꜣ.t*	11, 6 la Vache [l)],
Nw.t ms(.t) nṯr.w	Nout qui met au monde les dieux,
nb.t bs (?)	maîtresse du prématuré [m)] (?)
11, 7 *Bꜣ nb Ḏd(.t)*	11, 7 *Banebdjed* [n)],
nṯr.w nṯr.wt	les dieux et les déesses
ỉmy.w ꞽInb-ḥḏ	qui sont dans Memphis
11, 8 *nṯr.w nṯr.wt*	11, 8 les dieux et les déesses
ỉmy.w ꞽIwnw	qui sont dans Héliopolis,
nṯr.w nṯr.<w>t	les dieux et l<es> déesse<s> [o)]
ỉmy.w Ḫꜣs.t-ḥꜥꜥ (?)	qui sont dans *Khaset-hââ* [p)] (?)
11, 9 *Ḏḥwty nb mdw.w-nṯr*	11, 9 Thot, maître des paroles divines [q)],
Sḫm.t nb.t ꜣšrw	Sekhmet, maîtresse d'*Icherou* [r)]
11, 10 *Bꜣst.t Wꜣḏy.t nb.t P Dp*	11, 10 Bastet, Ouadjet, maîtresse de Bouto [s)]

415 E. VON BERGMANN, *Texte der Sammlung*, p. XV-XVI, pl. IX.

11, 11 *N.t wr.t mw.t nṯr* *Wr(.t) (?) ḥkꜣ.w*	11, 11 Neith la grande, la mère du dieu [t], la Grand(e) (?) de magie [u].

Commentaire

a) Ainsi que Lilian Postel l'a clarifié, le mot *ḥp.t* doit être traduit « course », « trajet » ou « parcours » plutôt que « rame » quel que soit le signe employé (ou)[416]. Ce terme peut désigner un déplacement par terre autant que par eau et, dans un cadre liturgique, une procession. L'expression *pẖr ḥp.t* « accomplir la course » est assez peu attestée. Elle apparaît, manifestement en rapport avec une course nautique, dans le texte d'une procession géographique relative au 7e nome de Basse Égypte, dont des copies figurent dans les temples d'Edfou[417], de Dendara[418] et d'Opet : *ỉn(=ỉ) n=k Ḥꜥpy ḥr wꜣy=f r pẖr ḥp.t m ḥꜥ.w=f* « (Je) t'apporte le Nil (var. *mḥw*) avec ses flots battants pour accomplir la course dans tes bateaux »[419]. La leçon de Dendara associe ce moment avec la chasse de l'hippopotame[420], tandis que la lutte contre Apophis est évoquée à Edfou[421]. Le *Livre de parcourir l'éternité* en contient une autre attestation, associée au culte du dieu Sokar : *sỉw n=k Skr ḥtp m srḫ grḥ pfy n pẖr ḥp.t* « On adore pour toi Sokar reposant sur le trône en cette nuit d'accomplir la course »[422]. Ce passage indique que le déplacement avait lieu de nuit, mais ne précise pas s'il était question ou non d'une navigation. Il apparaît dans une section de la composition dévolue aux rites qui avaient lieu entre le 23 et le 25 Khoiak[423].

b) Le nombre de répétitions prévues n'est pas conservé. Il pourrait s'agir de l'expression *sp 2* à traduire « sans cesse » comme dans l'exergue de la *Formule pour voguer dans la barque* (x+9, A et B), voir § 7.7.1 et § 7.7.3. Il est aussi possible que le chiffre magique sept n'ait été repris ici à l'instar de la *Formule pour voguer dans la barque* (x+9, 2), voir § 7.7.1 et § 7.7.5. En l'absence de sujet, le verbe *pẖr* peut être considéré comme un infinitif, ou bien comme un impératif : *pẖr ḥp.t sp* [*2*] *r pẖr* [... ... ...] « Accomplis la course sans [cesse] afin de circuler [... ... ...] ». On peut hésiter entre les lectures ◎ (O50) et ☉ (N5). Il y aurait la place nécessaire dans la lacune pour le déterminatif , mais *Rꜥ* « Rê » ne serait pas bien placé dans la phrase pour en être le sujet, à moins que *pẖr ḥp.t* puisse être considéré comme une locution : *pẖr ḥp.t Rꜥ r pẖr r* [... ... ...] « Rê accomplit la course pour circuler [... ... ...] ». On pourrait sinon envisager qu'il s'agisse de *pẖr ḥp.t Rꜥ* « accomplir la course de Rê » (*pẖr ḥp.t Rꜥ*). Ce dieu, connu comme *nb ḥp.t* « maître de la course »[424], est déjà cité dans le second exergue de la *Formule pour voguer dans la barque*, voir § 7.7.2 et § 7.7.4.

c) Les limites de la lacune ne permettent guère d'envisager qu'il ait pu s'agir d'une autre préposition, dont on devrait distinguer partiellement au moins la partie manquante.

---

416 L. Postel, *BIFAO* 103 (2003), p. 377-420 ; L. Postel, *Protocole*, p. 204-206.
417 *Edfou* IV, 27, 1-3.
418 J. Dümichen, *Geographische Inschriften* IV, pl. 113. *Dendara* XII, 191, 17, pl. 115.
419 C. de Wit, *Opet* I, p. 192 (9e tableau). Fr. R. Herbin, *Parcourir l'éternité*, p. 222.
420 Chr. Leitz, *Geographisch-osirianische Prozessionen*, p. 324-343, § 29f.
421 Chr. Leitz, *Die Gaumonographien*, p. 249.
422 Fr. R. Herbin, *Parcourir l'éternité*, p. 64, 222, 348 (P. Leyde T 32 (IV, 13)).
423 Fr. R. Herbin, *Parcourir l'éternité*, p. 316, 348 et 467.
424 *LGG* III, p. 697. J.-Cl. Goyon, *Le recueil de prophylaxie*, p. 14-15.

d) Compte tenu des lacunes, il n'est pas évident d'articuler le contenu de l'exergue par rapport aux dieux de la liste qui l'accompagne. Ils dépendaient vraisemblablement d'une préposition qui devait figurer dans la lacune.
Comme le second verbe *pẖr* est aligné avec le début de la ligne x+11, 12, on ne peut pas exclure la possibilité que l'exergue ait été formé de deux parties distinctes. L'espace libre qui précède le second verbe *pẖr* ne constitue cependant pas un indice probant, puisqu'il n'est guère plus étendu que celui qui précède la préposition *r*. Dans cette hypothèse, les entités divines énumérées constitueraient des compléments associés à la préposition *r* : *pẖr ḥp.t sp* [*2*] *r* « Accomplir la course sans cesse vers … ». Dans ce cas, il faudrait rattacher la suite de l'exergue aux dernières lignes de la page x+11, voir § 7.9, n. a). En l'état, la lacune finale compromet toute interprétation d'une telle articulation.

e) À propos de la lecture de ce toponyme, voir § 5.1.1, n. d).

f) Sur cette déesse et son épithète, voir § 7.7.3, n. f).

g) En l'absence d'épithète, il est d'autant plus difficile d'expliquer la présence du dieu Khonsou dans cette liste. On rappellera cependant qu'il est un dieu lunaire au caractère violent et justicier qui peut s'avérer tour à tour dangereux ou secourable[425]. Le recueil médico-magique du papyrus Louvre E 32847 (inédit) traite notamment des tumeurs dues à Khonsou exerçant sa vengeance suite à la punition qui lui a été infligée après qu'il a voulu manger le corps d'Osiris[426]. À Karnak, Khonsou peut être le dieu fils qui apporte les offrandes à son père Osiris-Ounnefer régénéré dans le temple d'Opet[427].

h) D'autres exemples de cette graphie ne semblent pas attestés[428]. L'insertion du signe 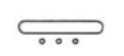 dans la graphie  *Tp-iḥ*(.*w*) « Atfih » doit être purement phonétique[429]. On considérera en ce sens le mot *tp-rd* « rite », « cérémonie » – *tbtꜣ* en démotique – qui peut s'écrire  [430]. Un phénomène identique semble se produire avec le toponyme *Ḥw.t-tꜣ-ḥry-ib* « Athribis »[431]. L'épithète *nb.t Tp-iḥ*(.*w*) « maîtresse d'Atfih » est bien attestée pour Hathor[432] en tant que déesse funéraire, nourricière et protectrice. La localité d'Atfih était la métropole du 22e nome de Haute Égypte[433], connue pour son mythe de la

---

425 Ph. Derchain, *in* : *La Lune. Mythes et rites*, p. 40-42. Fr. Colin, Fr. Labrique, *in* : *Religions méditerranéennes*, p. 45-78. Fr. Labrique, *RdÉ* 54 (2003), p. 277. C. Graindorge, *GöttMisz* 191 (2002), p. 53-58. Fr. Labrique, *in* : *Kindgötter*, p. 195-224. Fr. Labrique, *in* : *Signes et destins*, p. 203-218.

426 Th. Bardinet, *ENiM* 3 (2010), p. 53-61. Th. Bardinet, *ENiM* 6 (2013), p. 76-78.

427 J.-Cl. Degardin, *JNES* 44 (1985), p. 118-119.

428 Ch. Cassier, *Tepytihout*, en particulier p. 285-300. Chr. Cassier, *in* : *Et in Aegypto et ad Aegyptum*, p. 108-109.

429 Je remercie Mark Smith à qui je dois cette explication.

430 C. E. Sander-Hansen, *Anchnesneferibre*, p. 137 (458). B. Gunn, *JEA* 28 (1942), p. 76. B. H. Stricker, *OMRO* 24 (1943), p. 34. G. Fecht, *Wortakzent und Silbenstruktur*, p. 107-109. M. Smith, *Mortuary Texts*, p. 84-85 (ligne 10).

431 P. Vernus, *Athribis*, p. 338-339, 341-343. J. Fr. Borghouts, *Papyrus Leiden I 348*, p. 187. M. Smith, *Papyrus Harkness*, p. 239 (ligne 2, n. d).

432 Sch. Allam, *Beiträge zum Hathorkult*, p. 92-93. *LGG* IV, p. 160-161. Ch. Cassier, *Tepytihout*, notamment p. 325-340. Chr. Cassier, *in* : *Et in Aegypto et ad Aegyptum*, p. 103-110. Kh. El-Enany, *BIFAO* 112 (2012), p. 129-137. Kh. El-Enany, *ENiM* 6 (2013), p. 27-32.

433 A. H. Gardiner, *Ancient Egyptian Onomastica* II, p. 119-120, no 393. P. Montet, *Géographie* II, p. 202-204. J. Vandier, *Le Papyrus Jumilhac*, p. 71-72. H. Wild, *BIFAO* 69 (1971), p. 102-104. Ch. Cassier,

décollation d'Isis dont la tête fut remplacée par celle d'une vache[434]. L'existence d'une Aphroditopolis du Delta a par ailleurs été avancée[435]. L'Hathor d'Atfih connut par ailleurs une certaine popularité à Abydos, à Thèbes et dans le Fayoum[436].

i) On connait une épithète *nb.t nḫt(.w)* « maîtresse de la (des) victoire(s) »[437], mais elle ne semble pas être attribuée à Hathor. À *nḫty.w*, il faut peut-être préférer une lecture *n(ꜣ) ḫ(ꜣ)ty.w* « les génies-coutiliers[438] », semblable au démotique *nꜣ ḫṱ.w*[439], qu'on comparera aussi à  dans le papyrus Londres BM EA 10059[440]. L'épithète *nb.t ḫꜣty.w* « maîtresse des génies-coutiliers » n'est attestée qu'à l'époque gréco-romaine[441] et peut être attribuée à Sekhmet (Sothis)[442]. On dit aussi d'Isis que « les génies-coutiliers sont derrière elle »[443]. Un texte de l'enceinte ptolémaïque du temple de Mout à Karnak attribue encore cette prérogative à Mout[444].

Ces démons, dangereux pour les vivants comme pour les défunts[445], étaient réputés pour semer la destruction et infliger les punitions au nom de Sekhmet, mais aussi de Bastet ou de Mout[446] ; ils sont ainsi connus à Bubastis[447]. Toutou, le fils de Neith, est ainsi le « supérieur des génies-coutiliers de Sekhmet »[448]. Un petit texte funéraire démotique enjoint cependant une défunte à se tenir parmi ces démons dans l'au-delà : « Parviens donc en présence des démons-coutiliers, réussis à te tenir parmi eux »[449]. Les démons-coutiliers assistaient par ailleurs Rê dans son combat originel contre Apophis[450] et sont

---

Tepytihout. Chr LEITZ, *Geographisch-osirianische Prozessionen*, p. 265-274. Chr. LEITZ, *Die Gaumonographien*, p. 171-176.

434 J. VANDIER, *Le Papyrus Jumilhac*, p. 63-70, 120, 124, 132. Ph. DERCHAIN, *RdÉ* 41 (1990), p. 13-17. H. BEINLICH, *Das Buch vom Fayum*, p. 145, n. 3. Chr. LEITZ, *Tagewählerei*, p. 56-57. J. OSING, *Hieratiche Papyri aus Tebtunis* I, p. 166-169, pl. 13-13A. D. MEEKS, *Mythes et légendes du Delta*, p. 24, 116-117, 260-262 (§ 26). Ch. CASSIER, *Tepytihout*, p. 343-345, 351-352.

435 F. Ll. GRIFFITH, W. M. F. PETRIE, *Two Hieroglyphic Papyri from Tanis*, pl. X, frag. 18. K. SETHE, *Dramatische Texte*, p. 25. D. MEEKS, *Mythes et légendes du Delta*, p. 251 (§ 24, e) et 260-262 (§ 26). Chr. LEITZ, *Die Gaumonographien*, p. 455-456.

436 Ch. CASSIER, *Tepytihout*, p. 348-350. Ch. CASSIER, *in* : *Et in Aegypto et ad Aegyptum*, p. 106-107.

437 *LGG* IV, p. 82.

438 S. SAUNERON, *BIFAO* 64 (1966), p. 6, qui traduit « massacreurs ».

439 Cl. EVRARD-DERRIKS, J. QUAEGEBEUR, *ChronÉg* 54, n° 107 (1979), p. 42-46, qui renvoient aussi à H. DE MEULENAERE, *RdÉ* 14 (1962), p. 46 et P. W. PESTMAN, *RdÉ* 25 (1973), 31-34. M. STADLER, *Der Totenpapyrus des Pa-Month*, p. 74-75.

440 Chr. LEITZ, *Magical and Medical Papyri*, p. 70, pl. 35 (X, 3).

441 *LGG* IV, p. 116.

442 *Dendara* XV, 20, 12. S. CAUVILLE, *Dendara XV. Traduction*, p. 26-27.

443 *Dendara* XIII, 27, 10. S. CAUVILLE, *Dendara XIII. Traduction*, p. 34-35.

444 S. SAUNERON, *La porte ptolémaïque*, pl. IX (6, 41). P. VERNUS, *RdÉ* 38 (1987), p. 167.

445 J. ZANDEE, *Death as an Ennemy*, p. 205.

446 Ph. GERMOND, *Sekhmet*, p. 26-27, 36-37, 48-49, 219, 247, 300-304. G. DARESSY, *ASAE* 21 (1921), p. 1-6. S. SAUNERON, *Le papyrus magique illustré*, p. 14. J. YOYOTTE, *BSFÉ* 87-88 (1980), p. 73, n. 34. V. RONDOT, *BIFAO* 89 (1989), p. 264-270. V. RONDOT, *BIFAO* 90 (1990), p. 331, n. 95. O. E. KAPER, *The Egyptian God Tutu*, p. 115, 235 (R-9), 239-241 (R-15, R-16, R-17), 264-265 (R-42).

447 M. STADLER, *Der Totenpapyrus des Pa-Month*, p. 74-75.

448 O. E. KAPER, *The Egyptian God Tutu*, p. 235, R-9 (*Esna* 107, 1) ; 239, R-15 (*Esna* 486) ; 240, R-16 (*Esna* 490) ; 240-241, R-17 (*Esna* 626).

449 M. CHAUVEAU, *RdÉ* 41(1990), p. 4, pl. 1.

450 M. VALLOGGIA, *Recherche sur les « messagers »*, p. 56 et 44, n. 10. S. SAUNERON, *JNES* 19 (1960), p. 282, n. 1. J.-Cl. GOYON, *Confirmation* I, p. 89 et n. 51. J. VANDIER, *Le Papyrus Jumilhac*, p. 130 et n. 629. A. M.

impliqués dans la lutte à l'encontre de Seth. Ils assuraient un rôle de dieux-gardiens[451]. Ils sont aussi associés à la quête de l'œil à Létopolis les 18 et 19 du deuxième mois de Peret[452]. Ils peuvent être associés aux étoiles et représentent sept décans invisibles lorsqu'ils disparaissaient durant 70 jours dans l'au-delà[453].

j) La graphie 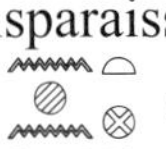 de *Nẖn* « Hiérakonpolis » est connue à l'époque tardive[454]. Quant à l'épithète *ḥd.t Nẖn* « la blanche de Hiérakonpolis »[455], elle est fréquemment attribuée à Nekhbet. Déesse tutélaire de la Haute Égypte et protectrice du soleil en tant qu'Œil de Rê, Nekhbet, qui peut prendre la forme d'un serpent, est volontiers assimilée à l'œil ou à l'uraeus droit du dieu solaire, par opposition à Ouadjet (x+11, 10), son œil ou son uraeus gauche[456]. Sous cette même forme, Nekhbet, la blanche de Hiérakonpolis assurait la protection de l'Osiris abydénien ou du défunt[457].

k) Cette déesse protectrice et nourricière pouvait prendre la forme d'une vache[458] et être associée à plusieurs déesses dont Isis[459], Hathor[460] ou Neith[461]. Elle est attestée en rapport avec le 22e nome de Haute Égypte[462] et dans le Fayoum[463].

l) La vache *ꜣhꜣ.t* renvoie à la vache du ciel[464]. Cette orthographe du nom *Ỉḥ.t* est bien attestée[465]. Cette déesse était considérée comme la mère du soleil et un disque était volontiers figuré entre ses cornes[466]. Protectrice, elle est représentée sur les hypocéphales et on la retrouve notamment dans les chapitres 141/142 et 162 du *Livre des morts*[467]. Désireux en tant que défunts de s'identifier au soleil, des particuliers de la 26e dynastie se firent représenter sous l'égide de la vache-*Ihet*, une forme connue de la déesse Neith la Grande, selon un modèle hathorique préexistant dès le Nouvel Empire[468]. Ces représentations sont originaires du Delta, l'une d'elles provenant de Kom Abû Yassin, la

---

BLACKMAN, H. W. FAIRMAN, *JEA* 29 (1943), p. 21. Chr. LEITZ, *Tagewählerei*, p. 244-255. M. BOMMAS, *Mythisierung der Zeit*, p. 35-37, n. 22. P. WILSON, *Lexikon*, p. 705-706.

451 V. RONDOT, *BIFAO* 90 (1990), p. 334.

452 Chr. LEITZ, *Tagewählerei*, p. 243, n. e et p. 257, n. a. M. BOMMAS, *Mythisierung der Zeit*, p. 37, n. 24.

453 J. QUACK, *LingAeg* 5 (1997), p. 283-284. A. VON LIEVEN, *Der Himmel über Esna*, p. 42-55, 134-136, 140-141, 143, 144-145, 148, 188. A. VON LIEVEN, *Grundriss des Laufes der Sterne*, p. 144.

454 *Wb* II, 310, 8-13.

455 *LGG* V, p. 606-607.

456 R. PREYS, *RdÉ* 61 (2010), p. 159-177.

457 Chr. LEITZ, *Der Sarg des Panehemisis*, p. 39-41, 44, 400.

458 P. WILSON, *Lexikon*, p. 1040-1041. *LGG* VII, p. 155-156.

459 R. O. FAULKNER, *Book of Hours*, p. 12 (P. Londres BM EA 10569 (18, 6)). *Dendara* XI, 81, 14.

460 *Edfou Mam.*, 122, 13.

461 *Esna* II, p. 54 (n° 20, 14) ; p. 66 (n° 26, 1).

462 *Kom Ombo*, 895 (droite).

463 H. BEINLICH, *Das Buch vom Fayum*, p. 151 (133-139), 157 (189, 195), 193 (552).

464 S. MASTROPAOLO, *Lexique* animalier, p. 25.

465 Voir notamment *Wb* I, 117, 11. R. O. FAULKNER, *The Papyrus Bremner-Rhind*, p. 27 (P. Bremner-Rhind (15, 1)). Fr. R. HERBIN, *BIFAO* 84 (1984), p. 263. I. MUNRO, *Ein Ritualbuch für Goldamulette*, p. 40-41 (10, 4 et 10, 7).

466 *LGG* I, p. 537-538.

467 P. BARGUET, *Le Livre des morts*, p.188, 228-229. Par exemple, U. VERHOEVEN, *Iahtesnacht* II, p. 104 (68f, 26), 136 (151, 13 ; 151, 15-16). Voir aussi M. Z. ALLAM, *Papyrus Berlin 3031*, p. 11-77.

468 J. YOYOTTE, *RdÉ* 29 (1977), p. 200-202. H. SOUROUZIAN, R. STADELMANN, *in* : *Hommages Haikal*, p. 267-270.

nécropole de Pharbaethos dans le 11ᵉ nome de Basse Égypte[469]. À Edfou, elle était mise en lien avec le 4ᵉ nome de Basse Égypte[470].

m) Il y a un espace entre cette épithète et la précédente. Il est pourtant moins important que celui qui sépare les noms des deux divinités associées sur la même ligne. À l'exception des deux premières lignes, où un seul nom figure, toutes les autres présentent des binômes, ce qui incite à considérer cette partie comme une épithète de la déesse Nout plutôt que comme une entité indépendante.
L'absence de déterminatif indiquant une localité ne milite pas en faveur d'un rapprochement avec les épithètes  *nb*(.*t*) *Bst* [471] ou  *nb*(.*t*) *Bst* [472] qui désignent le dieu, Sobek ou Amon-Rê, ou la déesse – Isis en l'occurrence – d'un lieu inconnu situé dans le 7ᵉ nome de Basse Égypte[473]. Il existe en outre un village nommé  *Bs.t* [474]. En revanche, le nom du dieu Bès peut être orthographié  [475]. Cela ne conduit pourtant pas à un sens satisfaisant, puisqu'il faudrait traduire « maîtresse de Bès ». Il existe néanmoins un mot *bs* « prématuré », « avorton » mis en évidence comme origine possible du nom du dieu Bès par Dimitri Meeks[476]. Cette image du dieu solaire serait pertinente. Sachant que la déesse Nout est un archétype maternel, il serait séduisant de lui attribuer un rôle dans la protection des prématurés.
Bès a aussi des liens avec l'au-delà. Il protège le sarcophage qui abrite la momie vénérable (*sꜥḥ šps*) d'Osiris dans le chapitre 182 du *Livre des morts*. On le retrouve ainsi sur le linceul Moscou I, 1a, 5764 accompagné d'une déesse hippopotame Thouéris armée d'un couteau, dont la légende dit qu'elle se nomme *Rr.t* « Reret »[477]. Souvent représenté avec des serpents dans les mains – comme c'est le cas sur les stèles d'Horus sur les crocodiles – Bès incarne aussi la magie protective qu'il applique particulièrement aux nouveau-nés.

n) Attesté dès l'Ancien Empire, le culte de *Banebdjed*[478], le « Bélier, seigneur de Mendès », est issu comme son nom l'indique de Mendès[479]. La virilité de ce dieu est souvent mise en avant, notamment parce qu'elle permet une crue abondante[480]. Osiris, dont la colonne vertébrale ainsi que le phallus étaient conservés à Mendès, y est volontiers associé[481].

o) La série à laquelle appartient ce groupe de divinités (cf. x+11, 7-8) laisse penser que le pluriel de *nṯr.* <*w*>*t* « déesse<s> » a été omis. Il n'est cependant pas exclu que l'on ait

---

469 J. Yoyotte, *RdÉ* 29 (1977), p. 200-201 et n. 36. Une autre provenance, le Tell Timaï dans le 16ᵉ nome de Basse Égypte, est donnée par H. Sourouzian, R. Stadelmann, *in* : *Hommages Haikal*, p. 268 et n. 14.

470 *Edfou* I, 330, 17 ; I, 331, 2.

471 *LGG* III, p. 622. H. Beinlich, *Das Buch vom Fayum*, p. 216-217 (l. 790-791). Fr. R. Herbin, *RdÉ* 50 (1999), p. 180 et 208.

472 *LGG* IV, p. 47.

473 P. Montet, *Géographie* I, p. 72.

474 *Wb* I, 472, 19.

475 *Wb* I, 476, 8. *LGG* I, p. 834-835.

476 D. Meeks, *in* : *Intellectual Heritage*, p. 423-436. S. Donnat, *RdÉ* 63 (2012), p. 83-101. G. Takàcs, *in* : *Mélanges Varga*, p. 455-458.

477 D. Kurth, *Materialien*, p. 35 (fig. 2), 40-41.

478 *LGG* II, p. 683-684. Voir encore Chr. Zivie-Coche, *ÉtudTrav* 26, 2 (2013), p. 762-771.

479 Sur Mendès et ses cultes, voir H. De Meulenaere, P. MacKay, *Mendes* II, p. 172-181. Voir aussi D. B. Redford, *City of the Ram-Man.*

480 K. Blouin, *Homme et milieu*, p. 275-286.

481 D. Meeks, *Mythes et légendes du Delta*, p. 25, 262-265.

fait référence dans ce cas à plusieurs dieux, mais à une seule déesse. Le papyrus Caire CGC 58031 (5, 2–8, 8) présente des séries de dieux et de déesses qui se trouvent dans différents lieux saints et bateaux[482]. Le pluriel des déesses est omis à plusieurs reprises.

p) Dimitri Meeks m'a suggéré pour ce terme une lecture *Ḫꜣs.t-ḥʿʿ* « Désert de la Joie » reposant sur un jeu de mot entre *ḥʿꜣ*/*ḥʿʿ* « enfant » et *ḥʿ(ʿ)* « joie ». À l'époque tardive, le mot *ḥʿꜣ* «enfant» peut en effet s'écrire , 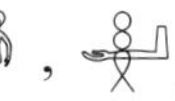, ,  [483] et il ne se distingue alors de *ḥʿ(ʿ)* « se réjouir »[484] que par le changement de déterminatif. Ces deux mots sont d'ailleurs associés dans les temples gréco-romains où l'on joue sur leur sonorité : *ḥʿʿ nb ḥʿʿw.t ḥʿ n.* < *=f* > *ḥʿʿ.w* « l'enfant, le seigneur de la joie pour lequel les enfants se réjouissent »[485]. Pourtant, aucun autre exemple d'une graphie avec  de *Ḫꜣs.t-ḥʿʿ* n'est attesté[486]. Elle se justifierait néanmoins par un jeu de mots avec le nom du nome de l'Enfant royal, ,  *ꞽm.t* « *Imet* »[487]. Le signe de l'enfant peut se substituer à celui de l'enfant royal[488]. On relèvera d'ailleurs dans ce sens l'interprétation du signe comme un éjaculat plutôt que comme un sourcil[489]. La région d'*Imet* était par ailleurs connue pour ses cultes liés à l'enfance. On notera par ailleurs l'existence d'un *sḫ.t-ḥʿʿ* « champ de la joie »[490].

Une inscription du temple de Dendara situe *Ḫꜣs.t-ḥʿʿ* en rapport avec *Šd-s(w)-Wꜣḏ(.t)*, le sanctuaire principal de Ouadjet[491]. À Edfou, *Ḫꜣs.t-ḥʿʿ* est associé à Ouadjet, maîtresse d'*Imet*, et au vin de cette région. Celle-ci est *ḫnty Ḫꜣs.t-ḥʿʿ* « Celle qui préside au Désert de la joie » dans des scènes d'offrande de vin et de couronne[492], ou *nb.t Ḫꜣs.t-ḥʿʿ* « maîtresse du désert de la joie » dans une offrande de vin[493]. Jean-Claude Goyon a par conséquent suggéré que *Ḫꜣs.t-ḥʿʿ* – qu'il traduit « Coteau de la joie » – qui figure dans la rubrique dévolue au 19e nome de Basse Égypte du *Cérémonial de Glorification d'Osiris*, constituerait le vignoble d'*Imet*[494]. Cependant, *Ḫꜣs.t-ḥʿʿ* était aussi considéré comme une

---

482 W. GOLÉNISCHEFF, *Papyrus hiératiques*, p. 164-166.

483 *Wb* III, 42, 1-3. H. W. FAIRMAN, *ASAE* 43 (1943), p. 205. P. WILSON, *Lexikon*, p. 620. D. BUDDE, *in* : *Fest und Eid*, p. 21.

484 *Wb* III, 40, 2 – 41, 2. P. WILSON, *Lexikon*, p. 620-621.

485 *Edfou* VII, 90, 2, et variantes *Edfou* VII, 254, 1 ; *Dendara* XII, 14, 11-12 ; *Dendara* XIII, 238, 1-2 ; 329, 1-2 ; 343, 8-9. D. KURTH, *Edfou* VII, p. 155, n. 4 et p. 823. D. BUDDE, *Das Götterkind im Tempel*, p. 27 et n. 95, p. 31 , p. 46 et n. 182, p. 209, n. 1092.

486 Je remercie Vincent RAZANAJAO qui a bien voulu me communiquer les différentes graphies attestées de *Ḫꜣs.t-ḥʿʿ* qu'il avait réunies dans sa thèse de doctorat intitulée *D'Imet à Tell Farâoun. Recherches sur la géographie, les cultes et l'histoire d'une localité de Basse-Égypte orientale*, Montpellier, 2006.

487 P. MONTET, *Géographie* I, p. 173-175.

488 H. W. FAIRMAN, *BIFAO* 43 (1945), p. 85-86.

489 D. BUDDE, *Das Götterkind im Tempel*, p. 404-406.

490 S. SAUNERON, *Rituel de l'embaumement*, p. 6, 19 (P. Boulaq 3 (3, 4 ; 6, 5)). S. TÖPFER, *Das Balsamierungsritual*, p. 90, 96, n. t), 122, 145, n. de).

491 *Dendara* II, 131-132 ; H. BEINLICH, *ZÄS* 122 (1995), p. 14 et n. 138.

492 *Edfou* III, 241, 5 et *Edfou* VII, 165, 9. *LGG* V, p. 923.

493 *Edfou* V, 99, 6. *LGG* IV, p. 115.

494 J.-Cl. GOYON, *BIFAO* 65 (1967), p. 107 et 135, n. 225.

nécropole des dieux primordiaux[495]. Osiris (le) Bien-aimé recevait un culte dans la région d'*Imet*[496] et il était le maître de *Ḫ3s.t-ḥʿʿ*[497].
Le linceul Moscou I, 1a, 5763 montre les quatre fils d'Horus face à un Osiris (Sokar) à tête de faucon pour lequel figure la légende suivante : *Wsỉr ḫnty ỉmnt.t nṯr ʿ3 nb nḥḥ ḥḳ3 3bḏw ʿ3 nsw.yt m sp3.t rnp (?)* « Osiris qui préside à l'Occident, le grand dieu, maître d'éternité, souverain d'Abydos, grand de royauté dans la province du rajeunissement (?)»[498]. Dieter Kurth considère que  *sp3.t rnp* constitue sûrement, à l'instar de *sp3.t ỉgr.t*, une description de l'au-delà pour laquelle il ne connaît aucun parallèle. La ressemblance en hiératique entre les signes  (Aa8) et  (N25) incite cependant à rapprocher cet exemple de notre toponyme et repose la question de sa lecture. La liste du papyrus Princeton Pharaonic Roll 10, qui mentionne préalablement les dieux et déesses de Memphis et d'Héliopolis, aurait tendance à pointer une réalité géographique plutôt qu'une région de l'au-delà. Faudrait-il alors envisager de situer ce lieu dans la région d'Abydos, comme pourrait le laisser entendre le linceul de Moscou, ou bien aux confins du Delta ?

q) Ce dieu était quelquefois représenté comme un faucon sur pavois[499]. C'est la forme choisie par le scribe, contrairement à la graphie  employée ailleurs dans le papyrus Princeton Pharaonic Roll 10[500]. Ce choix du scribe recouvre peut-être une réalité et il est possible que ce soit l'emblème du dieu qui ait été évoqué ici. *Nb md.w nṯr* « maître des paroles divines » est une épithète assez courante du dieu Thot qui met en lumière son rapport privilégié avec les écrits[501]. On rappellera que Thot était considéré comme l'auteur du *Livre des respirations*[502]. Il était par ailleurs le prêtre-lecteur par excellence[503]. C'est cependant cette forme du dieu qui intervient dans le conflit opposant Horus à Seth, où il jouait le rôle de « Celui qui sépare les deux frères », pour les départager au sujet de leurs semences respectives[504]. Dans les *Aventures d'Horus et de Seth*, le cycle lunaire est lié à au jugement relatif à l'héritage d'Osiris. Le disque lunaire y est décrit comme l'enfant des deux dieux qui sort du front de Seth et dont Thot s'empare pour le placer sur

495 D. Meeks, *Mythes et légendes du Delta*, p. 35 et 153, n. 542.
496 P. P. Koemoth, *Osiris-mrjtj*, p. 46-57.
497 K. Sethe, *Urkunden* II, p. 26, l. 17 (Sarcophage Berlin 7). G. Daressy, *BIFAO* 30 (1931), p. 645. D. Valbelle, M. Abd el-Maksoud, J.-Y. Carrez-Maratray, *Études et Travaux* 26, 2 (2013), p. 707.
498 D. Kurth, *Materialien*, p. 8 (fig. 1), 22-23 et n. 125.
499 A. H. Gardiner (éd.), *Abydos* III, pl. 7. R. A. Parker, J. Leclant, J. Cl. Goyon, *The Edifice of Taharqa*, pl. 23.
500 Par exemple x+4, 4 ; x+6, 2 ; x+9, 16.
501 *LGG* III, p. 654-655.
502 Le papyrus Leyde T 32 (VIII,10) déclare : *šʿ.t n snsn n Ḏḥwtj m s3=k* « le Livre de respiration de Thot est ta protection » (Fr. R. Herbin, *Parcourir l'éternité*, p. 255, 485, pl. VIII) et le papyrus Londres BM EA 10048 (III, 1) indique *ỉw n=k Ḏḥwtj ʿ3 ʿ3 nb Ḫmnw sḫ3=f n=k šʿ.t n snsn m ḏbʿ.w=f ds=f* « Thot, deux fois grand, maître d'Hermopolis vient à toi ; il écrit pour toi le *Livre des respirations* de ses propres doigts » (Fr. R. Herbin, *Books of Breathing*, p. 12, 20, pl. 5). À propos de Thot en tant qu'auteur, voir aussi M. Smith, *The Liturgy of Opening the Mouth*, p. 15, 17-18 ; .M. A. Stadler, *Weiser und Wesir*, p. 363.
503 M. A. Stadler, *Weiser und Wesir*, p. 128-134.
504 Ph. Derchain, *in* : *La Lune. Mythes et rites*, p. 22 et n. 19. M. Broze, *Mythe et roman*, p. 252.

sa propre tête[505]. Outre le 15e nome de Basse Égypte, cette épithète est également mise en relation avec *Sema-Behbet* dans le 17e nome de Basse Égypte[506].

r) Sur cette déesse et son épithète, voir § 7.7.3, n. d).

s) La déesse Ouadjet[507], qui pouvait prendre la forme d'un serpent, d'un ichneumon, d'une lionne ou d'un vautour, était également la déesse tutélaire de Basse Égypte, par opposition à Nekhbet (x+11, 5), qui régissait la Haute Égypte. Comme l'indique l'épithète *nb.t P Dp* « maîtresse de Bouto »[508], elle était associée à cette cité du 6e nome de Basse Égypte. Elle est par ailleurs connue comme déesse des 18e et 19e nomes de la même région. Connue comme protectrice de l'Horus enfant dans les marais, elle remplissait le même rôle en faveur de l'Osiris de Bousiris[509] ou du défunt[510].

t) Neith la grande (*N.t wr.t*) était connue pour être la déesse associée au 5e nome de Basse Égypte et à la ville de Saïs[511].
Il existe plusieurs exemples de l'attribution de l'épithète *mw.t nṯr* « mère du dieu » à Neith[512], et plus particulièrement à Neith la grande[513]. Elle convient bien à cette déesse connue pour son rôle cosmogonique et plus particulièrement comme mère du soleil qui, sous la forme d'une vache, le plaça entre ses cornes[514].

u) D'après la structure de cette liste, qui privilégie l'association de deux noms divins par ligne, il ne s'agirait pas là d'une épithète supplémentaire de la déesse Neith mais d'une seconde divinité. Pourtant, aucun déterminatif divin n'accompagne ce nom. Un dieu *Wr ḥkꜣ.w* « Grand de magie » est attesté[515]. Le papyrus Giessen 115 (frag. 2, 7) liste par exemple un  *Wsỉr wr ḥkꜣ[w]* « Osiris, grand de ma[gie] »[516]. Une formule de protection du papyrus Chester Beatty IX, relative à la fête du sixième jour (*snw.t*), mentionne le « Grand de magie » comme purificateur du défunt[517]. Associé à Thot, il remplissait ailleurs une fonction protectrice ou purificatrice[518], et pouvait aussi être le défenseur de l'œil de Rê[519] ou le gardien du mammisi[520]. Il n'est pas exclu non plus

505 M. Broze, *Mythe et roman*, p. 253.
506 B. Grdseloff, *BIFAO* 45 (1947), p. 176-177.
507 *LGG* II, p. 269-273.
508 *LGG* IV, p. 48-49.
509 Chr. Leitz, *Der Sarg des Panehemisis*, p. 41-44. *Dendara* X, 92, 7.
510 Chr. Leitz, *Der Sarg des Panehemisis*, p. 401.
511 Fr. R. Herbin, *RdÉ* 50 (1999), p. 208 (P. Louvre N. 3221 (VI, 4)). C. de Wit, *Opet* I, p. 244. *Dendara* X, 278, 10, pl. 152. R. el-Sayed, *Saïs*, p. 216.
512 Voir par exemple R. el-Sayed, *Saïs*, p. 43-44, p. 45, n. c) et p. 162.
513 Notamment G. Posener, *La première domination*, p. 7, n. a. R. el-Sayed, *Saïs*, p. 137-138 et 139, n. d et p. 145-146. *LGG* III, p. 513-514.
514 S. Sauneron, *Les fêtes religieuses*, p. 253-271. S. Sauneron, *BSFÉ* 32 (1961), p. 43-51.
515 *LGG* II, p. 454-455.
516 R. O. Faulkner, *JEA* 44 (1958), p. 68 (fig. 2) et 71.
517 A. H. Gardiner, *HPBM* III, p. 113 et pl. 61 (v° B 17, 1).
518 S. Schott, *Die Reinigung Pharaos*, p. 64, pl. 12 (P. Berlin 13242 (5b, 13)). A. Moret, *Culte divin journalier*, p. 145 (P. Berlin 3055 (24, 5-6)). R. O. Faulkner, *Book of Hours*, p. 14 et 33* (P. Londres BM 10569 (20, 27)).
519 *Dendara* VI, 73, 10.
520 *Dendara Mam.* 93, 1.

qu'une terminaison féminine ait été omise : *Wr(.t) ḥkꜣ.w* « Grande de magie »[521]. Épithète d'Isis, *Ouret-Hekaou* est aussi l'uraeus qui se place au front du souverain[522]. Elle est associée à la couronne de Basse Égypte et au serpent de Bouto[523]. C'est une forme de la déesse dangereuse[524].

7.8.2 L'exergue

Le texte placé en exergue (x+11, A) pourrait être compris comme un titre ou comme une instruction. Il pourrait aussi avoir été rattaché aux lignes qu'il précède bien que l'articulation entre les deux ne soit pas claire, notamment en raison de la lacune. Ce passage, dont il n'est pas précisé s'il devait être récité, renvoyait à la réalisation d'une course, à laquelle les divinités de la liste qui l'accompagne étaient associées.

Il ne semble pas y avoir de raison de rapprocher directement cette partie du papyrus Princeton Pharaonic Roll 10 des scènes de courses rituelles effectuées par le roi[525]. On notera cependant que ces rites étaient en lien avec le mythe d'Osiris, et en particulier avec la quête des membres de celui-ci à travers le pays[526], lors de laquelle le roi pouvait être accompagné du taureau Apis[527], connu pour être le convoyeur du corps du dieu défunt[528]. Selon Jean-Claude Goyon, les courses marquaient « l'acheminement de la crue du sud vers le nord » et l'image du cadavre sur le dos du taureau symbolisait l'inondation fertilisante issue du corps divin[529]. La réunification du corps d'Osiris, qui était une étape essentielle de sa renaissance, constituait une image illustrant l'unification du pays et garantissant la stabilité de la royauté alors transmise de père en fils sur le modèle d'Osiris et d'Horus, auquel le souverain s'identifiait. Les courses étaient associées à l'inondation et renvoyaient à l'arrivée de la crue[530]. Or, les humeurs de la forme reconstituée de l'Osiris lunaire produisaient l'eau du fleuve qui s'échappait de sa jambe[531], assurant la prospérité du pays.

7.8.3 La liste de divinités

La plupart des divinités mentionnées dans cette section apparaissent en binômes sur une même ligne. Les « couples » ainsi formés sont répertoriés dans le tableau suivant (Tableau 9). Seuls

---

521 *LGG* II, p. 493-496. A. M. Mekawy Ouda, *PIA* 23(1): 8 (2013), p. 1-7. A. M. Mekawy Ouda, *in* : *CRE 2013*, p. 105-121. A. M. Mekawy Ouda, *BMSAES* 22 (2015), p. 61-86.

522 Par exemple, P. Lacau, H. Chevrier, *Une chapelle d'Hatshepsout*, p. 238-239, § 385, p. 249-251, § 402-403.

523 Y. Koenig, *Papyrus Boulaq 6*, p. 44, n. a.

524 D. Meeks, *in* : *Génies, Anges et Démons*, p. 61-62.

525 H. Kees, *Opfertanz*. H. Kees, *ZÄS* 52 (1914), p. 61-72. B. Lurson, *Osiris, Ramsès, Thot et le Nil*, p. 51, n. 66 (références).

526 H. Kees, *Opfertanz*, p. 93-96. S. Cauville, *Essai sur la théologie*, p. 60. A. Egberts, *in* : *Akten München*, p. 247. A. Egberts, *In Quest of Meaning*, p. 183, 190 et 368. B. Lurson, *in* : *La femme*, p. 317. B. Lurson, *Osiris, Ramsès, Thot et le Nil*, p. 51 et n. 67.

527 H. Kees, *Opfertanz*, p. 100-102.

528 J. Vandier, *in* : *Mélanges Mariette*, p. 105-123. D. Meeks, *Mythes et légendes du Delta*, p. 177-179, § 5a-b, et n. 70.

529 J.-Cl. Goyon, *in* : *Funerary Symbols*, p. 34-44.

530 B. Lurson, *Osiris, Ramsès, Thot et le Nil*, p. 50-54. O. El-Shal, *BIFAO* 111 (2011), p. 345-346.

531 B. Claus, *in* : *L'Acqua nell'antico Egitto*, p. 201-210. Ph. Derchain, *in* : *La Lune. Mythes et rites*, p. 35. M. Gabolde, *BIFAO* 95 (1995), p. 239-340, 246. B. Lurson, *Osiris, Ramsès, Thot et le Nil*, p. 51 et n. 69 (références). Chr. Leitz, *Die Gaumonographien*, p. 7-9.

Amon et Osiris occupent une ligne entière (x+11, 1-2), la longueur de leurs épithètes respectives justifiant probablement à elle seule cette disposition.

Ligne	n°	P. Princeton	n°	P. Princeton
11, 1	1	Amon-Rê, maître du trône des Deux Terres, qui préside à Karnak (HE 4)		
11, 2			2	Osiris qui préside à l'Occident, le grand dieu, maître d'Abydos (HE 8)
11, 3	3	Chesemtet qui abomine les humains	4	Khonsou
11, 4	5	Hathor, maîtresse d'Atfih (HE 22)	6	Hathor, maîtresse des génies-coutiliers
11, 5	7	Nekhbet, la blanche de Hiérakonpolis (HE 3)	8	La Nourrice
11, 6	9	La Vache	10	Nout qui met au monde les dieux, maîtresse du prématuré (?)
11, 7	11	Le *Ba*, maître de Mendès (BE 16)	12	Les dieux et les déesses qui sont dans Memphis (BE 1)
11, 8	13	Les dieux et les déesses qui sont dans Héliopolis (BE 13)	14	Les dieux et le<s> déesse<s> qui sont dans *Khaset-hââ* (?) (BE 19)
11, 9	15	Thot, maître des paroles divines	16	Sekhmet, maîtresse d'*Icherou*
11, 10	17	Bastet	18	Ouadjet, maîtresse de Bouto (BE 6)
11, 11	19	Neith la grande, la mère divine (BE 5)	20	La Grand(e) de magie

Tableau 9 : Liste des divinités en rapport avec la course

Cinq de ces dieux figuraient déjà, avec les mêmes épithètes, parmi ceux qui sont mentionnés dans la liste de la *Formule pour voguer dans la barque* : Osiris (x+9, 12), Amon-Rê (x+9, 31), Sekhmet (x+9, 33), Chesemtet (x+9, 35) et Neith (x+9, 39). Trois autres y portaient des épithètes différentes : Nout (x+9, 11), Bastet (x+9, 34) et Thot (x+9, 16). L'ordre d'apparition de ces divinités n'est cependant pas le même dans les deux listes, qui ne présentent d'ailleurs pas le même nombre d'entrées. La *Formule pour voguer dans la barque* fait état de vingt-six dieux, alors que celle-ci compte seulement vingt entrées. Cependant, l'emploi à trois reprises de formulations génériques indéterminées (« les dieux et les déesses ») ne permet en réalité pas de déterminer à combien de dieux on faisait référence ici.

Il n'est pas toujours évident de déterminer les raisons qui font que deux entités figurent ensemble sur la même ligne, ni de définir ce qui a poussé le scribe à adopter ce type de présentation. Le regroupement des dieux par paires peut être interprété comme un indice de dualité. On peine cependant à regrouper les divinités en deux groupes homogènes selon des critères sexuels ou géographiques par exemple. Les couples formés ne sont pas mixtes (un dieu et une déesse) et ne participent pas forcément de théologies locales communes. Une lecture selon un plan bipartite – d'après lequel le premier nom de chaque ligne serait associé à Amon et le second à Osiris – n'apporte pas non plus de résultat probant. Il faut donc peut-être interpréter ces doublets comme une suite d'associations spécifiques.

Les deux premiers dieux cités – Amon et Osiris – sont rattachés respectivement à Karnak et à Abydos, leurs lieux de culte respectifs par excellence. Il faut probablement y reconnaître l'évocation traditionnelle de deux figures emblématiques.

L'association de Khonsou et Chesemtet pourrait être due au fait que ce dieu pouvait se réclamer le fils de cette déesse[532]. Le caractère lunaire de celui-ci, qui peut épouser les différentes formes de la lune[533], est largement attesté comme en témoignent par exemple la Chapelle de la Jambe à Edfou et son temple à Karnak. Il y figure ailleurs en lien avec la néoménie[534]. Khonsou est aussi associé à l'enveloppe-*ḫns* qui assurait la gestation de sa forme lunaire, garantissant la régénération de celle-ci[535]. L'évocation de cette membrane, qui n'est pas sans rappeler le coffre de Bastet contenant l'enfant Horus enveloppé dans une peau à Bubastis[536], renvoie au thème de la naissance. Dans le chapitre 174 du *Livre des morts*, Chesemtet peut être considérée comme celle qui a enfanté le défunt conçu par Sekhmet[537]. Dans les *Textes des pyramides*, c'est à l'origine une référence à la destinée solaire du roi : « (N.)| a été conçu par Sekhmet, mais c'est Chesemtet qui l'a enfanté »[538]. Cette évocation de l'enfantement ne correspond pourtant pas avec l'épithète qui est attribuée ici à cette déesse.

Suivent deux formes d'Hathor dont les épithètes sont, jusque dans leur lecture, difficiles à appréhender. La première est liée à Aphroditopolis[539], lieu de la décollation d'Isis, dont la tête fut remplacée par celle d'une vache après qu'Horus l'eût tranchée[540]. Or, Hathor pouvait prendre la forme d'une vache. Dans les cryptes du temple de Dendara, Hathor maîtresse d'Atfih assure la protection d'Osiris[541] et joue du tambourin[542]. Hathor peut être qualifiée de « Grande à la néoménie » ou de « Maîtresse de la néoménie »[543]. La seconde épithète, « maîtresse des génies-coutiliers », évoquerait le caractère dangereux de cette déesse qui, sous l'emprise de la colère, pouvait se déchaîner sous la forme de Sekhmet et envoyer des flèches fatales et des émissaires meurtriers sur ses ennemis.

En tant qu'Œil de Rê, Sekhmet intervient dans la lutte quotidienne contre Apophis afin de protéger le démiurge solaire, puis étend son rôle à la protection d'Osiris et à la garde d'Horus[544]. En tant que lionne, elle est aussi au centre de la légende de la destruction de l'humanité et du mythe de la déesse lointaine[545].

Nekhbet, la blanche de Hiérakonpolis, déesse tutélaire de Haute Égypte, est associée à Khonsou dans la chapelle de la Jambe du temple d'Edfou[546], où ils gardaient ensemble la précieuse relique. Elle apparaît ici avec la Nourrice qui, comme son nom l'indique, évoque l'allaitement et le soin accordé aux nouveau-nés. On notera qu'un « temple de la nourrice »

532 *CT* IV, 65i-j (Spell 310).
533 Ph. Derchain, *in* : *La Lune. Mythes et rites*, p. 40-44.
534 Fr. Labrique, *in* : *Kindgötter*, p. 195-224.
535 D. Meeks, *in* : *Intellectual Heritage*, p. 425-426.
536 D. Meeks, *Mythes et légendes du Delta*, p. 247-251 (§ 24d), qui traite du caractère lunaire et funéraire d'Horus-*hekenou*.
537 A. Erman, *ZÄS* 32 (1894), p. 2-22. É. Naville, *PSBA* 26 (1904), p. 79-89. Ph. Germond, *Sekhmet*, p. 347-348.
538 *Pyr.* § 262b.
539 Voir § 7.8.1, n. h) (x+11, 4).
540 D. Meeks, *Mythes et légendes du Delta*, p. 260-262 (§ 26).
541 *Dendara* VI, 79, 3. S. Cauville, *Dendara V-VI. Traduction*, p. 363.
542 *Dendara* VI, 16, 12 ; 118, 8. S. Cauville, *Dendara V-VI. Traduction*, p. 281 et 411.
543 *LGG* II, p. 487 ; IV, p. 58.
544 Ph. Germond, *Sekhmet*, p. 121-128 et 148-163.
545 Ph. Germond, *Sekhmet*, p. 131-148.
546 N. Baum, *Le temple d'Edfou*, p. 197-198, 208-209.

(*ḥw.t-rr.t*), dans lequel Ouadjet se rendait pour participer aux rites effectués autour du simulacre osirien, était propre au 19e nome de Basse Égypte[547] évoqués par ailleurs.

La Vache et Nout partagent leur forme animale et leur rôle maternel. Si Nout est couramment qualifiée de « Celle qui met au monde les dieux », en tant que génitrice d'une partie du panthéon héliopolitain, elle est aussi la mère du soleil qui l'avale le soir et le met au monde au matin. Les livres funéraires royaux, notamment, usent très souvent de cette image. Nout dissimulait aussi la lune sous son aisselle à la néoménie[548]. Parmi les exemples du mot *bs* « prématuré », « avorton » qu'a regroupés Dimitri Meeks, l'Horus-Bès, qui remplace l'Horus-Seth à deux têtes dans l'une des versions du rituel de l'*Ouverture de la bouche*, représente un Horus solaire en gestation[549]. Cette image bicéphale renvoie à la frontalité, apanage de Bès[550], à laquelle Nout était aussi soumise en rapport avec l'accouchement, mais également avec l'érotisme[551]. Le dieu Bès était associé au fœtus, à l'accouchement et à la naissance[552]. Les dieux nains étaient assimilés à des êtres juvéniles, comme c'est le cas d'Horus naissant d'un lotus en tant que jeune soleil, et pouvaient représenter une forme solaire ou lunaire[553]. Le dieu Bès est ainsi assimilé aux deux yeux-*oudjat*[554]. L'intéressant parallèle tiré entre l'état de prématuré et la lumière du soleil visible à l'aube illustre bien ces notions[555]. C'est donc à l'image d'un astre enfant et renaissant qu'il serait fait référence. À Abydos, les fœtus et les enfants mort-nés étaient placés dans des niches dans la paroi extérieure du mur d'enceinte de Chounet el-Zebib[556], dans un secteur dédié à un Osiris lunaire. Ces ensevelissements sortent du cadre funéraire et s'inscrivent dans un contexte rituel, comme semblent l'indiquer les obélisques renfermant un fœtus humain[557]. L'obélisque pouvait constituer le réceptacle de divers simulacres, mais plus particulièrement de la jambe d'Osiris, que l'on sait liée à la théologie lunaire d'une part et à la crue d'autre part[558].

Banebdjed est associé aux dieux et déesses de Memphis, soulignant les liens existants entre cette ville et Mendès[559].

Les dieux et les déesses d'Héliopolis apparaissent aux côtés des dieux et de la déesse de *Khaset-hââ*. Si la lecture proposée est correcte, le papyrus Princeton Pharaonic Roll 10 faisait

---

547 P. P. KOEMOTH, *Osiris-mrjtj*, p. 52. Chr. LEITZ, *Die Gaumonographien*, p. 153.
548 *Edfou* III, 210-211 ; 213, 1-2.
549 D. MEEKS, *in* : *Intellectual Heritage*, p. 424-427. M. MALAISE, *in* : *Anges et démons*, p. 53-56.
550 Sur ce dieu, consulter V. DASEN, *Dwarfs*, p. 55-83.
551 D. MEEKS, *in* : *Intellectual Heritage*, p. 424, 427. Y. VOLOKHINE, *La frontalité*, p. 88-89.
552 D. MEEKS, *in* : *Intellectual Heritage*, p. 427-431. J. BULTÉ, *Talismans*, p. 79-80, 87 et 96-99. V. DASEN, *Dwarfs*, p. 67-75.
553 D. MEEKS, *in* : *Intellectual Heritage*, p. 433-434.V. DASEN, *Dwarfs*, p. 93-96.
554 Il est en effet représenté tenant deux yeux-*oudjat*, encadré par le soleil et la lune sur la bouteille Oxford, Ashmolean Museum 1890.897, (V. DASEN, *Dwarfs*, p. 65 et pl. 6.1). Le P. Salt 825 (IX, 4-5) mentionne d'ailleurs les « yeux du nain », dans lesquels on peut reconnaître une allusion aux deux astres (Ph. DERCHAIN, *Le Papyrus Salt 825*, p. 141 et 176, n. 120).
555 D. MEEKS, *in* : *Intellectual Heritage*, p. 428.
556 A. MARIETTE, *Catalogue Abydos*, p. 441-445.
557 D. MEEKS, *in* : *Intellectual Heritage*, p. 428-429.
558 À Edfou par exemple, la chapelle de la Jambe présente ces caractéristiques (N. BAUM, *Le temple d'Edfou*, p. 193-206, 220-223). Voir aussi Chr. LEITZ, *Die Gaumonographien*, p. 7-9.
559 D. MEEKS, *Mythes et légendes du Delta*, p. 264-265.

intervenir des divinités de la région d'*Imet*[560], à la suite de ceux de Memphis et d'Héliopolis. La mention de ce lieu spécifique mérite que l'on s'y attarde un peu. *Khaset-hââ* – le « Désert de la joie » – constituait la nécropole d'*Imet* dans laquelle étaient enterrés les dieux primordiaux[561]. La région d'*Imet*, où des rites décadaires se déroulaient[562], abritait en particulier la tombe originelle d'Horus qui, vivant, procédait à sa propre sépulture[563]. Le papyrus Brooklyn 47.218.84 mentionne une sortie locale d'Horus, qui rappelle celle que le défunt souhaitait entreprendre vers Bouto ou vers Abydos[564]. La destination de cette pérégrination n'est pas connue, mais il est probable que l'on voyageait vers le sud. La stèle de *Gemenefhorbak* traite des fêtes d'*Imet*, qui font la part belle aux cultes lunaires, dont Min est l'un des principaux témoins locaux, et aux cérémonies osiriennes propres à cette région[565]. Le culte d'Osiris le Bien-aimé (*meryty*), connu notamment à *Khaset-hââ* dont il était le seigneur, est d'ailleurs attesté à *Imet*[566]. Dans ce document, il y est notamment question d'une procession dans la nécropole et de la sortie de Min vers son estrade[567], en rapport avec Celui-dont-le-cœur-est-las, à qui étaient restitués ses deux sourcils[568]. Ces derniers constituaient la relique osirienne locale, ce qui expliquait aussi le nom de la ville d'*Imet*[569]. On sait par ailleurs que la sortie de Min pouvait marquer le dernier jour du mois lunaire. Un peu plus loin (l. 11), Min est « halé sur le dessus de la cuve-jardin » et on lui « adressait des prières le jour de la néoménie »[570]. La succession chronologique des jours du mois lunaire souligne peut-être l'accointance des cérémonies osiriennes décrites avec la néoménie. On notera que, contrairement aux autres exemples connus, le nom *Khaset-hââ* serait écrit dans le papyrus Princeton Pharaonic Roll 10 au moyen du signe . Il s'agissait peut-être d'un jeu de mots, le « Désert de la joie » (*Ḫ3s.t-ḥʿʿ*) s'associant peut-être dans les imaginaires à un « Désert de l'Enfant », faisant lui-même indirectement référence au nom du 19e nome de Basse Égypte. Ouadjet, mentionnée plus bas comme déesse de Bouto, était la déesse d'*Imet*. Elle était réputée

---

560 Sur les cultes de la région, voir V. Razanajao, *BIFAO* 106, p. 219-244 ; V. Razanajao, *ENiM* 2 (2009), 103-108 ; V. Razanajao, *in* : *Egypt in Transition*, p. 354-375 ; V. Razanajao, *in* : *Hommages Yoyotte* II, p. 923-938.

561 D. Meeks, *Mythes et légendes du Delta*, p. 35, 153, n. 542. Pierre Koemoth préfère y reconnaître le « Coteau de la jubilation » qui constituerait le vignoble d'*Imet*, ainsi que l'avait proposé Jean-Claude Goyon (P. P. Koemoth, *Osiris-mrjtj*, p. 48 ; J.-Cl. Goyon, *BIFAO* 65 (1967), p. 107 et 135, n. 225).

562 D. Meeks, *Mythes et légendes du Delta*, p. 153, n. 542. V. Razanajao, *BIFAO* 106 (2006), p. 243. Chr. Sambin, J.-Fr. Carlotti, *BIFAO* 95 (1995), p. 426-430. R. Preys, *BIFAO* 108 (2008), p. 317.

563 D. Meeks, *Mythes et légendes du Delta*, p. 305-306. Ce n'est pas sans évoquer le fait qu'Horus effectuait la quête de son « son propre œil » dans le manuscrit américain, voir § 7.7.

564 D. Meeks, *Mythes et légendes du Delta*, p. 35 36, 306

565 V. Razanajao, *BIFAO* 106 (2006), p. 219-244. P. P. Koemoth, *Osiris-mrjtj*, p. 46-54. R. Preys, *BIFAO* 108 (2008), p. 317.

566 G. Daressy, *BIFAO* 30 (1930), p. 625-649. V. Razanajao, *BIFAO* 106 (2006), p. 241. P. P. Koemoth, *Osiris-mrjtj*, p. 46-54.

567 H. Gauthier, *Les fêtes du dieu Min*, p. 101-102. M. Fr. Moens, *SAK* 12 (1985), p. 61-63.

568 V. Razanajao, *BIFAO* 106 (2006), p. 224, 231-233. V. Razanajao, *in* : *Egypt in Transition*, p. 366-367.

569 V. Razanajao, *BIFAO* 106 (2006), p. 233, n. x. D. Meeks, *Mythes et légendes du Delta*, p. 35, 152-153, n. 541.

570 V. Razanajao, *BIFAO* 106 (2006), p. 224, 234-236. L'éditeur n'a pas lu *psḏn.tyw* « néoménie » qui paraît pourtant s'imposer dans le contexte en lien avec la sortie de Min. La même lecture est avancée par René Preys, qui propose d'associer cet événement aux visites de la nécropole du mois de Pachons (R. Preys, *BIFAO* 108 (2008), p. 317).

pour donner des enfants aux parents stériles lors du « remplissage de l'œil-*oudjat* »[571]. Ce moment renvoie à la pleine lune, mais aussi dans une certaine mesure à la fête du sixième jour lunaire[572]. « Elle sauve son rejeton » (*šd=s wꜣḏ=s*) était d'ailleurs le nom du sanctuaire principal d'*Imet*[573]. Or, plusieurs déesses à caractère maternel sont mentionnées dans la liste du papyrus Princeton Pharaonic Roll 10, sans parler de l'épithète « maîtresse du prématuré » attribuée à Nout, qui s'intègre parfaitement dans cette thématique. On soulignera encore que les talismans d'heureuse maternité, bien reconnaissables à leur décor à pois foncés, proviennent justement, lorsqu'une origine est connue, de la partie orientale du Delta[574]. Ces figurines aux représentations variées mettaient notamment en scène Bès (et Béset), des cercopithèques mais aussi des chattes à tête humaine. On signalera en outre que le terme *ḥꜥꜥ*, abréviation de *ỉwn ḥꜥꜥ*, désignait la lune[575], lorsque celle-ci est représentée sous la forme d'un enfant pour illustrer le début de son cycle. Cela renforce la paronomase *ḥꜥꜥ* « joie » / *ḥꜥꜣ* « enfant » / *ḥꜥꜥ* « lune » et conforte l'idée d'un culte lunaire en rapport avec l'enfance. On ajoutera que Ouadjet, parèdre de Min à *Imet*, donna naissance à plusieurs enfants. L'un d'eux, conséquence des violences de Seth, ne fut autre que le dieu lunaire Thot[576]. Dans la région d'*Imet*, le cumul de plusieurs éléments représentatifs, liés aux cultes lunaires et à l'enfance d'une part, aux cérémonies osiriennes d'autre part, s'intègrent particulièrement bien au contexte du papyrus Princeton Pharaonic Roll 10. La navigation d'Horus, la procession du dieu Min/Horus vers la nécropole où il détruisait ses ennemis le dernier jour du mois lunaire et à la néoménie, un contexte de maternité qui serait propre à la conception et à la naissance de la lune et les cérémonies osiriennes sont autant de thèmes partagés. La stèle de *Gemenefhorbak* insiste en outre sur la participation des fidèles, alors que le rituel du manuscrit américain intègre deux défunts à son déroulement. Il n'est donc pas exclu que la mention de *Khaset-hââ* reflète, dans cette section au moins, une certaine réalité.

Thot forme un nouveau couple avec Sekhmet, dont l'*Icherou* est attesté dans la région memphite. Celle qui peut être une forme de l'Œil de Rê est associée au lac sacré connu pour son rôle en rapport avec l'apaisement de la déesse dangereuse et la navigation marquant le retour de la déesse. Sekhmet entretient des liens avec Bastet, Chesemtet et Ouadjet dès l'Ancien Empire[577]. Thot, pour sa part, est un dieu lunaire qui pouvait également suppléer Onouris dans sa quête de la Lointaine.

À la ligne suivante figurent Bastet et Ouadjet de Bouto. Cette dernière, qui pouvait prendre les traits de Bastet, était considérée comme la mère d'Horus et, sous sa forme de cobra, comme une protectrice efficace[578]. Elle était vénérée aussi dans la ville d'*Imet*, pendant de la célèbre Bouto. Bastet, quant à elle, était la déesse de Bubastis, voisine d'*Imet* dans l'est du

571 V. Razanajao, *BIFAO* 106 (2006), p. 223, p. 229-230, n. p et p. 235, n. cc. V. Razanajao, *in* : *Egypt in Transition*, p. 363.

572 A. Spalinger, *BSÉG* 19 (1995), p. 39.

573 D. Meeks, *Mythes et légendes du Delta*, p. 148, n. 518.

574 J. Bulté, *Talismans*, p. 112-114.

575 *Wb* III, 41, 13 et I, 53, 17. P. Wilson, *Lexikon*, p. 621. P. P. Koemoth, *Osiris-mrjtj*, p. 51. À propos du support-*ioun* et de la lune, voir notamment M. Erroux-Morfin, *in* : *Études sur l'Ancien Empire*, p. 315-325.

576 D. Meeks, *Mythes et légendes du Delta*, p. 24, 255-260 (§ 25). P. P. Koemoth, *Osiris-mrjtj*, p. 51-52. Ce récit n'est pas sans rappeler la création du disque lunaire, que Thot mis sur sa tête.

577 S.-E. Hoenes, *Sachmet*, p. 168-174.

578 D. Meeks, *Mythes et légendes du Delta*, p. 302-303 (§ 46) et 304-305 (§ 48).

Delta. En plus de sa fonction d'Œil de Rê, elle remplissait aussi un rôle protecteur auprès du jeune Horus.

Déesse de Saïs, Neith la grande était connue en tant que démiurge et mère du soleil. La stèle Louvre E 25980, qui représente Neith, Ptah, Sekhmet et *Ouret-hekaou*, reproduit une formule d'offrandes destinée à *Ouret-hekaou* et Neith, dame de Sais[579]. Associée au serpent de Bouto, c'est une forme de la déesse dangereuse.

Cette liste demeure assez déroutante, certainement aussi parce qu'elle mentionne plusieurs divinités moins bien connues. Il faut donc probablement rechercher d'autres liens entre ces paires. On remarque ainsi que plusieurs thèmes se dégagent et il faut peut-être tenter de former des groupes hétérogènes qui ne suivent pas forcément la présentation formelle de cette liste.

Les déesses Chesemtet, Hathor, Sekhmet, Bastet, Ouadjet et la Grand(e) de magie évoquent quant à elles la déesse dangereuse, Œil de Rê. « Chesemtet qui hait les hommes » peut être rapprochée de Sekhmet, déesse destructrice et associée à l'uraeus. Cette dernière prenait la forme d'une lionne furieuse, de même que Bastet, sa forme apaisée sous l'aspect d'une chatte docile et maternelle[580]. L'une et l'autre pouvaient assurer la sauvegarde de l'enfant Horus dans les marais. Sekhmet, Bastet, Ouadjet et Neith sont toutes les quatre assimilées aux quatre boules lancées en direction des points cardinaux, en tant qu'Œil de Rê et protections d'Osiris, comme c'est aussi le cas de Chesemtet[581]. On se rappellera que ces déesses prenaient part à la procession qui accompagnait la fête de Sokar à la fin du mois de Khoiak[582] et que, dans le courant du mois de Tybi, des fêtes étaient célébrées en leur honneur[583].

Toutes les déesses évoquées renvoient à la naissance, à l'allaitement et aux soins apportés au nouveau-né. Les personnalités de la Nourrice, de la Vache et de Nout sont directement empreintes de maternité et elles pouvaient toutes trois arborer la forme d'une ruminante, à l'instar d'Hathor. Neith partageait ce rôle en tant que mère du soleil, Bastet et Ouadjet comme protectrices du jeune héritier d'Osiris. Le placenta (*ḫns*) et le prématuré (*bs*) procèdent également de l'enfantement. Le thème de la maternité s'avère particulièrement développé et s'intègre tant à la renaissance osirienne qu'au renouvellement astral du soleil ou de la lune. On usait ainsi de l'image de Nout, dissimulant la lune sous son aisselle à la néoménie[584], pour rappeler que la conception de l'astre constituait l'une des explications de sa disparition au début du mois, avant qu'il ne soit ensuite mis au monde le deuxième jour, jour de prédilection pour la naissance des dieux enfants.

Les déesses tutélaires de Haute et de Basse Égypte, Nekhbet et Ouadjet sont toutes deux mentionnées. En tant que symboles de l'unification du pays, elles jouaient un rôle important lors du couronnement notamment. Dans la Chapelle de la Jambe par exemple, ce rite matérialisait le triomphe d'Horus et de Khonsou-Thot lors de leur jugement. Khonsou et Thot renvoient directement à la lune.

---

579 R. EL-SAYED, *Saïs*, p. 28-36, en particulier p. 32. Chr. BARBOTIN, Chr. LEBLANC, *Monuments d'éternité*, p. 21. A. M. MEKAWY OUDA, *in* : *CRE 2013*, p. 115.

580 Ph. GERMOND, *Sekhmet*, p. 113-114.

581 Chr. ZIEGLER, *BIFAO* 79 (1979), p. 437-439.

582 C. GRAINDORGE, *JEA* 82 (1996), p. 83-85, 91-95.

583 S. CAUVILLE, *BIFAO* 93 (1993), p. 162 et n. 18.

584 *Edfou* III, 211-213.

On a déjà relevé que le nombre de dieux évoqués est indéfini, puisque des groupes indifférenciés sont mentionnés. On compte cependant vingt entrées dans cette liste, chiffre qui renvoie au nombre canonique de régions de la Basse Égypte, auxquelles les épithètes de quelques-unes des divinités citées peuvent être rattachées. Aucun ordre géographique ne semble pourtant guider l'établissement de ce catalogue, qui fait figurer indifféremment des dieux en relation avec la Haute ou la Basse Égypte. La plupart des localités mentionnées constituent des références à d'importants sanctuaires – Karnak, Abydos, Atfih, Hiérakonpolis, Mendès, Memphis, Héliopolis, Bouto – plutôt que des témoignages d'une géographie religieuse spécifique. Quelques entrées se distinguent pourtant par des épithètes rares qui pourraient s'avérer caractéristiques, mais il n'est pas aisé de les rattacher à un lieu précis. On cite encore les dieux et les déesses qui sont dans Memphis, Héliopolis et *Khaset-hââ* (x+11, 7-8). En incluant tous les dieux et déesses de ces trois localités, on insistait peut-être sur l'importance qu'on leur accordait, tout en définissant un cadre géographique limité à l'est du Delta.

7.8.4. L'accomplissement d'une course

Il reste malaisé de définir de quelle sorte de course fait état le papyrus Princeton Pharaonic Roll 10 et par conséquent s'il s'agissait d'une procession terrestre ou d'une navigation. Il semble que l'on soit confronté ici, contrairement à la *Formule pour voguer dans la barque* (§ 7.7), à la réalisation d'un rite plutôt qu'à une récitation. Il paraissait donc indiqué de réunir les indices qui permettraient de définir si cette section constituait un acte distinct de la navigation d'Horus ou si elle en exposait la réalisation. Les indications conservées par le papyrus Princeton Pharaonic Roll 10 sont bien maigres pour déterminer les détails de cette course et convenir de la rattacher à une procession terrestre ou nautique. Quelques éléments semblent néanmoins susceptibles de nous orienter, même si la séquence chronologique des actions engagées n'est pas claire et que plusieurs interprétations demeurent envisageables.

On a défini que certains dieux énumérés ici apparaissaient également dans la *Formule pour voguer dans la barque* qui ne présente pourtant pas le même nombre d'entrées (§ 7.8.3). On aurait pu penser qu'une procession allait à la rencontre des barques citées dans la section précédente ou bien que cette liste de divinités ait constitué le but de la procession envisagée. C'est pourtant impossible, puisque certains dieux de la liste sont déjà nommés dans la *Formule pour voguer dans la barque* et qu'il serait illogique qu'ils soient partis à la rencontre d'eux-mêmes.

La *Formule pour voguer dans la barque* était vraisemblablement destinée à être récitée, même si on ne le précise pas explicitement. L'accomplissement de la course n'est pas présenté ainsi. Elle pourrait constituer la matérialisation de la navigation évoquée par la formule précédente. Ceci expliquerait à la fois que certains dieux apparaissent dans les deux compositions et qu'il y ait moins de dieux dans la seconde liste. Dans la formule, les dieux seraient invoqués de façon plus exhaustive et selon une tradition probablement figée, puisqu'il en existe des parallèles en plusieurs lieux. Dans la partie suivante, ce serait le rite effectif qui serait décrit, expliquant que l'on ait restreint le nombre de dieux participant à la navigation. Le fait que l'on s'adresse au maître de la barque et qu'il soit question d'un « bras d'eau » (x+11, 13) dans le passage qui suit la liste de divinités (§ 7.9) évoque un trajet fluvial quel que soit le sens exact de cette phrase[585]. Si le nombre de répétitions en lacune devait être le même que dans la *Formule pour voguer dans la barque*, à savoir sept plutôt que *sp [2]* rendu par « sans cesse », on aurait un argument en faveur d'un lien entre les deux sections. Cette interprétation butte cependant sur l'absence dans la liste du principal intéressé, à savoir Horus. Contrairement à la *Formule pour voguer dans la barque*, il n'est pas question de bateaux dans ce texte, qui n'adopte d'ailleurs pas la configuration de cette formule, dont elle doit être soigneusement distinguée. Il faut donc envisager aussi qu'il s'agisse d'une sortie indépendante de la précédente, qui aurait été consécutive à la navigation d'Horus.

7.9 Une formule complémentaire (x+11, 12-13)

À la suite de la liste de divinités (§ 7.8) sont copiées quatre lignes supplémentaires de texte qui sont précédées par le même exergue (x+11, A). Les deux premières semblent se rattacher thématiquement à l'accomplissement de la course.

7.9.1 Traduction et commentaire (x+11, 12-13)

11, 12 *šsp.t [dḫ]n.w*	11, 12 Le chœur des [ryth]meurs a) :
ỉhy	Hourrah b) !
11, 13 *nb wỉ[ꜣ] [...*	11, 13 Maître de la bar[que] c) [... d),
m]ỉ sp 2 pr m mr	vi]ens e), viens ! Sors du f) (?) canal g) !

Commentaire

a) Sur cet ensemble que l'on retrouve à trois autres reprises dans le papyrus Princeton Pharaonic Roll 10 (x+7, 9 ; x+8, 1 ; x+15, 12), voir § 12.2.2. Cette mention semble fonctionner comme une sorte de didascalie introduisant une formule récitée par cet ensemble, ainsi qu'on le trouve attesté plus loin dans le manuscrit (x+15, 12), voir § 8.12. Étant donné que le second verbe *pḫr* est aligné avec le début de la ligne x+11, 12, il n'est pas exclu que l'exergue (x+11, A) ait été formé de deux parties distinctes, voir § 7.8, n. d). Dans ce cas, le « chœur des rythmeurs » pourrait avoir été rattaché au contenu de la seconde partie de l'exergue, mais l'état lacunaire de celle-ci ne permet pas de se prononcer.

b) On pourrait penser au verbe *hy* « exulter », « jubiler »[586], le *i* prothétique pouvant indiquer un impératif à l'instar du verbe suivant : *ỉ.hy nb wỉꜣ mỉ sp 2 pr m mr* « Jubile, maître de la barque ! Viens, viens, sors du canal ! ». On lui préférera cependant l'interjection *ỉhy* /*ỉhꜣy* « Hourrah ! »[587].

c) Il n'est pas certain qu'il s'agisse d'une épithète divine, mais *nb wỉꜣ* « maître de la barque » pouvait désigner entre autres Horus, Rê-Horakhty ou Osiris[588]. On se demandera aussi si ce terme fait ou non partie de l'énoncé du chœur des rythmeurs. On pourrait en effet

585 À propos de l'ambiguïté de la préposition *m* qui peut être rendue « sur » ou « hors de », voir § 7.9.1, n. f) et § 7.9.2.
586 *Wb* II, 483, 1-7.
587 *Wb* I, 117, 12-14. Cf. *Wb* II, 471, 1-9 ; 482, 12-16.
588 *LGG* III, p. 609.

considérer qu'à l'instar de celui-ci, c'était le « maître de la barque » qui déclarait : [... *m*]*ỉ sp 2 pr m mr* « [... vien]ns, viens, sors du canal ! ».

d) Un signe partiel  est encore visible avant la lacune.

e) Cette restitution du verbe *mỉ* correspond aux graphies attestées dans le papyrus Princeton Pharaonic Roll 10 (x+12, 7 ; x+14, 1 ; x+14, 6).

f) On peut rendre *pr m mr* par « sortir sur le canal », « sortir du canal » (sens égressif), mais aussi par « sortir par le canal » (sens perlatif)[589], ce qui modifie le sens de cette phrase et par conséquent l'action envisagée. Opposé au verbe *hꜣỉ* « embarquer », le verbe *prỉ* pouvait d'ailleurs signifier « débarquer »[590]. Dans un cas, ce serait le départ de la navigation qui serait évoquée. Dans l'autre, on situerait l'action au moment de l'arrivée de la barque à destination, ce qui conviendrait assez bien à la suite de deux formules ayant trait à la navigation (§ 7.7 et § 7.8). On rappellera que le chœur des rythmeurs était volontiers impliqué lors du départ ou de l'arrivée de la barque, voir § 12.2.2. L'arrivée d'une barque est cependant évoquée plus loin à deux reprises, une fois par la formule qui accompagne le jet de quatre flèches (§ 8.6), dans laquelle Osiris est nommé, et une autre fois par la *Formule pour amarrer* (§ 11.2), où c'est *Mesredouyef* qui est concerné.

g) Le terme *mr* désigne un « canal » ou un « bras d'eau »[591]. Bien qu'il existe un canal qui se nomme (*pꜣ*) *ẖtm* « le Scellé » dans le 10e nome de Haute Égypte[592], le choix du déterminatif  montre que ce n'est pas le nom de ce canal qui figure au début de la ligne suivante (x+11, 14), voir § 7.10, n. a).

7.9.2 Interprétation de la formule

Le discours placé dans la bouche du chœur des rythmeurs s'adresse au « maître de la bar[que] » que l'on souhaiterait pouvoir identifier. Dans le premier exergue de la *Formule pour voguer dans la barque* (§ 7.7), il est précisé qu'Horus « circulait dans sa barque » (x+9, A et C). La barque d'Horus est d'ailleurs mentionnée aussi lors de l'embarquement (x+7, C et D). C'est encore Horus qui navigue à deux autres reprises (x+8, 1 ; x+9, 1). Il serait donc plausible que ce dieu ait été le possesseur de la barque auquel on s'adressait ici. Il paraît moins crédible que Sokar-Osiris, qui est le bénéficiaire de la protection prévue ensuite (§ 7.10), ait été le maître de la barque. Il n'est pas exclu non plus que l'on se soit adressé, tour à tour, à toutes les divinités de la liste qui précède (§ 7.8). Le propos aurait alors une portée spécifique au contexte de la course envisagée.

La signification de la fin de la phrase est conditionnée par la traduction de la préposition *m* dans *pr m mr* (x+11, 13)[593]. En fonction de l'interprétation retenue, il pourrait s'agir du départ ou de l'arrivée de la barque. Le fait qu'il soit question d'amarrer à deux autres reprises par la suite (§ 8.6, § 11.2) incite cependant à considérer que plusieurs déplacements en barque soient évoqués par le papyrus Princeton Pharaonic Roll 10. Il pourrait s'agir du parcours d'une

589 J. STAUDER-PORCHET, *La préposition*, p. 162-167.

590 *Wb* I, 521, 13.

591 *Wb* II, 97, 3-12. *Anlex* 77.1766, 78.1766, 79.1255. B. GESSLER-LÖHR, *Heiligen Seen*, p. 20-27. A. CABROL, *Les voies processionnelles*, p. 635-636. Fr. MONNIER, *Vocabulaire d'architecture égyptienne*, p. 185.

592 *Wb* III, 353, 2. P. WILSON, *Lexikon*, p. 757. P. MONTET, *Géographie* II, p. 122. Chr. LEITZ, *Geographisch-osirianische Prozessionen*, p. 133-134 (§ 10b). Chr. LEITZ, *Die Gaumonographien*, p. 88.

593 Voir § 7.9.1, n. f).

seule barque comprenant plusieurs étapes ou bien, étant donné que le même acteur n'est pas toujours cité, du trajet de plusieurs embarcations[594].

7.10 La protection du saule (x+11, 14 – x+12, 2)

Toujours précédées par le même exergue (x+11, A), les deux dernières lignes de la page x+11 introduisent un thème nouveau. La fin de la dernière ligne est perdue et avec elle l'articulation de cette partie avec le début de la page suivante, qui traite elle aussi d'une protection en évoquant le saule. Il a donc semblé justifié de les réunir.

7.10.1 Traduction et commentaire (x+11, 14 – x+12, 2)

11, 14 *ḫtmw[-nṯr]*	11, 14 Le chancelier [du dieu] [a)] :
(ḥr) ḫw [Sk]r Wsỉr	Protéger [b)] [Sok]ar-Osiris
m ḥꜣ.w nw ṯ[r.t]	avec des feuilles [c)] de s[aule] [d)].
11, 15 *ḫw nsw mỉt.t*	11, 15 Protéger le roi de même [e)].
[... ... ...]	[... ... ...] [f)]
12, 1 *ʿḥm.w nw ṯr.wt*	12, 1 des rameaux [g)] de saule :
ḫw ṯw ỉt=k Rʿ	Que ton père Rê te protège [h)] !
ḫw ṯw Ḏḥwty m ḥʿ.w=k	Que Thot te protège personnellement [i)] !
12, 2 *ḫw=f ṯw*	12, 2 Qu'il te protège [j)]
m-ʿ ỉḫ.t nb(.t) ḏw(.t)	contre toutes choses néfastes
nn ḫpr=sn	pour qu'elles ne puissent pas se manifester
r=k ḏ.t	contre toi éternellement.

Commentaire

a) La lecture du signe  (S19) semble justifiée. Compte tenu du positionnement du fragment n° 58, il doit manquer un signe étroit au début de la ligne dont il ne reste plus trace. Le déterminatif  oriente vers une lecture *ḫtmw[-nṯr]* « chancelier [du dieu] ». Ce titre désigne de façon générique des prêtres funéraires qui avaient une fonction d'embaumeur et prenaient aussi part aux cérémonies d'enterrement, voir § 12.2.1.
On pourrait considérer que cette mention d'un « chancelier [du dieu] » a constitué un vocatif précédant un impératif : *ḫtmw[-nṯr] ḫw [Sk]r Wsỉr...* « Chancelier [du dieu], protège [Sok]ar-Osiris... ». Ce passage constituerait alors la suite du discours du chœur des rythmeurs. Il est aussi possible que la préposition *ḥr* ait été omise : *ḫtmw[-nṯr] (ḥr) ḫw [Sk]r Wsỉr...* « Le chancelier [du dieu] protège [Sok]ar-Osiris... ». Il s'agirait ainsi de la description d'un rite. On pourrait encore penser que le « chancelier [du dieu] » a fait l'objet du même procédé de didascalie que le « chœur des rythmeurs » (voir § 7.9), auquel cas le verbe pourrait être un impératif : *ḫtmw[-nṯr] ḫw [Sk]r Wsỉr...* « Le chancelier [du dieu] : Protège [Sok]ar-Osiris... ». Il est aussi possible d'envisager qu'il s'agissait, à l'instar de ce qui se faisait dans le rituel de l'*Ouverture de la bouche* par exemple, d'une instruction destinée au « chancelier du dieu » en traduisant ce verbe comme un infinitif :

594 Voir § 12.4.

ḫtmw[*-nṯr*] *ḫw* [*Sk*]*r Wsỉr*... « Le chancelier [du dieu]. Protéger [Sok]ar-Osiris... ». Le fait qu'une récitation liée à la protection soit copiée ensuite n'incite pas à reconnaître ici des paroles devant être prononcées et l'ensemble paraît correspondre mieux à la description d'un rite. L'intervention d'un officiant spécifique tend aussi à nous orienter vers un rite, car il semble plus crédible que le « chancelier du dieu » ait joué un rôle actif dans la réalisation matérielle de cette protection, peut-être en tant que substitut d'Horus[595].

b) Dans le papyrus Princeton Pharaonic Roll 10, l'orthographe 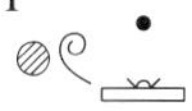 du verbe *ḫwỉ* « protéger »[596] (x+11, 14) alterne avec une forme  (x+11, 15 ; x+12, 1 ; x+12, 2 ; x+21, 3) et une forme  (x+21, 1 ; x+21, 5).

c) Au mot *ḫꜣ.w* « herbes », « plantes (aromatiques) »[597] qui ne convient guère ici pour le saule, on préférera le terme 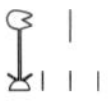 *ḥꜣ.w* « feuilles (de lotus) »[598], qui pouvait s'employer avec d'autres plantes[599]. Plus loin, c'est le terme *ꜥḫm.w* « pousses », « feuilles », « rameau » qui est employé (x+12,1), voir *infra* n. g).

d) La restitution de *ṯr.t* « saule », fondée sur les traces encore visibles sous le collage, est d'autant plus plausible que cet arbre est à nouveau mentionné plus loin (x+12, 1).

e) Il n'est pas exclu que cette proposition doive être rattachée à la précédente pour former un tout. Plusieurs traductions sont envisageables pour *ḫw nsw mỉt.t* : « Protège le roi de même ! », « Protéger le roi de même » ou « Le roi protège de même ». On est tenté de faire du souverain l'objet de cette protection, bien que celui-ci n'intervienne généralement pas comme bénéficiaire des rites dans le papyrus Princeton Pharaonic Roll 10, voir § 12.2.3. En outre, il serait surprenant que la mention du souverain suive celle de l'officiant. Rien de permet cependant d'être sûr qu'il est bien question ici de Pharaon. Le « roi » (*nsw*) pourrait très bien qualifier Osiris si l'on considère le grand nombre d'épithètes incluant ce terme qui peuvent lui être attribuées[600]. Dans le papyrus Princeton Pharaonic Roll 10, cette appellation apparaît d'ailleurs plus loin (x+18, 10) dans une acclamation adressé justement au « roi (*nsw*) du ciel inférieur » (§ 9.1)[601].

f) Ce passage ne commençait probablement pas abruptement à la première ligne de la page x+12. Le début de celui-ci devait figurer dans la partie manquante de la dernière ligne de la page précédente (x+11, 15). Il s'agit vraisemblablement du titre de la formule retranscrite ensuite. Un petit fragment de papyrus  est déposé sur le texte à la fin de la ligne x+11, 15. Il n'a pas été possible de le disposer par rapport au reste du texte ou de définir s'il faisait bien partie de cette ligne.

595 S. Sauneron, *BIFAO* 51 (1952), p. 167-169, 171.
596 *Wb* III, 244, 10-245, 22.
597 *Wb* III, 221, 1-7 et 8-10. P. Wilson, *Lexikon*, p. 702.
598 *Wb* III, 219, 1-2. P. Wilson, *Lexikon*, p. 702.
599 S. Sauneron, *Un traité égyptien d'ophiologie*, p. 74, § 47f (P. Brooklyn 47.218.48 et 85 (3, 19)).
600 On peut faire référence à Osiris en tant que « roi » (*nsw*), voir *LGG* IV, p. 321 et 322-345 pour d'autres épithètes contenant ce terme.
601 Voir x+16, a ; x+17, a ; x+18, a ; x+19, a. Cf. aussi « roi des dieux » (x+19, 8 ; x+19, 11).

g) Le mot *ʿẖm.w* « pousses », « feuilles », « rameau »[602] peut être employé pour le saule[603]. Dans le papyrus Brooklyn 47.218.2, c'était sur une « entrave » (*ḳʿḥ*) de saule qu'une formule est récitée[604].

h) On aurait aussi pu traduire cette phrase par un impératif *ḫw ṯw ỉt=k Rʿ* « Protège donc ton père Rê », mais il semble plus logique de considérer Rê, puis Thot, comme des bienfaiteurs. La protection de Sokar-Osiris, envisagée précédemment (x+11, 14-15), n'impliquait probablement pas que d'autres dieux fassent l'objet d'une protection dans cette formule, mais plutôt qu'ils en aient la charge.

i) Avec le verbe *ḫwỉ*, la préposition *m* sert à exprimer le moyen, ce qui ne donnerait pas de sens dans cette phrase sans amender le pronom *=k* en *=f* : *ḫw ṯw Ḏḥwty m ḥʿ.w=<f>* « Que Thot te protège avec <ses> membres ». Il en irait de même de l'expression *m ḥʿ.w=k* « toi-même »[605], qui devrait être modifiée en *m ḥʿ.w=<f>* « <lui>-même », à moins de la considérer comme une emphase sur l'objet de la protection, qui serait à rendre par « personnellement ».

j) L'usage d'un pronom de la troisième personne dans une forme passive *ḫw.tw=f* « il est protégé » détonnerait dans ce passage rédigé à la deuxième personne. On pourrait y voir une erreur du scribe qui aurait écrit *=f* pour *=k* et traduire *ḫw.tw<=k>* « <tu> es protégé ». Il est aussi possible que le scribe ait écrit *ḫw ṯw* sur sa lancée à l'instar des deux propositions précédentes (x+12, 1) avant d'ajouter *=f*, alors qu'il voulait signifier *ḫw=f ṯw* « il te protège ».

7.10.2 Le saule

L'archéologie fournit plusieurs exemples de guirlandes constituées de feuilles de saule qui, dès le Nouvel Empire, étaient glissées au cou des momies royales, puis de défunts de condition moins élevée[606]. Le saule entrait aussi dans la composition de brassées florales déposées à même le sol de la tombe[607]. Outre ces témoignages matériels, le saule occupait une place importante dans le « panthéon végétal » de la religion égyptienne[608]. Il s'inscrivait dans la théologie héliopolitaine et dans la sphère lunaire[609], et entretenait des liens étroits avec Osiris[610]. Dans le Fayoum, c'est à Sobek et à Neith qu'il était associé[611].

---

602 *Wb* I, 226, 12-13, où la graphie  est attestée. *Anlex* 77.0745. P. WILSON, *Lexikon*, p. 178.

603 L. KEIMER, *BIFAO* 31 (1931), p. 194. H. VON DEINES, H. GRAPOW, *Drogennamen*, p. 108-109.

604 I. GUERMEUR, *in* : *Hommages Yoyotte* I, p. 549-550.

605 *Wb* III, 38, 19-24.

606 L. KEIMER, *BIFAO* 31 (1931), p. 197-204, pl. I-II. Par ailleurs, une inscription des cryptes du temple de Dendara indique que des déesses portent une couronne de saule (*wꜣḥ n ṯr.t*) (*Dendara* VI, 114, 7-8 ; S. CAUVILLE, *Dendara V-VI. Traduction*, p. 404-405).

607 C'est le cas de celles trouvées à Deir el-Médineh, ou plus tardivement dans la nécropole de Douch (M. ERROUX-MORFIN, *in* : *Univers végétal* I, p. 312 ; H. N. BARAKAT, N. BAUM, *La végétation antique de Douch*, nº 78, nº 79, nº 89).

608 L. KEIMER, *BIFAO* 31 (1931), p. 177-237. R. GERMER, *in* : *LÄ* VI, col. 1164. N. BAUM, *Arbres et arbustes*, p. 196-199. R. GERMER, *Flora*, p. 111. P. P. KOEMOTH, *Osiris et les arbres*, p. 213-222. M. ERROUX-MORFIN, *in* : *Univers végétal* I, p. 293-316. R. GERMER, *Handbuch*, p. 159-160, 333-334.

609 M. ERROUX-MORFIN, *in* : *Univers végétal* I, p. 293-316.

610 P. P. KOEMOTH, *Osiris et les arbres*, p. 213-222.

611 Ch. KUENTZ, *BIFAO* 28 (1929), p. 157-158. J. VANDIER, *RdÉ* 13 (1961), p. 111-112.

Dans le papyrus Princeton Pharaonic Roll 10, le saule participe à la protection déployée en faveur de Sokar-Osiris. Or, Dimitri Meeks avait mis en lumière une racine *ṯr* entrant dans la composition de *ṯr* « recouvrir » ou *sṯr* « emmailloter », « enrouler dans des bandelettes »[612], dont le sens évoque bien une protection. Cette notion n'est pas inconnue des références ayant trait au saule, dont on sait qu'il poussait volontiers à proximité d'une étendue d'eau et servait de refuge à la faune locale[613]. Dans le *Livre du Fayoum* par exemple, il est dit qu'Horus fut dissimulé sous les saules par sa mère Neith, lui offrant ainsi leur protection[614]. Le même ouvrage indique à propos de Rê : « son corps se cache dans le saule, ainsi il existe une chapelle du saule dans *Chedyt* »[615]. D'autres passages nous apprennent que « les reliques d'Osiris sont sous la protection des saules »[616] ou que « les éléments de l'œil sont mystérieux sous cette protection des saules »[617]. On notera l'équivalence entre les reliques osiriennes et les éléments de l'œil qu'illustrent ces deux citations. Une monographie du temple de Tôd associe encore « Ouadjet dans le Lac du saule » et la protection mise en œuvre en faveur d'Osiris dans un contexte héliopolitain[618].

L'iconographie valide également ce concept de protection. La représentation d'une tombe de Hou, aujourd'hui détruite, l'illustre par l'inclinaison des frondaisons du saule au-dessus d'une chapelle[619]. Une vignette du *Livre du Fayoum* montre trois chapelles, chacune d'entre elles étant surmontée par un arbre dans lequel on peut reconnaître un saule[620]. Le rôle protecteur des arbres, disposés à l'horizon oriental et occidental ou bien sur les buttes divines, a été mis en évidence par Pierre Koemoth[621]. La pratique magique confirme également ce lien puisque le saule entre dans la composition de plusieurs remèdes médico-magiques. On se servait ainsi d'un morceau de saule pour fabriquer une amulette destinée à une femme donnant naissance à des enfants mort-nés[622].

L'assistance, efficiente contre tout mal, de Rê et de Thot est invoquée par cette formule relative au saule. Ces deux dieux évoquent respectivement le soleil et la lune. Le saule était utile pour soigner l'œil. Il apparaît dans le *Textes des sarcophages* en lien avec la pêche de celui-ci[623]. Dans la chapelle ouest n° 1 du toit du temple de Dendara, l'œil lunaire est apaisé par le saule[624] :

---

612 D. Meeks, *BIFAO* 77 (1977), p. 83.

613 M. Erroux-Morfin, *in* : *Univers végétal* I, p. 303, doc. 11, p. 307, doc. 16.

614 G. Botti, *La glorificazione di Sobk*, pl. III, 10. H. Beinlich, *Das Buch vom Fayum*, p. 188-189, l. 517. J. Vandier, *RdÉ* 13 (1961), p. 111-112. P. P. Koemoth, *Osiris et les arbres*, p. 214. M. Erroux-Morfin, *in* : *Univers végétal* I, p. 299, doc. 5c).

615 H. Beinlich, *Das Buch vom Fayum*, p. 156-157, l. 198-199. M. Erroux-Morfin, *in* : *Univers végétal* I, p. 299, doc. 5b).

616 H. Beinlich, *Das Buch vom Fayum*, p. 226-227, l. 893. P. P. Koemoth, *Osiris et les arbres*, p. 217.

617 H. Beinlich, *Das Buch vom Fayum*, p. 226-227, l. 894. M. Erroux-Morfin, *in* : *Univers végétal* I, p. 300, doc. 5e).

618 *Tôd*, 322, 3. Chr. Thiers, *in* : *Hommages Goyon*, p. 375-379.

619 L. Keimer, *BIFAO* 31 (1931), p. 190-191, fig. 2. P. P. Koemoth, *Osiris et les arbres*, p. 220-221 (fig. 25).

620 H. Beinlich, *Das Buch vom Fayum*, p. 299, pl. 18. P. P. Koemoth, *Osiris et les arbres*, p. 218.

621 P. P. Koemoth, *Osiris et les arbres*, p. 75-96. P. P. Koemoth, *in* : *Egyptian Religion: the Last Thousand Years*, p. 647-659.

622 I. Guermeur, *in* : *Hommages Yoyotte* I, p. 549 (P. Brooklyn 47.218.2 (x+IV, 1-2)).

623 M. Erroux-Morfin, *in* : *Univers végétal* I, p. 306, doc. 15 et p. 307, doc. 16.

624 S. Cauville, *Chapelles* I, p. 162. M. Erroux-Morfin, *in* : *Univers végétal* I, p. 305-307, doc. 15.

Je (Horus) remplis l'œil-*khenemet* de chrysoprase, j'apaise l'œil lumineux avec le saule. Tu nous apparais, Taureau brûlant à la néoménie (après que) tu as éclairé le pays la nuit[625].

Osiris est associé au « grand Phénix né au sommet des saules dans le temple du Prince, le Vénérable dans Héliopolis... »[626], comme pouvait l'être le défunt[627]. Dans la chapelle de Hou, déjà mentionnée, le phénix posé sur le saule est identifié à Osiris[628]. La litanie des douze noms de Rê-Horakhty fait aussi référence à cet oiseau : « C'est le phénix divin qui se pose au sommet du saule, acclamation pour toi ! Atoum est ton nom »[629], de même qu'un passage du *Livre des Respirations*[630]. Le phénix est connu pour être le *ba* d'Osiris, réuni à celui de Rê[631]. Le texte de la cuve Caire CG 86718 fait allusion au même motif lorsqu'il s'adresse à Osiris-Rê : « Tu surgis en tant que Phénix imposant dans le ciel »[632]. Le choix du saule n'est donc probablement pas fortuit.

Dans le temple de Kom Ombo, on célébrait pour Haroéris en date du 9 Méchir une « belle fête du saule », aussi appelée « ramener (*sbỉ*) le saule »[633]. Les inscriptions de la porte ptolémaïque du temple de Mout à Karnak indiquent que le saule « est revenu pourvu de ses ornements ... le troisième mois de l'inondation, le dernier jour »[634], à savoir le 30 Athyr, en lien avec la fête de l'ivresse. Le même calendrier situe à la suite d'un sacrifice de l'oryx – on sait la nécessité de la destruction de cet ennemi de l'œil pour favoriser le retour de la lune[635] – le fait que « le saule est revenu en ce mois, dans sa perfection, pourvu de ses éléments »[636]. Dans le papyrus Brooklyn 47.218.84, le fait de « ramener (*sbỉ*) les saules » marquait la fin de la révolte des enfants de l'impuissance (*ms.w bdš*) au début du mois de Pakhons à Héliopolis[637]. À Dendara, la cérémonie de « dresser le saule » (*sʿḥʿ ṯr.t*)[638] se déroulait au début du mois de Pakhons en faveur d'Hathor désignée comme « le grand Œil de Rê à la néoménie » et en relation avec la fête de l'ivresse[639]. Une tablette du Musée de Turin, qui atteste l'existence d'une « chapelle de dresser le saule » à Héliopolis, confirme l'identification en précisant que

---

625 *Dendara* X, 301, 4-7. S. Cauville, *Chapelles*, p. 162.

626 C. E. Sander-Hansen, *Die Texte der Metternichstele*, p. 44-45 (77-78). Fr. R. Herbin, *BIFAO* 84 (1984), p. 280-281, n. 11.

627 Sarcophage Londres BM EA 32, l. 420 (Psammétique II). P. Koemoth, *Osiris et les arbres*, p. 219.

628 L. Keimer, *BIFAO* 31 (1931), p. 190, fig. 2.

629 P. Chester Beatty VIII, 11, 1-2. *Edfou* III, 10, 14-15. A. Gasse, *BIFAO* 84 (1984), p. 194-195. Fr. R. Herbin, *BIFAO* 84 (1984), p. 280-281, n. 11. M. Erroux-Morfin, *in* : *Univers végétal* I, p. 302 (doc. 10 et 9).

630 Fr. R. Herbin, *BIFAO* 84 (1984), p. 258, 277 et 280-281, n. 11.

631 L. Kákosy, *in* : *LÄ* IV, col. 1035 ; A. El-Banna, *BIFAO* 89 (1989), p. 121, n. 11-12.

632 J.-Cl. Goyon, *Les dieux-gardiens*, p. 428, n. 4.

633 *Kom Ombo* II, n° 596, l. 6-7. A. Grimm, *Festkalender*, p. 78-79, 393-394. M. Erroux-Morfin, *in* : *Univers végétal* I, p. 310, doc. 21. On notera qu'à Dendara était célébrée le même jour la fête *rkḥ-wr* (A. Grimm, *Festkalender*, p. 78-79, 394).

634 S. Sauneron, *La porte ptolémaïque*, p. 22-23, pl. VIII, n° 6, 18. A. Spalinger, *RdÉ* 44 (1993), p. 167 (18). P. Koemoth, *Osiris et les arbres*, p. 214-215. Fr. R. Herbin, *Parcourir l'éternité*, p. 154. M. Erroux-Morfin, *in* : *Univers végétal* I, p. 309-310, doc. 19.

635 Ph. Derchain, *Le sacrifice de l'oryx*, p. 39-40.

636 S. Sauneron, *La porte ptolémaïque*, p. 22-23, pl. IX, n° 6, 33. A. Spalinger, *RdÉ* 44 (1993), p. 175 (33). P. P. Koemoth, *Osiris et les arbres*, p. 214-215. M. Erroux-Morfin, *in* : *Univers végétal* I, p. 310, doc. 19.

637 D. Meeks, *Mythes et légendes du Delta*, p. 206, § 10 e.

638 D. Meeks, *Mythes et légendes du Delta*, p. 206, § 10 e. *Contra* A. Gutbub, *in*: *LÄ* VI, col. 1165.

639 *Dendara* IX, 95, 13-16. L. Keimer, *BIFAO* 31 (1931), p. 177-227. M. Erroux-Morfin, *in* : *Univers végétal* I, p. 309-310, doc. 20. R. Preys, *RdÉ* 58, p. 121.

ce rite y était réalisé[640]. Le rite de « dresser le saule » remonte au moins au Nouvel Empire, puisqu'il est attesté dans le calendrier des fêtes du temple de Médinet Habou en date du 29 du premier mois de Peret (29 Tybi)[641], date à laquelle on réalisait à Dendara comme à Esna une navigation[642]. Le calendrier des jours fastes et néfastes situait le rite de « dresser le saule », dans un contexte osirien cette fois-ci, le 28 du troisième mois de Peret (28 Phamenoth) et l'associait au redressement d'Osiris[643]. À Edfou, des pousses de saule et d'arbre-*ỉꜣm* étaient offerts au cours des rites propitiatoires qui précédaient le départ de la procession nautique de de la néoménie d'Épiphi[644] :

> Le chœur des rythmeurs (*šsp.t-dḫn.w*). Présenter des gerbes (*ꜥnḫ.w*) de l'arbre-*ỉmꜣ* et de saule (et les) présenter au visage de Neith qui ouvre les canaux et les rives[645].

Dans ce temple, le saule et l'arbre-*ỉmꜣ*[646] sont par ailleurs associés, en tant que protection, entre les mains d'une porteuse d'offrandes[647]. Ces végétaux étaient présentés afin d'obtenir la bénédiction de Neith, qui remplissait la fonction de protectrice de la navigation[648].

Il n'est donc pas étonnant qu'une protection attachée au saule accompagne une étape de la navigation dans le papyrus Princeton Pharaonic Roll 10, ni que les deux dieux cités, Rê et Thot, renvoient aux deux luminaires.

---

640 H. Ricke, *ZÄS* 71 (1935), p. 120-121, pl. II-III. J. Vandier, *RdÉ* 16 (1964), p. 68-69. M. Erroux-Morfin, *in* : *Univers végétal* I, p. 297, doc. 2.

641 *KRI* V, p. 177-178. M. Erroux-Morfin, *in* : *Univers végétal* I, p. 307-308, doc. 17.

642 A. Grimm, *Festkalender*, p. 390-391.

643 A. M. Bakir, *Cairo Calendar*, pl. XXVII, 7 (P. Caire CG 86637, r° 27, 7). P. Koemoth, *Osiris et les arbres*, p. 215. Chr. Leitz, *Tagewählerei*, p. 299-300. M. Erroux-Morfin, *in* : *Univers végétal* I, p. 308, doc. 18.

644 *Edfou* V, 125, 2-5. M. Alliot, *Culte d'Horus* II, p. 461-462. M. Erroux-Morfin, *in* : *Univers végétal* I, p. 300-301, doc. 7.

645 M. Alliot, *Le culte d'Horus*, p. 461. Sv. Nagel, *in* : *Altägyptische Enzyklopädien*, p. 645.

646 N. Baum, *VA* 4 (1988), 17-32. N. Baum, *Arbres et arbustes*, p. 183-196.

647 *Edfou* VI, 227, 10-11. M. Erroux-Morfin, *in* : *Univers végétal* I, p. 300, doc. 6. Des feuilles provenant de trois arbres différents étaient présentées pour confirmer le pouvoir royal le premier jour de Tybi, mais le saule n'en faisait pas partie (Fr. Moyen-Gilbert, *Kyphi* 1 (1998), p. 85-98 ; Z. el-Kordy, *ASAE* 69 (1983), p. 269-286).

648 M. Alliot, *Le culte d'Horus*, p. 462 et n. 2. Ramadan El-Sayed préfère traduire « Neith qui sépare les îles et les rives » et y reconnaître un rôle cosmogonique de la déesse (R. El-Sayed, *La déesse Neith*, p. 590-591). À propos de Neith, déesse des eaux, voir Sv. Ruzanova, *in* : *L'Acqua nell'antico Egitto*, p. 371-374. Voir encore Sv. Nagel, *in* : *Altägyptische Enzyklopädien*, p. 616-617.

8. Rituel d'offrandes

La partie du papyrus Princeton Pharaonic Roll 10 présentée dans ce chapitre (x+12, 2 – x+16, 12) est formée essentiellement d'un ensemble de formules d'offrandes copiées à la suite les unes des autres et séparées le plus souvent uniquement par un bref espace. Il n'y a pas de titre ou de véritable délimitation graphique pour marquer le début de cette nouvelle section, et c'est au contexte que l'on doit le découpage choisi. Si celui-ci facilite la présentation de la traduction du document, cette partie du manuscrit a vraisemblablement constitué pour son rédacteur la suite logique de la composition, qu'il n'a pas jugé nécessaire de distinguer formellement de ce qui précédait. Les formules sont introduites par des phrases brèves, formées le plus souvent d'un infinitif suivi d'un objet (*ms ms.w*, *f3 iḫ.t*, etc.), qui fonctionnent comme des titres à la manière de ceux qui accompagnent les scènes d'offrandes des temples. Ces intitulés rendent possible une subdivision de l'ensemble en unités plus courtes, sur la base desquelles s'organise ce chapitre. Le rituel d'offrandes conservé par le papyrus Princeton Pharaonic Roll 10 s'avère d'une plus grande complexité que ce que l'on pourrait attendre d'un document rédigé en faveur d'un particulier. On y retrouve certes une énumération d'offrandes alimentaires, mais également la mention de rites dépassant l'élémentaire cadre de la présentation de denrées.

Parallèles

On retrouve des leçons parallèles à plusieurs passages de cette section dans le rituel d'offrandes du Nouvel Empire[1], dont le papyrus Londres BM EA 10689 (= P. Chester Beatty IX)[2], daté du règne de Ramsès II, et le papyrus Caire CG 58030[3] + P. Turin CG 54041[4], daté de la 19e dynastie, constituent les exemplaires les plus complets. L'importante documentation relative au rituel d'offrandes, dont certains éléments sont aussi intégrés au culte journalier[5],

---

1 N. Tacke, *Das Opferritual.*

2 A. H. Gardiner, *HPBM* III, p. 78-106, pl. 50-58. N. Tacke, *Das Opferritual* I, pl. 15-32; II, p. 4-5. D'autres textes ont été ajoutés au verso : un texte magique dont seule la fin est conservée, un livre d'invocations et un ouvrage de protection (A. H. Gardiner, *HPBM* III, p. 106-109 et 110-113). Ce manuscrit provient d'archives privées découvertes en 1928 par Bernard Bruyère à Deir el-Médineh. Dérobé durant les fouilles, il fut acquis par la suite par Alfred Chester Beatty qui en fit don au British Museum en 1930 (J. Černý, *Papyrus hiératiques de Deir el-Médineh* I, p. VIII ; N. Tacke, *Das Opferritual* II, p. 5). Sur l'origine de ces archives, voir P. W. Pestman, *in* : *Gleanings from Deir el-Medîna*, p. 155-172.

3 G. Daressy, *ASAE* 17 (1917), p. 97-122. W. Golénischeff, *Papyrus hiératiques*, p. 134-156, pl. 24-27. N. Tacke, *Das Opferritual* I, pl. 1-14 ; II, p 2-4. Ce manuscrit fut acquis en 1913 par le Service des Antiquités (G. Daressy, *ASAE* 17 (1917), p. 97 ; W. Golénischeff, *Papyrus hiératiques*, p. 134 ; N. Tacke, *Das Opferritual* II, p. 3).

4 E. Bacchi, *Il Rituale*, p. 17-65, pl. 1-14. N. Tacke, *Das Opferritual* I, pl. 1-14; II, p 2-4. Ce document fut découvert à Deir el-Médineh en 1908 par Ernesto Schiaparelli (E. Bacchi, *Il Rituale*, p. 13 ; N. Tacke, *Das Opferritual* II, p. 3). Le manuscrit du Caire, dont il manquait le bas du rouleau, est complété par celui de Turin. Ils ont depuis lors été republiés ensemble.

5 A. Moret, *Culte divin journalier*. A. M. Blackman, *JMEOS* 8 (1919), p. 27-53. H. H. Nelson, *JNES* 8 (1949), p. 201-232, 310-345. W. Barta, *JEOL* VI, nº 19 (1967), p. 457-461. W. Guglielmi, K. Buroh, *in* : *Essays te Velde*, p. 101-166. J. Osing, Gl. Rosati, *Tebtynis*, p. 101-128, pl. 14-16. H.-G. Bartel, *in: 5.*

est très variée et provient de différentes localités. Elle ne se limite pas non plus au Nouvel Empire, mais s'étend jusqu'à l'époque romaine. Les témoignages se retrouvent non seulement sur papyrus et dans les temples, mais aussi sur des stèles ou des sarcophages et dans les tombes[6]. Certains épisodes du rituel d'offrandes du Nouvel Empire se retrouvent dans le rituel de l'*Ouverture de la bouche*[7]. Trois d'entre eux sont reproduits dans le papyrus Princeton Pharaonic Roll (§ 8.12, § 8.13 et § 8.14). On ajoutera à cette documentation le papyrus Vienne KM ÄS 3871[8], déjà cité comme parallèle à la *Formule pour voguer dans la barque* (§ 7.7), dans lequel figurent quelques éléments communs avec le rituel d'offrandes du papyrus Princeton Pharaonic Roll 10.

L'intérêt de ces documents ne réside pas uniquement dans la multiplication des leçons parallèles, mais également dans le positionnement du contenu du papyrus Princeton Pharaonic Roll 10 au sein de cette documentation. Par comparaison, les différentes versions permettent dans certains cas de définir quelle portion d'une formule a été retenue pour sa rédaction et offrent alors la possibilité de rattacher le contenu de ce manuscrit à une tradition plutôt qu'à une autre.

8.1 Apporter les bouquets montés (x+12, 2-6)

Des extraits apparentés au contenu de cette formule apparaissent dans le papyrus Vienne KM ÄS 3871 (x+3, 22-25)[9] qui a déjà fourni un parallèle à la *Formule pour voguer dans la barque* (§ 7.7). Un tableau intitulé *ḥnḳ ms.w n šꜣ ꜣpd.w nb(.w) rnp.wt nb(.wt)* « présenter les bouquets de la prairie, tous les oiseaux et toutes les plantes fraîches » figure par ailleurs dans la chapelle de la barque de Dendara[10], mais son contenu ne présente pas d'affinités avec cette formule. L'offrande de bouquets montés (*ms.w*) n'est pas attestée dans le rituel d'offrandes du Nouvel Empire, mais figure volontiers dans les temples.

8.1.1 Traduction et commentaire (x+12, 2-6)

ms ms[12, 3]*.w*	Apporter les bou[12, 3]quets montés [a].
ḏd mdw ỉn ḫry-ḥ(ꜣ)b(.t) ḥry-tp	Réciter par le ritualiste et supérieur :
ỉỉ.n (Pr-ꜥꜣ)| ꜥ.(w.s.) ḫr=k *Skr Wsỉr* *Wsỉr* [12, 4] *ḥm-nṯr Ms-rd.wy=f*	(Pharaon)| v.(f.s.) est venu auprès de toi, Sokar-Osiris, Osiris [12, 4] (du) prêtre *Mesredouyef*,

Ägyptologische Tempeltagung, p. 1-16. M. A. STADLER, *in* : *Text und Ritual*, p. 149-163. I. GUERMEUR, *in* : *Graeco-Roman Fayum*, p. 119-120. I. GUERMEUR, *in* : *Ägyptische Rituale*, p. 10.

6 Au sujet des sources relatives à cette composition et de la bibliographie qui s'y rapporte, on consultera N. TACKE, *Das Opferritual* II, p. 311-339. Afin de faciliter les comparaisons, les abréviations utilisées dans cet ouvrage sont reprises dans ce chapitre. On fera ainsi référence au papyrus Londres BM EA 10689 par le sigle pBM, au papyrus Caire CG 58030 + papyrus Turin CG 54041 par pK/T, etc.

7 E. OTTO, *Mundöffnungsritual*. J. Fr. QUACK, *in* : *Carlsberg Papyri* 7, p. 69-150, pl. 7-19. Une nouvelle édition du rituel de l'*Ouverture de la bouche* est actuellement en préparation à Heidelberg sous la direction de Joachim Quack.

8 E. VON BERGMANN, *Texte der Sammlung*, p. XIII-XVI, pl. IX. W. SPIEGELBERG, *ZÄS* 54 (1918), p. 87-88 (B). À propos de la nomenclature de ce manuscrit, voir § 7.7, Parallèles.

9 E. VON BERGMANN, *Papyrus der Sammlung*, p. XIV, pl. IX. W. SPIEGELBERG, *ZÄS* 54 (1918), p. 87-88 (B).

10 S. CAUVILLE, *BIFAO* 93 (1993), p. 123-124 (nº 22).

mꜣꜥ-ḫrw [*msỉ*].*n Tỉ-Hb*(.*t*)	justifié, [enfanté] par *Taheb(et)*.
dỉ[*=f*] *n=k sḫ.t ḥtp.w*	[Il] t'accorde un champ de fleurs [b)],
dỉ=f n=k sḫ **12, 5** .*t wꜣḏ.t*	il t'accorde une prairie **12, 5** verdoyante [c)].
ḥtp=k ỉm	Puisses-tu y être satisfait !
bꜣ=k ỉm	Puisses-tu t'y manifester [d)] !
wꜣš=k ỉm	Puisses-tu y être honoré !
sḫm=k ỉm ḏt	Puisses-tu y être puissant éternellement [e)] !
12, 6 *ỉw=w wꜥb*	**12, 6** Ils sont purs [f)].

Commentaire

a) Le titre de cette offrande figure dans le papyrus Vienne KM ÄS 3871 (x+3, 25) : *ms ms.w* « apporter les bouquets montés ». C'est cependant sous le titre *ḥnḳ rnp.wt* « présenter les plantes fraîches » qu'un contenu similaire à la formule attestée ici y apparaît (x+3, 22-24).

b) Le déterminatif  convient au mot *ḥtp.w* « fleurs »[11] qui s'accorde au thème de cette offrande, mieux encore qu'une lecture *sḫ.t ḥtp.w* « champ des offrandes »[12]. On peut hésiter à traduire *sḫ.wt* « champs » ou *sḫ.t* « champ », étant donné que le pluriel tend à être toujours noté à l'époque gréco-romaine. Cf. P. Vienne KM ÄS 3871 (x+3, 22-23), voir *infra* n. c).

c) La lecture du signe  n'est pas claire, mais cf. x+11, 10 ; x+13, 7. On retrouve ce terme dans la formule *ḥnḳ rnp.wt* « présenter les plantes fraîches » du papyrus Vienne KM ÄS 3871 (x+3, 22-23) : *dỉ(=ỉ) n=k sḫ.t wꜥb.t* **3, 23** *dỉ(=ỉ) n=k sḫ.t wꜣḏ.t dỉ(=ỉ) n=k sḫ.t nfr.t* « Je te donne une prairie pure, je te donne une prairie verdoyante, je te donne une prairie parfaite ».

d) Le terme *bꜣ*[13] peut prendre le sens « être présent », « être immanent »[14]. Il apparaît volontiers à côté des verbes *wꜣš* et *sḫm*, comme c'est le cas ici. On retrouve par exemple cette association dans une formule *ms ms* « apporter le bouquet monté » à Edfou[15], mais elle est déjà attestée dans les *Textes des pyramides*[16].

e) La version du papyrus Vienne KM ÄS 3871 (x+3, 23-24) présente un vocabulaire différent, mais suit une logique similaire : *ḥtp=k ỉm=s ḫrp=k* [*ỉm=s*] **3, 24** *nfr=k ỉm=s ꜥnḫ=k ỉm=s* [...] *ḏ.t* « Tu y es satisfait, tu [y] commandes, tu y es parfait, tu y vis [...] éternellement ». Selon les verbes et le sens donné à la préposition *m*, on peut hésiter quant à la manière de traduire *ỉm=s* qui pourrait certaines fois être rendu par « en ».

f) La formule *ỉw=w wꜥb*, qui apparaît à plusieurs reprises dans le papyrus Princeton Pharaonic Roll 10, figure volontiers à la fin des formules d'offrandes, voir § 2.5.2.

---

11 *Wb* III, 195, 18-19.

12 R. Weill, *Le champs des roseaux*. A. Bayoumi, *Autour du champ des souchets*. L. H. Lesko, *JARCE* 9 (1971-1972), p. 89-101. J. S. Gesellensetter, *Das Sechet-Iaru*. H. M. Hays, *in* : *D'un monde à l'autre*, p. 175-200.

13 *Wb* I, 411, 1-5.

14 S. Sauneron, *RdÉ* 15 (1963), p. 49-51.

15 *Edfou* VII, 62, 17 – 63, 4.

16 *Pyr*. § 723b, § 833b, § 886b.

8.1.2 La présentation des bouquets montés

Les offrandes florales, qui s'insèrent parmi les représentations des temples, des tombeaux ou des sarcophages, étaient destinées tant aux dieux ou aux rois qu'aux défunts[17]. Elles évoquent la fertilité et le cycle de régénération de la nature. Dans les tombes, les guirlandes florales étaient également un gage de fertilité et de renaissance[18] et, dans le domaine funéraire, l'offrande de bouquets évoque le monde végétal et son renouvellement perpétuel, gage de vie éternelle pour le défunt[19]. Dans le temple, présenter les bouquets montés constituait une offrande végétale, dont le thème était la fertilité du pays et que le dieu rétribuait selon le même principe ou par une protection. Cette offrande est assez répandue à l'époque gréco-romaine, mais des bouquets montés sont attestés dès l'Ancien Empire[20]. À Edfou, l'offrande de bouquets floraux peut fonctionner par synecdoque comme offrande de la campagne[21]. La présentation de bouquets montés constituait par ailleurs l'offrande spécifique d'Hathor dans le nome d'Occident (BE 3)[22].

La formule du papyrus Princeton Pharaonic Roll 10 ne retranscrit pas spécifiquement un texte apparenté à ceux qui sont connus dans les temples sous le titre « apporter les bouquets montés (*ms ms.w*) »[23]. Elle indique que le souverain accordait « un champ de fleurs » et « une prairie verdoyante » à Sokar-Osiris (x+12, 4-5). Mentionné à la troisième personne parce que c'est le ritualiste et supérieur qui s'exprime, c'est Pharaon qui présente l'offrande, tandis que Sokar-Osiris, auquel le défunt s'associe par juxtaposition de son nom, en est le récipiendaire. Il ne faut pas perdre de vue non plus la continuité, marquée par leur thème végétal commun, qui unissait probablement cette formule et la précédente (§ 7.9).

Dans le papyrus Vienne KM ÄS 3871, une formule similaire est attestée sous le titre « présenter les plantes fraîches (*ḥnk rnp.wt*) » (x+3, 22-24). L'officiant, qui s'y exprime à la première personne, s'adresse à la défunte sans qu'aucun dieu ne soit mentionné. La formule *ms ms.w* « apporter les bouquets montés » y est recopiée ensuite (x+3, 25-29). Cette interversion rappelle que les formules d'offrande de bouquets présentent des caractéristiques similaires malgré des titres différents et elle illustre combien les noms des bouquets ont pu évoluer sans refléter toujours une même réalité.

L'offrande de bouquets montés ne figure pas parmi les étapes du rituel d'offrandes du Nouvel Empire. Cependant, l'épisode 58 de ce rituel témoigne qu'une gerbe de fleurs[24] (*ꜥnḫ*)

---

17 J. DITTMAR, *Blumen*, p. 65-75. D. M. MOSTAFA, *in* : *Hommages Leclant* 4, p. 243-245.

18 Consulter par exemple le catalogue d'exposition consacré aux décorations florales : Chr. JACQUAT, I. ROGGER, *Fleurs des Pharaons. Parures funéraires en Égypte antique*, Hauterive, 2013.

19 D. M. MOSTAFA, *in* : *Hommages Leclant* 4, p. 243.

20 L. KEIMER, *AJSL* 41 (1925), p. 145-161. J. DITTMAR, *Blumen*, p. 82-83. On consultera à l'avenir l'étude en cours d'Emmanuel Jambon sur la présentation des bouquets montés (communication lors du colloque *Der Tempel als ritueller Raum* (Heidelberg, 9-12 juin 2015), du 11ᵉ congrès international des égyptologues (Florence, 23-30 août 2015) et de la *5. ptolemaïsche Sommerschule* (Montpellier, 6-9 septembre 2015).

21 Fr. LABRIQUE, *Stylistique et théologie*, p. 45-46, 82.

22 *Edfou* V, 91, 8 – 92, 2. Ph. DERCHAIN, *ChronÉg* 37, nº 73 (1962), p. 59.

23 Par exemple *Dendara* I, 135, 8 ; II, 13, 7 ; 143, 10 ; 153, 16 ; IV, 53, 5 ; IV, 56, 3. Voir aussi Chr. THIERS, *Tôd* II, p. 262-263 (nº 314).

24 *Wb* I, 204, 3-5. *Anlex* 77.0676 ; 78.0740 ; 79.0497. P. WILSON, *Lexikon*, p. 158-159. J. DITTMAR, *Blumen*, p. 132.

était présentée au roi et à ses suivants lors de la fête du sixième jour et à la néoménie[25]. Cette formule est différente de celle du papyrus Princeton Pharaonic Roll 10. Elle n'est pas non plus destinée à un dieu, et on y émet le souhait que les ennemis du souverain soient terrassés[26]. Les gerbes de fleurs (*ˁnḫ*) pouvaient en effet remplir une fonction similaire à celle des guirlandes (*wꜣḥ*) et couronnes (*mꜣḥ*) associées à la justification[27]. La composition de ces gerbes pouvait inclure des rameaux de saule prélevés sur les arbres sacrés[28]. Elles ne constitueraient pas un type particulier de bouquet et cette appellation qualifierait plutôt leur fonction[29]. Différents types de bouquets étaient présentés aux dieux dans les temples et pouvaient prendre le nom de gerbes-*ˁnḫ* dès lors qu'ils en sortaient empreint d'un pouvoir de régénération divin. Des gerbes de fleurs (*ˁnḫ*) étaient présentées le dernier jour du (deuxième) mois de l'hiver, le jour de remplir l'œil sain à Héliopolis[30] et lors de la fête de Behedet à Edfou[31]. À Thèbes, on offrait des gerbes (*ˁnḫ*) lors de la belle fête de la Vallée[32]. Les monuments de la région montrent que cette offrande constituait un souhait des particuliers[33]. Elle est parfois associée aux cérémonies osiriennes comme en témoigne l'étiquette de momie Louvre AF 11169 : « on te donne une gerbe dans l'Occident la nuit du 25 au 26 Khoiak, alors que tu marches vers Osiris »[34]. Le *Livre de parcourir l'éternité* indique : *ms n=k ˁnḫ n Ḫnty-ỉmnt.t ỉn m sfḫ nty Wn-nfr mꜣˁ-ḫrw* « On t'offre la gerbe de fleurs (*ˁnḫ*) de *Khenty-imenty* apportée de la dépouille ornementale d'Ounnefer justifié »[35]. Une bandelette démotique indique : « On te donnera une gerbe de fleurs (*ˁnḫ*) à la requête du grand dieu Ounnefer »[36]. Selon le papyrus Londres BM EA 10507 (IV, 22), c'est le 22 Khoiak qu'une gerbe de fleurs (*ˁnḫ*) était remise au défunt[37].

8.2 Élever les offrandes (x+12, 6 – x+14, 8)

Cette formule comporte un titre et peut être divisée en plusieurs sections en raison de sa structure (§ 8.2.4). Chacune d'entre elles s'accompagne d'une ou deux rubriques qui précisent l'identité des officiants en charge de la récitation. Cette formule trouve un parallèle dans

---

25 A. H. Gardiner, *HPBM* III, p. 97, pl. 56 (P. Londres BM EA 10689 (14, 8-11) (pBM). H. H. Nelson, *JNES* 8 (1949), p. 333-334 (Karnak (K18)). H. H. Nelson, *The Great Hypostyle Hall*, pl. 228 (K11). N. Tacke, *Das Opferritual* I, p. 275-276, 281 ; II, p. 239-241, 249-250.

26 N. Tacke, *Das Opferritual* II, p. 239-240.

27 Ph. Derchain, *ChronÉg* 28, n° 56 (1953), p. 268, 270-276. Fr. R. Herbin, *Parcourir l'éternité*, p. 178-179. P. P. Koemoth, *Osiris et les arbres*, p. 34-35. Sur la couronne de justification, voir Ph. Derchain, *ChronÉg* 30, n° 60 (1955), p. 225-287 ; D. M. Mostafa, *in* : *Hommages Leclant* 4, p. 243-245 ; M. Müller-Roth, *in* : *Mythos und Ritual*, p. 143-162.

28 P. P. Koemoth, *Osiris et les arbres*, p. 220.

29 J. Dittmar, *Blumen*, p. 148-149.

30 E. von Bergmann, *ZÄS* 28 (1890), p. 39. W. Helck, *ZÄS* 82 (1957), p. 130. P. P. Koemoth, *Osiris et les arbres*, p. 106-107.

31 M. Alliot, *Le Culte d'Horus*, p. 520-527. Sv. Nagel, *in* : *Altägyptische Enzyklopädien*, p. 647 et n. 253.

32 S. Schott, *Das schöne Fest*, p. 49-50.

33 L. Coulon, *BIFAO* 101 (2001), p. 147. I. Guermeur, *BIFAO* 104 (2004), p. 253 et n. 57. M. Smith, *Papyrus Harkness*, p. 190, n. c.

34 P. P. Koemoth, *Osiris et les arbres*, p. 34-35, voir aussi p. 106-109.

35 Fr. R. Herbin, *Parcourir l'éternité*, p. 57, 178-179, 445 (P. Leyde T 32 (IV, 9) ; P. Vatican 55 (II, 15)).

36 W. Spiegelberg, *Demotica* I, p. 31-33. P. P. Koemoth, *Osiris et les arbres*, p. 35, n. 166.

37 M. Smith, *Mortuary Texts*, p. 40, 87 (b). M. Smith, *Traversing Eternity*, p. 256.

l'épisode 54 du rituel d'offrandes du Nouvel Empire, qui constitue une annexe relative à la fête d'Amon[38]. Elle présente cependant plusieurs variantes.

8.2.1 Traduction et commentaire (x+12, 6 – x+14, 1)

fꜣ ỉẖ.t	Élever les offrandes [a)].
ḏd mdw ỉn ẖry-ḥ(ꜣ)b(.t) ḥry-tp	Réciter par le ritualiste et supérieur [b)] :
nsw bỉty	Roi de Haute et Basse Égypte
(Pr-ꜥꜣ) | *(ꜥ.w.s.)*	(Pharaon)|, (v.f.s.) [c)],
12, 7 *ḥm.w-nṯr ỉt.w-nṯr*	12, 7 prêtres et pères divins,
mỉ[=n] tꜣ-mry.w	allons [d)], habitants de l'Égypte [e)] !
fꜣ ỉẖ.t Skr Wsỉr	Élever les offrandes de Sokar-Osiris [f)] !
12, 8 *ꜥnḫ nb ẖr=f*	12, 8 Toute vie est auprès de lui,
ḏd nb ẖr=f	toute stabilité est auprès de lui,
wꜣs nb ẖr=f	toute puissance est auprès de lui,
snb nb ẖr=f	toute santé est auprès de lui,
ꜣw.t-ỉb nb ẖr=f	toute joie est auprès de lui [g)].
12, 9 *nsw bỉty*	12, 9 Le roi de Haute et Basse Égypte,
(Pr-ꜥꜣ) | *ꜥ.(w.s.)*	(Pharaon)|, v.(f.s.) [h)],
mr(y) Skr Wsỉr	aimé de Sokar-Osiris,
ḫꜥ=f ḥr s.t Ḥr	se lève sur le siège d'Horus [i)].
nsw.yt=f 12, 10 *nsw[.yt] n Ḥr*	Sa royauté est 12, 10 la royauté d'Horus,
nsw.yt=f nsw.yt n Gb	sa royauté est la royauté de Geb [j)].
nsw bỉty	Le roi de Haute et Basse Égypte,
(Pr-ꜥꜣ) | *ꜥ.w.s.*	(Pharaon)|, v.f.s.,
12, 11 *ỉs [ḫnty ꜥ]nḫ.w*	12, 11 est en effet [au devant des vi]vants
ḏt	éternellement [k)] !
nḏm ỉb n (Pr-ꜥꜣ) | *ꜥ.w.s.*	Le cœur de (Pharaon)|, v.f.s.,
mry Rꜥ	aimé de Rê, est heureux [l)]
ỉr.n=f ḥ(ꜣ)b	car il a organisé une fête [m)]
12, 12 *ỉr.n[=f] [ẖn]w*	12, 12 et [il] a préparé une [navigation]
n ỉt=f Skr Wsỉr	pour son père Sokar-Osiris [n)].
ḥtp=f	Qu'il soit satisfait
ḥr dỉ.t (Pr-ꜥꜣ) | *ꜥ.w.s. n=f*	de ce que lui accorde (Pharaon)|, v.f.s.,
12, 13 *ꜥnḫ ḏd [wꜣs]*	12, 13 la vie, la stabilité (et) [la puissance [o)]],
ꜣw.t-ỉb=f ḥnꜥ ỉt=f ḏt	sa [p)] joie étant avec son père [q)] éternellement !
ḥm.w-nṯr ỉt.w-nṯr	Les prêtres et les pères divins
r 12, 14 *fꜣ [ỉẖ.t … … … …]*	12, 14 élèveront [les offrandes … … … …] [r)]
13, 1 *n Wsỉr (Wnn-nfr)* | *mꜣꜥ-ḫrw*	13, 1 pour Osiris (Ounennefer)|, triomphant [s)],
13, 2 *n Wsỉr <m> ꜥnḏ(.t)*	13, 2 pour Osiris <dans> le nome bousirite [t)],
13, 3 *n Wsỉr ꜥnḫ.tỉ*	13, 3 pour Osiris le vivant [u)],
13, 4 *n Wsỉr wr.tỉ*	13, 4 pour Osiris l'éminent [v)],

38 N. TACKE, *Das Opferritual* I, p. 256-264 ; II, p. 220-225.

13, 5 *n Wsỉr nb ꜥnḫ*
13, 6 *n Wsỉr nḏs*
13, 7 *n Wsỉr wꜣḏ*
Wp-wꜣ.wt
13, 8 *n Ḥr nḏ ỉt=f*
13, 9 *n Šntꜣy.t ḥry-ỉb Ḏdw*
13, 10 *n Msḫn.t Smnḫ.t*
13, 11 *n ꜣs.t Nb.t-ḥw.t Šw Tfnw.t*
13, 12 *n Gb Nw.t*
Ḏḥwty nb md.w nṯr
13, 13 [*n ỉ*]*npw*
ḫnty [*sḥ-nṯr* (*?*)]
13, 14 [*n*] *Mnw nsw Ḥr* [*nḫt*]
13, 15 *n Wp-wꜣ.wt Šmꜥw*
Wp-[*wꜣ.wt Mḥw*]
14, 1 *n nšm.t*
n N.t ỉmsty Ḥpy
n Dwꜣ-mw.t=f n Ḳbḥ-sn.w=f

13, 5 pour Osiris, maître de vie[w)],
13, 6 pour Osiris le petit[x)],
13, 7 pour Osiris le verdoyant[y)],
Oupouaout[z)]
13, 8 pour Horus qui protège son père[aa)].
13, 9 pour Chentayt qui réside à Bousiris[bb)]
13, 10 pour Meskhenet[cc)], Semenekhet[dd)]
13, 11 pour Isis, Nephthys[ee)], Chou, Tefnout[ff)]
13, 12 pour Geb, Nout[gg)],
Thot, maître des paroles divines[hh)]
13, 13 [pour A]nubis
qui préside [à la chapelle divine (?)][ii)]
13, 14 [pour] Min le roi, Horus [le fort][jj)]
13, 15 pour Oupouaout de Haute Égypte
et Oupoua[out de Basse Égypte][kk)]
14, 1 pour la barque-*nechemet*[ll)],
pour Neith[mm)], Amset, Hapy,
pour Douamoutef, pour Qebehsenouf[nn)].

Commentaire

a) Il s'agit du titre du rite. Contrairement aux autres versions, les officiants ne sont pas nommés ici, mais sont mentionnés ensuite dans les rubriques. Le pK/T précise ainsi : *fꜣ ỉḫ.t ỉn wꜥb.w ḥry-ḥ(ꜣ)b(.t)* « Élever les offrandes par les prêtres-purs et le ritualiste ». Le pBM en fait de même : *fꜣ.t ỉḫ.t ỉn ḥry.w-ḥ(ꜣ)b(.t) nṯr pn* « Élever les offrandes par les ritualistes de ce dieu », où *ỉn ḥry.w-ḥ(ꜣ)b(.t) nṯr pn* doit être plutôt considéré comme une construction génitivale[39] que comme un datif (« par les ritualistes <pour> ce dieu »)[40]. La leçon K22 précise qu'il s'agit d'une formule (*r*(*ꜣ*) *n*), mais n'indique pas quels sont les officiants. Les versions d'Abydos (A9, A20a) insistent sur la relation filiale qui existe entre le bénéficiaire et celui qui effectue le rite (*ỉn sꜣ=f* « par son fils »)[41] ; la dernière (A26) débute en mettant la formule dans la bouche du roi.
Ce titre apparaît dans le papyrus Vienne KM ÄS 3871 (x+3, 30), où il s'accompagne de l'*incipit* de la formule de purification des offrandes divines qui figure plus loin dans le papyrus Princeton Pharaonic Roll 10 (§ 8.12) : *fꜣ ỉḫ.t wꜥb sp 2 pꜣ ḥtp-nṯr* « Élever les offrandes. L'offrande divine est parfaitement pure ».
Le rite d'élever les offrandes apparaît régulièrement parmi les scènes des temples, comme c'est le cas par exemple à Edfou[42], à Esna[43], à Deir el-Médineh[44] ou à Philae[45]. Il était

39 N. Tacke, *Das Opferritual* II, p. 223, n. a.
40 A. H. Gardiner, *HPBM* III, p. 95 qui traduit « by the lector-priests <to> this god ».
41 N. Tacke, *Das Opferritual* I, p. 256 ; II, p. 223-224, n. a.
42 S. Cauville, *Essai sur la théologie*, p. 38, 80, 81, 118, 119, 121, 135, 139, *passim*.
43 S. Sauneron, *Les fêtes religieuses*, p. 73 (*Esna* 77, 10).
44 P. du Bourguet, *Le temple de Deir al-Médîna*, p. 28-29, 294 (nº 22), 80-81, 313 (nº 88).
45 E. Vassilika, *Ptolemaic Philae*, p. 214-263, nº 6, 47, 57, 73, 85, 148, 151, 161, 165, 280. 283, 286, 287, 315, 380, 403, 408, 410, 467, 487, 490, 496, 597, 498, 499, 534, 559, 562, 578, 671, 675, 716, 721, 724.

notamment réalisé devant Sokar-Osiris dans le temple de Ramsès III à Médinet Habou, à l'occasion de la fête de Sokar du 26 Khoiak[46].

b) Les pBM et pK/T donnent uniquement *ḏd mdw.w* « Réciter », sans répéter l'identité des officiants déjà nommés dans le titre.

c) Le trait oblique qui suit le cartouche doit probablement être considéré comme une abréviation radicale de la formule 𓋹𓍑𓋴 \ *ʿ.w.s.* « v.f.s. », aussi abrégée 𓋹 \ *ʿ.(w.s.)* « v.(f.s.) » ailleurs dans le papyrus Princeton Pharaonic Roll 10, voir § 12.2.3. Il serait étonnant que le roi ne soit cité qu'en seconde position dans une liste d'officiants, ce qui inciterait à comprendre « Réciter par le ritualiste et supérieur *du* roi de Haute et Basse Égypte (Pharaon)|, (v.f.s.)... »[47]. Il est néanmoins fait référence au rôle du souverain au sein même de la formule (x+12, 9-13). On préférera donc intégrer ce passage à la récitation : « Roi de Haute et Basse Égypte (Pharaon)|, (v.f.s.), prêtres et pères divins, allons... », bien que cela ne corresponde pas à la structure des versions antérieures[48].

d) Cette forme *mỉ=n* de l'impératif, qui diffère des leçons *my* du Nouvel Empire (pK/T, pBM, K22)[49], est attestée régulièrement en néo-égyptien et en démotique[50]. Elle figure par exemple dans le rituel de Mout[51].

e) Originaire de la région de Mendès, le toponyme *Tꜣ-mry* « Pays bien-aimé » désignait le Delta avant de devenir l'une des appellations de l'Égypte[52] ou de ses habitants[53]. Dans les versions du Nouvel Empire, c'est le terme *mry.t* « serviteurs »[54] qui est employé. La leçon du papyrus Princeton Pharaonic Roll 10 est abrégée par rapport aux versions manuscrites du Nouvel Empire : *mỉ mry.t fꜣ ỉḫ.t r ḫft-ḥr* « Venez, serviteurs ! Élevez les offrandes devant la face (du dieu) » (pK/T) ou *mỉ mrỉ.t fꜣ.t ỉḫ.t ỉw=w <r> ḫft-ḥr* « Venez, serviteurs ! Élever les offrandes qui sont devant la face (du dieu) » (pBM). Dans le papyrus Vienne KM ÄS 3871 (x+3, 33), le vocable est *tꜣ-mr(y)* et la formule originale est aussi abrégée : *mỉ=n tꜣ-mr(y) fꜣ.w ỉḫ.t* « Allons, pays bien-aimé ! Élevez les offrandes ».

f) Une préposition *n* figure dans pK/T, qui nomme Amon-Rê, maître du trône des Deux Terres, qui préside à Karnak et Amenhotep Ier[55], et K22, qui désigne Amon-Rê, maître des trônes des Deux Terres. Elle manque dans pBM où sont mentionnés Amon, maître

---

46 *Medinet Habu* IV, pl. 218. G. A. GABALLA, K. A. KITCHEN, *Orientalia* 38 (1969), p. 2-3, 48-49. Gottfried Wohlgemuth considère pourtant que cette scène ne faisait pas partie du rituel en faveur de Sokar (G. WOHLGEMUTH, *Das Sokarfest*, p. 39).

47 Si les prêtres se substituaient au roi considéré comme officiant par excellence, on ne trouve pas trace pour autant d'une telle forme. Le pBM cite « les ritualistes de ce dieu » dans le titre (voir *supra* n. a)), mais il est peu probable que l'expression *nṯr pn* « ce dieu » ait renvoyé ici à la personne royale plutôt qu'à la divinité.

48 N. TACKE, *Das Opferritual* I, p. 256.

49 N. TACKE, *Das Opferritual* I, p. 256.

50 D. KURTH, *Einführung ins Ptolemäische* 2, p. 752-753.

51 U. VERHOEVEN, Ph. DERCHAIN, *Le voyage de la déesse*, p. 16-17 (E1, F1, F2).

52 *Wb* V, 223, 1 – 224, 9. *Anlex* 78.4500 ; 79.3340. A. NIBBI, *DiscEg* 16 (1990), p. 63-72. A. EGBERTS, *In Quest of Meaning*, p. 189-193. P. GEOFFRET, *Kyphi* 3 (2001), p. 7-17. Sur le sens « terre d'héritage » de *tꜣ-mry*, mettant en relation la justification, l'unification du pays et le couronnement qui sanctionne le legs de la fonction royale d'Osiris à son fils Horus, voir M.-Th. DERCHAIN-URTEL, *in* : *L'atelier de l'Orfèvre*, p. 55-61.

53 *Wb* V, 224, 5-6. P. WILSON, *Lexikon*, p. 1119.

54 *Wb* II, 106, 11-20.

55 À propos de la divinisation d'Amenhotep Ier, on verra A. VON LIEVEN, *RdÉ* 51 (2000), p. 103-121 ; *ZÄS* 128 (2001), p. 41-64.

d'Ôpé et Amon-Rê, maître du trône des Deux Terres. Dans le papyrus Vienne KM ÄS 3871 (x+3, 34), c'est le nom de la défunte qui est indiqué : *fꜣ iḫ.t n ꜣrtmy* « Élever les offrandes pour Artémis ». Dans le temple de Philae, Osiris est le bénéficiaire de ce rite : *fꜣ iḫ.t n Wsir ḥnꜥ psḏ.t=f* « Élever les offrandes pour Osiris avec son ennéade »[56]. Sokar-Osiris y est substitué dans le papyrus Princeton Pharaonic Roll 10, où ne figure pas la préposition *n*. Cette absence, aussi relevée dans pBM, pourrait inciter à reconnaître dans tous les cas une forme du génitif – direct ou indirect –plutôt qu'un datif[57].

g) Toutes les versions sont dans l'ensemble similaires. Pourtant, le pronom *=ṯn*, qui reprend Amon-Rê, maître du trône des Deux Terres, qui préside à Karnak et Amenhotep Ier, remplace le pronom *=f* dans pK/T : *ꜥnḫ nb ḫr=ṯn ḏd nb ḫr=ṯn wꜣs nb ḫr=ṯn snb nb ḫr=ṯn ꜣw.t-ib nb ḫr=ṯn*. Dans pBM, le pronom *=f* se rapportait vraisemblablement à un Amon générique, puisqu'Amon d'Ôpé et Amon-Rê, maître du trône des Deux Terres, y sont nommés ensemble : *ꜥnḫ nb ḫr=f ḏd nb ḫr=f wꜣs nb ḫr=f snb nb ḫr=f ꜣw.t-ib nb ḫr=f*. Dans le temple de Philae, un passage parallèle est gravé dans une scène d'élévation des offrandes en faveur d'Osiris et de son ennéade : *ꜥnḫ nb ḫr=ṯn ḏd nb ḫr=ṯn wꜣs nb ḫr=ṯn snb nb ḫr=ṯn ꜣw.t-ib nb ḫr=ṯn*[58]. Dans le papyrus Princeton Pharaonic Roll 10, le pronom *=f* renvoie à Sokar-Osiris.

h) Dans le papyrus Princeton Pharaonic Roll 10, l'ajout de la forme verbale *ꜥḥꜥ=f* « il se lève » permet de considérer cette phrase comme une proposition indépendante avec un sujet antéposé. Dans le temple de Philae, le passage qui précède le nom d'un Ptolémée est en lacune[59]. La mention générique (Pharaon)| remplace les cartouches des souverains nommés dans les versions du Nouvel Empire et à Philae.

i) La seconde partie de la proposition, *ḥr s.t Stš* « sur le siège de Seth », n'apparaît pas dans le papyrus Princeton Pharaonic Roll 10. Cette disparition est conforme aux croyances tardives selon lesquelles Seth constituait alors l'ennemi par excellence d'Osiris.

j) Les deux propositions relatives à la royauté d'Horus et de Geb n'apparaissent pas dans les versions du Nouvel Empire. Elles ont probablement été insérées à une époque plus récente. Elles évoquent la tradition divine du pouvoir royal, transmis de Geb à Osiris puis à Horus, dont le roi est le représentant sur terre. Cette référence avait peut-être pour but de remplacer l'ancienne dualité exprimée par le couple formé d'Horus et de Seth, disparue après la suppression de l'élément relatif à Seth, voir *supra* n. i). On retrouve sous une autre forme la trace de cet ajout dans la leçon du temple de Philae : *nsw.yt=f nsw.yt n Wsir* « Sa royauté est la royauté d'Osiris »[60].

k) Cette restitution est proposée d'après les leçons du Nouvel Empire : *nsw bity is ḫnty ꜥnḫ.w ḏ.t* (pK/T, pBM, A20a)[61].

---

56 G. Bénédite, *Philae*, 33, 10, pl. XII. Une formule parallèle à celle de l'élévation des offrandes débute ici (33, 10-12).

57 A. H. Gardiner, *HPBM* III, p. 95. N. Tacke, *Das Opferritual* I, p. 256 ; II, p. 220 et 224, n. c.

58 G. Bénédite, *Philae*, 33, 10-11, pl. XII.

59 G. Bénédite, *Philae*, 33, 11, pl. XII.

60 G. Bénédite, *Philae*, 33, 12, pl. XII. L'idéogramme divin semble se rapporter à Osiris. Cette leçon parallèle s'achève ici.

61 N. Tacke, *Das Opferritual* I, p. 258.

l) Les versions des manuscrits du Nouvel Empire présentent une version différente de ce passage[62].

m) Une version abydénienne mentionne la fête de Ptah-Sokar (A20a)[63].

n) Sokar-Osiris, qui remplace les formes d'Amon citées par les manuscrits du Nouvel Empire (pK/T, pBM), est le bénéficiaire de la fête et de la navigation. Bien que cette dernière soit également intégrée dans les versions relatives au culte d'Amon, il pourrait y avoir ici une référence directe à la navigation dont il est préalablement question dans le papyrus Princeton Pharaonic Roll 10 (chapitre 7). C'est néanmoins Osiris, et non Sokar-Osiris, qui y est évoqué. L'image paternelle est maintenue et correspond bien à la relation établie entre le roi, représentant d'Horus, et son père Sokar-Osiris.

o) Le terme *wꜣs* « puissance » est restitué dans la lacune d'après les versions parallèles du Nouvel Empire (pK/T, pBM)[64].

p) Un pronom *=f* figure aussi dans pBM, mais pas dans pK/T[65].

q) Dans le papyrus Princeton Pharaonic Roll 10, la leçon *kꜣ=f* « son *ka* » des manuscrits ramessides[66] a été remplacée par *it=f* « son père ». Il est donc bien question de Sokar-Osiris déjà présenté comme père du roi remplissant la fonction de son fils Horus (x+12, 12), comme c'est logiquement Sokar-Osiris qui est satisfait de ce que lui donne le roi (x+12, 2). Le mot *ḏ.t*, absent dans pK/T, figure dans pBM.

r) La longueur de la lacune ne peut pas être définie avec certitude, mais elle ne s'étendait pas plus loin que le milieu de la page. C'est de cette phrase que dépendent les lignes de la page x+13. À la place, les manuscrits du Nouvel Empire reprennent la formule *mi mr.t...* « Venez, serviteurs... » qui sera répétée à trois autres reprises pour différents bénéficiaires divins[67]. Le papyrus Princeton Pharaonic Roll 10 reprendra cette formule encore deux fois (x+14, 1-2 ; x+16, 6) mais plus en faveur de divinités, voir § 8.2.2 et § 8.2.3. La structure de cette section diffère ainsi des versions plus anciennes dont elle reprend néanmoins en partie l'organisation, voir § 8.2.4.

s) Le dieu *Wnn-nfr mꜣꜥ-ḫrw* « Ounennefer triomphant »[68] est attesté dès le Nouvel Empire puis jusqu'à l'époque gréco-romaine. Les graphies à l'intérieur d'un cartouche apparaîtraient à la 25e dynastie[69]. Le nom y est inscrit soit entièrement (*Wnn-nfr mꜣꜥ-ḫrw*)|[70], soit partiellement (*Wnn-nfr*)| *mꜣꜥ-ḫrw*[71]. À Dendara, le pied-droit de l'embrasure de la chapelle de Sokar indique qu'il s'agit de l'entrée vers *ḥw.t Skr ḏry.t ḏsr.t nt* (*Wnn-nfr mꜣꜥ-ḫrw*)| « la demeure de Sokar, la chapelle sacrée de (Ounennefer, triomphant)| »[72].

---

62 N. TACKE, *Das Opferritual* I, p. 258.

63 N. TACKE, *Das Opferritual* I, p. 258.

64 N. TACKE, *Das Opferritual* I, p. 259.

65 N. TACKE, *Das Opferritual* I, p. 259.

66 N. TACKE, *Das Opferritual* I, p. 259.

67 N. TACKE, *Das Opferritual* I, p. 259-261 ; II, p. 221.

68 *LGG* II, p. 376-377.

69 J. LECLANT, *Recherches sur les monuments thébains de la XXVe dynastie*, p. 266-269 et 282.

70 *Dendara* II, 130, 6, *passim* ; *Dendara* III, 29, 11, *passim* ; *Dendara* IV, 43, 11, *passim*. Chr. THIERS, Y. VOLOKHINE, *Ermant* I, p. 29, n° 1A.

71 R. O. FAULKNER, *Book of Hours*, p. 4, pl. 9 et p. 5, pl. 11 (P. Londres BM EA 10569, 6, 26 ; [8, 6]). J. Fr. QUACK, *in* : *Auf den Spuren des Sobek*, p. 240-241 (P. Caire CG 58034 + 58028 (1, 1)).

72 *Dendara* II, 134, 10.

Cette forme d'Osiris, qui apparaît aussi dans les décrets en faveur d'Osiris[73], était vénérée notamment à Bousiris[74]. Osiris Ounennefer triomphant[75] apparaît à Edfou dans une scène d'élévation des offrandes[76]. Dans la théologie thébaine, Osiris (Ounennefer triomphant)| était assimilé à Amon d'Ôpé[77]. Osiris Ounennefer est régulièrement le premier nom de la liste du chapitre 142 du *Livre des morts*[78].

t) Ândjty est un dieu ancien de Bousiris qui fut assimilé à Osiris pour devenir Osiris Ândjty[79]. Une graphie  *Wsỉr ꜥnḏty* « Osiris Ândjty » est connue par le sarcophage saïte de *Tꜣy=s-nḫt*[80]. La présence du déterminatif ⊗ incite cependant à se demander s'il n'est pas question de *Wsỉr* <*m*> *ꜥnḏ.t* « Osiris <dans> le nome bousirite »[81], une forme de ce dieu qui apparaît notamment dans le chapitre 142 du *Livre des morts*[82].

u) Attestée dès le Nouvel Empire, l'épithète d'Osiris *ꜥnḫ.tỉ*[83] figure notamment dans la liste du chapitre 142 du *Livre des morts*[84]. Elle a pour variante  ou 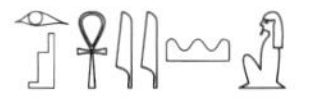 *Wsỉr ꜥnḫ(y)* « Osiris de *Ankh(y)* »[85]. Un 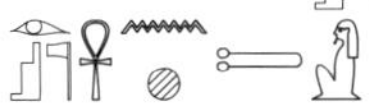 *Wsỉr ꜥnḫ.t(ỉ)* « Osiris, le vivant » est attesté à Behbeit el-Hagara[86]. Dans le papyrus Brooklyn 47.218.84, l'Osiris de Mendès est qualifié de *ꜥnḫy* « vivant »[87].

---

73 A. Moret, *Catalogue du Musée Guimet,* p. 79, pl. XXXVI (Stèle Louvre C 40 / E 18923). Cl. Dolzani, *La collezione in Rovigo*, pl. XI. J. Quaegebeur, *in* : *Funerary Symbols*, p. 105-126. H. De Meulenaere, *ChronÉg* 63, nº 126 (1988), p. 234-241.

74 A. H. Gardiner, *JAOS* 56 (1936), p. 190. M. Alliot, *Le culte d'Horus*, p. 781-790. J. Yoyotte, *BIFAO* 77 (1977), p. 145-149. Ce dieu est *ḥry-ib Ḏdw* « qui réside à Bousiris » sur une stèle privée (G. Vittmann, *Enchoria* 18 (1991), p. 129-133, pl. 22).

75 *LGG* II, p. 542.

76 *Edfou* I, 60. 9.

77 C. de Wit, *Opet* III, p. 147-157. M. Doresse, *RdÉ* 25 (1973), p. 128-129.

78 E. A. W. Budge, *The Greenfield Papyrus*, pl. XL. R. Lepsius, *Das Todtenbuch*, pl. LIX. Th. G. Allen, *The Egyptian Book of the Dead Documents*, pl. XXXIX. U. Verhoeven, *Iahtesnacht* I, p. 267 ; II, p. 101 (68b, 11). A. Gasse, *Le Livre des morts de Pacherientaihet*, p. 248 (88a, 1). St. Quirke, *Going out in Daylight*, p. 319 (Ounennefer).

79 Chr. Favard-Meeks, *Le temple de Behbeit el-Hagara*, p. 452-458. *LGG* II, p. 175-176, 540. O. Perdu, *BSFÉ* 159 (2004), p. 9-28. O. Perdu, *RdÉ* 56 (2005), p. 129-166.

80 A. Mariette, *Monuments divers*, pl. 62a.

81 *LGG* II, p. 540.

82 E. A. W. Budge, *The Greenfield Papyrus*, pl. XLI. R. Lepsius, *Das Todtenbuch*, pl. LIX. Th. G. Allen, *The Egyptian Book of the Dead Documents*, pl. XXXIX. U. Verhoeven, *Iahtesnacht* I, p. 268 ; II, p. 101 (68c, 2). A. Gasse, *Le Livre des morts de Pacherientaihet*, p. 248 (88a, 20). St. Quirke, *Going out in Daylight*, p. 319.

83 *Wb* I, 205, 17. *LGG* II, p. 169.

84 E. A. W. Budge, *The Greenfield Papyrus*, pl. XL. Th. G. Allen, *The Egyptian Book of the Dead Documents*, pl. XXXIX. U. Verhoeven, *Iahtesnacht* I, p. 267 ; II, p. 101 (68b, 12). St. Quirke, *Going out in Daylight*, p. 319.

85 R. Lepsius, *Das Todtenbuch*, pl. LIX. Ph. Derchain, *Le papyrus Salt 825*, p. 139 (VI, 7) et p. 167, n. 72 ; p. 143 (XIV, 10) et p. 183, n. 168. U. Verhoeven, *Iahtesnacht* I, p. 267 ; II, p. 101 (68b, 12). A. Gasse, *Le Livre des morts de Pacherientaihet*, p. 248 (88a, 2). *LGG* II, p. 539-540.

86 Chr. Favard-Meeks, *Le temple de Behbeit el-Hagara*, p. 125. Voir encore Chr. Thiers, Y. Volokhine, *Ermant* I, p. 30, nº 2B et p. 40, nº 33B.

87 D. Meeks, *Mythes et légendes du Delta*, p. 25 et 263 (§ 27).

v) À côté d'un *Wsỉr wr* « Osiris le grand »[88] attesté dans le chapitre 142 du *Livre des morts*, on trouve aussi, dans le temple de Behbeit el-Hagara, un *Wsỉr wr.t(ỉ)*[89]. Il y est accompagné de l'Osiris-*Ꞽty* et associé au *ḥw.t Rs-wḏꜣ*, ce qui incite à reconnaître un aspect triomphant de ce dieu.

w) L'épithète *nb ꜥnẖ* « maître de la vie » est très répandue, notamment pour Osiris[90]. Dans le chapitre 142 du *Livre des morts*, il apparaît souvent à la suite d'Osiris, le vivant[91]. Le fait que ce dieu puisse être représenté momifié incite à le considérer comme un aspect du dieu mort[92]. Une chapelle dédiée à l'Osiris *nb ꜥnẖ* fut édifiée à Karnak[93], où il est peut-être mentionné comme dieu par le papyrus Brooklyn 47.218.50 (VII, 20)[94]. À Athribis, *nb ꜥnẖ* était une entité céleste assimilée à Osiris en tant qu'inondation en rapport avec le taureau noir local[95]. C'était aussi une forme du Bélier de Mendès[96] ou une épithète de la lune croissante[97].

x) Un Osiris *nḏs* est mentionné dans la liste du papyrus Turin 1877[98], sur lequel sont réunis des noms d'Osiris auxquels s'ajoutent des noms royaux. Elle est en cela comparable à celle de la formule pour élever les offrandes. Dans la chapelle ouest n° 3 de Dendara un *Wsỉr nḏs* « Osiris, le petit » est représenté[99]. Il s'agit d'une statue en bois enduit et doré représentant un Osiris momifié coiffé d'une couronne-*atef*, qui représentait l'un des dieux anciens qui connurent une certaine vogue à la Basse Époque[100]. Au sein du chapitre 142 du *Livre des morts*, ce nom d'Osiris subit de nombreuses évolutions. Au Nouvel Empire, *Wsỉr nḏs.ty* alterne avec *Wsỉr m nḏs.t*[101]. Dès l'époque saïte, on trouve *Wsỉr m ns.ty* « Osiris sur les deux trônes »[102] ou *Wsỉr m ns.t* « Osiris sur le trône »[103]. Dans le papyrus Princeton Pharaonic Roll 10, le déterminatif choisi invite à reconnaître dans cette épithète une caractéristique liée à l'enfance.

---

88 *LGG* II, p. 542.
89 Chr. Favard-Meeks, *Le temple de Behbeit el-Hagara*, p. 150, 351-352, pl. XXVII.
90 *LGG* III, 596-599.
91 E. A. W. Budge, *The Greenfield Papyrus*, pl. XLI. R. Lepsius, *Das Todtenbuch*, pl. LIX. Th. G. Allen, *The Egyptian Book of the Dead Documents*, pl. XXXIX. G. Lapp, *The Papyrus of Nu*, pl. 40. U. Verhoeven, *Iahtesnacht* I, p. 267 ; II, p. 101 (68b, 13). A. Gasse, *Le Livre des morts de Pacherientaihet*, p. 248 (88a, 2).
92 S. Cauville, *La théologie d'Osiris*, p. 183-184.
93 P. Barguet, *Le temple d'Amon-Rê*, p. 10, 15. L. Coulon, C. Defernez, *BIFAO* 104 (2004), p. 137-138.
94 J.-Cl. Goyon, *Confirmation* I, p. 64 et 97, n. 130.
95 P. Vernus, *Athribis*, p. 454-455. J.-L. Simonet, *Le collège des dieux maîtres d'autel*, p. 148. C. de Wit, *Opet* I, p. 59. *Dendara* X, 334, 12. Chr. Leitz, *Geographisch-Osirianische Prozessionen*, p. 368, § 32a.
96 *Urkunden* II, 37, 1 (Stèle CGC 22181). N. de Garis Davies, *Hibis* III, pl. 23, l. 25.
97 Fr. Laroche, Cl. Traunecker, *Karnak* VI (1973-1977), p. 186.
98 W. Pleyte, F. Rossi, *Papyrus de Turin*, p. 24 et pl. XIII.
99 *Dendara* X, 424, 9, pl. 259, 282. S. Cauville, *Les chapelles osiriennes* I, p. 230.
100 S. Cauville, *Les chapelles osiriennes* II, p. 199-200 et n. 406.
101 É. Naville, *Das ägyptische Todtenbuch*, p. 367, pl. CLIII (n° 69). G. Lapp, *The Papyrus of Nu*, pl. 40. *LGG* II, p. 550.
102 U. Verhoeven, *Iahtesnacht* I, p. 269 ; II, p. 102 (68d, 1). A. Gasse, *Le Livre des morts de Pacherientaihet*, p. 249 (88b, 20).
103 R. Lepsius, *Das Todtenbuch*, pl. LIX.

y) Un *Wsỉr w3ḏ ḫnty* [...] « Osiris, le verdoyant, qui préside à [...]» est attesté à la deuxième section d'un Livre d'heures[104]. Dans le rituel de la Confirmation du pouvoir royal, *W3ḏ* est cité à la suite d'Oupouaout parmi les dieux de la cour de la maison de vie (*pr-ʿnḫ*) qui recevaient des offrandes[105]. Dans le 17e nome de Basse Égypte, le papyrus (*w3ḏ*) pouvait être associé à la relique osirienne locale qu'était le poumon[106].

z) D'après le chapitre 128 du *Livre des morts*, il semble qu'Oupouaout puisse être un nom attribué à Osiris[107]. Les défunts pouvaient également être comparés à Oupouaout[108]. On peut se demander s'il s'agit de cela, ou bien si la seconde partie de la liste débutait avec ce nom.

aa) Harendotès[109], qui remplissait une fonction protectrice en détruisant les ennemis de son père, figure parmi les divinités du chapitre 142 du *Livre des morts*[110]. Avec Thot, il priait la lune dans sa barque[111].

bb) La déesse Chentayt[112] est un personnage fondamental de la théologie osirienne[113]. Membre du panthéon abydénien dès le Nouvel Empire, elle recevait aussi un culte à Bousiris. Elle figure parmi les dieux cités par le chapitre 142 du *Livre des morts*[114]. Chentayt de Bousiris et Chentayt d'Abydos, ou Chentayt et Merkhetes, peuvent apparaître respectivement sous les traits de Nephthys et d'Isis[115]. Chentayt qui réside dans Bousiris est associée à Sekhmet, la grande, maîtresse d'*Icherou* dans le papyrus Leyde I 346 (1, 2)[116]. Hasiésis et Chentayt sont attestés lors d'une course dans les catacombes osiriennes de Karnak[117].

cc) La déesse Meskhenet[118] est associée à la création et à la naissance, dans les mammisis notamment, et aussi à la destinée[119]. Elle figure parmi les génies économiques[120]. Il arrive qu'elle porte sur la tête un symbole [121]. Meskhenet se révélait sous quatre formes –

---

104 R. O. Faulkner, *Book of Hours*, p. 3 et 6* (4, 14). *LGG* II, p. 541.
105 J.-Cl. Goyon, *Confirmation* I, p. 70, II, pl. X (P. Brooklyn 47.218.50 (XIV, 23)). *LGG* II, p. 258.
106 P. P. Koemoth, *Osiris et les arbres*, p. 42-43. Chr. Leitz, *Geographisch-osirianische Prozessionen*, p. 435.
107 St. Quirke, *Going out in Daylight*, p. 283.
108 LGG II, p. 342-344.
109 *LGG* V, p. 268-269.
110 R. Lepsius, *Das Todtenbuch*, pl. LIX (tout à la fin). Th. G. Allen, *The Egyptian Book of the Dead Documents*, pl. XL. U. Verhoeven, *Iahtesnacht* I, p. 273 ; II, p. 105 (68g, 21).
111 *Edfou* V, 311, 3 ; X, pl. 135, 2.
112 *LGG* VII, p. 105-106.
113 É. Chassinat, *Le mystère d'Osiris*, p. 16-17. J. Yoyotte, *AEPHE* 86 (1977-1978), p. 163-169. Fr. R. Herbin, *Parcourir l'éternité*, p. 114-115. S. Cauville, *Les chapelles osiriennes* II, p. 302. L. Coulon, *BIFAO* 101 (2001), p. 137 et n. 4, p. 138-139. L. Coulon, *in* : *Egyptology at the Dawn*, p. 138-146.
114 Par exemple : R. Lepsius, *Das Todtenbuch*, pl. LIX. Th. G. Allen, *The Egyptian Book of the Dead Documents*, pl. XL. U. Verhoeven, *Iahtesnacht* I, p. 272 ; II, p. 104 (68f, 21) ; A. Gasse, *Le Livre des morts de Pacherientaihet*, p. 251 (88e, 15).
115 S. Cauville, *BIFAO* 81 (1981), p. 21-40.
116 M. Bommas, *Die Mythisierung der Zeit*, p. 11, 21. Chr. Theis, *Magie und Raum*, p. 333.
117 L. Coulon, *in* : *Les objets de la mémoire*, p. 46, fig. 5.
118 *LGG* III, p. 437-438.
119 H. De Meulenaere, *in* : *Religion und Philosophie*, p. 243-249, en particulier p. 247-249. J. Quaegebeur, *Le dieu égyptien Shaï*, p. 92-94, 154-155.
120 A. Rickert, *Gottheit und Gabe*, p. 167-172.
121 M. Th. Derchain-Urtel, *Tjenenet*, p. 6-36. A. M. Roth, *JEA* 78 (1992), p. 144-146.

Msḫn.t ꜥꜣ.t, Msḫn.t wr.t, Msḫn.t nfr.t, Msḫn.t mnḫ.t – identifiées aux déesses de l'ennéade héliopolitaine Nout, Tefnout, Isis et Nephthys[122]. Elle pouvait prendre une forme léonine sous l'aspect de Bastet par exemple[123]. Les quatre formes de Meskhenet sont mentionnées dans le chapitre 142 du *Livre des morts*[124].

dd) Semenekhet[125] peut constituer une épithète d'Isis dans un contexte de destruction des ennemis[126]. Dans la chapelle osirienne est n° 1, Meskhenet et Semenekhet sont nommées ensemble dans la liste des dieux parèdres du sanctuaire de Chentayt à la suite de Chentayt de Bousiris et de Chentayt d'Abydos[127]. Les quatre Meskhenet y apparaissent aussi, ce qui confirmerait leur indépendance. Dans la présente liste, « Chentayt qui réside à Abydos » n'est pas évoquée. On notera encore que Semenekhet était associée à une déesse Meskhet dans le *Livre de la nuit*[128].

ee) Si Isis est nommée dans chapitre 142 du *Livre des morts*, ce n'est semble-t-il pas le cas de Nephthys[129].

ff) Chou et Tefnout n'apparaissent pas dans le chapitre 142 du *Livre des morts*[130], mais ils apparaissent dans le chapitre précédent[131].

gg) Geb et Nout sont nommés dans le chapitre 142 du *Livre des morts*, mais n'y apparaissent pas toujours ensemble[132].

hh) Thot apparaît dans le chapitre 142 du *Livre des morts*, mais le plus souvent sans épithète[133].

ii) Anubis qui préside à la chapelle divine figure dans le chapitre 142 du *Livre des morts*[134].

jj) Les appellations *Mnw nsw* « Min, le roi »[135] et *Ḥr nḫt* « Horus, le fort »[136] décrivent ensemble le dieu Min, qui en tant que dieu lunaire, pouvait, comme Horus, être défini comme le taureau brûlant qui sort à la néoménie[137]. Min le roi, Horus le fort peut être décrit avec des qualificatifs lunaires[138]. Dans le rituel de la Confirmation du pouvoir royal,

---

122 M. Th. Derchain-Urtel, *Tjenenet*, p. 26-34. J. Osing, *Hieratiche Papyri aus Tebtunis* I, p. 285.

123 P. P. Koemoth, *DiscEg* 52 (2002), p. 16.

124 Par exemple R. Lepsius, *Das Todtenbuch*, pl. LIX ; Th. G. Allen, *The Egyptian Book of the Dead Documents*, pl. XL ; U. Verhoeven, *Iahtesnacht* I, p. 272 ; II, p. 104 (68g, 1-3) ; A. Gasse, *Le Livre des morts de Pacherientaihet*, p. 251 (88e, 19 – 88f, 1).

125 *LGG* VI, p. 344.

126 G. Burkard, *Die Papyrusfunde*, p. 32 ; *Spätzeitliche Osiris-Liturgien*, p. 64.

127 *Dendara* X, 32, 4. É. Chassinat, *Le mystère d'Osiris*, p. 310-311. S. Cauville, *Les chapelles osiriennes* I, p. 18.

128 G. Roulin, *Livre de la Nuit* I, p. 190 ; II, p. 66.

129 R. Lepsius, *Das Todtenbuch*, pl. LIX. Th. G. Allen, *The Egyptian Book of the Dead Documents*, pl. XL. U. Verhoeven, *Iahtesnacht* I, p. 272 ; II, p. 104 (68f, 19). St. Quirke, *Going out in Daylight*, p. 319.

130 R. Lepsius, *Das Todtenbuch*, pl. LIX. U. Verhoeven, *Iahtesnacht* I, p. 267-273 ; II, p. 101-105.

131 St. Quirke, *Going out in Daylight*, p. 318.

132 R. Lepsius, *Das Todtenbuch*, pl. LIX. U. Verhoeven, *Iahtesnacht* I, p. 271-272 ; II, p. 104 (68f, 7; 68f, 18).

133 U. Verhoeven, *Iahtesnacht* I, p. 272 ; II, p. 104 (68f, 16).

134 R. Lepsius, *Das Todtenbuch*, pl. LIX (à deux reprises). Th. G. Allen, *The Egyptian Book of the Dead Documents*, pl. XL (à deux reprises). U. Verhoeven, *Iahtesnacht* I, p. 272-273 ; II, p. 104-105 (68f, 17; 68g, 22).

135 *LGG* III, p. 291-292.

136 *LGG* V, p. 266-267.

137 Chr. Leitz, *Geographisch-osirianische Prozessionen*, p. 123-124 (§ 9g). On se rappellera que le dernier jour du mois lunaire était nommé « sortie de Min » (R. A. Parker, *The Calendars*, p. 12).

138 Comme par exemple *ꞽIwn ḥꜥꜥ* (*Edfou* VII, 278, 9) ou *Bs m p.t tp ꜣbd* (*Esna* VI, 485, 19).

Min le roi, Horus le fort fait partie des dieux de la chapelle orientale du grand siège (*s.t wr.t*) qui reçoivent des offrandes[139]. À Edfou, Min le roi, Horus le fort est une forme composite qui renvoie à l'ancienne fonction royale de Min[140]. Il était intronisé en tant que roi de Haute et Basse Égypte[141]. Il est nommé dans le chapitre 142 du *Livre des morts*[142] et figure parmi les divinités du papyrus Vienne KM ÄS 3871 (x+1, 12), voir § 7.7.9. Un hymne du Moyen Empire adressé à Min-Horus le fort[143] présente celui-ci comme l'héritier de son père qu'il venge en détruisant ses ennemis, en lien avec les offrandes de la fête du sixième jour lunaire[144]. Une stèle abydénienne de la Deuxième Période intermédiaire mentionne la sortie d'Oupouaout et de ce dieu ainsi que la Grande Sortie : « Il sort en beauté lors de la Grande Sortie, lors de toute festivité du ciel, lors de la Sortie d'Oupouaout et de Min-Horus le fort, à l'occasion des travaux effectués au mur d'enceinte pendant la restauration du temple d'Osiris »[145]. Une stèle-obélisque provenant d'Abydos contient une invocation adressée à Osiris, Oupouaout, Min-Horus le fort et d'autres dieux abydéniens[146]. À Coptos, Min-Horus le fort est le fils d'Osiris et d'Isis, équivalent d'Harsiésis[147]. Il y est aussi décrit comme un taureau au bras levé[148]. Dans le temple de Deir el-Médineh, la statue ithyphallique de Min qui se dresse derrière Anubis dans la scène d'encensement de la barque-*henou* est qualifié de « Min le roi, Horus le fort »[149].

kk) Divinités du 13e nome de Haute Égypte[150], ces deux Oupouaout[151] apparaissent dans le chapitre 142 du *Livre des morts* où il est ajouté que le premier régit les Deux Terres et le second le ciel[152]. Dans le papyrus Hollenzollern-Sigmaringen II (1, 34-35), il est indiqué au contraire que le premier régit le ciel et le second les Deux Terres[153]. Dans le rituel de la Confirmation du pouvoir royal, Oupouaout de Haute Égypte fait partie des dieux sur leurs enseignes à droite du grand siège (*s.t wr.t*)[154]. Le rituel de l'embaumement du taureau Apis indique que les statues d'Oupouaout de Haute Égypte et d'Oupouaout de

139 J.-Cl. GOYON, *Confirmation* I, p. 66 et 100, n. 169 ; II, pl. VIII (P. Brooklyn 47.218.50 (X, 21)).
140 S. CAUVILLE, *Essai sur la théologie*, p. 41.
141 A. GUTBUB, *Kêmi* 17 (1964), p. 56-57. M. ALLIOT, *Le culte d'Horus*, p. 406 et n. 8. Z. EL-KORDY, *BIFAO* 84 (1984), p. 121-126.
142 Par exemple R. LEPSIUS, *Das Todtenbuch*, pl. LIX ; Th. G. ALLEN, *The Egyptian Book of the Dead Documents*, pl. XL ; U. VERHOEVEN, *Iahtesnacht* I, p. 271 ; II, p. 104 (68f, 11) ; A. GASSE, *Le Livre des morts de Pacherientaihet*, p. 251 (88e, 6).
143 *LGG* III, p. 293-294 ; VIII, p. 238.
144 S. HASSAN, *Hymnes*, p. 148-157. J. ASSMANN, *Ägyptische Hymnen*, p. 475, n° 211. A. BARUCQ, Fr. DAUMAS, *Hymnes et prières*, p. 370-371. À propos des hymnes à Min-Horus le fort, voir encore H. GAUTHIER, *BIFAO* 30 (1931), p. 553-556, 561-562.
145 J. J. CLÈRE, *JEA* 68 (1982), p. 65.
146 J. BOURRIAU, *Pharaohs and Mortals*, 1988, p. 66-67.
147 Cl. TRAUNECKER, *Coptos*, p. 81, 184.
148 Chr. LEITZ, *Geographisch-osirianische Prozessionen*, p. 78-79.
149 P. DU BOURGUET, *Le temple de Deir al-Médîna*, p. 58-59, 304.
150 Chr. LEITZ, *Die Gaumonographien*, p. 104.
151 *LGG* II, p. 345-346 et 346-348.
152 Par exemple : R. LEPSIUS, *Das Todtenbuch*, pl. LIX. Th. G. ALLEN, *The Egyptian Book of the Dead Documents*, pl. XL. U. VERHOEVEN, *Iahtesnacht* I, p. 271 ; II, p. 104 (68f, 3-4) ; A. GASSE, *Le Livre des morts de Pacherientaihet*, p. 250 (88d, 23-24).
153 J. Fr. QUACK, *ZÄS* 127 (2000), p. 75, n. ae.
154 J.-Cl. GOYON, *Confirmation* I, p. 68 et 103, n. 195 ; II, pl. X (P. Brooklyn 47.218.50 (XII, 18)).

Basse Égypte étaient placées en face de la dépouille lors de sa navigation sur le lac sacré[155]. Ils peuvent être représentés comme des figures divines sur pavois : *Wp-wꜣ.wt šmꜥy Wp-wꜣ.wt mḥ.ty m ḳꜣ ḥr ı͗ꜣ.<t>.sn* « Oupouaout du sud et Oupouaout du nord sont hauts sur leur pavois »[156], ce qui convient au rôle d'ouvreur des chemins du dieu Oupouaout, connu aussi dans l'au-delà[157].

ll) L'énumération des divinités se poursuit à la page suivante, mais sans reprendre la forme d'une liste rédigée en colonne, voir § 2.4.3. La barque-*nšm.t*[158] est citée dans la liste du chapitre 142 du *Livre des morts*[159].

mm) La déesse Neith, dont le nom est attesté avec la graphie  *N.t* dans les documents hiératiques[160], est associée aux quatre fils d'Horus dans les formules des vases canopes où elle assure en principe la protection de Douamoutef. Elle apparaît ailleurs en leur compagnie[161]. Dans le rituel de la Confirmation du pouvoir royal, Neith fait partie des dieux sur leurs enseignes à droite du grand siège (*s.t wr.t*)[162]. Elle est mentionnée avec Selqet, après la barque-*nechemet*, dans la liste du chapitre 142 du *Livre des morts*[163].

nn) Les quatre fils d'Horus sont présents dans la liste du chapitre 142 du *Livre des morts*[164].

8.2.2 Traduction et commentaire (x+14, 1-6)

ḏd mdw ı͗n ḫry-ḥ(ꜣ)b(.t)	Réciter par le ritualiste [a)] :
ḥm.w-nṯr ı͗t.w-nṯr	Prêtres et pères divins,
mı͗=n tꜣ-mry.w	allons, habitants de l'Égypte !
fꜣ **[14, 2]** *ı͗ḫ.t*	Élever **[14, 2]** les offrandes [b)]
nsw bı͗ty	du roi de Haute et Basse Égypte
(Pr-ꜥꜣ)| *ꜥ.w.s.*	(Pharaon)|, v.f.s. [c)],
ḫꜥ.w ḥr s.t Ḥr	apparu sur le siège d'Horus [d)] !
ḏd mdw ı͗n ḥm.w-nṯr	Réciter par les prêtres [e)] :
šsp=f ḥḏ.t	Qu'il reçoive la couronne blanche !
wṯs=f dšr.t	Qu'il porte la couronne rouge [f)] !
smn=s m ḥꜣ.t=f	Qu'elle s'établisse sur son front !
ḫꜥ=s m wp.t=f	Qu'elle apparaisse sur le sommet de sa tête [g)] !

155 R. L. Vos, *The Apis Embalming Ritual*, p. 52, 314.
156 S. Schott, *Urkunden* VI, 15,10–14. P. Munro, *Das Horusgeleit*, p. 71-79.
157 Chr. Leitz, *Geographisch-osirianische Prozessionen*, p. 168-169.
158 *LGG* IV, p. 360.
159 Par exemple : R. Lepsius, *Das Todtenbuch*, pl. LIX. Th. G. Allen, *The Egyptian Book of the Dead Documents*, pl. XL. U. Verhoeven, *Iahtesnacht* I, p. 272 ; II, p. 104 (68f, 23) ; A. Gasse, *Le Livre des morts de Pacherientaihet*, p. 251 (88e, 16).
160 R. El-Sayed, *La déesse Neith*, p. 16.
161 Par exemple sur le cercueil Caire CG 6004 de la 21e dynastie (R. El-Sayed, *La déesse Neith*, p. 387, nº 409).
162 J.-Cl. Goyon, *Confirmation* I, p. 68 ; II, pl. X (P. Brooklyn 47.218.50 (XII, 16)).
163 Par exemple R. Lepsius, *Das Todtenbuch*, pl. LIX ; Th. G. Allen, *The Egyptian Book of the Dead Documents*, pl. XL; U. Verhoeven, *Iahtesnacht* I, p. 272 ; II, p. 104 (68f, 24) ; A. Gasse, *Le Livre des morts de Pacherientaihet*, p. 251 (88e, 17).
164 Par exemple R. Lepsius, *Das Todtenbuch*, pl. LIX ; Th. G. Allen, *The Egyptian Book of the Dead Documents*, pl. XL ; U. Verhoeven, *Iahtesnacht* I, p. 272 ; II, p. 104 (68g, 4) ; A. Gasse, *Le Livre des morts de Pacherientaihet*, p. 251 (88f, 12-3).

14, 3 *dwꜣ=f Rꜥ m ꜥnḫt.t*	Qu'**14, 3** il adore Rê dans *Ânkhetet* [h)]
ḥkn s(w) psḏ.t	et que l'Ennéade le loue
m ꜣw.t-ib ḏ.t	dans la joie éternellement [i)].
šms=f wr<.t>	Qu'il suive la Grand(e) [j)]
m mr.t=s	dans ce qu'elle aime [k)]
ḫrp=f n=s	et qu'il dirige pour elle
ḥp.t m wiꜣ	la course dans la barque [l)] !
nḏ. **14, 4** *n=s ḥr Wsir*	Elle a protégé [m)] **14, 4** l'Osiris (du)
ḥm-nṯr Ms-rd.wy=f mꜣꜥ-ḫrw	prêtre, *Mesredouyef*, justifié,
msi.n Tꜣy-Hb.t	enfanté par *Tahebet*,
m ꜥnḫ ḏd wꜣs	grâce à la vie, la stabilité et la puissance [n)].
nḏ sw mi Rꜥ	Protège-le comme Rê
ḏ.t nḥḥ	pour toujours et à jamais [o)] !
iw=w wꜥb sp 2	Elles sont pures, *bis* [p)].
ir(.t).n=k ḥs(w)	Que ce que tu as fait soit récompensé [q)] !
ḥs **14, 5** *ṯw Skr Wsir*	Que **14, 5** Sokar-Osiris te récompense
ḥr ir(.t).n=k nb.t	à cause de tout ce que tu as réalisé !
ḥs=f ṯw	Qu'il te récompense,
mr=f ṯw swꜣḥ=f ṯw	qu'il t'aime, qu'il te perpétue
sḫr=f ḫfty.w=k nb(.w)	et qu'il renverse tous tes ennemis
m(w)t m ꜥnḫ	morts ou vifs [r)] !
mn wꜣḥ ḏ.t	Demeure et perdure éternellement,
Wsir ḥm-nṯr Ms-rd.wy=f	Osiris (du) prêtre *Mesredouyef*,
14, 6 *mꜣꜥ-ḫrw*	**14, 6** justifié [s)] !
Skr Wsir irm-n=f	Que Sokar-Osiris soit avec [t)] lui
nḥḥ	pour toujours !
nb nḥḥ irm-n=f	Que le maître du temps [u)] soit avec lui
ḏ.t	éternellement !

Commentaire

a) La rubrique introductive est absente des versions du Nouvel Empire[165] et constitue probablement un ajout ultérieur. Les noms des autres prêtres ont été intégrés à la formule, cf. § 8.2.1, n. c).

b) Les leçons du Nouvel Empire ajoute *iw=w r ḫft-ḥr* (pK/T; pBM), puis à nouveau *fꜣ iḫ.t n* comme ici (pBM)[166].

c) Les rois sont nommés dans les versions du Nouvel Empire : Amenhotep Ier et Ramsès II (pK/T) et Amenhotep Ier (pBM)[167]. Elles ajoutent encore *m 'Ip.t-s.wt* « dans Karnak ».

d) Ce passage n'apparaît pas dans les versions du Nouvel Empire. Malgré la graphie apparemment plurielle 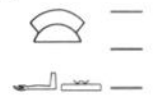 *ḫꜥ=w*, on comprendra plutôt *ḫꜥ.w* « apparu ». On

165 N. Tacke, *Das Opferritual* I, p. 261.
166 N. Tacke, *Das Opferritual* I, p. 261.
167 N. Tacke, *Das Opferritual* I, p. 261.

comparera ainsi *ḫꜥ.w m s.t Ḥr* « apparu sur le siège d'Horus » avec *ꜥḥꜥ=f m ns.t Ḥr* « il se lève sur le siège d'Horus » (x+12, 9).

e) Cette rubrique est absente des versions du Nouvel Empire et constitue probablement un ajout postérieur.

f) Les leçons pK/T et pBM sont identiques, mais A26 remplace *dšr.t* « couronne rouge » par *nfr=s* « sa perfection »[168]. La couronne blanche, dotée de caractéristiques cosmiques et royales, était assimilée à l'œil d'Horus[169].

g) Au lieu du pronom *=s*, pBM use d'un pluriel *=sn* qui reprend ensemble les deux couronnes[170]. L'usage d'un pronom singulier (pK/T ; A26) marque soit l'attribution à chacune des deux propositions de l'une des couronnes, soit l'union complète des deux attributs en un seul. L'usage de *smn* avec la préposition *m* est attesté parmi les expressions employées pour traiter du couronnement[171].

h) Les leçons antérieures donnent *m ꜥnḫ* « en vie » (pK/T ; pBM ; A26)[172]. Le rédacteur a probablement su tirer parti de son modèle pour faire évoluer le texte dans le sens qui l'intéressait.

i) Le mot *ḏ.t* « éternellement » constitue une adjonction qui ne figure pas dans les leçons plus anciennes (pK/T ; pBM ; A26)[173]. Le pronom *=f* adjoint à *psḏ.t* a en revanche disparu (pK/T ; pBM ; A26).

j) Plutôt que *wr* (pK/T), c'est *wr.t* qui apparaît dans deux des leçons :  (pBM) et  (A26)[174]. Nikolaus Tacke considère qu'il s'agirait de la barque solaire[175], ce qui ne conviendrait guère dans la leçon qui présente un pronom féminin (A26)[176]. Il est aussi envisageable que ce soit l'ennéade précitée qui soit évoquée ainsi. Au sein de ce texte consacré préalablement aux couronnes, on pourrait également penser à l'uraeus (*wr.t*) que personnifient différentes déesses dangereuses[177].

k) Alors que pK/T et pBM donnent *m mr.t=f* « dans ce qu'il aime » avec un pronom masculin, la leçon A26 présente une version différente : *m mr.t.n=s* « dans ce qu'elle aime »[178]. La version du papyrus Princeton Pharaonic Roll 10 emploie également un pronom suffixe féminin *=s*.

l) Dans le papyrus Princeton Pharaonic Roll 10, l'expression *šsp ḥp.t* a été remplacée par *ḫrp ḥp.t* « conduire la course ». Le mot *ḥp.t*, écrit avec le déterminatif  ou avec la rame , peut être traduit dans de nombreuses expressions par « course » ou

---

168 N. TACKE, *Das Opferritual* I, p. 261.

169 K. GOEBS, *in* : *Seventh International Congress*, p. 447-460. Sur le rôle de la couronne blanche dans le domaine funéraire, voir aussi K. GOEBS, *Crowns*, p. 110-154.

170 N. TACKE, *Das Opferritual* I, p. 261.

171 J. VANDIER, *Le Papyrus Jumilhac*, p. 207-209.

172 N. TACKE, *Das Opferritual* I, p. 262.

173 N. TACKE, *Das Opferritual* I, p. 262.

174 N. TACKE, *Das Opferritual* I, p. 262.

175 N. TACKE, *Das Opferritual* II, p. 225, n. r.

176 N. TACKE, *Das Opferritual* II, p. 225, n. r, où l'auteur considère alors qu'il s'agirait d'une personne se trouvant dans la barque.

177 *LGG* II, p. 478-480.

178 N. TACKE, *Das Opferritual* I, p. 262 ; II, p. 221, qui traduit « in seiner Liebe ».

« parcours »[179]. C'est le cas notamment de *ḫnp ḥp.(w)t* « conduire la/les course(s) » qui est attestée dans la documentation abydénienne du Moyen Empire et dans les *Textes des sarcophages*[180]. Or le verbe *ḫrp*, fréquemment employé en rapport avec la navigation, peut se substituer à *ḫnp*. Parmi d'autres exemples, on citera *ḫrp ḳbḥw* comme variante de *ḫnp ḳbḥw*[181]. De la même façon, sur le modèle des binômes *dndn ḥp.wt* « sillonner les parcours » et *dndn wꜣ.wt* « sillonner les chemins » ou *ḏsr ḥp.t* « dégager le parcours » et *ḏsr wꜣ.wt* « dégager les chemins »[182], on rapprochera *šsp ḥp.t* de *šsp wꜣ.t* « prendre un chemin » en proposant de comprendre « débuter la course ». La formulation de ce passage a donc évolué, mais conserve une signification similaire.

La leçon du papyrus Princeton Pharaonic Roll 10 est cohérente dans l'emploi des pronoms : *ḫrp=f n=s ḥp.t m wiꜣ* « qu'il conduise pour elle la course dans la barque ». Dans les exemplaires plus anciens ne figure qu'un seul pronom, compris comme le sujet d'une forme *sḏm.n=f* marquant une antériorité : *šsp.n=f ḥp.t m wiꜣ* « après qu'il a débuté la course dans la barque »[183]. Une traduction de ce passage à l'aide d'un impératif serait aussi envisageable, que le pronom soit masculin ou féminin : *šsp n=f/n=s ḥp.t m wiꜣ* « Débute pour lui/pour elle la course dans la barque ».

m) Le verbe *nḏ* remplace ici *drp (m)* « combler (de) » qui figure dans les trois versions du Nouvel Empire[184]. Parmi les acceptions de *nḏ*, c'est « protéger » qui conviendrait le mieux dans cette phrase. On rappellera que le verbe *nḏ* « protéger » peut s'écrire ainsi et se construire avec la préposition *ḥr* ou avec un objet direct[185]. Compte tenu de la phrase suivante, c'est semble-t-il la traduction à retenir. Le sujet est le pronom féminin *=s*, qui doit se rapporter encore au même antécédent (cf. A26), tandis que pK/T et pBM présentent le pronom pluriel *=sn*, voir *supra* n. g).

n) La leçon du papyrus Princeton Pharaonic Roll 10 diffère largement de celles du Nouvel Empire, avec lesquelles on retrouve néanmoins une certaine parenté[186] : *drp=sn nsw bỉty nb tꜣ.wy (Wsr-Mꜣꜥ.t-Rꜥ stp.n-Rꜥ[])| ꜥ.w.s. m ꜥnḫ] m wꜣs ꜣw.t-ỉb ḥnꜥ kꜣ=f ḏ.t* « Puissent-ils combler le roi de Haute et Basse Égypte, seigneur des Deux Terres (Ramsès II[])| v.f.s. de vie] et de puissance ! Que la joie soit éternellement avec son *ka* ! »[187] (pK/T) ou *drp=sn n nsw bỉty (Ḏsr-kꜣ-Rꜥ)| m ꜥnḫ ḏd wꜣs ꜣw.t-ỉb ḥnꜥ kꜣ=f ḏ.t* « Puissent-ils combler le roi de Haute et Basse Égypte (Amenhotep Ier)| de vie, de stabilité et de puissance ! Que la joie soit éternellement avec son *ka* ! » (pBM). La dernière leçon (A26) diffère des précédentes : *drp=s nsw (Mn-Mꜣꜥ.t-Rꜥ)| [...] ꜣw.t-ỉb ḥnꜥ kꜣ=f ḏ.t* « Puisse-t-elle combler le roi (Séthi Ier)| [...] Que la joie soit éternellement avec son *ka* ! ». Dans le papyrus Princeton Pharaonic Roll 10, c'est le nom du défunt *Mesredouyef* qui remplace celui du roi, ce qui explique probablement que la formulation de la phrase ait évoluée.

---

179 L. Postel, *BIFAO* 103 (2003), p. 377-420.
180 L. Postel, *BIFAO* 103 (2003), p. 404-407.
181 L. Postel, *BIFAO* 103 (2003), p. 404 et n. 140.
182 L. Postel, *BIFAO* 103 (2003), p. 396-401.
183 N. Tacke, *Das Opferritual* II, p. 221.
184 N. Tacke, *Das Opferritual* I, p. 262.
185 *Wb* II, 374, 4-14 ; 375, 11-13. P. Wilson, *Lexikon*, p. 563.
186 N. Tacke, *Das Opferritual* I, p. 262.
187 Pour une autre traduction, voir N. Tacke, *Das Opferritual* II, p. 221.

o) Cette phrase ne figure pas dans les versions du Nouvel Empire (pK/T ; pBM), alors que la leçon A26 vient de s'achever[188]. La transposition de la protection de Rê en faveur d'Osiris – auquel un défunt pouvait s'associer – est un motif connu découlant de la fusion de leurs personnalités dans l'au-delà. On peut l'illustrer par exemple avec un discours de Thot adressé aux dieux protecteurs d'Osiris : « Allons, dieux ! Entendez mes paroles et mettez-vous à veiller sur votre seigneur, le roi des dieux, Osiris qui préside à l'Occident, Ounnefer-Triomphant, cet Osiris *Imouthès*, justifié, pendant la nuit, pendant le jour, et à tout instant de chaque jour, en accomplissant sa protection, pour toujours, comme vous accomplissez la protection de Rê »[189].

p) Cette adjonction n'apparaît pas dans les leçons du Nouvel Empire (pK/T ; pBM). À propos de cette expression, voir § 2.5.2.

q) La traduction retenue repose sur une forme verbale relative substantivée qui offre l'avantage de ne pas nécessiter d'amender le texte et qui s'intègre bien dans le contexte.

r) Ce paragraphe ne figure pas dans l'épisode 54 du rituel d'offrandes (pK/T ; pBM). On en retrouve cependant des versions similaires dans trois autres épisodes du rituel d'offrandes : à la fin de la deuxième strophe de l'épisode 51 qui rapporte la récitation du soir du chant des deux rives[190], à la fin de l'épisode 55 qui livre la version matinale du chant des deux rives[191] et à la fin de l'épisode 58 relatif à la présentation des bouquets à la fête du sixième jour lunaire[192].

s) Cette phrase et les deux suivantes ne sont pas attestées dans le rituel d'offrandes du Nouvel Empire. Il s'agit vraisemblablement d'un ajout destiné spécifiquement au bénéficiaire du manuscrit.

t) Le groupe  constitue l'une des graphies de la préposition néo-égyptienne *ỉrm* « avec »[193], qui semble avoir évolué ici en  *ỉrm-n-*.

u) Cette appellation est très souvent attribuée à Osiris, parfois à Sokar-Osiris ou à Rê[194].

8.2.3 Traduction et commentaire (x+14, 6-8)

ḏd mdw	Réciter [a] :
ḥm.w-nṯr ỉt.w-nṯr	Prêtres et pères divins,
mỉ=n tꜣ-mry	allons, pays bien-aimé [b] !
fꜣ ỉḫ.t	Élever les offrandes [c]
n nsw.w	des rois de Haute Égypte
bỉty.w	et des rois de Basse Égypte
14, 7 *ỉmy.w Ḏdw*	**14, 7** qui sont dans Bousiris [d] !
ḏd mdw ỉn ḥm.w-nṯr	Réciter par les prêtres [e] :

188 N. TACKE, *Das Opferritual* I, p. 262.

189 J. Cl. GOYON, *BIFAO* 75 (1975), p. 376-377. J.-Cl. GOYON, *Les dieux-gardiens*, p. 198-199. J.-Cl. GOYON, *Imouthès*, p. 68 (P. New York MMA 35.9.21 (28, 13-14)).

190 N. TACKE, *Das Opferritual* I, p. 227-236, en particulier p. 236 ; II, p. 203-209.

191 N. TACKE, *Das Opferritual* I, p. 265-269, en particulier p. 269 ; II, p. 226-230.

192 N. TACKE, *Das Opferritual* I, p. 275-276 ; II, p. 239-241.

193 *Wb* I, 115, 17-20 ; II, 397. J. ČERNÝ, S. ISRAELIT GROLL, *A Late Egyptian Grammar*, p. 107-110. Fr. JUNGE, *Late Egyptian Grammar*, p. 89-90.

194 *LGG* III, p. 667-669.

šsp=sn snw.w	Qu'ils reçoivent [f)] les pains d'offrande
pr m bꜣḥ-r	qui sont offerts devant
Ḥr-Mrty nb Mns.t	Hormerty, maître de *Menset* [g)],
ḥr dr ḫfty.w=sn	qui détruit leurs ennemis.
fꜣ ỉḫ.t	Élever les offrandes
14, 8 *dꜣḏꜣ.t tp(.t) nwy*	de **14, 8** l'Assemblée qui est à la tête du flot [h)],
mỉ nty r ḥ(ꜣ)b(.t)	conformément au rituel de fête [i)].

Commentaire

a) Cette section reprend brièvement la suite de l'épisode 54 du rituel d'offrandes, où cette rubrique ne figure cependant pas (pK/T ; pBM)[195]. Il faudrait rétablir une préposition *ỉn* pour que les prêtres nommés ensuite soient rattachés à cette rubrique, mais cela ne semble pas nécessaire, cf. § 8.2.1, n. c).

b) Les deux autres versions de ce passage (x+12, 7 ; x+14, 1) font figurer le déterminatif  pour désigner les habitants de l'Égypte, voir § 8.2.1, n. e). Il a été omis ici et remplacé par  .

c) Les leçons du Nouvel Empire ajoute *ỉw=w r ḫft-ḥr* (pK/T; pBM), puis à nouveau *fꜣ ỉḫ.t n* (pBM)[196]. On n'y retrouve pas mention d'officiants.

d) Les noms des souverains qui apparaissent dans les versions du Nouvel Empire (pK/T ; pBM)[197] ne sont pas reproduits dans le papyrus Princeton Pharaonic Roll 10. La liste de pBM se termine cependant par *n nsw.w bỉty.w* « pour les rois de Haute Égypte et les rois de Basse Égypte », sans qu'il ne soit fait mention de Buriris, tandis que celle de pK/T indique *n nsy.wt bỉty.wt* « pour les reines de Haute Égypte et les reines de Basse Égypte ». Un hymne à Osiris mentionne pour sa part les « rois de Basse Égypte qui sont dans Abydos » (*bỉty.w ỉmy.w ꜣbḏw*)[198].

L'épisode 54 du rituel d'offrandes du Nouvel Empire se termine par une formule à réciter à l'unisson[199] qui reprend le début de celle qui est destinée au souverain (§ 8.2.2) : « Qu'ils reçoivent la couronne blanche, qu'ils portent la couronne rouge ! Puissent-elles perdurer sur leur tête, puissent-elles apparaître sur le dessus de leur tête ! Puissent-ils adorer (Rê) en vie ! ». Elle n'est pas reproduite par le papyrus Princeton Pharaonic Roll 10.

e) Cette courte rubrique indique que des prêtres (*ḥm.w-nṯr*) récitaient la suite de la formule qui constitue un ajout aux versions du Nouvel Empire où elle n'est pas attestée.

f) Le pronom *=sn* renvoient aux rois mentionnés précédemment (x+14, 7).

g) À Héliopolis, on distingue la *Menset* supérieure (*Mns.t ḥr.t*) consacrée à Chou et la *Menset* inférieure (*Mns.t ḫr.t*) dédiée à Tefnout[200]. À Dra-Abou-el-Naga, c'est le nom du

---

195 N. Tacke, *Das Opferritual* I, p. 262-264.

196 N. Tacke, *Das Opferritual* I, p. 262-263.

197 N. Tacke, *Das Opferritual* I, p. 263.

198 G. Lapp, *SAK* 42 (2013), p. 207.

199 N. Tacke, *Das Opferritual*, I, p. 264 ; II, p. 221-222.

200 H. Gauthier, *Dictionnaire des noms géographiques* III, p. 42. Fr. W. von Bissing, *AcOr* 8 (1930), p. 129-161. J. Vandier, *RdÉ* 17 (1965), p. 152-156, 164-166. W. Helck, *Die altägyptischen Gaue*, p. 186. J.-Cl. Goyon, *Confirmation* I, p. 64. M. Smith, *P. Harkness*, p. 217. V. Altmann, *Die Kultfrevel des Seth*, p. 21.

temple reposoir qui accueillait le culte d'Ahmès-Néfertari et de son fils Amenhotep Ier et qui constituait une étape de la barque processionnelle d'Amon lors de la belle fête de la Vallée[201]. Cette station était vraisemblablement associée à une voie d'eau. Une mention de *Ḥr-Mrty m Mns.t* « Hormerty dans *Menset* » à Edfou en fait le dieu chronocrate du 23e jour du premier mois de Peret (23 Tybi)[202].

h) La *ḏ3ḏ3.t tpy.t nwy* « Assemblée qui est à la tête du flot » était préposée à la gestion de la crue du Nil[203]. Elle apparaît sur les stèles du Nil du Gebel Silsileh qui en font, avec Amon-Rê et Hâpy, les bénéficiaires d'offrandes instaurées trois fois l'an, le 15e jour du premier mois de l'inondation (15 Thot), le 15e jour du troisième mois de sécheresse (15 Épiphi) et le « jour de jeter le livre de Hâpy » (*hrw pf n ḫ3ʿ mḏ3.t Ḥʿpy*)[204]. Sur ces stèles, elle est aussi nommée la « (grande) ennéade qui est dans le flot » (*psḏ.t* (*ʿ3.t*) *imi*(*.t*) *nwy*) ou l'« ennéade qui est dans le Noun » (*psḏ.t imi.t Nnw*)[205], qui est elle-même associée à la grande ennéade de Karnak. Dès le début de l'époque ramesside, Hâpy reprit le rôle de Noun personnifiant la crue[206]. On peut se demander si la mention *m3ʿ nṯr pn m iḫ.t ḫ3.wt* « offrandes de ce dieu en tant qu'offrandes de l'autel »[207] ne pourrait pas être rapprochée du jour des offrandes sur l'autel, à savoir le cinquième jour lunaire.

Des relevés du niveau du Nil à Karnak mentionnent l'Assemblée de l'inondation avec Hâpy, père des dieux, mais seulement à partir du règne de Taharqa, puis sous Psammétique Ier [208]. L'Assemblée qui est à la tête du flot est associée à l'ennéade de *Kherâha* dans le chapitre 149 du *Livre des morts*[209]. Dans la chambre du Nil du temple d'Edfou[210], où elle est rapprochée de la *ḏ3ḏ3.t* (*ʿ3.t*) *imy.t Nwn/Nnw* « la (grande) Assemblée qui est au milieu du Noun »[211], cette compagnie était composée de Noun le grand, *Niou*, *Hehou*, Chou, Thot le grand et Ptah au beau visage[212]. Osiris n'est pas absent de cette salle consacrée aux rites de l'eau[213]. Il est d'ailleurs bien connu que ses humeurs donnaient naissance à la crue.

---

201 Ph. Derchain, *Kêmi* 19 (1969), p. 17-21. A. Cabrol, *Les voies processionnelles*, p. 546-547. Amon peut ainsi être appelé *nb Mns.t* (*LGG* III, p. 646).

202 *LGG* V, p. 261 (*Edfou* XV, 48).

203 P. Wilson, *Lexikon*, p. 1223. *LGG* VII, p. 604-605.

204 P. Barguet, *BIFAO* 50 (1952), 49-63, en particulier p. 61-62. A. Kucharek, *Die Felskapellen*, p. 66, 95, 96, pl. 63-68. D. van der Plas, *L'hymne à la crue du Nil*, p. 146-147, 180-182.

205 P. Barguet, *BIFAO* 50 (1950), p. 58, n. 1. A. Kucharek, *MDAIK* 66 (2010), p. 145 et n. 21. Au spéos d'Horemheb, des *nṯr.w imy.w nwy* « dieux qui sont dans le flot » sont mentionnés (P. Barguet, *BIFAO* 50 (1950), p. 59, n. 1). Au Nouvel Empire déjà, un hymne à Sobek mentionne les *imy.w Nnw* « Ceux qui sont dans le Noun » (A. Kucharek, *Die Felsinschriften*, p. 67, n. 330).

206 A. Kucharek, *Die Felskapellen*, p. 65-66.

207 A. Kucharek, *Die Felskapellen*, p. 97.

208 G. Legrain, *ZÄS* 34 (1896), p. 116-117. J. Leclant, *Recherches sur les monuments thébains*, p. 241. J. von Beckerath, *JARCE* 5 (1966), p. 47-48, 53-55, no 35-42.

209 Ét. Drioton, *BIE* 34 (1953), p. 298-300. T. G. Allen, *The Book of the Dead*, p. 146. P. Barguet, *Le Livre des morts*, p. 213. St. Quirke, *Going out in Daylight*, p. 363.

210 *Edfou* II, 255, 11 et 14 ; 259, 10 et 14. N. Baum, *Le temple d'Edfou*, p. 228-229.

211 *LGG* VII, p. 595. Le mot *nwy* « eau de l'inondation » peut aussi désigner l'eau originelle, le Noun (P. Wilson, *Lexikon*, p. 496). Voir aussi un hymne consacré à Rê qui fait état d'une *ḏ3ḏ3.t ʿ3.t imy.w Nwn* « grande Assemblée / tribune qui est au milieu du Noun » (M. El-Alfi, *VA* 8 (1992), p. 3-5).

212 P. Barguet, *BIFAO* 50 (1952), p. 58-59, n. 1.

213 S. Cauville, *La théologie Osiris*, p. 101-105.

i) À propos de l'expression *mỉ nty r ḥ(ꜣ)b(.t)*, voir § 2.5.3.

8.2.4 Structure de la formule

La structure de la formule du papyrus Princeton Pharaonic Roll 10 diffère de celle des versions du Nouvel Empire, dont elle suit néanmoins dans une large mesure le modèle. Elle repose à la fois sur des rubriques et sur la répétition de la phrase « allons, habitants de l'Égypte ! ».

La formule débute de la même manière dans les différentes leçons, mais elle est introduite différemment selon les versions (Tableau 10). Le papyrus Vienne KM ÄS 3871 (x+3, 30) ajoute en outre une phrase qui se rattache à l'épisode 24 du rituel d'offrandes[214].

<table>
<tr><th>pBM</th><th>pK/T</th><th>P. Princeton 10</th><th>P. Vienne</th></tr>
<tr><td colspan="4">Élever les offrandes</td></tr>
<tr><td>par les ritualistes de ce dieu</td><td>par les prêtres-purs et le ritualiste</td><td></td><td></td></tr>
<tr><td colspan="3"></td><td>L'offrande divine est parfaitement pure.</td></tr>
<tr><td colspan="3">Réciter</td><td></td></tr>
<tr><td></td><td></td><td>par le ritualiste et supérieur :</td><td></td></tr>
</table>

Tableau 10 : Comparaison des versions de l'introduction de la formule

Ensuite débute la première section de la formule (Tableau 11). La leçon du papyrus Princeton Pharaonic Roll 10 suit assez fidèlement la structure de la formule du Nouvel Empire, bien qu'elle s'en détache parfois par quelques reformulations et l'adjonction de « sa royauté est la royauté d'Horus, sa royauté est la royauté de Geb » (x+12, 9-10). À la fin de la formule, « son *ka* » a été remplacé par « son fils » (x+12, 13), mais la référence demeure divine. La version partielle du temple de Philae, qui attribue à Osiris et son ennéade le bénéfice de l'élévation des offrandes, fait figurer une variante de la phrase relative à la royauté qui figure dans le papyrus Princeton Pharaonic Roll 10. Elle apparaît sur une paroi montrant par ailleurs la barque-*henou*[215]. La version très abrégée du papyrus Vienne KM ÄS 3871 (x+3, 33-34) ne reproduit que le début de la formule pour l'attribuer à la défunte[216].

<table>
<tr><th>pBM</th><th>pK/T</th><th>P. Princeton 10</th><th>Philae</th><th>P. Vienne</th></tr>
<tr><td colspan="2"></td><td>Roi de Haute et Basse Égypte, (Pharaon)|, (v.f.s.), prêtres et pères divins,</td><td></td><td></td></tr>
<tr><td colspan="2">Venez, serviteurs,</td><td>allons, habitants de l'Égypte !</td><td></td><td>Allons, habitants de l'Égypte,</td></tr>
<tr><td colspan="2">élevez les offrandes qui sont en face (du dieu) !</td><td></td><td></td><td>élevez les offrandes !</td></tr>
<tr><td colspan="5">Élever les offrandes de</td></tr>
</table>

214 Voir § 8.12.

215 G. Bénédite, *Philae*, pl. XII.

216 Dans une liturgie du culte d'offrandes, Chou et Tefnout « élèvent les offrandes » pour le défunt (J. Assmann, M. Bommas, A. Kucharek, *Totenliturgien* 1, p. 477 (36)).

<table>
<tr><th>pBM</th><th>pK/T</th><th>P. Princeton 10</th><th>Philae</th><th>P. Vienne</th></tr>
<tr><td>Amon d'Ôpé et d'Amon-Rê, maître du trône des Deux Terres</td><td>Amon-Rê, maître du trône des Deux Terres qui préside à Karnak et du roi Amenhotep Ier</td><td>Sokar-Osiris</td><td>Osiris et son ennéade</td><td>Artemis</td></tr>
<tr><td colspan="4">Toute vie est auprès de lui, toute stabilité est auprès de lui, toute puissance est auprès de lui, toute joie est auprès de lui.</td><td></td></tr>
<tr><td>Le roi de Haute et Basse Égypte Amenhotep Ier...</td><td>Le roi de Haute et Basse Égypte Ramsès II...</td><td>Le roi de Haute et Basse Égypte (Pharaon)|, v.(f.s.), aimé de Sokar-Osiris</td><td>Ptolémée</td><td></td></tr>
<tr><td colspan="2">est sur le siège d'Horus et sur le siège de Seth</td><td>se lève sur le siège d'Horus</td><td></td><td></td></tr>
<tr><td></td><td></td><td>Sa royauté est la royauté d'Horus. Sa royauté est la royauté de Geb.</td><td>Sa royauté est la royauté d'Osiris.</td><td></td></tr>
<tr><td colspan="2">Le roi de Haute et Basse Égypte</td><td>Le roi de Haute et Basse Égypte (Pharaon)|, v.f.s.</td><td></td><td></td></tr>
<tr><td colspan="3">est en effet au devant des vivants éternellement.</td><td></td><td></td></tr>
<tr><td colspan="2">Il[217]</td><td>Le cœur de (Pharaon)|, v.f.s., aimé de Rê</td><td></td><td></td></tr>
<tr><td colspan="2">les a accordés</td><td>est heureux</td><td></td><td></td></tr>
<tr><td colspan="2">Le roi de Haute et Basse Égypte Ramsès II</td><td>car il (= Pharaon)</td><td></td><td></td></tr>
<tr><td colspan="3">a organisé une fête et il a préparé une navigation</td><td></td><td></td></tr>
<tr><td>pour son père Amon d'Ôpé, Amon-Rê, maître du trône des Deux Terres</td><td>pour son père Amon-Rê, roi des dieux</td><td>pour son père Sokar-Osiris</td><td></td><td></td></tr>
<tr><td colspan="2">afin qu'il (Amon) soit satisfait</td><td>afin qu'il (Sokar-Osiris) soit satisfait</td><td></td><td></td></tr>
<tr><td colspan="2">de ce que fait</td><td>de ce que lui donne</td><td></td><td></td></tr>
<tr><td colspan="2">le roi de Haute et Basse Égypte Amenhotep Ier... (épithètes)</td><td>(Pharaon)|, v.f.s.</td><td></td><td></td></tr>
<tr><td colspan="3">Que la vie, la stabilité, la puissance et sa/la joie soient avec</td><td></td><td></td></tr>
<tr><td colspan="2">son ka</td><td>son père</td><td></td><td></td></tr>
<tr><td>éternellement !</td><td></td><td>éternellement !</td><td></td><td></td></tr>
</table>

Tableau 11 : Comparaison des versions de la première section de la formule

La comparaison des versions de cette première section illustre la variation des bénéficiaires de l'élévation des offrandes. Destinée à différentes formes d'Amon dans les manuscrits du Nouvel Empire, elle est attribuée à Sokar-Osiris dans le papyrus Princeton, à Osiris et son ennéade dans le temple de Philae et enfin à une défunte dans le papyrus Vienne KM ÄS 3871. Certaines interactions entre le souverain et la divinité en faveur de laquelle il effectue des rites sont décrites. Tandis que les versions du Nouvel Empire nomment ce roi, celle du papyrus Princeton Pharaonic Roll 10 use de l'expression impersonnelle (Pharaon)|[218].

Les deux sections suivantes sont présentées ensemble (Tableau 12) car elles sont intimement liées dans le papyrus Princeton Pharaonic Roll 10 qui ne répète pas les formules

217 D'après Alan Gardiner, c'est Amon qui accordait la vie, la stabilité, le pouvoir, la santé et la joie (A. H. GARDINER, *HPBM* III, p. 95, n. 3). Pour Nikolaus Tacke, c'est le roi qui accordait les dons (N. TACKE, *Das Opferritual* II, p. 220).

218 Voir § 12.2.3.

introductives attestées par les versions du Nouvel Empire. Dans le manuscrit américain, la liste d'Osiris et celle des autres dieux s'enchaînent ainsi directement.

<table>
<tr><th>pBM</th><th>pK/T</th><th>P. Princeton 10</th></tr>
<tr><td colspan="2">Venez, serviteurs !</td><td></td></tr>
<tr><td colspan="2">Élevez les offrandes qui sont en face (du dieu) !</td><td></td></tr>
<tr><td>Élever les offrandes de</td><td>Ces offrandes de</td><td></td></tr>
<tr><td colspan="2"></td><td>Les prêtres et les pères divins élèveront [les offrandes] de</td></tr>
<tr><td>Amon-Rê, taureau de sa mère, sur son grand siège dans Karnak</td><td>Amon-Rê, roi des dieux, d'Amon-Rê, maître du trône des Deux Terres qui préside à Karnak, d'Amon-Rê, taureau de sa mère, sur son grand siège dans Karnak</td><td>Liste d'Osiris (x+13, 1-7)</td></tr>
<tr><td>de même pour ceux-là !</td><td>de même pour tous ces dieux, pour toujours et à jamais !</td><td></td></tr>
<tr><td colspan="2">Venez, serviteurs !</td><td></td></tr>
<tr><td>Élever les offrandes qui sont en face de</td><td>Élevez les offrandes qui sont en face (du dieu),</td><td></td></tr>
<tr><td></td><td>les offrandes de</td><td></td></tr>
<tr><td>Amon, Amaunet, Montou, Atoum, <Ious>aâ<s>, Sep, Sekhem, Âryt, Tjenenet, Iounyt, la grande ennéade qui est dans Karnak</td><td>Amon-Rê, maître du trône des Deux Terres, Amon, d'Amaunet, Montou, Min, Atoum, Iousaâs, Sep, Sekhem, Âryt, Tjenenet, Iounyt, la grande ennéade dans Karnak</td><td>Liste de dieux (x+13, 8-14, 1)</td></tr>
<tr><td>de même pour ceux-là</td><td>de même pour ces dieux et déesses</td><td></td></tr>
</table>

Tableau 12 : Comparaison des versions des deuxième et troisième sections de la formule

La section suivante est dévolue au roi (Tableau 13). Elle est introduite par une rubrique dans le papyrus Princeton Pharaonic Roll 10. La leçon du manuscrit américain présente plusieurs variantes par rapport aux versions du Nouvel Empire et reprend certains éléments de la leçon du temple d'Abydos[219]. Les dons qui étaient accordés au roi sont attribués au défunt. La phrase « Elles sont pures, *bis* ! » marquait probablement une division.

<table>
<tr><th>pBM</th><th>pK/T</th><th>Abydos</th><th>P. Princeton 10</th></tr>
<tr><td></td><td></td><td></td><td>Réciter par le ritualiste :</td></tr>
<tr><td colspan="2"></td><td></td><td>Prêtres et pères divins,</td></tr>
<tr><td colspan="2">Venez, serviteurs, élever les offrandes qui sont en face (du dieu) !</td><td></td><td>allons, habitants de l'Égypte !</td></tr>
<tr><td>Élever les offrandes</td><td>Elles sont en face</td><td></td><td>Élever les offrandes</td></tr>
</table>

219 Voir § 8.2.2, n. l).

<table>
<tr><th>pBM</th><th>pK/T</th><th>Abydos</th><th>P. Princeton 10</th></tr>
<tr><td>du roi de Haute et Basse Égypte Amenhotep Ier dans Karnak</td><td>du roi de Haute et Basse Égypte Amenhotep Ier dans Karnak et du roi seigneur des Deux Terres Ramsès II dans Karnak</td><td></td><td>du roi de Haute et Basse Égypte (Pharaon)|, v.f.s.</td></tr>
<tr><td></td><td></td><td></td><td>Réciter par les prêtres :</td></tr>
<tr><td colspan="4">Qu’il reçoive la couronne blanche ! Qu’il porte la couronne rouge !
Qu’elle s’établisse sur son front ! Qu’elle apparaisse sur le sommet de sa tête !</td></tr>
<tr><td colspan="3">Qu’il adore Rê en vie !</td><td>Qu’il adore Rê dans Ânkhetet !</td></tr>
<tr><td colspan="3">Que son ennéade le loue dans la joie !</td><td>Que l’ennéade le loue dans la joie éternellement !</td></tr>
<tr><td colspan="4">Qu’il suive la Grand(e)</td></tr>
<tr><td colspan="2">dans ce qu’il aime</td><td colspan="2">dans ce qu’elle aime</td></tr>
<tr><td colspan="2">après qu’il a débuté la course dans la barque !</td><td>après qu’elle a débuté la course dans sa barque !</td><td>et qu’il dirige pour elle la course dans la barque !</td></tr>
<tr><td colspan="2">Qu’ils comblent</td><td>Qu’elle comble</td><td>Qu’elle protège</td></tr>
<tr><td>Amenhotep Ier</td><td>Ramsès II</td><td>Séthi Ier</td><td>l’Osiris (de) Mesredouyef</td></tr>
<tr><td colspan="2">de vie, stabilité et puissance.</td><td></td><td>grâce à la vie, la stabilité et la puissance.</td></tr>
<tr><td colspan="3">Que la joie soit avec son ka pour toujours !</td><td></td></tr>
<tr><td></td><td></td><td></td><td>Protège-le comme Rê pour toujours et à jamais</td></tr>
<tr><td></td><td></td><td></td><td>Elles sont pures, bis.</td></tr>
<tr><td></td><td></td><td></td><td>Que ce que tu as fait soit récompensé ! Que Sokar-Osiris te récompense…</td></tr>
<tr><td></td><td></td><td></td><td>Que Sokar-Osiris soit avec lui pour toujours ! …</td></tr>
</table>

Tableau 13 : Comparaison des versions de la quatrième section de la formule

Une strophe supplémentaire, absente des manuscrits du Nouvel Empire, est ensuite ajoutée dans le papyrus Princeton Pharaonic Roll 10. La partie traitant de la récompense divine n’est en effet pas intégrée à l’épisode 54 du rituel d’offrandes du Nouvel Empire. Elle y est cependant attestée à la fin des épisodes relatant la récitation du chant des deux rives le soir (épisode 51), puis le matin (épisode 55) et la présentation des bouquets le jour de la fête du sixième jour (épisode 58). On pourrait donc envisager que ce passage, intégré dans le papyrus Princeton Pharaonic Roll 10 à la section dévolue à l’élévation des offrandes, ait été tiré de l’un de ces épisodes. On rappellera qu’une présentation des bouquets montés (§ 8.1) y précède la longue liturgie de l’élévation des offrandes. Par ailleurs, la fête du sixième jour y est mentionnée dans le *Livre de la néoménie* (§ 6.2). Cette dernière strophe permet d’intégrer le défunt *Mesredouyef* à la liturgie. On relèvera que c’est en conjonction avec l’élévation des offrandes en faveur du roi, plutôt que des dieux, que le défunt fait son apparition et que c’est dans cette section qu'est évoquée une course dans la barque qui n'est pas sans rappeler peut-être ce qui est relaté par ailleurs dans le papyrus Princeton Pharaonic Roll 10 (chapitre 7).

La fin de la formule présente des variantes importantes (Tableau 14). La cinquième section débute à nouveau par une rubrique supplémentaire dans le papyrus Princeton Pharaonic Roll 10, dans lequel les bénéficiaires se limitent aux « rois de Haute Égypte et rois de Basse Égypte qui sont dans Bousiris », tandis que les leçons du Nouvel Empire énumèrent une liste de noms de rois. Cette fois encore, la leçon du papyrus Princeton Pharaonic Roll 10 tend à la généralisation. La mention de Bousiris semble néanmoins spécifique. La suite de la formule reprend de manière abrégée une partie de la formule de la quatrième section destinée au souverain, mais celle-ci ne figure pas dans le manuscrit américain.

pBM	pK/T	P. Princeton
		Réciter :
		Prêtres et pères divins,
Venez, serviteurs, élevez les offrandes qui sont en face (du dieu) !		allons, Pays bien-aimé !
Élever les offrandes		Élever les offrandes
de [liste de rois] et des rois de Haute Égypte et des rois de Basse Égypte	de [liste de rois] et des reines de Haute Égypte et des reines de Basse Égypte	des rois de Haute Égypte et des rois de Basse Égypte qui sont dans Bousiris
	On dit en chœur :	Réciter par les prêtres :
Qu'ils reçoivent la couronne blanche ! Qu'ils portent la couronne rouge ! Qu'elles s'établissent sur leur front ! Qu'elles apparaissent sur le sommet de leur tête !		
		Qu'ils reçoivent les pains d'offrande qui sont offerts devant Hormerty, maître de *Menset*, qui détruit leurs ennemis
		Élever les offrandes
		de l'Assemblée qui est à la tête du flot
		conformément au rituel de fête.

Tableau 14 : Comparaison des versions des cinquième et sixième sections de la formule

Une rubrique supplémentaire introduit une dernière section dans le papyrus Princeton Pharaonic Roll 10, qui n'est pas attestée dans les manuscrits du Nouvel Empire. Très abrégée, elle est dévolue à l'élévation des offrandes de l'Assemblée qui est à la tête du flot et constitue une particularité du manuscrit américain.

Contrairement aux versions du Nouvel Empire, dans lesquelles des officiants ne sont mentionnés que dans le titre principal[220], l'une des caractéristiques du papyrus Princeton Pharaonic Roll 10 réside dans l'adjonction régulière de rubriques précisant quels étaient les officiants en charge de la récitation (Tableau 15). D'autres officiants sont aussi interpellés au sein de la formule. On doit probablement leur attribuer un rôle différent dans le déroulement du rite, comme le montre le passage qui introduit les deux listes (x+12, 13-14). On peut ainsi observer que le ritualiste (et supérieur) et les prêtres récitaient différentes parties du rituel, plus ou moins en alternance. Les prêtres et les pères divins étaient en charge du rite lui-même, à savoir l'élévation des offrandes, sans que l'on ne précise en quoi il consistait exactement.

220 N. Tacke, *Das Opferritual* I, p. 256.

Pharaon n'est quant à lui cité comme officiant que dans la première section dont Sokar-Osiris est le bénéficiaire.

	Sections	P. Princeton 10 - Récitation	P. Princeton 10 - Action
1	Élever les offrandes de Sokar-Osiris	Ritualiste et supérieur	Pharaon, prêtres et pères divins
2	Liste d'Osiris		Prêtres et pères divins
3	Liste de dieux		
4	Élever les offrandes de Pharaon	Ritualiste Prêtres	Prêtres et pères divins
5	Élever les offrandes des rois…	Ø Prêtres	Prêtres et pères divins
6	Élever les offrandes de l'Assemblée…		

Tableau 15 : Les officiants de l'élévation des offrandes

L'épisode 54 du rituel d'offrandes du Nouvel Empire fait partie des annexes dévolues à la fête d'Amon. De ce dieu, on ne retrouve plus trace dans la version du papyrus Princeton Pharaonic Roll 10 qui montre une nette osirianisation par rapport aux versions ramessides, correspondant sans doute mieux au contexte de son usage (Tableau 16). Le dieu Sokar-Osiris, différentes formes d'Osiris et une liste de dieux remplacent ainsi les formes d'Amon et les dieux mentionnés dans les leçons plus anciennes. À Philae, le bénéficiaire est également Osiris, accompagné de son ennéade.

	Rite	pBM	pK/T	P. Princeton 10	Philac	P. Vienne
1	Élever les offrandes	Formes d'Amon	Amon Amenhotep Ier	Sokar-Osiris	Osiris et son ennéade	Hathor Artemis
	Fête et navigation	Formes d'Amon	Amon	Sokar-Osiris		
2	Élever les offrandes	Formes d'Amon-Rê	Amon-Rê	Liste d'Osiris		
3	Élever les offrandes	Amon Liste de dieux	Amon Liste de dieux	Liste de dieux		
4	Élever les offrandcs	Amenhotep Ier	Amenhotep Ier Ramsès II	(Pharaon)		
	Protection	Amenhotep Ier	Ramsès II	*Mesredouef*		
	Adjonction			*Mesredouef*		
5	Élever les offrandes	Liste de rois	Liste de rois	Rois de Haute Égypte et rois de Basse Égypte		
6	Élever les offrandes			Assemblée qui est à la tête du flot		

Tableau 16 : Les bénéficiaires de l'élévation des offrandes

À côté de son rôle actif dans l'élévation des offrandes, le roi bénéficie lui-même du rite dans la troisième section. La formule destinée aux souverains ramessides figure dans le papyrus Princeton Pharaonic Roll 10, mais au nom du « roi de Haute et Basse Égypte (Pharaon)|, v.f.s. ». Le nom du défunt *Mesredouyef* a été intégré à la fin de cette formule destinée au roi, qui a également fait l'objet d'une adjonction à la suite de la formule relative à la récompense divine. Dans ce passage supplémentaire, le défunt est à nouveau nommé. Le papyrus Vienne KM ÄS 3871 indique pour sa part que l'élévation des offrandes était réalisée en faveur de la défunte, mais la formule de ce manuscrit est trop abrégée pour pouvoir en suivre l'évolution. Ce fait n'est pas vraiment exprimé dans le papyrus Princeton Pharaonic Roll 10 où le défunt bénéficie uniquement d'une protection. Ainsi, sans pour autant bénéficier directement du rite décrit, il en récolte cependant les effets. Dans cette formule, c'est donc au roi et non à Osiris que le défunt est associé, sans pour autant se substituer à lui.

Quant à l'énumération des souverains qui figure dans les versions du Nouvel Empire, elle est remplacée par la simple mention « des rois de Haute Égypte et des rois de Basse Égypte qui sont dans Bousiris » dans le manuscrit américain. Cette généralisation découle sans doute du fait qu'il n'était pas forcément pertinent de fournir ces précisions que l'on pouvait dès lors faire disparaître. Le papyrus Princeton Pharaonic Roll 10 ajoute encore un paragraphe en faveur de « l'Assemblée qui est à la tête du flot » qui ne figure pas dans les autres exemplaires. L'indication renvoyant au « rituel de fête » (x+14, 8) incite à penser qu'il devait être question d'une liturgie particulière faisant l'objet d'un livret à part. L'Assemblée qui est à la tête du flot est associée par les inscriptions du Gebel Silsileh aux offrandes destinées à favoriser la venue de la crue[221]. L'hymne au Nil indique par ailleurs que des offrandes étaient apportées à la crue et que des bœufs étaient immolés[222]. On apportait une grande offrande (*ʿꜣb.t*) à tous les dieux et à Noun le jour où était jeté le livre de Hâpy[223]. Les listes d'offrandes auraient constitué les livres de Hâpy et des rouleaux de papyrus auraient été jetés dans l'eau de la crue, « les dons énumérés n'étant pas offerts *in natura* mais *in scriptura* »[224]. À Esna, une cérémonie nommée « fête de jeter (dans l'eau) le livre de Hâpy » était célébrée le 1er jour du quatrième mois de l'inondation[225].

Les transferts constatés – d'Amon à Osiris d'une part et du roi au défunt d'autre part – illustrent un double changement de contexte, sans pour autant que l'élévation des offrandes, destinée aux dieux et aux souverains, ne bénéficie directement au défunt. S'il s'inspire du contenu et de la structure de la formule connue au Nouvel Empire, notre document témoigne de plusieurs réécritures qui avaient vraisemblablement pour but son adaptation au déroulement du culte osirien d'une part et au bénéfice d'un particulier d'autre part.

8.2.5 La litanie

La litanie de la première section (x+ 13, 1–x+14, 1) présente les bénéficiaires de l'élévation des offrandes, qui remplacent les différentes formes d'Amon qui figurent dans les versions du

221 Voir § 8.2.3, n. h).
222 D. VAN DER PLAS, *L'hymne à la crue du Nil* I, p. 51 ; II, p. 122 (XIII, 1-4).
223 *KRI* I, p. 91, 1-6. J. Fr. QUACK, *WdO* 31 (2000/2001), p. 10-13. Voir § 8.2.3, n. h).
224 D. VAN DER PLAS, *L'hymne à la crue du Nil* I, p. 147.
225 S. SAUNERON, *Les fêtes religieuses*, p. 54.

Nouvel Empire[226]. La liste débute par sept formes d'Osiris, parmi lesquelles quelques-unes sont assez rares : Osiris (Ounennefer)|, triomphant, Osiris <dans> le nome bousirite, Osiris le vivant, Osiris l'éminent, Osiris, maître de vie, Osiris le petit et Osiris le verdoyant. Elle se poursuit avec l'énumération d'Oupouaout[227], Horus qui protège son père, Chentayt qui réside à Bousiris, Meskhenet et Semenkhet, Isis et Nephthys, Chou et Tefnout, Geb et Nout, Thot, maître des paroles divines, Anubis qui préside à [la chapelle divine], Min le roi, Horus le fort, Oupouaout de Haute Égypte et Oupouaout de Basse Égypte, la barque-*nechemet*, Neith, Amset, Hapy, Douamoutef et Qebesenouf. On compte ainsi vingt-huit divinités en tout.

Contrairement aux versions ramessides du rituel d'offrandes, qui illustrent une théologie thébaine, berceau de leur conception, la liste du papyrus Princeton Pharaonic Roll 10 met l'accent sur la personnalité d'Osiris dont sept formes sont détaillées. On y mentionne Bousiris, aussi évoquée par certaines épithètes. Les autres divinités s'intègrent également au culte osirien et plusieurs d'entre elles font référence à l'ennéade héliopolitaine. Quant à la barque-*nechemet*, c'était l'embarcation sacrée d'Osiris. Elle était utilisée lors de la traversée vers Abydos et durant les différentes processions réalisées dans le cadre des fêtes célébrées en l'honneur d'Osiris. Horus et Oupouaout étaient d'ailleurs associés à la Grande sortie, événement central des rites osiriens à Abydos.

Un certain nombre de ces dieux apparaissent dans le chapitre 142 du *Livre des morts*. Ils n'y figurent cependant pas dans le même ordre et les rapprochements possibles demeurent assez ténus. On relèvera cependant la mention de Min le roi, Horus le fort, celle des deux Oupouaout et la séquence barque-*nechemet* et Neith. On rappellera que les chapitres 141 et 142 du *Livre des morts* formaient à l'origine un tout et que le chapitre 142 ne reçut un titre spécifique qu'à partir de la Basse Époque[228]. Comme d'autres chapitres de ce recueil funéraire, le contenu du chapitre 142 du *Livre des morts* est issu d'une tradition liturgique. Il s'apparente à une litanie d'offrandes adressée au dieu Sokar et intégrée à la troisième scène du *Cérémonial pour faire sortir Sokar* du temple de Médinet Habou[229], dont l'élévation des offrandes constituait justement la première scène[230]. Il existe d'autres litanies de ce genre. On pensera au Livre d'heures du papyrus Londres BM 10569[231] ou à la « litanie d'offrandes à Ptah-Sokar-Osiris dans tous ses noms » du papyrus Paris Louvre N. 3176 (S) qui s'intégrait à la « sortie en procession de Sokar »[232]. À Edfou, une telle litanie était psalmodiée durant la fête de Sokar du 26 Khoiak, au moment du repas[233]. Dans le temple de Dendara, la litanie d'Osiris de la chapelle osirienne ouest n° 1 s'attachait aussi à la tradition véhiculée par le chapitre 142 du

---

226 N. TACKE, *Das Opferritual* I, p. 259-260.

227 Voir *supra* § 8.2.1, n. z).

228 P. BARGUET, *Le Livre des morts*, p. 185. Th. G. ALLEN, *The Book of the Dead*, p. 117, n. 236. St. QUIRKE, *Going out in Daylight*, p. 317-321.

229 G. GABALLA, K. A. KITCHEN, *Orientalia* 38 (1969), p. 4-5, 51. G. Wohlgemuth considère que cette scène ne faisait pas partie du rituel en faveur de Sokar (G. WOHLGEMUTH, *Das Sokarfest*, p. 39).

230 G. GABALLA, K. A. KITCHEN, *Orientalia* 38 (1969), p. 2-3, 48-49.

231 R. O. FAULKNER, *Book of Hours*, p. 1, 1*-3*.

232 P. BARGUET, *Le papyrus N. 3176 (S)*, p. 9-13, pl. III. D'après les indications internes relatives à la crue, celle-ci ne se rattachait peut-être pas aux cérémonies du 26 Khoiak ou du 22 Tybi, mais plutôt au 22 Thot qui voyait la célébration de la « Grande sortie d'Osiris » (P. BARGUET, *Le papyrus N. 3176 (S)*, p. 13-14).

233 J.-Cl. GOYON, *BIFAO* 78 (1978), p. 432.

Livre des morts[234]. Elle est associée au « matin divin » : « Tu te tiens sur l'estrade, les âmes d'Héliopolis t'adorent, ton *ka* se réjouit au matin divin »[235]. Par ailleurs, des litanies d'offrandes étaient récitées lors de l'enterrement[236]. Si la lointaine parenté de cette litanie avec le chapitre 142 du *Livre des morts* demeure anecdotique, elle trahit néanmoins une appartenance à une tradition bien établie par ailleurs.

8.3 Présenter le récipient de dattes (x+14, 8-10)

Cette offrande, réputée spécifique d'Osiris, est connue par plusieurs scènes des temples ptolémaïques et romains[237], mais elle n'est pas attestée dans le rituel d'offrandes du Nouvel Empire.

8.3.1 Traduction et commentaire (x+14, 8-10)

ḥnk mꜥḏꜣ	Présenter le récipient (de dattes) [a)]
m-bꜣḥ nṯr pn	devant ce dieu [b)].
ḏd mdw	Réciter :
hy Wsỉr nb Ḏdw	Ah ! Osiris, maître de Bousiris,
Wsỉr ḥm-nṯr **14, 9** *Ms-rd.wy=f*	Osiris (du) prêtre **14, 9** *Mesredouyef*,
mꜣꜥ-ḫrw msỉ.n Tꜣy-Hb.t	justifié, enfanté par *Tahebet*,
mn n=k ỉḫ.t nb.t	prends [c)] pour toi toutes les offrandes
pr m bꜣ=k	qui sont issues de ton *ba*,
rḏw.w pr m Gb	les humeurs qui s'échappent de Geb,
sštꜣ pr ỉm=k	le mystère qui sort de toi.
nsw ḥn m ꜥnḫ	Le roi est vif[d)] !
14, 10 *ỉw.w wꜥb*	**14, 10** Elles sont pures.

Commentaire

a) Les scènes des temples ptolémaïques et romains précisent le contenu de ce récipient : *mꜥḏꜣ n bnr(.w)* « récipient de datte(s) »[238].

b) L'expression *nṯr pn* « ce dieu » peut renvoyer tant au dieu qu'au défunt, voir § 5.6.1, n. d). La suite de la formule nous indique que les bénéficiaires de cette offrande étaient à la fois « Osiris, maître de Bousiris » et le défunt *Mesredouyef* (x+14, 8-9).

---

234 *Dendara* X, 282-291. S. CAUVILLE, *Les chapelles osiriennes* II, p. 140. J.-Cl. GOYON, *BIFAO* 78 (1978), p. 432, n. 1.

235 *Dendara* X, 290, 2-3. S. CAUVILLE, *Les chapelles osiriennes* I, p. 155.

236 J. Fr. QUACK, *ZÄS* 127 (2000), p. 78, pl. 10.

237 S. CAUVILLE, *RdÉ* 32 (1930), p. 47-64.

238 S. CAUVILLE, *RdÉ* 32 (1930), p. 47-64. Sur ce terme, voir P. GRANDET, *Le Papyrus Haris I*, vol. 2, p. 100, n. 405.

c) L'usage de  *mn n=k* pour noter l'impératif 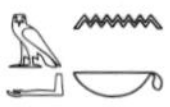 *m n=k* « prends pour toi » est traditionnel dans les textes religieux[239].

d) L'expression *ḥn m ꜥnḫ* signifie « vif », « serein » ou « rafraîchi » comme résultat d'une purification[240]. Dans les stèles de Nuri, la formule précédant l'offrande de vin se termine de la même façon[241]. S'il n'est pas exclu que le souverain fasse son apparition ici, le terme *nsw* désigne peut-être plutôt Osiris dont ce peut être une épithète, cf. § 7.10.1, n. e).

8.3.2 L'offrande du récipient de dattes

Consommées dès la préhistoire et connues déjà des *Textes des pyramides*, les dattes apparurent dans les listes d'offrandes dès les premières dynasties[242]. À l'époque tardive, elles firent l'objet d'une offrande particulière, connue sous le titre « offrir le récipient de dattes (*mꜥḏꜣ n bnr*) »[243]. Ce réceptacle[244] était formé d'une sorte de naos surmonté d'un couvercle conique, dont la forme rappelle celle des cistes osiriennes d'époque romaine[245].

L'offrande du récipient de dattes paraît être « une création des prêtres de l'époque ptolémaïque »[246] d'après Sylvie Cauville qui en a recensé huit exemples, répartis de la façon suivante dans les temples tardifs : deux scènes dans le temple d'Horus à Edfou, trois tableaux dans le temple d'Hathor à Dendara et trois autres encore dans le complexe de Philae. À Edfou, les deux scènes se répartissent sur les parois ouest et est de l'extérieur du naos où elles constituent le deuxième tableau de chacun des quatrièmes registres[247]. Elles ont été gravées au nom de Ptolémée VIII Évergète II et peuvent ainsi être datées du IIe siècle av. J.-C. À Dendara, les deux premiers exemples occupent le troisième tableau du premier registre de la paroi nord de la chambre de Sokar-Osiris[248] et le même emplacement sur la paroi sud de cette pièce[249]. Le dernier exemplaire est représenté sur la paroi ouest de l'extérieur du naos où il occupe le treizième tableau du quatrième registre[250]. À Philae, l'offrande du récipient de dattes est présentée sur la paroi ouest de l'extérieur du naos, où elle constitue le quatrième tableau du

---

239 A. H. GARDINER, *Egyptian Grammar*, p. 258, § 336. M. MALAISE, J. WINAND, *Grammaire raisonnée*, p. 512, § 838.

240 *Wb* III, 102-103, 5. *Anlex* 77.2726 ; 78.2701. P. WILSON, *Lexikon*, p. 651.

241 Nuri 266 (l. 8) ; Nuri 267 (l. 11-12) ; Nuri 268 (l. 10).

242 I. GAMER-WALLERT, *Die Palmen*, p. 38. W. BARTA, *Die altägyptische Opferliste*, p. 23, 27.

243 S. CAUVILLE, *RdÉ* 32 (1983), p. 47-64. P. P. KOEMOTH, *Osiris et les arbres*, p. 18-20. Fr. SERVAJEAN, *in* : *Univers végétal* I, p. 239-240.

244 Son usage serait attesté dès le Moyen Empire (D. MÜLLER, *JEA* 58 (1972), p. 301-302), et en tous cas au Nouvel Empire (W. HELCK, *Materialen*, p. 760-761). Des dattes pressées y étaient conservées (A. H. GARDINER, *JEA* 26 (1940), p. 157-158). Ce terme peut aussi être rapproché d'une unité de mesure (S. P. VLEEMING, *Enchoria* 11 (1982), p. 115-116).

245 V. TRAN TAM TINH, *Essai sur le culte d'Isis*, pl. X, 1 et XV, 2. M. MALAISE, *in* : *Le Symbolisme*, p. 135-143.

246 S. CAUVILLE, *RdÉ* 32 (1980), p. 47.

247 *Edfou* IV, 135, 4-16 ; *Edfou* X, pl. LXXXIV ; PM VI, 156 (291-292). *Edfou* IV, 290, 18 – 291, 13 ; *Edfou* X, pl. XC ; PM VI, 158 (302-303). S. CAUVILLE, *RdÉ* 32 (1980), p. 47-50.

248 *Dendara* II, 145, 9 – 146, 6, pl. CXXVII ; PM VI, 67 (183). S. CAUVILLE, *RdÉ* 32 (1980), p. 51. S. CAUVILLE, *Dendara* II, p. 224-225. M. M. ELDAMATY, *Sokar-Osiris-Kapelle*, p. 55-58.

249 *Dendara* II, 155, 8 – 156, 4, pl. CXXXV ; PM VI, 67 (184). S. CAUVILLE, *RdÉ* 32 (1980), p. 51-52. S. CAUVILLE, *Dendara* II, p. 238-239. M. M. ELDAMATY, *Sokar-Osiris-Kapelle*, p. 58-61.

250 Inédit. S. CAUVILLE, *RdÉ* 32 (1980), p. 52-54.

deuxième registre[251], dans la partie supérieure du mur de la colonnade est (11e tableau)[252] et au registre supérieur de la paroi sud de la deuxième colonnade est (salle de Tibère)[253]. Les cartouches royaux du premier tableau se rapportent à Auguste, ceux des deux autres à Tibère. Dans tous ces exemples, le bénéficiaire de l'offrande est Osiris, ce qui semble faire de la présentation du récipient de dattes une offrande spécifique de ce dieu.

À cette liste, il convient cependant d'ajouter deux, peut-être trois, exemples supplémentaires. Le premier, qui occupe le deuxième tableau du premier registre de la paroi nord de la salle des offrandes du temple d'Edfou[254], n'est toutefois pas destiné à Osiris, mais à Horus[255]. Un autre provient du temple d'El-Qal'a. Sur la porte du sanctuaire central[256], on voit le pharaon Claude présenter un récipient de forme pyramidale, typique de l'offrande du récipient de dattes, à deux divinités, Chou et Tefnout. Le texte, malheureusement très mal conservé, ne permet pas d'identifier avec certitude l'offrande en question. Le dernier exemplaire provient du revers de la porte de la salle des offrandes du temple de Tôd[257]. Le relief met en scène Ptolémée II Évergète officiant devant une statue du dieu Ptah dans un naos. Dans le cas de l'offrande attribuée à Horus à Edfou, son statut prééminent dans son propre temple permettrait d'expliquer le détournement à son profit d'une offrande spécifique d'Osiris[258]. Mais cette explication n'est pas probante pour les scènes des temples d'El-Qal'a et de Tôd, puisque ni Chou et Tefnout ni Ptah ne sont les divinités tutélaires des temples en question.

Sylvie Cauville a mis en lumière le rapport entretenu par l'offrande du récipient de dattes avec la régénération du corps de son bénéficiaire et avec les rites pratiqués lors des cérémonies de Khoiak[259]. L'accent est mis sur la recomposition du corps d'Osiris par sa sœur Isis, thème central de ces célébrations, dont la périodicité annuelle est même précisée. Les allusions faites à la déesse Chentayt, dont Pharaon est dit être le fils, confirment ce fait, tandis que les textes évoquent la fabrication des simulacres en parlant du « travail secret dont on ne connaît pas le mystère ». Dans les trois sanctuaires, les dattes, aussi nommées « graines de vie », sont assimilées aux « humeurs (*rḏw*) sorties du prince ». Osiris reçoit donc le produit de ses propres humeurs, qui, sous la forme de la crue, font vivre l'Égypte toute entière. Puis, en retour, il « donne le pays fertile qui produit les récoltes sans que poussent de mauvaises herbes parmi elles ». Les textes mettent aussi l'accent sur l'unification du pays. Le remembrement du corps d'Osiris ayant servi de modèle de représentation de l'unité nationale, c'est probablement dans le même esprit que les dattes réaffirmaient ce principe.

---

251 *Philae*, 107, 3-11, pl. XXXIII. PM VI, 245 (375-377). Photo Philae 363. S. CAUVILLE, *RdÉ* 32 (1980), p. 54-57.

252 Inédit. PM VI, 208. Photo Philae 627. S. CAUVILLE, *RdÉ* 32 (1980), p. 57-59.

253 Inédit. PM VI, 222. Photo Philae 63. S. CAUVILLE, *RdÉ* 32 (1980), p. 59-60.

254 *Edfou* I, 471, 17 – 472, 10. *Edfou* XII, pl. XXXVa. PM VI, 141 (157). J.-L. SIMONET, *Le collège des dieux maîtres d'autel*, p. 49-54.

255 S. CAUVILLE, *RdÉ* 32 (1983), p. 64.

256 Montant extérieur nord, 2ème registre. L. PANTALACCI, Cl. TRAUNECKER, *El-Qal'a* I, p. 49, nº 38.

257 Chr. THIERS, *Tôd* II, p. 260 (nº 312). Chr. THIERS, *in* : *Egyptology at the Dawn*, p. 517-518, nº 312. On notera que le tableau nº 311 (*Tôd* II, p. 259) représente le rite d'élever les offrandes (*fꜣ iḫ.t*).

258 Chr. THIERS, *in* : *Egyptology at the Dawn*, p. 518. J.-L. SIMONET, *Le collège des dieux maîtres d'autel*, p. 53.

259 S. CAUVILLE, *RdÉ* 32 (1983), p. 61-63.

Le lien qui unit les humeurs d'Osiris[260] et les dattes, sous la forme des arbres qui les portent, est attesté par le papyrus Jumilhac :

> Quant à l'entrée de la Demeure des palmiers-dattiers, ce sont les humeurs (*rḏw.w*) divines qui ont poussé (*rwḏ*) en palmiers-dattiers[261].

Ce rapport n'est semble-t-il pas une création tardive. On relève ainsi déjà dans les *Textes des sarcophages* et dans le *Livre des deux chemins* qu'un embaumeur était attribué aux humeurs divines qui se transformaient en palmiers-dattiers :

> N.N. est le maître des génies-coutiliers ; (c'est pourquoi) je n'ai pas été enlevé (par eux). On me fait un chemin devant le pavillon divin (car) je suis l'embaumeur de celles (les humeurs) qui sont (devenues) des palmiers-dattiers[262]. On m'a rapporté les éléments de la grande couronne rouge, on m'a donné la grande couronne rouge, on a fait que je sorte en ce jour-ci contre mon ennemi ; je l'ai ramené, j'ai pouvoir sur lui. Ce livre était sous les flancs de Khnoum. C'est fini[263].
> Je suis le maître du sang aux jours des transformations ; je suis un génie-coutilier ; (c'est pourquoi) je n'ai pas été enlevé (par eux). Fais-moi un chemin devant le pavillon divin ! L'embaumeur (que je suis) est affecté à celles (i.e. les humeurs) qui sont (devenues) des palmiers-dattiers. Les éléments de la couronne rouge m'ont été rapportés. Voyager en paix vers le palais d'Osiris. Passer les portes[264].

La formule 173 des *Textes des sarcophages* mentionne par ailleurs un interdit alimentaire touchant les humeurs d'Osiris et propose un moyen de substitution :

> C'est moi qui ai protégé le fils de Celui qui a rajeuni, le fils du grand dieu ! Les humeurs (*rḏw.w*) sont mon abomination (*bw.t*) ! Je n'en mangerai pas ! Je mangerai de l'arbre à dattes qui est dans sa chapelle (*kꜣr*), et dont vivent les suivants de Rê. [...] Qui es-tu donc ? Je suis Horus, celui qui est <sur> son perchoir[265].

Cet interdit permet de fixer un contexte mythologique à la relation entretenue par les humeurs d'Osiris et les dattes. S'il était interdit à l'héritier d'Osiris de consommer les humeurs de son père, une fois transformées en palmiers-dattiers, produisant des dattes elles-mêmes comestibles, les humeurs d'Osiris pouvaient être absorbées sous cette forme[266]. C'est donc l'essence même du dieu mort qui était transmise lors de la consommation des dattes. Offrir des dattes à Osiris permettait de lui restituer symboliquement ce qu'il accordait lui-même : ses humeurs et la crue.

---

260 Sur les humeurs, consulter J. KETTEL, *in* : *Hommages Leclant* 3, p. 315-330 ; A. WINKLER, *GöttMisz* 211 (2006), p. 125-139 ; M. MALAISE, *in* : *Le Symbolisme*, p. 125-155/126-129.

261 J. VANDIER, *Le Papyrus Jumilhac*, p. 119 et n. 196 (VIII, 21). L. PANTALACCI, *GöttMisz* 52 (1981), p. 59.

262 Le mot *rḏw* est masculin en égyptien. Le pronom employé l'est donc aussi, d'où la traduction « ceux qui sont devenus des palmiers-dattiers ». L'allusion aux humeurs (*rḏw.w*) semble assez claire ici pour la transposer en français par un féminin.

263 *CT* VI, 192-193. P. BARGUET, *Les Textes des sarcophages*, p. 101-102.

264 *CT* VII, 355-356. P. BARGUET, *Les Textes des sarcophages*, p. 640-641.

265 *CT* III, 58c-h (B2L).

266 Fr. SERVAJEAN, *in* : *Univers végétal* I, p. 234-235, 240.

Les attestations de l'offrande du récipient de dattes ne se limitent pas aux exemples des temples et des sources privées indiquent qu'il pouvait aussi être présenté aux défunts. Ainsi un *Livre d'ouvrir la bouche pour respirer*, rédigé en démotique et daté du Ier siècle apr. J.-C., indique : « Je t'offrirai une libation de bière douce et un récipient de dattes »[267]. Les dattes étaient peut-être présentées pour leur capacité à accélérer la fermentation de la bière et à en améliorer le goût[268]. Le papyrus Harkness (P. New York MMA 31.9.7) du début de l'époque romaine situe la présentation du récipient de dattes lors d'une sortie :

> Une branche de palmier sera coupée pour toi le jour de sortir avec elle tandis qu'un récipient de dattes (*mḏꜣ bny*), des plantes-*thn* et un parvis (*ẖftḥ*) sont devant toi[269].

Une branche de palmier était offerte au défunt durant la nuit du 22 Khoiak[270], ce qui est chronologiquement en accord avec le contexte de cette citation puisqu'il est dit plus loin : « Tu approcheras la barque-*nechemet* le jour de la navigation (*ẖn*) de Sokar. Tu approcheras Abydos quand Osiris est là »[271].

Le papyrus Princeton Pharaonic Roll 10 offre une attestation comparable au formulaire des temples, même si elle est plus succincte et se limite à la seule phrase initiale (x+14, 9-10). La formulation est certes différente, mais plusieurs éléments caractéristiques demeurent. Le changement se situe d'une part dans la provenance, c'est ici le *ba* du dieu qui sécrète des substances, et d'autre part dans l'assimilation de celles-ci aux offrandes. La formule insiste donc sur la consommation des humeurs sous forme d'offrandes, sans que le thème osirien de la régénération ne soit explicite ou que les cérémonies du mois de Khoiak ne soient directement évoquées. Le dieu bénéficiaire n'est pas nommé dans le titre, mais le contenu de la formule montre que celle-ci était destinée à Osiris de Bousiris, auquel le défunt – *Mesredouyef* en l'occurrence – est directement associé.

8.4 Donner le collier large (x+14, 10)

Cette formule n'est pas attestée dans le rituel d'offrandes du Nouvel Empire.

8.4.1 Traduction et commentaire (x+14, 10)

di.t wsḫ	Donner le collier large [a].
ḏd mdw	Réciter :
i.nḏ ḥr=k ꞽItm i.nḏ ḥr=k Ḫpri mi nty r ḥꜣb(.t)	« Salut à toi, Atoum ! Salut à toi, Khépri ! » conformément au rituel de fête [b].

267 M. Smith, *Enchoria* 15 (1987), p. 70 (P. Oxford Bodl. MS Egypt c.9 (II, 4)). M. Smith, *The Liturgy of Opening the Mouth*, p. 31 et 42, n. e). M. Smith, *Traversing Eternity*, p. 360, 370, 376.

268 M. Smith, *Enchoria* 15 (1987), p. 83.

269 P. New York MMA 31.9.7 (IV, 6). Th. J. Logan, *in* : *Studies Hughes*, p. 156-157. M. Smith, *Enchoria* 18 (1991), p. 103-104. M. Smith, *Papyrus Harkness*, p. 73 et 196, n. d). M. Smith, *Traversing Eternity*, p. 292. À propos du *ẖftḥ* « parvis », « dromos », voir A. Cabrol, *Les voies processionnelles*, p. 88-92.

270 M. Smith, *Papyrus Harkness*, p. 141, n. c). M. Smith, *Traversing Eternity*, p. 284.

271 P. New York MMA 31.9.7 (IV, 7-8). M. Smith, *P. Harkness*, p. 74 et 142, n. a). M. Smith, *Traversing Eternity*, p. 292.

Commentaire

a) D'autres expressions sont connues, comme par exemple *ṯs.t wsḫ* « nouer le collier large », *ḥnḳ wsḫ* « présenter le collier large », etc. Le même verbe a été choisi dans le papyrus Paris Louvre N. 3155 (14, 6)[272].
b) À propos de l'expression *mỉ nty r ḥ(ꜣ)b(.t)*, voir § 3.2.3.

8.4.2 La forme du collier large

Au Nouvel Empire, le collier large prenait la forme d'une parure circulaire ou semi-circulaire, dont les extrémités pouvaient s'orner ou non de têtes de faucon[273]. Il pouvait s'agrémenter d'éléments de matières et de formes différentes. Il apparaît ainsi dans le répertoire iconographique jusqu'à l'époque romaine.

Dans les temples gréco-romains, un autre collier, en forme de U, porte le même nom (*wsḫ*)[274]. Il était idéalement formé de neuf rangs de perles, qui évoquaient l'ennéade héliopolitaine et sa théologie. L'une des premières représentations de cette nouvelle forme de collier-*ousekh* serait datée de Ptolémée Ier Sôter et proviendrait de la nécropole de Tounah el-Gebel[275]. À Edfou, on distingue les colliers végétaux des colliers métalliques par leurs appellations et leurs usages[276]. C'est maintenant le collier végétal qui est appelé *wsḫ* tandis que la parure métallique se nomme *bb.t* ou *ỉry-ḫḫ*, et c'est sur le premier qu'a été transférée la symbolique héliopolitaine. Ainsi le « collier de neuf rangs » (*wsḫ n gꜣb.t psḏ.t*), qui était formé de feuilles, renvoyait à l'ennéade d'Atoum. À Tôd, c'est le collier en forme de U – garni de feuilles semble-t-il – qui est offert à la déesse Rattaouy[277]. Dans les temples de Dendara et de Philae, le collier-*ousekh* prend également la forme d'un collier floral en forme de U et il apparaît plus spécifiquement en rapport avec le cycle osirien[278].

Dans le papyrus Princeton Pharaonic Roll 10, le déterminatif du collier-*ousekh* s'apparente au hiéroglyphe  [279] dont la forme découle de celle des colliers en forme de U qui n'apparaissent qu'à partir du début de l'époque ptolémaïque dans les temples tardifs. Cet élément reflète l'évolution de la forme du collier-*ousekh* dans le domaine funéraire à l'époque gréco-romaine[280] et constitue un éventuel critère de datation.

8.4.3 La formule d'offrandes du collier-*ousekh*

Dans le papyrus Princeton Pharaonic Roll 10, l'offrande du collier-*ousekh* est désignée par son titre (x+14, 10). La formule elle-même en est réduite à sa plus simple expression :

---

272 E. SCHIAPARELLI, *Il libro dei funerali*, p. 37.
273 T. HANDOUSSA, *SAK* 9 (1981), p. 143-144. Chr. RIGGS, *ChronÉg* 76, nº 151 (2001), p. 57-59.
274 Chr. RIGGS, *ChronÉg* 76, nº 151 (2001), p. 59-62. L'apparition de cette nouvelle forme justifie de faire usage de l'appellation « collier-*ousekh* » plutôt que « collier large » qui reflète le nom qui lui est donné plutôt que sa forme.
275 Chr. RIGGS, *ChronÉg* 76, nº 151 (2001), p. 62 et n. 13.
276 A. EGBERTS, *in* : *5. Tempeltagung*, p. 71-77.
277 Chr. THIERS, *Tôd* II, p. 174-175 (nº 271).
278 Chr. RIGGS, *ChronÉg* 76, nº 151 (2001), p. 61-62.
279 Se reporter à la paléographie (S11a).
280 Chr. RIGGS, *ChronÉg* 76, nº 151 (2001), p. 63-68.

Donner le collier-*ousekh*. Réciter : « Salut à toi, Atoum ! Salut à toi, Khépri ! », selon le rituel de fête.

Cette salutation servait d'introduction à la formule d'offrandes du collier large au Nouvel Empire[281]. À cette époque, quel que soit le dieu auquel on présentait la parure, le texte débutait par une salutation à Atoum et à Khépri : « Salut à toi Atoum ! Salut à toi, Khépri ! »[282]. Cette formule tire son origine des *Textes des pyramides*, dans lesquels la formule introductive ne distinguait pas les deux dieux : « Atoum-Khépri »[283]. Cette formule liturgique fut aussi adaptée à d'autres besoins[284]. Ainsi, dans le papyrus Chester Beatty IX, on la retrouve sous le titre « formule pour renouveler les offrandes divines »[285] qui intègre la litanie de la conservation du nom qui figurera, plus tardivement, parmi les sections du *Livre second des Respirations*[286].

Dans les temples gréco-romains, le formulaire présente d'importantes évolutions et variations[287]. À Edfou, l'offrande du collier large était alors introduite au moyen de formules variées, souvent sans rapport avec les deux traditions antérieures, à l'exception de quelques survivances[288]. Dans le temple de Philae en revanche, la version des *Textes des pyramides* est reprise[289]. À Dendara, les salutations ont disparu bien qu'Atoum et Khépri puissent encore être mentionnés[290]. On insiste en revanche sur la composition de la parure faite de neuf pétales rappelant l'ennéade héliopolitaine : « Prends le collier-*ousekh* (composé) de neuf rangs de pétales, Atoum réuni à ses enfants »[291]. Cette offrande pouvait en outre être présentée à Hathor, maîtresse de la néoménie[292] et à la barque d'Amon[293].

Le chapitre 158 du *Livre des morts* décrit le défunt recevant un collier-*ousekh* d'or le jour de l'enterrement[294]. Le contenu de cette formule ne reprend aucune des traditions évoquées, bien qu'il se rattache toujours à Héliopolis. Dans la vignette de ce chapitre, la représentation

---

281 T. Handoussa, *SAK* 9 (1981), p. 145-147, 149-150. A. Mariette, *Abydos* I, p. 51 (16e tableau) et pl. 21. A. Moret, *Culte divin*, p. 242-244. A. H. Gardiner (éd.), *Abydos* III, pl. 32. E. Graefe, *in : Religion und Philosophie*, p. 132. M. Minas-Nerpel, *Der Gott Chepri*, p. 368-370.

282 Ces quelques mots servent également d'introduction au chapitre 139 du *Livre des morts* (Fl. Albert, *Le Livre des Morts d'Aset-Ouret*, p. 51 ; St. Quirke, *Going out in Daylight*, p. 314) et à la seconde récitation du chapitre 169[Pleyte] du *Livre des morts* (St. Quirke, *Going out in Daylight*, p. 542).

283 *Pyr.* § 1652a – 1656d (PT 600). E. Otto, *in* : *Studi Rosellini*, p. 223-238. E. Graefe, *in : Religion und Philosophie*, p. 129-148. M. Minas-Nerpel, *Der Gott Chepri*, p. 368-370. M. A. Stadler, *Ägyptische Mumienmasken*, p. 65-66.

284 M. Minas-Nerpel, *Der Gott Chepri*, p. 368-369.

285 P. Chester Beatty IX (8, 3-21) = A. H. Gardiner, *HPBM* III, p. 91, pl. 53. De même P. Turin CG 54041 (20, 12-13) = E. Bacchi, *Il Rituale*, p. 48-49. Voir aussi H. Nelson, *JNES* 8 (1949), p. 324 (fig. 32), 325-326.

286 J.-Cl. Goyon, *Rituels funéraires*, p. 201-205, en particulier p. 202.

287 E. Graefe, *in : Religion und Philosophie*, p. 129-148. M. Minas-Nerpel, *Der Gott Chepri*, p. 370-374.

288 *Edfou* I, 97.

289 L. V. Žabkar, *JEA* 66 (1980), p. 127-136, pl. XV-XVI. E. Graefe, *in* : *Religion und Philosophie*, p. 133.

290 R. Beaud, *in* : *Studies Lichtheim*, p. 46-55.

291 Chr. Riggs, *ChronÉg* 76, n° 151 (2001), p. 62.

292 *Dendara* XV, 361. S. Cauville, *Dendara XV. Traduction*, p. 464-465. S. Cauville, *Le pronaos du temple d'Hathor*, p. 427-428.

293 C. Karlshausen, *L'iconographie de la barque*, p. 255.

294 É. Naville, *PSBA* 25 (1903), p. 301. R. A. Caminos, *JEA* 68 (1982), p. 146-147. P. Barguet, *Le Livre des morts*, p. 226. Th. G. Allen, *The Book of the Dead*, p. 156. Chr. Riggs, *ChronÉg* 76, n° 151 (2001), p. 63. St. Quirke, *Going out in Daylight*, p. 388.

du collier-*ousekh* suit l'évolution décrite plus haut. Cependant, durant l'époque ptolémaïque, les deux formes de collier coexistent dans la vignette.

Le papyrus Paris Louvre N. 3155, d'époque romaine, livre une version du rituel de l'*Ouverture de la bouche* qui intègre une scène d'offrande du collier-*ousekh* (épisode 54)[295]. Le papyrus Copenhague Carlsberg 395 + Berlin P. 29025 + PSI inv. I 100 en fournit une leçon supplémentaire, dont le début est presque entièrement détruit[296]. Le manuscrit parisien présente la formule entière, telle qu'elle débutait au Nouvel Empire. Le titre et la formule introductive sont les mêmes que dans le papyrus Princeton Pharaonic Roll 10. On y ajoute cependant une prescription destinée au prêtre-*sem* :

> *ḏd mdw.w ỉn ẖry-ḥ(ꜣ)b(.t) stm dỉ wsḫ ḏd mdw.w ỉ.nḏ ḥr=k ꜤItm ỉ.nḏ ḥr=k Ḫprỉ ḳꜣ=k m ḳꜣy.t wbn=k m bnbn m ḥw.t-bnbn m ꜤIwnw...*
> Réciter par le ritualiste. Prêtre-*sem*, donner le collier-ousekh. Réciter : Salut à toi, Amon ! Salut à toi, Khépri ! Tu es élevé sur la butte quand tu te lèves sur le pyramidion dans le temple du pyramidion à Héliopolis….

L'introduction retenue montre que les sources de référence ne remontaient pas directement aux *Textes des pyramides*, mais tiraient leur origine d'une tradition issue du Nouvel Empire. Le fait qu'au moins deux manuscrits d'époque romaine retranscrivent encore la formule dans son entier montre que cette tradition a perduré au-delà de l'époque ptolémaïque. Dans le papyrus Paris Louvre N. 3155, c'est la défunte qui bénéficie de cette formule alors que dans le papyrus Copenhague Carlsberg 395 + Berlin P. 29025 + PSI inv. I 100, c'est Sokar-Osiris. On constate ainsi que, dans la tradition du rituel de l'*Ouverture de la bouche*, cette formule a été utilisée à la fois dans un contexte sacerdotal et dans le domaine funéraire.

À l'époque gréco-romaine, les masques de momies portent encore un collier large. On retrouve ainsi la formule d'offrande du collier-*ousekh* inscrite sur un cartonnage de momie conservé à Würzburg[297] :

> Salut à toi, Amon ! Salut à toi, Khépri ! Tu es élevé sur la butte, tu apparais en tant que pierre-*benben* dans le temple du Phénix à Héliopolis. Tu craches Chou. Tu expectores Tefnout. Ô Atoum, puisses-tu poser ton bras autour de l'Osiris du supérieur des tissus *Padihor*, comme tu as posé ton bras autour de Chou et Tefnout.

Il s'agit d'un plastron décoré comprenant justement un collier-*ousekh* flanqué de deux têtes de faucon. On y voit cinq dieux dans une barque papyriforme, une scène d'embaumement par Anubis, le jugement de la momie en face d'Osiris et onze divinités assises au-dessus d'un scarabée ailé tenant un disque solaire. Un cartonnage similaire montre la traversée de la momie, couchée dans une chapelle, dans une barque papyriforme conduite par Horus, une

---

295 E. SCHIAPARELLI, *Il libro dei funerali*, pl. XXXI (P. Paris Louvre N. 3155 (14, 6-17)). E. OTTO, *Mundöffnungsritual* I, p. 131-132 ; II, p. 119-120 (épisode 54). J. Fr. QUACK, *in* : *Carlsberg Papyri* 7, p. 100-102.

296 J. Fr. QUACK, *in* : *Carlsberg Papyri* 7, p. 100-102 (P. Copenhague Carlsberg 395 + Berlin P. 29025 + PSI inv. I 100 (A, 1, 22-2, 5)).

297 M. A. STADLER, *Wege ins Jenseits*, p. 38-41, n° 1 (Martin von Wagner Museum Würzburg, don F. Gütte A 1314).

scène d'embaumement, le jugement du défunt devant Osiris et dix divinités assises au-dessus d'un scarabée ailé poussant un disque solaire[298]. Elle reproduit le même type de formule :

> Salut à toi Amon ! Salut à toi Khépri ! Tu es élevé quand tu apparais (sur) la pierre-*benben* dans le temple du Phénix à Héliopolis, Osiris de *Hor*, fils de *Paioun*, né de *Tjeset*, justifié.

Ces objets, qui associent judicieusement représentation et texte, illustrent l'usage fonctionnel de cette formule qu'ils inscrivent dans la pratique funéraire de leur temps.

À l'instar de ces versions tardives, l'introduction retenue dans le papyrus Princeton Pharaonic Roll 10 rattache la formule d'offrande du collier-*ousekh* à une tradition issue du Nouvel Empire. On peut déduire de ce choix et de l'abréviation dont a fait l'objet cette formule qu'au moment de sa rédaction, il était possible de faire référence à la formule d'offrande du collier-*ousekh* en usage par la seule formule de salutation remontant au Nouvel Empire, qui fonctionnait alors comme un *incipit*. Étant donné que celle-ci n'apparaît généralement pas dans les versions des temples tardifs, on peut penser que le rédacteur n'a pas tiré son inspiration directement des sources sacerdotales de son époque, mais plutôt d'une tradition héritée du rituel d'offrandes du Nouvel Empire[299].

8.5 Présenter Maât (x+14, 10-11)

Cette formule n'est pas attestée dans le rituel d'offrandes du Nouvel Empire.

8.5.1 Traduction et commentaire (x+14, 10-11)

ḥnk m3ꜥ.t	Présenter Maât [a)].
ḏd mdw.w	Réciter :
ꞽItm **14, 11** *mn n=k tp=k*	Atoum, **14, 11** prends [b)] pour toi ta tête.
Ḥr mn n=k ỉr.t=k	Horus, prends [b)] pour toi ton œil.
M3ꜥ.t=k n=k Rꜥ	Ta Maât est à toi, Rê,
ḥkn=k ỉm=s	puisses-tu t'en réjouir.
wḏ3.ty=k n=k Ḥr	Tes deux yeux [c)] sont à toi, Horus,
ḥtp=k ḥr=s	puisses-tu t'en satisfaire.

Commentaire

a) Le verbe *ḥnk* est couramment employé dans le titre de cette offrande à toutes les époques[300].
b) Sur cette forme de l'impératif *mỉ*, voir § 8.3.1, n. c).

298 K.-Th. Zauzich, *in* : U. Sinn, I. Wehgartner (éd.), *Schrift, Sprache, Bild Klang*, p. 57-58, nº 10, pl. 2. M. A. Stadler, *Ägyptische Mumienmasken*, p. 63-67. M. A. Stadler, *Wege ins Jenseits*, p. 144-145, nº 42 (Martin von Wagner Museum Würzburg, coll. Gütte A 201). D. von Recklinghausen, M. A. Stadler (éd.), *KultOrte*, p. 74-79, nº 23.
299 S. Vuilleumier, *in* : *Praktische Verwendung*, à paraître.
300 E. Teeter, *The Presentation of Maat*, p. 49-51.

c) L'offrande de l'œil-*oudjat* peut être associée à celle de Maât[301]. L'offrande des deux yeux constituait par ailleurs un rite spécifique de l'Horus de Létopolis dans le 2e nome de Basse Égypte qui fait référence à leur restitution[302].

8.5.2 L'offrande de Maât

Attestée dès le règne de Thoutmosis III, la présentation de Maât[303] devint un motif très répandu à partir de l'époque ramesside[304]. Cette offrande figure non seulement dans les temples, mais aussi dans les tombes royales et privées et sur des monuments variés[305]. À quelques exceptions près, la présentation de Maât, dont la formule est relativement standardisée, était le plus souvent une prérogative royale dans le temple, comme le confirme son association avec celle du nom qui insiste sur la légitimité du souverain[306]. Dans le cadre privé, la présentation de Maât est assez rare et apparaît dans un contexte funéraire qui découle de l'association de Maât avec Rê ou de son rôle dans la justification du défunt[307]. Si l'iconographie s'est inspirée du modèle royal, les textes ne présentent plus guère d'éléments communs avec cet archétype et l'absence de formule dédicatoire ne laisse reconnaître aucune interaction entre l'officiant et les dieux[308]. Associés avec les chapitres 30, 125, 151 ou 166 du *Livre des morts* ou avec une formule d'offrande invocatoire (*ḥtp dỉ nsw*), ils s'inscrivent dans un contexte funéraire et montrent des affinités avec la figure de Rê et les hymnes qui lui étaient destinés[309]. La présentation de Maât ne figure pas parmi les épisodes du rituel d'offrandes du Nouvel Empire[310]. Elle apparaît cependant dans le rituel du culte divin journalier[311] au sein duquel elle forme une séquence avec l'offrande de l'œil-*oudjat* à Edfou[312].

Dans le papyrus Princeton Pharaonic Roll 10, ni l'instigateur ni le récipiendaire du rite n'est évoqué. La formule retenue ne montre aucun point commun avec la phraséologie royale de la présentation de Maât, si ce n'est son titre usuel *ḥnk Mꜣꜥ.t* « Présenter Maât »[313].

La formule du manuscrit américain évoque la tête d'Atoum d'une part et l'œil d'Horus d'autre part. Cette association est largement documentée[314]. Qu'Atoum et Rê soient nommés ensemble n'a rien d'étonnant, puisque Maât est la fille du soleil[315]. On relèvera également la mention de l'œil d'Horus dont les liens avec l'offrande de Maât sont établis par ailleurs. Considérant le contexte funéraire des attestations privées, l'intégration de cette offrande dans

301 E. TEETER, *The Presentation of Maat*, p. 43, n. 69.
302 *Edfou* V, 94. Ph. DERCHAIN, *ChronÉg* 37, no 73 (1962), p. 55.
303 Sur cette notion, voir J. ASSMANN, *Maât.*
304 Pour une chronologie détaillée, voir E. TEETER, *The Presentation of Maat*, p. 7-17.
305 E. TEETER, *The Presentation of Maat*, p. 39-43.
306 E. TEETER, *The Presentation of Maat*, p. 75-76, 82-83, 90-93.
307 E. TEETER, *The Presentation of Maat*, p. 21, 83.
308 E. TEETER, *The Presentation of Maat*, p. 83.
309 E. TEETER, *The Presentation of Maat*, p. 15-16, 42.
310 E. TEETER, *The Presentation of Maat*, p. 43 et n. 66-68.
311 A. MORET, *Culte divin journalier*, p. 138-147.
312 *Edfou* I, pl. XIII.
313 E. TEETER, *The Presentation of Maat*, p. 49-51.
314 E. TEETER, *The Presentation of Maat*, p. 15, n. 68, p. 43, n. 69.
315 À côté de considérations théologiques, la littérature s'attache également à cette idée. Ainsi dans le *Conte du naufragé*, la fille du serpent merveilleux, dans lequel on reconnaît Atoum, n'est autre que Maât sous la forme de la fille de Rê (G. LANZCKOWSKI, *ZDMG* 103 (1953), p. 360-371 ; M.-Th. DERCHAIN-URTEL, *SAK* 1 (1974), p. 83-104).

le papyrus Princeton Pharaonic Roll 10 serait plus volontiers due à la coloration solaire de celle-ci qu'à un héritage direct du temple.

8.6 Tirer quatre flèches (x+14, 11-15)

Aucun titre n'est indiqué pour la formule suivante, introduite uniquement par *ḏd mdw* « réciter ». Ces quatre lignes s'accompagnent d'un texte disposé en colonnes (x+14, A).

8.6.1 Traduction et commentaire (x+14, 11-15 ; x+14, A-B)

ḏd mdw	Réciter :
14, 12 *ỉ.sty r rs(y)*	14, 12 Tire une flèche [a)] vers le sud !
14, 13 [*ỉ.*]*sty* [*r mḥ.t*]	14, 13 Tire une flèche [vers le nord] !
14, 14 [*ỉ.*]*sty r* [*ỉmn.t*]	14, 14 Tire une flèche vers [l'ouest] !
14, 15 [*ỉ.*]*sty r ỉꜣb.t*	14, 15 Tire une flèche vers l'est !
14, A [*m*]*ỉ m* [... (*?*)] *p.t r tꜣ*	14, A [Vi]ens [b)] du [... (?)] [c)] ciel vers la terre !
nsw [*bỉty*]	Roi de Haute [et Basse Égypte]
(*Pr-ꜥꜣ*)| (*ꜥ.w.s.*) [*m*]*ỉ*	(Pharaon)| (v.f.s.) [d)], viens [e)]
[*m*]*nỉ Wsỉr nṯr* ꜥ[*ꜣ*	qu'Osiris, le grand dieu
ḫnty] *ỉmn.t*	qui préside à l'Occident [f)], amarre
14, B *ḥs sw nṯr.w* [... (*?*)]	14, B et que les dieux [de l'inondation (?)] [g)] le louent.

Commentaire

a) En néo-égyptien, l'impératif peut se former à l'aide du préfixe  [316]. Le verbe *stỉ* « lancer », « tirer » est employé la plupart du temps lorsqu'il est question d'une flèche, mais aussi pour une lance ou un harpon[317].

b) Un petit fragment de papyrus est déposé à cet endroit, mais il semble que l'on puisse restituer  avec une certaine assurance. On s'adressait peut-être à chacune des flèches, à moins qu'il faille rattacher à cette phrase la mention du roi, voir *infra* n. d). Un texte d'Esna déclare ainsi : « Tire la flèche vers le sud, traverse de ta flèche le ciel et la terre »[318].

c) Il semble qu'un cadrat supplémentaire au moins ait figuré dans la lacune au bas de la première colonne, mais il n'est pas certain qu'il ait été inscrit.

d) C'est semble-t-il la valeur à donner au petit trait oblique qui suit le cartouche, voir § 12.2.3. Si le roi était bien vivant, il est peu probable qu'il soit descendu du ciel vers la terre. Il faut donc probablement le rattacher à la proposition suivante en le considérant comme un vocatif.

---

316 J. ČERNÝ, S. ISRAELIT GROLL, *A Late Egyptian Grammar*, p. 342, § 24.1. J. LUSTMAN, *Étude grammaticale*, p. 47, § 11.1.3. Fr. JUNGE, *Late Egyptian Grammar*, p. 78.

317 *Wb* IV, 326, 1-327, 11. P. WILSON, *Lexikon*, p. 956.

318 *Esna* III, 207, 22. S. SAUNERON, *Les fêtes religieuses*, p. 296, 300-301.

e) Bien que de petite taille, les lacunes empêchent de saisir avec certitude l'articulation de ce passage. Un nouvel impératif *mỉ* « viens » semble se rapporter cette fois à Pharaon. Considérer *mnỉ* comme un second impératif ne permettrait pas d'intégrer la suite, voir cependant *infra* n. f). Il paraît judicieux de le comprendre comme une forme *sḏm=f* ayant pour sujet Osiris pour donner sens à l'ensemble. Il est toutefois possible qu'un signe supplémentaire ait figuré dans la lacune au bas de la cinquième colonne.

f) Le nom d'Osiris pourrait aussi avoir été être rattaché à la dernière phrase : « Osiris, le grand dieu qui préside à l'Occident, les dieux [de l'inondation] le louent », mais on s'expliquerait mal l'intervalle laissé entre les deux colonnes.

g) Cette restitution est envisagée d'après les déterminatifs encore visibles. Ces dieux renvoient peut-être à l'« Assemblée qui est à la tête du flot » citée plus haut (x+14, 8), voir § 8.2.3.

8.6.2 Tirer les flèches

Le geste de tirer des flèches est attesté à plusieurs reprises. Dans le temple de Karnak par exemple, une scène de l'*Akhmenou* montre Thoutmosis III, coiffé de la couronne blanche, en train de tirer une flèche vers l'ouest[319]. Dans la chapelle de Min du temple d'Edfou, le rite de tirer les quatre flèches occupe une scène du deuxième registre de la paroi nord[320]. Au registre inférieur, la scène correspondante, qui met en scène Min le roi, Horus le fort[321], consistait peut-être en un lâcher d'oiseaux[322]. Deux autres scènes de cette paroi y associent encore deux autres rites : conduire les veaux (*ḥw bḥs.w*) et tirer les coffres (*sṯꜣ mr.t*)[323]. Sur la paroi sud, c'est l'élévation des offrandes (*fꜣ ỉḫ.t*) qui est illustrée dans un contexte héliopolitain. L'ensemble de ces rites était mis en œuvre lors de la sortie du dieu Min et lors de la fête de Behedet[324]. À Edfou toujours, le premier jour de la fête de Behedet, soit le lendemain de la néoménie d'Épiphi, des flèches étaient tirées dans les quatre directions cardinales après qu'on avait lâché quatre oiseaux-*ꜥprw*[325]. On relèvera que ce rite constitue l'épisode final du papyrus Princeton Pharaonic Roll 10 (§ 11.5).

Sur le linteau de porte de la salle E de l'édifice de Taharqa établi près du lac sacré à Karnak, deux scènes prophylactiques assurent la protection du cénotaphe-*hen* d'Osiris à l'intérieur de la butte de Djêmé[326]. À droite, le roi lance quatre boules en direction de chacun des points cardinaux. Cette scène met en image les gestes connus par un rituel de protection intitulé *Révélations des mystères des quatre boules d'argile*[327]. À gauche, la divine adoratrice se tient debout, un arc entre les mains. Trois flèches sont déjà fichées dans des cibles ; la

319 É. CHASSINAT, *Le mystère d'Osiris* II, p. 647, n. 3. P. BARGUET, *Le temple d'Amon-Rê*, p. 166.

320 S. CAUVILLE, *Essai sur la théologie*, p. 38-41.

321 Ce dieu apparaît dans la litanie de l'élévation des offrandes (x+13, 14), voir § 8.2.1.

322 S. CAUVILLE, *Essai sur la théologie*, p. 40.

323 À propos de ces rites, voir A. M. BLACKMAN, H. W. FAIRMAN, *JEA* 35 (1949), p. 98-112 ; *JEA* 36 (1950). p. 63-112 ; A. EGBERTS, *in* : *Akten München*, p. 241-247 ; A. EGBERTS, *In Quest of Meaning*.

324 H. GAUTHIER, *Les fêtes du dieu Min*, p. 59-60. A. EGBERTS, *In Quest of Meaning*, p. 387, 393. Sv. NAGEL, *in* : *Altägyptische Enzyklopädien*, p. 607-680.

325 *Edfou* V, 133, 4. É. CHASSINAT, *Le mystère d'Osiris* II, p. 647, n. 3. M. ALLIOT, *Le culte d'Horus*, p. 520, 523.

326 R. A. PARKER, J. LECLANT, J.-Cl. GOYON, *The Edifice of Taharqa*, p. 61-65, pl. 25. K. M. COONEY, *JARCE* 37 (2000), p. 28-29 et 31, fig. 12. Chr. THEIS, *Magie und Raum*, p. 275.

327 À propos de cette composition, voir § 6.4, n. 434.

dernière est prête à être tirée[328]. Le chiffre quatre[329] évoque immédiatement les points cardinaux et les régions étrangères qui y sont respectivement attachées, ce que confirme l'indication « elle a saisi l'arc, tirant vers le sud, le nord, l'ouest et l'est » et les légendes accompagnant les représentations des cibles[330]. Suivent les formules à prononcer lors de chaque jet. Ce rite est teinté d'allusions solaires[331], ainsi que l'illustrent les mentions de la rébellion des enfants de Rê et de la Vache-*ihet*, sa mère.

À Esna, la cérémonie du 13 Épiphi en l'honneur de Neith, qui est volontiers représentée avec un arc, à l'instar d'autres déesses comme Satet ou Astarté, s'achevait le soir à la tribune du lac (*ḏ3ḏ3.t tp nw*) par le tir de flèches dans les quatre directions cardinales afin de détruire les ennemis du soleil :

> Saisir l'arc de tamaris ainsi que les quatre flèches par le très grand prince[332]. Tirer en direction du sud, du nord, de l'ouest et de l'est. Réciter :
> « Salut à toi, arc de Rê, arc d'Atoum ! C'est cet arc qui est dans la main de Neith, la flèche qui est dans son poing serré au moment où elle bouscule grâce à eux tous les ennemis de Rê et qu'elle anéantit celui qui s'insurge contre elle et qu'elle lance sa flèche et son massacre contre le(s) rebelle(s). Sa flèche s'abat sur tous les ennemis de Rê, sa flèche s'abat sur tous les ennemis de Pharaon, morts ou vivants, et (sur ceux) de son père Atoum. Leur troupe est puissante, *bis*, ils sont puissants et ne sont pas isolés contre vos flèches. Mais il vous rend efficace contre Bébon, et vous le précipitez à terre. Apophis, vous l'anéantissez ! Vous lacérez votre calomniateur, (exposé) à la flamme brûlante du bûcher pour toujours. Soyez vigilants ! Protégez le lieu saint pour toujours afin de précipiter à terre Apophis, dans le ciel et sur la terre, dans l'assemblée de tous les dieux et de toutes les déesses. Rê triomphe d'Apophis, quatre fois. Tire la flèche vers le sud, traverse de ta flèche le ciel et la terre, pour que tu repousses tous les ennemis de Rê dans le sud, de même au nord, de même à l'ouest, de même à l'est »[333].

Darder l'ennemis de flèches fait partie des châtiments infligés à Seth comme l'illustre par exemple le *Livre de repousser le Mauvais*[334]. L'arc d'Atoum renvoie à Celui qui réside dans la ville, l'Atoum archer de *Kher-âha*[335]. Ce singe archer apparaît notamment dans l'une des chapelles osiriennes du temple de Dendara[336]. Détruire les ennemis permettait d'assurer la protection d'Osiris. Des flèches sont parfois représentées sous le lit funéraire d'Osiris parmi les couronnes et autres attributs ; elles pourraient renvoyer à un rite de tirer quatre flèches comme protection du dieu[337].

Dans le papyrus Princeton Pharaonic Roll 10, le fait de tirer des flèches dans les quatre directions cardinales est évoqué de façon très concise. Aucun titre n'accompagne cette formule

---

328 J.-Cl. Goyon, *Kêmi* 18 (1968), p. 43-44.
329 R. A. Parker, J. Leclant, J.-Cl. Goyon, *The Edifice of Taharqa*, p. 62, n. 9.
330 R. A. Parker, J. Leclant, J.-Cl. Goyon, *The Edifice of Taharqa*, p. 64.
331 R. A. Parker, J. Leclant, J.-Cl. Goyon, *The Edifice of Taharqa*, p. 62, 63-64.
332 Il s'agit d'un prêtre de haut rang à Esna (S. Sauneron, *Les fêtes religieuses*, p. 279, n. d).
333 *Esna* III, 207, 20-22. S. Sauneron, *Les fêtes religieuses*, p. 296, 300-301.
334 S. Schott, *Urkunden* VI, p. 133, 13-18. D. Meeks, *Mythes et légendes du Delta*, p. 223. V. Altmann, *Die Kultfrevel des Seth*, p. 139-141.
335 J. Yoyotte, *BIFAO* 54 (1954), p. 105-110. E. Brunner-Traut, *MDAIK* 14 (1956), p. 20-28. *LGG* V, p. 332-333.
336 *Dendara* X, pl. X, 198.
337 A. von Lieven, *in* : *6. Ägyptologische Tempeltagung*, p. 184-185.

dont il est précisé qu'elle devait être récitée. Rien n'indique donc que des flèches étaient véritablement tirées et ce rite pourrait s'être résumé à une récitation. La mention des quatre points cardinaux demeure centrale. Tirer des flèches dans toutes les directions permettait de défendre un espace donné – la barque en l'occurrence – en repoussant toute sorte d'adversaires, voire de lutter plus spécifiquement contre les dangers qui se multipliaient aux abords des rives. On s'expliquerait ainsi mieux la phrase « Viens du ciel vers la terre ! », adressée probablement à chaque flèche, et l'absence de toute référence à des ennemis.

8.6.3 L'amarrage

Malgré les lacunes qui entachent la fin du texte inscrit en colonnes, il faut semble-t-il comprendre que le roi était invité à venir afin de permettre à Osiris d'atteindre la terre ferme. Est-ce que le dieu était accueilli par le roi à son arrivée ? Ou bien ce dernier arrivait-il avec lui après l'avoir accompagné dans son périple ? Cette indication répondait peut-être d'une certaine manière à la phrase « Horus, dirige la barque du roi de Haute et Basse Égypte (Pharaon)| v.f.s. afin qu'Osiris navigue » (x+8, 1)[338], mais il est difficile de répondre à cette question avec les éléments disponibles. Quoi qu'il en soit, elle marquait vraisemblablement la fin, ou au moins une étape, du trajet de la barque, ce qui soulève d'autres questions relatives au déroulement du rituel d'offrandes décrit par le papyrus Princeton Pharaonic Roll 10[339].

8.7 Offrir le vin (x+15, 1-4)

Largement attestée à toutes les époques dans les temples et ailleurs, l'offrande de vin constitue l'épisode 22 du rituel d'offrandes du Nouvel Empire[340].

8.7.1 Traduction et commentaire (x+15, 1-4)

15, 1 *wdn ỉrp*	**15, 1** Offrir le vin [a)].
ḏd mdw	Réciter :
rd šꜣ.wt nb.(w)t	Que poussent toutes les vignes
mr=k	que tu aimes [b)],
Wsỉr ḥm-nṯr Ms-rd.wy=f mꜣꜥ-ḫrw	Osiris (du) prêtre *Mesredouyef*,
msỉ.n Tꜣy-Hb.t	justifié, enfanté par *Tahebet* [c)].
ḥꜥꜥ bꜥḥ **15, 2** *n wnm.t=k*	Jouis de la crue **15, 2** pour ton repas [d)]
mḥ n=k nsw-bỉty	(car) le roi de Haute et Basse Égypte,
(Pr-ꜥꜣ)| ꜥ.w.s	(Pharaon)|, v.f.s., remplit pour toi
ỉr.t Ḥr m ỉrp	l'œil d'Horus avec du vin [e)].
swr	Bois [f)] !
<ỉw=w> wꜥb	<Elles sont> pures [g)] !
wn ꜥꜣ.wy p.t	Puissent les vantaux du ciel s'ouvrir !
sš ꜥꜣ.wy tꜣ	Puissent les vantaux de la terre s'ouvrir [h)] !

338 Voir § 7.3.1, n. f).
339 Voir § 12.4.
340 N. TACKE, *Das Opferritual* I, p. 57-61 ; II, p. 66-70.

ḳbḥ n Wsỉr	Libation pour Osiris [i)]
15, 3 *Wsỉr ḥm-nṯr Ms-rd.wy=f*	**15, 3** (et) l'Osiris (du) prêtre *Mesredouyef*,
mꜣʿ-ḫrw msỉ.n Tꜣy-Hb.t	justifié, enfanté par *Tahebet*,
tp-ʿ Ḥʿpy	devant Hâpy [j)].
Ḏḥwty dỉ=f swr=f	Que Thot [k)] fasse en sorte qu'il [l)] boive
m mw=f m ḥ(n)ḳ(.t)=f	son eau, sa bière,
m ỉrp=f m ḳbḥ=f	son vin et sa libation [m)].
sḫm=f **15, 4** *ỉm=sn*	Qu'il les consomme **15, 4**,
swr=f ỉm=sn	qu'il les boive [n)]
ỉw=w wʿb	– ils sont purs ! –
mỉ sḫm Gb pʿ.t	comme Geb domine les *pât*,
hrw pfy ỉṯ.n=f	ce jour où il s'est emparé
[tꜣ.wy] ỉm	des [Deux Terres] [o)].

Commentaire

a) Dans le corpus du rituel d'offrandes, le titre de cette formule est *rꜣ n ḥnk m ỉrp* « Formule pour offrir le vin » (pK/T, K1)[341]. Plus développé à Edfou (E9), il est absent à Abydos, à l'exception d'une variante (A21a), dans les stèles de Nuri, où *sḫ.t* « champ » peut remplacer *šꜣ* « vigne », et à Philae (P6b). Le titre de cette offrande s'écrit par ailleurs *rdỉ ỉrp* « donner le vin »[342]. À Dendara, les verbes *ḥnk* « offrir » et *rdỉ* « donner » sont volontiers employés[343]. Le verbe *wdn* « offrir » est attesté pour l'offrande de vin à Edfou[344]. Le papyrus Vienne KM ÄS 3871 (x+3, 20) livre le même titre que le papyrus Princeton Pharaonic Roll 10 : *wdn ỉrp* « offrir le vin » ; la formule elle-même n'y est pas recopiée.

b) C'est ainsi que débute la formule dans le rituel d'offrandes : *rd šꜣ(.w)* « Que la/les vigne(s) pousse(nt) » à Karnak (K1) et à Abydos (A13 ; A21a)[345]. Une lacune empêche de connaître le début de la formule de pK/T : [... *ḥr*] *srd šꜣ.w* « [... pour] faire pousser les vignes »[346]. Les stèles de Nuri ajoutent *=k* ou *nb* et *n mr.t=k*, que l'on retrouve sous la forme *mr=k* dans le temple de Philae (P6b). La leçon d'Edfou préfère *m bw ỉb=k* (*ỉm*) « dans le lieu où ton cœur (se trouve) » (E9).

c) La leçon pK/T indique le nom du roi Amenhotep Ier, tandis que les autres versions donnent *nṯr pn* « ce dieu » (K1 ; A21a) ou nomment le dieu Ptah ou Osiris (A13 ; St3e)[347]. La version d'Edfou présente une variante (E9). L'emploi de la préposition *n* dans pK/T est lié à la formulation de cette leçon[348].

---

341 N. TACKE, *Das Opferritual* I, p. 57.

342 M.-Ch. POO, *Wine*, p. 47-48.

343 S. CAUVILLE, *Dendara I. Traduction*, p. 259 ; *Dendara II. Traduction*, p. 393 ; *Dendara III. Traduction*, p. 371 ; *Dendara IV. Traduction*, p. 501 ; *Dendara V-VI. Traduction*, p. 48.

344 *Wb* I, 391, 1-16. P. WILSON, *Lexikon*, p. 278.

345 N. TACKE, *Das Opferritual* I, p. 57.

346 N. TACKE, *Das Opferritual* I, p. 57 ; II, p. 68, n. b.

347 N. TACKE, *Das Opferritual* I, p. 58.

348 N. TACKE, *Das Opferritual* II, p. 66, 68, n. a.

d) Le scribe a par erreur écrit  au lieu de  (Z11) qui apparaît dans la plupart des versions de ce passage[349]. D'après pK/T, c'est le mot *wnm* « repas », « nourriture »[350] qui est employé dans ce passage, bien qu'il ait été assez tôt mal compris et peut-être réinterprété en *ỉmy=f* « ce qui est en lui »[351]. L'emploi du pronom *=k* dans le papyrus Princeton Pharaonic Roll 10 ne permet guère une telle interprétation. Comme le verbe *ḥꜥỉ* est parfois transitif à l'époque tardive[352], on pourrait aussi considérer que l'on s'adressait encore au défunt : *hꜥꜥ bꜣḥ n wnm.t=k* « Jouis de la crue pour ton repas ».

e) Le pronom *=ỉ*, régulièrement sous-entendu, est le plus souvent le sujet du verbe *mḥ* dans le rituel d'offrandes, où c'est donc l'officiant, habituellement le roi, qui s'exprime[353]. Les stèles de Nuri nomment le roi défunt (St2e, St3e, St4e) qui constitue le bénéficiaire et non l'officiant. Il en va probablement de même de la leçon de Philae (P6b) : *mḥ=ỉ n=k sꜣ Rꜥ nb* [... ... ...] *ỉr.t Ḥr m ỉrp=s* « Je remplis pour toi, fils de Rê maître [... ... ...], l'œil d'Horus avec son vin »[354]. Cette formulation laisse planer le doute sur l'identité de l'officiant, qui ne peut être le souverain. D'après ces exemples, il faudrait donc traduire *mḥ(=ỉ) n=k nsw-bỉty (Pr-ꜥꜣ)| ꜥ.w.s ỉr.t Ḥr m ỉrp* « (Je) remplis pour toi, (Pharaon)| v.f.s., l'œil d'Horus avec du vin » et faire du souverain le bénéficiaire, alors que *Mesredouyef* occupait ce rôle juste avant. Mais dans ce cas, le roi, bien vivant semble-t-il, pourrait être nommé en tant qu'officiant : *mḥ n=k nsw-bỉty (Pr-ꜥꜣ)| ꜥ.w.s ỉr.t Ḥr m ỉrp* « (Pharaon)| v.f.s., remplit pour toi l'œil d'Horus avec du vin ». Ce passage aurait ainsi été adapté pour remplir son rôle auprès d'un défunt.

f) Seule une des leçons abydéniennes du rituel d'offrandes (A21a) fait figurer le terme *swr* après l'ajout de *n Ptḥ Skr rsy ỉnb=f* « pour Ptah-Sokar qui est au sud de son mur »[355]. Dans le papyrus Princeton Pharaonic Roll 10, un impératif conviendrait à l'énonciation de cette formule adressée à *Mesredouyef*. La version d'Edfou ajoute pour sa part *sꜥm=k* « tu avales » (E9). La leçon pK/T ajoute un passage supplémentaire qui n'est pas reproduit ici, mais qui figure en partie à Edfou (E9)[356].

g) Cette formule figure dans les versions du rituel d'offrandes, où elle peut être répétée (pK/T ; A21a)[357].

h) Ces deux propositions figurent dans les versions du rituel d'offrandes[358]. Elles sont bien connues[359] et figurent notamment dans l'épisode 5 du rituel d'offrandes relatif à l'ouverture du naos pour rendre le dieu visible[360]. Des variantes apparaissent dans d'autres contextes. Un lit funéraire d'Époque romaine indique par exemple *wn n=k p.t sš n=k tꜣ*

---

349 N. Tacke, *Das Opferritual* I, p. 58.
350 *Wb* I, 321, 13-14.
351 N. Tacke, *Das Opferritual* II, p. 68-69, n. f. Le passage est rendu : *hꜥꜥ Ḥꜥpy bꜣḥ n ỉmy=f* « Es möge jubeln Hapi, die Wasserfülle, über seine Speise » (N. Tacke, *Das Opferritual* II, p. 66).
352 *Wb* III, 41, 1-2.
353 N. Tacke, *Das Opferritual* I, p. 59 ; II, p. 66, 69, n. g.
354 N. Tacke, *Das Opferritual* I, p. 59 ; II, p. 66, 69, n. g.
355 N. Tacke, *Das Opferritual* I, p. 59 ; II, p. 69, n. g.
356 N. Tacke, *Das Opferritual* I, p. 59.
357 N. Tacke, *Das Opferritual* I, p. 59-60.
358 N. Tacke, *Das Opferritual* I, p. 60 ; II, p. 70, n. i.
359 W. Guglielmi, K. Buroh, *in* : *Essays te Velde*, p. 101-166.
360 N. Tacke, *Das Opferritual* I, p. 35-40 ; II, p. 35-38.

wp n=k wꜣw.t m ẖr(.t)-nṯr « Le ciel est ouvert pour toi, la terre est ouverte pour toi et les chemins sont ouvert pour toi dans l'au-delà »[361]. Un passage du temple d'Esna fait quant à lui allusion à la lune : « Les portes du ciel sont ouvertes, les portes de Nout sont ouvertes, l'œil sain brille pour tous ceux que Rê a créés. Osiris en vit en tant que lune, patronne du mois »[362].

i) Ce passage figure ainsi dans les versions plus récentes du rituel d'offrandes (St2e ; St3e ; St4e ; P6), alors que les leçons du Nouvel Empire semblent le rattacher à la phrase précédente (pK/T ; A21a)[363]. Le texte de Philae s'achève ici. La libation est destinée ici à Osiris et au défunt. Elle est le plus souvent attribuée au roi défunt dans le rituel d'offrandes, à l'exception des versions d'Abydos et de Philae.

j) La même version figure sur les stèles de Nuri (St2e ; St3e ; St4e), alors que les leçons du Nouvel Empire ajoutent Thot : *Ḏḥwty ḥr tp-ꜥ.wy Ḥꜥpy* « Thot se trouve devant Hâpy »[364]. Sur la graphie tardive de *Ḥꜥpy*, voir § 5.3.1, n. b). Dans le papyrus Princeton Pharaonic Roll 10, cette référence renvoie peut-être à une certaine réalité, voir x+7, 8 (§ 7.1).

k) Les leçons du Nouvel Empire (pK/T ; A21a) donnent Rê-Horakhty comme sujet, mais Thot apparaît sur les stèles de Nuri (St2e ; St3e ; St4e)[365].

l) Toutes les versions du rituel d'offrandes nomment un roi défunt, sauf celle d'Abydos (A21a) où il est question de Ptah-Sokar qui est au sud de son mur[366].

m) Le papyrus Princeton Pharaonic Roll 10 suit le même modèle que les stèles de Nuri (St2e ; St3e ; St4e), alors que les versions du Nouvel Empire listent *ḳbḥ=f ỉrp=f mw=f* « sa libation, son vin et son eau » (pK/T ; A21a)[367].

n) Ce passage ne figure pas dans les versions du Nouvel Empire (pK/T ; A21a), mais un ajout similaire apparaît sur les stèles de Nuri (St2e ; St3e ; St4e) : *wnm=f ỉm=sn swr=f ỉm=sn* « il les mange, il les boit »[368]. Le papyrus Princeton Pharaonic Roll 10 use en revanche du verbe *sḫm* « prendre possession », « consommer »[369] qui est repris par diaphore dans la proposition suivante avec le sens usuel « dominer », « avoir pouvoir sur ». Geb peut être associé à la destruction des ennemis et à l'offrande de vin[370].

o) Ce passage figure dans les versions du rituel d'offrandes, mais les *pât* n'apparaissent que sur les stèles de Nuri (St2e ; St3e ; St4e)[371]. L'une d'entre elles (St4e) présente la graphie 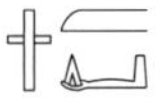 pour *sḫm*, ce qui pourrait être l'indice d'une confusion entre les signes  et  dans la phrase précédente.

361 D. Kurth. *Materialien*, p. 115-116 (Lit funéraire Berlin 12441).
362 A. von Lieven, *Der Himmel über Esna*, p. 124-126.
363 N. Tacke, *Das Opferritual* I, p. 60 ; II, p. 66 et 70, n. j.
364 N. Tacke, *Das Opferritual* I, p. 60 ; II, p. 66 et 70, n. k.
365 N. Tacke, *Das Opferritual* I, p. 60 ; II, p. 66 et 70, n. k.
366 N. Tacke, *Das Opferritual* I, p. 60.
367 N. Tacke, *Das Opferritual* I, p. 61 ; II, p. 66, 70, n. l.
368 N. Tacke, *Das Opferritual* I, p. 61 ; II, p. 66, 70, n. l.
369 *Wb* IV, 247, 14-16. *AnLex* 78.3758, 79.2727.
370 Sh. Bédier, *Die Rolle des Gottes Geb*, p. 201-202.
371 N. Tacke, *Das Opferritual* I, p. 61.

8.7.2 L'offrande du vin

L'offrande du vin[372], qui peut être représentée tant sur les murs des temples que sur d'autres monuments, est intégrée d'une part au rituel funéraire et d'autre part au rituel divin[373]. Attestée par les *Textes des pyramides* et les *Textes des sarcophages*, cette tradition s'est perpétuée à travers les rituels d'offrandes royaux et privés[374]. Plusieurs témoignages intègrent la liturgie de l'offrande du vin dans le culte divin[375]. D'après Mu-Chou Poo, les textes accompagnant les scènes d'offrande du vin dans les temples ptolémaïques et romains se répartiraient en cinq types[376], qui empruntent dans une certaine mesure des éléments communs. Cet auteur a reconnu dans les scènes du type III une version abrégée de la liturgie du culte divin connue au Nouvel Empire, dont seule la première partie a été maintenue[377]. On retrouve une formule pour offrir le vin (*r(ꜣ) n ḥnḳ ỉrp*) dans le papyrus Tebtynis SCA 6851[378].

Le rituel d'offrandes du Nouvel Empire intègre des extraits remontant aux *Textes des pyramides* pour établir une version liturgique. Il fait partie des sources, dont se sont servi les hiérogrammates de l'époque tardive pour l'élaboration de la décoration des temples gréco-romains. La confrontation des parallèles montre que le papyrus Princeton Pharaonic Roll 10 n'est pas issu directement de la tradition du Nouvel Empire, mais plutôt de son évolution, comme en témoigne les rapprochements faits avec les trois stèles provenant de Nuri. L'offrande de vin ne présente pas de caractéristiques propres à une cérémonie particulière. Elle est destinée à *Mesredouyef* qui bénéficie avec Osiris de la libation.

8.8 Placer la graisse sur la flamme (x+15, 4-5)

Ce passage trouve un parallèle dans l'épisode 14 du rituel d'offrandes du Nouvel Empire[379].

8.8.1 Traduction et commentaire (x+15, 4-5)

rdỉ.t ꜥḏ ḥr sḏ.t	Placer la graisse sur la flamme [a)].
ḏd mdw	Réciter [b)] :
ỉw ḏfꜣ **15,5** *<.w> smꜣ ḏfꜣ.w*	« Le<s> aliment<s> viennent **15,5** s'ajouter aux aliments » [c)]
mỉ nty r ḥ(ꜣ)b(.t)	conformément au rituel de fête [d)].

372 M.-Ch. Poo, *Wine*. D. Meeks, *BiOr* 55 (1998), p. 113-119 ; *ChronÉg* 74, n° 148 (1999), p. 284-286. Sur le vin, voir M. A. Murray, N. Boulton, C. Heron, « Viticulture and wine production », *in* : P. T. Nicholson, I. Shaw (éd.), *Ancient Egyptian Materials*, p. 577-608, § 23.

373 M.-Ch. Poo, *Wine*, p. 71-85.

374 M.-Ch. Poo, *Wine*, p. 71.

375 M.-Ch. Poo, *Wine*, p. 78-79.

376 M.-Ch. Poo, *Wine*, p. 87-88. Voir les réserves émises par D. Meeks, *ChronÉg* 74, n° 148 (1999), p. 285.

377 M.-Ch. Poo, *Wine*, p. 107-110.

378 I. Guermeur, *in* : *Graeco-Roman Fayum*, p. 120. L'auteur indique que l'on retrouve les mêmes éléments dans le P. Tebtynis SCA 6853.

379 N. Tacke, *Das Opferritual* I, p. 49 ; II, p. 50-51.

Commentaire

a) Les titres des deux versions parallèles sont légèrement différents : *r(ꜣ) n wꜣḥ ꜥḏ ḥr ḫ.t* (pK/T) ou *r(ꜣ)* [*n r*]*dỉ.t ꜥḏ ḥr ḫ.t* (K13b)[380]. Le verbe *rdỉ.t* n'est employé que dans le second exemple. Il y est aussi question de la graisse (*ꜥḏ*), qui semble être d'origine animal[381], mais le terme *ḫ.t* « feu » y remplace le mot *sḏ.t* « flamme ».

b) Cette indication n'apparaît pas dans les deux autres versions qui, contrairement au manuscrit américain, précisent déjà dans le titre qu'il s'agit d'une formule, voir *supra* n. a).

c) Seule la première phrase de la formule est recopiée dans le papyrus Princeton Pharaonic Roll 10. Elle ne diffère guère des autres leçons, à l'exception du verbe *iw* qui remplace *ỉỉ*[382]. Cet extrait constitue l'*incipit* de la formule pour placer la graisse sur la flamme.
On notera qu'une chapelle d'Osiris Ounnefer « maître des aliments » (*nb ḏfꜣ.w*) se dresse à Karnak[383].

d) À propos de l'expression *mỉ nty r ḥ(ꜣ)b(.t)*, voir § 3.2.3.

8.8.2 Le rôle de la graisse

L'emploi de graisse pour la cuisson des viandes se justifie[384], mais en faire fondre sur le feu permettait peut-être aussi de mettre en appétit le dieu[385]. Cet épisode marquait le début de la préparation des offrandes carnées et s'accompagnait d'une récitation qui est uniquement évoquée ici par la phrase « Le<s> aliment<s> viennent s'ajouter aux aliments » qui en constituait vraisemblablement l'*incipit*. Compte tenu de la brièveté de la formule préservée par les versions du rituel d'offrandes, on peut se demander si la récitation n'était pas en réalité plus étendue que cela pour avoir ainsi justifié l'emploi d'une abréviation.

8.9 Placer la viande sur la flamme (x+15, 5-6)

L'épisode 15 du rituel d'offrandes du Nouvel Empire offre un parallèle à cette formule[386].

8.9.1 Traduction et commentaire (x+15, 5-6)

rdỉ.t ỉwf ḥr sḏ.t	Placer la viande sur la flamme [a)].
ḏd mdw	Réciter [b)] :
ḥꜣ.t m ỉr.t Ḥr	Le dessus est en tant [c)] qu'œil d'Horus [d)].

380 N. Tacke, *Das Opferritual* I, p. 49.

381 S. Ikram, *Choice Cuts*, p. 175-180. B. Koura, *Die "7-Heiligen Öle"*, p. 110-114, 216-217. M. Serpico, R. White, « Oil, fat and wax », *in* : P. T. Nicholson, I. Shaw (éd.), *Ancient Egyptian Materials*, p. 390-429, § 17.

382 N. Tacke, *Das Opferritual* I, p. 49.

383 L. Coulon, C. Defernez, *BIFAO* 104 (2004), p. 135-190. L. Coulon, *EAO* 28 (2003), p. 47-60.

384 L'emploi de graisse est attesté pour la conservation et la cuisson des denrées, voir S. Ikram, *Choice Cuts*, p. 169; M. Serpico, R. White, « Oil, fat and wax », *in* : P. T. Nicholson, I. Shaw (éd.), *Ancient Egyptian Materials*, p. 411.

385 N. Tacke, *Das Opferritual* II, p. 50 et n. 108 qui renvoie à P. Vernus, *RdÉ* 38 (1987), p. 164, n. a.

386 N. Tacke, *Das Opferritual* I, p. 50 ; II, p. 52-53.

ḥ[tp] Ḥr ḥr ỉr.t=f	Puisse Horus [e)] se satis[faire] de son œil [f)].
ḥtp Wsỉr ḥm-nṯr Ms-rd.wy=f	Puisse l'Osiris (du) prêtre *Mesredouyef*,
mꜣʿ-ḫrw **15, 6** *msỉ.n Tꜣy-Hb.t*	justifié, **15, 6** enfanté par *Tahebet*,
ḥr stp.w=f	se satisfaire de ses morceaux de choix [g)].

Commentaire

a) Le titre donné par pK/T ne comprend pas de verbe : *rꜣ n ỉwf ḥr ḫ.t* « Formule de la viande sur le feu »[387]. Nikolaus Tacke considère que la viande ne devait pas être cuite à ce moment-là puisqu'elle devait être placée sur la broche dans l'épisode suivant et traduit donc « Spruch vom Fleisch für das Feuer »[388]. Dans le papyrus Princeton Pharaonic Roll 10, le verbe *rdỉ.t* confirme cependant l'action à effectuer. Entamer la cuisson de la viande à ce moment-là ne pose pas intrinsèquement de problème dans la chronologie du rituel du manuscrit américain puisqu'il n'en est plus spécifiquement question par la suite. Il faudra en effet encore « purifier les offrandes divines » (§ 8.12), « préparer une offrande octroyée par le roi » (§ 8.13) et « assembler les offrandes sur l'autel » (§ 8.11 et § 8. 14) sans qu'il ne soit à nouveau question d'offrandes carnées. Par ailleurs, il faut peut-être distinguer simplement deux catégories de mets, d'une part la viande (*ỉwf*) et d'autre part les grillades (*mʿḳ*).

b) Cette indication ne figure pas dans pK/T qui précise déjà dans le titre qu'il s'agit d'une formule, voir *supra* n. a.

c) La préposition *m* est absente de pK/T.

d) La leçon pK/T ajoute ici le passage *pḥ.wy ẖr.wy n Stš* « la fin est la paire de testicules de Seth »[389], qui n'est pas reproduit dans le papyrus Princeton Pharaonic Roll 10. Le terme *ḥꜣ.t* désigne l'« avant », le « début », mais aussi le « dessus », le « recto »[390]. Il s'applique ici à la viande et c'est donc du « dessus » dont il s'agit par opposition à *pḥ.wy* l'« arrière », le « dessous », le « verso », la « fin »[391]. Cette antithèse est illustrée par l'opposition entre l'œil d'Horus situé en-haut par rapport aux organes sexuels de Seth qui se trouvent en-bas[392]. On retrouve cette opposition dans le temple de Philae : *ḥꜣ.t m ỉr.t Ḥr pḥ(.wy) m ẖr.wy Stš*[393].

e) Le nom *Ḥr* « Horus » finit de confirmer que l'amendement apporté à la version pK/T est justifiée[394].

f) Le passage *ḥtp Stš <ḥr> ẖr.wy=fy* « puisse Seth se satisfaire de ses deux testicules » (pK/T)[395] n'a pas été recopié dans le papyrus Princeton Pharaonic Roll 10. À nouveau, la mention de Seth a été escamotée. Ces deux phrases figurent ensemble sur une stèle du

---

387 N. Tacke, *Das Opferritual* I, p. 50.
388 N. Tacke, *Das Opferritual* II, p. 52 et n. a.
389 N. Tacke, *Das Opferritual* I, p. 50. On retrouve ce même passage sur l'ostracon LACMA M. 80.203.192 + M. 80.203.211 (K. M. Cooney, J. Brett McClain, *JANER* 5 (2006), p. 50, 55, 77-78).
390 *Wb* III, 19, 2-22, 3.
391 *Wb* I, 535,14-537, 1.
392 N. Tacke, *Das Opferritual* II, p. 52, n. b.
393 G. Bénédite, *Philae*, 32, 17, pl. XII.
394 N. Tacke, *Das Opferritual* II, p. 52, n. c.
395 N. Tacke, *Das Opferritual* I, p. 50.

Nouvel Empire qui contient également un extrait de la formule d'offrande du collier large[396].

g) Cette phrase est similaire à celle de pK/T[397], exception faite du démonstratif vieilli *ỉpw* qui est remplacé ici par le possessif *=f*. En outre, le nom du défunt *Mesredouyef* a remplacé celui du roi Amenhotep Ier.

8.9.2 Les offrandes carnées

Le papyrus Princeton Pharaonic Roll 10 recopie fidèlement cette formule du rituel d'offrandes du Nouvel Empire, mais en retranche cependant les deux allusions à Seth et à ses testicules. Il ne faut pas voir là une forme quelconque de pudibonderie forçant le rédacteur à éviter d'évoquer des organes sexuels, mais bien la volonté de faire disparaître toute trace de Seth[398]. Si ce dieu était encore considéré à l'époque ramesside comme le protecteur de la barque solaire et un parangon de la royauté, il n'est plus guère à l'époque ptolémaïque que l'ennemi juré d'Osiris et d'Horus et ne peut dès lors plus guère figurer dans un autre rôle dans un texte de nature religieuse.

8.10 Instructions relatives au rituel (x+15, 6-9)

Les rites regroupés ici ne figurent pas dans le rituel d'offrandes. Ces indications semblent constituer un abrégé des actions engagées et témoignent peut-être de caractéristiques spécifiques de la cérémonie décrite par le papyrus Princeton Pharaonic Roll 10.

8.10.1 Traduction et commentaire (x+15, 6-9)

šd tꜣ mḏꜣ.t psḏn.tyw *pꜣ sḥ ḥnḳy.t* *r-gs nšm.t* [...]	Réciter[a)] le *Livre de la néoménie* et la *Chambre du lit*[b)] à côté de la barque-*nechemet*[c)].
ỉsk ỉry ḥfꜣw m mnḥ **15, 7** *dỉ.t ḥr sḏ.t* *twt n ḫfty.w 4* (*m*) *mnḥ mỉtt*	Fabriquer alors[d)] un serpent en cire[e)], **15, 7** (le) jeter sur la flamme, de même que l'effigie de quatre ennemis de cire.
ỉry sšm n sr.t 4 *nty ḥr mḏꜣ.t tn* *pꜣ rdỉ.t n=f mꜣꜥ-ḫrw*	Suivre les instructions[f)] des quatre oies[g)] qui proviennent de[h)] ce livre (intitulé) *Faire pour lui la justification*[i)].
smꜣ pꜣ **15, 8** *ỉḥ dšr ḥr ỉꜣbt.t*	Abattre[j)] le **15, 8** bœuf roux[k)] à l'est[l)].
mꜣꜣ=n ḥnḥn *btš m wsḫ.t* *wd.n Ḥr ꜥ.wy=f* *r=f*	Nous voyons[m)] le taureau entravé[n)] inerte dans la salle large[o)] (après qu') Horus a étendu ses deux bras vers lui[p)].

396 El-A. Hassan, *BES* 16 (2002), p. 21-25.

397 N. Tacke, *Das Opferritual* I, p. 50.

398 Voir aussi au § 8.2.1, la suppression du passage « sur le siège de Seth » (x+12, 9).

Commentaire

a) Bien que le déterminatif du verbe *šd* ne soit pas spécifique, c'est le sens que l'on attend en présence d'ouvrages rituels.

b) Le titre *sḥ ḥnky.t* « Chambre du lit » est connu par le colophon du papyrus Caire CG 58027[399] qui livre une copie partielle, destinée au roi, de cette composition attestée par ailleurs dans les mammisis à l'intention des dieux enfants[400]. Ce texte ne devrait pas être confondu avec l'ouvrage intitulé *sꜣ ḥnky.t* « Protection du lit »[401], dont il se distingue typologiquement[402]. La plupart des exemples de la *Protection du lit* (*sꜣ ḥnky.t*) proviennent du culte osirien. Dans ce contexte, le terme *ḥnky.t* « lit »[403] est parfois remplacé par *nmỉ.t* « lit funéraire ». Il est déjà fait mention d'une protection du lit dans les *Textes des sarcophages*[404]. Le chapitre 169 du *Livre des morts* a pour titre *r(ꜣ) n sꜥḥꜥ ḥnky.t* « Formule pour installer le lit »[405]. Son contenu reprend en partie la liturgie du piochage de la terre (*ḫbs tꜣ*) attestée dès le Moyen Empire[406]. D'après le papyrus Paris Louvre N. 3176 (S), cet ouvrage était lu lors des cérémonies osiriennes, entre le 18 et le 23 Khoiak, à nouveau le 24 Khoiak et encore lors de la procession d'Osiris[407]. Il n'y en a aucune trace dans les chapelles osiriennes de Dendara[408], mais une *ḥnk.t* « chambre du lit »[409] abritant le moule de Sokar y est décrite[410], qui pourrait être l'une des pièces des chapelles osiriennes. La rubrique du papyrus Brooklyn 47.218.138 (15, 15) relative à une « formule de clore la gueule de tout reptile », mentionne pour but la « protection de la chambre »[411]. Un commentaire démotique du papyrus Copenhague Carlsberg 1 (I, 20) à propos du *Livre de Nout* offre pour sa part une citation provenant de ce livre[412]. On notera par ailleurs l'existence parmi les ouvrages de la bibliothèque de Tôd d'une composition intitulée *sꜣ wsḫ.t* / *sꜣ ꜥ.t* « Protection de la chambre »[413].

c) Pour la lecture des deux derniers signes, cf. x+9, 17.

---

399 A. H. Pries, *Schutz des Königs*, p. 87-88, 94, 96, 98-99, 116, pl. 4 (P. Caire CG 58027 (IV, 1 ; IV, 8c)).

400 A. H. Pries, *Schutz des Königs*, p. 14-19. Chr. Theis, *Magie und Raum*, p. 422-430.

401 P. Barguet, *Le papyrus N. 3176 (S)*, p. 51-52. S. Schott, *Bücher und Bibliotheken*, p. 326-327, nº 1481 où figurent aussi des références à *sꜣ nmỉ.t* « Protection du lit funéraire ». A. von Lieven, *Grundriss des Laufes der Sterne*, p. 288-289. J.-Cl. Goyon, *Le recueil de prophylaxie*, p. 108 et 129.

402 J. Fr. Quack, *in* : *La magie en Égypte*, p. 51 et n. 35. A. von Lieven, *Grundriss des Laufes der Sterne*, p. 288. A. H. Pries, *Schutz des Königs*, p. 98-99, qui distingue *sḥ ḥnky.t* « Schlafgemach » de *sꜣ ḥnky.t* « Schutz des Bettes ». Chr. Theis, *Magie und Raum*, p. 423.

403 *Wb* III, 119, 14-120, 2.

404 *CT* VI, 358a-362f (Spell 728). Cl. Carrier, *Textes des sarcophages* II, p. 1652-1657. A. von Lieven, *Grundriss des Laufes der Sterne*, p. 289, n. 1561.

405 St. Quirke, *Going out in Daylight*, p. 419.

406 J. Assmann, M. Bommas, A. Kucharek, *Totenliturgien* 1, p. 69-197.

407 P. Barguet, *Le papyrus N. 3176 (S)*, p. 15, 17, 21, 24, 51-52, pl. III (P. Paris Louvre N. 31 76 (S) (V, 2 ; V, 5 ; VI, 15)). A. von Lieven, *Grundriss des Laufes der Sterne*, p. 288-289 et n. 1557, 1559, 1560.

408 A. von Lieven, *Grundriss des Laufes der Sterne*, p. 289, n. 1560.

409 *Wb* III, 119, 8-13.

410 É. Chassinat, *Le mystère d'Osiris* I, p. 62-63, § XI.

411 J.-Cl. Goyon, *JEA* 57 (1971), p. 154, 158. J.-Cl. Goyon, *Le recueil de prophylaxie*, p. 108-109.

412 A. von Lieven, *Grundriss des Laufes der Sterne*, p. 49-50, 284, 288-289.

413 A. Grimm, *in* : *Akten München*, p. 162. Chr. Thiers, *BIFAO* 104 (2004), p. 557.

d) En marge de son sens corrélatif, la particule *ỉsk* peut constituer un marqueur de simultanéité avec une valeur temporelle ou circonstancielle[414].

e) Le papyrus Bremner-Rhind mentionne des figurines de cire dans le cadre du *Rituel pour abattre Apophis*, mais sans préciser la forme qui leur était donnée[415]. Il mentionne par ailleurs certaines apparences que pouvait prendre Apophis : celle d'un serpent à tête de lion, de crocodile ou d'un animal indéterminé, ou celle d'un serpent se mordant la queue[416]. Destinées à la destruction, les figurines de cire ayant la forme de reptiles sont évidemment rares ; elles représentent le plus souvent des crocodiles[417].

f) On connaît plusieurs significations au verbe *sšm*, qui s'écrit écrit volontiers avec le déterminatif  mais également avec  : « conduire », « guider », « diriger »[418]. On pourrait ainsi traduire « accomplir la conduite des quatre oies » ou « faire l'action de guider aux quatre oies ». Néanmoins, plutôt que d'envisager la réalisation d'un rite proprement dit, on peut aussi considérer ici l'expression *ỉry sšm* « suivre les instructions »[419]. La mention d'un ouvrage sacré conforte cette interprétation, puisqu'il est plus vraisemblable de trouver dans un ouvrage des indications rituelles que des oiseaux… Rien de plus n'est précisé en ce qui concerne le sort réservé à ces quatre volatiles.

g) Le terme employé est *sr.t* « oie cendrée » à laquelle il ne faut pas forcément attribuer un sexe féminin[420]. Les genres des oiseaux se confondent dans les textes d'offrande où leur mort symbolisait celle des ennemis. On notera cependant que le terme *sr.w* désignait aussi les oiseaux messagers, voir § 11.5.1, n. a).

h) La préposition *ḥr*, qui se traduit volontiers par « sur », peut aussi indiquer la provenance[421]. On rappellera que les Égyptiens écrivaient bien « sur » un support (*sš ḥr*).

i) Le Spell 7 des *Textes des sarcophages* a pour titre *rdỉ.t mꜣꜥ-ḫrw s r ḫfty.w=f m ḫr.t-nṯr* « Faire triompher un homme contre ses ennemis dans la nécropole », avec pour variante *ḏd mdw rꜣ.w nw sꜣḫ.w mꜣꜥ-ḫrw m ḫrt-nṯr* « Réciter les formules de glorification et de justification dans la nécropole »[422]. Il constitue la troisième formule d'une liturgie funéraire relative à la cérémonie de « piocher de la terre »[423]. La rubrique *ḥꜣ.t-ꜥ m mḏꜣ.t n.t smꜣꜥ-ḫrw s m ḫr.t-nṯr* « Début du livre de la justification d'un homme dans la

414 J. Lustman, *Étude grammaticale*, p. 99 (16.3.2.2), 130-131 (20.1.1.3). L. Depuydt, *GöttMisz* 136 (1993), p. 11-25. E. Oréal, *Les particules*, p. 171-257.

415 R. O. Faulkner, *The Papyrus Bremner-Rhind*, p. 46, 59, 73 (P. Londres BM EA 10188 (23, 6 ; 26, 20 ; 29, 13)).

416 R. O. Faulkner, *The Papyrus Bremner-Rhind*, p. 91 (P. Londres BM EA 10188 (32, 44 ; 32, 48 ; 32, 49 ; 32, 50)).

417 M. J. Raven, *OMRO* 64 (1983), p. 20-21. Chr. J. Eyre, *JEA* 78 (1992), p. 280-281.

418 *Wb* IV, 285, 7-287, 20.

419 *Wb* IV, 289, 17. *Anlex* 78.3832.

420 *Wb* V, 192, 5-7, par comparaison avec *sr(w)* (*Wb* V, 191, 17-192, 4). Voir aussi *LÄ* II, col. 504. P. Wilson, *Lexikon*, p. 882.

421 M. Malaise, J. Winand, *Grammaire raisonnée*, p. 162, § 236.

422 *CT* I, 19b (Spell 7). S. Schott, *Bücher und Bibliotheken*, p. 185, nº 627. J. Assmann, M. Bommas, A. Kucharek, *Totenliturgien* 1, p. 87.

423 J. Assmann, *Images et rites de la mort*, p. 57-80. J. Assmann, M. Bommas, A. Kucharek, *Totenliturgien* 1, p. 69-197.

nécropole » figure en introduction à cette liturgie[424]. Le début du chapitre 169[Pleyte] du *Livre des morts* cite pour sa part « le *Tu es donc un justifié* » (*pꜣ ṯwt ỉrf mꜣꜥ-ḫrw*), aussi appelé « le *Vertueux* » (*pꜣ mꜣꜥty*), qui sont peut-être les titres respectifs de chacune des deux parties de cette composition[425]. On notera tout de même que dans le cadre de la fête de la victoire à Edfou, le livre qui est copié au-dessous du *Livre de détruire l'hippopotame roux* s'intitulait *smꜣꜥ-ḫrw Ḥr r ḫfty.w* « Justifier Horus contre ses ennemis »[426].

j) Le verbe *smꜣ* « tuer », « abattre », « massacrer » est un terme générique désignant la mise à mort rituelle[427].

k) Il convient de ne pas confondre le bœuf roux (*ỉḥ dšr*) et le taureau roux (*kꜣ dšr*). Le premier était destiné à l'abattage[428], tandis que le second comptait parmi les flèches de plusieurs déesses dangereuses[429]. Néanmoins, une scène du temple d'Edfou évoque les pièces de boucheries d'un taureau roux (*kꜣ dšr*)[430].

l) L'orient est le lieu de l'apparition du soleil au matin, et également celui de son mythique combat quotidien contre ses ennemis. On y châtiait donc volontiers les coupables[431]. On aurait pu attendre un mot comme *ḫb.t* « lieu d'exécution », « abattoir »[432], car c'est là que le texte accompagnant la scène d'abattage du bœuf roux du temple de Dendara situe cette scène[433]. Dans la chapelle est n° 2, certains génies de Pharbaethos livrent Seth au « lieu d'exécution de l'est »[434]. Cet endroit est considéré comme le lieu où l'on enfermait Seth pour le détruire et où Osiris était justifié[435]. Il était surveillé par des dieux thinites (Chou et Onouris) et pourrait être rattaché à Naga el-Meschayik, la Behedet orientale à proximité d'Abydos, où un lieu d'exécution est attesté[436].

m) Les versions du rituel de l'*Ouverture de la bouche* donnent seulement *mꜣꜣ* que Joachim Friedrich Quack traduit par un impératif contrairement à Eberhard Otto[437]. La leçon du temple d'Edfou omet ce verbe.

n) Le redoublement de la syllabe *ḫn* dans le papyrus Princeton Pharaonic Roll 10, comme dans le papyrus Copenhague Carlsberg 406, montre que le mot  de la version

424 J. Assmann, M. Bommas, A. Kucharek, *Totenliturgien* 1, p. 69.

425 W. Pleyte, *Chapitres supplémentaires*, pl. 155. G. Burkard, *Spätzeitliche Osiris-Liturgien*, p. 47. S. Schott, *Bücher und Bibliotheken*, p. 397, n° 1711. Fl. Albert, *Le Livre des Morts d'Aset-Ouret*, p. 70, 75, 125. St. Quirke, *Going out in Daylight*, p. 541.

426 *Edfou* VI, 61, 2. H. W. Fairman, *JEA* 21 (1935), p. 26 (texte C). É. Drioton, *Le texte dramatique d'Edfou*, p. 95-96. M. Alliot, *Le culte d'Horus*, p. 683-684, 705-706.

427 Fr. Labrique, *in* : *Ritual and Sacrifice*, p. 176.

428 P. Wilson, *Lexikon*, p. 102. S. Cauville, *Chapelles osiriennes* I, p. 169. *LGG* I, p. 540-541.

429 *LGG* VII, p. 276. Voir par ailleurs S. Morenz, *in* : *Ägyptologische Studien*, p. 238-243.

430 *Edfou* III, 178, 10-179, 6.

431 S. Morenz, *ZÄS* 82 (1957), p. 63-65.

432 *Wb* III, 252, 9-14. *Anlex* 78.2977. P. Wilson, *Lexikon*, p. 719.

433 *Dendara* X, 314, 4-315, 5. S. Cauville, *Les chapelles osiriennes* I, p. 169.

434 S. Cauville, *BIFAO* 90 (1990), p. 130-131, n° 34 et 71. S. Cauville, *Les chapelles osiriennes* I, p. 56 (n° 34), 57 (n° 44).

435 Ph. Derchain, *Le Papyrus Salt 825*, p. 157-158, n. 38. Ph. Derchain, *RdÉ* 16 (1964), p. 19-23. S. Cauville, *BIFAO* 82 (1982), p. 118 et n. 5, p. 121-125.

436 H. Junker, *Die Onurislegende*, p. 50, n. 1. S. Schott, *Urkunden* VI, 53, 20. Ph. Derchain, *Le Papyrus Salt 825*, p. 44.

437 J. Fr. Quack, *in* : *Carlsberg Papyri* 7, p. 86, n. f.

d'Edfou, enregistré avec la lecture *ḥn.ty*[438], devrait être lu *ḥnḫn* et rattaché à la racine dupliquée *ḥnḫn* « retenir », « réfréner », « contenir », « immobiliser », « paralyser »[439]. Malgré l'association avec le terme *mꜣꜣ* « voir », il ne faut pas faire ici de lien avec *dgꜣ/mꜣꜣ m/r/n ḥn.ty* « celui qui voit dans l'avenir »[440]. Par ailleurs, la maladie  *ḥnḫn.t*, qui est à considérer comme une inflammation ou un gonflement, participe vraisemblablement du même champ sémantique[441]. Constantin Sander-Hansen rapprochait cependant les  *ḥnḫn.w*[442] du sarcophage d'*Anchnesneferibre* des  *ḥnṯty.w* « sacrificateurs »[443] du même document[444]. On notera que le sarcophage memphite Caire CGC 29306 atteste de l'existence d'un dieu  *Ḥnḫn*[445] représenté sous la forme d'un échassier à tête de bélier qui est à rapprocher du *Livre des cavernes*[446], tandis que l'*Amdouat* mentionne une déesse *Ḥnḫny.t* « la Paralysante »[447]. Dans le papyrus Paris Louvre N. 3155, le déterminatif du mot *ḥnḫn* n'est pas un taureau et Eberhard Otto en donne la traduction « Bewegungslosigkeit »[448], alors que Joachim Friedrich Quack traduit « zurückgehaltene (?) »[449]. Ce taureau fait référence à la fois à l'animal de sacrifice et à l'ennemi entravé qu'il peut représenter, ce qui renvoie probablement au massacre du bœuf roux (x+15, 7-8), voir *infra* n. o). À l'inverse, Seth pouvait « entraver (*ḥnḫn*) la liberté de mouvement » d'Osiris[450]. Avec le même sens, le verbe *ḥnḫn* apparaît aussi dans le papyrus Londres BM EA 10059[451].

o) Le terme *bdš* « être faible », « inerte »[452] qualifie bien la victime du sacrifice. On retrouve associés les mots *ḥnḫn* et *bdš* dans un texte du temple d'Edfou relatif à l'abattage du taureau : *ỉr.n⸗f ḥnḫn bdš m wsḫ.t* « Il rend le taureau entravé inerte dans la salle large »[453], ou encore *ḥnḫn bdš m ḫb.t* « le taureau entravé est inerte dans le lieu d'exécution »[454].

438 *Wb* III, 106, 17. M. Alliot, *Le culte d'Horus*, p. 801. Un crocodile *ḥnt*(*y*), forme de Seth, est par ailleurs attesté à Edfou et à Dendara (*Wb* III, 121, 14 ; P. Wilson, *in* : *The Temple in Ancient Egypt*, p. 194-195, 199 ; P. Wilson, *Lexikon*, p. 660 ; *LGG* V, p. 228).

439 *Wb* III, 115, 8-11. R. van der Molen, *A Hieroglyphic Dictionary*, p. 339. D. A. Werning, *Das Höhlenbuch*, p. 457, n. a).

440 D. Klotz, *ZÄS* 139 (2012), p. 139-140.

441 P. Ebers, 103, 19-106, 2 (857-862). B. Ebbell, *ZÄS* 63 (1928), p. 73-74, 119-120. Th. Bardinet, *Papyrus médicaux*, p. 365-367. Elle est aussi attestée parmi les formules pour la mère et l'enfant (A. Erman, *Zaubersprüche für Mutter und Kind*, p. 7 (E)).

442 *LGG* V, p. 223.

443 *Wb* III, 122, 14. Chr. Leitz, *Tagewählerei*, p. 95-102. *LGG* V, p. 229-230.

444 C. E. Sander-Hansen, *Anchnesneferibre*, p. 58 (l. 134), 59 (l. 139).

445 *LGG* V, p. 223.

446 C. Manassa, *The Late Egyptian Underworld*, p. 175. D. A. Werning, *Das Höhlenbuch*, p. 458.

447 *LGG* V, p. 223.

448 E. Otto, *Mundöffnungsritual* II, p. 105.

449 J. Fr. Quack, *in* : *Carlsberg Papyri* 7, p. 80.

450 J. Assmann, M. Bommas, A. Kucharek, *Totenliturgien* 3, p. 43 (l. 9) et n. 16.

451 Chr. Leitz, *Magical and Medical Papyri*, p. 60, pl. 30 (V, 1).

452 *Wb* I, 487, 15-23. P. Wilson, *Lexikon*, p. 339.

453 *Edfou* VI, 141, 9.

454 *Edfou* VII, 31, 16.

p) Dans la version du papyrus Paris Louvre N. 3155 (26, 7-8)[455], qui utilise des pronoms féminins puisqu'il était destiné à une femme, la présence du pronom *=s* montre qu'il est question de la défunte et non du taureau mentionné, ce qui doit aussi être le cas dans le papyrus Princeton Pharaonic Roll 10. Cette phrase fait partie d'un chant attesté ailleurs, voir § 8.15.

8.10.2 Des ouvrages à réciter

Une copie du *Livre de la néoménie* figure au début du papyrus Princeton Pharaonic Roll 10 (§ 6.2). Elle s'accompagne d'une rubrique indiquant qu'il fallait « confectionner une effigie de ses ennemis [en cire] (et la) jeter dans un brasier pour toujours » (x+4, 1). Cette fois encore, il est question de détruire par le feu les effigies de cire de quatre ennemis, auxquelles on a ajouté la représentation d'un serpent[456] qui renvoie peut-être à la figuration d'Apophis. Les rites évoqués ici respectent donc l'ordre des liturgies relatives à la destruction des ennemis reproduites préalablement (§ 6.1 à § 6.4). On peut dès lors se demander si des figurines étaient brûlées à deux reprises. On pourrait en effet considérer la présente rubrique comme l'ancrage dans le rituel d'éléments liturgiques préalablement consignés par écrit. Il faudrait alors admettre que le *Livre de la néoménie* et une bonne partie des rites de destruction n'étaient mis en œuvre qu'au sein du rituel d'offrandes et réviser la chronologie des rites telle qu'elle est présentée par le manuscrit. Mais on pourrait aussi admettre que l'on ait assisté à la répétition de rites identiques, formulés cette fois-ci de manière abrégée par une simple rubrique intimant la lecture de l'ouvrage concerné copié préalablement. Le papyrus Paris Louvre N. 3176 (S) montre que la lecture du même ouvrage pouvait être répétée au cours de la liturgie[457]. À Edfou, la description de la fête de Behedet, qui cite également des ouvrages à réciter après le sacrifice d'un bœuf roux[458], repose sur plusieurs sections qui relatent avec plus ou moins de détails les étapes de cette cérémonie[459].

D'après le papyrus Caire CG 58027[460], l'ouvrage intitulé la *Chambre du lit* couvrait les douze heures de la nuit pour assurer la protection nocturne de la chambre à coucher de Pharaon. Ce fait tendrait à indiquer que la récitation de cet ouvrage devait avoir lieu durant la nuit, ce qui permet peut-être de situer le moment de la récitation des deux ouvrages décrits par le papyrus Princeton Pharaonic Roll 10, ce qui semble logique dans le contexte lunaire de la néoménie. Contrairement au *Livre de la néoménie*, cette composition n'est pas reproduite dans le papyrus Princeton Pharaonic Roll 10.

La récitation du *Livre de la néoménie* et de la *Chambre du lit* se déroulait « à côté de la barque-*nechemet* ». Ce détail confirme que la navigation avait abouti, comme le laissait déjà entendre l'allusion à l'amarrage (x+14, B) de la formule accompagnant le tir de quatre flèches (§ 8.6).

---

455 E. Schiaparelli, *Il libro dei funerali*, p. 156.

456 On trouve dans le temple de Philae une représentation de quatre ennemis ligotés dans un brasier et une autre, similaire, qui montre deux humains, un serpent et une tortue (E. Vassilika, *Ptolemaic Philae*, p. 359, n° 3 et n° 4).

457 P. Barguet, *Le papyrus N. 3176 (S)*, p. 50-56.

458 Sv. Nagel, *in* : *Altägyptische Enzyklopädien*, p. 655.

459 Sv. Nagel, *in* : *Altägyptische Enzyklopädien*, p. 607-643.

460 A. H. Pries, *Schutz des Königs*. Chr. Theis, *Magie und Raum*, p. 422-430.

8.10.3 Les quatre oies

On ne précise rien du sort réservé aux quatre oies (*sr.t*) qui sont mentionnées ensuite, mais il est demandé de se référer à un ouvrage traitant de la justification (x+15, 7). Mentionnés entre des figurines de cire à jeter dans le feu et l'abattage d'un bœuf roux, ces quatre oiseaux étaient probablement associés à la destruction des ennemis et destinés à être sacrifiés à l'instar de l'oie du Nil (*smn*) qui était alors associée à Seth et non à Amon[461]. Ainsi, les scènes 24 et 44 du rituel de l'*Ouverture de la bouche* mentionnent la présentation d'une oie-*smn* dont la tête a été tranchée[462].

Déjà nommées dans les listes d'offrandes de l'Ancien Empire, les oies (*sr*) pouvaient apparaître dans le rituel divin, où leur mort symbolisait alors la destruction des ennemis de l'ordre. Elles figurent ainsi dans l'offrande sanglante d'Horus[463]. Au nombre de quatre, on les compte, aux côtés de l'oryx, parmi les offrandes du rituel d'*Apaiser Sekhmet*, où il est précisé qu'elles pouvaient être égorgées ou brûlées[464]. La présence de sang, dû à l'égorgement, renvoie au *Mythe de la destruction de l'humanité*, les oies étant considérées comme les substituts des hommes. Dans ces scènes, la présence d'un oryx, animal associé à Seth à l'époque tardive[465], confirme le thème de la destruction de l'ennemi. Il n'est pas exclu que le rite de piocher la terre, lors duquel celle-ci absorbait le sang des animaux sacrifiés[466], trouve ici un écho dans l'évocation des oies puis de l'abattage d'un bœuf roux. La scène de lâcher des oiseaux messagers d'un muret d'entrecolonnement du temple de Karnak représente parmi d'autres animaux sacrifiés une oie (*sr.t*)[467]. Des rubriques du *Livre des Glorifications* I et III développent la même idée :

> Parole à prononcer sur quatre oies (*sr*) : Faire en sorte qu'elles marchent d'abord quatre fois, leur tordre le cou[468] ensuite[469].
> Parole à prononcer après que t'aient été amenées quatre oies (*sr*) : Faire en sorte qu'elles marchent alors qu'elles sont devant et derrière l'abattoir (*nm.t*). Leurs têtes sont pour Celui qui préside à l'Occident en tant qu'holocauste[470].

Au nombre de quatre, les oies (*sr*) étaient donc égorgées ou bien brûlées, mais il est précisé qu'elles devaient d'abord « marcher » (*šm*). Comme le nombre d'oies indiqué évoque probablement les quatre directions cardinales[471], la brève liberté qui leur était accordée symbolisait peut-être la traque des acolytes de Seth jusqu'aux confins du monde[472].

---

461 K. SETHE, *Dramatische Texte*, p. 101. H. BONNET, *RÄRG*, p. 200. J. VANDIER, *MonPiot* 57 (1971), p. 5-41. W. GUGLIELMI, J. DITTMAR, *in* : *Gegengabe*, p. 119-142. S. ABD EL-AZIM EL-ADLY, *GöttMisz* 126 (1992), p. 47-57. W. GUGLIELMI, *in* : *Ägyptische Tempel*, p. 55-68.

462 E. OTTO, *Mundöffnungsritual* I, p. 51 et 101. J.-Cl. GOYON, *Rituels funéraires*, p. 123 et 137.

463 J.-Cl. GOYON, *JSSEA* 13 (1983), p. 4 et n. 14.

464 Ph. GERMOND, *Sekhmet*, p. 257. J.-Cl. GOYON, *Le Rituel du sḥtp Sḫm.t*, p. 113-114.

465 Ph. DERCHAIN, *Le sacrifice de l'oryx*. G. A. GABALLA, *Orientalia* 41 (1972), p. 178-179.

466 J. ASSMANN, M. BOMMAS, A. KUCHAREK, *Totenliturgien* 1, p. 92.

467 J.-Cl. GOYON, *in* : *D3T* 2, p. 34, fig. 1, et 37.

468 *AnLex* 77.1071 ; 78.1120 ; 79.0774.

469 J. ASSMANN, M. BOMMAS, A. KUCHAREK, *Totenliturgien* 3, p. 55 et 66.

470 J. ASSMANN, M. BOMMAS, A. KUCHAREK, *Totenliturgien* 3, p. 474. La rubrique de la formule précédente est assez proche, mais nomme des oies-*ḏꜣ* (p. 469).

471 Il en va de même lors du lâcher d'oiseaux messagers, voir § 11.5.2.

472 J. ASSMANN, M. BOMMAS, A. KUCHAREK, *Totenliturgien* 3, p. 66.

8.10.4 Abattre le bœuf roux

Le rite d'« abattre le bœuf roux » (*smꜣ ỉḥ dšr*) est relaté en une seule phrase dans le papyrus Princeton Pharaonic Roll 10. On trouve dans les temples tardifs quelques tableaux mettant en scène ce sacrifice. À Edfou, c'est lors de la fête de Behedet que cet animal était abattu, illustrant la destruction de Seth et de ses alliés lors du triomphe d'Horus[473]. Une autre scène du même temple fait référence aux morceaux de choix d'un taureau roux[474]. Dans l'embrasure de la chapelle osirienne ouest n° 2 du temple de Dendara, le massacre du bœuf roux (*ỉḥ dšr*) est mis en scène en présence d'Osiris (Ounnefer triomphant)|, de Nephthys et d'Isis[475]. L'animal y est nommé le « Malfaisant » (*nbḏ*) en référence au dieu Seth, comme le confirme l'épithète « Celui qui abat le bœuf roux (*ỉḥ dšr*) sous sa forme de Seth au milieu des dieux », dévolue à Onouris du nome sébennytique dans la procession des reliques de ce temple[476]. On connaît d'ailleurs la mauvaise réputation des roux et de la couleur rouge en rapport avec ce dieu[477].

Il est admis que le sacrifice d'un bœuf – comme celui d'autres animaux – ne constituait pas un simple rite alimentaire, mais qu'il symbolisait la destruction des ennemis[478]. C'est ainsi à Seth qu'il était fait référence lorsque l'on tuait le taureau de sacrifice (*smꜣ smꜣ*)[479]. Les *Textes des pyramides* évoquaient déjà ce massacre par Horus dans le contexte mythologique de la mort d'Osiris[480]. À côté d'une allusion au « jour de tuer le taureau »[481], les *Textes des sarcophages* font état des mêmes éléments en évoquant le triomphe d'Osiris sur ses ennemis[482]. La vengeance d'Horus était considérée comme un acte de réparation des souffrances et de la mort, infligées préalablement à Osiris. Ce sont les témoignages tardifs qui ont assimilé nommément le bœuf roux à Seth, puisque son rôle néfaste ne s'est développé qu'après le Nouvel Empire à la faveur du succès de la légende osirienne. Or, cette forme animale n'est pas inconnue, ni rare, pour le dieu Seth[483]. Selon un conte d'inspiration

---

473 *Edfou* V, 132, 4 ; 133, 5-6. M. Alliot, *Le culte d'Horus*, p. 520-521, 523. Sv. Nagel, *in* : *Altägyptische Enzyklopädien*, p. 655.

474 *Edfou* III, p. 178, pl. 64.

475 *Dendara* X, 314, 4 – 315, 5, pl. 181. S. Cauville, *Chapelles* I, p. 169. La déesse Isis est montrée avec un disque entre les mains, comme c'est le cas dans la scène opposée pour Anubis.

476 *Dendara* X, 88, 2, pl. 41. S. Cauville, *Chapelle* I, p. 49.

477 S. Donnat, *RdÉ* 63, p. 83-101. B. Mathieu, *ENiM* 2 (2009), p. 34-38.

478 H. Junker, *ZÄS* 48 (1910), p. 69-77 ; *Miscellanea Gregoriana*, p. 116-117 ; *Studien Grapow*, p. 162-175. A. M. Blackman, A. W. Fairman, *JEA* 28 (1942), p. 37-38 ; *JEA* 32 (1946), p. 83. A. M. Blackman, *JEA* 31 (1945), p. 62, 72. J. Leclant, *MDAIK* 14 (1956), p. 128-145. J. Fr. Quack, *MBGA* 27 (2006), p. 67-80.

479 Des exemples se rencontrent dans les temples du Nouvel Empire et à Edfou (P. Wilson, *Lexikon*, p. 839-840), mais aussi à Dendara (par exemple *Dendara* IV, 81, 8) et à Philae (E. Vassilika, *Ptolemaic Philae*, p. 220, n° 107).

480 R. O. Faulkner, *Pyramid Texts*, p. 169-170, (Utterance 482), p. 234-235 (Utterance 580), p. 285 (Utterance 670). J. Leclant, *MDAIK* 14 (1956), p. 142-143.

481 *CT* V, 9, b (Spell 357) : « Je suis Rou au jour d'abattre le taureau (*hrw smꜣ smꜣ*) », d'après Cl. Carrier, *Textes des sarcophages* II, p. 884-885. Le taureau est écrit uniquement avec l'idéogramme .

482 *CT* VI, 217, h-n (Spell 603) : « Vois, si je t'amène ceux qui ont tué (*smꜣ.w*) ton père Osiris en leurs siens noms de taureaux (*smꜣ.w*), c'est pour qu'ils baisent tes pieds. Redresse-toi donc mon père Osiris, (car) tu as renversé tes ennemis sous toi », d'après Cl. Carrier, *Textes des sarcophages* II, p. 1396-1397.

483 Dans le P. Jumilhac par exemple, le dieu Seth peut prendre la forme d'un taureau. On songera aussi à la personnalité séthienne du taureau Bata dans le conte des deux frères. Quant à la cuisse de Seth, elle constituait une offrande, probablement parce que sa jambe avait piétiné Osiris.

mythologique dont l'histoire se déroule dans l'est du Delta, Seth se transforma en taureau furieux – on connaît le rapport entre la colère et la couleur rouge – et piétina à mort son frère[484]. Disposé en face d'une scène de présentation de la barque de Sokar à l'aube du matin divin, le tableau de l'abattage du bœuf roux, qui relève du même contexte, devait se dérouler à l'aube du 26 Khoiak[485]. Cette scène renvoie encore aux deux tableaux de boucherie qui figurent dans le rituel de l'*Ouverture de la bouche*, représenté au premier registre de la même chapelle[486] et dans un tableau de la chapelle est n° 1 où, dans le même contexte, un taureau de sacrifice (*smꜣ*) était abattu à titre propitiatoire[487]. Un tableau use encore de la formule « Tombe sur ta face, abattu à terre, vil taureau » (*ḫr ḥr ḥr=k mds.tw ḥr-tp tꜣ, kꜣ ẖs*), qui n'est pas sans rappeler l'*incipit* du *Livre de protéger la barque-nechemet*[488]. Le rituel de l'*Ouverture de la bouche* met en scène l'abattage d'une part du taureau de sacrifice de Haute Égypte (*ngꜣ*)[489] et d'autre part de celui de Basse Égypte (*šsr*)[490]. Sans mentionner de taureau roux, ces deux textes font néanmoins une allusion mythologique au dieu Seth[491]. Dans la chapelle osirienne ouest n° 2 du temple de Dendara, les scènes de ce rituel relatives à la Basse Égypte sont représentées dans la niche de la paroi est, juste au-dessous du chapitre 144 du *Livre des morts* qui demande que soit présentée, devant chacune des sept portes, les pièces de boucherie d'un taureau roux[492].

Dans ce contexte, on notera que, dans la tombe de *Pétosiris* à Hermopolis, une scène de boucherie, à mettre en relation avec le reste de la décoration constituée de tableaux illustrant le rituel de l'*Ouverture de la bouche*[493], est figurée à côté du cortège funèbre dans la légende duquel on retrouve des extraits des premiers vers du chant final du *Cérémonial pour faire sortir Sokar*[494]. L'une des formules des *Textes des pyramides* évoquée plus haut se termine par le souhait de pouvoir « manger le bœuf roux (*iḥ dšr*) lors du passage (*nhm.t*) du lac qu'a fait Horus pour son père Osiris »[495]. Cette évocation d'une navigation réalisée par Horus en faveur d'Osiris pourrait être mise en rapport avec le contenu du papyrus Princeton Pharaonic Roll 10. De même dans le temple d'Hibis de l'oasis de Kharga, un hymne fait allusion à un sacrifice, à la suite de la copie corrompue de ce même chant[496]. Ce texte débute en ces termes : « Salut à

---

484 Chr. Barbotin, *RdÉ* 50 (1999), p. 5-49.
485 S. Cauville, *Chapelles* II, p. 154.
486 *Dendara* X, pl. 188 et 191.
487 *Dendara* X, 51, 1 – 52, 9, pl. 15. S. Cauville, *Chapelles* I, p. 29 ; II, p. 20-23.
488 *Dendara* X, 314, 4.
489 E. Otto, *Mundöffnungsritual* I, p. 44-47 ; II, p. 73-76 (scènes 23-25). J.-Cl. Goyon, *Rituels funéraires*, p. 121-122.
490 E. Otto, *Mundöffnungsritual* I, p. 96-99 ; II, p. 102-103 (scènes 43-45). J.-Cl. Goyon, *Rituels funéraires*, p. 136.
491 J.-Cl. Goyon, *Rituels funéraires*, p. 121, n. 4. À Dendara, la scène du sacrifice du taureau de la chapelle osirienne est n° 1, qui montre Isis et Nephthys penchées vers les oreilles de l'animal ligoté, fait référence au même épisode (*Dendara* X, 51, 8-9, pl. 15 ; S. Cauville, *Chapelles* II, p. 20).
492 P. Barguet, *Le Livre des morts*, p. 192. S. Cauville, *Chapelles* II, p. 165.
493 G. Lefebvre, *Le tombeau de Pétosiris* I, p. 130-135 ; II, p. 60-64, n° 82 ; III, pl. 28-30 et 32-34.
494 G. Lefebvre, *Le tombeau de Pétosiris* I, p. 128 ; III, pl. 28 et 32.
495 *Pyr.* § 1550a-b. R. O. Faulkner, *Pyramid Texts*, p. 235 (Utterance 580).
496 N. de Garis Davies, *Hibis* III, pl. 23, l. 15-16. A. Barucq, Fr. Daumas, *Hymnes et prières*, p. 301 et 304. E. Cruz-Uribe, *Hibis* I, p. 98-99.

toi quand tu navigues sur le grand lac, quand tu remontes le courant dans le flot »[497]. On relèvera que la réunion du chant final du *Cérémonial pour faire sortir Sokar* avec un texte récité lors d'une navigation reproduit le même schéma que celui du papyrus Princeton Pharaonic Roll 10, dans lequel une *Formule pour voguer dans la barque* lui succède.

Dans les oasis, Seth peut revêtir un caractère lunaire : « Seth de l'Oasis accorde au roi de contempler l'œil gauche »[498]. Le temple de Deir el Hagar est appelé « Siège de la Lune »[499]. On rappellera qu'à *Imet*, la déesse locale engendra Thot après avoir subi les violences de Seth[500]. Celui-ci est également mis en lien avec la création de la lune dans les *Aventures d'Horus et de Seth*. Elle fut conçue de la semence d'Horus qu'Isis fit avaler à Seth en la répandant sur ses laitues. Face au tribunal présidé par Thot seigneur des paroles divines, elle fut « enfantée » par le sommet de la tête de Seth, qui remplissait alors la fonction de « mère »[501]. Il faut donc reconnaître à Seth un rôle dans la gestation de la lune, fruit de la relation homosexuelle des deux dieux. On sait l'aversion que les anciens Égyptiens avaient à représenter la phase décroissante de la lune. Celle-ci est néanmoins évoquée comme la vieillesse de l'astre ou comme un taureau privé de ses pouvoirs génésiques et devenu simple bœuf, par opposition au taureau vif de la phase croissante du cycle[502]. Alors que les dieux lunaires peuvent prendre la forme d'un taureau, on sacrifiait par ailleurs cet animal, par exemple lors de la fête de 19 Thot[503]. On pourrait alors se demander si un transfert n'a pas eu lieu. Le taureau lunaire qui a perdu sa virilité deviendrait bœuf et aurait été associé au dieu Seth, dont la sexualité déréglée confina à la stérilité dans les sources grecques[504], ce qui aurait permis de déplacer les aspects décadents de la lune sur une personnalité néfaste, connue par ailleurs pour être le bourreau de l'œil d'Horus et d'Osiris. Or, on a vu que l'abattage du taureau, roux en particulier, pouvait viser Seth. De cette manière, la lune décroissante aurait été mise à mort sous la forme de l'ennemi, permettant la gestation d'une nouvelle lune au début du mois.

---

497 N. de Garis DAVIES, *Hibis* III, pl. 23, l. 1-2. A. BARUCQ, Fr. DAUMAS, *Hymnes et prières*, p. 302. E. CRUZ-URIBE, *Hibis* I, p. 97.

498 *Edfou* I, 174, 6. Ph. DERCHAIN, *in* : *La Lune. Mythes et rites*, p. 52.

499 Ph. DERCHAIN, *in* : *La Lune. Mythes et rites*, p. 52.

500 D. MEEKS, *Mythes et légendes du Delta*, p. 24, 255-260 (§ 25). P. P. KOEMOTH, *Osiris-mrjtj*, p. 51-52.

501 Sur la lune engendrée par Horus et Seth, voir Fr. SERVAJEAN, *RdÉ* 55 (2004), p. 125-140, en particulier 128-129.

502 Ph. DERCHAIN, *in* : *La Lune. Mythes et rites*, p. 27, 43, n° 12. A. FIRCHOW, *Urkunden* VIII, p. 74 (89 b).

503 P. CLÈRE, *La porte d'Évergète*, pl. 23, 7. O. FIRCHOW, *Urkunden* VIII, p. 65 (78d). Fr. R. HERBIN, *Parcourir l'éternité*, p. 151-152. Fr. LABRIQUE, *Archimède* 1 (2014), p. 68.

504 Fr. SERVAJEAN, *RdÉ* 55 (2004), p. 133. PLUTARQUE, *Isis et Osiris*, § 38-39.

8.11 Dresser les offrandes sur l'autel (x+15, 8-9)

La phrase en question constitue le titre de l'épisode 32 du rituel d'offrandes du Nouvel Empire[505]. La première partie de cette formule se retrouve dans l'épisode 65C du rituel de l'*Ouverture de la bouche*[506], tandis que la seconde constitue l'épisode70B du ce rituel[507].

8.11.1 Traduction et commentaire (x+15, 8-9)

ṯs iḫ.t ḥr ḫꜣ[15, 9]*w.t* Dresser les offrandes sur l'au[15, 9]tel [a)].

Commentaire

a) L'épisode 32 du rituel d'offrandes du Nouvel Empire s'intitule *rꜣ n ṯs iḫ.t ḥr ḫꜣwy* « Formule pour dresser les offrandes sur l'autel » (pK/T)[508]. La rubrique de l'épisode 70B du rituel de l'*Ouverture de la bouche*, qui reprend en partie le contenu de cette formule, est plus longue d'après le papyrus Paris Louvre N. 3155 (27, 3) : *ḏd mdw in ḫry-ḥ(ꜣ)b(.t) stm kꜥḥ* [*ꜥ*] *m ḥtp-di-nsw ṯs* [*iḫ.t*] *ḥr ḫꜣ.wy* « Réciter par le ritualiste. Prêtre-*sem*, ployer [le bras] lors de l'offrande accordée par le roi. Dresser les offrandes sur l'autel »[509]. La version de Tebtynis se présente sous une forme un peu différente : *stm kꜥḥ ꜥ m ḥtp-di-nsw ṯs* [*iḫ*].[*t*] *ḥr ḫꜣ.wi* [*ḏd mdw*] « Prêtre-*sem*, ployer le bras lors de l'offrande accordée par le roi. Dresser les [offran]des sur l'autel. [Réciter :] »[510].
On rappellera que le cinquième jour lunaire est parfois nommé *hrw iḫ.t ḥr ḫꜣw.t* « jour des offrandes sur l'autel »[511].

8.11.2 Prescription ou titre générique ?

Cette phrase est formulée comme d'autres titres de ce rituel d'offrandes à l'aide d'un infinitif suivi d'un complément. Le contenu de la formule à laquelle elle renvoie n'est pas reproduit ici, où débute ensuite une formule intitulée « purifier les offrandes divines » (§ 8.12). Il est cependant recopié plus loin (x+15, 12–x+16, 1) dans le papyrus Princeton Pharaonic Roll 10 (§ 8.13, § 8.14). En l'absence de récitation, il ne semble pas que ce passage puisse être considéré comme le titre d'une formule inexistante à cet endroit. Elle constituait plutôt l'indication du geste à accomplir à ce moment précis du déroulement du rituel, et il faudrait la considérer comme une prescription décrivant un rite. Il est aussi envisageable qu'elle ait constitué un titre générique introduisant les trois formules suivantes, dont elle marquerait formellement la cohérence. L'éventualité qu'il s'agisse d'une erreur du scribe, qui ne se serait pas donné la peine de la corriger, n'est pas exclue non plus, mais n'a pas été retenue.

---

505 N. TACKE, *Das Opferritual* I, p. 121 ; II, p. 116 et 119, n. a.

506 E. OTTO, *Mundöffnungsritual* I, p. 175-177 ; II, p. 149-151. J. QUACK, *in* : *Carlsberg Papyri* 7, p. 115-117. Voir § 8.13.

507 E. OTTO, *Mundöffnungsritual* I, p. 182-185 ; II, p. 155-157. J. QUACK, *in* : *Carlsberg Papyri* 7, p. 120-124. Voir § 8.14.

508 E. BACCHI, *Il Rituale*, p. 32. N. TACKE, *Das Opferritual* I, p. 121. Ce titre figurait probablement aussi dans le Papyrus Chester Beatty IX qui livre la même formule, reconnaissable malgré d'importantes lacunes (A. H. GARDINER, *HPBM* III, p. 83, pl. 50 ; N. TACKE, *Das Opferritual* I, p. 121-129).

509 E. OTTO, *Mundöffnungsritual* I, p. 182 ; II, p. 156. N. TACKE, *Das Opferritual* I, p. 121 ; II, p. 119, n. a.

510 J. QUACK, *in* : *Carlsberg Papyri* 7, p. 120-121.

511 *Wb* I, 125, 7. Chr. LEITZ, *Tagewählerei*, p. 35-36, 473. Fr. R. HERBIN, *ENiM* 6 (2013), p. 276, n. 111.

8.12 Purifier les offrandes divines (x+15, 9-12)

Ce passage trouve un parallèle dans l'épisode 24 du rituel d'offrandes du Nouvel Empire[512], où il figure entre des offrandes de pain, de gâteau, de bière, de vin et de lait (épisodes 19-23) et deux libations (épisodes 25-26)[513]. Cette formule correspond également au texte de la scène 67 du rituel de l'*Ouverture de la bouche*[514], connue notamment par le sarcophage de *Boutehamon*[515], le papyrus Paris Louvre N. 3155 d'époque romaine destiné à la dame Sais[516] et le temple d'Umm Ubeida dans l'oasis de Siwa[517]. La scène 67 du rituel de l'*Ouverture de la bouche* n'est en revanche pas préservée par les versions sacerdotales provenant de Tebtynis[518].

8.12.1 Traduction et commentaire (x+15, 9-12)

swꜥb ḥtp.w-nṯr	Purifier les offrandes divines [a)].
ḏd mdw	Réciter [b)] :
wꜥb sp 2 ḥtp.w-nṯr	Pures, pures sont les offrandes divines [c)]
n Skr Wsỉr ḥnꜥ psḏ.t=f	de Sokar-Osiris avec son ennéade [d)]
n Rꜥ-Ḥr-ꜣḫ.ty ḥnꜥ psḏ.t=f	de Rê-Horakhty avec son ennéade [e)],
n psd.t ꜥꜣ.t	de la grande ennéade
psḏ.t **15, 10** *nḏs.t*	et de la petite **15, 10** ennéade [f)],
ỉtr.ty Šmꜥ	des reliquaires de Haute Égypte
ỉtr.ty Mḥw	et des reliquaires de Basse Égypte
m snṯr pfy-nn wꜥb	grâce à [g)] cet encens-là [h)] pur
nḏm sṯy	et à l'odeur agréable
nty [m] sšw.w n Ḏḥwty	qui est [parmi] les écrits de Thot [i)]
n pr mḏꜣ.t	de la bibliothèque [j)].
ỉw=w wꜥb	Elles sont pures [k)].
ꜥ.wy **15, 11** *=ỉ dỉ=sn bꜥḥ*	Que mes deux bras, **15, 11** accordent la crue !
swꜥb=f	Qu'elle soit purifiée !
Ḏḥwty wdn=f st	Thot, puisse-t-il l'offrir [l)]

512 N. Tacke, *Das Opferritual* I, p. 66-73 ; II, p. 77-82.

513 N. Tacke, *Das Opferritual* I, p. 2-3, 54-65, 74-82 ; II, p. 60-76, 83-90, 305-306. Une offrande de vin, comparable à l'épisode 22 du rituel d'offrandes du Nouvel Empire, figure plus tôt dans le papyrus Princeton Pharaonic Roll 10, voir § 8.7. Les autres épisodes n'y sont pas attestés.

514 S. Vuilleumier, *in* : *Liturgical Texts for Osiris and the Deceased*, p. 261-264.

515 E. Schiaparelli, *Il libro dei funerali*, pl. 13. E. Otto, *Mundöffnungsritual* I, p. 151-152 ; II, p. 177-178. A. Niwiński, *Sarcofagi*, p. 28-47, pl. 4-7. Sur les cercueils de *Boutehamon*, voir encore S. Guérin, *EAO* 48 (2008), p. 17-28 ; U. Verhoeven, *in* : *Ägyptens Schätze entdecken*, p. 182-187.

516 E. Schiaparelli, *Il libro dei funerali*, pl. 37. E. Otto, *Mundöffnungsritual* I, p. 151-152 ; II, p. 177-178.

517 Kl. P. Kuhlmann, *ASAE* 84 (2010), p. 219, fig. 10; *ASAE* 84 (2010), p. 235-236. Sur cette version, voir encore A. Fakhry, *Siwa Oasis*, p. 101-110, pl. 22 ; A. Fakhry, *The Oases of Egypt I*, p. 170 ; E. Otto, *Mundöffnungsritual* II, p. 182, nº *80 ; Kl. P. Kuhlmann, *Das Ammoneion*, p. 125-126 ; J. Fr. Quack, *in* : *Text und Ritual*, p. 172 ; J. Fr. Quack, *in* : *Carlsberg Papyri* 7, p. 69, n. 2, p. 81, 138-139 ; J. Fr. Quack, *in* : *Liturgical Texts for Osiris and the Deceased*, p. 148, 154.

518 J. Fr. Quack, *in* : *Carlsberg Papyri* 7, p. 117.

n Wsỉr ḥm-nṯr Ms-rd.wy=f	à l'Osiris (du) prêtre *Mesredouyef*,
mꜣꜥ-ḫrw msỉ.n Tꜣy-Hb.t	justifié, enfanté par *Tahebet* [m)],
m st=f m tꜣ-Šmꜥ	dans sa place en Haute Égypte [n)],
15, 12 *<m> mꜥḥꜥ.t=f m tꜣ-Mḥw*	15, 12 <dans> sa tombe [o)] en Basse Égypte
m bw nb	(et) en tout lieu
mr kꜣ=f ỉm	où son *ka* aime (se trouver) [p)] !
šsp.t dḫn.w	Le chœur des rythmeurs [q)] :
mꜣꜣ.n=f Rꜥ m ỉr.w=f nw ꜣḫ.t	Il a vu Rê dans ses formes de l'horizon [r)].

Commentaire

a) Deux versions de ce titre (pK/T ; Pap16b) précisent qu'il s'agit d'une formule (*r*(*ꜣ*)) et la plupart y ajoutent *m ḳbḥ snṯr* « avec une libation et de l'encens » (pK/T ; Sa5f ; Pap27e ; P3a)[519]. Deux leçons tardives replacent *ḥtp.w-nṯr* par *wdḥw* (E4 ; Pap16b).
Les versions du rituel de l'*Ouverture de la bouche* ajoutent la mention des officiants : *stm swꜥb ḥtp.w-nṯr m ḳbḥ snṯr* « Prêtre-*sem*, purifie les offrandes divines avec une libation et de l'encens » sur le sarcophage de *Boutehamon* et *ḏd* [*mdw.w*] *ẖry-ḥ*(*ꜣ*)*b*(*.t*) *stm swꜥb ḥtp.w-nṯr n Ḥw.t-ḥr N.N. m ḳbḥ snṯr* « Réciter [par] le ritualiste. Prêtre-*sem*, purifier les offrandes divines de l'Hathor N.N. avec une libation et de l'encens » dans le papyrus Paris Louvre N. 3155[520].

b) Cette indication figure dans presque toutes les versions[521]. À Abydos, il est précisé que la récitation était exécutée par le roi Séthi Ier (A24) ou par Horus *Iounmoutef* (A73).

c) Cette introduction (*wꜥb sp 2*) apparaît dans toutes les leçons à l'exception du pK/T[522]. Les versions de Nuri et d'Edfou ajoutent encore *šps* (St2a ; St3a ; St4a ; St5 ; E4) et deux d'entre elles remplacent *ḥtp.w-nṯr* par *wdḥw* (E4 ; Pap16b).

d) La préposition *n* figure dans la plupart des autres versions, à l'exception de A3, A24, St4a et St5[523]. Sokar-Osiris n'est nommé dans aucune des autres versions. Au sujet des bénéficiaires de cette formule, voir § 8.12.2.
Une seule autre attestation livre aussi *ḥnꜥ psḏ.t(=f)* « avec (son) ennéade » (Pap16b). Il n'y a pas trace ici des ajouts *m ḳbh snṯr* ou *m snṯr ḳbḥ* et *ḏr p.t ḏr tꜣ*) qui figurent dans quelques-unes des versions parallèles[524].

e) Dans le papyrus Princeton Pharaonic Roll 10, la préposition *n* remplace à chaque fois *ḏr* qui figure dans la plupart des autres versions[525].
Rê-Horakhty est nommé dans toutes les versions qui font figurer ce passage[526]. Le papyrus Princeton Pharaonic Roll 10 est le seul à ajouter *ḥnꜥ psḏ.t=f* « avec son ennéade ».

519 N. Tacke, *Das Opferritual* I, p. 66.
520 E. Otto, *Mundöffnungsritual* I, p. 177; II, p. 151. N. Tacke, *Das Opferritual* I, p. 66.
521 N. Tacke, *Das Opferritual* I, p. 66.
522 N. Tacke, *Das Opferritual* I, p. 67.
523 N. Tacke, *Das Opferritual* I, p. 67 ; II, p. 80, n. b.
524 N. Tacke, *Das Opferritual* I, p. 67-68.
525 N. Tacke, *Das Opferritual* I, p. 68-69 ; II, p. 80, n. c.
526 N. Tacke, *Das Opferritual* I, p. 68. Ce passage ne figure pas dans les versions A73, St5, E4, P3a et Pap16b.

f) La composition de la grande et de la petite ennéade n'est pas canonique et varie jusque dans le nombre de leurs membres[527].

g) Le papyrus Princeton Pharaonic Roll 10 fait figurer la préposition *m* à l'instar des leçons plus récentes[528].

h) Le démonstratif *pfy-nn* n'apparaît que dans le papyrus Paris Louvre N. 3155, tandis qu'à Edfou figure uniquement *pfy*[529]. Cet ajout semble donc constituer un trait tardif.

i) Célèbre pour ses talents de scribe, Thot est aussi plus spécifiquement avec les listes et les formules d'offrandes[530].

j) Le terme *pr mḏꜣ.t* désigne une « bibliothèque » ou des « archives »[531], probablement rattachées à des temples. Avec *pr mḏꜣ.t nṯr* « demeure des écrits divins », c'est la forme qui figure dans les parallèles[532]. Thot de la bibliothèque est attesté à quelques reprises[533].

k) Sur la formule *ỉw=w wꜥb* « elles sont pures », voir § 3.2.2. Hormis à Edfou, c'est une version plus étendue qui figure dans les autres leçons : *ỉw=w wꜥb ḥr ꜥ.wy Ḥr-ꜣḫ.ty* « elles sont pures entre les mains de Rê-Horakhty »[534].

l) Attesté dès le Moyen Empire, ce groupe de phrases apparaît dans la formule *ḥtp-dỉ-nsw* et présente différentes variantes[535]. Le pronom *=f* se rapporte à *bꜣḥ* « crue », comme le confirme encore le même emploi dans le papyrus Paris Louvre N. 3155 destiné à une femme. L'introduction du pronom  st comme objet dans la dernière partie est une particularité du papyrus Princeton Pharaonic Roll 10. Néanmoins, le pronom  *sw* est ajouté dans la version du sarcophage de *Boutehamon*[536] et le pronom *st* figure aussi dans la version du papyrus Carlsberg 395 de la scène 70B du rituel de l'*Ouverture de la bouche*[537]. Au découpage préconisé ici, on aurait pu substituer la tripartition usuelle : *ꜥ.wy=ỉ dỉ=sn bꜥḥ swꜥb=f Ḏḥwty wdn=f st n Wsỉr ḥm-nṯr Ms-rd.wy=f* « Mes deux bras, puissent-ils donner ! La crue, puisse-t-elle purifier ! Thot, puisse-t-il en offrir à l'Osiris (du) prêtre *Mesredouyef* ».
Deux des leçons (St5, P3a) ajoutent encore un bref passage[538].

m) Les leçons du rituel de l'*Ouverture de la bouche* s'achèvent après la mention du récipiendaire[539]. À propos des bénéficiaires de cette formule, voir § 8.12.2. On observe que deux versions (pK/T ; E4) insère la formule *ỉw=w wꜥb* (*sp 2*) « elles sont pures (*bis*) »,

527 W. Barta, *Untersuchungen zum Götterkreis der Neunheit*, p. 65-73. G. Roulin, *Le Livre de la Nuit* I, p. 69-70 avec références.
528 N. Tacke, *Das Opferritual* I, p. 69 ; II, p. 80, n. f.
529 N. Tacke, *Das Opferritual* I, p. 67.
530 S. Schott, *ZÄS* 90 (1963), p. 103-110. S. Schott, *ZÄS* 99 (1972), p. 20-25. M. A. Stadler, *Weiser und Wesir*, p. 24-29, 76-79.
531 *Wb* I, 515, 12; II, 187, 8. P. Wilson, *Lexikon*, p. 353. Le rituel de l'embaumement évoque par exemple ce lieu (S. Sauneron, *Rituel de l'embaumement*, p. 16 (x+5, 11), 28 (x+8, 7)).
532 N. Tacke, *Das Opferritual* I, p. 70 ; II, p. 80, n. g.
533 *LGG* VII, p. 647.
534 N. Tacke, *Das Opferritual* I, p. 70.
535 S. Schott, *ZÄS* 90 (1963), p. 107. W. Barta, *Aufbau und Bedeutung*, p. 202, 237, 312 (Bitte 82). A. H. Pries, *Die Stundenwachen*, p. 218, 233-238. N. Tacke, *Das Opferritual* I, p. 70-71 ; II, p. 80-82, n. h.
536 E. Otto, *Mundöffnungsritual* I, p. 178. N. Tacke, *Das Opferritual* I, p. 71.
537 J. Fr. Quack, *in* : *Carlsberg Papyri 7*, p. 120-121 et 122, n. f.
538 N. Tacke, *Das Opferritual* I, p. 71 ; II, p. 82, n. h (fin).
539 N. Tacke, *Das Opferritual* I, p. 71.

qui peut servir de formule de clôture, à l'endroit même où s'achèvent les leçons du sarcophage de *Boutehamon* et du papyrus Paris Louvre N. 3155[540].
Contrairement à pK/T, la plupart des versions ajoutent *m pr=f m ḥw.t-nṯr=k* « dans sa demeure, dans son temple »[541], qui ne figure pas dans le papyrus Princeton Pharaonic Roll 10.

n) Les autres leçons proposent aussi « dans ton temple (*ḥw.t-nṯr*) de Haute Égypte » et « dans ton nome (*spꜣ.t*) de Haute Égypte »[542].

o) Malgré l'haplographie du *m*, il faut reconnaître ici le mot *mꜥḥꜥ.t* « lieu de culte », « tombe »[543] qui apparaît dans toutes les autres versions[544].

p) La leçon du papyrus Princeton Pharaonic Roll 10 s'achève ici par l'adjonction de « et en tout lieu où son *ka* aime (se trouver) ». Ceci ne figure dans aucune des autres versions qui se poursuivent plus longuement[545].

q) Ce terme isolé fonctionne probablement ici comme une sorte de didascalie, introduisant la phrase suivante en précisant qui devait la réciter. Sur cet emploi dans le papyrus Princeton Pharaonic Roll 10, voir § 2.5.5. Si la phrase suivante ne constituait pas un emprunt à une composition connue par ailleurs (voir *infra* n. r)), on aurait pu le considérer aussi comme un sujet antéposé repris par le pronom *=f* et traduire : « Le chœur des rythmeurs, il a vu Rê dans ses formes de l'horizon ».

r) C'est sans doute ce que le chœur des rythmeurs annonçait. Cette phrase fait partie d'un chant attesté par ailleurs, notamment dans le rituel de l'*Ouverture de la bouche*, voir § 8.16. Elle constitue cependant à cet endroit un ajout propre à la liturgie du papyrus Princeton Pharaonic Roll 10. La composition originale montre que le pronom *=f* se rapportait au dieu mentionné préalablement. Ici, il renvoie probablement à Sokar-Osiris, auquel *Padiherpakhered* est associé.

8.12.2 Au croisement des traditions

La présence de cette formule à la fois dans la tradition du rituel d'offrandes et dans celle du rituel de l'*Ouverture de la bouche* incite à s'interroger sur son appartenance, d'autant plus que l'on a pu observer qu'elle se distingue de l'une comme de l'autre dans le papyrus Princeton Pharaonic Roll 10[546]. On notera que la purification des offrandes divines (§ 8.12), qui précède l'offrande de Geb dans le manuscrit américain (§ 8.13), apparaît ensuite dans le rituel de l'*Ouverture de la bouche* et selon une séquence différente dans le rituel d'offrandes du Nouvel Empire où elle constitue l'épisode 24[547].

La formule pour « purifier les offrandes divines » se trouve associée à la formule pour « élever les offrandes » (§ 8.2) dans le papyrus Princeton Pharaonic Roll 10 en raison des choix opérés par le copiste. Il en va de même dans le rituel d'offrandes du Nouvel Empire dont elles

540 N. Tacke, *Das Opferritual* I, p. 71.
541 N. Tacke, *Das Opferritual* I, p. 72 ; II, p. 82, n. j.
542 N. Tacke, *Das Opferritual* I, p. 72 ; II, p. 82, n. j.
543 *Wb* II, 49, 7-14. Le phénomène n'est probablement pas isolé, cf. *Wb* I, 221.
544 N. Tacke, *Das Opferritual* I, p. 72 ; II, p. 82, n. j.
545 N. Tacke, *Das Opferritual* I, p. 72-73.
546 Voir § 8.12.1. La version du papyrus Princeton Pharaonic Roll 10 s'achève par exemple différemment des leçons du rituel de l'*Ouverture de la bouche* et de celles du rituel d'offrandes.
547 Voir § 8.15.

constituent respectivement les épisodes 24 et 54. En revanche, l'élévation des offrandes est absente du rituel de l'*Ouverture de la bouche*. Dans le temple d'Abydos, une version de la formule « purifier les offrandes » est copiée sur le mur est de la galerie des listes[548]. Dans ce couloir, elle apparaît dans une scène présentant une liste de cent-vingt dieux bénéficiant d'une offrande octroyée par le roi[549]. Elle fait face, sur le mur opposé, à une autre offrande octroyée par le roi, qui s'accompagne cette fois d'une liste de rois pour lesquels on dépose des offrandes (*wꜣḥ i͗ẖ.t*)[550]. La formule qui nous intéresse s'intègre spécifiquement entre deux scènes destinées à « élever les offrandes » (*fꜣ i͗ẖ.t*)[551]. La présence de ces listes renvoie justement au contenu de l'épisode 54 du rituel d'offrandes qui fait bénéficier de l'élévation des offrandes un série de dieux d'une part et de roi d'autre part[552]. Ces indices pourraient indiquer que la version du papyrus Princeton Pharaonic Roll 10 se rattachait plutôt à une tradition liée au rituel d'offrandes qu'à celle du rituel de l'*Ouverture de la bouche*, dont elle tend d'ailleurs à se distancer par son contenu[553]. C'est ce que semble montrer aussi un autre témoignage. Dans le papyrus Vienne KM ÄS 3871, qui présente plusieurs passages parallèles avec le papyrus Princeton Pharaonic Roll 10[554], la première mention *fꜣ i͗ẖ.t* « élever les offrandes » (x+3, 30) s'accompagne de la première phrase de la formule pour purifier les offrandes divines : *wꜥb sp 2 pꜣ ḥtp.w-nṯr* « Parfaitement pure est l'offrande divine »[555].

Malgré un certain nombre de variantes, le même bénéficiaire est mentionné au début et à la fin de la plupart des versions de la formule pour purifier les offrandes divines[556]. Il s'agit de Ptah-Sokar-Osiris ou d'Isis à Abydos[557], d'Horus Behedet à Edfou[558], d'Osiris, maître de la butte pure à Philae et de Sobek, maître de Tebtynis dans le rituel de Soknebtynis[559]. Cette formule est donc attachée à des dieux vénérés spécifiquement dans ces temples, comme le nécessite logiquement le culte de ces derniers. Un roi défunt est désigné dans le papyrus Caire CGC 58030 + Turin CGT 54041 et les stèles de Nuri[560]. C'est un défunt qui est nommé dans les versions du rituel de l'*Ouverture de la bouche* en faveur de particuliers[561]. Dans le papyrus Princeton Pharaonic Roll 10, il est d'abord question des offrandes de « Sokar-Osiris avec son

548 A. Mariette, *Abydos* I, pl. 44. R. David, *Religious Ritual*, p. 199-200 (scène B).

549 A. Mariette, *Abydos* I, pl. 44-45. R. David, *A Guide*, p. 110-111.

550 A. Mariette, *Abydos* I, pl. 43. R. David, *Religious Ritual*, p. 196-198 (scène B), p. 197 (plan 37). R. David, *A Guide*, 108-110.

551 A. Mariette, *Abydos* I, pl. 47a. R. David, *Religious Ritual*, p. 199-200 (scènes A et C), p. 197 (plan 37).

552 Voir § 8.2. À propos de ces listes, voir J. Fr. Quack, *in* : *Altägyptische Weltsichten*, p. 131-157, en particulier p. 131-133 ; J. Fr. Quack, *in* : *Periodisierung und Epochenbewußtsein*, p. 9-36, en particulier p. 19.

553 Voir § 8.12.1.

554 Voir § 7.7.

555 E. von Bergmann, *Texte der Sammlung*, pl. 9. W. Spiegelberg, *ZÄS* 54 (1918), p. 87-88.

556 N. Tacke, *Das Opferritual* I, p. 67 et 71. Les exceptions sont détaillées ci-après.

557 Dans la chapelle de Séthi Ier cependant, c'est roi Séthi Ier qui est nommé (A73).

558 La seconde mention indique seulement *n kꜣ=k* « pour ton ka » (E4).

559 La seconde mention est perdue (Pap16b).

560 Sur la stèle de Talakhamani (St5), le passage se répète d'abord avec « Osiris qui préside à l'Occident, grand dieu, maître d'Abydos », puis avec le roi défunt. Dans la partie finale, seul le roi défunt est indiqué comme bénéficiaire.

561 Le rituel de l'*Ouverture de la bouche* n'était cependant pas réservé à un usage funéraire, comme le montre les versions sacerdotales de Tebtynis. Les formules liées aux offrandes ont d'ailleurs tendance à disparaître des versions funéraires des tombes où elles devaient paraître redondantes (J. Fr. Quack, *in* : *Text und Ritual*, p. 173).

ennéade » puis de « Rê-Horakhty avec son ennéade », alors que le récipiendaire s'avère finalement être le défunt *Mesredouyef*. Contrairement aux autres versions, ces mentions y sont différentes, ce qui constitue un indice de l'adaptation de cette formule en faveur d'un particulier. Il ne s'agit pourtant pas d'une innovation, puisque cette évolution est déjà consommée dans la version du rituel de l'*Ouverture de la bouche* du sarcophage de *Boutehamon* daté de la 21e dynastie. La situation intermédiaire du papyrus Princeton Pharaonic Roll 10 pourrait être l'indice d'une référence directe fait au rituel en faveur de la divinité, à laquelle le défunt s'associait, ce qui semble indiquer que cette version ne serait pas issue d'une tradition funéraire, mais d'un rituel sacerdotal adapté en faveur d'un particulier.

À la fin de cette formule, on a ajouté une phrase isolée, prononcée par le chœur des rythmeurs, qui peut être rattachée à un chant connu par ailleurs et attesté aussi dans le rituel de l'*Ouverture de la bouche*[562].

8.13 Préparer une offrande accordée par le roi (x+15, 12-14)

Cette section s'apparente à la formule d'offrandes de Geb qui est assez largement attestée dans la documentation égyptienne dès les *Textes des pyramides*[563]. On la retrouve intégrée à l'épisode 32 du rituel d'offrandes du Nouvel Empire dont elle forme la première partie[564]. Cette formule constitue également la scène 65C du rituel de l'*Ouverture de la bouche*[565], telle qu'elle est préservée par le papyrus Paris Louvre N. 3155 (20, 1-11) et le papyrus Florence PSI inv. I 100 (E, x+9-x+13)[566].

8.13.1 Traduction (x+15, 12-14)

ỉry $^{15, 13}$ *ḥtp-dỉ-nsw*	Préparer $^{15, 13}$ une offrande accordée par le roi [a)].
ḏd mdw	Réciter :
[*ḥt*]*p-dỉ-*[*nsw*] *Gb*	[Une offran]de accordée par [le roi], Geb [b)],
psḏ.t ꜥꜣ.t psḏ.t nḏs.t	la grande ennéade, la petite ennéade,
ỉtr.ty Šmꜥw	les reliquaires de Haute Égypte
ỉtr.ty [*Mḥw*]	et les reliquaires de [Basse Égypte] [c)],
wꜥb n kꜣ=k Skr Wsỉr	pure pour ton *ka*, Sokar-Osiris [d)],
$^{15, 14}$ [*wꜥb n kꜣ=k*] *Wsỉr*	$^{15, 14}$ [pure pour ton *ka* [e)]], Osiris (de)
P(*ꜣ*)*-dỉ-Ḥr-pꜣ-ẖrd msỉ.n*	*Padiherpakhered*, enfanté par
nb.t pr [*Tꜣy-*]*Hb.t*	la dame [f)] [*Ta*]*hebet*.

562 Voir § 8.16.

563 A. Roccati, *in* : *Atti del 1° Convegno*, p. 101-108, pl. 17-24, qui cite de nombreux exemples de cette formule, dont celui du temple d'Hibis (N. de Garis Davies, *Hibis* III, pl. 31. E. Cruz-Uribe, *Hibis* I, p. 118).

564 F. Contardi, *Il naos di Sethi I*, p. 81-91. N. Tacke, *Das Opferritual* I, p. 121-123; II, p. 116, 119-120, qui ne prend pas en consideration la scène 65C du rituel de l'*Ouverture de la bouche* et la leçon du temple d'Hibis.

565 S. Vuilleumier, *in* : *Liturgical Texts for Osiris and the Deceased*, p. 264-266.

566 E. Otto, *Mundöffnungsritual* I, p. 175-177 ; II, p. 149-151. J. Fr. Quack, *in* : *Carlsberg Papyri* 7, p. 115-117, pl. 15-15A. Le sarcophage de *Boutehamon* ne présente en définitive pas de parallèle avec le papyrus Princeton Pharaonic Roll 10, puisque ce dernier ne reproduit pas la liste de milliers d'offrandes.

Commentaire

a) Cette phrase n'apparaît pas dans l'épisode 32 du rituel d'offrandes du Nouvel Empire[567]. Elle figure en revanche dans la scène 65C du rituel de l'*Ouverture de la bouche*. Le papyrus Paris Louvre N. 3155 indique : *[ḏd mdw.w ỉn ẖry]-ḥ(ꜣ)b(.t) stm ỉry ḥtp-dỉ-nsw [n] N.N.* « [Réciter par le ritu]aliste. Prêtre-*sem*, préparer une offrande accordée par le roi [pour] N.N. »[568]. Le papyrus Florence PSI inv. 100 ferait de Sokar-Osiris le bénéficiaire de cette action : *[ỉr.t] ḥtp-dỉ-nsw [n Skr Wsỉr ḏd mdw]* « [Préparer] une offrande accordée par le roi [pour Sokar-Osiris. Réciter] »[569]. Les autres versions retenues par Eberhard Otto se rapportent en réalité à la scène 63A[570]. Dans le temple d'Hibis, un titre plus développé associe ceux qui figurent respectivement dans le rituel de l'*Ouverture de la bouche* et dans le rituel d'offrandes du Nouvel Empire : *ỉr ḥtp-dỉ-nsw ṯs ỉḫ.t (ḥr) ḫꜣw.t* « Préparer une offrande accordée par le roi. Dresser les offrandes sur la table d'offrandes »[571].

b) Les versions du rituel de l'*Ouverture de la bouche* ajoutent l'épithète *ỉry-pꜥ.t nṯr.w* « prince héréditaire des dieux » à Geb[572]. Elle ne figure pas dans le papyrus Princeton Pharaonic Roll 10, pas plus que dans le temple d'Hibis[573].

c) La suite de la formule ainsi que la liste de produits ne sont pas reproduites dans le papyrus Princeton Pharaonic Roll 10 contrairement aux autres versions[574]. Dans le temple de Kalabsha, on retrouve la section reproduite par le manuscrit américain sous le titre *fꜣ ỉḫ.t* « élever les offrandes »[575].

d) On est tenté de lire un *n* entre *wꜥb* et *kꜣ=k*, mais c'est peut-être uniquement le dernier trait du signe 𓈗 qui est plus long que les autres[576]. Le papyrus Princeton Pharaonic présente une formulation qui n'apparaît dans aucune des autres versions[577]. Cette adaptation découle vraisemblablement de la suppression de la liste de milliers d'offrandes et paraît liée à l'adjonction faite par le papyrus Paris Louvre N. 3155 : *ỉw=w wꜥb [wꜣḥ n] kꜣ=k Skr Wsỉr* « elles sont pures et [déposées pour] ton *ka*, Sokar-Osiris »[578].

e) Ce passage est entièrement perdu. Cette restitution, qui reprend le même propos que pour le dieu mais à l'intention du défunt, conviendrait bien à cet endroit, où le nom du défunt apparaît à la suite de celui de Sokar-Osiris.

---

567 F. Contardi, *Il naos di Sethi I*, p. 82. N. Tacke, *Das Opferritual* I, p. 121.

568 E. Otto, *Mundöffnungsritual* I, p. 175.

569 J. Fr. Quack, *in* : *Carlsberg Papyri 7*, p. 115-116.

570 J. Fr. Quack, *in* : *Carlsberg Papyri 7*, p. 114-115 et n. a.

571 N. de Garis Davies, *Hibis* III, pl. 31. E. Cruz-Uribe, *Hibis* I, p. 118.

572 E. Otto, *Mundöffnungsritual* I, p. 175. J. Fr. Quack, *in* : *Carlsberg Papyri 7*, p. 115-116.

573 N. de Garis Davies, *Hibis* III, pl. 31. E. Cruz-Uribe, *Hibis* I, p. 118.

574 N. de Garis Davies, *Hibis* III, pl. 31. E. Cruz-Uribe, *Hibis* I, p. 118. F. Contardi, *Il naos di Sethi I*, p. 82-84. N. Tacke, *Das Opferritual* I, p. 121-123 ; II, p. 116. E. Otto, *Mundöffnungsritual* I, p. 175-177. J. Fr. Quack, *in* : *Carlsberg Papyri 7*, p. 115-116.

575 H. Gauthier, *Le temple de Kalabchah* I, p. 105, pl. XXXIII (B). F. Contardi, *Il naos di Sethi I*, p. 85 et n. 13.

576 Dans ce cas, un traduction *wꜥb kꜣ=k Skr Wsỉr* « Ton ka est pur, Sokar-Osiris » serait envisageable.

577 F. Contardi, *Il naos di Sethi I*, p. 82-84. N. Tacke, *Das Opferritual* I, p. 123. E. Otto, *Mundöffnungsritual* I, p. 177. J. Fr. Quack, *in* : *Carlsberg Papyri 7*, p. 116.

578 E. Otto, *Mundöffnungsritual* I, p. 177. J. Fr. Quack, *in* : *Carlsberg Papyri 7*, p. 116 et 117, n. e. Ce passage n'est pas préservé par le papyrus Florence PSI inv. I 100.

f) Un petit groupe, qu'il faut peut-être lire *nb.t pr* « maîtresse de maison », précède le nom de la mère. Il n'est pas attesté avec les autres mentions de cet anthroponyme, voir § 4.3.

8.13.2 Forme et attribution de la formule

Dans le papyrus Princeton Pharaonic Roll 10, seule la partie introductive de la formule a été copiée et la longue liste de produits dénombrés par milliers n'y est pas reproduite. Cette absence limite les comparaisons possibles avec les autres versions. Que le titre qui figure dans le papyrus Princeton Pharaonic Roll 10 et qui n'est pas attesté par le rituel d'offrandes du Nouvel Empire soit repris dans l'introduction de la scène 65C du rituel de l'*Ouverture de la bouche* justifie de rapprocher ces deux versions. Bien que l'épithète supplémentaire de Geb documentée par les versions romaines du rituel de l'*Ouverture de la bouche* n'apparaisse pas dans le papyrus Princeton Pharaonic Roll 10, la partie conclusive de la formule du manuscrit américain n'est pas sans rappeler non plus l'ajout apporté à la liste des offrandes par le papyrus Paris Louvre N. 3155. Pourtant, le fait que cette section et la suivante (§ 8.14) du papyrus Princeton Pharaonic Roll 10 constituent ensemble l'épisode 32 du rituel d'offrandes du Nouvel Empire montre que la séquence du manuscrit américain correspond à celle du rituel d'offrandes du Nouvel Empire[579].

Dans le papyrus Caire CG 58030 + P. Turin CG 54041, le bénéficiaire est Amenhotep Ier alors que dans le papyrus Londres BM EA 10689, c'est Amon-Rê, maître de Karnak. La version sacerdotale du rituel de l'*Ouverture de la bouche* provenant de Tebtynis fait de Sokar-Osiris le bénéficiaire de cette offrande. Le papyrus Paris Louvre N. 3155 mentionne la défunte dans le titre de la scène (20, 1), puis l'indique comme récipiendaire de l'offrande (20, 4), pour finalement attribuer formellement le bénéfice de cette offrande à Sokar-Osiris (20, 11)[580]. Dans le papyrus Princeton Pharaonic Roll 10, le nom de *Padiherpakhered* est ajouté après celui de Sokar-Osiris au sein d'une formulation similaire.

8.14 Dresser les offrandes sur la table d'offrandes (x+15, 14 – x+16, 12)

La suite de l'épisode 32 du rituel d'offrandes du Nouvel Empire offre un parallèle à cette formule[581], qui a par ailleurs été intégrée en tant qu'épisode 70B au rituel de l'*Ouverture de la bouche*[582] tel qu'il est connu par d'autres versions[583].

8.14.1 Traduction et commentaire (x+15, 14 – x+16, 12)

ṯs[=*ỉ* (?) *n*=*k*] *ỉḫ*[.*t*	[Je (?)] dresse [pour toi] les offran[des [a)]
ḥr] *ḫꜣ.wy tn*	sur] cette table d'offrandes
nfr wꜥb	parfaite et pure.
kꜣ=*k* **15, 15** [*ḥr šsp*	Que ton *ka* **15, 15** [reçoive !

579 Pour une comparaison des séquences avec le rituel de l'*Ouverture de la bouche*, voir § 8.15.

580 J.-Fr. Quack, *in* : *Carlsberg Papyri* 7, p. 116, n. b et 117, n. f. Il attire aussi l'attention sur le fait que dans le papyrus Paris Louvre N. 3155, l'officiant est décrit comme *sꜣ*=*t* (*Pr-ꜥꜣ*) | [*ꜥ.w.s*] « ton fils (Pharaon)| [v.f.s.] », renvoyant ainsi à un modèle sacerdotal.

581 N. Tacke, *Das Opferritual* I, p. 123-129 ; II, p. 116-122.

582 S. Vuilleumier, *in* : *Liturgical Texts for Osiris and the Deceased*, p. 266-270.

583 E. Otto, *Mundöffnungsritual* I, p. 182-185; II, p. 155-157. J.-Fr. Quack, *in* : *Carlsberg Papyri* 7, p. 120-124.

*k3=k sw*ʿ*b*]	Que ton *ka* soit purifié] [b] !
ʿ*.wy=i͗*	Que mes deux bras
di͗.sn b[ʿ*ḥ*	accordent la cr[ue] [c] !
s]*w*ʿ*b=f*	Qu'elle soit [pu]rifiée
Ḏḥwty (*ḥr*) *wdn=f* [*n k3=k*]	(lorsque) Thot l'offre [pour ton *ka*] [d] !
[*i͗w=w w*ʿ]*b*	[Elles sont pu]res [e].
ḥt[*p*]-*di͗-nsw*	Une offran[de] accordée par le roi
[*n R*ʿ]	[à Rê],
ḥtp-[*di͗-nsw*]	une offrande [accordée par le roi]
16, 1 *n psḏ.t=f*	**16, 1** à son ennéade [f].
Wsi͗r ḥm-nṯr Ms-rd.wy=f	Osiris (du) prêtre *Mesredouyef*,
*m3*ʿ*-ḫrw msi͗.n Ti͗-Hb*(*.t*)	justifié, enfanté par *Taheb(et)*,
fd.t=k n=k	ta sueur est à toi,
rḏw.w=k n=k	tes humeurs sont à toi [g].
Wsi͗r ḥm-nṯr Ms-rd.wy=f	Osiris (du) prêtre *Mesredouyef*,
*m3*ʿ*-ḫrw msi͗.n* <*Ti͗-Hb*(*.t*)>	justifié, enfanté par <*Taheb(et)*> [h],
16, 2 *šsp n=k t=k pn*	**16, 2** reçois pour toi ce tien pain,
šsp n=k ḥ(*n*)*ḳ*(*.t*)*=k pn*	reçois pour toi cette tienne bière [i],
šsp n=k snṯr=k pn	reçois pour toi ce tien encens,
šsp n=k ḳbḥ=k pn	reçois pour toi cette tienne libation [i],
16, 3 *šsp n=k ḥtp.w-nṯr=k pn*	**16, 3** reçois pour toi cette tienne offrande
m i͗r.t Ḥr	divine en tant qu'œil d'Horus [j].
sḫn.n=n nn	Nous les avons recherchés,
ḫḫ.n=n nn	nous en avons fait la quête [k].
Wsi͗r ḥm-nṯr Ms-rd.wy=f	Osiris (du) prêtre *Mesredouyef*,
[*msi͗.n*] *Ti͗-Hb.t*	[enfanté par] *Tahebet* [l],
t=k n=k	ton pain est à toi,
ḥnḳ.t=k n=k	ta bière est à toi,
16, 4 ʿ*nḫ=k*	**16, 4** afin que tu puisses vivre
mi͗ ʿ*nḫ R*ʿ *i͗m=sn*	comme vit Rê grâce à elles [m].
i͗n(*=i͗*) *n=k nṯr.w*	J'amène pour toi les dieux
ḫnt ḥw.t-nṯr=k tn	devant ce tien temple [n].
i͗nk s3ḫ nn	Je suis celui qui les glorifie
r di͗.t n=k mw	pour te donner de l'eau [o].
Dḥwty sḥtp=f	Puisse Thot satisfaire [p]
Wsi͗r ḥm-nṯr **16, 5** *Ms-rd.wy=f*	l'Osiris (du) prêtre **16, 5** *Mesredouyef*,
*m3*ʿ*-ḫrw msi͗.n T3y-Hb.t*	justifié, enfanté par *Tahebet* [q] !
i͗r=i͗ n=k t=k [*pn*]	Je fabrique [r] pour toi [ce] tien pain
nn ḥw3=f	qui ne pourrira pas
[*ḥ*]*nḳ.t=k tn*	(et) cette tienne bière
nn ḫsd=f	qui ne moisira pas [s].
16, 6 *sḥtp=k*	**16, 6** Puisses-tu te satisfaire
m ḥtp-di͗-nsw	de l'offrande accordée par le roi !

ms=tw n=k ḥr=k ḏs=k	Qu'on apporte pour toi ton propre visage
n=k-ỉm(y)	qui t'appartient t) !
h(y) Wsỉr ḥm-nṯr Ms-rd.wy.f	Ah ! Osiris (du) prêtre *Mesredouyef*,
mꜣꜥ-ḫrw msỉ.n Tꜣy- **16, 7** *Hb.t*	justifié, enfanté par *Ta-* **16, 7** *hebet* u),
nḫḫ n=k ỉr.t Ḥr	que l'œil d'Horus perdure pour toi
ḫr=k	auprès de toi v) !
mw=k n=k	Que ton eau soit à toi,
bꜥḥ=k n=k	que ta crue soit à toi,
rḏw.w=k n=k pr ỉm=k	que tes humeurs issues de toi soient à toi w) !
ỉỉꜥ [ṯw]	Lave-toi x) !
wn [r=k]	Ta bouche est ouverte,
16, 8 *sš ꜥnḫ.wy=k*	**16, 8** tes deux oreilles y) sont ouvertes !
mꜣꜣ=k m ỉr.t=k	Puisses-tu voir avec ton œil,
mdw=k m r(ꜣ)=k	puisses-tu parler avec ta bouche,
nmt=k [m] rd.wy=k	puisses-tu marcher [sur] tes deux jambes z)
m ḳbḥ=k ỉpn n mꜣw	grâce à cette tienne libation nouvelle
pr ỉm.k	issue de toi aa) !
16, 9 *mỉ r t=k pn srf*	**16, 9** Viens vers ce tien pain chaud
r ḥnḳ.t=k tn srf	(et) vers cette tienne bière chaude bb) !
wꜣš=k wꜣš.tỉ	Ta réputation est prestigieuse,
bꜣ=k bꜣ.tỉ	ton *ba* est immanent,
sḫm=k sḫm.tỉ	ta puissance est vigoureuse,
spd=k **16, 10** *spd.tỉ*	ton acuité **16, 10** est aiguë.
ḥw=k m ꜥbꜣ.k	Puisses-tu frapper avec ton sceptre,
ḫrp=k m ỉꜣ[.t]=k	puisses-tu guider grâce à ton pavois cc) !
ṯs ṯw Wsỉr ḥm-nṯr Ms-rd.wy=f	Lève-toi, Osiris (du) prêtre *Mesredouyef*,
mꜣꜥ-ḫrw msỉ.n **16, 11** *Tꜣy-Hb.t*	justifié, enfanté par **16, 11** *Tahebet* dd) !
ꜥḳ=k r t=k pn	Puisses-tu entrer vers ce tien pain,
r ḥnḳ.t=k tn	vers cette tienne bière,
r snṯr=k pn	vers ce tien encens,
[r ḳbḥ]=k pn	[vers] cette tienne [libation],
r ḥtp.w-nṯr=k pn	vers cette tienne offrande divine,
nn nwd **16, 12** *ỉr=k*	sans renoncement ee) **16, 12** de ta part
ḏ.t	éternellement.

Commentaire

a) La formule débute sans introduction dans le papyrus Princeton Pharaonic Roll 10. Le titre *ṯs ỉḫ.t ḥr ḫꜣw.t* « dresser les offrandes sur la table d'offrandes » (x+15, 8-9) y est pourtant inscrit préalablement (§ 8.11), avant la formule pour purifier les offrandes (§ 8.12). La construction du texte et l'absence de la liste de milliers d'offrandes ne permet pas de rattacher directement cette phrase à ce qui précède par l'emploi d'une forme participiale comme c'est le cas dans pK/T, où le mot *ỉḫ.t* est omis[584]. Une lacune empêche de définir

584 N. TACKE, *Das Opferritual* I, p. 123; II, p. 116 et 120, n. g.

la forme verbale employée. D'après le papyrus Paris Louvre N. 3155, il s'agirait d'une forme conjuguée à la première personne, comme le laisserait entendre aussi le pronom suffixe *=ỉ* employé dans la phrase suivante, puis ensuite. C'est aussi la traduction adoptée par Joachim Quack dans la lacune du papyrus Carlsberg 395[585].

b) Les parallèles permettent de restituer avec une certaine assurance la fin de ce passage, attesté uniquement par les copies du rituel de l'*Ouverture de la bouche*. Le papyrus Paris Louvre N. 3155 donne ainsi : *kꜣ=t ḥr šsp kꜣ=t swꜥb*, « ton *ka* reçoit, ton *ka* est purifié »[586]. La leçon du papyrus Carlsberg 395 est incomplète : *kꜣ=k ḥr šsp kꜣ=k* [...] « ton *ka* reçoit, ton *ka* [...] »[587]. Le papyrus Berlin 14379b livre pour sa part : *kꜣ=k ḥr šsp kꜣ=k ḥr swꜥb* « ton *ka* reçoit, ton *ka* purifie »[588].

c) À l'instar des versions du rituel de l'*Ouverture de la bouche*, le papyrus Princeton Pharaonic Roll 10 fait figurer *bꜥḥ* « la crue » plutôt que Rê comme dans celles du rituel d'offrandes[589].

d) Ce passage reprend la formulation d'un extrait de l'épisode 24 du rituel d'offrandes, correspondant à la scène 67 du rituel de l'*Ouverture de la bouche*, qui est reproduit préalablement dans le papyrus Princeton Pharaonic Roll 10 (x+15, 10-11)[590]. D'après la taille de la lacune, il ne semble pas qu'un pronom *st* ait figuré après *wdn=f*, contrairement à l'exemple précédent ou à ce qui figure dans le papyrus Carlsberg 395[591].

e) C'est vraisemblablement la phrase *ỉw=w wꜥb* « elles sont pures » qui figurait là, à l'instar des autres versions[592]. Le nom de la défunte est ajouté dans le papyrus Paris Louvre N. 3155.

f) Compte tenu de l'espace restreint qui demeure dans la lacune pour insérer le nom d'une divinité, la restitution de Rê comme dans le papyrus Paris Louvre N. 3155 semble se justifier[593]. Selon les versions du rituel d'offrandes, une offrande est accordée par le roi à la grande ennéade puis à différentes formes d'Amon, tandis que celles du rituel de l'*Ouverture de la bouche* font état de Rê et de son ennéade[594]. C'est le modèle suivi par le papyrus Princeton Pharaonic Roll 10.

g) Tout ce passage manque dans le papyrus Paris Louvre N. 3155[595]. Le nom du défunt se rattache à la phrase suivante et non à l'offrande accordée par le roi, à l'instar du papyrus Carlsberg 395, où c'est Sokar-Osiris qui est nommé[596]. La leçon du papyrus Princeton

---

585 E. SCHIAPARELLI, *Il libro dei funerali*, pl. 44 (27, 3-4). E. OTTO, *Mundöffnungsritual* I, p. 182; II, p. 156. J. Fr. QUACK, *in* : *Carlsberg Papyri 7*, p. 120-121 et 122, n. a.

586 E. OTTO, *Mundöffnungsritual* I, p. 182. J. Fr. QUACK, *in* : *Carlsberg Papyri 7*, p. 122, n. d. N. TACKE, *Das Opferritual* I, p. 123.

587 E. OTTO, *Mundöffnungsritual* I, p. 182. J. Fr. QUACK, *in* : *Carlsberg Papyri 7*, p. 120-121 et 122, n. d.

588 J. Fr. QUACK, *in* : *Carlsberg Papyri* 7, p. 122, n. d.

589 N. TACKE, *Das Opferritual* I, p. 123 ; II, p. 116, 120, n. j.

590 Voir § 8.12.1 et n. k).

591 J. Fr. QUACK, *in* : *Carlsberg Papyri 7*, p. 120-121 et 122, n. f.

592 N. TACKE, *Das Opferritual* I, p. 123 ; II, p. 116. J. Fr. QUACK, *in* : *Carlsberg Papyri 7*, p. 120-121.

593 E. OTTO, *Mundöffnungsritual* I, p. 183 ; II, p. 156. J. Fr. QUACK, *in* : *Carlsberg Papyri 7*, p. 120-121. N. TACKE, *Das Opferritual* I, p. 123-124.

594 E. OTTO, *Mundöffnungsritual* I, p. 183 ; II, p. 156. J. Fr. QUACK, *in* : *Carlsberg Papyri 7*, p. 120-121. N. TACKE, *Das Opferritual* I, p. 123-124 ; II, p. 116-117, 120, n. k.

595 E. OTTO, *Mundöffnungsritual* I, p. 183 ; II, p. 156. N. TACKE, *Das Opferritual* I, p. 124.

596 J. Fr. QUACK, *in* : *Carlsberg Papyri 7*, p. 120-121.

Pharaonic Roll 10 se distingue des autres versions par l'emploi du terme *rḏw.w* « humeurs »[597]. Quant à la leçon du papyrus Carlsberg 395, elle est en partie lacunaire et permet seulement de supposer, d'après la version du papyrus Berlin 14379b, que les humeurs étaient listées dans une phrase pourtant différente : *Skr Wsỉr fdy.t=k n=k ḳs.w=k* [*n=k pr ỉm=k rḏw.w=k*] « Sokar-Osiris, ta sueur est à toi, tes os sont [à toi, ce qui sort de toi, tes humeurs] »[598]. La crue provenant des humeurs d'Osiris était aussi issue de sa sueur[599]. On rappellera que la sueur des dieux pouvait être à l'origine de la création de végétaux[600].

h) Dans le papyrus Paris Louvre N. 3155, le nom de la défunte (27, 7) ne doit pas être rattaché à l'offrande accordée par le roi[601], mais constitue probablement comme ici un vocatif.

i) La bière et la libation ne sont pas mentionnées par les versions du rituel d'offrandes du Nouvel Empire, mais figurent dans les versions du rituel de l'*Ouverture de la bouche*[602].

j) Le papyrus Paris Louvre N. 3155 use de la préposition *m-ʿ* plutôt que *m* et remplace *ỉr.t Ḥr* « l'œil d'Horus » par  *ỉr.t Ḥr Wr* «l'œil d'Horus l'Ancien »[603].

k) Le sujet *=n* n'est pas exprimé dans toutes les versions et certaines ajoutent un datif *n=k* dont il n'y a pas trace ici[604]. Le verbe *sḫn* signifie comme son déterminatif l'indique « enlacer », mais aussi « chercher » ou « trouver »[605]. Le verbe *ḥḥ* « rechercher », « faire la quête de » s'emploie dans un contexte osirien[606]. L'objet de cette quête, représenté par le pronom *nn*, demeure imprécis. On ne peut s'empêcher de penser à la quête des membres d'Osiris, dont la crue est issue, ou à celle de l'œil d'Horus déjà évoquée (§ 7.7). Ces deux verbes sont associés dans une liturgie du culte d'offrandes dans la tombe, qui remonte aux *Textes des sarcophages*. Elle est encore attestée dans le papyrus Londres BM EA 10819 qui présente d'autres points communs avec cette formule[607]. Dans ces exemples, ce sont les quatre fils d'Horus qui sont enjoints à rechercher le défunt pour le conduire à ses offrandes. On pourrait trouver dans ces quatre dieux l'origine du pronom *=n* des autres versions, peut-être sous la forme des porteurs de la barque parfois nommés enfants

---

597 N. Tacke, *Das Opferritual* I, p. 124 ; II, p. 117 et 120, n. m.

598 J. Fr. Quack, *in* : *Carlsberg Papyri 7*, p. 120-121 et 122, n. g.

599 L. Pantalacci, *GöttMisz* 52 (1981), p. 57-66. J. Kettel, *in* : *Hommages Leclant* 3, p. 315-330. A. Winkler, *GöttMisz* 211 (2006), p. 125-139. Chr. Leitz, *Geographisch-osirianische Prozessionen*, p. 34.

600 Ph. Derchain, *Le Papyrus Salt 825*, p. 137-138. J.-Cl. Goyon, *Rituels funéraires*, p. 237-238, 240. Fr. R. Herbin, *BIFAO* 88 (1988), p. 95-112. M. Erroux-Morfin, *ENiM* 3 (2010), p. 49. Fr. Servajean, *ENiM* 4 (2011), p. 204.

601 E. Otto, *Mundöffnungsritual* I, p. 183 ; II, p. 156. N. Tacke, *Das Opferritual* I, p. 124 ; II, p. 120, n. l.

602 E. Otto, *Mundöffnungsritual* I, p. 183 ; II, p. 156. J. Fr. Quack, *in* : *Carlsberg Papyri 7*, p. 120-121. N. Tacke, *Das Opferritual* I, p. 124.

603 E. Otto, *Mundöffnungsritual* I, p. 183. J. Fr. Quack, *in* : *Carlsberg Papyri 7*, p. 120-121 et 122, n. h. N. Tacke, *Das Opferritual* I, p. 124. À propos de l'œil d'Horus l'Ancien, voir *LGG* I, p. 434. Dans le papyrus Brooklyn 47.218.84 (III, 2-7), celui-ci est assimilé à l'œil-*oudjat* lunaire en tant que relique (D. Meeks, *Mythes et légendes du Delta*, p. 8 et 186-187, § 7b).

604 E. Otto, *Mundöffnungsritual* I, p. 183. J. Fr. Quack, *in* : *Carlsberg Papyri 7*, p. 120-121. N. Tacke, *Das Opferritual* I, p. 124.

605 *Wb* III, p. 468, 14-469, 18.

606 On pensera à la formule *ḥḥ ỉs* (A. Egberts, *In Quest of Meaning*, p. 345-363).

607 J. Assmann, M. Bommas, A. Kucharek, *Totenliturgien* 1, p. 494-496.

d'Horus. Étant donné que c'est le défunt que l'on recherche, il est possible que le pronom *nn* représente dans le papyrus Princeton Pharaonic Roll 10 les deux défunts dont les noms apparaissent en alternance tout au long de cette formule.

l) La fin du nom de la mère a été inscrite dans l'interligne supérieur et certains signes chevauchent presque le début du mot  *t* « pain », ce qui donne l'impression d'être en présence d'un signe particulier.
Le nom de la défunte figure aussi dans le papyrus Paris Louvre N. 3155, où il n'est pas non plus précédé de la préposition *n*, contrairement aux leçons du rituel d'offrandes du Nouvel Empire ; il ne doit donc pas être rattaché à la section précédente[608]. Le papyrus Carlsberg 395 fait figurer le nom de Sokar-Osiris, mais au début de la phrase suivante[609].

m) Hormis la variante concernant la préposition, les différentes versions s'accordent sur cette leçon[610]. Le papyrus Carlsberg 395 présente la variante : *ꜥnḫ=k mỉ ꜥnḫ Rꜥ rꜥ nb* « puisses-tu vivre comme vit Rê chaque jour »[611].

n) Bien que l'on puisse lui donner du sens, ce passage est corrompu si l'on considère les autres leçons[612]. L'antéposition du sujet *ỉn ḥm.w-nṯr* n'apparaît pas dans le papyrus Princeton Pharaonic Roll 10, à l'instar du papyrus Carlsberg 395 qui livre sinon la version la plus complète de ce passage : *<ỉn ḥm.w-nṯr> ỉn=sn n=k ỉr.t Ḥr ḫft nṯr.w ḫnt ḥw.t-nṯr*[*=k tn*] « <Ce sont les prêtres> qui amèneront pour toi l'œil d'Horus en face des dieux devant [ce tien] temple »[613]. L'adaptation du papyrus Princeton Pharaonic Roll 10 suit une certaine logique puisque le « je », employé à plusieurs reprises dans cette formule, représente un officiant et peut donc remplacer « les prêtres » sans poser de problème de sens.

o) Le pronom démonstratif *nn* ne figure que dans le papyrus Princeton Pharaonic Roll 10. Comme précédemment, il apparaît après qu'il a été question de l'œil d'Horus, auquel il pourrait se rapporter, mais qui est cependant omis dans la présente leçon. Cette formulation diffère des autres versions, rendues par « Je suis celui qui te glorifie »[614], tandis que les leçons du rituel d'offrandes du Nouvel Empire précisent que l'on s'adressait à un roi défunt ou à Amon (pK/T ; pBM). On pourrait dès lors considérer que le pronom démonstratif *nn* représente les défunts, nommés alternativement tout au long de cette section. Pourtant, *n=k* dans la proposition suivante contredit cette hypothèse. L'adaptation apportée à la leçon du papyrus Princeton Pharaonic Roll 10 par rapport aux autres versions permet de reconnaître dans le pronom *nn* les dieux de la phrase précédente. Le papyrus Carlsberg 395 est en lacune mais fait figurer à la fin de ce passage [*m*] *ỉr.t Ḥr* « en tant qu'œil d'Horus »[615].

p) On pourrait aussi rattacher Thot à l'eau de la phrase précédente et considérer que le pronom *=f* se rapportait à elle : ... *mw ḏḥwty sḥtp=f N.N.* « ... l'eau de Thot. Puisse-t-elle

608 E. Otto, *Mundöffnungsritual* I, p. 183. N. Tacke, *Das Opferritual* I, p. 125.
609 J. Fr. Quack, *in* : *Carlsberg Papyri 7*, p. 120-121.
610 E. Otto, *Mundöffnungsritual* I, p. 184. N. Tacke, *Das Opferritual* I, p. 125.
611 J. Fr. Quack, *in* : *Carlsberg Papyri 7*, p. 120-121 et 123, n. k.
612 E. Otto, *Mundöffnungsritual* I, p. 184. N. Tacke, *Das Opferritual* I, p. 125.
613 J. Fr. Quack, *in* : *Carlsberg Papyri* 7, p. 120-121 et 123 et n. l.
614 E. Otto, *Mundöffnungsritual* I, p. 184. J. Fr. Quack, *in* : *Carlsberg Papyri* 7, p. 120-121. N. Tacke, *Das Opferritual* I, p. 125.
615 J. Fr. Quack, *in* : *Carlsberg Papyri* 7, p. 120-121 et 123, n. m.

satisfaire N.N. ». L'adjonction faite par le papyrus Carlsberg 395 – [*m*] *ỉr.t Ḥr* « en tant qu'œil d'Horus »[616] – tend cependant à démentir cette hypothèse.

q) Le nom du défunt est intégré ici, comme celui de la défunte dans le papyrus Paris Louvre N. 3155. Ils remplacent celui du dieu Amon (pBM) ou Sokar-Osiris (P. Carlsberg 395)[617]. Le papyrus Paris Louvre N. 3155 et le papyrus Carlsberg 395 ne font pas figurer le pronom *=f* et ajoutent tous deux, à l'instar du papyrus Berlin 14381, un bref passage final qui semble avoir été assez librement adapté[618]. Il n'y en a pas trace dans le papyrus Princeton Pharaonic Roll 10.

r) Au lieu de *ỉr=ỉ n=k*, les autres versions préfèrent *rdỉ=ỉ n=k* « je te donne »[619].

s) Bien que le vocabulaire évolue, les différentes leçons s'accordent sur ce passage ; le papyrus Carlsberg 395 omet cependant *nn ḥw3=f*[620]. Ce genre de formule est attesté dans les liturgies dès les *Textes des pyramides*[621] et il est repris aussi par les *Glorifications* I[622].

t) Bien qu'il soit question du visage et non de la tête, on ne peut s'empêcher de songer à l'aspect acéphale d'Osiris qui est associé à la fin de la période d'invisibilité de la lune ou d'un autre astre, soit au moment où un nouveau cycle représente la régénération[623]. L'épithète d'Osiris « qui n'a pas de visage » renvoie d'ailleurs à la nuit durant laquelle ce dieu « dort loin de sa tête »[624]. Lors des rites du mois de Khoiak, une figure acéphale d'Osiris était placée dans le ventre d'une vache-*remenet* qui rappelle sans doute la déesse céleste [625].

u) Un court extrait du papyrus Paris Louvre N. 3155, qui comme le papyrus Carlsberg 395 ajoute la particule *h3*, n'est pas reproduit dans le papyrus Princeton Pharaonic Roll 10[626]. Il n'apparaît pas non plus dans les versions du rituel d'offrandes du Nouvel Empire. Tout ce passage est en lacune dans le papyrus Carlsberg 395 qui mentionne cependant Sokar-Osiris.

v) Bien que 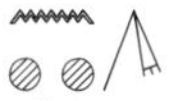 constitue une graphie de *nẖ3ẖ3* « fléau », on renoncera à traduire : *nẖ3ẖ3 n=k* « Le fléau est à toi ». Cette phrase s'inspire plutôt d'extraits des *Textes des pyramides* : *ḥnk(=ỉ) n=k ỉr.t Ḥr nẖḫ=s ḫr=k* « Je t'offre l'œil d'Horus qu'il perdure auprès de toi ! » (*Pyr.* § 1881a), *nẖḫ n=k ỉr.t Ḥr* « L'œil d'Horus perdure pour toi » (*Pyr.*

616 J. Fr. QUACK, *in* : *Carlsberg Papyri* 7, p. 120-121 et 123, n. m.

617 E. OTTO, *Mundöffnungsritual* I, p. 184. J. Fr. QUACK, *in* : *Carlsberg Papyri* 7, p. 120-121. N. TACKE, *Das Opferritual* I, p. 125.

618 J. Fr. QUACK, *in* : *Carlsberg Papyri* 7, p. 123, n. n. N. TACKE, *Das Opferritual* I, p. 125.

619 E. OTTO, *Mundöffnungsritual* I, p. 184. J. Fr. QUACK, *in* : *Carlsberg Papyri* 7, p. 120-122. N. TACKE, *Das Opferritual* I, p. 126.

620 J. Fr. QUACK, *in* : *Carlsberg Papyri* 7, p. 120, 122 et 123, n. o. N. TACKE, *Das Opferritual* I, p. 126.

621 J. ASSMANN, M. BOMMAS, A. KUCHAREK, *Totenliturgien* 1, p. 354, 357-358.

622 N. TACKE, *Das Opferritual* II, p. 121, n. u. J. ASSMANN, M. BOMMAS, A. KUCHAREK, *Totenliturgien* 3, p. 159, 167.

623 D. MEEKS, *Archéo-Nil* 2 (1991), p. 5-15, en particulier p. 8-10. Sur ce thème, voir aussi J. BERLANDINI, *OMRO* 73 (1993), p. 29-41 et H. KOCKELMANN, *Mumienbinden* II, p. 321-322.

624 L. COULON, *in* : *Mélanges Neveu*, p. 78 et n. 34-35.

625 É. CHASSINAT, *Le mystère d'Osiris* I, p. 65-66 ; II, p. 596. Fr. R. HERBIN, *Parcourir l'éternité*, p. 200-202. L. COULON, *in* : *Hérodote et l'Égypte*, p. 170. Voir § 7.2.1, n. a).

626 E. OTTO, *Mundöffnungsritual* I, p. 184. J. Fr. QUACK, *in* : *Carlsberg Papyri* 7, p. 121-122. N. TACKE, *Das Opferritual* I, p. 126.

§ 21a)[627]. En rapport avec l'enfance, le verbe *nḫḫ*, qui peut notamment faire référence à la lune, pourrait être rendu « (se) régénérer »[628]. À l'instar du papyrus Louvre N. 3155, 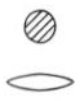 remplace ici  (pK/T ; pBM). On pourrait éventuellement suggérer une traduction alternative : *nḫḫ.n=k ỉr.t Ḥr ḫr=k* « Tu t'es régénéré (car) l'œil d'Horus est auprès de toi », qui expliquerait peut-être la présence de la préposition *ḥr* dans le manuscrit parisien[629] : *nḫḫ.n=ṯ ḥr ỉr.t Ḥr ḫr=ṯ* « Tu t'es régénérée car l'œil d'Horus est auprès de toi ». Il ne serait pas déplacé que le sujet soit le défunt que l'on vient de nommer et la présence à ses côtés de l'œil d'Horus serait l'explication de sa régénération.

w) Le rituel de l'*Ouverture de la bouche* livre une version similaire de ce passage avec pour troisième terme *rḏw.w* « humeurs »[630], à l'instar des *Textes des pyramides*[631]. Les versions du rituel d'offrandes du Nouvel Empire mentionnent en revanche le natron (*bd*), attesté aussi sous la forme du sel alcalin (*bsn*) dans les *Textes des pyramides*[632].

x) Les autres leçons du rituel d'offrandes proposent *ỉʿ ʿ=k* « lave ton bras », *ỉʿ ʿ.wy=k* « lave tes deux bras » ou *ỉʿ r(ꜣ)=k* « lave ta bouche »[633]. À l'instar rituel de l'*Ouverture de la bouche*[634], le papyrus Princeton Pharaonic Roll 10 indique *ỉʿ ṯw* « lave-toi ».

y) À l'instar du rituel de l'*Ouverture de la bouche*, le terme *ʿnḫ.wy=k* « tes oreilles » remplace le mot *msḏr* « oreille » qui figure dans le rituel d'offrandes du Nouvel Empire[635]. L'ouverture de la bouche, présente dans le rituel d'offrandes et reprise par le rituel de l'*Ouverture de la bouche*, ne figure pas dans les *Textes des pyramides*[636].

z) La leçon du papyrus Princeton Pharaonic Roll 10 s'accorde au rituel de l'*Ouverture de la bouche* en remplaçant « puisses-tu entendre avec tes oreilles »[637] par « puisses-tu marcher [sur] tes deux jambes »[638]. Le rituel de l'embaumement présente une série différente : *ḏỉ.t mꜣꜣ=f m jr.t=f sḏm=f m ʿnḫ.wj=f(j) snsn=f m fnḏ=f mdw=f m rꜣ=f* « Faire en sorte qu'il voit avec son œil, qu'il entende avec ses deux oreilles, qu'il respire avec son nez, qu'il parle avec sa bouche »[639].

---

627 Cf. aussi *Pyr.* § 112, § 115b, § 591c, § 1407b. N. TACKE, *Das Opferritual* I, p. 126 ; II, p. 117 qui traduit : « O daß doch dauere <für> dich das Auge des Horus, das bei dir ist ! ».

628 *Wb* II, 313, 4-5. P. WILSON, *Lexikon*, p. 542.

629 E. OTTO, *Mundöffnungsritual* I, p. 184. J. Fr. QUACK, *in* : *Carlsberg Papyri* 7, p. 121-122. N. TACKE, *Das Opferritual* I, p. 126 ; II, p. 121-122, n. v.

630 E. OTTO, *Mundöffnungsritual* I, p. 184. J. Fr. QUACK, *in* : *Carlsberg Papyri* 7, p. 121-122. N. TACKE, *Das Opferritual* I, p. 127.

631 *Pyr.* § 788b qui ajoute encore un terme, § 1291a, § 1360b, § 2007a, § 2031a. A. WINKLER, *GöttMisz* 211 (2006), p. 132-133. Postérieurement, on y a ajouté l'énoncé de l'offrande funéraire (*pr.t-ḫrw*) (J. LECLANT, *Enquêtes*, p. 61-62). J. ASSMANN, M. BOMMAS, A. KUCHAREK, *Totenliturgien* 1, p. 394-399 ; *Totenliturgien* 2, p. 91-94.

632 *Pyr.* § 774a-b.

633 N. TACKE, *Das Opferritual* I, p. 127. De même *Pyr.* § 788c.

634 E. OTTO, *Mundöffnungsritual* I, p. 184. J. Fr. QUACK, *in* : *Carlsberg Papyri* 7, p. 121-122.

635 E. OTTO, *Mundöffnungsritual* I, p. 184. J. Fr. QUACK, *in* : *Carlsberg Papyri* 7, p. 121-122. N. TACKE, *Das Opferritual* I, p. 127.

636 *Pyr.* § 788. Ailleurs, ce sont les portes du ciel et de la terre, voire de la tombe et du sarcophage, qui sont ouvertes (*Pyr.* § 1291b, § 1361a-b).

637 N. TACKE, *Das Opferritual* I, p. 128.

638 J. Fr. QUACK, *in* : *Carlsberg Papyri* 7, p. 121-122.

639 S. SAUNERON, *Rituel de l'embaumement*, p. 13 (4, 18-19).

aa) Dans les versions ramessides, la libation est *pr m ỉt=k Wsỉr* « issue de ton père Osiris »[640]. Dans le papyrus Princeton Pharaonic Roll 10 et le papyrus Carlsberg 395, l'usage du pronom de la deuxième personne (*pr ỉm=k*)[641] indique que l'on s'adressait plus directement au dieu.

bb) Le papyrus Carlsberg 395 insère Sokar-Osiris en préambule et ajoute une proposition supplémentaire à la fin de cette phrase, perdue dans le papyrus Paris Louvre N. 3155[642].

cc) Dans le papyrus Carlsberg 395, la phrase *ḫrp.n=k m ꜣtf< =k>* « tu diriges grâce à <ta> couronne-*atef* »[643] remplace *ḫrp=k m ỉtn=k* « puisses-tu diriger grâce à ton disque solaire » qui figure dans le rituel d'offrandes du Nouvel Empire[644]. On perçoit bien le glissement de sens qui reste attaché à la description d'une coiffure divine, la couronne-*atef* étant particulièrement pertinente dans le cas de Sokar-Osiris. La version du papyrus Princeton Pharaonic Roll 10 a fait l'objet d'une adaptation supplémentaire avec l'emploi du terme *ỉꜣ.t* « pavois ». Cette réinterprétation découle probablement de la volonté d'adapter ce texte en faveur d'un particulier, auquel des attributs divins ne conviennent guère.

dd) Différentes formes d'Amon sont nommées dans le rituel d'offrandes du Nouvel Empire, tandis que le nom de la défunte figure comme ici dans le papyrus Paris Louvre N. 3155[645]. Ce passage n'est pas reproduit dans le papyrus Carlsberg 395, mais Sokar-Osiris est cité par le papyrus Berlin 14381a[646].

ee) Sur l'expression *nn nwd=k*, on verra notamment les exemples cités par Jean Leclant[647].

8.14.2 Tradition et attribution de la formule

Cette dernière section (x+15, 15 – x+16, 12) poursuit l'épisode 32 du rituel d'offrandes du Nouvel Empire[648] et forme par ailleurs l'épisode 70B du rituel de l'*Ouverture de la bouche*[649]. Certaines formulations adoptées par le papyrus Princeton Pharaonic Roll 10 diffèrent à la fois des versions du Nouvel Empire et des leçons du rituel de l'*Ouverture de la bouche*, en particulier dans les passages où le texte du papyrus Princeton Pharaonic Roll 10 a été adapté en faveur d'un particulier[650].

L'emploi de la première personne renvoie à un officiant qui n'est pas nommé[651]. Les versions du rituel de l'*Ouverture de la bouche* introduisent un prêtre-*sem*, en charge des rites décrits, dont la présence expliquerait celle d'un pronom à la première personne du singulier. On s'adresse directement au défunt, interpellé à la deuxième personne, alors que l'on parle des dieux à la troisième personne. Dans cette partie de la formule, on s'adresse toujours à *Mesredouyef*, tandis que les leçons du Nouvel Empire s'adressent au roi défunt ou à Amon. Le papyrus Carlsberg 395 mentionne pour sa part Sokar-Osiris. Quant au papyrus Paris Louvre

---

640 N. TACKE, *Das Opferritual* I, p. 128.
641 J. Fr. QUACK, *in* : *Carlsberg Papyri* 7, p. 121-122.
642 J. Fr. QUACK, *in* : *Carlsberg Papyri* 7, p. 121-122 et 123, n. s.
643 J. Fr. QUACK, *in* : *Carlsberg Papyri* 7, p. 121-122.
644 N. TACKE, *Das Opferritual* I, p. 128.
645 N. TACKE, *Das Opferritual* I, p. 129.
646 J. Fr. QUACK, *in* : *Carlsberg Papyri* 7, p. 121-122 et 124 et n. v.
647 J. LECLANT, *Enquêtes*, p. 61.
648 N. TACKE, *Das Opferritual* I, p. 123-129 ; II, p. 116-122.
649 E. OTTO, *Mundöffnungsritual*, p. 155-157 (7, e-t). J.-Fr. QUACK, *in* : *Carlsberg Papyri* 7, p. 120-124.
650 Voir § 8.14.1.
651 Voir x+15, 14 ; x+15, 15 ; x+16, 4 ; x+16, 5.

N. 3155, c'est le nom d'une défunte qui y est indiqué. Si, à l'instar du rituel d'offrandes du Nouvel Empire, cette formule et la précédente (§ 8.13) figurent ensemble dans le manuscrit américain sous un même intitulé, elles n'ont pas le même bénéficiaire contrairement aux bénéficiaires du rituel d'offrandes ou du rituel d'*Ouverture de la bouche* dans lesquels ils étaient identiques. Il semble donc que le rédacteur du papyrus Princeton Pharaonic Roll 10 ait cherché à marquer ici une distinction spécifique.

8.15 Comparaison des séquences

Dans le rituel d'offrandes du Nouvel Empire, la formule pour purifier les offrandes divines (épisode 24) n'est pas directement rattachée à la formule pour dresser les offrandes sur l'autel (épisode 32). On observe aussi que la formule d'offrandes de Geb, qui ne comporte pas de titre (Ba), est directement intégrée à l'épisode 32 (Tableau 17).

n°	Épisodes	Titres et contenus	Bénéficiaires
Aa	24	*Formule pour purifier les offrandes divines avec la libation et l'encens*	
Ab	24	« Pures, pures sont les offrandes divines… »	Osiris, Isis, Ptah-Sokar-Osiris, Horus, Sobek Roi défunt
	…		
Ca	32	*Formule pour dresser les offrandes sur l'autel*	
Bb	32	« Une offrande accordée par le roi, Geb… »	Amon (plusieurs formes) Roi défunt
Cb	32	« … dressées pour toi sur l'autel … »	Amon (plusieurs formes) Roi défunt

Tableau 17 : Séquence du rituel d'offrandes du Nouvel Empire

La fin du rituel d'offrandes du papyrus Princeton Pharaonic Roll 10 reprend en soi le même contenu et dans le même ordre. Cependant, les titres des formules s'apparentent plus à des rubriques qui s'organisent autour selon une alternance différente (Tableau 18).

n°	Lignes	Rubriques et contenus	Bénéficiaires
Ca	x+15, 8-9	*Dresser les offrandes sur l'autel*	
Aa	x+15, 9	*Purifier les offrandes divines*	
Ab	x+15, 9-12	« Pures, pures sont les offrandes divines… »	Sokar-Osiris, Rê-Horakhty… *Mesredouyef*
Ba	x+15, 12	*Préparer une offrande accordée par le roi*	
Bb	x+15, 12-14	« Une offrande accordée par le roi, Geb… »	Sokar-Osiris *Padiherpakhered*
Cb	x+15, 14 – x+16, 12	« (Je) dresse [pour toi] les offran[des »	*Mesredouyef*

Tableau 18 : Séquence de la fin du rituel d'offrandes du papyrus Princeton Pharaonic Roll 10

Les scènes du rituel de l'*Ouverture de la bouche* présentent un ordre différent. La purification des offrandes divines (OB 67) suit la formule d'offrandes de Geb (OB 65C), tandis que l'arrangement des offrandes sur l'autel (70B) apparaît en dernière position (Tableau 19). Joachim Quack a en outre établi qu'il existait deux traditions différentes du rituel de l'*Ouverture de la bouche*, l'une pour la figurine de Sokar-Osiris et l'autre pour le *khenty-imenty*[652]. Pour la section qui nous intéresse, elles se distinguent l'une de l'autre par l'absence de la scène 66 dans les versions en faveur de Sokar-Osiris qui associent directement les scènes 65C et 67, comme c'est le cas ici. Or c'est justement Sokar-Osiris qui est le dieu nommé dans la formule d'offrandes de Geb du papyrus Princeton Pharaonic Roll 10, dans lequel il bénéficie de plusieurs autres offrandes.

n°	Scènes	Rubriques et contenus	Bénéficiaires
Ba	65C	*Sem. Préparer une offrande accordée par le roi*	Sokar-Osiris
Bb	65C	« Une offrande accordée par le roi, Geb... »	N.N.
Aa	67	*Sem. Purifier les offrandes divines avec [la libation] et l'encens*	Sokar-Osiris N.N.
Ab	67	« Pures, pures sont les offrandes divines... »	
	...		
Ca	70B	*Sem. Ployer le bras lors de l'offrande octroyée par le roi (et dresser les offrandes sur l'autel)*	Sokar-Osiris N.N.
Cb	70B	« Je dresse pour toi les offrandes... »	

Tableau 19 : Séquence du rituel de l'Ouverture de la bouche

La séquence des formules du papyrus Princeton Pharaonic Roll 10 ne diffère pas intrinsèquement de l'ordre adopté par le rituel d'offrandes du Nouvel Empire, bien que ce dernier intègre sept épisodes supplémentaires (25-31) entre la formule pour purifier les offrandes divines (24) et la formule pour dresser les offrandes sur l'autel (32). Les titres des formules sont en revanche répartis autrement et témoignent peut-être, en tant que paratexte, d'un déroulement différent de cette partie du rituel. Ainsi, dans le papyrus Princeton Pharaonic Roll 10, l'indication « dresser les offrandes sur l'autel » sert d'introduction à l'ensemble des trois formules. Par ailleurs, l'indication « préparer une offrande accordée par le roi » n'apparaît pas dans le rituel d'offrandes du Nouvel Empire.

Les scènes figurent en revanche dans un ordre inverse dans le rituel de l'*Ouverture de la bouche* où la purification des offrandes divines (OB 67) suit la formule d'offrandes de Geb (OB 65C). Néanmoins, celle-ci est introduite par une rubrique identique à celle du papyrus Princeton Pharaonic Roll 10, qui n'apparaît pas dans le rituel d'offrandes du Nouvel Empire. C'est en revanche le titre complet de la formule pour purifier les offrandes qui y figure, contrairement au papyrus Princeton Pharaonic Roll 10 qui livre seulement « purifier les offrandes divines ». Le dernier titre (OB 70B) est original et plus long que dans les deux autres versions.

Si l'on compare les séquences des trois versions (Tableau 20), on note que plusieurs éléments sont communs. Le papyrus Princeton Pharaonic Roll 10 se distingue des deux autres versions par le déplacement de la prescription « dresser les offrandes sur l'autel » (Ca) au tout début de la séquence. Le rituel d'offrandes du Nouvel Empire est marqué par l'absence de titre

652 J. Fr. QUACK, *in* : *Text und Ritual*, p. 165-185.

(Ba) pour la formule d'offrandes de Geb (Bb) qui s'intègre entre le titre (Ca) et la formule pour dresser les offrandes sur l'autel (Cb). Le rituel de l'*Ouverture de la bouche* fait figurer la formule d'offrandes de Geb (Bb) et son titre (Ba) en position initiale.

Rituel d'offrandes	**Papyrus Princeton 10**	***Ouverture de la bouche***
	Ca	
		Ba
		Bb
Aa	Aa	Aa
Ab	Ab	Ab
…		…
Ca		**Ca**
	Ba	
Bb	*Bb*	
Cb	Cb	Cb

Tableau 20 : Comparaison des trois séquences parallèles

L'organisation du texte laisse penser que le papyrus Princeton Pharaonic Roll 10 reproduit des formules issues d'un rituel d'offrandes hérité de celui du Nouvel Empire, comme le montre l'imbrication de la formule d'offrandes de Geb (Bb) et de la formule pour dresser les offrandes sur l'autel (Cb). Dans ces conditions, doit-on véritablement associer ces passages du papyrus Princeton Pharaonic Roll 10 au rituel de l'*Ouverture de la bouche* ? Si celui-ci constitue bien par son contenu un parallèle partiel à cette composition, l'ordre d'apparition des formules fait douter de l'existence d'un lien explicite entre les deux. La présence dans le papyrus Princeton Pharaonic Roll 10 d'autres formules similaires à celles du rituel d'offrandes du Nouvel Empire mais absentes de celui de l'*Ouverture de la bouche*, dont seulement trois extraits sont reproduits fidèlement, laisse penser que ce n'est pas à ce rituel que le rédacteur s'est directement référé.

Ces trois formules du rituel d'offrandes peuvent être destinées à une divinité ou au roi défunt. Elles sont adressées à un défunt ou une défunte dans le rituel de l'*Ouverture de la bouche*, mais Sokar-Osiris peut en bénéficier également. Il en va de même dans le papyrus Princeton Pharaonic Roll 10, dans lequel le bénéficiaire diffère d'une formule à l'autre. C'est en effet à *Padiherpakhered* qu'est dévolue l'offrande de Geb, tandis que *Mesredouyef* est mentionné dans les deux autres formules.

8.16 Le chant introduit parmi les épisodes du rituel d'offrandes

On découvre parmi les étapes du rituel d'offrandes du papyrus Princeton Pharaonic Roll 10 deux passages isolés qui ne s'intègrent pas au contenu des formules avec lesquelles ils apparaissent. Le premier figure tout seul :

> Nous voyons le taureau entravé, la victime dans la salle large, (après qu') Horus a étendu ses deux bras vers lui (x+15, 9).

Le deuxième est attribué à au chœur des rythmeurs :

> Il a vu Rê dans ses formes de l'horizon (x+15, 12).

Ils peuvent cependant être regroupés si l'on se réfère à un chant qui figure notamment dans le temple d'Edfou[653] :

> Les vantaux du ciel s'ouvrent, le dieu sort de sa demeure,
> la terre est pure et les deux sanctuaires se réjouissent.
> Il a vu Rê dans sa forme d'Horizontain,
> il a reçu des réjouissances auprès de sa Majesté.
> Le taureau est accablé dans la salle large
> (après qu') Horus a étendu ses deux bras sur lui[654].

Le papyrus Paris Louvre N. 3155 intègre les trois premières phrases de ce chant à sa version du rituel de l'*Ouverture de la bouche*, dans lequel elles sont réparties à la suite des scènes 32, 42 et 44[655]. La mention d'un « chœur des rythmeurs »[656] introduit chacune d'elles. Rien de tel ne figure dans l'inscription du sarcophage de *Boutehamon*[657]. La version du papyrus Carlsberg 406 confirme que la scène 44, décrivant la présentation de la cuisse et du cœur à Sokar-Osiris, s'accompagnait de la troisième strophe de ce chant[658]. Elle y est précédée de la même indication. Sous une forme fragmentaire, on retrouve encore la trace de ce chant sur le mur ouest de la chapelle d'Aménardis[659], dans la tombe de *Padiastarté* à Bahariya[660] et à Umm Ubeida dans l'oasis de Siwa[661]. La séquence initiale apparaît dans la représentation de la sortie en procession du dieu Sokar du temple de Médinet Habou[662]. Elle est également copiée à la suite du chant connu par son *incipit* « sois triomphant, *bis*, prince » dans certaines versions manuscrites du *Cérémonial pour faire sortir Sokar*[663].

La leçon du papyrus Princeton Pharaonic Roll 10 est incomplète puisqu'aucun passage n'y est pas reproduit entièrement. À l'instar du papyrus Paris Louvre N. 3155, un découpage a été opéré et des phrases isolées ont été insérées au sein du rituel d'offrandes. La deuxième séquence apparaît entre le massacre du bœuf roux (§ 8.10) et la première mention « Assembler les offrandes sur l'autel » (§ 8.11), la troisième à la fin de la formule « Purifier les offrandes » (§ 8.12). Leur ordre d'apparition diffère de celui qui est attesté dans la version étendue du temple d'Edfou et dans celle du papyrus Paris Louvre N. 3155, car la dernière phrase apparaît avant la deuxième. Comme dans le papyrus Paris Louvre N. 3155 et le papyrus Copenhague

---

653 *Edfou* VI, 140, 6-141, 4. M. ALLIOT, *Le culte d'Horus*, p. 801-802. J. ASSMANN, *Liturgische Lieder*, p. 253.

654 *Edfou* VI, 140, 6-8. M. ALLIOT, *Le culte d'Horus*, p. 801-802. E. OTTO, *Mundöffnungsritual* II, p. 93, 102, 104-105. J. ASSMANN, *Liturgische Lieder*, 253.

655 E. SCHIAPARELLI, *Il libro dei funerali*, p. 131-132, 150, 156. E. OTTO, *Mundöffnungsritual* II, p. 93, 102, 104-105.

656 À propos de cet ensemble, voir le § 12.2.2.

657 E. OTTO, *Mundöffnungsritual* II, p. 93, 102, 104-105.

658 J. Fr. QUACK, in : *Carlsberg Papyri* 7, 80-86 et 135.

659 H. DARESSY, *RecTrav* 23 (1901), p. 8-14. E. OTTO, *Mundöffnungsritual*, p. 105. M. AYAD, *in* : *JARCE* 41 (2004), p. 118, 132 (W4).

660 A. FAKHRY, *Baḥria Oasis* I, p. 115, fig. 82. J. Fr. QUACK, *in* : *Carlsberg Papyri* 7, p. 69, n. 2, p. 81 et n. 19. J. Fr. QUACK, *in* : *Liturgical Texts for Osiris and the Deceased*, p. 154.

661 A. FAKHRY, *Siwa Oasis*, p. 101-110, en particulier p. 103. J. Fr. QUACK, *in* : *Carlsberg Papyri* 7, p. 69, n. 2, p. 81 et n. 19. J. Fr. QUACK, *in* : *Liturgical Texts for Osiris and the Deceased*, p. 148, 154.

662 *Medinet Habu* IV, 226, 1-5. J.-Cl. GOYON, *RdÉ* 20 (1968), p. 87, 89.

663 J.-Cl. GOYON, *RdÉ* 20 (1968), p. 84-85, 89 et 96, n. 75. G. BURKARD, *Die Papyrusfunde*, p. 63 ; *Spätzeitliche Osiris-Liturgien*, p. 236. J. Fr. QUACK, in : *Carlsberg Papyri* 7, p. 83.

Carlsberg 406, un chœur de rythmeurs y est mentionné, mais uniquement dans la deuxième séquence, celle qui apparaît en dernier.

La première phrase (Tableau 21) n'est pas attestée dans le papyrus Princeton Pharaonic Roll 10, mais on ne peut s'empêcher de la rapprocher d'un passage de l'offrande du vin qui figure cependant aussi dans les versions du rituel d'offrandes du Nouvel Empire[664] (§ 8.7) : *wn ꜥꜣ.wy p.t sš ꜥꜣ.wy tꜣ* « Puissent les vantaux du ciel s'ouvrir ! Puissent les vantaux de la terre s'ouvrir ! ».

Médinet Habou	*šsp.t dḫn.w*	*wn ꜥꜣ.wy p.t pr nṯr wꜥb tꜣ m nfr.wt twr ỉtr.ty tꜣ.wy mꜣꜥ-ḫrw ỉỉ.wy n=k Ḥꜥpy m nfr.t ḫw=k nb tꜣ.wy*
Aménardis	/	/
Padiastarté	/	[... ... ...] *tꜣ ḥꜥꜥ ḳr.ty*
Umm Ubeida	*šsp.t dḫn*	*wn ꜥꜣ.w pt* [... ... ... *ỉtr*].*ty*
Edfou VI, 140, 6	/	*wn ꜥꜣ.w pt pr nṯr m pr=f twr tꜣ ḥꜥꜥ ỉtr.ty*
P. Louvre N. 3079	*šsp.t dḫn.w*	*wn ꜥꜣ.wy p.t pr nṯr*
P. Princeton 10 (x+15, 2)	/	*wn ꜥꜣ.wy p.t* (?)
P. Louvre N. 3155	*šsp.t dḫn.w*	*wn* [*ꜥꜣ.wy*] *p.t pr nṯr wꜥb tꜣ ḥꜥꜥ ỉtr.ty*
Matériel de Tebtynis	/	/

Tableau 21 : Tableau synoptique de la première phrase du chant

Le début de ce vers – *wn ꜥꜣ.wy p.t pr nṯr* – est attesté à la 12e dynastie déjà dans la tombe de *Senet*, épouse d'*Antefoker* (TT 60)[665]. Issue du culte divin, cette phrase évoque à la fois l'ouverture du naos, dont les battants sont appelés « vantaux du ciel »[666], et la sortie du dieu, et se rattache ainsi aux fêtes processionnelles[667]. Dans le papyrus Paris Louvre N. 3079, cette phrase est ajoutée à la suite du chant final du *Cérémonial pour faire sortir Sokar*[668]. Elle figure dans le même contexte dans le temple de Médinet Habou[669]. La scène 32 du rituel de l'*Ouverture de la bouche* n'est à ce jour pas attestée par le matériel de Tebtynis[670].

Contrairement aux autres versions (Tableau 22), la fin de la deuxième phrase n'est pas entièrement recopiée dans le papyrus Princeton Pharaonic Roll 10, où elle figure entre les formules intitulées « purifier les offrandes divines » (§ 8.12) et « préparer une offrande accordée par le roi » (§ 8.13). Dans le papyrus Paris Louvre N. 3155, cette phrase apparaît à la suite de la scène 42 du rituel de l'*Ouverture de la bouche*[671]. Dans la chapelle d'Aménardis, elle est insérée entre les scènes 42 et 39 du rituel de l'*Ouverture de la bouche*[672]. La scène 42

664 N. TACKE, *Das Opferritual* I, p. 60 (22.8) ; p. 66, 70, n. i.

665 N. de Garis DAVIES, A. H. GARDINER, *The Tomb of Antefoker*, pl. XXIII.

666 J. ČERNÝ, *JEA* 34 (1948), p. 120. E. BROVARSKI, *Orientalia* 46 (1977), p. 107-110.

667 J. ASSMANN, *Liturgische Lieder*, p. 250-252.

668 J.-Cl. GOYON, *RdÉ* 20 (1968), p. 89 et 96, n. 75. Joachim Friedrich Quack a étudié en détails les liens entre différents chants et ce cérémonial (J. Fr. QUACK, *in* : *Carlsberg Papyri* 7, p. 81-86).

669 *Medinet Habu* IV, 226, 1-5. J.-Cl. GOYON, *RdÉ* 20 (1968), p. 87, 89.

670 J. Fr. QUACK, *in* : *Carlsberg Papyri* 7, p. 80 et n. 16.

671 E. SCHIAPARELLI, *Il libro dei funerali*, pl. 25 (8, 15). E. OTTO, *Mundöffnungsritual* I, p. 95-96 ; II, p. 101-102, 104-105.

672 E. OTTO, *Mundöffnungsritual*, p. 105. M. AYAD, *in* : *JARCE* 41 (2004), p. 118, 132 (W4).

du rituel de l'*Ouverture de la bouche* n'est pour l'heure pas attestée par le matériel provenant de Tebtynis[673].

Médinet Habou	/	/
Aménardis	/	*[mꜣꜣ].n[=s] Rꜥ m ỉrw=f n ꜣḫ.t šsp [ḫꜥꜥ] ḥr=f*
Edfou VI, 6-7	/	*mꜣꜣ.n=f Rꜥ m ỉrw=f n ꜣḫ.ty d(ỉ).n=f ḫꜥꜥ ḥr ḥm=f*
P. Louvre N. 3079	/	/
P. Princeton 10 (x+15, 12)	*šsp.t dḥn.w*	*mꜣꜣ.n=f Rꜥ m ỉrw.w=f nw ꜣḫ.t*
P. Louvre N. 3155 (8, 15)	*šsp.t dḥn.w*	*mꜣꜣ[.n]=f Rꜥ m ỉrw.w=f nw [ꜣḫ.ty] šsp.n=f ḫꜥ[ꜥ] ḥr=f*
Matériel de Tebtynis	/	/

Tableau 22 : Tableau synoptique de la deuxième partie du chant

En lieu et place de « l'ennéade qui resplendit » (*psḏ psḏ.t*)[674], la formule « dévoiler le visage » peut parfois faire référence à l'apparition du soleil, comme c'est le cas dans l'invocation du temple d'Hibis, où le dieu « brille grâce à ses manifestations » (*psḏ m ḫpr.w=f*)[675]. Les versions privées de la formule, dont le contenu diffère de celui de la formule des temples, sont quant à elles proches de ce qui est exprimé ici : « dévoiler la face de N.N. afin qu'il/elle voie le maître de l'Horizon quand il traverse le ciel » (*mꜣꜥ=f nb ꜣḫ.t dꜣ=f ḥr.t*)[676]. Une offrande accordée par le roi est associée à ce contenu à au moins trois reprises durant la 26e dynastie[677].

La troisième partie accompagne l'épisode 44 du rituel de l'*Ouverture de la bouche* qui décrit la présentation de la cuisse et du cœur à Sokar-Osiris[678]. Dans le papyrus Princeton Pharaonic Roll 10, elle figure entre les indications « abattre le bœuf roux à l'est » (§ 8.10) et « dresser les offrandes sur l'autel » (§ 8.11). En comparant les différentes leçons (Tableau 23), on remarque que le verbe *mꜣꜣ* ne figure pas dans la leçon du temple d'Edfou, mais apparaît dans le papyrus Princeton Pharaonic Roll 10 et au moins deux versions du rituel de l'*Ouverture de la bouche*. Le papyrus Princeton Pharaonic Roll 10 est le seul à introduire comme sujet le pronom *=n* « nous ».

Médinet Habou	/	/
Aménardis	/	/
Edfou VI, 7	/	*ḥnḥn bdš m wsḫ.t wd.n Ḥr ꜥ.wy=f r=f*
P. Louvre N. 3079	/	/
P. Princeton (x+15, 8)	/	*mꜣꜣ=n ḥnḥn btš m wsḫ.t wd.n Ḥr ꜥ.wy=f r=f*
P. Louvre N. 3155	*šsp.t dḥn.w*	*mꜣꜣ ḥnḥn bdš m wsḫ.t wd Ḥr ꜥ.wy=f r=s*
P. Carlsberg 406	*šsp.t dḥn.w*	*mꜣꜣ ḥnḥn b[tš m wsḫ.t wd Ḥr ꜥ.wy=f r=f]*

Tableau 23 : Tableau synoptique de la troisième partie du chant

673 J. Fr. QUACK, *in* : *Carlsberg Papyri* 7, p. 80 et n. 16. Joachim Quack m'indique que des portions de ce chant se retrouvent cependant dans un papyrus conservé à Oxford et que l'on peut déceler la scène 32 parmi les fragments enregistrés comme P. Londres BM EA 10945.

674 W. GUGLIELMI, K. BUROH, *in* : *Essays te Velde*, p. 123, 154.

675 D. LORTON, *SAK* 21 (1994), p. 168, 172, n. g.

676 A. LOHWASSER, *Die Formel „Öffnen des Gesichts"*, p. 58-61.

677 Il s'agit de deux sarcophages de la région de Giza et d'une inscription d'une tombe de Kom Firin (A. LOHWASSER, *Die Formel „Öffnen des Gesichts"*, p. 66-67, 94).

678 E. OTTO, *Mundöffnungsritual* I, p. 99-101 ; II, p. 103-104. J. Fr. QUACK, *in* : *Carlsberg Papyri* 7, p. 80-81.

Dans le papyrus Princeton Pharaonic Roll 10, où le chœur des rythmeurs joue à plusieurs reprises un rôle dans le déroulement des rites[679], la deuxième phrase est la seule à être introduite par une mention de cet ensemble, alors que cette indication figure les trois fois dans le papyrus Paris Louvre N. 3155 et que le papyrus Carlsberg 406 l'indique dans l'épisode qui y est attesté[680]. Le manuscrit américain montre en cela une similitude avec les exemplaires du rituel de l'*Ouverture de la bouche*. Or on a vu qu'il reproduit trois formules issues du rituel d'offrandes que l'on trouve également dans le rituel de l'*Ouverture de la bouche* (§ 8.15) : « purifier les offrandes » (§ 8. 12), « préparer une offrande accordée par le roi » (§ 8.13) et « assembler les offrandes sur l'autel » (§ 8.14), correspondant respectivement aux épisodes 24 et 32 du rituel d'offrandes et aux scènes 67, 65C et 70B du rituel de l'*Ouverture de la bouche*. La présence dans le papyrus Princeton Pharaonic Roll 10 de portions d'un chant attesté dans le rituel de l'*Ouverture de la bouche* le rattache à cette tradition. Si la partition du chant constitue une similarité pertinente, la séquence différente des phrases et leur attribution des épisodes du rituel de l'*Ouverture de la bouche* qui ne sont pas attestés dans le manuscrit américain montrent néanmoins les limites de ce rapprochement.

À l'exception du papyrus New York MMA 35.9.21 qui n'ajoute aucune précision[681], les versions manuscrites du *Cérémonial pour faire sortir Sokar* s'accordent pour ajouter la mention d'un chœur de rythmeurs (*šsp.t-dḫn.w*)[682]. Dans le temple de Médinet Habou, des officiants, les mains levées, sont associés à la même mention[683]. Or le premier vers du chant qui nous intéresse apparaît dans les versions de ce cérémonial dans le papyrus Paris Louvre N. 3079 et le papyrus Caire JdE 97.249/3[684]. La version la plus complète de ce chant, qui provient du temple d'Edfou, y est recopiée sur la face interne du mur d'enceinte, dans une scène d'apparition de Sokar[685]. La scène adjacente à celle qui présente ce chant illustre l'abattage d'un taureau auquel Seth est associé qui est intitulée : *smꜣ smꜣ* « Abattre le taureau de sacrifice »[686]. On rappellera que le chant final du *Cérémonial pour faire sortir Sokar* est recopié dans le papyrus Princeton Pharaonic Roll 10 (§ 5.6) et que la mention *ỉry n=f wp(.t) rꜣ* « faire pour lui l'ouverture de la bouche » (x+3, 11) figure dans le passage destiné à préciser le déroulement du rituel qui vient ensuite (§ 5.7). Ce chant, volontiers associé à une scène de boucherie[687], renouvelle ainsi ses liens déjà établis avec le rituel de l'*Ouverture de la bouche*[688].

679 Le chœur des rythmeurs apparaît en effet une première fois à la ligne x+7, 9, puis régulièrement aux lignes x+8, 1 ; x+11, 12, x+15, 12. À son propos, voir § 12.2.2.

680 E. OTTO, *Mundöffnungsritual* I, p. 79-83 ; II, p. 91-93. J. Fr. QUACK, *in* : *Carlsberg Papyri* 7, 80-81.

681 J.-Cl. GOYON, *Imouthès*, p. 100, pl. XLIII.

682 J. Fr. QUACK, *in* : *Carlsberg Papyri* 7, p. 81.

683 *Medinet Habou* IV, pl. 226.

684 J.-Cl. GOYON, *RdÉ* 20 (1968), p. 84-85, 89 et 96, n. 75. G. BURKARD, *Die Papyrusfunde*, p. 63 ; *Spätzeitliche Osiris-Liturgien*, p. 236. J. Fr. QUACK, *in* : *Carlsberg Papyri* 7, p 83.

685 *Edfou* VI, 140, 6-8. ALLIOT, *Le culte d'Horus*, p. 801-802. J. ASSMANN, *Liturgische Lieder*, p. 253.

686 *Edfou* VI, 141, 8.

687 J. Fr. QUACK, *in* : *Carlsberg Papyri* 7, p. 82-83.

688 J. Cl. GOYON, *BIFAO* 78 (1978), p. 430-431. J. Fr. QUACK, *in* : *Carlsberg Papyri* 7, p. 83-84.

9. Acclamation

En l’absence de titre, cette section est en premier lieu signalée par sa mise en page caractéristique et répétitive qui se définit par un ensemble de lignes précédées d’un texte introductif. Sur chacune des quatre pages qu’occupe cette composition (x+16, 13 – x+19, 6), elles sont précédées du même passage dont le format s’adapte à l’espace occupé par les lignes du texte principal. L’exergue est ainsi rédigé sous la forme d’une longue colonne étroite sur les pages x+17 et x+18, puisque le texte occupe toute la hauteur de la page, mais il se mue en un paragraphe plus compact sur les pages x+16 et x+19, afin de s’accommoder du nombre plus restreint de lignes qui y figurent[1].

9.1 L’exergue de l’acclamation

Les quatre versions de ce texte sont similaires à l’exception de quelques variantes mineures. Il ne s’agit ni d’un titre, puisqu’il se répète, ni d’une anaphore qui s’appliquerait à chaque ligne. On ne peut guère le qualifier de refrain puisqu’il n’affecte pas des quantités homogènes de lignes. Il ne définit pas non plus des unités thématiques et ne marque pas de progression dans le discours[2]. Sa présence sur chaque page avant le texte lui-même semble dictée par une volonté formelle, d’où l’emploi du terme « exergue » qui désigne habituellement une inscription placée en tête d’un ouvrage.

Parallèles

Il n’existe à ma connaissance pas de parallèle direct à ce texte dans lequel on retrouve cependant quelques emprunts qui seront détaillés dans le commentaire. Le papyrus Vienne KM ÄS 3871, déjà mentionné à plusieurs reprises[3], contient ainsi deux lignes que l’on peut rapprocher de ce passage.

9.1.1 Traduction et commentaire (x+16, A)

16, A *h(y) nsw n (n)n.t*	**16, A** Acclamation [a)] du roi du ciel inférieur [b)] !
hn sꜣ-tꜣ	Ovation [c)] « La terre est sauve ! » [d)]
ḥḳꜣ ỉdb.w	du [e)] souverain des rives [f)] !
ḫrw ḥꜥꜥ m	La clameur de la liesse [g)] (s’élève) dans
ḳ[(r)r.ty] Dwꜣ.t	les deux ca[vernes] [h)] de la *Douat* [i)]

1 La composition occupe quatre lignes sur la page x+16, quinze lignes sur la page x+17, treize lignes sur la page x+18 et six lignes sur la page x+19.

2 La page x+17 poursuit la liste des membres de l’ennéade héliopolitaine entamée à la page x+16. La première ligne de la page x+19 livre même la suite de la phrase entamée à la dernière ligne de la page x+18, voir § 9.2.1, n. hh). Seule la page x+18 introduit un thème nouveau.

3 Voir § 7.7, § 8.1, § 8.2, § 8.7, § 8.12. Sur le détail du contenu de ce manuscrit, voir § 7.7, parallèles.

Rꜥ ḥtp m [*Wsỉr*]	(quand) Rê repose en tant qu'[Osiris] j).
ỉ.nḏ ḥr=k	Salut à toi !

Commentaire

a) Le signe isolé  offre plusieurs interprétations parmi lesquelles on retiendra les interjections  ,  *hꜣ*,  *hy* « Ah ! »[4] et le nom  ,  *hy* « acclamation »[5] qui peuvent présenter une telle graphie. La présence d'un  *n* avant *nsw* dans la quatrième version de ce passage (x+19, A) incite à choisir un substantif plutôt qu'une interjection ou un infinitif, voir § 9.1.4, n. a). Le verbe , 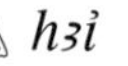 *hꜣỉ* « descendre », qui peut aussi s'écrire  [6], permettrait une traduction alternative de ce passage : *h(ꜣ) nsw n (n)n.t* « Le roi du ciel inférieur descend » ou *h(ꜣ) nsw m (n)n.t* « Le roi descend dans le ciel inférieur » (voir *infra* n. b)), mais la leçon du papyrus Vienne KM ÄS 3871 (x+7, 8) indique pour sa part  , voir *infra* n. g). Des « acclamations » constituent un *leitmotiv* dans la litanie des douze noms de Rê-Horakhty[7] et dans le rituel d'*Apaiser Sekhmet* par exemple[8].

b) Pour la lecture du signe , cf. x+17, A ; x+18, A ; x+19, A. Le déterminatif 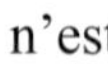 n'est noté que dans cette version. Le mot *nn.t* désigne le « ciel » en général ou plus particulièrement le « ciel inférieur », celui de l'au-delà[9]. La déesse Nenet[10] était considérée comme la mère du soleil à l'instar de Nout qui avalait l'astre le soir pour le mettre au monde au matin. La graphie de son nom s'apparente par ailleurs à celui de Naunet[11], pendant féminin du dieu Noun. Elle est volontiers nommée dans les hymnes solaires. C'est le terme *Dwꜣ.t* qui figure à cet endroit dans la leçon du papyrus Vienne KM ÄS 3871 (x+7, 8), voir *infra* n. g). On peut reconnaître une préposition dans le *n* qui figure dans les quatre versions de l'exergue, une haplographie n'étant pas exclue. Elle marquait un génitif indirect ou figurerait là pour la préposition *m* : *h(y) nsw m (n)n.t* « Acclamation du roi dans le ciel inférieur ».

L'épithète  *nsw n nn.t* « roi du ciel inférieur »[12] est attribuée à Rê-Behedety[13] et à un Khonsou lunaire sur la porte d'Évergète à Karnak : *ỉ.nḏ ḥr=k p(ꜣ) nsw n nn.t* « Salut à toi, le roi du ciel inférieur »[14]. La confusion possible entre les prépositions *m* et *n* incite à considérer aussi l'épithète  *nsw m nn.t* « roi dans le ciel

---

4 *Wb* II, 471, 1-9 et 482, 12-16.
5 *Wb* II, 483, 1-13.
6 *Wb* II, 472, 3 – 474, 25.
7 A. GASSE, *BIFAO* 84 (1984), p. 189-227.
8 J.-Cl. GOYON, *Le rituel du sḥtp Sḫmt*, p. 27 et 29-30, n. 6 et 7, p. 31-32, 63-64, 76-77, 104, 126-127.
9 *Wb* II, 213, 7-10. P. WILSON, *Lexikon*, p. 525. R. KRAUSS, *Astronomische Konzepte*, p. 117-120, 133.
10 *LGG* IV, p. 246.
11 *LGG* III, p. 550-551.
12 *LGG* IV, p. 330.
13 *Edfou* V, 139, 17-18.
14 P. CLÈRE, *La porte d'Évergète*, pl. 72. O. FIRCHOW, *Urkunden* VIII, p. 93 (115).

inférieur »[15] qui s'appliquait à différentes formes d'Osiris. Dans une procession géographique, le roi dit à Osiris : *ntk nsw m nn.t* « tu es le roi dans le ciel inférieur »[16]. Sur la paroi nord de la chapelle de Sokar, Sokar-Osiris porte cette épithète dans une scène intitulée *ỉr.t wp.t rꜣ n Skr-Wsỉr* « réaliser l'ouverture de la bouche pour Sokar-Osiris »[17] qui jouxte, sur la paroi ouest, une scène de pêche au filet de l'œil lunaire[18].

c) Le signe inscrit ressemble plutôt à (A8), mais avec les deux bras levés, qu'à (C11)[19]. Il serait ainsi à lire *hnw* « ovation », « exultation » ou *hnỉ* « faire une ovation », « exulter »[20].

d) Sur l'expression *sꜣ-tꜣ* « La terre est sauve ! » qui constitue un chant de joie, voir § 5.5.1, n. p).

e) Un *n* est inscrit dans la dernière version de ce passage (x+19, A). Il faut donc envisager qu'il s'agisse ici d'un génitif direct, voir § 9.1.4, n. b).

f) Attestée dès la Troisième Période intermédiaire, l'épithète *ḥkꜣ ỉdb.w* « seigneur des rives », employée par ailleurs pour le roi[21], est connue pour Hérichef et pouvait être attribuée à Osiris (Osiris le bien-aimé notamment)[22]. Dans le dernier des douze hymnes solaires associés au chapitre 15 du *Livre des morts* du papyrus Greenfield, c'était l'une des formes de Rê-Osiris[23]. Il existait par ailleurs un « chant des deux rives » qui était intégré au rituel d'offrandes[24].

g) On retrouve l'expression *ḫrw ḥꜥꜥ* « clameur de la liesse » dans un extrait des *Grandes cérémonies de Geb* par exemple : *ḫrw ḥꜥꜥ m rwty ꜣḫ.t* « La clameur de la liesse est aux portes de l'horizon »[25]. Dans le 20e nome de Haute Égypte, c'est « la clameur de la louange qui s'élève dans Héracléopolis » (*ỉw ḫrw ỉꜣw m Nn-nsw*)[26]. L'« ovation » (*hn*) et le chant « La terre est sauve ! » (*sꜣ-tꜣ*) sont volontiers associés et apparaissent avec la « clameur de la liesse » (*ḫrw ḥꜥꜥ*) dans les *Glorifications* I : *ỉw ḫrw ḥꜥꜥ m Ḏdw hn sꜣ-tꜣ m ꜣbḏw* « La clameur de la liesse (s'élève) dans Bousiris, l'ovation « La terre est sauve ! »

15 *LGG* IV, p. 330. Voir aussi l'épithète d'Osiris *Nsw m nw.t* « roi dans le ciel » (A. de Caluwe, *JEA* 79 (1993), p. 201, pl. 18 ; *LGG* IV, p. 330).
16 C. de Wit, *Opet* I, p. 268.
17 *Dendara* II, 152, 6. S. Cauville, *Dendara II. Traduction*, p. 232-233.
18 S. Cauville, *Dendara II. Traduction*, p. 230-231, pl. XIII.
19 U. Verhoeven, *Buchschrift*, p. 102-103 (A8) et 112-113 (C11). Voir § 3.2, A8a.
20 *Wb* II, 493, 17-23 et 493, 15-16. P. Wilson, *Lexikon*, p. 606.
21 Voir par exemple C. Manassa, *The Late Egyptian Underworld*, p. 290-291, n. g.
22 *LGG* V, p. 499-500. Chr. Leitz, *Geographisch-osirianische Prozessionen*, p. 237.
23 C. Zaluskowski, *Texte außerhalb der Totenbuch-Tradierung*, p. 146-147 (P. Greenfield (86, 4, 12)).
24 J. Assmann, *Liturgische Lieder*, p. 246-262. N. Tacke, *Das Opferritual* I, p. 227-236, 265-269 ; II, p. 203-211, 226-230.
25 J. Fr. Quack, *SAK* 27 (1999), p. 302, 304, pl. 14 (P. Duke inv. 800 (x+2, 6)). G. Burkard, *Die Papyrusfunde*, p. 49-50 et n. 16 (P. Berlin 3057 (4, 43), P. Caire JdE 97.249/12 (x+2, x+17) et P. Londres BM EA10252 (28, 26)).
26 H. Kees, *ZÄS* 65 (1930), p. 73, pl. 1. Chr. Leitz, *Geographisch-osirianische Prozessionen*, p. 237.

(retentit) dans Abydos »[27]. Ces trois termes sont aussi associés dans le rituel d'*Apaiser Sekhmet*[28]. Le papyrus Vienne KM ÄS 3871 (x+7, 7-8) en fait aussi mention[29] :

> *ḫrw ḥꜥꜥ ḳr(r).tyw m Dwꜣ.t Rꜥ ḥt[p m Wsỉr]*
> La clameur de la liesse de ceux des deux cavernes[30] est dans la *Douat* quand Rê repo[se en tant qu'Osiris].
> *ỉ.h(y) m nsw m Dwꜣ.t hn sꜣ-tꜣ m nn.t* [... ...]
> Acclamation en tant que roi dans la *Douat*. Ovation « La terre est sauve ! » dans le ciel inférieur [... ...].

On constate d'emblée que ces deux lignes, assez proches de l'extrait du papyrus Princeton Pharaonic Roll 10, figurent dans un ordre inverse par rapport à celui du manuscrit américain. Le vocabulaire demeure similaire dans les deux versions, mais la formulation présente cependant plusieurs divergences.

h) Compte tenu de la forme arrondie des signes, on peut hésiter à transcrire 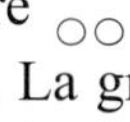 ou , et considérer ainsi les lectures *ḳr(r).t* « trou » ou *ḳr(r).t* « caverne »[31]. La graphie de la troisième version (x+18, A) montre cependant qu'il faut retenir la seconde. Les cavernes, auxquelles une composition funéraire royale fut consacrée[32], ont bonne place parmi les représentations de l'au-delà des anciens Égyptiens. Le redoublement du déterminatif incite à reconnaître ici un duel *ḳr(r).ty* « les deux cavernes »[33], qui n'est pas sans rappeler les deux grottes dont le Nil tirait sa source[34]. La plus connue était celle d'Éléphantine[35], mais le site de *Kher-âha* abritait aussi une source mythique du Nil[36]. À l'antre de Biggeh (*tpḥ.t*), source du Nil méridional, était associée la caverne (*ỉmḥ.t*) de *Per-Hâpy*, dont sortait le Nil septentrional[37]. Or l'eau de la crue provenait du Noun qui a été situé dans la *Douat* et dont le parcours était volontiers comparé à celui du soleil[38]. La leçon du papyrus Vienne KM ÄS 3871 (x+7, 7) dispose la préposition *m* différemment et fait usage du terme *ḳr(r).tyw* « ceux des deux cavernes », ce qui conduit à une autre traduction, voir *supra* n. g).

---

27 A. SZCZUDLOWSKA, *ZÄS* 98 (1972), p. 53-54, pl. III-IV (P. Sekowski (11, 8-12, 1)). J. Fr. QUACK, *SAK* 27 (1999), p. 302, n. g. J. ASSMANN, M. BOMMAS, A. KUCHAREK, *Totenliturgien* 3, p. 44 (l. 22-23) et p. 42 pour la liste des versions.

28 J.-Cl. GOYON, *Le rituel du sḥtp Sḫmt*, p. 42 (*Edfou* III, 309, 1).

29 E. VON BERGMANN, *Texte der Sammlung*, p. XV, pl. IX. W. SPIEGELBERG, *ZÄS* 54 (1918), p. 91 (G).

30 *Wb* V, 62, 8-10. *LGG* VII, p. 223-224. Sur les dieux des deux cavernes (*nṯr.w ḳr(r).ty*), voir Fr. R. HERBIN, *Parcourir l'éternité*, p. 94. Le déterminatif renvoie au mot *ḳnb.t* « collège », « tribunal » (*Wb* V, 53, 9 – 54, 11).

31 *Wb* V, 62, 1-3 et 4-7 respectivement.

32 A. PIANKOFF, *BIFAO* 41 (1942), p. 1-11 ; *BIFAO* 42 (1944), p. 1-62 ; *BIFAO* 43 (1945), p. 1-50 ; *BIFAO* 45 (1947), p. 1-42. E. HORNUNG, *Unterweltsbücher*, p. 309-424. P. BARGUET, *RdÉ* 28 (1976), p. 25-37. D. A. WERNING, *Das Höhlenbuch*.

33 J.-M. KRUCHTEN, *Les annales des prêtres*, p. 156 (P. Berlin 3055, 24, 2).

34 *Wb* V, 58, 2-4. P. WILSON, *Lexikon*, p. 1066.

35 Chr. LEITZ, *Geographisch-osirianische Prozessionen*, p. 35-36.

36 J.-P. CORTEGGIANI, *in* : *Hommages Sauneron* I, p. 137-138. J.-Fr. PÉCOIL, *BSÉG* 17 (1993), p. 97-110.

37 J.-P. CORTEGGIANI, *in* : *Hommages Sauneron* I, p. 147.

38 J. YOYOTTE, *RdÉ* 13 (1961), p. 101-104. J.-Fr. PÉCOIL, *BSÉG* 17 (1993), p. 107-108.

i) On aurait pu comprendre *dwꜣ Rꜥ* « adorer Rê », ce qui aurait constitué une spécification solaire du rite *dwꜣ nṯr* « adorer le dieu », renvoyant à la formule *ỉ.nḏ ḥr=k* « Salut à toi ! », qui est caractéristique des compositions hymniques. Cependant, la présence du déterminatif  dans trois des quatre versions (x+16, A ; x+18, A ; x+19, A) incite à retenir une lecture *Dwꜣ.t* « *Douat* » (cf. x+19, 1 ; x+19, 4) qu’il convient de rattacher aux cavernes mentionnées précédemment. Il est ainsi préférable de transcrire  plutôt que  malgré la forme arrondi du signe.

j) Cette image renvoie à la symbiose de Rê et d’Osiris au plus profond de la *Douat* quand l’astre visite le corps défunt pour lui redonner vie[39]. Dans les hymnes solaires du chapitre 15B du *Livre des morts*, on use de la formule *Rꜥ pw ḥtp m Wsỉr* « C’est Rê qui repose en Osiris »[40]. À ce propos, voir § 9.1.5.

9.1.2 Traduction et commentaire (x+17, A)

17, A *ḥ(y) nsw n (n)n.t*	17, A Acclamation du roi du ciel inférieur a) !
hn sꜣ-tꜣ	Ovation « La terre est sauve ! »
ḥḳꜣ ỉdb.w	du souverain des rives !
ḫrw ḥꜥꜥ m	La clameur de la liesse (s’élève) dans
ḳr(r).ty Dwꜣ.t	les deux cavernes de la *Douat* b)
Rꜥ ḥtp m Wsỉr	(quand) Rê repose en tant qu’Osiris.
ỉ.nḏ ḥr=k	Salut à toi !

Commentaire

a) Pour la lecture *n (n)n.t* « ciel inférieur » de , cf. x+16, A où figure le groupe , voir § 9.1.1, n. b).

b) Le déterminatif  est omis dans cette version, mais figure dans les trois autres (x+16, A ; x+18, A ; x+19, A).

9.1.3 Traduction et commentaire (x+18, A)

18, A *ḥ(y) nsw n (n)n.t*	18, A Acclamation du roi du ciel inférieur !
hn sꜣ-tꜣ	Ovation « La terre est sauve ! »
ḥḳꜣ ỉdb.w	du souverain des rives !
ḫrw ḥꜥꜥ m	La clameur de la liesse (s’élève) dans
ḳr(r).ty Dwꜣ.t	les deux cavernes de la *Douat*
[Rꜥ] ḥtp m Wsỉr	(quand) [Rê] repose en tant qu’Osiris.
ỉ.nḏ [ḥr=k]	Salut [à toi] ! a)

Commentaire

a) Malgré les abrasions, ce passage demeure largement intelligible grâce aux trois autres versions (x+16, A ; x+17, A ; x+19, A).

39 S. CAUVILLE, *La théologie d’Osiris*, p. 187-188. J. ASSMANN, *Mort et au-delà*, p. 282-289.

40 J. ASSMANN, *Mort et au-delà*, p. 285. R. LUCARELLI, *Gatseshen*, p. 69-71.

9.1.4 Traduction et commentaire (x+19, A)

19, A *h(y) n nsw n (n)n.t*	19, A Acclamation du [a)] roi du ciel inférieur !
hn sꜣ-tꜣ	Ovation « La terre est sauve ! »
n ḥḳꜣ ỉdb.w	du [b)] souverain des rives !
ḫrw ḥ[ʿʿ] <m>	La clameur de la lies[se] (s'élève) <dans> [c)]
ḳr(r).ty Dwꜣ.t	les deux cavernes de la *Douat*
Rʿ [ḥt]p m Wsỉr	(quand) Rê [repo]se en tant qu'Osiris.
ỉ.nḏ ḥr=k	Salut à toi !

Commentaire

a) C'est la seule version où figure un 𓈖 *n* avant *nsw*, cf. x+16, A, x+17, A, x+18, A. Cet emploi incite à considérer l'usage d'un génitif direct dans les autres versions.

b) La préposition 𓈖 *n* n'est écrite après *sꜣ-tꜣ* que dans cette version, cf. x+16, A, x+17, A, x+18, A. Plutôt qu'un datif, il vaut peut-être mieux considérer qu'il s'agissait d'un génitif indirect, et par conséquent d'un génitif direct dans les trois passages précédents.

c) La préposition est restituée d'après les autres versions, cf. x+16, A, x+17, A, x+18, A.

9.1.5 L'union d'Osiris et du soleil

Le contenu de l'exergue fixe d'emblée un contexte assez clair. La scène se situe dans l'au-delà, à l'intérieur des « deux cavernes de la *Douat* » et il s'agit de manifester de la joie en faveur du « roi du ciel inférieur » et du « souverain des rives ». Ces deux appellations ne font pas directement référence à un dieu particulier, mais il ressort qu'elles pouvaient être attribuées à Rê, à Khonsou ou à Osiris[41]. Le passage « Rê repose en tant qu'Osiris » évoque justement l'image du soleil s'unissant à Osiris, qui marquait le moment crucial de son parcours dans l'au-delà[42]. Il n'est pas sans rappeler la formule « C'est Rê qui repose en Osiris ; c'est Osiris qui repose en Rê », qui est employée notamment dans les hymnes au soleil couchant et dans les *Litanies au Soleil*[43]. On en retrouve la trace dans les chapitres 15B III[44], 180[45] et 182[46] du *Livre des morts*. Dans le papyrus de *Gatseshen*, la séquence 180-181-15B III, qui se retrouve dans quelques autres manuscrits de la 21e dynastie, reflète la fusion des traditions funéraire, solaire et osirienne[47], ainsi que l'illustre aussi un extrait du chapitre 15B III, issu des *Litanies au Soleil* des tombes royales : « Des cris de joie retentissent dans la place cachée : c'est Rê qui repose

41 Voir § 9.1.1, n. b) et f).

42 J. ASSMANN, *Mort et au-delà*, p. 282-289. T. DUQUESNE, *in* : *Totenbuch-Forschungen*, p. 23-33. Voir également T. DUQUESNE, *DiscEg* 60 (2004), p. 21-25.

43 E. HORNUNG, *Sonnenlitanei* I, p. 178 ; II, p. 83, 53-54, 137-138.

44 J. ASSMANN, *Liturgische Lieder*, p. 93, 101-105. Th. G. ALLEN, *The Book of the Dead*, p. 23 (f). R. LUCARELLI, *Gatseshen*, p. 71 (XIII, 8).

45 P. BARGUET, *Le Livre des morts*, p. 264. Th. G. ALLEN, *The Book of the Dead*, p. 190. E. HORNUNG, *in* : *Hommages Daumas*, p. 427-428. G. LAPP, *The Papyrus of Nebseni*, p. 17. N. BILLINGS, *in* : *Totenbuch-Forschungen*, p. 8-10. St. QUIRKE, *Going out in Daylight*, p. 458.

46 É. NAVILLE, *PSBA* 26 (1904), p. 122-124. L. SPELEERS, *RecTrav* 40 (1923), p. 86-104. P. BARGUET, *Le Livre des morts*, p. 269. Th. G. ALLEN, *The Book of the Dead*, p. 196 (a). N. BILLINGS, *in* : *Totenbuch-Forschungen*, p. 9. M. A. STADLER, *Weiser und Wesir*, p. 220-221. St. QUIRKE, *Going out in Daylight*, p. 468.

47 R. LUCARELLI, *Gatseshen*, p. 69-71.

en Osiris, et vice-versa »[48]. Dès le Nouvel Empire au moins, Osiris pouvait être appréhendé comme une manifestation du soleil nocturne[49]. Dans le papyrus Vatican inv. 38608, daté du Ier ou du IIe siècle apr. J.-C., on peut encore lire *Wsỉr pw ḥtp m Rꜥ* « C'est Osiris qui repose en Rê »[50]. L'exergue de cette composition du papyrus Princeton Pharaonic Roll 10 renvoie ainsi à l'association de Rê et d'Osiris dans l'au-delà et évoque la liesse qui en résulte dans les deux cavernes de la *Douat*.

9.1.6 Osiris, le soleil et la lune

Certaines traditions montrent que la compréhension du cycle lunaire s'est inspirée du parcours du soleil. Le satellite était notamment décrit comme naissant du ventre de Nout, pour être ensuite avalé par elle une fois sa période achevée[51]. Un texte préservé dans le temple d'Edfou décrit la disparition du dernier croissant de lune visible lors de la néoménie en ces termes :

> Il (le soleil) remplit son orbe de sa clarté, et sa clarté recouvre l'éclat de la lune. Le Faucon (solaire) se réunit à son compagnon (la lune), tandis que sa mère Nout le cache sous son aisselle, alors que Min est son suppléant lors de la [nouvelle lune]. Les *Baou* d'Héliopolis font voir [l'œil-*oudjat*] lors de la fête deuxième jour lunaire lorsqu'il (le soleil) l'éclaire (la lune) à l'aube mais que les vivants l'aperçoivent dans l'horizon occidental quand le disque solaire disparaît le deuxième soir[52].

La disparition de la lune à la néoménie, au moment même de sa conception, fut expliquée par le fait qu'elle accompagnait le soleil dans sa course dans l'au-delà[53]. Selon ce modèle, un passage des *Lamentations d'Isis et de Nephthys* indique que la lune se trouve dans la barque solaire :

> Thot est ta protection et il élève ton *ba* à l'intérieur de la barque vespérale en ce tien nom de lune. Je suis venu pour te voir lorsque tes perfections sont dans l'œil-*oudjat* en ce tien nom de maître du sixième jour lunaire[54].

Quelques extraits des chapelles osiriennes du temple de Dendara font état de la même réalité, comme le bandeau de frise de la chapelle est n° 1 :

---

48 A. Piankoff, *The Litany of Re*, p. 39-42. E. Hornung, *Sonnenlitanei* I, 178 ; II, 83, 137-138 (406). G. Lapp, *The Papyrus of Nebseni*, p. 12.

49 J. Assmann, *Liturgische Lieder*, p. 101-105. S. Cauville, *La théologie d'Osiris*, p. 187-189. J. Fr. Quack, *in* : *Forschung in der Papyrussammlung*, p. 180, n. 56.

50 Fr. R. Herbin, *RdÉ* 54 (2003), p. 79, 104.

51 Ph. Derchain, *in* : *La Lune. Mythes et rites*, p. 27.

52 *Edfou* III, 207-208 et 211-212 ; *Edfou* IX, pl. 69. P. Barguet, *RdÉ* 29 (1977), p. 14-20. D. Kurth, *Treffpunkt*, p. 128-133. Le nom du jour en question est malheureusement en lacune, mais il doit s'agir de la néoménie puisque la suite du texte se réfère au deuxième jour lunaire.

53 L. Depuydt, *in* : *Studies Ward*, p. 71-72.

54 Ph.-J. de Horrack, *Les lamentations d'Isis et de Nephthys*, p. 43, pl. II (P. Londres BM EA 3008 (4, 2-3)). R. O. Faulkner, *in* : *Mélanges Maspéro*, p. 340. L. Depuydt, *in* : *Studies Ward*, p. 83. A. Kucharek, *Klagelieder*, p. 58-59.

> Redresse-toi [... ... ...] l'œil gauche en ton nom d'Osiris-Lune ; ton corps se réjouit tous les trente jours en ta représentation secrète de lune, tu apparais dans la barque vespérale, ton apparence se rajeunit au jour de la néoménie, ton nom est durable [... ...[55].

D'autres passages des chapelles osiriennes du temple de Dendara laissent entendre qu'Osiris prenait place devant Rê dans la barque à la néoménie :

> [... ...] Osiris, [...] dans ta protection, tu prends place devant Rê le jour de la néoménie[56].
> Lève-toi lors de la néoménie avec Rê sur la barque des deux dieux-faucons en tant que roi de Haute et Basse Égypte[57].

Cette conception de la lune invisible à la néoménie qui prend place dans la barque vespérale permet de l'associer au voyage du soleil, et donc à sa régénération, sur le modèle d'Osiris qui allait jusqu'à s'assimiler entièrement à Rê. Sans remettre en cause la coloration solaire de cet exergue, il n'est pas exclu que le caractère lunaire d'Osiris ait joué un rôle dans le voyage au cours duquel il pouvait accompagner le soleil dans l'au-delà, d'autant plus que l'acclamation qui l'accompagne présente des traits communs avec un autre chapitre du *Livre des morts* récité à la néoménie (§ 9.2.4).

9.2 L'acclamation (x+16, 13 – x+19, 6)

La composition elle-même s'étend sur trente-huit lignes et occupe en partie quatre pages du manuscrit (x+16, 13 – x+19, 6). La pagination n'en respecte pas forcément le découpage thématique et les strophes que l'on peut former ne suivent pas non plus nécessairement l'agencement des lignes du texte[58].

Il n'existe à ma connaissance aucun parallèle à cette composition. Certaines strophes s'inspirent cependant de thèmes développés ailleurs et peuvent même parfois être constituées d'emprunts plus directs, détaillés dans le commentaire.

9.2.1 Traduction et commentaire (x+16, 13 – x+19, 6)

16, 13 *sꜣt=k tm.tỉ*	**16, 13** Ta souillure est annihilée [a)]
m rn=k n Ỉtm	en ton nom d'Atoum
16, 14 *n[b ... ...(?)]*	**16, 14** maî[tre ... ...(?)]
r mꜣꜣ sꜥḥ=k	pour voir ta momie.
16, 15 *[...]m tw Šw [...] sꜣ [Rꜥ]*	**16, 15** Chou [...], fils de [Rê], te [...]
ṯꜣw.w [...] r fnḏ=k	les souffles [...] [b)] vers ton nez.
16, 16 *Tfnw.t Mnt.t [... ... ...]=k*	**16, 16** Tefnout Mentyt [c)] [... ...] ton/ta [... ...].
17, 1 *šd.n=k Gb m tꜣ pn*	**17, 1** Tu as invoqué [d)] Geb sur cette terre et
ḥkn=f m ḫrw=k	il se réjouit [e)] à ta voix.
17, 2 *rnn ṯw mw.t=k Nw.t*	**17, 2** Ta mère Nout te soigne [f)],
ḫnm=s ṯw m ꜥnḫ	elle t'entoure de vie [g)]

55 *Dendara* X, 68. S. CAUVILLE, *Les chapelles osiriennes* I, p. 38.

56 *Dendara* X, 159, 8. S. CAUVILLE, *Les chapelles osiriennes* I, p. 83.

57 *Dendara* X, 240, 1-2. S. CAUVILLE, *Les chapelles osiriennes* I, p. 126.

58 Certaines lignes comportent plus d'une proposition (x+17, 4 ; x+19, 2 ; x+19, 3) et certaines phrases se poursuivent sur plus d'une ligne (x+17, 2-4 ; x+17, 4-10 ; x+18, 13 – x+19, 1 ; x+19, 1-2 ; 19, 3-6).

17,3 *m s.t=k m ḥw.t=k* [*w*]*stn ḥm=k ỉm=sn* [*rꜥ nb*] 17,4 *m rn.k nb*	17,3 dans ta place et dans ta demeure [h], où ta Majesté se [dé]place librement [chaque jour] 17,4 en chacun de tes noms,
(*ỉ*)*ꜥb.tw ỉr.w=k štꜣ* 17,5 *ỉn sn.t=k ꜣs.t wr.t mr.wt* *ḫꜥ*[*.t*] 17,6 *ỉn Ḥr ꞽIwn-mw.t=f* *nḏ ḥr ỉt=f* *wšb* [*ḥr*] *wtṯ s*(*w*) 17,7 *ỉn ꞽImsty* [*sḫr*]*=f n=k* *sbỉ.w=k ḥr gs=k wnm*(*y*) 17,8 *ỉn Ḥp*[y] *ḫtm=f n=k* *ỉw r-ḫft-ḥr=k* 17,9 *ỉn Dwꜣ-mw.t*[*=f*] *sḫr=f* *n=k sbỉ.w=k ḥr gs=k ỉꜣb*(*y*) 17,10 *ỉn Ḳbḥ-*[*sn*]*.w=f ḫsf=f* *n=k ḫfty.w=k ḥ*[*ꜣ*]*=k*	(après que) tes formes secrètes ont été réunies [i] 17,5 par ta sœur Isis la grande d'amour, l'apparition [j], 17,6 par Horus *Iounmoutef* [k], qui protège son père (et) défend celui qui l'a engendré [l], 17,7 par Amset qui [renverse] pour toi tes adversaires sur ton côté droit [m], 17,8 par Hap[y] qui anéantit pour toi celui qui vient en face de toi [n], 17,9 par Douamout[ef] qui renverse pour toi tes adversaires sur ton côté gauche [o], 17,10 par Qebeh[sen]ouf qui maîtrise pour toi tes ennemis der[rière] toi [p].
17,11 *ḥkn n=k ỉtr.ty Šmꜥ*	17,11 Les reliquaires de Haute Égypte se réjouissent pour toi.
17,12 *nhm* [*n=k*] *ỉtr.ty Mḥw*	17,12 Les reliquaires de Basse Égypte exultent pour toi.
17,13 *ḫn ḥm=k m* (*m*)*skt.t* [*sḳd*]*=k m mꜥnḏ.t*	17,13 Ta Majesté navigue dans la barque du matin, tu [vogues] dans la barque du soir [q].
17,14 *rš* [*sn.t=k*] *ꜣs.t* *mꜣꜣ=s* [*ṯw*] *Nb.t-*[*ḥw.t*] [... ... ...]*=k* 17,15 [... ... ...] *m Mꜣꜥt* *ḥnk=f* [... ... *mỉ* (*?*) ... ... *šp*]*s*	17,14 [Ta sœur] Isis se réjouit quand elle [te] voit. Neph[thys] [... ...] ton/ta [... ...] [r]. 17,15 [... ... ...] en tant que Maât, il présente [... ... (?) ... ... vénéra]ble (?) [s].
18,1 *ḫnt ḥm=k* [*r Tꜣ*]*-Šmꜥ* *dwꜣ ṯw nṯr.w rs*(*y*) 18,2 *ḫd ḥm=k* *r Tꜣ-Mḥw* *dwꜣ ṯw nṯr.w mḥ.t* 18,3 *ḥtp ḥm=k m ỉmn.t n.t p.t* *dwꜣ* [*ṯw*] *nṯr.w* [*ỉmn*]*.t* 18,4 *ḥtp ḥm=k m ỉꜣb.t n.t p.t* *dwꜣ ṯw nṯr.w ỉꜣb.t*	18,1 Ta Majesté remonte le courant [vers la Haute] Égypte (où) les dieux du sud [t] t'adorent. 18,2 Ta Majesté descend le courant vers la Basse Égypte (où) les dieux du nord [u] t'adorent. 18,3 Ta Majesté repose à l'ouest du ciel (où) les dieux de [l'oues]t [v] [t']adorent. 18,4 Ta Majesté repose à l'est du ciel [w] (où) les dieux de l'est [x] t'adorent.
18,5 *nṯr.w pr-wr* [*pr*]*-nsr* *ḫry sḫm=k* 18,6 *nṯr.w ỉꜣ.wt* *r*[*m*]*=sn n=k r ỉb=sn*	18,5 Les dieux du *Per-our* et du [*Per*]*-neser* [y] sont sous ton autorité. 18,6 Les dieux des buttes pleurent (?) sur toi en leur âme et conscience [z].

18, 7 *nṯr.w ꜣḫty.w*	18, 7 Les dieux horizontains [aa)]
p.t [*tꜣ*]	au ciel [et sur terre]
šms=w ḥm=k	suivent ta Majesté.
18, 8 *sꜣ=k Ḥr sšm=f n=k*	18, 8 Ton fils Horus conduit pour toi
bꜣ n Rʿ r ḏsr[*w*]*=k*	le *ba* de Rê vers ton [lieu] préservé [bb)].
18, 9 *nṯr.w* [... ...] *ḳr(r).ty n=k*	18, 9 Les dieux [... ...] deux cavernes pour toi
m ỉꜣw [... *rʿ nb* (?)]	en louant [... chaque jour (?)].
18, 10 *ḫʿ.tw*	18, 10 (Parce que) tu es apparu
m [*nsw*]	en tant que [roi de Haute Égypte] [cc)],
[*wꜣ.wt*] *rsy*	[les chemins] du sud [dd)]
wn=sn n[*=k*]	sont ouverts pour [toi].
18, 11 *mḏḥ*[*.tỉ*	18, 11 (Parce que) tu es façon[né [ee)]
m] *bỉty*	comme] roi de Basse Égypte,
wꜣ.wt mḥ.t	les chemins du nord
[*wn*]*=sn n*[*=k*]	[sont ouverts] pour [toi].
18, 12 *ʿḳ*[*.tỉ*	18, 12 (Parce que) tu es entré
m smsw] *(Tꜣ-)Tnn*	[comme l'aîné] de *(Ta)tenen* [ff)],
wbꜣ[*.tw n=k*]	les chemins de l'ouest
wꜣ.wt ỉmn.t	[sont] révélés [pour toi].
18, 13 *ỉmn*[*.tỉ*	18, 13 (Parce que) [tu es] caché
... ... *D*]*ꜣw.t*	[... ... ... *D*]*ouat*,
[*wꜣ.wt ỉꜣb.t*	[les chemins de l'est [gg)]]
wn]*=sn n=k*	sont [ouverts] pour toi
19, 1 *m hnw n šty.t=k*	19, 1 à l'intérieur de ta *Chetyt* [hh)].
dwꜣ.tw sbꜣ.w n Dwꜣ.t	Les portes [ii)] de la *Douat* sont célébrées
19, 2 *m sḫm.w=k wr.w*	19, 2 dans tes grands sanctuaires [jj)].
sꜣw ṯw ʿꜣ.wy=sn štꜣ.w	Leurs vantaux secrets te protègent
19, 3 *ḫʿʿ m ḳr(r).ty*	19, 3 (quand) la liesse est dans les deux cavernes.
dwꜣ.tw sbḫ.wt štꜣ.w	Les portails secrets sont célébrés [kk)]
19, 4 *ỉn ỉry.w-ʿꜣ Dwꜣ.t*	19, 4 par les gardiens de porte de la *Douat* [ll)]
mꜣʿ=sn n=k wꜣ.wt	quand ils frayent pour toi des chemins [mm)],
19, 5 *ỉn rkḥw ḫfty.w=k*	19, 5 par celui qui brûle [nn)] tes ennemis
m ʿḫ n Sḫm.t	dans le brasier de Sekhmet [oo)],
19, 6 *ỉn wnny.w*	19, 6 par ceux qui existent [pp)]
wn=sn wꜣ.wt Rʿ	quand ils ouvrent les chemins de Rê
r mꜣꜣ=k	pour te voir.

Commentaire

a) L'emploi du verbe *tm* « être complet », « compléter »[59] ou « cesser », « anéantir »[60] selon le contexte permet un jeu de mot avec le nom d'Atoum. Il est moins évident de déterminer

59 *Wb* V, 303, 12 – 304, 16 ; 305, 1-2.
60 *Wb* V, 301, 4 – 302, 3.

quel était le premier mot de la phrase. Le terme *sȝt* « souillure »[61], qui apparaît au Nouvel Empire et qui est bien attesté à l'époque tardive, pourrait faire l'affaire : *sȝt=k tm.tỉ* « ta souillure est annihilée ».

b) On pourrait attendre *ṯȝw.w* [*n ꜥnḫ*] « souffles de vie » ou *ṯȝw.w* [*nḏm*] « doux souffles », ou encore l'indication d'une direction cardinale, Chou étant volontiers associé au vent du nord dont le défunt aimait bénéficier[62]. Chou est le dieu qui ramène Osiris à la vie grâce au souffle. Il en est aussi le gardien comme l'illustrent le papyrus Jumilhac[63] ou le papyrus Salt 825[64].

c) Tefnout et la déesse lionne Mentyt[65] apparaissent ensemble dans l'une des vignettes terminales du papyrus Salt 825, où elles sont associées à la protection d'Osiris[66]. Représentée sous la forme d'une lionne couchée crachant du feu, Mentyt est accompagnée de quatre uraeus. Elle remplace dans ce document la parèdre de Chou à Thinis, Mehyt[67]. Dans la chapelle de Mehyt à Edfou, on voit figurer les quatre uraeus Mehyt, Mentyt, Sekhmet et Nephthys avec Onouris et Tefnout[68]. À Edfou toujours, Mentyt est mentionnée avec Mehyt comme protectrice de l'Osiris abydénien : « Mehyt, l'œil de Rê, dont la puissance est grande à Edfou, Mentyt à Edfou, Mehenet la grande, dame d'Edfou, qui monte la garde pour Osiris dans le nome thinite »[69]. Quatre déesses léontocéphales (Tefnout, Mehyt, Sekhmet et Nephthys) la suivent dans la Chapelle du Trône d'Edfou[70]. Mehyt apparaît encore dans le *Rituel pour renverser Seth et ses acolytes*[71]. En tant que « maîtresse de l'Orient », elle enferme l'ennemi dans son lieu d'exécution[72]. Dans le temple d'Hibis, une Mehyt archère est représentée agenouillée et décrite comme Tefnout, fille de Rê[73]. On comparera cette représentation avec celle d'une Mehyt abydénienne[74]. Dans un autre contexte, Mehyt est peut-être encore associée à la théologie lunaire d'Osiris

---

61 *Wb* IV, 27, 8-11. P. WILSON, *Lexikon*, p. 794. Je remercie Joachim Friedrich Quack à qui je dois cette lecture.

62 Voir par exemple Fr. R. HERBIN, *Parcourir l'éternité*, p. 86-87 ; Chr. LEITZ, *Der Sarg des Panehemisis*, p. 208.

63 J. VANDIER, *Le Papyrus Jumilhac*, p. 272.

64 Ph. DERCHAIN, *Le Papyrus Salt 825*, fig. XIX (24*) et XX (25*).

65 *LGG* III, p. 286-287. C. DE WIT, *Le rôle et le sens du lion*, p. 357-358.

66 Ph. DERCHAIN, *Le Papyrus Salt 825*, p. 39, 84 et pl. 24-25.

67 Ph. DERCHAIN, *Le Papyrus Salt 825*, p. 44 et 187, n. 208. S. CAUVILLE, *BIFAO* 82 (1982), p. 105-125. *LGG* III, p. 355 ; VIII, p. 261-263. La déesse Mehyt est associée à la ville de Behedet du nome thinite. Personnification du vent du nord, elle a été rapprochée de Tefnout, sœur de Chou, dont elle pouvait aussi être la compagne. H. GAUTHIER, *ASAE* 35 (1935), p. 207-212. M. BOMMAS, *ZÄS* 131 (2004), p. 104, § 7. Il faut voir dans Lepidotonpolis / Nag el-Mescheich la patrie de la déesse Mehyt (Chr. LEITZ, *Geographisch-osirianische Prozessionen*, p. 115). Sur les liens de cette cité avec Abydos, voir U. EFFLAND, A. EFFLAND, *GöttMisz* 198 (2004), p. 5-17, en particulier p. 6-7 et n. 16.

68 *Edfou* I, 314, 7 – 315, 5. Ph. DERCHAIN, *Le Papyrus Salt 825*, p. 86 et 188, n. 209. S. CAUVILLE, *BIFAO* 82 (1982), p. 110-111.

69 *Edfou* VII, 277, 4-5. Voir aussi *Edfou* IV, 379, 3-8 ; VI, 313, 1-4 ; VII, 14, 5-7.

70 Ph. DERCHAIN, *Le Papyrus Salt 825*, p. 84-86 et 187, n. 208 (*Edfou* I, 314-315).

71 S. SCHOTT, *Urkunden* VI, 53, 6.

72 G. MASPÉRO, *Sarcophages* I, p. 234-235, pl. 21 (CG 29306). On notera que Mehyt est « la supérieure de la place d'exécution » (*Edfou* VII, 102, 11-12 ; Ph. DERCHAIN, *Le Papyrus Salt 825*, p. 158, n. 38).

73 N. de Garis DAVIES, *Hibis* III, pl. 20.

74 N. de Garis DAVIES, *Hibis* III, pl. 4 (IV). S. CAUVILLE, *BIFAO* 82 (1982), p. 119-120.

en Abydos en tant que *ḥnw.t msw.t* « dame des naissances »[75]. Un hymne à Repyt du temple d'Athribis mentionne quatre déesses cobras qui brûlent les ennemis d'Horus, parmi lesquelles sont nommées Tefnout et Mehyt[76]. Il est possible que les quatre cobras qui assuraient la protection du fétiche abydénien[77] aient eu un lien avec l'un des interdits du 8e nome de Haute Égypte[78].

d) La lecture de ce groupe est incertaine, mais le complément phonétique pourrait indiquer une lecture *šd*. Parmi les différentes significations de ce verbe, dont « sauver »[79], « élever »[80], « creuser »[81] ou « lire », « réciter »[82], le sens « invoquer » paraît être celui qui conviendrait le mieux au contenu de la seconde proposition.

e) Le verbe *ḥkn* (*m*) « se réjouir (de) » s'emploie aussi avec la préposition *n* dans le sens « adresser des louanges à »[83], mais il vaut peut-être mieux comprendre *n* pour *m* et conserver le sens « se réjouir ».

f) Le sens « soigner », retenu pour le verbe *rnn* « élever (un enfant) », « allaiter », est le plus large[84]. Il correspond au rôle maternel de Nout tant envers le soleil qu'en faveur d'Osiris. Dans le domaine funéraire, Nout compte parmi les déesses représentées dans les arbres qui octroient aux défunts nourriture et libations[85]. La protection accordée par la déesse Nout est connue sous de nombreuses formes. D'après le rituel *Introduire la multitude au dernier jour de Tekh*, elle se manifestait notamment à la néoménie[86]. Geb et Nout sont associés d'autres manières à Osiris, comme l'illustre par exemple cet extrait des *Glorifications* I : « Ton père Geb t'a soulevé (*wṯs*) et ta mère Nout te soutient (*rmn*) »[87].

g) Le verbe *ẖnm* est régulièrement employé pour décrire l'une des actions de la déesse Nout – « entourer » avec le sens « protéger » – comme on le voit déjà dans les *Textes des pyramides*, puis dans les *Textes des sarcophages*[88]. On lui connaît d'ailleurs l'épithète *ẖnm.t wr.t* « grande protectrice »[89], qui prend tout son sens lorsque l'on pense qu'elle

---

75 D. Meeks, *in* : *Intellectual Heritage*, p. 429. A. Mariette, *Catalogue Abydos*, p. 444-445, n° 1178. La déesse léontocéphale de cette stèle n'est pas nommée, mais Mehyt, sous cette forme, est attestée par d'autres documents du même secteur, par exemple A. Mariette, *Catalogue Abydos*, p. 444, n° 1176, p. 445, n° 1181.

76 Chr. Leitz, *Geographisch-osirianische Prozessionen* II, p. 115. Chr. Leitz, *in* : *Hommages Yoyotte* II, p. 760-761.

77 L. Coulon, *in* : *La XXVIe dynastie*, p. 85-108.

78 Chr. Leitz, *Die Gaumonographien*, p. 80. Sur ces quatre entités, voir Chr. Theis, *GöttMisz* 236 (2013), p. 91-96.

79 *Wb* IV, 563, 2-9.

80 *Wb* IV, 564, 17 – 565, 15.

81 *Wb* IV, 563, 1.

82 *Wb* IV, 563 – 564, 16.

83 *Wb* III, 178, 2 – 179, 3. *AnLex* 77.2871. P. Wilson, *Lexikon*, p. 683-684.

84 *Wb* II, 436, 1. P. Wilson, *Lexikon*, p. 587.

85 M.-L. Buhl, *JNES* 6 (1947), p. 80-97. J. Bergman, *in*: *Humanitas religiosa*, p. 53-69. N. Baum, *Arbres et arbustes*, p. 18-87. A. Awadalla, *GöttMisz* 140 (1994), p. 9-14. P. P. Koemoth, *Osiris et les arbres*, p. 123-127. H. Refai, *BIFAO* 100 (2000), p. 383-392. N. Billing, *Nut*, p. 276-280. N. Billing, *SAK* 42 (2004), p. 35-50. J. Assmann, *in* : *Ägyptische Gärten*, p. 102-117.

86 J.-Cl. Goyon, *Imouthès*, p. 92. M. Smith, *Traversing Eternity*, p. 164 (P. New York MMA 35.9.21, 53, 6).

87 J. Assmann, M. Bommas, A. Kucharek, *Totenliturgien* 3, p. 68 (l. 5-6).

88 N. Billing, *Nut*, p. 88-91, 93-94, 95-96.

89 *LGG* VI, p. 21. N. Billing, *Nut*, p. 179-180. J. Assmann. M. Bommas, A. Kucharek, *Totenliturgien* 3, p. 312 (l. 18-19).

était volontiers représentée à l'intérieur des sarcophages[90]. Dans un contexte rituel, le verbe *ẖnm* (*m*) peut prendre le sens « toucher (avec) » ou « doter (de) », particulièrement dans l'expression *ẖnm m ꜥnḫ* (*wꜣs*) « toucher avec (l'amulette de) vie (et le sceptre) »[91], mais ce sens s'applique moins bien ici.

h) Il est difficile d'admettre qu'un complément circonstanciel figure au début d'une phrase, raison pour laquelle il faut considérer que ce passage se rattachait à la proposition précédente.

i) Il est un peu gênant qu'une nouvelle proposition débute au milieu de la ligne x+17, 4, mais la présence d'un verbe au passif concorde avec le fait que les six lignes suivantes débutent par la préposition *ỉn* qui en introduit l'agent[92]. On ne peut cependant pas exclure que cette proposition ait été implicitement rattachée à ce qui précède, mais pour autant que la mobilité évoquée ne s'oppose pas à l'action décrite ici. On retrouve d'ailleurs ensuite plusieurs déplacements qui semblent détailler ce thème initial (x+17, 13 ; x+18, 1-4).

j) La présence du déterminatif divin incite à reconnaître ici une épithète divine, *ḫꜥ.t* « l'apparition »[93] plutôt qu'un simple participe.

k) Ce dieu apparaît déjà dans la *Formule pour voguer dans la barque* (x+9, 38). Horus *Iounmoutef* est considéré comme le pendant d'Horus qui protège son père et qui détruit ses ennemis, notamment dans les tombes royales de la 19e dynastie et dans le rituel de l'*Ouverture de la bouche*. Il est associé au rôle de fils qui prend soin de son père, pour lequel il réalise les rites[94]. Placé entre Isis et les quatre fils d'Horus, c'est semble-t-il ce rôle filial bien connu qu'Horus *Iounmoutef* remplit ici.

l) Le verbe *wšb* « répondre » connaît plusieurs acceptions : *wšb* (*n*) « répondre (à/pour) » est employé notamment dans les formules des *ouchebtis* tandis que *wšb* (*ḥr*), qui s'emploie aussi sans préposition, signifie « plaider (en faveur de) », « intercéder (en faveur de) », et par extension, puisqu'il côtoie régulièrement des verbes ayant trait à la protection, « prendre la défense (de) »[95]. Une épithète *wšb n wtṯ sw* « celui qui prend la défense de celui qui l'a engendré » est attestée dans la tombe de *Djehoutyemhab* (TT 194)[96]. Elle est à mettre en parallèle avec *wšb ḥr ỉt=f / mw.t=f* « Celui qui prend la défense de son père / sa mère »[97]. Il semble que l'on ait insisté sur le devoir filial d'Horus, indispensable à l'obtention de l'héritage, comme peut l'illustrer la séquence du papyrus Paris Louvre N. 3176 (S) (I, 4-6) : *ỉnk sꜣ=k Ḥr* [*wš*]*b ḥr ỉt=f ỉwꜥw mnḫ n wtṯ sw* « Je suis

90 S. Schott, *RdÉ* 17 (1965), p. 81-87. N. Billing, *Nut*, p. 323-324, 424-426.

91 A. Gulyás, *SAK* 32 (2004), p. 159-169.

92 Il faudrait sinon considérer que la préposition *ỉn* introduisait le sujet d'une proposition participiale dans les six lignes suivantes. On verra par exemple la série du papyrus Vienne AEG 8426, dont voici le modèle : *ỉn ḫmt sbỉ ḥr=f* « Drei sind es, die für ihn eintreten » (N. Flessa, *„(Gott) Schütze das Fleisch des Pharao"*, p. 70, 72-74).

93 *LGG* V, p. 651.

94 U. Rummel, *Iunmutef*, p. 187-197.

95 *Wb* I, 371, 6-372, 1. Cl. Traunecker, *Coptos*, p. 166-167. P. Wilson, *Lexikon*, p. 267.

96 K.-J. Seyfried, *Das Grab des Djehutiemhab*, p. 46, nº 58, pl. 29. *LGG* II, p. 592, où l'épithète est rendue « Der für den eintritt, der ihn erzeugt hat ».

97 *LGG* II, p. 592.

ton fils Horus, celui qui [prend] la défense de son père, l'héritier parfait de celui qui l'a engendré »[98].

m) On retrouve une idée similaire à la première heure des veillées horaires : *ỉw ʾImsty ỉw r mꜣꜣ=k sẖr=f n=k sbỉ/sbỉ.w ḥr gs=k wnmy* « Alors Amset vient pour te voir ; puisse-t-il renverser pour toi l'adversaire/les adversaires sur ton côté droit »[99]. On retrouve aussi ce thème dans la décoration du lit funéraire Berlin 12442 : *<ḏd> mdw ỉn Ḥpy Ḳbḥ-snw.f ỉỉ.n ḫr=k ỉt=n Wsỉr ḫfty.w=k ḫr.tỉ* « Réciter par Hâpy et Qebehsenouf : nous venons auprès de toi, notre père Osiris ! Tes ennemis sont terrassés ! »[100].

n) Les textes des veillées horaires témoignent d'une idée similaire à la deuxième heure du jour : *ỉw Ḥpy ỉw r mꜣꜣ=k sẖr=f n=k sbỉ.w r-ḫft-ḥr=k* « Alors Hâpy vient pour te voir ; puisse-t-il renverser pour toi les adversaires en face de toi »[101].

o) Les veillées horaires reprennent la même idée à la troisième heure de la nuit : *ỉw Dwꜣ-mw.t=f ỉw r mꜣꜣ=k sẖr=f n=k sbỉ.w ḥr gs=k ỉꜣb* « Alors Douamoutef vient pour te voir ; puisse-t-il renverser pour toi tes adversaires sur ton côté gauche »[102].

p) Dans les veillées horaires toujours, l'énoncé est légèrement différent : *ỉw Ḳbḥ-sn.w=f ỉw r mꜣꜣ=k ḫsf=f n=k ỉy.tỉ=fỉ ḥꜣ=k* « Alors Qebehsenouf vient pour te voir ; puisse-t-il maîtriser pour toi celui qui s'approchera derrière toi »[103].

q) L'association des deux barques solaires *(m)skt.t* et *mʿnḏ.t* confirme la lecture malgré l'haplographie du préfixe *m-*, courante en présence de la préposition *m*. La barque  /  *(m)skt.t* est connue pour être aussi la barque sacrée du 4e nome de Basse Égypte[104].

Ces deux embarcations forment une paire dont les aspects solaires sont évidents dès les *Textes des pyramides*[105]. Elles apparaissent presque sans exception dans cet ordre-là, symbolisant la succession immuable des jours[106]. Néanmoins, à l'origine barque de la nuit, la barque-*(m)skt.t* devint celle du matin à l'époque tardive, tandis que la barque-*mʿnḏ.t*, dans laquelle le soleil prenait place pour son trajet diurne, devenait celle de la nuit[107], comme le formule ce souhait pour le défunt dans les deux papyrus Rhind (I, 8, 1-2 ; II, 8, 2-3) : *ḫʿ=k m dwꜣ m mskt.t* ... « Puisses-tu apparaître dans la barque-*mesektet* au matin », *ḥtp=k m mʿnḏ.t m mšrw* « Puisses-tu te reposer dans la barque-*mandjet* le soir... »[108].

---

98 P. BARGUET, *Le papyrus N. 3176 (S)*, p. 3 et 5.

99 H. JUNKER, *Die Stundenwachen*, p. 35, 76. A. H. PRIES, *Die Stundenwachen*, p. 94, 142, 347.

100 D. KURTH, *Materialien*, p. 140-143.

101 H. JUNKER, *Die Stundenwachen*, p. 39, 84. A. H. PRIES, *Die Stundenwachen*, p. 160, 184, 363.

102 H. JUNKER, *Die Stundenwachen*, p. 44, 91. A. H. PRIES, *Die Stundenwachen*, p. 198, 377.

103 H. JUNKER, *Die Stundenwachen*, p. 50, 100. A. H. PRIES, *Die Stundenwachen*, p. 227, 389.

104 J. OSING, *Hieratische Papyri aus Tebtunis* I, p. 240. J. OSING, Gl. ROSATI, *Tebtynis*, p. 38. D. JONES, *Nautical Titles and Terms*, p. 255, nº 104. Chr. LEITZ, *Die Gaumonographien*, p. 217.

105 R. ANTHES, *ZÄS* 82 (1958), p. 77-89. *LGG* III, p. 246-247et 442-443.

106 J. ASSMANN, *Liturgische Lieder*, p. 273-275.

107 M. SMITH, *Mortuary Texts*, p. 85. S. CAUVILLE, *Essai sur la théologie*, p. 148, n. 3. P. WILSON, *Lexikon*, p. 467.

108 G. MÖLLER, *Die beiden Totenpapyrus Rhind*, p. 39, 67, pl. VIII, XIX.

Le neuvième hymne solaire du papyrus Greenfield, intitulé « Adorer Rê quand il repose dans *Ânkhetet* », constitue une variante du chapitre 15B III du *Livre des morts*[109] et contient deux phrases susceptibles d'être rapprochées des lignes x+17, 11-13 du papyrus Princeton Pharaonic Roll 10 : « Les deux sanctuaires viennent à toi en s'inclinant et te louent chaque jour. Ceux qui sont dans la barque du soir te font naviguer, ceux qui sont dans la barque du matin te font voguer »[110].

r) Il est difficile de proposer une traduction du pronom *=k* car on ne sait pas s'il se rattachait à un nom ou à une préposition.

s) À cause de la lacune, on ne peut s'assurer que le groupe  doit bien être lu *mỉ* « viens ». Derrière le groupe  se cache peut-être le terme *šps* « vénérable », le trait vertical encore visible faisant partie du signe . Le sujet de cette phrase n'est pas défini. On ne sait pas qui était censé faire cette présentation ni quel en était l'objet. Peut-être s'agissait-il de Thot ?

t) Les termes *rsy* « sud », *mḥ.t* « nord », *ỉmn.t* « ouest » et *ỉꜣb.t* « est » portent la marque du pluriel dans le papyrus Princeton Pharaonic Roll 10[111] si bien que la traduction *nṯr.w rsy* « dieux du sud » a été adoptée au détriment de *nṯr.w rsy.w* « dieux méridionaux ». La distinction faite entre les *nṯr.w rsy* « dieux du sud »[112] et les *nṯr.w rsy.w* « dieux méridionaux »[113] – et c'est valable pour les quatre directions cardinales – n'est peut-être pas toujours fondée ni par les graphies ni par les regroupements envisagés, les uns pouvant remplacer les autres selon les versions d'une même composition[114].

Les *nṯr.w rsy* « dieux du sud » abattent Apophis dans le *Rituel de renverser Apophis*[115]. Ils sont nommés dans les *Révélations des mystères des quatre boules d'argile* – « Amon, Montou, Nekhbet, le serpent-*Heneb*, Sekhmet et Bastet »[116] – où l'on fait appel à eux pour protéger Osiris[117]. Avec ceux des autres directions, ces dieux sont associés à un rituel de protection du temple[118]. Ils figurent parmi les dieux des quatre points cardinaux dans un phylactère prophylactique provenant de Tebtynis[119]. Connus par les *Textes des pyramides* et les *Textes des sarcophages*, les *nṯr.w rsy.w* « dieux méridionaux » apparaissent dans les chapitres 39, 141/142 et 171 du *Livre des morts*. Au nombre de quatre, ils sont figurés

---

109 E. A. W. BUDGE, *The Greenfield Papyrus*, pl. 84. J. ASSMANN, *Liturgische Lieder*, p. 18-27 (tradition) et 37-76 (texte et variantes).

110 C. ZALUSKOWSKI, *Texte außerhalb der Totenbuch-Tradierung*, p. 118-119 (P. Greenfield (84, 3-4 et 5)).

111 Voir x+14, 12-15 (§ 8.6).

112 *LGG* IV, p. 529.

113 *LGG* IV, p. 530.

114 G. ROULIN, *Le Livre de la Nuit* I, p. 68 et n. 338. On le remarque aussi dans les différentes versions du chapitre 141 du *Livre des morts*.

115 R. O. FAULKNER, *The Papyrus Bremner-Rhind*, p. 64 (P. Bremner-Rhind (27, 21)).

116 J.-Cl. GOYON, *BIFAO* 75 (1975), p. 386-387. J.-Cl. GOYON, *Imouthès*, p. 70 (P. New York MMA 35.9.21 (30, 7)).

117 J.-Cl. GOYON, *BIFAO* 75 (1975), p. 370-371. J.-Cl. GOYON, *Imouthès*, p. 67 (P. New York MMA 35.9.21 (27, 9)).

118 *Edfou* VI, 147, 10-12. D. JANKUHN, *Das Buch "Schutz des Hauses"*, p. 55. Chr. THEIS, *Magie und Raum*, p. 186-187.

119 I. GUERMEUR, *in* : *Graeco-Roman Fayum*, p. 119 (P Tebtynis SCA 6396).

avec une couronne blanche à la place de la tête à la dixième heure du *Livre des portes*[120], devant un sphinx bicéphale sur le dos duquel se dresse une figure composite d'Horus et Seth. À côté de la tête de faucon du sphinx, il est indiqué : *Ḥr ỉmy wỉꜣ* « Horus qui est dans la barque ». Ils apparaissent avec les dieux septentrionaux à la deuxième heure du *Livre de la nuit*[121] et sont cités dans la litanie adressée à Atoum du papyrus Greenfield[122].

u) Les *nṯr.w mḥ.t* « dieux du nord »[123] renversent Apophis[124]. Ils abattent Seth s'il vient du nord et sont nommés dans les *Révélations des mystères des quatre boules d'argile* : « Onouris, Mehyt, les grands dieux d'Edfou et les dieux des lagunes (*ḥꜣ.w-nb.w*) »[125]. On fait appel à eux pour protéger Osiris[126], mais aussi le temple[127]. Ces dieux sont nommés dans la litanie adressée à Atoum du papyrus Greenfield[128]. Connus par les *Textes des pyramides*, où ils pouvaient être assimilés aux étoiles impérissables, et les *Textes des sarcophages*, les *nṯr.w mḥty.w* « dieux septentrionaux »[129] sont cités dans les chapitres 39, 141/142 et 171 du *Livre des morts*. Ils sont représentés à la dixième heure du *Livre des portes* avec les dieux méridionaux[130]. Ils accompagnaient la barque solaire à la deuxième heure du *Livre de la nuit*[131]. Dans le *Rituel de renverser Seth et ses acolytes*, ils repoussaient Seth s'il venait du nord[132].

v) Les *nṯr.w ỉmn.t* « dieux de l'ouest »[133] sont nommés par les *Révélations des mystères des quatre boules d'argile* – « Neith, Ouadjet, Sekhmet, Bastet, Anubis, Rechef le dieu grand, Ha, seigneur de l'Occident »[134] – et ils abattent Seth s'il vient de l'ouest. On fait aussi appel à eux pour protéger Osiris[135]. Ils renversent Apophis[136] et sont nommés dans la litanie adressée à Atoum du papyrus Greenfield[137]. Ces dieux sont associés à un rituel de protection du temple[138]. Connus par les *Textes des pyramides* et les *Textes des sarcophages*[139], les *nṯr.w ỉmnty.w* « dieux occidentaux »[140] apparaissent dans les

120 E. HORNUNG, *Das Buch von den Pforten* I, p. 331 ; II, p. 226-229.
121 G. ROULIN, *Le Livre de la Nuit* I, p. 68 ; II, p. 10.
122 C. ZALUSKOWSKI, *Texte außerhalb der Totenbuch-Tradierung*, p. 140-141.
123 *LGG* IV, p. 493.
124 R. O. FAULKNER, *The Papyrus Bremner-Rhind*, p. 64 (P. Bremner-Rhind (27, 21)).
125 J.-Cl. GOYON, *BIFAO* 75 (1975), p. 386-387. J.-Cl. GOYON, *Imouthès*, p. 70 (P. New York MMA 35.9.21 (30, 12)).
126 J.-Cl. GOYON, *BIFAO* 75 (1975), p. 370-371. J.-Cl. GOYON, *Imouthès*, p. 67 (P. New York MMA 35.9.21 (27, 9)).
127 Voir *supra* n. 118.
128 C. ZALUSKOWSKI, *Texte außerhalb der Totenbuch-Tradierung*, p. 141 (P. Greenfield (86, 16)).
129 *LGG* IV, p. 493.
130 E. HORNUNG, *Das Buch von den Pforten* I, p. 332 ; II, p. 226-229.
131 G. ROULIN, *Le Livre de la Nuit* I, p. 68 ; II, p. 10.
132 S. SCHOTT, *Urkunden* VI, 31, 20.
133 *LGG* IV, p. 470-471.
134 J.-Cl. GOYON, *BIFAO* 75 (1975), p. 388-389. J.-Cl. GOYON, *Imouthès*, p. 71 (P. New York MMA 35.9.21 (30, 12)).
135 J.-Cl. GOYON, *BIFAO* 75 (1975), p. 370-371. J.-Cl. GOYON, *Imouthès*, p. 67 (P. New York MMA 35.9.21 (27, 9)).
136 R. O. FAULKNER, *The Papyrus Bremner-Rhind*, p. 64 (P. Bremner-Rhind (27, 21)).
137 C. ZALUSKOWSKI, *Texte außerhalb der Totenbuch-Tradierung*, p. 141 (P. Greenfield (86, 2, 18)).
138 Voir *supra* n. 118.
139 *Pyr.* § 157a ; § 464a ; § 1980c. *CT* IV, 382e ; V, 157d ; VII, 43i.
140 *LGG* IV, p. 470.

chapitres 15, 39, 141/142 et 180 du *Livre des morts*. Ils sont figurés à la deuxième heure du *Livre de la nuit*[141]. Ils prient Osiris-Ounennefer[142], adorent le soleil[143] et font une offrande dans le rituel journalier[144]. Dans le *Rituel de renverser Seth et ses acolytes*, ils repoussaient Seth s'il venait de l'ouest[145].

w) Un exemple de *ỉꜣb.t n.t p.t* « est du ciel » figure dans les *Révélations des mystères des quatre boules d'argile* : « Mets ta tête (Seth) en arrière et regarde vers l'est du ciel, tu verras ton père Rê gisant à l'intérieur d'un brasier enflammé »[146]. C'est à l'est du ciel que les enfants de la déchéance (*ms.w bdš*) attaquèrent Rê[147].

x) Les *nṯr.w ỉꜣb.t* « dieux de l'est »[148] abattent Seth s'il vient de l'est et sont nommés par les *Révélations des mystères des quatre boules d'argile* : « les dieux de Mendès (*Pr-bꜣ*), Thot le grand dieu, maître de *Bâhou*, Anubis, Bastet, Sopdou-Horus le grand, Sopdou-Horus-le triomphant, maître de Pharbaethos »[149]. On fait appel à eux pour protéger Osiris[150] ou bien le temple[151]. Dans le papyrus Bremner-Rhind, ils renversent Apophis[152]. Ils sont nommés dans la litanie adressée à Atoum du papyrus Greenfield[153]. Ces dieux sont associés à un rituel de protection du temple[154]. Connus par les *Textes des pyramides* et les *Textes des sarcophages*, les *nṯr.w ỉꜣbty.w* « dieux orientaux »[155] apparaissent dans les chapitres 39 et 141/142 du *Livre des morts*. Ils sont figurés à la deuxième heure du *Livre de la nuit*[156] et prient Amon-Rê dans le rituel journalier[157]. Dans le *Rituel de renverser Seth et ses confédérés*, ils repoussaient Seth s'il venait du nord[158].

y) Une autre attestation est répertoriée sous cette forme : les  *nṯr.w pr-wr pr-nsr* « dieux du *Per-our* et du *Per-neser* » sont mentionnés, en rapport avec la navigation du mois de Tybi, sur la porte ptolémaïque de l'enceinte du temple de Mout à Karnak[159]. Par ailleurs, *pr-wr* « *Per-our* » et *pr-nsr* « *Per-neser* » d'une part, *nṯr.w pr-wr* « dieux du *Per-our* » et *nṯr.w pr-sḏ.t* « dieux du *Per-sedjet* » d'autre part, apparaissent dans les chapitres

141 G. ROULIN, *Le Livre de la Nuit* I, p. 68 ; II, p. 11.
142 C. ZALUSKOWSKI, *Texte außerhalb der Totenbuch-Tradierung*, p. 28 (P. Greenfield (50, 1)).
143 A. GASSE, *BIFAO* 84 (1984), p. 227, pl. 45, col. 6. *Dendara* X, 250, 12.
144 A. MORET, *Culte divin journalier*, p. 131, n° 39 (P. Berlin 3055 (XVII, 3)).
145 S. SCHOTT, *Urkunden* VI, 33, 3 (en lacune).
146 J.-Cl. GOYON, *BIFAO* 75 (1975), p. 364-365. J.-Cl. GOYON, *Imouthès*, p. 70 (P. New York MMA 35.9.21 (27, 2-3)).
147 *CT* IV, 290b-c.
148 *LGG* IV, p. 470-471.
149 J.-Cl. GOYON, *BIFAO* 75 (1975), p. 390-391. J.-Cl. GOYON, *Imouthès*, p. 71 (P. New York MMA 35.9.21 (30, 12)).
150 J.-Cl. GOYON, *BIFAO* 75 (1975), p. 370-371. J.-Cl. GOYON, *Imouthès*, p. 67 (P. New York MMA 35.9.21 (27, 9)).
151 Voir *supra* n. 118.
152 R. O. FAULKNER, *The Papyrus Bremner-Rhind*, p. 64 (P. Bremner-Rhind (27, 21)).
153 C. ZALUSKOWSKI, *Texte außerhalb der Totenbuch-Tradierung*, p. 140-141 (P. Greenfield (86, 2, 19)).
154 *Edfou* VI, 147, 10-12. D. JANKUHN, *Das Buch "Schutz des Hauses"*, p. 55.
155 *LGG* IV, p. 455-456.
156 G. ROULIN, *Le Livre de la Nuit* I, p. 68 ; II, p. 11.
157 A. MORET, *Culte divin journalier*, p. 131, n° 39 (P. Berlin 3055 (XVII, 4)).
158 S. SCHOTT, *Urkunden* VI, 33, 8.
159 S. SAUNERON, *La porte ptolémaïque*, pl. 11, n° 11, l. 31. *LGG* IV, p. 487.

141/142 du *Livre des morts*[160]. Ces deux lieux, rattachés respectivement à El Kab et à Bouto, étaient des chapelles canoniques de la Haute et de la Basse Égypte, qui symbolisaient ensemble l'unité du pays.

z) Les *nṯr.w ỉꜣ.wt* « dieux des buttes »[161] sont surtout connus parce qu'ils sont nommés dans les chapitres 141/142 du *Livre des morts*. Les traces incitent à restituer le verbe *r*[*m*] (*n*) « pleurer (sur) » qui ne s'accorde pourtant pas bien avec le contexte. On lui préférerait *r*[*s*] « veiller »[162], mais il se construit plutôt avec la préposition *ḥr*. L'expression *r ỉb=sn* « selon leur cœur » peut se comprendre « en leur âme et conscience ».

aa) Sur ces entités divines, voir § 6.2.1, n. pp). Dans les chapitres 141/142 du *Livre des morts*, ils sont associés comme ici aux « dieux des buttes ».

bb) Face à cette lacune, on peut envisager nombre de lectures assez insatisfaisantes, d'autant plus que la traduction des mots ayant pour racine *ḏsr* est délicate[163]. Le terme « consécration » (*ḏsr.w*)[164] conviendrait peut-être : « Ton fils Horus conduit pour toi le *ba* de Rê à ta consécration ». Compte tenu du verbe, on pourrait attendre un lieu. Puisque la notion d'inaccessibilité semble rendre avantageusement les termes formés de la racine *ḏsr*, une traduction « dans son (espace) préservé », inspirée de celle proposée par Dimitri Meeks[165], a été retenue.

cc) On peut considérer cette forme verbale comme un pseudo-participe : *ḫꜥ.tw m* ... « apparu en tant que ... », ou la rendre par un impératif : *ḫꜥ ṯw m* ... « Apparais donc en tant que ... ». La même phraséologie s'applique vraisemblablement aux trois lignes suivantes (x+18, 11-13). Le mot *nsw* est restitué par comparaison avec le terme *bỉty* qui figure à la ligne suivante (x+18, 11) ; il correspond à l'orientation des chemins du sud, comme *bỉty* à celle des chemins du nord. Un lien sémantique s'établit à chaque fois avec la phrase suivante, rendu en français par l'adjonction d'une conjonction (parce que).

dd) On a déjà fait remarquer que les termes désignant les points cardinaux portent toujours la marque du pluriel dans le papyrus Princeton Pharaonic Roll 10, voir *supra* n. t). Plutôt que *wꜣ.wt rsy.w* « chemins méridionaux », on préférera donc *wꜣ.wt rsy* « chemins du sud ». Dans une litanie à Atoum du papyrus Greenfield figure une série similaire, mais au singulier : « le chemin du sud, le chemin du nord, le chemin de l'ouest, le chemin de l'est »[166]. Les « chemins méridionaux / du sud » apparaissent dans la longue liste du chapitre 141 du *Livre des morts*, avec ceux des trois autres directions cardinales comme c'est le cas ici (x+18, 10-13). La royauté de Haute Égypte est associée en toute logique au sud.

---

160 *LGG* III, p. 40-41 et 43 ; IV, p. 487 et 488. P. WILSON, *Lexikon*, p. 352 et 353.

161 *LGG* IV, p. 455.

162 *Wb* II, 449, 8-451, 12.

163 On pourra par exemple mesurer la variété des significations de *ḏsr* dans J. K. HOFFMEIER, *Sacred*.

164 D. MEEKS, *Mythes et légendes du Delta*, p. 96, n. 261.

165 D. MEEKS, *Mythes et légendes du Delta*, p. 19 et 98, n. 269 (P. Brooklyn 47.218.84, VIII, 10), suivi par Chr. LEITZ, *Der Sarg des Panehemisis*, p. 234.

166 C. ZALUSKOWSKI, *Texte außerhalb der Totenbuch-Tradierung*, p. 141 (P. Greenfield (86, 7)). J. ASSMANN, *Das Grab des Basa*, p. 92, n. 166. *LGG* II, p. 243.

ee) Ce verbe – si c'en est bien un – pourrait être *mḏḥ* « enlacer »[167] ou un dérivé de *mḏḥ* « sculpter », « tailler » comme « préparer », « apprêter »[168]. Il est rendu comme celui de la ligne précédente (x+18, 10), voir *supra* n. cc). Les chemins du nord sont logiquement associés à la royauté de Basse Égypte.

ff) Le nom du dieu *Tatenen* (*Tȝ-ṯnn*) était volontiers abrégé *Tnn*[169]. D'après le déterminatif encore visible après la lacune, on est tenté de restituer *smsw* (*Tȝ-*)*Tnn* « aîné de *(Ta)tenen* » bien que cette appellation ne semble pas attestée par ailleurs.

gg) L'ordre des points cardinaux voudrait que les *wȝ.wt ỉȝb.t* « chemins de l'est » complètent la série et figurent dans la lacune.

hh) Il s'agit là d'une graphie tardive de *ḫnw* « intérieur »[170]. Il est rare que des compléments circonstanciels figurent en tête de phrase, ce qui incite à rattacher celui-ci à la phrase précédente (x+18, 13) et à considérer que l'unité syntaxique dépassait ici le cadre d'une seule ligne.

Connue comme sanctuaire spécifique de Sokar notamment dans la région memphite[171], la *Chetyt* désigne également un espace donné au sein d'un complexe religieux[172]. À Edfou, la première chapelle de Sokar est appelée ainsi[173]. D'après la description du temple d'Edfou, *ḫnw n šty.t* « intérieur de la *Chetyt* », « résidence de ce qui est caché » était l'un des noms de la chapelle osirienne de ce temple[174]. Dans les textes relatifs aux cérémonies osiriennes, la *Chetyt* est rapprochée de *Ḏdw ḥr.t* « Bousiris supérieure » – à savoir le lieu où les simulacres osiriens étaient gardés durant l'année[175]. À Dendara, la *Chetyt* correspondrait à la chapelle ouest n° 3 construite sur le toit du grand temple[176]. Certains textes assimilent aussi la *Chetyt* à Bousiris[177], si bien que l'on a voulu l'identifier à cette localité. Il est fait mention çà et là de *ỉr.t wȝ.t m šty.t* « parcourir le chemin dans la *Chetyt*»[178] et du *hrw ỉr wȝ.t m šty.t* « jour de parcourir le chemin dans la *Chetyt* »[179].

ii) On peut rendre l'idéogramme  par *sbȝ* « porte »[180], mais le terme *sbḫ.t* « portail » apparaît aussi avec ce déterminatif (x+19, 3). Des *sbȝ.w ꜥȝ.w n Dwȝ.t* « grandes portes de la *Douat* » figurent dans le Livre d'heures du papyrus Londres BM EA 10569[181]. Un

167 *Wb* II, 190, 2-5.
168 *Wb* II, 190, 6-7.
169 *LGG* VII, p. 346-348.
170 Voir par exemple M. Coenen, *OLP* 31 (2000-2005), p. 13, pl. 3 (P. Oxford Bodl. Ms. Egypt.d.8 (P) (20-21)).
171 C. Graindorge-Héreil, *Le dieu Sokar*, p. 36-38. Sur la chapelle de *Ro-setaou*, voir I. E.S. Edwards, *in* : *Studies Parker*, p. 27-36.
172 J.-Cl. Goyon, *BIFAO* 65 (1967), p. 128, n. 176. J.-Cl. Goyon, *RdÉ* 20 (1968), p. 92, n. 33. É. Chassinat, *Le mystère d'Osiris* I, p. 227. Chr. Zivie-Coche, *Giza au deuxième millénaire*, p. 44, 47, 149, 208, 211, 225. S. Cauville, *La théologie d'Osiris*, p. 182. Le terme *šty.t* désigne aussi une crypte (*Wb* IV, 559, 3-21 ; P. Wilson, *Lexikon*, p. 1038.).
173 S. Cauville, *La théologie d'Osiris*, p. 9.
174 *Edfou* VII, 13, 4 ; IV, 5,5. S. Cauville, *La théologie d'Osiris*, p. 10. P. Wilson, *Lexikon*, p. 766-767.
175 Voir § 5.5.2, n. n).
176 S. Cauville, *BSFÉ* 112 (1988), p. 31. S. Cauville, *Les chapelles osiriennes* II, p. 205.
177 Fr. R. Herbin, *Parcourir l'éternité*, p. 108-109.
178 *Medinet Habu* IV, pl. 158. C. Graindorge-Héreil, *Le dieu Sokar*, p. 212.
179 C. Graindorge-Héreil, *Le dieu Sokar*, p. 210. Fr. R. Herbin, *Parcourir l'éternité*, p. 63, 218 (P. Leyde T32 (VI, 5-6)).
180 *Wb* IV, 83, 9-17.
181 R. O. Faulkner, *Book of Hours*, p. 20* (13, 10).

sens passif paraît convenir mieux au contexte qu'une forme active : *dwꜣ ṯw sbꜣ.w n Dwꜣ.t* « Les portes de la *Douat* t'adorent ».

jj) Il s'agit là d'une graphie développée du mot *ẖm* « lieu de culte », « sanctuaire »[182] qui, en l'absence du pluriel et d'un pronom suffixe, pourrait se confondre avec celle du nom de Létopolis[183].

kk) Des *sbẖ.wt štꜣ.w m* [...] « porches secrets dans [...] » sont attestés dans par le Livre d'heures du papyrus Londres BM EA 10569[184]. Le sens semble imposer un passif (cf. *supra* n. ii)), comme le confirment les trois vers suivants qui débutent par la préposition *in* « par » introduisant un agent[185].

ll) Des *iry.w-ꜥꜣ n (tꜣ) Dwꜣ.t* « gardiens de porte de la *Douat* » sont connus par ailleurs[186]. Dans le chapitre 127 du *Livre des morts*, il est dit à propos des « gardiens de porte qui gardent ce dieu » : *sšm=tn n wꜣ.t=tn* « vous guidez sur votre chemin »[187]. Les grandes portes de la *Douat*, les porches secrets de la *Douat* et les gardiens de portes de la *Douat* sont réunis par le Livre d'heures du papyrus Londres BM EA 10569[188].

mm) Du verbe *mꜣꜥ* « aller tout droit », « conduire »[189] est tirée l'expression *mꜣꜥ wꜣ.wt* « frayer des chemins », « montrer la route », « guider », que l'on retrouve dans les *Litanies au soleil* : « Louange à toi Rê, celui à la puissance élevée, celui qui fraye les chemins qui sont dans la *Douat* et ouvre les voies dans la *Chetyt*, tu es bien le corps de Celui qui fraye les chemins »[190]. On s'adresse à *Mꜣꜥ-wꜣ.wt* « Celui qui fraye les chemins », représenté comme une momie à tête humaine[191], en ces termes : *mꜣꜥ=k wꜣ.wt n nsw (N.N.)| mi Rꜥ r bw nb mr=f* « Puisses-tu frayer les chemins pour le roi (N.N.)| comme (pour) Rê vers chaque lieu qu'il aime »[192].

nn) On trouve une idée similaire dans les *Litanies au soleil* où l'on s'adresse ainsi au Brûlant (*Rkḥy*) : *rkḥ=k r ḫfty.w nb.w (N.N.)| m hh=k* « Puisses-tu être brûlant contre tous les ennemis de (N.N.)| avec ton souffle brûlant »[193]. Il est représenté sous la forme d'une momie ayant une flamme à la place de la tête[194]. Il protège l'Œil de Rê[195] et figure dans

182 *Wb* III, 280, 10-13.

183 D. MEEKS, *Mythes et légendes du Delta*, p. 51, n. 34.

184 R. O. FAULKNER, *Book of Hours*, p. 20* (13, 11).

185 La préposition *in* pouvait aussi introduire un sujet antéposé, mais cela ne fonctionnerait bien que dans deux des trois cas.

186 *LGG* I, p. 417. U. HORAK, H. HARRAUER, *Mumie-Schau'n*, p. 61-62 (P. Klagenfurth AE III/1, 3). M. COENEN, *SAK* 32 (2004), p. 111, 115-116, pl. 9 (P. Édimbourg A. 1956.357 E, l. 2). À propos du titre *iry-ꜥꜣ* « pastophore » et de ses graphies, voir Fr. HOFFMANN, J. Fr. QUACK, *in* : *A Good Scribe*, p. 127-155 qui révisent les interprétations de E. JELÍNKOVÁ-REYMOND, *ChronÉg* 38, n° 75 (1963), p. 39-59 et H. DE MEULENAERE, *ChronÉg* 31, n° 62 (1956), p. 299-302.

187 St. QUIRKE, *Going out in Daylight*, p. 280.

188 R. O. FAULKNER, *Book of Hours*, p. 20* (13, 10-12).

189 *Wb* II, 22, 13-23, 6.

190 E. HORNUNG, *Sonnenlitanei* I, p. 55 ; II, p. 68, n° 48, et p. 113, n. 131 ; voir aussi I, p. 151 et 216 ; II, p. 80 et 88.

191 E. HORNUNG, *Sonnenlitanei* II, p. 56 et 59.

192 E. HORNUNG, *Sonnenlitanei* I, p. 273 ; II, p. 47, n° 48.

193 E. HORNUNG, *Sonnenlitanei* I, p. 273 ; II, p. 46, n° 40 ; voir encore I, p. 46 ; II, p. 67, n° 40.

194 E. HORNUNG, *Sonnenlitanei* II, p. 56 et 59. Les *rkḥ.w* « brûlants » qui apparaissent dans le *Livre de la terre* ont aussi une flamme à la place de la tête (A. PIANKOFF, *La création du disque solaire*, pl. D).

195 E. HORNUNG, *Zwei ramessidische Königsgräber*, p. 68, pl. 11b.

un Livre d'heures[196]. Dans le chapitre 141 du *Livre des morts* figurent les *rkḥy.w dd.w sḏ.t m ʿḫ* « Brûlants qui placent la flamme dans le brasier »[197].

oo) Je n'ai pas retrouvé d'autres exemples spécifiques d'un brasier (*ʿḫ*) de Sekhmet. On sait pourtant qu'il est possible de décrire une déesse dangereuse comme détentrice d'un brasier[198]. À Edfou, l'un des génies d'Horbeit déclare : « ... Sekhmet (se mue) en flamme selon son désir, elle vient et elle dévore son ennemi avec son souffle brûlant (*hh=s*) ! »[199]. Dans le rituel de l'embaumement, il est dit que « Sekhmet crachera le souffle brûlant de la flamme (*hh n sḏ.t*) contre ton adversaire »[200]. En tant qu'Œil de Rê et uræus, elle crachait du feu[201]. La déesse léontocéphale Sekhmet est connue comme une entité dangereuse qu'il faut calmer. C'est le rôle des litanies destinées à la conjuration de la déesse tout au long de l'année[202] ou du rituel d'*Apaiser Sekhmet*, qui indique l'emploi de deux (?) brasiers (*ʿḫ*) pour l'holocauste en son honneur[203]. Une « Hathor, maîtresse des deux brasiers » est connue comme une forme d'Isis « quand elle se transforme en sa mère Sekhmet pour consumer Seth et ses complices »[204]. On jetait les rebelles du roi dans le « brasier de l'Œil de Rê » – il s'agit là de Bastet – qui se trouvait dans la Butte des ricins (*iꜣ.t ḳḳ.w*) à Héracléopolis[205]. Cette butte était associée par ailleurs à la résurrection d'Osiris, en rapport avec Hathor et Bastet notamment[206]. L'assimilation Hathor – Œil de Rê – Sekhmet incitera à rapprocher encore le « brasier (*ʿḫ*) de Sekhmet » du « brasier de Mout qui porte son frère »[207].

On connaît cependant un lieu d'exécution de Sekhmet (*nm.t n(.t) Sḫm.t*)[208]. Dans le *Livre de renverser Apophis*, il existe un « lieu d'exécution (*nm.t*) de Sekhmet la grande, maîtresse d'*Icherou* »[209]. Cette même composition nous apprend aussi que les ennemis étaient brûlés « sur l'autel (*ḫꜣw.t*) de Sekhmet »[210]. Le cintre d'une stèle conservée à Hanovre montre, assise sur un trône, *Sḫm.t ḥr(.t) nm.t rkḥ=s rḳ(.w) r ir.t* « Sekhmet

196 R. O. FAULKNER, *Book of Hours*, p. 23* (15, 1).
197 *LGG* IV, p. 729. St. QUIRKE, *Going out in Daylight*, p. 319.
198 J. YOYOTTE, *AEPHE* 89 (1980-1981), p. 92-94. Voir aussi § 6.1.1, n. f).
199 J.-Cl. GOYON, *Les dieux-gardiens* I, p. 293-294 ; II, pl. 158.
200 S. SAUNERON, *Rituel de l'embaumement*, p. 19 (x+6, 3). S. TÖPFER, *Das Balsamierungsritual*, p. 121.
201 Par exemple Ph. DERCHAIN, *Le Papyrus Salt 825*, fig. XIX (24*). J. YOYOTTE, *AEPHE* 89 (1980-1981), p. 92-93. Ph. GERMOND, *Sekhmet*. D. INCONNU-BOCQUILLON, *Le mythe de la Déesse Lointaine*, p. 274-280.
202 J. YOYOTTE, *BSFÉ* 87-88 (1980), p. 47-75.
203 J.-Cl. GOYON, *Le Rituel du sḥtp Sḫmt*, p. 76 et 80, n. 23.
204 J. VANDIER, *Le Papyrus Jumilhac*, p. 50 et 132-133 (XXI, 21-XXII, 3). À propos de ces deux brasiers, voir J.-Cl. GOYON, *Le Rituel du sḥtp Sḫmt*, p. 64 et 65, n. 11.
205 Fr. Ll. GRIFFITH, *Rylands* III, p. 250 (P. Rylands IX (22, 7 ; 23, 9)). J. YOYOTTE, *AEPHE* 89 (1980-1981), p. 93.
206 J.-Cl. GOYON, *Kêmi* 18 (1968), p. 41-44. P. P. KOEMOTH, *WdO* 25 (1994), p. 7-16 ; Bastet y gardait le coffre-*hen* (p. 11). De même Mout qui porte son frère était associée au coffre d'Héliopolis (*ʿfd.t Iwnw*) (J. YOYOTTE, *AEPHE* 89 (1980-1981), p. 66-67, 70). Sur le coffre-*hen*, voir encore D. MEEKS, *Mythes et légendes du Delta*, p. 247-251, § 24d, et en rapport avec l'embaumement, Fr. JANOT, *Instruments*, p. 44-47.
207 J. YOYOTTE, *AEPHE* 89 (1980-1981), p. 77, 80-82, 90-99. P. VERNUS, *Athribis*, p. 241-242 et n. g.
208 S.-E. HOENES, *Sachmet*, p. 246 (n° 19), 248 (n° 1), 252 (n° 3, 4, 5, 9). Chr. LEITZ, *Der Sarg des Panehemisis*, p. 122, 124.
209 R. O. FAULKNER, *The Papyrus Bremner-Rhind*, p. 67 (P. Bremner-Rhind (28, 10)) ; *JEA* 23 (1937), p. 172.
210 R. O. FAULKNER, *Le Papyrus Bremner-Rhind*, p. 68 ; *JEA* 23 (1937), p. 172 (P. Bremner-Rhind (28, 13)).

supérieure du lieu d'exécution[211], qui brûle celui qui est hostile envers l'œil »[212]. Derrière elle, on peut voir Seth ligoté à l'intérieur même du lieu évoqué par l'inscription ; la légende indique : « Frapper (au moyen de) deux couteaux ». Le texte précise ensuite : « ... tu (Seth) entres au lieu d'exécution (*ḫb.t*) de Sekhmet. Elle brûle tes chairs, elle coupe tes doigts... ». Que Seth ait pu être brûlé dans le lieu d'exécution de Sekhmet permet probablement de rapprocher cet endroit du « brasier (*ʿẖ*) de Sekhmet ». À Edfou, cette déesse est « en charge du lieu d'exécution (*nm.t*) »[213]. Il est également dit que les ennemis sont placés *m nm.t n Sḫm.t* « dans le lieu d'exécution de Sekhmet »[214]. Une liste copiée à Abydos mentionne un « lieu d'exécution de Sekhmet »[215]. Dans une inscription destinée à protéger le défunt des conséquences de ses actes dans l'au-delà, on demande qu'il ne soit pas conduit vers le « lieu d'exécution (*nm.t*) de Sekhmet »[216]. Dans le papyrus Salt 825, la première des quatre déesses-uraeus est nommée *nb.t nm.t* « maîtresse du lieu d'exécution »[217]. Il s'agit de Sekhmet, représentée plus loin comme une lionne assise[218]. Le terme *nm.t* évoque autant la virtualité d'un acte symbolique de destruction des ennemis qu'il désigne un véritable abattoir[219], et il englobait probablement aussi la crémation.

pp) Avec les *tpy.w-tꜣ* « ceux qui sont sur terre », les *wnny.w* « ceux qui existent »[220] suivaient un jeûne accompagnant le deuil, qui serait à mettre en rapport avec la nuit de l'enterrement d'Osiris[221]. Ce terme pouvait désigner, dès le Nouvel Empire, le personnel qui s'occupait du naos[222].

9.2.2 Analyse formelle

Sur plusieurs pages, cette composition s'organise comme une série de lignes précédées d'un exergue se terminant par *i.nḏ ḥr=k* « Salut à toi », ce qui n'est pas sans rappeler la mise en forme de certaines compositions hymniques. Bon nombre d'entre elles constituent des propositions complètes ou des unités de sens autonomes, sans que cela ne constitue pour autant

---

211 Compte tenu de la forme idéographique de , on pourrait opter pour une lecture *ḫb.t* « lieu d'exécution » (*Wb* III, 252, 9-14 ; P. WILSON, *Lexikon*, p. 719), à l'instar de Philippe Derchain, ou choisir plutôt *nm.t* « lieu d'exécution », « abattoir » (*Wb* II, 264, 1-9 ; P WILSON, *Lexikon*, p. 521-522 ; N. FIEDLER, *Sprüche gegen Seth*, p. 411 ; Fr. MONNIER, *Vocabulaire d'architecture égyptienne*, p. 138). Les épithètes *ḥr.t nm.t* (*LGG* V, p. 439) et *ḥr.t ḫb.t* (*LGG* V, p. 440) sont attestées pour Sekhmet et d'autres déesses qui exécutaient en ce lieu les ennemis du soleil à son lever. C'est pourquoi cet endroit est habituellement situé à l'est (Ph. DERCHAIN, *RdÉ* 16 (1964), p. 20 ; Ph. DERCHAIN, *Le Papyrus Salt 825*, p. 157-158, n. 38), voir aussi § 8.10.1, n. l). Sur les lieux d'exécution, voir encore L. BAZIN, *EAO* 35 (2004), p. 31-40.

212 Stèle Kestner Museum 1935.200.445. H. P. BLOK, *AcOr* 7 (1929), p. 97-113. M. GUENTSCH-OGLOUEFF, *BIFAO* 40 (1941), p. 127-132. Ph. DERCHAIN, *RdÉ* 16 (1964), p. 19-23. N. FIEDLER, *Sprüche gegen Seth*, p. 408-432.

213 *Edfou* II, 85, 9-10.

214 *Edfou* IV, 307, 5 ; 312, 6 ; VII, 213, 16 ; 301, 14 ; 312, 7 ; 316, 13 ; VIII, 19, 2-3 ; 169, 16.

215 A. MARIETTE, *Abydos* I, pl. 44 (10). J. YOYOTTE, *RdÉ* 14 (1962), p. 105.

216 G. LEFEBVRE, *Le tombeau de Pétosiris* I, p. 168 ; II, 39. Voir aussi C. E. SANDER-HANSEN, *Anchnesneferibre*, p. 57 (l. 132).

217 Ph. DERCHAIN, *Le Papyrus Salt 825*, p. 141 et 177, n. 138.

218 Ph. DERCHAIN, *Le Papyrus Salt 825*, p. 145, fig. XIX (24*).

219 A. CABROL, *Les voies processionnelles*, p. 668.

220 *Wb* I, 310, 1-3.

221 Fr. R. HERBIN, *Parcourir l'éternité*, p. 210-211 (V, 24-25).

222 P. WILSON, *Lexikon*, p. 232. Sur la confusion *wnn* / *wn*, voir J. GONZALEZ, *ENiM* 1 (2008), p. 1-6.

une règle[223]. Néanmoins, le contenu du texte ne correspond pas tout à fait à une telle catégorisation formelle et la mise en forme de cette composition paraît même un peu artificielle, comme si l'on avait cherché à la contraindre pour obtenir ce résultat. On s'adresse tout au long de la composition à un tiers en usant de la deuxième personne du singulier. Le choix de ce système énonciatif s'accorderait à la typologie d'un hymne ou bien de *Glorifications*. L'identité du destinataire n'est pas explicitement révélée, mais les épithètes mentionnées dans l'exergue (« roi du ciel inférieur » et « souverain des rives ») permettent de l'identifier comme un dieu. Si l'on lui attribue le nom d'Atoum (x+16, 13), Nout est sa mère (x+17, 2), Isis est sa sœur (x+17, 5 ; x+17, 14) et Horus est son fils (x+18, 8), ce qui suggère que l'on s'adressait à une forme d'Osiris. La mention du « *ba* de Rê » (x+18, 8) et des « chemins de Rê » (x+19, 6) invalident par ailleurs une identification directe au soleil. Les noms des bénéficiaires ne figurent à aucun moment dans cette section, mais il n'est pas impossible qu'ils aient été implicitement associés à Osiris.

Une dizaine de strophes dont les propositions respectent des règles de construction identiques et qui partagent des thèmes communs peuvent être formées (Tableau 24)[224]. Cette composition s'articule également autour de séries d'entités divines formant des groupes cohérents.

	Entités divines	**Groupes**	**Thèmes**	**Lieux**
1	Atoum	Ennéade héliopolitaine	Pureté, momie	
	Chou		Souffles, nez	
	Tefnout Mentyt		[...]	
	Geb		Invocation, joie	Sur cette terre
	Nout		Soins Liberté de mouvement	Dans ta place Dans ta demeure
2	Ta sœur Isis	Réunion des formes secrètes	Apparition	
	Horus *Iounmoutef*		Protection	
	Amset	Famille osirienne Quatre fils d'Horus	Protection	Côté droit
	Hapy			En face
	Douamoutef			Côté gauche
	Qebehsenouf			Derrière
3	Reliquaires de Haute Égypte	Reliquaires	Réjouissances	Haute Égypte
	Reliquaires de Basse Égypte			Basse Égypte
4	Ta Majesté	Barques solaires	Navigation	Barque-(*m*)*sḳt.t* Barque-*mʿnd.t*
5	Isis	Deux sœurs	Joie	
	Nephthys		[...]	
	Maât	Maât et Thot (?)	[...]	
	Il (Thot ?)		Présentation	

223 Certaines lignes recouvrent plus d'une proposition (x+17, 4 ; x+19, 1 ; x+19, 3) alors que d'autres constituent des unités de sens qui doivent être regroupées pour former une seule phrase (x+16, 13-14 ; x+17, 2-4 ; x+17, 4-10 ; x+19, 1-2 ; x+19, 2-3 ; x+19, 3-6).

224 Voir § 9.2.5.

	Entités divines	Groupes	Thèmes	Lieux
6	Ta Majesté Dieux du sud	Directions cardinales	Navigation Adorations	Haute Égypte Sud
	Ta Majesté Dieux du nord			Basse Égypte Nord
	Ta Majesté Dieux de l'ouest		Repos Adorations	Occident du ciel Ouest
	Ta Majesté Dieux de l'est			Orient du ciel Est
7	Dieux du *Per-our* et du *Per-neser*	Groupes de dieux	Autorité	Haute et Basse Égypte *Per-our* et *Per-neser*
	Dieux des buttes		Pleurs	
	Dieux horizontains Ta Majesté		Suivre ta Majesté	Au ciel et sur terre
	Ton fils Horus		Conduire le *ba* de Rê	Ton lieu préservé (*ḏsr*)
	Dieux [...] deux cavernes		Prière	
8	[Roi de Haute Égypte] Chemins du sud	Royauté Chemins	Apparition Mouvement	Chemins / sud
	Roi de Basse Égypte Chemins de l'ouest		Forme Mouvement	Chemins / nord
	Aîné de (Ta)tenen Chemins de l'ouest		Entrée Mouvement	Chemins / ouest
	[...] [Chemins de l'est]		Dissimulation Mouvement	Chemins / est Intérieur de ta *Chetyt*
9	Portes de la *Douat*	Portes de la *Douat*	Célébration	Tes grands sanctuaires
	Leurs vantaux mystérieux		Protection Liesse	Deux cavernes
10	Portails mystérieux	Célébration	Célébration	
	Gardiens de porte de la *Douat*		Mouvement	Chemins *Douat*
	Celui qui brûle tes ennemis		Destruction des ennemis	Brasier de Sekhmet
	Ceux qui existent		Ouverture les chemins	Chemins de Rê

Tableau 24 : Structure de l'acclamation

La première strophe énumère Atoum, Chou, Tefnout, Geb et Nout qui font partie de l'ennéade héliopolitaine (1). La seconde strophe s'articule autour de la réunion des formes secrètes du dieu ; elle mentionne Isis et Horus *Iounmoutef* et les quatre fils d'Horus (2). Les strophes suivantes regroupent les reliquaires (3), les barques solaires (4), les deux sœurs, Maât et éventuellement Thot (5), les dieux des quatre directions cardinales (6) et des groupes de divinités spécifiques (7). La huitième strophe s'articule autour des chemins des quatre directions cardinales (8). Les deux dernières traitent respectivement des portes de la *Douat* (9) et des portails mystérieux qui font l'objet de célébrations (10).

Les thèmes abordés sont relativement variés, avec une certaine prépondérance pour la liberté de mouvement qu'offrent les chemins qui s'étendent dans toutes les directions et la protection qui va de pair avec la destruction des ennemis. L'ambiance est à la fête et donne lieu à des réjouissances. Une coloration solaire se dégage de la présence des barques du matin et du soir, de l'ennéade héliopolitaine et des mentions de Rê. L'ensemble constitue une sorte de voyage qui semble se dérouler, en partie au moins, dans la *Douat*. Relativement nombreux, les éléments de localisation semblent sinon s'attacher d'une part au destinataire (ta place, ta demeure, ton lieu préservé, ta *Chetyt*, tes sanctuaires), et d'autre part à des espaces organisés et classés soit selon la dichotomie géographique propre à l'Égypte, soit selon les quatre directions cardinales.

9.2.3 Les veillées en faveur d'Osiris

Les quelques lignes relatives aux fils d'Horus renversant les ennemis qui tenteraient de s'en prendre à la momie qui renvoie à la dépouille d'Osiris (x+17, 7-10) trouvent des parallèles dans les veillées horaires d'Osiris[225]. Bien connus sous le nom de *Stundenwachen*, ces textes retracent les rites pratiqués en faveur de ce dieu durant les heures du jour et de la nuit afin d'assurer sa protection :

> Amset, il [renverse] pour toi tes ennemis sur ton côté droit.
> Hap[y], il massacre pour toi celui qui vient en face de toi.
> Douamout[ef], il renverse pour toi tes ennemis sur ton côté gauche.
> Qebehsenouf, il repousse pour toi tes ennemis derri[ère] toi.

À la suite des deux lignes du papyrus Vienne KM ÄS 3871 apparentées à l'exergue de cette section du papyrus Princeton Pharaonic Roll 10, un texte démotique reprend le thème des veillées horaires[226] :

> [7, 9] Ils entrent vers le dieu à la première heure, vers l'ouest, quand sa tête est orientée vers le nord et ses pieds vers le sud. [7, 10] Qu'ils fassent une libation et une fumigation.
> [7, 11] Ils entrent vers le dieu à la deuxième heure, quand sa tête est orientée vers l'ouest et ses pieds vers l'est.
> [7, 12] Ils entrent vers le dieu à la troisième heure, quand sa tête est orientée vers l'est et ses pieds [7, 13] vers l'ouest.
> [7, 14] Ils entrent vers le dieu à la quatrième heure, quand sa tête est orientée vers le nord et ses pieds vers le sud.

---

225 H. Junker, *Die Stundenwachen*, p. 35, 39, 44, 50, 76, 84, 91, 100. À l'importante documentation des temples tardifs s'ajoutent des versions plus anciennes comme celles du sarcophage d'*Ankhnesneferibrê* (C. E. Sander-Hansen, *Anchnesneferibre*, p. 66-84) et des sarcophages de trois rois napatéens provenant de la nécropole de Nuri (G. Soukiassian, *BIFAO* 82 (1982), p. 333-348. S. K. Doll, *in* : *Meroitic Studies*, p. 275-280. S. K. Doll, *in* : *Studies Dunham*, p. 43-54) dans lesquelles on ne trouve pas trace de parallèle à cette partie du papyrus Princeton Pharaonic Roll 10. Le papyrus Berlin P 6750 (x+2, 21-23) livre en revanche un texte apparenté (G. Widmer, *Résurrection d'Osiris*, p. 58, 151-152, 367-370 ; G. Widmer, *in* : *Leben im Fajum*, p. 172).

226 E. von Bergmann, *Texte der Sammlung*, pl. IX (P. Vienne KM ÄS 3871 (x+7, 9-14)) ; W. Spiegelberg, *ZÄS* 54 (1918), p. 91-92 (H). Trois lignes (x+7, 15-17) écrites en hiératique sont ajoutées à la fin. La traduction de ce texte démotique est présentée sous toutes réserves.

Malgré leurs contenus distincts, on remarquera la parenté du sujet abordé dans les deux manuscrits, mais le rapprochement va peut-être encore plus loin. D'après le corpus des veillées horaires, la venue des enfants d'Horus se situait aux quatre premières heures du jour et de la nuit, donc aux moments les plus susceptibles de présenter un péril, puisque les périodes de transition étaient considérées par les Égyptiens comme particulièrement dangereuses. Cela correspond à l'énumération du document viennois. Si l'on considère uniquement les données du papyrus Princeton Pharaonic Roll 10, les quatre fils d'Horus se positionneraient autour de la momie pour en assurer la protection de tous les côtés (à droite, devant, à gauche et derrière). Dans le papyrus Vienne KM ÄS 3871 en revanche, les entrées successives sont relatives à une orientation à chaque fois différente de la momie. Les éléments des deux manuscrits ne concorderaient donc pas. Pourtant, si l'on considère qu'à l'instar de l'indication qui figure à la première ligne, toutes les entrées se faisaient en direction de l'ouest, il devient possible de faire coïncider, au moins en partie, les deux réalités. En entrant la première fois vers l'ouest, si la momie était disposée la tête au nord, c'est à son côté droit que l'on faisait face. Toujours selon la même orientation, lorsque la tête de la momie était orientée à l'ouest puis à l'est, c'est bien derrière et en face d'elle que l'on entrait. La dernière entrée du papyrus Vienne KM ÄS 3871 ne correspond pas au modèle proposé puisqu'elle répète la position initiale, mais elle pourrait résulter d'une erreur. La conjugaison des éléments des deux documents décrirait ainsi une réalité similaire, mais selon deux points de vue différents. À l'image statique du papyrus Princeton Pharaonic Roll 10 s'opposerait le rituel dynamique du papyrus Vienne KM ÄS 3871.

9.2.4 Parenté avec le chapitre 141 du *Livre des morts*

La comparaison des noms des divinités nommées par cette composition avec la litanie du chapitre 141 du *Livre des morts* fait ressortir une certaine parenté entre les deux, même si le papyrus américain ne reprend pas la totalité des éléments de la formule funéraire. Bien entendu, ce n'est pas la présence de l'ennéade héliopolitaine qui est représentative, mais plutôt celle de groupes plus spécifiques. Le fait que l'ordre d'apparition de ces entités soit le même dans le papyrus Princeton Pharaonic Roll 10 et dans le chapitre 141 du *Livre des morts*, et ce presque sans exception, est plus déterminant encore. Pourtant, le chapitre 141 du *Livre des morts* se présente sous la forme d'une longue litanie, alors que des phrases entières figurent dans le papyrus Princeton Pharaonic Roll 10. Si cette distinction formelle démontre qu'il ne s'agit pas de la même composition, ces deux textes pourraient cependant se référer à un substrat commun. On rappellera que les dieux de la litanie associée au rite d'élever les offrandes (x+13, 1-7) apparaissent aussi dans le chapitre 142 du *Livre des morts* (§ 8.2.1). À l'origine, les chapitres 141 et 142 du *Livre des morts* formaient une seule formule ; ils furent séparés à l'époque saïte[227] et un nouveau titre fut attribué à l'énumération des noms d'Osiris, afin de former le chapitre 142.

Sans chercher à réaliser une étude détaillée du chapitre 141 du *Livre des morts*[228] qui dépasserait le cadre de cette publication, il paraissait nécessaire de s'intéresser plus précisément aux liens qu'il pourrait entretenir avec le manuscrit américain. Pour envisager une

227 Les exemplaires de cette période montrent que ce changement a sans doute été antérieur à la Basse Époque (P. Barguet, *Le Livre des morts*, p. 185 ; Th. G. Allen, *The Book of the Dead*, p. 117, n. 236).

228 Pour une bibliographie concernant le chapitre 141 du *Livre des morts*, consulter B. Backes *et al.*, *Bibliographie*, p. 202.

étude diachronique (Tableau 25), un certain nombre de témoins du chapitre 141 du *Livre des morts* ont été retenus parmi tous les exemplaires[229]. Pour le Nouvel Empire, on s'est servi de la publication d'Édouard Naville, et plus particulièrement du papyrus Boulaq 21[230] daté de la 18e dynastie. On y a ajouté le papyrus de *Nu*[231] et la leçon de la chapelle de la tombe de Toutankhamon[232]. La version de l'Osireion d'Abydos fournit un exemplaire ramesside issu d'un corpus se rattachant aux fêtes d'Osiris[233]. Pour la Troisième Période intermédiaire, on a retenu le papyrus de *Gatseshen*[234] et le papyrus Greenfield dans lequel le chapitre 141/142 figure deux fois[235]. Le papyrus de *Iahtesnakht*[236] et le papyrus Vatican MGE 48832[237] sont des exemplaires saïtes, comme la version de la tombe de *Basa*[238]. On a ajouté le papyrus Ryerson[239], daté de la 30e dynastie ou du début de l'époque ptolémaïque, et les copies ptolémaïques du papyrus Turin 1791[240] et du papyrus de *Hor*[241].

Sur la base de ce seul choix de sources, on peut d'ores et déjà faire plusieurs remarques. Quatre éléments du papyrus Princeton Pharaonic Roll 10 ne figurent pas dans le chapitre 141 du *Livre des morts* : Horus *Iounmoutef* (17), Horus (51), « Celui qui brûle tes ennemis dans le brasier de Sekhmet » (68) et « Ceux qui existent » (69). Inversement, le manuscrit américain ne reprend pas une trentaine d'entrées du recueil funéraire. Parmi elles, certaines manquent aussi dans la chapelle de Toutankhamon (1-5) et d'autres sont également omises dans l'Osireion (64-69). Dans le papyrus Princeton Pharaonic Roll 10, « Osiris » (14) manque après Geb et Nout à l'instar des versions du Nouvel Empire. Les sept vaches célestes, leur taureau et les quatre gouvernails[242] sont absents (18-29). Le manuscrit américain cite les « dieux du *Per-our* et du *Per-neser* ». Les versions du Nouvel Empire et de la Troisième Période intermédiaire listent « le *Per-our* et le *Per-neser* » tandis que les versions récentes nomment « les dieux du *Per-our* » et « les dieux du *Per-neser* » dès l'époque saïte (46-47). Ce choix original du rédacteur du papyrus Princeton Pharaonic Roll 10 pourrait constituer un témoignage de la transition entre les deux usages. On notera que la tombe de *Basa* suit les

---

229 Une liste non exhaustive des exemplaires contenant le chapitre 141 du *Livre des morts* a été dressée par M. Bellion, *Catalogue*, p. 468-469 et on peut désormais consulter le site du *Totenbuch-Projekt* <totenbuch.awk.nrw.de/spruch/141>.

230 É. Naville, *Das ägyptische Todtenbuch* I, pl. CLIII ; II, p. 364-368.

231 G. Lapp, *The Papyrus of Nu*, pl. 43-44 (P. Londres BM EA 10477).

232 A. Piankoff, *Les chapelles de Tout-Ankh-Amon* I, p. 20-21. A. Piankoff, N. Rambova, *The Shrines of Tut-Ankh-Amon*, p. 138-139.

233 M. A. Murray, *The Osireion*, p. 10-22, pl. IX.

234 R. Lucarelli, *Gatseshen*, pl. XL (P. Caire JdE 95838). G. Lenzo Marchese, *Manuscrits hiératiques*, p. 284-285.

235 E. A. W. Budge, *The Greenfield Papyrus*, pl. XL-XLII et CXIII-CXIV (P. Londres BM EA 10554). Pour sa datation, voir U. Verhoeven, *Buchschrift*, p. 63-64 ; G. Lenzo Marchese, *Manuscrits hiératiques*, p. 300.

236 U. Verhoeven, *Iahtesnacht* I, p. 265-267, II, p. 99-101, III, pl. XXIII (P. *Colon. Aeg.* 10207 (67, 11-68b, 8)). Pour sa datation, voir U. Verhoeven, *Iahtesnacht* I, p. 3-12.

237 A. Gasse, *Le Livre des morts de Pacherientaihet*, p. 244-247.

238 J. Assmann, *Das Grab des Basa*, p. 86-89. On trouve aussi une copie de ces chapitres dans la salle II de la tombe de Padiimenipet (TT33) (L. Gestermann, *Die Überlieferung*, p. 111).

239 T. G. Allen, *The Egyptian Book oft he Dead Documents*, pl. XXXIX (P. Chicago OIM 9787 (CIX)).

240 R. Lepsius, *Das Todtenbuch*, pl. LVIII. Pour sa datation, voir U. Verhoeven, *Buchschrift*, p. 17, n. 83.

241 I. Munro, *Der Totenbuch-Papyrus des Hor*, pl. 18, pl. photo 17.

242 Sur ces entités, consulter R. el-Sayed, *MDAIK* 36 (1980), p. 357-390 ; A. Niwiński, *in* : *Schriften des Thot*, p. 133-162.

leçons plus anciennes sur ce point et sur d'autres[243]. On peut remarquer d'autres ruptures dans la liste du papyrus Princeton Pharaonic Roll 10. Atoum est mentionné, mais pas Khépri (6). Isis et Nephthys figurent et non Hathor qui apparaît dans les versions saïtes et postérieures (38). S'il est peut-être évoqué dans le manuscrit, le nom de Thot n'est pas répété trois fois, comme c'est le cas à partir de l'époque saïte (39). Les « portes de la *Douat* » n'ont pas encore été remplacées par « Celui qui régit la *Douat* », comme c'est le cas dans les manuscrits saïtes et postérieurs (58). En revanche, les « gardiens de porte de la *Douat* » apparaissent comme dans les versions tardives (59).

De ces éléments, on peut déduire que le contenu du papyrus Princeton Pharaonic Roll 10 n'a pas été élaboré sur le modèle du chapitre 141 du *Livre des morts* tel qu'il circulait à l'époque tardive. Le rédacteur devait plutôt avoir eu entre les mains un document dont le contenu correspondait aux listes anciennes, attestées jusqu'à la Troisième Période intermédiaire. Étant donné que la forme donnée à cette composition dans le manuscrit américain diverge de celle des exemples du chapitre 141 du *Livre des morts*, il n'est pas certain que l'inspiration ait été directe. On peut envisager qu'il s'agisse d'une création originale élaborée sur la base de sources remontant au Nouvel Empire ou à la Troisième Période intermédiaire ou même supposer l'existence d'un modèle précurseur, dont le chapitre 141 du *Livre des morts* se serait également distancé.

Le titre du chapitre

Au Nouvel Empire, le titre du chapitre 141/142 du *Livre des morts*[244] définit la nature de son contenu. Il s'agit de présenter une offrande litanique à Osiris qui préside aux Occidentaux et aux dieux cités dans la liste reproduite. La version du papyrus de *Nu* est la suivante :

> L'écrit de ce qu'un homme doit faire pour son père ou pour son fils lors des fêtes de l'Occident. C'est ce qui le rendra parfait dans le cœur de Rê et dans le cœur des dieux avec lesquels il sera. Ce qui doit être dit le jour de la néoménie, à prononcer par l'Osiris (de) N.N. : Offrande litanique (de) pain, bière, bœufs, volailles, aliments rôtis, encens sur la flamme pour Osiris qui préside aux Occidentaux[245].

Qu'il soit question d'un acte réalisé « par un homme pour son père ou son fils » situe la mise en œuvre de cette litanie dans le cadre du culte funéraire, comme le confirme l'indication des « fêtes de l'Occident ». Il est encore précisé que la formule devait être récitée le « jour de la néoménie ». Dans la chapelle de Toutankhamon, le titre donné au chapitre 141/142 du *Livre des morts* ne se rattache pas à celui des papyrus de la 18e dynastie. Beaucoup plus simple, il définit la litanie uniquement comme une liste de noms[246] :

> Formule des noms d'Osiris, ainsi que de ces dieux, maîtres de la nécropole. Réciter par *Nebkheperourê* : Je connais les noms d'Osiris et des dieux.

---

243 Voir les entrées 39, 46, 47, 58, 61, 62, 63.

244 S. SCHOTT, *Bücher und Bibliotheken*, p. 98-99, n° 173.

245 G. LAPP, *The Papyrus of Nu*, p. 85 (en partie), pl. 43.

246 A. PIANKOFF, *Les chapelles de Tout-Ankh-Amon* I, p. 20. A. PIANKOFF, E. RAMBOVA, *The Shrines of Tut-Ankh-Amon*, p. 138.

La version de l'Osireion d'Abydos est précédée d'une représentation du roi Merenptah tenant un encensoir au-dessus d'une table d'offrandes. Au-dessus d'elle, un assez long texte reprend en partie le contenu du titre du chapitre 141/142 du *Livre des morts* tel qu'il apparaît au Nouvel Empire. Le titre du *Livre des morts* de *Gatseshen* est plus court et diffère de celui qui est attesté dans les papyrus du Nouvel Empire[247] :

> Autre formule pour rendre parfait un esprit glorieux. Un écrit qu'un homme utilise <pour> son père ou sa mère lors des fêtes de l'Occident, rendant parfait un esprit glorieux dans le cœur de Rê, le rendant puissant auprès des dieux, le magnifiant auprès des esprits glorieux. À réciter lors de la fête du sixième jour lunaire. À réciter par l'Osiris (de) N.N.

Il ne fait plus explicitement mention d'offrandes litaniques, bien que la forme du chapitre y renvoie toujours. En outre, il n'est plus question d'une récitation à la néoménie, mais lors de la fête du sixième jour. Cette version du titre semble s'inspirer de celui du chapitre 190 du *Livre des morts* dont une version abrégée a été ajoutée à la suite du chapitre 141-142 dans ce manuscrit[248]. Il est intéressant de noter que le chapitre 190 présente des similitudes avec le chapitre 15B III de ce papyrus[249], dans lequel il est fait référence à l'union de Rê et Osiris comme dans l'exergue de la composition du papyrus Princeton Pharaonic Roll 10 (§ 9.1). Dans la tombe de *Basa*, la version des manuscrits du Nouvel Empire est adaptée[250]. Les deux manuscrits de la 26e dynastie reprennent largement la formule du Nouvel Empire et développent une introduction qui s'apparente à celle du document de *Gatseshen*[251] :

> Écrit pour parfaire un *ba*[252] (var. un esprit glorieux) (et) connaître les noms des dieux du ciel du sud et du ciel du nord, des dieux qui sont dans la nécropole[253], des dieux qui régissent la *Douat* (var. des dieux de la *Douat*), qu'un homme doit utiliser pour son père ou son fils (var. sa mère), lors des fêtes de l'Occident. Ainsi il sera parfait (*ỉs ỉḳr=f*) (var. c'est ce qui le rendra parfait (*sỉḳr=f pw*)) dans le cœur de Rê et dans le cœur des dieux avec lesquels il sera. Ce qui doit être dit le jour de la néoménie par l'Osiris (de) N.N. quand il présente (var. en présentant) une offrande litanique de pain, de bière, bœufs, volailles, aliments rôtis et d'encens sur le feu (var. et de myrrhe). Écrit des offrandes litaniques pour Osiris dans tous ses noms comme don de l'Osiris (de) N.N. à Osiris qui préside à l'Occident, seigneur d'Abydos, quatre fois, et à[254] [liste de divinités].

Cette nouvelle introduction, dans laquelle on insiste sur la nature céleste et chtonienne des dieux invoqués, reprend l'idée d'une liste de noms à connaître qui était apparue dans la chapelle de Toutankhamon. Ces deux leçons introduisent quelques autres spécificités. Ainsi,

---

247 R. LUCARELLI, *Gatseshen*, p. 154-155 (XL, 1-5).

248 R. LUCARELLI, *Gatseshen*, p. 154-158.

249 R. LUCARELLI, *Gatseshen*, p. 158 et n. 1124.

250 J. ASSMANN, *Das Grab des Basa*, p. 86-87.

251 U. VERHOEVEN, *Iahtesnacht* I, p. 265, II, p. 99. A. GASSE, *Le Livre des morts de Pacherientaihet*, p. 244 (et les variantes du P. Vatican MGE 48832).

252 De même dans le P. Hor (I. MUNRO, *Der Totenbuch-Papyrus des Hor*, pl. 18, pl. photo 17).

253 Le P. Turin 1791 donne *nṯr.w ỉmy.w ḳr(r).ty* « les dieux qui sont dans les deux cavernes » (R. LEPSIUS, *Das Todtenbuch*, pl. LVIII).

254 La préposition *ỉn* figure probablement pour *n* (U. VERHOEVEN, *Iahtesnacht* I, p. 265, n. 4), puisque les dieux cités sont les bénéficiaires de cette litanie et non les promoteurs.

la « mère » tend à remplacer le « fils » à l'instar de la leçon de *Gatseshen*, comme ce sera aussi le cas dans les versions ptolémaïques[255]. Le papyrus de *Iahtesnakht* apporte encore une nouvelle indication, qui sera reprise par certaines versions plus tardives : la litanie était répétée quatre fois[256].

Le titre du chapitre 141 du *Livre des morts* met en lumière un lien avec une liturgie funéraire, récitée par un particulier et associée aux fêtes de l'Occident et à la néoménie. Or le papyrus Princeton Pharaonic Roll 10 conserve une copie du *Livre de la néoménie* (§ 6.2). Les noms des bénéficiaires sont cependant absents de cette section du manuscrit qui présente une structure complètement différente. Ces constats conduisent à considérer que la fonction de ce texte était sans doute différente, mais en l'absence d'autres précisions relatives à sa mise en œuvre, il est difficile d'en préciser la portée exacte.

La vignette

Au Nouvel Empire, la vignette du chapitre 141/142 du *Livre des morts* se divise en deux parties. On voit d'une part le défunt accompagné de son épouse devant un autel garni d'offrandes et d'autre part Osiris trônant sous un dais, accompagné d'Isis, et parfois de Nephthys, devant lequel est posée une table avec un vase[257]. Dans le papyrus Berlin 3002, daté de la 19e dynastie, l'homme tient dans une main un vase à libation et dans l'autre un récipient à encens tandis que la femme a levé ses mains dans un geste d'adoration[258]. L'association de ces gestes renvoie au contenu du chapitre 141 du *Livre des morts*, décrit comme une litanie d'offrandes. Le papyrus Leyde T 7 ajoute devant Osiris une nébride, une fleur de lotus dont émergent les quatre fils d'Horus et un chacal dressé sur une enseigne[259], ce qui n'est pas sans rappeler la scène du jugement du chapitre 125 du *Livre des morts*. La version de l'Osireion d'Abydos est encadrée par deux scènes. À gauche, Horus se tient debout devant Osiris qui trône sous un dais. Au-dessus et derrière lui, on a copié des extraits du chapitre 173 du *Livre des morts*[260]. À droite, le roi est représenté en train de faire un encensement devant une table d'offrandes garnie[261]. Ces deux représentations rappellent celles des manuscrits du Nouvel Empire.

Dans le papyrus Greenfield, la première version du chapitre 141/142 est illustrée par les représentations des vaches accompagnées de leur taureau et des quatre gouvernails. On voit ensuite deux lions adossés, avec un soleil sortant entre deux collines, Isis et Nephthys en adoration autour d'une momie, un faucon survolant une momie couchée sur un lit[262]. La seconde copie n'est pas illustrée[263]. Il en va de même dans les manuscrits de *Nu*[264] et de

255 R. Lepsius, *Das Todtenbuch*, pl. LVIII. A. Gasse, *Le Livre des morts de Pacherientaihet*, p. 244. Fl. Albert, *Le Livre des Morts d'Aset-Ouret*, p. 88, 102, n. b.

256 T. G. Allen, *The Egyptian Book of the Dead Documents*, pl. XXXIX (P. Ryerson (CIX, 10)). I. Munro, *Der Totenbuch-Papyrus des Hor*, pl. 18, pl. photo 17. Fl. Albert, *Le Livre des Morts d'Aset-Ouret*, p. 89.

257 H. Milde, *Vignettes*, p. 156.

258 É. Naville, *PSBA* 24 (1902), pl. XLIII ; *Das ägyptische Todtenbuch* I, pl. CLIII (Ba).

259 É. Naville, *PSBA* 24 (1902), pl. XLIV ; *Das ägyptische Todtenbuch* I, pl. CLIII (Ld).

260 M. A. Murray, *The Osireion*, pl. VIII.

261 M. A. Murray, *The Osireion*, pl. X.

262 E. A. W. Budge, *The Greenfield Papyrus*, pl. XL, XLI et XLII.

263 E. A. W. Budge, *The Greenfield Papyrus*, pl. CXIII.

264 G. Lapp, *The Papyrus of Nu*, pl. 43.

Gatseshen[265], et dans le papyrus Vatican MGE 48832[266]. À la suite des chapitres 141 et 142 du *Livre des morts* du papyrus de *Iahtesnakht*, on a représenté en grande taille le défunt debout, les mains levées, en position d'adoration[267]. Vêtu d'un pagne long agrémenté d'une bretelle, il est tourné vers la droite et fait ainsi face à la litanie. Cette représentation du défunt renvoie peut-être déjà au registre inférieur de la vignette des manuscrits plus tardifs.

Dans les versions récentes, l'illustration[268] est divisée en cinq registres. Dans le papyrus Ryerson, on voit une femme debout, un faucon sur pavois dans une barque, un homme debout dans une barque accompagné de deux disques, un symbole  et deux faucons sur pavois dans une barque, et enfin un homme debout, les mains levées devant lui[269]. La vignette est identique dans le papyrus Turin 1791, à l'exception du fait que l'homme dans la barque ne lève qu'un bras[270]. L'apparition de deux disques pourrait constituer une représentation de la lune et du soleil dans la barque, ainsi que peut être imagée la néoménie[271]. Cette illustration de la course commune des deux luminaires appuierait l'hypothèse de l'association d'un hymne solaire (chapitre 15B du *Livre des morts*) avec une litanie destinée à être lue à la néoménie (chapitre 141 du *Livre des morts*) pour former la composition reproduite par le papyrus Princeton Pharaonic Roll 10.

Cette partie du papyrus Princeton Pharaonic Roll 10 est originale, mais elle se rattache cependant à deux traditions établies depuis le Nouvel Empire : les *Litanies au soleil* et le chapitre 141 du *Livre des morts* qui est associé, dans certains cas au moins, à la néoménie. À la symbiose d'Osiris et de Rê exprimée par les premières s'adjoint une composition qui met l'accent sur des déplacements aboutissant aux portes de la *Douat*.

265 R. Lucarelli, *Gatseshen*, pl. XL.
266 A. Gasse, *Le Livre des morts de Pacherientaihet*, pl. XXIV.
267 U. Verhoeven, *Iahtesnacht* I, p. 63, III, pl. 23.
268 Elle est considérée comme le chapitre 143 du *Livre des morts*. P. Barguet, *Le Livre des morts*, p. 189. T. G. Allen, *The Book of the Dead*, p. 117, n. 236.
269 Th. G. Allen, *The Book of the Dead Documents*, pl. XL.
270 R. Lepsius, *Das Todtenbuch*, pl. LIX.
271 Voir *supra* § 9.1.6.

9.2.5 Tableau comparatif

	Sources [272] Entités	Bo	N	T	O	Ga	Gr	Ba	P	I	V	R	T	H
1	Osiris qui préside aux Occidentaux[273] (maître d'Abydos)[274]	1	1		1	40,7	A5 B12	1.1		67, 15	87a, 1	10	1	390a
2	Rê-Horakhty	2	2			40, 8	A6 B13	[1.2]		67, 16a	87a, 2	11		
	Horakhty				2								2	391a
3	Noun[275]	3	3		3	40, 9	B14	[1.3]		67, 17a				392a
	Noun, père des dieux						A7				87a, 3	11	3	
4	Maât	4	4			40, 9	B16	[1.4]		67, 18a	87a, 4			393a
	Maât, fille de Rê				4		A8					11	4	
5	Barque (*wiꜣ*) de Rê[276]	5	5		5	40, 9	A9 B17	[1.5]		67, 19a	87a, 4	12	5	394a
6	**Atoum**	**6**	**6**	**37a**	**6**	**40, 10**	**B18**		**16, 13**	**67, 20a**				
	Khépri						B19							
	Atoum-Khépri						A10	1.6		67, 20a	87a, 5	12	6	
7	Grande ennéade	7	7	36a	7	40, 10	A11 B20	1.7	[… ?]	67, 16b	87a, 6	12	7	
8	Petite ennéade	8	8	35a	8	40, 10	A11 B21	1.8	[… ?]	67, 17b	87a, 7	12	8	
9	Horus, maître de la couronne-*oureret*	9	9	34a	9	40, 11	A12 B22	1.9	[… ?]	67, 18b	87a, 8	13	9	
10	**Chou**	**10**	**10**	**33a**	**10**	**40, 11**	**A13 B23**	**1.10**	**16, 15**	**67, 19b**	**87a, 9**	**13**	**10**	
11	**Tefnout**	**11**	**11**	**32a**	**11**	**40, 11**	**A13 B24**	**1.10**	**16, 16**	**67, 19b**	**87a, 9**	**13**	**10**	
12	**Geb**	**12**	**12**	**31a**	**12**	**40, 12**	**A14 B25**	**1.11**	**17, 1**	**67, 20b**	**87a, 10**	**13**	**11**	
13	**Nout**[277]		**13**		**13**	**40, 12**	**A14 B26**	**1.11**	**17, 2**	**67, 20b**	**87a, 10**	**13**	**11**	
14	Osiris					40, 12	A15 B27	1.12		67, 16c	87a, 11	13	12	
15	**Isis**	**13**	**14**	**30a**	**14**	**40, 12**	**A15 B28**	**1.12**	**17, 5**	**67, 16c**	**87a, 11**	**14**	**12**	
16	**Nephthys**	**14**	**15**		**15**		**B 29**	**1.13**	**17, 5**	**67, 16c**	**87a, 11**	**14**	**12**	
17	**Horus *Iounmoutef***								**17, 6**					
18	Vache céleste	15	16	29a	16	40, 13	A16 B30	1.14		67, 17c	87a, 12	14	13	395a
19	Vache céleste	16	17	28a	17	40, 14	A17 B31	1.15		67, 18c	87a, 13	14	14	396a
20	Vache céleste	17	18	27a	18	40, 15	A18 B32	1.16		67, 19c	87a, 14	15	15	397a
21	Vache céleste	18	19	26a	19	40, 16	A19 B33	1.17		67, 20c	87a, 15	15	16	398a

272 Les sources sont abrégées de la manière suivante : Bo = Boulaq 21 ; N = Papyrus de *Nu* ; C = Chapelles de Toutankhamon ; O = Osireion ; Ga = Papyrus *Gatseshen* ; Gr = P. Greenfield ; Ba = *Basa* ; P = Princeton ; I = *Iahtesnacht* ; V = Vatican ; R = Ryerson ; T = Turin ; H = Hor.

273 N : « Osiris qui préside aux Occidentaux » ne figure pas dans la liste elle-même mais dans le sous-titre du chapitre.

274 Ga et Gr : Ces versions ajoutent encore *ntr ꜥꜣ* « dieu grand ». I : « Osiris qui préside à l'Occident, seigneur d'Abydos » apparaît dans le sous-titre du chapitre et non dans la liste de divinités. I, R et H : Ajout de *sp 4* « quatre fois ».

275 Gr : Cette version ajoute *Nnw.t* (15).

276 V : Cette mention est intégrée, avec la précédente, dans une même phrase : *mꜣꜥ.t sꜣ.t Rꜥ m ḥꜣ.t wiꜣ n Rꜥ* « Maât, fille de Rê, dans la barque de Rê » (87a, 4).

277 Bo : Trois des variantes (*Ab*, *Pq* et *Ta*) insèrent le nom de Nout entre ceux de Geb et Isis (É. NAVILLE, *Das ägyptische Todtenbuch* II, p. 364).

	Sources [272] Entités	Bo	N	T	O	Ga	Gr	Ba	P	I	V	R	T	H
22	Vache céleste	19	20	25a	20	40, 17	A20 B34	1.18		67, 16d	87a, 16	16	17	399a
22	Vache céleste	20	21	24a	21	40, 18	A21 B35	1.19		67, 17d	87a, 17	16	18	400a
24	Vache céleste	21	22	23a	22	40, 19	A22 B36	[2.1]		67, 18d	87a, 18	17	19	401a
25	Taureau	22	23	22a	23	40, 20	A23 B37	[2.2]		67, 19d	87a, 19	17	20	402a
26	Gouvernail	23	24	21a	24	40, 21	A24 B38	[2.3]		67, 20d	87a, 20	18	21 22	390b
27	Gouvernail	24	25	20a	25	40, 22	A25 B39	[2.4]		68a, 1	87a, 21	19	23 24	391b
28	Gouvernail	25	26	19a	26	40, 23	A26 B40	2.5		68a, 2	87a, 22	20	25 26	392b
29	Gouvernail	26	27	18a	27	40, 24	A27 B41	2.6		68a, 3	87a, 23	21	27 28	393b
30	**Amset**	**27**	**28**	**17a**	**28**	**40, 25**	**A28 B42**	**2.7**	**17, 7**	**68a, 4**	**87b, 1**	**22**	**29**	**394b**
31	**Hapy** [278]	**27**	**29**	**15a**	**29**	**40, 25**	**A28 B43**	**2.7**	**17, 8**	**68a, 4**	**87b, 1**	**22**	**29**	**395b**
32	**Douamoutef**	**27**	**30**	**16a**	**30**	**40, 26**	**A29 B44**	**2.8**	**17, 9**	**68a, 4**	**87b, 2**	**22**	**29**	**396b**
33	**Qebehsenouf**	**27**	**31**	**14a**	**31**	**40, 26**	**A29 B45**	**2.8**	**17, 10**	**68a, 4**	**87b, 2**	**22**	**29**	**397b**
34	**Reliquaire du Sud**	**28**	**32**	**13a**	**32**	**40, 27**	**A30 B46**	**2.9**	**17, 11**	**68a, 5**	**87b, 3**	**23**	**30**	**398b**
35	**Reliquaire du Nord**	**28**	**33**	**12a**	**33**	**40, 27**	**A31 B47**	**2.9**	**17, 12**	**68a, 5**	**87b, 4**	**23**	**31**	**399b**
36	**Barque de la nuit (*mskt.t*)**	***29***	**34**	**11a**	**34**	**40, 28**	**A32 B48**	**2.10**	**17, 13**	**68a, 6**	**87b, 5**	**23**	**32**	**400b**
37	**Barque du jour (*mꜥnḏ.t*)**	***29***	**35**	**10a**	**35**	**40, 28**	**A33 B49**	**2.11**	**17, 13**	**68a, 6**	**87b, 5**	**23**	**32**	**401b**
38	Nephthys	30		9a			B50							
	Isis et Nephthys					**40, 29**	**A34**		**17, 14**					
	Hathor							2.12		68a, 7	87b, 6	24	33	402b
39	**Thot** [279]	**30**	**36**	**8a**	**36**	**40, 29**	**A35 B51**	**2.13**	**[... ?]**					
	Trois formes de Thot [280]									68a, 7-9	87b, 7-9	24 25	34 35 36	390c - 392c
40	**Dieux méridionaux**	**31**	**37**	**7a**	**37**	**40, 30**	**A36 B52**	**2.14**	**18, 1**	**68a, 10**	**87b, 10**	**25**	**37**	**393c**
41	**Dieux septentrionaux**	**31**	**38**	**6a**	**38**	**40, 31**	**A37 B53**	**2.15**	**18, 2**	**68a, 10**	**87b, 11**	**25**	**37**	**394c**
42	**Dieux occidentaux**	**32**	**39**	**5a**	**39**	**40, 32**	**A38 B54**	**[2.16]**	**18, 3**	**68a, 11**	**87b, 12**	**25**	**38**	**395c**
43	**Dieux orientaux**	**32**	**40**	**4a**	**40**	**40, 33**	**A39 B55**	**[2.17]**	**18, 4**	**68a, 11**	**87b, 13**	**26**	**38**	**396c**
44	Dieux agenouillés	33	41	3a	41	40, 34	A40 B56	[2.18]		68a, 12	87b, 14	26	39	397c
45	Dieux de l'offrande [281]	34	42	2a	42	40, 35	A41 B57	[2.19]		68a, 13	87b, 15	26		398c
46	*Per-our*	35	43	37b	43	40, 36	A42 B58	[3.1]						
	Dieux du *Per-our*								**18, 5**	**68a, 14**	**87b, 16**	**27**	**40**	**399c**

278 T : Hapy et Douamoutef sont intervertis.

279 Gr : Cette version ajoute *Mꜣꜥ.t*. P : Seul le nom Maât est encore lisible, mais l'emploi d'un suffixe masculin laisse penser qu'il était peut-être question aussi d'un dieu qui pourrait être Thot.

280 Thot apparaît avec les épithètes *kꜣ Mꜣꜥ.t* « Taureau de Maât », *wḏꜥ md.w n psḏ.t* « Celui qui juge pour l'Ennéade » et *šsm nṯr.w* « Celui qui conduit les dieux ».

281 Ce groupe (*nṯr.w ḥtpty.w*) est mentionné dans un manuel religieux (J. OSING, *Hieratische Papyri aus Tebtunis* I, p. 287, n. a).

	Sources [272] Entités	Bo	N	T	O	Ga	Gr	Ba	P	I	V	R	T	H
47	***Per-neser***	**35**	**44**	**36b**	**44**	**40, 37**	**A43 B59**	**[3.2]**	**18, 5**					
	Dieux du *Per-neser*									68a, 14	87b, 17	27	40	400c
48	**Dieux des buttes**	**36**	**45**	**35b**		**40, 38**	**A44 B60**	**[3.3]**	**18, 6**	**68a, 15**	**87b, 18**	**27**	**41**	**401c**
49	**Dieux horizontains**	**36**	**46**	**34b**			**A45 B61**	**[3.4]**	**18, 7**	**68a, 16**	**87b, 19**	**28**	**41**	**402c**
50	Dieux ruraux[282]	37	47	33b		40, 39	A45 B62	[3.5]		68a, 17	87b, 20	28	42	
51	**Horus**								**18, 8**					
52	Dieux des maisons[283]	38	48			40, 40	A46							
	Dieux des cavernes			**32b**				**[3.6]**	**18, 9**	**68a, 17**	**87b, 21**		**42**	**390d**
53	Dieux intronisés[284]	39	49			40, 41	A47 B63	3.7		68a, 18	87b, 22			
	Dieux mineurs											29	43	391d
54	**Chemins méridionaux**[285]	**…**	**50**		**45**	**40, 42**	**A48 B64**	**3.8**	**18, 10**	**68a, 19**	**87c, 1**	**29**	**43**	**392d**
55	**Chemins septentrionaux**[286]	**40**	**51**		**46**	**40, 43**	**A49 B65**	**3.9**	**18, 11**	**68a, 19**	**87c, 1**	**29**	**43**	**393d**
56	**Chemins occidentaux**[287]	**41**	**54**		**47**	**40, 44**	**A50 B66**	**3.10**	**18, 12**	**68a, 20**	**87c, 2**	**29**	**44**	**394d**
57	**Chemins orientaux**[288]	**41**	**53**		**48**	**40, 45**	**A51 B67**	**3.11**	**18, 13**	**68a, 20**	**87c, 2**	**30**	**44**	**395d**
58	**Portes de la *Douat***	**42**	**54**	**31b**	**49**	**40, 46**	**A52 B68**	**3.12**	**19, 1**					
	Celui qui régit les portes de la *Douat*									68a, 21	87c, 3	30	45	396d
59	**Les gardiens de porte de la *Douat***								**19, 4**	**68a, 22**	**87c, 4**	**30 31**	**46**	**397d**
60	**Les portails de la *Douat***	**43**	**55**	**30b**		**40, 47**	**A53 B69**	**3.13**	**19, 3**	**68a, 23**	**87c, 5**	**31**	**46**	**398d**
61	**Les vantaux secrets**[289]	**45**	**56**	**29b**	**50**	**40, 48**	**A54**	**3.14**	**19, 2**					
	Les vantaux secrets de la *Douat*									68a, 24	87c, 6	31 32	49	399d
62	**Les portails secrets**	**46**	**57**	**28b**				**3.15**	**19, 3**					
	Les portails secrets de la *Douat*									68a, 25	87c, 7		47	400d
63	Les gardiens de porte des portes mystérieuses de la *Douat*			27b	51		A55 B70	3.16		68a, 26	87c, 9			
	Les gardiens de porte des portes de la *Douat*	47	58			40, 49					87c, 8	32	48	401d

282 R : Cette version ajoute un autre groupe divin avant cette mention.

283 Bo : Une variante (*Ld*) donne « les dieux des cavernes » (É. NAVILLE, *Das ägyptische Todtenbuch*, p. 366).

284 Ce groupe est mentionné dans un manuel religieux (J. OSING, *Hieratische Papyri aus Tebtunis* I, p. 288).

285 Bo : Cette entrée, qui apparaît dans les variantes (*Ab*, *Pf*, *Ld*, *Pq*, *Ta*), manque dans le P. Boulaq 21 (É. NAVILLE, *Das ägyptische Todtenbuch*, p. 366).

286 Bo : Le mot *wꜣ.t* « chemin » est au singulier, mais les variantes donnent plus volontiers le pluriel (É. NAVILLE, *Das ägyptische Todtenbuch*, p. 366).

287 Bo : Le mot *wꜣ.t* est omis. N : L'est figure avant l'ouest dans cette version.

288 Bo : Le mot *wꜣ.t* est omis. P : En lacune.

289 Bo : Une case a été laissée vide (44).

	Sources[272] Entités	**Bo**	**N**	**T**	**O**	**Ga**	**Gr**	**Ba**	**P**	**I**	**V**	**R**	**T**	**H**
64	Les secrets de visage, Ceux qui gardent les chemins	48	59	26b		40, 50	A56 B71	3.17		68b, 1	87c, 10	32 33	50	402d
65	Les gardiens, ceux qui poussent des cris[290]	49	60	25b		40, 51	A57 B72	3.18		68b, 2	87c, 11	33	51	403
66	Les gardiens des buttes, ceux qui montrent un beau visage										87c, 12		52	
	Les gardiens du désert, ceux qui montrent un beau visage[291]	50	61	24b		40, 52	A58 B73	3.19		68b, 3	87c, 13	34		403
67	Variante : placer la flamme sur le brasier[292]									68b, 3	87c, 14	34		403
68	Les Brûlants qui placent la flamme sur le brasier	51	62-3	23b - 22b		40, 53	A59-60/ B74	[4.1-2]		68b, 4	87c, 15	35	53	403
	(Celui) qui brûle tes ennemis dans le brasier de Sekhmet								**19, 5**					
69	Ouvreurs (des vantaux)[293]	52	64	21b		40, 55	B75	4, 2		68b, 5	87c, 16	35	54	403
	Ceux qui existent								**19, 6**					
70	Ceux qui éteignent la flamme à l'ouest[294]	52	65	21b		40, 55	B75	[4.3]						
	Ceux qui éteignent le feu									68b, 6	87c, 17	35 36	54	403
71	La flamme de l'Occident...[295]									68b, 7-8	87c, 18-19	36 37	55 56 57 58	404

Tableau 25 : Comparaison diachronique de quelques versions du chapitre 141 du Livre des morts

290 I : Cette version présente une variante.
291 Bo : Une variante (*Ta*) donne *spꜣ.wt* « nomes » (É. NAVILLE, *Das ägyptische Todtenbuch*, p. 366).
292 V et R : L'indication *ky ḏd* manque.
293 Ga et I : Au singulier.
294 Ga : Cette leçon présente une variante : « L'ouvreur qui éteint le feu auprès de la Flamme de l'Occident ».
295 T : Les deux dernières cases (59-60) sont occupées par le nom et la filiation du propriétaire du manuscrit.

10. Litanie

C'est la mise en forme du texte, organisé en lignes autonomes, et la répétition de l'anaphore *ṯs ṯw* « lève-toi » qui définissent l'unité de cette longue litanie qu'aucun titre n'introduit. Elle compte quarante et une lignes, réparties sur quatre pages (x+19, 7 – x+22, 1). À trois reprises, une phrase se poursuit sur plus d'une ligne[1]. On comptabilise donc un total de trente-huit vers. Cette litanie se divise formellement en deux parties : les vingt premiers vers débutent en effet par *ṯs ṯw* « lève-toi » uniquement (x+19, 7 – x+20, 11), tandis que les dix-huit suivants commencent par *ṯs ṯw Wsỉr* « lève-toi Osiris » (x+20, 12 – x+22, 1).

Qu'elles soient isolées ou réunies en séries plus longues, des phrases construites sur l'anaphore *ṯs ṯw* « lève-toi » sont connues dès les *Textes des pyramides*. Parmi d'autres, on retrouve l'appel *ṯs ṯw Wsỉr* « lève-toi Osiris » dans le chapitre 155 du *Livre des morts*, intitulé « formule du pilier-*djed* en or »[2]. L'important corpus des *Glorifications* fournit de nombreuses attestations de formules de ce type et évoque régulièrement le redressement, qui marquait l'éveil d'Osiris ou du défunt[3]. Ces exemples ne fournissent cependant pas de parallèle direct à la litanie du papyrus Princeton Pharaonic Roll 10.

Ce type de structure évoque immanquablement le chapitre 168^{Pleyte} du *Livre des morts*[4], connu par trois manuscrits hiératiques : le papyrus Leyde T 31[5] et le papyrus Paris Louvre N. 3248[6], auxquels s'est ajouté le papyrus Caire JdE 97.249/3[7], qui livre par ailleurs une copie du *Livre de la néoménie* (§ 6.2). La provenance de ces manuscrits est thébaine[8]. Parmi les « chapitres » de la collection formée par Willem Pleyte, on distingue les chapitres supplémentaires 162-165 et 166-167 qui font leur apparition à la Troisième Période

---

1 Il s'agit des lignes x+20, 12-13, x+20, 15-16 et x+21, 2-3. Dans les deux premiers cas, c'est certainement dû à la présence de la filiation du bénéficiaire.

2 P. Barguet, *Le Livre des morts*, p. 224. B. Backes *et al.*, *Bibliographie*, p. 213. St. Quirke, *Going out in Daylight*, p. 385.

3 J. Assmann, *JEA* 65 (1979), p. 58-59, n. c). J. Assmann, M. Bommas, A. Kucharek, *Totenliturgien* 1, p. 73-75 ; *Totenliturgien* 3, p. 109-110. Sur l'Osiris redressé et ses statuettes de bronze, voir P. P. Koemoth, *in* : *Ritual and Sacrifice*, p. 157-174. On mentionnera par ailleurs un papyrus démotique d'époque romaine provenant du Fayoum (G. Widmer, *Leben im Fajum*, p. 172 ; pour d'avantage de détails, on consultera sa thèse de doctorat soutenue à Genève en 2002 : G. Widmer, *Résurrection d'Osiris – Naissance d'Horus*).

4 W. Pleyte, *Chapitres supplémentaires*, p. 98-128, pl. 138-154. P. Barguet, *Le Livre des morts*, p. 246-249. Th. G. Allen, *The Book of the Dead*, p. 218-220. St. Quirke, *Going out in Daylight*, p. 537-540.

5 C. Leemans, *Description*, p. 250. W. Pleyte, *Chapitres supplémentaires*, p. 98-128, pl. 138-154. Th. G. Allen, *The Book of Dead*, p. 245. J. Yoyotte, *RdÉ* 29 (1977), p. 200, n. 34. M. Bellion, *Catalogue*, p. 180. M. Coenen, *OMRO* 79 (1999), p. 74-75. M. Coenen, A. Kucharek, *GöttMisz* 193 (2003), p. 45.

6 Th. Devéria, *Catalogue*, p. 107-109 (III, 77). G. Maspero, *Mémoire*, p. 58-73. W. Pleyte, *Chapitres supplémentaires*, p. 98-128, pl. 138-154. M. Bellion, *Catalogue*, p. 213-214.

7 D. Bidoli, *MDAIK* 26 (1970), p. 4-7. M. Bellion, *Catalogue*, p. 154 (P. Gourna). G. Burkard, *Die Papyrusfunde*, p. 25-30, pl. 20-21 ; *Spätzeitliche Osiris-Liturgien*, p. 23-46.

8 C'est assurément le cas du papyrus Caire JdE 97.249/3 découvert dans l'Assassif (D. Bidoli, *MDAIK* 26 (1970), p. 4-7) et du papyrus Leyde T31 (C. Leemans, *Description*, p. 250). L'agencement du papyrus Paris Louvre N. 3248 relève également d'une tradition thébaine (M. Mosher, *JARCE* 29 (1992), p. 159, fig. 7).

intermédiaire[9] des chapitres 168-174 qui n'appartiennent pas directement à la tradition du *Livre des morts* mais plutôt à celle des liturgies osiriennes attestées à Thèbes entre le IVe et le IIe siècle av. J.-C.[10]. Les trois versions de cette formule diffèrent néanmoins du contenu du papyrus Princeton Pharaonic Roll 10 avec lequel elles ne présentent que quelques rares similitudes qui seront relevées dans le commentaire.

Quatorze petits hymnes, composés chacun de six vers débutant par *ṯs ṯw* « lève-toi », occupent les côtés est et ouest du quatrième registre de la chapelle osirienne est n° 3 du temple de Dendara[11]. Ils sont associés à autant de reliquaires sacrés, disposés pour certains dans une barque fériale, qui prenaient peut-être part à la procession du 22 Khoiak[12]. On sait par ailleurs que celle-ci voyait naviguer trente-quatre embarcations divines, accompagnées de trois cent soixante-cinq lampes, sur le lac sacré[13]. Ces quatorze hymnes étaient vraisemblablement récités durant la première phase du cycle lunaire[14] qui constitue un thème récurrent de la décoration de la chapelle. Les quatorze premiers jours du mois sont d'ailleurs figurés en présence de la pleine lune sur la frise de la chapelle[15]. Bien que ces deux aspects – navigation et contexte lunaire – soient bien représentés au sein du papyrus Princeton Pharaonic Roll 10, ces petits hymnes ne constituent pas un parallèle à la composition de ce manuscrit, pas plus que la litanie de l'embrasure de la chapelle osirienne ouest n° 3, formée de quarante-deux vers[16]. Ils offrent néanmoins ponctuellement des éléments communs avec le manuscrit américain.

Les veillées horaires d'Osiris, connues notamment par les versions des temples d'Edfou, de Dendara et de Philae, comptent quelques phrases reprenant la même anaphore[17], parmi lesquelles aucune correspondance avec la litanie du papyrus Princeton Pharaonic Roll 10 n'a été décelée, pas plus qu'avec les versions préservées par le sarcophage d'*Ankhnesneferibrê*[18], un sarcophage d'époque saïte conservé à Milan[19] ou les sarcophages des rois napatéens Anlamani (623-593 av. J.-C.) et Aspelta (593-568 av. J.-C.)[20].

---

9 A. WÜTHRICH, *in* : *Totenbuch-Forschungen*, p. 365-370. A. WÜTHRICH, *in* : *Ausgestattet mit den Schriften des Thot*, p. 267-282. A. WÜTHRICH, *Éléments de théologie thébaine.*

10 St. QUIRKE, *Going out in Daylight*, p. 534.

11 *Dendara* X, 238, 5-241, 11 ; 243, 9-246, 15. S. CAUVILLE, *Les chapelles osiriennes* I, p. 125-127, 129-131 ; II, p. 122-126.

12 S. CAUVILLE, *Les chapelles osiriennes* II, p. 122, 224.

13 Voir § 7.7, n. 217.

14 S. CAUVILLE, *Les chapelles osiriennes* II, p. 126. La néoménie y est évoquée dans le quatrième tableau de la paroi relatif à la barque coptite (S. CAUVILLE, *Les chapelles osiriennes* I, p. 126 ; II, p. 124).

15 S. CAUVILLE, *Les chapelles osiriennes* II, p. 127.

16 *Dendara* X, 395, 10-398, 13. S. CAUVILLE, *Les chapelles osiriennes* I, p. 213-215 ; II, p. 182-186.

17 H. JUNKER, *Die Stundenwachen*, p. 37, 39-40, 42, 44-45, 48-49, 51-52, 54, 57-58, 60, 65, 76, 121. A. H. PRIES, *Die Stundenwachen*, p. 271, 319-320, 351, 363, 375-376, 378-379, 387-388, 392, 397-399, 402-403, 412-413, 417, 426, 440.

18 C. E. SANDER-HANSEN, *Anchnesneferibre*, p. 66-84.

19 G. SOUKIASSIAN, *BIFAO* 82 (1982), p. 333-348.

20 D. DUNHAM, *Nuri*, p. 87, pl. 76 et 78B. S. K. DOLL, *in* : *Studies Dunham*, p. 43-54. G. SOUKIASSIAN, *BIFAO* 82 (1982), p. 333-348. S. K. DOLL, *in* : *Meroitic Studies*, p. 275-281.

10.1 La première partie de la litanie (x+19, 7 – x+20, 11)

La première partie de la litanie s'étend donc sur vingt lignes qui débutent toutes par l'anaphore *ṯs ṯw* « Lève-toi » (x+19, 7 – x+20, 11).

Parallèles

La liste d'Osiris du papyrus Vienne KM ÄS 3871[21], introduite par *ky r(ꜣ) rs=k m ḥtp* « Autre formule. Éveille-toi en paix ! »[22], présente des similitudes avec cette partie de la litanie du papyrus Princeton Pharaonic Roll 10. On rappellera que ce manuscrit a déjà fourni des parallèles à la *Formule pour voguer dans la barque* (§ 7.7) et à certains passages du rituel d'offrandes (§ 8.1, § 8.2, § 8.7).

10.1.1 Traduction et commentaire (x+19, 7 – x+20, 11)

19,7 *ṯs ṯw Skr Wsỉr nb ꜥnḫ.w*	**19,7** Lève-toi, Sokar-Osiris, maître des vivants[a)] !
19,8 *ṯs ṯw ỉty nsw nṯr.w*	**19,8** Lève-toi, prince[b)], roi des dieux[c)] !
19,9 *ṯs ṯw wr šfy.t=k*	**19,9** Lève-toi, grand est ton prestige
r ḫfty.w=k	contre tes ennemis[d)].
19,10 *ṯs ṯw ḫꜥ m ḥḏ.t*	**19,10** Lève-toi, celui qui apparaît avec la couronne
nb wrr.t	blanche, maître de la couronne-*oureret*[e)] !
19,11 *ṯs ṯw nsw nṯr.w nb (n)ḥḥ*	**19,11** Lève-toi, roi des dieux, maître du temps,
ḥkꜣ ḏ.t	souverain de l'éternité[f)] !
19,12 *ṯs ṯw ḫnty Ḥwt-nn-nsw*	**19,12** Lève-toi, celui qui préside à Héracléopolis[g)],
nb ꞽInb-ḥḏ	maître de Memphis[h)] !
19,13 *ṯs ṯw sꜥḥ šps smsw m tꜣ*	**19,13** Lève-toi, momie vénérable[i)], aîné sur terre[j)] !
19,14 [*ṯs*] *ṯw Ptḥ ḏd* [*šps*]	**19,14** [Lève]-toi, Ptah, pilier-*djed* [vénérable][k)] !
19,15 [*ṯs*] *ṯw Ptḥ ẖry* [*bꜣḳ*]*=f*	**19,15** [Lève]-toi, Ptah qui est sous son [moringa][l)] !
20,1 *ṯs ṯw ḥry-ib ꞽIp.t-s.wt*	**20,1** Lève-toi, celui qui réside à Karnak[m)] !
20,2 *ṯs ṯw sms(w) sꜣ Rꜥ*	**20,2** Lève-toi, aîné[n)], fils de Rê !
20,3 *ṯs ṯw ỉry ꜥnḫ nṯr.w*	**20,3** Lève-toi, celui qui crée la vie des dieux
rmṯ.t	et des humains[o)] !
20,4 *ṯs ṯw rdỉ.t(w) n=f*	**20,4** Lève-toi, celui à qui est accordé
mꜣꜥ-ḫrw m-bꜣḥ psḏ.t ꜥꜣ.t	le triomphe en présence de la grande Ennéade[p)] !
20,5 *ṯs ṯw nb (n)ḥḥ*	**20,5** Lève-toi, maître du temps
ḥry-ib ꞽInb-ḥḏ	qui réside à Memphis[q)] !
20,6 *ṯs ṯw Ḥp ḫnty ỉmn.t*	**20,6** Lève-toi, Apis[r)] qui préside à l'Occident[s)] !
20,7 *ṯs ṯw Kꜣ km*	**20,7** Lève-toi, Taureau noir[t)]
ḥry-ib Km-wr	qui réside à Athribis[u)] !
20,8 *ṯs ṯw Mr-wr kꜣ m ꞽIwnw*	**20,8** Lève-toi, Mnévis[v)], taureau dans Héliopolis[w)] !
20,9 *ṯs ṯw Nꜣrf m Ḥw.t-nn-nsw*	**20,9** Lève-toi, *Naref*[x)] dans Héracléopolis !

---

21 E. von Bergmann, *Texte der Sammlung*, p. XVI, pl. IX (P. Vienne KM ÄS 3871 (x+5, 26–x+6, 16)). Certaines lectures douteuses doivent être corrigées. Étant donné que Jacco Dieleman prépare une nouvelle édition de ce document, je me suis contentée de proposer quelques lectures sans m'étendre sur le commentaire de cette version.

22 E. von Bergmann, *Texte der Sammlung*, pl. IX (P. Vienne KM ÄS 3871 (x+5, b)). W. Spiegelberg, *ZÄS* 54 (1918), p. 89 (D).

20, 10 *ṯs ṯw ḥry-ib Ḏdw*	**20, 10** Lève-toi, celui qui réside à Bousiris[y] !
20, 11 *ṯs ṯw bꜣ šps*	**20, 11** Lève-toi, *ba* auguste
ḥry-ib Ḥꜣ.t-mḥy.t	qui réside dans le nome mendésien[z] !

Commentaire

a) Sokar-Osiris est aussi mentionné dans le papyrus Vienne KM ÄS 3871 mais avec des épithètes différentes : *Skr Wsir nṯr ꜥꜣ nb štꜣ* « Sokar-Osiris, dieu grand, maître de la *Chetyt*[23] » (x+5, 26). Moins répandue que *nb ꜥnḫ* « maître de vie », l'épithète *nb ꜥnḫ.w* « maître des vivants » est attestée dès le Nouvel Empire et s'applique notamment à Osiris et à Ounnefer[24]. Des graphies telles que  pourraient indiquer qu'il s'agissait d'un euphémisme pour désigner les défunts plutôt que d'une référence directe aux êtres vivants.

b) C'est par la désignation *ity* « prince » (x+2, 7) que débute le chant final du *Cérémonial pour faire sortir Sokar* (§ 5.5.1). On la retrouve dans le papyrus Vienne KM ÄS 3871 (x+5, 28) : *Wsir ity* « Osiris, le prince ».

c) L'épithète *nsw nṯr.w* « roi des dieux », bien connue pour le dieu Amon, désigne aussi d'autres divinités, comme par exemple Osiris et Sokar-Osiris, en mettant l'accent sur leur caractère universel[25]. Ici, elle complète le sens de la précédente en insistant sur la fonction royale d'Osiris. Elle est répétée plus loin (x+19, 11). On retrouve également cette appellation dans le papyrus Vienne KM ÄS 3871 (x+5, 30) : *Wsir nsw nṯr.w* « Osiris, roi des dieux ».

d) Le papyrus Vienne KM ÄS 3871 présente une variante pour ce passage : *Wsir nb šf(y) r ḫfty.w=f* « Osiris, maître du prestige contre ses ennemis »[26] (x+5, 31). Dans le manuscrit américain, le choix des pronoms montre qu'il ne s'agit pas d'une épithète divine. Cette phrase n'est pas sans rappeler pourtant l'épithète *wr šfy.t* « grand de prestige » qui peut être attribuée notamment à Osiris[27]. La notion de prestige intervient dans le récit du chapitre 175 du *Livre des morts* qui traite de la royauté d'Osiris et de la couronne-*atef* à Héracléopolis[28].

e) Les épithètes *ḫꜥ m ḥḏ.t* « (celui) qui apparaît avec la couronne blanche »[29] et *nb wrr.t* « maître de la couronne-*oureret* »[30] sont régulièrement attribuées à Osiris ou Sokar-Osiris, dont elles évoquent le pouvoir sur la Haute Égypte. Le terme *wrr.t* est courant pour désigner la couronne de Haute Égypte et rappelle le triomphe du roi sur ses ennemis[31].

23 *LGG* III, p. 755-756.
24 *LGG* III, p. 602.
25 *LGG* IV, p. 333-336.
26 *LGG* III, p. 751, qui ne relève pas d'autres attestations de cette épithète.
27 *LGG* II, p. 462-464.
28 Sur ce chapitre, voir H. Kees, *ZÄS* 65 (1930), p. 65-83 ; E. Otto, *ChronÉg* 37 (1962), p. 249-256 ; B. Backes *et al.*, *Bibliographie*, p. 225-227 ; A. Wüthrich, *in* : *Herausgehen am Tage*, p. 153-228. Chr. Leitz, *Geographisch-osirianische Prozessionen*, p. 237-238, 241-243.
29 *LGG* V, p. 648.
30 *LGG* III, p. 613-614.
31 J. Assmann, M. Bommas, A. Kucharek, *Totenliturgien* 3, p. 310.

f) Le terme *nḥḥ* renvoie à une forme de temporalité et se distingue du mot *ḏ.t* qui recouvre la notion d'éternité[32]. Le premier est cyclique et se rapporte au monde des vivants tandis que le second s'applique à l'espace des dieux et des défunts, mais également aux lieux saints terrestres et à la figure royale.

g) L'épithète *ḫnty Nn-nsw* « (celui) qui préside à Héracléopolis », attribuée au dieu Hérichef, peut également désigner Osiris[33]. Elle est aussi associée à Osiris-*Naref*[34] ou à *Naref*[35], le site de *Naref* étant connu comme la nécropole d'Héracléopolis et le lieu de la victoire d'Osiris sur son ennemi Seth[36]. *Ḫnty Ḥwt-nn-nsw* désigne à Dendara l'agathodémon du 20e nome de Basse Égypte[37]. On sait par ailleurs qu'à l'instar des gloses attribuées aux génies de Pharbaïtos, les théologiens ont usé de noms d'Osiris pour désigner ces génies[38]. À Dendara, Osiris qui préside à Héracléopolis apparaît dans une notice relative au 20e nome de Basse Égypte[39].

h) L'épithète *nb ꞽInb-ḥḏ* « maître de Memphis » s'applique régulièrement à Ptah, mais peut aussi être attribuée à Osiris[40]. L'association de cette épithète avec la précédente évoque peut-être les contacts existants entre ces deux cités, qui sont attestés par ailleurs[41].

i) L'épithète *sꜣḥ šps* « momie vénérable » est souvent attribuée à Osiris ou à Sokar-Osiris[42] notamment à Abydos[43]. C'est une désignation de la momie d'Osiris[44], qui pourrait renvoyer à la figurine osirienne. Une prière adressée à Osiris l'associe à Bousiris et à Abydos[45]. On voit apparaître la désignation *sꜥḥ (šps)* « momie (vénérable) » dans les versions du chapitre 168Pleyte du *Livre des morts*[46].

j) Bien que ce soit plus souvent le cas d'Amon-Rê, Osiris peut être nommé *smsw n tꜣ* « aîné de la terre »[47] en référence à son père Geb. L'épithète *smsw (n) Gb* « aîné de Geb »[48] est par ailleurs attribuée à Osiris. Il est cependant question ici de l'« aîné sur terre » (*smsw m tꜣ*). Plus loin, le dieu interpellé est appelé « aîné, fils de Rê », (x+20, 2).

---

32 À propos de ces deux concepts, voir Fr. Servajean, *Djet et Neheh*, en particulier p. 47-83.
33 *LGG* V, p. 821.
34 R. O. Faulkner, *Book of Hours*, p. 4, pl. 10 (col. 7, 12).
35 G. Bénédite, *Philae*, 41, 12.
36 M. G. Mokhtar, *Ihnâsya el-Medina*, p. 188-189.
37 *Dendara* X, 121, 8. S. Cauville, *Les chapelles osiriennes* I, p. 66 ; II, p. 51-54, 62. *LGG* V, p. 834-835.
38 S. Cauville, *Les chapelles osiriennes* I, p. 56.
39 *Dendara* X, 329, 4. S. Cauville, *Les chapelles osiriennes* I, p. 177 ; II, p. 156-157, 160.
40 *LGG* III, p. 585.
41 M. G. Mokhtar, *in* : *Fragments of a Shattered Visage*, p. 105-107.
42 *LGG* VI, p. 197.
43 *Dendara* X, 250, 7-8. S. Cauville, *Les chapelles osiriennes* I, p. 133. *Dendara* X, 325, 6. S. Cauville, *Les chapelles osiriennes* I, p. 175 ; II, p. 156-157, 159. Chr. Leitz, *Geographisch-osirianische Prozessionen*, p. 110.
44 Fr. R. Herbin, *BIFAO* 84 (1984), p. 288, n. c). Fr. R. Herbin, *Parcourir l'éternité*, p. 63, 217 (P. Leyde T 32 (VI, 2-3).
45 R. A. Caminos, *MDAIK* 16 (1958), p. 21.
46 W. Pleyte, *Chapitres supplémentaires*, pl. 152 (nº 73). G. Burkard, *Die Papyrusfunde*, p. 29, pl. 20 ; *Spätzeitliche Osiris-Liturgien*, p. 30 (P. Caire JdE 97.249/3 (x+3, 4)).
47 *LGG* VI, p. 355-356.
48 *LGG* III, p. 355.

k) On pensera à l'épithète *ḏd šps* « pilier-*djed* vénérable »[49] régulièrement attribuée à Ptah. Une fête était célébrée pour lui le 14 du premier mois de l'inondation (14 Thot), de même qu'une cérémonie en l'honneur du (taureau)-*ẖns* d'Osiris[50]. Le dieu Ptah, associé au pilier-*djed*, était mis en rapport avec Chou et Tefnout à Memphis et à Mendès[51]. Hans Goedicke voit pour sa part dans  une référence au magicien *Ḏdy* divinisé[52]. Dans le 9e nome de Basse Égypte, le pilier-*djed* est associé à la colonne vertébrale du dieu Osiris[53]. L'épithète *ḏd šps* était attribuée à Osiris, comme le montre par exemple le papyrus Vienne KM ÄS 3871 (x+5, 34) : *Wsỉr ḏd šps* « Osiris, le pilier-*djed* vénérable ». C'est aussi le cas dans la litanie de la chapelle osirienne ouest nº 3 à Dendara[54]. Elle fait référence à Sokar-Osiris dans une scène du rituel de l'*Ouverture de la bouche*[55]. Primitivement associé au culte de Ptah, le pilier-*djed* devint une forme d'Osiris[56]. Rien dans le papyrus Princeton Pharaonic Roll 10 ne permet cependant d'évoquer un rapport direct avec le rite de l'érection du pilier-*djed*[57], dont les représentations montrant à l'œuvre le roi ou des dieux – rarement un particulier[58] –furent populaires dès le Nouvel Empire. D'après les textes des chapelles osiriennes, l'érection du pilier avait lieu le dernier jour du mois de Khoiak après l'ensevelissement définitif du simulacre osirien à Memphis et à Bousiris[59].

l) La restitution de 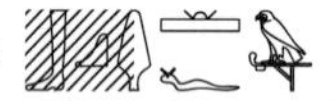, fondée sur la graphie du mot *bꜣk* (x+20, 13), correspond à la taille de la lacune. Connu dès l'Ancien Empire, le nom du dieu memphite *Ḫry-bꜣḳ=f* « Celui qui est sous son moringa » devint une épithète du dieu Ptah[60].

m) Les dieux « hôtes »[61] de Karnak sont nombreux, et les cultes osiriens y sont bien attestés. Dans le papyrus Vienne KM ÄS 3871, cette épithète est attribuée explicitement à Osiris :

---

49 *LGG* VII, p. 678-680.

50 Chr. Leitz, *Tagewählerei*, p. 437-438. D. Meeks, *Mythes et légendes du Delta*, p. 182.

51 L. Kákosy, *JEA* 66 (1980), p. 48-53. D. Meeks, *Mythes et légendes du Delta*, p. 264-265.

52 H. Goedicke, *JEA* 41 (1955), p. 31-33.

53 *Edfou* I, 332, 9. Chr. Leitz, *Die Gaumonographien*, p. 261. Chr. Leitz, *Geographisch-osirianische Prozessionen*, p. 364-365.

54 *Dendara* X, 398, 9. S. Cauville, *Les chapelles osiriennes* I, p. 215.

55 *Dendara* II, 151, 14.

56 A. M. Amann, *WdO* 14 (1983), p. 46-62. P. P. Koemoth, *in* : *Ritual and Sacrifice*, p. 160. D. Meeks, *Mythes et légendes du Delta*, p. 285.

57 B. van de Walle, *NouvClio* VI, nº 5-6 (1954), p. 283-297. Epigraphic Survey, *The Tomb of Kheruef*, pl. 55-56. L. B. Mikhail, *GöttMisz* 83 (1984), p. 51-69. M. Negm, *in* : *Ramesside Studies*, p. 342.

58 M. Negm, *The Tomb of Simut called Kyky*, p. 31, pl. XXXIIa. M. Negm, *DiscEg* 57 (2003), p. 68-70. M. Negm, *in* : *Ramesside Studies*, p. 341-342.

59 *Dendara* X, 30, 6 ; 47, 1. É. Chassinat, *Le mystère d'Osiris* I, p. 260, col. 26 ; II, p. 756, col. 96 ; p. 73. S. Cauville, *Les chapelles osiriennes* I, p. 16, 24. Le calendrier de Médinet Habou donne la date du 30 Khoiak (*Medinet Habu* III, pl. 160), qui est reprise par ceux d'Edfou et d'Esna (A. Grimm, *Festkalender*, p. 67 (G27 ; L36)). Elle avait peut-être lieu durant la nuit comme l'indique un passage du chapitre 18 du *Livre des morts* : « ... devant le grand tribunal qui est à Bousiris, cette nuit où l'on érige les deux piliers-*djed* à Bousiris » (P. Barguet, *Le Livre des morts*, p. 65 ; T. G. Allen, *The Book of the Dead*, p. 32).

60 M. Sandman-Holmberg, *The God Ptah*, p. 147-150. N. Baum, *Arbres et arbustes*, p. 131-133. P. P. Koemoth, *Osiris et les arbres*, p. 252-256. *LGG* VI, p. 36-37. J. D. Ray, *Texts from the Baboon and Falcon Galleries*, p. 24.

61 Sur les épithètes divines formées avec *ḥry-ỉb* « qui réside dans » suivi d'un toponyme qui indiquent que la divinité était accueillie en ce lieu, voir notamment K. J. Eaton, *ZÄS* 139 (2012), 113-115.

W[*sỉr ḥry*]*-ỉb ʾIp.t-s.wt* « O[siris qui ré]side à Karnak » (x+6, 1). Il pourrait aussi s'agir ici de Sokar, Sokar-Osiris ou Osiris-Sokar, tous susceptibles de porter cette épithète[62].

n) « Aîné » est une épithète connue d'Osiris[63]. Son ascendance est précisée dans le papyrus Vienne KM ÄS 3871 (x+6, 2) : [*Wsỉ*]*r smsw*[64] *Gb* « [Osir]is, aîné de Geb[65] ». Selon la théologie héliopolitaine, Osiris était en effet le fils aîné de Geb et de Nout. Dans le papyrus Princeton Pharaonic Roll 10, la seconde épithète *sꜣ Rꜥ* « fils de Rê » met plutôt en avant une filiation solaire. Dans le chapitre 168^Pleyte du *Livre des morts*, ce sont un *smsw n Gb* « aîné de Geb » et un *smsw smsw.w* « doyen des Aînés » qui sont nommés[66]. On notera que la lune peut être qualifiée de « doyen(ne) des Anciens »[67].

o) Dans le papyrus Vienne KM ÄS 3871, une épithète similaire est attribuée à Osiris : *Wsỉr ỉry ꜥnḫ n (?) nṯr.w rmṯ(.t)* « Osiris qui crée la vie pour les dieux et les humains » (x+6, 3). Écrit en démotique, le mot [68] confirme la lecture  *rmṯ.t* du papyrus Princeton Pharaonic Roll 10. L'expression *ỉr ꜥnḫ* « créer la vie » décrirait la perpétuation des effets d'une création préalable[69], mais elle pourrait aussi être rendue par « fournir les moyens de subsistance »[70]. L'épithète *ỉr ꜥnḫ n nṯr.w rmṯ.t* « (celui) qui crée la vie pour les dieux et les humains » est recensée par ailleurs pour Rê-Horakhty[71].

p) Cette épithète figure également dans le papyrus Vienne KM ÄS 3871 (x+6, 4) : *Wsỉr dỉ n=f mꜣꜥ-ḫrw m-bꜣḥ psḏ.t ꜥꜣ.t* « Osiris à qui est accordé le [triom]phe en présence de la Grande Ennéade ». Elle est connue par ailleurs sous plusieurs formes[72], notamment dans les hymnes adressés à Osiris[73]. Dès le Nouvel Empire, l'épithète *rdỉ n=f mꜣꜥ-ḫrw m-bꜣḥ psḏ.t* « celui à qui est accordé le triomphe en présence de l'ennéade » figure dans le chapitre 181 du *Livre des morts*[74], qui, comme le chapitre 180, tirerait son origine des *Litanies au soleil*[75]. Cependant, cette épithète dérive peut-être de la forme *rdỉ n=f mꜣꜥ-ḫrw m-bꜣḥ Gb psḏ.t (ꜥꜣ.t) dmḏ.tỉ* « celui à qui est accordé le triomphe en présence de Geb et

---

62 *LGG* V, p. 318-319.

63 *LGG* VI, p. 347-349.

64 Écrit , voir *Wb* IV, 142, 143.

65 Voir *LGG* III, p. 355.

66 W. Pleyte, *Chapitres supplémentaires*, pl. 146 (nº 44), 151 (nº 69). G. Burkard, *Die Papyrusfunde*, p. 28, 29, pl. 20, 21 ; *Spätzeitliche Osiris-Liturgien*, p. 27, 30 (P. Caire JdE 97.249/3 (x+2, 11 ; x+3, 1).

67 D. Meeks, *Mythes et légendes du Delta*, p. 143, n. 492 et p. 291-293, § 40.

68 W. Erichsen, *Demotisches Glossar*, p. 247-248.

69 O. Perdu, *RdÉ* 48 (1997), p. 168, n. b, avec de nombreux exemples. *LGG* I, p. 445-446, qui fournit différents exemples.

70 *Wb* I, 200, 8. *Anlex* 78.0416. Cf. G. Roulin, *Livre de la Nuit* I, p. 344. *LGG* I, p. 446, par exemple *ỉr ꜥnḫ ꜥw.t n.t ḫꜣs.t* « (celui) qui fournit la subsistance aux animaux du désert » ou *ỉr ꜥnḫ rm.w ỉtrw ꜣpdw gnḫw pt* « (celui) qui fournit les moyens de subsistance aux poissons du fleuve et aux oiseaux qui peuplent le ciel ».

71 *LGG* I, p. 446 qui cite un seul exemple en plus du papyrus Vienne KM ÄS 3871 : B. A. Touraeff, *JEA* 4 (1917), p. 120, pl. 23 (non visible) ; B. Gunn, *JEA* 5 (1918), p. 125-126, pl. 21 (B1).

72 *LGG* IV, p. 743.

73 A. Barucq, Fr. Daumas, *Hymnes et prières*, p. 81. J. Assmann, *Ägyptische Hymnen*, p. 464.

74 E. Naville, *Das ägyptische Todtenbuch*, pl. 205, l. 22. P. Barguet, *Le Livre des morts*, p. 267. St. Quirke, *Going out in Daylight*, p. 462.

75 C. de Wit, *BiOr* 10 (1953), p. 90-94. R. Lucarelli, *Gatseshen*, p. 69-70.

de la (grande) ennéade réunie »[76] qui apparaît dans les hymnes en faveur d'Osiris du Moyen Empire déjà[77].

q) L'épithète *ḥry-ib 'Inb-ḥḏ* « (celui) qui réside à Memphis » est attestée pour Osiris et Sokar, et certaines de leurs formes associées[78].

r) Héraut de Ptah à Memphis, le taureau Apis[79] est aussi associé à Osiris. À sa mort, il faisait l'objet d'un rituel funéraire développé[80] avant d'être enterré dans le Sérapéum de Memphis où les témoignages de la ferveur du culte dont il faisait l'objet sont nombreux[81]. Sur les sarcophages, le taureau Apis est volontiers représenté portant la momie du défunt sur son dos.

s) En dehors d'Osiris, l'épithète *ḫnty imn.t* « qui préside à l'Occident » est attribuée à plusieurs divinités dont Osiris-Apis ou Apis-Osiris[82], comme c'est le cas dans le papyrus Vienne KM ÄS 3871 (x+6, 6) : *Wsir Ḥp ḫnty imn.t* « Osiris-Apis qui préside à l'Occident ». Elle évoque le *kꜣ imnt.t* « Taureau de l'Occident », qui désigne Osiris, mais aussi Sokar et Sokar-Osiris[83], et le *kꜣ m imnt.t* « Taureau dans l'Occident »[84]. Les versions du chapitre 168[Pleyte] du *Livre des morts* mentionnent un *kꜣ nb imnt.t* « taureau, seigneur de l'Occident »[85] tandis que la litanie de la chapelle osirienne ouest n° 3 nomme un *kꜣ imnt.t* « Taureau de l'Occident »[86]. Il est difficile de ne pas faire référence ici à la province d'Occident (BE 3) à laquelle Apis pouvait être associé[87]. Dans le Livre d'heures du papyrus Londres BM EA 10569, « Apis qui préside à l'Occident » est associé, deux lignes plus bas, avec « Mnévis qui préside à l'Orient »[88].

---

76 *LGG* IV, p. 743.

77 S. Hassan, *Hymnes*, p. 31. P. C. Smither, A. N. Dakin, *JEA* 25 (1939), p. 159, pl. 20, 1 (Stèle Queen's College 1109). Voir aussi pour le Nouvel Empire, G. Roeder, *Naos*, p. 128, § 456 (naos CGC 70038) ; K. Myśliwiec, *MDAIK* 35 (1979), p. 197-198 (stèle Turin inv. suppl. 1523, l. 4-5).

78 *LGG* V, p. 320.

79 *LGG* V, p. 115-117. E. Otto, *Beiträge zur Geschichte der Stierkulte*, p. 11-34. E. Winter, *Der Apiskult*. J. Vercoutter, *in* : *LÄ* I, col. 338-350.

80 R. L. Vos, *The Apis Embalming Ritual*. P. Meyrat, *in* : *Ägyptische Rituale*, p. 263-337, voir également p. 247-262.

81 A. Mariette, *Le Sérapéum de Memphis*. M. Malinine, G. Posener, J. Vercoutter, *Catalogue des stèles*.

82 *LGG* V, p. 783-786. D. Devauchelle, *in* : *Egyptian Religion: The Last Thousand Years*, p. 593-595. D. Devauchelle, *in* : *Le culte d'Osiris*, p. 52-55.

83 *LGG* VII, p. 251-252. *Dendara* X, 398, 5. S. Cauville, *Chapelles* I, p. 125. Fr. R. Herbin, *Parcourir l'éternité*, p. 224 (VI, 16). M. Bommas, *Mythisierung der Zeit*, p. 83-84, n. 129. R. A. Caminos, *JEA* 58 (1972), p. 220, pl. XLI (B, 12).

84 *LGG* VII, p. 252.

85 W. Pleyte, *Chapitres supplémentaires*, pl. 140 (n° 13). G. Burkard, *Die Papyrusfunde*, p. 27, pl. 21 ; *Spätzeitliche Osiris-Liturgien*, p. 24 (P. Caire JdE 97.249/3 (x+1, 12)).

86 *Dendara* X, 398, 5. S. Cauville, *Les chapelles osiriennes* I, p. 215.

87 D. Meeks, *Mythes et légendes du Delta*, p. 288-289, § 38.

88 R. O. Faulkner, *Book of Hours*, p. 16, 37*. Sur cette association, voir St. Porcier, *in* : *Et in Aegypto et ad Aegyptum*, p. 593-595.

t) L'appellation *Kꜣ km* « Taureau noir »[89], ou seulement *Km* « le (taureau) Noir »[90], pouvait s'appliquer à Osiris[91], qui fut rapproché du dieu d'Athribis *Kem-our* (grand Noir »[92] dès le Nouvel Empire. Ainsi *Wsỉr kꜣ km* (var. *kꜣ Km-wr*) *ḥry-ỉb Km-wr* « Osiris, le taureau noir (var. le taureau *Kem-our*) qui réside à Athribis » figure dans plusieurs versions du chapitre 142 du *Livre des morts*[93]. Il arrive que cette désignation soit remplacée par *Wsỉr kꜣ ḥry-ỉb Km.t* « Osiris, le taureau qui réside en Égypte »[94].

u) Cette graphie du nom traditionnel d'Athribis, ville située dans le 10e nome de Basse Égypte[95], est attestée parmi les papyrus tardifs[96]. On notera que certaines graphies de *Km-wr* « Athribis » peuvent prêter à confusion avec *Km.t* « Égypte » ou *Km.t* « Sérapéum »[97]. Les versions du chapitre 168Pleyte du *Livre des morts* insistent, quant à elles, sur le culte du dieu *Andjty* à Athribis[98].

v) Cette graphie est attestée parmi celles qui sont connues pour le nom du taureau Mnévis[99]. Originaire d'Héliopolis[100], où il est le héraut de Rê, et pourvoyeur des tables d'offrandes, il est associé à Apis dans les processions de génies[101] et figure parmi les dieux maîtres d'autel[102]. Selon le papyrus Brooklyn 47.218.84, les reliques d'Osiris, rassemblées à Athribis, furent transportées à Héliopolis par le taureau Mnévis[103]. Dès le Nouvel Empire, le taureau Mnévis peut être associé à Osiris[104], comme c'est le cas dans le papyrus Vienne KM ÄS 3871 (x+6, 7) : *Wsỉr Mr-wr* « Osiris-Mnévis ».

w)  est une dénomination tardive d'Héliopolis qui met en évidence le rôle de tribunal de cette ville[105]. L'appellation *kꜣ m ỉwnw* « taureau dans Héliopolis » désigne entre autres Osiris[106], tandis que *Kꜣ ỉwnw* « taureau d'Héliopolis » renvoie au taureau Mnévis dans son rôle de maître d'autel[107]. Les versions du chapitre 168Pleyte du *Livre des morts*

89 *LGG* VII, p. 273-274.
90 *LGG* VII, p. 284.
91 P. Barguet, *Le papyrus N. 3176 (S)*, p. 7 (II, 2).
92 *LGG* VII, p. 284. É Chassinat, *Le mystère d'Osiris* I, p. 173-192. P. Vernus, *Athribis*, p. 427-433 et 448-454.
93 P. Vernus, *Athribis*, p. 292-293, doc. 258.
94 *LGG* VII, p. 268.
95 Voir notamment P. Montet, *Géographie* I, p. 119-127. F. Gomaà, El-S. Hegazy, *Die neuentdeckte Nekropole*.
96 P. Vernus, *Athribis*, p. 348.
97 P. Vernus, *Athribis*, p. 354-355. *LGG* VII, p. 274.
98 W. Pleyte, *Chapitres supplémentaires*, pl. 149 (no 60). P. Vernus, *Athribis*, p. 297-298, doc. 264 et p. 449. G. Burkard, *Die Papyrusfunde*, p. 29, pl. 21 ; *Spätzeitliche Osiris-Liturgien*, p. 29 (P. Caire JdE 97.249/3 (x+2, 26)).
99 *LGG* III, p. 328-329.
100 W. J. de Jong, *De Ibis* 19 (1994), p. 149-155.
101 Fr. R. Herbin, *RdÉ* 35 (1984), p. 120, n. 51.
102 J.-L. Simonet, *Le collège des dieux maîtres d'autel*, p. 152-154.
103 D. Meeks, *Mythes et légendes du Delta*, p. 177-179, § 5a-b.
104 D. Meeks, *Mythes et légendes du Delta*, p. 179, § 5c.
105 S. Sauneron, *RdÉ* 8 (1951), p. 191-194. S. Sauneron, *Villes et légendes*, p. 14-17. D. Meeks, *Mythes et légendes du Delta*, p. 185.
106 *LGG* VII, p. 250. E. el-Banna, *BIFAO* 89 (1989), p. 112 (doc. 25-26), 113 (doc. 27), 115 (doc. 35).
107 *LGG* VII, p. 250. J.-L. Simonet, *Le collège des dieux maîtres d'autel*, p. 152-154.

préfèrent user de *ḏsry m ỉwnw* « sacré dans Héliopolis »[108], en précisant qu'Osiris était « engendré par Rê dans le temple du Pyramidion ».

x) En tant que toponyme, *Naref* désigne la nécropole d'Héracléopolis, mais c'est aussi une forme d'Osiris, voir § 6.4.1, n. n).

y) L'épithète *ḥry-ỉb Ḏdw* « qui réside à Bousiris »[109], moins répandue que *nb Ḏdw* « maître de Bousiris », pouvait s'appliquer à Osiris ou à Sokar-Osiris. Le papyrus Vienne KM ÄS 3871 nomme pour sa part *Wsỉr nb Ḏdw* « Osiris, maître de Bousiris » (x+6, 8). Les versions du chapitre 168[Pleyte] du *Livre des morts* insistent quant à elles sur la forme donnée à *Wsỉr ḏd m Ḏdw* « Osiris, pilier-*djed* dans Bousiris »[110].

z) Le « *Ba* auguste »[111] évoque probablement autant le bélier de Mendès (*Banebdjed*) que le *ba* d'Osiris qui furent d'ailleurs associés[112]. L'épithète *ḥry-ỉb Ḥꜣ.t-mḥy.t* « (celui) qui réside dans le nome mendésien »[113] pouvait être attribuée à l'un comme à l'autre. Elle pointe le 16e nome de Basse Égypte[114]. Ce complément ne figure pas dans le papyrus Vienne KM ÄS 3871 qui mentionne seulement *Wsỉr bꜣ šps* « Osiris, le *Ba* auguste » (x+6, 9). On y retrouve cependant plus loin *Wsỉr m Ḥꜣ.t-mḥy.t* « Osiris dans le nome mendésien » (x+6, 13). L'une des légendes du papyrus Brooklyn 47.218.84 relate qu'Isis s'accoupla avec Osiris après sa mort dans cette région pour donner naissance à un Horus qui ne survécut que quatorze jours[115].

10.1.2 Structure et contenu de la première partie de la litanie

La première partie de la litanie, qui compte vingt entrées, est principalement constituée d'épithètes divines plus ou moins développées (Tableau 26). Quelques dieux y sont cependant mentionnés, le premier étant Sokar-Osiris. Puis sont nommés Ptah à deux reprises (8, 9), Apis (15), le Taureau noir (16), Mnévis (17) et *Naref* (18). Le bélier de Mendès est probablement évoqué à la dernière ligne (20). On constate d'ores et déjà que trois entrées peuvent être regroupées autour de la figure du taureau : Apis, le Taureau noir et Mnévis, qui forment avec *Banebdjed* un quatuor animalier dont chaque membre peut être associé à la personnalité d'Osiris. À l'instar de Douamoutef et de Qebehsenouf, les taureaux Apis et Mnévis étaient respectivement associés avec l'ouest et l'est[116]. Dans cette litanie, des indications géographiques alternent avec des notions théologiques, auxquelles elles sont parfois

---

108 *LGG* VII, p. 653. Cette épithète n'y est attestée que par le chapitre 168[PLEYTE] du *Livre des morts*. W. PLEYTE, *Chapitres supplémentaires*, pl. 149 (no 59). G. BURKARD, *Die Papyrusfunde*, p. 29, pl. 21 ; *Spätzeitliche Osiris-Liturgien*, p. 29 (P. Caire JdE 97.249/3 (x+2, 25)).

109 *LGG* V, p. 356-357.

110 W. PLEYTE, *Chapitres supplémentaires*, pl. 150 (no 61). G. BURKARD, *Die Papyrusfunde*, p. 29, pl. 21 ; *Spätzeitliche Osiris-Liturgien*, p. 29 (P. Caire JdE 97.249/3 (x+2, 27)).

111 *LGG* II, p. 698-699.

112 D. MEEKS, *Mythes et légendes du Delta*, p. 25 et 262-264 (P. Brooklyn 47.218.84 (XI, 9 – XII, 2)).

113 *LGG* V, p. 336. Sur la déesse *Ḥꜣ.t-mḥy.t* vénérée dans ce nome, voir K. BLOUIN, *Homme et milieu*, p. 271-275 ; Chr. ZIVIE-COCHE, *in* : *Elkab and Beyond*, p. 545-557.

114 P. MONTET, *Géographie* I, p. 143-153. Considéré comme un dauphin (D. MEEKS, *RdÉ* 25 (1973), p. 209-216 ; Chr. LEITZ, *Geographisch-osirianische Prozessionen*, p. 424-425), l'emblème du 16e nome de Basse Égypte est généralement tenu pour un poisson (I. GAMER-WALLERT, *Fische und Fischkulte*, p. 100-101 ; Chr. ZIVIE-COCHE, *in* : *Elkab and Beyond*, p. 545-557). Sur la toponymie du nome mendésien à l'époque gréco-romaine, voir S. KAMBITSIS, *BIFAO* 76 (1976), p. 225-230 ; J. QUAEGEBEUR, *in* : *L'Égyptologie en 1979*, p. 267-272 ; K. BLOUIN, *in* : *Proceedings of the 25th International Congress of Papyrology*, p. 85-95.

115 D. MEEKS, *Mythes et légendes du Delta*, p. 23 et 253-255 (P. Brooklyn 47.218.84 (XI, 1-3)).

116 St. PORCIER, *in* : *Et Aegypto et ad Aegyptum*, p. 593-595.

conjuguées. Les thèmes choisis sont relativement généraux et rappellent ceux qui peuvent figurer dans les hymnes : universalité (2, 5), primauté (7, 11), création (12), temps (5, 14) et royauté (2, 4). La destruction des ennemis (3) et la notion de triomphe (13), ainsi que l'évocation de la couronne blanche (4), se rattachent pour leur part plus spécifiquement à la théologie osirienne. La plupart des épithètes citées peuvent d'ailleurs être attribuées au dieu funéraire.

n°	**P. Princeton Pharaonic Roll 10**	**Thèmes**	**Lieux**
1	Sokar-Osiris, maître des vivants (x+19, 7)	Dieu funéraire	
2	Prince, roi des dieux (x+19, 8)	Royauté Universalité	
3	Grand est ton prestige contre tes ennemis (x+19, 9)	Lutte contre les ennemis	
4	Celui qui apparaît avec la couronne blanche, possesseur de la couronne-*oureret* (x+19, 10)	Couronnes	
5	Roi des dieux, maître du temps, souverain de l'éternité (x+19, 11)	Universalité Temps et éternité	
6	Celui qui préside à Héracléopolis, maître de Memphis (x+19, 12)		Héracléopolis (HE 20) (BE 14) (?) Memphis (BE 1)
7	Momie vénérable, aîné sur terre (x+19, 13)	Momie vénérable Primauté	
8	Ptah, pilier-*djed* [vénérable] (x+19, 14)	Ptah	Memphis (BE 1)
9	Ptah qui est sous son [moringa] (x+19, 15)		
10	Celui qui réside à Karnak (x+20, 1)		Karnak (HE 4)
11	Aîné, fils de Rê (x+20, 2)	Primauté	
12	Celui qui crée la vie des dieux et des humains (x+20, 3)	Création	
13	Celui à qui est accordé le triomphe en présence de la grande Ennéade (x+20, 4)	Triomphe	
14	Maître du temps qui réside à Memphis (x+20, 5)	Temps	Memphis (BE 1)
15	Apis qui préside à l'Occident (x+20, 6)	Taureau	Occident (BE 3) (?)
16	Taureau noir qui réside à Athribis (x+20, 7)		Athribis (BE 10)
17	Mnévis, taureau dans Héliopolis (x+20, 8)		Héliopolis (BE 13)
18	*Naref* dans Héracléopolis (x+20, 9)		Héracléopolis (HE 20) (BE 14) (?)
19	Celui qui réside à Bousiris (x+20, 10)		Bousiris (BE 9)
20	*Ba* auguste qui réside dans le nome mendésien (x+20, 11)	*Ba* auguste (*Banebdjed*)	Mendès (BE 16)

Tableau 26 : Éléments de la première partie de la litanie

Le thème de la destruction des ennemis est volontiers associé au redressement d'Osiris[117], comme l'illustre par exemple cet extrait des *Textes des sarcophages* :

> Formule à réciter. Vois, si je t'amène ceux qui ont tué ton père Osiris en leurs siens noms de taureaux de boucherie, c'est pour qu'ils baisent tes pieds ! Redresse-toi donc mon père Osiris (car) tu as renversé tes adversaires sous toi[118].

Le refrain des *Révélations des mystères des quatre boules d'argile* évoque aussi le redressement d'Osiris en rapport avec la destruction des ennemis, qui permettait la justification du dieu :

> Allons ! Lève-toi, Osiris qui préside à l'Occident ! Vois, ceux qui te sont rebelles tombent et tu triomphes contre tes ennemis, quatre fois[119].

Le chiffre vingt évoque le nombre des régions de Basse Égypte, mais la répétition de certains toponymes confirme immédiatement qu'il n'est pas question d'une liste géographique canonique. Plusieurs lieux du Delta sont cependant indiqués plus ou moins explicitement : Memphis à deux reprises (6, 14), Athribis (16), Héliopolis (17) et Bousiris (19), ainsi que le nome mendésien (20). La ville d'Héracléopolis, qui est nommée deux fois (6, 18), renvoie à un important sanctuaire de Moyenne Égypte, mais pourrait aussi être située dans le Delta (BE 14)[120]. Quant à la mention de l'« Occident » (15), elle pourrait éventuellement se rapporter au nome du même nom (BE 3)[121]. Ainsi, exception faite de Karnak (10), une zone assez bien délimitée de l'Égypte pourrait être définie.

10.1.3 Comparaison avec le papyrus Vienne KM ÄS 3871

La liste d'Osiris du papyrus Vienne KM ÄS 3871 (x+5, 26 – x+6, 16)[122] comporte vingt-cinq entrées. Elle est par conséquent plus longue que celle du papyrus Princeton Pharaonic Roll 10, qui n'en compte que vingt. Ces deux extraits présentent cependant plusieurs similitudes qu'il semblait pertinent de relever[123] (Tableau 27).

n°	P. Princeton Pharaonic Roll 10	n°	P. Vienne KM ÄS 3871
1	**Sokar-Osiris**, maître des vivants (x+19, 7)	1	**Sokar-Osiris**, dieu grand, maître de la *Chetyt* (x+5, 26)
		2	Osiris, monarque des dieux et des humains (x+5, 27)
2	**Prince, roi des dieux** (x+19, 8)	3	Osiris, le **prince** (x+5, 28)
		4	Osiris, *Ha*[124] (?), maître de l'Occident (x+5, 29)
2	Prince, **roi des dieux** (x+19, 8)	5	Osiris, **roi des dieux** (x+5, 30)

117 P. P. Koemoth, *in* : *Ritual and Sacrifice*, p. 157-174.

118 *CT* VI, 217h-m (Spell 603). Cl. Carrier, *Textes des sarcophages* II, p. 1397.

119 J.-Cl. Goyon, *BIFAO* 75 (1975), p. 356-357, 360-361, 362-365, 366-367, *passim*.

120 A. L. Fontaine, *BSES* 2 (1948-1949), p. 55-79. M. G. Mokhtar, *Ihnâsya el-Medina*, p. 27-30. A. J. Spencer, *JEA* 88 (2002), p. 37-51. J. Baines, J. Malek, *Cultural Atlas*, p. 167. A. J. Spencer, *in* : *Timelines*, p. 355-361.

121 Voir § 10.1.1, n. s).

122 Voir *supra* n. 21.

123 Elles sont indiquées en gras dans le tableau.

124 *LGG* V, p. 10-11. « Maître de l'Occident » est une épithète courante de ce dieu.

n°	P. Princeton Pharaonic Roll 10	n°	P. Vienne KM ÄS 3871
3	Grand est **ton prestige contre tes ennemis** (x+19, 9)	6	Osiris, maître du **prestige contre ses ennemis** (x+5, 31)
4	Celui qui apparaît avec la couronne blanche, possesseur de la couronne-*oureret* (x+19, 10)		
5	Roi des dieux, maître du temps, souverain de l'éternité (x+19, 11)		
		7	Osiris qui préside à l'Occident (x+5, 32)
		8	Osiris qui préside à la Demeure des *kas* (x+5, 33)
6	Celui qui préside à Héracléopolis, maître de Memphis (x+19, 12)		
7	Momie vénérable, **aîné sur terre** (x+19, 13)		
8	Ptah, **pilier-*djed* [vénérable]** (x+19, 14)	9	Osiris, **pilier-*djed* vénérable** (x+5, 34)
9	Ptah qui est sous son [moringa] (x+19, 15)		
10	Celui **qui réside à Karnak** (x+20, 1)	10	Osi[ris **qui] réside à Karnak** (x+6, 1)
11	**Aîné**, fils de Rê (x+20, 2)	11	Osiris, **aîné** de Geb (x+6, 2)
12	Celui **qui crée la vie des dieux et des humains** (x+20, 3)	12	Osiris **qui crée la vie des dieux et des humains** (x+6, 3)
13	Celui **à qui est accordé le triomphe en présence de la Grande Ennéade** (x+20, 4)	13	Osiris **à qui est accordé le triomphe en présence de la Grande Ennéade** (x+6, 4)
14	Maître du temps qui réside à Memphis (x+20, 5)		
		14	Osiris qui préside à l'Occident, (Ounnefer)| justifié (x+6, 5)
15	**Apis qui préside à l'Occident** (x+20, 6)	15	Osiris **Apis qui préside à l'Occident** (x+6, 6)
16	Taureau noir qui réside à Athribis (x+20, 7)		
17	**Mnévis**, taureau dans Héliopolis (x+20, 8)	16	Osiris **Mnévis** (x+6, 7)
18	*Naref* dans Héracléopolis (x+20, 9)		
19	Celui qui réside à **Bousiris** (x+20, 10)	17	Osiris, maître de **Bousiris** (x+6, 8)
20	***Ba* auguste** qui réside dans le nome mendésien (x+20, 11)	18	Osiris, ***Ba* auguste** (x+6, 9)
		19	Osiris, fils de Geb et [No]ut (x+6, 10)
		20	Osiris, maître de *Ro-setaou* (x+6, 11)
		21	Osiris dans *Bâ[hou]*[125] (x+6, 12)
20	*Ba* auguste qui réside **dans le nome mendésien** (x+20, 11)	22	Osiris **dans le nome mendésien** (x+6, 13)
		23	Osiris, maître de [… …] (x+6, 14)
		24	Osiris, maître de la né[cropole (?) pour toujours] et à jamais (x+6, 15)
		25	Apis [… … …] ton *ka* ver le ciel (VI, 20)

Tableau 27 : Tableau comparatif des versions de la première partie de la litanie

125 A. P. Zivie, *Hermopolis*, p. 168.

Les entrées des deux manuscrits sont parfois identiques (10/10, 12/12, 13/13, 15/15), parfois seulement similaires (1/1, 3/6, 11/11, 17/17, 19/17). Quelquefois, les doubles épithètes attestées dans le papyrus Princeton Pharaonic Roll 10 ne figurent pas ensemble dans l'autre version, mais dans deux vers distincts (2/3, 2/5, 20/18, 20/22). On relèvera la substitution de « Ptah, pilier-*djed* [vénérable] » par « Osiris, pilier-*djed* vénérable » (8/9). Le rapprochement de ces deux documents est d'autant plus justifié que certains éléments communs sont moins courants (12/12, 13/13). L'ordre d'apparition identique des entrées similaires des deux listes s'avère décisif pour définir leur parenté, qui se révèle ainsi non seulement au travers de leur contenu commun, mais aussi des analogies de leurs structures respectives. Pourtant, contrairement au document américain, le papyrus Vienne KM ÄS 3871 ne reproduit pas une litanie mais un hymne d'éveil introduit par *rs=k m ḥtp* « Puisses-tu t'éveiller en paix ! » (x+5, B). À l'instar du papyrus Princeton Pharaonic Roll 10, les épithètes attestées par le papyrus Vienne KM ÄS 3871 se rattachent majoritairement au Delta. Si Karnak y est également nommée (10), aucune mention d'Héracléopolis et d'Athribis ne figurent dans cette section du manuscrit viennois qui cite en revanche Bousiris (17), *Ro-setaou* (20), *Bâhou* (21) et le nome mendésien (22), et évoque peut-être le 7e nome de Basse Égypte (4) et Memphis (8).

Dans le papyrus Vienne KM ÄS 3871, la litanie se concentre presque exclusivement sur la personne d'Osiris, à l'exception d'une mention de Sokar-Osiris (1) et d'une autre d'Apis (25), tandis que celle du papyrus Princeton Pharaonic Roll 10 ne mentionne pas aussi explicitement ce dieu. Le rapprochement, opéré entre ces deux versions, incite donc à considérer que le nom d'Osiris ait été sous-entendu dans le manuscrit américain et que la litanie se soit adressée à différentes formes du dieu funéraire. C'est d'ailleurs Sokar-Osiris qui est nommé à la première ligne de chacune des deux litanies. C'était donc vraisemblablement à lui qu'était destinée cette composition, qu'elle ait eu pour but de favoriser son redressement ou son éveil, qui constituent un processus similaire.

10.1.4 Mise en œuvre de la litanie

On ne relève la présence d'aucune prescription relative à la mise en œuvre de cette litanie, mais sa nature laisse penser qu'elle devait être récitée. Bien qu'aucune précision ne soit fournie non plus par le papyrus Vienne KM ÄS 3871, le fait que sa version y soit qualifiée d'hymne d'éveil constitue un indice pour en situer peut-être la récitation à la fin de la nuit ou au matin.

Des litanies du type *ṯs ṯw* « lève-toi » pouvaient être récitées durant les cérémonies osiriennes du 22 au 26 Khoiak[126] et accompagnaient les rites de l'ouverture de la bouche lors de la fête de Sokar le 26 Khoiak[127]. D'après la version thébaine de la liturgie osirienne du mois de Khoiak, c'est la *Commémoration des deux sœurs* (*sḫ3 sn.ty*) qui était récitée au moment de l'ouverture de la bouche le 24 Khoiak, puis à la fin de la nuit du 25 au 26 Khoiak[128]. Le dernier vers de la litanie de la chapelle osirienne ouest no 3 mentionne le « matin divin », soit l'aube

126 S. Cauville, *Les chapelles osiriennes* II, p. 182.

127 J.-Cl. Goyon, *BIFAO* 78 (1978), p. 430 et n. 1, 432, n. 1.

128 P. Barguet, *Le papyrus N. 3176 (S)*, p. 16, 18, 20, 23, 52-54 (P. Louvre N. 3176 (S) (V, 7-9 ; VI, 8)). P. P. Koemoth, *in* : *Ritual and Sacrifice*, p. 162. On sait par ailleurs que les *Lamentations d'Isis et Nephthys* étaient récitées le 25 Khoiak et les *Complaintes d'Isis et Nephthys* du 22 au 26 Khoiak (A. Kucharek, *Klagelieder*, p. 56, 65, 166).

du 26 Khoiak[129]. Dans la chapelle osirienne est n° 3, on peut lire dans le sixième tableau du côté ouest :

> … ta bouche est ouverte durant la nuit divine. Lève-toi lors de la réalisation des glorifications dans tous tes noms, lorsque le rituel de fête est lu pour toi par les prêtres[130].

Le *Livre parcourir l'éternité* associe par ailleurs aussi la lecture du rituel de fête le jour de la glorification d'Osiris, l'ouverture de la bouche lors de la nuit divine et encore la navigation de la barque-*nechemet* :

> Le rituel de fête est lu pour toi par les grands ritualistes le jour de la glorification d'Osiris. L'ouvreur des deux vantaux du ciel, il t'ouvre la bouche, lors de la nuit divine dès sa tombée. Tu saisis la corde de proue du bateau divin, le jour de mettre à l'eau la barque-*nechemet*[131].

Il n'est pas exclu que ces indications fournissent un contexte à la litanie du papyrus Princeton Pharaonic Roll 10 qui pourrait constituer une glorification d'Osiris. On aura noté qu'il y est fait à plusieurs reprises référence au rituel de fête dans le manuscrit américain par l'emploi de la formule *mỉ nty r ḫ(ꜣ)b(.t)* « conformément au rituel de fête » (§ 2.5.3). La navigation en constitue l'un des thèmes centraux (chapitre 7) et le rite de l'ouverture de la bouche y est explicitement mentionné (§ 5.6). Une brève formule intitulée « Saisir la corde de proue » y figure d'ailleurs aussi (§ 11.1).

10.2 La seconde partie de la litanie (x+20, 12 – x+22, 1)

La seconde partie de la litanie est constituée des dix-huit lignes suivantes (x+20, 12 – x+ 22, 1) et se distingue de la précédente par la modification sommaire apportée à l'anaphore : *ṯs ṯw Wsỉr* « Lève-toi Osiris ». L'existence de deux versions parallèles à cette section confirme le bien-fondé de la bipartition formelle de cette composition dans le papyrus Princeton Pharaonic Roll 10.

Parallèles

Les « formules de glorification d'Osiris qui préside à l'Occident », conservées sur la paroi ouest de la chambre funéraire de la tombe de *Moutirdis* (TT 410)[132], datée de l'époque saïte, offrent un parallèle direct à la seconde partie de la litanie du papyrus Princeton Pharaonic Roll 10. Le papyrus Vienne KM ÄS 3871, déjà mentionné comme parallèle de la *Formule pour voguer dans la barque* (§ 7.7) et de certains passages du rituel d'offrandes (§ 8.1, § 8.2, § 8.7), ne contient pas de litanie de ce type. Néanmoins, onze lignes de ce manuscrit (x+6, 17-27)

---

129 *Dendara* X, 398, 13. S. CAUVILLE, *Les chapelles osiriennes* I, p. 215.

130 *Dendara* X, 246, 5-7. S. CAUVILLE, *Les chapelles osiriennes* I, p. 131. A. KUCHAREK, *Klagelieder*, p. 646, n. 70.

131 Fr. R. HERBIN, *Parcourir l'éternité*, p. 64, 223 (P. Leyde T32 (VI, 14-15)).

132 J. ASSMANN, *Mutirdis*, p. 98-102 (texte 105b), pl. 43. On rappellera que c'est dans cette tombe qu'a été découvert le papyrus Caire JdE 97.249/3 qui fournit une version du *Livre de la néoménie* (§ 6.2) et du chapitre 168[Pleyte] du *Livre des morts* (§ 10.1).

présentent des phrases similaires à cette section du papyrus Princeton Pharaonic Roll 10[133]. Introduites par aucun titre, elles sont inscrites à la suite de l'hymne à l'éveil qui présente des similitudes avec la section précédente (§ 10.1), soit dans la même configuration que dans le manuscrit américain.

10.2.1 Traduction et commentaire (x+20, 12 – x+22, 1)

20,12 *ṯs ṯw Wsỉr P(ꜣ)-dỉ-Ḥr-pꜣ-ẖrd*	20,12 Lève-toi, Osiris (de) *Padiherpakhered*,
msỉ.n 20,13 *Tꜣy-Hb.t*	enfanté par 20,13 *Tahebet* !
bꜣ[ḳ].tw m p.t ḫr Rꜥ	Tu es brillant dans le ciel auprès de Rê [a)].
20,14 *ṯs ṯw Wsỉr*	20,14 Lève-toi, Osiris (de)
P(ꜣ)-[dỉ-Ḥ]r-pꜣ-ẖrd mꜣꜥ-ḫrw	*Pa[dih]erpakhered*, justifié !
ꜥnḫ[.tw] nn wn ḫfty.w=k	[Tu es] vivant, tes ennemis n'existent plus [b)].
20,15 *ṯs [ṯw Wsỉr P(ꜣ)-dỉ]-Ḥr-pꜣ-ẖrd*	20,15 Lève-[toi, Osiris (de) *Padi*]*herpakhered*,
[msỉ.n T]ꜣy- 20,16 *Hb[.t]*	[enfanté par *T*]*a*20,16 *heb*[*et*] !
sꜥḥ.tw	Tu es paré,
ḥd.t m [tp]=k	la couronne blanche est sur ta [tête] [c)].
21,1 *ṯs ṯw Wsỉr*	21,1 Lève-toi, Osiris !
ḫw[.tw] mỉ Rꜥ rꜥ nb	[Tu es] protégé [d)] comme Rê chaque jour [e)].
21,2 *ṯs ṯw Wsỉr*	21,2 Lève-toi, Osiris !
sn[.t]=k ꜣs.t m sꜣ	Ta sœur Isis constitue la protection
hꜥ[.w]=k	de tes membres [f)].
21,3 *ḫw=s tw rꜥ nb*	21,3 Elle te protège quotidiennement [g)].
21,4 *ṯs ṯw Wsỉr*	21,4 Lève-toi, Osiris !
sꜣ=k Ḥr m nḏ.ty=k	Ton fils Horus est ton protecteur [h)].
21,5 *ṯs ṯw Wsỉr*	21,5 Lève-toi, Osiris !
ḫ[w ṯw] Nwn Nwn.t	Noun et Naunet [te] protègent [i)].
21,6 *ṯs ṯw Wsỉr*	21,6 Lève-toi, Osiris !
wḏ.tw n=k ns.t Gb	Le trône de Geb t'est attribué [j)].
21,7 *ṯs ṯw Wsỉr*	21,7 Lève-toi, Osiris !
mꜣꜥ-ḫrw.n=k [ỉwꜥw] Šw	Tu as triomphé, [héritier] de Chou [k)].
21,8 *ṯs ṯw Wsỉr*	21,8 Lève-toi, Osiris !
s[wꜣ]ḏ.n=k ỉꜣ.t=k	Tu as fait prospérer ta fonction
[n] sꜣ=k Ḥr	[pour] ton fils Horus [l)].
21,9 *ṯs ṯw Wsỉr*	21,9 Lève-toi, Osiris !
ꜥnḫ.tw mꜣꜥ.tw rn[p.tw]	Tu es vivant, renouvelé et ra[jeuni] [m)].
21,10 *ṯs ṯw Wsỉr*	21,10 Lève-toi, Osiris !
ḏd=k m pt ḫr Rꜥ	Tu es durable dans le ciel auprès de Rê [n)].
21,11 *ṯs ṯw Wsỉr*	21,11 Lève-toi, Osiris !
ỉn.n=k Ḥꜥpy	Tu as ramené Hâpy [o)],
swꜣḏ.n=k [... ...]	tu as fait prospérer [... ...] [p)].
21,12 *ṯs ṯw Wsỉr*	21,12 Lève-toi, Osiris !
rdỉ.t(w) n=k ns.t=k m wỉꜣ=k	Ton trône t'est accordé dans ta barque.

133 E. VON BERGMANN, *Texte der Sammlung*, p. XVI, pl. IX. W. SPIEGELBERG, *ZÄS* 54 (1918), p. 89-90 (E). À propos de la numérotation des colonnes et des lignes du papyrus Vienne KM ÄS 3871, voir § 7.7.

21, 13 *ṯs ṯw Wsỉr*	**21, 13** Lève-toi, Osiris !
dwꜣ.tw pfy [... ... ...]	Ce [... ...] est célébré [... ... ...] [q)].
21, 14 *ṯs* [*ṯw Wsỉr*]	**21, 14** Lève-[toi, Osiris]
ḥr smn šn[... ... ...]	en établissant l'orbe (?) [... ... ...] [r)] !
21, 15 [*ṯ*]*s* [*ṯ*]*w Wsỉr*	**21, 15** [Lè]ve-[toi,] Osiris !
ʿnḫ[*.tw* ... ...]	[Tu es] vivant [... ... ...].
22, 1 [*ṯs ṯw Wsỉr* ... ...]	**22, 1** [Lève-toi, Osiris ... ...] [s)].

Commentaire

a) On retrouve malgré la lacune un passage identique dans la tombe de *Moutirdis* (105, 6-8) : 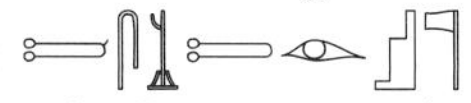 N.N.  (↓) *ṯs ṯ*(*w*) *Wsỉr N.N.* [*bꜣḳ*]*.tw m p.t ḥr Rʿ* « Lève-toi Osiris (de) N.N. ! Tu es [brillante] dans le ciel auprès de Rê »[134]. Un passage similaire figure également dans le papyrus Vienne KM ÄS 3871 (x+6, 17) :  *bꜣḳ.tw m p.t ḥr Rʿ* « Tu es brillant dans le ciel auprès de Rê ». Cette version n'indique le nom d'aucun bénéficiaire. On pourrait opter pour une tournure féminine, puisque le papyrus Vienne KM ÄS 3871 était destiné à une femme, ou supposer que cette section où le nom de la défunte n'apparaît pas était, comme l'hymne d'éveil qui précède, destiné au dieu. Les *Glorifications* IV expriment une idée similaire : *ṯs=k* <*r*> *p.t smꜣ=k ḥnʿ Rʿ* « Puisses-tu t'élever vers le ciel et t'unir avec Rê »[135]. La phrase suivante de la version de la tombe de *Moutirdis* (105, 8) est absente des deux versions manuscrites, voir § 10.2.3.

b) Une phrase identique figure dans la tombe de *Moutirdis* (105, 8) :  N.N. (↓) *ṯs ṯ*(*w*) *Wsỉr ʿnḫ.tỉ n wn ḫfy.w=k N.N.* « Lève-toi Osiris ! Tu es vivante, tes ennemis n'existent plus, N.N. ». On observe que le nom de la défunte a été ajouté à la fin de la phrase. La leçon du papyrus Vienne KM ÄS 3871 est légèrement différente : 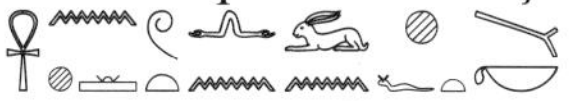 *ʿnḫ.tw nn wn ḫfy=k* « Tu es vivant, ton ennemi n'existe plus » (x+6, 18). La forme pseudo-participiale de la version de la TT 410 confirme qu'il faut comprendre *ʿnḫ.tw* de la même manière, mais ne permet pas de trancher la question de l'identité du destinataire de la formule dans le manuscrit viennois.

c) La même phrase se retrouve également dans la tombe de *Moutirdis* (105, 9) :  (↓) *ṯs ṯ*(*w*) *Wsỉr sʿḥ=ṯ ḥḏ.t m tp=k* « Lève-toi Osiris ! Tu es parée, la couronne blanche est sur ta tête »[136]. La version du papyrus Vienne KM ÄS 3871 (x+6, 19) semble surprenante :  *sʿḥ.tw nn* (?) *ḥḏ*(*.t*) *m tp=k* « Tu es paré sans (?) couronne blanche sur ta tête ». Il serait étrange de

134 Jan Assmann proposait de restituer *ꜣḫ* ou *wbn* (J. Assmann, *Mutirdis*, p. 101, n. d), mais les leçons du papyrus Princeton Pharaonic Roll 10 et du papyrus Vienne KM ÄS 3871 s'accordent pour rendre le verbe *bꜣḳ* « briller », « être clair », qui peut aussi avoir le sens « être sauf » (*Wb* I, 424, 12-425, 17 ; *Anlex* 78.1250 ; P. Wilson, *Lexikon*, p. 303-304).

135 A. Kucharek, *Klagelieder*, p. 104.

136 D'après l'éditeur de la TT 410 qui rend ce passage : « Du bist geschmückt, die Weiße auf deinem Kopf » (J. Assmann, *Mutirdis*, p. 99). Avec le verbe *sʿḥ* « récompenser », « ennoblir », l'usage de la préposition *m* serait de mise (*Wb* IV, 50, 8-15 ; *Anlex* 77.3411 ; P. Wilson, *Lexikon*, p. 804).

décrire dans ce contexte une forme particulière d'Osiris qui n'aurait pas couronne et on préférera une lecture :  *sꜥḥ.tw nn ḥḏ(.t) m tp=k* « Tu es paré, cette couronne blanche est sur ta tête ». À Dendara, la litanie de la chapelle osirienne est n° 3 évoque aussi la couronne blanche : *ṯs ṯw nb ḥḏ.t sṯn ḥꜣ.t m ẖ.t* « Lève-toi, possesseur de la couronne blanche, dont le front est couronné dès le ventre (de sa mère) »[137]. La phrase suivante du texte de la tombe de *Moutirdis* (105, 9) est omise dans le papyrus Princeton Pharaonic Roll 10 et le papyrus Vienne KM ÄS 3871, voir § 10.2.3.

d) À propos de la graphie de ce verbe, voir § 7.10.1, n. b).

e) On retrouve la même phrase dans la tombe de *Moutirdis* (105, 9-10) :  (↓) *ṯs ṯ(w) Wsỉr ẖw.tw mỉ Rꜥ rꜥ nb* « Lève-toi Osiris ! Tu es protégé(e) comme Rê chaque jour ». La tournure du papyrus Vienne KM ÄS 3871 (x+6, 20) se distingue des deux autres versions par l'absence de la préposition *mỉ* : 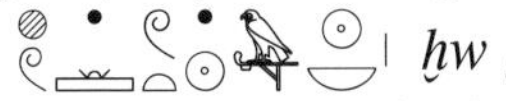 *ẖw ṯw Rꜥ rꜥ nb* « Rê te protège chaque jour ». Le vers suivant de la version de la tombe (105, 10) – *ṯs ṯ(w) Wsỉr snḏm=k ḥr ẖnd n bỉꜣ* «Lève-toi Osiris ! Tu t'installes sur l'estrade de métal » – est omis dans le papyrus Princeton Pharaonic Roll 10, mais il apparaît dans le papyrus Vienne KM ÄS 3871 (x+6, 21), voir § 10.2.3. Une phrase similaire figure cependant ailleurs dans le papyrus Princeton Pharaonic Roll 10 (x+6, 12), voir § 6.5.1 et n. m).

f) Un passage identique figure dans la tombe de *Moutirdis* (105, 10-11) :  (↓) *ṯs* [*ṯ*(*w*)] *Wsỉr* [*sn.t*]*=k ꜣs.t m sꜣ n ḥꜥ.w=k* « Lève-[toi] Osiris ! Ta [sœur] Isis est une protection pour tes membres ». De même dans le papyrus Vienne KM ÄS 3871 (x+6, 22) :  *sn.t=k ꜣs.t m sꜣ ḥꜥ.w*[*=k*] « Ta sœur Isis constitue la protection de [tes] membres ». La litanie de la chapelle osirienne ouest n° 3 de Dendara déclare *sn.t=f ḥr ẖw.t=f* « sa sœur le protège »[138]. Plus loin, elle assimile Osiris à Orion et précise *sn.t=f Spd.t m sꜣ=f* « sa sœur Sothis est sa protection »[139]. Un hymne à Isis implorant sa protection associe cette déesse à Sothis[140].

g) Cette seconde phrase n'apparaît dans aucune des deux autres leçons, voir § 10.2.3. Dans la tombe de *Moutirdis*, c'est le vers suivant qui bénéficiait d'une version plus longue, voir *infra* n. h).

h) On trouve la même phrase dans le papyrus Vienne KM ÄS 3871 (x+6, 23) : 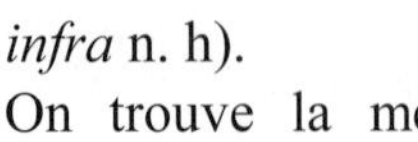 *sꜣ=k Ḥr m nḏ=k* « Ton fils Horus est ton protecteur ». La version de la tombe de *Moutirdis* (105, 11) est plus développée que les deux autres :  (↓) *ṯs ṯ(w) Wsỉr sꜣ=k Ḥr m nḏ=k ḥr swḏꜣ=k rꜥ nb* « Lève-toi Osiris ! Ton fils Horus est ton protecteur qui te rend sain chaque jour ». Dans le papyrus Princeton Pharaonic Roll 10, il est possible que les traces rouges à la fin de la ligne aient constitué un signe de correction pour indiquer cette omission. Pourtant, le passage en question ne figure nulle part sur la page, et il y aurait eu suffisamment de place pour le rajouter simplement à la suite du texte de cette ligne.

---

137 *Dendara* X, 240, 6. S. Cauville, *Les chapelles osiriennes* I, p. 126.

138 *Dendara* X, 396, 14. S. Cauville, *Les chapelles osiriennes* I, p. 214.

139 *Dendara* X, 398, 6. S. Cauville, *Les chapelles osiriennes* I, p. 215.

140 W. Spiegelberg, *ZÄS* 53 (1917), p. 33-34, pl. VIII. Fr. Dunand, *Le culte d'Isis*, p. 211-212.

i) On retrouve le même passage dans la tombe de *Moutirdis* (105, 11-12) :  (↓) *ṯs ṯ(w) Wsỉr* [*ḫw*] *ṯw Nwn Nwn.t* « Lève-toi Osiris ! Noun et Naunet te [protègent] »[141]. Il en va de même dans le papyrus Vienne KM ÄS 3871 (x+6, 24) : 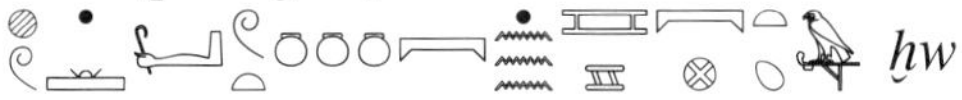 *ḫw ṯw Nwn Nwn.t* « Noun et Naunet te protègent ».

j) Une phrase similaire se retrouve dans la tombe de *Moutirdis* (105, 12) : 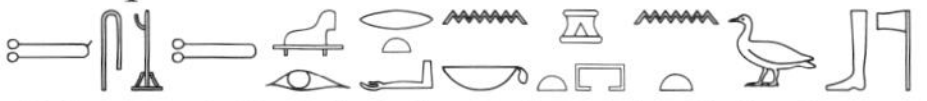 (↓) *ṯs ṯ(w) Wsỉr rdỉ.t(w) n=k ns.t n.t Gb* « Lève-toi Osiris ! Le trône de Geb t'est accordé ». De même dans le papyrus Vienne KM ÄS 3871 (x+6, 25) :  *wḏ.tw n=k ns.t Gb* « Le trône de Geb t'est attribué ». On fait souvent référence au trône de Geb en rapport avec la royauté[142].
La litanie de la chapelle osirienne ouest n° 3 de Dendara mentionne *Wʿ m šnḏ.t iṯ iwʿ n Gb ḥḳꜣ.n=f ns.t n.t ʾItm* « L'Unique dans l'acacia qui prend possession de l'héritage de Geb, qui occupe le trône d'Atoum »[143].

k) La restitution proposée se fonde sur le mot employé dans les deux versions parallèles et correspond à la trace encore visible au bord de la lacune. La tombe de *Moutirdis* donne ainsi (105, 12) : 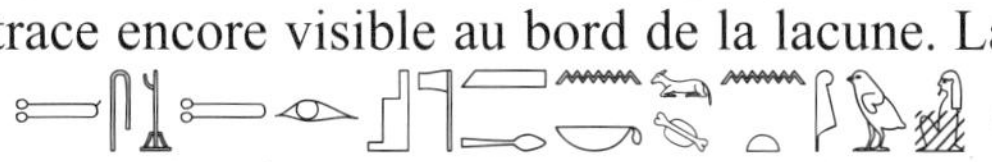 (↓) *ṯs ṯ(w) Wsỉr mꜣʿ-ḫrw.n=k ỉwʿ(.t) n.t Šw* « Lève-toi Osiris ! Tu as conquis l'héritage de Chou par procès »[144]. Dans le papyrus Princeton Pharaonic Roll 10, le mot *ỉwʿ* est suivi d'un déterminatif divin ; on pourrait donc y reconnaître le terme *ỉwʿw* « héritier » : *mꜣʿ-ḫrw.n=k* [*ỉwʿw*] *Šw* « Tu as triomphé, [héritier] de Chou ». Cette phrase définirait Osiris comme l'héritier de Chou[145], ce qui semble préférable à une traduction : *mꜣʿ-ḫrw n=k* [*ỉwʿw*] *Šw* « [L'héritier] de Chou triomphe pour toi ». En comparant les deux leçons, on constate que, dans la tombe de *Moutirdis*, le féminin pourrait éventuellement se rapporter à la défunte qui serait qualifiée alors de *ỉwʿ.t* « héritière ». Dans le papyrus Vienne KM ÄS 3871 (x+6, 26), le verbe *smꜣʿ* « rendre juste » se substitue à *mꜣʿ-ḫrw* « triompher » :  *smꜣʿ.n=k ỉwʿw Šw* « Tu as légitimé l'héritier / l'héritage de Chou ». On notera qu'il n'y a pas d'indication du féminin, bien qu'il s'agisse aussi d'une défunte.

l) Dans la tombe de *Moutirdis* (105, 12-13) toujours, on retrouve une leçon assez similaire :  (↓) *ṯs ṯ(w) Wsỉr swḏ=tw n=k ỉꜣ.t=k n sꜣ=k Ḥr* « Lève-toi Osiris ! Ta fonction est transmise pour toi à ton fils Horus ». Dans le papyrus Vienne KM ÄS 3871 (x+6, 27), le verbe *swꜣḏ* « faire prospérer » se substitue à *swḏ* « transmettre » et « Chou » remplace « ton fils Horus » :  *swꜣḏ.n=k ỉꜣ.wt=k n Šw* « Tu as fait prospérer les fonctions (que) tu (tiens) de Chou »[146]. Les deux modifications semblent liées étant donné que Chou était l'ancêtre d'Osiris et non son héritier. La leçon du papyrus Princeton Pharaonic Roll

141 Jan Assmann, qui proposait de restituer *swḏ* dans la lacune, traduisait pour sa part « Erhebe dich, Osiris : der Urozean [übergibt] dich der Himmelsgöttin ! » (J. ASSMANN, *Mutirdis*, p. 99 et 101, n. f.).

142 S. BÉDIER, *Die Rolle des Gottes Geb*, p. 200.

143 *Dendara* X, 397, 14. S. CAUVILLE, *Les chapelles osiriennes* I, p. 215.

144 D'après J. ASSMANN, *Mutirdis*, p. 100 et 101, n. g, qui traduit : « Erhebe dich, Osiris : du hast das Erbe des Schu im Rechtssteit gewonnen ».

145 L'épithète *ỉwʿw n Šw* « héritier de Chou » s'appliquait à Osiris et à Ounnefer (*LGG* I, p. 180).

146 Rendre *n Šw* par « … pour Chou » semble peu convaincant, mais on pourrait aussi comprendre *m Šw* « en tant que Chou ».

10, qui se rattache à la version de la tombe de *Moutirdis*, fait cependant déjà usage du même verbe et semble constituer une version intermédiaire.
La leçon du papyrus Vienne KM ÄS 3871 s'achève ici. La phrase suivante de la version de la tombe de *Moutirdis* (105, 13) ne figure ni dans le papyrus Princeton Pharaonic Roll 10 ni dans le papyrus Vienne KM ÄS 3871, voir § 10.2.3.

m) Une phrase similaire se retrouve dans la tombe de *Moutirdis* (105, 13-14) : (↓) *ṯs <ṯ(w)> Wsỉr* [*ꜥnḫ.tỉ*] *mꜣꜥ.tw rnp.tỉ* « Lève-toi Osiris ! [Tu es vivant], renouvelé et rajeuni », ce qui incite à reconnaître le mot *rnp* malgré la présence d'un trait vertical.

n) On retrouve la même phrase dans la tombe de *Moutirdis* (105, 14) : (↓) *ṯs ṯ(w) Wsỉr ḏd=k m p.t ḫr Rꜥ* « Lève-toi Osiris ! Tu es durable dans le ciel auprès de Rê ».

o) Sur cette graphie de *Ḥꜥpy* « Hâpy », voir § 6.5.1, n. u).

p) Il est possible qu'un passage très mutilé de la tombe de *Moutirdis* (105, 14-15) puisse néanmoins constituer un parallèle à cette phrase : N.N. (↓) *ṯs ṯ(w) Wsỉr N.N.* [... ...]*=k Ḥ*[*ꜥpy* (*?*)] *s*[*wꜣḏ* (*?*)]*=k* [... ...] « Lève-toi Osiris (de) N.N. ! Tu [... ...] Hâ[py (?)] et tu fais pros[pérer (?) ... ...] ». Il se rapporte à nouveau directement à *Moutirdis* dont le nom a été inséré. La suite du texte de la tombe de *Moutirdis* (105, 15-16) est largement endommagée et on peine à y trouver la trace d'autres phrases similaires à celles qui figurent dans le papyrus Princeton Pharaonic Roll 10. La suite de cette composition, telle qu'elle y est reproduite[147], n'est pas attestée dans le manuscrit américain.

q) La fin de la ligne est difficile à lire même si l'on y distingue encore assez nettement des signes, et le sens à donner à ce passage demeure obscur.

r) Quelques traces sont encore visibles avant la lacune. Une lecture *psḏn*[*.tyw*] n'est pas indiquée et on lirait plutôt *šn* « orbe » : ... *ḥr smn šn* [... ...] « ... en établissant l'orbe [... ...] ». On notera d'ailleurs dans la partie mutilée du texte de la tombe de *Moutirdis* la présence de *šn ỉtn* « ce qu'entoure le disque solaire » (105, 17).

s) Seul le mot *Wsỉr* peut être restitué avec une certaine assurance. Sa position dans la phrase laisse penser que cette ligne faisait encore partie de la litanie.

10.2.2 Structure et contenu de la seconde partie de la litanie

La seconde partie de la litanie du papyrus Princeton Pharaonic Roll 10 (x+20, 12 – x+ 22, 1) présente une structure un peu différente de la précédente. Composée de dix-huit vers, elle reprend la même anaphore « lève-toi » à laquelle est ajouté cette fois l'élément « Osiris ». En outre, la rédaction se distancie d'une construction fondée sur une suite d'épithètes pour prendre la forme de phrases plus complètes. On notera aussi que l'on y a fait figurer à trois reprises le nom de l'un des bénéficiaires du papyrus, *Padiherpakhered* (x+20, 12-13 ; x+20, 14 ; x+20, 15-16). Les thèmes abordés dans cette section sont synthétisés ci-dessous (Tableau 28). Les quatre dernières lignes sont trop endommagées pour qu'il soit possible d'en retirer une idée précise.

147 J. ASSMANN, *Mutirdis*, p. 99-100.

n°	P. Princeton Pharaonic Roll 10	Thèmes	Divinités
1	Tu es brillant dans le ciel auprès de Rê (x+20, 12-13)	Brillant dans le ciel	Rê
2	[Tu es] vivant, tes ennemis n'existent plus (x+20, 14)	Vivant Destruction des ennemis	
3	Tu es paré, la couronne blanche est sur ta [tête] (x+20, 15-16)	Couronne blanche Royauté	
4	[Tu es] protégé comme Rê chaque jour (x+21, 1)	Protection quotidienne	Rê
5	Ta sœur Isis constitue la protection de tes membres. Elle te protège quotidiennement (x+21-2-3)		Isis
6	Ton fils Horus est ton protecteur (x+21, 4)	Protection	Horus
7	Noun et Naunet [te] protègent (x+21, 5)		Noun et Naunet
8	Le trône de Geb t'est attribué (x+21, 6)	Trône	Geb
9	Tu as triomphé, [héritier] de Chou (x+21, 7)	Triomphe	Chou
10	Tu as fait prospérer ta fonction [pour] ton fils Horus (x+21, 8)	Fonction	Horus
11	Tu es vivant, renouvelé et ra[jeuni] (x+21, 9)	Vivant, renouvelé, rajeuni	
12	Tu es durable dans le ciel auprès de Rê (x+21, 10)	Durable dans le ciel	Rê
13	Tu as ramené Hâpy, tu as fait prospérer [… …] (x+21, 11)	Crue	Hâpy
14	Ton trône t'est accordé dans ta barque (x+21, 12)	Siège dans la barque	
15	Ce [… …] est célébré [… … …] (x+21, 13)	(?)	
16	… en établissant l'orbe [… … …] (x+21, 14)	(?)	
17	[Tu es] vivant [… … … … …] (x+21, 15)	Vivant	
18	[… … … … … …] (x+22, 1)	(?)	

Tableau 28 : Éléments de la seconde partie de la litanie

Contrairement à la première partie de la litanie, celle-ci ne comporte aucune indication géographique. Plusieurs divinités y sont cependant nommées. Deux thèmes principaux s'en dégagent : d'une part la protection dont fait l'objet Osiris (4, 5, 6, 7) et d'autre part le pouvoir royal et sa transmission à un héritier (3, 8, 9, 10). Osiris bénéficiait de la protection accordée quotidiennement au soleil (4). Cette tâche était assurée aussi par sa sœur Isis et son fils Horus (5, 6), ainsi que par Noun et Naunet (7). La transmission de la royauté est évoquée par des termes choisis (8, 9, 10) autant que par l'association de Geb, Chou et Horus qui furent, avec Osiris, les détenteurs du pouvoir royal. La couronne blanche est mentionnée à la suite de la destruction des ennemis (2-3)[148], ce qui rappelle la nécessité de renverser les ennemis au moment de la transmission du pouvoir royal à l'héritier[149], le triomphe d'Osiris (9) étant

148 La couronne blanche est aussi mentionnée après les ennemis dans la première litanie (x+19, 9-10), voir § 10.1.1.

149 J. Assmann, M. Bommas, A. Kucharek, *Totenliturgien* 3, p. 310.

soumis à cette condition. Le retour de la crue (13), dont Osiris semble être le promoteur, en constitue le résultat. Quant à la place qui lui est « accordée dans sa barque » (14), elle évoque une navigation qui, tant par les références au ciel et qu'au dieu Rê (1, 4, 12), semble être céleste. Cette litanie insiste par ailleurs sur le fait qu'Osiris est vivant (2, 11, 17), en précisant qu'il est renouvelé et rajeuni (11) ; elle imbrique des références à la fois solaires (1, 4, 12) et osiriennes (3, 5, 6), soulignant l'union d'Osiris au soleil exprimée déjà dans les textes funéraires royaux du Nouvel Empire et développée dans la composition précédente (§ 9.1).

10.2.3 Comparaison avec les versions parallèles

Les trois versions de la seconde partie de la litanie du papyrus Princeton Pharaonic Roll 10 sont présentées ensemble ci-dessous[150] (Tableau 29). L'état lacunaire d'une partie de la leçon de la tombe de *Moutirdis* et de la fin de celle du papyrus Princeton Pharaonic Roll 10 ne permet pas de poursuivre une comparaison détaillée de la fin du passage qu'elles ont en commun.

n°	*Moutirdis*	n°	P. Princeton 10	n°	P. Vienne 3871
1	**Lève-toi Osiris (de) *Moutirdis** !** Tu es [brillante] dans le ciel auprès de Rê. (105, 6-8)	1	**Lève-toi Osiris (de) *Padiherpakhered** !** Tu es brillant dans le ciel auprès de Rê. (x+20, 12-13)	1	Tu es brillant[151] dans le ciel auprès de Rê. (x+6, 17)
2	**Lève-toi Osiris ! Tu es durable sur terre auprès de Geb**. (105, 8)				
3	**Lève-toi Osiris !** Tu es vivante, **tes ennemis** n'existent plus, ***Moutirdis**** (105, 8)	2	**Lève-toi Osiris (de) *Padiherpakhered**** ! [Tu es] vivant, **tes ennemis** n'existent plus. (x+20, 14)	2	Tu es vivant, **ton ennemi** n'existe plus. (x+6, 18)
4	**Lève-toi Osiris !** Tu es parée, la couronne blanche est sur ta tête. (105, 9)	3	**Lève-toi Osiris (de) *Padiherpakhered**** ! Tu es paré, la couronne blanche est sur ta [tête]. (x+20, 15-16)	3	Tu es paré, **cette** couronne blanche est sur ta tête. (x+6, 19)
5	**Lève-toi Osiris ! Tu es parée, Horus est [devant] toi**. (105, 9)				
6	**Lève-toi Osiris !** Tu es protégé(e) comme Rê chaque jour. (105, 9-10)	4	**Lève-toi Osiris !** [Tu es] protégé comme Rê chaque jour. (x+21, 1)	4	**Rê te protège chaque jour**. (x+6, 20)
7	**Lève-toi Osiris !** Tu t'installes sur l'estrade de métal. (105, 10)			5	Tu t'installes sur l'estrade de métal. (x+6, 21)

150 Les variantes significatives sont indiquées en gras dans le tableau. Le nom des bénéficiaires figure seul, sans titre ni filiation par souci de concision (*).

151 Sur le choix du masculin, voir § 10.2.1, n. a).

nº	*Moutirdis*	nº	P. Princeton 10	nº	P. Vienne 3871
8	**Lève-[toi] Osiris !** Ta [sœur] Isis est une protection **pour** tes membres. (105, 10-11)	5	**Lève-toi Osiris !** Ta sœur Isis constitue la protection de tes membres. **Elle te protège quotidiennement**. (x+21, 2-3)	6	Ta sœur Isis constitue la protection de [tes] membres. (x+6, 22)
9	**Lève-toi Osiris !** Ton fils Horus est ton protecteur **qui te rend sain chaque jour**. (105, 11)	6	**Lève-toi Osiris !** Ton fils Horus est ton protecteur. (x+21, 4)	7	Ton fils Horus est ton protecteur. (x+6, 23)
10	**Lève-toi Osiris !** Noun et Naunet te [protègent]. (105, 11-12)	7	**Lève-toi Osiris !** Noun et Naunet [te] protègent. (x+21, 5)	8	Noun et Naunet te protègent. (x+6, 24)
11	**Lève-toi Osiris !** Le trône de Geb t'est **accordé**. (105, 12)	8	**Lève-toi Osiris !** Le trône de Geb t'est **attribué**. (x+21, 6)	9	Le trône de Geb t'est **attribué**. (x+6, 25)
12	**Lève-toi Osiris !** Tu as **conquis l'héritage** de Chou **par procès**. (105, 12)	9	**Lève-toi Osiris !** Tu as **triomphé, [héritier]** de Chou. (x+21, 7)	10	Tu as **légimité l'héritier / l'héritage** de Chou. (x+6, 26)
13	**Lève-toi Osiris !** Ta fonction **a été transmise pour toi à ton fils Horus**. (105, 12-13)	10	**Lève-toi Osiris ! Tu as fait prospérer** ta fonction **[pour] ton fils Horus**. (x+21, 8)	11	**Tu as fait prospérer** les fonctions **(que) tu (tiens) de Chou** (?). (x+6, 27)
14	**Lève<-toi Osi>ris ! Tu subviens (?) aux besoins du pays pour Horus**. (105, 13)				
15	Lève-<toi> Osiris ! [Tu [es vivant], renouvelé et rajeuni (105, 13-14)	11	Lève-toi Osiris ! Tu es vivant, renouvelé et ra[jeuni]. (x+21, 9)		
16	Lève-toi Osiris ! Tu es durable dans le ciel auprès de Rê. (105, 14)	12	Lève-toi Osiris ! Tu es durable dans le ciel auprès de Rê. (x+21, 10)		
17	Lève-toi Osiris **(de) *Moutirdis**** ! Tu [... ...] Hâ[py (?)], tu as fait pros[pérer (?) ... ...]. (105, 14-15)	13	Lève-toi Osiris ! Tu as ramené Hâpy, tu as fait prospérer [... ...]. (x+21, 11)		
...		14	Lève-toi Osiris ! Ton trône t'est accordé dans ta barque. (x+21, 12)		
		15	Lève-toi Osiris ! Ce [... ...] est célébré [... ... ...]. (x+21, 13)		

nº	*Moutirdis*	nº	P. Princeton 10	nº	P. Vienne 3871
		16	Lève-[toi Osiris] en établissant l'orbe [... ... ...]. (x+21, 14)		
		17	[Lè]ve-[toi] Osiris ! [Tu es] vivant [... ... ...]. (x+21, 15)		
		18	[Lève-toi Osiris ! (?)... ... . (?)] (x+22, 1)		

Tableau 29 : Comparaison des trois versions de la seconde partie de la litanie

Bien qu'elle soit en partie endommagée, la copie de la tombe de *Moutirdis* semble être la plus étendue. Cependant, la fin de celle-ci ne prend plus la forme d'une litanie[152]. Certains vers de cette version n'apparaissent pas dans les deux autres copies (2, 5, 14), l'un d'eux ne figure que dans le papyrus Vienne KM ÄS 3871 (7), un autre uniquement dans le papyrus Princeton Pharaonic Roll 10 (15). Cette leçon-là est la plus brève avec seulement onze vers. Elle se distingue particulièrement des deux autres par l'absence d'anaphore. Elle présente également le plus grand nombre de variantes significatives par rapport aux deux autres témoignages (2, 3, 4, 10, 11). Dans l'ensemble, la copie du papyrus Princeton Pharaonic Roll 10 présente plus de similitudes avec la version de la tombe de l'Assassif qu'avec celle du manuscrit viennois.

Le nom du bénéficiaire apparaît à trois reprises dans cette partie de la litanie du papyrus Princeton Pharaonic Roll 10. C'est à chaque fois *Padiherpakhered* qui est nommé (1, 2, 3). Dans la version de la tombe de *Moutirdis* figure également le nom de la défunte (1, 3, 17). Rien de tel ne figure dans la version du papyrus Vienne KM ÄS 3871, où le nom de la défunte est pourtant cité dans d'autres sections[153].

Le titre « Formules des glorification d'Osiris qui préside à l'Occident » attribué à ce passage dans la tombe de *Moutirdis*[154] incite à rattacher aussi cette partie de la litanie du papyrus Princeton Pharaonic Roll 10 à l'important corpus des *Glorifications* qui se regroupaient autour de deux éléments centraux : des récitations lors de l'embaumement et des veillées du lit funéraire d'une part[155] et des formules liées au culte funéraire et aux offrandes, aux libations ou à l'encensement d'autre part[156].

10.3 La bipartition de la litanie

La litanie du papyrus Princeton Pharaonic Roll 10 se divise en deux parties. Cette distinction est marquée formellement par la modification de l'anaphore. La première partie, où chaque vers est introduit uniquement par *ṯs ṯw* « lève-toi », se résume à une série d'épithètes qui

152 Le texte de la tombe de *Mutirdis* se poursuit encore après un passage lacunaire, mais la forme *ṯs ṯw Wsìr*, que l'on retrouve à nouveau dans le texte 105c, n'y apparaît plus (J. ASSMANN, *Mutirdis*, p. 99-100).

153 W. SPIEGELBERG, *ZÄS* 54 (1918), p. 87-88 (P. Vienne KM ÄS 3871 (x+3, 21, 22, 34)), 88-89 (P. Vienne KM ÄS 3871 (x+5, 1-2)), 90-91 (P. Vienne KM ÄS 3871 (x+7, 6)).

154 J. ASSMANN, *Mutirdis*, p. 98-99 (105, 6).

155 G. SOUKIASSIAN, *BIFAO* 82 (1982), p. 343-347.

156 J. ASSMANN, M. BOMMAS, A. KUCHAREK, *Totenliturgien* 1, p. 21-23.

peuvent être rattachées à la figure osirienne, peut-être même plus spécifiquement à Sokar-Osiris, nommé initialement. La seconde est formée de phrases qui sont adressées à Osiris, comme l'indique l'adjonction de son nom à l'anaphore. Le nom de l'un des bénéficiaires du manuscrit, *Padiherpakhered*, y apparaît cependant à trois reprises, alors qu'il ne figure pas dans la première portion de la litanie. Cette bipartition est confirmée par les parallèles existants. La tombe de *Moutirdis* ne reproduit en effet que la seconde partie de la litanie. Le papyrus Vienne KM ÄS 3871 quant à lui offre un parallèle à chacune des deux sections qui y sont attestées dans le même ordre, mais sans jamais faire figurer l'anaphore. Dans la tombe de *Moutirdis*, le nom de la défunte figure aussi dans la litanie, mais l'absence d'une première partie ne permet pas de tirer d'autres conclusions. Dans le papyrus Vienne KM ÄS 3871, où l'on retrouve en revanche les deux sections, Artémis n'est pas mentionnée.

L'association de deux litanies, distinguées par leurs anaphores, et l'attribution, en partie au moins, de la seconde à *Padiherpakhered*, semblent ainsi propres au papyrus Princeton Pharaonic Roll 10, ces caractéristiques apparaissant dans l'un ou l'autre des parallèles mais pas les deux. Cette bipartition reflète peut-être des fonctions différentes attribuées aux deux portions de cette litanie, la première étant conçue comme une glorification d'Osiris et la seconde s'apparentant aux *Glorifications*, dont le défunt pouvait bénéficier. Elle n'est pourtant pas exceptionnelle et se retrouve sous une forme graphique dans d'autres monuments. Bien qu'elle ne présente pas de parallèle direct avec le papyrus Princeton Pharaonic Roll 10, la litanie de l'embrasure de la chapelle osirienne ouest n° 3 du temple de Dendara[157] offre néanmoins quelques similitudes avec le manuscrit américain[158]. Or elle se divisait également en deux parties[159]. La première comprend dix-huit vers. Elle est introduite par Thot qui invitait le dieu à se retourner sur son lit funéraire[160]. La seconde, qui compte vingt vers, est présentée par Horus qui fixe (la tête) au cou du dieu[161]. Le premier registre de cette chapelle illustre justement l'embaumement d'Osiris et le deuxième est décoré d'une dizaine d'Osiris momifiés installés sur des lits d'apparat[162]. Or, l'une de ces figures est identique à celle de la tombe de *Moutirdis*[163], où des représentations de la course du soleil dans la barque du matin et dans celle du soir occupent la partie supérieure de la paroi sud, surmontant une scène d'éveil d'Osiris sur un lit d'apparat[164]. La litanie copiée en faveur de *Moutirdis* occupe pour sa part la paroi ouest

157 *Dendara* X, 395,10-398, 13. S. CAUVILLE, *Les chapelles osiriennes* I, p. 213-215 ; II, p. 182-186.

158 Voir l'introduction du chapitre 10 et le commentaire du § 10.2.1.

159 S. CAUVILLE, *Chapelles* II, p. 182-185, qui en fait la lecture alternativement de chaque côté.

160 *Dendara* X, 395,10. S. CAUVILLE, *Les chapelles osiriennes* I, p. 213. On retrouve la même idée dans le chapitre 171[Pleyte] du *Livre des morts* (W. PLEYTE, *Chapitres supplémentaires*, pl. 169A ; A. KUCHAREK, *Klagelieder*, p. 75).

161 *Dendara* X, 397, 5. S. CAUVILLE, *Les chapelles osiriennes* I, p. 214.

162 *Dendara* X, pl. 236-239. S. CAUVILLE, *Les chapelles osiriennes* II, p. 199-203.

163 *Dendara* X, pl. 237. J. ASSMANN, *Mutirdis*, p. 91, fig. 41, pl. 41. Une autre série d'Osiris figure dans le temple d'Hibis (N. de Garis DAVIS, *Hibis* III, pl. 4). Dans ce temple, on notera encore une représentation similaire d'un Osiris couché à plat ventre sur un lit, à moitié dissimulé dans une chapelle (N. de Garis DAVIS, *Hibis* III, pl. 24).

164 J. ASSMANN, *Mutirdis*, p. 14, 32, 90-93, pl. 41 (scène 45). Sur la paroi opposée à celle sur laquelle est copiée la litanie, le texte 104 est intitulé *r(ꜣ) n wṯs ḥnk.t* « formule pour redresser le lit » (J. ASSMANN, *Mutirdis*, p. 94-98, pl. 42). C'est également le cas des textes 91-92 dans la salle III (J. ASSMANN, *Mutirdis*, p. 84-85). On notera que la récitation de la *Chambre du lit* est préconisée par le papyrus Princeton Pharaonic Roll 10 (§ 8.10).

de cette même salle. On rappellera que le titre de la première section parallèle du papyrus Vienne KM ÄS 3871 en fait un hymne d'éveil. Cette double scène forme un ensemble attesté à plusieurs reprises dès l'époque ramesside[165] ; la version de la tombe de *Moutirdis* en constitue un exemple adapté en faveur d'une personne non royale[166]. L'interprétation de la chambre funéraire de *Moutirdis* permet d'associer les *Glorifications* qui y figurent aux veillées horaires dans la salle d'embaumement[167], auxquelles le périple des barques solaires est associé par ailleurs.

Il n'est pas impossible que la bipartition de la litanie du papyrus Princeton Pharaonic Roll 10 trahisse le souvenir d'une liturgie similaire. La première partie de la litanie, qui s'adressait au dieu Sokar-Osiris sous différents aspects, renverrait aux différentes formes d'Osiris sur des lits d'apparat. La seconde section, dont bénéficiait aussi *Padiherpakhered*, serait quant à elle liée aux *Glorifications* de la salle d'embaumement et renverrait au trajet réalisé dans la barque du soleil. Il est d'ailleurs indiqué dans le manuscrit américain : « Ton trône t'est accordé dans ta barque » (x+21, 12). En outre, la formule ayant trait à la corde de proue de la barque du dieu (§ 11.1) et la « formule pour amarrer » (§ 11.2) invoquent toutes deux les barques du jour et de la nuit. De cette manière, l'organisation du texte refléterait la fonction des deux parties de celui-ci en établissant une comparaison entre le dieu Osiris s'éveillant sur son lit et le défunt qui, ayant bénéficié des rites d'embaumement, pouvait lui aussi espérer se lever aux côtés du dieu et monter à bord de la barque de Rê.

---

165 J. A. ROBERSON, *The Awaking of Osiris*, en particulier p. 9-17 pour la description des scènes qui figurent dans le cénotaphe de Séthi Ier à Abydos, dans la tombe de Ramsès VI, celle de Ramsès IX et celle de Chéchonq III, et p. 128-140 sur la bipartition de la composition.

166 J. A. ROBERSON, *The Awaking of Osiris*, p. 171-175 (pl. 1-5).

167 J. ASSMANN, *Mutirdis*, p. 101-102.

11. Fin de la cérémonie

La dernière page du papyrus Princeton Pharaonic Roll 10 a subi d'importantes dégradations. Elle laisse ainsi apparaître plusieurs lacunes et de longs passages difficilement lisibles en raison d'effacements ou d'abrasions[1]. La compréhension de cette section est ainsi en bonne partie compromise. On peut cependant en retirer quelques indications, alors même qu'il n'est pas toujours possible de restituer des phrases complètes. Dans la première moitié de la page, on reconnaît deux formules destinées à être récitées. La suite présente un caractère plus descriptif et s'émancipe d'un contenu récitatif pour s'attacher plutôt à retracer le déroulement des rites.

11.1 Saisir la corde de proue (x+22, 2-6)

Si le titre de cette formule est encore reconnaissable, son contenu est plus difficile à saisir en raison des différentes lacunes. On a considéré qu'elle se poursuivait jusqu'au titre suivant, sans qu'il ne soit possible de s'en assurer véritablement.

11.1.1 Traduction et commentaire (x+22, 2-6)

[22,2] *šsp ḥȝt(.t)*	[22,2] Saisir la corde de proue
dp(.t)-nṯr	de la barque du dieu [a)].
ḏd mdw.w	Réciter :
[22,3] [... ... ...]	[22,3] [... ... ...].
šsp[*=f* ... ... (*m*)*s*]*kt.t*	[Il] saisit [b)] [... ... ... la bar]que du matin [c)]
[... ... ...]*=f*	[... ...] il/son (?) [... ...
[22,4] [... ... ...] *mʿnḏ.t*	[22,4] ... ...] la barque du soir [c)]
ỉr.n=f mȝʿ	(après qu')il a fait naviguer à voile [d)]
dp(.t)-nṯr	la barque du dieu
ỉr.n=f hn ỉs.t	(et qu')il a fait jubiler l'équipage
m wỉȝ	dans la barque.
[22,5] [... ... ... *m* ... ... *mʿ*]*nḏ.t*	[22,5] [... ... ... bar]que du soir
[... ... ...]	[... ... ...]
ḫnt [... [22,6] ... ...]	devant [... [22,6] ... ...].

1 Afin de ne pas induire en erreur le lecteur, la transcription de la page x+22 (pl. XXII) ne comporte que des propositions de lecture qui présentent une certaine cohérence. Plusieurs traces de signes isolés pourraient faire l'objet d'interprétations, mais en l'absence d'un minimum de contexte, les possibilités de lecture demeurent trop nombreuses et hypothétiques pour apporter véritablement un avantage.

Commentaire

a) Le mot *ḥ3t.t* peut désigner la « corde de proue »[2]. Malgré l'absence d'un déterminatif spécifique, le contexte incite à choisir l'expression *šsp ḥ3t.t* « saisir la corde de proue » attestée tant dans les textes mortuaires que dans d'autres contextes[3].
Dans les temples, les scènes où apparaît l'expression *šsp ḥ3t.t* « saisir la corde de proue » décrivent le halage de la barque[4], comme c'est le cas par exemple dans la chapelle d'Hatshepsout à Karnak : *ḥtp m [wỉ3 nsw] šsp ḥ3t.t* « station dans la [barque royale], saisir la corde de proue »[5]. L'emploi de l'expression *wdỉ r t3 m ḥtp r tp-ỉtrw ỉp.t-s.wt* « toucher terre en paix au quai de Karnak » à l'avant de la barque situe l'action au moment de l'arrivée de la barque[6]. Une scène similaire figure dans le sanctuaire de Philippe Arrhidée : *ḥtp nsw m wỉ3 šsp ḥ3t.t* « station royale dans la barque, saisir la corde de proue »[7]. Ce geste est aussi attesté à Louqsor lors du festival d'Opet : [...] *t3 ḥ3t.t n t3 nb.t t3.wy* « [saisir] la corde de proue de la maîtresse des Deux Terres »[8].
Un « jour de saisir la corde de proue de la barque du dieu » (*hrw n šsp ḥ3t.t dp.t-nṯr*) est mentionné déjà dans un mastaba de la VIe dynastie[9]. Dans la tombe de *Basa*, c'est la corde de proue de la barque-*mʿnḏ.t* qui est évoquée. Il s'agit là d'un souhait récurrent des défunts qui désiraient être acceptés dans l'équipage de la barque solaire[10].
Le *Grand décret en faveur du nome d'Igeret* confirme l'idée d'une arrivée, puisqu'il s'agit de ramener la momie à quai alors qu'elle le quittait : *p3 s3ḥ ẖ3ʿ=f mry.t šsp=n ḥ3t<.t>=f tnk=n sw r t3* « La momie, elle quitte le quai. Nous attrapons sa corde de proue et nous la rapprochons de la terre »[11]. La tombe de *Kherouef* ajoute d'autres précisions : *šsp.n=ỉ ḥ3t(.t) dp.t-nṯr šms.n=ỉ* [...] *r Pkr hrw pn m3ḥ n mʿ3-ḫrw* « J'ai saisi la corde de proue de la barque du dieu et j'ai accompagné [...] à Peker en ce jour de la couronne de justification »[12]. Le *Livre de parcourir l'éternité* indique pour sa part : *šsp.n=k ḥ3t(.t) n dp.t-nṯr hrw sḥy nšm.t* « Tu as saisi la corde de proue de la barque du dieu le jour de mettre à l'eau la barque-*nechemet* »[13]. Ce serait là une référence à la navigation de la barque-*nechemet* sur le lac sacré la nuit du 25 Khoiak[14].

---

2 *Wb* III, 28, 5-7. D. Jones, *Nautical Titles and Terms*, p. 174, n° 98.
3 M. Smith, *Mortuary Texts*, p. 119, 126, n. b), qui fournit de nombreux exemples en démotique et en égyptien. M. Smith, *Papyrus Harkness*, p. 178.
4 P. Lacau, H. Chevrier, *Une chapelle d'Hatshepsout*, p. 184-185, § 261.
5 P. Lacau, H. Chevrier, *Une chapelle d'Hatshepsout*, p. 184, § 260, pl. 9 (blocs 104 et 171).
6 P. Lacau, H. Chevrier, *Une chapelle d'Hatshepsout*, p. 185-186, § 263.
7 P. Lacau, H. Chevrier, *Une chapelle d'Hatshepsout*, p. 407, § 741.
8 Epigraphic Survey, *Reliefs and Inscriptions at Luxor Temple 1*, p. 14-15, pl. 17, 28.
9 S. Hassan, *Excavations at Gîza* I, p. 18, fig. 13. P. Lacau, H. Chevrier, *Une chapelle d'Hatshepsout*, p. 185, § 262.
10 J. Assmann, *Das Grab des Basa*, p. 61 (T 14) et n. d.
11 J.-Cl. Goyon, *Imouthès*, p. 33, pl. VI (P. New York MMA 35.9.21 (7, 1)). A. Kucharek, *Klagelieder*, p. 284, 363-364. M. Smith, *Traversing Eternity*, p. 82.
12 Epigraphic Survey, *The Tomb of Kheruef*, p. 39, pl. 21. Sur la couronne de justification, voir Ph. Derchain, *ChronÉg* 30, n° 60 (1955), p. 225-287 ; M. Müller-Roth, *in* : *Mythos und Ritual*, p. 143-162.
13 Fr. R. Herbin, *Parcourir l'éternité*, p. 64, 224 (P. Leyde T 32, VI, 16).
14 P. Barguet, *Le papyrus N. 3176 (S)*, p. 18, 41-42. M. Smith, *Mortuary Texts*, p. 40, 87 (P. Londres BM EA 10507, V, 1-2). Fr. R. Herbin, *Parcourir l'éternité*, p. 224.

Dans un tout autre contexte, on retrouve cette expression sur la stèle Vienne 5103[15] : *šsp=ỉ ḥ3t.t bk.w ḥr w3.t ʿ.wy sš n ỉỉ.w m rw.t...* « J'accueillais (lit. saisissais la corde de proue) les réfugiés (lit. ceux qui sont épuisés par la route) et les deux vantaux restaient ouverts pour ceux qui venaient de loin (lit. de l'extérieur) ... » (l. 10-11). Dans la seconde partie du rituel de confirmation du pouvoir royal, intitulée *n3 ỉr.w n p3 dw3w Ḥr* « les cérémonies de l'adoration d'Horus », le terme *ḥ3t.t* figure dans une autre expression, mise néanmoins en rapport avec le pieu d'amarrage : *wṯs ḥ3t.t Sḫm.t r ḥr.t ỉdr r mnỉ.t m wỉ3 mỉ nty r ḥr ḥ(3)b(.t)* « élever la corde de proue de Sekhmet vers le ciel et (l')attacher[16] au pieu d'amarrage de la barque, selon le rituel de fête »[17]. On retrouve une phraséologie similaire dans la formule d'offrande du symbole-*chebet*[18]. Chantal Sambin traduit ainsi la leçon du temple d'Edfou : *ḥnḳ wt.t ḏd mdw.w ṯs ḥ3t.t r ḥr.t srḳ ḥty.t mn m wỉ3=f* « Présenter le symbole-*outet*. Réciter : Dresse ton front vers le ciel, uraeus qui donne le souffle à celui qui est immobile dans sa barque »[19]. Il pourrait être question d'une figure placée sur la barque lors d'un rite spécifique lié à l'apaisement de l'œil-*oudjat* ; cette phrase constituerait alors l'*incipit* d'un hymne à l'uraeus utilisé lors des conjurations du début de l'année[20]. La litanie de la chapelle osirienne est n° 3 de Dendara indique pour sa part : *ṯs ṯw ḥ3.t mskt.t ḥr Rʿ m dw3 nṯry sṯ=k t3 m nḳr nbw* « Lève-toi, proue de la barque du matin avec Rê au matin divin, que tu parsèmes la terre de poussière d'or »[21].

b) Il s'agissait vraisemblablement d'une forme verbale conjuguée et la répétition du pronom *=f* (x+20, 3 ; x+20, 4) incite à le restituer ici aussi, mais sans certitude. C'est peut-être *šsp ḥ3t.t* « saisir la corde de proue » qui était noté ici.

c) À propos des deux barques solaires, voir § 9.2.1, n. q).

d) Le déterminatif indique qu'il s'agit probablement du verbe *m3ʿ* « naviguer à voile »[22]. Une forme *sḏm.n=f* renvoyant à un événement antérieur paraît préférable à un infinitif : *ỉr n=f m3ʿ dp(.t)-nṯr...* « Faire naviguer pour lui la barque du dieu... ». Il s'agirait alors de la description de rites (cf. § 11.3 et 11.4), ce qui impliquerait que la formule était déjà terminée. Compte tenu des lacunes qui suivent, il n'est pas possible de se déterminer avec certitude.

11.1.2 L'arrivée de la barque du dieu

On en a terminé avec les litanies et on revient à une thématique nautique marquée par le halage de la barque du dieu, ce qui laisse penser qu'elle était arrivée à destination[23]. Si celle-ci était précisée, cette indication est aujourd'hui perdue. Cet événement incite à penser que la

15 W. Wreszinski, *Ägyptische Inschriften*, p. 87-88. W. Spiegelberg, *ZÄS* 44 (1907), p. 99-101. E. Otto, *Die biographischen Inschriften*, p. 188-189, n° 53. P. Munro, *Die spätägyptischen Totenstelen*, p. 306. H. Sternberg-el-Hotabi, *in* : *Grab-, Sarg-, Votiv- und Bauinschriften*, p. 536. Å. Engsheden, *La reconstitution du verbe*, p. 137. Cette stèle abydénienne au nom de *Hor* date de l'époque ptolémaïque (vers 200 av. J.-C.).

16 D'après la traduction proposée par Frank Feder pour le *Thesaurus Linguae Aegyptiae*.

17 J.-Cl. Goyon, *Confirmation* I, p. 74, 118, n. 302 ; II, pl. XII (P. Brooklyn 47.218.50 (XVI, 19-20 et 22)).

18 Ch. Sambin, *L'offrande de la soit-disant "clepsydre"*, p. 270-276.

19 Ch. Sambin, *L'offrande de la soit-disant "clepsydre"*, p. 62-63, doc. 13, 272-274 (*Edfou* VII, 293).

20 Ch. Sambin, *L'offrande de la soit-disant "clepsydre"*, p. 63, n. 1, 273-274.

21 *Dendara* X, 238, 13-14. S. Cauville, *Les chapelles osiriennes* I, p. 125.

22 *Wb* II, 24, 6-7.

23 Comme semble le confirmer la suite des rites, voir § 11.3.

navigation comprenait plusieurs étapes étant donné qu'il a déjà été question préalablement d'amarrer (§ 8.6). Quatre embarcations sont nommées : *dp.t-nṯr*, *(m)skt.t*, *mꜥnḏ.t* et *wỉꜣ*. Deux d'entre elles renvoient à la course du soleil ; les deux autres sont plus génériques, mais peuvent être rattachées à Osiris (*dp.t-nṯr*) et peut-être à Horus (*wỉꜣ*)[24]. Si une thématique solaire est développée dans la formule, c'est la barque du dieu (*dp.t-nṯr*) qui est nommée dans le titre, puis à nouveau ensuite. Or, celle-ci pouvait désigner la barque-*nechemet*[25]. Il n'est donc pas impossible que ce soit plus spécifiquement à l'embarcation d'Osiris qu'il ait été fait référence. Si l'on en croit les attestations de l'expression « saisir la corde de proue », il serait possible d'associer cet événement à la navigation de ce dieu durant la nuit du 25 Khoiak[26].

11.2 Formule pour amarrer (x+22, 6-8)

Si le titre de cette formule est encore lisible, le reste est en revanche en bonne partie perdu, si bien qu'il est difficile d'en apprécier le contenu.

11.2.1 Traduction et commentaire (x+22, 6-8)

r(ꜣ) n mnỉ	*Formule pour amarrer* [a)].
ḏd mdw	Réciter :
ḫrw nhm m p.t	La clameur de l'allégresse [b)] (s'élève) dans le ciel
[...] *ḥknw* [... ... 22, 7 ... ...]	[...] la réjouissance [... ... 22, 7 ... ...]
mnỉ Wsỉr ḥm-nṯr Ms-rd[*.wy=f*	(lorsque) l'Osiris (du) prêtre *Mesred*[*ouyef*,
mꜣꜥ-ḫrw msỉ.n Tꜣy-IIb.t	justifié, enfanté par *Tahebet*], amarre
... ...]	[... ... ...]
m 22, 8 *ꜥnḏ.t*	la [barque] 22, 8 du soir [c)].

Commentaire

a) On pourrait hésiter entre le verbe *mnỉ* « amarrer »[27] et le substantif *mnỉ.t* « pieu d'amarrage »[28], qui peuvent tous deux s'accompagner du déterminatif  . Le chapitre 165 du *Livre des morts* a pour titre *rꜣ n mnỉ.t tm dỉ.t ṯḥn=s r srwḏ tꜣ ẖꜣ.t r sꜥm nwy=sn* « Formule du pieu d'amarrage. Empêcher qu'il ne soit détérioré, afin de préserver le corps et d'avaler leur flot »[29]. Son contenu ne montre pas de similarité avec la présente formule.

24 Voir § 6.1.1 et 6.1.3. Cette barque n'est cependant pas propre à ce dieu.

25 Voir § 7.4.1, n. m).

26 Voir *supra* § 11.1.1, n. a).

27 *Wb* II, 73, 13-74, 10. D. Jones, *Nautical Titles and Terms*, p. 215, nº 33. P. Wilson, *Lexikon*, p. 422-423.

28 *Wb* II, 72, 12-73, 11. D. Jones, *Nautical Titles and Terms*, p. 198, nº 4. P. Wilson, *Lexikon*, p. 423.

29 K. Lepsius, *Das Todtenbuch*, pl. LXXIX. T. G. Allen, *The Book of the Dead*, p. 161. P. Barguet, *Le Livre des morts*, p. 237 et n. 1. S. Schott, *Bücher und Bibliotheken*, p. 176, nº 557. A. Wüthrich, *Éléments de théologie thébaine*, p. 124-127, 127-136, 141-143 (le titre de ce chapitre ne figure pas dans la leçon du papyrus Londres BM EA 10558 utilisée par l'auteur). St. Quirke, *Going out in Daylight*, p. 401-402. Le pronom *=sn* figure dans plusieurs versions, notamment dans les papyrus Princeton Pharaonic Roll 8, Berlin P. 3058, Genève MAH 23464, Leyde T19 et Paris Louvre I. 3079.

b) L'expression *ḫrw nhm* « clameur de l'allégresse », connue par ailleurs[30], peut être comparée à *ḫrw ḫꜥꜥ* « clameur de la liesse » qui apparaît aussi dans le papyrus Princeton Pharaonic Roll 10 (x+16, A ; x+17, A ; x+18, A ; x+19, A.). Quelquefois déterminé par les signes  ou , le mot *nhm* semble posséder une connotation musicale[31].

c) À propos des barques solaires, voir § 9.2.1, n. q).

11.2.2 La *formule pour amarrer*

En plus d'être un symbole de stabilité et de protection, le pieu d'amarrage jouait un rôle dans la destruction de l'ennemi sous toutes ses formes, comme on peut le voir par exemple dans le chant final du *Cérémonial pour faire sortir Sokar*[32]. Il pouvait être considéré comme un « pilori » auquel les victimes étaient attachées ou comme un pieu – ou un pal – destiné à les brutaliser[33], mais il était aussi représenté dans des scènes navales et faisait l'objet de rites dans le culte funéraire[34]. Cette dualité trahit des réalités bien différentes. Pour l'occupant de la barque, le pieu d'amarrage évoquait la fin d'un périple, souvent considéré comme dangereux. Pour l'ennemi ou le criminel, ce même objet marquait aussi bien le lieu de la perte de sa liberté que le moyen de son châtiment, et symbolisait sa fin.

Le thème de l'amarrage ne détone pas au sein du papyrus Princeton Pharaonic Roll 10 qui consacre une importante partie de sa composition aux barques et à la navigation. L'état actuel de conservation de cette formule ne permet pas de bien cerner son contenu ni de définir son rôle exact, mais elle aurait assez légitimement pu suivre le halage de la barque (§ 11.1). Seule la barque du soir est mentionnée, mais celle du matin apparaissait peut-être dans la partie perdue du texte, étant donné qu'elles sont mentionnées toutes les deux dans la formule précédente (§ 11.1). C'est le défunt *Mesredouyef* qui est nommé dans cette formule qui ne fait état par ailleurs d'aucune divinité.

11.3 Description des rites (x+22, 8-10)

Une nouvelle section débutait apparemment à cet endroit. Il convient cependant de considérer le rendu de ce passage avec prudence compte tenu des dégradations qu'il a subies.

11.3.1 Traduction et commentaire (x+22, 8-10)

ỉr (ḥr-)sꜣ nn [...	Ensuite[a)], [... ... .]
... ...]*=sn p*[*ꜣ nṯr*] *r tꜣ*	ils[b)] [... ...] l[e di]eu[c)] à terre.
šsp[*=sn (?)*	[Ils (?)] reçoivent [... ... ...
nḏ]*m* **22,9** *ib*[*=sn* (?)]	**22,9** [Leur (?)] cœur est [heu]reux

---

30 Par exemple dans le chapitre 140 du *Livre des morts* (R. Lepsius, *Das Todtenbuch*, pl. LVII (140, 2) ; St. Quirke, *Going out in Daylight*, p. 315) et dans le *Cérémonial de glorification d'Osiris* (J.-Cl. Goyon, *BIFAO* 65 (1967), p. 108, 155, pl. XXII).

31 *Anlex* 78.2155 ; 79.1575. P. Wilson, *Lexikon*, p. 530.

32 Voir § 5.5.1.

33 N. Beaux, *BIFAO* 91 (1991), p. 33-53.

34 N. de Garis Davies, *Tomb of Rekh-mi-Rē*, pl. LXXX-LXXXII, XCIV. J. Settgast, *Untersuchungen*, p. 105-111.

[...	[... ... ...
... ...]	... ...]
im=[... ... 22, 10 ... ...] *ꜣw.t-ib*	en [... ... 22, 10 ... ...] réjouissance.
Mk.t-nb=s m ḥꜥꜥ	*Meket-nebes* d) est en liesse e).
ꜥnḫ ḥr s.t nṯr pn	La vie (occupe) la place de ce dieu f)
iw[*=f r* (?)] *ꜥ.t=f*	(quand) [il] se rend [vers (?)] sa salle g).

Commentaire

a) La préposition *r-sꜣ* peut être employée comme conjonction avec le sens « après (que) » devant un infinitif ou une forme *sḏm=f*[35]. On notera cependant que *ḥr-sꜣ*, qui fonctionne de même mais aussi comme adverbe, voit souvent le *ḥr* tomber en néo-égyptien, ce qui laisse considérer ici l'expression adverbiale *ir* (*ḥr-*)*sꜣ* « ensuite » qui peut se placer en début de phrase[36], cf. § 11.4.1, n. a).

b) On ne sait pas à qui se rapporte ce pronom, mais il est probable qu'il ait renvoyé à un groupe d'officiants.

c) C'est la seule fois que l'appellation *pꜣ nṯr* « le dieu » est utilisée dans le papyrus Princeton Pharaonic Roll 10, où la préférence est généralement donnée à *nṯr pn* « ce dieu ». Il faut peut-être y reconnaître une volonté de désigner spécifiquement le dieu, contrairement à l'autre expression qui pouvait aussi renvoyer au défunt, voir *infra* n. g).

d) D'après différentes traditions, *Mk.t-nb=s* « Celle qui protège son maître » constituait le nom de différentes heures du jour ou de la nuit[37], mais également du dixième porche de l'au-delà[38]. Dans l'*Amdouat*, c'est le nom de la neuvième heure de la nuit avec pour variantes *Mk.t ir.t=s* « Celle qui protège son œil » ou *Dwꜣt.t mk.t nb=s* « l'Adoratrice qui protège son maître »[39] ; le nom de la deuxième heure de la nuit est *Šsꜣ.t mk.t nb=s* « la Savante qui protège son maître » comme dans le *Livre de la nuit*[40], où la neuvième heure se nomme *Mk.t nb=s* « Celle qui protège son maître »[41]. C'était aussi l'un des noms de la déesse du deuxième mois de Chemou (Payni), peut-être parce qu'elle occupait la dixième place dans cette liste[42]. Elle est représentée comme une déesse hippopotame dans le temple d'el-Qal'a[43]. On citera par ailleurs un extrait du papyrus Leyde I 346 relatif à une

---

35 *Wb* IV, 11, 7-13.

36 *Wb* IV, 11, 14-12, 16, en particulier *Wb* IV, 12, 13-14 comme adverbe.

37 P. WILSON, *Lexikon*, p. 472 (3e heure du jour, 10e heure de la nuit). *LGG* III, 453-454 (3e heure du jour, 9e ou 10e heure de la nuit, 10e porche). S. CAUVILLE, *Dendara V-VI. Traduction*, p. 183 (10e heure de la nuit). Chr. LEITZ, *Der Sarg des Panehemisis*, p. 354 (4e heure de la nuit). A-S. VON BOMHARD, *ENiM* 7 (2014), p. 106. Chr. LEITZ, *Die Gaumonographien*, p. 490 (3e heure du jour).

38 G. SOUKIASSIAN, *BIFAO* 82 (1982), p. 340 (10e porche). G. ROULIN, *Le Livre de la Nuit* I, p. 310 et n. 1601 ; II, 144-145 (10e porche). *LGG* III, 453-454. Chr. LEITZ, *Der Sarg des Panehemisis*, p. 358 (10e porche). A-S. VON BOMHARD, *ENiM* 7 (2014), p. 106 (10e porche).

39 E. HORNUNG, *Texte zum Amduat* I, p. 82, 125 ; *Texte zum Amduat* III, p. 648.

40 E. HORNUNG, *Texte zum Amduat* I, p. 19, 269. G. ROULIN, *Le Livre de la Nuit* I, p. 41 et 52-53, n. j ; II, 5-6. J. OSING, *Hieratische Papyri aus Tebtunis* I, p. 201-202, pl. 17 (frag. AA, 2, 17).

41 G. ROULIN, *Le Livre de la Nuit* I, p. 264 et 265, n. d ; II, p. 116.

42 D. MENDEL, *Die Monatsgöttinnen*, p. 8, 23, 55, 61-62.

43 L. PANTALACCI, Cl. TRAUNECKER, *Le temple d'el-Qal'a II*, p. 139 (no 276).

amulette en forme de suidé : *ỉnk rr.t mk.t nb=s* « je suis la truie qui protège son maître »[44]. Dans le papyrus Princeton Pharaonic Roll 10, le déterminatif indique cependant que *Mk.t-nb=s* « Celle qui protège son maître » désignait plutôt un lieu désertique, éventuellement une nécropole. Le sens « protection »[45] de *mk.t* peut s'élargir à celui de « conservation » ou « préservation » des reliques notamment[46], ce qui justifierait d'avoir nommé ainsi une nécropole ou un lieu où était préservé des représentations divines. Voir encore § 11.3.3.

e) Cette phrase figure dans la version du *Livre de la néoménie* du papyrus Caire JdE 97.249/3 (x+6, 9-11)[47], voir § 6.2.1, n. z).

f) En l'absence de sujet, le mot *ꜥnḫ* ne peut guère être tenu pour un verbe conjugué et un infinitif n'apporte pas de solution vraiment convaincante : *ꜥnḫ ḥr s.t nṯr pn* « Vivre dans la place de ce dieu ». On pourrait éventuellement comprendre ce mot comme un participe se rapportant à *Meket-nebes* : *ꜥnḫ(.t) ḥr s.t nṯr pn* « celle qui est vivante dans la place de ce dieu ». Il est aussi possible de comprendre *ꜥnḫ* comme un nom : *ꜥnḫ ḥr s.t nṯr pn* « La vie occupe (lit. est sur) la place de ce dieu ». Si l'on admet que *Meket-nebes* est bien d'un toponyme, on serait en présence d'une description de l'animation de ce lieu qui cadrerait avec la joie exprimée.

g) Cette traduction est incertaine compte tenu de la lacune. Le choix s'est porté sur le pronom *=f*, qui se rapporterait à « ce dieu », parce qu'il est dit plus loin « jusqu'à ce qu'il atteigne la salle cachée » (x+22, 12), voir § 11.4. Mais on pourrait aussi restituer *=w* pour *=sn* compte tenu de la présence du pronom *=sn* un peu plus tôt, voir *supra* n. b). Dans les deux cas, cette phrase rend compte d'un déplacement vers un lieu que signale le mot *ꜥ.t* « salle ». Ce terme générique désigne un espace clos appartenant à un complexe architectural – une chapelle par exemple – ou un élément de plus petite taille comme une cuve ou un reliquaire[48]. Avec *nṯr pn* « ce dieu », on se réfère peut-être au dieu (*pꜣ nṯr*) susmentionné (x+22, 8), mais il pourrait aussi s'agir du simulacre osirien, voire de la dépouille du défunt, voir § 5.6.1, n. d).

11.3.2 Le cours du rituel

Les éléments encore lisibles semblent se rapporter à un déplacement du dieu qui donnait lieu à de grandes réjouissances et provoquait la liesse dans *Meket-nebes*. C'est la seule fois dans le manuscrit où celui-ci est mentionné comme « le dieu » (*pꜣ nṯr*), ce qui laisse entendre qu'on ne parlait pas ici du défunt, dont le nom n'apparaît d'ailleurs plus. L'indication « à terre » (*r tꜣ*) pourrait marquer le débarquement du dieu, le pronom pluriel (*=sn*) renvoyant aux officiants.

---

44 B. H. STRICKER, *OMRO* 29 (1948), p. 65, 70. M. BOMMAS, *Mythisierung der Zeit*, p. 123 (P. Leyde I 346 (III, 9)). Y. VOLOKHINE, *Le porc*, p. 161.

45 *Wb* II, 160, 22-161, 4. P. WILSON, *Lexikon*, p. 471. Ce mot apparaît régulièrement avec les traits du pluriel mais accompagné d'un article singulier, ce qui justifie de le rendre ici *mk.t* plutôt que *mk.wt*. Se référer au sens *mk.t* « place » (*Wb* II, 161, 9-12), comme synonyme de *s.t*, pour traduire *mk.wt nb=s* « Places de son maître » semble moins convaincant.

46 D. MEEKS, *Mythes et légendes du Delta*, p. 47, n. 27.

47 G. BURKARD, *Die Papyrusfunde*, p. 34, pl. 22 ; *Osiris-Liturgien*, p. 85, 90.

48 J.-Cl. GOYON, *Les dieux-gardiens*, p. 422-424.

On précise encore que ce dieu (*nṯr pn*)[49] se rendait vers « sa salle » (*ꜥ.t=f*). La suite des instructions tend à montrer que c'était le simulacre osirien qui était ramené à terre puis transporté depuis la barque pour entrer dans une butte (§ 11.4).

11.3.3 *Meket-nebes*

Il semble que *Meket-nebes* ne désigne pas une déesse ou une heure dans le papyrus Princeton Pharaonic Roll 10, mais plutôt un lieu[50]. Or, on en retrouve dans les sources quelques attestations sous cette forme. Au Nouvel Empire, la statue Louvre A 65 mentionne 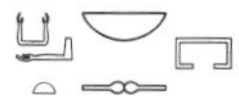 *Mk.t-nb=s* dans une évocation de la navigation vers Peker lors de la fête d'Osiris à Abydos :

> *ḏꜣ.n(=ỉ) nšm.t r r(ꜣ) Pkr ỉn=ỉ s(t) r Mk.t-nb=s*
> J'ai fait traverser la barque-*nechemet* vers l'entrée de *Peker* et je l'ai conduite vers *Meket-nebes*[51].

La mention dans ce document d'Abydos et de *Peker*, où se situait la tombe abydénienne d'Osiris[52], incite à situer la nécropole *Meket-nebes* dans la même région. Un passage du *Livre de la néoménie*, omis par le papyrus Princeton Pharaonic Roll 10, signale également 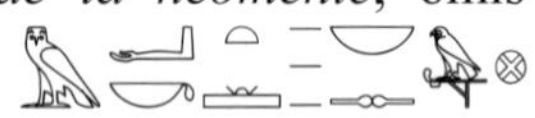 *Mk.t-nb=s* dans un contexte abydénien :

> *Stš ḫr ḫr Wsỉr wꜥb.t ỉb=s nḏm Mk.t-nb=s m ḥꜥꜥ Tꜣ-wr mỉ ḳd=f* [...] *m grḥ m hrw m ỉꜣb*[.*t*]
> Seth tombe sous Osiris. La salle d'embaumement, son cœur est heureux. *Meket-nebes* est en liesse. Le nome thinite en totalité [est satisfait] de nuit comme de jour à l'est[53].

Le *Livre de parcourir l'éternité* évoque aussi ce lieu à la suite de la fête-*bfn* qui voyait la naissance d'Osiris[54]. Pour François Herbin, cette cérémonie, qui présente des affinités avec les fêtes d'Hathor du mois de Tybi, avait lieu la veille du premier jour épagomène. Néanmoins, un nouveau cycle calendérique débutait entre les deux, rendant un tel rapprochement caduc[55]. La version du papyrus Leyde T32 rend compte de 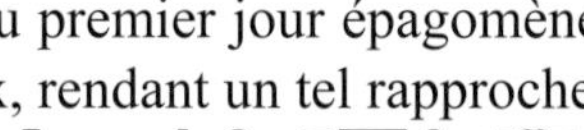 *Mk.t nb=sn*[56] « protection de leur maître », tandis que la variante du papyrus Vatican 55 donne pour sa part 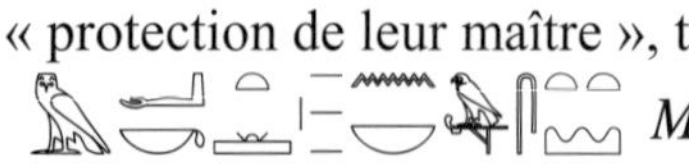 *Mk.t-nb=s* « Protection de son maître », qu'elle rattache par le choix de son déterminatif à une nécropole[57] :

---

49 On a préalablement fait usage dans les rubriques de l'expression « ce dieu » (*nṯr pn*) (x+3, 10 ; x+5, 5 ; x+7, 8 ; x+14, 8) qui pouvait renvoyer au dieu, mais aussi au défunt, voir § 5.6.1, n. d).

50 Voir § 11.3.1, n. d).

51 P. Pierret, *Recueil d'inscriptions*, p. 17. R. Anthes, *in* : *Festschrift zum 150jährigen Bestehen*, p. 45-48 (texte 3A).

52 Voir § 7.6.1, n. e).

53 G. Burkard, *Die Papyrusfunde*, p. 34, pl. 22 ; *Spätzeitliche Osiris-Liturgien*, p. 85, 90 (P. Caire JdE 97.249/3, x+6, 9-11), où le passage est rendu *mk.t nb=s Rꜥ* (?) [...] *m ḥꜥꜥ* « die *mk.t*-Stätte, ihr Herr *Rꜥ* (?) [...] ist in Jubel », mais une lecture ⊗ semble préférable à ⊙ , voir § 6.2.1, n. z).

54 Fr. R. Herbin, *Parcourir l'éternité*, p. 305-307.

55 J. Fr. Quack, *OLZ* 91 (1996), p. 151-158.

56 Fr. R. Herbin, *Parcourir l'éternité*, p. 445 (P. Leyde T 32, IV, 9).

57 Fr. R. Herbin, *Parcourir l'éternité*, p. 445 (P. Leyde T 32, IV, 9 ; P. Vatican 55, II, 16). L'auteur rend *mk.wt n nb=s*, mais *mk.t-nb=s* conviendrait puisque *nb* peut s'écrire , comme c'est le cas par exemple dans le papyrus Princeton Pharaonic Roll 10 (x+5, 3).

Tu te poses en tant que glorifié et ses louanges sont devant toi, sans que soit entravée ta marche dans ses places secrètes.
šn=k ỉp.wt n gs-dp(.t) ꜥry.wt nty m Mk.t-nb=s
Tu fais le tour des sanctuaires de protection et des portes qui sont dans *Meket-nebes*[58].

Il faut peut-être rapprocher encore *Meket-nebes* d'un toponyme similaire qui s'intègre dans une section relative au pèlerinage vers Bousiris et Abydos[59], où figurent, selon les versions, les graphies : , ,  ou encore  *Nb.t-mk.t* « Maître(sse) de la/des protection(s) »[60] :

Tu vogues vers Bousiris, tu navigues vers le nome thinite (de sorte que) les provinces divines possèdent ton image. Tu accèdes à la barque-*nechemet* en compagnie des bienheureux, et ta place est à l'avant dans la barque du dieu. Tu abordes les berges d'*Ândjty* et atteins les berges de *Hapennebes*. Tu ouvres le chemin au voisinage du grand porche et ton *ka* passe la porte supérieure.
šm=k m wsṯn m-ḫnt Nb.t-sgr šsp=k tp wꜣ.t r Nb.t-mk.t
Tu te hâtes dans (la place) Maîtresse du silence et prends la route vers (la place) Maîtresse de la/des protection(s)[61].

Un exemple issu du temple de Dendara associe ce même lieu avec *Areq-heh*, nécropole d'Abydos :

ṯs ṯw m nb(.t) mk.t m ꜥrḳ-ḥḥ
Dresse-toi dans (le lieu) Maître(sse) de protection et dans *Areq-heh*[62].

Ces attestations tendent à faire de *Meket-nebes* un lieu situé dans la région abydénienne, que deux d'entre elles rattachent d'ailleurs à la navigation de la barque-*nechemet*.

11.4 Instructions relatives au rituel (x+22, 11-13)

11.4.1 Traduction et commentaire (x+22, 11-13)

22, 11 *ỉr ḥr-sꜣ nn*	**22, 11** Après cela [a)],
ꜥk kꜣ.t nn rḫ=s	le travail inconnaissable [b)] entre
r ỉꜣ.t [... ... ...]	dans la butte [... ... ...] [c)]
ḥm.w-nṯr wꜥb. **22, 12** *w*	les prêtres et les prêtres-**22, 12**purs.
ḏd [mdw] ḥr šd m ḫ(ꜣ)b(.t)	Réci[ter] en lisant le rituel de fête
r spr=f r ꜥ.t ỉmn.t	jusqu'à ce qu'il atteigne la salle cachée [d)],
nn mꜣꜣ nn sḏm	que l'on ne peut voir ni entendre [e)],

58 Fr. R. Herbin, *Parcourir l'éternité*, p. 57, 178, 307 (P. Leyde T 32, IV, 8-9 ; P. Vatican 55, II, 15-16). Il situe ce lieu à Abydos.

59 Fr. R. Herbin, *Parcourir l'éternité*, p. 288-290, 340.

60 Fr. R. Herbin, *Parcourir l'éternité*, p. 407 (P. Leyde T 32, I, 18 ; P. Vatican 55, I, 19 ; et autres variantes).

61 Fr. R. Herbin, *Parcourir l'éternité*, p. 48, 101-102, 289 (P. Leyde T 32, I, 15-19). Il situe ce lieu à Abydos.

62 *Dendara* X, 244, 4. S. Cauville, *Les chapelles osiriennes* I, p. 128-129.

wp(w)-ḥr ḥm.w-nṯr	à l'exception [f] des prêtres
22, 13 *m ꜥbw wr.t*	**22, 13** en état de pureté absolue.

Commentaire

a) L'expression *ỉr ḥr-sꜣ nn* « après cela »[63], apparaît régulièrement dans le rituel de l'embaumement par exemple, où elle sert à marquer la progression des actes du rituel[64]. On peut la considérer ici comme l'indication d'une nouvelle étape de la description des rites.

b) Sur l'expression *kꜣ.t nn rḫ=s* qui désigne la figurine osirienne, voir § 4.4.1, n. g). Il n'est fait mention d'aucun nom de divinité dans ce passage, où seul le simulacre osirien et des prêtres sont nommés.

c) Il s'agissait vraisemblablement d'une butte arborisée, comme le laisse entendre le signe  encore partiellement visible. Nombre d'entre elles étaient associées au culte d'Osiris[65]. D'après les textes des chapelles osiriennes, le simulacre était enseveli le « jour de l'enterrement d'Osiris, à l'intérieur de la crypte dans la butte des plantes-*nbḫ* sous les balanites » le dernier jour du mois de Khoiak[66].

d) La salle cachée (*ꜥ.t ỉmn.t*) pouvait désigner l'au-delà[67]. Elle était peut-être souterraine. Dans un contexte héliopolitain, ce terme désignerait la crypte des dieux morts[68]. Une salle cachée (*ꜥ.t ỉmn.t*) a aussi été située dans le nome memphite[69]. Elle est aussi attestée comme sanctuaire du 13e nome de Haute Égypte[70]. Émile Chassinat a établi qu'il s'agissait du lieu dans lequel on mettait en œuvre les mystères d'Osiris en rapport avec ses reliques dans seize nomes au moins[71]. À Dendara, il s'agirait des chapelles osiriennes. Ce lieu était aussi nommé *pr-ꜥnḫ* « maison de vie » à Abydos et à Dendara[72]. À Pharbaethos, le sanctuaire osirien est connu comme *ꜥ.t ꜥnḫ* « salle de vie »[73]. Le troisième génie de Pharbaethos se nomme par ailleurs « Horus qui aime sa place dans la salle cachée, (où) il fait que soit inaccessible ce qui est mystérieux, en (le) rendant totalement

---

63 *Wb* IV, 12, 11-14.

64 S. Sauneron, *Rituel de l'embaumement*, p. 2, 4, 5, 8, 11, 13, 23, 24, 30, 34 (P. Boulaq 3 (x+2, 1 ; x+2, 5 ; x+2, 16 ; x+2, 17 ; x+3, 13 ; 3+3, 15 ; x+4, 7 ; x+4, 15 ; x+7, 1 ; x+7, 7 ; x+8, 16 ; x+9, 13)). S. Töpfer, *in* : *Ägyptische Rituale*, p. 204. S. Töpfer, *Das Balsamierungsritual*, p. 67, 71, 87, 89, 101, 114, 115, 151, 156, 175, 188.

65 P. P. Koemoth, *Osiris et les arbres*, p. 67-68, 109-113, 165-178.

66 *Dendara* X, 29, 11-12 ; 31, 15 ; 41, 7 ; 46, 4. É. Chassinat, *Le mystère d'Osiris* I, p. 277; II, p. 796, col .96. S. Cauville, *Chapelles* I, p. 16, 17, 24, 26. P. P. Koemoth, *Osiris et les arbres*, p. 109-113. S. Einaudi, *in* : *Proceedings of the Ninth International Congress of Egyptologists*, en particulier p. 476-480.

67 W. Spiegelberg, *ZÄS* 64 (1929), p. 76-77. J.-Cl. Goyon, *Les dieux-gardiens*, p. 274, n. 2. D. A. Werning, *Höhlenbuch*, p. 74-75, 178-179, 481.

68 S. Schott, *Urkunden* VI, p. 93 (38).

69 M. H. Gauthier, *Dictionnaire des noms géographiques* I, p. 160.

70 Chr. Leitz, *Die Gaumonographien*, p. 104.

71 É. Chassinat, *Le mystère d'Osiris* I, p. 145, 147, 164-165, 272-273 ; II, p. 765-767 et 769. J.-Cl. Goyon, *Les dieux-gardiens*, p. 427 et n. 2.

72 A. Volten, *Demotische Traumdeutung*, p. 21-24. Ph. Derchain, *Le Papyrus Salt 825*, p. 48-54. J.-Cl. Goyon, *Les dieux-gardiens*, p. 427 et n. 3.

73 J.-Cl. Goyon, *Les dieux-gardiens*, p. 427, n. 4 et 5.

inconnaissable »[74]. On rapprochera encore la « salle cachée » de la *ʿ.t 70* « salle des 70 » d'Athribis[75]. On notera aussi l'existence d'une *ʿ.t sštꜣ* « salle du mystère », peut-être située dans le Château du Bien-aimé (*ḥw.t Mry.ty*), dans laquelle on conduisait le rituel des cérémonies osiriennes de Basse Égypte[76]. Voir encore § 11.4.3.

e) La formule *nn mꜣꜣ nn sḏm* « (que) l'on ne peut voir ni entendre » évoque le secret qui entourait certains rites, dont les cérémonies osiriennes, et qui serait lié à la manipulation des textes religieux[77]. Elle est assez répandue dans les textes religieux[78]. Hérodote lui-même respecte cette discrétion lorsqu'il évoque les mystères égyptiens[79].

f) Il s'agit ici de la préposition composée *wp(w)-ḥr* « à l'exception de »[80] qui sert à marquer une restriction. Dans le chapitre 148 du *Livre des morts* par exemple, la notice précise que la formule devait être utilisée à titre personnel uniquement : *ỉm=k ḥr rmṯ nb.t wpw-ḥr ḥʿw=k ḏs=k* « Ne (l')exécute pour personne à l'exception de toi-même »[81]. Celle du papyrus Turin 1791 est différente : *n rḏỉ mꜣꜣ r(m){r}<ṯ> nb wpw-ḥr nsw ḥnʿ ḫry-ḥ(ꜣ)b(.t)* « Il n'est pas permis que n'importe qui puisse (le) voir, à l'exception du roi et du ritualiste »[82]. On retrouve une telle restriction dans le rituel d'embaumement, où seul le chancelier du dieu avait le droit d'assister le supérieur des mystères[83].

Il arrive que, comme ici, des exceptions à la règle du silence, exprimée par *nn mꜣꜣ nn sḏm* « que l'on ne peut voir ni entendre », soient explicitement formulées sous la forme d'une énumération d'officiants autorisés à être présents. Une telle restriction apparaît dans le papyrus Berlin P. 3008 (5, 13), où elle porte sur le ritualiste et supérieur et le prêtre-*sem* (*ḫry-ḥ(ꜣ)b(.t) ḥry-tp ḥnʿ stm*)[84]. Une autre figure dans le rituel de protection du roi durant la nuit, où elle porte sur le roi lui-même, le ritualiste et supérieur et le préparateur d'onguents dans la maison de vie (*nsw ḏs=f ḥnʿ ḫry-ḥ(ꜣ)b(.t) ḥry-tp ḥnʿ ỉrỉ-ʿnty m pr-ʿnḫ*)[85].

11.4.2 La confidentialité des rites

Dans le *Livre de parcourir l'éternité*, la formule « en très grande sainteté » (*m ḏsr wr sp 2*) n'est pas sans rappeler celle qui est employée dans le papyrus Princeton Pharaonic Roll 10

---

74 *Edfou* I, 275-278 et II, 249. J.-Cl. GOYON, *Les dieux-gardiens*, p. 273-275. *Dendara* X, 94, 16. S. CAUVILLE, *Chapelles* I, p. 52.

75 P. VERNUS, *Athribis*, p. 135-171. J.-Cl. GOYON, *Les dieux-gardiens*, p. 420-428.

76 Fr. R. HERBIN, *Parcourir l'éternité*, p. 49, 112 et 340 (P. Leyde T 32, I, 28).

77 L. COULON, *in* : *Hérodote et l'Égypte*, p. 173 et n. 31.

78 Ph.-J. DE HORRACK, *Les lamentations d'Isis et de Nephthys*, p. 50, pl. II ; A. KUCHAREK, *Klagelieder*, p. 62 (P. Berlin P. 3008 (5, 13)). G. DARESSY, *ASAE* 16 (1916), p. 229. R. O. FAULKNER, *The Papyrus Bremner-Rhind*, p. 17 (P. Bremner-Rhind (9, 13)). Ph. DERCHAIN, *Le Papyrus Salt 825*, p. 167, n. 80. É. CHASSINAT, *Le mystère d'Osiris* II, p. 781. P. BARGUET, *Le papyrus N. 3176 (S)*, p. 24, n. 9. Fr. R. HERBIN, *BIFAO* 88 (1988), p. 102 (P. Londres BM EA 10090 (I, 1)). Fr. R. HERBIN, *Parcourir l'éternité*, p. 56, 167 (P. Leyde T 32 (III, 27)). J. Fr. QUACK, *Die Lehren des Ani*, p. 38-39. D. MEEKS, *Mythes et légendes du Delta*, p. 45, n. 19. J.-Cl. GOYON, *Le recueil de prophylaxie*, p. 68-70 (P. Brooklyn 47.218.138 (x+x, 11)).

79 L. COULON, *in* : *Hérodote et l'Égypte*, p. 171-173.

80 *Wb* I, 301, 15-16.

81 St. QUIRKE, *Going out in Daylight*, p. 355.

82 R. LEPSISUS, *Todtenbuch*, pl. LXIX (l. 3).

8383 S. SAUNERON, *Rituel de l'embaumement*, p. 11 (x+4, 8). S. TÖPFER, *Das Balsamierungsritual*, p. 114.

84 Ph.-J. DE HORRACK, *Les lamentations d'Isis et de Nephthys*, p. 50, pl. II. A. KUCHAREK, *Klagelieder*, p. 62.

85 A. H. PRIES, *Schutz des Königs*, p. 82 et n. 470, p. 84, b).

« en état de pureté absolue » (*m ʿbw wr.t*) (x+22, 13). On la trouve justement dans un passage évoquant le secret entourant le simulacre osirien :

> *ʿḳ=k ḥnʿ ʿḳ.w pr=k ḥnʿ pr.w m ḏsr wr sp 2 m ḥw.t-nṯr=f dgꜣ.n=k kꜣ.t iwt(.t) rḫ=s m sštꜣ=s in ḥry-sštꜣ nn mꜣꜣ nn sḏm*
>
> Tu entres avec ceux qui entrent et tu sors avec ceux qui sortent en très grande sainteté dans son temple, tu regardes le travail inconnaissable en son mystère (fait) par le supérieur du mystère, que l'on ne peut voir ni entendre[86].

Différents textes sacerdotaux insistent sur ce devoir de réserve et en spécifient les clauses[87]. Le « travail inconnaissable » renvoie pour sa part à la fabrication des figurines osiriennes[88]. Dans le temple de Dendara, l'intitulé du septième livret relatif aux cérémonies osiriennes évoque aussi le secret qui entoure le mystère d'Osiris :

> Connaître le mystère que l'on ne peut voir ni entendre, (et) que le père transmet à son fils[89].

À Thèbes, la formule *nn mꜣꜣ nn sḏm* était employée pour décrire les rites qui précédaient la sortie en procession du 26 Khoiak[90]. Le second rituel retranscrit par le papyrus Tamerit 1 a sans doute aussi trait à un mystère qui ne devait pas être dévoilé :

> Rituel de la fête du parcours (*ḥb pḫr*). [Livre[91]] de faire naviguer (*smḫ*) le grand dieu dans la nécropole, qui est préparé dans la demeure d'Osiris qui préside à l'Occident, le dieu grand, maître d'Aby[dos] lors de la fête du parcours (*ḥb pḫr*) dans [...], que l'on ne peut voir ni entendre[92].

On ne possède guère plus d'indications sur cette cérémonie qui comprenait semble-t-il une navigation. On pourrait songer à rapprocher ce rituel tenu secret de l'objet d'une description du *Livre du temple* qui propose comme alternative à l'ensevelissement des figurines leur dépôt dans l'eau[93]. Cette dissimulation pourrait être le point de départ d'une future quête des reliques d'Osiris, soit dans un contexte proprement osirien soit en rapport avec les phases de la lune :

---

86 Fr. R. HERBIN, *Parcourir l'éternité*, p. 56, 167 (III, 26-27).

87 Cl. TRAUNECKER, *CRIPEL* 11 (1989), p. 108-110.

88 Ph. DERCHAIN, *Le Papyrus Salt 825*, p. 143-144, 17*-18*. L. COULON, *in* : *Egyptology at the Dawn*, p. 143-144.J. Fr. QUACK, *in* : *Le culte d'Osiris*, p. 25.

89 *Dendara* X, 46, 6. S. CAUVILLE, *Chapelles* I, p. 26.

90 P. BARGUET, *Le papyrus N. 3176 (S)*, p. 24 et n. 9. Voir aussi Ph. DERCHAIN, *Le Papyrus Salt 825*, p. 167 et n. 80. G. DARESSY, *ASAE* 16 (1916), p. 245-246. R. O. FAULKNER, *The Papyrus Bremner-Rhind*, p. 17 (P. Bremner-Rhind (9, 13)).

91 Voir plus loin (P. Tamerit 1 (x+16, 5)) : *mḏꜣ.t m sšw.w pꜣ smḫ* « le livre avec les écrits de faire naviguer » (J. Fr. QUACK, *WdO* 41 (2011), p. 139).

92 H. BEINLICH, *Papyrus Tamerit 1*, p. 103, 150, 179, pl. 16 (P. Tamerit 1 (16, 1-2)) qui lit pour sa part « Ritual der Sesched-Binde ». À propos de la lecture *smḫ*, voir J. Fr. QUACK, *WdO* 41 (2011), p. 139, 143.

93 À propos des rites nécessitant de « jeter à l'eau » des objets pour les conserver et les dissimuler au regard, voir J. Fr. QUACK, *WdO* 31 (2000-2001), p. 5-18. À propos des livres de Hâpy, voir P. GRANDET, *Le Papyrus Harris I*, vol. 1, p. 274 ; vol. 2, p. 143-150, n. 593. D. VAN DER PLAS, *Hymne à la crue*, p. 146-151, en particulier p. 147.

On prend les ouvrages de l'année précédente vers la butte divine pour les enterrer, [ou aussi pour] les jeter dans l'eau dans le lac sacré, qui est à l'intérieur de la butte divine, ou aussi pour les jeter dans l'eau sur la berge du fleuve[94].

Le deuxième livret des mystères osiriens présente aussi une alternative à l'inhumation dans les rites de Coptos et de Saïs :

Quant à ce qui est fait à Coptos, on l'exécute le 12 Khoiak, pareillement à ce qui est fait à Abydos en toutes choses. On (le) jette dans l'eau dans le lac sacré de ce nome[95].

Les effigies de l'année précédente étaient enterrées le dernier jour de Khoiak dans la butte des plantes-*nebeh* à Bousiris ou dans *Ro-setaou* à Memphis avant l'érection du pilier-*djed.* Dans le papyrus Tamerit 1, la date du 30 Khoiak mentionnée plus loin (x+16, 4) pourrait indiquer que ce rituel se rattachait bel et bien à cet événement.

11.4.3 La salle cachée

Les titres de deux autres livrets (III et VI) des cérémonies osiriennes mentionnent une « salle cachée » (*ꜥ.t ỉmn.t*), comme dans le papyrus Princeton Pharaonic Roll l0 (x+22, 12). Le titre du sixième livret évoque aussi la fête-*denit*, qui apparaît également dans le *Livre de la néoménie* du papyrus Princeton Pharaonic Roll 10[96] :

(Titre du Livret III) Connaître le mystère du grand œuvre fait avec le moule de Sokar, en un travail secret, dans la salle cachée et les nomes où <le travail> a lieu[97].

(Titre du Livret VI) Connaître le mystère de la salle cachée pour faire le travail de la fête-*denit* en secret, qui s'accomplit dans le sanctuaire de Chentayt, à Bousiris, à Abydos, dans le nome memphite, dans le nome ombite, dans le nome héliopolite, à Cusae, dans le nome lycopolite, dans le nome saïte, à *Imaou*, à Diospolis parva, dans le nome prosopite, dans le nome létopolite, à Bubastis, à Hermopolis parva, dans le nome athribite, dans le nome tentyrite, dans les seize nomes des seize reliques divines, dans tous les nomes d'Osiris où est fait le travail de la fête-*denit* du *khenty-imenty*[98].

Cette salle cachée est encore mentionnée en rapport avec Coptos et Diospolis parva :

Le [grand] prince [de la salle] cachée (*ꜥ.t ỉmn.t*) à Coptos est fait en travail de cuve-jardin du sanctuaire de Chentayt avec de l'orge et du sable[99].
Le dieu grand qui est dans la nécropole de Diospolis parva est fait en travail mystérieux de la salle cachée (*ꜥ.t ỉmn.t*) [au moyen du] vase vénérable[100].

La salle cachée semble donc pouvoir être rattachée aux cérémonies osiriennes du mois de Khoiak. Il reste cependant difficile de lui attribuer une localisation géographique spécifique, puisqu'au moins seize régions sont concernées. Le « sanctuaire de Chentayt » était à Dendara

94 J.-Fr. QUACK, *WdO* 31 (2000-2001), p. 14.
95 *Dendara* X, 30, 4-6. Voir aussi *Dendara* X, 30, 14 – 31, 1. J. Fr. QUACK, *WdO* 31 (2000-2001), p. 6-7.
96 Voir § 6.2 (x+4, 12).
97 *Dendara* X, 31, 2-3. S. CAUVILLE, *Chapelles* I, p. 17.
98 *Dendara* X, 41, 12-15. S. CAUVILLE, *Chapelles* I, p. 24.
99 *Dendara* X, 26, 6. S. CAUVILLE, *Chapelles* I, p. 14. É. CHASSINAT, *Le mystère d'Osiris* I, p. 145.
100 *Dendara* X, 27, 6. S. CAUVILLE, *Chapelles* I, p. 14. É. CHASSINAT, *Le mystère d'Osiris* I, p. 164-165.

une appellation parmi d'autres des chapelles osiriennes[101], comme sur la cuve de Coptos[102] et également à Thèbes[103], où cet édifice pourrait être identifié avec le temple d'Osiris coptite qui jouxte les catacombes osiriennes de la « Grande place »[104]. La « salle cachée » pourrait avoir rempli une fonction similaire à la « maison de vie » (*pr ꜥnḫ*) d'Abydos et de Dendara, à la « salle de vie » (*ꜥ.t ꜥnḫ*) de Pharbaethos ou à la « salle des 70 » (*ꜥ.t 70*) d'Athribis[105]. Le dieu y bénéficiait d'une protection qui dépendait à la fois des veillées horaires et des dieux-gardiens, issus d'une ancienne tradition solaire. Ces éléments ressortent aussi dans les catacombes osiriennes de Thèbes, intégrées à la « Grande place »[106]. Ils ne sont pas non plus sans rappeler le nom de la nécropole *Meket-nebes* discuté plus haut.
Plutôt qu'un nom différent pour le même bâtiment[107], la « salle cachée » constituait peut-être, selon sa définition, l'une des pièces de celui-ci. C'est ce qu'indique peut-être le livret VI des cérémonies osiriennes en associant les deux dénominations. Les titres du prêtre *Horimouthes*, qui était à la fois *ḥry-sštꜣ pr-Šntꜣy.t m Ṯnn.t* et *ḥry-sštꜣ ꜥ.t ỉmn.t m Ṯnn.t*, constituent un indice supplémentaire sinon de l'identité de ces deux lieux tout au moins de leur imbrication[108]. Dans les deux cas, il semble vraisemblable que l'association de dénominations distinctes ait reflété, dans un même lieu, des réalités différentes, et ce alors même qu'elles pouvaient être reliées sémantiquement par ailleurs.

Dans le papyrus Princeton Pharaonic Roll 10, la situation de cette « salle cachée » n'est pas précisée, mais il semble possible de l'associer à la butte citée préalablement dans laquelle le simulacre osirien pénétrait. Elle constituait semble-t-il le but ultime du déplacement qui réjouissait *Meket-nebes* et pourrait être considérée comme la tombe d'Osiris[109]. Elle devait donc être située au sein d'une nécropole, à proximité ou à l'intérieur d'une butte dont le nom est perdu. À Thèbes, la Grande Place (*s.t ꜥꜣ.t*)[110] constituait une nécropole osirienne intégrant à la fois des constructions funéraires destinées à recevoir les simulacres et des édifices associés à la célébration de rites. La « salle cachée » du papyrus Princeton Pharaonic Roll 10 pourrait avoir constitué une chapelle ou une salle spécifique d'un complexe de ce type associé aux cérémonies osiriennes. On avancera ainsi l'hypothèse que *Meket-nebes* pourrait avoir été plus

---

101 S. Cauville, *BIFAO* 90 (1990), p. 104. S. Cauville, *Chapelles* II, p. 216-217. On retiendra aussi la « Demeure de l'Or » (*ḥw.t-nwb*) (Fr. R. Herbin, *Parcourir l'éternité*, p. 127), le « sanctuaire de vie des simulacres » (*pr-ꜥnḫ-ỉr.w*) (S. Cauville, *RdÉ* 32 (1980), p. 57, n. 71 ; Fr. R. Herbin, *Parcourir l'éternité*, p. 114-117), mais aussi la « Demeure de la Revigoreuse » (*ḥw.t-msḫn.t*) (Fr. R. Herbin, *Parcourir l'éternité*, p. 123).

102 J. Yoyotte, *AEPHE* 86 (1977-1978), p. 164.

103 L. Coulon, *in* : *Egyptology at the Dawn*, p. 138-146.

104 L. Coulon, *in* : *Egyptology at the Dawn*, p. 139-141.

105 Voir § 11.4.1, n. d).

106 L. Coulon, Fr. Leclère, S. Marchand, *Karnak* X (1995), p. 215-219.

107 L. Coulon, *in* : *Egyptology at the Dawn*, p. 138.

108 J. Quaegebeur, *AncSoc* 3 (1972), p. 95. J. Quaegebeur, *in* : *Ptolemaic Memphis*, p. 51-53. L. Coulon, *in* : *Egyptology at the Dawn*, p. 145, n. 7.

109 Sur la procession en direction de la tombe d'Osiris à Karnak, peut-être basée sur le modèle d'Abydos, voir A. Kucharek, *in* : *Constructing Power*, p. 117-130.

110 P. Barguet, *Le papyrus N. 3176 (S)*, p. 31-34. Fr. Leclère, L. Coulon, *in* : *Seventh International Congress*, p. 649-659. L. Coulon, *in* : *«Et maintenant ce ne sont plus que des villages...»*, p. 17-32. Le terme *s.t ꜥꜣ*.t désignait d'ailleurs une sépulture royale et, à l'époque tardive, des buttes funéraires divines (Fr. Leclère, L. Coulon, *in* : *Seventh International Congress*, p. 657-659).

qu'un simple cimetière et qu'elle aurait pu constituer ce lieu. Son nom lui-même, « Protection de son maître », serait en ce sens explicite.

11.5 Lâcher les oiseaux (x+22, 13-14)

Un dernier rite précède le colophon qui indique la fin du manuscrit.

11.5.1 Traduction et commentaire (x+22, 13-14)

ms nꜣ ꜥpr.w	Lâcher [a] les oiseaux-*âperou* [b]
r rsy [*mḥ.t imn.t*] *iꜣb.t*	vers le sud, [le nord, l'ouest et] l'est,
[*mi*] **22, 14** *nty r ḥ(ꜣ)b(.t)*	[conformément] **22, 14** au rituel de fête [c].
iw=f p[*w*] *nfr*	C'est venu (à la fin) parfaitement [d].

Commentaire

a) Le verbe *ms* signifie « amener » et pourrait être rendu ici par « lâcher », « libérer »[111].

b) Outre l'exemple du papyrus Princeton Pharaonic Roll 10, le terme *ꜥpr.w*, qui est absent du *Wörterbuch*, est attesté uniquement dans le temple d'Edfou, sous les formes  [112] ou  [113]. Le premier exemple figure dans une scène se déroulant le premier jour de la fête de Behedet au lendemain de la néoménie d'Épiphi : *rdi.t wꜣ.t n p(ꜣ) 4 ꜥpr.w r rsy mḥ.t imn.t iꜣb.t* « donner l'essor aux quatre oiseaux-*âperou* vers le sud, le nord, l'ouest et l'est »[114]. Une deuxième attestation de ce terme qui avait été lu par Heinrich Brugsch est aujourd'hui perdue ; l'épisode en question relate également un lâcher d'oiseaux, mais qui avait lieu cette fois-ci le 1er Mésorê, lors de la fête de sa Majesté (*ḥb ḥm.t=s*) : *di wꜣ.t n ꜥpr.w* « donner l'essor aux oiseaux-*âperou* »[115]. Le troisième exemple figure dans une formule intitulée *ms ꜥpd.w* « amener les oiseaux »[116].
Le mot *ꜥpr.w* a été commenté à plusieurs reprises[117]. On n'en trouve pas la trace dans les listes d'oiseaux démotiques[118]. Les oiseaux-*âperou* ont été considérés comme une sorte d'oies, probablement parce que c'est le terme *sr.w* qui est employé dès le Nouvel Empire dans d'autres formules relatives au lâcher d'oiseaux. Il faut cependant considérer ces *sr.w* comme des « oiseaux messagers » sur la base du verbe *sr* « annoncer »[119]. Le terme *ꜥpr.w*

111 *Wb* II, 135, 7-21. *Anlex* 77.1855 ; 79.1335. P. Wilson, *Lexikon*, p. 458-459.

112 *Edfou* V, 132, 11 ; 358, 5 et n. 13.

113 *Edfou* VIII, 29, 10.

114 *Edfou* V, 132, 10-11. M. Alliot, *Le culte d'Horus*, p. 521, 523. *LGG* II, p. 106. Sv. Nagel, *in* : *Altägyptische Enzyklopädien*, p. 656.

115 *Edfou* V, 358, 5 et n. 13. M. Alliot, *Le culte d'Horus*, p. 218, 236.

116 *Edfou* VIII, 29, 9-10. Le terme générique  est rendu sous toutes réserves *ꜣpd.w*.

117 M. Alliot, *Le culte d'Horus*, p. 236, n. 5. A. Gutbub, *BIFAO* 52 (1953), p. 87. É. Chassinat, *Le mystère d'Osiris* II, p. 647, n. 2. O. Keel, *Vögel als Boten*, p. 118-119, n. 1.

118 R. Mond, O. H. Myers, *The Bucheum* II, p. 67, pl. LXXIIIA, LXXIII. H. S. Smith, W. J. Tait, *Saqqâra Demotic Papyri* I, p. 198-213, nº 27, pl. 17. R. Jasnow, *JARCE* 47 (2011), p. 297-317. R. Jasnow, *in* : *Between Heaven and Earth*, p. 71-76. D. Devauchelle, *in* : *A Good Scribe*, p. 57-65.

119 Chr. Leitz, *Tagewählerei*, p. 334.

devrait peut-être être considéré comme une graphie avec métathèse de *pʿr.t* « caille »[120]. Les oiseaux-*âperou* ont par ailleurs été rapprochés des *ʿpy.w* qui peuvent être considérés soit comme des oiseaux, soit comme des insectes volants[121]. Il est dit qu'ils proviennent des quatre coins du monde : « tous les oiseaux de la terre et les êtres volants des quatre coins du monde »[122]. Dans la chambre de Sokar, on souhaitait en revanche s'en débarrasser : *tnm ʿpy.w* « conjurer les insectes volants »[123]. Le fait qu'ils soient cités ensemble ne paraît pourtant pas militer en faveur d'une identification des deux termes : *rdi͗.n=i͗ ʿpy.w nb ʿpr.w* « J'accorde tous les êtres volants et les oiseaux-*âperou* »[124].

On relèvera par ailleurs que le terme  *ʿprw* serait une appellation du vingt-et-unième jour du mois lunaire[125], ainsi que le laisse entendre une inscription du temple d'Opet : *Nw.t pr(.t) m ꜣḫ.t hrw ʿprw* « Nout qui sort de l'œil brillant le jour *âperou* »[126].

c) Sur l'expression *mi͗ nty r ḥ(ꜣ)b(.t)*, voir § 2.5.3. Dans le rituel de la *Confirmation du pouvoir royal*, elle apparaît à six reprises uniquement dans l'épisode relatif aux oiseaux vivants[127].

d) À propos du colophon, voir § 2.5.6.

11.5.2 Le lâcher d'oiseaux

Quelques rites mettant en scène des oiseaux sont connus en Égypte ancienne sur lesquels semble opportun de s'arrêter un instant.

La confirmation du pouvoir royal

Le rituel de confirmation du pouvoir royal préservé par le papyrus Brooklyn 47.218.50 se conclut par l'onction et la présentation d'oiseaux vivants au roi[128]. Le titre *ms nꜣ* [...] *ʿnḫ.w n nsw* « amener les [oiseaux] vivants au roi » fait usage du même verbe que dans le papyrus Princeton Pharaonic Roll 10. Il est regrettable que le mot désignant ce groupe de volatiles soit perdu. Plus loin, la mention des « amulettes (du rite) d'amener les oiseaux » (*wḏꜣ.w n ms ꜣpd.w*) aurait pu constituer un indice pour les identifier si le terme n'avait pas été écrit de manière générique  [129]. Le texte distingue par ailleurs clairement les oiseaux vivants, qualifiés d'oiseaux de Rê (*ꜣpd.w n Rʿ*)[130], des amulettes. Les développements du rite montrent qu'il était question de deux séries de quatre volatiles auxquels s'ajoute un oiseau d'eau (*msy.t*)

120 *Wb* I, 504, 14. *Edfou* V, 351, 9. M. Alliot, *Le culte d'Horus*, p. 228 et n. 1. Sv. Nagel, *in* : *Altägyptische Enzyklopädien*, p. 656, n. 295.

121 *Wb* I, 180, 4. P. Wilson, *Lexikon*, p. 151.

122 *Edfou* IV, 46, 15.

123 *Edfou* I, 180, 7.

124 *Edfou* VIII, 29, 9-10.

125 *Wb* I, 181, 16. R. A. Parker, *The Calendars*, p. 11.

126 C. de Wit, *Opet* I, p. 93.

127 J.-Cl. Goyon, *Confirmation* I, p. 78-81 ; II, pl. XIV-XV (P. Brooklyn 47.218.50 (XX, 7 ; XX, 7-8 ; XX, 12 ; XX, 13 ; XX, 16 ; X, 20).

128 J.-Cl. Goyon, *Confirmation* I, p. 30-32, 77-81 ; II, pl. XIV-XV (P. Brooklyn 47.218.50 (XX, 2-25)). L. Martzolff, *in* : *Ägyptische Rituale*, p. 67-68, 70.

129 J.-Cl. Goyon, *Confirmation* I, p. 78 ; II, pl. XIV (P. Brooklyn 47.218.50 (20, 2)).

130 J.-Cl. Goyon, *Confirmation* I, p. 81 ; II, pl. XV (P. Brooklyn 47.218.50 (20, 24)).

qui faisait l'objet de rites particuliers, ce qui porte leur nombre à neuf[131]. La formule « faire en sorte qu'ils étendent les ailes au-dessus de » qui figure dans l'introduction du rite est répétée à trois reprises pour le vautour, pour l'oie du Nil et, avec une variante, pour le milan[132]. Elle constituait peut-être plutôt une forme de protection qu'une évocation de l'envol des oiseaux. L'expression consacrée *rdỉ wꜣ.t n* « donner l'essor » apparaît uniquement dans la formule associée à l'hirondelle[133]. On trouve dans les temples des scènes de lâcher d'oiseaux vivants qui s'apparentent vraisemblablement au rite de l'onction et de la présentation des oiseaux vivants relaté par le papyrus Brooklyn 47.218.50. Dans ces scènes, seuls trois oiseaux sont figurés soit immobiles, soit en vol : un faucon, un vautour et un ibis[134]. On notera qu'ils figuraient tous trois dans les scènes de course à l'oiseau du Nouvel Empire[135]. À Edfou, ils sont identifiés à Horus, Nekhbet et Thot, qui ont un rapport privilégié à la temporalité[136]. À Karnak, où ils sont représentés immobiles et en vol, chaque oiseau porte deux noms : Hou et Sia pour les faucons, Nekhbet et Ouadjet pour les vautours et *Sedjem* et *Iry* pour les ibis[137]. À Philae, la représentation est scindée en deux tableaux. Le premier montre l'onction des oiseaux, le second leur envol. Les divergences entre les représentations et le papyrus Brooklyn 47.218.50 peuvent s'expliquer en partie par le changement de support, mais il n'est pas certain qu'il y ait eu un lien direct entre les deux sources[138].

Le nombre d'oiseaux-*âperou* n'est pas précisé dans le papyrus Princeton Pharaonic Roll 10, mais l'indication des quatre points cardinaux laisse supposer que tel était leur nombre. Cependant, rien ne permet d'exclure qu'un nombre indéfini d'oiseaux se soient dirigés vers chacune des quatre directions cardinales. On ne peut donc pas exclure tout rapprochement avec le rite final de la confirmation du pouvoir royal qui énumère neuf oiseaux différents. Celui-ci n'insiste pourtant guère sur le lâcher des oiseaux sur lequel se concentrent d'avantage les scènes des temples où ne sont représentés que trois oiseaux. Outre le nom des oiseaux, la mention des quatre points cardinaux constitue une information spécifique dans le papyrus Princeton Pharaonic Roll 10. Il n'en n'est pas question dans le rite des oiseaux vivants du papyrus Brooklyn 47.218.50, où le thème des oiseaux messagers est largement supplanté par celui de la protection.

---

131 Préalablement, à la suite de l'accomplissement des rites qui avaient lieu dans la chapelle de conférer l'héritage, deux oiseaux (*ꜥꜥn.t*) vivants avaient déjà été amenés, voir J.-Cl. GOYON, *Confirmation* I, p. 73-74 ; II, pl. XII (P. Brooklyn 47.218.50 (16, 14-22)). Ce passage est associé aux rites d'« élever la corde de proue » et d'« enfoncer le pieu d'amarrage », ce qui n'est pas sans rappeler le fait de « saisir la corde de proue » (§ 11.1) et la *Formule pour amarrer* (§ 11.2), sans qu'ils ne soient pour autant identiques.

132 J.-Cl. GOYON, *Confirmation* I, p. 77-79 ; II, pl. XIV-XV (P. Brooklyn 47.218.50 (20, 2 ; 20, 8 ; 20, 10 ; 20, 13-14)).

133 J.-Cl. GOYON, *Confirmation* I, p. 81 ; II, pl. XV (P. Brooklyn 47.218.50 (20, 20)).

134 S. SCHOTT, *ZÄS* 95 (1968), p. 54-65. O. KEEL, *Vögel als Boten*, p. 119-122. L. MARTZOLFF, *in* : *Ägyptische Rituale*, p. 68-81.

135 A. GUTBUB, *BIFAO* 52 (1952), p. 83.

136 D. MEEKS, *BCLE* 4 (1990), p. 37-52, en particulier p. 48-51.

137 O. KEEL, *Vögel als Boten*, p. 131. Othmar Keel avait aussi noté que dans les *Textes des pyramides*, six dieux étaient envoyés dans les quatre directions cardinales pour annoncer la souveraineté du roi défunt : Seth et Nephthys en Haute Égypte, Osiris et Isis en Basse Égypte, Thot vers l'est et Dounânouy vers l'ouest (O. KEEL, *Vögel als Boten*, p. 131-132).

138 L. MARTZOLFF, *in* : *Ägyptische Rituale*, p. 75-77.

Les oiseaux de la néoménie d'Épiphi et de la fête de Behedet

Des rites relatifs à des oiseaux sont aussi attestés lors de la fête de Behedet et la veille, à la néoménie d'Épiphi. Au premier jour de la fête de Behedet, quatre oiseaux-*âperou* étaient relâchés. Le rite est décrit en ces termes :

> Donner l'essor (*rdỉ.t wꜣ.t n*) aux quatre oiseaux-*âperou* vers le sud, le nord, l'ouest et l'est.
> Formule récitée par le scribe du livre divin (*sš mḏꜣ.t nṯr*) :
> « Amset, va vers le sud, que tu puisses dire aux dieux du sud : Horus d'Edfou, le grand dieu, maître du ciel est roi ! Il a pris la couronne blanche, il a réuni la couronne rouge ! Hapy, va vers le nord, que tu puisses dire aux dieux du nord : Horus d'Edfou, le grand dieu, maître du ciel est roi ! Il a pris la couronne blanche, il a réuni la couronne rouge ! Douamoutef, va vers l'ouest, que tu puisses dire aux dieux de l'ouest : Horus d'Edfou, le grand dieu, maître du ciel est roi ! Il a pris la couronne blanche, il a réuni la couronne rouge ! Qebehsenouf, va vers l'est, que tu puisses dire aux dieux de l'est : Horus d'Edfou, le grand dieu, maître du ciel est roi ! Il a pris la couronne blanche, il a réuni la couronne rouge ! »[139].

Le début de ce passage s'apparente à la mention du papyrus Princeton Pharaonic Roll 10 bien qu'une autre expression soit employée. La formule à réciter précise clairement qu'il s'agissait d'annoncer le couronnement d'Horus.

Lors de la néoménie d'Épiphi, soit la veille, c'étaient quatre oiseaux messagers qui étaient relâchés avant le départ des barques divines (*dỉ wꜣ.t n p(ꜣ) 4 sr.w*)[140]. Leur vol a été interprété comme un présage qui, s'il était négatif, requérait des rites supplémentaires afin de favoriser les dieux avant le départ de l'embarcation[141]. Pourtant, la suite du texte concerne en fait d'autres volatiles qui s'attachaient semble-t-il à un acte différent : *sṯꜣ nꜣ ꜣpd.w n bꜥḥ ẖry.w/ẖry.t nꜣ.w <n> ẖt.w-ṯꜣw* « Apporter les oiseaux de l'inondation ; ce sont les ennemis/offrandes <pour> le mât »[142]. Il y a donc dans ce passage deux rites différents mettant en scène des oiseaux.

Si la formulation *dỉ wꜣ.t n* « donner l'essor » est identique à celle de l'exemple précédent, ce sont des oiseaux messagers (*sr.w*) plutôt que des oiseaux (*ꜥpr.w*) qui sont nommés. Aucune référence n'est faite ici aux quatre points cardinaux ni à un quelconque message à délivrer. Il s'agit là plutôt d'un rite propitiatoire rappelant peut-être le rôle d'aide à la navigation joué par les oiseaux, comme l'illustrent certaines représentations[143].

---

139 *Edfou* V, 132, 11-133, 4. M. Alliot, *Le culte d'Horus*, p. 521, 523. O. Keel, *Vögel als Boten*, p. 118. Sv. Nagel, *in* : *Altägyptische Enzyklopädien*, p. 656-657.

140 *Edfou* V, 125, 3.

141 M. Alliot, *Le culte d'Horus*, p. 460-465. O. Keel, *Vögel als Boten*, p. 119. A. Egberts, *In Quest of Meaning*, p. 383-384, 385, 387.

142 Sv. Nagel, *in* : *Altägyptische Enzyklopädien*, p. 644, avec une discussion des différentes traductions proposées et une interprétation intéressante selon laquelle ces oiseaux auraient été attachés au mât en guise d'offrandes pour la protection de la navigation (p. 644-645, n. 235).

143 O. Keel, *Vögel als Boten*, p. 104-109.

Les oiseaux de la Sortie de Min

Au Nouvel Empire déjà, la même formulation (*dỉ wꜣ.t n*) est employée lors du lâcher d'oiseaux de la Sortie de Min. On en trouve des représentations sur le pylône du Ramesseum[144], sur le pylône du temple de Médinet Habou[145] et dans la cour du temple de Karnak[146]. Un officiant lâchait quatre oiseaux (*rdỉ.t wꜣ.t n 4 sr.w*) qui ont pu être identifiés à des rolliers dans certaines représentations[147]. La formule, récitée par le ritualiste et supérieur, les identifie aux quatre fils d'Horus envoyés dans chacune des directions cardinales afin de délivrer respectivement aux dieux du sud, du nord, de l'est et de l'ouest le message suivant[148] :

> Horus, fils d'Isis et d'Osiris, a pris possession de la couronne blanche et de la couronne rouge. Le roi de Haute et Basse Égypte a pris possession de la couronne blanche et de la couronne rouge.

Il s'agissait d'annoncer aux quatre coins du monde le couronnement de l'héritier d'Osiris, Horus proclamé roi après avoir triomphé de Seth, et de son représentant sur terre, le souverain. On retrouve là le même modèle que dans la scène de la fête de Behedet à Edfou. On notera qu'une partie du rituel de la confirmation du pouvoir royal se déroulait dans la chapelle de conférer l'héritage (*pꜣ sḥ n smn ỉwꜥ*) où, à l'instar d'Horus héritier d'Osiris, le roi recevait charges et biens lors de son couronnement ou de la confirmation de celui-ci[149].

Les oiseaux messagers et l'intronisation d'Horus

On constate que l'expression *dỉ wꜣ.t n* « donner l'essor » décrit dans tous les exemples un lâcher d'oiseau. Elle n'est cependant pas spécifique du rite de lâcher les oiseaux vers les quatre points cardinaux, où les directions cardinales sont spécifiées et s'accompagnent le plus souvent du message à délivrer par les émissaires. La nature de ces derniers varie selon les exemples et ne constitue donc pas non plus un critère définitif pour rattacher une scène à ce rite. C'est donc finalement l'indication des quatre points cardinaux qui rattache l'épisode du papyrus Princeton Pharaonic Roll 10 au rite des oiseaux messagers.

Dans la chapelle de la Jambe du temple d'Edfou, trois oiseaux étaient lâchés lors de la fête de Khonsou-Thot, célébrée le 19 Thot, qui commémorait « le jour où il était sorti de son jugement » et marquait l'avènement d'Horus sur le trône de son père suite à son procès[150]. Sur un muret d'entrecolonnement du temple de Karnak, le roi et son fils relâchent deux oiseaux devant Khonsou dans Thèbes Neferhotep accompagné d'Hathor de *Benenet* dans une scène qui s'intègre à la liturgie de conférer l'héritage (*smn ỉwꜥ*) qui se déroulait durant la fête de Thot

---

144 H. Gauthier, *Les fêtes du dieu Min*, pl. I. *Medinet Habu* IV, pl. 213. O. Keel, *Vögel als Boten*, p. 111-112, fig. 33.

145 H. Gauthier, *Les fêtes du dieu Min*, pl. VI. *Medinet Habu* IV, pl. 205A, 206A. O. Keel, *Vögel als Boten*, p. 111-114, fig. 34.

146 H. Gauthier, *Les fêtes du dieu Min*, pl. XIII. H. H. Nelson, *Ramses III's Temple*, pl. 19. O. Keel, *Vögel als Boten*, p. 114-115, fig. 35.

147 H. Gauthier, *Les fêtes du dieu Min*, p. 222-223. Chr. Leitz, *Tagewählerei*, p. 334 et n. 8.

148 O. Keel, *Vögel als Boten*, p. 128-130. M.-Th. Derchain-Urtel, « Vögel, Aussenden von 4 », *in* : *LÄ* VI (1986), col. 1044-1046. Chr. Leitz, *Tagewählerei*, p. 333-335.

149 J.-Cl. Goyon, *Confirmation* I, p. 23-28.

150 N. Baum, *Le temple d'Edfou*, p. 203-206.

du mois éponyme[151]. Le calendrier d'Hathor indique que les rites de la fête de la victoire, qui duraient du 21 au 25 Méchir, se déroulaient de la même façon que ceux du 19 Thot[152]. Si l'on considère qu'un nouvel oiseau était amené chaque jour, cela porterait leur nombre à cinq. Dans le temple de Ramsès III à Médinet Habou, la dernière scène de la procession de la barque-*henou* de Sokar du 26 Khoiak montre un coffre dont sortent les têtes de cinq oiseaux, qui ont été identifiés comme des oies[153]. Malheureusement, aucune légende ne vient préciser leur rôle. La manière dont elles sont représentées montrerait néanmoins qu'elles n'étaient pas destinées au sacrifice. Leur nombre les associe peut-être aux cinq barques représentées qui appartenaient aux déesses Hathor, Ouadjet, Chesemtet, Bastet et Sekhmet.

Une double scène de la chapelle est n° 1 du temple de Dendara[154], illustrant à la fois la souveraineté d'Osiris dans l'au-delà et l'intronisation de son fils Horus, montre deux groupes de quatre oiseaux en vol, dont les têtes sont dans l'un des deux cas celles des enfants d'Horus[155]. Ils portent autour du cou une tablette contenant vraisemblablement le message qu'ils devaient transmettre vers le sud et vers le nord[156]. Situé durant la nuit du 25 au 26 Khoiak, l'épisode relaté par cette double scène marquait le moment de la transmission du pouvoir royal à l'héritier qui, une fois qu'il avait reçu ses insignes, pouvait rendre un hommage funéraire à son père Osiris qui recevait à cette occasion plusieurs offrandes spécifiques[157].

Dans le papyrus Princeton Pharaonic Roll 10, où il n'est donné aucun détail supplémentaire à propos du rite relatif aux oiseaux-*ʿprw*, Horus remplissait un rôle important pour son père, en le protégeant, en détruisant ses ennemis et en faisant la quête de son propre œil. L'élévation des offrandes (§ 8.2) et la seconde litanie (§ 10.2) insistent sur la transmission de la royauté, qui transparaît tant dans le rituel de confirmation du pouvoir royal que dans les scènes du rite de lâcher d'oiseaux en directions des points cardinaux. Le dernier rite du manuscrit américain doit ainsi probablement être rapproché du lâcher des oiseaux messagers chargés d'annoncer aux quatre coins du monde le couronnement d'Horus et par là même le triomphe d'Osiris.

151 J.-Cl. GOYON, *JSSEA* 13 (1983), p. 2-9. J.-Cl. GOYON, *in* : *D3T* 2, p. 33-41.

152 *Edfou* V, 351, 11 – 352, 1. M. ALLIOT, *Le culte d'Horus*, p. 791-793.

153 C. GRAINDORGE, *JEA* 82 (1996), p. 83-105. On notera que le chiffre 5 résume l'équation 4+1, illustration du schéma de la création héliopolitaine (J.-Cl. GOYON, *in* : *La magia in Egitto*, p. 58-59).

154 O. KEEL, *Vögel als Boten*, p. 116-118, fig. 36. *Dendara* X, 55-63, pl. X 6. S. CAUVILLE, *Les chapelles osiriennes* I, p. 31-35.

155 Les *bas* des défunts pouvaient avoir une tête humaine, comme les oiseaux migrateurs représentés à l'Osireion d'Abydos. Ces derniers, qui revenaient en Égypte à la saison de l'inondation, étaient plus particulièrement associés au nord (D. MEEKS, *BCLE* 4 (1990), p. 37-52). La dernière vignette du *Livre du ba* montre onze *bas* sous la forme d'oiseaux à tête humaines stylisées les ailes ouvertes qui volettent autour d'un sycomore dénué de feuilles (H. BEINLICH, *Das Buch vom Ba*, p. 22-23, pl. [14] ; M. MOSHER, *The Papyrus of Hor*, pl. 17 ; St. QUIRKE, *Going out in Daylight*, p. 552).

156 S. CAUVILLE, *Les chapelles osiriennes* I, p. 31, 34.

157 S. CAUVILLE, *Les chapelles osiriennes* II, p. 23-26.

12. Le rituel du papyrus Princeton Pharaonic Roll 10

Le papyrus Princeton Pharaonic Roll 10 présente une unité de composition que sa mise en forme autant que son contenu soutiennent. Il est clair qu'il ne s'agit pas un compendium de textes réunis au hasard, mais bien d'un rituel spécifique, dans lequel des formules à réciter alternent avec des gestes à exécuter. La cohérence des thèmes qui sont développés tout au long de la composition l'illustre clairement. Pour en apprécier la portée, il convient d'en faire la synthèse en se gardant de placer sur un même pied le contenu des formules à réciter et les rites qui s'enchaînaient (§ 12.1). On se doit aussi de s'interroger sur la fonction des officiants (§ 12.2) et d'examiner en détails le rôle de tous les bénéficiaires (§ 12.3) afin d'analyser les séquences du rituel reproduit (§ 12.4).

12.1 Le déroulement du rituel

Le tableau suivant propose une synthèse du déroulement du rituel retranscrit par le papyrus Princeton Pharaonic Roll 10, en distinguant les rubriques des liturgies[1] (Tableau 30). Les officiants[2] et les bénéficiaires[3] sont répertoriés, de même que les thèmes principaux.

Rites	Officiants	Liturgies	Bénéficiaires	Thèmes
...] accorder à...			Osiris qui préside à l'Occident	(?)
Entrer, temple			Osiris qui préside à l'Occident Travail inconnaissable	Procession
Réciter		« Ô enfants d'Horus... »	Osiris qui préside à l'Occident *Mesredouyef* *Padiherpakhered*	Protection
Réciter		**Autre formule** « Enfants d'Horus... »	Osiris qui préside à l'Occident *Padiherpakhered*	Protection Destruction des ennemis

1 Les formules d'offrande présentent une ambiguïté puisque leur introduction peut être considérée soit comme un élément formel intégré à la récitation, soit comme une indication évoquant un rite. Quoi qu'il en soit, elles constituaient des étapes de la liturgie et sont donc traitées comme telles. Les passages rédigés en rouge figurent en gras dans le tableau.

2 On distinguera par la suite les officiants qui sont nommés dans les rubriques de ceux dont le rôle est évoqué au sein d'une formule, voir § 12.2.

3 Ce terme est envisagé dans un sens général. Il peut s'agir autant du bénéficiaire indiqué dans une rubrique que de celui qui, d'après le contenu d'une formule, en profitait manifestement. Le « bénéficiaire » pouvait aussi avoir dans une certaine mesure un rôle actif.

Rites	Officiants	Liturgies	Bénéficiaires	Thèmes
Réciter	Ritualiste et supérieur Enfants d'Horus	**Autre formule** « Tu es [… … …] … »	Osiris qui préside à l'Occident ~~*Padiherpakhered*~~ *Mesredouyef*	Destruction des ennemis Procession
Réciter en psalmodiant	Ritualiste Prêtres Pères divins Prêtres-purs	Chant final du *Cérémonial pour faire sortir Sokar*		Procession
Atteindre la tribune [… … …] la rive du lac			Ce dieu	Procession
Pratiquer pour lui l'ouverture de la bouche			Ce dieu	Ouverture de la bouche
[… … … … (?)] Seth et ses acolytes				Destruction des ennemis
Confectionner une effigie de ses ennemis [en cire]				Destruction des ennemis
Jeter dans un brasier pour toujours				
Réciter		**[Autre formule]** (*Livre de la néoménie*)	Osiris Osiris-Sokar *Mesredouyef* *Padiherpakhered*	Néoménie Destruction des ennemis
Réciter sur une effigie de Seth [en cire]				Destruction des ennemis
Jeter au [feu] en présence de ce dieu			Ce dieu	
Réciter		**Autre formule** « Arrière, recule donc, Seth le vil, fils de Nout avec tes acolytes… »	*Mesredouyef* Osiris qui préside à l'Occident *Padiherpakhered*	Destruction de Seth Protection
[Réciter]	[Ritualiste et] supérieur	« Salut à toi Osiris en [ce] jour parfait… »	Osiris *Padiherpakhered* *Mesredouyef* *Mesredouyef* *Padiherpakhered* *Mesredouyef* *Padiherpakhered* *Mesredouyef*	Destruction des ennemis Triomphe

Rites	Officiants	Liturgies	Bénéficiaires	Thèmes
Faire une libation [... ...] ce [jour (où)] ce dieu entre dans sa barque			Ce dieu	Libation Entrée dans la barque
Réciter	Ritualiste et supérieur		Cet homme (?)	(?)
(Réciter)	Chœur des rythmeurs	« [Ah !] Osiris entre dans sa barque ! Toute terre est inondée sur son passage ! »	Osiris	Entrée dans la barque
[... ... mon]ter à bord de la barque d'Horus	Équipage (*Phyle*) de tribord Suivants de la barque [... ... ...] Préposés aux rames Ritualistes ordinaires Grands prêtres[-purs]			Entrée dans la barque
Faire en sorte que le prêtre d'Osiris se tienne prêt à la proue de la barque	Prêtre d'Osiris			Barque
Réciter		« Anubis, tu [... ... ...] »		(?)
Réciter [... ... ...] dans la barque				Barque
Réciter				
(Réciter)	Chœur des rythmeurs	« Horus, dirige la barque... »	Osiris	Navigation
(Réciter)		« L'Osiris (de) *Mesredouyef* navigue... »	*Mesredouyef*	Navigation Triomphe
Réciter		**Autre formule.** *Maîtriser le courant*	*Mesredouyef*	Protection
Réciter sur un faucon *Chenbety*...				Protection de la barque
Réciter par [... ...]	[... ...]	*Maîtriser les vents*	(*Mesredouyef ?*)	Protection de la barque
Réciter		*Formule pour [...] le cou[rant]*		Navigation

Rites	Officiants	Liturgies	Bénéficiaires	Thèmes
(Réciter) sept fois		*Formule pour voguer dans la barque* « Horus circule sans cesse dans sa barque à la recherche de son propre œil auprès de… » « Rê protège l'Osiris (du) prêtre *Mesredouyef* … dans cette barque parfaite dont le nom est… »	*Mesredouyef*	Quête de l'œil Liste de dieux Liste de barques
Accomplir la course sans [cesse] afin de circuler [… … …]				Course Liste de dieux
(Réciter)	Chœur des rythmeurs	« Hourrah ! Maître de la barque [… vi]ens, viens ! Sors du canal ! »		Sortie du canal
Protéger Sokar-Osiris avec des feuilles de saule	Chancelier [du dieu]		Sokar-Osiris Roi	Protection Saule
[… … … ….] des rameaux de saule	Officiant (?)	« Ton père Rê te protège… »		
Apporter les bouquets montés				Offrande Bouquets montés
Réciter	Ritualiste et supérieur	« (Pharaon)| v.(f.s.) est venu auprès de toi… »	Sokar-Osiris *Mesredouyef*	
Élever les offrandes				Élever les offrandes
Réciter	Ritualiste et supérieur	« Roi de Haute et Basse Égypte (Pharaon)|, (v.f.s.), prêtres et pères divins, allons, habitants de l'Égypte ! Élever les offrandes… »	Sokar-Osiris	
Élever les offrandes	Prêtres Pères divins		Liste d'Osiris Liste de dieux	
Réciter	Ritualiste	« Prêtres et pères divins, allons, habitants de l'Égypte ! Élever les offrandes… »	(Pharaon)|	
Réciter	Prêtres	« Qu'il reçoive la couronne blanche … »	(Pharaon)| *Mesredouyef*	
Réciter		« Prêtres et pères divins, allons, Pays bien-aimé ! Élever les offrandes… »	Rois de Haute Égypte et rois de Basse Égypte qui sont dans Bousiris	

Rites	Officiants	Liturgies	Bénéficiaires	Thèmes
Réciter	Prêtres	« Qu'ils reçoivent les pains d'offrande… »	Rois	
Élever les offrandes conformément au rituel de fête		Rituel de fête	Assemblée qui est à la tête du flot	
Présenter le récipient (de dattes) devant ce dieu			Ce dieu	Offrande Récipient (de dattes)
Réciter		« Ah ! Osiris, maître de Busiris… »	Osiris, maître de Busiris *Mesredouyef*	
Donner le collier large				Offrande Collier large
Réciter conformément au rituel de fête		« Salut à toi, Atoum ! Salut à toi, Khépri ! » Rituel de fête		
Présenter Maât				Offrande Maât
Réciter		« Atoum, prends pour toi ta tête… »		
Réciter		« Tire une flèche vers… » « [Vi]ens du […(?)] ciel vers la terre ! » « Roi de Haute et Basse Égypte (Pharaon)|, (v.f.s.), viens… »	Osiris qui préside à l'Occident	Tirer des flèches Directions cardinales Amarrage
Offrir le vin				Offrande Vin
Réciter		« Que poussent toutes les vignes… » « Puissent les vantaux du ciel s'ouvrir… » « Libation pour… »	*Mesredouyef* Osiris *Mesredouyef*	
Placer la graisse sur la flamme				Offrande carnée
Réciter conformément au rituel de fête		« Les aliments viennent s'ajouter aux aliments » Rituel de fête		
Placer la viande sur la flamme				Offrande carnée
Réciter		« Le dessus est en tant qu'œil d'Horus… »	*Mesredouyef*	

Rites	**Officiants**	**Liturgies**	**Bénéficiaires**	**Thèmes**
Réciter à côté de la barque-*nechemet*		*Livre de la néoménie* *Chambre du lit*		Néoménie Destruction des ennemis Protection
Fabriquer un serpent en cire				Destruction des ennemis
Le jeter dans la flamme de même que l'effigie de quatre ennemis de cire				
Suivre les instructions des quatre oies		*Faire pour lui la justification*		Justification
Abattre le bœuf roux à l'est				Destruction des ennemis
(Réciter)	(Chœur des rythmeurs)	« Nous voyons le taureau entravé… »		
Dresser les offrandes sur l'autel				Dresser les offrandes
Purifier les offrandes divines				Purification des offrandes
Réciter		« Pures, pures sont les offrandes divines … »	Sokar-Osiris et son ennéade Rê-Horakhty et son ennéade…	
		« Que mes deux bras, accordent la crue… »	*Mesredouyef*	
(Réciter)	Chœur des rythmeurs	« Il a vu Rê dans ses formes de l'horizon »		
Préparer une offrande accordée par le roi				Offrande
Réciter		« Une offrande accordée par le roi, Geb… »	Sokar-Osiris *Padiherpakhered*	
		« Je dresse pour toi les offrandes… »	*Mesredouyef*	
(Réciter)		« Acclamation du roi du ciel inférieur… »	Roi du ciel inférieur	Acclamation

Rites	Officiants	Liturgies	Bénéficiaires	Thèmes
(Réciter)		« Lève-toi Sokar-Osiris… » (première litanie) « Lève-toi Osiris (de) *Padiherpakhered…* » (seconde litanie)	Sokar-Osiris *Padiherpakhered*	Litanie
Saisir la corde de proue de la barque du dieu				Arrivée de la barque du dieu
Réciter		« [… … … …] »	(?)	
Réciter		*Formule pour amarrer* « La clameur de l'allégresse (s'élève) dans le ciel… »	*Mesredouyef*	Amarrage
Ensuite [… … …] ils [… … …] le dieu à terre	Prêtres (?) Prêtres-purs (?)		Le dieu	Sortie de la barque
Meket-nebes est en liesse… quand [il] se rend [vers] sa salle			Ce dieu	Procession
Après cela, le travail inconnaissable entre dans la butte …			Travail inconnaissable	Procession Butte
Réciter en lisant le rituel de fête jusqu'à ce qu'il atteigne la salle cachée	Prêtres (?) Prêtres-purs (?)	Rituel de fête	Travail inconnaissable (?)	Procession Salle cachée
Lâcher les oiseaux-*âperou* conformément au rituel de fête		Rituel de fête		Lâcher les oiseaux Directions cardinales
Colophon				

Tableau 30 : Synthèse du rituel préservé par le papyrus Princeton Pharaonic Roll 10

12.2 Les officiants

12.2.1 Le clergé

Différents prêtres sont nommés dans le papyrus Princeton Pharaonic Roll 10. Leur rôle se résume la plupart du temps à réciter des formules et peu d'indications sont fournies quant à d'autres fonctions. On notera par ailleurs qu'aucune allusion n'est faite à un clergé féminin.

Le ritualiste et le ritualiste et supérieur

Il faut tout d'abord mentionner le ritualiste (*ẖry-ḥ(ꜣ)b.(t)*) dont le titre a aussi été rendu par « prêtre-lecteur », auquel se rattache également le ritualiste et supérieur (*ẖry-ḥ(ꜣ)b.(t) ḥry-tp*). Le titre *ẖry-ḥ(ꜣ)b(.t)* est volontiers associé à *ḥry-tp*[4] « supérieur », « chef » ou « magicien ». Cet ensemble a été considéré comme un titre unique « ritualiste en chef »[5] ou analysé comme deux titres distincts, « ritualiste et supérieur » ou « ritualiste et magicien »[6].

Cet officiant était en charge de la lecture des formules accompagnant les rites dans le temple[7]. À côté du prêtre-*sem*, il jouait un rôle prépondérant dans le rituel funéraire, tandis qu'à la Basse Époque le supérieur des secrets (*ḥry sštꜣ*) pouvait se substituer à lui[8]. Il avait par ailleurs une fonction de magicien[9]. Le ritualiste pouvait en outre être un prêtre embaumeur[10] ; dans la documentation démotique, le *ẖry-ḥ(ꜣ)b(.t)* peut être un paraschiste[11]. D'après le *Manuel du temple*, le ritualiste appartenait à une catégorie inférieure à celle du grand-prêtre[12].

Dans le papyrus Princeton Pharaonic Roll 10, le ritualiste est impliqué dans la récitation du chant final du *Cérémonial pour faire sortir Sokar* (§ 5.5) et d'une section de l'élévation des offrandes (§ 8.2.2). Le ritualiste et supérieur récitait d'autres formules : l'une des formules initiales (§ 5.3), une récitation sans titre (§ 6.5), une formule de libation (§ 7.1), la formule des bouquets montés (§ 8.1) et la première section de l'élévation des offrandes (§ 8.2.1). Il est possible qu'il s'agisse d'un seul et même officiant dont le titre a par endroits été abrégé. Il a peut-être récité d'autres formules sans que son identité ne soit précisée.

Les prêtres, les pères divins et les prêtres-purs

Des prêtres (*ḥm.w-nṯr*), des pères divins (*it.w-nṯr*) et des prêtres-purs (*wꜥb.w*) s'associent au ritualiste pour réciter le chant final du *Cérémonial pour faire sortir Sokar* (§ 5.5). Des prêtres (*ḥm.w-nṯr*) et des pères divins (*it.w-nṯr*) élèvent les offrandes en faveur plusieurs divinités (§ 8.2.1) et ils sont mentionnés ensemble dans les formules (§ 8.2.1, § 8.2.2 et § 8.2.3), tandis que des prêtres (*ḥm.w-nṯr*) récitaient seuls deux parties de cette liturgie (§ 8.2.2 et § 8.2.3). Les prêtres (*ḥm.w-nṯr*) et les prêtres-purs (*wꜥb.w*) sont encore mentionnés dans la dernière partie du rituel (§ 11.4) sans que leur rôle exact puisse être précisé. Dans cette même section, les « prêtres en état de pureté absolue » étaient les seuls à avoir accès à la salle cachée, qui constituaient une exception à la limitation d'accès imposée par les mystères. Rien n'est précisé en ce qui concerne leur rôle exact.

---

4 Sur la lecture *dp* plutôt que *tp*, voir D. A. WERNING, *LingAeg* 12 (2004), p. 183-204, suivi par G. VITTMANN, *in* : *Organisation des pouvoirs*, p. 92.

5 M. ALLIOT, *Culte d'Horus*, p. 146-147 et 150-151. H. KEES, *ZÄS* 87 (1962), p. 119-139.

6 J. QUAEGEBEUR, *in* : *Form und Mass*, p. 368-394. E. GRAEFE, *MDAIK* 50 (1994), p. 89 (n. e) et 92. K. JANSEN-WINKELN, *WZKM* 88 (1998), p. 166. G. VITTMANN, *in* : *Organisation des pouvoirs*, p. 92-94.

7 R. K. RITNER, *Mechanics*, p. 220-222. Gauthier Mouron prépare à l'Université de Genève une thèse de doctorat à propos de cette charge sacerdotale.

8 Ph. DERCHAIN, *RdÉ* 30 (1978), p. 59-61.

9 R. K. RITNER, *Mechanics*, p. 220-221. Chr. THEIS, *Magie und Raum*, p. 47-49.

10 R. L. VOS, *Apis*, p. 37, n. 54. Fr. JANOT, *Les instruments d'embaumement*, p. 19-20 ; G. SCHREIBER, *in* : *Proceedings of the Fourth CECYE*, p. 343 ; Chr. THEIS, *Deine Seele zum Himmel*, p. 56, 175. S. TÖPFER, *Das Balsamierungsritual*, p. 323. M. CANNATA, *in* : *Actes du IXe congrès international des études démotiques*, p. 57-68.

11 Déjà chez E. REVILLOUT, *ZÄS* 17 (1879), p. 83-92.

12 J. Fr. QUACK, *in* : *Genealogie*, p. 98.

Les enfants d'Horus

Les enfants d'Horus (*ms.w-Ḥr*), qui désignent dans ce cas les porteurs de la barque, s'associent au ritualiste et supérieur pour réciter l'une des premières formules conservées (§ 5.3), alors que dans les deux formules précédentes (§ 5.1 et § 5.2), on s'adressait aux quatre fils d'Horus pour obtenir leur protection.

Le prêtre d'Osiris

Mentionné lors de l'embarquement, un prêtre d'Osiris prenait place à la proue de la barque (§ 7.2). Une formule adressée à Anubis, dont le contenu est perdu, était alors récitée. Elle pourrait lui être attribuée. Il est possible qu'il ait aussi eu la charge de la récitation de la formule pour « maîtriser le courant » qui devait avoir lieu justement à la proue de la barque du dieu (§ 7.4.3).

Le chancelier du dieu

Après l'accomplissement de la course, un chancelier du dieu (*ḫtmw-nṯr*) est associé à la protection de Sokar-Osiris à l'aide de saule (§ 7.10). Ce titre désigne de façon générique un prêtre funéraire qui avait une fonction d'embaumeur et prenait part aux cérémonies d'enterrement[13]. Le « chancelier du dieu » apparaît ainsi dans le rituel d'embaumement[14], mais il est absent du rituel dévolu à l'Apis. Fréquent à l'époque tardive, ce titre n'est cependant attesté durant une bonne partie de l'époque ptolémaïque que dans la région memphite et dans le Fayoum. À Hawara, les choachytes et les prêtres-lecteurs sont nommés « chanceliers du dieu » dès l'époque tardive, tandis qu'à Memphis seuls les choachytes reprennent cette appellation dès la fin du IIIe siècle avant J.-C., et ce n'est que tardivement qu'elle fait son apparition à Thèbes[15]. Par ailleurs, dès le Moyen Empire, ce même titre fut importé à Abydos, où il recouvrait une fonction spécifique à cette localité[16]. Là, le chancelier du dieu était un prêtre d'Osiris, généralement issu d'une grande famille sacerdotale, qui participait à certains épisodes essentiels des cérémonies osiriennes de cette ville. C'est peut-être cet officiant spécifique qu'il faut reconnaître dans le papyrus Princeton Pharaonic Roll 10, d'autant plus que l'on pourrait le rattacher au prêtre d'Osiris qui prenait place à la proue de la barque.

Le personnel qui accompagne la barque d'Horus

Un personnel autorisé, constitué de matelots et de prêtres, est énuméré lors de l'embarquement (§ 7.1) : l'équipage (*ỉsy*(.*t*)), (la *phyle*) de tribord (*ỉmy-wr.t*), les suivants de la barque (*šms.w wỉꜣ*), des rameurs ([*ỉry*].*w wsr.w*), des ritualistes ordinaires (*ẖry.w-ḥ*(*ꜣ*)*b*(.*t*) *ʿšꜣ.w*) et des grands prêtres-[purs] ([*wʿb*].*w ʿꜣ.w*). Deux entrées de cette liste sont perdues. Les titres en rapport avec la navigation semblent indiquer qu'il s'agissait d'une barque fluviale et non d'une

---

13 S. SAUNERON, *BIFAO* 51 (1952), p. 137-171. P. V. PESTMAN, *OMRO* 44 (1963), p. 8-23. Sur son rôle dans le cadre de l'embaumement, voir aussi Fr. JANOT, *Les instruments d'embaumement*, p. 18-19 ; G. SCHREIBER, *in* : *Proceedings of the Fourth CECYE*, p. 343-345 ; Chr. THEIS, *Deine Seele zum Himmel*, p. 175. S. TÖPFER, *Das Balsamierungsritual*, p. 323 qui évoque également son lien avec Anubis dont il peut arborer le masque. M. CANNATA, *in* : *Actes du IXe congrès international des études démotiques*, p. 57-68.

14 S. SAUNERON, *Rituel de l'embaumement*, p. 2, 11, 34, 41. S. TÖPFER, *Das Balsamierungsritual*, p. 71, 114, 188, 192 (P. Boulaq 3 (x+2, 5-6 ; x+4, 8 ; x+9, 13 ; x+10, 11), P. Paris Louvre 5158 (x+2, 2 ; x+2, 21)).

15 M. CANNATA, *in* : *Actes du IXe congrès international des études démotiques*, p. 57-68.

16 S. SAUNERON, *BIFAO* 51 (1952), p. 156-171.

barque processionnelle. On peut comparer ce moment avec la description de l'embarquement lors de la néoménie d'Épiphi (§ 7.1.4).

Observations sur les officiants

Le rôle des officiants cités dans les rubriques se limite le plus souvent à la récitation de formules. Leur identité n'est cependant pas précisée à chaque fois et plusieurs formules ne sont ainsi pas attribuées.

Le personnel qui accompagne la barque d'Horus (§ 7.1), le prêtre d'Osiris dont on spécifie la position (§ 7.2) et le chancelier du dieu qui assurait la protection de Sokar-Osiris (§ 7.10) font cependant exception. Quant à l'élévation des offrandes (§ 8.2), elle constitue le rite le plus détaillé en ce qui concerne la répartition des officiants dont la tâche ne se résumait pas uniquement à des récitations (§ 8.2.4).

L'ordre selon lequel les prêtres sont mentionnés est récurrent, même si les groupes cités ne sont pas toujours les mêmes, ce qui paraît trahir une forme de hiérarchie. Celle-ci laisse apparaître en premier lieu le ritualiste ou le ritualiste et supérieur, puis les prêtres (*ḥm.w-nṯr*) et les pères divins (*ỉt.w-nṯr*), et enfin les prêtres-purs (*wꜣb.w*).

12.2.2 Le chœur des rythmeurs

Le terme *šsp.t dḫn.w* a été largement discuté et désigne un groupe, d'hommes généralement, qui donnait la cadence[17]. Cet ensemble était volontiers représenté dans les scènes des temples ou des tombes.

Dans le temple de Médinet Habou, la mention *šsp dḫn* accompagne la représentation de trois femmes aux bras levés qui ouvrent un cortège lors de la fête de Min[18]. Le chœur des rythmeurs apparaît à deux reprises parmi les représentations de la fête d'Opet du temple de Louxor[19]. Il est formé de huit hommes chauves et vêtus de pagnes, qui tapent dans leurs mains. Un chant est copié ensuite. La légende indique : *šsp.t-dḫn(w) ḥr ỉr.t ḫn.t t(ꜣ) dp.t tp-ỉtr[w]* « Le chœur des rythmeurs en train d'exécuter la navigation de la barque sur le fleuve ». Dans la chapelle rouge d'Hatshepsout à Karnak, le chœur des rythmeurs est figuré à deux reprises lors de l'arrivée de la barque à Karnak[20]. À chaque fois, on voit trois hommes tapant des mains. Le texte qui les accompagne débute ainsi : « Réciter : le dieu sort pour sa navigation ». Le chœur des rythmeurs apparaît plusieurs fois dans la salle des fêtes d'Osorkon II à Boubastis[21]. Dans la chapelle des étoffes du temple de Dendara, le chœur des rythmeurs est représenté comme un groupe de trois hommes ayant les mains levées devant eux[22]. La scène adjacente

---

17 K. SETHE, *Dramatische Texte*, p. 173 et 176-177 (68d). E. LÜDDECKENS, *Totenklagen*, p. 46-49. E. BRUNNER-TRAUT, *Der Tanz im alten Ägypten*, p. 52-53. A. GUTBUB, *in* : *Mélanges Maspéro* I, p. 55-56. W. GUGLIELMI, *Die Göttin Mr.t*, p. 5-6, 21-23. G. BURKARD, *Osiris-Liturgien*, p. 236, n. 68. P. WILSON, *Lexikon*, p. 1029. H. KOCKELMANN, *in*: *Egyptian Museum Collections around the World*, p. 671-672. J. Fr. QUACK, *in* : *Carlsberg Papyri* 7, p. 81-86, n. e).

18 H. GAUTHIER, *Les fêtes de Min*, p. 278, pl. XIV. *Medinet Habu* IV, pl. 205.

19 K. SETHE, *ZÄS* 64 (1929), p. 1. W. WOLF, *Das schöne Fest von Opet*, p. 17, 35, 56-57. EPIGRAPHIC SURVEY, *The Festival Procession of Opet*, p. 12-14, 37, pl. 18 et 26 (ouest), 91 et 97 (est).

20 P. LACAU, H. CHEVRIER, *Hatshepsout*, p. 201-202, § 299-300, pl. pl. 9. Cf. P. BARGUET, *Le temple d'Amon-Rê à Karnak*, p. 176.

21 E. NAVILLE, *Festival Hall*, pl. I, XI, XIII, pl. XVI.

22 *Dendara* IV, 143, 8-9. S. CAUVILLE, *Dendara* IV, pl. 12. H. KOCKELMANN, *in*: *Egyptian Museum Collections around the World*, p. 672. Sur ce rituel des étoffes, voir S. CAUVILLE, *Dendara* IV, p. 22; M.-L. RYHINER,

est identique, mais le groupe y est nommé seulement « rythmeurs » (*dḫn.w*)[23]. Dans le temple d'Edfou, ce sont quatre hommes qui présentent des bouquets de plantes-*ỉmꜣ* et de saule au moment de la venue d'Hathor à la néoménie d'Épiphi[24].

Le chœur des rythmeurs apparaît aussi dans les tombes[25]. Dans la tombe de *Pouyemrê* (TT 39), deux ensembles de trois hommes donnant la cadence sont associés à un chant[26]. Le titre de la scène est : « Venir du temple [d'Amon ...]. Donner la cadence ». On retrouve un groupe de trois chanteurs, ainsi que leur chant, dans la tombe du grand prêtre *Menkheperrêseneb* (TT 86) où il est précisé qu'il s'agit d'une louange à Amon dans la barque-*ouserhat*[27]. Dans la tombe thébaine de *Min* (TT 109), le chœur des rythmeurs (*šsp.t dḫn*(*w*)) est figuré à l'occasion de la belle fête de la Vallée comme un groupe de trois hommes en pagne qui présentent une main ouverte devant eux[28]. Des chanteuses et des musiciennes les accompagnent. Dans la tombe d'*Amenemhat* (TT 82) et dans celle de *Rekhmirê* (TT 100), la légende attribuée à un ritualiste accueillant une procession mentionne le chœur des rythmeurs sans que celui-ci ne soit représenté[29]. Dans la tombe de *Pétosiris*, cet ensemble est formé de trois hommes qui prennent place en tête du cortège funéraire[30].

Le chœur des rythmeurs est nommé à deux reprises, aux côtés du ritualiste, sur l'un des fragments du papyrus UB Trier S109A-14a (l. 2 et 3)[31]. Il est possible que ce terme y soit employé comme didascalie à l'instar des emplois du papyrus Princeton Pharaonic Roll 10 (§ 2.5.5). On a vu que le papyrus Paris Louvre N. 3155 évoque le chœur des rythmeurs, lorsqu'il ajoute à sa version du rituel de l'*Ouverture de la bouche* les trois sections d'un même chant, à la suite des scènes 32, 42 et 44 (§ 8.16). Cette formation est aussi mentionnée, dans le même contexte, dans la chapelle d'Aménardis, la tombe de *Padiastarte* et le papyrus Carlsberg 406[32]. Ces exemples montrent que le chœur des rythmeurs n'intervenait pas lors d'une fête particulière, mais jouait un rôle lors des processions quelle que soit la cérémonie célébrée et qu'il était volontiers présent lorsqu'une navigation avait lieu.

Dans le papyrus Princeton Pharaonic Roll 10, le chœur des rythmeurs intervient à quatre reprises dans le déroulement du rituel. Aucune précision n'est fournie quant à son rôle exact. On s'est contenté d'indiquer le nom de cet ensemble, à la manière d'une didascalie, probablement pour introduire le texte qu'il prononçait, lors de l'embarquement (§ 7.1), de la navigation de *Mesredouyef* (§ 7.3) et de l'accomplissement de la course (§ 7.8). Cette

---

Procession des étoffes, p. 4-5, 7-8, 20, 52-54 ; A. GAYET, *Louxor*, pl. LI.

23 *Dendara* IV, 127, 7.

24 *Edfou* V, 125, 4 et pl. 126.

25 Par exemple P. DUELL, *The Mastaba of Mereruka* II, p. 141 ; N. de Garis DAVIES, *The Tomb of Vizier Ramose*, pl. V.

26 N. de Garis DAVIES, *The Tomb of Puyemrê* II, pl. 52. S. SCHOTT, *Das schöne Fest vom Wüstentale*, p. 809-811, 876-877, n° 85 et n° 86.

27 S. SCHOTT, *Das schöne Fest vom Wüstentale*, p. 809-811, 878, n° 87.

28 Ph. VIREY, *RecTrav* 9 (1887), p. 29. E. LÜDDECKENS, *MDAIK* 11 (1943), p. 49, fig. 17.

29 N. de Garis DAVIES, A. H. GARDINER, *The Tomb of Amenemhēt*, pl. XII. N. de Garis DAVIES, *The Tomb of Rekh-mi-Rē*, pl. XCII. E. LÜDDECKENS, *Totenklagen*, p. 46 et 47, fig. 15 et 16, qui considère qu'il s'agit plutôt d'une expression.

30 G. LEFEBVRE, *Pétosiris* I, p. 129, pl. 28, 32 (n° 81a).

31 H. KOCKELMANN, *in*: *Egyptian Museum Collections around the World*, p. 671-672, pl. I.

32 E. OTTO, *Mundöffnungsritual*, p. 93, 102, 104-105. J. ASSMANN, *Liturgische Lieder*, p. 253, 246-262. J.-Fr. QUACK, *in* : *Carlsberg Papyri* 7, p. 81.

formation entonnait aussi les extraits d'un chant intégrés à la dernière partie du rituel d'offrandes (§ 8.16), même si le nom de celle-ci n'est inscrit qu'une seule fois (§ 8.12).

12.2.3 Pharaon

Aucun nom de roi n'apparaît dans le papyrus Princeton Pharaonic Roll 10. En revanche, la mention *Pr-ꜥꜣ* « Pharaon » y est inscrite à dix reprises dans un cartouche[33]. Elle peut s'accompagner de la formule ꜥ.*w.s.* « v.f.s. »[34] ou de l'abréviation ꜥ.(*w.s.*) « v.(f.s.) »[35]. Quelquefois, là où le scribe a peut-être manqué de place, ne figure qu'un petit trait oblique[36]. Le titre *nsw bỉty* « roi de Haute et Basse Égypte » précède le plus souvent le cartouche[37], mais celui-ci figure également seul[38]. Le cartouche est habituellement réservé au nom et au prénom du roi. L'emploi pour désigner le souverain du terme *pr-ꜥꜣ*, qui est à l'origine même du terme « Pharaon », est attesté au moins dès la 26e dynastie. Cet usage fait partie des stratégies mises en œuvre pour éviter d'insérer le nom d'un roi spécifique et permettre, dans un contexte rituel, de désigner de façon générique tout souverain prenant part à un rite donné[39].

À deux reprises, il est fait usage du terme *nsw* « roi » : la première fois dans la rubrique relative à la protection accordée à Sokar-Osiris (§ 7.10), la seconde à la fin de la formule de présentation du récipient (de dattes) (§ 8.3). Dans les deux cas, il n'est pas du tout certain que l'on fasse référence à Pharaon. Il est possible que l'on ait appelé ainsi Osiris[40], d'autant que le bénéficiaire divin de l'acclamation (§ 9.1) est justement le « roi du ciel inférieur ».

La figure royale n'apparaît pas tout au long du papyrus Princeton Pharaonic Roll 10. Il est fait mention de la barque de Pharaon dans la formule récitée par le chœur des rythmeurs au moment de l'embarquement (§ 7.3). Le souverain ne figure sinon qu'au sein du rituel d'offrandes. Il vient auprès de Sokar-Osiris pour lui accorder des champs de fleurs et des prairies verdoyantes dans la formule des bouquets montés (§ 8.1), il intervient après la formule des quatre flèches afin de permettre à Osiris d'amarrer (§ 8.6) et c'est lui qui remplit l'œil d'Horus dans la formule d'offrande du vin (§ 8.7). Pharaon apparaît tout particulièrement dans la formule d'élever les offrandes (§ 8.2). Il est tout d'abord mentionné dans la première partie de la formule – celle destinée à Sokar-Osiris – où il est précisé qu'il se lève sur le siège d'Horus et se tient au-devant des vivants et qu'il a organisé les rites en faveur de son père Sokar-Osiris

---

33 Voir x+8, 1 ; x+12, 3 ; x+12, 6 ; x+12, 9 ; x+12, 10 ; x+12, 11 ; x+12, 12 ; x+14, 2 ; x+14, A ; x+15, 2.

34 Voir x+8, 1 ; x+12, 10 ; x+12, 11 ; x+12, 12 ; x+14, 2 ; x+15, 2. L'ajout d'un petit trait oblique semble apparaître tardivement à l'époque romaine, mais il est déjà attesté au début de l'époque ptolémaïque, voir chapitre 3, Ag3.

35 Voir x+12, 3 ; x+12, 9.

36 Voir x+12, 6 en fin de ligne ; x+14, A.

37 Voir x+8, 1 ; x+12, 6 ; x+12, 9 ; x+12, 10 ; x+14, 2 ; x+14, A ; x+15, 2.

38 Voir x+12, 3 ; x+12, 11 ; x+12, 12.

39 J. Fr. Quack, *in* : *Concepts of Kingship in Antiquity*, p. 1-14. Cet emploi est attesté par exemple par le rituel de la *Protection du roi durant la nuit*, la *Confirmation du pouvoir royal*, le papyrus d'*Imouthès* et d'autres manuscrits (S. Schott, *ZÄS* 65 (1930), p. 36, 39 (P. Londres BM EA 10081) ; G. Möller, *Paläographie* III, p. 67 (XXXIII) ; U. Verhoeven, *Buchschrift*, p. 223 (Ag5) ; W. Golénischeff, *Papyrus hiératiques*, p. 132 ; J. Fr. Quack, *in* : *Auf den Spuren des Sobek*, p. 242-243 (P. Caire CG 58028 (1, 4) ; N. Flessa, *„(Gott) Schütze das Fleisch des Pharao"*, p. 32, 42, 70, 84, 95, 100 (P. Vienne AEG 8426)).

40 Voir § 7.10.1, n. e) et § 8.3.1, n. d).

(§ 8.2.1). Dans la deuxième section en revanche, il est lui-même le bénéficiaire de l'élévation des offrandes (§ 8.2.2). Dans le rituel d'offrandes du Nouvel Empire, le roi régnant est le pourvoyeur de l'offrande, tandis que le roi défunt peut en être le bénéficiaire en lieu et place de la divinité. Bien que les mentions royales du papyrus Princeton Pharaonic Roll 10 soient formellement homogènes, elles sont néanmoins tributaires de cet héritage.

Hormis en tant que bénéficiaire de l'élévation des offrandes (§ 8.2.2), Pharaon est présenté dans un rôle d'officiant au sein des formules du papyrus Princeton Pharaonic Roll 10, alors que son nom ne figure pas de la sorte dans les rubriques. Ses apparitions témoignent de sa fonction royale en tant que descendant d'Horus et découlent de l'organisation idéale du culte, mais il est clair que le souverain n'a probablement pas pris directement part au rituel relaté par le manuscrit américain. Il s'agit là de témoignages « historiques » qui montrent que les sources dont s'est inspiré le rédacteur du papyrus Princeton Pharaonic Roll 10 étaient issues du temple et que ces textes n'étaient pas destinés à l'origine à un particulier[41].

12.3 Les bénéficiaires du rituel

12.3.1 Osiris et Sokar-Osiris

Osiris est le dieu le plus souvent nommé dans le papyrus Princeton Pharaonic Roll 10, ce qui témoigne de sa position centrale. Pourtant, les épithètes qui lui sont attribuées ne relèvent pas d'un centre unifié. S'il est souvent « celui qui préside à l'Occident », ce qui relève de son rôle funéraire, il peut être « seigneur d'Abydos », mais aussi « maître de Bousiris »[42]. Osiris-Sokar n'est mentionné qu'une seule fois dans le *Livre de la néoménie* (§ 6.2).

Sokar-Osiris est en revanche nommé plus souvent[43], mais il n'apparaît qu'à partir de la *Formule pour voguer dans la barque* (§ 7.7) dans laquelle il est mentionné de même qu'Osiris qui préside à l'Occident, le grand dieu, maître d'Abydos dans la liste de divinités. La protection du saule (§ 7.10) et la présentation des bouquets montés (§ 8.1) sont pour leur part dévolues à Sokar-Osiris, de même que la première partie de l'élévation des offrandes (§ 8.2) où sept formes d'Osiris sont cependant mentionnées. Il bénéficie ensuite de la purification des offrandes (§ 8.12) et de l'offrande accordée par le roi (§ 8. 13). C'est encore à Sokar-Osiris qu'est adressée la première partie de la litanie (§ 10.1).

L'attribution de l'acclamation adressée au « roi du ciel inférieur » (chapitre 9) pourrait être discutée. Les références solaires laissent en effet planer un doute alors que les références internes pointent plutôt en faveur d'Osiris.

12.3.2 Le travail inconnaissable

Le simulacre osirien est mentionné à deux reprises sous le nom de « travail inconnaissable » (*kꜣ.t nn rḫ=s*), une fois au cours de la procession initiale (§ 5.1) et une autre lors de la procession finale (§ 11.4). Si ce renvoi souligne la cohérence de l'ensemble, on s'étonnera que cette représentation ne figure pas ailleurs dans le rituel.

---

41 Voir les exemples cités par J. Fr. QUACK, *ZÄS* 127 (2000), p. 83-86.

42 Voir Glossaire.

43 Voir Glossaire.

12.3.3 Ce dieu

Dans les parties descriptives, il est à plusieurs reprises fait référence à « ce dieu » (*nṯr pn*) : lorsqu'il s'agit d'atteindre la tribune et lors de l'ouverture de la bouche (§ 5.6), lors de la destruction d'une effigie de Seth (§ 6.3), de la libation (§ 7.1), de la présentation du récipient (de dattes) (§ 8.3) et dans les instructions finales (§ 11.3)[44]. Il est relativement délicat d'identifier à qui fait référence cette expression qui pourrait ne pas avoir été attribuée à chaque fois au même objet. Elle pourrait ainsi s'appliquer à Osiris, à Sokar-Osiris ou bien au travail inconnaissable. Une référence à l'un des deux défunts[45] est peu probable même si leur assimilation à Osiris pourrait avoir joué un rôle[46].

Ce manque de clarté, qui était peut-être souhaité, complique l'interprétation de l'ensemble. Cependant, les deux premiers cas doivent probablement se référer à un bénéficiaire déjà mentionné, donc Osiris ou le travail inconnaissable, ce qui paraît exclure Sokar-Osiris. Lors de la libation (§ 7.1), il était vraisemblablement question d'Osiris, cité ensuite dans la formule. On retrouve la même configuration pour l'offrande du récipient (de dattes) (§ 8.3). Dans les instructions finales, seul le travail inconnaissable est explicitement cité et c'est peut-être uniquement à lui que l'on se référait.

Dans cette dernière section, il est semble-t-il aussi fait référence « au dieu » (*pꜣ nṯr*) (§ 11.3). Il est possible de cet emploi ait eu pour but de distinguer clairement l'objet des derniers rites de *Mesredouyef*, nommé dans la formule pour amarrer (§ 11.2).

12.3.4 Pharaon

On a vu que le roi remplit habituellement une fonction d'officiant bien que celle-ci soit plus historique qu'effective (§ 12.2.3). Il y a cependant deux exceptions : Pharaon bénéficie semble-t-il de la protection accordée à Sokar-Osiris[47] (§ 7.10) et d'une partie des rites de l'élévation des offrandes (§ 8.2.2).

Dans la troisième section de cette formule (§ 8.2.3), ce sont les « rois de Haute Égypte et les rois de Basse Égypte qui sont dans Busiris » qui bénéficient de l'élévation des offrandes. Il s'agit là d'une appellation qui désigne les ancêtres royaux. Ils ne portent pas ce nom dans le rituel d'offrandes du Nouvel Empire où des souverains sont énumérés par leurs noms[48]. Une adjonction originale, propre au papyrus Princeton Pharaonic Roll 10, fait encore bénéficier l'Assemblée qui est à la tête du flot de ce rite.

12.3.5 Les défunts

La méthode la plus simple pour s'approprier un rituel est d'ajouter un colophon à la fin de la copie de celui-ci. Le papyrus Bremner-Rhind en constitue un bon exemple[49]. Le procédé, qui consiste à remplacer le nom d'Osiris par celui d'un particulier, est un peu plus élaboré. Le document pouvait être rédigé en respectant les mentions d'Osiris et recevoir en surcharge le nom du bénéficiaire. Il pouvait aussi être copié directement en faveur du particulier dont le

---

44 Il est aussi question de la nécropole de « ce dieu » (§ 6.2), mais dans une formule.

45 L'emploi d'une forme au singulier exclut toute référence commune aux deux bénéficiaires.

46 Voir § 7.1.1, n. b) et § 8.3.1, n. b).

47 Il n'est pas exclu cependant que le roi ait fait référence ici à Osiris, voir § 7.10.1, n. e).

48 Voir § 8.2.3, n. d).

49 R. O. FAULKNER, *Bremner-Rhind*, p. 32 et *JEA* 22 (1936), p. 121.

nom remplaçait alors celui du dieu. Ces techniques n'étaient généralement pas appliquées de manière uniforme et pouvaient coexister au sein d'un même document. Le papyrus Paris Louvre N. 3079 est ainsi rédigé en faveur d'Osiris qui préside à l'Occident et d'un particulier[50]. Dans le papyrus Baltimore Walters Art Museum 10.551, le nom du particulier n'apparaît que dans la seconde liturgie, où il a été inséré dans des espaces laissés libres à cette intention[51]. Cette pratique touche le papyrus Princeton Pharaonic Roll 10 dans lequel figurent les noms de deux bénéficiaires et non d'un seul[52], ce qui complique encore un peu l'interprétation de ce manuscrit. Le nom de l'un d'eux peut y être adjoint directement à celui d'Osiris ou de Sokar-Osiris :

> (Pharaon)| v.(f.s.) est venu auprès de toi, Sokar-Osiris, Osiris (du) prêtre *Mesredouyef*, qu'a [enfanté] Taheb(et) (x+12, 3-4).

L'assimilation du défunt au dieu funéraire est très claire dans ce cas. Il en va de même lorsque le nom du bénéficiaire figure dans la phrase suivante, par balancement :

> Osiris qui préside à l'Oc[cident, sors] triom[phant] quatre fois ! Osiris (de) *Padiherpakhered* qu'a enfanté [Tahebet], [so]rs triomphant quatre fois ! (x+6, 5-6).

Ailleurs, un nom peut apparaître seul, comme par exemple dans une formule sans titre (§ 6.5) et dans une section du rituel d'offrandes (§ 8.14).

12.3.6 Répartition des bénéficiaires

Afin de mieux cerner les articulations du rituel, on a dressé une synthèse des différents bénéficiaires qui apparaissent tout au long du papyrus Princeton Pharaonic Roll 10 (Tableau 31).

Sections	**Osiris**	**Sokar-Osiris**	**Autres**	***Padiherpakhered***	***Mesredouyef***	**Pharaon**
…	Osiris qui préside à l'Occident					
Entrer, temple	Osiris qui préside à l'Occident		Travail inconnaissable			
Première formule	Osiris qui préside à l'Occident			 *Padiherpakhered*	*Mesredouyef*	
Deuxième formule	Osiris qui préside à l'Occident			*Padiherpakhered* *Padiherpakhered*		
Troisième formule	Osiris qui préside à l'Occident			~~*Padiherpakhered*~~	*Mesredouyef*	

50 J.-Cl. Goyon, *BIFAO* 65 (1967), p. 89-156 et *RdÉ* 20 (1968), p. 63-96.

51 M. Coenen, B. Verrept, *GM* 202 (2004), p. 98.

52 Voir chapitre 4.

Sections	**Osiris**	**Sokar-Osiris**	**Autres**	***Padiherpakhered***	***Mesredouyef***	**Pharaon**
Chant final du *Cérémonial pour faire sortir Sokar*						
Atteindre la tribune			Ce dieu			
Ouverture de la bouche			Ce dieu			
Confectionner une effigie et la brûler						
Livre de la néoménie	Osiris Osiris Osiris Osiris Osiris Osiris Osiris		Osiris-Sokar	*Padiherpakhered*	*Mesredouyef*	
Réciter sur une effigie et la brûler			Ce dieu			
Autre formule	Osiris qui préside à l'Occident			*Padiherpakhered*	*Mesredouyef*	
Formule sans titre	Osiris Osiris qui préside à l'Occident			*Padiherpakhered* *Padiherpakhered* *Padiherpakhered*	*Mesredouyef* *Mesredouyef* *Mesredouyef* *Mesredouyef*	
Libation			Ce dieu			
Réciter			Cet homme			
Entrée dans la barque	Osiris					
Prêtre d'Osiris						

Sections	Osiris	Sokar-Osiris	Autres	*Padiherpakhered*	*Mesredouyef*	Pharaon
Réciter [... ... ...] dans la barque	Osiris				*Mesredouyef* *Mesredouyef* *Mesredouyef* *Mesredouyef* *Mesredouyef* *Mesredouyef*	
Maîtriser le courant	Osiris				*Mesredouyef*	
Maîtriser les vents						
Formule pour [...] le courant	Osiris					
Formule pour voguer dans la barque	Osiris qui préside à l'Occident	Sokar-Osiris	Liste de dieux		*Mesredouyef* *Mesredouyef*	
Course	Osiris qui préside à l'Occident		Liste de dieux Maître de la barque			
Protection du saule		Sokar-Osiris	Roi (?)			Roi (?)
Bouquets montés		Sokar-Osiris			*Mesredouyef*	
Élever les offrandes	Osiris Osiris Osiris Osiris Osiris Osiris Osiris	Sokar-Osiris Sokar-Osiris Sokar-Osiris	Liste de dieux			
Élever les offrandes					*Mesredouyef* *Mesredouyef*	(Pharaon)|
Élever les offrandes						Les rois… qui sont dans Bousiris
Élever les offrandes			L'Assemblée qui est à la tête du flot			
Récipient (de dattes)	Osiris, maître de Bousiris		Ce dieu		*Mesredouyef*	
Collier large						

Sections	**Osiris**	**Sokar-Osiris**	**Autres**	***Padiherpakhered***	***Mesredouyef***	**Pharaon**
Maât						
Flèches	Osiris					
Vin	Osiris				*Mesredouyef* *Mesredouyef*	
Graisse sur la flamme						
« Les aliments… »						
Viande sur la flamme					*Mesredouyef*	
Instructions						
Dresser les offrandes sur l'autel						
Purifier les offrandes		Sokar-Osiris			*Mesredouyef*	
Préparer une offrande…		Sokar-Osiris		*Padiherpakhered*		
(Dresser les offrandes)					*Mesredouyef* *Mesredouyef* *Mesredouyef* *Mesredouyef* *Mesredouyef*	
Acclamation			Roi du ciel inférieur			
Première litanie		Sokar-Osiris				
Seconde litanie				*Padiherpakhered* *Padiherpakhered* *Padiherpakhered*		
Saisir la corde de prouc						
Formule pour amarrer					*Mesredouyef*	
Description des rites			Le dieu Ce dieu			
Procession			Travail inconnaissable			
Lâcher les oiseaux						

Tableau 31 : Répartition des bénéficiaires du rituel

On notera tout d'abord que les noms des deux particuliers n'apparaissent généralement pas dans les rubriques, mais uniquement au sein des formules à réciter, à l'exception de la troisième formule liée à la procession (§ 5.4). Il est aussi fait mention de « cet homme » dans la rubrique associée à la libation (§ 7.1). On a déjà remarqué que Pharaon n'est mentionné comme bénéficiaire que dans la section de l'élévation des offrandes qui lui est dévolue (§ 8.2.2) et qu'il profitait peut-être de la protection accordée à Sokar-Osiris (§ 7.10).

Étant donné que l'expression « ce dieu » ne faisait probablement pas référence à l'un ou l'autre des défunts, le rituel décrit était dans les faits destiné à Osiris et à Sokar-Osiris. C'est d'ailleurs à ces deux divinités que sont réservées plusieurs compositions : le chant final du *Cérémonial pour faire sortir Sokar* (§ 5.5), le texte relatif à la course (§ 7.8), la protection liée au saule (§ 7.10), le tir de flèches (§ 8.6), l'acclamation (chapitre 9) et la première partie de la litanie (§ 10.1). Sokar-Osiris ne fait cependant son apparition qu'à partir de la *Formule pour voguer dans la barque* (§ 7.7). Jusque-là, c'est Osiris qui est concerné par les rubriques et à qui s'adressent les récitations. Mais c'est à partir du début du rituel d'offrandes que Sokar-Osiris apparaît comme bénéficiaire direct. C'est à lui que sont destinés la protection du saule (§ 7.10), les bouquets montés (§ 8.1), l'élévation des offrandes, bien que plusieurs formes d'Osiris soient citées dans la liste de dieux (§ 8.2.1), puis la purification des offrandes (§ 8.12) et l'offrande accordée par le roi (§ 8.13 et § 8.14) ainsi que la première partie de la litanie (§ 10.1). La répartition des bénéficiaires divins permet d'opérer plusieurs découpages dans les étapes du rituel et joue un rôle clé dans l'interprétation des séquences de celui-ci[53].

En ce qui concerne les deux particuliers, ils sont mentionnés ensemble dans les premières formules (§ 5.2, § 5.3 et § 5.4), le *Livre de la néoménie* (§ 6.2), la formule à l'encontre de Seth (§ 6.4) et la formule sans titre (§ 6.5). *Mesredouyef* figure seul dans la formule qui accompagne l'entrée dans la barque (§ 7.3), la formule de protection relative à la maîtrise du courant (§ 7.4), la *Formule pour voguer dans la barque* (§ 7.7) et la *Formule pour amarrer* (§ 11.2). Son nom apparaît aussi dans les formules de la présentation des bouquets (§ 8.1), de l'élévation des offrandes (§ 8.2.2), de l'offrande du récipient de dattes (§ 8.3), de l'offrande de vin (§ 8.7) et pour placer la viande sur la flamme (§ 8.9). Il en va de même dans la seconde partie de la formule pour préparer une offrande accordée par le roi (§ 8.14), tandis que *Padiherpakhered* est cité dans la première partie (§ 8.13). *Padiherpakhered* est sinon le seul bénéficiaire de la seconde litanie (§ 10.2). Que ce soit lui qui soit invité à se lever dans le passage du *Livre de la néoménie* où il est cité (x+5, 2-3) souligne la cohérence de la répartition des deux noms dans le manuscrit.

On constate que les deux bénéficiaires se côtoient durant la procession et que leurs deux noms s'alternent avec régularité dans les textes de destruction des ennemis. Bien qu'une rature puisse laisser penser à un remploi, la répartition de leurs noms témoigne plutôt d'un schéma élaboré qui laisse présager un emploi différencié. Toute la partie dévolue à la navigation est ainsi réservée à *Mesredouyef*, de même que la presque totalité du rituel d'offrandes dans lequel *Padiherpakhered* ne profite que de l'offrande de Geb (§ 8.13). Ce dernier ne participait donc ni à la navigation, ni aux étapes les plus spécifiques du rituel d'offrandes. Son statut se différenciait ainsi de celui de *Mesredouyef*. Cela justifie que les attestations de son nom soient bien moins nombreuses que celles de *Mesredouyef*. En plus de confirmer que l'on est bien en présence de deux individus, cette distinction atteste que le papyrus Princeton Pharaonic Roll

53 Voir § 12.4.

10 n'a pas fait l'objet d'une banale usurpation, mais qu'il a été remployé dans une perspective bien particulière. Que ces deux parents soient volontairement nommés ensemble dans un rituel qui leur attribue des rôles différenciés, accréditerait également la thèse selon laquelle on serait en présence d'un document appartenant à une tradition familiale.

12.4 Les séquences du rituel

Dans les grandes lignes, le déroulement du rituel du papyrus Princeton Pharaonic Roll 10 pourrait suivre le découpage thématique adopté pour présenter la traduction du manuscrit : procession, destruction des ennemis, navigation, rituel d'offrandes, acclamation, litanies et procession finale. Cependant, plusieurs incertitudes pèsent sur ce modèle si bien que l'interprétation de l'ensemble nécessite de reprendre les divers éléments mis à jour, qu'il s'agisse de la logique du déroulement du rituel, des officiants ou des bénéficiaires, afin de tenter d'éclairer les points encore nébuleux. Il faut souligner que rien ne permet d'affirmer que la totalité du rituel considéré ait été retranscrit dans le papyrus Princeton Pharaonic Roll 10. Il est possible qu'un tri ait été opéré ou que l'on ait volontairement passé sous silence certains éléments soumis au secret.

La procession

En raison des lacunes, le contenu de ce qui était peut-être le début du rituel n'est pas clair. En l'état, le papyrus Princeton Pharaonic Roll 10 relate tout d'abord qu'une procession se déroulait aux alentours d'un temple. Les trois premières formules forment un ensemble[54] qui s'y rattache vraisemblablement. Cette section est dévolue au culte d'Osiris qui préside à l'Occident, mais il y est aussi question du travail inconnaissable. Les deux particuliers y font déjà leur apparition.

On psalmodiait ensuite le chant final du *Cérémonial pour faire sortir Sokar* pour atteindre une tribune située sur la rive d'un lac. Là, on pratiquait l'ouverture de la bouche pour « ce dieu ». On peut se demander s'il s'agissait d'une seule et même procession ou bien de deux déplacements distincts impliquant peut-être des bénéficiaires différents. Il n'est pas exclu que « ce dieu » ait fait spécifiquement référence à Osiris qui préside à l'Occident ou bien au simulacre. L'hypothèse de la réalisation de deux processions pourrait être assez séduisante car elle permettrait de distinguer les rites effectués au bord du lac de ceux ayant trait à la navigation fluviale décrite ensuite.

La destruction des ennemis

On préparait une effigie des ennemis destinée à être brûlée. On lisait le *Livre de la néoménie* (§ 6.2). En présence de « ce dieu », on récitait une formule d'exécration (§ 6.4) sur une effigie de Seth qui devait être elle aussi brûlée. Une formule débutant par une salutation à Osiris le jour de la destruction des ennemis (§ 6.5) venait ensuite. Les deux défunts sont à nouveau associés à ces trois formules. Le déroulement de cette étape est assez clair et ne soulève guère

54 La deuxième et la troisième sont introduites par « Autre formule » et constituent ainsi probablement un complément à la première.

de question[55]. C'est vraisemblablement Osiris qui en bénéficie, mais Osiris-Sokar est néanmoins évoqué par le *Livre de la néoménie*.

L'entrée dans la barque et la navigation

On faisait d'abord une libation lorsque « ce dieu » – sans doute Osiris si l'on se réfère au contenu des formules – entrait dans sa barque (§ 7.1). Le personnel embarquait et le prêtre d'Osiris s'installait à la proue de la barque (§ 7.2). Là, une récitation mettait à l'honneur *Mesredouyef* dans sa barque (§ 7.3).

On prononçait alors des formules pour maîtriser le courant et les vents afin de préserver la barque divine (§ 7.4 et § 7.5). Faire appel à des formules protectives pour se prémunir du courant et des vents, mais aussi des crocodiles n'a rien de surprenant lors d'une navigation. Ces mesures seraient même particulièrement justifiées si celle-ci avait lieu sur un fleuve ou un bras d'eau. C'est pourtant sur la rive d'un lac que la procession s'est rendue (§ 5.6). Quelles vagues ou quels vents contraires auraient alors pu troubler la course d'une embarcation ? Cependant, en raison des dangers encourus par les statues et le matériel sacré du temple, l'hypothèse de l'existence de rites de substitution a été avancée[56]. En réalisant certaines actions sur le lac sacré, on évitait d'avoir à affronter les aléas d'une navigation sur le Nil. En constituant le théâtre des rites qui s'y déroulaient, le lac sacré ne se réduisait plus à une étendue d'eau paisible et aurait pu voir des forces nuisibles s'opposer au trajet de la barque, ce qui pourrait justifier de la protéger magiquement. Le personnel décrit lors de l'embarquement (§ 7.1) ne correspond pourtant guère aux exigences d'une embarcation évoluant sur un lac sacré.

Une récitation dont le sens demeure obscur s'insérait ici (§ 7.6), avant la longue *Formule pour voguer dans la barque*, dans laquelle il est dit qu'Horus partait à la recherche de son propre œil (§ 7.7). L'accomplissement de la course (§ 7.8) marquait probablement la réalisation de la navigation évoquée par cette formule, mais il pourrait aussi s'agir d'un autre déplacement. Qu'une partie des dieux cités dans la *Formule pour faire voguer la barque* et dans le texte de relatif à la course soient identiques concourt cependant à en faire un seul événement. On peut en effet admettre que la formule ait été plus stéréotypée et complète et l'exécution effective du rite plus abrégée. L'interprétation de la phrase finale récitée par le chœur des rythmeurs est délicate et il est difficile de dire si elle évoquait le départ ou l'arrivée de la barque (§ 7.9).

L'action se déroulait vraisemblablement dans la barque d'Horus, puisqu'il est précisé qu'Horus faisait naviguer Osiris (§ 7.3), et c'est semble-t-il dans la cale que prenait place ce dernier (§7.6). Il est le plus souvent question d'une barque (*wỉꜣ*), qui est plus ou moins explicitement attribuée à Horus lors de l'embarquement (§ 7.1) et dans la *Formule pour voguer dans la barque* (§ 7.7). Mais on parle par ailleurs de la barque divine[57] (*dp.t-nṯr*) dans les formules pour « maîtriser le courant » (§ 7.4) et « maîtriser les vents » (§ 7.5), de même que plus loin dans la *Formule pour saisir la corde de proue* (§ 11.1). Les textes en question se référaient probablement par tradition à la barque divine, mais il n'est pas exclu qu'il y ait eu deux embarcations.

55 Sauf peut-être celle de savoir comment étaient distribuées exactement les deux rubriques par rapport à la récitation du *Livre de la néoménie* et de la formule suivante, voir § 6.3 et § 6.5.

56 Cl. TRAUNECKER, *CahKarn* 7 (1982), p. 351-352.

57 Cette embarcation pouvait être plus spécifiquement associée aux cérémonies osiriennes d'Abydos (Chr. LEITZ, *Tagewählerei*, p. 170, n. 60).

Mesredouyef est associé à plusieurs formules relatives à la navigation (§ 7.3, § 7.6, § 7.7). La *Formule pour voguer dans la barque* le place sous la protection de Rê en l'intégrant dans l'introduction à la liste de barques. Il est certain qu'il n'a pas pris place effectivement dans toutes les barques citées et qu'il s'agit là d'exprimer sa participation au rite. Il n'est plus fait mention de *Padiherpakhered* dans cette section, sans doute parce qu'il n'y prenait pas part.

Le rituel d'offrandes

Sokar-Osiris bénéficiait alors d'une protection liée au saule, dont profite aussi le roi (*nsw*), qu'il s'agisse de Pharaon ou d'Osiris (§ 7.10). Ce rite doit probablement être distingué de ce qui précède puisque l'on change ostensiblement de bénéficiaire. C'est en effet là que débutent une série de formules destinées non plus à Osiris, mais à Sokar-Osiris.

On présentait des bouquets montés (§ 8.1) et on élevait les offrandes en faveur de Sokar-Osiris (§ 8.2.1), puis de Pharaon, des ancêtres royaux (§ 8.2.2) et de l'Assemblée qui est à la tête du flot (§ 8.2.3). Bien que la formule pour apporter les bouquets montés diffère de celles du rituel des offrandes, on ne peut s'empêcher de remarquer que la présentation de bouquets constituait une étape spécifique des fêtes du sixième jour (épisode 58) et de la néoménie (épisode 61). On s'attendrait à ce que le rituel d'offrandes débute à l'issue de la navigation, mais l'allusion, après que des flèches ont été tirées, à la venue de Pharaon pour permettre l'amarrage d'Osiris est contradictoire (§ 8.6). On en vient donc à considérer que le rituel d'offrande ait été constitué de plusieurs moments distincts dévolus d'une part à Osiris et d'autre part à Sokar-Osiris. Il faut donc sans doute isoler du reste les rites destinés à Sokar-Osiris qui se seraient déroulés soit après le départ de la barque soit à l'issue d'une première étape de la navigation.

À Osiris, on présentait ensuite le récipient (de dattes) (§ 8.3), le collier-*ousekh* (§ 8.4) et Maât (§ 8.5). C'est alors que l'on annonçait qu'une flèche était tirée dans chacune des directions cardinales et que Pharaon venait afin qu'Osiris puisse amarrer (§ 8.6).

Cette indication semble montrer que c'est à ce moment-là que la navigation d'Osiris s'achevait et il faut en déduire que les trois offrandes précitées avaient lieu dans la barque où se trouvait Osiris. Si l'on considère que la phrase du chœur des rythmeurs (§ 7.9) marquait le départ de la barque, les rites en faveur de Sokar-Osiris auraient été réalisées après le départ de celle-ci et les trois offrandes destinées à Osiris pendant la navigation. Si on estime au contraire que la phrase prononcée par le chœur des rythmeurs marquait la fin de la course, il faut admettre qu'un nouveau déplacement ait eu lieu. Une hypothèse réaliste serait alors que la barque ait fait une première halte à l'issue de la course, lors de laquelle on exécutait des rites en faveur de Sokar-Osiris. La poursuite de la navigation ne serait pas évoquée et on passerait directement à l'étape suivante où, une fois la barque arrivée à destination, on offrait le vin (§ 8.7) et on préparait les offrandes carnées (§ 8.8 et § 8.9) pour Osiris. Il est intéressant de noter que la présentation du récipient (de dattes), du collier large et de Maât n'appartiennent pas au répertoire du rituel d'offrandes du Nouvel Empire, alors que l'offrande de vin et la cuisson de la graisse et de la viande en font partie (épisodes 22, 14 et 15). Cette distinction laisse penser que l'on est en présence deux cycles différents.

Qu'on ait incité Pharaon à venir pour qu'Osiris amarre n'implique pas forcément que le roi l'ait accompagné lors de son périple. S'il est préalablement question de la barque royale (§ 7.3), Pharaon ne fait ensuite son apparition en personne qu'au début de la section dédiée à Sokar-Osiris, soit hors du contexte de la navigation. Il semblerait donc qu'il n'ait pas pris part à celle-ci, mais qu'il soit venu accueillir la barque d'Osiris.

Les instructions fournies ensuite se terminent par le sacrifice d'un bœuf roux (§ 8.10). Il paraît contradictoire d'abattre un animal après avoir placé la graisse et la viande sur la flamme. Il est donc possible que cette section débute une nouvelle étape du rituel. À nouveau, on récitait le *Livre de la néoménie*, ainsi que la *Chambre du lit*, à côté de la barque-*nechemet*. Ce détail nous indique que l'on se trouvait bien sur la terre ferme. On brûlait les effigies d'un serpent et de quatre ennemis et on suivait les instructions d'un ouvrage intitulé *Faire pour lui la justification*, avant d'abattre le bœuf roux à l'est. La mention de l'est renvoie au lever du soleil et fournit peut-être une indication temporelle permettant de situer ces rites au matin du jour suivant. On ne précise rien du ou des bénéficiaires.

On dressait ensuite les offrandes sur l'autel où elles étaient purifiées en faveur de Sokar-Osiris qui bénéficiait également de l'offrande accordée par le roi (§ 8.12 et § 8.13). *Padiherpakhered* et *Mesredouyef* y prenaient part, chacun étant associé à une partie différente de la formule (§ 8.13 et § 8.14)[58].

Il semble qu'il faille distinguer les rites destinés à Osiris de ceux qui était prévus pour Sokar-Osiris qui constituaient un autre pan de la cérémonie. *Mesredouyef* est cependant le bénéficiaire de plusieurs offrandes destinées à l'un comme à l'autre, ce qui tend à montrer une succession cohérente des séquences du rituel. On ne peut s'empêcher de penser aux cérémonies osiriennes du mois de Khoiak qui honoraient chacun d'eux.

Acclamation et litanies

On acclamait ensuite le roi du ciel inférieur, puis on récitait une longue litanie dont la première ligne s'adressait à Sokar-Osiris, tandis que la seconde était destinée à *Padiherpakhered*. Seules les liturgies sont copiées sans aucun détail supplémentaire relatif à leur réalisation, ce qui ne permet pas de préciser le contexte précis de leur récitation.

L'arrivée de la barque

On saisissait ensuite la corde de proue de la barque du dieu (§ 11.1), puis on récitait une *Formule pour amarrer* dont bénéficiait *Mesredouyef* (§ 11.2). Ces éléments correspondent à la configuration de l'embarquement, selon laquelle *Mesredouyef* naviguait en même temps que le dieu. Il n'a probablement pas véritablement accompagné Osiris dans sa barque et on a probablement cherché à faire coïncider ici ces deux séquences. On assiste une fois encore à l'arrivée de la barque. Le dieu était ensuite ramené à terre, ce qui donnait lieu à des réjouissances lors d'une nouvelle procession (§ 11.3). Cela semble constituer aussi la fin du périple de *Mesredouyef* qui n'est plus mentionné ensuite. Il n'est rien dit de plus quant au devenir du défunt et on peut supposer qu'il avait alors atteint le lieu de son repos, comme pourrait l'indiquer le thème de l'amarrage, euphémisme pour désigner la mort.

La fin du rituel

Le travail inconnaissable entrait ensuite dans la butte sacrée en présence de prêtres et de prêtres-purs, dont le rôle exact ne peut être précisé (§ 11.4). Il fallait réciter le rituel de fête jusqu'à ce qu'il parvienne à la salle cachée, dont quelques prêtres parfaitement purs veillaient à préserver le mystère. Ces éléments ne sont pas sans rappeler l'enterrement du simulacre osirien aux derniers jours du mois de Khoiak. La cérémonie se terminait par un lâcher

58 Il en va de même dans le rituel d'offrandes (épisode 32), mais ce texte constitue une autre section du rituel de l'*Ouverture de la bouche* (épisode 70B), voir § 8.15.

d'oiseaux en directions des quatre points cardinaux (§ 11.5). Le récit de la fin de la cérémonie semble avoir été abrégé, probablement pour assurer le secret qui devait entourer cette partie des rites. On sent bien qu'il y a là une limite au-delà de laquelle on n'est pas autorisé à s'aventurer. Est-ce que le rédacteur n'en savait pas plus ? Ou bien a-t-il simplement décidé de taire le reste ? Nous n'en saurons rien.

12.5 Pour conclure

Cet ouvrage s'est consacré à l'étude du contenu du papyrus Princeton Pharaonic Roll 10, dont il a d'abord fallu établir le texte. Malgré de nombreuses lacunes, il a été possible d'en proposer une traduction cohérente bien que quelques passages restent à élucider.

Le papyrus Princeton Pharaonic Roll 10 n'offre pas seulement de nouvelles versions de compositions attestées par ailleurs, mais aussi des textes jusque-là inédits. Il livre ainsi une copie supplémentaire du chant final du *Cérémonial pour faire sortir Sokar* (§ 5.5), une nouvelle leçon du *Livre de la néoménie* (§ 6.2), connu jusque-là par un seul autre exemplaire, une version de la *Formule pour voguer dans la barque* (§ 7.7) attestée par deux autres documents et deux litanies du type « Lève-toi ! », l'une adressée au dieu (§ 10.1) et l'autre destinée au défunt, dont on retrouve la trace dans la tombe de *Moutirdis* (§ 10.2). Le manuscrit américain fournit aussi une nouvelle composition sans titre que l'on peut rattacher à la destruction de Seth et dont le papyrus Londres BM EA 10252 contient une version encore non publiée (§ 6.4), deux formules inconnues pour « maîtriser le courant » (§ 7.4 et § 7.6) et une composition originale qui semble pouvoir être rapprochée de la tradition du chapitre 141 du *Livre des morts* (chapitre 9). Il relate en outre des rites intéressants comme l'entrée dans la barque (§ 7.1), l'accomplissement d'une course (§ 7.8) et présente un rituel d'offrandes élaboré (chapitre 8).

Le papyrus Princeton Pharaonic Roll 10 ne comporte aucune datation, mais il semble possible de le situer durant l'époque ptolémaïque, peut-être durant IIIe siècle av. J.-C., sur la base d'une étude paléographique, dont les résultats ne sont pas contredits par d'autres éléments (§ 3.1).

Le manuscrit ne livre pas non plus de date qui permette d'associer à une fête spécifique le rituel qu'il décrit. La plupart des épisodes relatés ont une portée relativement générale et n'étaient pas forcément rattachés à une célébration en particulier, ce qui tend à réduire la pertinence d'un quelconque rapprochement. C'est le cas par exemple de la plupart des offrandes, des formules de protection et des éléments relatifs à la navigation. En outre, si on a pu vérifier la cohérence de la composition du papyrus Princeton Pharaonic Roll 10, il n'en va pas forcément de même de son interprétation. Rien ne permet d'affirmer que le rituel retranscrit respecte à la lettre le déroulement d'une fête donnée et il pourrait très bien avoir bénéficié d'emprunts à différentes célébrations pour remplir sa fonction et ne plus guère refléter la réalité d'aucune cérémonie spécifique. Quelques éléments ressortent néanmoins de son contenu dans lequel deux cycles temporels prédominent : les cérémonies en l'honneur d'Osiris et de Sokar-Osiris et la néoménie. Plusieurs éléments du rituel du manuscrit américain s'inscrivent dans le cadre des cérémonies osiriennes, mais il demeure délicat de les rattacher spécifiquement à celles qui avaient lieu durant le mois de Khoiak et de les mettre en lien avec la néoménie. Par ailleurs, la nature même des dates du calendrier lunaire ne permet pas d'inscrire dans le courant de l'année civile un temps spécifique à attribuer à ce rituel.

Le papyrus Princeton Pharaonic Roll 10 ne fournit pas de provenance et ne contient guère de références géographiques. Il est en effet nécessaire de distinguer les indications figurant dans les parties descriptives du rituel de celles qui apparaissent dans les formules, car leur portée n'était certainement pas la même. Les liturgies se sont sans doute formalisées, dans une certaine mesure en tout cas, et les toponymes qu'elles contiennent ne sont pas forcément en rapport direct avec le lieu du déroulement du rituel ou l'origine du manuscrit. Ainsi la Bousiris supérieure du chant final du *Cérémonial pour faire sortir Sokar* a certes une portée au sein de cette composition, mais beaucoup moins en ce qui concerne la localisation des rites décrits par le manuscrit.

Les compositions du papyrus Princeton Pharaonic Roll 10 font état de plusieurs listes de divinités associées plus ou moins directement à des lieux, auxquelles on pourrait soupçonner qu'une volonté géographique sous-tendait[59]. Comme on l'a vu, on peine cependant à en dégager une véritable logique spatiale. Il est le plus souvent fait référence à des sanctuaires célèbres dont l'évocation relève sans doute plus d'un ancrage théologique que de géographie pure. En outre, l'ordre selon lequel les localités sont présentées n'est généralement pas canonique. Il ne respecte le plus souvent ni la bipartition usuelle de l'Égypte ni une progression spatiale linéaire. L'inventaire des localités mentionnées dans ces liturgies fait ressortir une implantation plus forte dans le Delta. Seules quatre cités de Haute Égypte sont nommées : Karnak, Abydos, Héracléopolis et Atfih. En revanche, au moins douze villes de Basse Égypte sont évoquées : Héliopolis, *Kher-âha*, Busiris, *Ro-setaou*, Tchenenet, *Ânkhtaouy*, Bubastis, Mendès, Memphis, *Khaset-hââ*, Bouto, Athribis. On relève une certaine prédominance des sites de l'ouest du Delta. La mention assez rare de *Khaset-hââ*, dont on a rappelé les cultes lunaires et osiriens, s'insère bien dans ce décor. Héliopolis occupe un rôle important dans plusieurs compositions et la position de Memphis est assez centrale par rapport aux sanctuaires du Delta d'une part et aux villes d'Héracléopolis ou d'Atfih d'autre part. Cette cohérence n'est cependant pas suffisante pour en tirer des conclusions.

Les éléments relevés dans les rubriques ne sont généralement pas de nature géographique, exception faite de *Meket-nebes*, qui paraît être une nécropole à situer dans la région abydénienne (§ 11.3.3). On rappellera que l'introduction de plusieurs rituels tardifs fait référence à Abydos où, dès le Moyen Empire, des cérémonies en l'honneur d'Osiris se déroulaient, qui y perdurèrent jusqu'à l'Époque romaine[60]. Même si l'on a glané ici et là d'autres éléments relatifs à Abydos[61], ces indices demeurent trop minces pour attribuer à cette cité l'origine du rituel ou du manuscrit.

---

59 Celle de la *Formule pour voguer dans la barque* (§ 7.7), celle de l'accomplissement de la course (§ 7.8), celle des bénéficiaires de l'élévation des offrandes (§ 8.2), les dieux mentionnés dans l'acclamation (§ 9.2) et dans la première partie de la litanie « lève-toi » (§ 10.1). Les noms des barques associées aux divinités de la *Formule pour voguer dans la barque* (§ 7.7) peuvent dans certains cas revêtir une notion géographique qui concorde d'ailleurs le plus souvent avec la divinité concernée.

60 J.-Cl. Goyon, *Kêmi* 18 (1968), p. 29-44. U. Effland, A. Effland, *GöttMisz* 198 (2004), p. 5-17. D. Klotz, *BIFAO* 110 (2010), p. 127-163. U. Effland, J. Budka, A. Effland, *MDAIK* 66 (2010), p. 19-91. A. Effland, U. Effland, *MOSAIKjournal* 1 (2010), p. 127-158. U. Effland, A. Effland, *Abydos: Tor zur ägyptischen Unterwelt*. A. Effland, *in* : *Sanktuar und Ritual*, p. 75-82. U. Effland, *in* : *Sanktuar und Ritual*, p. 321-330. A. Effland, *in* : *Egypt in the First Millennium AD*, p. 193-205.

61 On citera par exemple l'épithète « grand dieu, maître d'Abydos » attribuée à trois reprises à Osiris (x+1, 1 ; x+9, 12 ; x+11, 2), Oupouaout (x+7, 2 ; x+8, 14 ; x+13, 7 ; x+13, 15) qui occupait un rôle éminent lors des cérémonies osiriennes locales et le chancelier du dieu (§ 7.10) bien attesté dans cette région.

Des éléments architecturaux sont également mentionnés. Ils devaient s'intégrer au paysage d'un lieu qui n'est pas nommé par ailleurs, du moins dans la partie préservée du manuscrit. Ainsi le « temple » (§ 5.1), la « tribune » et la « rive du lac » (§ 5.6), le « canal »[62] (§ 7.9), la « salle large » (§ 8.10), « sa salle » (§ 11.3), la « butte [… …] » (§ 11.4) et la « salle cachée » (§ 11.4) constituent des indications qui recouvrent probablement un réalité rituelle associée à une localité qu'il n'est cependant pas possible de définir. On regrettera que le nom de la butte en question soit perdu car il aurait pu constituer un argument décisif. Par ailleurs, les « murs » baptisés aux noms de Ptah et de Hâpi (§ 7.6) pourraient aussi constituer des données intéressantes, si seulement on savait comment les interpréter et les situer.

Le contenu du papyrus Princeton Pharaonic Roll 10 constitue une composition cohérente et non une succession de textes assemblés de façon plus ou moins aléatoire, comme le montrent à la fois les éléments de sa mise en forme et la logique qui préside à la succession des liturgies et des rites. L'étude du manuscrit américain s'est principalement concentrée sur le document lui-même et sur une analyse interne de la composition qu'il renferme, ce qui a permis d'établir le déroulement du rituel. Celui-ci est relativement clair, bien que quelques incertitudes demeurent. Son analyse a d'ores et déjà permis de mettre en lumière de nombreux aspects, qui pourront à l'avenir être approfondis ou complétés par des comparaisons. On a par exemple pu montrer que la liturgie tire, en partie au moins, sa source de rituels osiriens et que la cérémonie relatée était issue de rituels provenant du temple plutôt que d'une tradition funéraire. Que la conception de ce document ait été globale ne signifie pas qu'elle soit exhaustive, et ce n'est sans doute pas la totalité des gestes réalisés et des textes récités qui sont consignés dans ce manuscrit. Le rédacteur a probablement effectué un tri et conservé ce qui lui paraissait le plus représentatif. Le fait qu'il puisse être question d'un rituel en rapport avec des mystères conduit à penser qu'il a peut-être dissimulé volontairement certaines parties du cérémonial, ou tout au moins qu'il est passé rapidement sur leur déroulement.

Osiris et Sokar-Osiris occupent une place prépondérante tout au long du rituel retranscrit par le papyrus Princeton Pharaonic Roll 10 dont ils sont les premiers bénéficiaires. Les noms de trois particuliers figurent cependant dans ce document. Il s'agit de deux hommes, *Padiherpakhered* et *Mesredouyef*, qui avaient vraisemblablement la même mère, nommée *Tahebet* ou *Taheb(et)* (chapitre 4). Bien qu'une rature puisse laisser penser à un remploi, il semble que ces deux personnages soient associés en tant que bénéficiaires. En effet, la répartition de leurs noms dans le papyrus est trop élaborée pour être fortuite. Que ces deux hommes soient intégrés à la liturgie du papyrus Princeton Pharaonic Roll 10 constitue une clé essentielle pour comprendre ce document qui retranscrit une réalité adaptée à ces défunts plutôt que la copie directe d'un rituel établi pour un usage dans le temple.

En cherchant à comprendre la raison d'être d'une telle copropriété, on a avancé l'hypothèse de l'existence d'une tradition familiale qui permettait à ses membres de profiter d'un rituel, soit en produisant plusieurs exemplaires similaires, soit en faisant usage d'un document liturgique conservé par le clan. Il est difficile d'envisager un mouvement généralisé de récupération des rituels divins et il vaut sans doute mieux penser que ce phénomène relève de la pratique individuelle, ce qui expliquerait mieux la variété des sources qui ont inspiré le contenu du papyrus Princeton Pharaonic Roll 10 comme d'autres manuscrits. Ces adaptations seraient le fruit d'une expérience personnelle, que des copies de liturgies aient circulé dans un

62 Cette indication ne figure pas dans une notice, mais elle recouvre peut-être tout de même une certaine réalité.

cercle restreint pour permettre à quelques privilégiés de se constituer des compilations personnalisées ou que, ayant connaissance du déroulement des cérémonies osiriennes, des prêtres avertis aient pu reproduire d'après leurs documents de travail un rituel personnalisé. Il serait nécessaire d'approfondir cette question sans se limiter à ressasser toujours les mêmes exemples et en prenant garde aux modèles présupposés, raison pour laquelle l'adaptation des rituels en faveur de particuliers fait actuellement l'objet d'une nouvelle recherche, soutenue par le fonds national suisse, qui permettra de mieux comprendre cette tendance et d'apporter un nouvel éclairage sur la constitution et la fonction de la composition du papyrus Princeton Pharaonic Roll 10 qui fera sans doute encore couler beaucoup d'encre.

13. Traduction intégrale

Traduction du papyrus Princeton Pharaonic Roll 10

[1,1] … … …] **accorder à** Celui qui pré[side (?) … … … Osiris qui préside à l'Occident], le grand dieu, maître d'Abydos [… … … …] [1,2] [… … … …] entrer [… … … … … … …] temple. Faire [… … …] entrer vers [1,3] [… … … … … …] entre(nt) [… …. … … a]vec le travail in[connaissable … …] papyrus vierge [… [1,4] … …]. Faire [… … … … … … … … … … peau de pan]thère sur lui.

Réciter :

> [Ô enfants] d'Horus, [1,5] puissiez-vous [… … … … … … puissiez-vous exercer] votre [protection] sur [votre] père [Osiris qui préside à] l'Occident [1,6] [… … … …] avec [… … … … … … … Ho]rus {pour *Mesredouyef*, [justifié (?)]} (?) ce qui est fait (?) [… … …] éternellement. [1,7] [… … … … … … … … …] Horus qui protège [son père] Osiris [1,8] [qui préside à l'Occident (et) l'Osiris (de)] *Padiherpakhered* [justifié enfanté par *Ta*]*hebet* [… … … …] lui [1,9] [… … … … … … … …] protection [… … …].

Autre formule.
Réciter :

> Enfant[s d'Horus, Am]set, [1,10] [Hap]y, Doua[moutef, Qebehsen]ouf, [puissiez-vous exercer votre protection (?)] sur votre père [Osiris qui préside à l'Occi]dent [1,11] [(et) l'Osiris (de)] *Padiher[pakhered* … … … … … …] des dommages contre [s]es enne[mis … …] Horus [1,12] [… … … … … … … … … … … … … … …] auprès de la [grande (?)] ennéade [… … …] [1,13] [… … … … … … … …] là. [L'Osiris (de) *Padiherpa*]*khered*, [justifié, enfan]té par [2,1] [*Ta*]*hebet* vient. Refoulez ses [… …], refoulez […] hors de lui. Vos couteaux sont (dirigés) contre [ses] ennemis. [Frappez] pour lui [2,2] [Seth (?). Infligez] pour lui des dommages contre lui [… … … …] lui [… …] son odeur est infecte.

Autre formule ré[citée par] le ri-[2,3] tualiste et supérieur et les enfants d'Horus [(qu')ils] prononcent [pour] Osiris qui préside à [l'Occident] et l'Osiris (de) ~~*Padiherpakhered*~~ *Mesredouyef*, justifié, enfanté par [2,4] [*Tahe*]*bet* :

> Tu es [… … …] réjouis-[toi … …] tes [adver]saires tombent sous [tes] sandales. [Comme il est (?)] bon [2,5] [que … …] ouvre(nt) pour toi [le chemin vers] ta demeure [dans chaque lieu] où tu [aimes te trouver].

Réciter en psalmodiant [par] le ri-[2,6] tua[liste, les prêtr]es, les [pères] divins et les prêtres-purs éternellement, en disant :

> [2,7] [Ah ! Sois triomphant] sans cesse, prince !
> [2,8] [Ah !] Comme [il est agréable] le parfum que tu aimes !
> [2,9] [Ah ! Puisses]-tu vivre en étant vivant à jamais !
> [2,10] [Ah !] Puisses-tu [triompher] pour toujours !

2, 11 [Ah ! On se pros]terne (lorsque) [les chemins] sont ouverts [pour] toi.
2, 12 [Ah ! Puisses]-tu être stable dans la Bousiris supé[rieure] !
2, 13 [Ô dieu, puisses-tu entendre « La terre] est sauve ! » !]
2, 14 [Ah ! Puisses-tu entendre « La terre est sauve ! » à l'entrée des] nomes [divins] !
2, 15 Ah ! L'initié à sa fonction, le fils d'un prêtre,
2, 16 Ah ! Celui qui assure la protection selon tes préceptes,
2, 17 Ah ! Il (l'officiant) est protégé en accomplissant ce que tu désires,
2, 18 Ah ! Il (l'officiant) est protégé en accomplissant ce que tu récompenses.
2, 19 Ah ! (Toi qui es) assis, viens donc : [c'est Celui dont le cœur est] las !
2, 20 [Ah ! Le fils du prêtre], il a récité le rituel de fête !
2, 21 [Ah ! Durable de nom] dans la Bousiris [supérieure] !
2, 22 [Ah ! Celui dont l'odeur est suave dans la] Bou[siris supérieure] !
2, 23 [Ah ! Viens et chasse les adversaires] !
3, 1 Ah ! Viens et instruis l'enfant !
3, 2 Ah ! Celle qui inspire la crainte de lui parmi les rebelles !
3, 3 Ah ! Quant au serviteur qui suit son [maître],
3, 4 la majesté de Bastet n'aura pas pouvoir [sur lui] !
3, 5 Ah ! (Mais) le rebelle qui hait [le temple], 3, 6 on [plante] un pieu dans sa [gorge] !
3, 7 Ah ! Le maître de la Bousiris [supérieure] vient, 3, 8 les rebelles sont [frappés] pour lui !

[… … … …]

3, 9 [Att]eindre la tribune [… … 3, 10 …] la rive du lac pour la naviga[tion … … 3, 11 … …] ce [dieu]. Pratiquer pour lui l'ouverture de la bouche [… … … … 3, 12 … … … …][1]

… … … …] 4, 1 **Seth et ses acolytes. Confectionner une effigie de ses ennemis [en cire]. Jeter dans un brasier pour toujours.**

[Autre formule.]
Réciter à chaque néoménie :

> (Vous) qui êtes parmi les sui-4, 2vants de mon [père] Osiris en ce jour parfait de la néom[énie], puissiez-vous voir le grand carnage perpétré parmi les suivants de Seth 4, 3 (et) les ennemis de mon père Osiris.
>
> (Après qu')il les a amenés pour rejeter leurs sollicitations en présence d'Anubis, le supérieur des provinces de l'Occident, 4, 4 Thot soumet les *pât*. Horus répartit pour lui la haute crue, assis dans le pronaos sur 4, 5 la natte, selon son rang, afin de protéger son père Osiris.
>
> (Après qu')il a consacré les offrandes (et qu')il a éloigné 4, 6 Seth d'Osiris, il y a une fête dans Bousiris. Des réjouissances (ont lieu) dans Héliopolis ; une louange est rendue dans 4, 7 *Kher-âha* ; l'allégresse advient ; [le bon]heur est dans Bousiris ; des réjouissances (ont lieu) dans *Ro-seta*[*ou*, la nécro]pole 4, 8 de [ce] dieu. [*Tche*]*nen(et)* est satisfaite de son maî[tre] Osiris-Sokar dans le nome thinite au milieu de la 4, 9 barque-*henou*. Puissent-ils

---

1 L'existence d'une ligne supplémentaire x+3, 13 n'est pas exclue.

voir Seth tomber sous Osiri[s av]ec ceux qui sont parmi ses suivants (quand) [4, 10] [Horus], fils d'Isis les frap[pe] à cause de ce qu'ils ont fait contre son [père] Osiris.

Puisse le cœur de l'Osiris (du) prêtre *Mesred-*[4, 11]*[ouyef*, just]ifié, enfanté par *Tah[ebet]* être heureux en [ce jour] parfait de la néoménie.

[4, 12] Thot est venu [là (?) pour te] voir. Il te dit : [Je] dépo[se pour toi les offrandes] lors de la fête du sixième jour, [les offrandes (?)] de la fête-*denit* dans Héliopolis en [5, 1] ce jour parfait de la néoménie.

Ô mon père Osiris, puisses-tu y prendre place sur le chemin de procession (?) ! On écarte [5, 2] pour toi tes souffrances (et) tes maux sont débarrassés pour toi à terre. Puissent les dieux horizontains t'adorer !

Osiris (de) [5, 3] *Padiherpakhered*, lève-toi, tu ne peux être fatigué (quand) l'œil d'Horus combat en faveur de son maître à chaque [5, 4] néoménie.

Tombe sur ta face, Seth le vil ! Chute donc ! Sois renversé !

Réciter sur une effigie de Seth [**en cire**]. [5, 5] **Jeter au [feu]** en présence de ce dieu.

Autre formule.
Réciter :

Arrière ! Recule donc, Seth le vil, fils [5, 6] de Nout avec tes acolytes !

Isis, fille de Nout, mère du dieu, grande de magie se dresse contre toi.
[5, 7] [Thot] aveugle ton visage, le deux fois grand qui est dans l'horizon.

Le maître universel te renverse avec les [premiers] dieux primordiaux [5, 8] et Khépr[i au mi]lieu de ses oisillons. Atoum qui réside dans le temple du pyramidion, Hérichef, [5, 9] maître d'Héracléopolis, *Naref* qui préside au nome héracléopolitain et *Benen* qui préside à Létopolis te renversent. Sopdou [5, 10] Horus [le grand (?) et Sop]dou Hormerty, fils de Rê, te renversent. Ceux qui sont au-dessus du ciel, ceux qui sont sous la terre et le [[5, 11] deux fois grand qui est] dans l'horizon te renversent. Ce sont eux qui font advenir tes blessures, qui réalisent un massacre et qui t'attaquent [5, 12] en [arrachant (?)] ton [cœur], tes membres, tes deux oreilles, tes deux bras et ton [...], en aveuglant ta face, en [anéan-] [5, 13] tissant [ton] cada[vre ... ... en anéantissant] ton *ba*. Ton cada[vre] ne pourra plus bouger !

Seth, [le vil] [6, 1] avec tes acolytes et avec ceux qui sont dans ton escorte, [ils te] domi[nent].

[**Seth**], le vi[l], ils placent ton *ba* dans le [grand] brasier [des adversaires]. [6, 2] Le feu ne s'y calmera pas jusqu'à la fin des temps ! C'est [Ha qui découpe] ton corps (tandis que) Thot [te (?)] démembre. [Ta forme n'existera plus (?)] [6, 3] au ciel et sur terre ! L'œil d'Horus exerce le pouvoir sur toi et [ce] tien [mauvais] œil [maléfique]. Il exerce le pouvoir sur tes membres parce [que je suis Thot et que je sors du [6, 4] ciel (?)] sur l'ordre de Rê en accomplissant ce que dit [... ... ... la protection de l'Osiris] (du) prêtre *Mesredouyef*, justi[fié, enfanté par] *Ta* [6, 5] *hebet*. Sa protection est la protection de l'œil d'Horus, et ré[ciproquement] !

[Seth le vil (?)] chute dans le feu !

Osiris qui préside à l'Oc[cident sort] triom[phant] [6, 6] quatre fois !
L'Osiris (de) *Padiherpakhered* enfanté par [*Tahebet* so]rt triomphant quatre fois !

[Réciter par le ritualiste] [6, 7] et supérieur :

Salut à toi Osiris en [ce] jour [parfait] où est venu l'Osiris (de) *Padi[her]pakhered* [... ... ...] [6, 8] cet ennemi. Ah ! Le conspirateur (?) chute [... ... ...] un harpon et des bâtons (?) [sur] lui. Le cœur de l'Osiris (du) prêtre [*Mesredouyef*, justifié,] [6, 9] enfanté par *Tahebet* est heureux en ce jour [parfait] où sont renversés ses ennemis.

Ah ! Osiris (du) prê[tre *Mesredouyef*,] [6, 10] justifié, ton cœur est heureux auprès d'Isis, ta force est grande [auprès] d'Horus, tes membres sont rendus puissants auprès d'Anubis. [... ... ...] [6, 11] elle [récite (?)] pour toi. Elle ne permettra pas que tu sois seul : Chou est à ton sud, Tefnou[t] est à ton nord, Geb est à [ton ouest, Nout] [6, 12] à [ton] est. Tu [repos]es sur cette estrade (de) métal [... ... ...] (après qu')elle a renversé [tes] adver[saires ... ...].

[6, 13] Ah ! Osiris (de) [*Padiherpakhered*] enfanté par *Ta*[*hebet*], [... ... ...] pour lui. [7, 1] [Vi]ens pour voir cette terre [... .... Ams]et, Hapy, Douamoutef [(et) Qebehsenouf] t'adorent [7, 2] (lorsque) tu sors de l'horizon. Oupouaout [de Haute Égypte et Oupouaout de Basse Égypte] renversent tes ennemis.

Ah ! Osiris (du) prêtre [*Mesred*]*ouyef*, justifié, enfanté [7, 3] par *Tahebet*, [... ... ...] ta [... ...], il ne sera pas intact sous toi. [... ... ...] ses morceaux de choix, [7, 4] son cœur est arraché pour [... ... ...]. Ton cœur [est heureux] en ce jour de perpétrer le massacre de Seth. Tes [couteaux] sont (plantés) dans ses os. [7, 5] [Le feu] est autour de ses chairs. Le maître universel [... ...] son [... ...], sans que Hâpy ne puisse l'éteindre.

[Ah ! Osiris (de) *Padi*]*herpakhered*, [7, 6] justifié, tu triomphes dans [... ... comme triomphe] Horus en présence de la grande Assemblée [... ... ...].

Osiris qui préside à [7, 7] l'Occident sort triomphant [quatre fois !
L'Osiris (du) prêtre *Mes*]*redouyef*, justifié, enfanté par *Tahe*[*bet*] sort triomphant [7, 8] quatre fois !

Faire une libation [... ...] ce [jour (?) (où)] ce dieu entre dans sa barque.

Réciter par le ritualiste et supérieur <pour> cet homme.

[7, 9] Le chœur des rythmeurs :

[Ah !] Osiris entre dans sa barque ! Toute terre est inondée sur son [passage] !

[7, A] [... ... mon]ter [7, B] à bord de la barque d'Horus

[7, 10] l'équipage,
[7, 11] (la *phyle*) de tribord,
[7, 12] les suivants de la barque,
[7, 13] [... ... ...].

[7, C] [... ... mon]ter [7, D] à bord de la barque [d'Horus]

[7, 14] les [préposés (?)] aux rames,
[7, 15] les ritualistes ordinaires,

7, 16 les grands prêtres-[purs],
7, 17 [... ... ...].

7, 18 Faire en sorte que le prêtre d'Osiris se tienne prêt (?) 7, 19 à la proue de la barque [en tant qu'(?)] Horus.
Réciter :

7, 20 Anubis, tu [... ... ...].

Réciter 7, 21 **[... ... ...]** dans la [bar]que.
7, 22 Réciter.

8, 1 Le chœu[r des rythmeurs] :

Horus, dirige la barque du roi de Haute et Basse Égypte (Pharaon)| v.f.s. qu'Osiris navigue !

8, 2 L'Osiris (du) prêtre *Mesredouyef*, justifié, navigue dans [cette sienne] bar[que par]faite.
L'Osiris (du) prêtre 8, 3 *Mesredouy*[*ef*, justifié, enfanté par *Ta*]*hebet* gouverne dans [cette sienne] barque parfaite.
L'Osiris 8, 4 (du) prêtre *Mes*[*redouyef*], justifié, prend possession de la couronne-*oureret* auprès d'Horus le triomphant.
[L'Osiris (du) prêtre] *Mesredouyef*, justifié, enfanté par *Ta*- 8, 5 *heb(et)* est rendu parfait [parmi] les dieux qui sont dans le ciel.
L'Osiris (du) prêtre *Mes*[*redouyef*, justifié], enfanté par *Tahebet* fait 8, 6 une offrande invocatoire [parfaite aux dieux (?)] qui sont au ciel et qui sont sur terre.
[L'Osiris (du) prêtre] *Mesredouyef*, justifié, enfanté par 8, 7 *Taheb*[*et*] est triom[phant comme] Rê (quand) il triomphe. Que les *pât* et les *rekhyt* lui adressent une louange 8, 8 lors de son apparition !

Autre formule. Maîtriser le courant.
Réciter :

Celle-ci est la sœur du taureau-*Merehou*, cette 8, 9 [grande] figure-là qui est à la proue.
Celui-là est Horus, fils d'Osiris, qui dispose (?) de son équipement (?).
Celui-ci est le visage 8, 10 du Grand. Porte-le, arbore-le contre toutes choses néfastes. Elles ne pourront pas advenir contre lui (car) il est intact. 8, 11 L'Osiris (du) prêtre *Mesredouyef*, justifié, enfanté par *Taheb(et)* est sain (car) il est intact.

Réciter sur un faucon *Chenbety* ayant une paire de plumes 8, 12 sur sa tête, dessiné sur un papyrus vierge, [à la proue de] la barque du dieu. Il n'est pas question qu'elle prenne l'eau (et) les [crocodiles] ne s'en saisiront pas.

Maîtriser 8, 13 les vents.
Réciter par [... ...] :

Vents, [tombez (?)], ne venez pas vers la barque du dieu [... ...] pas en (?) elle [... ...]. Il traversera 8, 14 [... ... ... à (?)] Héliopolis.

Formule pour [...] le cou[rant].
Réciter :

> Rê est dans sa barque, Oupouaout est à [9,1] la proue de la barque d'Horus qui navigue et Osiris est dans la cale (?).
> Le mur de Ptah s'élève plus haut (?) que le mur de Hâpy. Le mur de Hâpy est bas (?).
> Le mur est élevé !

[9,2] *Formule pour voguer dans la barque*, sept fois.

[9,A] Horus circule sans cesse dans sa barque à la recherche de son [propre] œil [auprès] de

[9,3] Sokar-Osiris, le grand dieu, souverain de l'éternité
[9,4] Amon-Rê, roi des dieux
[9,5] Atoum, maître d'Héliopolis
[9,6] Ptah qui est au sud de son mur, maître d'*Ânkhtaouy*
[9,7] Tatenen, le grand dieu
[9,8] Chou, fils de Rê
[9,9] Tefnout, fille de Rê
[9,10] Geb, prince héréditaire des dieux
[9,11] Nout la grande qui met au monde [les dieux]
[9,12] Osiris qui préside à l'Occident, [le grand dieu, maître d'Aby]dos
[9,13] Isis la grande [... ...]
[9,14] Nephthys la splendide [... ...]
[9,15] Horus, souverain de l'éternité
[9,16] Thot [qui départage] les deux rivaux.

[9,B] Rê protège l'Osiris (du) prêtre *Mesredouyef*, justifié, enfanté par *Tahebet* [dans cet]te belle [barque] dont le nom est

[9,17] Grande barque-*nechemet*
[9,18] Celle à la proue puissante
[9,19] Inauguration du Faucon
[9,20] Maîtresse de l'éternité
[9,21] [... ...] (?)
[9,22] Celle qui traverse le flot
[9,23] Celle qui aime le flot
[9,24] Celle qui passe (?)
[9,25] Celle qui traverse le flot
[9,26] Barque-*nechemet*
[9,27] Celle à l'ample foulée
[9,28] Celle qui met [en fête (?)] le flot
[9,29] Celle qui dissi[mule ...] (?)
[9,30] Celle qui introduit Maât.

[9,C] Horus circule sans cesse dans sa barque à la recherche de [son] propre œil [auprès de]

[9,31] Amon-Rê, maître du trône des Deux Terres
[9,32] Horus *Dounâouy*
[9,33] Sekhmet, maîtresse d'*Icherou*

[9,34] Bastet, maîtresse de Bubastis
[9,35] Chesemtet qui abomine les humains
[9,36] la grande Ennéade
[9,37] Anubis, maître de la nécropole
[9,38] Horus *Iounmoutef* qui [purifie le *Per]-our*
[9,39] Neith la grande, la mère du dieu
[9,40] Selqet, supérieure de [vaillance]
[9,41] [Hat]hor, [souve]raine (?) [des dieux (?)]
[9,42] [... ...], maîtresse des aliments.

[10,A] Rê protège l'Osiris (du) prêtre *Mesredouyef*, justifié, enfanté par *Tahebet* dans [cette] barque [parfaite dont le nom] est

[10,1] Grande de prestige qui préside à l'Orient
[10,2] Celle qui conduit Horus
[10,3] Grande de prestige
[10,4] Grande de terreur
[10,5] Celle qui s'élève
[10,6] Bien-portante
[10,7] Maîtresse du Noun
[10,8] Celle qui aime Horus
[10,9] Maîtresse de l'offrande-*âabet*
[10,10] Maîtresse de la course
[10,11] Celle qui illumine les Deux Terres
[10,12] Celle [qui parcourt (?)] le Nil.

[11,A] Accomplir la course sans [cesse] afin de circuler [... ... ...]

[11,1] Amon-Rê, maître du trône des Deux Terres, qui préside à Karnak
[11,2] Osiris qui préside à l'Occident, le grand dieu, maître d'Abydos
[11,3] Chesemtet qui abomine les humains, Khonsou
[11,4] Hathor, maîtresse d'Atfih, Hathor, maîtresse des génies-coutiliers
[11,5] Nekhbet, la blanche de Hiérakonpolis, la Nourrice
[11,6] la Vache, Nout qui met au monde les dieux, maîtresse du prématuré (?)
[11,7] *Banebdjed*, les dieux et les déesses qui sont dans Memphis
[11,8] les dieux et les déesses qui sont dans Héliopolis, les dieux et l<es> déesse<s> qui sont dans *Khaset-hââ* (?)
[11,9] Thot, maître des paroles divines, Sekhmet, maîtresse d'*Icherou*
[11,10] Bastet, Ouadjet, maîtresse de Bouto
[11,11] Neith la grande, la mère du dieu, la Grand(e) (?) de magie.

[11,12] Le chœur des [ryth]meurs :

Hourrah ! [11,13] Maître de la barque [... vi]ens, viens ! Sors du canal !

[11,14] Le chancelier [du dieu] : Protéger [Sok]ar-Osiris avec des feuilles de s[aule]. [11,15] Protéger le roi de même.

[... ... ...] [12, 1] des rameaux de saule :

Que ton père Rê te protège ! Que Thot te protège personnellement ! [12, 2] Qu'il te protège contre toutes choses néfastes pour qu'elles ne puissent pas se manifester contre toi éternellement.

Apporter les bou[12, 3]quets montés.
Réciter par le ritualiste et supérieur :

(Pharaon)| v.(f.s.) est venu auprès de toi, Sokar-Osiris, Osiris [12, 4] (du) prêtre *Mesredouyef*, justifié, [enfanté] par *Taheb(et)*. [Il] t'accorde un champ de fleurs, il t'accorde une prairie [12, 5] verdoyante. Puisses-tu y être satisfait ! Puisses-tu t'y manifester ! Puisses-tu y être honoré ! Puisses-tu y être puissant éternellement !
[12, 6] Ils sont purs.

Élever les offrandes.
Réciter par le ritualiste et supérieur :

Roi de Haute et Basse Égypte (Pharaon)|, (v.f.s.), [12, 7] prêtres et pères divins, allons, habitants de l'Égypte ! Élever les offrandes de Sokar-Osiris.

[12, 8] Toute vie est auprès de lui, toute stabilité est auprès de lui, toute puissance est auprès de lui, toute santé est auprès de lui, toute joie est auprès de lui.

[12, 9] Le roi de Haute et Basse Égypte, (Pharaon)|, v.(f.s.), aimé de Sokar-Osiris, se lève sur le siège d'Horus. Sa royauté est [12, 10] la royauté d'Horus, sa royauté est la royauté de Geb. Le roi de Haute et Basse Égypte, (Pharaon)|, v.f.s., [12, 11] est en effet [au-devant des vi]vants éternellement !

Le cœur de (Pharaon)|, v.f.s., aimé de Rê, est heureux car il a organisé une fête [12, 12] et [il] a préparé une [navigation] pour son père Sokar-Osiris. Qu'il soit satisfait de ce que lui accorde (Pharaon)|, v.f.s., [12, 13] la vie, la stabilité (et) [la puissance], sa joie étant avec son père éternellement !

Les prêtres et les pères divins [12, 14] élèveront [les offrandes ... ...]
[13, 1] pour Osiris (Ounennefer)|, triomphant,
[13, 2] pour Osiris <dans> le nome bousirite,
[13, 3] pour Osiris le vivant,
[13, 4] pour Osiris l'éminent,
[13, 5] pour Osiris, maître de vie,
[13, 6] pour Osiris le petit,
[13, 7] pour Osiris le verdoyant, Oupouaout,
[13, 8] pour Horus qui protège son père,
[13, 9] pour Chentayt qui réside à Bousiris
[13, 10] pour Meskhenet, Semenekhet
[13, 11] pour Isis, Nephthys, Chou, Tefnout
[13, 12] pour Geb, Nout, Thot, maître des paroles divines
[13, 13] [pour A]nubis qui préside [à la chapelle divine (?)]
[13, 14] [pour] Min le roi, Horus [le fort]
[13, 15] pour Oupouaout de Haute Égypte et Oupoua[out de Basse Égypte]

[14,1] pour la barque-*nechemet*, pour Neith, Amset, Hapy, pour Douamoutef, pour Qebehsenouf.

Réciter par le ritualiste :

Prêtres et pères divins, allons, habitants de l'Égypte ! Élever [14,2] les offrandes du roi de Haute et Basse Égypte (Pharaon)|, v.f.s., apparu sur le siège d'Horus.

Réciter par les prêtres :

Qu'il reçoive la couronne blanche ! Qu'il porte la couronne rouge ! Qu'elle s'établisse sur son front ! Qu'elle apparaisse sur le sommet de sa tête ! [14,3] Qu'il adore Rê dans *Ankhetet* et que l'Ennéade le loue dans la joie éternellement ! Qu'il suive la Grand(e) dans ce qu'elle aime et qu'il dirige pour elle la course dans la barque !

Elle a protégé [14,4] l'Osiris (du) prêtre, *Mesredouyef*, justifié, enfanté par *Tahebet* grâce à la vie, la stabilité et la puissance ! Protège-le comme Rê pour toujours et à jamais !
Elles sont pures, *bis*.

Que ce que tu as fait soit récompensé ! Que [14,5] Sokar-Osiris te récompense à cause de tout ce que tu as réalisé ! Qu'il te récompense, qu'il t'aime, qu'il te perpétue et qu'il renverse tous tes ennemis morts ou vifs ! Demeure et perdure éternellement, Osiris (du) prêtre *Mesredouyef*, [14,6] justifié !

Que Sokar-Osiris soit avec lui pour toujours !
Que le maître du temps soit avec lui éternellement !

Réciter :

Prêtres et pères divins, allons, pays bien-aimé ! Élever les offrandes des rois de Haute Égypte et des rois de Basse Égypte [14,7] qui sont dans Bousiris.

Réciter par les prêtres :

Qu'ils reçoivent les pains d'offrande qui sont offerts devant Hormerty, maître de *Menset*, qui détruit leurs ennemis.

Élever les offrandes de [14,8] l'Assemblée qui est à la tête du flot conformément au rituel de fête.

Présenter le récipient (de dattes) devant ce dieu.
Réciter :

Ah ! Osiris, maître de Bousiris, Osiris (du) prêtre [14,9] *Mesredouyef*, justifié, enfanté par *Tahebet*, prends pour toi toutes les offrandes qui sont issues de ton *ba*, les humeurs qui s'échappent de Geb, le mystère qui sort de toi. Le roi est vif !
[14,10] Elles sont pures.

Donner le collier large.
Réciter « Salut à toi, Atoum ! Salut à toi, Khépri ! » conformément au rituel de fête.

Présenter Maât.
Réciter :

Atoum, [14,11] prends pour toi ta tête. Horus, prends pour toi ton œil. Ta Maât est à toi, Rê, puisses-tu t'en réjouir ! Tes deux yeux sont à toi, Horus, puisses-tu t'en satisfaire !

Réciter :

> [14, 12] Tire une flèche vers le sud !
> [14, 13] Tire une flèche [vers le nord] !
> [14, 14] Tire une flèche vers [l'ouest] !
> [14, 15] Tire une flèche vers l'est !
>
> [14, A] [Vi]ens du [... (?)] ciel vers la terre !
>
> Roi de Haute [et Basse Égypte] (Pharaon)| (v.f.s.), viens qu'Osiris, le grand dieu qui préside à l'Occident, amarre et que [14, B] les dieux [de l'inondation (?)] le louent.

[15, 1] Offrir le vin.
Réciter :

> Que poussent toutes les vignes que tu aimes, Osiris (du) prêtre *Mesredouyef*, justifié, enfanté par *Tahebet*. Jouis de la crue [15, 2] pour ton repas (car) le roi de Haute et Basse Égypte, (Pharaon)|, v.f.s., remplit pour toi l'œil d'Horus avec du vin. Bois !
> <Elles sont> pures !
>
> Puissent les vantaux du ciel s'ouvrir ! Puissent les vantaux de la terre s'ouvrir !
>
> Libation pour Osiris [15, 3] (et) l'Osiris (du) prêtre *Mesredouyef*, justifié, enfanté par *Tahebet* devant Hâpy. Que Thot fasse en sorte qu'il boive son eau, sa bière, son vin et sa libation. Qu'il les consomme, [15, 4] qu'il les boive – ils sont purs ! – comme Geb domine les *pât*, ce jour où il s'est emparé des [Deux Terres].

Placer la graisse sur la flamme.

Réciter « Le<s> aliment<s> viennent [15, 5] s'ajouter aux aliments » conformément au rituel de fête.

Placer la viande sur la flamme.
Réciter :

> Le dessus est en tant qu'œil d'Horus. Puisse Horus se satis[faire] de son œil. Puisse l'Osiris (du) prêtre *Mesredouyef*, justifié, [15, 6] enfanté par *Tahebet*, se satisfaire de ses morceaux de choix.

Réciter le *Livre de la néoménie* et la *Chambre du lit* à côté de la barque-*nechemet* [...].

Fabriquer alors un serpent en cire, [15, 7] (le) jeter dans la flamme, de même que l'effigie de quatre ennemis de cire.

Suivre les instructions des quatre oies qui proviennent de ce livre (intitulé) *Faire pour lui la justification*.

Abattre le [15, 8] bœuf roux à l'est.

> Nous voyons le taureau entravé inerte dans la salle large (après qu')Horus a étendu ses deux bras vers lui.

Dresser les offrandes sur l'au[15, 9]tel.

Purifier les offrandes divines.
Réciter :

Pures, pures sont les offrandes divines de Sokar-Osiris avec son ennéade, de Rê-Horakhty avec son ennéade, de la grande ennéade et de la petite [15, 10] ennéade, des reliquaires de Haute Égypte et des reliquaires de Basse Égypte grâce à cet encens-là pur et à l'odeur agréable qui est [parmi] les écrits de Thot de la bibliothèque.
Elles sont pures.

Que mes deux bras [15, 11] accordent la crue ! Qu'elle soit purifiée ! Thot, puisse-t-il l'offrir à l'Osiris (du) prêtre *Mesredouyef*, justifié, enfanté par *Tahebet*, dans sa place en Haute Égypte, [15, 12] <dans> sa tombe en Basse Égypte (et) en tout lieu où son *ka* aime (se trouver).

Le chœur des rythmeurs :

Il a vu Rê dans ses formes de l'horizon.

Préparer [15, 13] une offrande accordée par le roi.
Réciter :

[Une offran]de accordée par [le roi], Geb, la grande ennéade, la petite ennéade, les reliquaires de Haute Égypte et les reliquaires de [Basse Égypte], pure pour ton *ka*, Sokar-Osiris, [15, 14] [pure pour ton *ka*], Osiris (de) *Padiherpakhered*, enfanté par la dame [*Ta*]*hebet*.

[Je (?)] dresse [pour toi] les offran[des sur] cette table d'offrandes parfaite et pure. Que ton *ka* [15, 15] [reçoive ! Que ton *ka* soit purifié] ! Que mes deux bras accordent la cr[ue] ! Qu'elle soit [pu]rifiée (lorsque) Thot l'offre [pour ton *ka*].
[Elles sont pu]res.

Une offran[de] accordée par le roi [à Rê], une offrande [accordée par le roi] [16, 1] à son ennéade.

Osiris (du) prêtre *Mesredouyef*, justifié, enfanté par *Taheb(et)*, ta sueur est à toi, tes humeurs sont à toi.

Osiris (du) prêtre *Mesredouyef*, justifié, enfanté par <*Taheb(et)*>, [16, 2] reçois pour toi ce tien pain, reçois pour toi cette tienne bière, reçois pour toi ce tien encens, reçois pour toi cette tienne libation, [16, 3] reçois pour toi cette tienne offrande divine en tant qu'œil d'Horus. Nous les avons recherchés, nous en avons fait la quête.

Osiris (du) prêtre *Mesredouyef*, [enfanté par] *Tahebet*, ton pain est à toi, ta bière est à toi, [16, 4] afin que tu puisses vivre comme vit Rê grâce à elles. J'amène pour toi les dieux devant ce tien temple. Je suis celui qui les glorifie pour te donner de l'eau. Puisse Thot satisfaire l'Osiris (du) prêtre [16, 5] *Mesredouyef*, justifié, enfanté par *Tahebet* ! Je fabrique pour toi [ce] tien pain qui ne pourrira pas (et) cette tienne bière qui ne moisira pas. [16, 6] Puisses-tu te satisfaire de l'offrande accordée par le roi ! Qu'on apporte pour toi ton propre visage qui t'appartient !

Ah ! Osiris (du) prêtre *Mesredouyef*, justifié, enfanté par *Ta-*[16, 7] *hebet*, que l'œil d'Horus perdure pour toi auprès de toi ! Que ton eau soit à toi, que ta crue soit à toi, que tes humeurs issues de toi soient à toi ! Lave-toi ! Ta bouche est ouverte, [16, 8] tes deux oreilles sont ouvertes ! Puisses-tu voir avec ton œil, puisses-tu parler avec ta bouche, puisses-tu marcher [sur] tes deux jambes grâce à cette tienne libation nouvelle issue de toi !

[16, 9] Viens vers ce tien pain chaud (et) vers cette tienne bière chaude ! Ta réputation est prestigieuse, ton *ba* est immanent, ta puissance est vigoureuse, ton acuité [16, 10] est aiguë. Puisses-tu frapper avec ton sceptre, puisses-tu guider grâce à ton pavois !

Lève-toi, Osiris (du) prêtre *Mesredouyef*, justifié, enfanté par [16, 11] *Tahebet* ! Puisses-tu entrer vers ce tien pain, vers cette tienne bière, vers ce tien encens, [vers] cette tienne [libation], vers cette tienne offrande divine, sans renoncement [16, 12] de ta part éternellement.

[16, A] Acclamation du roi du ciel inférieur ! Ovation « La terre est sauve ! » du souverain des rives ! La clameur de la liesse (s'élève) dans les deux ca[vernes] de la *Douat* (quand) Rê repose en tant qu'[Osiris]. Salut à toi !

[16, 13] Ta souillure est annihilée en ton nom d'Atoum [16, 14] maî[tre … … … … …(?)] pour voir ta momie.
[16, 15] Chou […], fils de [Rê], te […] les souffles […] vers ton nez.
[16, 16] Tefnout Mentyt [… …] ton/ta [… …].
[17, 1] Tu as invoqué Geb sur cette terre et il se réjouit à ta voix.
[17, 2] Ta mère Nout te soigne, elle t'entoure de vie [17, 3] dans ta place et dans ta demeure, où ta Majesté se [dé]place librement [chaque jour] [17, 4] en chacun de tes noms,

[17, A] Acclamation du roi du ciel inférieur ! Ovation « La terre est sauve ! » du souverain des rives ! La clameur de la liesse (s'élève) dans les deux cavernes de la *Douat* (quand) Rê repose en tant qu'Osiris. Salut à toi !

(après que) tes formes secrètes ont été réunies
[17, 5] par ta sœur Isis la grande d'amour, l'apparition,
[17, 6] par Horus *Iounmoutef*, qui protège son père (et) défend celui qui l'a engendré,
[17, 7] par Amset qui [renverse] pour toi tes adversaires sur ton côté droit,
[17, 8] par Hap[y] qui anéantit pour toi celui qui vient en face de toi,
[17, 9] par Douamout[ef] qui renverse pour toi tes adversaires sur ton côté gauche,
[17, 10] par Qebeh[sen]ouf qui maîtrise pour toi tes ennemis der[rière] toi.

[17, 11] Les reliquaires de Haute Égypte se réjouissent pour toi.
[17, 12] Les reliquaires de Basse Égypte exultent pour toi.

[17, 13] Ta Majesté navigue dans la barque du matin, tu [vogues] dans la barque du soir.

[17, 14] [Ta sœur] Isis se réjouit quand elle [te] voit. Neph[thys] [… …] ton/ta [… …]
[17, 15] [… … … …] en tant que Maât, il présente [… … … … vénéra]ble (?).

[18, A] Acclamation du roi du ciel inférieur ! Ovation « La terre est sauve ! » du souverain des rives ! La clameur de la liesse (s'élève) dans les deux cavernes de la *Douat* (quand) [Rê] repose en tant qu'Osiris. Salut [à toi] !

[18, 1] Ta Majesté remonte le courant [vers la Haute] Égypte (où) les dieux du sud t'adorent.
[18, 2] Ta Majesté descend le courant vers la Basse Égypte (où) les dieux du nord t'adorent.
[18, 3] Ta Majesté repose à l'ouest du ciel, (où) les dieux de [l'oues]t [t']adorent.
[18, 4] Ta Majesté repose à l'est du ciel (où) les dieux de l'est t'adorent.

[18, 5] Les dieux du *Per-our* et du [*Per*]-*neser* sont sous ton autorité.
[18, 6] Les dieux des buttes pleurent (?) sur toi en leur âme et conscience.

[18, 7] Les dieux horizontains au ciel [et sur terre] suivent ta Majesté.
[18, 8] Ton fils Horus conduit pour toi le *ba* de Rê vers ton [lieu] préservé.
[18, 9] Les dieux [... ...] deux cavernes pour toi en louant [... chaque jour (?)].

[18, 10] (Parce que) tu es apparu en tant que [roi de Haute Égypte], [les chemins] du sud sont ouverts pour [toi].
[18, 11] (Parce que) tu es façon[né comme] roi de Basse Égypte, les chemins du nord [sont ouverts] pour [toi].
[18, 12] (Parce que) tu es entré [comme l'aîné] de *(Ta)tenen*, les chemins de l'ouest [sont] révélés [pour toi].
[18, 13] (Parce que) [tu es] caché [... ... ... *D*]*ouat*, [les chemins de l'est] sont [ouverts] pour toi [19, 1] à l'intérieur de ta *Chetyt*.

[19, A] Acclamation du roi du ciel inférieur ! Ovation « La terre est sauve ! » du souverain des rives ! La clameur de la lies[se] (s'élève) <dans> les deux cavernes de la *Douat* (quand) Rê repose en tant qu'Osiris. Salut à toi !

Les portes de la *Douat* sont célébrées [19, 2] dans tes grands sanctuaires.
Leurs vantaux mystérieux te protègent
[19, 3] (quand) la liesse est dans les deux cavernes.

Les portails mystérieux sont célébrés
[19, 4] par les gardiens de porte de la *Douat* quand ils frayent pour toi des chemins,
[19, 5] par celui qui brûle tes ennemis dans le brasier de Sekhmet,
[19, 6] par ceux qui existent quand ils ouvrent les chemins de Rê pour te voir.

[19, 7] Lève-toi, Sokar-Osiris, maître des vivants !
[19, 8] Lève-toi, prince, roi des dieux !
[19, 9] Lève-toi, grand est ton prestige contre tes ennemis !
[19, 10] Lève-toi, celui qui apparaît avec la couronne blanche, maître de la couronne-* oureret* !
[19, 11] Lève-toi, roi des dieux, maître du temps, souverain de l'éternité !
[19, 12] Lève-toi, celui qui préside à Héracléopolis, maître de Memphis !
[19, 13] Lève-toi, momie vénérable, aîné sur terre !
[19, 14] [Lève]-toi, Ptah, pilier-*djed* [vénérable] !
[19, 15] [Lève]-toi, Ptah qui est sous son [moringa] !
[20, 1] Lève-toi, celui qui réside à Karnak !
[20, 2] Lève-toi, aîné, fils de Rê !
[20, 3] Lève-toi, celui qui crée la vie des dieux et des humains !
[20, 4] Lève-toi, celui à qui est accordé le triomphe en présence de la grande Ennéade !
[20, 5] Lève-toi, maître du temps qui réside à Memphis !
[20, 6] Lève-toi, Apis qui préside à l'Occident !
[20, 7] Lève-toi, Taureau noir qui réside à Athribis !
[20, 8] Lève-toi, Mnévis, taureau dans Héliopolis !
[20, 9] Lève-toi, *Naref* dans Héracléopolis !
[20, 10] Lève-toi, celui qui réside à Bousiris !
[20, 11] Lève-toi, *ba* auguste qui réside dans le nome mendésien !

[20, 12] Lève-toi, Osiris (de) *Padiherpakhered* enfanté par [20, 13] *Tahebet* !
Tu es brillant dans le ciel auprès de Rê.

[20, 14] Lève-toi, Osiris (de) *Pa*[*dih*]*erpakhered*, justifié !
[Tu es] vivant, tes ennemis n'existent plus.
[20, 15] Lève-[toi, Osiris (de) *Padi*]*herpakhered* [enfanté par *T*]*a*[20, 16]*heb*[*et*] !
Tu es paré, la couronne blanche est sur ta [tête].
[21, 1] Lève-toi, Osiris ! [Tu es] protégé comme Rê chaque jour.
[21, 2] Lève-toi, Osiris ! Ta sœur Isis constitue la protection de tes membres.
[21, 3] Elle te protège quotidiennement [g)].
[21, 4] Lève-toi, Osiris ! Ton fils Horus est ton protecteur [...].
[21, 5] Lève-toi, Osiris ! Noun et Naunet [te] protègent.
[21, 6] Lève-toi, Osiris ! Le trône de Geb t'est attribué.
[21, 7] Lève-toi, Osiris ! Tu as triomphé, [héritier] de Chou.
[21, 8] Lève-toi, Osiris ! Tu as fait prospérer ta fonction [pour] ton fils Horus.
[21, 9] Lève-toi, Osiris ! Tu es vivant, renouvelé et ra[jeuni].
[21, 10] Lève-toi, Osiris ! Tu es durable dans le ciel auprès de Rê.
[21, 11] Lève-toi, Osiris ! Tu as ramené Hâpy, tu as fait prospérer [... ...].
[21, 12] Lève-toi, Osiris ! Ton trône t'est accordé dans ta barque.
[21, 13] Lève-toi, Osiris ! Ce [... ...] est célébré [... ... ...].
[21, 14] Lève-[toi, Osiris] en établissant l'orbe [... ... ...] !
[21, 15] [Lè]ve-[toi,] Osiris ! [Tu es] vivant [... ... ...].
[22, 1] [Lève-toi, Osiris ! ... ...].

[22, 2] Saisir la corde de proue de la barque du dieu.
Réciter :

[22, 3] [... ... ...]. [Il] saisit [... ... ... bar]que du matin [... ...] il/son (?) [... ... [22, 4] ... ...] barque du soir (après qu')il a fait naviguer à voile la barque du dieu (et qu')il a fait jubiler l'équipage dans la barque. [22, 5] [... ... ... bar]que du soir [... ... ...] devant [... [22, 6] ... ...].

Formule pour amarrer.
Réciter :

La clameur de l'allégresse (s'élève) dans le ciel [...] la réjouissance [... ...] [22, 7] [... ... ...] (lorsque) l'Osiris (du) prêtre *Mesred*[*ouyef*, justifié, enfanté par *Tahebet*] amarre [... ... ...] la [barque] [22, 8] du soir.

Ensuite, [... ... ...] ils [... ...] l[e di]eu à terre. [Ils (?)] reçoivent [... ... ...]. [22, 9] [Leur (?)] cœur est [heu]reux [... ... ...] en [... ... [22, 10] ... ...] réjouissances. *Meket-nebes* est en liesse. La vie (occupe) la place de ce dieu (quand) [il] se rend [vers (?)] sa salle.

[22, 11] Après cela, le travail inconnaissable entre dans la butte [... ... ...] les prêtres et les prêtres-[22, 12]purs. Réci[ter] en lisant le rituel de fête jusqu'à ce qu'il atteigne la salle cachée, que l'on ne peut voir ni entendre, à l'exception des prêtres [22, 13] en état de pureté absolue.

Lâcher les oiseaux-*âperou* vers le sud, [le nord, l'ouest et] l'est [conformément] [22, 14] au rituel de fête.

C'est venu (à la fin) parfaitement.

Glossaire

Ce choix de termes contenus par le papyrus Princeton Pharaonic Roll 10 est organisé thématiquement. Les entrées renvoient directement aux pages et lignes du manuscrit.

Acteurs

ỉmy-wr.t (*phyle* de tribord) : x+7, 11.
[*ỉry*(?)].*w wsr.w* (préposés (?) aux rames) : x+7, 14.
ỉs.t (équipage) : x+7, 10 ; x+22, 4.
ỉt.w-nṯr (pères divins) : x+2, 6 ; x+12, 7 ; x+12, 13 ; x+14, 1 ; x+14, 6.

wꜥb.w (prêtres-purs) : x+2, 6 ; x+7, 16 ; x+22, 11-12. – *wꜥb.w ꜥꜣ.w* (grands prêtres-purs) : x+7, 16.

bỉty (roi de Basse Égypte) : x+18, 11.

Pꜣ-dỉ-ḥr-pꜣ-ẖrd (*Padiherpakhered*) : x+1, 8 ; [x+1, 11] ; [x+1, 13] ; [x+2, 3]; x+5, 3 ; x+6, 6 ; x+6, 7 ; x+6, 13 ; x+7, 5-6 ; x+15, 14 ; x+20, 12 ; x+20, 14 ; x+20, 15. Voir § 4.1.
(*Pr-ꜥꜣ*)| ((Pharaon)|) : x+8, 1 ; x+12, 3 ; x+12, 6 ; x+12, 9 ; x+12, 10 ; x+12, 11 ; x+12, 12 ; x+14, 2 ; x+14, A ; x+15, 2.

ms.w Ḥr (enfants d'Horus) : x+2, 3.
Ms-rd.wy=f (*Mesredouyef*) : x+1, 6 ; x+2, 3 ; x+4, 10-11 ; x+6, 4 ; [x+6, 8] ; [x+6, 9] ; [x+7, 2] ; [x+7, 7] ; x+8, 2 ; x+8, 3 ; x+8, 4 ; [x+8, 5] ; x+8, 6 ; x+8, 11 ; x+9, B ; x+10, A ; x+12, 4 ; x+14, 4 ; x+14, 5 ; x+14, 9 ; x+15, 1 ; x+15, 1 ; x+15, 3 ; x+15, 5 ; x+15, 11 ; x+16, 1 ; x+16, 3 ; x+16, 5 ; x+16, 6 ; x+16, 10 ; [x+22, 7]. Voir § 4.2.

nsw bỉty (roi de Haute et Basse Égypte) : x+8, 1 ; x+12, 6 ; x+12, 9 ; x+12, 10 ; x+14, 2 ; x+14, A ; x+15, 2.
nsw.w bỉty.w ỉmy.w Ḏdw (rois de Haute et Basse Égypte qui sont dans Bousiris) : x+14, 6-7.
nṯr pn (ce dieu) : [x+3, 11] ; [x+4, 8] ; x+5, 5 ; x+7, 8 ; x+14, 8 ; x+22, 10. – *pꜣ nṯr* (le dieu) : [x+22, 8].

ḥm=k (ta Majesté) : x+17, 3 ; x+17, 13 ; x+18, 1 ; x+18, 2 ; x+18, 3 ; x+18, 4 ; x+18, 7.
ḥm-nṯr (prêtre) : [x+2, 6] ; x+2, 15 ; [x+2, 20] ; x+4, 10 ; x+6, 4 ; x+6, 8 ; [x+6, 9] ; x+7, 2 ; [x+7, 7] ; x+7, 18 ; x+8, 2 ; x+8, 2-3 ; x+8, 3-4 : x+8, 4 ; x+8, 5 ; [x+8, 6] ; x+8, 11 ; x+9, B ; x+10, A ; x+12, 4 ; x+12, 7 ; x+12, 13 ; x+14, 1 ; x+14, 2 ; x+14, 4 ; x+14, 5 ; x+14, 6 ; x+14, 7 ; x+14, 8 ; x+15, 1 ; x+15, 3 ; x+15, 5 ; x+15, 11 ; x+16, 1 ; x+16, 3 ; x+16, 4 ; x+16, 6 ; x+16, 10 ; x+22, 7 ; x+22, 11 ; x+22, 12. – *ḥm-nṯr n Wsỉr* (prêtre d'Osiris) : x+7, 18. – *ḥm.w-nṯr* (prêtres) : [x+2, 6] ; x+12, 7 ; x+12, 13 ; x+14, 1 ; x+14, 2 ; x+14, 6 ; x+14, 7 ; x+22, 11 ; x+22, 12.

ḫtmw-nṯr (chancelier du dieu) : [x+11, 14].

ẖry-ḥ(ꜣ)b(.t) (ritualiste) : x+2, 2-3 ; [x+2, 5-6] ; [x+6, 6] ; x+7, 8 ; x+7, 15 ; x+12, 3 ; x+12, 6 ; x+14, 1.– *ẖry-ḥ(ꜣ)b(.t) ḥry-tp* (ritualiste et supérieur) : x+2, 2-3 ; [x+6, 6-7] ; x+7, 8 ; x+12, 3 ; x+12, 6. – *ẖry.w-ḥ(ꜣ)b(.t) ꜣšꜥ.w* (ritualistes ordinaires) : x+7, 15.

s pn (cet homme) : x+7, 8.
sꜣ ḥm-nṯr (fils d'un prêtre) : x+2, 15 ; [x+2, 20].

šms.w wỉꜣ (suivants de la barque) : x+7, 12.
šsp.t dḥn.w (chœur des rythmeurs) : x+7, 9 ; x+8, 1 ; x+11, 12 ; x+15, 12.

Tꜣy-Hb.t (*Tahebet*) : x+1, 8 ; [x+1, 11] ; x+2, 1 ; x+2, 4 ; x+4, 11 ; x+6, 4-5 ; x+6, 6 ; x+6, 9 ; x+6, 13 ; x+7, 3 ; x+7, 7 ; x+8, 3 ; x+8, 5-6 ; x+8, 7 ; x+9, B ; x+10, A ; x+14, 4 ; x+14, 9 ; x+15, 1 ; x+15, 3 ; x+15, 6 ; x+15, 11 ; x+15, 14 ; x+16, 1 ; x+16, 5 ; x+16, 6-7 ; x+16, 11 ; x+20, 13 ; x+20, 15-16 ; [x+22, 7]. Voir § 4.3.
tꜣ-mry.w (habitants de l'Égypte) : x+12, 7 ; x+14, 1.
Tꜣ-mry (Pays bien-aimé) : x+14, 6.

Tì-Hb(.*t*) (*Taheb(et)*) : x+8, 4-5 ; x+8, 11 ; x+12, 4 ; x+16, 1 ; x+16, 3. Voir § 4.3.

Barques

ꜥꜣ nrw (Grande de terreur) : x+10, 4.
ꜥꜣ šfy(.*t*) (Grande de prestige) : x+10, 3.

wìꜣ (barque) : x+4, 8 ; x+7, 8 ; x+7, 9 ; x+7, B ; x+7, 12 ; x+7, D ; x+7, 19 ; x+7, 21 ; x+8, 1 ; x+8, 2 ; x+8, 3 ; x+8, 14 ; x+9, 1 ; x+9, 2 ; x+9, A ; [x+9, B] ; x+9, C ; x+10, A ; x+11, 13 ; x+14, 3 ; x+21, 12 ; x+22, 4. – *wìꜣ Ḥr* (barque d'Horus) : x+7, B ; x+7, D ; x+7, 19 ; x+9, 1.
wr šfy(.*t*) *ḫnty ìꜣb.t* (Grande de prestige qui préside à l'Orient) : x+10, 1.
wsr ḥꜣ.t (Celle à la proue puissante) : x+9, 18.
ws[*ḫ*] *nmt.t* (Celle à l'ample foulée) : x+9, 27.

psḏ tꜣ.wy (Celle qui illumine les Deux Terres) : x+10, 11.

mꜥḏ[...] (*?*) ([... ...] (?)) : x+9, 21.
mꜥnḏ.t (barque du soir) : x+17, 13 ; x+22, 4 ; x+22, 5 ; x+22, 7-8.
mr n.t (Celle qui aime le flot) : x+9, 23.
mr Ḥr (Celle qui aime Horus) : x+10, 8.
(*m*)*skt.t* (barque du matin) : x+17, 13 ; x+22, 3.

nb ꜥ[*ꜣ*]*b.t* (Maîtresse de l'offrande-*âabet*) : x+10, 9.
nb Nwn (Maîtresse du Noun) : x+10, 7.
nb (*n*)*ḥḥ* (Maîtresse de l'éternité) : x+9, 20.
nb ḥp(.*t*) (Maîtresse de la course) : x+10, 10.
nšm.t (barque-*nechemet*) : x+9, 17 ; x+9, 26 ; x+14, 1 ; x+15, 6. – *nšm.t wr.t* (Grande barque-*nechemet*) : x+9, 17.

ḥꜣ[*p*...] (*?*) (Celle qui dissi[mule ...] (?)) : x+9, 29.
ḥnw (barque-*henou*) : x+4, 9.

[*smd*].*t* (*?*) *Ḥꜥpy* (Celle qui [parcourt] (?) le Nil) : x+10, 12.
snby (Bien-portante) : x+10, 6.
sḫ[(*ꜣ*)*b*] *n.t* (Celle qui met en fête (?) le flot) : x+9, 28.
sḫn Mꜣꜥ.t (Celle qui introduit Maât) : x+9, 30.
sšm Ḥr (Celle qui conduit Horus) : x+10, 2.
sšn (*?*) (Celle qui passe (?)) : x+9, 24.
sṯs (Celle qui s'élève) : x+10, 5.

šꜣꜥ bìk (Inauguration du faucon) : x+9, 19.

dp(.*t*)*-nṯr* (barque du dieu) : x+8, 12 ; x+8, 13 ; x+22, 2 ; x+22, 4.

ḏꜣ n.t (Celle qui traverse le flot) : x+9, 22 ; x+9, 25.

Divinités et épithètes

ꜣhꜣ.t (la Vache) : x+11, 6.
ꜣs.t (Isis) : x+4, 10 ; x+5, 6 ; x+6, 10 ; x+9, 13 ; x+13, 11 ; x+17, 5 ; x+17, 14 ; x+21, 2. – *ꜣs.t wr.t* (Isis la grande) : x+17, 5. – *ꜣs.t wr.t* [... ...] (Isis la grande [... ...]) : x+9, 13. – *ꜣs.t wr.t mr.wt ḫꜥ*[.*t*] (Isis la grande d'amour, l'apparition) : x+17, 5. – *ꜣs.t sꜣ.t Nw.t mw.t nṯr wr*(.*t*) *ḥkꜣ.w* (Isis, fille de Nout, mère du dieu, grande de magie) : x+5, 6.

ꞽwn-mw.t=f (*Iounmoutef*) : voir *Ḥr ꞽwn-mw.t=f.*
ꞽmn-Rꜥ (Amon-Rê) : x+9, 4 ; x+9, 31 ; x+11, 1. – *ꞽmn-Rꜥ nb ns.t tꜣ.wy* (Amon-Rê, maître du trône des Deux Terres) : x+9, 31. – *ꞽmn-Rꜥ nb ns.t tꜣ.wy ḫnty ꞽp.t-s.wt* (Amon-Rê, maître du trône des deux terres, qui préside à Karnak) : x+11, 1. – *ꞽmn Rꜥ nsw nṯr.w* (Amon-Rê, roi des dieux) : x+9, 4.
ꞽmsty (Amset) : x+1, 9 ; x+7, 1 ; x+14, 1 ; x+17, 7.
ꞽnp(*w*) (Anubis) : x+4, 3 ; x+6, 10 ; x+7, 20 ; x+9, 37 ; x+13, 13. – *ꞽnp*(*w*) *nb tꜣ ḏsr* (Anubis, maître de la nécropole) : x+9, 37. – *ꞽnp*(*w*) *ḥry-tp spꜣ.wt ìmnt.t* (Anubis, le supérieur des provinces de l'Occident) : x+4, 3. – *ꞽnpw ḫnty* [*sḥ-nṯr*] (Anubis qui préside au [pavillon divin]) : x+13, 13.
ìry ꜥnḫ nṯr.w rmṯ.t ((celui) qui crée la vie des dieux et des humains) : x+20, 3.
ìr.t-Ḥr (œil d'Horus) : x+5, 3 ; x+6, 3 ; x+6, 5 ; x+15, 2 ; x+15, 5 ; x+16, 3 ; x+16, 7.
ìty (prince) : x+2, 7 ; x+19, 8. – *ìty nsw nṯr.w* (prince, roi des dieux) : x+19, 8.
ꞽtm (Atoum) : x+5, 8 ; x+9, 5 ; x+14, 10 ; x+16, 13. – *ꞽtm nb ꞽwnw* (Atoum, maître d'Héliopolis) : x+9, 5. – *ꞽtm nb* [... ...] (Atoum, maître de [... ...]) : x+16, 13. – *ꞽtm ḥry-ìb ḥw.t-bnbn* (Atoum qui réside dans le temple du pyramidion) : x+5, 8.

Wꜣḏy.t nb.t P Dp (Ouadjet, maîtresse de Bouto) : x+11, 10.

Wp-wꜣ.wt (Oupouaout) : x+7, 2 ; x+8, 14 ; x+13, 5 ; x+13, 7. – *Wp-wꜣ.wt Mḥw* (Oupouaout de Basse-Égypte) : [x+7, 2] ; [x+13, 15]. – *Wp-wꜣ.wt Šmꜥ* (Oupouaout de Haute-Égypte) : [x+7, 2] ; x+13, 15.

Wr (le Grand) : x+8, 10.

Wr(.t)-ḥkꜣ.w (Grand(e) de magie) : x+11, 11.

Wrḏ-ib (Celui dont le cœur est las) : x+2, 19.

Wsir (Osiris) : [x+1, 1] ; [x+1, 5] ; x+1, 7 ; [x+1, 10] ; x+2, 3 ; x+4, 2 ; x+4, 3 ; x+4, 5 ; x+4, 6 ; x+4, 8 ; x+4, 9 ; x+4, 10 ; x+5, 1 ; x+6, 5 ; x+6, 7 ; x+7, 6 ; x+7, 9 ; x+7, 18 ; x+8, 1 ; x+8, 9 ; x+9, 1 ; x+9, 12 ; x+11, 2 ; x+13, 1 ; x+13, 2 ; x+13, 3 ; x+13, 4 ; x+13, 5 ; x+13, 6 ; x+13, 7 ; x+14, 8 ; x+14, A ; x+15, 2 ; [x+16, A] ; x+17, A ; x+18, A ; x+19, A ; x+21, 1 ; x+21, 2 ; x+21, 4 ; x+21, 5 ; x+21, 6 ; x+21, 7 ; x+21, 8 ; x+21, 9 ; x+21, x+10 ; 21, x+11 ; x+21, 12 ; x+21, 13 ; [x+21, 14] ; x+21, 15 ; [x+22, 1]. – *Wsir ꜥnḫ.ty* (Osiris le vivant) : x+13, 3. – *Wsir* *<m>* *ꜥnḏ(.t)* (Osiris <dans> le nome bousirite) : x+13, 2. – *Wsir wꜣḏ* (Osiris le verdoyant) : x+13, 7. – *Wsir (Wnn-nfr)* | *mꜣꜥ-ḫrw* (Osiris (Ounennefer)| triomphant) : x+13, 1. – *Wsir wr.ty* (Osiris l'éminent) : x+13, 4. – *Wsir nb ꜥnḫ* (Osiris, maître de vie) : x+13, 5. – *Wsir nb Ḏdw* (Osiris, maître de Bousiris) : x+14, 8. – *Wsir nṯr ꜥꜣ ḫnty Imnt.t* (Osiris, le grand dieu qui préside à l'Occident) : x+14, A. – *Wsir nḏs* (Osiris, le petit) : x+13, 6. – *Wsir ḫnty imn.t* (Osiris qui préside à l'Occident) : [x+1, 5] ; x+1, 7-8 ; [x+1, 10] ; x+2, 3 ; x+6, 5 ; x+7, 6-7. – *Wsir ḫnty imn.t nṯr ꜥꜣ nb ꜣbḏw* (Osiris qui préside à l'Occident, le grand dieu, maître d'Abydos) : [x+1, 1] ; x+9, 12 ; x+11, 2.

Wsir Skr (Osiris-Sokar) *:* x+4, 8.

bꜣ n Rꜥ (*ba* de Rê) : x+18, 8.

Bꜣ nb Ḏd(.t) (*Banebdjed*) : x+11, 7.

bꜣ šps ḥry-ib Ḥꜣ.t-mḥy.t (*ba* auguste qui réside dans le nome mendésien) : x+20, 11.

Bꜣst.t (Bastet) : x+3, 4 ; x+9, 34 ; x+11, 10. – *Bꜣst.t nb.t Bꜣs.t* (Bastet, maîtresse de Bubastis) : x+9, 34.

Bnn ḫnty Ḫm (*Benen* qui préside à Létopolis) : x+5, 9.

pꜣ ꜥꜣ sp 2 nty m ꜣḫ.t (le deux fois grand qui est dans l'horizon) : x+5, 7 ; [x+5, 10-11].

pꜣwty.w [*tpy.w*] ([premiers] dieux primordiaux) : x+5, 7.

psḏ.t (ennéade) : x+1, 12 ; x+9, 36 ; x+14, 3 ; x+15, 9 (4x) ; x+15, 13 ; x+16, 1 ; x+20, 4. – *psḏ.t=f* (son ennéade (Sokar-Osiris)) : x+15, 9. – *psḏ.t=f* (son ennéade (Rê-Horakhty)) : x+15, 9. – *psḏ.t=f* (son ennéade (Rê)) : x+16, 1. – *psḏ.t ꜥꜣ.t* (grande ennéade) : [x+1, 12] ; x+9, 36 ; x+15, 9 ; x+15, 13 ; x+20, 4. – *psḏ.t nḏs.t* (petite ennéade) : x+15, 9-10 ; x+15, 13.

Ptḥ (Ptah) : x+9, 1 ; x+9, 6 ; x+19, 14 ; x+19, 15. – *Ptḥ rsy inb=f nb ꜥnḫ-tꜣ.wy* (Ptah qui est au sud de son mur, maître d'*Ânkhtaouy*) : x+9, 6. – *Ptḥ ḏd* [*šps*] (Ptah le pilier-*djed* [vénérable]) : x+19, 14. – *Ptḥ ḫry* [*bꜣḳ*]*=f* (Ptah qui est sous son [moringa]) : x+19, 15.

Mꜣꜥ.t (Maât) : x+9, 30 ; x+14, 10 ; x+14, 11 ; x+17, 15.

Mnw nsw Ḥr [*nḫt*] (Min le roi, Horus [le fort]) : x+13, 14.

Mnt.t (Mentyt) : x+16, 16.

Mr-wr kꜣ m ꞽIwnw (Mnévis, taureau dans Héliopolis) : x+20, 8.

Mrḥw (taureau-*Merehou*) : x+8, 8.

Msḫn.t (Meskhenet) : x+13, 10.

Ms.w Ḥr (enfants d'Horus) : [x+1, 4] ; [x+1, 9].

N.t (Neith) : x+9, 39 ; x+11, 11 ; x+14, 1. – *N.t wr.t mw.t nṯr* (Neith la grande, la mère du dieu) : x+9, 39 ; x+11, 11.

Nꜣrf (*Naref*) : x+5, 9 ; x+20, 9. – *Nꜣrf m Ḥw.t-nn-nsw* (*Naref* dans Héracléopolis) : x+20, 9. – *Nꜣrf ḫnty Nꜥr.t* (*Naref* qui préside au nome héracléopolitain) : x+5, 9.

nꜣ ḥry.w p.t (ceux qui sont au-dessus du ciel) : x+5, 10.

nꜣ ḫry.w tꜣ (ceux qui sont sous la terre) : x+5, 10.

Nw.t (Nout) : x+5, 6 ; [x+6, 11] ; x+9, 11 ; x+11, 6 ; x+13, 12 ; x+17, 2. – *Nw.t wr.t ms*[*(.t) nṯr.w*] (Nout la grande qui met au mon[de les dieux]) : x+9, 11. – *Nw.t ms(.t) nṯr.w nb.t bs* (*?*) (Nout qui met au monde les dieux, maîtresse du prématuré (?)) : x+11, 6.

Nwn (Noun) : x+10, 7 ; x+21, 5.

Nwn.t (Naunet): x+21, 5.

nb ꞽInb-ḥḏ (maître de Memphis) : x+19, 12.

nb wiꜣ (maître de la barque) : x+11, 13.

nb wrr.t (maître de la couronne-*oureret*) : x+19, 10.

nb (n)ḥḥ (maître du temps) : x+19, 11 ; x+20, 5. – *nb (n)ḥḥ ḥry-ib ꞽInb-ḥḏ* (maître du temps qui réside à Memphis) : x+20, 5. – *nb (n)ḥḥ ḥkꜣ ḏ.t* (maître du temps, souverain de l'éternité) : x+19, 11.

nb r ḏr (maître universel) : x+5, 7 ; x+7, 5.

nb Ḏdw ḥr.t (maître de la Bousiris supérieure) : x+3, 7.

Nb.t-ḥw.t (Nephthys) : x+9, 14 ; x+13, 11 ; x+17, 14. – *Nb.t-ḥw.t ꜣḫ[.t…* …] (Nephthys la splendide [… …]) : x+9, 14.

nb.t kꜣ.w (maîtresse des aliments) : x+9, 41.

Nḫb.t ḥḏ(.t) Nḫn (Nekhbet, la blanche de Hiérakonpolis) : x+11, 5.

nsw (roi) : x+11, 15 ; x+14, 9 ; [x+18, 10].

nsw (n) nn.t (roi du ciel inférieur) : x+16, A ; x+17, A ; x+18, A ; x+19, A.

nsw nṯr.w nb (n)ḥḥ ḥkꜣ ḏ.t (roi des dieux, maître du temps, souverain de l'éternité) : x+19, 11.

nṯr.w : *passim* – *nṯr.w ꜣḫty.w* (dieux horizontains) : x+5, 2 ; x+18, 7. – *nṯr.w ỉꜣb.t* (dieux de l'est (orientaux)) : x+18, 4. – *nṯr.w ỉꜣ.wt* (dieux des buttes) : x+18, 6. – *nṯr.w ỉmn.t* (dieux de l'ouest (occidentaux)) : x+18, 3. – *nṯr.w pr-wr pr-nsr* (dieux du *Per-our* et du *Per-neser*) : x+18, 5. – *nṯr.w mḥ.t* (dieux du nord (septentrionaux)) : x+18, 2. – *nṯr.w nty m p.t* (dieux qui sont dans le ciel) : x+8, 5. – [*nṯr.w* (?)] *nty m p.t nty m tꜣ* ([dieux (?)] qui sont dans le ciel et qui sont sur terre) : x+8, 6. – *nṯr.w rsy* (dieux du sud (méridionaux)) : x+18, 1. – *nṯr.w* [… (?)] (dieux [de l'inondation (?)]) : x+14, B. – *nṯr.w* [… …] (dieux [… …]) : x+18, 9. – *nṯr.w nṯr.wt ỉmy.w Ỉwnw* (les dieux et les déesses qui sont dans Héliopolis) : x+11, 8. – *nṯr.w nṯr.wt ỉmy.w Ỉnb-ḥḏ* (les dieux et les déesses qui sont dans Memphis) : x+11, 7. – *nṯr.w nṯr.*<*w*>*t ỉmy.w Ḫꜣs.t-ḥꜥꜥ* (les dieux et l<es> déesse<s> qui sont dans *Khaset-hââ*) : x+11, 8.

Rꜥ (Rê) : x+5, 10 ; x+6, 4 ; x+8, 7 ; x+8, 14 ; x+9, 4 ; x+9, 8 ; x+9, 9 ; x+9, B ; x+9, 31 ; x+10, A ; x+11, 1 ; x+12, 1 ; x+12, 11 ; x+14, 3 ; x+14, 4 ; x+14, 11 ; x+15, 9 ; x+15, 12 ; [x+15, 15] ; x+16, 4 ; x+16, A ; x+16, 15 ; x+17, A ; x+18, A ; x+18, 8 ; x+19, A ; x+19, 6 ; x+20, 2 ; x+20, 13 ; x+21, 1 ; x+21, 10.

Rꜥ-Ḥr-ꜣḫ.ty (Rê-Horakhty) : x+15, 9.

rdỉ n=f mꜣꜥ-ḫrw m bꜣḥ psḏ.t ꜥꜣ.t ((celui) à qui est accordé le triomphe en présence de la grande ennéade) : x+20, 4.

Ḥw.t-Ḥr (Hathor) : [x+9, 41] ; x+11, 4. – *Ḥw.t-Ḥr nb.t n(ꜣ) ḫ(ꜣ)ty.w* (Hathor, maîtresse des génies-coutiliers) : x+11, 4. – *Ḥw.t-Ḥr nb.t Tp-ỉḥ(.w)* (Hathor, maîtresse d'Atfih) : x+11, 4. – [*Ḥw.t*]-*Ḥr* [*ḥnw*].*t* [*nṯr.w* (?)] ([Hat]hor, [souve]raine [des dieux (?)]) : x+9, 41.

Ḥꜥpy (Hâpy) : x+7, 5 ; x+9, 1 ; x+10, 12 ; x+15, 3 ; x+21, 11.

Ḥp ḫnty ỉmn.t (Apis qui préside à l'Occident) : x+20, 6.

Ḥpy (Hapy) : [x+1, 10] ; x+7, 1 ; x+14, 1 ; x+17, 8.

Ḥr (Horus) : x+1, 4 ; [x+1, 6] ; x+1, 7 ; [x+1, 9] ; x+1, 11 ; x+2, 3 ; x+4, 4 ; [x+4, 10] ; x+5, 3 ; x+5, 10 (voir *Spd*) ; x+6, 3 ; x+6, 5 ; x+6, 10 ; x+7, 6 ; x+7, B ; [x+7, D] ; x+7, 19 ; x+8, 1 ; x+8, 4 ; x+8, 9 ; x+9, 1 ; x+9, A ; x+9, 15 ; x+9, C ; x+9, 32 ; x+9, 38 ; x+10, 2 ; x+10, 8 ; x+12, 9 ; x+12, 10 ; x+13, 8 ; x+13, 14 (voir *Mnw nsw Ḥr nḫt*) ; x+14, 2 ; x+14, 11 ; x+15, 2 ; x+15, 5 ; x+15, 8 ; x+16, 3 ; x+16, 7 ; x+17, 6 ; x+18, 8 ; x+21, 4 ; x+21, 8. – *Ḥr mꜣꜥ-ḫrw* (Horus triomphant) : x+8, 4. – *Ḥr nḏ ỉt=f* (Horus qui protège son père) : x+1, 7 ; x+13, 8. – *Ḥr ḥkꜣ ḏ.t* (Horus, souverain de l'éternité) : x+9, 15. – [*Ḥr*] *sꜣ ꜣs.t* ([Horus], fils d'Isis) : x+4, 10. – *Ḥr sꜣ Wsỉr* (Horus fils d'Osiris) : x+8, 9. – *Ḥr Dwn-ꜥ.wy* (Horus Dounâouy) : x+9, 32.

Ḥr Ỉwn-mw.t=f (Horus *Iounmoutef*) : x+9, 38 ; x+17, 6. – *Ḥr Ỉwn-mw.t=f ꜥ*[*bw pr*]-*wr* (Horus *Iounmoutef* qui [purifie le *Per*]-*our* : x+9, 38. – *Ḥr Ỉwn-mw.t=f nḏ ḥr ỉt=f wšb* [*ḥr*] *wtṯ s*(*w*) (Horus *Iounmoutef* qui protège son père (et) défend celui qui l'a engendré) : x+17, 6.

Ḥr-mrty (Hormerty) : x+5, 10 (voir *Spd*) ; x+14, 7. – *Ḥr-mrty nb Mns.t* (Hormerty, maître de *Menset*) : x+14, 7.

ḥry-ỉb Ỉp.t-s.wt ((celui) qui réside à Karnak) : x+20, 1.

ḥry-ỉb Ỉnb-ḥḏ ((celui) qui réside à Memphis) : x+20, 5.

ḥry-ỉb Ḥꜣ.t-mḥy.t ((celui) qui réside dans le nome mendésien) : x+20, 11.

ḥry-ỉb Km-wr ((celui) qui réside à Athribis) : x+20, 7.

ḥry-ỉb Ḏdw (celui qui réside à Bousiris) : x+20, 10.

Ḥr-šfy nb Ḥw.t-nn-nsw (Hérichef, maître d'Héracléopolis) : x+5, 8-9.

ḥkꜣ ỉdb.w (souverain des rives) : x+16, A ; x+17, A ; x+18, A ; x+19, A.

ḥḳꜣ ḏ.t (souverain de l'éternité) : x+9, 3 ; x+9, 15 ; x+19, 11.

ḫꜥ m ḥḏ.t ((celui) qui apparaît avec la couronne blanche) : x+19, 10.
Ḫprì (Khépri) : x+5, 8 ; x+14, 10. – *Ḫpr[ì ḥry]-ìb ṯꜣ.w=f* (Khépr[i au mi]lieu de ses oisillons) : x+5, 8.
Ḫnsw (Khonsou) : x+11, 3.
ḫnty Ḥw.t-nn-nsw nb ꞽInb-ḥḏ ((celui) qui préside à Héracléopolis, maître de Memphis) : x+19, 12.

sꜣ Rꜥ (fils de Rê) : x+5, 10 ; x+9, 8 ; x+20, 2 ; x+16, 15.
sꜣ.t Rꜥ (fille de Rê) : x+9, 9.
sꜥḥ šps smsw m tꜣ (momie vénérable, ainé sur terre) : x+19, 13.
Spd (Sopdou) : x+5, 9 ; x+5, 10. – *Spd Ḥr* [*ꜥꜣ* (?)] (Sopdou Horus le grand (?)) : x+5, 9-10. – *Spd Ḥr-mrty sꜣ Rꜥ* (Sopdou Hormerty, fils de Rê) : x+5, 10.
Smnḫ.t (Semenekhet) : x+13, 10.
smsw m tꜣ (aîné sur terre) : x+19, 13.
smsw sꜣ Rꜥ (aîné, fils de Rê) : x+20, 2.
[*smsw*] *Tnn* ([aîné de] *Tenen*) : x+18, 12.
Srḳ.t ḥr(.t) ḳ[n]w (Selqet, supérieure de [vaillance]) : x+9, 40.
Sḫm.t (Sekhmet) : x+9, 33 ; x+11, 9 ; x+19, 5. – *Sḫm.t nb.t ꜣšrw* (Sekhmet, maîtresse d'*Icherou*) : x+9, 33 ; x+11, 9.
Skr Wsìr (Sokar-Osiris) : x+9, 3 ; [x+11, 14] ; x+12, 3 ; x+12, 7 ; x+12, 9 ; x+12, 12 ; x+14, 5 ; x+14, 6 ; x+15, 9 ; x+15, 13 ; x+19, 7. – *Skr Wsìr nb ꜥnḫ.w* (Sokar-Osiris, maître des vivants) : x+19, 7. – *Skr Wsìr nṯr ꜥꜣ ḥḳꜣ ḏ.t* (Sokar-Osiris, le grand dieu, souverain d'éternité) : x+9, 3.
Stš (Seth) : [x+2, 2] ; x+4, 1 ; x+4, 2 ; x+4, 6 ; x+4, 9 ; x+5, 4 ; x+5, 5 ; x+5, 13 ; [x+6, 1] ; [x+6, 5] ; x+7, 4. – *Stš ḫsw* (Seth le vil) : x+5, 4 ; x+5, 5 ; x+5, 13 ; [x+6, 1] ; [x+6, 5]. – *Stš ḫsw sꜣ Nw.t* (Seth le vil, fils de Nout) : x+5, 5-6.

Šw (Chou) : x+6, 11 ; x+9, 8 ; x+13, 11 ; x+16, 15 ; x+21, 7. – *Šw sꜣ Rꜥ* (Chou, fils de Rê) : x+9, 8.
Šnbty (*Chenbety*) : x+8, 11.
Šntꜣy.t ḥry-ìb Ḏdw (*Chentayt* qui réside à Bousiris) : 13, 9.
Šsmt.t msḏ(.t) rmṯ.t (*Chesemtet* qui abomine les humains) : x+9, 35 ; x+11, 3.

Šd.t (la Nourrice) : x+11, 5.

Ḳbḥ-sn.w=f (Qebehsenouf) : [x+1, 10] ; [x+7, 1] ; x+14, 1 ; x+17, 10.

Kꜣ m ꞽIwnw (Taureau dans Héliopolis) : x+20, 8.
Kꜣ km ḥry-ìb Km-wr (Taureau noir qui réside à Athribis) : x+20, 7.

Gb (Geb) : x+6, 11 ; x+9, 10 ; x+12, 10 ; x+13, 12 ; x+14, 9 ; x+15, 4 ; x+15, 13 ; x+17, 1 ; x+21, 6. – *Gb rpꜥ.t nṯr.w* (Geb, prince héréditaire des dieux) : x+9, 10.

(*Tꜣ-*)*ṯnn* (*Tatenen*) : x+9, 7 ; 18, 12. – *Tꜣ-ṯnn nṯr ꜥꜣ* (*Tatenen*, le grand dieu) : x+9, 7.
Tfnw.t (Tefnout) : x+6, 11 ; x+9, 9 ; x+13, 11 ; x+16, 6. – *Tfnw.t sꜣ.t Rꜥ* (Tefnout, fille de Rê) : x+9, 9.

Dwꜣ-mw.t=f (Douamoutef) : [x+1, 10] ; x+7, 1 ; x+14, 1 ; x+17, 9.
Dwn-ꜥ.wy (Dounâouy) : voir *Ḥr Dwn-ꜥ.wy*.

ḏꜣḏꜣ.t (Assemblée) : x+7, 6 ; x+14, 8. – *ḏꜣḏꜣ.t ꜥꜣ.t* (la grande Assemblée) : x+7, 6. – *ḏꜣḏꜣ.t tp(.t) nwy* (l'Assemblée qui est à la tête du flot) : x+14, 8.
Ḏḥwty (Thot) : x+4, 4 ; x+4, 12 ; [x+5, 7] ; x+6, 2 ; x+9, 16 ; x+11, 9 ; x+12, 1 ; x+13, 12 ; x+15, 3 ; x+15, 10 ; x+15, 11 ; x+15, 15 ; x+16, 4. – *Ḏḥwty nb md.w nṯr* (Thot, maître des paroles divines) : x+11, 9 ; x+13, 12. – *Ḏḥwty* [*wp-r*]*ḥ.wy* (Thot [qui départage] les deux rivaux) : x+9, 16.

Fêtes et dates

psḏn.tyw (néoménie) : x+4, 1 ; x+4, 2 ; x+4, 11 ; x+5, 1 ; x+5, 3 ; x+15, 6 ; x+21, 14.

hrw pn ìry šꜥd Stš (ce jour de perpétrer le massacre de Seth) : x+7, 4.
[*hrw*] *pn ꜥḳ nṯr pn r wìꜣ=f* (ce [jour] où ce dieu entre dans sa barque) : x+7, 8.
hrw pn nfr n psḏn.tyw (ce jour parfait de la néoménie) : x+4, 2 ; x+4, 11 ; x+5, 1.
hrw pn [*nfr*] *sḫr(w) ḫfty.w=f* (ce jour [parfait] où sont renversés ses ennemis) : x+6, 9.
hrw [*pn nfr*] *ìw.n Wsìr N.N.* [… … …] *ḫfty*{*.w*} *pfy* (ce jour parfait où est venu l'Osiris (de) N.N. [… … …] cet ennemi) : x+6, 7.

ḥ(ꜣ)b m Ḏdw (fête dans Bousiris) : x+4, 6.

snw.t (sixième jour lunaire) : x+4, 12.

dnỉ(.t) (septième jour lunaire) : x+4, 12.

Lieux et toponymes

ꜣbḏw (Abydos) : x+1, 1 ; [x+9, 12] ; x+11, 2.
ꜣḫ.t (horizon) : x+5, 7 ; x+5, 11 ; x+7, 2 ; x+15, 12.
ꜣšrw (*Icherou*) : x+9, 33 ; x+11, 9.

ỉꜣ.t (butte) : x+18, 6 ; x+22, 11. – *ỉꜣ.t* [… …] (butte [… …]) : x+22, 11.
ỉꜣb.t (est, Orient) : x+6, 12 ; x+10, 1 ; x+14, 15 ; x+15, 8 ; x+18, 4 ; [x+18, 13] ; x+22, 13.
ʾIwnw (Héliopolis) : x+4, 6 ; x+4, 12 ; x+8, 14 ; x+9, 5 ; x+11, 8 ; x+20, 8.
ʾIp.t-s.wt (Karnak) : x+11, 1 ; x+20, 1.
ỉmn.t (ouest, occident) : [x+1, 1] ; x+1, 5 ; [x+1, 8] ; [x+1, 10] ; x+2, 3 ; x+4, 3 ; x+6, 5 ; [x+6, 11] ; x+7, 7 ; x+9, 12 ; x+11, 2 ; [x+14, 14] ; x+14, A ; x+18, 3 ; x+18, 12 ; x+20, 6 ; [x+22, 13].
ỉnb (mur) : x+9, 1.
ʾInb-ḥḏ (Memphis) : x+11, 7 ; x+19, 12 ; x+20, 5.
ỉtr.ty Mḥw (reliquaires de Haute Égypte) : x+15, 10 ; x+15, 13 ; x+17, 12.
ỉtr.ty Šmꜣ (reliquaires de Basse Égypte) : x+15, 10 ; x+15, 13 ; x+17, 11.

ꜥꜣ (vantail) : x+15, 2 ; x+19, 2. – *ꜥꜣ.wy p.t* (vantaux du ciel) : x+15, 2. – *ꜥꜣ.wy štꜣ.w* (vantaux mystérieux) : x+19, 2. – *ꜥꜣ.wy tꜣ* (vantaux de la terre) : x+15, 2.
ꜥnḫ-tꜣ.wy (*Ânkhtaouy*) : x+9, 6.
ꜥnḫt.t (*Ânkhetet*) : x+14, 3.
ꜥḫ (brasier) : x+4, 1 ; x+6, 1 ; x+19, 5. – *ꜥḫ* [*ꜥꜣ n sbỉ.w*] ([grand] brasier [des adversaires]) : x+6, 1. – *ꜥḫ n Sḫm.t* (brasier de Sekhmet) : x+19, 5.
ꜥ.t (salle) : x+22, 10 ; x+22, 12. – *ꜥ.t ỉmn.t* (salle cachée) : x+22, 12.

wꜣ.t (chemin) : x+18, 10 ; x+18, 11 ; x+18, 12 ; [x+18, 13] ; x+19, 4 ; x+19, 6 ; x+19, 4 ; x+19, 6. – *wꜣ.wt ỉꜣb.t* (chemins de l'est) : [x+18, 13]. – *wꜣ.wt ỉmn.t* (chemins de l'ouest) : x+18, 12. – *wꜣ.wt mḥ.t* (chemins du nord) : x+18, 11. – [*wꜣ.wt*] *rsy* (chemins du sud) : x+18, 10. – *wꜣ.wt Rꜥ* (chemins de Rê) : x+19, 6.
wsḫ.t (salle large) : x+15, 8.

Bꜣs.t (Boubastis) : x+9, 34.
bỉꜣ tꜣ (chemin de procession) : x+5, 1.

P (Pé) : x+11, 10. Voir *P Dp*.
P Dp (Bouto) : x+11, 10.
pr-wr (*Per-our*) : x+9, 38 ; x+18, 5.
pr mḏꜣ.t (bibliothèque) : x+15, 10.
[*pr*]*-nsr* (*Per-neser*) : x+18, 5.

Mns.t (*Menset*) : x+14, 7.
mꜥḥꜥ.t (tombe) : x+15, 12.
mḥ.t (nord) : x+6, 11 ; [x+14, 13] ; x+18, 2 ; x+18, 11 ; [x+22, 13].
Mk.t-nb=s (*Meket-nebes*) : x+22, 10.
mr (canal) : x + 11, 13.

Nꜥr.t (nome héracléopolitain) : x+5, 9.
nn.t (ciel inférieur) : x+16, A ; x+17, A ; x+18, A ; x+19, A.
ns.t (trône) : x+9, 31 ; x+11, 1 ; x+21, 6 ; x+21, 12. – *ns.t Gb* (trône de Geb) : x+21, 6. – *ns.t tꜣ.wy* (trône des Deux Terres) : x+9, 31 ; x+11, 1.
Nḫn (Hiérakonpolis) : x+11, 5.

R(ꜣ)-stꜣw (*Ro-setaou*) : x+4, 7.
rs (sud) : x+6, 11 ; x+14, 12 ; x+18, 1 ; x+18, 10 ; x+22, 13.

Ḥꜣ.t-mḥy.t (nome mendésien) : x+20, 11.
ḥw.t (demeure) : x+2, 5 ; x+17, 3. – *ḥw.t-bnbn* (temple du pyramidion) : x+5, 8. – *ḥw.t-nṯr* (temple) : x+1, 2 ; [x+3, 5] ; x+16, 4.
Ḥw.t-nn-nsw (Héracléopolis) : x+5, 9 ; x+19, 12 ; x+20, 9.

Ḫm (Létopolis) : x+5, 9.
ḫnty (pronaos) : x+4, 4.
ḫndy pn bỉꜣ (cette estrade (de) métal) : x+6, 12.
Ḫꜣs.t-ḥꜥꜥ (*Khaset-hââ*) : x+11, 8.

Ḫr-ꜥḥꜣ (*Kher-âha*) : x+4, 7.
ẖnw n šty.t (intérieur de la *Chetyt*) : x+19, 1.

s.t (place, siège) : x+12, 9 ; x+14, 2 ; x+15, 11 ; x+17, 3 ; x+22, 10. – *s.t nṯr pn* (place de ce dieu) : x+22, 10. – *s.t Ḥr* (siège d'Horus) : x+12, 9 ; x+14, 2.
sbꜣ.w n Dwꜣ.t (portes de la *Douat*) : x+19, 1.
sbḫ.wt štꜣ.w (portails secrets) : x+19, 3.

spꜣ.wt (nomes, provinces) : x+2, 14 ; x+4, 3. – *spꜣ.wt ỉmn.t* (provinces de l'Occident) : x+4, 3.
sp.t pꜣ š (rive du lac) : x+3, 10.
sḫm.w wr.w (grands sanctuaires) : x+19, 2.
sḫ.t wꜣd.t (prairie verdoyante) : x+12, 4-5.
sḫ.t ḥtp.w (champ de fleurs) : x+12, 4.

š (lac) : x+3, 10.
šty.t (*Chetyt*) : x+19, 1.

ḳr(r).ty (deux cavernes) : x+16, A ; 17, A ; 18, A ; x+18, 9 ; 19, A ; x+19, 3.

Km-wr (Athribis) : x+20, 7.

tꜣ.wy (Deux Terres) : x+9, 31 ; x+10, 11 ; x+11, 1 ; [x+15, 4].
Tꜣ-wr (nome thinite) : x+4, 8.
tꜣ pn (cette terre) : x+7, 1 ; x+17, 1.
Tꜣ-Mḥw (Basse Égypte) : [x+7, 2] ; [x+13, 15] ; x+15, 10 ; x+15, 12 ; [x+15, 13] ; x+17, 12 ; x+18, 2.
Tꜣ-Šmꜥ (Haute Égypte) : [x+7, 2] ; x+13, 15 ; x+15, 10 ; x+15, 11 ; x+15, 13 ; x+17, 11 ; x+18, 1.
tꜣ-ḏsr (nécropole) : [x+4, 7] ; x+9, 37.
Tp-ỉḥ(.w) (Atfih) : x+11, 4.
tmꜣ (natte) : x+4, 5.

Ṯnnw(.t) (*Tchenen(et)*) : x+4, 8.

Dwꜣ.t (*Douat*) : x+16, A ; x+17, A ; x+18, A ; x+19, A ; 19, 1 ; 19, 4.
Dp (Dep) : x+11, 10. Voir *P Dp*.

ḏꜣḏꜣ.t (tribune) : x+3, 9.
ḏsrw (lieu préservé) : x+18, 8.
Ḏdw (Bousiris) : x+2, 12 ; x+2, 21 ; [x+2, 22] ; x+3, 7 ; x+4, 6 ; x+4, 7 ; x+13, 2 ; x+13, 9 ; x+14, 7 ; x+14, 8 ; x+20, 10. – *Ḏdw ḥr.t* (Bousiris supérieure) : x+2, 12 ; [x+2, 21] ; [x+2, 22] ; x+3, 7.

Rites

ꜣw(.t)-ỉb m Ỉwnw (réjouissances dans Héliopolis) : x+4, 6.
ꜣw(.t)-ỉb m R(ꜣ)-sṯꜣ[w] (réjouissances dans *Ro-seta[ou]*) : x+4, 7.

ỉꜣw m Ḫr-ꜥḥꜣ (louange dans *Kher-âha*) : x+4, 6-7.

ỉw=w wꜥb (ils/elles sont pur(e)s) : x+12, 6 ; x+14, 4 ; x+14, 10 ; <x+15, 2> ; x+15, 4 ; x+15, 10 ; [x+15, 15].
ỉ.nḏ ḥr=k (salut à toi) : x+6, 7 ; x+14, 10 ; x+16, A ; x+17, A ; x+18, A ; x+19, A.
ỉry n=f wp.t rꜣ (pratiquer pour lui l'ouverture de la bouche) : x+3, 11.
ỉr ḥ(ꜣ)b (organiser une fête) : x+12, 11.
ỉry ḳbḥ (faire une libation) : x+7, 8.
ỉr ḫnw (préparer une navigation) : x+12, 12.
ỉry sšm n sr.wt 4 (suivre les instructions des quatre oies) : x+15, 7.
ỉry ḥfꜣw m mnḥ (fabriquer un serpent de cire) : x+15, 6.
ỉry ḥtp-dỉ-nsw (préparer une offrande accordée par le roi) : x+15, 12-13.
ỉry twt n ḫfty.w=f (confectionner une effigie de ses ennemis) : x+4, 1.

ꜥḳ (entrer) : x+1, 2 ; x+1, 3 ; x+18, 12 ; x+22, 11.

wꜣḥ [ỉḫ.t] (déposer les offrandes) : x+4, 12.
wp.t rꜣ (ouverture de la bouche) : x+3, 11.
wdn ỉrp (offrir le vin) : x+15, 1.

pr mꜣꜥ-ḫrw sp 4 (sortir triomphant quatre fois) : [x+6, 5-6] ; x+6, 6 ; x+7, 7 ; x+7, 7-8.
pḫr ḥp(.t) (accomplir la course) : x+11, A.

fꜣ ỉḫ.t (élever les offrandes) : x+12, 6 ; x+12, 7 ; x+12, 14 ; x+14, 1-2 ; x+14, 6 ; x+14, 7.

m ꜥbw wr.t (en grande pureté) : x+22, 13.
mỉ nty r ḥ(ꜣ)b(.t) (conformément au rituel de fête) : x+14, 8 ; x+14, 10 ; x+15, 5 ; x+22, 14.
mnḥ (cire) : [x+4, 1] ; [x+5, 4] ; x+15, 6 ; x+15, 7.
ms ms.w (apporter les bouquets montés) : x+12, 2-3.

nn mꜣꜣ nn sḏm (que l'on ne peut voir ni entendre) : x+22, 12.
[*nḏm*]-*ỉb m Ḏdw* (bon]heur dans Bousiris) : x+4, 7.

rtḥ pꜥ.t (soumettre les *pât*) : x+4, 4.
rdỉ.t ỉwf ḥr sḏ.t (placer la viande sur la flamme) : x+15, 5.
rdỉ.t ꜥḏ ḥr sḏ.t (placer la graisse sur la flamme) : x+15, 4.
rdỉ.t mw (donner l'eau) : x+16, 4.

rdi.t grg p3 ḥm-nṯr n Wsir m ḥ3.t wi3 Ḥr (faire en sorte que le prêtre d'Osiris se tienne prêt à la proue de la barque d'Horus) : x+7, 18.

h(y) (acclamation) : x+16, A ; x+17, A ; x+18, A ; x+19, A.
hn (ovation) : x+16, A ; x+17, A ; x+18, A ; x+19, A ; x+22, 4.

ḥ(3)b (fête) : x+4, 6 ; x+12, 11. – *ḥ(3)b m Ḏdw* (fête dans Bousiris) : x+4, 6.
ḥ(3)b(.t) (rituel de fête) : x+2, 20 ; x+14, 8 ; x+14, 10 ; x+15, 5 ; x+22, 12 ; x+22, 14.
ḥw ᶜ ḥr iḫ.t (consacrer les offrandes) : x+4, 5.
ḥnk M3ᶜ.t (présenter Maât) : x+14, 10.
ḥnk mᶜḏ3 (présenter le récipient (de dattes)) : x+14, 8.
ḥtp di nsw (offrande accordée par le roi) : x+15, 13 ; x+15, 15.

ḫw Skr Wsir m ḫ3.w nw ṯ[r.t] (protéger Sokar-Osiris avec des feuilles de saule) : x+1, 14.
ḫrw nhm (clameur de l'allégresse) : x+22, 6.
ḫrw ḥᶜᶜ (clameur de la liesse) : x+16, A ; x+17, A ; x+18, A ; x+19, A.
ḫsf h3nw (maîtriser le courant) : x+8, 8.
ḫsf ṯ3w (maîtriser les vents) : x+8, 12-13.

s3-t3 (« La terre est sauve ! » (chant de joie)) : [x+2, 13] ; [x+2, 14] ; x+16, A ; x+17, A ; x+18, A ; x+19, A.
swᶜb ḥtp.w-nṯr (purifier les offrandes divines) : x+15, 9.
sp (fois) : passim. – *sp 4* (quatre fois) : x+6, 6 ; [x+7, 7] ; x+7, 8. – *sp 7* (sept fois) : x+9, 2.
spr r p3 ḏ3ḏ3.t (atteindre la tribune) : x+3, 9.
sm3 p3 iḥ dšr (abattre le bœuf roux) : x+15, 7-8.
sn-t3 (se prosterner) : x+2, 11.
sty r (tirer une flèche vers) : x+14, 12 ; x+14, 13 ; x+14, 14 ; x+14, 15.

šsp ḥ3t.t (saisir la corde de proue) : x+22, 2.
šd ḥ(3)b(.t) (réciter le rituel de fête) : x+2, 20 ; x+22, 12.
šd t3 mḏ3.t psḏn.tyw p3 sḥ ḥnky.t (réciter le *Livre de la néoménie* et la *Chambre du lit*) : x+15, 6.

k3.t nn rḫ=s (travail inconnaissable) : x+1, 3 ; x+22, 11.

twt (effigie) : x+4, 1 ; x+5, 4 ; x+15, 7. – *twt n ḫfty.w=f [m mnḥ]* (effigie de ses ennemis [en cire] : x+4, 1. – *twt n Stš [m mnḥ]* (effigie de Seth [en cire] : x+5, 4. – *twt n ḫfty.w 4 (m) mnḥ* (effigie de quatre ennemis de cire) : x+15, 7.

ṯḫḫw.t (allégresse) : x+4, 7.
ṯs iḫ.t ḥr ḫ3w.t (dresser les offrandes sur la table d'offrandes) : x+15, 8-9 ; x+15, 14.

di r ᶜḫ ḏ.t (jeter dans un brasier pour toujours) : x+4, 1.
di.t r [ḫ.t] m-b3ḥ nṯr pn (jeter au feu en présence de ce dieu) : x+5, 5.
di.t r sḏ.t (jeter sur la flamme) : x+15, 7.
di.t wsḫ.t (donner le collier-*ousekh*) : x+14, 10.

ḏd mdw(.w) (réciter) : x+1, 4 ; x+1, 9 ; x+2, 2 ; x+2, 5 ; x+4, 1 ; x+5, 4 ; x+5, 5 ; [x+6, 6] ; x+7, 8 ; x+7, 19 ; x+7, 20 ; x+7, 22 ; x+8, 8 ; x+8, 11 ; x+8, 13 ; x+8, 14 ; x+12, 3 ; x+12, 6 ; x+14, 1 ; x+14, 2 ; x+14, 6 ; x+14, 7 ; x+14, 8 ; x+14, 10 ; x+14, 11 ; x+15, 1 ; x+15, 4 ; x+15, 5 ; x+15, 6 ; x+15, 9 ; x+15, 13 ; x+22, 2 ; x+22, 6. – *ḏd mdw(.w) in* (réciter par) : x+2, 2 ; [x+6, 6] ; x+7, 8 ; x+8, 13 ; x+12, 3 ; x+12, 6 ; x+14, 1 ; x+14, 2 ; x+14, 6 ; x+14, 7. – *ḏd mdw psḏn.tyw sp 2* (réciter à chaque néoménie) : x+4, 1. – *ḏd mdw ḥr* (réciter sur) : x+5, 4 ; x+8, 11. – *ḏd mdw ḥr nis* (réciter en psalmodiant) : x+2, 5. – *m ḏd* (en disant) : x+2, 6.

Titres et formules

mḏ3.t psḏn.tyw (le *Livre de la néoménie*) : x+15, 6.

r(3) (formule) : x+1, 9 ; x+2, 2 ; [x+4, 1] ; x+5, 5 ; x+8, 8 ; x+8, 14 ; x+9, 2 ; x+22, 6. – *r(3) n mni* (*formule pour amarrer*) : x+22, 6. – *r(3) n sḳd m wi3* (*formule pour voguer dans la barque*) : x+9, 2. – *r(3) n [...] h3n[w]* (*formule pour [...] le courant*) : x+8, 14. – *ky r(3)* (autre formule) : x+1, 9 ; x+2, 2 ; [x+4, 1] ; x+5, 5 ; x+8, 8.

sḥ ḥnky.t (*Chambre du lit*) : x+15, 6.

Vocabulaire

Animaux

[ꜣ]*bἰw* (panthère) : x+1, 4.
ἰḫ (bœuf) : x+15, 8.
ꜥpr (oiseau-*âpr*) : x+22, 13.
bἰk (faucon) : x+8, 11.
ḥfꜣw (serpent) : x+15, 6.
ḥnḥn (taureau entravé) x+15, 8.
[*msḥ*] ([crocodile]) : x+8, 12.
sr.t (oie) : x+15, 7.
kꜣ (taureau) : x+20, 8.
ṯꜣ (oisillon) : x+5, 8.

Corps

ἰb (cœur) : [x+2, 19] ; x+4, 10 ; x+6, 8 ; x+6, 10 ; x+7, 4 ; x+12, 11 ; x+22, 9.
ἰr.t (œil) : x+6, 3 ; x+9, A ; x+9, C ; x+14, 11 ; x+15, 5 ; x+16, 8. Voir aussi *ἰr.t Ḥr*.
ꜥ (bras) : x+5, 12.
ꜥnḫ (oreille) : x+5, 12 ; x+16, 8.
wḏꜣ.ty (deux yeux) : x+14, 11.
fnḏ (nez) : x+16, 15.
fd.t (sueur) : x+16, 1.
r(*ꜣ*) (bouche) : x+3, 10 ; x+16, 7 ; x+16, 8.
rd (jambe) : x+16, 8.
rḏw.w (humeurs) : x+14, 9 ; x+16, 1 ; x+16, 7.
ḥꜣty (cœur) : [x+5, 12] ; x+7, 4.
ḥꜥ.w (membres) : x+5, 12 ; x+6, 3 ; x+6, 10 ; x+21, 2.
ḥr (face, visage) : x+5, 12 ; x+16, 6.
ẖꜣ.t (cadavre) : x+5, 13.
sꜥḥ (momie) : x+16, 14 ; x+19, 13.
sṯy (odeur) : x+2, 2 ; [x+2, 22] ; x+15, 10.
tp (tête) : x+14, 11.
ḏ.t (corps) : x+6, 2.

Écriture

ἰw=f pw nfr (c'est venu à la fin parfaitement) : x+22, 14.
pr mḏꜣ.t (bibliothèque) : x+15, 10.
mḏꜣ.t (livre) : x+15, 6 ; x+15, 7 ; x+15, 10.
sšw.w (écrits) : x+15, 10. – *sšw.w Ḏḥwty m pr mḏꜣ.t* (écrits de Thot de la bibliothèque) : x+15, 10.
šw (papyrus vierge) : x+1, 3 ; x+8, 12.

Entités

ἰry.w ꜥꜣ (gardiens de porte) : x+19, 4.
wnny.w (ceux qui existent) : x+19, 6.
pꜥ.t (*pât*) : x+4, 4 ; x+8, 7.
rḫy.t (*rekhyt*) : x+8, 7.
ḫfty.w (ennemis) : x+1, 11 ; x+2, 1 ; x+4, 1 ; x+4, 3 ; x+6, 9 ; x+7, 2 ; x+17, 10 ; x+19, 5 ; x+19, 9 ; x+20, 14.
ḫꜣk-ἰb (rebelle) : x+3, 2 ; x+3, 5 ; x+3, 8.
sbἰ.w (adversaires) : x+2, 4 ; [x+2, 23] ; x+6, 12 ; x+17, 7 ; x+17, 9.
sm(*ꜣ*)*y.w* (acolytes) : x+4, 1 ; x+5, 6 ; x+6, 1.
šms.w (suivants) : x+4, 1-2 ; x+4, 2 ; x+4, 9 ; x+7, 12. – *šms.w=f* (ses suivants (de Seth)) : x+4, 9. – *šms.w n* [*it*]*=i Wsἰr* (suivants de mon [père] Osiris) : x+4, 1-2. – *šms.w Stš* (suivants de Seth) : x+4, 2.

Navigation

ꜥpr(*w*) (équipement) : x+8, 9.
wnḏw (cale) : x+9, 1.
wsr (rame) : x+7, 14.
mꜣꜥ (naviguer à voile) : x+22, 4.
mnἰ (amarrer) : x+22, 6 ; x+22, 7.
mnἰw (pieu) : x+3, 6.
hꜣnw (courant) : x+8, 8 ; [x+8, 14].
ḥꜣ.t (proue) : x+7, 19 ; x+8, 9 ; [x+8, 12] ; x+9, 1 ; x+9, 18.
ḥꜣt(*.t*) (corde de proue) : x+22, 2.
ḥp.t (course) : x110, 10 ; x+14, 3 ; x+11, A.
ḫnt (remonter le courant) : x+18, 1.
ḫd (descendre le courant) : x+18, 2.
ḫn (naviguer) : x+8, 1 ; x+8, 2 ; x+9, 1 ; x+17, 13.
ḫnw (navigation) : x+3, 10 ; x+12, 12.
sḳd (voguer) : x+9, 2 ; x+17, 13.
ṯꜣw (vent, souffle) : x+8, 13 ; x+16, 15.

Nourriture et boissons

ἰwf (chairs, viande) : x+7, 5 ; x+15, 5.
ἰrp (vin) : x+15, 1 ; x+15, 2 ; x+15, 3.
ꜥḏ (graisse) : x+15, 4.
mꜥḏꜣ (récipient (de dattes)) : x+14, 8.
mw (eau) : x+15, 3 ; x+16, 4 ; x+16, 7.
ḥ(*n*)*ḳ*(*.t*) (bière) : x+15, 3 ; x+16, 2 ; x+16, 3 ; x+16, 5 ; x+16, 11.
snw (pain d'offrande) : x+14, 7.
stp (morceau de choix) : x+7, 3 ; x+15, 6.
ḳbḥ (libation) : x+7, 8 ; x+15, 3 ; x+16, 2 ; x+16, 8 ; [x+16, 11].
t (pain) : x+16, 2 ; x+16, 3 ; x+16, 5 ; x+16, 11.
ḏfꜣ.w (aliments) : x+15, 4 ; x+15, 5.

Nature et végétaux

ꜥḫm (rameau) : x+11, 5.
wrm (haute crue (?)) : x+4, 4.
[*bꜣḳ*] ([moringa]) : x+19, 5.
bꜥḥ (crue) : x+15, 1 ; x+15, 11 ; x+16, 7.
ms (bouquet monté) : x+12, 2-3.
ḥtp (fleur) : x+12, 4.
ḫꜣ (feuille) : x+11, 14.
ḫnm (parfum) : x+2, 8.
snṯr (encens) : x+15, 10 ; x+16, 2 ; x+16, 11.
sḫ.t (champ, prairie) : x+12, 4.
šꜣ.t (vigne) : x+15, 1.
ṯr.t (saule) : [x+11, 14] ; x+12, 1.

Vêtements, parures et emblèmes

iꜣ.t (pavois) : x+16, 10.
ꜥbꜣ (sceptre) : x+16, 10.
wrr.t (couronne-*oureret*) : x+8, 4 ; x+19, 10.
wsḫ (collier large) : x+14, 10.
ḥḏ.t (couronne blanche) : x+14, 2 ; x+19, 10 ; x+20, 16.
sꜥḥ (parer) : x+20, 16.
šw.ty (paire de plumes) : x+8, 11.
ṯb.ty (sandales) : x+2, 4.
dšr.t (couronne rouge) : x+14, 2.

Violence et destruction

ꜣr (refouler) : x+2, 1.
ꜥḫ (brasier) : x+4, 1 ; x+6, 1 ; x+19, 5.
ꜥḏ(.t) (couteau) : x+2, 1 ; x+7, 4.
ꜥḏ.t (carnage) : x+4, 2.
wꜥ (harpon) : x+6, 8.
nkn (souffrance) : x+5, 2 ; x+5, 11.
rkḥ (brûler) : x+19, 5.
ḥwi (frapper, infliger) : x+2, 1 ; x+4, 10.
ḥtm (anéantir) : x15, 12-13 ; [x+5, 13] ; x+17, 8.
ḫ.t (feu) : x+5, 5 ; x+6, 2 ; x+6, 5 ; [x+7, 5].
ḫr (tomber, chuter) : x+2, 4 ; x+4, 9 ; x+6, 5.
ḫsf (maîtriser) : x+8. 8 ; x+8 ; 12 ; x+17, 10.
sḫr (renverser) : x+5, 7 ; x+5, 10 ; x+5, 11 ; x+6, 8 ; x+6, 12 ; x+7, 2 ; x+14, 5 ; x+17, 7 ; x+17, 9.
sḏ.t (flamme) : x+15, 14.
sḏb (dommage) : x+1, 11 ; x+2, 2.
šꜥd (massacre) : x+5, 11 ; x+7, 4.
šꜥd (découper, démembrer) : x+6, 2.
šp (aveugler) : x+5, 7 ; x+5, 13.
tkn (attaquer) : x+5, 11.
dr (détruire) : x114, 7.
ḏw (infect) : x+2, 2.
ḏw (mal) : x+5, 2.

Varia

ir ḫr sꜣ nn (après cela) : [x+22, 8] ; x+22, 11.
isk (alors) : x+15, 6.
wp-ḥr (à l'exception de) : x+22, 12.
m-sꜣ (à la recherche de) : x+9, A ; x+9, C.

Bibliographie

Abréviations

Les abréviations des périodiques et collections suivent l'usage en vigueur à l'IFAO[1].

AnLex = D. Meeks, *Année lexicographique Égypte ancienne*, 3 vol., Paris, 1998 (1977, 1978, 1979).

CDD = J. H. Johnson (éd.), *The Demotic Dictionnary of the Oriental Institute of the University of Chicago*, Chicago, 2001. <oi.uchicago.edu/research/publications/demotic-dictionary-oriental-institute-university-chicago>.

CT = A. de Buck, *The Egyptian Coffin Texts* (*OIP* 34, 49, 64, 67, 73, 81, 87), 7 vol., Chicago, 1935-1961.

Dendara = É. Chassinat, Fr. Daumas, *Le Temple de Dendara*, 9 vol., Le Caire, 1934-1987, poursuivi par S. Cauville, *Le temple de Dendara*, 3 vol., Le Caire, 1997-2007 et 3 volumes publiés en ligne en 2007-2008.
<www.wepwawet.nl/dendara/Dendara_XIII_20110901.pdf>,
<.../dendara_XIV_20110901.pdf> et <.../dendara/Dendara_XV_20120501.pdf>.

DN I = E. Lüddeckens, H.-J. Thissen, W. Brunsch, G. Vittmann, K.-Th. Zauzich, *Demotisches Namenbuch. Band I*, Wiesbaden, 1980-2000.

Edfou = É. Chassinat, *Le temple d'Edfou* (*MMAF* 10, 11, 20-31), 14 vol., Paris, 1897-1934 (2e édition revue et corrigée par Sylvie Cauville et Didier Devauchelle des vol. I et II, 1984-1990), poursuivi par S. Cauville, D. Devauchelle, *Le temple d'Edfou. Tome quinzième* (*MMAF* 32), Le Caire, 1985.

Esna = S. Sauneron, *Le temple d'Esna*, 8 vol., Le Caire, 1959-2009 (*Esna* VII édité par Jochen Hallof).

K*RI* = K. A. Kitchen, *Ramesside Inscriptions*, 7 vol., Oxford, 1968-1990.

LÄ = W. Helck, W. Westendorf (éd.), *Lexikon der Ägyptologie*, 6 vol., Wiesbaden, 1975-1986.

LGG = Chr. Leitz (éd.) *Lexikon der ägyptischen Götter und Götterbezeichnungen* (*OLA* 110-116, 129), 8 vol., Louvain, 2002-2003.

Medinet Habu = Epigraphic Survey, *Medinet Habu* I-IX (*OIP* 8, 9, 23, 51, 83, 84, 93, 94, 136), Chicago, 1930-2009.

Pyr. = K. Sethe, *Die altägyptischen Pyramidentexte*, 4 vol., Leipzig, 1908-1922.

Wb = A. Erman, H. Grapow, *Wörterbuch der ägyptischen Sprache*, 5 vol., Leipzig, 1926-1931.

Wb Belegst. = A. Erman, H. Grapow, *Wörterbuch der ägyptischen Sprache : die Belegstellen*, 5 vol., Leipzig, 1935-1953.

1 B. Mathieu, *Abréviations des périodiques et collections en usage à l'Institut français d'archéologie orientale*, Le Caire, 2010.

Ouvrages et articles cités

A. ABDALLA, *Graeco-Roman Funerary Stelae from Upper Egypt* (*Liverpool Monographs in Archaeology and Oriental Studies*), Liverpool, 1992.

S. ABD EL-AZIM EL-ADLY, « Amun und seine Nilgans », *GöttMisz* 126 (1992), p. 47-57.

E. N. ADLER, J. G. TAIT, F. M. HEICHELHEIM, F. Ll. GRIFFITH, *The Adler Papyri*, Londres, 1939.

E. A. AKMAR, *Les bandelettes de momie du Musée Victoria à Upsala et le Livre des Morts*, 4 vol., Uppsala, 1932-1939.

Fl. ALBERT, *Le Livre des Morts d'Aset-Ouret*, Rome, 2013.

Fl. ALBERT, M. GABOLDE, « Le papyrus-amulette de Lyon Musée des Beaux-Arts H 2425 », *ENIM* 6 (2013), p. 159-168.

Sch. ALLAM, *Beiträge zum Hathorkult (bis zum Ende des Mittleren Reiches)* (*MÄS* 4), Berlin, 1963.

M. Z. ALLAM, *Papyrus Berlin 3031. Totentexte der 21. Dynastie mit und ohne Parallelen*, Bonn, 1992.

C. ALFANO, *I sandali : moda e rituale nell'antico Egitto*, Città di Castello, 1987.

Th. G. ALLEN, « Additions to the Egyptian Book of the Dead », *JNES* 11 (1952), p. 177-186.

–, *The Egyptian Book of the Dead Documents in the Oriental Institute Museum at the University of Chicago* (*OIP* 82), Chicago, 1960.

–, *The Book of the Dead or Going Forth by Day. Ideas of the Ancient Egyptians concerning the Hereafter as Expressed in their Own Terms* (*SAOC* 37), Chicago, 1974.

J. P. ALLEN, *Middle Egyptian. An Introduction to the Language and Culture of Hieroglyphes*, Londres, 2001.

M. ALLIOT, « Les rites de la chasse au filet, aux temples de Karnak, d'Edfou et d'Eshneh », *RdÉ* 5 (1946), p. 57-118.

–, *Le culte d'Horus à Edfou au temps des Ptolémées* (*BiÉtud* 20), 2 vol., Le Caire, 1949, 1954.

B. ALTENMÜLLER, *Synkretismus in den Sargtexten* (*GOF* IV, 7), Wiesbaden, 1975.

H. ALTENMÜLLER, « La peau de panthère en Égypte ancienne et en Afrique », *Ankh* 17 (2008), p. 73-85.

–, *in* : *Studies in the Middle Kingdom* = « Der „Schlaf des Horus-Schen" und die Wiederbelebung des Osiris in Abydos », *in* : H.-W. FISCHER-ELFERT, R. B. PARKINSON (éd.), *Studies in the Middle Kingdom. In Memory of Detlef Franke*, Wiesbaden, 2013, p. 9-22.

V. ALTMANN, *Die Kultfrevel des Seth. Die Gefährdung der göttlichen Ordnung in zwei Vernichtungsritualen des ägyptischen Spätzeit (Urk. VI)* (*SSR* 1), Wiesbaden, 2010.

A. M. AMANN, « Zur anthropomorphisierten Vorstellung des *Djed*-Pfeilers als Form des Osiris », *WdO* 14 (1983), p. 46-62.

C. A. R. ANDREWS, *Ptolemaic Legal Texts from the Theban Area* (*DPBM* 4), Londres, 1990.

–, *in* : *Egyptian Religion: the Last Thousand Years* = « A Stone Vessel with Magical Scenes and Texts », *in* : W. CLARYSSE, A. SCHOORS, H. WILLEMS (éd.), *Egyptian Religion: the Last Thousand Years. Studies dedicated to the Memory of Jan Quaegebeur* I (*OLA* 84), Louvain, 1998, p. 297-310.

–, *in* : *Seventh International Conference of Demotic Studies* = « A Memphite Miscellany: Four New Demotic Texts », *in* : K. RYHOLT (éd.), *Acts of the Seventh International Conference of Demotic Studies. Copenhagen, 23-27 August 1999* (*CNI Publications* 27), Copenhague, 2002, p. 27-34.

–, *in* : *Res severa verum gaudium* = « Papyrus BM 10381: An Inheritance of the Memphite Choachytes », *in* : F. HOFFMANN, F. THISSEN (éd.), *Res severa verum gaudium. Festschrift für Karl-Theodor Zauzich zum 65. Geburtstag am 8. Juni 2004* (*StudDem* 6), Louvain, Paris, Dudley MA, 2004, p. 27-32, pl. I-III.

R. ANTHES, « Die Sonnenboote in den Pyramidentexten. Erste Folge », *ZÄS* 82 (1958), p. 77-89.

–, *in* : *Festschrift zum 150jährigen Bestehen* = « Die Berichte des Neferhotep und des Ichernofret über das Osirisfest in Abydos », *in* : *Festschrift zum 150jährigen Bestehen des Berliner ägyptischen Museums*, Berlin, 1974, p. 15-49.

J. ASSMANN, *Liturgische Lieder an den Sonnengott. Untersuchungen zur altägyptischen Hymnik I* (*MÄS* 19), Berlin, 1969.

–, *Das Grab des Basa (Nr. 389) in der thebanischen Nekropole* (*AVDAIK* 6), Mayence, 1973.

–, *Mutirdis* = *Das Grab der Mutirdis* (*AVDAIK* 13), Mayence, 1977.

–, « Harfnerlied und Horussöhne », *JEA* 65 (1979), p. 54-77.

–, *Maât. L'Égypte pharaonique et l'idée de justice sociale*, Paris, 1989.

–, *in* : *Studies Lichtheim* = « Egyptian Mortuary Liturgies », *in* : S. ISRAELIT GROLL (éd.), *Studies in Egyptology Presented to Miriam Lichtheim*, 2 vol., Jérusalem, 1990, p. 1-45.

–, *Das Grab des Amenemope TT 41* (*Theben* III), Mayence, 1991.

–, *in* : *Essays te Velde* = « Ein Wiener Kanopentext und die Stundenwachen in der Balsamierungshalle », *in* : J. VAN DIJK (éd.), *Essays on Ancient Egypt in Honour of Herman te Velde* (*Egyptological Memoirs* 1), Groningen, 1997, p. 1-8.

–, *Ägyptische Hymnen und Gebete* (*OBO* Sonderband), Fribourg, Göttingen, 1999 (1975).

–, *Images et rites de la mort dans l'Égypte ancienne*, Paris, 2000.

–, *Mort et au-delà dans l'Égypte ancienne*, Monaco, 2003.

–, *in* : *Ägyptische Gärten* = « Der Garten als Brücke zum Jenseits », *in* : Chr. TIETZE (éd.), *Ägyptische Gärten*, Weimar, 2011, p. 102-117.

J. ASSMANN, M. BOMMAS, A. KUCHAREK, *Totenliturgien* 1 = *Totenliturgien in den Sargtexten des Mittleren Reiches* (*Altägyptische Totenliturgien* 1), Heidelberg, 2002.

–, *Totenliturgien* 2 = *Totenliturgien und Totensprüche in Grabinschriften des Neuen Reiches* (*Altägyptische Totenliturgien* 2), Heidelberg, 2005.

–, *Totenliturgien* 3 = *Osirisliturgien in Papyri der Spätzeit* (*Altägyptische Totenliturgien* 3), Heidelberg, 2008.

J. ASSMANN, Fr. MACIEJEWSKI, A. MICHAELS (éd.), *Der Abschied von den Toten. Trauerrituale im Kulturvergleich*, Göttingen, 2005.

J. Fr. AUBERT, L. AUBERT, *Statuettes égyptiennes. Chaouabtis, ouchebtis*, Paris, 1974.

J. Fr. AUBERT, « Les statuettes funéraires de la collection Omar Pacha », *ChronÉg* 51, n° 101 (1976), p. 58-71.

S. AUFRÈRE, *L'univers minéral dans la pensée égyptienne* (*BiÉtud* 105), 2 vol., Le Caire, 1991.

–, « La liste des sept oasis d'Edfou », *BIFAO* 100 (2000), p. 79-127.

–, *Le propylône d'Amon-Rê-Montou à Karnak-Nord* (*MIFAO* 117), Le Caire, 2000.

–, *in* : *Verba manent* = « Les alphabets dits « égyptiens » et « cophtes » de Fournier le Jeune (1766) et la « guerre des polices » au XVIIIe siècle : en marge de la redécouverte de l'écriture hiératique », *in* : I. RÉGEN, Fr. SERVAJEAN (éd.), *Verba manent : recueil d'études dédiées à Dimitri Meeks* (*CENiM* 3), vol. 1, Montpellier, 2009, p. 29-50.

A. AWADALLA, « Une table d'offrande de *tꜣ-(nt)-Wsỉr* », *GöttMisz* 140 (1994), p. 9-14.

M. AYAD, « The Selection and Layout of the Opening of the Mouth Scenes in the Chapel of Amenirdis I at Medinet Habu », *JARCE* 41 (2004), p. 113-133.

E. BACCHI, *Il Rituale di Amenhotpe I* (*Publicazioni egittologiche del Museo di Torino* 6), Turin, 1942.
B. BACKES, « Index zu Michelle Thirion, 'Notes d'onomastique. Contribution à une révision du Ranke *PN*', I-IIe série », *BMSAES* 3 (2002), p. 1-30.
–, *Wortindex zum späten Totenbuch (pTurin 1791)* (*SAT* 9), Wiesbaden, 2005.
–, *Zweiwegebuch* = *Das altägyptische „Zweiwegebuch". Studien zu den Sargtext-Sprüchen 1029-1130* (*ÄgAbh* 69), Wiesbaden, 2005.
–, *Drei Totenpapyri aus einer Werkstatt der Spätzeit: pBerlin P. 3158, pBerlin P. 3159, pAberdeen ABDUA 84023* (*HAT* 11), Wiesbaden, 2009.
B. BACKES, J. DIELEMAN (éd.), *Liturgical Texts for Osiris and the Deceased in Late Pariod and Greco-Roman Egypt / Liturgische Texte für Osiris und Verstorbene im spätzeitlichen Ägypten: Proceedings of the Colloquiums at New York (ISAW), 6 May 2011, and Freudenstadt, 18-21 July 2012* (*SSR* 14), Wiesbaden, 2015.
B. BACKES, I. MUNRO, S. STÖHR (éd.), *Totenbuch-Forschungen. Gesammelte Beiträge des 2. Internationalen Totenbuch-Symposiums Bonn, 25. bis 29. September 2005* (*SAT* 11), Wiesbaden, 2006.
B. BACKES, S. A. GÜLDEN, H. KOCKELMANN, M. MÜLLER, I. MUNRO, S. STÖHR, *Bibliographie zum Altägyptischen Totenbuch. 2. erweiterte Auflage* (*SAT* 13), Wiesbaden, 2009.
B. BACKES, M. MÜLLER-ROTH, S. STÖHR (éd.), *Ausgestattet mit den Schriften des Thot: Festschrift für Irmtraut Munro zu ihrem 65. Geburtstag* (*SAT* 14), Wiesbaden, 2009.
R. S. BAGNALL, « Notes on Greek and Egyptian Ostraka », *Enchoria* 8, 1 (1978), p. 143-150.
R. BAILLEUL-LE-SUER (éd.), *Between Heaven and Earth. Birds in Ancient Egypt* (*OIMP* 35), Chicago, 2012.
J. BAINES, « *Bnbn* : Mythological and Linguistic Notes », *Orientalia* 39 (1970), p. 389-404.
J. BAINES, J. MALEK, *Cultural Atlas of Ancient Egypt*, New York, 2002 (1980).
A. el-M. BAKIR, *The Cairo Calendar No. 86637*, Le Caire, 1966.
H. N. BARAKAT, N. BAUM, *La végétation antique de Douch* = *Oasis de Kharga Douch II. La végétation antique de Douch (Oasis de Kharga). Une approche macrobotanique* (*DFIFAO* 27), Le Caire, 1992.
Y. BARBASH, *Padikakem* = *The Mortuary Papyrus of Padikakem. Walters Art Museum 551* (*YES* 8), New Haven, 2011.
Chr. BARBOTIN, « Le papyrus Chassinat III », *RdÉ* 50 (1999), p. 5-49.
Chr. BARBOTIN, Chr. LEBLANC, *Les monuments d'éternité de Ramsès II. Les dossiers du musée du Louvre* (*Exposition-dossier du département des Antiquités égyptiennes* 56), Paris, 1999.
Th. BARDINET, *Les papyrus médicaux de l'Égypte pharaonique. Traduction intégrale et commentaire*, Paris, 1995.
–, « La contrée de Ouân et son dieu », *ENiM* 3 (2010), 53-66.
–, « Osiris et le gattilier », *ENiM* 6 (2013), p. 33-78.
P. BARGUET, « Les stèles du Nil au Gebel Silsileh », *BIFAO* 50 (1952), p. 49-63.
–, « Sur deux fêtes religieuses. La fête-*ouag* et la fête *haker* », *AEPHE* 1958-1959 (1958), p. 70-73.
–, *Le papyrus N. 3176 (S) du Musée du Louvre* (*BiÉtud* 37), Le Caire, 1962.
–, *Le Livre des morts des anciens Égyptiens* (*LAPO* 1), Paris, 1967.
–, « Le livre des cavernes et la reconstitution du corps divin », *RdÉ* 28 (1976), p. 25-37.
–, « Le cycle lunaire d'après deux textes d'Edfou », *RdÉ* 29 (1977), p. 14-20.
–, *Les Textes des sarcophages égyptiens du Moyen Empire* (*LAPO* 12), Paris, 1986.

–, *Le temple d'Amon-Rê de Karnak. Essai d'exégèse* (*RAPH* 21), Le Caire, 2007 (1962).
A. BARSANTI, G. MASPERO, « Fouilles autour de la pyramide d'Ounas (1902-1903). XII. Le tombeau de Hikaoumsaf. Rapport sur la découverte. XIII. Les inscriptions du tombeau de Hikoumsaouf », *ASAE* 5 (1904), p. 69-83.
W. BARTA, *Die altägyptische Opferliste von der Frühzeit bis zur griechisch-römischen Epoche* (*MÄS* 3), Berlin, 1963.
–, « Das Opferritual im täglichen Tempelkult », *JEOL* 19 (1965-1966), p. 457-461.
–, *Aufbau und Bedeutung der altägyptischen Opferformel* (*ÄgForsch* 24), Glückstadt, 1968.
–, « Zur Bedeutung des *snwt*-Festes », *ZÄS* 95 (1969), p. 73-80.
–, *Untersuchungen zum Götterkreis der Neunheit* (*MÄS* 28), Munich, Berlin, 1973.
H.-G. BARTEL, *in: 5. Ägyptologische Tempeltagung = «* Funktionale Aspekte des täglichen Rituals im Tempel Sethos' I. in Abydos », *in* : H. BEINLICH, J. HALLOF, H. HUSSY, Chr. VON PFEIL (éd.), *5. Ägyptologische Tempeltagung. Würzburg, 23.-26. September 1999* (*ÄAT* 33,3), Wiesbaden, 2002, p. 1-16.
A. BARUCQ, Fr. DAUMAS, *Hymnes et prières de l'Égypte ancienne* (*LAPO* 10), Paris, 1980.
M. BARWIK, « Du nouveau sur le papyrus de Pacherenmin au Musée Czartoryski à Cracovie », *RdÉ* 46 (1995), p. 3-7.
N. BAUM, *Arbres et arbustes de l'Égypte ancienne. La liste de la tombe thébaine d'Ineni (n° 81)* (*OLA* 31), Louvain, 1988.
–, « Essai d'identification de l'arbre ou arbuste *ỉmꜣ* des anciens Égyptiens », *VA* 4 (1988), p. 17-32.
–, *Le temple d'Edfou*, Monaco, 2007.
A. BAYOUMI, *Autour du champ des souchets et du champ des offrandes*, Le Caire, 1940.
L. BAZIN, « Enquête sur les lieux d'exécution dans l'Égypte ancienne », *EAO* 35 (2004), p. 31-40.
R. BEAUD, *in* : *Studies Lichtheim* = « L'offrande du collier-*ousekh* », *in*: S. ISRAELIT GROLL (éd.), *Studies in Egyptology Presented to Miriam Lichtheim* I, Jérusalem, 1990, p. 46-62.
N. BEAUX, « Ennemis étrangers et malfaiteurs égyptiens. La signification du châtiment au pilori », *BIFAO* 91 (1991), p. 33-53.
–, *La chapelle d'Hathor. Temple d'Hatshepsout à Deir el-Bahari*, Le Caire, 2012.
J. VON BECKERATH, « The Nile Level Records at Karnak and their Importance for the History of the Libyan Period », *JARCE* 5 (1966), p. 43-55.
Sh. BÉDIER, *Die Rolle des Gottes Geb in den ägyptischen Tempelinschriften der griechisch-römischen Zeit* (*HÄB* 41), Hildesheim, 1995.
H. BEINLICH, « Ein Morgenlied an Osiris aus dem Hathor Tempel von Dendara », *RdÉ* 32 (1980), p. 19-31.
–, *Das Buch vom Fayum. Zum religiösen Eigenverständnis einer ägyptischen Landschaft* (*ÄgAbh* 51), 2 vol., Wiesbaden, 1991.
–, « Zwei Osirishymnen in Dendera », *ZÄS* 122 (1995), p. 5-31.
–, *Das Buch vom Ba* (*SAT* 4), Wiesbaden, 2000.
–, *Papyrus Tamerit 1. Ein Ritual der ägyptischen Spätzeit* (*SRAT* 7), Dettelbach, 2009.
M. BELLION, *Catalogue des manuscrits hiéroglyphiques et hiératiques et des dessins, sur papyrus, cuir ou tissu, publiés ou signalés*, Paris, 1987.
G. BÉNÉDITE, *Philae = Le temple de Philae* (*MMAF* 13), 2 vol., Paris, 1893-1895.
J. BERGMAN, *Ich bin Isis. Studien zum memphitischen Hintergrund der griechischen Isisaretalogien* (*Historia Religionum* 3), Uppsala, 1968.

–, *in* : *Humanitas religiosa* = « Nut – Himmelsgöttin – Baumgöttin – Lebensgeberin », *in* : *Humanitas religiosa. Festschrift für H. Biezais* (*Scripta Instituti Donneriani Abœnsis* X), Stockholm, 1979, p. 53-69.

E. VON BERGMANN, *Texte der Sammlung* = *Hieratische und hieratisch-demotische Texte der Sammlung aegyptischer Alterthümer des Allerhöchsten Kaiserhauses*, Vienne, 1886.

–, « Die Statue des königlichen Sohnes des Ramses *Nꜣmꜣrṯ* », *ZÄS* 28 (1890), p. 36-43.

J. BERLANDINI, « Une stèle d'Horus sur les crocodiles du supérieur des prêtres de Sekhmet, Padiimennebnesouttaouy », *CahKarn* 6 (1980), p. 235-245.

–, « L'"acéphale" et le rituel de revirilisation », *OMRO* 73 (1993), p. 29-41.

D. BIDOLI, « Die Papyrusfunde », *MDAIK* 26 (1970), p. 4-7.

M. L. BIERBRIER (éd.), *Who Was Who in Egyptology. 4th Revised Edition*, Londres, 2012.

M. BIETAK, *in* : *Hommages Yoyotte* I = « La Belle Fête de la Vallée: l'Asasif revisité », *in* : Chr. ZIVIE-COCHE, I. GUERMEUR (éd.), *« Parcourir l'éternité ». Hommages à Jean Yoyotte* (*BEHESR* 156), 2 vol., Turnhout, 2012, p. 135-164.

N. BILLING, *Nut. The goddess of Life in Text and Iconography* (*USE* 5), Uppsala, 2002.

–, « Writing an Image: the Formulation of the Tree Godess Motif in the Book of the Dead, ch. 59 », *SAK* 32 (2004), p. 35-50.

–, *in* : *Totenbuch-Forschungen* = « Re-assessing the Past. Context and Tradition of the Book of the Dead, Chapter 181 », *in* : B. BACKES, I. MUNRO, S. STÖHR (éd.), *Totenbuch-Forschungen. Gesammelte Beiträge des 2. Internationalen Totenbuch-Symposiums Bonn, 25. bis 29. September 2005* (*SAT* 11), Wiesbaden, 2006, p. 1-10.

Fr. W. VON BISSING, « Über die Kapelle im Hof Ramesses II im Tempel von Luxor », *AcOr* 8 (1930), p. 129-161.

G. BJÖRKMAN, *in* : *From the Gustavianum Collections*, 1974 = « A Funerary Statuette of Hekaemsaf, Chief of the Royal Ships in the Saitic Period », *in* : St. BRUNNSÅKER, H.-Å. NORDSTRÖM (éd.), *From the Gustavianum Collections in Uppsala, 1974. To Torgny Säve-Söderbergh on his 60th Birthday 29th June 1974* (*Boreas* 6), Uppsala, 1974, p. 71-80.

A. M. BLACKMAN, « Some Middle Kingdom Religious Texts », *ZÄS* 47 (1910), p. 116-132.

–, « The Sequence of the Episodes in the Egyptian Daily Temple Liturgy », *JMEOS* 8 (1919), p. 27-53.

–, « The King of Egypt's Grace before Meat », *JEA* 31 (1945), p. 57-73.

A. M. BLACKMAN, H. W. FAIRMAN, « The Myth of Horus at Edfou II », *JEA* 28 (1942), p. 32-38.

–, « The Myth of Horus at Edfou II », *JEA* 29 (1943), p. 2-36.

–, « The Myth of Horus at Edfou II », *JEA* 30 (1944), p. 5-22 et 79-80.

–, « The consecretion of an Egyptian temple according to the use of Edfu », *JEA* 32 (1946), p. 75-91.

–, « The Significance of the Ceremony *ḥwt bḥsw* in the Temple of Horus at Edfu », *JEA* 35 (1949), p. 98-112.

–, « The Significance of the Ceremony *ḥwt bḥsw* in the Temple of Horus at Edfu », *JEA* 36 (1950), p. 63-81.

C. J. BLEEKER, *Egyptian Festivals. Enactments of Religious Renewal* (*SHR* 13), Leyde, 1967.

H. P. BLOK, « Eine magische Stele aus der Spätzeit », *AcOr* 7 (1929), p. 97-113.

K. BLOUIN, *Hommes et milieu dans le nome mendésien à l'époque romaine (1er – 6e s.)*, thèse de doctorat, Nice, 2007.

–, « Toponymie et cartographie du nome mendésien à l'époque romaine », *in* : *Proceedings of the 25th International Congress of Papyrology*, Ann Arbor, 2007, p. 85-95.

A.-S. VON BOMHARD, *The Naos of the Decades. From the Observation of the Sky to Mythology and Astrology* (*Oxford Centre for Maritime Archaeology: Monograph* 3), Oxford, 2008.
–, « Le début du *Livre de Nout* », *ENiM* 7 (2014), p. 79-123.
M. BOMMAS, *Die Heidelberger Fragmente des magischen Papyrus Harris* (*Schriften der Philosophisch-historischen Klasse der Heidelberger Akademie der Wissenschaften* 4), Heidelberg, 1998.
–, *Die Mythisierung der Zeit: Die beiden Bücher über die altägyptischen Schalttage des magischen pLeiden I 346* (*GOF* IV, 37), Wiesbaden, 1999.
–, « Zwei magische Sprüche in einem spätägyptischen Ritualhandbuch (pBM EA 10081): Ein weiterer Fall für die "Verborgenheit des Mythos" », *ZÄS* 131 (2004), p. 95-113, pl. IX-XII.
–, *in* : *L'Acqua nell'antico Egitto* = « Situlae and the Offering of Water in the Divine Funerary Cult : A New Approach to the Ritual of Djeme », *in* : A. AMENTA M. M. LUISELLI, M. N. SORDI (éd.), *L'Acqua nell'antico Egitto. Proceedings of the First International Conference for Young Egyptologists. Italy, Chianciano Terme. October 15-18, 2003*, Rome, 2005, p. 257-272.
H. BONNET, *RÄRG* = *Reallexikon der ägyptischen Religionsgeschichte*, Berlin, 1952.
J. Fr. BORGHOUTS, *Papyrus Leiden I 348* = *The Magical Texts of Papyrus Leiden I 348* (*OMRO* 51), Leyde, 1971.
–, « The Evil Eye of Apopis », *JEA* 59 (1973), p. 114-150.
–, *Magical Texts* = *Ancient Egyptian Magical Texts Translated* (*Religious Texts Translation Series. Nisaba* 9), Leyde, 1978.
N. BOSSON, S. H. AUFRÈRE (éd.), *Égyptes ... L'égyptien et le copte*, Lattes, 1999.
G. BOTTI, *La glorificazione di Sobk e del Fayyum in un papiro ieratico da Tebtynis* (*AnAeg* 8), Copenhague, 1959.
P. DU BOURGUET, *Le temple de Deir al-Médîna. Textes édités et indexés par L. Gabolde* (*MIFAO* 121), Le Caire, 2002.
U. BOURIANT, « Petits monuments et petits textes recueillis en Égypte », *RecTrav* 9 (1887), p. 81-100.
J. BOURRIAU, *Pharaohs and Mortals. Egyptian Art in the Middle Kingdom. Catalogue*, Cambridge, 1988.
P. BOYLAN, *Thot, the Hermes of Egypt. A Study of some Aspects of Theological Thought in Ancient Egypt*, Londres, 1922.
E. BRESCIANI, « Papiri demotici nella collezione P. Palau Rib. a Barcellona I », *StudPap* 19 (1980), p. 85-100.
E. BRESCIANI, S. PERNIGOTTI, *Assuan : E. Bresciani, Il tempio tolemaico di Isi ; S. Pernigotti, I blocchi decorati e iscritti* (*Biblioteca di Studi Antichi, Sezione Egittologia* 16), Pise, 1978.
E. BRESCIANI, S. PERNIGOTTI, M. P. GIANGERI SILVIS, *La tomba di Ciennehebu, capo della flotta del re* (*Biblioteca degli studi classici e orientali* 7 ; *Serie egittologica: Tombe d'età saitica a Saqqara* I), Pise, 1977.
Y. BROUX, « Name Change in Roman Egypt », *ChronÉg* 88, n° 176 (2013), p. 313-336.
–, *Double Names and Elite Strategy in Roman Egypt* (*StudHell* 54), Louvain, 2015.
M. BROZE, *Mythe et roman dans l'Égypte ancienne. Les Aventures d'Horus et de Seth* (*OLA* 76), Louvain, 1996.
J. H. BREASTED, *The Edwin Smith Surgical Papyrus* (*OIP* 3-4), 2 vol., Chicago, 1930.
E. BROVARSKI, « The Doors of Heaven », *Orientalia* 46 (1977), p. 107-115.
H. BRUGSCH, « Altägyptische Studien », *ZDMG* 10 (1856), p. 649-690.
–, *Matériaux pour servir à la reconstruction du calendrier des anciens Égyptiens*, Leipzig, 1864.

–, *Dictionnaire géographique de l'ancienne Égypte. Hauptwerk und Supplement in einem Band*, Hildesheim, New York, 1974 (Leipzig, 1879-1880).
E. BRUNNER-TRAUT, « Atum als Bogenschütze », *MDAIK* 14 (1956), p. 20-28.
–, *Der Tanz im alten Ägypten nach bildlichen und inschriftlichen Zeugnissen* (*ÄgForsch* 6), Glückstadt, Hambourg, New York, 1958.
E. A. W. BUDGE, *Some Account of the Collection of Egyptian Antiquities in the Possession of Lady Meux, of Theobald's Park, Waltham Cross*, Londres, 1893.
–, *The Greenfield Papyrus in the British Museum. The Funerary Papyrus of Princess Nesitanebtashru, Daughter of Painetchem II and Nesi-Khensu, and Priestess of Amen-Ra at Thebes, about B. C. 970*, Londres, 1912.
–, *A Guide to the Fourth, Fifth and Sixth Egyptian Rooms, and the Coptic Room*, Londres, 1922.
D. BUDDE, « Das „Haus-der-Vogelfalle", Thot und eine seltsame Hieroglyphe auf einem Obelisken Nektanebos II. (BM EA 523) », *GöttMisz* 191 (2002), p. 19-25.
–, *in* : *Fest und Eid* = « „Kommt und seht das Kind." Kindgötter im Fest geschehen der griechisch-römischen Tempel Ägyptens », *in* : D. PRECHEL (éd.), *Fest und Eid. Instrumente der Herrschaftssicherung im Alten Orient. Akten des internationalen Workshops des Teilprojekts A.9 in Mainz, 01.-02.03.2007* (*Kulturelle und sprachliche Kontakte* 3), Würzburg, 2008, p. 13-48.
–, *Das Götterkind im Tempel, in der Stadt und im Weltgebäude. Eine Studie zu drei Kultobjekten der Hathor von Dendera und zur Theologie der Kindgötter im griechisch-römischen Ägypten* (*MÄS* 55), Darmstadt, Mayence, 2011.
M.-L. BUHL, « The Goddesses of the Egyptian Tree Cult », *JNES* 6 (1947), p. 80-97.
J. BULTÉ, *Talismans égyptiens d'heureuse maternité. « Faïence » bleu-vert à pois foncés*, Paris, 1991.
G. BURKARD, *Die Papyrusfunde. Nach Vorarbeiten von Dino Bidoli (†),Grabung im Asasif 1963-1970 III* (*AVDAIK* 22), Mayence, 1986.
–, *Spätzeitliche Osiris-Liturgien im Corpus der Asasif-Papyri. Übersetzung. Kommentar. Formale und inhaltliche Analyse* (*ÄAT* 31), Wiesbaden, 1995.
–, *Das Klagelied des Papyrus Berlin P. 23040 a-c. Ein Dokument des priesterlichen Widerstandes gegen Fremdherrschaft* (*ÄAT* 58), Wiesbaden, 2003.
–, *in* : *Kleine Götter – Grosse Götter* = « „Die (fünf) Mauer(n) (Pharaos)" », *in* : M. C. FLOSSMANN-SCHÜTZE *et al.* (éd.), *Kleine Götter – Grosse Götter. Festschrift für Dieter Kessler zum 65. Geburtstag* (*Tuna el-Gebel* 4), Vaterstetten, 2013, p. 91-104.

A. CABROL, *Les voies processionnelles de Thèbes* (*OLA* 97), Louvain, 2001.
A. DE CALUWE, « Les bandelettes de momie du Musée Vleeshuis d'Anvers », *JEA* 79 (1993), p. 199-214.
R. A. CAMINOS, *Late-Egyptian Miscellanies* (*BEStud* 1), Londres, 1954.
–, « A Prayer to Osiris », *MDAIK* 16 (1958), p. 20-24, pl. IV.
–, « Another Hieratic Manuscript from the Library of Pwerem Son of Kiki (Pap. B.M. 10288) », *JEA* 58 (1972), p. 205-224.
–, « The Rendells Mummy Bandage », *JEA* 68 (1982), p. 145-155, pl. XV-XVII.
–, *in* : *Papyrus* = « Some Comments on the Reuse of Papyrus » *in* : M. L. BIERBRIER (éd.), *Papyrus : Structure and Usage* (*BMOP* 60), Londres, 1986, p. 43-61.
M. CANNATA, *in* : *Actes du IXe congrès international des études démotiques* = « God's Seal-Bearers, Lector-Priests and Choachytes : Who's Who at Memphis and Hawara », *in* : G. WIDMER, D. DEVAUCHELLE (éd.), *Actes du IXe congrès international des études démotiques. Paris, 31 août – 3 septembre 2005* (*BiÉtud* 147), Le Caire, 2009, p. 57-68.

J. CAPART, *Recueil de monuments égyptiens : cinquante planches phototypiques avec texte explicatif*, Bruxelles, 1902-1905.
–, « Nécrologie. Maurice Nahman », *ChronÉg* 22, n° 44 (1947), p. 300-301.
J. CAPART, J. STIÉNON, M. WERBROUCK, *Fouilles de El Kab : documents*, 2 fasc., Bruxelles, 1940.
Cl. CARRIER, *Textes des sarcophages du Moyen Empire égyptien*, 3 vol., Monaco, 2004.
–, *Textes des Pyramides de l'Égypte ancienne* (*Melchat* 12-17), 6 vol., Paris, 2009-2010.
Ch. CASSIER, *Tepytihout (Atfih) et sa province : recherches de géographie religieuse*, 3 vol., Montpellier, 2009 (thèse de doctorat).
–, *in* : *Et in Aegypto et ad Aegyptum* = « Hathor maîtresse d'Atfih auprès des complexes funéraires royaux du Moyen Empire », *in* : A. GASSE, Fr. SERVAJEAN, Chr. THIERS (éd.), *Et in Aegypto et ad Aegyptum. Recueil d'études dédiées à Jean-Claude Grenier* (*CENiM* 5), vol. 1, Montpellier, 2012, p. 103-110.
E. CASTEL, « Panthers, leopards and cheetahs. Notes on identification », *TrabEg* 1 (2002), p. 17-28.
S. CAUVILLE, « Une offrande spécifique d'Osiris : le récipient de dattes (*mꜥḏꜣ n bnr*) », *RdÉ* 32 (1980), p. 47-64.
–, « Chentayt et Merkhetes, des avatars d'Isis et Nephthys », *BIFAO* 81 (1981), p. 21-40.
–, « L'hymne à Mehyt d'Edfou », *BIFAO* 82 (1982), p. 105-125.
–, *La théologie d'Osiris à Edfou* (*BiÉtud* 91), Le Caire, 1983.
–, *Essai sur la théologie du temple d'Horus à Edfou* (*BiÉtud* 102), 2 vol., Le Caire, 1987.
–, « Les mystères d'Osiris à Dendera. Interprétation des chapelles osiriennes », *BSFÉ* 112 (Juin 1988), p. 23-36.
–, « La chapelle de Thot-Ibis à Dendera édifiée sous Ptolémée Ier par Hor, scribe d'Amon-Rê », *BIFAO* 89 (1989), p. 43-66.
–, « Les incriptions dédicatoires du temple d'Hathor à Dendara », *BIFAO* 90 (1990), p. 83-114.
–, « À propos des 77 génies de Pharbaïthos », *BIFAO* 90 (1990), p. 115-133.
–, « La chapelle de la barque à Dendara. Architecture : Ramez Boutros et Patrick Deleuze. Dessins : Yousreya Hamed. Photographies : Alain Lecler », *BIFAO* 93 (1993), p. 79-172, pl. I-XXVII.
–, *Les chapelles osiriennes* = *Dendara. Les chapelles osiriennes. Transcription et traduction. Commentaire. Index* (*BiÉtud* 117-119), 3 vol., Le Caire, 1997.
–,*Dendara I. Traduction* (*OLA* 81), Louvain, 1997.
–,*Dendara II. Traduction* (*OLA* 88), Louvain, 1999.
–, *Dendara III. Traduction* (*OLA* 95), Louvain, 2000.
–, *Dendara IV. Traduction* (*OLA* 101), Louvain, 2000.
–, *Fêtes d'Hathor* = *Dendara. Les fêtes d'Hathor* (*OLA* 105), Louvain, 2002.
–, *Dendara V-VI. Traduction. Les cryptes du temple d'Hathor* (*OLA* 131), Louvain, 2004.
–, *Dendara : le temple d'Isis*, 2 vol., Le Caire, 2007.
–, *in* : *Diener des Horus* = « Le bâton sacré d'Hathor », *in* : W. WAITKUS (éd.), *Diener des Horus. Festschrift für Dieter Kurth zum 65. Geburtstag* (*Aegyptiaca Hamburgensia* 1), Hambourg, 2008, p. 41-65.
–, « Être dans sa barque (*ỉmy wỉꜣ=f – ḥry-ỉb wỉꜣ=f*) », *GöttMisz* 226 (2010), p. 9-16.
–, *Dendara XIII. Traduction. Le pronaos du temple d'Hathor : Façade et colonnes* (*OLA* 196), Louvain, 2012.
–, *Dendara XV. Traduction. Le pronaos du temple d'Hathor : Parois intérieures* (*OLA* 201), Louvain, 2012.

–, *Dendara XV. Traduction. Le pronaos du temple d'Hathor : Plafond et parois extérieures* (*OLA* 213), Louvain, 2012.
–, *Dendara. Le pronaos du temple d'Hathor : Analyse de la décoration* (*OLA* 221), Louvain, 2013.
M. C. CENTRONE, *Egyptian Corn-mummies. A class of religious artefacts catalogued and systematically analysed*, Saarbrück, 2009.
J. ČERNÝ, *Paper and Books in Ancient Egypt. An Inaugural Lecture Delivered at University College London 29 May 1947*, Londres, 1952.
–, *Coptic Etymological Dictionary*, Cambridge, Londres, New York, Melbourne, 1976.
–, « Note on *ʿȝwy-pt* "shrine" », *JEA* 34 (1948), p. 120.
–, *Papyrus hiératiques de Deir el-Médineh*. Tome I [N^{os} I-XVII]. Catalogue complété et édité par Georges Posener (*DFIFAO* 8), Le Caire, 1978.
J. ČERNÝ, A. H. GARDINER, *Hieratic Ostraca* I, Oxford, 1957.
J. ČERNÝ, S. ISRAELIT GROLL, *A Late Egyptian Grammar. 4th Edition* (*StudPohl* 4), Rome, 1993.
S. E. CHAPMAN, D. DUNHAM, *Decorated Chapels of the Meroitic Pyramids at Meroë and Barkal* (*The Royal Cemeteries of Kush* III), Boston, 1952.
J.-L. CHAPPAZ, « Répertoire annuel des figurines funéraires », *BSÉG* 11 (1987), p. 141-151.
–, « Répertoire annuel des figurines funéraires 2 », *BSÉG* 12 (1988), p. 83-96.
–, « Répertoire annuel des figurines funéraires 3 », *BSÉG* 14 (1990), p. 89-104.
–, « Répertoire annuel des figurines funéraires 4 », *BSÉG* 15 (1991), p. 115-127.
–, « Répertoire annuel des figurines funéraires 5 », *BSÉG* 16 (1992), p. 81-95.
–, « Répertoire annuel des figurines funéraires 6 », *BSÉG* 17 (1993), p. 111-123.
–, « Répertoire annuel des figurines funéraires 9 », *BSÉG* 20 (1996), p. 85-94.
–, « Répertoire annuel des figurines funéraires 10 », *BSÉG* 21 (1997), p. 85-101.
–, « Répertoire annuel des figurines funéraires 11 », *BSÉG* 22 (1998), p. 93-106.
–, « Répertoire annuel des figurines funéraires 12 », *BSÉG* 23 (1999), p. 101-121.
–, « Répertoire annuel des figurines funéraires 13 », *BSÉG* 24 (2000-2001), p. 107-122.
–, « Répertoire annuel des figurines funéraires 14 », *BSÉG* 25 (2002-2003), p. 165-201.
–, « Répertoire annuel des figurines funéraires 15 », *BSÉG* 26 (2004), p. 81-108.
–, « Répertoire annuel des figurines funéraires 16 », *BSÉG* 27 (2005-2007), p. 93-115.
–, « Répertoire annuel des figurines funéraires : un épilogue », *BSÉG* 28 (2008-2010), p. 171-172.
A. CHARRON (éd.), *La mort n'est pas une fin. Pratiques funéraires en Égypte d'Alexandre à Cléopâtre. Catalogue de l'exposition 28 septembre 2002 > 5 janvier 2003 au Musée de l'Arles antique*, Arles, 2002.
É. CHASSINAT, « Les papyrus magiques 3237 et 3239 du Louvre », *RecTrav* 14 (1893), p. 10-17.
–, « Le Livre de protéger la barque divine », *RecTrav* 16 (1894), p. 105-122.
–, *Le Mammisi d'Edfou* (*MIFAO* 16), Le Caire, 1939.
–, *Le mystère d'Osiris au mois de Khoiak*, 2 vol., Le Caire, 1966-1968.
M. CHAUVEAU, « Les cultes d'Edfa à l'époque romaine », *RdÉ* 37 (1986), p. 31-43.
–, « Glorification d'une morte anonyme (P. dém. Louvre N. 2420 c) », *RdÉ* 41 (1990), p. 3-8.
–, « Un été 145. Post scriptum », *BIFAO* 91 (1991), p. 129-134.
–, « Les étiquettes de momies de la "Ny Carlsberg Glyptotek" [Ét. Carlsberg 1-17] », *BIFAO* 91, p. 135-146, pl. 38-45.

–, *in* : *Res severa verum gaudium* = « Inarôs, prince des rebelles », *in* : F. HOFFMANN, F. THISSEN (éd.), *Res severa verum gaudium. Festschrift für Karl-Theodor Zauzich zum 65. Geburtstag am 8. Juni 2004*, Louvain, 2004, p. 39-46, pl. IV.

N. CHERPION, J.-P. CORTEGGIANI, J.-Fr. GOUT, *Le tombeau de Pétosiris à Touna el-Gebel. Relevé photographique* (*BiGen* 27), Le Caire, 2007.

P.-M. CHEVEREAU, *Prosopographie des cadres militaires égyptiens de la Basse Époque. Carrières militaires et carrières sacerdotales en Égypte du XIe au IIe siècle avant J.-C.*, Antony, 1985.

B. CLAUS, *in* : *L'Acqua nell'antico Egitto* = « Osiris et Hapi : crue et régénération en Égypte ancienne », *in* : A. AMENTA M. M. LUISELLI, M. N. SORDI (éd.), *L'Acqua nell'antico Egitto. Proceedings of the First International Conference for Young Egyptologists. Italy, Chianciano Terme. October 15-18, 2003*, Rome, 2005, p. 201-210.

J. J. CLÈRE, « La stèle de Sânkhptah, chambellan du roi Râhotep », *JEA* 68 (1982), p. 60-68.

P. CLÈRE, *La porte d'Évergète à Karnak. Planches* (*MIFAO* 84), Le Caire, 1961.

M. COENEN, « The Greco-Roman Mortuary Papyri in the National Museum of Antiquities at Leiden », *OMRO* 79 (1999), p. 67-79.

–, « The Quaritch papyrus: a Graeco-Roman funerary papyrus from Esna », *JEOL* 35/36 (1997-2000), p. 41-48.

–, « The *Documents of Breathing* in the Royal Museum of Edinburgh », *SAK* 32 (2004), p. 105-118, pl. 6-9.

–, « New Stanzas of the *Lamentations of Isis and Nephthys* », *OLP* 31 (2000-2005), p. 5-23.

–, *in* : *Egyptian Art in the Nicholson Museum* = « A Preliminary Survey of the Books of the Dead on Papyrus and Linen in the Nicholson Museum », *in* : K. N. SOWADA, B. G. OCKINGA (éd.), *Egyptian Art in the Nicholson Museum, Sydney*, Sydney, 2006, p. 81-89, pl. 13-16.

M. COENEN, A. KUCHAREK, « New findings on the Lamentations of Isis and Nephthys », *GöttMisz* 193 (2003), p. 45-50.

M. COENEN, J. QUAEGEBEUR, *De Papyrus Denon in het Museum Meermanno-Westreenianum, Den Haag of het Boek van het Ademen van Isis* (*Monografieën van het Museum van het Boek* 5), Louvain, 1995.

M. COENEN, B. VERREPT, « The Mortuary Liturgies in the Funerary Papyrus Baltimore Walters Art Museum 10.551 », *GöttMisz* 202 (2004), p. 97-102.

M.-È. COLIN, *in* : *L'Acqua nell'antico Egitto* = « Presenting Water to Deities within the Barque Sanctuaries of Greco-Roman Times », *in* : A. AMENTA, M. M. LUISELLI, M. N. SORDI (éd.), *L'Acqua nell'antico Egitto. Proceedings of the First International Conference for Young Egyptologists. Italy, Chianciano Terme. October 15-18, 2003*, Rome, 2005, p. 283-292.

Fr. COLIN, Fr. LABRIQUE, *in* : *Religions méditerranéennes* = « Semenekh oudjat à Bahariya », *in* : Fr. LABRIQUE (éd.), *Religions méditerranéennes et orientales de l'Antiquité. Actes du colloque des 23-24 avril 1999. Institut des sciences et techniques de l'Antiquité (UMR 6048). Université de Franche-Comté, à Besançon* (*BiÉtud* 135), Le Caire, 2002, p. 45-78.

Ph. COLLOMBERT, « Renenoutet et Renenet », *BSÉG* 27 (2005-2007), p. 21-32.

Ph. COLLOMBERT, L. COULON, « Les dieux contre la mer. Le début du "papyrus d'Astarté" (pBN 202) », *BIFAO* 100 (2000), p. 193-242.

Fr. CONTARDI, *Il naos di Sethi I da Eliopoli: un monumento per il culto dio Sole (CGT 7002).* (*Catalogo del Museo Egizio di Torino. Serie Prima – Monumenti e Testi* 12), Milan, 2009.

K. M. COONEY, « The Edifice of Taharqa by the Sacred Lake. Ritual Function and the Role of the King », *JARCE* 37 (2000), p. 15-47.

K. M. COONEY, J. BRETT MCCLAIN, « The Daily Offering Meal in the Ritual of Amenhotep I: an Instance of the Local Adaptation of Cult Liturgy », *JANER* 5 (2006), p. 41-78.

L. H. CORCORAN, *Portrait Mummies from Roman Egypt (I-IV Centuries A.D.). With a Catalog of Portrait Mummies in Egyptian Museums* (*SAOC* 56), Chicago, 1995.

J.-P. CORTEGGIANI, *in* : *Hommages Sauneron* I = « Une stèle héliopolitaine d'époque saïte », *in* : J. VERCOUTTER (dir.), *Hommages à la mémoire de Serge Sauneron 1927-1976. I. Égypte pharaonique* (*BdÉ* 81), Le Caire, 1979, p. 115-153, pl. XVIII-XXV.

–, *Dictionnaire de la religion égyptienne*, Paris, 2007.

L. COULON, « Un serviteur du sanctuaire de Chentayt à Karnak. La statue Caire JE 37134 », *BIFAO* 101 (2001), p. 137-152.

–, *in* : *Egyptology at the Dawn* = « Le sanctuaire de Chentayt à Karnak », *in* : Z. HAWASS (éd.), *Egyptology at the Dawn of the Twenty-fisrt Century. Proceedings of the Eighth International Congress of Egyptologists, Cairo, 2000*, 2 vol., Le Caire, 2003, p. 138-146.

–, « Un aspect du culte osirien à Thèbes à l'Époque saïte. La chapelle d'Osiris Ounnefer "maître des aliments" », *EAO* 28 (2003), p. 47-60.

–, *in* : *Les objets de la mémoire* = « Les reliques d'Osiris en Égypte ancienne : données générales et particularismes thébains », *in* : Ph. BORGEAUD, Y. VOLOKHINE (éd.), *Les objets de la mémoire. Pour une approche comparatiste des reliques et de leur culte* (*Studia Religiosa Helvetica* 2004/05), Berne, 2005, p. 15-46.

–, *in* : *Mélanges Neveu* = « Le tombeau d'Osiris à travers les textes magiques du Nouvel Empire », *in* : Chr. GALLOIS, P. GRANDET, L. PANTALACCI (éd.), *Mélanges offerts à François Neveu* (*Biétud* 145), Le Caire, 2008, p. 73-82.

–, *in* : *«Et maintenant ce ne sont plus que des villages...»* = « La nécropole osirienne de Karnak sous les Ptolémées », *in* : A. DELATTRE, P. HEILPORN (éd.), *«Et maintenant ce ne sont plus que des villages...». Thèbes et sa région aux époques hellénistique, romaine et byzantine. Actes du colloque tenu à Bruxelles les 2 et 3 décembre 2005* (*PapBrux* 34), Bruxelles, 2008, p. 17-32.

–, *in* : *Isis on the Nile* = « Les formes d'Isis à Karnak à travers la prosopographie sacerdotale de l'époque ptolémaïque », *in* : L. BRICAULT, J.M. VERSLUYS (éd.), *Isis on the Nile : Egyptian Gods in Hellenistic and Roman Egypt. Proceedings of the IVth international Conference of Isis Studies, Liège, November 27 – 29, 2008; Michel Malaise in honorem* (*Religions in the Graeco-Roman World* 117), Leyde, Boston, 2010, p. 121-147.

–, *in* : *La XXVIe dynastie* = « Les *uræi* gardiens du fétiche abydénien. Un motif osirien et sa diffusion à l'époque saïte » *in* : D. DEVAUCHELLE (éd.), *La XXVIe dynastie : continuités et ruptures. Promenade saïte avec Jean Yoyotte. Actes du Colloque international organisé les 26 et 27 novembre 2004 à l'Université Charles-de-Gaulle – Lille 3*, Paris, 2011, p. 85-108.

–, *in* : *Hérodote et l'Égypte* = « Osiris chez Hérodote », *in* : L. COULON, P. GIOVANNELLI-JOUANNA, Fl. KIMMEL-CLAUZET (éd.), *Hérodote et l'Égypte : regards croisés sur le livre II de l'Enquête d'Hérodote. Actes de la journée d'étude organisée à la Maison de l'Orient et de la Méditerranée, Lyon, le 10 mai 2010* (*CMO* 51), Lyon, 2013, p. 167-190.

–, *in* : *Figures de dieux* = « Du périssable au cyclique : les effigies annuelles d'Osiris », *in* : S. ESTIENNE, V. HUET, Fr. LISSARRAGUE, Fr. PROST, *Figures de dieux. Construire le divin en images*, Rennes, 2014, p. 295-318.

L. COULON, C. DEFERNEZ, « La chapelle d'Osiris Ounnefer Neb-Djefaou à Karnak. Rapport préliminaire des fouilles et travaux 2000-2004 », *BIFAO* 104 (2004), p. 135-190.

L. COULON, Fr. LECLÈRE, S. MARCHAND, « « Catacombes » osiriennes de Ptolémée IV à Karnak. Rapport préliminaire de la campagne de fouilles 1993 », *Karnak* X (1995), p. 213-237.

L. COULON, A. MASSON, *in* : *Le culte d'Osiris* = « Osiris Naref à Karnak », *in* : L. COULON (éd.), *Le culte d'Osiris au 1er millénaire av. J.-C. : découvertes et travaux récents. Actes de la table ronde internationale tenue à Lyon, Maison de l'Orient et de la Méditerranée (Université Lumière-Lyon 2) les 8 et 9 juillet 2005* (*BiÉtud* 153), Le Caire, 2010, p. 123-154

J. COUYAT, P. MONTET, *Ouâdi Hammâmât* = *Les inscriptions hiéroglyphiques et hiératiques du Ouâdi Hammâmât* (*MIFAO* 34), Le Caire, 1913.

W. E. CRUM, *A Coptic Dictionary*, Oxford, Clarendon Press, 1962 (1939).

E. CRUZ-URIBE, *Hibis I* = *Hibis Temple Project. Volume I : Translations, Commentary, Discussions and Sign-List*, San Antonio, 1988.

N. G. W. CURTIS, H. KOCKELMANN, I. MUNRO, « The Collection of Book of the Dead Manuscript in Marischal Museum, University of Aberdeen, Scotland. A Comprehensive Overview », *BIFAO* 105 (2005), p. 49-73.

G. DARESSY, « Inscriptions de la chapelle d'Ameniritis à Médinet Habou », *RecTrav* 23 (1901), p. 4-18.

–, « Une inscription d'Achmoun et la géographie du nome libyque », *ASAE* 16 (1916), p. 221-246.

–, « Rituel des offrandes à Amenhotep Ier », *ASAE* 17 (1917), p. 97-122.

–, « Notes sur Louxor de la période romaine et copte », *ASAE* 19 (1920), p. 159-175.

–, « Sur une série de personnages mythologiques », *ASAE* 21 (1921), p. 1-6.

–, « Léontopolis, métropole du XIXe nome de la Basse-Égypte », *BIFAO* 30 (1931), p. 625-649.

J. C. DARNELL, *The Enigmatic Books of the Solar-Osirian Unity. Cryptographic Compositions in the Tombs of Tutankhamun, Ramesses VI and Ramesses IX* (*OBO* 198), Fribourg, Göttingen, 2004.

–, *in* : *Honi soit qui mal y pense* = « A Pharaonic De Profundis from the Western Desert Hinterland of Naqada », *in* : H. KNUF, Chr. LEITZ, D. VON RECKLINGHAUSEN (éd.), *Honi soit qui mal y pense: Studien zum pharaonischen, griechisch-römischen und spätantiken Ägypten zu Ehren von Heinz-Josef Thissen* (*OLA* 194), Louvain, 2010, p. 39-47.

–, *Theban Desert Road Survey II. The Rock Shrine of Pahu, Gebel Akhenaton, and other Rock Inscriptions from the Western Hinterland of Qamûla* (*YEP* 1), New Haeven, 2013.

V. DASEN, *Dwarfs in Ancient Egypt and Greece* (*Oxford Monographs on Classical Archaeology*), Oxford, 1993.

Fr. DAUMAS, *Les moyens d'expression du grec et de l'égyptien comparés dans les décrets de Canope et de Memphis* (*CASAE* 16), Le Caire, 1952.

–, « Le sanatorium de Dendara », *BIFAO* 56 (1957), p. 35-57.

–, *in*: *Miscellanea Vergote* = « Quelques aspects de l'expression du distributif, de l'itératif et de l'intensif en égyptien », *in*: P. NASTER, H. DE MEULENAERE, J. QUAEGEBEUR (éd.), *Miscellanea in honorem Josephi Vergote* (*OLP* 6/7), Louvain, 1976, p. 109-123.

–, *Valeurs phonétiques des signes hiéroglyphiques d'époque gréco-romaine*, 4 vol., Montpellier, 1995 (1988).

R. DAVID, *Religious Ritual at Abydos (c. 1300 B.C.)*, Warminster, 1973.

–, *A Guide to Religious Ritual at Abydos*, Warminster, 1981.

N. de Garis DAVIES, *The Tomb of Puyemrê at Thebes* (*PMMA* 2-3), 2 vol., New York, 1922-1923.

–, *The Tomb of the Vizier Ramose* (*Mond Excavations at Thebes* 1), Londres, 1941.

–, *Hibis* III = *The Temple of Hibis in El Khargeh Oasis. Part III. The Decoration* (*Egyptian Expedition* XVII), New York, 1953.

–, *The Tomb of Rekh-mi-Rē at Thebes* (*PMMA* 11), 2 vol., New York, 1973 (1943).

N. de Garis DAVIES, A. H. GARDINER, *The Tomb of Antefoker, vizier of Sesostris I, and of his wife, Senet (No. 60)* (*TTS* 2), Londres, 1920.

N. de Garis DAVIES, A. H. GARDINER, *The Tomb of Amenemhēt (n° 82)* (*TTS* 1), Londres, 1915.

W. R. DAWSON, « The Number "Seven" in Egyptian Texts », *Aegyptus* 8 (1927), p. 97-107.

J.-Cl. DEGARDIN, « Correspondances osiriennes entre les temples d'Opet de Khonsou », *JNES* 44 (1985), p. 113-131.

R. J. DEMARÉE, *The ȝḫ ỉḳr n Rʿ-Stelae. On Ancestor Worship in Ancient Egypt* (*EgUit* 3), Leyde, 1983.

–, « More *ȝḫ ỉḳr n Rʿ*-stelae », *BiOr* 43 (1986), p. 348-351.

A. DEMBSKA, « Papyrus Berlin P 3051 A and C », *ZÄS* 116 (1989), p. 9-36.

H. DE MEULENAERE, « Un sens particulier des prépositions "*m-rw.tj*" et "*m-ỉtr.tj*" », *BIFAO* 53 (1953), p. 91-102.

–, *in* : *Ägyptologische Studien* = « Une formule des inscriptions autobiographiques de Basse Époque », *in* : O. FIRCHOW (éd.), *Ägyptologische Studien*, Berlin, 1955, p. 219-231.

–, « Pastophores et Gardiens des Portes », *ChronÉg* 31, n° 62 (1956), p. 299-302.

–, « Prosopographica Ptolemaica », *ChronÉg* 34, n° 68 (1959), p. 244-249.

–, « Une statuette égyptienne à Naples », *BIFAO* 60 (1960), p. 117-129.

–, « Notes d'onomatique tardive (troisième série) », *RdÉ* 14 (1962), p. 45-51.

–, « Recherches onomastiques », *Kêmi* 16 (1962), p. 28-37.

–, « Une statue de prêtre héliopolitain », *BIFAO* 61 (1962), p. 29-42.

–, *Le surnom égyptien à la Basse Époque* (*Uitgaven van het Nederlands Historisch-Archaeologisch Instituut te Istanbul* 19), Istanbul, 1966.

–, *in* : *Miscellanea Vergote* = « Le clergé abydénien d'Osiris à la Basse Époque », *in* : P. NASTER, H. DE MEULENAERE, J. QUAEGEBEUR (éd.), *Miscellanea in honorem Josephi Vergote* (*OLP* 6/7), Louvain, 1976, p. 133-151.

–, « Le surnom égyptien à la Basse Époque (Addenda et Corrigenda) », *OLP* 12 (1981), p. 127-134.

–, « Une famille sacerdotale thébaine », *BIFAO* 86 (1986), p. 135-142, pl. IV-VI.

–, « Le décret d'Osiris », *ChronÉg* 63, n° 126 (1988), p. 234-241.

–, *in* : *Religion und Philosophie* = « Meskhénet à Abydos », *in* : U. VERHOEVEN, E. GRAEFE (éd.), *Religion und Philosophie im Alten Ägypten. Festgabe für Philippe Derchain zu seinem 65. Geburtstag am 24. Juli 1991* (*OLA* 39), Louvain, 1991, p. 243-251.

–, *in* : *Egyptian Religion: The Last Thousand Years* = « Premiers et seconds prophètes d'Amon au début de l'Époque ptolémaïque », *in* : W. CLARYSSE, A. SCHOORS, H. WILLEMS (éd.), *Egyptian Religion: The Last Thousand Years. Studies Dedicated to the Memory of Jan Quaegebeur* II (*OLA* 85), Louvain, 1998, p. 1117-1130.

–, *in* : *Mélanges Varga* = « Le surnom égyptien à la Basse Époque (Deuxième série d'Addenda et Corrigenda) », *in* : H. GYŐRY (éd.), *Mélanges offerts à Édith Varga :* 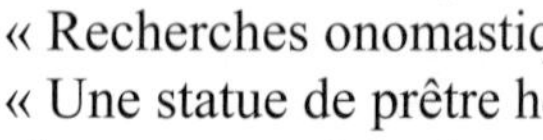 *„le lotus qui sort de terre"*, Budapest, 2002, p. 381-394.

–, « Observations sur les anthroponymes de Basse Époque terminés par le hiéroglyphe de l'enfant assis », *TrabEg* 2 (2003), p. 113-116.

H. DE MEULENAERE, L. LIMME, J. QUAEGEBEUR, *Index et Addenda. Peter Munro, Die spätägyptischen Totenstelen*, Bruxelles, 1985.

H. DE MEULENAERE, P. MACKAY, *Mendes* II, Warminster, 1976.

H. DE MEULENAERE, J. YOYOTTE, « Deux composants « natalistes » de l'anthroponomie tardive », *BIFAO* 83 (1983), p. 107-122.

A. De Moor, C. Fluck, P. Linscheid (éd.), *Drawing the Threads together. Textiles and Footwear of the 1st Millennium AD from Egypt. Proceedings of the 7th Conference of the Research Group "Textiles from the Nile Valley". Antwerp, 7-9 October 2001*, Tielt, 2013.
C. E. De Vries, *in* : *Studies Wilson* = « A Ritual Ball Game? », *in* : *Studies in Honor of John A. Wilson. September 12, 1969* (*SAOC* 35), Chicago, 1969, p. 25-35.
H. von Deines, H. Grapow, *Drogennamen* = *Wörterbuch der ägyptischen Drogennamen* (*Grundriss der Medizin der alten Ägypter* VI), Berlin, 1959.
D. Delia, « The Refreshing Water of Osiris », *JARCE* 29 (1992), p. 181-190.
M. Depauw, *A Companion to Demotic Studies* (*Papyrologica Bruxellensia* 28), Bruxelles, 1997.
–, *The Archive of Teos and Thabis from Early Ptolemaic Thebes. P. Brux. dem. inv. 8252-8256* (*MRE* 8), Turnhout, Bruxelles, 2000.
L. Depuydt, « Zur Bedeutung der Partikeln *ỉsk* und *ỉs* », *GöttMisz* 136 (1993), p. 11-25.
–, *in* : *Studies Ward* = « The Hieroglyphic Representation of the Moon's Absence (PsDntyw) », *in* : L. H. Lesko (éd.), *Ancient Egyptian and Mediterranean Studies in Memory of William A. Ward*, Providence, 1998, p. 71-89.
–, *in* : *Mélanges Funk* = « Von „schlafen" zu „liegen" im Ägypten : Markierungsverlust als ein Hauptgesetz der Sprachentwicklung », *in* : L. Painchaud, P.-H. Poirier (éd.), *Coptica – Gnostica – Manichaica. Mélanges offerts à Wolf-Peter Funk* (*BCNH* 7), Laval, Louvain, 2006.
Ph. Derchain, « Un sens curieux de ἐκπεμψις chez Clément d'Alexandrie », *ChronÉg* 26, n° 52 (1951), p. 269-279.
–, « La visite de Vespasien au Sérapeum d'Alexandrie », *ChronÉg* 28, n° 56 (1953), p. 261-279.
–, « La couronne de la justification. Essai d'analyse d'un rite ptolémaïque », *ChronÉg* 30, n° 60 (1955), p. 225-287.
–, *Le sacrifice de l'oryx* (*Rites égyptiens* 1), Bruxelles, 1962.
–, *in* : *La Lune. Mythes et rites* = « Mythes et dieux lunaires en Égypte », *in* : *La Lune. Mythes et rites* (*Sources orientales* 5), Paris, 1962, p. 19-68.
–, « Un manuel de géographie liturgique à Edfou », *ChronÉg* 37, n° 73 (1962), p. 31-65.
–, « La pêche de l'œil et les mystères d'Osiris à Dendara », *RdÉ* 15 (1963), p. 11-25.
–, « À propos d'une stèle magique du Musée Kestner, à Hanovre », *RdÉ* 16 (1964), p. 19-23, pl. 2.
–, *Le Papyrus Salt 825 (B.M. 10051), rituel pour la conservation de la vie en Égypte*, Bruxelles, 1965.
– « Ménès, le roi "Quelqu'un" », *RdÉ* 18 (1966), p. 31-36.
–, « Débris du temple-reposoir d'Aménophis Ier et d'Ahmes Nefertari à Dra' Abou'l Naga' », *Kêmi* 19 (1969), p. 17-21.
–, *Elkab* I = *Les monuments religieux à l'entrée de l'Ouady Hellal* (*Elkab* I), Bruxelles, 1971.
–, « Miettes (suite) », *RdÉ* 30 (1978), p. 57-66.
–, « L'auteur du Papyrus Jumilhac », *RdÉ* 41 (1990), p. 9-30.
–, « Le jeu de 16 : un discret hommage à Hathor », *RdÉ* 60 (2009), p. 199-200.
M.-Th. Derchain-Urtel, « Die Schlange des "Schiffbrüchigen" », *SAK* 1 (1974), p. 83-104.
–, *Tjenenet* = *Synkretismus in ägyptischer Ikonographie. Die Göttin Tjenenet* (*GOF* IV, 8), Wiesbaden, 1979.
–, *Thot à travers ses épithètes dans les scènes d'offrandes des temples d'époque gréco-romaine* (*Rites égyptiens* 3), Bruxelles, 1981.

–, *in* : *L'atelier de l'orfèvre* = « *Tȝ-mrj* – "Terre d'héritage" », *in* : M. BROZE, Ph. TALON (éd.), *L'atelier de l'orfèvre. Mélanges offerts à Philippe Derchain*, Louvain, 1992, p. 55-61.

D. DEVAUCHELLE, *Ostraca démotiques du Musée du Louvre. Tome I: Reçus* (*BiÉtud* 75), 2 vol., Le Caire, 1983.

–, « *ḥry*: "qui-est-au-dessus", "qui-est-à-l'est" », *GöttMisz* 127 (1992), p. 21-22.

–, *in* : *Egyptian Religion: The Last Thousand Years* = « Une invocation aux dieux du Sérapéum de Memphis », *in* : W. CLARYSSE, A. SCHOORS, H. WILLEMS (éd.), *Egyptian Religion: The Last Thousand Years. Studies Dedicated to the Memory of Jan Quaegebeur* I (*OLA* 84), Louvain, 1998, p. 589-611.

–, *in* : *Le culte d'Osiris* = « Osiris, Apis, Serapis et les autres : remarques sur les Osiris Memphites au Ier millénaire av. J.-C. », *in* : L. COULON (éd.), *Le culte d'Osiris au 1er millénaire av. J.-C.: découvertes et travaux récents. Actes de la table ronde internationale tenue à Lyon, Maison de l'Orient et de la Méditerranée (Université Lumière-Lyon 2) les 8 et 9 juillet 2005* (*BiÉtud* 153), Le Caire, 2010, p. 49-62.

–, *in* : *A Good Scribe* = « L'alphabet des oiseaux (O. dém. DelM 4-2) », *in* : A. M. DODSON, J. J. JOHNSTON, W. MONKHOUSE (éd.), *A Good Scribe and an Exceedingly Wise Man. Studies in Honour of W. J. Tait* (*GHP Egyptology* 21), Londres, 2014, p. 57-65.

E. DÉVAUD, « Sur une formule ptolémaïque », *ZÄS* 49 (1911), p. 131-132.

–, « Deux mots mal lus », *RecTrav* 39 (1921), p. 20-24.

Th. DEVÉRIA, *Catalogue des manuscrits égyptiens écrits sur papyrus, toile, tablettes et ostraca en caractères hiéroglyphiques, hiératiques, démotiques, grecs, coptes, arabes et latins qui sont conservés au Musée égyptien du Louvre*, Paris, 1872.

K.-A. DIAMOND, *Transporting the Deceased to Eternity: The Ancient Egyptian Term ḥȝỉ* (*BAR-IS* 2179), Oxford, 2010.

J. DIELEMAN, *in* : *Ägyptische Rituale* = « The Artemis Liturgical papyrus », *in* : J. Fr. QUACK (éd.), *Ägyptische Rituale der griechisch-römischen Zeit* (*ORA* 6), Tübingen, 2014, p. 171-183.

–, *in* : *Liturgical Texts for Osiris and the Deceased* = « Scribal Bricolage in the Artemis Liturgical Papyrus », *in* : B. BACKES, J. DIELEMAN (éd.), *Liturgical Texts for Osiris and the Deceased in Late Period and Greco-Roman Egypt / Liturgische Texte für Osiris und Verstorbene im spätzeitlichen Ägypten: Proceedings of the Colloquiums at New York (ISAW), 6 May 2011, and Freudenstadt, 18-21 July 2012* (*SSR* 14), Wiesbaden, 2015, p. 217-232.

J. DITTMAR, *Blumen und Blumensträusse als Opfergabe im alten Ägypten* (*MÄS* 43), München-Berlin, 1986.

S. K. DOLL, *in* : *Studies Dunham* = « The Day Hour Texts on the Sarcophagi of Anlamani and Aspelta », *in* : W. K. SIMPSON, W. M. DAVIS (éd.), *Studies in Ancient Egypt, the Aegean, and the Sudan. Essays in honor of Dows Dunham on the occasion of his 90th birthday, June 1, 1980*, Boston, 1981, p. 43-54.

–, *in* : *Meroitic Studies* = « Identification and Significance of the Texts and Decorations on the Sarcophagi of Anlamani and Aspelta », *in* : N. B. MILLET, A. L. KELLEY (éd.), *Meroitic Studies. Proceedings of the Third International Meroitic Conference, Toronto 1977* (*Meroitica* 6), Berlin, 1982, p. 275-281.

Cl. DOLZANI, *La collezione in Rovigo* = *La collezione egiziana del Museo dell'Accademia dei Concordi in Rovigo* (*Orientis Antiqui Collectio* 8), Rome, 1969.

S. DONNAT, « L'enfant chétif d'une femme séthienne ou le nouveau-né solaire d'une mère divine ? À propos de *ḫm.t dšr.t* et *ḫprw* dans Mutter und Kind (formule V) », *RdÉ* 63 (2012), p. 83-101.

A. DONNITHORNE, *in* : *Papyrus :* « The Conservation of Papyrus in the British Museum », *in* : M. L. BIERBRIER (éd.), *Papyrus : Structure and Usage* (*BMOP* 60), Londres, 1986, p. 1-23.
M. DORESSE, « Le dieu voilé dans sa châsse et la fête du début de la décade », *RdÉ* 23 (1971), p. 113-136.
–, « Le dieu voilé dans sa châsse et la fête du début de la décade », *RdÉ* 25 (1973), p. 92-135.
–, « Le dieu voilé dans sa châsse et la fête du début de la décade », *RdÉ* 31 (1979), p. 36-65.
A. DORN, « Die Lokalisation der „5 Mauern"/Wachposten (*tꜣ 5 jnb.t/nꜣ jnb.wt/tꜣ jnb*) », *JEA* 95 (2009), p. 263-268.
D. M. DOXEY, *Egyptian Non-Royal Epithets in the Middle Kingdom: a Social and Historical Analysis* (*ProbÄg* 12), Leyde, 1998.
É. DRIOTON, « Une statue prophylactique de Ramsès III », *ASAE* 39 (1939), p. 57-89.
–, « La cryptographie du Papyrus Salt 825 », *ASAE* 41 (1942), p. 99-134.
–, « La chanson des quatre vents », *RevCaire* n° 44 (1942), p. 209-218.
–, *Le théâtre dans l'Égypte ancienne*, Le Caire, 1948.
–, *Le texte dramatique d'Edfou* (*CASAE* 11), Le Caire, 1948.
–, « Les origines pharaoniques du nilomètre de Rodah », *BIE* 34 (1953), p. 291-316.
P. DUELL, *The mastaba of Mereruka*, 2 vol., Chicago (*OIP* 31, 39), 1938.
J. DÜMICHEN, *Geographische Inschriften altägyptischer Denkmäler*, 4 vol., Leipzig, 1865-1885.
Fr. DUNAND, *Le culte d'Isis dans le bassin oriental de la Méditerranée. I. Le culte d'Isis et les Ptolémées*, Leyde, 1973.
–, *in* : *Livre du Centenaire* = « Fête, tradition, propagande. Les cérémonies en l'honneur de Bérénice, fille de Ptolémée III, en 238 a.C. », *in* : J. VERCOUTTER (éd.), *Livre du Centenaire : 1880-1980* (*MIFAO* 104), Le Caire, 1980, p. 287-301.
D. DUNHAM, *Nuri* (*The Royal Cemeteries of Kush* II), Boston, 1955.
T. DUQUESNE, « Osiris with the Solar Disk », *DiscEg* 60 (2004), p. 21-25.
–, *in* : *Totenbuch-Forschungen* = « The Osiris-Re Conjunction with Particular Reference to the Book of the Dead », *in* : B. BACKES, I. MUNRO, S. STÖHR (éd.), *Totenbuch-Forschungen. Gesammelte Beiträge des 2. Internationalen Totenbuch-Symposiums, Bonn, 25. bis 29. September 2005* (*SAT* 11), Wiesbaden, 2006, p. 23-33.
N. DÜRRING, *Materialien zum Schiffbau im Alten Ägypten* (*ADAIK* 11), Berlin, 1995.

K. J. EATON, *The Ritual Functions of Processional Equipment in the Temple of Seti I at Abydos*, Dissertation, New York, 2004.
–, « The Festivals of Osiris and Sokar in the Month of Khoiak : The Evidence from Nineteenth Dynasty Royal Monuments at Abydos », *SAK* 35 (2006), p. 75-101.
–, « Types of Cult-Images Carried in Divine Barques », *ZÄS* 134 (2007), p. 15-25.
–, « The Meanings of the Term *ḥrj-ib* in Divine Epithets », *ZÄS* 139 (2012), p. 113-115.
–, *Ancient Egyptian Temple Ritual. Performance, Pattern, and Practice*, New York, 2013.
M. EATON-KRAUSS, *in* : *Isis and the Feathered Serpent* = « Isis, Great of Magic, and Osiris », *in* : M. FERNÁNDEZ (éd.), *Isis and the Feathered Serpent: Pharaonic Egypt / Pre-Hispanic Mexico*, Monterrey, 2007, p. 78-87.
B. EBBELL, « Die ägyptischen Krankheitsnamen », *ZÄS* 63 (1928), p. 71-75, 115-121.
E. EDEL, *in* : *Form und Mass* = « Ein bisher unbeachteter Beleg für ein „Kompositum älterer Bildungsweise" », *in* : J. OSING, G. DREYER (éd.), *Form und Mass. Beiträge zu Literatur, Sprache und Kunst des alten Ägypten. Festschrift für Gerhard Fecht zum 65. Geburtstag am 6. Februar 1987* (*ÄAT* 12), Wiesbaden, 1987, p. 124-136.

I. E. S. EDWARDS, *Oracular Amuletic Decrees = Hieratic Papyri in the British Museum. Fourth Series: Oracular Amuletic Decrees of the Late New Kingdom. Edited together with Supplementary Texts in other Collections* (*HPBM* 4), 2 vol., Londres, 1960.

–, *in* : *Studies Parker* = « The Shetayet of Rosetau », *in* : L. H. LESKO (éd.), *Egyptological Studies in Honor of Richard A. Parker. Presented on the Occasion of his 78th Birthday December 10, 1983*, Hanovre, Londres, 1986, p. 27-36.

A. EFFLAND, *in* : *Sanktuar und Ritual* = « „Bis auf den heutigen Tag begab sich kein Mensch mehr auf den Hügel von Abydos um zu opfern“: zum Ende der Kulthandlungen in Umm el-Qa'āb », *in* : I. GERLACH, D. RAUE (éd.), *Sanktuar und Ritual: heilige Plätze im archäologischen Befund* (*Menschen-Kulturen-Traditionen* 10), Rahden, 2013, p. 75-82.

–, *in* : *Egypt in the First Millennium AD* = « 'You will Open up the Ways in the Underworld of the God': Aspects of Roman and Late Antique Abydos », *in* : E. R. O'CONNELL (éd.), *Egypt in the First Millennium AD: Perspectives from New Fieldwork*, Louvain, 2014, p. 193-205.

A. EFFLAND, U. EFFLAND, « "Ritual Landscape" und "Sacred Space": Überlegungen zu Kultausrichtung und Prozessionsachsen in Abydos », *MOSAIKjournal* 1 (2010), p. 127-158.

U. EFFLAND, *in* : *Sanktuar und Ritual* = « Das Grab des Gottes Osiris in Umm el-Qa'āb/Abydos », *in* : I. GERLACH, D. RAUE (éd.), *Sanktuar und Ritual: heilige Plätze im archäologischen Befund* (*Menschen-Kulturen-Traditionen* 10), Rahden, 2013, p. 321-330.

U. EFFLAND, A. EFFLAND, « Minmose in Abydos », *GöttMisz* 198 (2004), p. 5-17.

–, *Abydos: Tor zur ägyptischen Unterwelt*, Darmstadt, 2013.

U. EFFLAND, J. BUDKA, A. EFFLAND, « Studien zum Osiriskult in Umm el-Qaab/Abydos: ein Vorbericht », *MDAIK* 66 (2010), p. 19-91.

A. EGBERTS, *in* : *Akten München* = « Consecrating the meret-Chests: some Reflections on an Egyptian Rite », *in* : S. SCHOSKE (éd.), *Akten des vierten Internationalen Ägyptologen Kongresses München 1985. Band 3: Linguistik, Philologie, Religion* (*BSAK* 3), Hambourg, 1989, p. 241-247.

–, *In Quest of Meaning. A Study of the Ancient Egyptian Rites of Consecrating the Meret-chests and Driving the Calves* (*EgUit* 8), 2 vol., Leyde, 1995.

–, *in* : *5. Ägyptologische Tempeltagung* = « Substanz und Symbolik. Überlegungen zur Darstellung und Verwendung des Halskragens im Tempel von Edfu », *in* : H. BEINLICH, J. HALLOF, H. HUSSY, Chr. VON PFEIL (éd.), *5. Ägyptologische Tempeltagung. Würzburg, 23.-26. September 1999* (*ÄAT* 33,3), Wiesbaden, 2002, p. 71-81.

M. EL-ALFI, « A Sun Hymn in the Fitzwilliam Museum », *VA* 8 (1992), p. 3-5.

–, *in : Sesto Congresso* = « Une triade de Ramsès II (Statue Caire JE 45975) », *in :* G. M. ZACCONE, T. R. DI NETRO (éd.), *Sesto Congresso internazionale di egittologia : Atti*, vol. 1, Turin, 1993, p. 167-171.

–, « Une triade de Ramsès II », *DiscEg* 25 (1993), p. 13-20.

M. EL-AMIR, *A Family Archive from Thebes. Demotic Papyri in the Philadelphia and Cairo Museums from the Ptolemaic Period*, Le Caire, 1959.

E. EL-BANNA, « À propos des aspects héliopolitains d'Osiris », *BIFAO* 89 (1989), p. 101-126.

M. M. ELDAMATY, *Sokar-Osiris-Kapelle im Tempel von Dendera*, Hambourg, 1995.

Z. EL-KORDY, « Présentation des feuilles des arbres *išd*, *im*, et *bꜣq* », *ASAE* 69 (1983), p. 269-286.

–, « Établissement du pouvoir royal à Min, dieu parèdre à Edfou », *BIFAO* 84 (1984), p. 121-126.

R. EL-SAYED, *Saïs* = *Documents relatifs à Saïs et ses divinités* (*BiÉtud* 69), Le Caire, 1975.

–, « Les sept vaches célestes, leur taureau et les quatre gouvernails d'après les données de documents divers », *MDAIK* 36 (1980), p. 357-390.
–, *La déesse Neith de Saïs. I: Importance et rayonnement de son culte. II: Documentation* (*BiÉtud* 86), Le Caire, 1982.
–, « Un document relatif au culte dans Kher-Aha (statue Caire CG. 682) », *BIFAO* 82 (1982), p. 187-204.
R. EL- SAYED, Y. EL-MASRY (éd.), *Athribis I. General site survey 2003 – 2007, archaeological & conservation studies: the gate of Ptolemy IX. Architecture and inscriptions*, 2 vol., Le Caire, 2012.
O. EL-SHAL, « La chapelle d'Osiris (L/XIII) dans le temple de Ramsès II à Abydos », *BIFAO* 111 (2011), p. 335-360.
Kh. EL-ENANY, « Une statuettes sistrophore d'Afih », *BIFAO* 112 (2012), p. 129-137.
–, « Une statuette privée d'Atfih », *ENiM* 6 (2013), p. 27-32.
S. EINAUDI, *in* : *Proceedings of the Ninth International Congress of Egyptologists* = « The « Tomb of Osiris »: an Ideal Burial Model? », *in* : J.-Cl. GOYON, Chr. CARDIN (éd.), *Proceedings of the Ninth International Congress of Egyptologists: Grenoble, 6-12 septembre 2004*, Louvain, 2007, p. 475-485.
Å. ENGSHEDEN, *La reconstitution du verbe en égyptien de tradition, 400-30 avant J.-C.* (*USE* 3), Uppsala, 2003.
EPIGRAPHIC SURVEY, *The Tomb of Kheruef. Theban Tomb 192* (*OIP* 102), Chicago, 1980.
–, *Reliefs and Inscriptions at Luxor Temple 1. The Festival Procession of Opet in the Colonnade Hall* (*OIP* 112), Chicago, 1994.
W. ERICHSEN, « Der demotische Papyrus Berlin 3116 », *Aegyptus* 32 (1952), p. 10-32.
–, *Demotisches Glossar*, Copenhague, 1954.
A. ERMAN, « Die Entstehung eines „Totenbuchtextes" », ZÄS 32 (1894), p. 2-22.
–, « Gebete eines ungerecht Verfolgten und andere Ostraka aus den Königsgräbern », *ZÄS* 38 (1900), p. 19-41.
–, *Zaubersprüche für Mutter und Kind : aus dem Papyrus 3027 des Berliner Museums* (*APAW* 1), Berlin, 1901.
–, *Hieratische Papyrus aus den Königlichen Museen zu Berlin*, 5 vol., Leipzig, 1901-1911.
M. ERROUX-MORFIN, *in* : *Études sur l'Ancien Empire* = « Le support-*ioun* et la lune », *in* : C. BERGER, B. MATHIEU (éd.), *Études sur l'Ancien Empire et lapropo nécropole de Saqqâra dédiées à Jean-Philippe Lauer* (*OrMonsp* 9), Montpellier, 1997, p. 315-325.
–, *in* : *Univers végétal* I = « Le saule et la lune », *in* : S. AUFRÈRE (éd.), *Encyclopédie religieuse de l'Univers végétal. Croyances phytoreligieuses de l'Égypte ancienne* I (*OrMonsp* 10), Montpellier, 1999, p. 293-316.
–, « Sombre chélidoine, glauque printemps », *ENiM* 3 (2010), p. 43-51.
Cl. EVRARD-DERRIKS, J. QUAEGEBEUR, « La situle décorée de Nesnakhetiou au Musée Royal de Mariemont », *ChronÉg* 54, n° 107 (1979), p. 26-56.
M. ÉTIENNE, *Heka. Magie et envoûtement dans l'Égypte ancienne* (Les dossiers du Musée du Louvre), Paris, 2000.
Chr. J. EYRE, « Yet again the wax crocodile: P. Westcar 3, 12ff », *JEA* 78 (1992), p. 280-281.
H. W. FAIRMAN, « The Myth of Horus at Edfou I », *JEA* 21 (1935), p. 26-36.
–, « Notes on the Alphabetic Signs employed in the Hieroglyphic Inscriptions of the Temple of Edfu », *ASAE* 43 (1943), p. 191-318.
–, « An Introduction to the Study of Ptolemaic Signs and their Values », *BIFAO* 43 (1945), p. 51-138.
A. FAKHRY, *Baḥria Oasis* (*The Egyptian Deserts*), 2 vol., Le Caire, 1942, 1950.

–, *Siwa Oasis. Its History and Antiquities* (*The Egyptian Deserts*), Le Caire, 1944.
–, *The Oases of Egypt I : Siwa Oasis*, Le Caire, 1973.
A. FARID, *Fünf demotische Stelen aus Berlin, Chicago, Durham, London und Oxford mit zwei Türinschriften aus Paris und einer Bibliographie der demotischen Inschriften*, Berlin, Achet Verlag, 1995.
–, *in* : *Seventh International Congress* = « Demotic Inscriptions from the Collection of the Medelhavsmuseet in Stockholm », *in* : Chr. J. EYRE (éd.), *Proceedings of the Seventh International Congress of Egyptologists. Cambridge, 3-9 September 1995* (*OLA* 82), Louvain, 1998, p. 377-389.
G. FECHT, *Wortakzent und Silbenstruktur: Untersuchungen zur Geschichte der ägyptischen Sprache* (*ÄgForsch* 21), Glückstadt, 1960.
R. O. FAULKNER, *The Papyrus Bremner-Rhind (British Museum n° 10188)* (*BiAeg* 3), Bruxelles, 1933.
–, *in* : *Mélanges Maspéro I* = « The Lamentations of Isis and Nephthys », *in* : *Mélanges Maspéro I. Orient ancient* (*MIFAO* 66), Le Caire, 1934, p. 337-348.
–, « The Bremner-Rhind Papyrus II », *JEA* 23 (1937), p. 10-16.
–, *Book of Hours* = *An Ancient Egyptian Book of Hours (Pap. Brit. Mus. 10569)*, Oxford, 1958.
–, « Giessen University Library Papyrus no. 115 », *JEA* 44 (1958), p. 66-74.
–, *Pyramid Texts* = *The Ancient Egyptian Pyramid Texts*, Oxford, 1969.
Chr. FAVARD-MEEKS, *Le temple de Behbeit el-Hagara. Essai de reconstitution et d'interprétation* (*SAK*, Beihefte 6), Hambourg, 1991.
G. FECHT, *Wortakzent und Silbenstruktur. Untersuchungen zur Geschichte der ägyptischen Sprache* (*AegForsch* 21), Glückstadt, 1960.
Fr. FEDER, *in* : *Hommages Goyon* = « Die verschiedenen Redaktionen des „Rituals des Herausbringens von Sokar aus dem Schetait-Sanktuar" », *in* : L. GABOLDE (éd.), *Hommages à Jean-Claude Goyon offerts pour son 70e anniversaire* (*BiÉtud* 143), Le Caire, 2008, p. 151-164.
O. FIRCHOW, *Urkunden* VIII = *Thebanische Tempelinscriften aus griechisch-römischer Zeit I* (*Urkunden* VIII), Berlin, 1957.
H. G. FISCHER, « Five Inscriptions of the Old Kingdom », *ZÄS* 105 (1978), p. 42-59.
H.-W. FISCHER-ELFERT, « Drei Personalnotizen », *GöttMisz* 119 (1990), p. 13-18.
–, *Die Vision von der Statue im Stein: Studien zum altägyptischen Mundöffnungsritual* (*Schriften der Philosophisch-historischen Klasse der Heidelberger Akademie der Wissenschaften* 5), Heidelberg, 1998.
–, « Weitere Details zur Göttlichkeit der Natur – Fragmente eines spähieratischen Lexikons (Pap. Hal. Kurth Inv. 33 A-C (Halle/Saale)) », *ZÄS* 135 (2008), p. 115-130.
N. FLESSA, *„(Gott) Schütze das Fleisch des Pharao". Untersuchungen zum magischen Handbuch pWien AEG 8426* (*Corpus Papyrorum Raineri* 27), Munich, Leipzig, 2006.
M.-P. FOISSY-AUFRÈRE (dir.), *Égypte & Provence. Civilisation, survivances et « cabinetz de curiositez »*, Avignon, 1985.
A. L. FONTAINE, « La localisation d'Heracleopolis parva et les canaux Pélusiaques du Nord de l'Isthme de Suez », *BSES* 2 (1948-1949), p. 55-79.
A. FORGEAU, « Le parrainage d'Harpocrate », *GöttMisz* 60 (1982), p. 13-33.

G. A. GABALLA, K. A. KITCHEN, « The Festival of Sokar », *Orientalia* 38 (1969), p. 1-76.
M. GABOLDE, « Une enseigne sacrée d'Amon du Ramesseum au Musée des Beaux-Arts de Lyon ? », *Memnonia* 3 (1992), p. 25-39.
–, « L'inondation sous les pieds d'Amon », *BIFAO* 95 (1995), p. 235-258.

I. GAMER-WALLERT, *Die Palmen im Alten Ägypten. Eine Untersuchung ihrer praktischen, symbolischen und religiösen Bedeutung* (*MÄS* 1), Berlin, 1962.
–, *Fische und Fischkulte im alten Ägypten* (*ÄgAbh* 21), Wiesbaden, 1970.
A. H. GARDINER, *Egyptian Hieratic Texts. Series I: Literary Texts of the New Kingdom*, Leipzig, 1911.
–, *Egyptian Grammar being an Introduction to the Study of Hieroglyphs*, Oxford, 1994 (1927).
–, (éd.), *Abydos* = *The Temple of King Sethos I at Abydos. Copied by Amice M. Calverley, with the assistance of Myrtle F. Broome*, 4 vol., Londres, Chicago, 1933-1958.
–, *HPBM* III = *Hieratic Papyri in the British Museum. Third Series: Chester Beatty Gift*, 2 vol., Londres, 1935.
–, « The Egyptian Origin of Some English Personal Names », *JAOS* 56 (1936), p. 189-197.
–, *Late-Egyptian Miscellanies* (*BiAeg* 7), Bruxelles, 1937.
–, « The word *mꜥḏꜣ* and its various uses », *JEA* 26 (1940), p. 157-158.
–, *Ancient Egyptian Onomastica*, 3 vol., Londres, 1947.
R. GARRETT, « Recollections of a Collector », *PULC* 10, n° 3 (1949), p. 103-116.
A. GASSE, « La litanie des douze noms de Rê-Horakhty », *BIFAO* 84 (1984), p. 189-227.
–, « Une nouvelle stèle d'Horus sur les crocodiles », *RdÉ* 43 (1992), p. 207-210.
–, *Les papyrus hiératiques et hiéroglyphiques du Museo Gregoriano Egizio* (*Aegyptiaca Gregoriana* 1), Vatican, 1993.
–, *Le Livre des morts de Pacherientaihet au Museo Gregoriano Egizio* (*Aegyptiaca Gregoriana* 4), Vatican, 2001.
–, *Un papyrus et son scribe. Le Livre des morts Vatican Museo Gregoriano Egizio 48832*, Paris, 2002.
–, « Une stèle d'Horus sur les crocodiles. À propos du "texte C" », *RdÉ* 55 (2004), p. 23-37.
–, *Les stèles d'Horus sur les crocodiles*, Paris, 2004.
–, *in* : *Totenbuch-Forschungen* = « Une nouvelle collection papyrologique aux presses universitaires de Montpellier », *in* : B. BACKES, I. MUNRO, S. STÖHR (éd.), *Totenbuch-Forschungen. Gesammelte Beiträge des 2. Internationalen Totenbuch-Symposiums, Bonn, 25. bis 29. September 2005* (*SAT* 11), Wiesbaden, 2006, p. 51-60, pl. 1-11.
A. GASSE, Fl. ALBERT, S. EINAUDI, I. RÉGEN, Cl. TRAUNECKER, « La Thèbes des morts : la dynamique thébaine dans les idées égyptiennes de l'au-delà », *ENiM* 8 (2015), p. 37-66.
H. GAUTHIER, *Le temple de Kalabchah* (*Les Temples immergés de la Nubie*), 4 vol., Le Caire, 1911-1927.
–, *Dictionnaire des noms géographiques contenus dans les textes hiéroglyphiques*, 7 vol., Le Caire, 1925-1931.
–, *Les fêtes du dieu Min* (*RAPH* 2), Le Caire, 1931.
–, « À propos des hymnes adressés au dieu Min », *BIFAO* 30 (1931), p. 553-564.
–, « Un autel consacré à la déesse Mehit », *ASAE* 35 (1935), p. 207-212.
A. GAYET, *Le temple de Louxor* (*MMAF* 15, 1), Paris, 1894.
S.-É. GEISELER, *in* : *Totenbuch-Forschungen* = « Textile Trägermatierialien in der Papyrusrestaurierung, Identifizierung und Abnahme am Beispiel des Papyrus ÄS 818 », *in* : B. BACKES, I. MUNRO, S. STÖHR (éd.), *Totenbuch-Forschungen. Gesammelte Beiträge des 2. Internationalen Totenbuch-Symposiums, Bonn, 25. bis 29. September 2005* (*SAT* 11), Wiesbaden, 2006, p. 87-99.
Chr. GEISEN, *The Ramesseum Dramatic Papyrus. A New Edition, Translation and Interpretation*, Thèse de doctorat, Toronto, 2012.
P. GEOFFRET, « Petite contribution à la toponymie : [*Tꜣ-mry*] », *Kyphi* 3 (2001), p. 7-17.
R. GERMER, *Flora des pharaonischen Ägypten* (*SDAIK* 14), Mayence, 1985.

–, *Handbuch der altägyptischen Heilpflanzen* (*Philippika* 21), Wiesbaden, 2008.

Ph. GERMOND, *Sekhmet et la protection du monde* (*AegHelv* 9), Genève, 1981.

J. S. GESELLENSETTER, *Das Sechet-Iaru. Untersuchungen zur Kapitel 110 im Ägyptischen Totenbuch*, Würzburg, 1997 (thèse de doctorat).

B. GESSLER-LÖHR, *Die heiligen Seen ägyptischer Tempel. Ein Beitrag zur Deutung sakraler Baukunst im alten Ägypten* (*HÄB* 21), Hildesheim, 1983.

L. GESTERMANN, « Grab und Stele von Psametich, Oberarzt und Vorsteher der *Ṯmḥ.w* », *RdÉ* 52 (2001), p. 127-149, pl. XXII.

–, *Die Überlieferung ausgewählter Texte altägyptischer Totenliteratur („Sargtexte") in spätzeitlichen Grabanlagen* (*ÄgAbh* 68), Wiesbaden, 2005.

A.-K. GILL, *in* : *Nekropolen* = « Das Buch zum Schutz der Neschmet-Barke: ein spätzeitliches Ritual in einem Grab des Neuen Reiches », *in* : G. NEUNERT, K. GABLER, A. VERBOVSEK (éd.), *Nekropolen: Grab – Bild – Ritual. Beiträge des zweiten Münchner Arbeitskreises Junge Aegyptologie (MAJA 2), 2. bis 4.12.2011*, Wiesbaden, 2013, p. 65-66.

–, *in* : *Liturgical Texts for Osiris and the Deceased* = « The Spells against Enemies in the Papyrus of Pawerem (P. BM EA 10252): a Preliminary Report », *in* : B. BACKES, J. DIELEMAN (éd.), *Liturgical Texts for Osiris and the Deceased in Late Period and Greco-Roman Egypt / Liturgische Texte für Osiris und Verstorbene im spätzeitlichen Ägypten: Proceedings of the Colloquiums at New York (ISAW), 6 May 2011, and Freudenstadt, 18-21 July 2012* (*SSR* 14), Wiesbaden, 2015, p. 133-144.

St. R. K. GLANVILLE, *A Theban Archive of the Reign of Ptolemy I, Soter* (*DPBM* I), Londres, 1939.

K. GOEBS, *in* : *Seventh International Congress* = « Some Cosmic Aspects of the Royal Crowns », *in* : Chr. J. EYRE (éd.), *Proceedings of the Seventh International Congress of Egyptologists. Cambridge, 3-9 September 1995* (*OLA* 82), Louvain, 1998, p. 447-460.

–, *Crowns in Egyptian Funerary Literature: Royalty, Rebirth, and Destruction* (*Griffith Institute Monographs*), Oxford, 2008.

H. GOEDICKE, « A Deification of a Private Person in the Old Kingdom », *JEA* 41 (1955), p. 31-33.

J. GOFFOET, *in* : *Amosiadès* = « Notes sur les sandales et leur usage dans l'Égypte pharaonique », *in* : Cl. OBSOMER et A.-L. OOSTHOEK, *Amosiadès. Mélanges offerts au Professeur Claude Vandersleyen par ses anciens étudiants*, Louvain-la-Neuve, 1992, p. 111-123 = « Notes sur les sandales et leur usage dans l'Égypte pharaonique », *in* : *Amosiadès pour ses vingt ans*, Louvain-la-Neuve, 1989, p. 113-124.

W. GOLÉNISCHEFF, *Papyrus hiératiques (CGC 58001-58036)*, Le Caire, 1927.

J.-Cl. GOLVIN, *in* : *Hundred-Gated Thebes* = « Enceintes et portes monumentales des temples de Thèbes à l'Époque ptolémaïque », *in* : S. P. VLEEMING (éd.), *Hundred-Gated Thebes. Acts of a Colloquium on Thebes and the Theban Area in the Graeco-Roman Period* (P.L.Bat. 27), Leyde, 1995, p. 31-41.

J.-Cl. GOLVIN, E. HEGAZY, « Essai d'explication de la forme et des caractéristiques générales des grandes enceintes de Karnak », *CahKarn* 9 (1993), p. 145-160.

F. GOMAÀ, El-S. HEGAZY, *Die neuentdeckte Nekropole von Athribis* (ÄAT 48), Wiesbaden, 2001.

J. GONZALEZ, « À propos d'une confusion tardive dans l'emploi de *wnn* « être » et *wn* « ouvrir », *ENiM* 1 (2008), p. 1-6.

C. W. GOODWIN, « Notes from Unpublished Papyri », *ZÄS* 11 (1873), p. 15-16, 39-40.

G. GORRE, *Les relations du clergé égyptien et des Lagides d'après les sources privées* (*StudHell* 45), Louvain, 2009.

J.-Cl. GOYON, *Le papyrus du Louvre N. 3279* (*BiÉtud* 42), Le Caire, 1966.
–, « Le cérémonial de glorification d'Osiris du papyrus du Louvre I. 3079 (colonnes 110 à 112) », *BIFAO* 65 (1967), p. 89-156, pl. XVIII-XXII.
–, « Les cultes d'Abydos à la Basse Époque d'après une stèle du musée de Lyon », *Kêmi* 18 (1968), p. 29-44.
–, « Le cérémonial pour faire sortir Sokaris. Papyrus Louvre I. 3079, col. 112-114 », *RdÉ* 20 (1968), p. 63-96.
–, « Textes mythologiques. I. "Le livre de protéger la barque du dieu" », *Kêmi* 19 (1969), p. 23-65.
–, « La statuette funéraire I. E. 84 de Lyon et le titre saïte  », *BIFAO* 67 (1969), p. 159-171.
–, « Un parallèle tardif d'une formule des inscriptions de la statue prophylactique de Ramsès III au Musée du Caire (Papyrus Brooklyn 47.218.138, col. x+13, 9 à 15) », *JEA* 57 (1971), p. 154-159.
–, *Rituels funéraires de l'Égypte ancienne. Introduction, traduction et commentaire* (*LAPO* 4), Paris, 1997 (1972).
–, *Confirmation du pouvoir royal au nouvel an [Brooklyn Museum Papyrus 47.218.50]* (*BiÉtud* 52), vol. I, Le Caire, 1972.
–, *Confirmation du pouvoir royal au nouvel an [Brooklyn Museum Papyrus 47.218.50]* (*Wilbour Monograph* 7), vol. II, New York, 1974.
–, *in* : *StudAeg* I = « La véritable attribution des soi-disant chapitres 191 et 192 du livre des morts », *in* : *Studia Aegyptiaca* I. *Recueil d'études dédiées à Vilmos Wessetzky à l'occasion de son 65e anniversaire*, Budapest, 1974, p. 117-127.
–, *in* : *Textes et langages* III = « La littérature funéraire tardive », *in* : *Textes et langages de l'Égypte pharaonique. Cent cinquante années de recherches. 1822-1972. Hommage à Jean-François Champollion* (*BiÉtud* 64), vol. 3, Le Caire, 1974, p. 73-81.
–, « Les dernières pages des *Urkunden mythologischen Inhalts* », *BIFAO* 75 (1975), p. 343-347.
–, « Textes mythologiques. II. "Les Révélations du Mystère des Quatre Boules" », *BIFAO* 75 (1975), p. 349-399.
–, « Un phylactère tardif: le Papyrus 3233 A et B du Musée du Louvre », *BIFAO* 77 (1977), p. 45-54.
–, « La fête de Sokaris à Edfou à la lumière d'un texte liturgique remontant au Nouvel Empire », *BIFAO* 78 (1978), p. 415-438.
–, « Aspects thébains de la confirmation du pouvoir royal: les rites lunaires », *JSSEA* 13 (1983), p. 2-9.
–, *Les dieux-gardiens et la genèse des temples (d'après les textes de l'époque gréco-romaine). Les soixante d'Edfou et les soixante-dix-sept dieux de Pharbaetos* (*BiÉtud* 93), 2 vol., Le Caire, 1985.
–, *in* : *La magia in Egitto* = « Nombres et Univers : réflexions sur quelques données numériques de l'arsenal magique de l'Égypte pharaonique », *in* : A. ROCCATI, A. SILIOTTI (éd.), *La magia in Egitto ai tempi dei faraoni. Atti, convegno internazionale di studi, Milano, 29-31 ottobre 1985*, Vérone, 1987, p. 57-76.
–, *in* : *Funerary Symbols* = « Momification et recomposition du corps divin : Anubis et les canopes », *in* : J. H. KAMSTRA, H. MILDE, K. WAGTENDONK (éd.), *Funerary Symbols and Religion: Essays dedicated to M.S.H.G. Heerma van Voss on the Occasion of his retirement from the Chair in History of Ancient Religions at the University of Amsterdam*, Kampen, 1988, p. 34-44.

–, « Les nombres consacrés. De l'origine antique et égyptienne de quelques expressions familières », *BCLE* 10 (1996), p. 7-19.

–, *in* : *Essays te Velde* = « Répandre l'or et éparpiller la verdure. Les fêtes de Mout et d'Hathor à la néoménie d'Epiphi et les prémices des moissons », *in* : J. VAN DIJK (éd.), *Essays on Ancient Egypt in Honour of Herman te Velde* (*Egyptological Memoirs* 1), Groningen, Styx Publications, 1997, p. 85-100.

–, *Imouthès* = *Le Papyrus d'Imouthès, fils de Psintaês au Metropolitan Museum of Art de New York (Papyrus MMA 35.9.21)*, New York, 1999.

–, *in* : *Festschrift Altenmüller* = « De seize et quartoze, nombres religieux : Osiris et Isis-Hathor aux portes de la Moyenne Egypte », *in* : N. KLOTH, K. MARTIN, E. PARDEY (éd.), *Es werde niedergelegt als Schriftstück: Festschrift für Hartwig Altenmüller zum 65. Geburtstag* (*BSAK* 9), Hambourg, 2003, p. 149-160.

–, *Le Rituel du sḥtp Sḫmt au changement de cycle annuel. D'après les architraves du temple d'Edfou et textes parallèles du Nouvel Empire à l'époque ptolémaïque et romaine* (*BiÉtud* 141), Le Caire, 2006.

–, *Le recueil de prophylaxie contre les agressions des animaux venimeux du Musée de Brooklyn. Papyrus Wilbour 47.218.138* (*SSR* 5), Wiesbaden, 2012.

–, *in* : *D3T* 2 = « Thèbes, Thot et la monarchie pharaonique après la IIIe Période de transition. Fête de Thot du 19 du premier mois de l'année et rites de confirmation du pouvoir royal à Karnak, Edfou et Philae (I) », *in* : Chr. THIERS, *Documents de Théologies Thébaines Tardives (D3T 2)* (*CENiM* 8), Montpellier, 2013, p. 33-93.

E. GRAEFE, *Untersuchungen zur Wortfamilie bjA-*. Inaugural-Dissertation zur Erlangung des Doktorgrades der Philosophischen Fakultät der Universität zu Köln, Cologne, 1971.

–, *in* : *Religion und Philosophie* : « Über die Verarbeitung von Pyramidentexten in den späten Tempeln (Nochmals zu Spruch 600 (§1652a – §1656d: Umhängen des Halskragens)) », *in* : U. VERHOEVEN, E. GRAEFE (éd.), *Religion und Philosophie im Alten Ägypten. Festgabe für Philippe Derchain zu seinem 65. Geburtstag am 24. Juli 1991* (*OLA* 39), Louvain, 1991, p. 129-148.

–, « Der autobiographische Text des Ibi, Obervermögensverwalter der Gottesgemahlin Nitokris, auf Kairo JE 36158 », *MDAIK* 50 (1994), p. 85-99.

C. GRAINDORGE(-HÉREIL), « Les oignons de Sokar », *RdÉ* 43 (1992), p. 87-105.

–, *Le Dieu Sokar à Thèbes au Nouvel Empire* (*GOF* IV, 28), 2 vol., Wiesbaden, 1994.

–, « La quête de la lumière au mois de Khoiak: une histoire d'oies », *JEA* 82 (1996), p. 83-105.

–, « Les théologies lunaires à Karnak à l'époque ptolémaïque », *GöttMisz* 191 (2002), p. 53-58.

P. GRANDET, *Le Papyrus Harris I (BM 9999)* (*BiÉtud* 109), 2 vol., Le Caire, 1994.

R. M. GRANT, « Concerning P. Palau Rib. inv. 68 », *StudPap* 11 (1972), p. 47-50.

H. GRAPOW, *Sprachliche und Schriftliche Formung ägyptischer Texte* (*LÄS* 7), Glückstadt, Hambourg, New York, 1936.

–, *Anatomie und Physiologie* (*Grundriss der Medizin der alten Ägypter* 1), Berlin, 1954.

B. GRDSELOFF, « Notice sur un monument inédit appartenant à Nebwaʿ, premier prophète d'Amon à Sambehdet », *BIFAO* 45 (1947), p. 175-183.

St. R. W. GREGORY, « The role of the *ꞽIwn-mwt.f* in the New Kingdom monuments of Thebes », *BMSAES* 20 (2013), p. 25-46.

J.-Cl. GRENIER, *Temples ptolémaïques et romains. Répertoire bibliographique. Index des citations 1955-1974. Incluant l'index des citations de 1939 à 1954 réunies par N. Sauneron* (*BiÉtud* 75), Le Caire, 1979.

–, *Les statuettes funéraires du Museo Gregoriano Egizio* (*Aegyptiaca Gregoriana* 2), Vatican, 1996.

K. GRIFFIN, « Images of the Rekhyt from Ancient Egypt », *Ancient Egypt* 7 (2006), p. 45-50.

–, *in* : *CRE* 2006 = « A Reinterpretation of the Use and Function of the Rekhyt Rebus in New Kingdom Temples », *in* : M. CANNATA, Chr. ADAMS (éd.), *Current Research in Egyptology 2006: Proceedings of the Seventh Annual Symposium, University of Oxford, April 2006* (*CRE* VII), Londres, 2007, p. 66-84.

–, *in* : *Egyptian Stories* = « An *ꜣḫ iḳr n Rꜥ* Stela from the collection of the Egypt Centre, Swansea », *in* : Th. SCHNEIDER, K. SZPAKOWSKA (éd.), *Egyptian Stories : a British Egyptological Tribute to Alan B. Lloyd on the Occasion of his Retirement*, Münster, 2007, p. 137-147.

Fr. Ll. GRIFFITH, *P. Rylands* = *Catalogue of the Demotic Papyri in the John Rylands Library. Vol. I: Atlas of Facsimiles. Vol. II: Hand-copies of the Earlier Documents. Vol. III: Key-list, Translations, Commentaries and Indices*, Manchester, Londres, 1909.

Fr. Ll. GRIFFITH, W. M. F. PETRIE, *Two Hieroglyphic Papyri from Tanis: I. The Sign Papyrus (a Syllabary). II. The Geographical Papyrus (an Almanack)*, Londres, 1889.

J. G. GRIFFITHS, *in* : *Ex orbe religionum* = « The Symbolism of Red in Egyptian Religion », *in* : J. BERGMAN, K. DRYNJEFF, H. RINGGREN (éd.), *Ex orbe religionum: studia Geo Widengren, XXIV mense apr. MCMLXXII quo die lustra tredecim feliciter explevit oblata ab collegis, discipulis, amicis, collegae magistro amico congratulantibus* (*SHR* 21-22), 2 vol., Leyde, 1972, p. 81-90.

–, *Apuleius of Madauros. The Isis-Book* (*Metamorphoses* XI), Leyde, 1975.

–, « Eight Funerary Paintings with Judgement Scenes in the Swansea Wellcome Museum », *JEA* 68 (1982), p. 228-252, pl. XXIII-XXVI.

A. GRIMM, « *wꜣḏ šnbt* = *wꜣḏ rḫjt*. Zur richtigen Lesung von *Wb* I, 264.4 », *VA* 2 (1986), p. 43-45.

–, *in* : *Akten München* = « Altägyptische Tempelliteratur. Zur Gliederung und Funktion der Bücherkataloge von Edfu und et-Tôd », *in* : S. SCHOSKE (éd.), *Akten des vierten Internationalen Ägyptologen Kongresses München 1985. Band 3: Linguistik, Philologie, Religion* (*BSAK* 3), Hambourg, 1989, p. 159-169.

–, *Festkalender* = *Die altägyptischen Festkalender in den Tempeln der griechisch-römischen Epoche* (*ÄAT* 15), Wiesbaden, 1994.

G. GRIMM, *Die römischen Mumienmasken aus Ägypten*, Wiesbaden, 1974.

St. GRUNERT, *Der Kodex Hermopolis und ausgewählte private Rechtsurkunden aus dem ptolemäischen Ägypten*, Leipzig, 1982.

M. GUENTSCH-OGLOUEFF, « Noms propres imprécatoires », *BIFAO* 40 (1941), p. 117-133.

S. GUÉRIN, « Les cercueils du scribe royal de la tombe Boutehamon, l'art de renaître », *EAO* 48 (2008), p. 17-28.

I. GUERMEUR, « Le groupe familial de Pachéryentaisouy. Caire JE 36576 », *BIFAO* 104 (2004), p. 245-289.

–, *in* : *Graeco-Roman Fayum* = « Les nouveaux papyrus hiératiques exhumés sur le site de Tebtynis : un aperçu », *in* : S. LIPPERT, M. SCHENTULEIT (éd.), *Graeco-Roman Fayum – Texts and Archaeology : Proceedings of the Third International Fayum Symposion, Freudenstadt, May 29 – June 1, 2007*, Wiesbaden, 2008, p. 113-122.

–, *in* : *Verba manent* = « Les monuments d'Ounnefer, fils de Djedbastetiouefânkh, contemporain de Nectanébo Ier », *in* : I. RÉGEN, Fr. SERVAJEAN (éd.), *Verba manent. Recueil d'études dédiées à Dimitri Meeks* (*CENiM* 2), Montpellier, 2009, p. 177-199.

–, *in* : *Hommages Yoyotte* I = « À propos d'un passage du papyrus médico-magique de Brooklyn 47.218.2 (x+III,9 – x+IV,2) », *in* : Chr. ZIVIE-COCHE, I. GUERMEUR (éd.), *« Parcourir l'éternité ». Hommages à Jean Yoyotte* (*BEHESR* 156), 2 vol., Turnhout, 2012, p. 541-555.

–, *in* : *Ägyptische Rituale* : « À propos d'un nouvel exemplaire du rituel journalier pour Soknebtynis (phiéraTeb SCA 2979 et autres variantes) », *in* : J. Fr. QUACK (éd.), *Ägyptische Rituale der griechisch-römischen Zeit* (*ORA* 6), Tübingen, 2014, p. 9-23.

W. GUGLIELMI, *in* : *Ägyptische Tempel* = « Die Funktion von Tempeleingang und Gegentempel als Gebetsort. Zur Deutung einiger Widder- und Gansstelen des Amun », *in*: R. GUNDLACH, M. ROCHHOLZ (éd.), *Ägyptische Tempel – Struktur, Funktion und Programm. Akten der Ägyptologischen Tempeltagungen in Gosen 1990 und in Mainz 1992* (*HÄB* 37), Hildesheim, 1994, p. 55-68.

W. GUGLIELMI, J. DITTMAR, *in* : *Gegengabe* = « Anrufungen der persönlichen Frömmigkeit auf Gans- und Widder-Darstellungen des Amun », *in*: I. GAMER-WALLERT, W. HELCK (éd.), *Gegengabe. Festschrift für Emma Brunner-Traut*, Tübingen, 1992, p. 119-142.

W. GUGLIELMI, K. BUROH, *in* : *Essays te Velde* = « Die Eingangssprüche des Täglichen Tempelrituals nach Papyrus Berlin 3055 (I, 1 – VI, 3) », *in* : J. VAN DIJK (éd.), *Essays on ancient Egypt in honour of Herman te Velde* (*Egyptological Memoir* 1), Groningen, 1997, p. 101-166.

S. A. GÜLDEN, *Die hieratischen Texte des P. Berlin 3049* (*KÄT* 13), Wiesbaden, 2001.

A. GULYÁS, « Die Bedeutung des Verb *ḫnm* in Ritualinschriften », *SAK* 32 (2004), p. 159-169.

B. GUNN, « The Naophorous Statue belonging to Professor Touraeff », *JEA* 5 (1918), p. 125-126.

–, « *Die religiösen Texte aud dem Sarg der Anchnesneferibre*. Neu herausgegeben und erklärt von C. E. Sander-Hansen. Kopenhagen, Levin & Munksgaard, 1937 », *JEA* 28 (1942), p. 71-76.

A. GUTBUB, « Jeux de signes dans quelques inscriptions des grands temples de Dendérah et d'Edfou », *BIFAO* 52 (1053), p. 57-101.

–, « Remarques sur les dieux du nome tanitique à la Basse Époque », *Kêmi* 16 (1962), p. 42-75.

–, « Remarques sur les dieux du nome tanitique à la Basse Époque (suite) », *Kêmi* 17 (1964), p. 35-60.

–, *Kom Ombo* = *Textes fondamentaux de la théologie de Kom Ombo* (*BiÉtud* 47), 2 vol., Le Caire, 1973.

F. HAIKAL, *Papyri of Nesmin – Two Hieratic Funerary Papyri of Nesmin. Part One. Introduction, Transcriptions and Plates. Part Two. Translation and Commentary* (*BiAeg* 14-15), 2 vol., Bruxelles, 1970-1972.

–, « Le papyrus et la statuette No 19651 du musée éyptien du Vatican », *ASAE* 69 (1983), p. 195-208

T. HANDOUSSA, « Le collier ousekh », *SAK* 9 (1981), p. 143-150.

A. E. HANSON, « Papyri in the Princeton University Collections: The New Acquisitions », *PULC* 44, n° 2 (1983), p. 164-169.

–, *in* : *Papyrus Collections World Wide* = « The Papyrus Collection of Princeton », *in* : W. CLARYSSE, H. VERRETH (éd.), *Papyrus Collections World Wide: 9-10 March 2000 (Brussels – Leuven)*, Wetteren, 2000, p. 67-69.

J. HANI, *La religion égyptienne dans la pensée de Plutarque*, Paris, 1976.

W. VAN HAARLEM, « A Pair of Papyrus Sandals », *JEA* 78 (1992), p. 294-295, pl. XXXI.

El-A. HASSAN, « The Votive Stela of Idini (MMA 12.182.2) », *BES* 16 (2002), p. 21-25.
S. HASSAN, *Hymnes religieux du Moyen Empire*, Le Caire, 1928.
–, *Excavations at Gîza*, 6 vol., Oxford, 1932-1946.
H. M. HAYS, *in* : *D'un monde à l'autre* = « Transformation of Context : The Field of Rushes in Old and Middle Kingdom Mortuary Literature », *in* : S. BICKEL, B. MATHIEU (éd.), *D'un monde à l'autre : Textes des Pyramides & Textes des Sarcophages. Actes de la table ronde internationale « Textes des Pyramides versus Textes des Sarcophages », IFAO, 24-26 septembre 2001* (*BiÉtud* 139), Le Caire, 2004, p. 175-200.
W. C. HAYES, *Sobk-Mosĕ* = *The Burial Chamber of the Treasurer Sobk-Mosĕ from Er Rizeiḳat* (*The Metropolitan Museum of Art Papers* 9), New York, 1939.
I. HEIN, H. SATZINGER, *CAA Wien* 7 = *Kunsthistorisches Museum Wien. Ägyptisch-Orientalische Sammlung, Lieferung 7: Stelen des Mittleren Reiches 2: einschliesslich der I. und II. Zwischenzeit* (CAA), Mayence, 1993.
W. HELCK, « Ramessidische Inschriften aus Karnak, I: eine Inschrift Ramses' IV », *ZÄS* 82 (1958), p. 98-140.
–, *Materialen zur Wirtschaftsgeschichte des Neuen Reiches*, Wiesbaden, 1960.
–, *Die altägyptischen Gaue*, Wiesbaden, 1974.
Fr. R. HERBIN, « Un hymne à la lune croissante », *BIFAO* 82 (1982), p. 237-282.
–, « Une liturgie des rites décadaires de Djemê. Papyrus Vienne 3865 », *RdÉ* 35 (1984), p. 105-126, pl. 9.
–, « Une nouvelle page du *Livre des Respirations* », *BIFAO* 84 (1984), p. 249-302.
–, « Les premières pages du Papyrus Salt 825 », *BIFAO* 88 (1988), p. 95-112.
–, *Parcourir l'éternité* = *Le Livre de parcourir l'éternité* (*OLA* 58), Louvain, 1994.
–, « Trois manuscrits originaux du Louvre porteurs du *Livre des Respirations fait par Isis* (P. Louvre N 3121, N 3083, N 3166) », *RdÉ* 50 (1999), p. 149-223.
–, « Un texte de glorification », *SAK* 32 (2004), p. 171-204.
–, *Books of Breathing and Related Texts* (*Catalogue of the Books of the Dead and Other Religious Texts in the British Museum* 4), Londres, 2008.
–, « La tablette hiéroglyphique MMA 55.144.1 », *ENiM* 5 (2012), p. 286-314.
–, « Le papyrus magico-funéraire Louvre E 5353 », *ENiM* 6 (2013), p. 257-289.
Fr. HINTZE, « Zu Siegfried Schott, "Zweimal" als Ausrufungszeichen (Zeitschrift für ägyptische Sprache und Altertumskunde 79, Heft 1, 54-65) », *ZÄS* 80 (1955), p. 76-77.
S. HODJASH, O. BERLEV, *Pushkin Museum* = *The Egyptian Reliefs and Stelae in the Pushkin Museum of Fine Arts, Moscow*, Leningrad, 1982.
S. HOEDEL-HOENES, *in* : *Mélanges Varga* = « Afrikanisches Gedankengut im Munöffnungsritual », *in* : H. GYŐRY (éd.), *Mélanges offerts à Édith Varga:*  *„le lotus qui sort de terre"*, Budapest, 2002, p. 185-196.
S.-E. HOENES, *Sachmet* = *Untersuchungen zu Wesen und Kult der Göttin Sachmet* (*Habelts Dissertationsdrucke. Reihe Ägyptologie* 1), Bonn, 1976.
Fr. HOFFMANN, *in* : *Menschenbilder* = « Zum Körperkonzept in Ägypten (P. Berlin P. 10.472 A + P. 14.400) », *in* : A. BERLEJUNG, J. DIETRICH, J. Fr. QUACK (éd.), *Menschenbilder und Körperkonzepte im Alten Israel, in Aegypten und im Alten Orient* (*ORA* 9), Tübingen, 2012, p. 481-500.
Fr. HOFFMANN, J. Fr. QUACK, *in* : *A Good Scribe* = « Pastophoros », *in* : A. M. DODSON, J. J. JOHNSTON, W. MONKHOUSE (éd.), *A Good Scribe and an Exceedingly Wise Man. Studies in Honour of W. J. Tait* (*GHP Egyptology* 21), Londres, 2014, p. 127-155.
J. K. HOFFMEIER, *Sacred in the Vocabulary of Ancient Egypt. The Term ḏsr, with Special Reference to Dynasties I-XX* (*OBO* 59), Fribourg, Göttingen, 1985.

U. HÖLSCHER, *The Mortuary Temple of Ramses III = The Excavations of Medinet Habu Volume IV. The Mortuary Temple of Ramses III. Part II* (*OIP* 55), Chicago, 1951.

Ph. P. M. VAN'T HOOFT, M. J. RAVEN, E. H. C. VAN ROOIJ, G. M. VOGELSANG-EASTWOOD, *Pharaonic and Early Medieval Egyptian Textiles* (*Collections of the National Museum of Antiquities at Leiden* 8), Leyde, 1994.

U. HORAK, H. HARRAUER, *Mumie-Schau'n. Totenkult im hellenistisch-römerzeitlichen Ägypten. Katalog zur Ausstellung der Papyrussammlung der Österreichischen Nationalbibliothek im NORDICO, Museum der Stadt Linz und in Zusammenarbeit mit dem Landesmuseum für Kärnten. Linz, 6. Mai – 4. Juli 1999. Klagenfurt, 12. Oktober 1999 – 30. Juli 2000* (*Linzer Archäologische Forschungen* 29), Linz, 1999.

E. HORNUNG, *Ägyptische Unterweltsbücher. Eingeleitet, übersetzt und erläutert*, Zurich, Munich, 1972.

–, *Sonnenlitanei* = *Das Buch der Anbetung des Re im Westen (Sonnenlitanei). Nach den Versionen des Neuen Reiches* (*AegHelv* 2-3), 2 vol., Genève, 1975-1976.

–, *Das Buch von den Pforten des Jenseits. Nach den Versionen des Neuen Reiches* (*AegHelv* 7-8), 2 vol., Genève, 1979-1980.

–, *Himmelskuh* = *Der ägyptische Mythos von der Himmelskuh. Eine Ätiologie des Unvollkommenen* (*OBO* 46), Fribourg, Göttingen, 1982.

–, *in* : *Hommages Daumas* = « Ein königliches Fragment von Totenbuch 180 », *in* : *Hommages à François Daumas*, 2 vol., Montpellier, 1986, p. 427-428.

–, *Texte zum Amduat. Teil I: Kurzfassung und Langfassung, 1. bis 3. Stunde* (*AegHelv* 3), Genève, 1987.

–, *Zwei ramessidische Königsgräber: Ramses IV. und Ramses VII.* (*Theben* 11), Mayence, 1990.

–, *Texte zum Amduat. Teil II: Langfassung, 4. bis 8. Stunde* (*AegHelv* 14), Genève, 1992.

–, *Texte zum Amduat. Teil III: Langfassung, 9. bis 12. Stunde* (*AegHelv* 15), Genève, 1994.

Ph.-J. DE HORRACK, *Les lamentations d'Isis et de Nephthys d'après un manuscrit hiératique du Musée Royal de Berlin*, Paris, 1866 = « Les lamentations d'Isis et de Nephthys d'après un manuscrit hiératique du Musée Royal de Berlin », *in* : G. MASPÉRO (éd.), *Bibliothèque égyptologique contenant les œuvres des égyptologues français. Tome dix-septième. Ph.-J. de Horrack, Œuvres diverses*, Paris, 1907, p. 33-53, pl. II-III.

G. R. HUGHES, « The Sixth Day of the Lunar Month and the Demotic Word for "Cult Guild" », *MDAIK* 16 (1958), p. 147-160.

–, « A Demotic Letter to Thot », *JNES* 17 (1958), p. 1-12.

–, *Catalog of Demotic Texts in the Brooklyn Museum* (*OIC* 29), Chicago, 2005.

G. R. HUGHES, Ch. F. NIMS, « Some observations on the British Museum Demotic Theban Archive », *AJSL* 57 (1940), p. 244-261.

O. ILLÉS, *in* : *Totenbuch-Forschungen* = « Single Spell Book of the Dead Papyri as Amulets », *in* : B. BACKES, I. MUNRO, S. STÖHR (éd.), *Totenbuch-Forschungen. Gesammelte Beiträge des 2. Internationalen Totenbuch-Symposiums, Bonn, 25. bis 29. September 2005* (*SAT* 11), Wiesbaden, 2006, p. 121-133.

N. IMBERT, « La restauration de la chapelle d'Osiris Heqa-Djet », *CahKarn* 11 (2003), p. 469-486.

S. IKRAM, *Choice Cuts : Meat Production in Ancient Egypt* (*OLA* 69), Louvain, 1995.

D. INCONNU-BOCQUILLON, *Le mythe de la Déesse Lointaine à Philae* (*BiÉtud* 132), Le Caire, 2001.

J. M. ISKANDER, « The Haker Feast and the Transformation », *SAK* 40 (2011), p. 137-142.

S. IVANOV, *in* : *Seventh International Congress* = « The Aegis in Ancient Egyptian Art : Aspect and Interpretation », *in* : Chr. J. EYRE (éd.), *Proceedings of the Seventh International Congress of Egyptologists. Cambridge, 3-9 September 1995* (*OLA* 82), Louvain, 1998, p. 332-339.

H. JACQUET-GORDON, *The Graffiti on the Khonsu Temple Roof at Karnak. A Manifestation of Personal Piety* (*OIP* 123), Chicago, 2003.

E. JAMBON, *in* : *Hérodote et l'Égypte* = « Calendriers et prodiges. Remarques sur la divination égyptienne d'après Hérodote II, 82 », *in* : L. COULON, P. GIOVANNELLI-JOUANNA, Fl. KIMMEL-CLAUZET (éd.), *Hérodote et l'Égypte. Regards croisés sur le livre II de l'Enquête d'Hérodote. Actes de la journée d'étude organisée à la Maison de l'Orient et de la Méditerranée, Lyon, le 10 mai 2010* (*CMO* 51), Lyon, 2013, p. 145-166.

Gl. JANES, *Shabtis. A Private View. Ancient Egyptian funerary statuettes in European private collections*, Paris, 2002.

D. JANKUHN, *Das Buch "Schutz des Hauses" (sA-pr)*, Bonn, 1972.

Fr. JANOT, *Les instruments d'embaumement de l'Égypte ancienne* (*BiÉtud* 125), Le Caire, 2000.

Fr. JANOT, Ph. VEZIE, « Les charmes de la galène », *BIFAO* 99 (1999), p. 217-232.

K. JANSEN-WINKELN, *Spätmittelägyptische Grammatik der Texte der 3. Zwischenzeit* (*ÄAT* 34). Wiesbaden, 1996.

–, « Zur Datierung und Stellung des „Vorlesepriesters" Petamenophis », *in* : *WZKM* 88 (1998), p. 165-175.

–, « Sprachgeschichte und Textdatierung », *SAK* 40 (2010), p. 155-179.

R. JASNOW, *Wisdom Text* = *A Late Period Hieratic Wisdom Text (P. Brooklyn 47.218.135)* (*SAOC* 52), Chicago, 1992.

–, « "Caught in the Web of Words" – Remarks on the Imagery of Writing and Hieroglyphs in the Book of Thoth », *JARCE* 47 (2011), p. 297-317.

–, *in* : *Between Heaven and Earth* = « Birds and Bird Imagery in the Book of Thot », *in* : R. BAILLEUL-LE-SUER (éd.), *Between Heaven and Earth. Birds in Ancient Egypt* (*OIMP* 35), Chicago, 2012, p. 71-76.

R.-A. JEAN, A.-M. LOYRETTE, *in* : *Univers végétal* III = « À propos des textes médicaux des Papyrus du Ramesseum n° III et IV. II : la gynécologie », *in* : S. H. AUFRÈRE (éd.), *Encyclopédie religieuse de l'univers végétal. Croyances phytoreligieuses de l'Égypte ancienne* III (*OrMonsp* 15), Montpellier, 2005, p. 351-487.

–, *La mère, l'enfant et le lait en Égypte ancienne. Traditions médico-religieuses. Une étude de sénologie égyptienne (Textes médicaux des Papyrus Ramesseum n°s III et IV)*, Paris, 2010.

E. JELÍNKOVÁ-REYMOND, *Statue guérisseuse* = *Les inscriptions de la statue guérisseuse de Djed-her-le-Sauveur* (*BiÉtud* 23), Le Caire, 1956.

–, « Worship of the Ancestor Gods at Edfou », *ChronÉg* 38, n° 75 (1963), p. 49-70.

G. JENNES, M. DEPAUW, « Hellenization and Onomastic Change. The Case of Egyptian ***Pꜣ-dỉ***-/Πετε-Names », *ChronÉg* 87, n° 173 (2012), p. 109-132.

G. JÉQUIER, « Matériaux pour servir à l'établissement d'un dictionnaire d'archéologie égyptienne », *BIFAO* 19 (1922), p. 1-271.

D. JONES, *Nautical Titles and Terms* = *A Glossary of Ancient Egyptian Nautical Titles and Terms* (*Studies in Egyptology*), Londres, New York, 1988.

W. J. DE JONG, « Mnevis, de stier van Heliopolis », *De Ibis* 19 (1994), p. 149-155.

Fr. JUNGE, *Late Egyptian Grammar. An introduction*, traduit de l'allemand par D. Warbuton, Oxford, 2001.

H. Junker, « Die Schlacht- und Brandopfer und ihre Symbolik im Tempelkult der Spätzeit », *ZÄS* 48 (1910), p. 69-77.

–, « Nachtrag. Die sechs Teile des Horusauges und der „sechste Tag“ », *ZÄS* 48 (1910), p. 101-106.

–, *Die Stundenwachen in den Osirismysterien nach den Inschriften von Dendera, Edfu und Philae*, Vienne, 1910.

–, *Das Götterdekret über das Abaton* (*DAWW* 56, 4), Vienne, 1913.

–, *Die Onurislegende* (*DAWW* 59, 1-2), Vienne, 1917.

L. Kákosy, « A Memphite Triad », *JEA* 66 (1980), p. 48-53.

–, *in* : *Essays te Velde* = « The Ptah-Shu-Tefnut Triad and the Gods of the Winds on a Ptolemaic Sarcophagus », *in* : J. van Dijk (éd.), *Essays on Ancient Egypt in Honour of Herman te Velde* (*Egyptological Memoirs* 1), Groningen, 1997, p. 219-229.

–, *Egyptian Healing Statues in Three Museums in Italy (Turin, Florence, Naples)* (*Catalogo del Museo Egizio di Torino. Serie Prima – Monumenti e Testi* 9), Turin, 1999.

A. Kamal, *Stèles ptolémaïques et romaines (CG 22001-22208)*, 2 vol., Le Caire, 1904-1905.

–, *Tables d'offrandes (CG 23001-23256)*, 2 vol., Le Caire, 1906-1909.

–, « The Stela of  in the Egyptian Museum », *ASAE* 38 (1939), p. 265-283.

S. Kambitsis, « Sur la toponymie du nome mendésien », *BIFAO* 76 (1976), p. 225-230.

Fr. von Känel, *Les prêtres-ouâb de Sekhmet et les conjurateurs de Serket* (Bibliothèque de l'École des Hautes Études. Section des sciences religieuses 87), Paris, 1984.

O. E. Kaper, « The Astronomical Ceiling of Deir el-Haggar in the Dakhleh Oasis », *JEA* 81 (1995), p. 175-195.

–, *The Egyptian God Tutu. A Study of the Sphinx-God and Master of Demons with a Corpus of Monuments* (*OLA* 119), Louvain, 2003.

U. Kaplony-Heckel, *Ägyptische Handschriften* III (*Verzeichnis der Orientalischen Handschriften in Deutschland* 19, 3), Stuttgart, 1986.

Chr. Karlshausen, *L'iconographie de la barque processionnelle divine en Égypte au Nouvel Empire* (*OLA* 182), Louvain, 2009.

O. Keel, *Vögel als Boten. Studien zu Ps 68, 12-14, Gen 8, 6-12, Koh 10,20 und zu dem Aussenden von Botenvögeln in Ägypten. Mit einem Beitrag von Urs Winter zu Ps 56, 1 und zur Ikonographie der Göttin mit der Taube* (*OBO* 14), Fribourg, Göttingen, 1977.

J. G. Keenan, *in* : *The Oxford Handbook of Papyrologie* = « The History of the Discipline », *in* : R. S. Bagnall (éd.), *The Oxford Handbook of Papyrology*, Oxford, 2009, p. 59-78.

H. Kees, *Opfertanz* = *Der Opfertanz des ägyptischen Königs*, Munich, 1912.

–, « Nachlese zum Opfertanz des ägyptischen Königs », *ZÄS* 52 (1914), p. 61-72, pl. VII-VIII.

–, « Anubis „Herr von Sepa“ und der 18. oberägyptische Gau », *ZÄS* 58 (1923), p. 79-101.

–, « Göttinger Totenbuchstudien. Ein Mythus vom Königtum des Osiris in Herakleopolis aus dem Totenbuch Kap. 175 », *ZÄS* 65 (1930), p. 65-83.

–, « Der sogenannte oberste Vorlesepriester », *ZÄS* 87 (1962), p. 119-139.

–, « Mythologica. Suchos der *ἰtj* und Osiris, König (*ἰtj*) zu Gast im Seeland », *ZÄS* 88 (1962), p. 26-32.

L. Keimer, « Egyptian Formal Bouquets (Bouquets Montés) », *AJSL* 41 (1925), p. 145-161.

–, « L'arbre *ṯr.t*  est-il vraiment le saule égyptien (*Salix safsaf* Forsk.) ? », *BIFAO* 31 (1931), p. 177-237.

D. Kessler, *in* : *Festschrift Altenmüller* = « Hermopolitanische Götterformen im Hibis-Tempel », *in* : N. Kloth, K. Martin, E. Pardey (éd.), *Es werde niedergelegt als*

Schriftstück: Festschrift für Hartwig Altenmüller zum 65. Geburtstag (*BSAK* 9), Hambourg, 2003, p. 211-223.

J. KETTEL, *in* : *Hommages Leclant* 3 = « Canopes, *rḏw.w* d'Osiris et Osiris-Canope », *in* : C. BERGER, G. CLERC, N. GRIMAL (éd.), *Hommages à Jean Leclant* (*BiÉtud* 106), 4 vol., Le Caire, 1994, p. 315-330.

K. A. KITCHEN, *in* : *Egyptian Stories* = « Festivity in Ramesside Thebes and Devotion to Amun and his City », *in* : Th. SCHNEIDER, K. SZPAKOWSKA (éd.), *Egyptian Stories. A British Egyptological Tribute to Alan B. Lloyd on the Occasion of His Retirement* (*AOAT* 347), Münster, 2007, p. 149-153.

B. E. KLAKOWICZ, « The Funerary Papyrus of *ꜣIḥḏ* (P. Palau Rib. Inv. 68) », *StudPap* 19 (1980), p. 9-38.

A. KLASENS, *A Magical Statue Base*, Leyde, 1952.

D. KLOTZ, *in* : *D3T* 1 = « The Theban Cult of Chonsou the Child in the Ptolemaic Period », *in* : Chr. THIERS (éd.), *Documents de Théologies Thébaines Tardives* (*D3T* 1) (*CENiM* 3), Montpellier, 2009, p. 95-134.

–, « Two Studies on the Late Period Temples at Abydos », *BIFAO* 110 (2010), p. 127-163.

–, « The Peculiar Naophorous Statuette of a Heliopolitan Priest: Hannover, Museum August Kestner 1935.200.510 », *ZÄS* 139 (2012), p. 136-144.

H. KOCKELMANN, *in* : *Egyptian Museum Collections around the World* = « Die spàthieratischen Papyri der Universitätsbibliothek Trier (pUB Trier S 109A-14a-d). Fragmente liturgisch-ritueller Texte », *in* : M. ELDAMATY, M. TRAD (éd.), *Egyptian Museum Collections around the World. Studies for the Centennial of the Egyptian Museum, Cairo*, vol. 1, Le Caire, 2002, p. 667-678.

–, « Zur Lesung einiger Namen aus Totenbuch-Mumienbinden », *GöttMisz* 198 (2004), p. 23-37.

–, « Drei Götter unterm Totenbett zu einem ungewöhnlichen Bildmotiv in einer späten Totenbuch-Handschrift », *RdÉ* 57 (2006), p. 77-98.

–, *in* : *Proceedings of the Fourth CECYE* = « It's Not Always the Book of the Dead ! On the Unusual Text of Berlin P. 3071 and Other Mummy Wrappings from Graeco-Roman Egypt », *in* : K. ENDREFFY, A. GULYÁS (éd.), *Proceedings of the Fourth Central European Conference of Young Egyptologists: 31 August – 2 September 2006, Budapest* (*StudAeg* 18), Budapest, 2007, p. 239-261.

–, *Mumienbinden* = *Untersuchungen zu den späten Totenbuch-Handschriften auf Mumienbinden* (*SAT* 12), 3 vol., Wiesbaden, 2008.

–, « Notiz zur möglichen Datierung zweier Totenbuch-Handschriften auf Mumienbinden », *GöttMisz* 224 (2010), p. 5-6.

P. P. KOEMOTH, *in* : *Ritual and Sacrifice* = « Le rite de redresser Osiris », *in* : J. QUAEGEBEUR (éd.), *Ritual and Sacrifice in the Ancient Near East* (*OLA* 55), Louvain, 1993, p. 157-174.

–, *Osiris et les arbres. Contribution à l'étude des arbres sacrés de l'Égypte ancienne* (*AegLeod* 3), Liège, 1994.

–, « Hathor et le buisson *kk* comme lieu de renaissance d'Osiris », *WdO* 25 (1994), p. 7-16.

–, « Osiris-Lune, l'horizon et l'oeil oudjat », *ChronÉg* 71, n° 142 (1996), p. 203-220.

–, « Burkard, Günter – Spätzeitliche Osiris-Liturgien im Corpus der Asasif-Papyri... », *BiOr* 54 (1997), p. 345-349.

–, *in* : *Egyptian Religion: the Last Thousand Years* = « Bosquets, arbres sacrés et dieux guerriers », *in* : W. CLARYSSE, A. SCHOORS, H. WILLEMS (éd.), *Egyptian Religion: the Last Thousand Years. Studies dedicated to the Memory of Jan Quaegebeur* I (*OLA* 84), Louvain, 1998, p. 647-659.

–, « L'hydrie isiaque et le rituel funéraire égyptien à l'époque romaine », *CRIPEL* 20 (1999), p. 109-123.
–, « Le couronnement du faucon-roi à Pi-Sopdou, d'après le naos de Saft el-Henna (CG 70021) », *DiscEg* 52 (2002), p. 13-55.
–, *Osiris-mrjtj (le) Bien-Aimé. Contribution à l'étude d'Osiris sélénisé* (*CSÉG* 9), Genève, 2009.
P. P. KOEMOTH, J. RADELET, « Osiris et l'hydrie abydénienne à l'époque impériale », *ChronÉg* 82, n° 163 (2007), p. 126-146.
Y. KOENIG, *Le Papyrus Boulaq 6. Transcription, traduction et commentaire* (*BiÉtud* 87), Le Caire, 1981.
–, « Les effrois de Keniherkhepeshef (Papyrus Deir el-Médineh 40) », *RdÉ* 33 (1981), p. 29-37.
–, *Magie et magiciens dans l'Égypte ancienne*, Paris, 1994.
–, *in* : *L'Acqua nell'antico Egitto* = « L'eau et la magie », *in* : A. AMENTA, M. M. LUISELLI, M. N. SORDI (éd.), *L'Acqua nell'antico Egitto. Proceedings of the First International Conference for Young Egyptologists. Italy, Chianciano Terme, October 15-18, 2003*, Rome, 2005, p. 91-105.
W. KOSACK, *Der medizinische Papyrus Edwin Smith: the New York Academy of Medicine, Inv. 217. Neu in Hieroglyphen übertragen, übersetzt und bearbeitet*, Berlin, 2011.
S. KÖTHEN-WELPOT, *in* : *Festschrift Gundlach* = « Die Apotheose der Berenike, Tochter Ptolemaios' III. », *in* : M. SCHADE-BUSCH (éd.), *Wege öffnen. Festschrift für Rolf Gundlach zum 65. Geburtstag* (*ÄAT* 35), Wiesbaden, 1996, p. 129-132.
B. KOURA, *Die "7-Heiligen Öle" und andere Öl- und Fettnamen. Eine lexikographische Untersuchung zu den Bezeichnungen von Ölen, Fetten und Salben bei den Alten Ägyptern von der Frühzeit bis zum Anfang der Ptolemäerzeit (von 3000 v. Chr. – ca. 305 v. Chr.)* (*AegMonast* 2), Aachen, 1999.
P. KOUSOULIS, *in* : *6. Ägyptologische Tempeltagung* = « Some Remarks on the Ritual of "Striking the Ball" in the liturgical environment of the Ptolemaic temples », *in* : B. HARING, A. KLUG (éd.), *6. Ägyptologische Tempeltagung. Funktion und Gebrauch altägyptischer Tempelraüme. Leiden, 4.-7. September 2002* (*ÄAT* 33, 4), Wiesbaden, 2007, p. 153-166.
R. KRAUSS, *Astronomische Konzepte und Jenseitsvorstellungen in den Pyramidentexten* (*ÄgAbh* 59), Wiesbaden, 1997.
J.-M. KRUCHTEN, *Les annales des prêtres de Karnak (XXI-XXIII*mes *dynasties) et autres textes contemporains relatifs à l'initiation des prêtres d'Amon* (*OLA* 32), Louvain, 1989.
A. KUCHAREK, *Die Felskapellen der 18. Dynastie in Gebel es-Silsilah*, 2 vol., Heidelberg, 1998.
–, *in* : *Constructing Power* = « Auf der Suche nach der Konstruktion der Macht: die Festprozession des Osiris in Karnak », *in* : J. MARAN, C. Juwig, H. Schwengel, U. Thaler (éd.), *Constructing Power: Architecture, Ideology and Social Practice*, Hambourg, 2006, p. 117-130.
–, *Klagelieder* = *Die Klagelieder von Isis und Nephthys in Texten der Griechisch-Römischen Zeit (Altägyptische Totenliturgien* 4), Heidelberg, 2010.
–, « Senenmut in Gebel es-Silsilah », *MDAIK* 66 (2010), p. 143-159.
–, *in* : *Liturgical Texts for Osiris and the Deceased* = « Vignetten und Exzerpte in Osirisliturgien », *in* : B. BACKES, J. DIELEMAN (éd.), *Liturgical Texts for Osiris and the Deceased in Late Period and Greco-Roman Egypt / Liturgische Texte für Osiris und Verstorbene im spätzeitlichen Ägypten: Proceedings of the Colloquiums at New York*

(ISAW), 6 May 2011, and Freudenstadt, 18-21 July 2012 (*SSR* 14), Wiesbaden, 2015, p. 233-244.

Chr. KUENTZ, « Quelques monuments du culte de Sobk », *BIFAO* 28 (1929), p. 113-172.

Kl. P. KUHLMANN, *Das Ammoneion: Archäologie, Geschichte und Kultpraxis des Orakels von Siwa* (*AVDAIK* 75), Mayence, 1975.

–, « The Ammoneion Project: Preliminary Report by the German Institute's Mission to Siwa Oasis Season 10th February, 2007-12th April, 2007 », *ASAE* 84 (2010), p. 217-229.

–, « The Ammoneion Project: Preliminary Report by the German Institute's Mission to Siwa Oasis Season 3rd February, 2008-26th March, 2008 », *ASAE* 84 (2010), p. 231-242.

D. KURTH, *Der Sarg der Teüris* (*AegTrev* 6), Mayence, 1990.

–, *Treffpunkt der Götter. Inschriften aus dem Tempel des Horus von Edfu. Eingeleitet, übersetzt und erläutert*, Zurich, Munich, 1994.

–, *in* : *Essays Goedicke* = « Das Lied von den vier Winden und seine angebliche pantomimische Darstellung », *in* : B. M. BRYAN, D. LORTON (éd.), *Essays in Egyptology in honor of Hans Goedicke*, San Antonio, 1994, p. 135-146.

–, *Edfou VII. Die Inschriften des Tempels von Edfu. Abteilung I Übersetzungen. Band 2*, Wiesbaden, 2004.

–, *Einführung ins Ptolemäische. Eine Grammatik mit Zeichenliste und Übungsstücken*, 2 vol., Hützel, 2007-2008.

–, *Materialien zum Totenglauben im römerzeitlichen Ägypten*, Hützel, 2010.

–, *in* : *9. Ägyptologische Tempeltagung* = « Textliche Aussagen zur Kultrealität in Tempelinschriften griechisch-römischer Zeit », *in* : H. BEINLICH (éd.), *9. Ägyptologische Tempeltagung : Kultabbildung und Kultrealität. Hamburg, 27. September-1. Oktober 2011* (*Königtum, Staat und Gesellschaft früher Hochkulturen* 3, 4), Wiesbaden, 2013, p. 191-202.

–, *Edfou VI. Die Inschriften des Tempels von Edfu. Abteilung I Übersetzungen. Band 3*, Gladbeck, 2014.

D. KURTH, H.-J. THISSEN, M. WEBER, *Kölner ägyptische Papyri (P. Köln ägypt.)* I. (*ARWAW*. Sonderreihe *PapCol* 9), Wiesbaden, 1980.

Fr. LABRIQUE, *Stylistique et théologie à Edfou. Le rituel de l'offrande de la campagne: étude de la composition* (*OLA* 51), Louvain, Peeters, 1992.

–, *in* : *Ritual and Sacrifice* = « "Transpercer l'âne" à Edfou », *in* : J. QUAEGEBEUR (éd.), *Ritual and Sacrifice in the Ancient Near East. Proceedings of the International Conference organized by the Katholieke Universiteit Leuven from the 17th to the 20th of April 1991* (*OLA* 55), Louvain, 1993, p. 175-189.

–, « Les escortes de la lune dans le complexe lunaire de Khonsou à Karnak », *BSFÉ* 140 (1997), p. 13-26.

–, *in* : *4. Ägyptologische Tempeltagung* = « L'escorte de la lune sur la porte d'Évergète à Karnak », *in* : R. GUNDLACH, M. ROCHHOLZ (éd.), *4. Ägyptologische Tempeltagung. Feste im Tempel. Köln, 10.-12. Oktober 1996* (*ÄAT* 33, 2), Wiesbaden, 1998, p. 91-121.

–, « L'escorte de la lune sur la porte d'Évergète à Karnak », *RdÉ* 49 (1998), p. 107-134.

–, « graphie rare », *RdÉ* 53 (2002), p. 244.

–, « *nwd=f-ḥnʿ-it=f* : "Il-se-meut-avec-son-père", une désignation de la lune croissante », *RdÉ* 54 (2003), p. 275-278.

–, *in* : *Kindgötter* = « Khonsou et la néoménie à Karnak », *in* : D. BUDDE, S. SANDRI, U. VERHOEVEN (éd.), *Kindgötter im Ägypten der griechisch-römischen Zeit. Zeugnisse aus*

Stadt und Tempel als Spiegel des interkulturellen Kontakts (*OLA* 128), Louvain, 2003, p. 195-224.
–, *in* : *Signes et destins* = « Khonsou, maître ou juge du destin », *in* : M. FARTZOFF, E. GENY, E. SMADJA (éd.), *Signes et destins d'élection dans l'Antiquité*, 2006, p. 203-218.
–, « Le taurillon exclu du sacrifice (Clère, porte d'Évergète, pl. 40) », *Archimède. Archéologie et histoire ancienne* 1 (2014), p. 64-70.
P. LACAU, « La déesse  », *RecTrav* 24 (1902), p. 198-200.
–, *Les noms des parties du corps en égyptien et en sémitique*, Paris, 1970.
P. LACAU, H. CHEVRIER, *Une chapelle d'Hatshepsout à Karnak*, 2 vol., Le Caire, 1977-1979.
Cl. LALOUETTE, « Le "firmament de cuivre". Contribution à l'étude du mot biA », *BIFAO* 79 (1979), p. 333-353.
B. LANG, « Job XL 18 and the "Bones of Seth" », *VetTest* 30 (1980), p. 360-361.
H. O. LANGE, *Der magische Papyrus Harris*, Copenhague, 1927.
H. O. LANGE, H. SCHÄFER, *Grab- und Denksteine des Mittleren Reichs im Museum Kairo. No. 20001-20780*, 4 vol., Berlin, 1902-1908.
G. LANZCKOWSKI, « Die Geschichte des Schiffbrüchigen. Versuch einer religionsgeschichtlichen Interpretation », *ZDMG* 103 (1953), p. 360-371.
G. LAPP, *The Papyrus of Nu (BM EA 10477)* (*Catalogue of Books of the Dead in the British Museum* 1), Londres, 1997.
–, *The Papyrus of Nebseni (BM EA 9900). The Texts of Chapter 180 with the New Kingdom Parallels* (*BMOP 139*), Londres, 2002.
–, « Ein ungewöhnlicher Osirishymnus aus der Übergangszeit von Sargtexten zum Totenbuch », *SAK* 42 (2013), p. 205-219.
Fr. LAROCHE, Cl. TRAUNECKER, « La chapelle adossée au temple de Khonsou », *Karnak* VI (1973-1977), Le Caire, 1980, p. 167-196.
J. LAUFFRAY, « Abords occidentaux du premier pylône de Karnak. Le dromos, la tribune et les aménagements portuaires », *Kêmi* 21 (1971), p. 77-144.
–, « La tribune du quai de Karnak et sa favissa. Compte rendu des fouilles menées en 1971-1972 (2e campagne) », *CahKarn* 5 (1975), p. 43-76.
M.-Chr. LAVIER, *Les stèles abydéniennes relatives aux mystères d'Osiris*, Thèse, Montpellier, Université Paul Valérie, 1983.
–, « Les formes d'écriture de la barque *nšmt* », *BSÉG* 13 (1989), p. 89-101.
–, *in* : *Akten München* = « Les mystères d'Osiris à Abydos d'après les stèles du Moyen Empire et du Nouvel Empire », *in* : S. SCHOSKE (éd.), A*kten des vierten Internationalen Ägyptologen Kongresses München 1985. Band 3: Linguistik, Philologie, Religion* (*BSAK* 3), Hambourg, 1989, p. 289-295.
–, « Les fêtes d'Osiris à Abydos au Moyen Empire et au Nouvel Empire », *EAO* 10 (1998), p. 27-33.
A. LEAHY, « The Name *Pꜣ-wrm* », *GöttMisz* 76 (1984), p. 17-23.
–, « A Protective Measure at Abydos in the Thirteenth Dynasty », *JEA* 75 (1989), p. 41-60.
J. LECLANT, « Quelques données nouvelles sur l'« édifice dit de Taharqa », près du Lac Sacré à Karnak », *BIFAO* 49 (1950), p. 181-192.
–, *Enquêtes sur les sacerdoces et les sanctuaires égyptiens à l'époque dite « éthiopienne »* (XXVe dynastie) (*BiÉtud* 17), Le Caire, 1954.
–, « La "Mascarade" des boeufs gras et le triomphe de l'Égypte », *MDAIK* 14 (1956), p. 128-145.
–, *Recherches sur les monuments thébains de la XXVe dynastie dite éthiopienne* (*BiÉtud* 36), Le Caire, 1965.

Fr. LECLÈRE, L. COULON, *in* : *Seventh International Congress* = « La nécropole osirienne de la « Grande Place » à Karnak. Fouilles dans le secteur nord-est du temple d'Amon », *in* : Chr. J. EYRE (éd.), *Proceedings of the Seventh International Congress of Egyptologists. Cambridge, 3-9 September 1995* (*OLA* 82), Louvain, 1998, p. 649-659.

C. LEEMANS, *Description raisonnée des monuments égyptiens du Musée d'antiquités des Pays-Bas, à Leide*, Leyde, 1840.

G. LEFEBVRE, *Le tombeau de Pétosiris* (*SAE*), 3 vol., Le Caire, 1923-1924.

–, *Tableau des parties du corps humain mentionnées par les Égyptiens* (*ASAE* Suppl. 17), Le Caire, 1952.

G. LEGRAIN, « Textes gravés sur le quai de Karnak », *ZÄS* 34 (1896), p. 111-118.

–, « Les crues du Nil depuis Sheshonq Ier jusqu'à Psametik », *ZÄS* 34 (1896), p. 119-121.

–, « Les noms de témoins dans quelques actes du Louvre », *RevEg* 5 (1888), p. 89-93.

–, « Le temple et les chapelles d'Osiris à Karnak », *RecTrav* 22 (1900), p. 125-136 et 146-149 ; *RecTrav* 23 (1901), p. 65-75 et 163-172 ; *RecTrav* 24 (1902), p. 208-214.

A. LEITCH, *A Princeton Companion*, Princeton, 1978.

Chr. LEITZ, « Die obere und die untere Dat », *ZÄS* 116 (1989), p. 41-57.

–, *Tagewählerei. Das Buch ḥꜣt nḥḥ pḥ.wy ḏt und verwandte Texte* (*ÄgAbh* 55), Wiesbaden, 1994.

–, *Magical and Medical Papyri of the New Kingdom* (*HPBM* 7), Londres, 1999.

–, *Der Sarg des Panehemisis in Wien* (*SSR* 3), Wiesbaden, 2011.

–, *in* : *Hommages Yoyotte* II = « Der große Repithymnus im Tempel von Athribis », *in* : Chr. ZIVIE-COCHE, I. GUERMEUR (éd.), *« Parcourir l'éternité ». Hommages à Jean Yoyotte* (*BEHESR* 156), 2 vol., Turnhout, 2012, p. 757-775.

–, *Geographisch-osirianische Prozessionen aus Philae, Dendara und Athribis. Soubassementstudien II* (*SSR* 8), Wiesbaden, 2012.

–, *Die Gaumonographien in Edfu und ihre Papyrusvarianten. Ein überregionaler Kanon kultischen Wissens im spätzeitlichen Ägypten. Soubassementstudien III* (*SSR* 9), 2 vol., Wiesbaden, 2013.

G. LENZO MARCHESE, « Les colophons dans la littérature égyptienne », *BIFAO* 104 (2004), p. 359-376.

–, *Manuscrits hiératiques du Livre des Morts de la Troisième Période Intermédiaire (Papyrus de Turin CGT 53001-53013)* (*Catalogo del Museo Egizio di Torino. Serie Seconda – Collezioni* 11 / *CSÉG* 8), Genève, 2007.

R. LEPSIUS, *Das Todtenbuch der Ägypter nach dem hieroglyphischen Papyrus in Turin*, Leipzig, 1842.

L. H. LESKO, « The Field of Hetep in Egyptian Coffin Texts », *JARCE* 9 (1971-1972), p. 89-101.

M. LICHTHEIM, *Demotic Ostraca from Medinet Habu* (*OIP* 80), Chicago, 1957.

A. VON LIEVEN, « Kleine Beiträge zur Vergöttlichung Amenophis' I.* I : Amenophis I. auf schildförmigen Mumienamuletten », *RdÉ* 51 (2000), p. 103-121.

–, *Der Himmel über Esna. Eine Fallstudie zur Religiösen Astronomie in Ägypten am Beispiel der kosmologischen Decken- und Architravinschriften im Tempel von Esna* (*ÄgAbh* 64), Wiesbaden, 2000.

–, « Kleine Beiträge zur Vergöttlichung Amenophis' I.* II : Der Amenophis-Kult nach dem Ende des Neuen Reiches », *ZÄS* 128 (2001), p. 41-64.

–, *in* : *Carlsberg Papyri* 7 = « Eine punktierte Osirisliturgie (pCarlsberg 589 + PSI inv. I104 + pBerlin 29022), *in* : K. RYHOLT (éd.), *The Carlsberg Papyri* 7. *Hieratic Texts from the Collection* (*CNI Publications* 30), Copenhague, 2006, p. 9-38, pl. 1-4.

–, *in* : *6. Ägyptologische Tempeltagung* = « Bemerkungen zum Dekorationsprogramm des Osireion in Abydos », *in* : B. HARING, A. KLUG (éd.), *6. Ägyptologische Tempeltagung. Funktion und Gebrauch altägyptischer Tempelräume, Leiden, 4.-7. September 2002* (*ÄAT* 33, 4), Wiesbaden, 2007, p. 167-186.

–, *Grundriss des Laufes der Sterne* = *The Carlsberg Papyri* 8. *Grundriss des Laufes der Sterne. Das sogenannte Nutbuch* (*CNI Publications* 31), Copenhague, 2008.

–, *in* : *9. Ägyptologische Tempeltagung* = « Darstellungen von Götterstatuen als Dekor in Krypten und Sanktuaren », *in* : H. BEINLICH (éd.), *9. Ägyptologische Tempeltagung : Kultabbildung und Kultrealität. Hamburg, 27. September – 1. Oktober 2011* (*ÄAT* 33, 4), Wiesbaden, 2013, p. 203-226.

Th. J. LOGAN, *in* : *Studies Hughes* = « Papyrus Harkness », *in* : J. H. JOHNSON (éd.), *Studies in Honor of George R. Hughes. January 12, 1977* (*SAOC* 39), Chicago, 1976, p. 147-161.

A. LOHWASSER, *Die Formel "Öffnen des Gesichts"* (*BeitrÄg* 11), Vienne, 1991.

D. LORAND, « Une stèle en « faïence » de la fin de la 17ème ou du début de la 18ème dynastie aux Musées royaux d'art et d'Histoire », *ChronÉg* 88, n° 176 (2013), p. 230-243.

–, *Le Papyrus dramatique du Ramesseum : étude des structures de la composition* (Lettres orientales 13), Louvain, 2009.

D. LORTON, « The Invocation Hymn at the Temple of Hibis », *SAK* 21 (1994), p. 159-217.

R. LUCARELLI, *Gatseshen* = *The Book of the Dead of Gatseshen. Ancient Egyptian Funerary Religion in the 10th Century BC*, Leyde, 2006.

E. LÜDDECKENS, *Totenklagen* = *Untersuchungen über religiösen Gehalt, Sprache und Form der ägyptischen Totenklagen* (*MDIK* 11), Berlin, 1943.

–, *Ägyptische Eheverträge* (*ÄgAbh* 1), Wiesbaden, 1960.

D. LUFT, J. Fr. QUACK (éd.), *Praktische Verwendung religiöser Artefakte (Text-/Bildträger), Symposium IWH Heidelberg, 20.-22. September 2013*, à paraître.

J. LUSTMAN, *Étude grammaticale du Papyrus Bremner-Rhind*, Paris, 1999.

M. LUISELLI, *in* : *Basel Egyptology Prize 1* = « The Colophons as an Indication of the Attitudes towards the Literary Tradition in Egypt and Mesopotamia », *in* : A. LOPRIENO, S. BICKEL (éd.), *Basel Egyptology Prize 1. Junior Research in Egyptian History, Archaeology, and Philology* (*AegHelv* 17), Bâle, 2003, p. 343-360.

B. LURSON, *in* : *La femme* = « La légitimation du pouvoir royal par l'observance des rites osiriens: analyse d'une séquence de scènes de la grande salle hypostyle de Karnak », *in* : Chr. CANNUYER (éd.), *La femme dans les civilisations orientales et miscellanea aegyptologica : Christiane Desroches Noblecourt in honorem*, Bruxelles, Louvain, 2001, p. 303-332.

–, *Osiris, Ramsès, Thot et le Nil. Les chapelles secondaires des temples de Derr et Ouadi es-Seboua* (*OLA* 161), Louvain, 2007.

B. LÜSCHER, *Totenbuch Spruch 1 nach Quellen des Neuen Reiches* (*KÄT* 10), Wiesbaden, 1986.

–, *Totenbuch-Papyrus Neuchâtel Eg. 429 und P. Princeton Pharaonic Roll 2. Zur Totenbuch-Tradition von Deir el-Medina* (*BAÄ* 1), Bâle, 2007.

–, « The Provenance of Princeton Pharaonic Roll 2: A Workshop for the Book of the Dead », *PULC* 69, n° 1 (2007), p. 129-134.

–, *Der Totenbuch-Papyrus Princeton Pharaonic Roll 5* (*BAÄ* 2), Bâle, 2008.

M. MALAISE, *in* : *Le Symbolisme* = « Cyste et Hydrie, symboles isiaques de la puissance et de la présence d'Osiris », *in* : J. RIES (éd.), *Le Symbolisme dans le culte des grandes religions. Actes du Colloque de Louvain-La-Neuve, 4-5 octobre 1983* (*Homo Religiosus* 11), Louvain-la-Neuve, 1985, p. 125-155.

–, *in* : *Anges et démons* = « Bès et Béset : métamorphoses d'un démon et naissance d'une démone dans l'Égypte ancienne », *in* : J. RIES, H. LIMET (éd.), *Anges et démons. Actes du colloque de liège et de Louvain-la-Neuve 25-26 novembre 1987*, Louvain-la-Neuve, 1989, p. 53-70.
M. MALAISE, J. WINAND, *Grammaire raisonnée de l'égyptien classique* (*AegLeod* 6), Liège, 1999.
M. MALININE, *Choix de textes juridiques en hiératique "anormal" et en démotique. Première partie*, Paris, 1953.
–, *in* : *Mélanges Mariette* = « Taxes funéraires égyptiennes à l'époque gréco-romaine », *in* : *Mélanges Mariette* (*BiÉtud* 32), Le Caire, 1961, p. 137-168.
M. MALININE, G. POSENER, J. VERCOUTTER, *Catalogue des stèles du Sérapéum de Memphis* I, Paris, 1968.
J. G. MANNING, *in* : *Akten des 21. Internationalen Papyrologenkongresses* = « Demotic Papyri in the Princeton University Firestone Library », *in* : B. KRAMER, W. LUPPE, H. MAEHLER, G. POETHKE (éd.), *Akten des 21. Internationalen Papyrologenkongresses. Berlin, 13.-19.8.1995* (*APF* Beiheft 3), 2 vol., Stuttgart, Leipzig, 1997, p. 666-668.
–, « A Ptolemaic Agreement concerning a Donkey with an Unusual Warranty Clause: the Strange Case of P. Dem. Princ. 1 (inv. 7524) », *Enchoria* 28 (2003), p. 46-61.
C. MANASSA, *The Late Egyptian Underworld: Sarcophagi and Related Texts from the Nectanebid Period* (*ÄAT* 72), 2 vol., Wiesbaden, 2007.
A. MARIETTE, *Le Sérapéum de Memphis*, Paris, 1857.
–, *Abydos. Description des fouilles exécutées sur l'emplacement de cette ville*, 2 vol., Paris, 1869-1880.
–, *Catalogue Abydos* = *Catalogue général des monuments d'Abydos découverts pendant les fouilles de cette ville*, Paris, 1880.
–, *Dendérah. Description générale du grand temple de cette ville*, 6 vol., Paris, 1870-1875.
–, *Monuments divers recueillis en Égypte et en Nubie*, Paris, 1892.
C. J. MARTIN, K. RYHOLT, « Put my funerary papyrus in my mummy, please », *JEA* 92 (2006), p. 270-274.
L. MARTZOLFF, *in* : *Ägyptische Rituale* : « Le rituel de la confirmation du pouvoir royal en images : Le lâcher des oiseaux vivants », *in* : J. Fr. QUACK (éd.), *Ägyptische Rituale der griechisch-römischen Zeit* (*ORA* 6), Tübingen, 2014, p. 67-81.
G. MASPÉRO, *Sarcophages des époques persane et ptolémaïque* (CG 29301-29323), 2 vol., Le Caire, 1914, 1939.
S. MASTROPAOLO, *Lexique animalier égyptiens. Les caprins, les ovins et les bovins* (*BAR-IS* 2484), Oxford, 2013.
B. MATHIEU, « Les Enfants d'Horus, théologie et astronomie », *ENiM* 1 (2008), p. 7-14.
–, « Les couleurs dans les *Textes des Pyramides* : approche des systèmes chromatiques », *ENiM* 2 (2009), p. 25-52.
–, « Seth polymorphe : le rival, le vaincu, l'auxiliaire (Enquêtes dans les *Textes des Pyramides*, 4) », *ENiM* 4 (2011), p. 137-154.
D. MEEKS, *in* : *Génies, Anges et Démons* = « Génies, Anges, Démons en Égypte », *in* : *Génies, Anges et Démons. Égypte – Babylone – Israël – Islam – Peuples Altaïques – Inde – Birmanie – Asie du Sud-Est – Tibet – Chine* (*Sources orientales* 8), Paris, 1971.
–, « Le nom du dauphin et le poisson de Mendès », *RdÉ* 25 (1973), 209-216.
–, « Notes de lexicographie (§5-8) », *BIFAO* 77 (1977), p. 79-88.
–, « Les oiseaux marqueurs du temps », *BCLE* 4 (1990), p. 37-52.

–, *in* : *Akten München* = « Un manuel de géographie religieuse du Delta », *in*: S. SCHOSKE (éd.), *Akten des vierten Internationalen Ägyptologen Kongresses München 1985. Band 3: Linguistik, Philologie, Religion* (*BSAK* 3), Hambourg, 1989, p. 297-304.
–, « Dieu masqué, dieu sans tête », *Archéo-Nil* 2 (1991), p. 5-15.
–, *Année lexicographique Égypte ancienne*, 3 vol., Paris, 1998 (1977, 1978, 1979).
–, *in* : *Intellectual Heritage* = « Le nom du dieu Bès et ses implications mythologiques », *in* : U. LUFT (éd.), *The Intellectual Heritage of Egypt. Studies presented to László Kákosy by Friends and Colleagues on the Occasion of his 60th Birthday* (*StudAeg* 14), Budapest, 1992, p. 423-436.
–, « Compte-rendu de: Poo (Mu-Chou), *Wine and Wine Offerings in the Religion of Ancient Egypt*, Studies in Egyptology, Londres, 1995 », *BiOr* 55 (1998), p. 113-119.
–, « (Compte-rendu) Mu-Chou Poo, *Wine and Wine Offerings in the Religion of Ancient Egypt*, London, Kegan Paul International, 1995 », *ChronÉg* 74, n° 148 (1999), p. 284-286.
–, *Les architraves du temple d'Esna. Paléographie* (*PalHiéro* 1), Le Caire, 2004.
–, *Mythes et légendes du Delta d'après le papyrus Brooklyn 47.218.84* (*MIFAO* 125), Le Caire, 2006.
–, *in* : *Et in Aegypto et ad Aegyptum* = « La hiérarchie des êtres vivants selon la conception égyptienne », *in* : A. GASSE, Fr. SERVAJEAN, Chr. THIERS (éd.), *Et in Aegypto et ad Aegyptum. Recueil d'études dédiées à Jean-Claude Grenier* (*CENiM* 5), vol. 3, Montpellier, 2012, p. 517-546.
A. M. MEKAWY OUDA, « Who Or What Is Werethekau 'Great of Magic'? A Problematic Inscription (UC 16639) », *PIA* 23(1): 8 (2013), p. 1-7.
–, *in* : *CRE 2013* = « Did Werethekau "Great of Magic" have a Cult ? A Disjunction between Scholarly Opinions and Sources », *in* : K. ACCETTA, R. FELLINGER, P. LOURENÇO GONÇALVES, S. MUSSELWHITE, W. PAUL VAN PELT (éd.), *Current Research in Egyptology 2013: Proceedings of the Fourteenth Annual Symposium, University of Cambridge, United Kingdom, March 19-22, 2013*, Oxford, 2014, p. 105-121.
–, « Werethekau and the votive stela of *Pꜣ-n-Imn* (Bristol Museum H 514) », *BMSAES* 22 (2015), p. 61-86.
T. MEKIS, « The Cartonnage of Nestanetjeretten (Louvre AF 12859 ; MG E 1082) and its Enigma », *BIFAO* 112 (2012), p. 243-273.
D. MENDEL, *Die Monatsgöttinnen in Tempeln und im privaten Kult* (*Rites égyptiens* XI), Turnhout, 2005.
S. MENDNER, *Das Ballspiel im Leben der Völker*, Münster, 1956.
B. MENU, « Enseignes et porte-étendards », *BIFAO* 96 (1996), p. 339-342.
S. MEYER, *in* : *4. Ägyptologische Tempeltagung* = « Festlieder zum Auszug des Gottes », *in* : R. GUNDLACH, M. ROCHHOLZ (éd.), *4. Ägyptologische Tempeltagung. Feste im Tempel. Köln, 10.-12. Oktober 1996* (*ÄAT* 33, 2), Wiesbaden, 1998, p. 135-142.
P. MEYRAT, *in* : *Ägyptische Rituale* = « The First Column of the Apis Embalming Ritual. Papyrus Zagreb 597-2 », *in* : J. Fr. QUACK (éd.), *Ägyptische Rituale der griechisch-römischen Zeit* (*ORA* 6), Tübingen, 2014, p. 263-337.
–, « Topography-related Problems in the Apis Embalming Ritual », *in* : J. Fr. QUACK (éd.), *Ägyptische Rituale der griechisch-römischen Zeit* (*ORA* 6), Tübingen, 2014, p. 247-262.
G. MICHAÏLIDÈS, « Papyrus contenant un dessin du dieu Seth à tête d'âne », *Aegyptus* 32 (1952), p. 45-53.
A. G. MIGAHID, « Fünfunddreissig demotisch beschriftete Mumienleinen aus dem British Museum », *BIFAO* 105 (2005), p. 139-165.

A. G. MIGAHID, G. VITTMANN, « Zwei weitere frühdemotische Briefe an Thot », *RdÉ* 54 (2003), p. 47-65.
L. B. MIKHAIL, « The Festival of Sokar. An Episode of the Osirian Khoiak Festival », *GöttMisz* 82 (1984), p. 25-44.
–, « Raising the Djed-Pillar. The Last Day of the Osirian Khoiak Festival », *GöttMisz* 83 (1984), p. 51-69.
H. MILDE, *The Vignettes of the Book of the Dead of Neferrenpet* (*EgUit* 7), Leyde, 1991.
M. MINAS-NERPEL, *Der Gott Chepri. Untersuchungen zu Schriftzeugnissen und ikonographischen Quellen vom Alten Reich bis in griechisch-römische Zeit* (*OLA* 154), Louvain, 2006.
–, « Die ptolemäischen Sokar-Osiris-Mumien : Neue Erkenntnisse zum ägyptischen Dynastiekult der Ptolemäer », *MDAIK* 62 (2006), p. 197-213.
M.-Fr. MOENS, « The Procession of the God Min to the *ḫtjw*-Garden », *SAK* 12 (1985), p. 61-73.
M. E. MOGHADAM, Y. ARMAJANI, *A Descriptive Catalogue of the Garrett Collection of Persian, Turkish and Indic Manuscripts in the Princeton University Library* (Princeton Oriental Texts VI), Princeton, 1939.
M. G. MOKHTAR, *Ihnâsya el-Medina (Herakleopolis Magna). Its Importance and Its Role in Pharaonic History* (*BiÉtud* 40), Le Caire, 1983.
–, *in* : *Fragments of a Shattered Visage* = « Relations between Ihnasya and Memphis during the Ramesside Period », *in* : E. BLEIBERG, R. FREED (éd.), *Fragments of a Shattered Visage: The Proceedings of the International Symposium on Ramesses the Great* (*Monographs of the Institute of Egyptian Art and Archaeology* 1), Memphis, Tennessee, 1991, p. 105-107.
R. VAN DER MOLEN, *A Hieroglyphic Dictionary of Egyptian Coffin Texts* (*ProblÄg* 15), Leyde, Boston, Cologne, 2000.
G. MÖLLER, *Über die in einem späthieratischen Papyrus des Berliner Museums erhaltenen Pyramidentexte*, Berlin, 1900.
–, *Hieratische Paläographie : die ägyptische Buchschrift in ihrer Entwicklung von der fünften Dynastie bis zur römischen Kaiserzeit*, 3 vol., Leipzig, 1927-1936 (1909-1912).
–, *Die beiden Totenpapyrus Rhind des Museums zu Edinburg* (*DemStud* 6), Leipzig, 1913.
–, *Hieratische Lesestücke für den Akademischen Gebrauch herausgegeben*, Berlin, 1961 (1909-1910).
R. MOND, O. H. MYERS, *The Bucheum* II (*EES Memoir* 41) Londres, 1934.
Fr. MONNIER, « Quelques réflexions sur le terme "*jnb*" 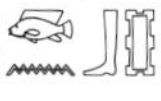 , 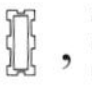 », *ENiM* 5 (2012), p. 257-283.
–, *Vocabulaire d'architecture égyptienne*, Bruxelles, 2013.
P. MONTET, « La chasse au filet chez les Égyptiens », *BIFAO* 11 (1914), p. 145-153.
–, *Géographie de l'Égypte ancienne*, 2 vol., Paris, 1957-1961.
S. MORENZ, *in* : *Ägyptologische Studien* = « Rote stiere: unbeachtetes zu Buchis und Mnevis », *in* : O. FIRCHOW, *Ägyptologische Studien*, Berlin, 1955, p. 238-243.
–, « Rechts und Links im Totengericht », *ZÄS* 82 (1957), p. 62-71.
A. MORET, *Culte divin journalier = Le rituel du culte divin journalier en Égypte d'après les papyrus de Berlin et les textes du temple de Séti Ier, à Abydos*, Genève, 1988 (Paris, 1902).
–, *Catalogue du Musée Guimet : galerie égyptienne, stèles, bas-reliefs, monuments divers*, 2 vol., Paris, 1909.
–, « La légende d'Osiris à l'époque thébaine d'après l'hymne à Osiris du Louvre », *BIFAO* 30 (1931), p. 725-750.

M. MOSHER, « Theban and Memphite Book of the Dead Traditions in the Late Period », *JARCE* 29 (1992), p. 143-172.

–, *The Papyrus of Hor (BM EA 10479), with Papyrus MacGregor* (*Catalogue of the Books of the Dead in the British Museum* 2), Londres, 2001.

D. M. MOSTAFA, *in* : *Hommages Leclant* 4 = « L'usage cultuel du bouquet et sa signification symbolique », *in :* C. BERGER, G. CLERC, N. GRIMAL (éd.), *Hommages à Jean Leclant* (*BiÉtud* 106), 4 vol., Le Caire, 1994, p. 243-245.

Fr. MOYEN-GILBERT, « L'offrande des feuilles de *baq*, *ima* et *ished* pour confirmer le pouvoir royal », *Kyphi* 1 (1998), p. 85-98.

B. P. MUHS, *Tax Receipts, Taxpayers, and Tax in Early Ptolemaic Thebes* (*OIP* 126), Chicago, 2005.

D. MÜLLER, « A Middle Egyptian Word for "Measure" », *JEA* 58 (1972), p. 301-302.

M. MÜLLER, « Jean-Claude Goyon, Le Papyrus d'Imouthès, Fils de Psintaês au Metropolitan Museum de New-York (Papyrus MMA 35.9.21). New York : The Metropolitan Museum of Art 1999 », *LingAeg* 10 (2002), p. 437-440.

–, « Ein neuer Textzeuge zum Schluss des Rituals des Sokarauszuges », *Enchoria* 28 (2002-2003), p. 82-84, pl. 12-13.

–, « Zur Transkription eines neuhieratischen Zeichens », *GöttMisz* 200 (2004), p. 11-12.

M. MÜLLER-ROTH, *in* : *Mythos und Ritual* = « Der Kranz der Rechtfertigung », *in*: A. MANISALI, B. ROTHÖHLER (éd.), *Mythos und Ritual. Festschrift für Jan Assmann zum 70. Geburtstag* (*Religionswissenschaft: Forschung und Wissenschaft* 5), Berlin, 2008, p. 143-162.

–, « Das Leichentuch des Pa-heri-pedjet », *ZÄS* 135 (2008), p. 142-153.

I. MUNRO, *Untersuchungen zu den Totenbuch-Papyri der 18. Dynastie: Kriterien ihrer Datierung* (*Studies on the Book of the Dead of the 18th Dynasty*), Londres, New York, 1987.

–, *Ein Ritualbuch für Goldamulette und Totenbuch des Month-em-hat* (*SAT* 7), Wiesbaden, 2003.

–, *Der Totenbuch-Papyrus des Hor aus der frühen Ptolemäerzeit (pCologny Bodmer-Stiftung CV + pCincinnati Art Museum 1947.369 + pDenver Art Museum 1954.61)* (*HAT* 9), Wiesbaden, 2006.

P. MUNRO, *Das Horusgeleit und verwandte Standartengruppen im ägyptischen Kult* (Dissertation), Hambourg, 1957.

–, *Die spätägyptischen Totenstelen* (*ÄgForsch* 25), Glückstadt, 1973.

M. A. MURRAY, *The Osireion at Abydos* (*ERA* 9), Londres, 1904.

K. MYŚLIWIEC, « Beziehungen zwischen Atum und Osiris nach dem Mittleren Reich », *MDAIK* 35 (1979), p. 195-213.

G. NAGEL, « Un papyrus funéraire de la fin du Nouvel Empire [Louvre 3292 (inv.)] », *BIFAO* 29 (1929), p. 1-127.

Sv. NAGEL, *in* : *Altägyptische Enzyklopädien* = « Das Neumond- und Behedet-Fest in Edfu: eine Strukuranalyse von Text und Bild einer "unregelmäßigen" Soubassement-Dekoration », in : A. RICKERT, B. VENTKER (éd.), *Altägyptische Enzyklopädien. Die Soubassements in den Tempeln der griechisch-römischen Zeit. Soubassementstudien* I (*SSR* 7), Wiesbaden, 2014, p. 607-684.

S. A. NAGUIB, « Deux "Surintendants de la flotte royale" à Oslo », *BSÉG* 6 (1982), p. 69-75.

É. NAVILLE, *Textes relatifs au mythe d'Horus recueillis dans le temple d'Edfou et précédés d'une introduction*, Genève, Bâle, 1870.

–, *Das ägyptische Todtenbuch der XVIII. bis XX. Dynastie / aus verschiedenen Urkunden*, 3 vol., Berlin, 1886.
–, The Festival Hall of Osorkon II in the Great Temple of Bubastis (1887-1889), Londres, 1892.
–, « The Book of the Dead », *PSBA* 24 (1902), p. 135-143, 195-204, 268-271, 313-316.
–, « The Book of the Dead », *PSBA* 25, p. 11-14, 67-70, 105-110, 167-172, 237-242, 299-304, 339-346.
–, « The Book of the Dead », *PSBA* 26 (1904), p. 6-16, 45-50, 79-89, 117-124, 181-184.
M. NEGM, *The Tomb of Simut called Kyky: Theban Tomb 409 at Qurnah*, Warminster, 1997.
–, « A Commentary on Some Unusual Scenes from the Tomb of Simut Called Kyky, Theban Tomb 409 at Qurnah », *DiscEg* 57 (2003), p. 65-72.
–, *in* : *Ramesside Studies* = « Some Unusual Scenes from the Tomb of Simut, called Kyky (TT 409) », *in* : M. COLLIER, St. SNAPE (éd.), *Ramesside Studies in Honour of K. A. Kitchen*, Bolton, 2011, p. 339-343.
H. H. NELSON, *Ramses III's Temple within the Great Enclosure of Amon II* (*OIP* 25), Chicago, 1936.
–, « Certain Reliefs at Karnak and Medinet Habu and the Ritual of Amenophis I », *JNES* 8 (1949), p. 201-232, 310-345.
–, *The Great Hypostyle Hall at Karnak. Volume 1, part 1: The Wall Reliefs* (*OIP* 106), édité par William J. Murnane. Chicago, 1981.
P. E. NEWBERRY, *in* : *Studies Griffith* = « *Šsm.t* », *in* : *Studies presented to F. Ll. Griffith*, Londres, 1932, p. 316-323.
P. E. NEWBERRY, F. Ll. GRIFFITH, *Beni Hasan* (*ASEg* 1, 2, 5, 7), 4 vol., Londres, 1893-1900.
A. NIBBI, Lapwings and Libyans in Ancient Egypt, Oxford, 1986.
–, « The *rḫj.t* People as Permanent Foreigners in Ancient Egypt », *DiscEg* 9 (1987), p. 79-96.
–, « A Contribution to our Understanding of *Kmt* », *DiscEg* 16 (1990), p. 63-72.
P. T. NICHOLSON, I. SHAW (éd.), *Ancient Egyptian Materials and Technology*, Cambridge, 2000.
Ch. F. NIMS, « The Term *ḥp*, "Law, Right", in Demotic », *JNES* 7 (1948), p. 243-260.
A. NIWIŃSKI, *Sarcofagi della XXI dinastia (CGT 10101-10122)* (*Catalogo del Museo Egizio di Torino. Serie Seconda – Collezioni* 9), Turin, 2004.
–, *in* : *Schriften des Thot* = « The so-called Chapters BD 141 – 142 and 148 on the Coffins of the 21th Dynastie from Thebes with some Remarks concerning the Funerary Papyri of the Period », *in* : B. BACKES, M. MÜLLER-ROTH, S. STÖHR (éd.), *Ausgestattet mit den Schriften des Thot: Festschrift für Irmtraut Munro zu ihrem 65. Geburtstag* (*SAT* 14), Wiesbaden, 2009, p. 133-162.
M. A. A. NUR EL-DIN, *The Demotic Ostraca in the National Museum of Antiquities at Leiden* (*Collections of the National Museum of Antiquities at Leiden* I), Leyde, 1974.

J. O'CALLAGHAN, « Las colecciones españolas de papiros », *StudPap* 15 (1976), p. 81-93.
–, « El fondo papirológico Palau-Ribes (Sant Cugat del Vallés – Barcelona) », *AulOr* 2, n° 2 (1984), p. 285-288.
E. ORÉAL, *Les particules en égyptien ancien. De l'ancien égyptien à l'égyptien classique* (*BiÉtud* 152), Le Caire, 2011.
J. OSING, *in*: *Intellectual Heritage* = « Zu einigen magischen Texten », *in*: U. LUFT (éd.), *The Intellectual Heritage of Egypt. Studies presented to László Kákosy by Friends and Colleagues on the Occasion of his 60th Birthday* (*StudAeg* 14), Budapest, 1992, p. 473-480, pl. XXX.

–, *Hieratische Papyri aus Tebtunis* I = *The Carlsberg Papyri* 2. *Hieratische Papyri aus Tebtunis* I (*CNI Publications* 17), 2 vol., Copenhague, 1998.

J. OSING, Gl. ROSATI, *Tebtynis* = *Papiri geroglifici e ieratici da Tebtynis*, Florence, 1998.

J. OSING, M. MOURSI, D. ARNOLD, O. NEUGEBAUER, R. A. PARKER, D. PINGREE, M. A. NUR-EL-DIN, *Denkmäler der Oase Dachla: aus dem Nachlass von Ahmed Fakhry* (AVDAIK 28), Mayence, 1982.

E. OTTO, *Beiträge zur Geschichte der Stierkulte in Ägypten* (*UGAÄ* 13), Leipzig, 1938 (1964).

–, *Die biographischen Inschriften der ägyptischen Spätzeit* (*ProbÄg* 2), Leyde, 1954.

–, *in* : *Studi Rosellini* = « Zur Uberlieferung eines Pyramidenspruches », *in* : *Studi in memoria di Ippolito Rosellini nel primo centenario della morte (4 giugno 1843 – 4 giugno 1943)*, vol. 2, Pise, 1955, p. 223-237.

–, *Mundöffnungsritual* = *Das ägyptische Mundöffnungsritual* (*ÄgAbh* 3), Wiesbaden, 1960.

–, « Zwei Paralleltexte zu TB 175 », *ChronÉg* 37, n° 74 (1962), p. 249-256.

J. PADRÓ, H. I. AMER, M. ERROUX-MORFIN, M. MASCORT, M. HAMZA, *in* : *Proceedings of the Ninth International Congress of Egyptologists* = « Découverte et premiers travaux à l'Osireion d'Oxyrhynchos », *in* : J.-Cl. GOYON, Chr. CARDIN (éd.), *Proceedings of the Ninth International Congress of Egyptologists: Grenoble, 6-12 septembre 2004*, Louvain, 2007, p. 1443-1454.

L. PANTALACCI, « Une conception originale de la survie osirienne d'après les textes de Basse Époque? », *GöttMisz* 52 (1981), p. 57-66.

L. PANTALACCI, Cl. TRAUNECKER, *Le temple d'el-Qal'a. I. Relevés des scènes et des textes n°s 1 à 112*, Le Caire, 1990.

–, *Le temple d'el-Qal'a II. Relevés des scènes et des textes n°s 113-294 (avec traduction des textes suivis des vol. I et II)*, Le Caire, 1998.

R. A. PARKER, *The Calendars of Ancient Egypt* (*SAOC* 26), Chicago, 1950.

R. A. PARKER, J. LECLANT, J.-Cl. GOYON, *The Edifice of Taharqa by the Sacred Lake of Karnak* (*Brown Egyptological Studies* 8), Providence, Londres, 1979.

R. PARKINSON, St. QUIRKE, *Papyrus*, Londres, 1995.

A. PAULET, « Égyptien de la seconde phase et égyptien de tradition : quelques données issues des textes du temple d'Opet à Karnak », *GöttMisz* 243 (2014), p. 43-48.

J.-Fr. PÉCOIL, « Les sources mythiques du Nil et le cycle de la crue », *BSÉG* 17 (1993), p. 97-110.

St. PASQUALI, *Topographie cultuelle de Memphis 1. a – Corpus : temples et principaux quartiers de la XVIIIe dynastie* (*CENiM* 4), Montpellier, 2011.

St. PASQUALI, B. GESSLER-LÖHR, « Un nouveau relief du grand intendant de Memphis, Ipy, et le temple de Ptah du terrain-*bꜥḥ* », *BIFAO* 111 (2011), p. 285-299.

W. H. PECK, « The Papyrus of Nes-Min: an Egyptian Book of the Dead. Detroit Institute of Arts Acc. No. 1988.10.1-24 », *BDIA* 74 (2000), p. 20-31.

O. PERDU, *in* : *Tanis. L'or des pharaons* = « Les stèles du Sérapéum et l'histoire dynastique », *in* : J.-L. DE CÉNIVAL, J. YOYOTTE, Chr. ZIEGLER, *Tanis. L'or des pharaons. Paris, Galeries Nationales du Grand Palais, 26 mars – 20 juillet 1987. Marseille, Centre de la Vieille Charité, 19 septembre – 30 novembre 1987*, Paris, 1987, p. 152-162.

–, « Une "autobiographie" d'Horirâa revisitée », *RdÉ* 48 (1997), p. 165-184.

–, « Les métamorphoses d'Ândjty », *BSFÉ* 159 (2004), p. 9-28.

–, *in* : *Des dieux, des tombes, un savant* = « Stèle ex-voto », *in* : M. DESTI (dir.), *Des dieux, des tombes, un savant. En Égypte, sur les pas de Mariette Pacha*, Paris, 2004, p. 110.

–, « Un dieu venu de la campagne », *RdÉ* 56 (2005), p. 129-166.

P. W. PESTMAN, « Les documents juridiques des "Chanceliers du Dieu" de Memphis à l'époque ptolémaïque », *OMRO* 44 (1963), p. 8-23.
–, « Jeux de déterminatifs en démotique », *RdÉ* 25 (1973), p. 21-34.
–, *in* : *Gleanings from Deir El-Medina* = « Who Were the Owners, in the "Community of Workmen", of the Chester Beatty Papyri? », *in* : R. J. DEMARÉE, J. J. JANSSEN (éd.), *Gleanings from Deir El-Medina* (*EgUit* 1), Leyde, 1982, p. 155-172.
–, *The Archive of the Theban Choachytes (Second century B.C.). A Survey of the Demotic and Greek Papyri contained in the Archive* (*StudDem* 2), Louvain, 1993.
–, *Les papyrus démotiques de Tsenhor (P. Tsenhor). Les archives privées d'une femme égyptienne du temps de Darius Ier* (*StudDem* 4), 2 vol., Louvain, 1994.
P. PIACENTINI, « Le stele di « Horo sui coccodrili » del Museo Civico Archeologico di Bologna, *SEAP* 4 (1989), p. 1-22.
A. PIANKOFF, « Le Livre des Quererts (1). Premier tableau », *BIFAO* 41 (1945), p. 1-11.
–, « Le Livre des Quererts (2) », *BIFAO* 42 (1945), p. 1-62.
–, « Le Livre des Quererts (3) », *BIFAO* 43 (1945), p. 1-50.
–, « Le Livre des Quererts (fin) », *BIFAO* 45 (1945), p. 1-42.
–, *Les chapelles de Tout-Ankh-Amon* (*MIFAO* 72), 2 vol., Le Caire, 1951-1952.
–, *La création du disque solaire* (*BiÉtud* 19), Le Caire, 1953.
–, *The Litany of Re* (*Bollingen Series* XL. 4). New York, 1964.
A. PIANKOFF, N. RAMBOVA, *The Shrines of Tut-Ankh-Amon*, New York, 1955.
P. PIERRET, *Recueil d'inscriptions inédites du Musée égyptien du Louvre* (*Études égyptologiques* 2), 2 vol., Paris, 1874-1878.
R. PIRELLI, *in* : *Studies Barocas* = « Once More on Undulating Walls in Ancient Egypt: Mythological Reasons or Technical Requirements ? », *in* : R. PIRELLI (éd.), *Egyptological Studies for Claudio Barocas* (*Serie Egyptologica* 1), Naples, 1999, p. 55-94.
J. PIRENNE, *in* : *Mélanges Bidez* = « Le sens des mots rekhit, pat et henmemet dans les textes de l'Ancien Empire égyptien », *in* : *Mélanges Bidez* (*AIPHO* 2), Bruxelles, 1934, p. 689-717.
D. VAN DER PLAS, *L'hymne à la crue du Nil*, 2 vol., Leyde, 1986.
W. PLEYTE, *Chapitres supplémentaires du Livre des Morts*, Leyde, 1881.
W. PLEYTE, F. ROSSI, *Papyrus de Turin. Facsimilés par F. Rossi de Turin et publ. par W. Pleyte de Leyde*, 2 vol., Leyde, 1869-1876.
M.-Ch. POO, *Wine and Wine Offering in the Religion of Ancient Egypt* (*Studies in Egyptology*), Londres, New York, 1995.
St. PORCIER, *in* : *Et in Aegypto et ad Aegyptum* = « Apis, Mnévis, l'Occident et l'Orient », *in* : A. GASSE, Fr. SERVAJEAN, Chr. THIERS (éd.), *Et in Aegypto et ad Aegyptum. Recueil d'études dédiées à Jean-Claude Grenier* (*CENiM* 5), vol. 3, Montpellier, 2012, p. 593-595.
G. POSENER, *La première domination perse en Égypte : recueil d'inscriptions hiéroglyphiques* (*BiÉtud* 11), Le Caire, 1936.
–, « Nouvelles listes de proscription (Ächtungstexte) datant du Moyen Empire », *ChronÉg* 14, n° 27 (1939), p. 39-46.
–, « Les signes noirs dans les rubriques », *JEA* 35 (1949), p. 77-81.
–, « Sur l'emploi de l'encre rouge dans les manuscrits égyptiens », *JEA* 37 (1951), p. 75-80.
–, *Ostraca hiératiques* II, 2 = *Catalogue des ostraca hiératiques littéraires de Deir el Médineh. Tome II, fasc. 2 (N°s 1168 à 1213)* (*DFIFAO* XVIII), Le Caire, 1952.
–, « Philologie et archéologie égyptiennes », *ACF* 75 (1974-1975), p. 405-412.
–, *Ostraca hiératiques* III, 3 = *Catalogue des ostraca hiératiques littéraires de Deir el Médineh. Tome III, fasc. 3 (N°s 1607-1675)* (*DFIFAO* 20), Le Caire, 1980.

–, *Le Papyrus Vandier* (*BiGén* 7), Le Caire, 1985.
–, *Cinq figurines d'envoûtement* (*BiÉtud* 101), Le Caire, 1987.
–, *in* : *Studies Parker* = « La légende de la tresse d'Hathor », *in* : L. H. LESKO (éd.), *Egyptological Studies in Honor of Richard A. Parker. Presented on the Occasion of his 78th Birthday December 10, 1983*, Hanovre, Londres, 1986, p. 111-117.
P. POSENER-KRIÉGER, « Informations et documents », *RdÉ* 12 (1960), p. 93-97.
–, *Les archives du temple funéraire de Néferirkarê-Kakaï (Les papyrus d'Abousir). Traduction et commentaire* (*BiÉtud* 65), 2 vol., Le Caire, 1976.
L. POSTEL, « « Rame » ou « course » ? Enquête lexicographique sur le terme *ḥpt* », *BIFAO* 103 (2003), p. 377-420.
–, *Protocole des souverains égyptiens et dogme monarchique au début du Nouvel Empire* (*MRE* 10), Turnhout, 2004.
R. PREYS, « Hathor, maîtresse des seize et la fête de la navigation à Dendara », *RdÉ* 50 (1999), p. 259-268.
–, « La fête de Paophi et le culte des ancêtres », *RdÉ* 58 (2007), p. 111-122.
–, « Le rituel de la fête du 5 Paophi », *ZÄS* 134 (2007), p. 40-49.
–, « Le rituel de Chedbeg aux mois de Paophi et de Pakhons », *BIFAO* 108 (2008), p. 309-324.
–, « Nekhbet, l'œil droit du dieu solaire », *RdÉ* 61 (2010), p. 159-177.
A. H. PRIES, *Schutz des Königs* = *Das nächtliche Stundenritual zum Schutz des Königs und verwandte Kompositionen. Der papyrus Kairo 58027 und die Textvarianten in den Geburtshäusern von Dendara und Edfu* (*SAGA* 27), Heidelberg, 2009.
–, *Die Stundenwachen im Osiriskult. Eine Studie zur Tradition und späten Rezeption von Ritualen im Alten Ägypten* (*SSR* 2), Wiesbaden, 2011.
–, (éd.), *Die Variation der Tradition. Modalitäten der Ritualadaption im Alten Ägypten. Akten des Internationalen Symposions vom 25.-28. November 2012 in Heidelberg* (*OLA* 240), Louvain, à paraître.

J. Fr. QUACK, *Studien zur Lehre für Merikare* (*GOF* IV, 23), Wiesbaden, 1992.
–, *Die Lehren des Ani: ein neuägyptischer Weisheitstext in seinem kulturellen Umfeld* (*OBO* 141), Fribourg, Göttingen, 1994.
–, « Dekane und Gliedervergottung : altägyptische Traditionen im Apokryphon Johannis », *JAC* 38 (1995), p. 97-122.
–, « Das Pavianshaar und die Taten des Thot (pBrooklyn 47.218.48+85 3,1-6) », *SAK* 23 (1996), p. 305-333.
–, « Fr.-R. Herbin, *Le livre de parcourir l'éternité* », *OLZ* 91 (1996), p. 151-158.
–, « Zu einer ungewöhnlichen Zeichengruppierung im Papyrus Giessen 115 », *GöttMisz* 159 (1997), p. 85-86.
–, « Philologische Miszellen 3 », *LingAeg* 5 (1997), p. 237-240.
–, « Ein übersehener Beleg für den Imhotep-Kult in Theben », *RdÉ* 49 (1998), p. 255-256
–, « Ein kleines Fragment der großen Litanei des Geb », *SAK* 27 (1999), p. 301-312, pl. 14.
–, « Ein neuer funerärer Text der Spätzeit (pHohenzollern-Sigmaringen II) », *ZÄS* 127 (2000), p. 74-87.
–, « Die Rituelle Erneuerung der Osirisfigurinen », *WdO* 31 (2000/2001), p. 5-18.
–, *in* : *La magie en Égypte* = « La magie au temple », *in* : Y. KOENIG (éd.), *La magie en Égypte : à la recherche d'une définition. Actes du colloque organisé par le musée du Louvre les 29 et 30 septembre 2000*, Paris, 2002, p. 41-68.
–, *in* : *5. Ägyptologische Tempeltagung* = « Die Dienstanweisung des Oberlehrers aus dem Buch vom Tempel », *in* : H. BEINLICH, J. HALLOF, H. HUSSY, Chr. VON PFEIL (éd.), *5.*

Ägyptologische Tempeltagung. Würzburg, 23.-36. September 1999 (*ÄAT* 33/3), Wiesbaden, 2002, p. 159-171.

–, « Der pränatale Geschlechtsverkehr von Isis und Osiris sowie eine Notiz zum Alter des Osiris », *SAK* 32 (2004), p. 327-332.

–, *in* : *Mélanges Zauzich* = « Fragmente memphitischer Religion und Astronomie in semidemotischer Schrift (pBerlin 14402 + pCarlsberg 651 + PSI Inv. D 23) », *in* : F. HOFFMANN, H. J. THISSEN (éd.), *Res severa verum gaudium. Festschrift für Karl-Theodor Zauzich zum 65. Geburtstag am 8. Juni 2004* (*StudDem* 6), Louvain, Paris, Dudley, 2004, p. 467-496, pl. 37-39.

–, « Verwaltungsprobleme in Elephantine (Neuanalyse von pBerlin 13537) », *Enchoria* 29 (2004-2005), p. 60-66.

–, *in* : *Text und Ritual* = « Ein Prätext und seine Realisierungen. Aspekte des ägyptischen Mundöffnungsrituals », *in* : H. ROEDER, B. DÜCKER (éd.), *Text und Ritual. Essays und kulturwissenschaftliche Studien von Sesostris bis zu den Dadaisten*, Heidelberg, 2005, p. 165-185.

–, « Positionspräzise Nachträge in spätzeitlichen Handschriften », *SAK* 33 (2005), p. 343-347.

–, « Ein Unterweltsbuch der solar-osirianischen Einheit? », *WdO* 35 (2005), p. 22-47.

–, *in* : *Genealogie* = « Ämtererblichkeit und Abstammungsvorschriften bei Priestern nach dem Buch vom Tempel », *in* : M. FITZENREITER (éd.), *Genealogie – Realität und Fiktion von Identität. Workshop am 04. Und 05. Juni 2004* (*IBAES* 5), Londres, 2005, p. 97-102.

–, *in* : *Carlsberg Papyri* 7 = « Eine Handschrift des Sokarrituals (P. Carlsberg 656) », *in* : K. RYHOLT (éd.), *The Carlsberg Papyri 7. Hieratic Texts from the Collection* (*CNI Publications* 30), Copenhague, 2006, p. 65-68, pl. 6 et 6A.

–, *in* : *Carlsberg Papyri* 7 = « Fragmente des Mundöffnungsrituals aus Tebtynis (P. Carlsberg 395 + PSI inv. I 100 + P. Berlin 29025 ; P. Carlsberg 406 + PSI inv. I 100 + P. Berlin 29023 ; P. Carlsberg 407 + P. Berlin 29026 ; P. Carlsberg 408 + P. Berlin 29024 ; P. Carlsberg 586 ; P. Tebt. Tait 33 vs.) », *in* : K. RYHOLT (éd.), *The Carlsberg Papyri 7. Hieratic Texts from the Collection* (*CNI Publications* 30), Copenhague, 2006, p. 69-150, pl. 7-19.

–, « Opfermahl und Feindvernichtung im Altägyptischen Ritual », *MBGA* 27 (2006), p. 67-80.

–, *in* : *6. Ägyptologische Tempeltagung* = « Die Götterliste des Buches vom Tempel und die überregionalen Dekorationsprogramme », *in* : B. HARING, A. KLUG (éd.), *6. Ägyptologische Tempeltagung. Funktion und Gebrauch altägyptischer Tempelraüme. Leiden, 4.-7. September 2002* (*ÄAT* 33, 4), Wiesbaden, 2007, p. 213-235.

–, *in* : *Diener des Horus* = « Corpus oder Membra disjecta. Zur Sprach- und Redaktionskritik des Papyrus Jumilhac », *in* : W. WAITKUS (éd.), *Diener des Horus – Festschrift für Dieter Kurth zum 65. Geburtstag* (*Aegyptiaca Hamburgensia* 1), Gladbeck, 2008, p. 203-228.

–, *in* : *Altägyptische Weltsichten* = « Geographie als Struktur in Literatur und Religion », *in* : F. ADROM, K. et A. SCHLÜTER (éd.), *Altägyptische Weltsichten* (*ÄAT* 68), Wiesbaden, 2008, p. 131-157.

–, *in* : *Le culte d'Osiris* = « Les normes pour le culte d'Osiris. Les indications du Manuel du temple sur les lieux et les prêtres osiriens », *in* : L. COULON (éd.), *Le culte d'Osiris au 1er millénaire av. J.-C. : découvertes et travaux récents. Actes de la table ronde internationale tenue à Lyon, Maison de l'Orient et de la Méditerranée (université Lumière-Lyon 2) les 8 et 9 juillet 2005* (*BiÉtud* 153), Le Caire, 2010, p. 23-30.

–, *Concepts of Kingship in Antiquity* = « How Unapproachable is a Pharaoh? », *in* : G. B. LANFRANCHI, R. ROLLINGER (éd.), *Concepts of Kingship in Antiquity. Proceedings of the European Science Foundation Exploratory Workshop held in Padova, November 28th –*

December 1st 2007 (*History of the Ancient Near East Monographs* 11), Padoue, 2010, p. 1-14.

–, « Review: Beinlich, Horst 2009. Papyrus Tamerit 1: ein Ritualpapyrus der ägyptischen Spätzeit », *WdO* 41 (2011), p. 131-143.

–, « H. S. SMITH – C. A. R. ANDREWS – Sue DAVIES, The Sacred Animal Necropolis at North Saqqara: The Mother of Apis Inscriptions. EES Texts from Excavations 14. London, Egypt Exploration Society, 2011 », *Orientalia* 81 (2012), p. 386-389.

–, *in* : *Periodisierung und Epochenbewußtsein* = « Reiche, Dynastien, ... und auch Chroniken? Zum Bewußtsein der eigenen Vergangenheit im Alten Ägypten », *in* : J. WIESEHÖFER, Th. KRÜGER (éd.), *Periodisierung und Epochenbewußtsein in der antiken Geschichtsschreibung* (*Oriens et Occidens* 20), Stuttgart, 2012, p. 9-36.

–, *in* : *Auf den Spuren des Sobek* = « Das Dekret des Amun an Isis. Papyrus Kairo CG 58034 + 58028 », *in* : J. HALLOF (éd.), *Auf den Spuren des Sobek. Festschrift für Horst Beinlich zum 28. Dezember 2012* (*SRaT* 12), Dettelbach, 2012, p. 223-244.

–, *in* : *Ramesside Studies* = « Beiträge zu einigen religiösen und magischen Texte », *in* : M. COLLIER, S. SNAPE (éd.), *Ramesside Studies in Honour of K. A. Kitchen*, Bolton, 2011, p. 413-416.

–, *in* : *Forschung in der Papyrussammlung* = « Anrufungen an Osiris als nächtlichen Sonnengott im Rahmen eines Königsrituals (Pap. Berlin P. 23026) », *in* : V. M. LEPPER (éd.), *Forschung in der Papyrussammlung: eine Festgabe für das Neue Museum*, Berlin, 2012, p. 165-187.

–, *in* : *Forschung in der Papyrussammlung* = « Reste eines Kultkalenders (Pap. Berlin P. 14472 + Pap. Strasbourg BNU hier. 38 a und Pap. Berlin P. 29065) », *in* : V. M. LEPPER (éd.), *Forschung in der Papyrussammlung: eine Festgabe für das Neue Museum*, Berlin, 2012, p. 189-206.

–, *in* : *Menschenbilder* = « Der Weber als Eunuch im Alten Ägypten », *in* : A. BERLEJUNG, J. DIETRICH, J. Fr. QUACK (éd.), *Menschenbilder und Körperkonzepte im Alten Israel, in Aegypten und im Alten Orient* (*ORA* 9), Tübingen, 2012, p. 519-526.

–, (éd.), *Ägyptische Rituale der griechisch-römischen Zeit* (*ORA* 6), Tübingen, 2014.

–, *in* : *Ägyptische Rituale* = « Eine Götterinvokation mit Fürbitte für Pharao und den Apisstier (Ostrakon Hor 18) », *in* : J. Fr. QUACK (éd.), *Ägyptische Rituale der griechisch-römischen Zeit* (*ORA* 6), Tübingen, 2014, p. 83-119.

–, *in* : *Liturgical Texts for Osiris and the Deceased* = « Das Mundöffnungsritual als Tempeltext und Funerärtext », *in* : B. BACKES, J. DIELEMAN (éd.), *Liturgical Texts for Osiris and the Deceased in Late Period and Greco-Roman Egypt / Liturgische Texte für Osiris und Verstorbene im spätzeitlichen Ägypten: Proceedings of the Colloquiums at New York (ISAW), 6 May 2011, and Freudenstadt, 18-21 July 2012* (*SSR* 14), Wiesbaden, 2015, p. 145-159.

J. QUAEGEBEUR, « Ptolémée II en adoration devant Arsinoé II divinisée », *BIFAO* 69 (1971), p. 191-217.

–, « Contribution à la prosopographie des prêtres memphites à l'époque ptolémaïque », *AncSoc* 3 (1972), p. 77-109.

–, *Le dieu égyptien Shaï dans la religion et l'onomastique* (*OLA* 2), Louvain, 1975.

–, « Les papyrus démotiques des Musées Royaux d'Art et d'Histoire à Bruxelles », *Enchoria* 8, Sonderband (1978), p. 25-28.

–, *in* : *Actes du XVe congrès international de papyrologie* = « De nouvelles archives de familles thébaines à l'aube de l'époque ptolémaïque », *in* : J. BINGEN, G. NACHTERGAEL (éd.), *Actes du XVe congrès international de papyrologie. Bruxelles-Louvain, 29 août – 3 septembre 1977. Quatrième partie : papyrologie documentaire* (*Papyrologica Bruxellensia* 19), Bruxelles, 1979, p. 40-48.

–, *in* : *Ptolemaic Memphis* = « The Genealogy of the Memphite High Priest Family in the Hellenistic Period », *in* : D. J. CRAWFORD, J. QUAEGEBEUR, W. CLARYSSE (éd.), *Studies on Ptolemaic Memphis* (*StudHell* 24), Louvain, 1980, p. 43-81.

–, *in* : *L'Égyptologie en 1979* = « Documents grecs et géographie historique. Le Mendésien », *in* : *L'Égyptologie en 1979. Axes prioritaires de recherches* I (*Colloques Internationaux du CNRS* 595), Paris, 1982, p. 267-272.

–, *in* : *Hermes Aegyptiacus* = « Diodore I.20 et les mystères d'Osiris », *in* : T. DUQUESNE (éd.), *Hermes Aegyptiacus: Egyptological Studies for B. H. Stricker on his 85th Birthday*, Oxford, 1985, p. 157-181.

–, *in* : *Hommages Daumas* = « Thot-Hermès, le dieu le plus grand! », *in* : Anon. (éd.), *Hommages à François Daumas*, vol. 2, Montpellier, 1986, p. 525-544.

–, *in* : *Form und Mass* = « La désignation (*pꜣ*) *ḥry-tp* : phritob », *in* : J. OSING, G. DREYER (éd.), *Form und Mass. Beiträge zur Literatur, Sprache und Kunst des alten Ägypten. Festschrift für Gerhard Fecht zum 65. Geburtstag am 6. Februar 1987* (*AÄT* 12), Wiesbaden, 1987, p. 368-394.

–, *in* : *Aspects of Demotic Lexicography* = « Aspects de l'onomastique démotique : formes abrégées et graphies phonétiques », *in* : S. P. VLEEMING (éd.), *Aspects of Demotic Lexicography: Acts of the Second International Conference for Demotic Studies, Leiden, 19-21 September 1984*, Louvain, 1987, p. 75-84.

–, *in* : *Funerary Symbols* = « Lettres de Thot et décrets pour Osiris », *in* : J. H. KAMSTRA, H. MILDE, K. WAGTENDONK (éd.), *Funerary Symbols and Religion. Essays dedicated to Professor M.S.H.G. Heerma van Voss on the occasion of his retirement from the Chair of the History of Ancient Religions at the University of Amsterdam*, Kampen, 1988, p. 105-126.

–, « *Phritob* comme titre d'un haut fonctionnaire ptolémaïque », *AncSoc* 20 (1989), p. 159-168.

–, *in* : *Life in a Multi-Cultural Society* = « Greco-Roman Double Names as a Feature of a Bi-cultural Society : The case of Ψοσνευς ὁ καὶ Τριάδελφος », *in* : J. H. JOHNSON (éd.), *Life in a Multi-Cultural Society : Egypt from Cambyses to Constantine and Beyond* (*SAOC* 51), Chicago, 1992, p. 265-272.

–, *in* : *Ritual and Sacrifice* = « L'autel-à-feu et l'abattoir en Égypte tardive », *in* : J. QUAEGEBEUR (éd.), *Ritual and Sacrifice in the Ancient Near East. Proceedings of the International Conference organized by the Katholieke Universiteit Leuven from the 17th to the 20th of April 1991* (*OLA* 55), Louvain, 1993, p. 329-353.

–, « Études démotiques et égyptologie : quelques titres et noms de métier », *EVO* 17 (1994), p. 239-249.

–, *in* : *Hundred-Gated Thebes* = « À la recherche du haut clergé thébain à l'époque gréco-romaine », *in* : S. P. VLEEMING (éd.), *Hundred-Gated Thebes. Acts of a Colloquium on Thebes and the Theban Area in the Graeco-Roman Period* (*P.L.Bat.* 27), Leyde, 1995, p. 139-161, pl. III-VII.

St. QUIRKE, *Owners of Funerary Papyri in the British Museum* (*BM Occasional Paper* 92), Londres, 1993.

–, *in* : *Ancient Egyptian Literature* = « Archive », *in* : A. LOPRIENO (éd.), *Ancient Egyptian Literature. History and Forms* (*ProblÄg* 10), Leyde, New York, Cologne, 1996.

–, *in* : *Tribute James* = « The Last Books of the Dead? », *in* : W. DAVIES (éd.), *Studies in Egyptian Antiquities. A Tribute to T.G.H. James* (*BMOP* 123), Londres, 1999, p. 83-98.

–, *Going out in Daylight – prt m hrw. The Ancient Egyptian Book of the Dead. Translation, sources, meanings* (*GHP Egyptology* 10), Londres, 2013.

Chl. RAGAZZOLI, *in* : *Forschung in der Papyrussammlung* = « Un nouveau manuscrit du scribe Inéna? Le recueil de miscellanées du Papyrus Koller (Pap. Berlin P. 3043) », *in* : V. LEPPER (éd.), *Forschung in der Papyrussammlung: eine Festgabe für das Neue Museum*, Berlin, 2012, p. 207-239.

H. RANKE, *PN* = *Die ägyptischen Personennamen*, 3 vol., Glückstadt, 1935-1977.

M. J. RAVEN, « Papyrus-sheats and Ptah-Sokar-Osiris Statues », *OMRO* 59/60 (1978-1979), p. 252-296, pl. 39-41.

–, « Corn-Mummies », *OMRO* 63 (1982), p. 7-38.

–, « Wax in Egyptian Magic and Symbolism », *OMRO* 64 (1983), p. 7-47.

–, « Magic and Symbolic Aspects of Certain Materials in Ancient Egypt », *VA* 4 (1988), p. 237-242.

–, *in* : *Essays te Velde* = « Charms for Protection during the Epagomenal Days », *in* : J. VAN DIJK, *Essays on Ancient Egypt in honour of Herman te Velde*, Groningen, 1997, p. 275-291.

J. D. RAY, *The Archive of Hor*, Londres, 1976.

–, *in* : *Studies H. S. Smith* = « Dreams before a Wise Man: a demotic ostracon in the Nicholson Museum, University of Sydney (inv. R. 98) », *in* : A. LEAHY, J. TAIT (éd.), *Studies on ancient Egypt in honour of H. S. Smith*, Londres, 1999, p. 241-247.

–, *Qasr Ibrim* = *Demotic Papyri and Ostraca from Qasr Ibrim* (*Excavation Memoir* 13), Londres, 2005.

–, *Texts from the Baboon and Falcon Galleries: Demotic, Hieroglyphic and Greek Inscriptions from the Sacred Animal Necropolis, North Saqqara* (*Texts from Excavations* 15), Londres, 2011.

V. RAZANAJAO, « La stèle de Gemenefhorbak (Caire JE 85932). Dieux, fêtes et rites osiriens à Imet », *BIFAO* 106 (2006), p. 219-244.

–, « La demeure de Min maître d'Imet : un monument de Tell Farâoun réinterprété », *ENiM* 2 (2009), p. 103-108.

–, *in* : *Egypt in Transition* = « Du Un au Triple : réflexions sur la mise en place de la triade d'Imet et l'évolution d'un système théologique local », *in* : L. BAREŠ, F. COPPENS, K. SMOLÁRIKOVÁ (éd.), *Egypt in Transition: Social and Religious Development of Egypt in the First Millennium BCE. Proceedings of an International Conference, Prague, September 1-4, 2009*, Prague, 2010, p. 354-375.

–, *in* : *Hommages Yoyotte* II = « Un hymne au dieu enfant d'Imet (Saint-Pétersbourg, musée de l'Ermitage, n° 18055) », *in* : Chr. ZIVIE-COCHE, I. GUERMEUR (éd.), *« Parcourir l'éternité ». Hommages à Jean Yoyotte* (*BEHESR* 156), 2 vol., Turnhout, 2012, p. 923-938.

D. VON RECKLINGHAUSEN, M. A. STADLER (éd.), *KultOrte. Mythen, Wissenschaft und Alltag in den Tempeln Ägyptens*, Würzburg, 2011.

D. B. REDFORD, « An Interim Report on the Second Season of Work at the Temple of Osiris, Ruler of Eternity, Karnak », *JEA* 59 (1973), p. 16-30.

–, *City of the Ram-Man: The Story of Ancient Mendes*, Princeton, Oxford, 2010.

H. REFAI, « Überlegungen zur Baumgöttin », *BIFAO* 100 (2000), p. 383-392.

I. RÉGEN, *in* : *D3T* 3 = « Quand Isis met à mort Apophis. Variantes tardives de la 7e heure de l'*Amdouat* », *in* :Chr. THIERS (éd.), *Documents de théologie thébaine tardive* (*D3T* 3) (*CENiM*), Montpellier, à paraître.

N. J. REICH, « The Papyrus-Archive in the Philadelphia University Museum (the Papyri from Dirā Abū 'l-Naga) », *Mizraim* 8 (1938), p. 7-14, pl. 11-20.

–, « The Papyrus-Archive in the Philadelphia University Museum (the Papyri from Dirā Abū 'l-Naga) », *Mizraim* 9 (1938), p. 7-18, pl. 21-28.
E. REVILLOUT, « Une famille de paraschistes ou taricheutes thébains », *ZÄS* 17 (1879), p. 83-92.
–, *Chrestomathie démotique* (*Études égyptologiques* 13-16), Paris, 1880.
H. RICKE, « Eine Inventartafel aus Heliopolis im Turiner Museum », *ZÄS* 71 (1935), p. 111-133.
A. RICKERT, *Gottheit und Gabe. Eine ökonomische Prozession im Soubassement des Opettempels von Karnak und ihre Parallele in Kôm Ombo* (SSR 4), Wiesbaden, 2011.
Chr. RIGGS, « Forms of the *Wesekh* Collar in Funerary Art of the Graeco-Roman Period », *ChronÉg* 76, n° 151 (2001), p. 57-68.
–, *The Beautiful Burial in Roman Egypt*, Oxford, 2005.
–, « Archaism and Artistic Sources in Roman Egypt. The Coffins of the Soter Family and the Tempel of Deir el-Medina », *BIFAO* 106 (2006), p. 315-332.
R. K. RITNER, « Anubis and the Lunar Disc », *JEA* 71 (1985), p. 149-155.
–, *in* : *Religion and Philosophy* = « Horus on the Crocodiles : a Juncture of Religion and Magic in Late Dynastic Egypt », *in* : *Religion and Philosophy in Ancient Egypt* (*YES* 3), New Haven, 1989, p. 103-116.
–, « So-called "Pre-dynastic Hamster-headed" Figurines in London and Hanover », *GöttMisz* 111 (1989), p. 85-95.
–, « O. Gardiner 363: a Spell against Night Terrors », *JARCE* 27 (1990), p. 25-41.
–, *Magical Practice* = *The Mechanics of Ancient Egyptian Magical Practice* (*SAOC* 54), Chicago, 1993.
–, *The Libyan Anarchy. Inscriptions from Egypt's Third Intermediate Period*, Atlanta, 2009.
J. RIZZO, « *Bjn* : de mal en pis », *BIFAO* 105 (2005), p. 295-320.
–, « Le terme *ḏw* comme superlatif de l'impur. L'exemple de *ꜥbw ḏw* », *RdÉ* 58 (2007), p. 123-135.
–, « L'exclusion de *ḏw* de l'espace sacré du temple », *ENiM* 5 (2012), p. 119-131.
J. A. ROBERSON, *The Awakening of Osiris and the Transit of the Solar Barques. Royal Apotheosis in the Most Concise Book of the Underworld and Sky* (*OBO* 262), Fribourg, Göttingen, 2013.
A. ROCCATI, *in* : *Atti del 1° Convegno* = « L'offerta di Geb », *in* : *Atti del 1° Convegno Italiano sul Vicino Oriente Antico (Roma, 22-24 Aprile 1976)* (*Orientis Antiqui Collectio* 13), Rome, 1978, p. 101-108, pl. 17-24.
–, *Magica Taurinensia. Il grande papiro magico di Torino e suoi duplicati, Paleografia a cura di Giuseppina Lenzo*, Rome, 2011.
M. ROCHHOLZ, *Schöpfung, Feindvernichtung, Regeneration. Untersuchung zum Symbolgehalt der machtgeladenen Zahl 7 im alten Ägypten* (*ÄAT* 56), Wiesbaden, 2002.
G. ROEDER, *Naos (CG 70001-70050)*, Leipzig, 1914.
H. ROEDER, *Mit dem Auge sehen. Studien zur Semantik der Herrschaft in den Toten- und Kulttexten* (*SAGA* 16), Heidelberg, 1996.
E. ROGGE, *CAA Wien* 6 = *Statuen des neuen Reiches und der dritten Zwischenzeit* (*CAA Wien* 6), Mayence, 1990.
V. RONDOT, « Une monographie bubastite », *BIFAO* 89 (1989), p. 249-270.
–, « Le naos de Domitien, Toutou et les sept flèches », *BIFAO* 90 (1990), p. 303-337.
D. ROSENOW, « The Naos of "Bastet, Lady of the Shrine" from Bubastis », *JEA* 94 (2008), p. 247-266.

U. RÖSSLER-KÖHLER, *Kapitel 17 des Ägyptischen Totenbuches. Untersuchungen zur Textgeschichte und Funktion eines Textes der altägyptischen Totenliteratur* (*GOF* IV, 10), Wiesbaden, 1979.

–, *Zur Tradierungsgeschichte des Totenbuches zwischen der 17. und 22. Dynastie (Tb 17)* (*SAT* 3), Wiesbaden, 1999.

A. M. ROTH, *Egyptian Phyles in the Old Kingdom. The Evolution of a System of Social Organization* (*SAOC* 48), Chicago, 1991.

–, « The *psš-kf* and the "Opening of the Mouth" Ceremony: A Ritual of Birth and Rebirth », *JEA* 78 (1992), p. 113-147.

S. ROTH, *Die Königsmutter des Alten Ägypten von der Frühzeit bis zum Ende der 12. Dynastie* (*ÄAT* 46), Wiesbaden, 2001.

G. ROULIN, *Le Livre de la nuit. Une composition égyptienne de l'au-delà* (*OBO* 147), 2 vol., Fribourg, Göttingen, 1996.

G. RÜHLMANN, « „Deine Feinde fallen unter deine Sohlen". Bemerkungen zu einem altorientalischen Machtsymbol », *WZH* 20, n° 2 (1971), p. 61-84.

U. RUMMEL, « Das Pantherfell als Kleidungsstück im Kult : Bedeutung, Symbolgehalt, und theologische Verortung einer magischen Insignie », *Imago Aegypti* 2 (2007), p. 109-152.

–, *Iunmutef. Konzeption und Wirkungsbereich eines altägyptischen Gottes* (*SDAIK* 33), Berlin, New York, 2010.

Sv. RUZANOVA, *in* : *L'Acqua nell'antico Egitto* = « Neith of Sais as Water Goddess », *in* : A. AMENTA M. M. LUISELLI, M. N. SORDI (éd.), *L'Acqua nell'antico Egitto. Proceedings of the First International Conference for Young Egyptologists. Italy, Chianciano Terme. October 15-18, 2003*, Rome, 2005, p. 371-374.

M.-L. RYHINER, *La procession des étoffes et l'union à Hathor* (*Rites égyptiens* VIII), Bruxelles, 1995.

K. RYHOLT, *in* : *Actes du IXe congrès international des études démotiques* = « The Life of Imhotep (P. Carlsberg 85) », *in* : G. WIDMER, D. DEVAUCHELLE (éd.), *Actes du IXe congrès international des études démotiques. Paris, 31 août – 3 septembre 2005* (*BiÉtud* 147), Le Caire, 2009, p. 305-315.

Ch. SAMBIN, *L'offrande de la soit-disant "clepsydre" : le symbole šbt / wnšb / wtt* (*StudAeg* 11), Budapest, 1988.

C. SAMBIN, J.-Fr. CARLOTTI, « Une porte de fête-sed de Ptolémée II remployée dans le temple de Montou à Médamoud », *BIFAO* 95 (1995), p. 383-457.

G. M. SANCHEZ, E. S. MELTZER, *The Edwin Smith Papyrus: updated Translation of the Trauma Treatise and Modern Medical Commentaries*, Atlanta, 2012.

C. E. SANDER-HANSEN, *Anchnesneferibre = Die religiösen Texte auf dem Sarg der Anchnesneferibre*, Copenhague, 1937.

–, *Die Texte der Metternichstele* (*Analecta Aegyptiaca* 7), Copenhague, 1956.

M. SANDMAN-HOLMBERG, *The God Ptah*, Lund, 1946.

S. SANDRI, *Har-pa-chered (Harpokrates). Die Genese eines ägyptischen Götterkindes* (*OLA* 151), Louvain, 2006.

H. SATZINGER, « Übersicht über die Papyri der Ägyptisch-Orientalischen Sammlung in Wien », *GöttMisz* 75 (1984), p. 31-35.

S. SAUNERON, « Le nom d'Héliopolis à la Basse Époque », *RdÉ* 8 (1951), p. 191-194.

–, *Rituel de l'embaumement. Pap. Boulaq III. Pap. Louvre 5.158*, Le Caire, 1952.

–, « Le « Chancelier du dieu » (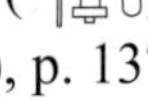) dans son double rôle d'embaumeur et de prêtre d'Abydos », *BIFAO* 51 (1952), p. 137-171.

–, « À propos de deux signes “ptolémaïques” », *BIFAO* 56 (1957), p. 77-79.
–, « L'Abaton de la campagne d'Esna (Note préliminaire) », *MDAIK* 16 (1958), p. 271-279.
–, *in* : *Les songes et leur interprétation* = « Les songes et leur interprétation dans l'Égypte ancienne », *in* : *Les songes et leur interprétation* (*Sources orientales* 2), Paris, 1959.
–, « Le nouveau sphinx composite du Brooklyn Museum et le rôle du dieu Toutou-Tithoès », *JNES* 19 (1960), p. 269-287.
–, « Le germe dans les os », *BIFAO* 60 (1960), p. 19-27.
–, « La légende des sept propos de Methyer au temple d'Esna », *BSFÉ* 32 (1961), p. 43-51.
–, *Les fêtes religieuses d'Esna aux derniers siècles du paganisme* (*Esna* V), Le Caire, 1962.
–, « Remarques de philologie et d'étymologie », *RdÉ* 15 (1963), p. 49-62.
–, « Villes et légendes d'Égypte », *BIFAO* 62 (1964), p. 33-57.
–, « Remarques de philologie et d'étymologie (§§ 36-45) », *BIFAO* 64 (1966), p. 1-10.
–, *Le papyrus magique illustré de Brooklyn [Brooklyn Museum 47.218.156]* (*Wilbour Monographs* 3), New York, 1970.
–, « Villes et légendes d'Égypte (§XXX-XXXIII) », *BIFAO* 69 (1971), p. 43-59.
–, *Villes et légendes d'Égypte* (*BiÉtud* 90), Le Caire, 1983 (1974).
–, « Some Newly Unrolled Hieratic Papyri in the Wilbour Collection of The Brooklyn Museum », *BMA* 8 (1966-67), p. 98-102.
–, « The Wilbour Papyri in Brooklyn: A Progress Report », *BMA* 10 (1968-69), p. 109-113.
–, *La porte ptolémaïque de l'enceinte de Mout à Karnak. Dessins de Laïla Ménassa Zeyni. Ouvrage publié avec la collaboration de S. Cauville et F. Laroche-Traunecker* (*MIFAO* 107), Le Caire, 1983.
–, *Un traité égyptien d'ophiologie. Papyrus du Brooklyn Museum No. 47.218.48 et 85* (*BiGen* 11), Le Caire, 1989.
S. SAUNERON, J. YOYOTTE, *in* : *La naissance du monde* = « La naissance du monde selon l'Égypte ancienne », *in* : *La naissance du monde* (Sources orientales 1), Paris, 1959, p. 17-91.
A. SCHARFF, « Ein Denkstein der römischen Kaiserzeit aus Achmim », *ZÄS* 62 (1927), p. 86-107.
S. SCHEUBLE, *in* : *Interkulturalität in der Alten Welt* = « Griechen und Ägypter im ptolemäischen Heer – Bemerkungen zum Phänomen der Doppelnamen im ptolemäischen Ägypten », *in* : R. ROLLINGER, B. GUFLER, M. LANG, I. MADREITER (éd.), *Interkulturalität in der Alten Welt. Vorderasien, Hellas, Ägypten und die vielfältigen Ebenen des Kontakts* (*Philippika* 34), Wiesbaden, 2010, p. 551-560.
E. SCHIAPARELLI, *Il libro dei funerali degli antichi Egiziani*, Rome, Turin, Florence, 1881-1890.
H. D. SCHNEIDER, *in* : *Hommages Leclant* 4 = « Bringing the Ba to the Body. A Glorification Spell for Padinekhtnebef », *in* : C. BERGER, G. CLERC, N. GRIMAL (éd.), *Hommages à Jean Leclant* (*BiÉtud* 106), 4 vol., Le Caire, 1994, p. 355-362.
Th. SCHNEIDER, « The First Documented Occurrence of the God Yahweh? (Book of the Dead, Princeton “Roll 5”) », *JANER* 7, n° 2 (2007), p. 113-120.
–, *in* : *Der Totenbuch-Papyrus Princeton Pharaonic Roll 5* = « Zur Interpretation des Eigennamens des Papyrus-Besitzers », *in* : B. LÜSCHER, *Der Totenbuch-Papyrus Princeton Pharaonic Roll 5*, Bâle, 2008, p. 45-50.
S. SCHOTT, *Urkunden* VI = *Urkunden mythologischen Inhalts* (*Urkunden des ägyptischen Altertums* VI), 2 vol., Leipzig, 1929-1939.
–, « Drei Sprüche gegen Feinde », *ZÄS* 65 (1930), p. 35-42.
–, « Ein Amulett gegen den bösen Blick », *ZÄS* 67 (1931), p. 106-110.

–, *Altägyptische Festdaten* (*Abhandlungen der Geistes- und sozialwissenschaftlichen Klasse* 10), Wiesbaden, 1950.

–, *Das schöne Fest vom Wüstentale: Festbräuche einer Totenstadt* (*Abhandlungen der Geistes- und Sozialwissenschaftlichen Klasse* 1952), Mayence, Wiesbaden, 1953.

–, *Die Deutung der Geheimnisse des Rituals für die Abwehr des Bösen* (*AAWMainz* 5), Wiesbaden, 1954.

–, « "Zweimal" als Ausrufungszeichen », ZÄS 79 (1954), p. 54-65.

–, « Totenbuchspruch 175 in einem Ritual zur Vernichtung von Feinden », *MDAIK* 14 (1956), p. 181-189, pl. 1*-10*.

–, *Die Reinigung Pharaos in einem memphitischen Tempel (Berlin P 13242)*, Göttingen, 1957 = NAWG 3 (1957), p. 45-92, pl. I-XII.

–, *Wall Scenes from the Mortuary Chapel of the Mayor Paser at Medinet Habu*. Translated by Elizabeth B. Hauser (*SAOC* 30), Chicago, 1957.

–, « Die Opferliste als Schrift des Thoth », *ZÄS* 90 (1963), p. 103-110.

–, « Nut spricht als Mutter und Sarg », *RdÉ* 17 (1965), p. 81-87.

–, « Falke, Geier und Ibis als Krönungsboten », *ZÄS* 95 (1968), p. 54-65.

–, « Thot le dieu qui vole des offrandes et qui trouble le cours du temps », *CRAIBL* 1970 (1971), p. 547-556.

–, « Thoth als Verfasser heiliger Schriften », *ZÄS* 99 (1972), p. 20-25.

–, *Bücher und Bibliotheken im Alten Ägypten. Verzeichnis der Buch- und Spruchtitel und der Termini technici.* Aus dem Nachlass niedergeschrieben von Erika Schott. Mit einem Wortindex von Alfred Grimm, Wiesbaden, 1990.

G. SCHREIBER, « Remarks on the Iconography of Wind-Gods », *RRE* 2-3 (1998-1999), p. 85-102.

–, *in* : *Proceedings of the Fourth CECYE* = « The final acts of embalming: an archaeological note on some rare objects in Theban elite burials of the early Ptolemaic Period », *in* : K. ENDREFFY, A. GULYÁS (éd.), *Proceedings of the Fourth Central European Conference of Young Egyptologists: 31 August – 2 September 2006, Budapest* (*StudAeg* 18), Budapest, 2007, p. 337-356.

P. SCHUBERT, *Les archives de Marcus Lucretius Diogenes et textes apparentés* (*PTA* 39), Bonn, 1990.

–, *Philadelphie. Un village égyptien en mutation entre le IIe et le IIIe siècle ap. J.-C.* (*SBA* 34), Bâle, 2007.

A. R. SCHULMAN, « Some Observations on the *ꜣḫ iḳr n Rꜥ*-Stelae », *BiOr* 43 (1986), p. 302-348.

I. W. SCHUMACHER, *Der Gott Sopdu, der Herr der Fremdländer* (*OBO* 79), Fribourg, Göttingen, 1988.

K. C. SEELE, *The Tomb of Tjanefer at Thebes* (*OIP* 86), Chicago, 1959.

H. SELIM, « The naophorous Statue JE 38016 in the Cairo Museum », *MDAIK* 56 (2000), p. 361-369.

Fr. SERVAJEAN, *in* : *Univers végétal* I : « Enquête sur la palmeraie de Bouto I. Les lymphes d'Osiris et la résurrection végétale », *in* : S. H. AUFRÈRE (éd.), *Encyclopédie religieuse de l'univers végétal. Croyances phytoreligieuses de l'Égypte ancienne* I (*OrMonsp* 10), Montpellier, 1999, p. 227-247.

–, *in* : *Univers végétal* II : « Le lotus émergeant et les quatre fils d'Horus. Analyse d'une métaphore physiologique », *in* : S. H. AUFRÈRE (éd.), *Encyclopédie religieuse de l'univers végétal. Croyances phytoreligieuses de l'Égypte ancienne* II (*OrMonsp* 11), Montpellier, 2001, p. 261-295.

–, « Lune ou soleil d'or ? Un épisode des *Aventures d'Horus et de Seth* (P. Chester Beatty I R°, 11, 1 – 13, 1) », *RdÉ* 55 (2004), p. 125-148.
–, *Djet et Neheh. Une histoire du temps égyptien* (*OrMonsp* 18), Montpellier, 2007.
–, « Le conte des Deux Frères (2). La route de Phénicie », *ENiM* 4 (2011), p. 197-232.
K. SETHE, *Urkunden* II = *Hieroglyphische Urkunden der griechisch-römischen Zeit* (*Urkunden des ägyptischen Altertums* II), Leipzig, 1904-1916.
–, *Dramatische Texte zu altägyptischen Mysterienspielen* (*UGAÄ* 10), Leipzig, 1928.
–, *Von Zahlen und Zahlworten bei den alten Ägyptern und was für andere Völker und Sprachen daraus zu lernen ist : ein Beitrag zur Geschichte von Rechenkunst und Sprache* (*Schriften der Wissenschaftlichen Gesellschaft in Straßburg* 25), Strasbourg, 1916.
J. SETTGAST, *Untersuchungen zu altägyptischen Bestattungsdarstellungen* (*ADAIK* 3), Glückstadt, Hambourg, New York, 1963.
K.-J. SEYFRIED, *Das Grab des Djehutiemhab (TT 194)* (Theben 7), Mayence, 1995.
A. SHERIDAN (éd.), *Heaven and Hell and other Worlds of the Dead*, Édimbourg, 2000.
A. F. SHORE, « The Sale of the House of Senkhonsis Daughter of Phibis », *JEA* 54 (1968), p. 193-198.
C. SILLIER, J. YOYOTTE, *Société et croyances au temps des pharaons. Musée des Beaux-Arts et d'Archéologie de Boulogne-sur-Mer, 28 juin-25 octobre 1981*, Boulogne-sur-Mer, 1981.
J.-L. SIMONET, *Le collège des dieux maîtres d'autel. Nature et histoire d'une figure tardive de la religion égyptienne* (*OrMonsp* 7), Montpellier, 1994.
W. K. SIMPSON, « Ptolemaic-Roman Cartonnage Footcases with Prisoners Bound and Tied », *ZÄS* 100 (1974), p. 50-54.
U. SINN, I. WEHGARTNER (éd.), *Schrift, Sprache, Bild und Klang. Entwicklungsstufen der Schrift von der Antike bis in die Neuzeit. Sonderausstellung der Fakultät für Altertums- und Kulturwissenschaften der Universität Würzburg in Verbindung mit dem Lehrstuhl für Alte Geschichte ... im Jubiläumsjahr der Universität Würzburg, 23. April – 31. August 2002*, Würzburg, 2002.
D. C. SKEMER, « The Garrett Collection Revisited », *PULC* 56, n° 3 (1995), p. 420-428.
–, *A Descriptive Inventory of Princeton University Collections of Papyri*, Princeton, 1999, 2005, 2012.
H. S. SMITH, « Dates of the Obsequies of the Mothers of Apis », *RdÉ* 24 (1972), p. 176-187.
H. S. SMITH, C. A. R. ANDREWS, S. DAVIES, *Mother of Apis Inscriptions* = *The Sacred Animal Necropolis at North Saqqara: the Mother of Apis Inscriptions* (*EES Texts from Excavations* 14), Londres, 2011.
H. S. SMITH, W. J. TAIT, *Saqqâra Demotic Papyri* I (*Texts from the Excavations* 7), Londres, 1983.
M. SMITH, *The Mortuary Texts of Papyrus BM 10507* (*Catalogue of Demotic Papyri in the British Museum* III), Londres, 1987.
–, « An Abbreviated Version of the Book of Opening the Mouth for Breathing (Bodl. MS Egypt. c.9(P) + P. Louvre E 10605) (Part I) », *Enchoria* 15 (1987), p. 61-91.
–, « An Abbreviated Version of the Book of Opening the Mouth for Breathing (Bodl. MS Egypt. c.9(P) + P. Louvre E 10605) (Part II) », *Enchoria* 16 (1988), p. 55-76.
–, « Papyrus Harkness », *Enchoria* 18 (1991), p. 91-105.
–, « New Egyptian Religious Texts in the Bodleian », *BLR* 14 (1992), p. 242-246.
–, *The Liturgy of Opening the Mouth for Breathing*, Oxford, 1993.
–, *in* : *Sesto Congresso* = « New Middle Egyptian Texts in the Demotic Script », *in* : G. M. ZACCONE, T. R. DI NETRO (éd.), *Sesto Congresso internazionale di egittologia : Atti*, vol. 2, Turin, 1993, p. 491-495.

–, *in* : *Proceedings of the Seventh International Congress of Egyptologists* = « A New Egyptian Cosmology », *in* : Chr. J. EYRE (éd.), *Proceedings of the Seventh International Congress of Egyptologists. Cambridge, 3-9 September 1995* (OLA 82), Louvain, 1998, p. 1075-1079.

–, *On the Primaeval Ocean* = *The Carlsberg Papyri* 5. *On the Primaeval Ocean* (*CNI Publications* 26), Copenhague, 2002.

–, *in* : *Perspectives on Panopolis* = « Aspects of the preservation and transmission of indigenous religious traditions in Akhmim and its environs during the Graeco-Roman Period », *in* : A. EGBERTS, B. P. MUHS, J. VAN DER VLIET (éd.), *Perspectives on Panopolis: an Egyptian town from Alexander the Great to the Arab conquest; acts from an international symposium, held in Leiden on 16, 17 and 18 December 1998*, Leyde, Boston, Cologne, 2002, p. 233-247.

–, *Papyrus Harkness (MMA 31.9.7)*, Oxford, 2005.

–, *in* : *Totenbuch-Forschungen* = « Osiris NN. or Osiris of NN ? », *in* : B. BACKES, I. MUNRO, S. STÖHR (éd.), *Totenbuch-Forschungen. Gesammelte Beiträge des 2. Internationalen Totenbuch-Symposiums, Bonn, 25. bis 29. September 2005* (*SAT* 11), Wiesbaden, 2006, p. 325-337.

–, « The Great Decree Issued to the Nome of the Silent Land », *RdÉ* 57 (2006), p. 217-232.

–, *Traversing Eternity. Texts for the Afterlife from Ptolemaic and Roman Egypt*, Oxford, 2009.

–, « New References to the Deceased as *Wsỉr n NN* from the Third Intermediate Period and the Earliest Reference to a Deceased Woman as *Ḥ.t-Ḥr NN* », *RdÉ* 63 (2012), p. 187-196.

–, *in* : *Ägyptische Rituale* = « Bodl. MS. Egypt. a. 3(P) and the Interface Between Temple Cult and Cult of the Dead », *in* : J. Fr. QUACK (éd.), *Ägyptische Rituale der griechisch-römischen Zeit* (*ORA* 6), Tübingen, 2014, p. 145-155.

P. C. SMITHER, A. N. DAKIN, « Stelae in the Queen's college, Oxford », *JEA* 25 (1939), p. 157-165.

Fr. DE SOLÁ, « Texto patrístico sobre la controversia cristológica (P. Palau Rib. inv. 68) », *StudPap* 9 (1970), p. 21-33.

G. SOUKIASSIAN, « Une version des veillées horaires d'Osiris », *BIFAO* 82 (1982), p. 333-348.

–, « Les autels "à cornes" ou "à acrotères" en Égypte », *BIFAO* 83 (1983), p. 317-333.

H. SOUROUZIAN, R. STADELMANN, *in* : *Hommages Haikal* = « La vache céleste Ihet, protégeant le particulier Padisemataouy », *in* : N. GRIMAL, A. KAMEL, C. MAY-SHEIKHOLESLAMI (éd.), *Hommages à Fayza Haikal* (*BiÉtud* 138), Le Caire, 2003, p. 267-270.

A. (J.) SPALINGER, « Egypt and Babylonia : a Survey », *SAK* 5 (1977), p. 221-244.

–, « A Religious Calendar Year in the Mut Temple at Karnak », *RdÉ* 44 (1993), p. 161-184.

–, *in* : *Hommages Leclant* 4 = « Parallelism of Thought », *in* : C. BERGER, G. CLERC, N. GRIMAL (éd.), *Hommages à Jean Leclant* (*BiÉtud* 106), 4 vol., Le Caire, p. 363-377.

–, « The Lunar System in Festival Calendars: From the New Kingdom Onwards », *BSÉG* 19 (1995), p. 25-40.

–, *The Private Feast Lists of Ancient Egypt* (*ÄgAbh* 57), Wiesbaden, 1996.

L. SPELEERS, « La stèle de Maï du Musée de Bruxelles (E. 5300) », *RecTrav* 39 (1921), p. 113-144.

–, « Le chapitre CLXXXII du Livre des Morts », *RecTrav* 40 (1923), p. 86-104.

A. J. SPENCER, *Excavations at el-Ashmunein II: The Temple Area*, Londres, 1998.

–, « The Exploration of Tell Belim, 1999-2002 », *JEA* 88 (2002), p. 37-51.

–, *in* : *Timelines* = « Further Considerations on Tell Belim », *in* : E. CZERNY, I. HEIN, H. HUNGER, D. MELMAN, A. SCHWAB (éd.), *Timelines: Studies in honour of Manfred Bietak* (*OLA* 149), Louvain, 2006, vol. 1, p. 355-361.

W. SPIEGELBERG, *Demotische Papyrus aus den Königlichen Museen zu Berlin*, Leipzig, Berlin, 1902.

–, *Die demotischen Papyrus der Strassburger Bibliothek*, 2 vol., Strasbourg, 1902.

–, « Miszellen : Ein vermeintliches Wort für „Ausländer" », *ZÄS* 44 (1907), p. 99-101.

–, *Die demotischen Papyrus der Musées Royaux du Cinquantenaire*, Bruxelles, 1909.

–, « Das Kolophon des liturgischen Papyrus aus der Zeit des Alexander IV », *RecTrav* 35 (1913), p. 35-40.

–, *Der ägyptische Mythus vom Sonnenauge. Nach dem Leidener demotischen Papyrus I. 384*, Stasbourg, 1917 (Hildesheim, Zurich, New York, 1994).

–, « Varia. 3. Eine neue Legende über die Geburt des Horus », *ZÄS* 53 (1917), p. 94-97.

–, « Der demotische Papyrus Heidelberg 736 », *ZÄS* 53 (1917), p. 30-34, pl. VIII.

–, « Eine Totenliturgie der Ptolemäerzeit », *ZÄS* 54 (1918), p. 86-92.

–, « Ein Bruchstück des Bestattungsrituals der Apisstiere : (Demot. Pap. Wien Nr. 27) », *ZÄS* 56 (1920), p. 1-33.

–, *Der demotische Text der Priesterdekrete von Kanopus und Memphis* (Rosettana), Heidelberg, 1922.

–, « Der böse Blick im altägyptischen Glauben », *ZÄS* 59 (1924), p. 149-154.

–, *Demotica* I, Munich, 1925.

–, « Das Grab eines Großen und seines Zwerges aus der Zeit des Nektanebês », *ZÄS* 64 (1929), 76-83.

–, *Die demotischen Papyri Loeb* (*Papyri der Universität Münche*n 1), Munich, 1931.

C. SPIESER, « Serket, protectrice des enfants à naître et des défunts à renaître », *RdÉ* 52 (2001), p. 251-264.

M. A. STADLER, « The Funerary Texts of Papyrus Turin N. 766: A Demotic Book of Breathing (Part I) », *Enchoria* 25 (1999), p. 76-110, pl. 25-26.

–, « The Funerary Texts of Papyrus Turin N. 766: A Demotic Book of Breathing (Part II) », *Enchoria* 26 (2000), p. 110-124.

–, *Der Totenpapyrus des Pa-Month (P. Bibl. Nat. 149)* (*SAT* 6), Wiesbaden, 2003.

–, *Ägyptische Mumienmasken in Würzburg (Schenkung Gütte)*, Wiesbaden, 2004.

–, *Wege ins Jenseits: Zeugnisse ägyptischer Totenreligion im Martin von Wagner Museum der Universität Würzburg*, Würzburg, 2005.

–, *in* : *Text und Ritual* = « Das Ritual, den Tempel des Sobek, des Herrn von Pai, zu betreten: ein Ritualtext aus dem römischen Fayum », *in* : D. BURCKHARD, H. ROEDER, *Text und Ritual: kulturwissenschaftliche Essays und Analysen von Sesostris bis Dada*, Heidelberg, 2005, p. 149-163.

–, *Weiser und Wesir* (*ORA* 1), Tübingen, 2009.

–, *in* : *Auf den Spuren des Sobek* = « Eine neue Quelle zur Theologie des Sobek aus Dimê. Papyrus British Library 264 recto », *in* : J. HALLOF (éd.), *Auf den Spuren des Sobek. Festschrift für Horst Beinlich zum 28. Dezember 2012* (*SRaT* 12), Dettelbach, 2012, p. 265-273.

M. STAMMERS, *The Elite Late Period Egyptian Tombs of Memphis* (*BAR IS* 1903), Oxford, 2009.

T. STANLEY, « Papyrus Storage at Princeton University », *BPGA* 13 (1994), sans pagination <aic.stanford.edu/sg/bpg/annual/v13/bp13-10.html>.

J. STAUDER-PORCHET, *La préposition en égyptien de la première phase* (*Aegyptiaca Helvetica* 21), Bâle, 2009.

H. STERNBERG-EL-HOTABI, *in* : *Grab-, Sarg-, Votiv- und Bauinschriften* = « Grabstele des Hor (H. St.) », *in* : C. BUTTERWECK (éd.), *Religiöse Texte: Grab-, Sarg-, Votiv- und Bauinschriften* (*Texte aus der Umwelt des Alten Testaments* 2, 4), Gütersloh, 1988, p. 534-537.

–, *Das Propylon des Month-Tempels in Karnak-Nord. Zum Dekorationsprinzip des Tores. Übersetzung und Kommentierung der Urkunden VIII, Texte Nr. 1 – Nr. 50* (*GOF* IV, 25), Wiesbaden, 1993.

B. H. STRICKER, « Een Egyptisch cultusbeeld uit Grieksch-Romeinschen tijd », *OMRO* 24 (1943), p. 1-10.

–, « Spreuken tot beveiliging gedurende de schrikkeldagen naar Pap. I 346 », *OMRO* 29 (1948), 55-70.

–, « Asinarii », *OMRO* 46 (1965), p. 52-75.

–, « Asinarii II », *OMRO* 48 (1967), p. 23-43.

–, « Asinarii III », *OMRO* 52 (1971), p. 22-53.

–, « Asinarii IV », *OMRO* 56 (1975), p. 65-74.

Chr. STURTEWAGEN, *The Funerary Papyrus Palau Rib. Nr. Inv. 450* (*Estudis de Papirologia i Filologia Bíblica* 1), Barcelone, 1991.

A. SZCZUDLOWSKA, « Liturgical Text Preserved on Sekowski Papyrus », *ZÄS* 98 (1970), p. 50-80, pl. III-XII.

N. TACKE, *Verspunkte als Gliederungsmittel in ramessidischen Handschriften* (*SAGA* 22), Heidelberg, 2001.

–, *Das Opferritual des ägyptischen Neuen Reiches* (*OLA* 222), Louvain, 2013.

W. J. TAIT, *in* : *Papyrus* = « Guidelines and Borders in Demotic Papyri », *in* : M. L. BIERBRIER (éd.), *Papyrus : Structure and Usage* (*BMOP* 60), Londres, 1986, p. 68-89.

–, *in* : *Proceedings of the XVIII International Congress of Papyrology* = « Rush and Reed : the Pens of Egyptian and Greek Scribes », *in* : B. G. MANDILARAS (éd.), *Proceedings of the XVIII International Congress of Papyrology (Athens 25-31 May 1986)*, vol. 2, Athènes, 1988, p. 477-481.

G. TAKÀCS, *in* : *Mélanges Varga* = « The Origin of the Name Bes (*bs*) », *in* : H. GYŐRY (éd.), *Mélanges offerts à Édith Varga :*  *„le lotus qui sort de terre"*, Budapest, 2002, p. 455-458.

G. THAUSING, « Das Aufhacken der Erde », *AÄA* 1 (1938), p. 7-17.

E. TEETER, *The Presentation of Maat. Ritual and Legitimacy in Ancient Egypt* (*SAOC* 57), Chicago, 1997.

Chr. THEIS, *Deine Seele zum Himmel, dein Leichnam zur Erde: zur idealtypischen Rekonstruktion eines altägyptischen Bestattungsrituals*, *BSAK* 12, Hambourg, 2011.

–, « Varia philologica: Papyrus Wien Aeg 8426, x+I, 18-23 », *GöttMisz* 236 (2013), p. 91-96.

–, *Magie und Raum: der magische Schutz ausgewählter Räume im alten Ägypten nebst einem Vergleich zu angrenzenden Kulturbereichen* (*ORA* 13), Tübingen, 2014.

A. THÉODORIDÈS, « Le serment terminal de "Vérité-Mensonge" (P. Chester Beatty II, 11, 1-3) », *RdÉ* 21 (1969), p. 85-105.

Chr. THIERS, *in* : *Egyptology at the Dawn* = « Notes sur les inscriptions du temple ptolémaïque et romain de Tôd », *in* : Z. HAWASS (éd.), *Egyptology at the Dawn of the Twenty-fisrt Century. Proceedings of the Eighth International Congress of Egyptologists, Cairo, 2000*, Le Caire, 2003, p. 514-521.

–, *Tôd* II = *Tôd. Les inscriptions du temple ptolémaïque et romain. II. Textes et scènes n*[os] *173-329* (*FIFAO* 18/2), Le Caire, 2003.

–, « Fragments de théologies thébaines. La bibliothèque du temple de Tôd », *BIFAO* 104 (2004), p. 553-572.

–, *in* : *Hommages Goyon* = « Ouadjyt et le lac du saule », *in* : L. GABOLDE (éd.), *Hommages à Jean-Claude Goyon* (*BiÉtud* 143), Le Caire, 2008, p. 375-379.

–, *in* : *Diener des Horus* = « Observations zoologiques et éthologiques du lion dans les textes des gargouilles du temple d'Edfou », *in* : W. WAITKUS (éd.), *Diener des Horus. Festschrift für Dieter Kurth zum 65. Geburtstag* (*AegHamb* 1), Hambourg, 2008, p. 251-263.

Chr. THIERS, Y. VOLOKHINE, *Ermant I : les cryptes du temple ptolémaïque. Étude épigraphique* (*MIFAO* 124), Le Caire, 2005.

M. THIRION, « Notes d'onomastique. Contribution à une révision du Ranke *PN* », *RdÉ* 31 (1979), p. 81-96.

–, « Notes d'onomastique. Contribution à une révision du Ranke *PN* (toisième série) » », *RdÉ* 34 (1982-1983), p. 101-114.

–, « Notes d'onomastique. Contribution à une révision du Ranke *PN* [Quatrième série] », *RdÉ* 36 (1985), p. 125-143.

–, « Notes d'onomastique. Contribution à une révision du Ranke *PN* [Dixième série] », *RdÉ* 46 (1995), p. 171-186.

–, « Notes d'onomastique. Contribution à une révision du Ranke *PN* », *RdÉ* 52 (2001), p. 265-275.

–, « Notes d'onomastique. Contribution à une révision du Ranke *PN*», *RdÉ* 56 (2005), p. 177-189.

H.-J. THISSEN, « Demotische Inschriften aus den Ibisgalerien in Tuna el-Gebel. Ein Vorbericht », *Enchoria* 18 (1991), p. 107-113, pl. 14-21.

D. J. THOMPSON, *Memphis under the Ptolemie*s, Princeton, 1988.

H. THOMPSON, A *Family Archive from Siut from the Papyri in the British Museum, including an Account of a Trial Before the Laocritae in the year B.C. 170*, 2 vol., Oxford, 1934.

S. TÖPFER, « Fragmente des Balsamierungsrituals in der Eremitage von St. Petersburg (Pap. St. Petersburg ДВ 18128) », *ZÄS* 138 (2011), p. 182-192.

–, *in* : *Ägyptische Rituale* = « Bemerkungen zum Balsamierungsritual nach den Papyri Boulaq III und Louvre E 5158 », *in* : J. Fr. QUACK (éd.), *Ägyptische Rituale der griechisch-römischen Zeit* (*ORA* 6), Tübingen, 2014, p. 201-221.

–, *Das Balsamierungsritual. Eine (Neu-)Edition der Textkomposition Balsamierungsritual (pBoulaq 3, pLouvre 5158, pDurham 1983.11 + pSt. Petersburg 18128)* (*SSR* 13), Wiesbaden, 2015.

–, *in* : *Liturgical Texts for Osiris and the Deceased* = « Funktion, Verwendung und Entstehung der Textkomposition Balsamierungsritual », *in* : B. BACKES, J. DIELEMAN (éd.), *Liturgical Texts for Osiris and the Deceased in Late Period and Greco-Roman Egypt / Liturgische Texte für Osiris und Verstorbene im spätzeitlichen Ägypten: Proceedings of the Colloquiums at New York (ISAW), 6 May 2011, and Freudenstadt, 18-21 July 2012* (*SSR* 14), Wiesbaden, 2015, p. 245-258.

–, *Fragmente des sog. „Sothisrituals" = The Carlsberg Papyri* 12. *Fragmente des sog. „Sothisrituals" von Oxyrhinchos aus Tebtynis* (*CNI Publications* 40), Copenhague, 2015.

S. TÖPFER, M. MÜLLER-ROTH, *Das Ende der Totenbuchtradition und der Übergang zum Buch vom Atmen: die Totenbücher des Monthemhat (pTübingen 2012) und der Tanedjmet (pLouvre N 3085)* (*HÄT* 13), Wiesbaden, 2011.

B. A. TOURAEFF, « The Inscriptions upon the Lower Part of a Naophorous Statue in my Collection », *JEA* 4 (1917), p. 119-121.

V. TRAN TAM TINH, *Essai sur le culte d'Isis à Pompéi*, Paris, 1964.

Cl. TRAUNECKER, « Les rites de l'eau à Karnak d'après les textes de la rampe de Taharqa », *BIFAO* 72 (1972), p. 195-236.

–, « Une stèle commémorant la construction de l'enceinte d'un temple de Montou », *CahKarn* 5 (1975), p. 141-158.

–, « Un exemple de rite de substitution : une stèle de Nectanébo Ier », *CahKarn* 7 (1982), p. 339-354.

–, « Une chapelle de magie guérisseuse sur le parvis du temple de Mout à Karnak », *JARCE* 20 (1983), p. 65-92.

–, « Le « Château de l'Or » de Thoutmosis III et les magasins nord du temple d'Amon », CRIPEL 11 (1989), p. 89-111.

–, *Coptos. Hommes et dieux sur le parvis de Geb* (*OLA* 43), Louvain, 1992.

Cl. TRAUNECKER, Fr. LE SAOUT, O. MASSON, *La chapelle d'Achôris à Karnak. II. Texte [et] Documents* (*Recherche sur les grandes civilisations. Synthèse* 5), 2 vol., Paris, 1981.

D. VALBELLE, M. ABD EL-MAKSOUD, J.-Y. CARREZ-MARATRAY, « Ce nome qu'on dite « tanite » », *Étud Trav* 26, 2 (2013), p. 699-712.

M. VALLOGGIA, *Recherche sur les « messagers » (wpwtyw) dans les sources égyptiennes profanes* (*Centre de recherches d'histoire et de philologie de la IVe section de l'École pratique des Hautes Études. II. Hautes Études Orientales* 6), Genève, Paris, 1976.

–, *in* : *Hommages Sauneron* I = « Le papyrus Lausanne No 3391 », *in* : J. VERCOUTTER (éd.), *Hommages à Serge Sauneron* I. *Égypte pharaonique*, Le Caire, 1979, p. 285-304.

–, « Le Papyrus Bodmer 107 ou les reflets tardifs d'une conception de l'éternité », *RdÉ* 40 (1989), p. 131-144.

M. VANDENBEUSCH, *Catalogue des bandelettes de momies. Musée d'art et d'histoire de Genève* (*CSÉG* 10), Genève, 2010.

Cl. VANDERSLEYEN, *in* : *Egyptian Delta* = « The rekhyt and the Delta », *in* : A. NIBBI (éd.), *Proceedings of Colloquium "The Archaeology, Geography and History of the Egyptian Delta in Pharaonic Times": Wadham College 29-31 August, 1988*, Oxford, 1989, p. 301-310.

J. VANDIER, « Quelques remarques sur le XVIIIe nome de Haute Égypte », *MDAIK* 14 (1956), p. 208-213.

–, *Le Papyrus Jumilhac*, Paris, 1961.

–, *in* : *Mélanges Mariette* = « Memphis et le taureau Apis dans le papyrus Jumilhac », *in* : *Mélanges Mariette* (*BiÉtud* 32), Le Caire, 1961, p. 105-123.

–, « Sobek et le saule », *RdÉ* 13 (1961), p. 111-112.

–, « Iousâas et (Hathor)-Nébet-Hétépet », *RdÉ* 16 (1964), p. 55-146 ; *RdÉ* 17 (1965), p. 89-176 ; *RdÉ* 18 (1966), p. 67-142.

–, « L'oie d'Amon. À propos d'une récente acquisition du Musée du Louvre », *MonPiot* 57 (1971), p. 5-41.

E. VASSILIKA, *Ptolemaic Philae* (*OLA* 34), Louvain, 1989.

Z. VÉGH, *in* : *CRE 2009* = « Counting the Dead: Some Remarks on the Haker-Festival », *in* : J. CORBELLI, D. BOATRIGHT, Cl. MALLESON (éd.), *Current Research in Egyptology 2009: Proceedings of the Tenth Annual Symposium, University of Liverpool 2009*, Oxford, 2011, p. 145-156.

H. TE VELDE, *Seth, God of Confusion, A Study of his Role in Egyptian Mythology and Religion* (*Probleme der Ägyptologie* 6) Leyde, 1977 (1967).

A. J. VELDMEIJER, « Ptolemaic Foowear from the Amenhotep II temple at Luxor », *JARCE* 47 (2011), p. 309-334.

B. VENTKER, *Der Starke auf dem Dach = Funktion und Bedeutung der löwengestaltigen Wasserspeier im alten Ägypten* (*SSR* 6), Wiesbaden, 2012.

U. VERHOEVEN, *Iahtesnacht = Das saitische Totenbuch der Iahtesnacht. P. Colon. Aeg. 10207, herausgegeben und bearbeitet* (*Papyrologische Texte und Abhandlungen* 41/1-3), 3 vol., Bonn, 1993.

–, « Internationales Totenbuch-Puzzle », *RdÉ* 49 (1998), p. 221-232, Taf. XXVI-XXVIII.

–, *Nespasefy = Das Totenbuch des Monthpriesters Nespasefy aus der Zeit Psammetichs* I. (*HAT* 5), Wiesbaden, 1999.

–, *Buchschrift = Untersuchungen zur späthieratischen Buchschrift* (*OLA* 99), Louvain, 2001.

–, *in* : *Ägyptens Schätze Entdecken* = « Butehamun. Ein Nekropolenschreiber am Ende des Neuen Reiches », *in* : S. HEIMANN (dir.), *Ägyptens Schätze Entdecken. Meisterwerke aus dem Ägyptischen Museum Turin*, Speyer, 2012, p. 182-187.

U. VERHOEVEN, Ph. DERCHAIN, *Le voyage de la déesse libyque. Ein Text aus dem « Mutritual » des Pap. Berlin 3053* (*Rites égyptiens* 5), Bruxelles, 1985.

P. VERNUS, *Athribis. Textes et documents relatifs à la géographie, aux cultes et à l'histoire d'une ville du Delta égyptien à l'époque pharaonique* (*BiÉtud* 74), Le Caire, 1978.

–, *in* : *L'Égyptologie en 1979* = « Deux particularités de l'égyptien de tradition : *nty ỉw* + présent 1; *wnn.f ḥr sḏm* narratif », *in* : *L'Égyptologie en 1979. Axes prioritaires de recherches*, 2 vol., Paris, 1982, p. 81-89.

–, *Le surnom au Moyen Empire. Répertoire, procédés d'expression et structures de la double identité du début de la XIIe dynastie à la fin de la XVIIe dynastie* (*StudPohl* 13), Rome, 1986.

–, « Études de philologie et de linguistique (VI) », *RdÉ* 38 (1987), p. 163-181.

–, « Entre néo-égyptien et démotique: la langue utilisée dans la traduction du *Rituel de repousser l'Agressif* (Étude sur la diglossie I) », *RdÉ* 41 (1990), p. 153-208.

Ph. VIREY, « Le tombeau d'un seigneur de Thini dans la nécropole de Thèbes », *RecTrav* 9 (1887), p. 27-32.

G. VITTMANN, « Zu den "Schönen Namen" in der Spätzeit », *GöttMisz* 23 (1977), p. 71-73.

–, « Ein thebanischer Verpfründungsvertrag aus der Zeit Ptolemaios' III. Euergetes. P. Marseille 298 + 299 », *Enchoria* 10 (1980), p. 127-139.

–, « Ein Amulett aus der Spätzeit zum Schutz gegen Feinde », *ZÄS* 111 (1984), p. 164-170, pl V.

–, « Eine hieroglyphisch-demotische Totenstele aus Unterägypten (?) », *Enchoria* 18 (1991), p. 129-133, pl. 22.

–, *in* : *Organisation des pouvoirs* = « Rupture and Continuity. On Priests and Officials in Egypt during the Persian Period », *in* : P. BRIANT, M. CHAUVEAU (éd.), *Organisation des pouvoirs et contacts culturels dans les pays de l'empire achéménide* (*Persika* 14), Paris, 2009, p. 89-121.

S. P. VLEEMING, « Note on the maače », *Enchoria* 11 (1982), p. 115-116.

– *The Gooseherds of Hou (Pap. Hou). A Dossier Relating to Various Agricultural Affairs from Provincial Egypt of the Early Fifth Century B.C.* (*StudDem* 3), Louvain, 1991.

–, *Some Coins of Artaxerxes and other short Texts in the Demotic Script found on various Objects and gathered from many Publications* (*StudDem* 5), Louvain, Paris, 2001.

–, *Mummy Labels = Demotic and Greek-Demotic Mummy Labels and Other Short Texts Gathered from Many Publications* (*StudDem* 9), 2 vol., Louvain, Paris, 2011.

Y. VOLOKHINE, *La frontalité dans l'iconographie de l'Égypte ancienne* (*CSÉG* 6), Genève, 2000.

–, « Une désignation de la « face divine » *ḥ3wt, ḥ3wty* », *BIFAO* 101 (2001), p. 370-391.

–, « Le dieu Thot au Qasr el-Agoûz. *Ḏd-ḥr-p3-hb, Ḏḥwty-stm* », *BIFAO* 102 (2002), p. 405-423.

–, « Le dieu Thot et la parole », *RHR* 221 (2004), p. 131-156.

–, *Le porc en Égypte ancienne* (*Collection Religions. Comparatisme – Histoire – Anthropologie* 3), Liège, 2014.

A. VOLTEN, *Demotische Traumdeutung (Pap. Carlsberg XIII und XIV verso)* (*AnAeg* 3), Copenhague, 1942.

R. L. VOS, *The Apis Embalming Ritual. P. Vindob 3873* (*OLA* 50), Louvain, 1993.

S. VUILLEUMIER, *in* : *Proceedings of the Ninth International Congress of Egyptologists* = « Un nouvel ensemble tardif de rituels sur papyrus », *in* : J.-Cl. GOYON, Chr. CARDIN (éd.), *Proceedings of the Ninth International Congress of Egyptologists: Grenoble, 6-12 septembre 2004* (*OLA* 150), 2 vol., Louvain, p. 1911-1917.

–, *in* : *Ägyptische Rituale* = « La mise en écrit du rituel dans le P. Princeton Pharaonic Roll 10 », *in* : J. Fr. QUACK (éd.), *Ägyptische Rituale der griechisch-römischen Zeit* (*ORA* 6), Tübingen, 2014, p. 157-169.

–, *in* : *Liturgical Texts for Osiris and the Deceased* = « Des extraits du rituel de l'*Ouverture de la bouche* dans le P. Princeton Pharaonic Roll 10 », *in* : B. BACKES, J. DIELEMAN (éd.), *Liturgical Texts for Osiris and the Deceased in Late Period Egypt / Liturgische Texte für Osiris und Verstorbene im spätzeitlichen Ägypten: Proceedings of the Colloquiums at New York (ISAW), 6 May 2011, and Freudenstadt, 18-21 July 2012* (*SSR* 14), Wiesbaden, 2015, p. 259-274.

–, *in* : *Ägyptologische „Binsen"-Weisheiten I-II* = « Un même propriétaire pour deux manuscrits ? Paléographie du Papyrus Barcelone Palau-Rib. inv. 80 », *in* : U. VERHOEVEN (éd.), *Ägyptologische „Binsen"-Weisheiten I-II: Neue Forschungen und Methoden der Hieratistik. Akten zweier Tagungen in Mainz im April 2011 und im März 2013*, Mayence, p. 341-367.

–, *in* : *Praktische Verwendung* = « Deux sections du papyrus Princeton Pharaonic Roll 10 attestées aussi dans les temples ou ailleurs », *in* : D. LUFT, J. Fr. QUACK (éd.), *Praktische Verwendung religiöser Artefakte (Text- / Bildträger). IWH Heidelberg, 20.-22. Sept. 2013*, à paraître.

–, « Réexamen du papyrus Barcelone Palau-Ribes inv. 80 ou comment rendre ses *Glorifications* à son propriétaire », à paraître.

–, « Un nouvel exemplaire du *Livre I des respirations* (P. Princeton PharaonicRoll 7) », à paraître.

W. VYCICHL, *Dictionnaire étymologique de la langue copte*, Louvain, 1983.

B. VAN DE WALLE, « Le pieu sacré d'Amon », *ArOr* 20 (1952), p. 111-135.

–, « L'érection du pilier-*djed* », *NouvClio* VI, n° 5-6 (juin-septembre 1954), p. 283-297.

G. A. WAINWRIGHT, « Iron in Egypt », *JEA* 18 (1932), p. 3-15.

J. H. WALKER, *Anatomical Terminology* = *Studies in Ancient Egyptian Anatomical Terminology* (*ACE-Stud.* 4), Warminster, 1996.

Chr. WALLET-LEBRUN, « À propos de *ḏ3ḏ3*. Note lexicographique », *VA* 3 (1987), p. 67-84.

St. V. WÅNGSTEDT, *Die demotischen Ostraka der Universität Zürich* (*Bibliotheca Ekmaniana* 62), Uppsala, 1965.

–, « Demotische Quittungen über Salzsteuer », *OrSuec* 27-28 (1978-1979), p. 5-27.

R. WEILL, *Le champ des roseaux et le champ des offrandes dans la religion funéraire et la religion générale*, Paris, 1936.

E. K. WERNER, « Montu and the "Falcon Ships" of the Eighteenth Dynasty », *JARCE* 23 (1986), p. 107-123.

D. A. WERNING, « The sound values of the signs Gardiner D1 (Head) und T8 (Dagger) », *LingAeg* 12 (2004), p. 183-204.

–, *Das Höhlenbuch: textkritische Edition und Textgrammatik* (*GOF* IV, 48), Wiesbaden, 2011.

–, *in* : *Synthetische Körperauffassung* = « Der „Kopf des Beines", der „Mund der Arme" und die „Zähne" des Schöpfers: zu metonymischen und metaphorischen Verwendungen von Körperteil-Lexemen im Hieroglyphisch-Ägyptischen », *in* : K. MÜLLER, A. WAGNER (éd.), *Synthetische Körperauffassung im Hebräischen und den Sprachen der Nachbarkulturen* (*AOAT* 416), Münster, 2014, p. 107-161.

W. WESTENDORF, *Koptisches Handwörterbuch. Bearbeitet auf Grund des Koptischen Handwörterbuchs Wilhelm Spiegelbergs*, 9 fascicules, Heidelberg, 1965-1977.

G. WIDMER, *Résurrection d'Osiris – Naissance d'Horus. Les papyrus Berlin P 6750 et Berlin P 8765, deux témoignages de la persistance de la tradition sacerdotale dans le Fayoum à l'époque romaine*, Thèse de doctorat, Genève, 2002.

–, *in* : *Leben im Fajum* = « On Egyptian Religion at Soknopaiu Nesos in the Roman Period (P. Berlin P 6750) », *in* : S. LIPPERT, M. SCHENTULEIT (éd.), *Tebtynis und Soknopaiu Nesos – Leben im römerzeitlichen Fajum, Akten des Internationalen Symposions vom 11. bis 13. Dezember 2003 in Sommerhausen bei Würzburg*, Wiesbaden, 2005, p. 171-184.

–, *in* : *Le culte d'Osiris* = « La stèle de Paêsis (Louvre E 25983) et quelques formes d'Osiris dans le Fayoum aux époques ptolémaïques et romaines », *in* : L. COULON (éd.), *Le culte d'Osiris au I*[er] *millénaire av. J.-C. : découvertes et travaux récents. Actes de la table ronde internationale tenue à Lyon, Maison de l'Orient et de la Méditerranée (Université Lumière-Lyon 2) les 8 et 9 juillet 2005* (*BiÉtud* 153), Le Caire, 2010, p. 63-97.

H. WILD, *Antiquités égyptiennes de la collection du Dr Widmer (Musée cantonal des Beaux-Arts)*, Lausanne, 1956.

–, « Quatre statuettes de Moyen Empire dans une collection privée de Suisse », *BIFAO* 69 (1971), p. 89-130.

H. WILLEMS, « Crime, cult and capital punishment (Mo'alla Inscription 8) », *JEA* 76 (1990), p. 27-54.

–, *in* : *Egyptian Religion: the Last Thousand Years* = « Anubis as a Judge », *in* : W. CLARYSSE, A. SCHOORS, H. WILLEMS (éd.), *Egyptian Religion: the Last Thousand Years. Studies dedicated to the Memory of Jan Quaegebeur* I (*OLA* 84), Louvain, 1998, p. 719-743.

P. WILSON, *Lexikon* = *A Ptolemaic Lexikon* (*OLA* 78), Louvain, 1997.

–, *in* : *The Temple in Ancient Egypt* = « Slaughtering the crocodile at Edfu and Dendera », *in* : St. QUIRKE (éd.), *The Temple in Ancient Egypt: New Discoveries and Recent Research*, Londres, 1997, p. 179-203.

A. WINKLER, « The Efflux that Issued from Osiris. A Study on *rḏw* in the Pyramid Texts », *GöttMisz* 211 (2006), p. 125-139.

E. WINTER, *Tempelreliefs* : *Untersuchungen zu den ägyptischen Tempelreliefs der Griechisch-Römischen Zeit* (*DÖAWW* 98), Graz, Vienne, Cologne, 1968.

–, « Nochmals zum *snwt*-Fest », *ZÄS* 96 (1970), p. 151-152.

–, *Der Apiskult im Alten Ägypten*, Mainz, 1983 (1978).

C. DE WIT, *Le rôle et le sens du lion dans l'Égypte ancienne*, Leyde, 1951.

–, « A New Version of Spell 181 of the Book of the Dead », *BiOr* 10 (1953), p. 90-94.

–, « Les inscriptions des lions-gargouilles du temple d'Edfou », *ChronÉg* 29, n° 58 (1954), p. 29-45.

–, « Les génies des Quatre Vents au temple d'Opet », *ChronÉg* 32, n° 63 (1957), p. 25-39.

–, *Opet = Les inscriptions du temple d'Opet à Karnak* (*BiAeg* 11-13), 3 vol., Bruxelles, 1958, 1962, 1968.

G. WOHLGEMUTH, *Das Sokarfest*. Dissertation zur Erlangung des Doktorgrades der Philosophischen Fakultät der Georg-August-Universität zu Göttingen, Göttingen, 1957.

S. WOODHOUSE, *in* : *Temple in Ancient Egypt* = « The Sun God, his four *Bas* and the four Winds in the Sacred District at Sais: the Fragment of an Obelisk (BM EA 1512) », *in :* St. QUIRKE (éd.), *The Temple in Ancient Egypt. New Discoveries and Recent Research*, Londres, 1997, p. 132-151.

W. WRESZINSKI, *Ägyptische Inschriften aus dem Hofmuseum in Wien*, Leipzig, 1906.

A. WÜTHRICH, *in* : *Totenbuch-Forschungen* = « Untersuchungen zu den Zusatzkapiteln 162 bis 167 des Totenbuchs: erste Bemerkungen », *in* : B. BACKES, I. MUNRO, S. STÖHR (éd.), *Totenbuch-Forschungen: gesammelte Beiträge des 2. Internationalen Totenbuch-Symposiums, Bonn, 25. bis 29. September 2005* (*SAT* 11), Wiesbaden, 2006, p. 365-370.

–, *in* : *Ausgestattet mit den Schriften des Thot* = « Abracadabras méroïtiques dans le *Livre des Morts* ? », *in* : B. BACKES, M. MÜLLER-ROTH, S. STÖHR (éd.), *Ausgestattet mit den Schriften des Thot: Festschrift für Irmtraut Munro zu ihrem 65. Geburtstag* (*SAT* 14), Wiesbaden, 2009, p. 267-282.

–, *Éléments de théologie thébaine : les chapitres supplémentaires du Livre des Morts (SAT 16), Wiesbaden, 2010.*

–, *in* : *Herausgehen am Tage* = « "Formule pour ne pas mourir à nouveau" : le chapitre 175 du *Livre des Morts* », *in* : R. LUCARELLI, M. MÜLLER-ROTH, A. WÜTHRICH (éd.), *Herausgehen am Tage: gesammelte Schriften zum altägyptischen Totenbuch* (*SAT* 19), Wiesbaden, 2012, p. 153-228.

A. WÜTHRICH, S. STÖHR, *Ba-Bringer und Schattenabschneider. Untersuchungen zum so genannten Totenkapitel 191 auf Totenbuchpapyri* (*SAT* 18), Wiesbaden, 2013.

J. YOYOTTE, « La ville de « Taremou » (Tell el-Muqdâm) », *BIFAO* 52 (1953), p. 179-192.

–, « Prêtres et sanctuaires du nome héliopolite à la Basse Époque », *BIFAO* 54 (1954), p. 83-115.

–, « À propos de l'obélisque unique », *Kêmi* 14 (1957), p. 81-91.

–, « Études géographiques I. La « Cité des Acacias » (Kafr Ammar) », *RdÉ* 13 (1961), 71-105.

–, « Études géographiques II. Les localités méridionales de la région memphite et le « pehou d'Héracléopolis » », *RdÉ* 14 (1962), p. 75-111.

–, « Études géographiques II. Les localités méridionales de la région memphite et le « pehou d'Héracléopolis » », *RdÉ* 15 (1963), p. 87-119.

–, « Pétoubastis III », *RdÉ* 24 (1972), p. 216-223.

–, « Réflexions sur la topographie et la toponymie de la région du Caire », *BSFÉ* 67 (1973), p. 26-35.

–, « Une notice biographique du roi Osiris », *BIFAO* 77 (1977), p. 145-149.

–, « Contribution à l'histoire du chapitre 162 du *Livre des Morts* », *RdÉ* 29 (1977), p. 194-202.

–, « Religion de l'Égypte ancienne », *AEPHE* 86 (1977-1978), p. 163-171.

–, « Une monumentale litanie de granit: les Sekhmet d'Aménophis III et la conjuration permanente de la déesse dangereuse », *BSFÉ* 87-88 (1980), p. 46-75.

–, « Héra d'Héliopolis et le sacrifice humain », *AEPHE* 89 (1980-1981), p. 29-102.

C. ZALUSKOWSKI, *Texte außerhalb der Totenbuch-Tradierung in Pap. Greenfield*, Bonn, 1996.

J. ZANDEE, *Death as an Enemy according to Ancient Egyptian Conceptions* (*SHR* 5), Leyde, 1960.

–, « Seth als Sturmgott », *ZÄS* 90 (1963), p. 144-156.

K.-Th. ZAUZICH, *Die ägyptische Schreibertradition in Aufbau, Sprache und Schrift der demotischen Kaufverträge aus ptolemäischer Zeit* (*ÄgAbh* 19), 2 vol., Wiesbaden, 1968.

–, *Ägyptische Handschriften* II (*Verzeichnis der orientalischen Handschriften in Deutschland* 19, 2), Wiesbaden, 1971.

–, *DPB* III = *Papyri von der Insel Elephantine* (*Demotische Papyri aus den Staatlichen Museen zu Berlin* III), Berlin, 1993.

A. ZDIARSKY, *in* : *Florilegium Aegyptiacum* = « Mit vollkommenem Gesicht. Eine Mumienmaske mit Inschrift », *in* : J. BUDKA, R. GUNDACKER, G. PIEKE (éd.), *Florilegium Aegyptiacum – Eine wissenschaftliche Blütenlese von Schülern und Freunden für Helmut Satzinger zum 75. Geburtstag am 21. Jänner 2013* (*GöttMisz*, Beihefte 14), Göttingen, 2013, p. 369-388.

M. ZECCHI, *Osiris Hemag = A Study of the Egyptian God Osiris Hemag* (*Archeologia e Storia della Civiltà egiziana e del Vicino Oriente antico. Materiali e studi* 1), Imola, 1996.

–, *in* : *Fayyum Studies* 2 = « Osiris in the Fayyum », *in* : S. PERNIGOTTI, M. ZECCHI (éd.), *Fayyum Studies* 2, Bologne, 2006, p. 117-145.

Chr. ZIEGLER, « À propos du rite des quatre boules », *BIFAO* 79 (1979), p. 437-439.

A.-P. ZIVIE, *Hermopolis et le nome de l'ibis. Recherches sur la province du dieu Thot en Basse Égypte. I. Introduction et inventaire chronologique des sources* (*BiÉtud* 66), Le Caire, 1975.

–, « L'ibis, Thot et la coudée », *BSFÉ* 79 (1977), p. 22-41.

Chr. ZIVIE-COCHE, *Giza au deuxième millénaire* (*BiÉtud* 70), Le Caire, 1976.

–, « Encore *Ro-setaou* », *JEA* 70 (1984), p. 145.

–, *in* : *D3T* 1 = « L'Ogdoade à Thèbes à l'époque ptolémaïque et ses antécédents », *in* : Chr. THIERS (éd.), *Documents de Théologies Thébaines Tardives* (*D3T* 1) (*CENiM* 3), Montpellier, 2009, p. 167-225.

–, *in* : *Elkab and Beyond* = « Hatmehyt, le tilapia, le lotus et le Ba de Mendès », *in* : W. CLAES, H. DE MEULENAERE, St. HENDRICKX (éd.), *Elkab and Beyond: Studies in honour of Luc Limme*, Louvain, 2009, p. 545-557.

–, « Banebdjed dans tous ses états, du Delta à Edfou », *ÉtudTrav* 26, 2 (2013), p. 762-771.

L. M. J. ZONHOVEN, *Mitteilägyptische Grammatik. Eine praktische Einführung in die ägyptische Sprache und die Hieroglyphenschrift*, Leyde, 2000.

Planches

Liste des planches

I P. Princeton Pharaonic Roll 10 - Page x+1
II P. Princeton Pharaonic Roll 10 - Page x+2
III P. Princeton Pharaonic Roll 10 - Page x+3
IV P. Princeton Pharaonic Roll 10 - Page x+4
V P. Princeton Pharaonic Roll 10 - Page x+5
VI P. Princeton Pharaonic Roll 10 - Page x+6
VII P. Princeton Pharaonic Roll 10 - Page x+7
VIII P. Princeton Pharaonic Roll 10 - Page x+8
IX P. Princeton Pharaonic Roll 10 - Page x+9
X P. Princeton Pharaonic Roll 10 - Page x+10
XI P. Princeton Pharaonic Roll 10 - Page x+11
XII P. Princeton Pharaonic Roll 10 - Page x+12
XIII P. Princeton Pharaonic Roll 10 - Page x+13
XIV P. Princeton Pharaonic Roll 10 - Page x+14
XV P. Princeton Pharaonic Roll 10 - Page x+15
XVI P. Princeton Pharaonic Roll 10 - Page x+16
XVII P. Princeton Pharaonic Roll 10 - Page x+17
XVIII P. Princeton Pharaonic Roll 10 - Page x+18
XIX P. Princeton Pharaonic Roll 10 - Page x+19
XX P. Princeton Pharaonic Roll 10 - Page x+20
XXI P. Princeton Pharaonic Roll 10 - Page x+21
XXII P. Princeton Pharaonic Roll 10 - Page x+22
XXIII P. Princeton Pharaonic Roll 10 - Montage original
XXIV P. Princeton Pharaonic Roll 10 - Remontage virtuel
XXV P. Princeton Pharaonic Roll 10 - Fragments et bandelette

Planche I   P. Princeton Pharaonic Roll 10 - Page x+1

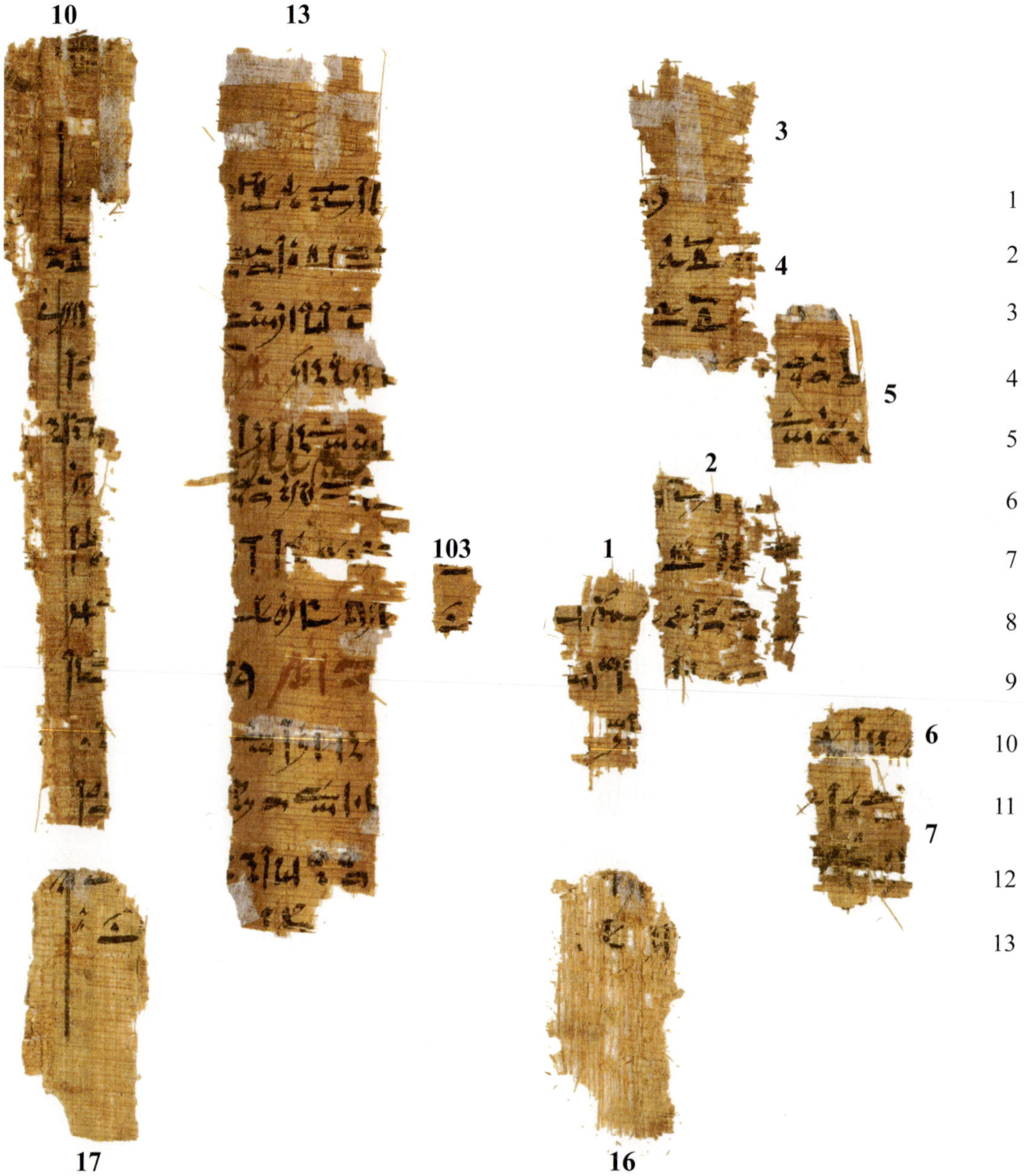

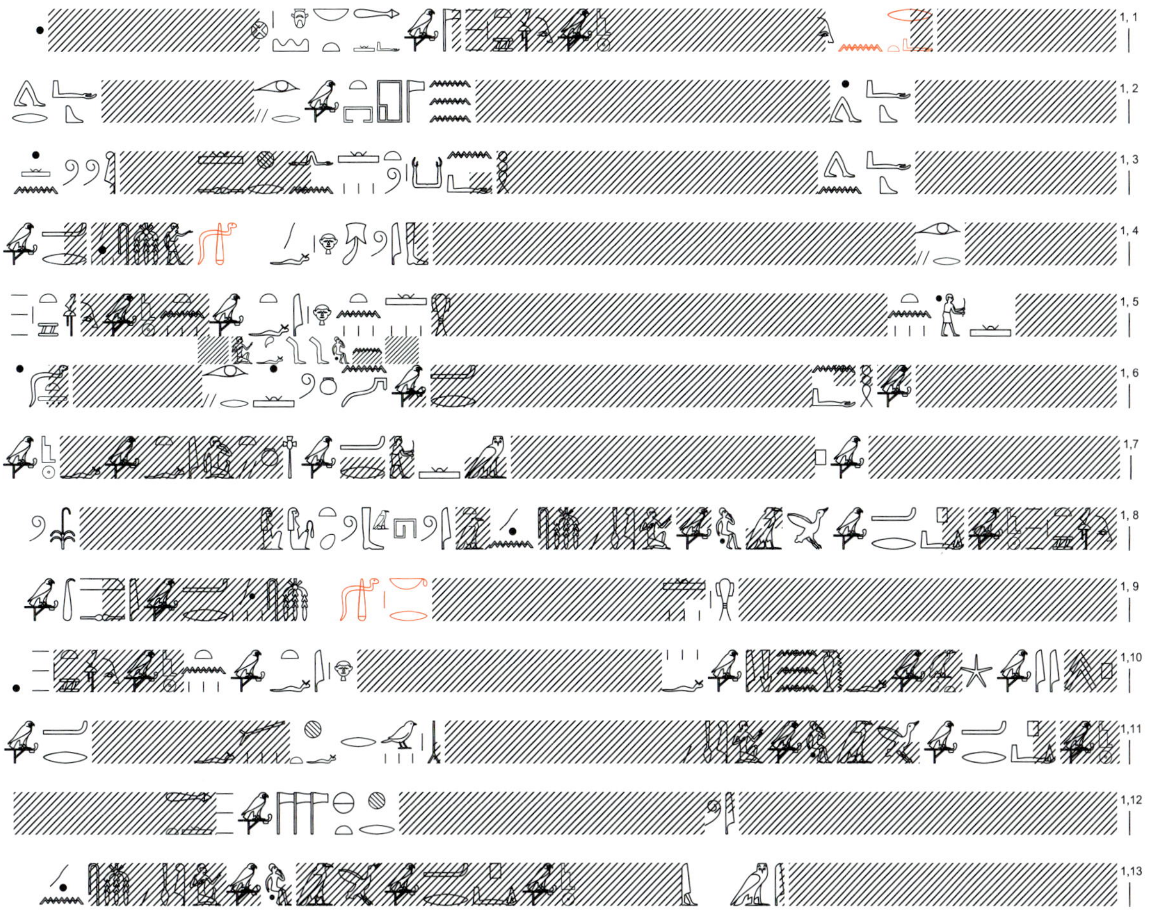
1, 1
1, 2
1, 3
1, 4
1, 5
1, 6
1,7
1, 8
1, 9
1,10
1,11
1,12
1,13

Planche II P. Princeton Pharaonic Roll 10 - Page x+2

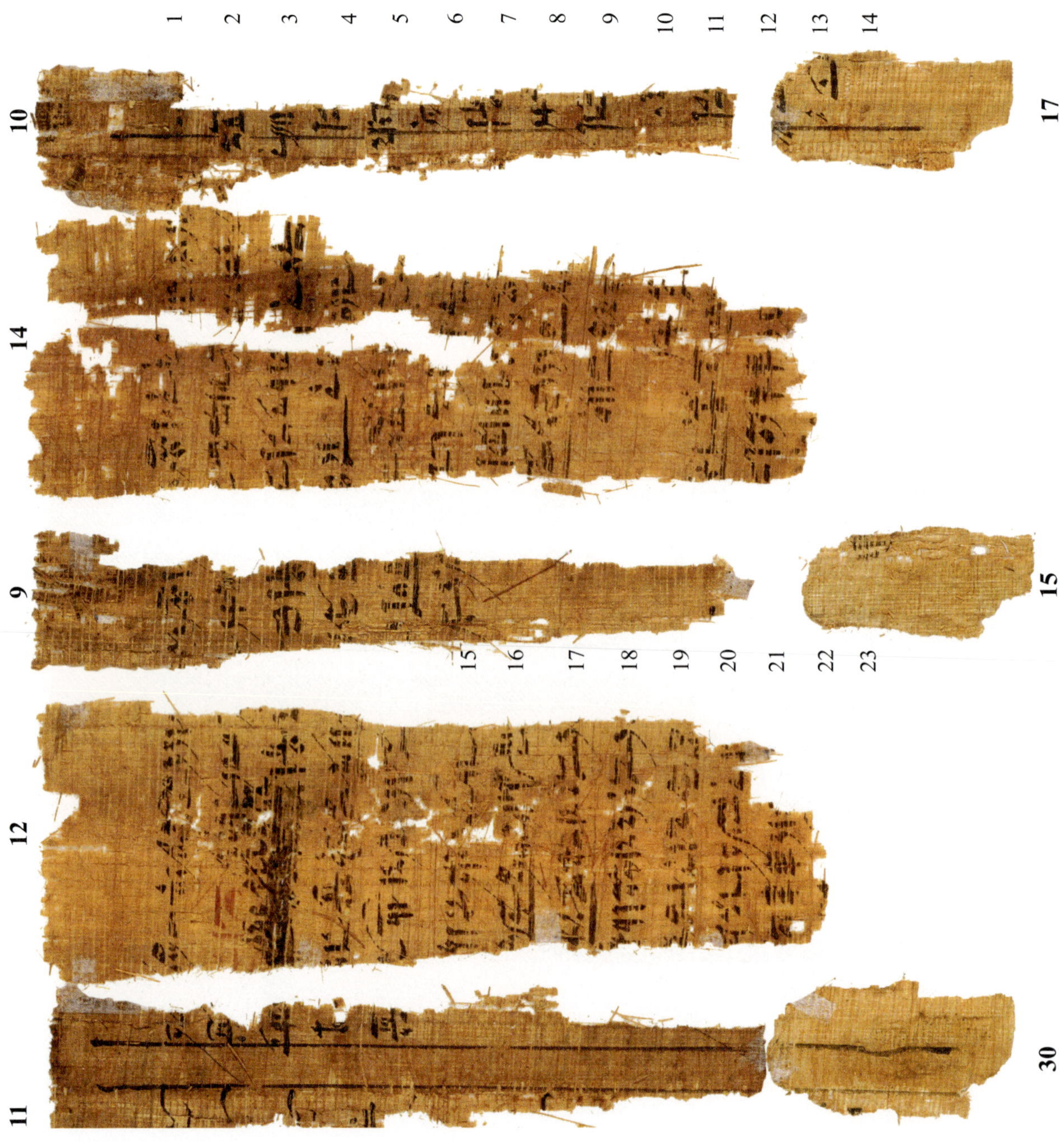

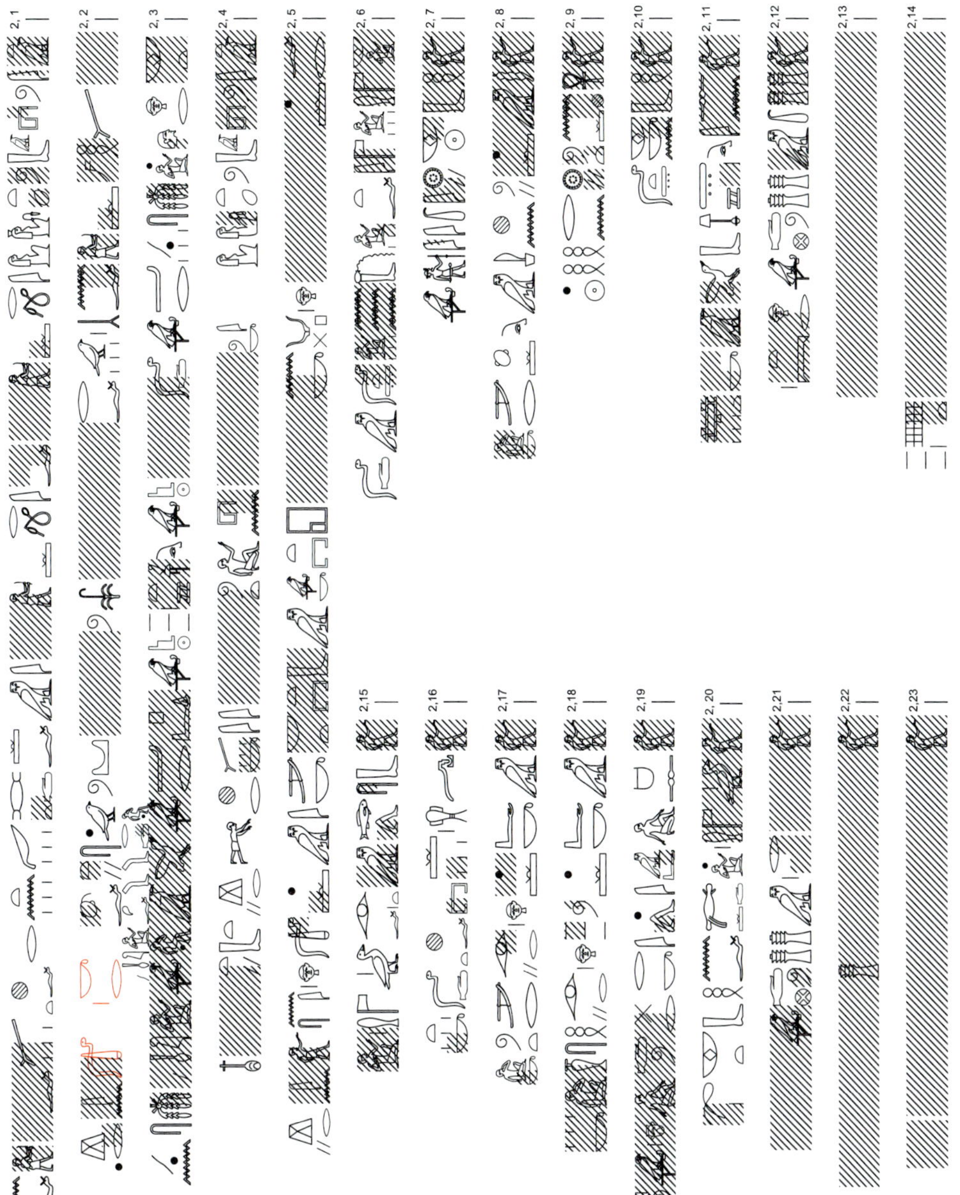
2,1
2,2
2,3
2,4
2,5
2,6
2,7
2,8
2,9
2,10
2,11
2,12
2,13
2,14
2,15
2,16
2,17
2,18
2,19
2,20
2,21
2,22
2,23

Planche III P. Princeton Pharaonic Roll 10 - Page x+3

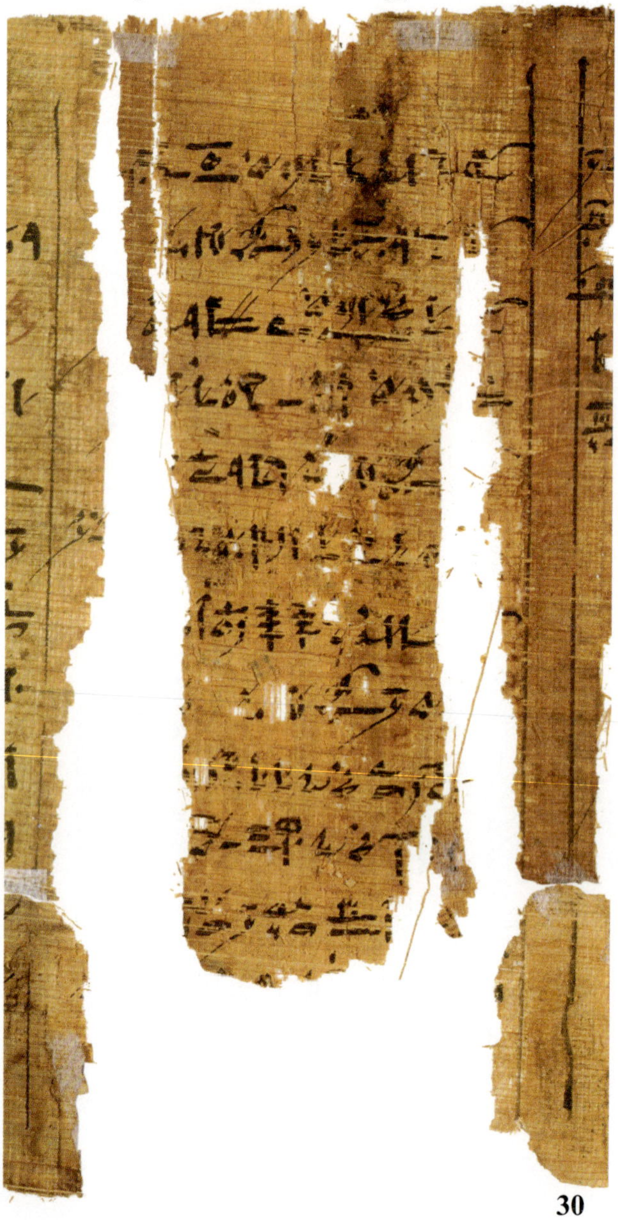

3, 1
3, 2
3, 3
3, 4
3, 5
3, 6
3, 7
3, 8
3, 9
3, 10
3, 11
3, 12

1 2 3 4 5 6 7 8 9 10 11 12

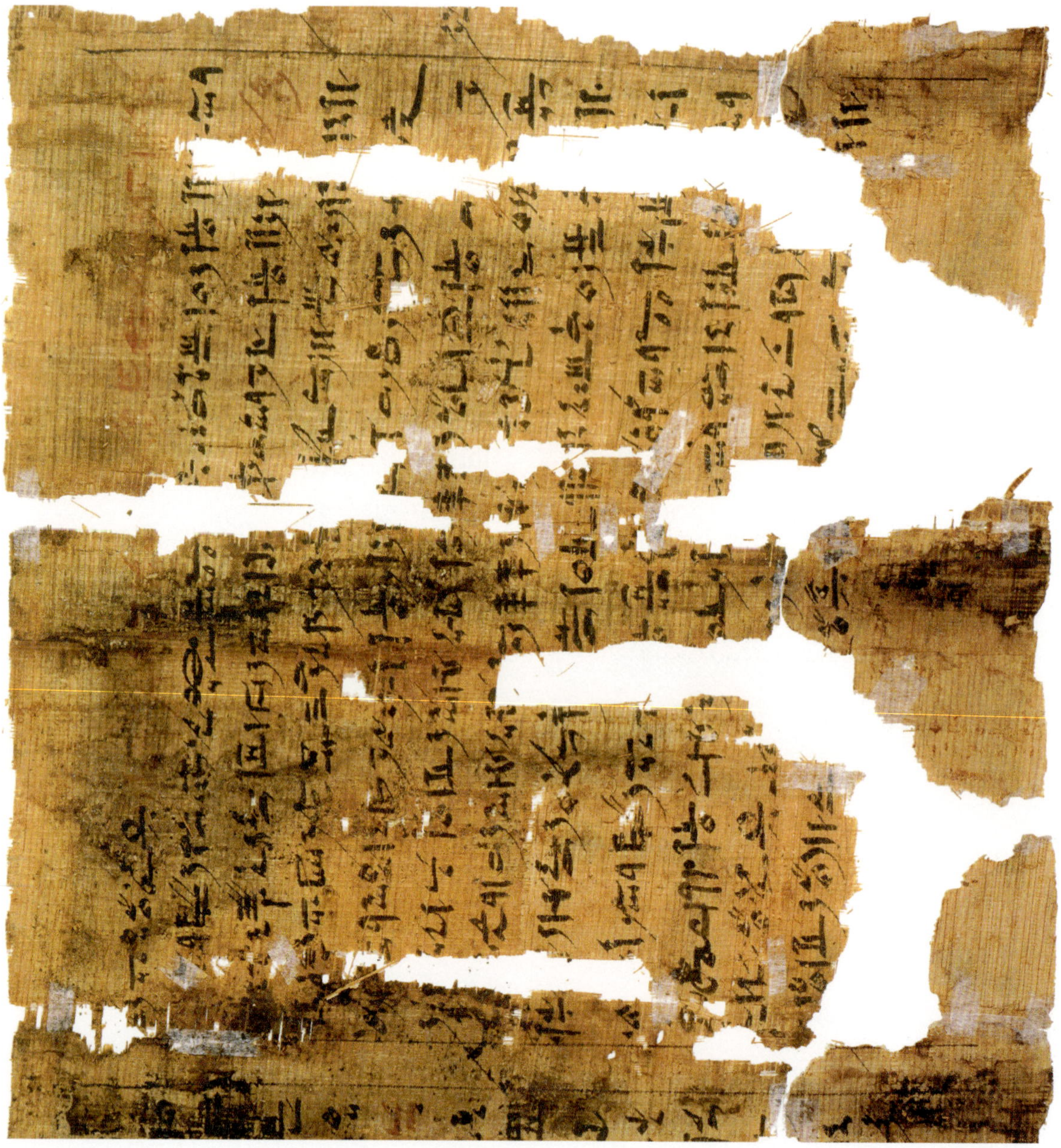

19 21 22

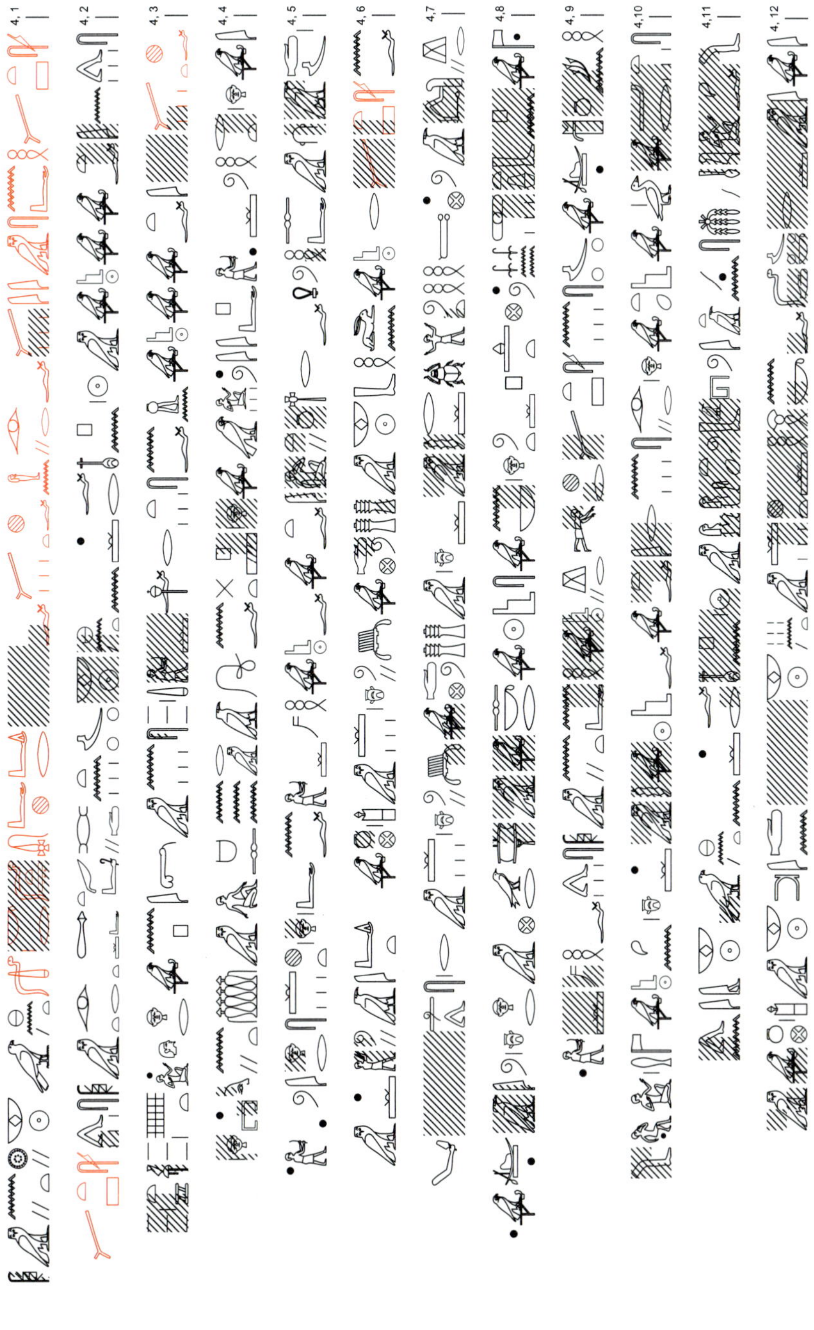
4,1
4,2
4,3
4,4
4,5
4,6
4,7
4,8
4,9
4,10
4,11
4,12

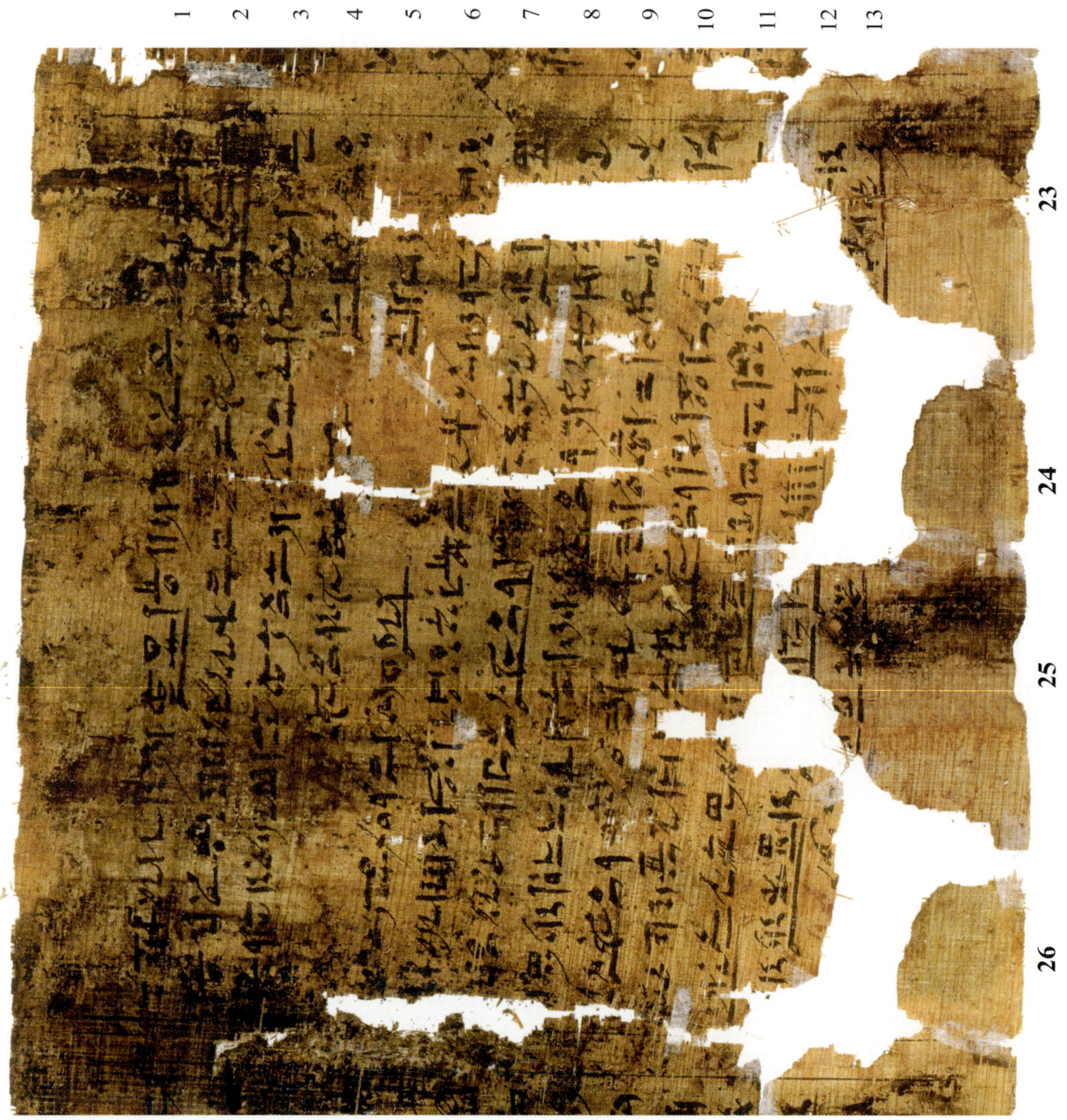
1
2
3
4
5
6
7
8
9
10
11
12
13
23
24
25
26

P. Princeton Pharaonic Roll 10 - Page x+5 Planche V bis

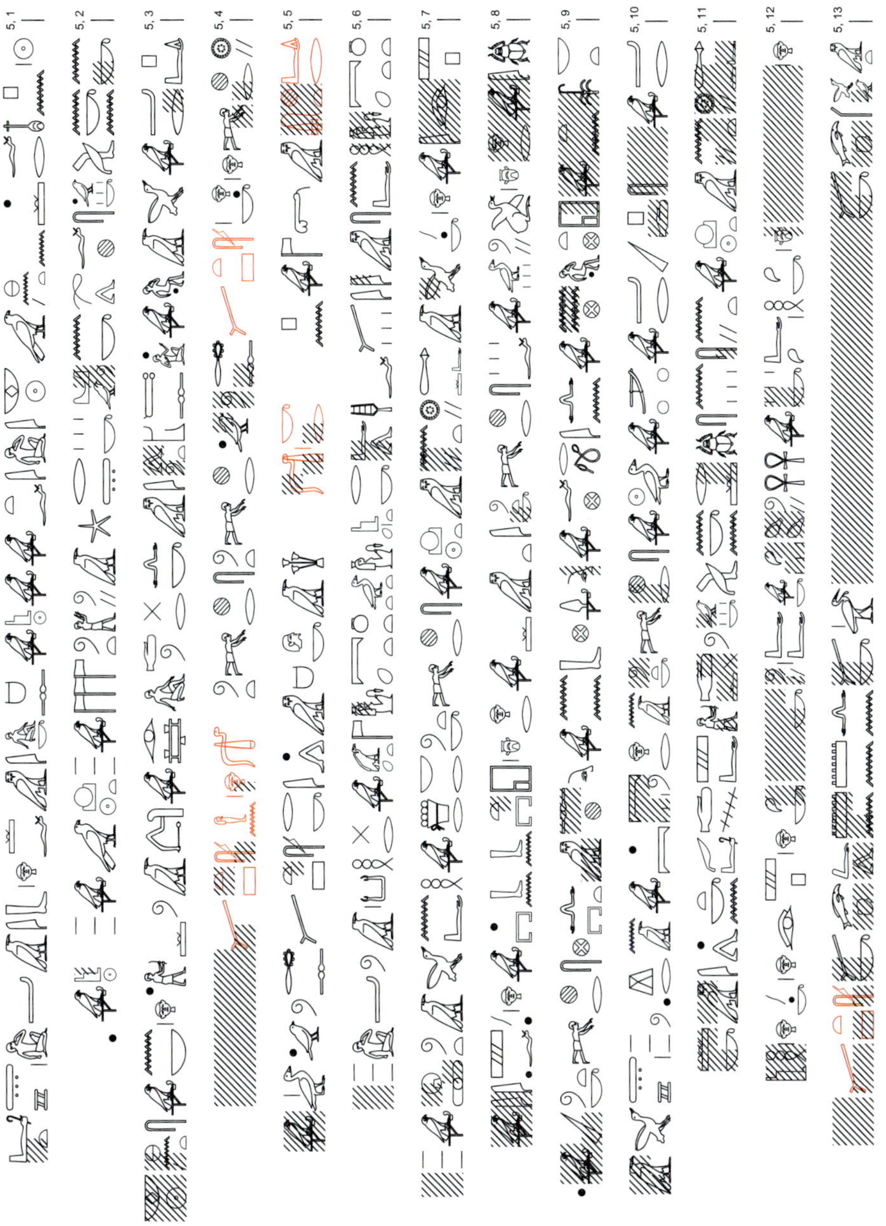

1
2
3
4
5
6
7
8
9
10
11
12
13
27
28
29
31
32
100
101
102
38
39
36
55

P. Princeton Pharaonic Roll 10 - Page x+6

Planche VI bis

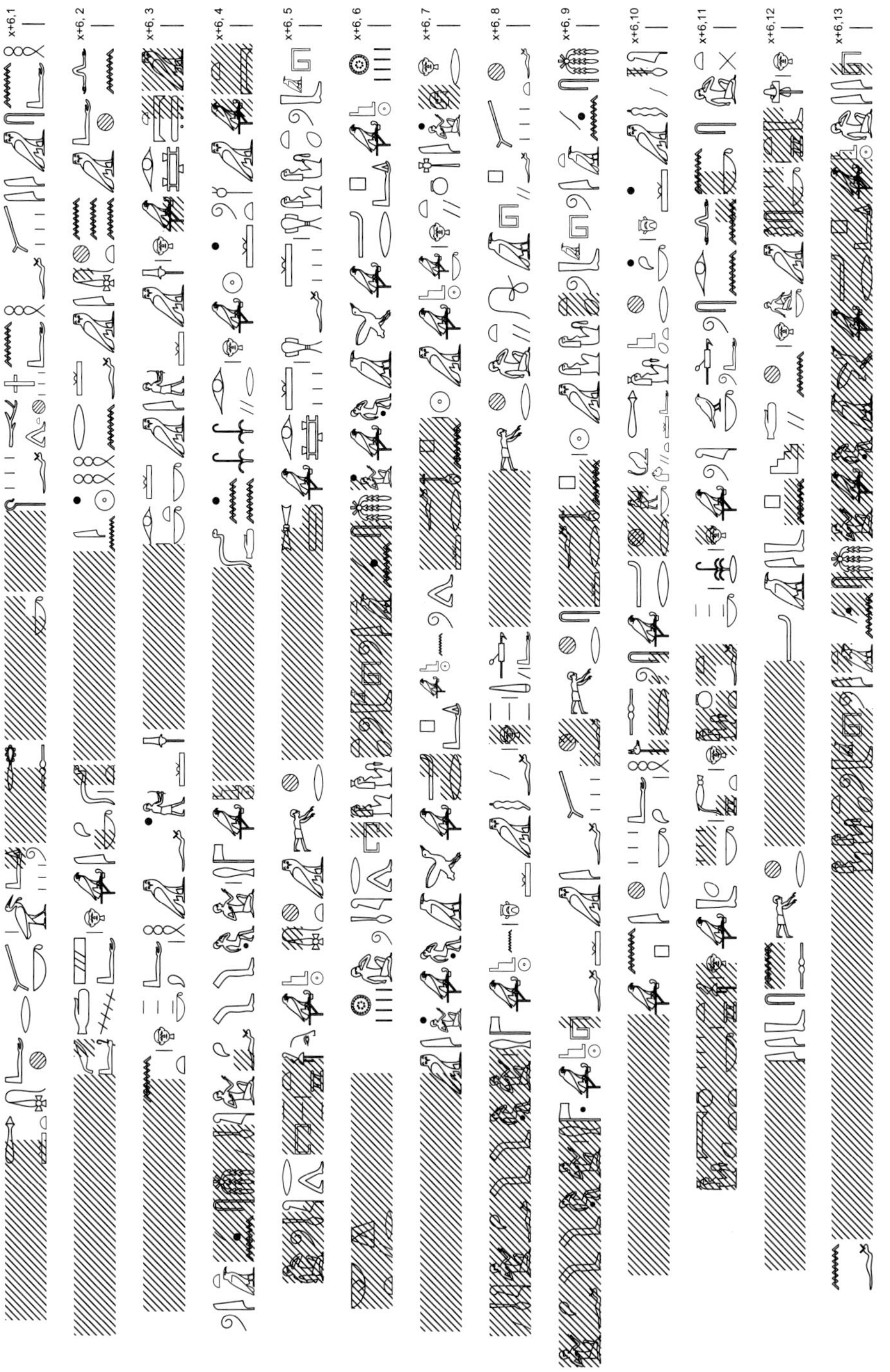

33
34
35
36
37
40
41
42
43
97
98
99
1 2 3 4 5 6 7 8 9 10 A 11 12 13
14 15 16 17
18 19 20 21 22

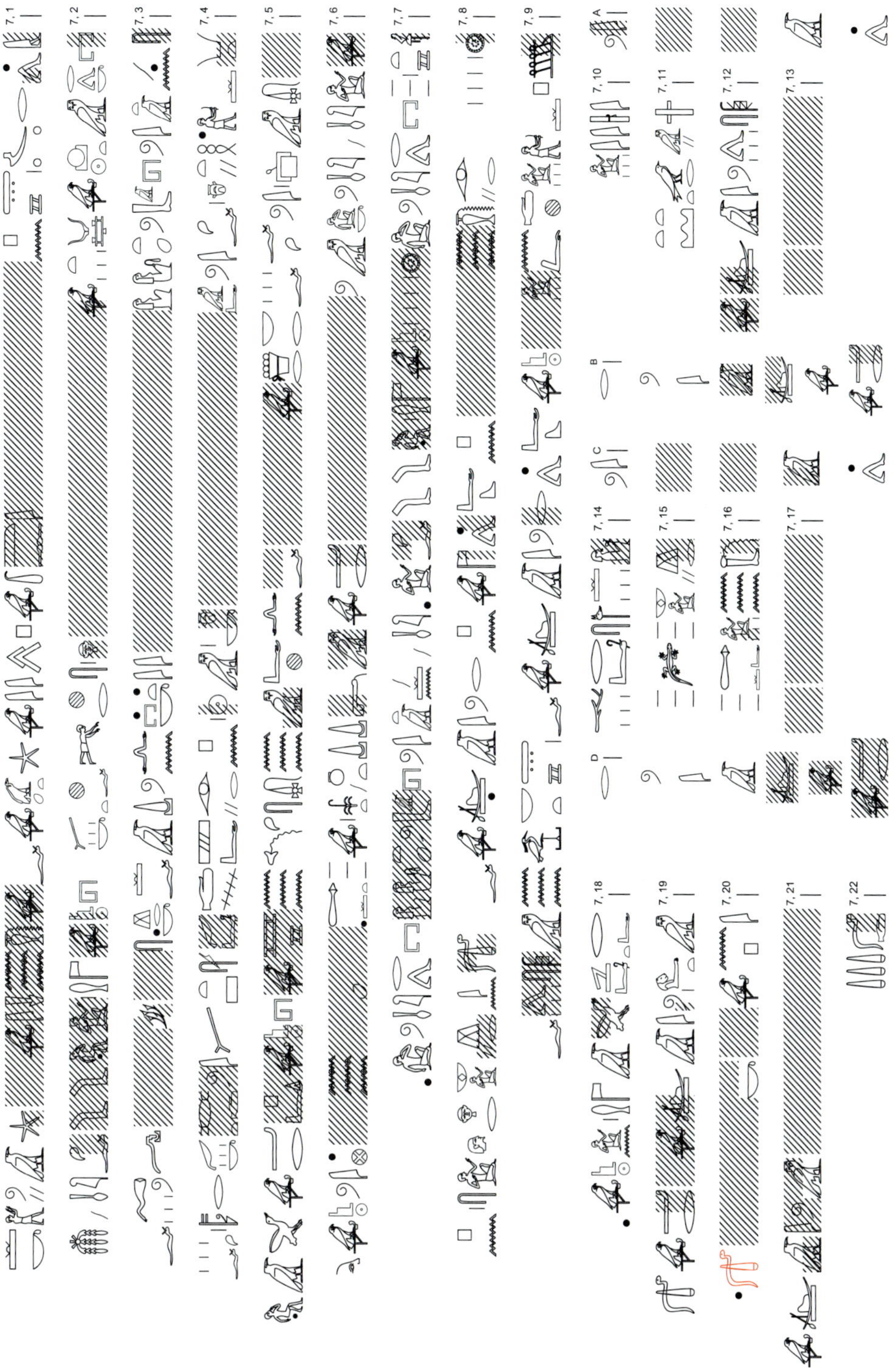

Planche VIII P. Princeton Pharaonic Roll 10 - Page x+8

1 2 3 4 5 6 7 8 9 10 11 12 13 14

43 44 45 46 47 48

P. Princeton Pharaonic Roll 10 - Page x+8 Planche VIII bis

48
49
50
63
52
51
54
20

9, 1
9, 2
9, A
9, 3
9, 4
9, 5
9, 6
9, 7
9, 8
9, 9
9, 10
9, 11
9, 12
9, 13
9, 14
9, 15
9, 16
9, B
9, 17
9, 18
9, 19
9, 20
9, 21
9, 22
9, 23
9, 24
9, 25
9, 26
9, 27
9, 28
9, 29
9, 30
9, C
9, 31
9, 32
9, 33
9, 34
9, 35
9, 36
9, 37
9, 38
9, 39
9, 40
9, 41
9, 42

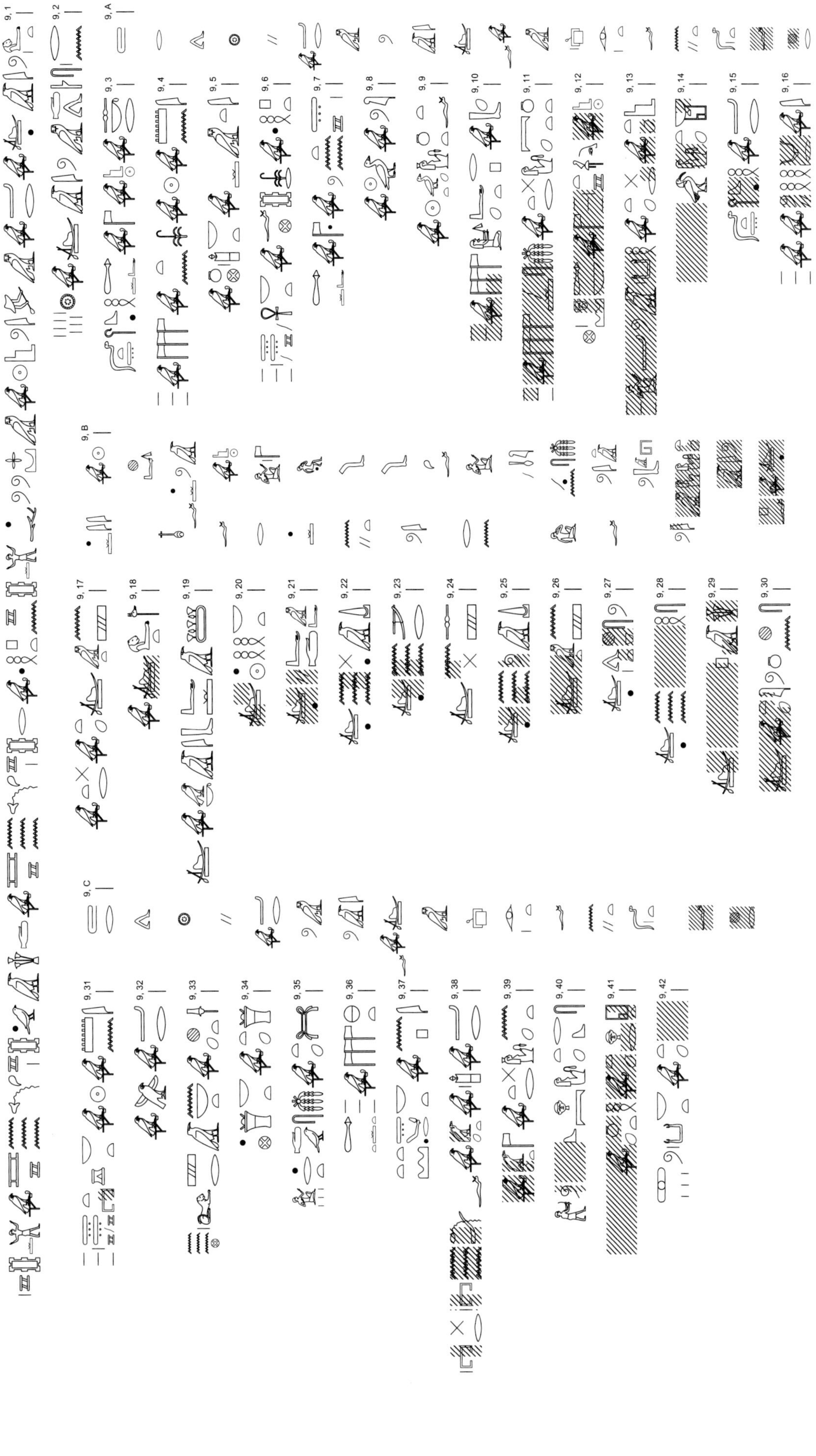

Planche X   P. Princeton Pharaonic Roll 10 - Page x+10

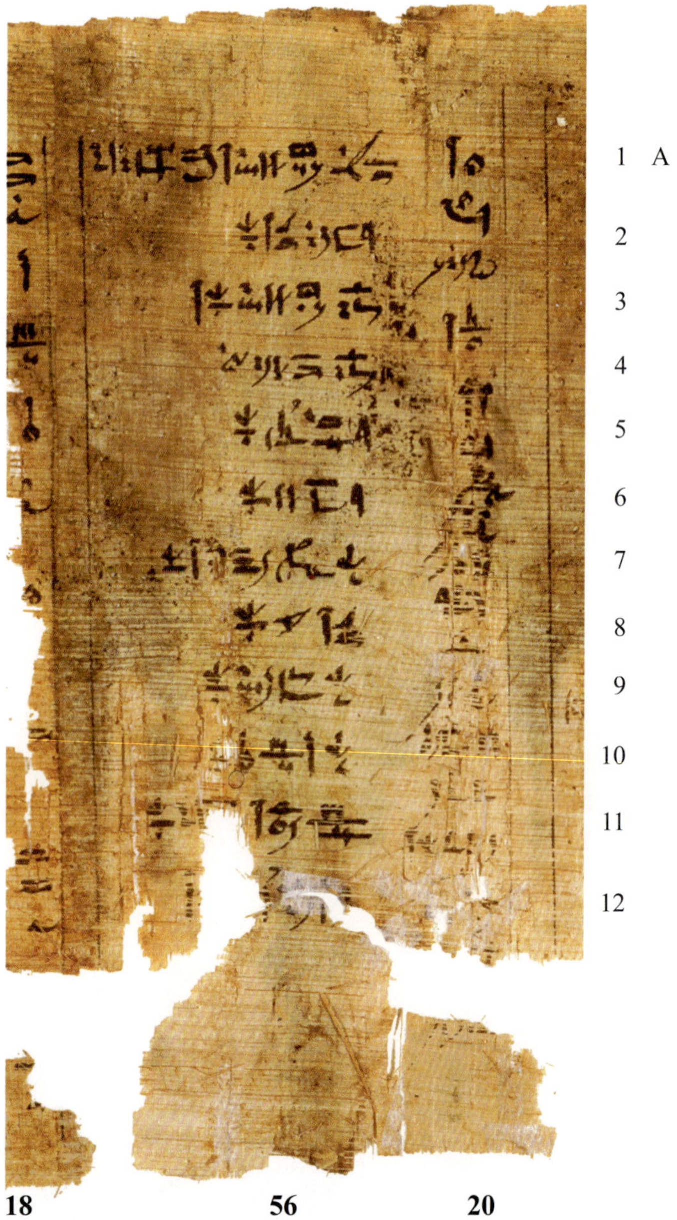

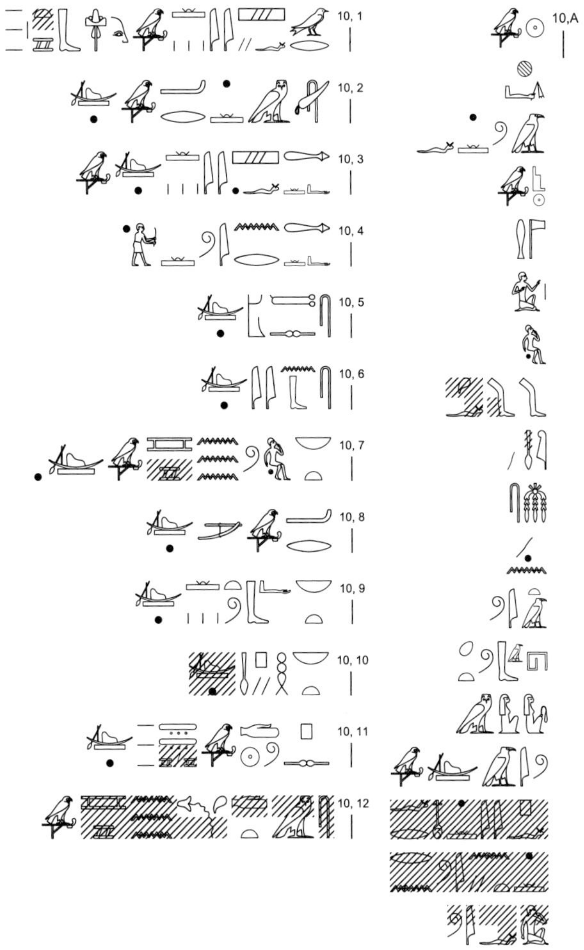
10,A
10, 1
10, 2
10, 3
10, 4
10, 5
10, 6
10, 7
10, 8
10, 9
10, 10
10, 11
10, 12

Planche XI   P. Princeton Pharaonic Roll 10 - Page x+11

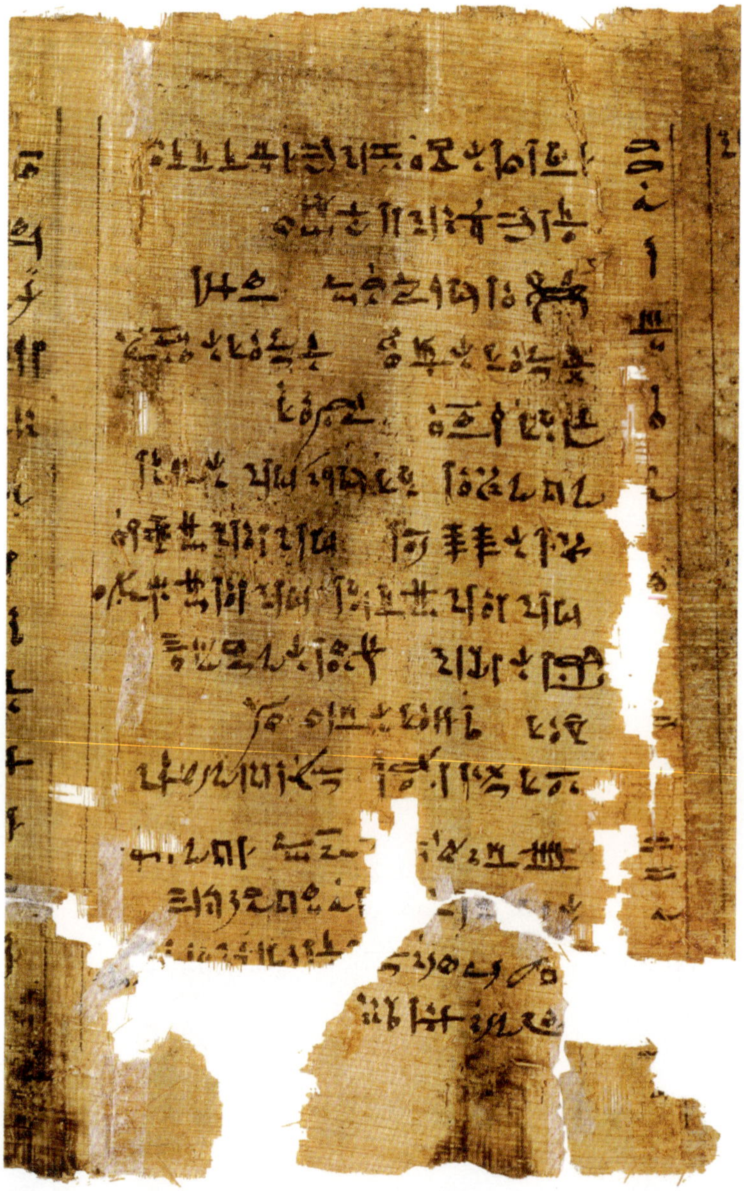

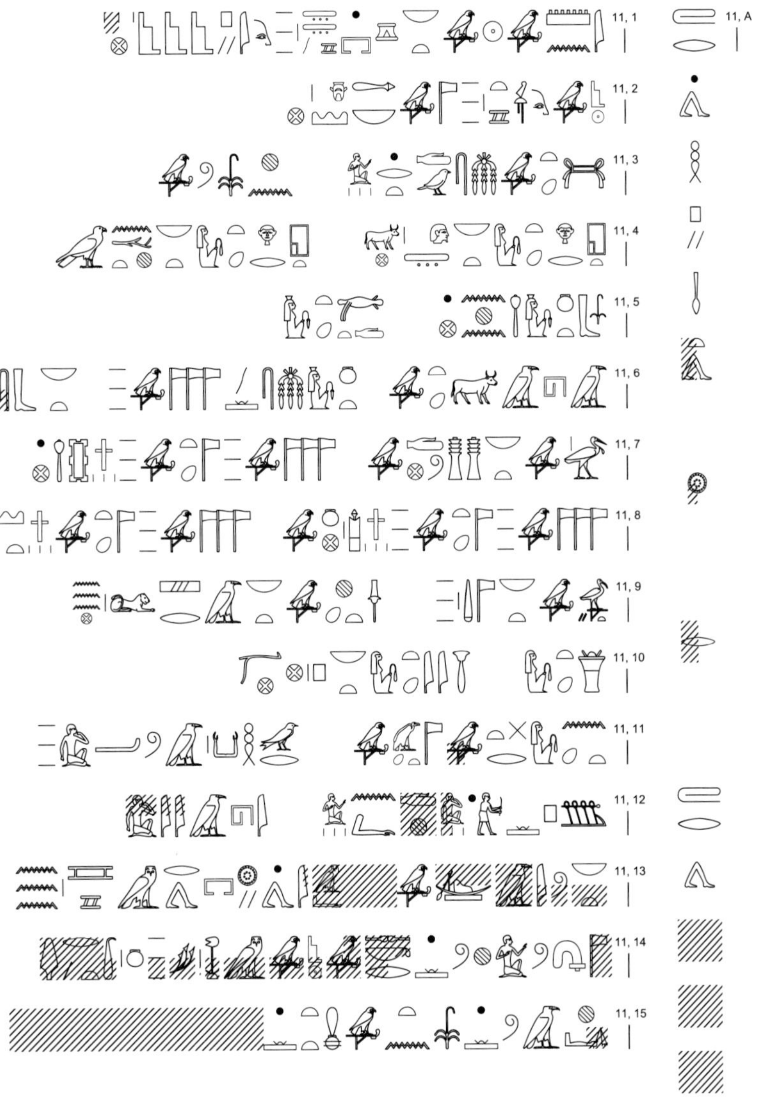
11, 1
11, A
11, 2
11, 3
11, 4
11, 5
11, 6
11, 7
11, 8
11, 9
11, 10
11, 11
11, 12
11, 13
11, 14
11, 15

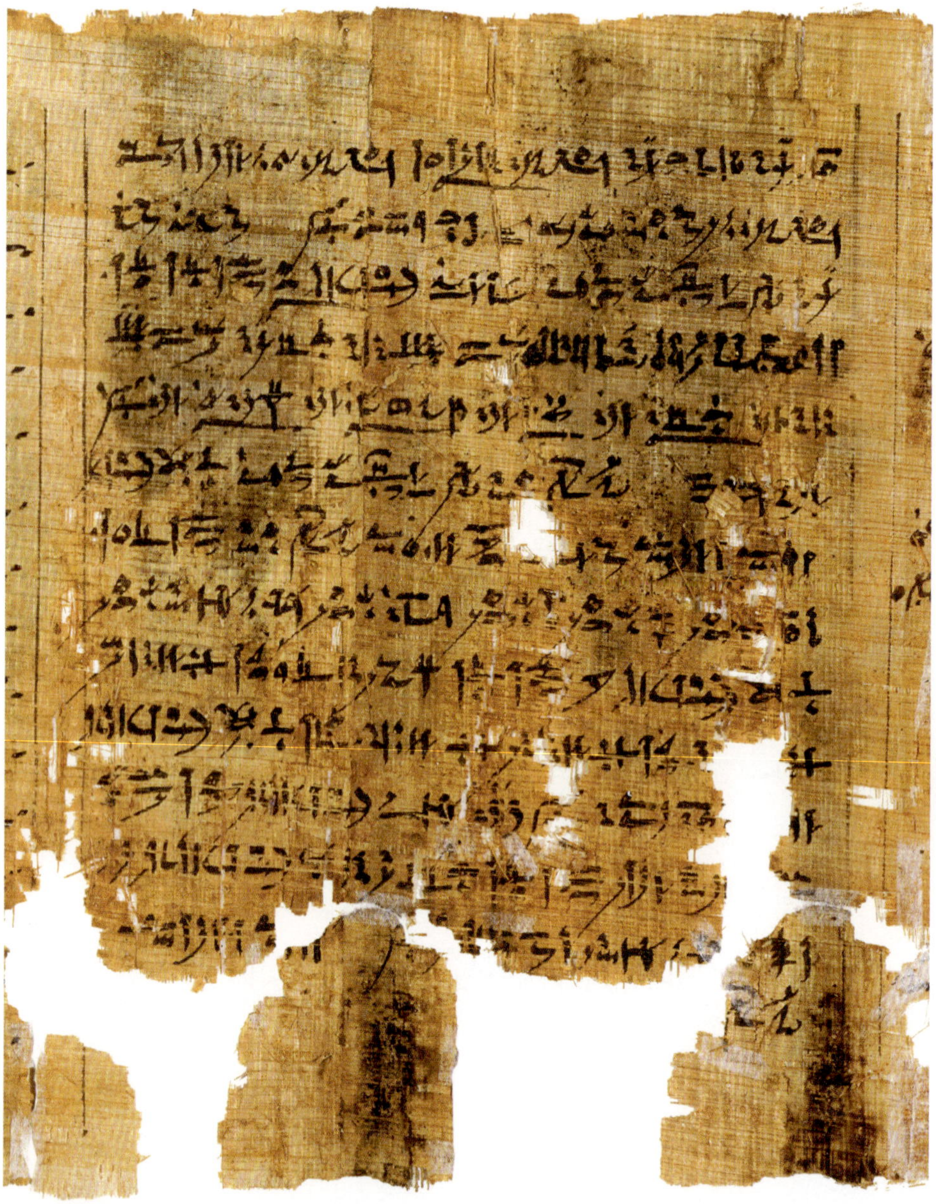

53 62 60

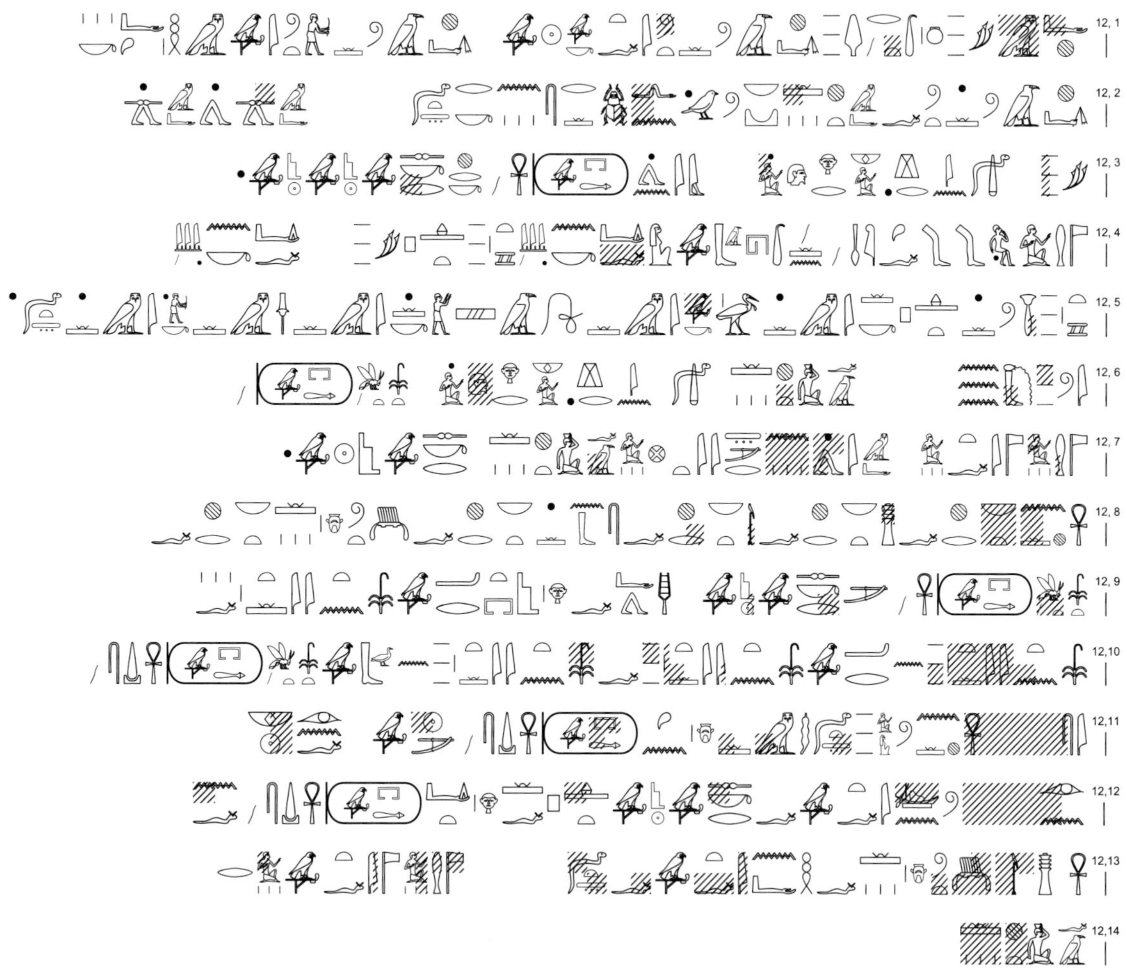
12, 1
12, 2
12, 3
12, 4
12, 5
12, 6
12, 7
12, 8
12, 9
12,10
12,11
12,12
12,13
12,14

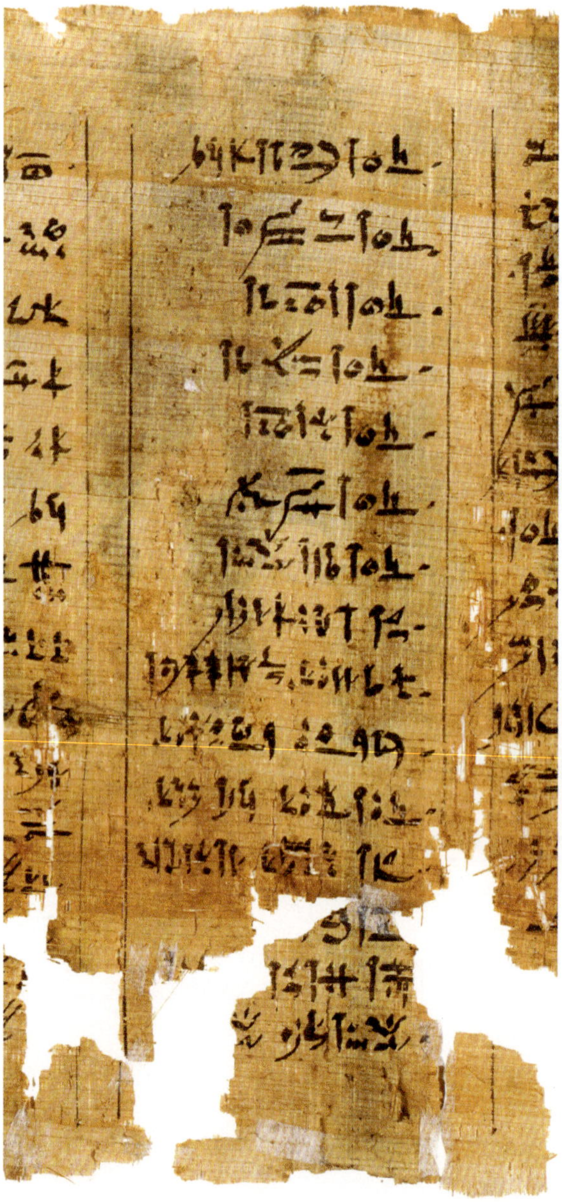
1
2
3
4
5
6
7
8
9
10
11
12
13
14
15
65
64
53

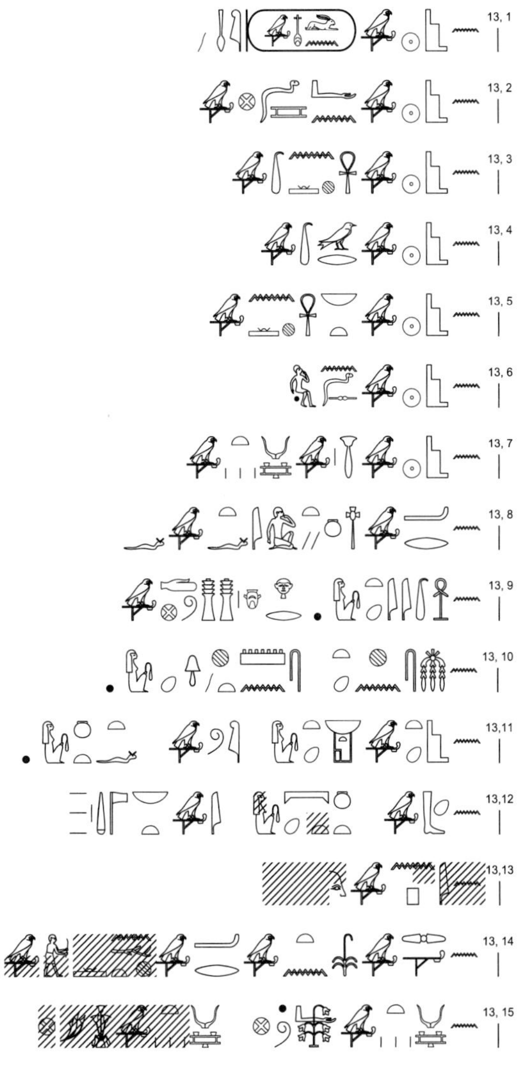
13, 1
13, 2
13, 3
13, 4
13, 5
13, 6
13, 7
13, 8
13, 9
13, 10
13,11
13,12
13,13
13, 14
13, 15

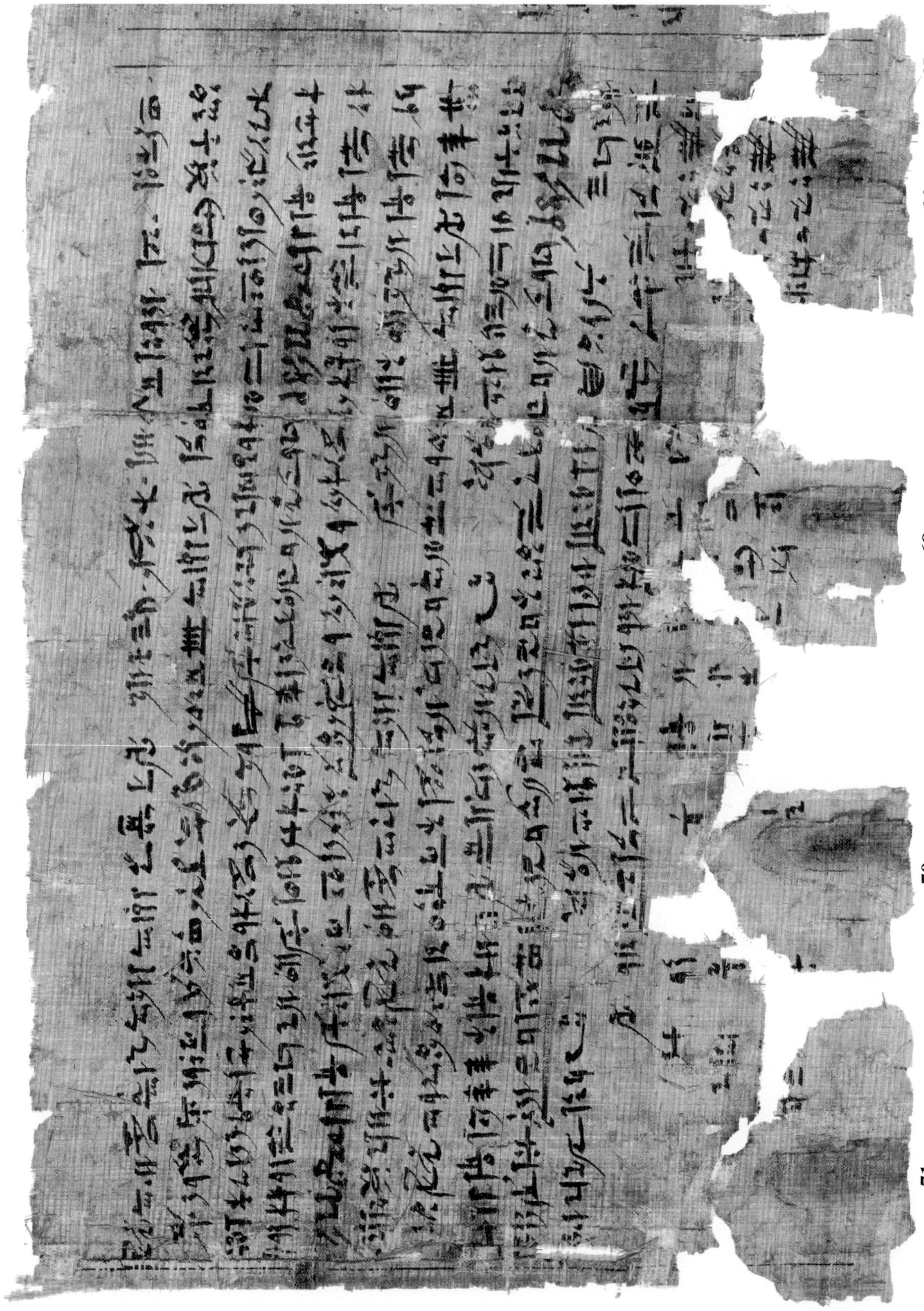

14, 1
14, 2
14, 3
14, 4
14, 5
14, 6
14, 7
14, 8
14, 9
14, 10
14, 11
14, 12
14, 13
14, 14
14, 15
14, A
14, B

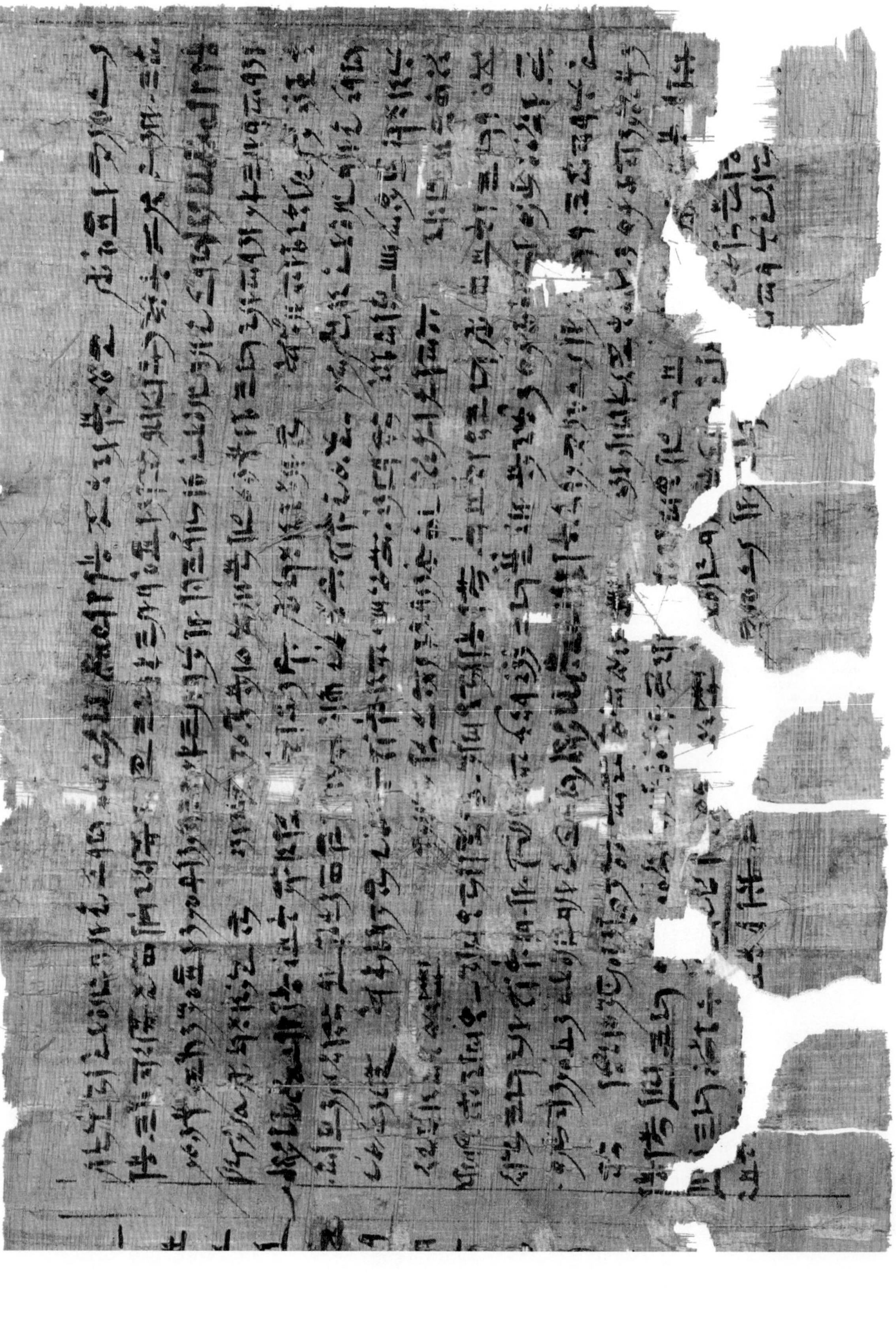
69
73
67
75
72
76
74
77

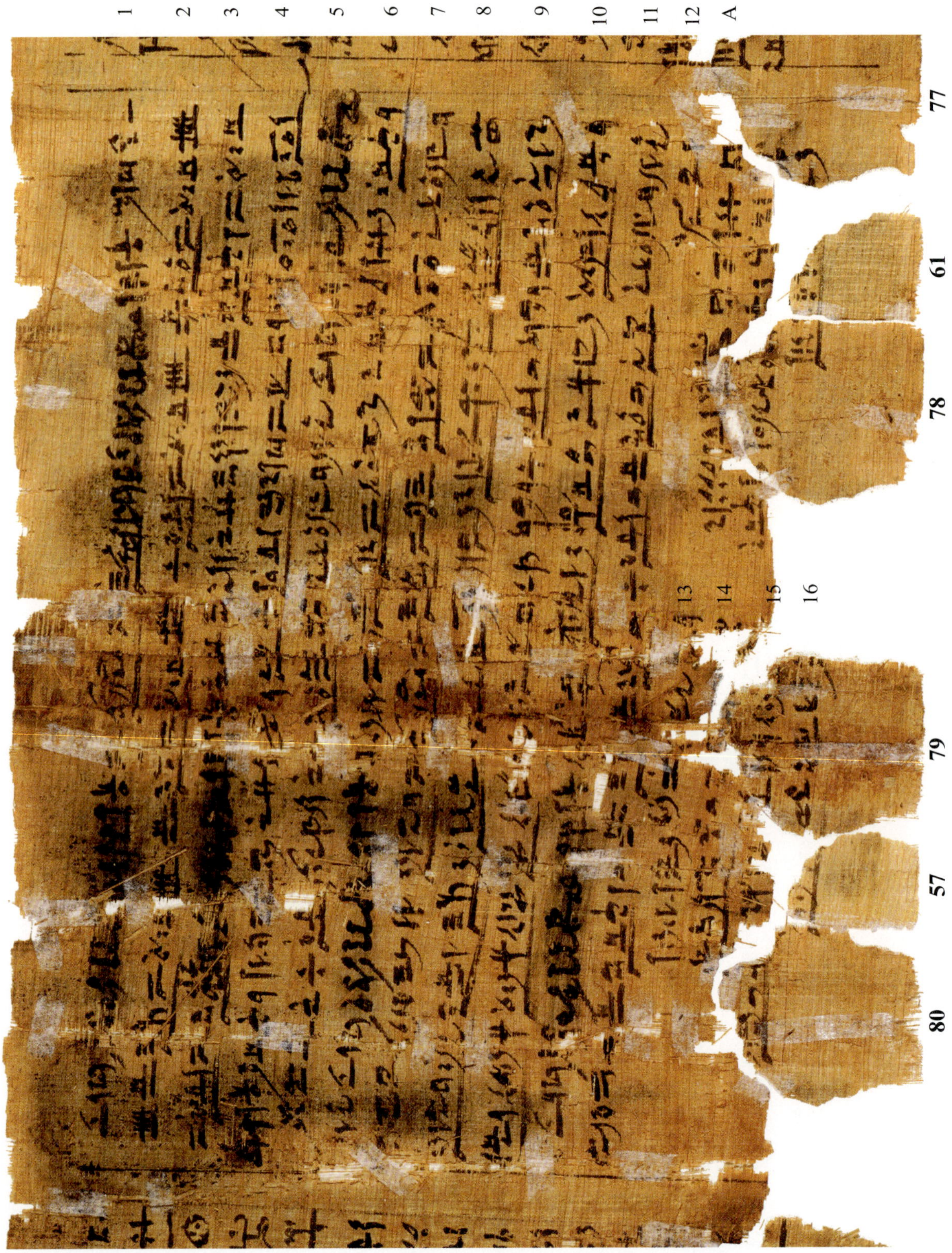
1
2
3
4
5
6
7
8
9
10
11
12
A
13
14
15
16
77
61
78
79
57
80

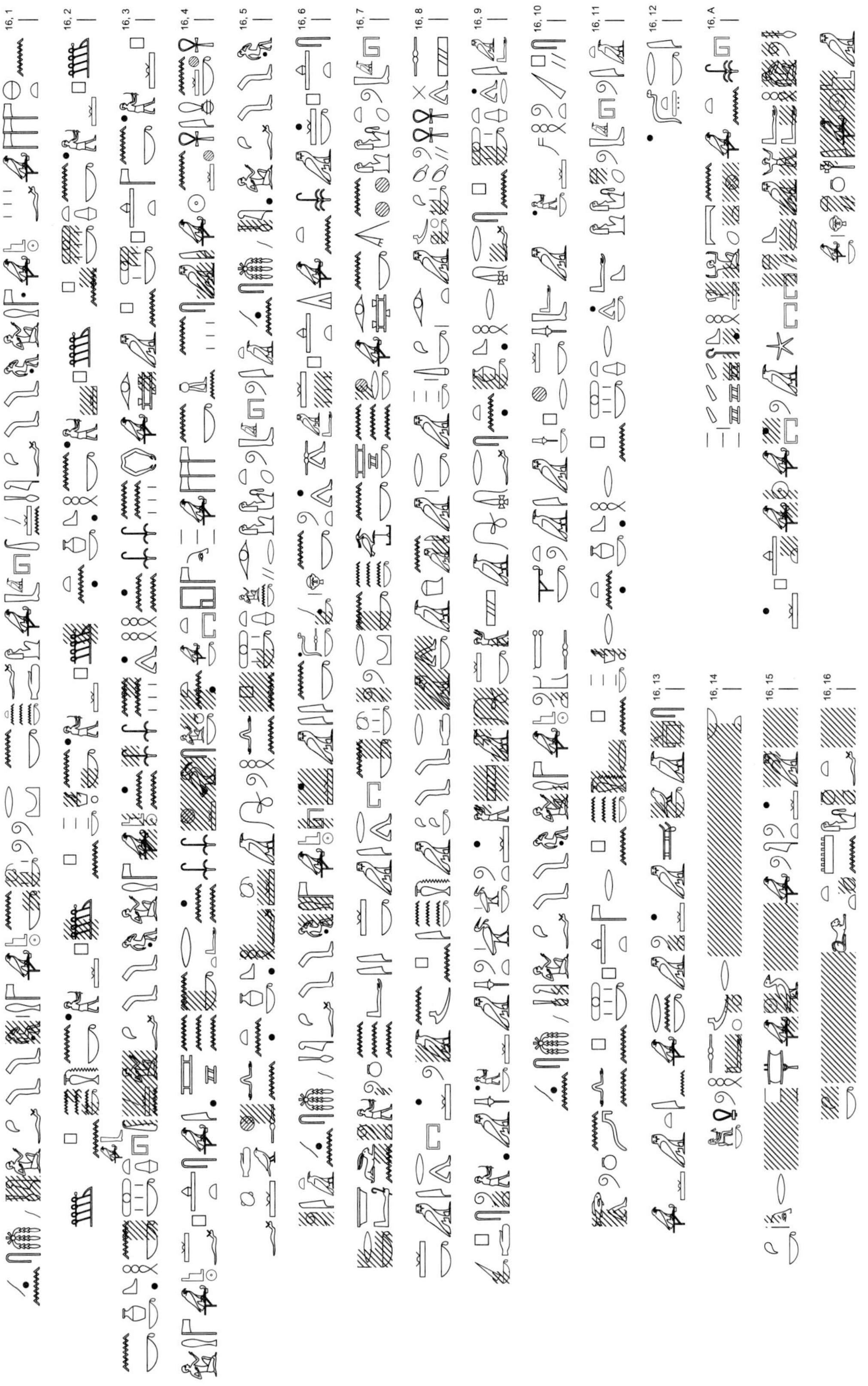
16,1
16,2
16,3
16,4
16,5
16,6
16,7
16,8
16,9
16,10
16,11
16,12
16,A
16,13
16,14
16,15
16,16

A

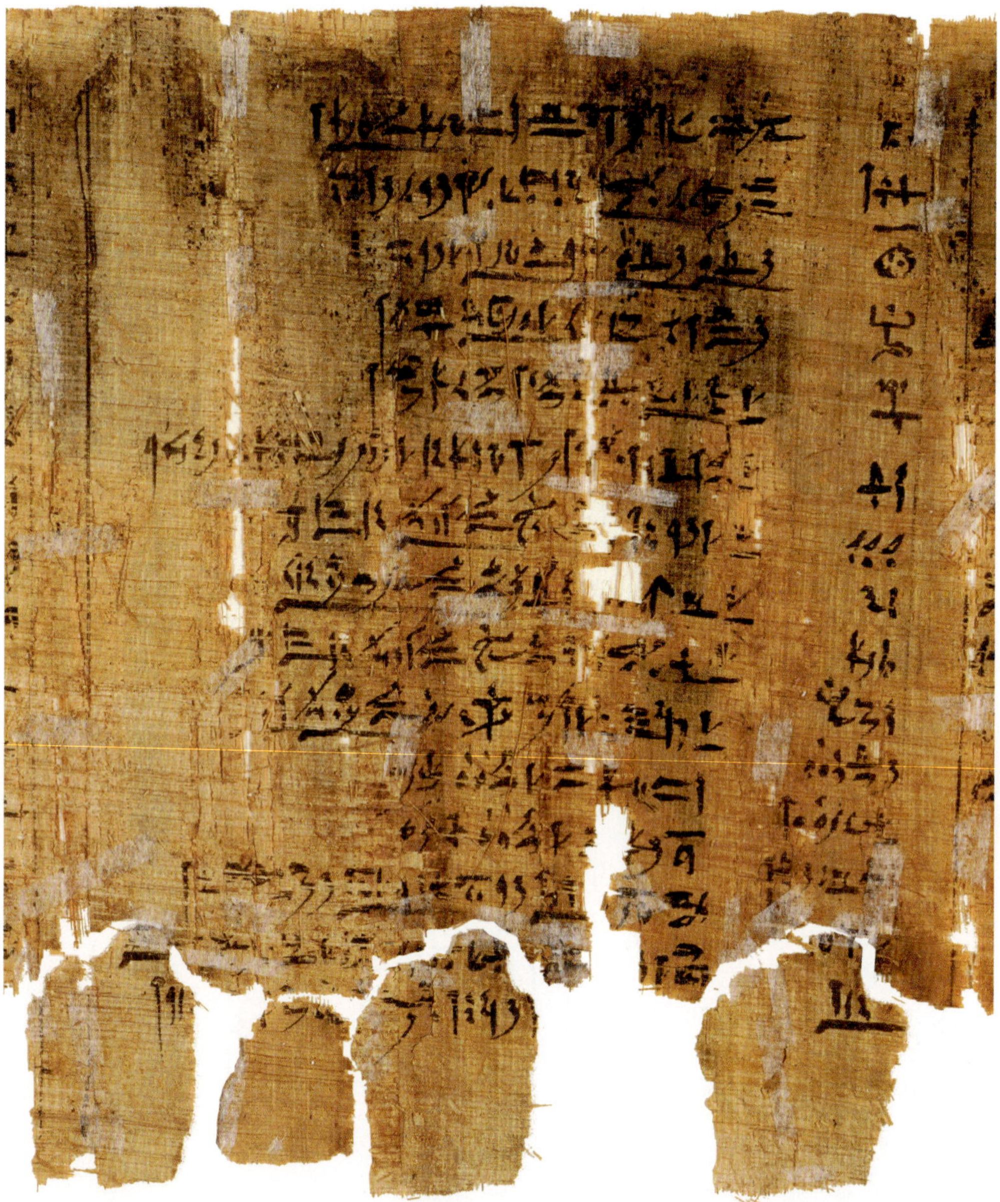

83 86 82 81

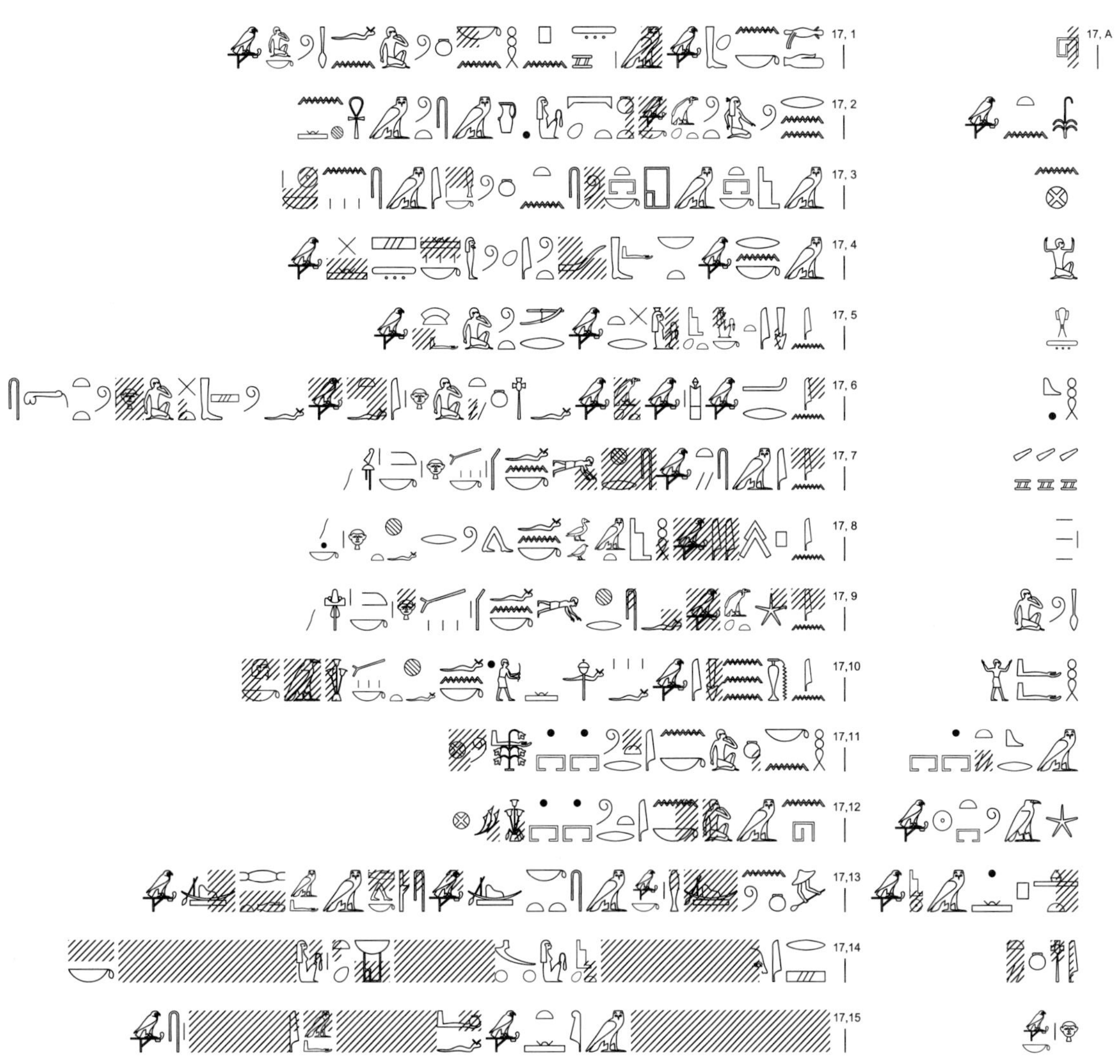
17, A
17, 1
17, 2
17, 3
17, 4
17, 5
17, 6
17, 7
17, 8
17, 9
17,10
17,11
17,12
17,13
17,14
17,15

1 A
2
3
4
5
6
7
8
9
10
11
12
13
104
87
85
84
83

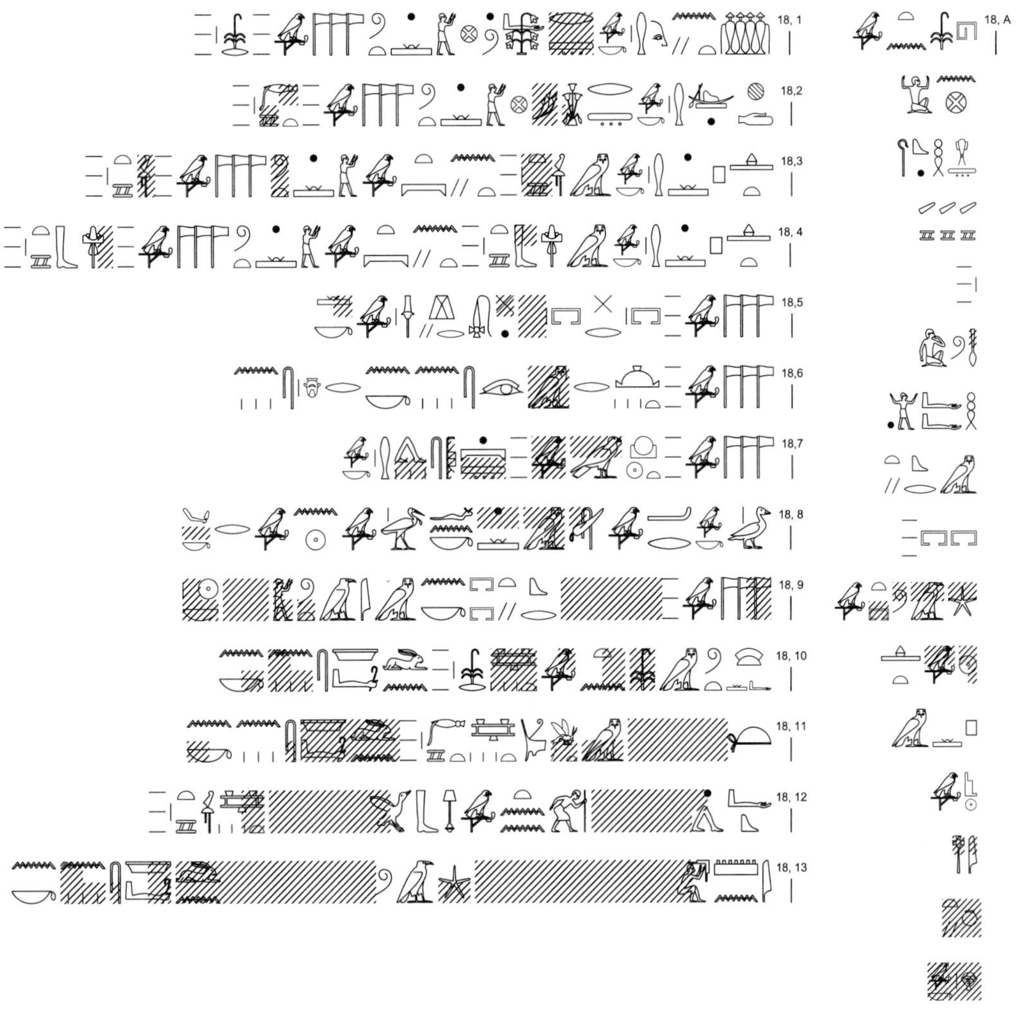
18, 1
18,2
18,3
18, 4
18,5
18,6
18,7
18, 8
18, 9
18, 10
18, 11
18, 12
18, 13
18, A

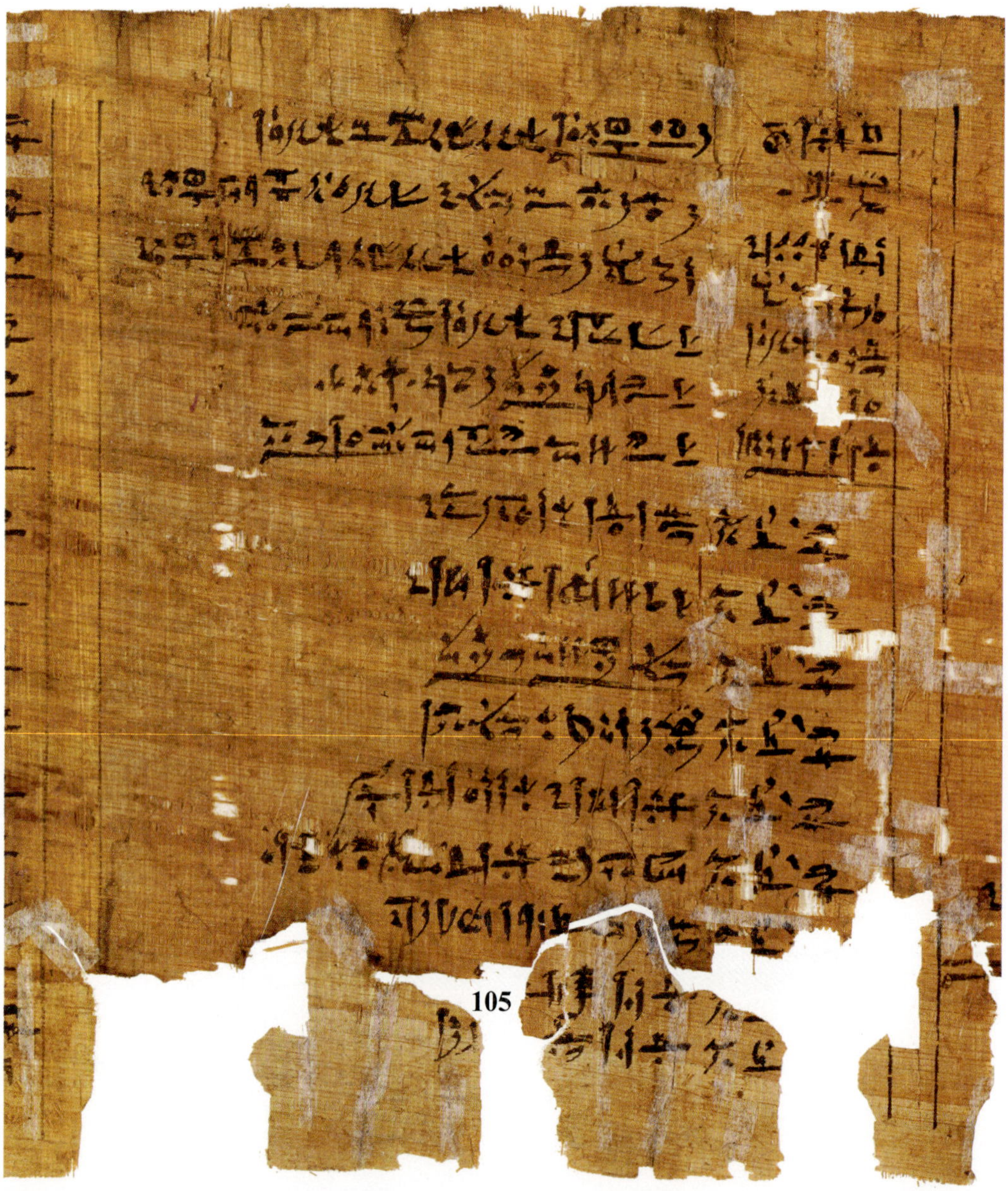
1 A
2
3
4
5
6
7
8
9
10
11
12
13
14
15
105
90 89 88 87

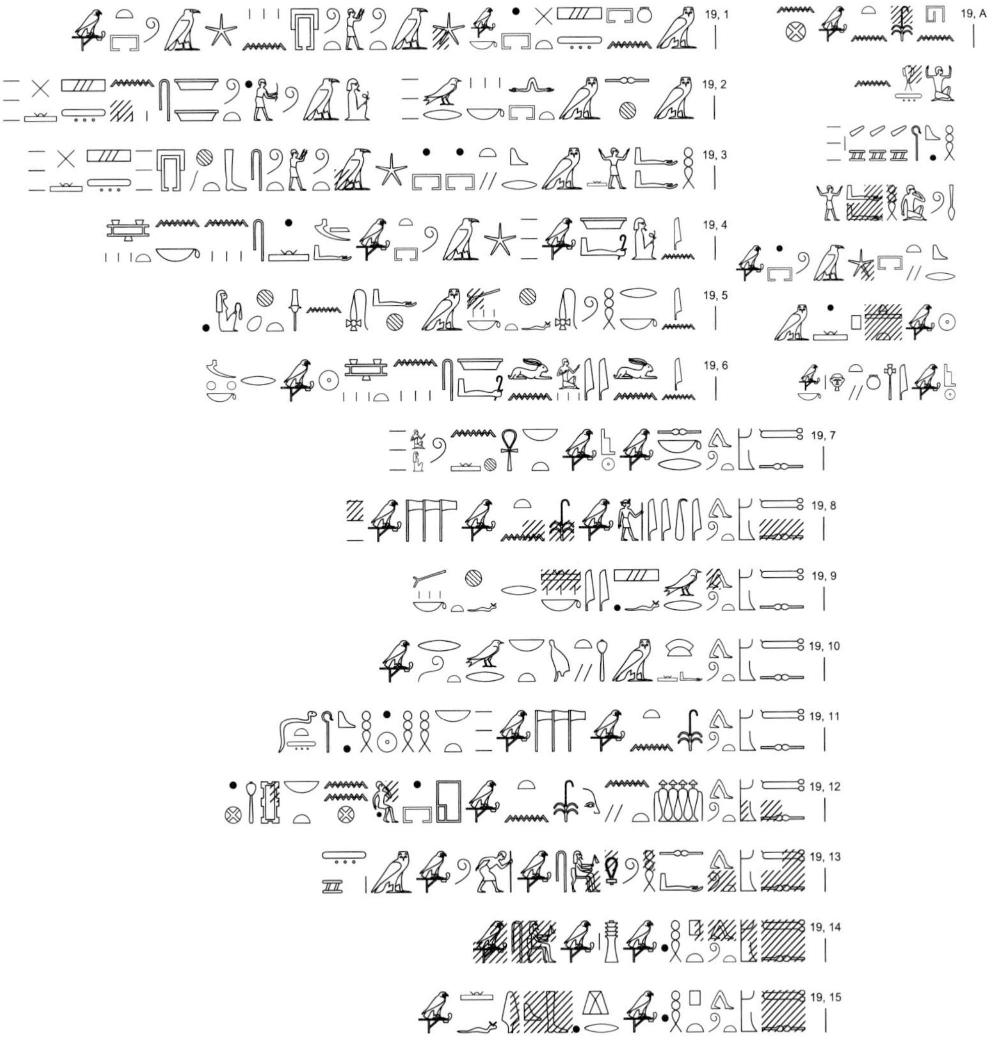
19, 1
19, A
19, 2
19, 3
19, 4
19, 5
19, 6
19, 7
19, 8
19, 9
19, 10
19, 11
19, 12
19, 13
19, 14
19, 15

Planche XX P. Princeton Pharaonic Roll 10 - Page x+20

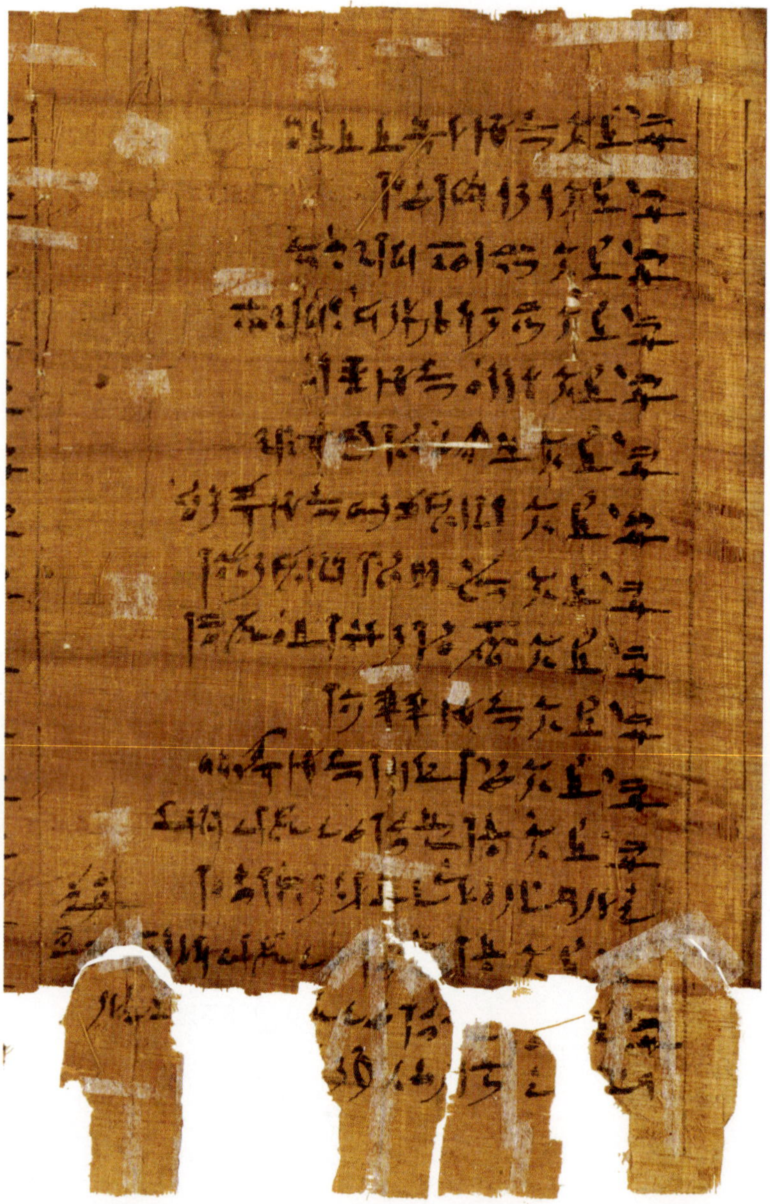

94 91 95 90

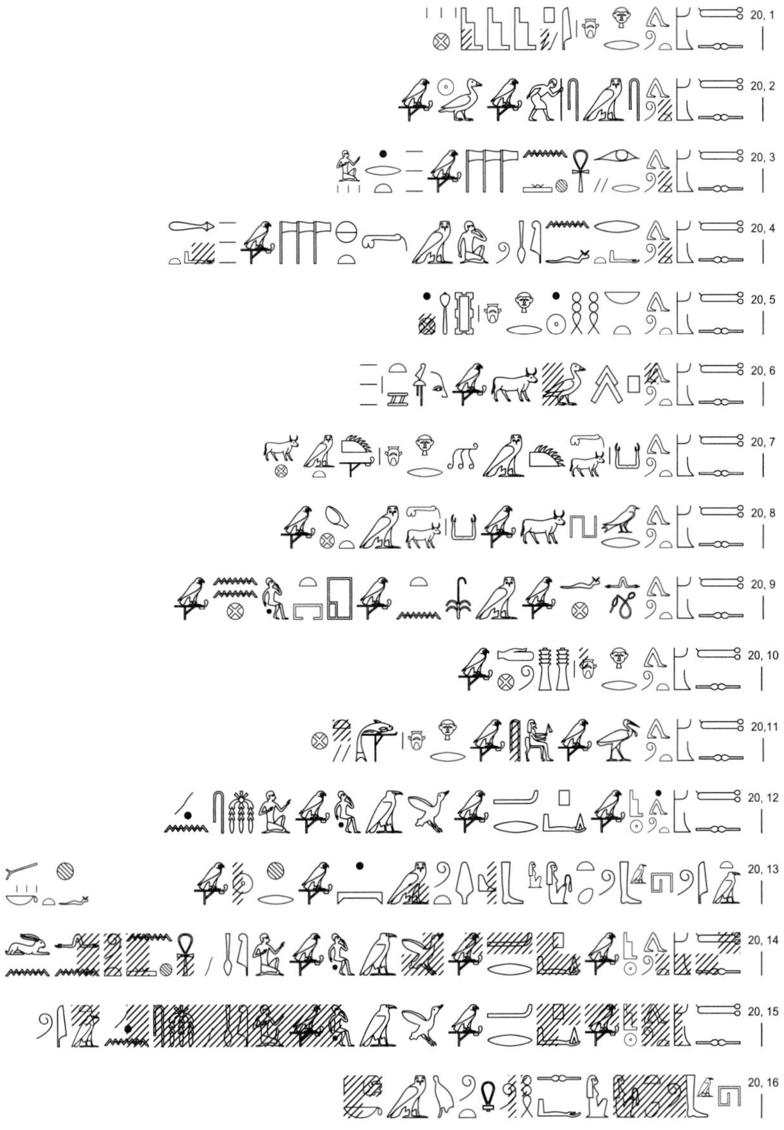
20, 1
20, 2
20, 3
20, 4
20, 5
20, 6
20, 7
20, 8
20, 9
20, 10
20,11
20, 12
20, 13
20, 14
20, 15
20, 16

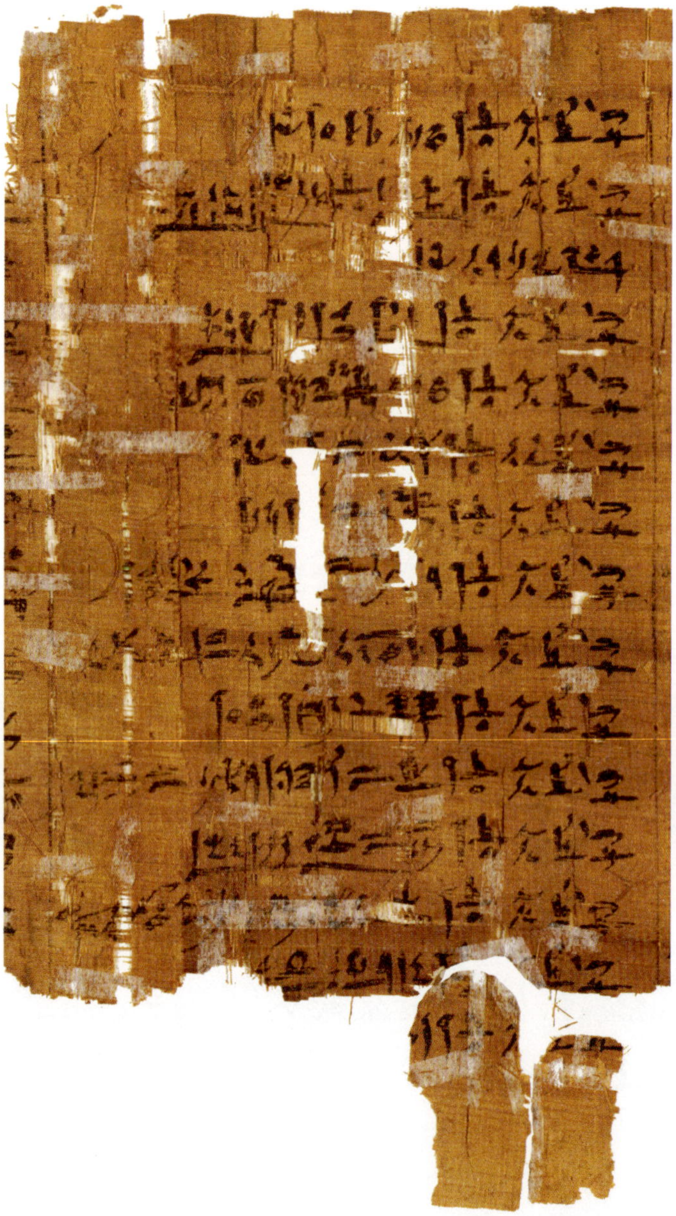

92 **93**

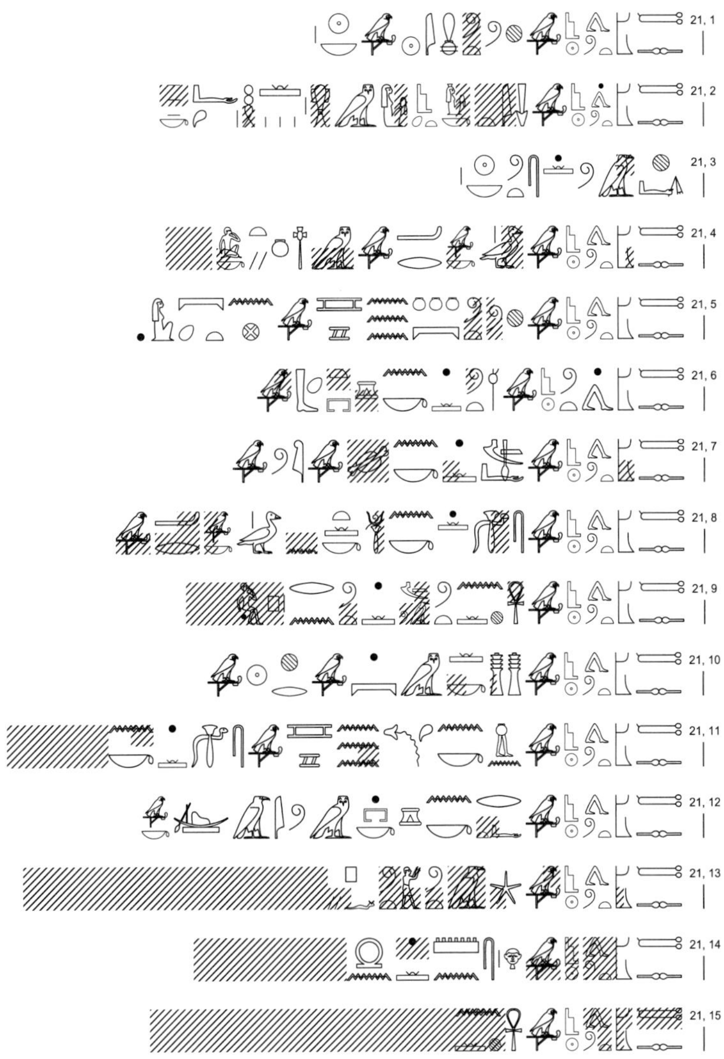
21, 1
21, 2
21, 3
21, 4
21, 5
21, 6
21, 7
21, 8
21, 9
21, 10
21, 11
21, 12
21, 13
21, 14
21, 15

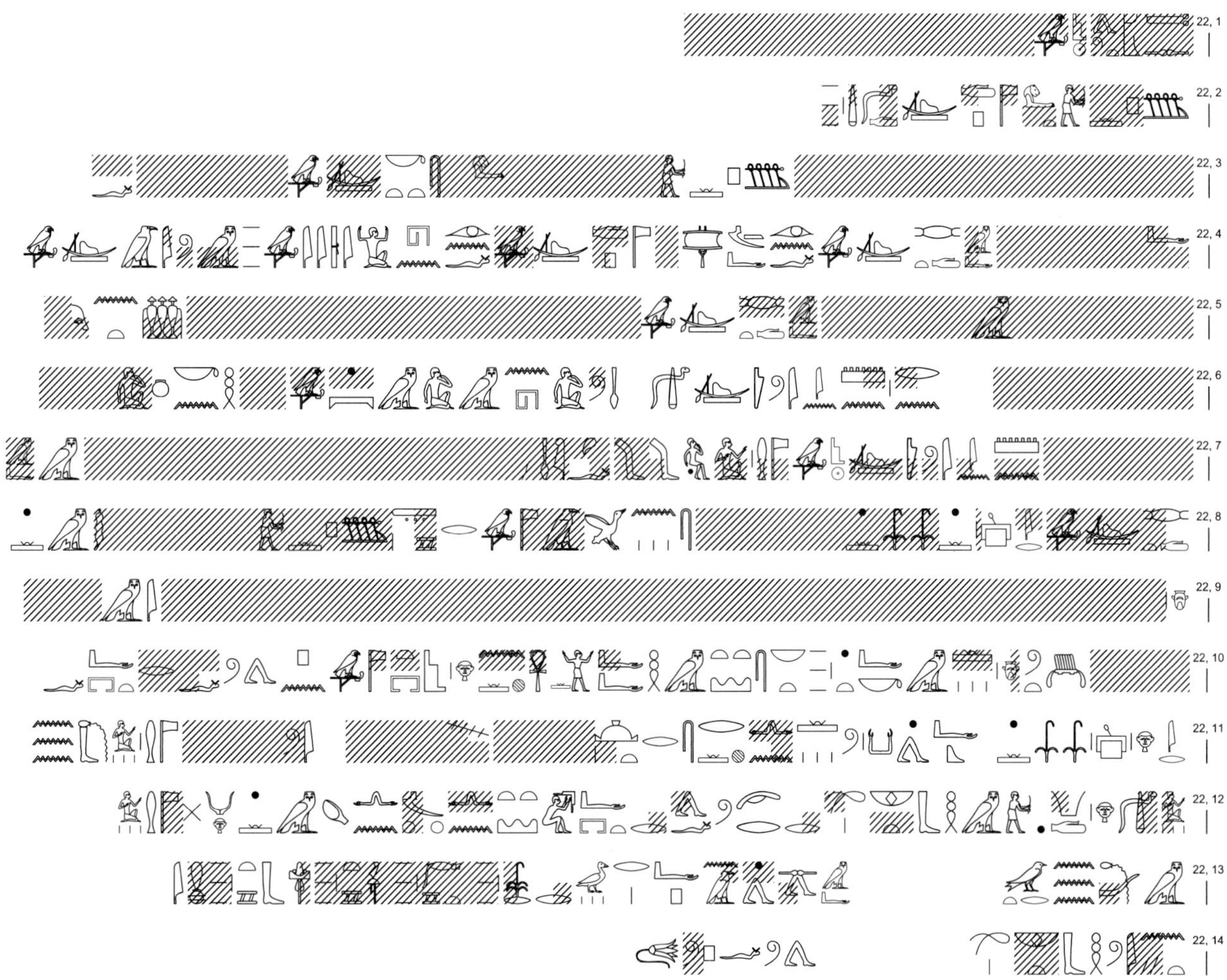
22, 1
22, 2
22, 3
22, 4
22, 5
22, 6
22, 7
22, 8
22, 9
22, 10
22, 11
22, 12
22, 13
22, 14

Planche XXIII P. Princeton Pharaonic Roll 10 - Montage original

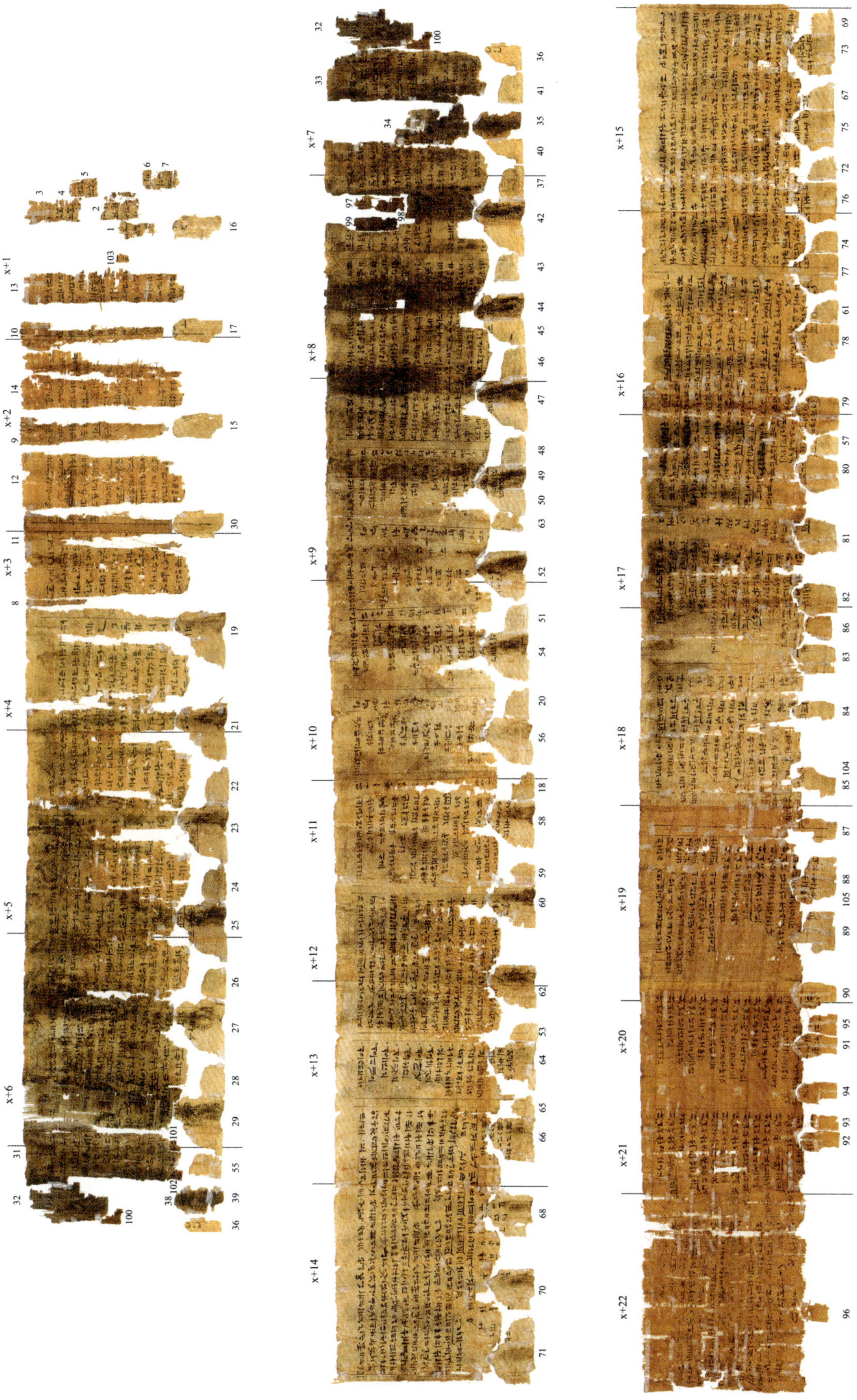
x+1
x+2
x+3
x+4
x+5
x+6
x+7
x+8
x+9
x+10
x+11
x+12
x+13
x+14
x+15
x+16
x+17
x+18
x+19
x+20
x+21
x+22

Planche XXV P. Princeton Pharaonic Roll 10 - Fragments et textile

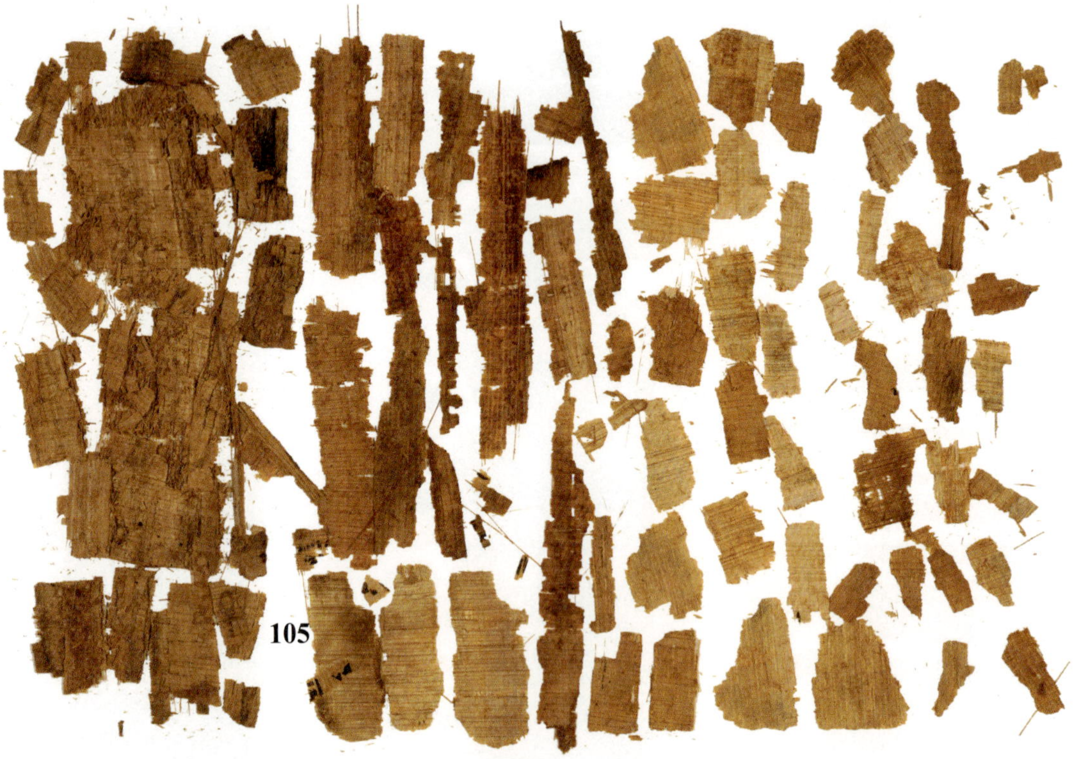

Fragments 1

Fragments 2

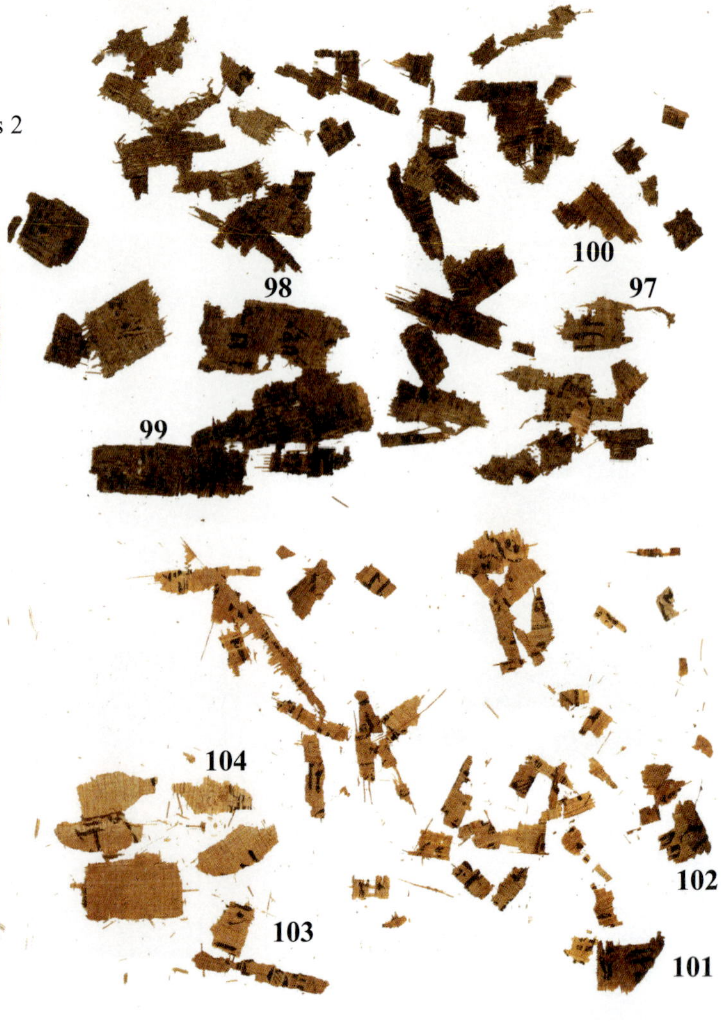

Textile